法院中的公司法（1）

上

COMPANY LAW IN
COURT

蒋大兴·主编

北京

图书在版编目（CIP）数据

法院中的公司法. 1：上、下 / 蒋大兴主编. -- 北京：法律出版社，2024
ISBN 978-7-5197-8883-4

Ⅰ.①法… Ⅱ.①蒋… Ⅲ.①公司法-案例-中国 Ⅳ.①D922.291.915

中国国家版本馆 CIP 数据核字（2024）第 039779 号

法院中的公司法(1) FAYUAN ZHONG DE GONGSIFA (1)	蒋大兴　主编	策划编辑　沈小英　陈　妮 责任编辑　沈小英　常　锋 装帧设计　李　瞻

出版发行　法律出版社　　　　　　　　　　　　开本　710 毫米×1000 毫米　1/16
编辑统筹　法治与经济出版分社　　　　　　　　印张　89　　字数　1403 千
责任校对　王 丰　张翼羽　王晓萍　李慧艳　　版本　2024 年 4 月第 1 版
责任印制　吕亚莉　　　　　　　　　　　　　　印次　2024 年 4 月第 1 次印刷
经　　销　新华书店　　　　　　　　　　　　　印刷　北京中科印刷有限公司

地址：北京市丰台区莲花池西里 7 号（100073）
网址：www.lawpress.com.cn　　　　　　　　　　销售电话：010-83938349
投稿邮箱：info@lawpress.com.cn　　　　　　　　客服电话：010-83938350
举报盗版邮箱：jbwq@lawpress.com.cn　　　　　　咨询电话：010-63939796
版权所有·侵权必究

书号：ISBN 978-7-5197-8883-4　　　　　　　　　定价（上、下册）：198.00 元

凡购买本社图书，如有印装错误，我社负责退换。电话：010-83938349

主编简介

蒋大兴

1971年生,湖南省邵阳市人,湘潭大学法律系本科毕业,南京大学法学院经济法学硕士、博士。曾在湖南省邵阳市中级人民法院、南京大学法学院工作,现任北京大学法学院教授、博士生导师,教育部长江学者特聘教授,兼任北京大学中国企业法律风险管理研究中心主任、中国法学会证券法学研究会副会长、中国法学会商法学研究会常务理事、最高人民法院案例指导委员会专家委员、最高人民法院特邀执行咨询专家、国务院国资委法律顾问、北京仲裁委员会与深圳国际仲裁院仲裁员等职。

出版《公司法的展开与评判:方法·判例·制度》《公司法的观念与解释》等著作,在各类法学期刊发表论文100余篇,主持国家社科基金重大项目、国家社科基金重点项目、司法部、最高人民法院、国家发改委、国务院国资委等课题30余项。

编辑委员会

主　编　蒋大兴

副主编　龙泓任　余蓁茜

编　委　蒋大兴　龙泓任　余蓁茜
　　　　莫　志　冯成丰　泽君茹

代序　公司法的多种面相
——我们为什么要观察公司法在法院的表现？

一

公司法具有多种面相。

20年前,当我开始用案例的方法研究公司法问题时,遇到的最大的障碍就是没有方便的渠道收集案例。当时去法院收集案例都要找熟人、托关系,不少法官或者律师朋友都帮过我的忙,我至今仍心存感激。也正是因为判决公开渠道不畅,一些有争议但也可能有重大研究价值的判决,就很难进入学者的视野,这直接影响了研究的进行。今天我们法学研究的环境已经发生了巨大变化,裁判文书公开为学界提供了一个高品质的富矿,这使我们有更多便捷通道可以低成本地进行案例研究。只要你足够努力和坚持,就能做出有见地的成果。公司法的实证研究论文日益增多,一些有价值的成果得以发表,但大学的公司法课堂尤其是研究生课堂,却并未发生太大改变,仍然偏重理论传授或者文本解读。这样的一种知识训练,很容易将我们的学生培养成"外文资料搬运工",或者只是热衷于对纸面法律的解剖,或多或少带有一种"法条主义或教条主义的人格色彩"。

这样的一种状况,是不利于实证法学的发展的。

二

我国有着"大陆法传统"偏好(或者更准确地说,是致力于追求形成此种学术传统),以前不仅案例难以寻找,而且,学界或者实务界很多人都习惯于将公司法理解为"文本意义"上的构造。大学法科教育也大多习惯于以"法教义学"

的方式展开,关注公司法的文本解构和规范评价。虽然在最高人民法院推行指导性案例制度后,越来越多的人开始关注和研究案例,但大学的"法教义学传统"没有根本改变,案例课程仍是"点缀品"或者"稀有品"。

在20世纪90年代,我开始接触并从事公司法研究时,学界所理解的公司法学基本还处于非规范的"制度解释"初级阶段。在我和导师共同完成《公司法论》(上卷,南京大学出版社1997年版)这部著作时,我们特别在序言中提及了公司法研究应当如何"触及法学的本原"。彼时,我年少气盛,无论是研究还是书写,都有一种"海阔天空任我游""冲天香阵透长安"的自在感。

《公司法论》(上卷)完成后,我日益感受到裁判的重要性。在那个判决不公开的时代,我开始用各种方式(例如,购买案例选,去法院上课、调研,与法官访谈,参与各类案例讨论等)收集法院的裁判文书。我将对法院判决的初步观察,形成了《公司法的展开与评判:方法·判例·制度》(法律出版社2001年版)一书。在江浙沪地区,一些法院将其指定为民二庭或者商事庭的业务培训教材,一些高校将其指定为研究生参考读物。我也在不少判决书中看到法官们原文引用了书中的论述,自豪感是免不了的。当然,诸如未成年人的发起人资格、出资构成和出资瑕疵之责任、股东资格之认定、公司章程与法律的关系、企业登记的效力、股东会会议通知的效力、职工参与和职工持股、异议股东股份收买请求权等专题的讨论,无论是在当时还是当下,都具有"领先的"或者"重要的"参考价值。豆瓣上现在仍有人将其过奖为"经典的公司法读物,思考很有深度,很多观点在现在看来都不过时";还有人比较该书的相关研究与新《公司法》的关系,认为"新公司法的推出及最新的修正,虽然意见最终采纳度不同,却对学者更怀敬意";也有人认为,该书"把理论和实务结合起来,写得精彩",或者认为,"老师治学的态度和水平令我拜服。读书笔记累得我心理(疑为'力')憔悴"①……

"规则意在传达关于秩序的真理。"②确实,迄今的一些研究或者制度改革,

---

① 以上引用自豆瓣网友对《公司法的展开与评判:方法·判例·制度》的评价,载豆瓣网,https://book.douban.com/subject/1657134/,访问时间:2024年2月28日。
② [美]埃里克·沃格林:《法的本质及其相关法学作品》,刘剑涛译,上海三联书店2023年版,第87页。

可能仍未超越该书在20年前的讨论。这也揭示了法院判决对商法研究的重要性。离开了法院判决，我们无法发现公司法的真实秩序，我们所观察到的制度结构，充其量是一种可能的或理想的但未必真实的公司法秩序。"在民主制度里，真正的统治者最终还是人民。如果司法判决与公民的深刻经验相抵触，这样的判决不可能长存。"①这也可能是为什么我们长期不断强调司法判决的法律效果和社会效果应当统一的原因。

虽然在这以后一段时间，尤其是到北大以后，我对公司法的观察重点转向文化结构、观念和原则的解释，这些解释仍未脱离对法院判决或者司法解释的观察。《公司法的观念与解释》（三卷本，法律出版社2009年版）基本上是这段时间的一些研究小结。"在我们的时代，法律理论泛滥，形形色色的立场让人眼花缭乱，其原因在于不愿意分析那些可以从前分析的'法'的经验中大量引出的局部真理。"②在研究过程中，这样的一些疑问经常跃然而出，令我惴惴不安——为什么同样的问题，法院的判决经常出现分歧？法律人为什么很难达成共识？这些分歧是因为法律人群体天生属于"精神分裂的一族"，还是我们对规范的解释缺乏统一的认知方法？……彼时，法理学已经开始尝试进入认知科学、神经科学的内部，分析制度的形成和理解，但这些前沿的讨论似乎并未对商法学等部门法学产生过什么影响。

最近10余年，在北大的研究生课堂上，我的关注点基本上仍是直面法院判决，让学生分析和讨论各类公司法、证券法的裁判文书，鼓励学生从中形成问题意识，发现裁判差异，凝聚学术认知。无论是"企业与公司法专题"，还是"比较公司治理"或者后来开设的"公司法与证券法案例实务"，我都试图让学生游弋在浩瀚的判决书或行政处罚决定书资源中，自己去学会"学术的游泳"。尤其是"企业与公司法专题"的课程，在博士生的协助下，我们进行了10多年团队分组案例统计分析，同学们都相当努力，有些小组完成的PPT达到200多页，阅读案例近千件；还有些小组不断尝试各种新的统计分析方法，描述性统计、假

---

① 参见[美]艾伦·德肖维茨：《你的权利从哪里来?》，黄煜文译，北京大学出版社2014年版，扉页、第199页。

② [美]埃里克·沃格林：《法的本质及其相关法学作品》，刘剑涛译，上海三联书店2023年版，第44页。

设检验、回归分析、聚类分析、相关性分析,等等,让我们的课堂异彩纷呈。我还让同学们分组自己评分——因为,作为法律人,我们未来主要的工作就是"公正地评价"。如果在一个小的团队中,当涉及个人利益时,你无法做到公正评价,未来又如何去评判涉及重大利益纷争的疑难案例?如何去平衡更复杂的利害关系?如何去处理各种真实的、更纠结错综的人际交往?

  学生说这是一种十分虐人的游戏,从中也能看到和体会,年轻人中间的"各种江湖"——有些小组的同学体现了实事求是和担当精神,上课缺席多、贡献少的同学会主动要求评级劣后,自我评价顺利完成;还有些小组的同学则会"反目成仇",为了评价等级完全忘记了事实和同学情谊,相互之间变得不熟了,甚至针锋相对、互相检举告状。人类社会无论族群大小,都能透视"社会恶习"。直至今天,所有这些设计,我认为都是有重要价值的。可以毫不夸张地说,认认真真经受过公司法课堂实证统计训练的同学,在其未来的职业生涯中,无论是做律师、学者,还是企业法务,在研究方法上都会"略高一筹"。这句话,我相信参与者慢慢能体会到。

  早些年,国内公司法的实证分析还未充分展开,一些律所的高级合伙人在一些论坛上分享其实证研究成果时,我一眼就能看出来,背后可能有北大法学院研究生的参与。

三

  当然,如同大浪淘沙,这样一种非常耗费时间、精力,容易产生人际争议的研究和评价方式,也受到了不少质疑。曾有教授认为,公司法的实证分析不是理论研究。也有一些学生用各种方式对课程的工作量和评价机制表示出不满,甚至还有学生用匿名邮件的方式对助教和教师进行批评甚至人身攻击……所有这一切,我们都一笑而过。因为,时间会证明这些探讨和尝试是有价值的。

  任何成就都不是从天而降的,学习尤其如此。[①] 我所理解的理论,是源于实践,而且,必须能指导实践的。所谓理论,并不仅仅是夹杂英文或其他外文文

[①] 参见[德]欧根·克伦钦格:《德国民法导论:物权编》(第17版),安晋城译,中国法制出版社2023年版,第1页。

献、看起来高大上的东西。"实践是检验真理的唯一标准"——理论若非来自实践或者不能指导实践,则可能只是无用的知识。"空想社会主义"也是逐渐因为实践而走向科学的。这不是一种"功利论"。在我看来,没有理论能脱离实践,只是我们证明它的时间可能足够长。反之,如果真有那种与实践完全脱离的理论,那也并非本人所追求。最近几年,法学研究的局面在改观,尤其是商法学的实证成果越来越多,曾经认为实证不是理论的学者也开始关注案例讨论。

也许是觉得3个学分不好挣,也许是"这世间学风本来就每况愈下",扩招导致生源日益参差,最近几年参与企业与公司法专题课程的学生明显少了。一些学生熬过报告期或者中期,也选择了退课,这是他们的损失。当然,反思一下,也有我的责任——很多学生到了研究生阶段,仍然喜欢听老师宣讲。这一方面可以免去查资料、做 pre.①的痛苦;另一方面也可以不用自己看书就了解到一些知识。"大学里所强调的'学术自由',稍不注意就会演变为'学术懒散'"。② 这种"懒惰的学风"在我们的大学里并不少见——"学术自由"更要求我们学习自律。想在大学里崭露头角的人必须先学会如何学习,而许多同学(至少在一开始)都没有意识到这一点。③ 很多学生不去图书馆、不买书、不看资料,如果要做 pre.,就下载一篇或者几篇论文拼凑一下。只要你的脸皮足够厚,应对教授们,那是轻而易举的事。我觉得我们的高等教育也越来越不可思议,倡导学生评价老师,据说现在变成了"强制评价"。学生如果不评价老师,就无法看到自己的分数。这样的一种机制,直接影响了教学自由,让老师们很没有尊严。甚至,一些教授想方设法去讨好学生,一些未得到高分的学生,也毫不吝啬地给教授差评。由此形成了这样一种教学环境——教学宽松、给分高的课程,都是评价好的课程。凡此种种,让"学生评价"失去了原本的意义。尤其是,在北大这样的学校,强制学生去评价教授,是一种"教者极不自信"的机制,

---

① Presentation,主题演讲。
② 参见[德]欧根·克伦钦格:《德国民法导论:物权编》(第17版),安晋城译,中国法制出版社2023年版,第1页。
③ 参见[德]欧根·克伦钦格:《德国民法导论:物权编》(第17版),安晋城译,中国法制出版社2023年版,第1页。

这些评价的意义远没有我们想象的那么大。

中国古代社会很强调"师道尊严",让学生行"叩首礼"就是一种维护"师道尊严"的仪式,现今"叩首礼"早就因"追求平等"而废除,连高中时常见的课前"起立礼"在大学也很少见到了。今日之北大,长期坚持另一种"平等路线",取消教师的特权,除了教学楼偶尔有设教师休息室,食堂取消了专门的教师窗口。很长一段时间,教授也没有专门的食堂。在用餐高峰期,教师需与学生一起拥挤、一起排队,这样的设计听说也是为了"平等"——为了便于老师和学生之间可以在用餐期间"自由地交流"。每每看到白发苍苍的老先生踉跄着和身强力壮的同学们一起排队,我就会联想到——"师道尊严"这几个字。国内的一些大学现在还保留着教授食堂,"平等"似乎并不比我们少多少。古人云,食不言,寝不语。在混乱、紧张的用餐场合,似乎也没看到促进了多少师生交流。反而是,我们熟悉的"师道尊严"在不断后退。"平等",并不都是"有用的"好措施,在如何维护"师道尊严"方面,也许适当地"讲求等级"、保留食堂的教师窗口或者教授食堂,可能不仅是一种传统礼仪,更是一种现代的礼貌形式。如此,可能会形成更好的学习秩序。

这些年,我们的大学在如何创造和创新性发展方面,除了不断增加了"一流大学"的指标、从国外引进一些具有各种头衔的人才,我认为似乎并无什么实质性变化。如果一所大学还要像中学一样,去采取学分绩的评价机制,用 GPA 去考察学生,用分数排名去确定优秀学生。换言之,用"别人的评价"去选人,这样的高等教育,注定不可能有创新,又何谈走向世界一流?中国最好的大学揽括了全国最好的人才,首先要有充分自信,要学会制定标准,而非总是去适应标准。只有废除本科生的 GPA 考核机制,用学术创新能力去引导或者要求学生,我们的未来才会有希望。

四

展现在大家面前的这些材料,是近两年我们在北大"企业与公司专题"课堂上的一些初步学习成果。也是本人在该课程上采用的常规授课方式("分组报告+团体研究")的片段呈现。近 10 余年,我们在北大一直尝试着以这样的方式,推进着企业与公司法专题的学习。

这些成果的学术观点虽然未必有坚实的说服力,甚至一些分析还比较稚嫩,还停留在学习阶段,但无一例外均是大量实证分析的结果。这些实证分析在一些方面甚至超越了理论界的讨论,展现出年轻人的才气。在一次散步过程中,回顾这十几年来在北大公司法研究生课堂上的点点滴滴,我突然有一种责任感——我觉得有必要将这些原来只是在课堂上传播的学术思考公开化。我们想重复证明我们在课堂上不断证明的事情——公司法的主要面相是实践性的,这不仅包括我们有必要了解它是如何在企业运行的,更为重要的是,有必要了解它是如何在司法过程中展现的。虽然我们已经做过大量实证统计,但我们很少用一种可视的方式去传播,基本上只是在学校的课堂上分享。

所有的努力都有必要呈现。因此,我想用这样的一种方式——编辑出版《法院中的公司法》去让更多的人理解公司法的另一种面相,理解我们在北大公司法课堂上所做的训练。这种训练已经直接影响一些同学的毕业论文撰写方式,有的同学因此找到了毕业论文选题,有的同学因此完善了类案检索能力,或者提升了理论研究兴趣。凡此种种,皆是我们可以"为之欢愉"的进步。

五

感谢法律出版社沈小英分社长的大力支持,感谢法经分社陈妮、常锋、张思婕等多位专业编辑和本门博士生莫志、龙泓任、冯成丰、余蓁茜、泽君茹艰苦卓绝的编辑工作。百余万字,历时一年多,其间一波三折,但总算定稿出版。当然,个中文责由作者们自己承担。这期间,关于人民法院裁判文书是否继续完整公开引发了巨大争议,由于最高人民法院已部分修正其"不公开裁判文书"的决定,《法院中的公司法》将有机会持续出版下去。只有裁判文书公开,我们在北大课堂上继续演练"实践公司法"才有可能。可见,裁判文书公开对我们的实践教学多么重要——写到这里,我就想到了这句话,"在权利尚未遭到侵害之前,我们总是将它视为理所当然,而当我们面临失去的危险时,我们才开始珍视它"。[1] "最能维护权利的方式是主动而持续地为权利辩护,而非被动地仰

---

[1] 参见[美]艾伦·德肖维茨:《你的权利从哪里来?》,黄煜文译,北京大学出版社2014年版,第1页。

赖'最高的权威'。"①司法,以及裁判文书公开,应当继续朝着"进步的方向"前进。现今,最高人民法院又公开了其将建设"新的"人民法院案例库的决定,并重新解释其与裁判文书网二者之间的并存关系。② 这件事情,总算告一段落。

新《公司法》已经出台,全社会都在讨论如何更好地实施它,最高人民法院司法解释也面临修订,有关《公司法》的司法判决将迎来诸多"新制度如何理解"的挑战。当然,如何在实践中解释《公司法》,这一任务是持续的。我希望《法院中的公司法》未来也是开放性的平台,它是北大研究生公司法实证训练成果的展示,我们也欢迎其他来自实践的研究——无论作者的身份是律师、法官、企业法务或者学者——只要您的作品也是实证案例统计,或者就实证案例深入讨论的论文,都可以投稿给我们。

我们的投稿邮箱:fyzdgsf@126.com。

---

① 参见[美]艾伦·德肖维茨:《你的权利从哪里来?》,黄煜文译,北京大学出版社2014年版,扉页。

② 最近,有关裁判文书公开的争议持续了较长一段时间。中国裁判文书网是全国统一的裁判文书公开平台,对促进司法公开发挥了显著作用。2013年7月1日,中国裁判文书网正式上线。次日,最高人民法院审议通过《最高人民法院裁判文书上网公布暂行办法》,明确除法律有特殊规定的以外,生效裁判文书将全部在中国裁判文书网予以公布。2014年1月,《最高人民法院关于人民法院在互联网公布裁判文书的规定》正式实施,明确最高人民法院在互联网设立中国裁判文书网,统一公布各级人民法院的生效裁判文书。2016年8月,最高人民法院修订了该司法解释,也加大了裁判文书的公开力度。2020年9月,最高人民法院发布,截至2020年8月30日18时,中国裁判文书网文书总量突破1亿篇,访问总量近480亿次。中国裁判文书网已成为全球最大的裁判文书公开网站。但2023年12月,一份《关于建设全国法院裁判文书库的通知》在网上流传。该通知显示,最高人民法院部署裁判文书库内网建设,且明确了应用范围,仅支持全国法院干警在内部专网查询检索裁判文书。这份通知引发关注。随即,关于裁判文书上网公开制度是否因此受到影响的讨论增多,且声势不断加大。正是基于裁判文书网的上述显著特点,公众对于裁判文书库建成后,裁判文书网是否还能继续更新表达担忧。2023年12月22日,最高人民法院在官方网站发布《关于征集人民法院案例库参考案例的公告》,并就相关问题作出解读,正式回应公众担忧。在此次回应中,最高人民法院将重点放在了案例库的建设上。最高人民法院还决定建设全国法院裁判文书库,在四级法院专网内汇聚各类裁判文书,用于国家和社会治理中司法大数据的分析应用,为制定司法政策、推进司法改革、提出司法建议等提供依据和参考。"与之前将裁判文书'上传了事、简单累加'的公开方式相比,案例库将收录对类案具有参考示范价值,并经最高法审核认可的权威案例,未来将成为裁判文书网在应用和效能上的'升级版'。二者是互为补充、相得益彰的关系,并不是要以库代网、此开彼关。"可见,人民法院案例库的建设是为了针对性地解决裁判文书网使用不便、检索不准、标准不一等问题,现在对外公开的裁判文书网会继续发挥应有作用。由此,关于"裁判文书网将停止更新"的讨论得以平息。以上有关内容可以参见新京报:《案例库上线,裁判文书也会更多上网,最高法:司法公开立场不会变》,资料来源:https://baijiahao.baidu.com/s?id=1792055230300501472&wfr=spider&for=pc;访问时间:2024年3月3日。

让我们共同揭开公司法的另一面。

是为序。

2024年3月28日晨于北京小营路

法律法规缩略表

全称	简称
《中华人民共和国民法典》	《民法典》
原《中华人民共和国民法通则》	原《民法通则》
原《中华人民共和国民法总则》	原《民法总则》
原《中华人民共和国合同法》	原《合同法》
原《中华人民共和国涉外经济合同法》	原《涉外经济合同法》
《中华人民共和国拍卖法》	《拍卖法》
《中华人民共和国公司法》（2018年修正）	《公司法》
原《中华人民共和国担保法》	原《担保法》
《中华人民共和国民事诉讼法》（2017年修正）	《民事诉讼法》
《中华人民共和国刑法》	《刑法》
《中华人民共和国商业银行法》	《商业银行法》
《中华人民共和国证券法》	《证券法》
《中华人民共和国行政处罚法》	《行政处罚法》
《中华人民共和国信托法》	《信托法》
《中华人民共和国企业破产法》	《企业破产法》
《中华人民共和国公务员法》	《公务员法》
《中华人民共和国外商投资法》	《外商投资法》
《中华人民共和国中外合资经营企业法》	《中外合资经营企业法》
《中华人民共和国中外合作经营企业法》	《中外合作经营企业法》
《中华人民共和国电子签名法》	《电子签名法》
《中华人民共和国会计法》	《会计法》
《中华人民共和国票据法》	《票据法》

续表

全称	简称
《中华人民共和国仲裁法》	《仲裁法》
《中华人民共和国合伙企业法》	《合伙企业法》
《中华人民共和国个人所得税法》	《个人所得税法》
《中华人民共和国企业所得税法》	《企业所得税法》
《中华人民共和国劳动合同法》	《劳动合同法》
《中华人民共和国企业国有资产法》	《企业国有资产法》
《中华人民共和国公司登记管理条例》(已失效)	《公司登记管理条例》
《中华人民共和国市场主体登记管理条例》	《市场主体登记管理条例》
《全国法院民商事审判工作会议纪要》	《九民纪要》
《最高人民法院关于适用〈中华人民共和国民事诉讼法〉的解释》	《民诉法解释》
《最高人民法院关于适用〈中华人民共和国公司法〉若干问题的规定(一)》	《公司法司法解释(一)》
《最高人民法院关于适用〈中华人民共和国公司法〉若干问题的规定(二)》	《公司法司法解释(二)》
《最高人民法院关于适用〈中华人民共和国公司法〉若干问题的规定(三)》	《公司法司法解释(三)》
《最高人民法院关于适用〈中华人民共和国公司法〉若干问题的规定(四)》	《公司法司法解释(四)》
《最高人民法院关于适用〈中华人民共和国公司法〉若干问题的规定(五)》	《公司法司法解释(五)》
《最高人民法院关于适用〈中华人民共和国公司法〉若干问题的规定(四)》(征求意见稿)	《公司法司法解释(四)》(征求意见稿)
《最高人民法院关于适用〈中华人民共和国合同法〉若干问题的解释(一)》(已失效)	《合同法司法解释(一)》
《最高人民法院关于适用〈中华人民共和国合同法〉若干问题的解释(二)》(已失效)	《合同法司法解释(二)》

续表

全称	简称
《最高人民法院关于适用〈中华人民共和国企业破产法〉若干问题的规定(二)》	《破产法司法解释(二)》
《最高人民法院关于审理民间借贷案件适用法律若干问题的规定》	《民间借贷规定》
《最高人民法院关于审理证券市场因虚假陈述引发的民事赔偿案件的若干规定》(已失效)	《虚假陈述若干规定》
《国务院国资委以管资本为主推进职能转变方案》	《国资委职能转变方案》
《信息披露违法行为行政责任认定规则》	《信息披露认定规则》
《北京产权交易所企业国有产权转让股东行使优先购买权操作细则》	《北交所细则》
《上海联合产权交易所有限公司股东行使优先购买权操作指引》	《上联所指引》
《天津产权交易中心有限公司关于股东行使优先购买权的操作细则(试行)》	《天交所细则》

总 目 录

上 册

第一章　隐名持股纠纷实证研究 …………………………………… 001

第二章　"对赌协议"效力实证研究 ………………………………… 092

第三章　公司增资纠纷实证研究 …………………………………… 125

第四章　名股实债纠纷实证研究 …………………………………… 192

第五章　股权信托纠纷实证研究 …………………………………… 251

第六章　公司法人人格否认实证研究 ……………………………… 346

第七章　股东会决议效力瑕疵实证研究 …………………………… 423

第八章　独立董事法律责任实证研究 ……………………………… 494

第九章　董事勤勉义务实证研究 …………………………………… 585

下 册

第十章　公司印章纠纷实证研究 …………………………………… 675

第十一章　股东知情权纠纷实证研究 ……………………………… 748

第十二章　股利分配请求权纠纷实证研究 ………………………… 839

第十三章　股东回购请求权纠纷实证研究 ………………………… 895

第十四章　股东代表诉讼纠纷实证研究 ················· 947

第十五章　股东资格确认纠纷实证研究 ················· 1036

第十六章　有限责任公司股权转让中的优先购买权纠纷实证研究········ 1103

第十七章　一股多卖法律纠纷实证研究 ················· 1199

第十八章　上市公司收购纠纷实证研究 ················· 1220

第十九章　国有企业/公司股权/产权转让交易纠纷实证研究 ········· 1294

上册目录

第一章 隐名持股纠纷实证研究 ······ 001
 一、概述 ······ 001
 二、案例整理和分类统计 ······ 001
 三、焦点问题分析 ······ 002
  (一)股权代持的动机 ······ 002
  (二)股权代持合同效力 ······ 007
  (三)实际出资与实际管理 ······ 017
  (四)强制性规范 ······ 022
  (五)隐名股东显名化 ······ 033
  (六)涉代持股关系股权转让合同的效力 ······ 044
  (七)排除强制执行 ······ 062
  (八)解除股权代持合同及投资款返还 ······ 073
  (九)商事外观主义原则的适用 ······ 085
 四、结论与建议 ······ 089
  (一)代持合意的判断 ······ 089
  (二)股东资格的确认 ······ 091
  (三)确认后的权益返还 ······ 091

第二章 "对赌协议"效力实证研究 ······ 092
 一、案例整理和分类统计 ······ 092
  (一)"对赌协议"效力纠纷情况 ······ 092

(二)"对赌协议"性质争议逐渐减少 ………………………………… 092
(三)与股东"对赌"普遍有效 ………………………………………… 093
(四)与公司"对赌"分歧渐小 ………………………………………… 102
(五)较少审查"对赌协议"可履行性 ………………………………… 104
(六)忽视担保方式"对赌" …………………………………………… 108

二、焦点问题分析与解决路径 …………………………………………… 109
(一)对"对赌协议"无效论的否定 …………………………………… 109
(二)金钱债务与一时履行不能 ……………………………………… 112
(三)减资程序不应为考察"对赌协议"能否履行的标准 …………… 114
(四)以担保方式"对赌"的法律问题 ………………………………… 115

三、结论 …………………………………………………………………… 124

第三章 公司增资纠纷实证研究 …………………………………… 125

一、概述 …………………………………………………………………… 125
(一)公司增资的过程与问题 ………………………………………… 125
(二)公司增资纠纷案例统计概览 …………………………………… 127
(三)公司增资纠纷和新增资本认购纠纷的关系 …………………… 131

二、焦点问题之一:缴纳填补责任和审查义务 ………………………… 134
(一)承担担保责任股东的连带缴纳填补责任 ……………………… 134
(二)外部认购人对公司增资决议的审查义务 ……………………… 138
(三)小结 ……………………………………………………………… 141

三、焦点问题之二:优先认缴权 ………………………………………… 141
(一)案例统计 ………………………………………………………… 141
(二)公司增资股东优先认缴权的由来 ……………………………… 141
(三)我国法律规定变迁 ……………………………………………… 142
(四)问题与思考 ……………………………………………………… 143

四、焦点问题之三:股东会决议效力 …………………………………… 157
(一)案例统计 ………………………………………………………… 157
(二)起诉方反对增资原因 …………………………………………… 164

(三)常见胜诉/败诉原因分析 ································· 165
　　(四)增资决议无效的事由 ································· 166
　　(五)优先认缴权与增资决议效力 ····························· 166
五、焦点问题之四:未进行增资变更登记的合同解除 ··················· 172
　　(一)案例统计 ··· 172
　　(二)判决路径和法律依据 ································· 173
　　(三)问题与思考 ······································· 182

第四章　名股实债纠纷实证研究 ································· 192
一、概述 ··· 192
　　(一)名股实债的概念 ····································· 192
　　(二)名股实债的范围 ····································· 193
　　(三)名股实债的产生与发展 ······························· 194
　　(四)名股实债的交易模式 ································· 196
　　(五)文献综述 ··· 197
二、案例整理和分类统计 ······································· 200
　　(一)数据统计与初步分析 ································· 200
　　(二)案例数据概览 ····································· 205
　　(三)法院认定合同性质的主要影响因素 ······················· 208
三、焦点问题分析 ·· 226
　　(一)外观主义原则对回购条款效力的认定 ····················· 226
　　(二)外观主义原则下破产情形的认定 ························· 232
　　(三)名股实债——非典型合同的性质认定 ······················· 237
　　(四)名股实债合同裁判思路 ······························· 245
　　(五)对名股实债裁判现状的反思 ··························· 247
四、结论 ··· 249

第五章　股权信托纠纷实证研究 ································· 251
一、案例整理和分类统计 ······································· 251

(一)年份统计 ………………………………………………… 251
(二)地域统计 ………………………………………………… 252
(三)审级统计 ………………………………………………… 252
(四)案由统计 ………………………………………………… 252
(五)信托形态统计 …………………………………………… 253
二、焦点问题之一:股权信托特殊性纠纷 ……………………… 255
(一)股权信托合同效力纠纷 ………………………………… 255
(二)股东资格及权利纠纷 …………………………………… 269
(三)受托人的瑕疵出资责任纠纷 …………………………… 286
三、焦点问题之二:股权信托一般性纠纷 ……………………… 307
(一)基于样本案例的描述性统计 …………………………… 309
(二)基于样本案例的争议问题解析 ………………………… 317
四、焦点问题之三:其他类型股权信托纠纷 …………………… 331
(一)收益权信托纠纷 ………………………………………… 331
(二)表决权信托纠纷 ………………………………………… 343
五、结论 …………………………………………………………… 345

第六章　公司法人人格否认实证研究 …………………………… 346
一、概述 …………………………………………………………… 346
(一)制度价值 ………………………………………………… 346
(二)理论依据 ………………………………………………… 347
(三)历史沿革 ………………………………………………… 348
(四)法条释义 ………………………………………………… 350
(五)构成要件 ………………………………………………… 362
(六)诉讼程序 ………………………………………………… 369
二、焦点问题之一:一般类型人格否认 ………………………… 370
(一)描述性统计 ……………………………………………… 370
(二)推断性统计 ……………………………………………… 381
(三)公司法人人格否认类型统计分析 ……………………… 388

（四）公司法人人格否认类型的刺破率 ·············· 389
　　（五）小结 ······················ 390
三、焦点问题之二：特殊类型人格否认 ··············· 391
　　（一）关联企业法人人格否认 ··············· 391
　　（二）逆向否认制度 ·················· 403
四、结论 ························ 409
　　（一）标准模糊和规定过于原则 ··············· 409
　　（二）请求权基础与刺破率 ················ 414
　　（三）适用法律不精准和认定标准不严格 ············ 416
　　（四）证明责任分配不当 ················· 418
　　（五）偏重形式化而忽略人格否认的实质 ············ 419

第七章　股东会决议效力瑕疵实证研究 ············ 423
一、概述 ························ 423
　　（一）股东会决议的性质 ················· 424
　　（二）决议效力的立法模式 ················ 425
　　（三）焦点问题 ····················· 426
二、案例整理和分类统计 ···················· 429
　　（一）审级和标的额情况 ················· 430
　　（二）地域分布 ····················· 431
　　（三）年份分布 ····················· 431
　　（四）各瑕疵类型占比分布 ················ 432
　　（五）决议成立问题常见情形 ··············· 432
　　（六）决议撤销主要原因 ················· 433
　　（七）决议无效主要原因 ················· 434
　　（八）决议有效主要原因 ················· 434
　　（九）最多引用条文统计 ················· 434
三、焦点问题分析 ······················ 435
　　（一）决议不成立 ···················· 435

（二）决议可撤销 ………………………………………… 452
　　（三）决议无效 …………………………………………… 476
　　（四）股东会决议程序问题 ……………………………… 485
四、结论与建议 ………………………………………………… 492

第八章　独立董事法律责任实证研究 …………………………… 494
一、概述 ………………………………………………………… 494
　　（一）导论 ………………………………………………… 494
　　（二）历史沿革 …………………………………………… 496
　　（三）理论框架 …………………………………………… 500
二、案例整理和分类统计 ……………………………………… 514
　　（一）行政责任案例数据 ………………………………… 514
　　（二）民事责任案例数据 ………………………………… 515
　　（三）刑事责任案例数据 ………………………………… 516
　　（四）自律处分案例数据 ………………………………… 516
三、焦点问题分析 ……………………………………………… 517
　　（一）独立董事行政责任 ………………………………… 517
　　（二）独立董事民事责任 ………………………………… 556
　　（三）特殊身份的独立董事 ……………………………… 574
四、结论 ………………………………………………………… 582

第九章　董事勤勉义务实证研究 …………………………………… 585
一、概述 ………………………………………………………… 585
　　（一）历史沿革 …………………………………………… 585
　　（二）其他国家和地区相关制度 ………………………… 588
　　（三）分析框架 …………………………………………… 592
二、案例整理和分类统计 ……………………………………… 601
　　（一）司法案例统计 ……………………………………… 602
　　（二）中国证监会案例统计 ……………………………… 603

三、焦点问题分析 ·· 604
　(一)行为视角 ·· 604
　(二)身份视角 ·· 620
　(三)义务指向对象或受益人 ································· 635
　(四)注意义务的判断标准 ····································· 643
　(五)商业判断规则 ··· 649
　(六)具体领域的责任 ·· 654
　(七)董事责任豁免和限制 ···································· 657
四、结论与建议 ··· 672
　(一)问题概述 ·· 672
　(二)改进路径 ·· 672

第一章 隐名持股纠纷实证研究

李 琳　万 慧　蔡峥敏　陈馨儿

狄 瑞　郭汪书仪　李清芳　李燕琪

王 珊　吴 佳　曾令萱　郭玉瑶　李美玉

一、概述

《公司法司法解释(三)》对隐名持股中隐名持股的效力认定、隐名股东显名化的条件、显名股东擅自处分股权的效力以及显名股东对公司债权人的义务进行了明确的规定。但由于市场上不同形式的隐名持股交易安排层出不穷,不同法院在对交易关系的认定和判断上仍然存在一定的分歧。笔者通过对裁判案例的分析和总结,归纳法院的基本观点和裁判路径,整体思路如下:首先判断双方之间是否存在股权代持关系,其次在认定双方存在股权代持关系的基础上,对实践中争议较多的问题进行分析研究。从双方是否存在合理的股权代持动机,双方是否存在书面的代持股协议,实际出资人是否履行了实际出资和管理的义务,双方的代持合意是否违反法律、行政法规的强制性规定四个方面综合判断双方是否存在股权代持的合意。在双方存在股权代持合意的基础上,进一步对隐名股东显名化、显名股东处分股权的效力、是否可以排除强制执行、已经解除合同和投资款返还四个派生问题进行讨论和研究。

二、案例整理和分类统计

从法院级别划分来看,在笔者统计的424个有效案例中,有79个为最高人民法院审理的案件,占比约为18.6%,其他345个为省高级人民法院审理的案件,占比约为81.4%。总体而言,法院认为构成隐名持股的案件占比约为58.72%,认为不构成隐名持股或认定为属于其他情形的案件占比约为41.28%。

从年份划分来看,在2015年、2016年、2017年、2019年,法院认为构成隐名持股的案件数量显著较多,年度均占比60%以上,其中2017年更是达到了71%。值得注意的是2018年,法院认为属于其他情形的案件数量较多,占比达到53.7%,超出法院认为构成或不构成隐名持股的案件数量。但这并不能表明2018年的审判方向或思路有所改变,可能只是在案件性质上不涉及隐名持股或隐名持股只是其中一个情节并非争议焦点。2020年,法院认为不构成隐名持股的案件占比约为44%,虽然仍然少于构成隐名持股的案件数量,但是两者之间的数量差距不再像以往那样悬殊。这体现着审判精神的变化,反映出2020年法院在认定是否构成隐名持股时更加审慎,要求也更为严格。

从当事人关系划分来看,法院认为构成隐名持股的案件占比50%以上,认为不构成隐名持股的案件占比30%至40%,认为是其他情形的案件占比10%左右。

从地域划分来看,法院认为构成隐名持股的案件占比最高的是西藏自治区,但是因为这里只有1个案件,所以参考值不大。在其他地区中,法院认为构成隐名持股的案件占比比较高的有北京、广西、陕西、四川、江苏,这五个省市的占比均超过70%。甘肃、上海、海南、内蒙古、山西等省市的法院认为不构成隐名持股案件的占比均超过50%。法院认定是否构成隐名持股,和该地区的一些与经济因素关联不大,如北京的法院认为构成隐名持股的案件占比是76.9%,但是上海的法院认为不构成隐名持股案件的占比是66.6%,反差较为明显。同时,也与地域因素的关联不大,譬如上述列举的地区地域的跨度都非常之大。

三、焦点问题分析

(一)股权代持的动机

在隐名持股纠纷中,一般需要当事人出具直接证据,如可以表现双方合意的合同,以及是否实际到位的出资等。但在一些律师的办案经历中,也会出现一些缺乏直接证据的情况。那么在这种情况下,股权代持是否存在合理动机是影响法官心证的重要因素。代持动机与代持的合法性、有效性问题紧密相连,是大多数案件中法官必然会关注到的问题。

笔者在对案例实际考察中发现,由于隐名持股所涉及的标的资产一般较高,双方当事人对于案件的重视程度一般也较高,所以没有当事人会"空手上阵",一般都提供了较为充足的证据,案件的争议焦点往往都集中在法院对证据的认定,以及对哪一方的证据更为认可的问题上。也就是说,法院的判决中,对于双方当事人动机的陈述相对较少,且大多数不作为定案的全部依据。具体而言,将股权代持动机作为定案的部分依据的主要是"名实不符"类案件、工会持股类案件、特殊身份类案件以及逃避债务类案件。

1. "名实不符"类案件

"名实不符"类案件主要是指名义形式与实际形式不相符合的交易案件,譬如名为股权转让合同,实为股权让与担保合同,由此引发了隐名持股的纠纷。股权让与担保类案件主要的争议焦点是双方签署的股权转让合同是否有效,其交易安排究竟是股权转让还是为了担保债权而实行的股权让与担保的一部分。在对双方当事人真实意思表示的探求中,都提到了动机问题。

在黑龙江闽成投资集团有限公司、西林钢铁集团有限公司(以下简称西钢公司)民间借贷纠纷二审民事判决书[1]中,法院判决对动机部分陈述如下:西钢公司与刘某某签订的协议书约定,双方签订的股权转让协议的目的是以股权转让的形式保证乙方债权的实现,督促甲方按本协议的约定偿还乙方的借款。该股权转让是为了"保证乙方债权的安全和实现",且双方确认"乙方也没有实质持有翠宏山矿业公司股权的意愿"。可见,双方签订股权转让协议的目的是以股权转让形式保证刘某某债权的实现,担保西钢公司按协议约定偿还借款,并非真正的股权转让。在熊某某、昆明哦客商贸有限公司股东资格确认纠纷二审民事判决书[2]中,法院判决陈述如下:股权让与担保是基于当事人合意而设立,其权利义务内容依据当事人意思而确定设定让与担保,是双方的真实意思表示,且不违反强制性法律规定,该约定对双方具有约束力。在俞某某、宁波市光阳三亚轴承有限公司(以下简称光阳公司)债权人撤销权纠纷二审民事判决书[3]中,法院判决陈述如下:光阳公司主张是为了防止该股权被其他债权人执

---

[1] 最高人民法院民事判决书,(2019)最高法民终 133 号。
[2] 江西省高级人民法院民事判决书,(2020)赣民终 294 号。
[3] 浙江省高级人民法院民事判决书,(2018)浙民终 1089 号。

行而请贺某某代持,而贺某某主张是作为光阳公司向慈溪恒泰公司偿还拆借资金的担保过户至其名下,光阳公司、俞某某此前向慈溪恒泰公司拆借了巨额资金。转让的股权价值将受光阳公司能否按时向慈溪恒泰公司归还拆借资金或提供有效抵押资产影响,在此情况下,贺某某为了促使光阳公司按时向慈溪恒泰公司归还拆借资金或提供有效抵押资产,保证自己受让的股权价值,要求光阳公司提供担保,符合情理。以上三个案例中,法院都通过对双方当事人的协议书约定以及相应的交易安排的审阅,探求双方真实的意思表示,确定双方法律关系究竟是股权转让,还是股权让与担保。在此类案件中,对当事人动机的认定实际上是对双方真实意思表示的认定,并尊重交易双方真实的意思表示,即认可股权让与担保的安排。

与此类似的还有名为股权转让实为隐名持股,名为代持股实为委托投资等,其处理方式同上。例如,花某某、常州华瑞福海电子科技有限公司等案外人执行异议之诉民事判决书[①]中,法院判决如下:本案中各方当事人合作协议名称并非股权代持协议,条款中也没有出现代持的约定。从委托定投协议内容分析,银联公司接受花某某委托、以花某某名义成为诚朴基金的有限合伙人,专项认购中投保公司股权收益权信托产品,这与股东以出资为限对公司承担责任、公司根据实际经营情况决定是否分红存在根本区别,据此不应认定花某某有通过委托定投协议获得股东身份的意思。

2. 工会持股类案件

工会持股类案件主要发生在特定的历史时期,由于企业改制,公司希望员工入股。但法律规定,即根据《公司法》[②]第24条的规定,有限责任公司由50个以下股东共同出资设立。若员工人数众多,则必须成立员工持股会对职工的股份进行代持。在此类案件中,争议焦点通常是持有股份的隐名股东——员工,能否成为适格的原告,且其作为股东的财产和权利能否受到保护。

在四川宏华石油设备有限公司(以下简称宏华公司)、吴某财产损害赔偿纠纷二审民事判决书[③]中,法院判决如下:宏华公司改制设立时,由于参股职工

---

① 江苏省高级人民法院民事判决书,(2015)苏商终字第00535号。
② 后文出现、讨论的《公司法》条文为2018年修正的版本,除非有特别标注或者说明。
③ 四川省高级人民法院民事判决书,(2016)川民终244号。

人数众多,募集资金达不到设立股份有限公司的条件,只能改制成立有限责任公司……本案发生在企业改制的特定历史背景下,对一审原告吴某、龚某某法律地位的考量,既要尊重历史,同时也要保护出资人的利益。虽然一审原告吴某、龚某某依法不能被确认为公司股东,但不能因此而否认其作为出资人的权益,作为宏华公司的实际出资人,其享有相应的财产性权益,因一审原告吴某、龚某某履行了出资义务,实际享受了分红、配"股"等权益,其财产性权益应当受到宏华公司及其股东的尊重和法律的保护。

在李某某、深圳市翔盈股份有限公司(以下简称翔盈股份公司)股东资格确认纠纷再审审查与审判监督民事裁定书[1]中,法院判决如下:本案李某某所主张的翔盈股份公司的股东身份及股东权益,是以其为翔盈股份公司内部员工为前提,具有员工劳动福利性质的国有企业内部员工持股,不属于《公司法》规定的股东……其在本案以并未离职和退股为由提起本案股东确认之诉,缺乏基本的请求权基础和法律依据,一审、二审法院驳回李某某的起诉和上诉并无不妥。李某某认为其作为翔盈股份公司的隐名股东,有权提起确认股东资格之诉的再审申请理由,缺乏事实与法律依据,本院不予支持。

从这些案件中可以发现,工会持股类案件是具有历史意义的一类案件,将动机作为判决的部分根据的案件约有 10 个,其中仅有 1 个案件不支持员工的隐名股东身份。法院在肯定工会代持股的判决中,一般会陈述企业在改制过程中对于采用工会代持股安排的必要性,从而肯定工会代持股作为员工隐名持股安排的合理性,但也会限制员工的部分股东权利。在不认可工会代持股的判决中,法院一般不对动机进行分析,而是直接适用法律,认为员工不属于公司法中规定的股东。

3. 特殊身份类案件

在特殊身份类案件中,通常是由于股东或公司具有特殊的法律地位,被诸如《外商投资法》等法律进行了特殊规制,有的股东或公司为了规避这些法律监管,而选择成为隐名股东。争议焦点主要集中于此类隐名股东能否取得股东资格,获得股东权利;也存在强制执行案件中是否需要执行显名股东名下股权

---

[1] 广东省高级人民法院民事裁定书,(2020)粤民申 6229 号。

的问题。

在黄某某、成都新超机械制造有限公司(以下简称新超公司)与戴某、冯某某、陈某某、郑某某公司盈余分配纠纷二审民事判决书①中,法院判决如下:戴某与黄某某等签订《合伙投资合约》,约定了在中华人民共和国四川省都江堰市开设工厂及各方的出资金额,并约定企业性质为外商独资企业,由于戴某系中国公民,所以其姓名不出现在公司股东名册内。因黄某某的股东权益经多次转让,最终形成了戴某与黄某某、冯某某、陈某某之间隐名出资关系。戴某作为实际投资者有权请求作为其显名股东的黄某某、冯某某、陈某某向其交付从新超公司获得的收益。在中信银行股份有限公司济南分行、海航集团有限公司(以下简称海航集团)执行异议之诉再审民事判决书②中,法院判决如下:海航酒店控股集团有限公司作为海航集团的下属成员企业,投资比例已占20%,通过中商财富代持股份的方式,海航集团对营口沿海银行的持股比例达到了24.8%,海航集团寻求中商财富代持营口沿海银行股份,主观上不排除为了规避上述通知中对于股东资格审核的监管要求。

虽然在特殊身份类案件中,当事人主要是为了规避针对股东或公司的特殊监管限制,但只要不是违反了效力性、强制性规定,如对上市公司隐名持股的限制,并不会影响股权归属的认定。但后续能否取得股东资格,还要看当事人是否违反了显名化的相关法律法规。

4. 逃避债务类案件

逃避债务类案件主要是指隐名股东为了逃避债务,将其名下的股份转移给显名股东,从而避免其名下股份被强制执行。其争议焦点主要为股东资格确认和债权人撤销权。

在石某忠、杭州中盛房地产开发有限公司(以下简称中盛公司)与石某林再审民事判决书③中,法院判决如下:当时石某林确实对外欠债很多,其持有股份面临被众多债权人查封执行的风险,不转让股份中盛公司不可能继续经营,且石某林也有逃避债务的需求,石某忠作为石某林的堂兄弟,客观上存在以股

---

① 四川省高级人民法院民事判决书,(2015)川民终1143号。
② 最高人民法院民事判决书,(2016)最高法民再360号。
③ 浙江省高级人民法院民事判决书,(2013)浙商提字第6号。

权转让为名而行隐名投资之实的动机和目的。本案中,虽然隐名股东存在逃避债务的故意,但由于其债权人并没有就此股权转移的行为提起诉讼,所以没有就恶意串通的行为判定转让无效,并且认可了其隐名股东的身份。在江苏北纬资产管理有限公司(以下简称北纬公司)申请江苏经纬建设集团有限公司(以下简称经纬公司)管理人、南京英荣商贸有限公司(以下简称英荣公司)民事判决书①中,法院判决如下:经纬公司在北纬公司未支付股权转让款的情况下仍然办理了股权过户登记;此后北纬公司将标的股权再次转让给英荣公司并签订代持协议书,明确"鉴于甲方母公司经纬公司因市场大环境以及管理不善等原因导致整个集团资金链断裂,为了使甲方所控制的先慧公司的运营免受各种因素的影响……"等。综合上述因素,应当认定经纬公司转让股权的目的在于逃避债务,受让人北纬公司与英荣公司后续签订的《股权转让协议》只是实现该不法目的的手段,真实意思是由英荣公司代持股权,两次缔结《股权转让协议》均属于恶意串通、损害经纬公司债权人利益,虽然形式上两次股权转让均办理了过户登记,但是依据《企业破产法》第33条规定两次转让行为均应认定无效。针对恶意串通类的股权转让行为,法院为了保护债权人的利益,会认定股权转让行为无效,将隐藏在重重帷幕后面的隐名股东找出来,要求其承担应有的责任。

(二)股权代持合同效力

1.统计分析及结论展示

法院在判断股权代持关系是否成立时,首先关注的就是当事人之间是否存在股权代持协议,代持协议是显名股东与隐名股东之间代持合意最直接的体现。但实践中的案情总是更加复杂,围绕代持协议发生的纠纷多是由于当事人没有签署代持协议、对协议的真实性持不同意见、协议内容有歧义,或者协议的本质是代持股外的其他法律关系,如名为代持股协议实为借款合同、名为代持股协议实为股权转让合同等。在证明当事人之间确实存在代持关系后,法院会进一步考察代持关系是否合法有效。在通常情形下,影响代持关系效力的因素主要是隐名股东的特殊身份和法律、行政法规的强制性规定。在笔者分析

---

① 江苏省高级人民法院民事判决书,(2018)苏民终1393号。

的案例中,法院最常采用的裁判规则是原《合同法》第52条规定,并且还会通过合同内容、代持合意、实际出资等直接证据来加强对合同性质及效力的判断。

笔者分析了涉及股权代持协议效力的174个相关案例,其中103个案例最终被判定为股权代持协议,31个案例被判定为股份转让协议,14个案例被判定为借款合同,8个案例被判定为担保合同,另有18个案例被判定为工会代持、股权持有证明或合伙协议等其他较为特殊的情形(见图1-1)。在这些案例所适用的法条中,《公司法司法解释(三)》第24条被适用的频率最高,共27个案例裁判时适用这一法条。

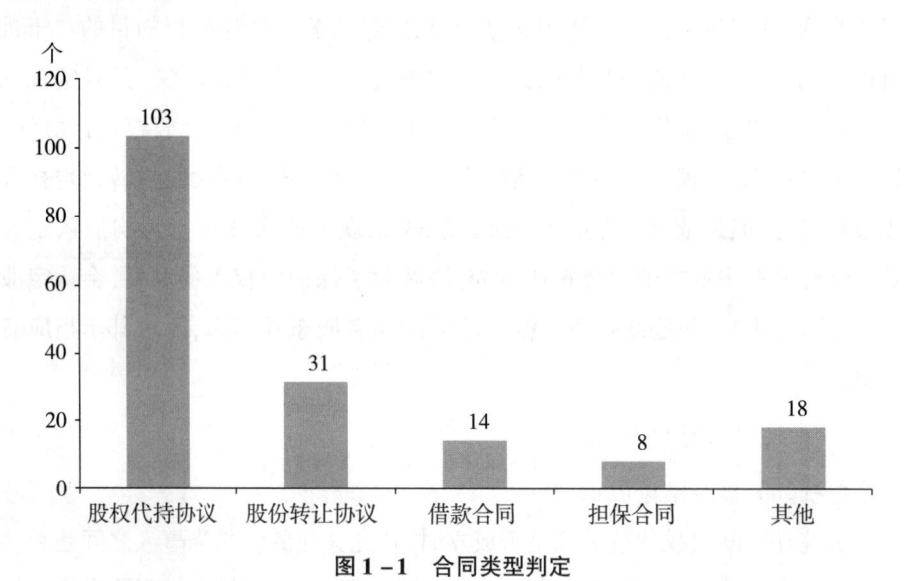

图1-1 合同类型判定

合同类型	案例数(个)
股权代持协议	103
股份转让协议	31
借款合同	14
担保合同	8
其他	18

在这些涉及股权代持协议效力的案例中,共146个案例涉及合同效力的讨论。判定合同有效的案例共119个,其中最终认定为隐名股东的案例106个,最终不认定为隐名股东的案例10个,没有关于隐名股东讨论的案例3个;判定合同无效的案例共19个,其中最终认定为隐名股东的案例1个,最终不认定为隐名股东的案例18个;判定合同不成立的案例共8个,其中最终认定为隐名股东的案例2个,最终不认定为隐名股东的案例6个(见图1-2)。

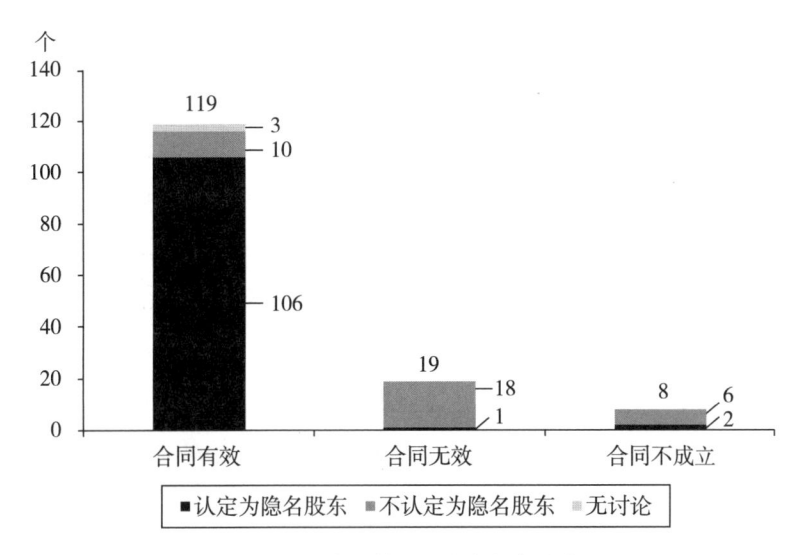

图1-2 合同效力及隐名股东认定

研究结论如表1-1所示。

表1-1 股权代持协议效力统计

合同效力	裁判理由		引用法条	案件数量/个
股权代持协议有效	未违反法律、行政法规		《公司法司法解释(三)》第24条第1款；原《合同法》第52条	119
	非强制性规范不影响股权代持协议的效力	协议违反地方政策文件		
		合同涉及贿赂行为		
		持股比例违反中国证监会管理规定		
		隐名股东具有公务员身份		
		案涉股权为外商投资企业股权		
		隐名股东为国有银行		
	协议书中显名股东名称存在变更			
	通过《民事调解书》确定代持效力			
股权代持协议无效	违反法律、行政法规			19
	存在恶意串通等一般合同无效事由			
	合同具有从属性			
股权代持关系不成立(包括成立后解除,裁判时认定不存在股权代持协议)	证据不足,无法证明股权代持关系成立			8
	证据证明不存在股权代持关系			
	股权代持协议已解除			

2. 类型化分析及典型案例研究

(1) 判决股权代持协议有效(判决肯定隐名股东地位)

在全部案例中,判决股权代持协议有效的法院,裁判说理部分高度一致。其适用《公司法司法解释(三)》第24条第1款之规定,直接判决代持股协议有效;或只适用原《合同法》第52条规定,表示基于双方当事人真实意思表示的,未违反法律、行政法规的禁止性规定的股权代持协议,其效力为合法有效。例如,在陈某某等与王某股权转让纠纷案①中,法院判决:本案各方当事人就飞驰公司股权转让事宜先后签订的三份协议及股权代持协议,均合法有效,对协议当事方均具有约束力。法院也承认口头协议的效力,最高人民法院在(2016)最高法民申653号民事裁定书中提道:对被申请人张某与赵某、池某某等人间存在口头隐名代持股份协议的主张,予以采信,并无不当。口头隐名代持股份协议不违反法律规定,其效力应予确认。在这些股权代持协议效力的认定中,有时存在某些情形或因素,对法院认定股权代持协议有效产生一些影响。这些情形或因素主要包括以下几类。

① 协议违反地方政策文件

对于代持股协议违反地方政策文件的情况,法院认为该违规行为应由政府相关部门进行监管,但不能由此得出合同无效的结论,即合同有效。例如,在山东滕建投资集团兴唐工程有限公司(以下简称兴唐公司)、山东华奥斯新型建材有限公司案外人执行异议之诉再审民事判决书②中,山东省高级人民法院认为,虽然上述协议违反了《山东省融资性担保公司管理暂行办法》第14条第2款第5项"入股资金来源合法,不得以借贷资金入股,不得以他人委托资金入股"的规定,但该违规行为应由政府相关部门进行监管,不能由此得出兴唐公司即丧失了对出资的所有权,兴唐公司以宝康公司名义实际出资1500万元,理应享有股权实际权益。由此可知,代持股协议违反地方政策文件不会构成合同效力的障碍。

---

① 江苏省高级人民法院民事判决书,(2016)苏民申字第5798号。
② 山东省高级人民法院民事判决书,(2020)鲁民再239号。

②合同涉及贿赂行为

对于合同涉及贿赂行为的刑民交叉情况,法院认为,涉及贿赂的合同行为包含贿赂行为和合同行为这两个相互牵连但性质迥异的行为,贿赂行为受到刑事处罚并不意味着作为缔约结果的民事合同行为必然无效,民事合同效力仍应从意思表示一致性的角度予以判断。例如,在深圳市兴云信投资发展有限公司(以下简称云信公司)、深圳市禾之禾创业投资发展有限公司(以下简称禾之禾公司)信托纠纷二审民事判决书①中,最高人民法院认为,涉及贿赂的合同行为有两个相互牵连但性质迥异的行为:贿赂行为和合同行为。但应受刑事制裁,并不意味着作为缔约结果的民事合同行为必然无效。民事合同效力仍应从意思表示一致性的角度予以判断,看贿赂行为是否导致受贿人所在公司违背真实意思表示、签订利益明显受损的不公平交易合同。结合协议书的缔约时间、缔约代表和缔约内容,本案没有充分证据证明华美公司的行贿行为导致兴云信公司违背真实意思表示、签订利益明显受损的不公平交易合同。由此可知,合同涉及贿赂行为并不必然构成合同效力认定的障碍。

③持股比例违反中国证券监督管理委员会(以下简称中国证监会)管理规定

对于股权代持协议纠纷中代持股比例违反中国证监会相关规定的情形,法院认为,相关规定属于管理性规范,而非效力性规范,不影响股权代持协议的效力,不构成认定股权代持协议有效、肯定隐名股东地位的障碍。例如,在浙江国贸集团金信资产经营有限公司、广厦建设集团有限责任公司、浙江三和控股集团有限公司等股权转让纠纷二审民事判决书②中,法院认为,《证券投资基金管理公司管理办法》(已失效)中基金管理公司股东最高出资比例不得超过49%之规定,并不影响隐名股东通和控股公司与显名股东广厦建设集团有限公司间《股权代持协议》的效力。《证券投资基金管理公司管理办法》系部门规章,目的是加强对证券投资基金管理公司的监督管理,属于管理性规范,不影响股权代持协议的效力。另外,中国证监会 2008 年 6 月证监许可〔2008〕806 号批复

---

① 最高人民法院民事判决书,(2018)最高法民终 362 号。
② 浙江省高级人民法院民事判决书,(2019)浙民终 1 号。

同意招商证券股份有限公司占博时基金公司注册资本73%股权比例之事实,亦可印证其是管理性规范事实。由此可见,中国证监会相关管理性规范并不影响股权代持协议之有效。

④隐名股东具有公务员身份

对于隐名股东是公务员的情况,法院认为,公务员身份不属于法律规定确认合同无效的要件,因此合同有效。例如,在宋某与王某某重庆兴夔实业有限公司股东资格确认纠纷二审民事判决书①中,关于隐名股东王某某和显名股东宋某之间股权代持合同关系的效力,重庆市第二中级人民法院认为,王某某在协议订立时的身份虽系公务员,但该身份并不属于法律规定确认合同无效的要件,故宋某以此为由主张案涉合同无效缺乏事实和法律依据,本院不予支持。该案再审中重庆市高级人民法院也认可了这一判决。② 由此可知,实际出资人的公务员身份并不会构成代持股协议效力认定的障碍。

⑤案涉股权为外商投资企业股权

对于股权代持协议纠纷中案涉股权为外商投资企业股权的情形,法院认为,该情形不影响股权代持协议的效力,不构成认定股权代持协议有效、肯定隐名股东地位的障碍。例如,在仲益国际有限公司(以下简称仲益公司)、苏州仲益电机设备有限公司(以下简称电机公司)与喻某某与公司有关的纠纷二审民事判决书③中,法院认为,《隐名股东投资协议书》系实际投资者喻某某与电机公司显名股东仲益公司关于相互之间权利义务的约定,而非设立、变更外商投资企业的合同,不需要经过相关审批机关的审批才能生效,故显名股东仲益公司、电机公司以此主张该协议无效不能成立。由此可知,外商投资企业的合同特别生效要件不适用于外商投资企业股东间关系,不影响股东间关系的生效,案涉股权之外商投资企业股权性质,并不会构成股权代持协议效力认定的障碍,也不影响隐名股东地位的认定。

⑥隐名股东为商业银行

对于隐名股东为商业银行的情形,法院认为,《商业银行法》第43条关于

---

① 重庆市第二中级人民法院民事判决书,(2018)渝02民终2482号。
② 参见重庆市高级人民法院民事判决书,(2019)渝民再186号。
③ 江苏省高级人民法院民事判决书,(2018)苏民终1190号。

商业银行投资限制的规定,并不影响股权代持协议的效力。例如,中国建设银行股份有限公司长沙天心支行与湖南省华厦房地产开发公司(以下简称华厦公司)、湖南佳程酒店有限公司股东资格确认纠纷一审民事判决书①中,原告与华厦公司就涉案股权形成的委托代持关系是各方当事人的真实意思表示,但后根据国家政策的规定,涉案股权应当由原告向有关国有资产管理部门移交而未移交。法院认为,由于《商业银行法》属于行业规范性质的法律,其为管理性规定而非效力性规定,即使违反该规定也不必然产生合同无效的法律后果。由此可见,作为管理性规定的对国有资产投资的相关限制并不影响股权代持协议的效力,也不影响隐名股东地位的认定。

除此以外,在实际案例中,还存在显名股东与协议书中约定的名义出资人不相符合的情况,法院通常通过分析委托持股关系确定真实的显名股东,且并不否认该协议书的效力。例如,宁某某、王某某合同纠纷二审民事判决书②中,法院认为,通过签订与履行协议书,王某某、许某某与宁某某形成了以宁某某为显名股东、由王某某与许某某出资并享有投资权益的委托代持股权合同关系。

在实践中,法院还可以根据双方当事人提交的其他法律文书,认定代持股协议的效力。例如,林某珏、林某铁委托合同纠纷二审民事判决书③中,法院认为,双方当事人在厦门市中级人民法院主持下达成的(2015)厦民初字第939号民事调解书与《股权代持及投资收益分配协议书》的有关内容基本一致,可以相互印证,从而确认林某铁具有海峡西岸公司投资人和隐名股东的法律地位,林某珏仅是显名股东和代持者。

(2)判决股权代持协议无效(判决否定隐名股东地位)

在法院判决股权代持协议无效的案件中,主要包含以下几种情况。

第一,违反法律、行政法规。在判决股权代持协议无效的案例中,法院认定该股权代持协议无效的依据同样为原《合同法》第52条,认为案件情形违反了中共中央、国务院《关于进一步制止党政机关和党政干部经商、办企业的规定》这一行政法规。如山西鑫四海饲料有限公司(以下简称鑫四海公司)与长治县

---

① 湖南省高级人民法院民事判决书,(2018)湘民初41号。
② 山东省高级人民法院民事判决书,(2018)鲁民终453号。
③ 福建省高级人民法院民事判决书,(2018)闽民终16号。

西池乡人民政府(以下简称西池乡政府)、山西晋煤集团长治仙泉煤业有限公司侵害企业出资人权益纠纷再审案①中,法院指出,中共中央、国务院于1986年2月4日作出《关于进一步制止党政机关和党政干部经商、办企业的规定》,规定党政机关一律不准经商、办企业。该规定属于国务院行政法规,具有强制性效力。西池乡政府应当按照该规定对企业中的财产进行清理,并与企业脱钩。但西池乡政府却违规与鑫四海公司签订代持股协议书,明脱钩暗不脱钩,属于原《合同法》第52条第5项规定的"违反法律、行政法规的强制性规定"的情形,应当认定为无效。

第二,存在恶意串通等一般合同无效事由。例如,李某某、枣庄奥力汽车销售服务有限公司(以下简称奥力公司)股东出资纠纷再审民事判决书②中,奥力公司在明知李某某不是登记股东、王某与李某某不存在股权代持协议的情况下,向李某某出具虚假的《出资证明书》,使得李某某误以为各方关系为王某代持其股份,自身为隐名股东。奥力公司与王某存在共同欺诈的故意,由此造成李某某权益受损,李某某无被代持的真实意思,双方代持股协议无效,也不具有代持关系。

第三,股权代持协议具有从属性效力。在某些案例中,当股权代持协议在个案中具有其他法律关系之从属关系的性质时,则对该股权代持协议的效力判断可能因从属性而受到主合同效力的影响。在四川永宏民建筑工程集团有限公司(以下简称永宏民公司)、李某某合同纠纷再审审查与审判监督民事裁定书③中,最高人民法院认为:"因《合作协议书》第10条限定李某某向永宏民公司交纳的投资款2000万元只能用于攀枝花市综合客运中心工程,故前述股权转让相关约定实质为建设工程施工合同的履行方式,该条款及股权代持协议的效力不能独立于建设工程合同条款的效力。因案涉工程未取得建设工程规划许可证等审批手续,系违法建设工程,永宏民公司与李某某之间就违法建设工程施工的相关约定因标的物不具有合法性而无效,故李某某与永宏民公司之间的《合作协议书》无效。"由此可知,若股权代持协议依附的主合同无效,该协议

---

① 山西省高级人民法院民事判决书,(2019)晋民再253号。
② 山东省高级人民法院民事判决书,(2017)鲁民再27号。
③ 最高人民法院民事裁定书,(2020)最高法民申1855号。

也无效。

(3) 股权代持关系不成立

①证据不足,无法证明股权代持关系成立

第一,不存在代持合意。基于个案情况,若当事人不能提供充分证据证明存在股权代持关系的事实,法院则会认定当事人不存在代持合意,股权代持协议不成立,不存在股权代持关系。例如,香港中港通投资有限公司、重庆渝港通实业有限公司(以下简称渝港通公司)与重庆海润眼镜有限公司(以下简称海润公司)股权转让纠纷二审民事判决书①中,法院认为渝港通公司提出海润公司与其存在代持股关系,应当举示相应证据予以证明。渝港通公司举证证明双方存在代持股关系的用款说明等证据为传真件复印件,并非原件,其上所载的印章并非鲜章,在缺乏其他证据佐证的情况下无法证明其真实性。又如,在蔡某某与溧阳市竹箦吕氏自来水有限公司、吕某某等股东资格确认纠纷申诉、申请民事裁定书②中,法院对相关证据进行分析后表述如下:该案中,蔡某某主张其与吕某系股权代持关系,但未提交书面股权代持协议。吕某某出具的收条虽载明"如中标用此款作为入股资金",但吕某某、吕某均系完全民事行为能力人,在吕某未授权或追认的情况下,不能以吕某某、吕某系父子关系以及吕某某出具的收条即认定吕某与蔡某某建立股权代持关系。

第二,将"实际出资"作为重要考量因素。在部分案例中,法院除了认定当事人真实意思表示之外,往往引进"实际出资"作为判断股权代持协议是否成立的辅助标准之一,以消除案涉书面协议内容与当事人真实意思不一致带来的疑惑。

②有证据证明股份代持关系不成立

第一,生效判决等证据直接有力证明股权代持关系不成立。例如,在丁某1与香港第一大陆有限公司、汇兆集团有限公司等其他与公司有关的纠纷二审民事判决书③中,法院认可一审法院关于委托代持股关系的判断,丁某1的主张如要成立,首先应证明丁某2持有的澳门第一环球公司股权系代丁某1持

---

① 重庆市高级人民法院民事判决书,(2018)渝民终280号。
② 江苏省高级人民法院民事裁定书,(2019)苏民申3681号。
③ 上海市高级人民法院民事判决书,(2019)沪民终196号。

有。根据我国澳门特别行政区法院的上述判决,可以认定丁某2是澳门第一环球公司99%股份的实际持有人,丁某1与丁某2之间并不存在股份代持关系。丁某1在本案中并未举证证明其实际向澳门第一环球公司进行过出资,或实际参与公司经营管理,或实际享受过股东权益,显然无法推翻澳门特别行政区法院生效判决对于双方间不存在代持股关系的认定。

  第二,约定的标的不是股权。当事人之间签订的虽然名为或者看似是股权代持协议,但综合合同内容来看,合同标的实质上不是股权,而是投资收益或者借款本息。此时,法院通常会否认隐名股东的身份,转而支持实际上的法律关系。例如,江苏强民投资有限公司(以下简称强民公司)、常州华瑞福海电子科技有限公司等案外人执行异议之诉民事判决书[①]判决如下:本案中各方当事人合作始于委托定投协议,该协议名称并非股权代持协议,条款中也没有出现代持的约定。强民公司不仅通过协议安排获得了本金保障,还形成了收益的预期,这与股东以出资为限对公司承担责任、公司根据实际经营情况决定是否分红存在根本区别,据此不应认定强民公司有通过委托定投协议获得股东身份的意思。在高某某与江苏淮涟置业有限公司股东资格确认纠纷案判决书[②]中,法院认为:依据《投资协议书》约定,高某某与投资公司共同出资成立置业,投资公司出资400万元由高某某代为借垫,抵算土地出让金,投资公司享受股份400万元,收益分成30万元。"借垫"的文义理解应为借款垫付之意,结合上下文,应理解为由投资公司向高某某借款由高某某代为垫付,即由高某某为投资公司代为出资400万元,投资公司与高某某间形成400万元债权债务关系。

  ③股权代持协议已解除

  一些案例存在股权代持协议曾经成立但因事实变化而被认定为已解除的情形,法院裁判时认定不存在股权代持协议,代持股关系不成立。例如,在深圳市晟大光电有限公司(以下简称晟大公司)、林某某、厦门冠嘉工贸有限公司合同纠纷二审民事判决书[③]中,法院认可林某某、晟大公司基于《合作协议B》共同投资经营亿光运营中心,共同决定重大经营事项,共同承担义务并分享利益,

---

[①] 江苏省高级人民法院民事判决书,(2015)苏商终字第00534号。
[②] 江苏省高级人民法院民事判决书,(2016)苏民终348号。
[③] 福建省高级人民法院民事判决书,(2015)闽民终字1170号。

双方之间是委托代持亿光运营中心投资份额的关系,晟大公司在"亿光运营中心"项目中具有隐名合伙人的身份,股权代持协议曾经成立。但目前双方当事人合作的项目已经停止营业,合作的基础丧失,且双方当事人均已表示同意合同解除,双方的代持股关系自然不成立。在冒某某、中国彩棉(集团)股份有限公司(以下简称彩棉公司)股东资格确认纠纷再审审查与审判监督民事裁定书①中,法院认定《委托持股协议》签订后,冒某某与李某某之间虽进行了股权购买交易,但由于双方已办理了股权更名登记,冒某某已实际成为彩棉公司股东,该1500万元股份不存在代持情形。由此可见,虽然股权代持协议有效,但由于双方当事人已经完成了股份的交割,事实上不需要代持股份,双方自然不具备代持股关系,也不存在隐名股东的认定问题。

3. 小结

综上所述,法院在审理隐名持股关系成立与否的案例时,在涉及合同种类及效力方面时往往会采取两种路径。第一种路径是原《合同法》的推导逻辑,以代持股协议为依据,当事人之间有真实意思表示,未违反法律、行政法规的禁止性规定,无原《合同法》第52条规定的无效情形,则认定代持股协议有效,案涉股权代持关系存在。② 第二种路径是商法的推导逻辑,重点关注当事人之间的磋商往来,综合考量签署的协议内容、实际出资情况、隐名持股的合意,对合同标的进行精准识别,厘清合同背后的真实法律关系,只有代持股事实的存在具有高度可能性,才能承认隐名股东的身份。可见,法院在合同种类及效力领域的裁判规则是较为灵活的,全面核查、多管齐下是法院在应对复杂的商事交易活动中逐渐总结出的方法。

(三) 实际出资与实际管理

1. 实际出资

在隐名股东资格认定的过程中,实际出资一直是具体认定的决定性因素。笔者在设置关键词后检索到隐名持股纠纷案例共计1469个,在审判理由及结

---

① 最高人民法院民事裁定书,(2017)最高法民申1174号。
② 参见姜皓:《隐名股东股权归属认定标准的类型化研究——以对最高法典型案例的分析与比较为视角》,载《宁波广播电视大学学报》2018年第2期。

论部分提及出资问题的案例共 424 个,而将出资问题作为审判根据之一的案例有 256 个,其中 207 个案例的裁判理由及依据中提到出资充足与否,49 个案例的裁判理由及依据中提到出资是否公允。出资是否充足,是指实际出资人是否按照股权所占比例缴纳对应金额的出资款;出资是否公允,是指实际出资人出资的对应价格是否合理,若出现"恶意低价"、出资"与常理不符"等情形,则可能否认隐名股东资格。

对于实际履行了出资义务,出资充足且公允的实际出资人,法院承认其股东资格。对于有限责任公司,《公司法司法解释(三)》第 25 条第 2 款明确规定了实际出资人的权利资格。从该条款的法律精神来理解,依法对实际出资人的出资权益给予保护,故对于出资充足且公允的实际出资人,法院在判决中均予以保护和支持。在出资部分的争议较少,除去对出资形式、出资时间、出资认证等证据层面的纠纷外,法律上,出资纠纷主要集中在出资是否充足、出资是否公允两方面。

实践中,法院针对出资是否充足,常见的纠纷点主要集中在证据层面,如某一笔未标明汇款目的的转账、交易是否是对企业的出资,涉及的理论问题主要为证据调查、证明层面的问题,此处不对此类问题进行具体分析。当出资金额可被清晰确认时,实际出资人是否出资充足基本无纠纷。

一是出资充足且公允,确认其实际出资人身份,进而确认其股东身份和股东权益。在成都帅君美容有限公司(以下简称帅君美容公司)、张某股东资格确认纠纷二审民事判决书①中,彭某某提交的汇款凭证及陈某某的证人证言等证据,可以认定帅君美容公司的注册资本 50 万元系由彭某某出资,张某系显名股东。该案中帅君美容公司从事的业务为美容业务,不属于国家规定实施准入特别管理措施的范围。因此,确认彭某某的股东身份无须报行政审查批准机关批准,其出资充足且公允,应确认彭某某系帅君美容公司的股东。二是出资不公允,对价明显不合理,进而否认其实际出资人身份,否认其股东身份。

2. 实际管理

在 424 个案例中,强调涉及"股东实际经营管理公司"的案件共有 83 个,占

---

① 四川省高级人民法院民事判决书,(2017)川民终 219 号。

比约为19.58%。而这83个案例又可以大致分为：将"股东实际经营管理公司"作为认定是否存在隐名持股问题或请求人是否为公司隐名股东问题的决定性因素之一的案件，或不以此作为决定性因素之一的案件。不以此作为决定性因素的案件又可以细分为，在审理隐名持股案件时，将因为存在"股东实际经营管理公司"的情节而倾向于认为其是隐名股东视为参照因素之一，或不以"股东实际经营管理公司"的情节作为参照因素之一。同时，在具体案件中的举证层面上，参加公司的经营管理的程度如何，达到何种证明程度才可视为"实际经营管理公司"的标准也是不同的，在下文中将作详细分析。

(1) 是否将"股东实际经营管理公司"作为决定性因素之一

第一，将"股东实际经营管理公司"作为决定性因素的，不同于股东登记的形式外观，也不同于实际出资的实质要件，股东实际经营管理公司直观上是处于决定性因素与参照性因素之间的一种判断方式。法院在判决中也常常描述得模棱两可，真正明确化地将其视为决定性因素的案件数量较少。在江苏圣奥化学科技有限公司（以下简称江苏圣奥公司）与刘某、王某股东资格确认纠纷二审民事判决书①中，法院判决陈述如下："本案中没有任何证据能够证明刘某曾对江苏圣奥公司出资，曾对江苏圣奥公司行使管理权、享有分红权等股东权利，没有任何法律要件可证明刘某具有江苏圣奥公司股东资格。"法院同时列举了未取得股权、未出资、未担任董事长及法定代表人、未行使权利等特征加以论证。在武汉鑫石源科技发展有限公司（以下简称鑫石源公司）与许某英、许某军民间借贷纠纷再审复查与审判监督民事裁定书②中，法院判决认为，对许某英是否为鑫石源公司的隐名股东的判断，应当从其是否参与鑫石源公司的管理和是否享有股东权利等方面进行分析，还包括股权比例解释是否相符、是否有签名、是否有会议资料、是否有协议、是否有分红等方面。在杜某辉的法定继承人、一审第三人与公司有关的纠纷再审民事裁定书③中，法院认为，工商登记资料不能完全体现隐名股东、股权代持等法律关系，故对于受让股权的股东主张股东身份的，应审查股权转让的真实性，如是否支付转让对价及是否办理工

---

① 最高人民法院民事判决书，(2015)民二终字第96号。
② 湖北省高级人民法院民事裁定书，(2016)鄂民申1212号。
③ 广东省高级人民法院民事裁定书，(2018)粤民再316号。

商登记,受让人受让股权后是否以股东身份参与公司经营管理或以其他形式享有股东权利、承担股东义务等。虽然明确将股东实际经营管理公司作为决定性因素之一的案件很少,在675个有效案例中较有代表性的仅有如上3个案例,其中以最高人民法院审理的案例最典型,但仍不可因此就绝对性地认为其不属于决定性因素之一。

第二,不将"股东实际经营管理公司"作为决定性因素之一。在认为其不属于决定性因素的案件中,又可细分为属于参照因素的案件与不属于参照因素的案件。

在股东实际经营管理公司属于参照因素的案件中,盛捷贸易公司(以下简称盛捷公司)、段某某合同纠纷再审审查与审判监督的民事裁定书①中,法院认为,段某某自盛捷公司设立以来,便掌握着盛捷公司的公章和账户,盛捷郑州公司成立后,段某某又作为盛捷郑州公司的法定代表人,实际参与了盛捷郑州公司的日常经营管理,段某某和盛捷公司之间存在隐名投资合同关系。在金湘工贸公司、孙某某与公司有关的纠纷二审民事判决书②中,法院采取了相同理由。在陈某某与郑某、银川市金凤区幼发拉底幼儿园民间借贷纠纷二审民事判决书③中,法院认为,从合同约定的内容、权利义务关系以及合同的实际履行情况来看,该案件并不具有股权转让的法律特征。郑某从未参与过幼发拉底幼儿园的经营管理,从未行使过股东权利,陈某某及幼发拉底幼儿园就幼儿园更名及股东变更等重大事项从未通知过郑某或征求郑某的同意,因此对其股东身份不予认可。笔者认为,将股东实际经营管理公司作为参照因素的案件较多,以上为较典型的法院说理部分,认为"股东实际参与公司经营管理"可作为事实审查的参照部分,但是也有法院认为其不应作为参照因素。

在股东实际经营管理公司不属于参照因素的案件中,王某某、武汉联军灰砂制品有限公司(以下简称联军公司)股东资格确认纠纷再审案④中,法院认为,享有股东权利是取得股东资格的结果,而不是取得股东资格的条件或者原

---

① 最高人民法院民事裁定书,(2018)最高法民申4532号。
② 四川省高级人民法院民事判决书,(2019)川民终248号。
③ 宁夏回族自治区高级人民法院民事判决书,(2017)宁民终53号。
④ 湖北省高级人民法院民事判决书,(2016)鄂民再29号。

因。但实际享有股东权利只能作为认定股东资格的佐证材料,有限责任公司的经营管理权并非等同于股权。王某某对联军公司行使经营、管理权利,不能以此作为认定其为联军公司股东的依据。在上诉人李某某、甘肃福明高新建筑材料有限公司(以下简称福明公司)、林某某与被上诉人屈某某借款合同纠纷一案二审民事判决书①中,法院陈述如下,虽然收据写明收款事由为投资砖厂,但是林某某和福明公司并没有按照收据所载款项用途给李某某和屈某某股东身份,李某某和屈某某并未因出资而成为福明公司股东,本案中李某某及其丈夫邹某某参与过福明公司的管理经营的事实并不能证明李某某的股东身份。上述两例案件明确,股东实际参与公司经营管理情况的存在并不会影响股东资格的认定。法院认为,公司的经营管理权并不等同于股权,对公司进行经营管理并不能等同于行使了股东权利,所以不属于参照性因素。

(2)对"股东实际经营管理公司"的认定

在丁某与香港第一大陆有限公司、汇兆集团有限公司等其他与公司有关的纠纷二审民事判决书②中,法院认为,丁某列举的一些其代表鼎泰公司或巴鼎公司参与的合同签订、员工招聘、项目活动等事项,均无法认定其是以实际股东的身份实施的。在北京仿真中心与太平洋海底世界博览馆有限公司等股东资格确认纠纷二审民事判决书③中,法院认为,股东行使其股东权利参与公司经营管理,应当是以委派或选举公司董事、参与公司股东会或董事会讨论公司重大经营事项或重大决策等方式实现,而不是由股东直接参与公司某项具体业务,因此北京仿真中心所述例证不足为凭。在山东中惠泽贸易有限公司、管某某股东资格确认纠纷二审民事判决书④中,法院认为,因政策和法律法规的要求,相关证书载明负责人为管某某以及其履行相关部门日常培训义务等情况,并不能说明管某某行使了股东权利,上述事项更不属于公司的重大决策事项。可见,对于认定股东是否属于"实际经营管理公司",法院的认定标准普遍较严格。对于具体的日常经营管理的行为,法院普遍认为,其并非股东应当管理的

---

① 甘肃省高级人民法院民事判决书,(2016)甘民终45号。
② 上海市高级人民法院民事判决书,(2019)沪民终196号。
③ 北京市高级人民法院民事判决书,(2019)京民终1497号。
④ 山东省高级人民法院民事判决书,(2018)鲁民终1119号。

事项,并不属于行使股东权利,自然也不应成为认定股东资格时应该考虑的因素,即使该管理行为可以使公司整体及股东获得收益。对于一些重大管理事项或重大决策事项,例如,委派或选举公司董事、参与公司股东会或董事会讨论等,多数法院认为,其属于股东实际经营管理公司,并可作为认定股东资格时应当参照的因素。

(四)强制性规范

股权代持行为在商事交易和商业实践中较常见,相关纠纷亦呈高发态势,争议焦点为其法律效力问题。2014年《公司法司法解释(三)》第24条肯定了股权代持的效力与合法性,提出了以有效为原则、以违反原《合同法》第52条为例外的认定思路。但是,目前法律、司法解释对于代持协议无效的具体界限仍未明确。在对司法实践中股权代持类纠纷进行梳理的基础上,笔者发现,特殊领域监管制度及其变化对代持股协议效力有重大影响。涉及代持股条款本身效力性强制性规范的案例主要发生于外商投资企业、上市公司、金融机构(包括商业银行、证券公司、保险公司、基金管理公司、小额贷款公司等)以及人民政府等特殊领域。如图1-3所示。

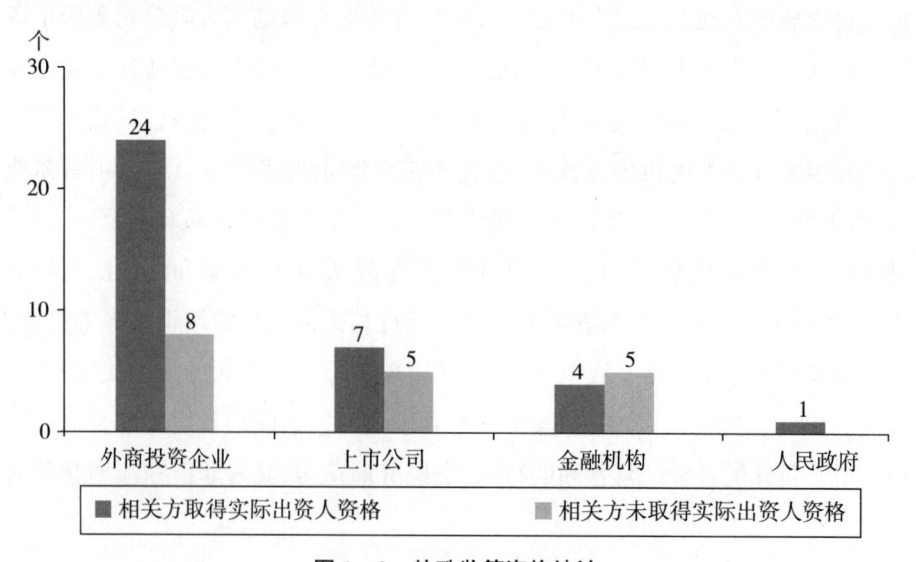

图1-3 特殊监管资格统计

笔者查阅到的相关案例共计54个,其中:(1)在涉及外商投资企业的32个案例中,法院认为相关方取得实际出资人资格的案例有 24 个,否认其资格的案例有 8 个;(2)在涉及代持上市公司股份的 12 个案例中,法院认为相关方取得实际出资人资格的案例有 7 个,否认其资格的案例有 5 个;(3)在涉及金融机构的 9 个案例中,法院认为相关方取得实际出资人资格的案例有 4 个,否认其资格的案例有 5 个;(4)在涉及人民政府的 1 个案例中,法院否认了人民政府的代持股行为,认定其不具有隐名股东资格。下面将对我国法院在相关司法审判中的态度进行具体说明和分析。

1. 外商投资企业

我国对外商投资采取的态度为区分对待,根据《指导外商投资方向规定》和《外商投资产业指导目录》(已失效)的规定,外商投资项目分为鼓励、允许、限制和禁止四类。当实际投资人为外商时,其与境内名义股东签署的股权代持协议是否有效须根据具体问题进行具体分析。在鼓励和允许的外商投资项目中,外商实际投资人与境内名义股东的股权代持协议不具有原《合同法》第 52 条规定的情形,应认定为有效。司法实践中的焦点和争议主要表现为限制和禁止类项目中股权代持协议是否有效。

(1)不违反现行效力性强制性规范,认可隐名股东地位

第一,对于非限制或禁止外商投资领域,法院认为,股权代持合同不违反效力性强制性规定,应为有效。例如,在北京仿真中心与太平洋海底世界博览馆有限公司(以下简称博览馆公司)等股东资格确认纠纷二审民事判决书[①]中,北京市高级人民法院认为,案涉博览馆公司项目属于限制外商独资项目,目前国家对此并无限制性规定。前述股权代持合同不违反中华人民共和国现行法律法规强制性规定,应为有效合同。在如皋市金鼎置业有限公司(以下简称金鼎公司)、叶某某与吴某某股东资格确认纠纷二审民事判决书[②]中,江苏省高级人民法院认为,金鼎公司系中外合资企业,该案并不存在涉及国家规定实施准入特别管理措施的相关情形,故案涉股权变更仅须向有关外商投资企业管理部门申请备案即可,并非经审批机关批准后才生效。在余某某、进和株式会社股东

---

① 北京市高级人民法院民事判决书,(2019)京民终 1497 号。
② 江苏省高级人民法院民事判决书,(2019)苏民终 1194 号。

资格确认纠纷二审民事判决书①中,广东省高级人民法院指出,广州进禾公司的股东变更后,其成为中外合资经营企业,但并不涉及国家规定的准入特别管理措施的相关情形,故该变更登记事项属于无须事前征得有关机关审批同意而适用备案管理的范围。

第二,在部分案例中,法院认为,当事人能否成为公司股东与其是否为公司的实际出资人系两种不同的法律关系,股权代持协议并非设立、变更外商投资企业的合同,应注意区分限制性规定的适用范围。例如,在马某与常州鑫杰铜业有限公司(以下简称鑫杰公司)、高某某等中外合资经营企业合同纠纷二审民事判决书②中,江苏省高级人民法院认为,由于我国台湾地区居民吕某某、林某某作为鑫杰公司的隐名股东,并未在工商机关登记其为股东,鑫杰公司并不是中外合资经营企业,因此涉案合作合同并不需要经外资审批机关审批。在资某某与天津市宝兴体育设施有限公司(以下简称宝兴公司)股东资格确认纠纷二审民事判决书③中,天津市高级人民法院认为,根据我国内地相关法律规定,资某某作为我国香港特别行政区居民确实无法成为宝兴公司的股东,但其能否成为公司股东与其是否为公司的实际出资人系两个不同的法律关系。资某某虽无法取得宝兴公司股东资格,但并不影响对其实际出资人地位的认定。在仲益公司、电机公司与喻某某与公司有关的纠纷二审民事判决书④中,法院持相同观点。

(2)违反外商投资企业强制性规范,不得隐名代持

在华懋金融服务有限公司(以下简称华懋公司)与中国中小企业投资有限公司(以下简称中小企业公司)委托投资纠纷上诉案判决书⑤中,最高人民法院认为,华懋公司委托中小企业公司投资入股中国民生银行的行为,违反了金融管理制度的强制性规定。双方签订的合同均应认定无效,对于委托关系的内容即双方关于由华懋公司享有中国民生银行股东地位和权利的约定不予认可。

---

① 广东省高级人民法院民事判决书,(2019)粤民终646号。
② 江苏省高级人民法院民事判决书,(2014)苏商外终字第00052号。
③ 天津市高级人民法院民事判决书,(2015)津民终42号。
④ 江苏省高级人民法院民事判决书,(2018)苏民终1190号。
⑤ 最高人民法院民事判决书,(2002)民四终字第30号。

总的来说,在不同行业,外商实际投资人以委托境内名义股东持股的方式进入时可能面临的法律风险存在一定差异。在外商实际投资人请求确认股东地位的案件中,法院通常的裁判思路为先审查该行业是否限制和禁止外资进入以确认股权代持协议的效力。值得说明的是,相关限制可能会随着法律法规的变化而变化,外商投资领域的约束在逐渐变少,其时效性值得关注。

2. 上市公司

严格来说,现行法律、司法解释未明确否定上市公司股权隐名代持行为的效力。关于上市公司股权代持,在笔者查阅到的裁判案例中,针对具体案件的不同情形,法院对代持协议的效力认定存在差异。大多数判决结果的司法导向为,坚决维护资本市场信息披露制度,坚决保护不特定广大投资者的利益和公序良俗,否定上市公司股权代持。但也有部分法院对此持不同意见。

(1) 损害社会公共利益,不得隐名代持

大多数法院认为,公司上市发行人必须股权清晰,且股份不存在重大权属纠纷,上市公司需遵守如实披露义务,披露的信息必须真实、准确、完整,这是证券行业监管的基本要求,也是证券行业的基本共识。拟上市公司、上市公司股权不得隐名代持,否则将损害广大不特定投资者的合法权益,破坏证券市场交易秩序与交易安全,增加经济运行的不确定因素。但法院的判决依据主要为原《合同法》第 52 条第 4 项的规定,即"损害社会公共利益",未直接对是否违反强制性规范进行分析。

例如,在杨某某、林某某股权转让纠纷再审审查与审判监督民事裁定书[①]中,最高人民法院认为,在亚玛顿公司上市前,林某某代杨某某持有股份,以林某某名义参与公司上市发行,实际隐瞒了真实股东或投资人身份,违反了发行人如实披露义务,为上述规定明令禁止的行为。要求拟上市公司股权必须清晰,约束上市公司不得隐名代持股权,系对上市公司监管的基本要求,如果连上市公司真实股东都不清晰,其他对于上市公司系列信息披露要求、关联交易审查、高级管理人员任职回避等监管举措必然落空,必然损害广大非特定投资者的合法权益,从而损害资本市场基本交易秩序与基本交易安全和社会公共利

---

① 最高人民法院民事裁定书,(2017)最高法民申 2454 号。

益。最高人民法院从上位法和下位法的角度论述了违规股权代持与公共利益间的关系,进而认定相关股权代持行为对公众利益构成损害。在杉浦某某与龚某股权转让纠纷一审民事判决书①中,上海金融法院从适用原《民法总则》公序良俗的角度,对上市公司的股权代持行为作出了无效认定。在何某与赵某某、赵某合同纠纷一审民事判决书②中,湖南省高级人民法院亦持同样观点。在湖南卓越投资有限公司等与邸镝股权转让纠纷二审民事判决书③中,北京市高级人民法院也认为,上述披露事项涉及广大非特定投资者的合法权益,关乎资本市场基本交易秩序和基本交易安全,对于股权代持行为应认定为无效。上市公司股份代持行为损害了金融安全、社会稳定和社会公共利益,故股份转让和股份代持合同违反法律和上市公司相关监管规定,应属无效。

(2) 履行上市公司如实披露义务,认可隐名股东地位

在一些案例中,尽管案涉企业是上市公司,但法院认为,由于其履行了如实披露义务,不能认定代持股协议无效。在兴云信公司、禾之禾公司信托纠纷二审民事判决书④中,最高人民法院认为,本案华美公司、王某某、禾之禾公司通过委托代持股方式收购盐湖工业公司国有股权,而从盐湖工业公司的上市公告上看,由信息披露义务人兴云信公司依法披露了所涉的隐名持股情况,表明盐湖工业公司对委托代持股事实并没有异议。在兴云信公司、王某某信托纠纷二审民事判决书⑤中,最高人民法院亦认为:盐湖工业公司在2008年发布的《青海盐湖工业集团股份有限公司简式权益变动报告书(修正)》中披露了相关信托情况,该公司对此并未提出异议,因此,本案现有证据不能证明案涉《协议书》存在法定的合同无效情形。

(3) 关注股权代持发生的时间点

笔者注意到,法院在司法实务中,对股权代持发生的时间点、当时的情况进行了严格区分,以准确界定法律关系和法律事实,保证公正裁判。在林某全、林

---

① 上海金融法院民事判决书,(2018)沪74民初585号。
② 湖南省高级人民法院民事判决书,(2018)湘民初28号。
③ 北京市高级人民法院民事判决书,(2019)京民终1651号。
④ 最高人民法院民事判决书,(2018)最高法民终362号。
⑤ 最高人民法院民事判决书,(2018)最高法民终364号。

某青案外人执行异议之诉二审民事判决书①中,福建省高级人民法院认为,林某全以隐名股东身份与吴某雄共同投资的是有限责任公司的股权,而非上市公司的股票。山鹰纸业系早在2001年就经中国证监会批准发行的上市公司,山鹰纸业股票上市发行与诉争吉安公司股权代持完全是不同年代发生的无关联事情,不存在违反《首次公开发行股票并上市管理办法》(已失效)等相关股票发行上市法律法规规定的情况。

在陈某、沈某某与上海明匠智能系统有限公司(以下简称明匠公司)、河南黄河旋风股份有限公司(以下简称黄河旋风公司)等股权转让纠纷二审民事判决书②中,上海市高级人民法院严格区分了前后两份代持股协议的不同时间节点,作出了如下判决:"在上市公司隐名代持的情况下,股权代持关系的建立本身并不直接构成对公共利益的危害性,尤其在股权代持的建立时间远早于公司上市时间的情况下。构成违规并对公共利益造成损害的最直接行为是上市主体的不实信息披露及代持人的刻意隐瞒行为。本案中,系争《股权代持协议书》签订时明匠公司尚未被黄河旋风公司兼并重组,不涉及上市公司股权代持争议,故该协议合法有效。但陆某某和陈某双方的行为构成了上市公司定向增发股份的隐名代持,违反了证券市场的公共秩序,损害了证券市场的公共利益,系争《股权代持协议书》应无效。"

(4)不同裁判结果:认可代持上市公司股份,肯定隐名股东地位

值得强调的是,笔者发现,有法院对上市公司股份代持有不同意见,其认可了涉案公司股权代持协议的效力,肯定了隐名股东的地位。例如,在王某与陈某某股权转让纠纷二审民事判决书③中,就股份代持协议的效力问题,湖南省高级人民法院认为,大康公司虽然是上市股份有限公司,从法理上讲,公司法和其他法律、法规并未明文规定禁止该类公司股份代持,更未宣告该类代持协议无效,故参照司法解释的法律精神,本案股份代持协议应为有效协议。在方正延中传媒有限公司(以下简称方正公司)、深圳市意汇通投资发展有限公司(以

---

① 福建省高级人民法院民事判决书,(2017)闽民终481号。
② 上海市高级人民法院民事判决书,(2019)沪民终295号。
③ 湖南省高级人民法院民事判决书,(2017)湘民终104号。

下简称意汇通公司)股票权利确认纠纷二审民事判决书①中,广东省高级人民法院作出了如下判决:"《代持股协议》是双方当事人的真实意思表示。上述协议签订后,意汇通公司虽未向证券监督管理机构及证券交易所报告并公告,有违《证券法》等有关协议收购上市公司股份的规定。但鉴于双方已实际履行合同,且方正公司自2003年转让股份给意汇通公司并代意汇通公司持股十几年均未提出异议,现方正公司否认所涉股份非意汇通公司所有,有违诚信原则。况且所涉股份历经股权分置改革,情况已发生变化,故一审判决涉案股份归意汇通公司所有并无不当。"

总的来说,对上市公司股份代持协议的效力认定问题,司法实践存在不同裁判态度,多数判决仍然以损害社会公共利益为由否定上市公司股权代持关系的效力。这在一定程度上体现了金融穿透式监管思路,有利于保护中小投资者合法权益,维护资本市场基本交易秩序与基本交易安全,保障证券市场健康发展。这也提醒着相关方在投资拟上市公司及上市公司股权时,应谨慎关注法律法规及监管政策对上市公司股权清晰程度及发行人信息披露义务的规定,避免因代持协议无效引发纠纷,产生不必要的损失。值得注意的是,在上市公司股份代持领域,是否涉及违反强制性规范的问题存在较大争议,法院在判决书中的处理、表现出的态度亦较模糊。

3. 金融机构

在梳理裁判文书的过程中,笔者发现,金融领域可进一步细分为商业银行、保险公司、证券公司、基金管理公司和小额贷款公司等,下面将对不同金融机构的股权代持问题进行分析。

(1)商业银行

在笔者查阅的两个相关判决书中,最高人民法院均否定了商业银行股权代持行为。裁判依据主要为《商业银行股权管理暂行办法》第10条、第12条以及《公司法》第32条的规定。在新乡市汇通投资有限公司、韩某案外人执行异议之诉再审民事判决书②中,最高人民法院作出了如下判决:"商业银行股权的委

---

① 广东省高级人民法院民事判决书,(2018)粤民终2011号。
② 最高人民法院民事判决书,(2018)最高法民再325号。

托代持协议不应肯定。如果在对外关系中轻易保护实际出资人,会发出不恰当的信号,会导致非正常的公司持股现象大增,徒增交易成本,不利于交易安全。如果一概承认实际出资人排除执行的权利,则会让股权代持协议成为实践中规避执行、逃避义务的工具,导致被执行人无论是股权的实际出资人,还是名义持有人时,都无法执行的局面。代持股可能成为一种规避监督制约的方式,使得实际出资人规避了原本应当承担的责任。因此,对于商业银行的股权代持行为,法院不应肯定和支持。"在河南寿酒集团有限公司、韩某案外人执行异议之诉再审民事判决书中,最高人民法院重申了这一观点。

(2)保险公司

目前来说,仅《保险公司股权管理办法》这一部门规章明确规定禁止代持保险公司股权。笔者发现,司法实务中存在不同的裁判倾向。

第一,违反效力性规范,否定保险公司股权代持。例如,在福建伟杰投资有限公司、福州天策实业有限公司营业信托纠纷二审民事裁定书[1]中,最高人民法院认为:"《保险公司股权管理办法》(2014修订)关于禁止代持保险公司股权的规定具有实质上的正当性与合法性。从代持保险公司股权的危害后果来看,允许隐名持有保险公司股权,将使得真正的保险公司投资人游离于国家有关职能部门的监管之外,如此势必加大保险公司的经营风险,妨害保险行业的健康有序发展,进而直接损害社会公共利益。"又如,在银信润泰资产管理有限公司、信泰人寿保险股份有限公司股东资格确认纠纷二审民事判决书[2]中,浙江省高级人民法院认为:"中国保险监督管理委员会作为履行监督管理职责的专门机构,其上述关于保险公司股权不得隐名代持的规定,有其授权立法的依据,且关系到金融市场的基本秩序,属于强制性的规范。案涉《股份代持协议》不能成为股东变更的依据。"

第二,《保险公司股权管理办法》不属于效力性规范,应肯定保险公司股权代持,但也有法院作出了相反的认定。例如,在上海保培投资有限公司与雨润控股集团有限公司(以下简称雨润公司)与公司有关的纠纷二审民事判决书[3]

---

[1] 最高人民法院民事裁定书,(2017)最高法民终529号。
[2] 浙江省高级人民法院民事判决书,(2018)浙民终88号。
[3] 江苏省高级人民法院民事判决书,(2017)苏民终66号。

中,江苏省高级人民法院作出了如下判决:人民法院确认合同无效,应当以全国人大及其常委会制定的法律和国务院制定的行政法规为依据,不得以地方性法规、行政规章为依据。关于股权代持问题,目前仅《保险公司股权管理办法》系为保持保险公司经营稳定,保护投资人和被保险人的合法权益,加强保险公司股权监管,根据保险法、公司法等法律所制订,若有违反相关规定的,保监会根据有关规定可予处罚,由于该规定尚不属于《立法法》所规定的授权立法范畴,故以此主张协议违反国家强制性法律规定而无效不符合合同法及其司法解释的规定;至于协议约定是否有损社会公共利益的问题,由于保险法及股权管理办法对保险公司持股比例在5%以上的股东有较严格的要求,本案所争议股权尚达不到此比例,故雨润公司以社会公共利益否认协议效力也缺乏依据。

(3) 证券公司

在笔者检索到的2个相关案例中,法院均未认定证券公司的股权代持协议因违反效力性强制性规范而无效,涉及的主要法律法规包括《证券公司监督管理条例》第14条、第86条以及原《合同法》第44条等。

在蔡某与上海瀚威科技发展有限公司、上海中望投资发展有限公司(以下简称中望公司)等申请执行人执行异议之诉申诉民事裁定书①中,二审法院认定:"《证券公司监督管理条例》是在2008年6月1日正式实施,而上海森阳贸易公司与中望公司之间的股权代持行为发生在此之前,根据法不溯及既往原则,该条例并不能否定《委托持股协议》的有效性。另外,根据《证券公司监督管理条例》第86条的规定,违规代持股权行为应当受到的是行政处罚,而对照现有法律,森阳公司与中望公司代持股权的行为并没有违反国家效力性强制性法律规定,故本院对蔡某主张该股权代持行为无效的上诉主张不予采信。"在王某某与杭州银河财务咨询有限公司合同纠纷再审民事判决书②中,浙江省高级人民法院指出,"《证券公司监督管理条例》属于行政法规,该条例第14条第2款规定,未经国务院证券监督管理机构批准,任何单位或者个人不得委托他人或者接受他人委托持有或者管理证券公司的股权。本案《股权代持协议》虽

---

① 上海市高级人民法院民事裁定书,(2015)沪高民二(商)申字第242号。
② 浙江省高级人民法院民事判决书,(2016)浙民再117号。

然成立,但因未经过国务院证券监督管理机构的批准,处于成立但尚未生效的状态,故王某某要求确认本案《股权代持协议》有效的请求不能得到支持"。

总的来说,从有限的案例样本来看,法院倾向于认定《证券公司监督管理条例》第 14 条规定为管理性强制性规定,并非效力性强制性规定,因此不能据此轻易否定证券公司股权代持协议的效力。

(4)基金管理公司

笔者仅检索到 1 个基金管理公司相关案例。法院认为,《证券投资基金管理公司管理办法》(已失效)并非效力性规范,未据此否定股权代持协议的效力。裁判依据包括《证券投资基金管理公司管理办法》(2012 年修订,已失效)第 38 条、中国证监会《关于实施〈证券投资基金管理公司管理办法〉若干问题的通知》(已失效)等。该案例的具体情况如下。

在浙江国贸集团金信资产经营有限公司、广厦建设集团有限责任公司(以下简称广厦建设公司)、浙江三和控股集团有限公司等股权转让纠纷二审民事判决书①中,浙江省高级人民法院作出如下判决,《证券投资基金管理公司管理办法》系部门规章,中国证监会对于基金管理公司股东最高出资比例等作出限制非效力性规范,属于管理性规范,不影响代持股权协议的效力。中国证监会2008 年 6 月证监许可〔2008〕806 号批复同意招商证券股份有限公司占博时基金管理有限公司注册资本 73% 的股权比例之事实,亦可印证《证券投资基金管理公司管理办法》等属于管理性规范。虽然在 2005 年 6 月系金信信托投资股份公司指令和安排金华通和置业有限公司受让涉案 2% 的股权的间接持股权,但 2007 年 12 月金信信托公司将其名下的 48% 的博时基金管理有限公司的股权拍卖出售后,其作为广厦建设公司所代持股权权益的实际享有人,亦未违背前述证券监管规定。

(5)小额贷款公司

在小额贷款公司领域,笔者同样仅检索到了 1 个相关案例。在邹平县联鑫小额贷款有限公司、滨州市众成融资担保有限公司二审民事判决书②中,山东

---

① 浙江省高级人民法院民事判决书,(2019)浙民终 1 号。
② 山东省高级人民法院民事判决书,(2018)鲁民终 567 号。

省高级人民法院作出了如下判决,《山东省小额贷款公司(试点)管理办法》(已失效)所规定的禁止代持小额贷款公司股权的规定是金融监管机构在本部门职责权限范围内所制定的,并不与更高层级的相关法律、行政法规相抵触,在实质上具有正当性、合法性。并且,从代持小额贷款公司股权的危害后果来看,允许代持将使投资人游离于国家监管之外,加大经营风险,造成金融秩序的混乱和社会不稳定,损害社会公众利益,案涉代持协议已经违反合同法规定,属于无效协议。该案例以原《合同法》第52条第4款规定为依据,否定了股权代持协议的效力,但并未直接对是否违反效力性规范作出认定。

4. 人民政府

在鑫四海公司与西池乡政府、山西晋煤集团长治仙泉煤业有限公司侵害企业出资人权益纠纷再审民事判决书①中,关于鑫四海公司与西池乡政府股权代持协议的效力,山西省高级人民法院认为:1986年2月4日,中共中央、国务院作出《关于进一步制止党政机关和党政干部经商、办企业的规定》,规定党政机关一律不准经商、办企业,不管原来经过哪一级批准,都必须立即停办,或者同机关彻底脱钩。企业停办后,由直接批准的业务主管部门负责清理。同时规定,以前有关各项规定,与该规定不一致,以该规定为准。上述规定属于国务院行政法规,具有强制性效力。西池乡政府应当按照中共中央、国务院的规定对企业中的财产进行清理,并与企业脱钩。但西池乡政府却违规与鑫四海公司签订股权代持协议书,明脱钩暗不脱钩,属于原《合同法》第52条第5项"违反法律、行政法规的强制性规定"的情形,双方签订的协议无效。这一仅有的相关案例表现出的司法机关的态度为:人民政府作为实际出资人签订的股权代持协议因违反强制性、效力性规范而无效,应对国有资产进行严格、规范的管理。

综上所述,在外商投资企业、上市公司、金融机构(包括商业银行、证券公司、保险公司、基金管理公司、小额贷款公司等)以及人民政府这些特殊领域中,较多涉及股权代持条款本身是否违反效力性强制性规范的问题。在涉及外商投资企业、人民政府的代持股纠纷中,效力性强制性规范较明确,判决思路较

---

① 山西省高级人民法院民事判决书,(2019)晋民再253号。

一致。但在上市公司、金融机构领域的股权代持问题中,严格来说,法律层面欠缺效力性规范,相关限制多见于部门规章,能否以此为依据确认合同无效在司法实践中存在较大争议,法律判决中也存在不同做法:法院或以股权代持损害社会公共利益来否定股权代持协议效力,模糊化处理是否违反强制性规范问题,或直接认定违反效力性强制性规范;但也有法院作出相反判决,认为相关规范属于管理性规范。总之,各地司法裁判实践标准具有某种不确定性。当事人需特别关注特殊领域监管制度及其变化对股权代持协议效力的影响,尽可能降低法律风险,实现自身利益最大化。

(五)隐名股东显名化

1.统计分析

笔者通过设定关键词、年份、审级等限制在"威科先行"法律信息库搜寻出"隐名持股"相关案例共计1469个,其中涉及"显名化"问题的有效案例共计83个。在对上述83个显名化有效案例进行仔细阅读、梳理归纳的基础上,笔者得出以下维度的可视化分析。

(1)案由分布情况(见图1-4)

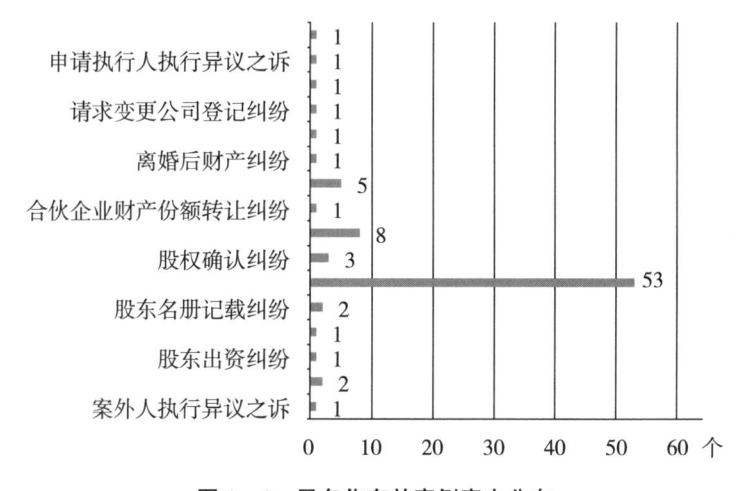

案由	数量
申请执行人执行异议之诉	1
请求变更公司登记纠纷	1
离婚后财产纠纷	1
合伙企业财产份额转让纠纷	5
股权确认纠纷	1
股东名册记载纠纷	8
股东出资纠纷	3
案外人执行异议之诉	53

(上述为图中条形所示数据,按图示顺序:申请执行人执行异议之诉1、请求变更公司登记纠纷1、离婚后财产纠纷1、1、5、合伙企业财产份额转让纠纷1、8、股权确认纠纷3、53、股东名册记载纠纷2、股东出资纠纷1、2、案外人执行异议之诉1)

图1-4 显名化有效案例案由分布

由图1-4可知,显名化问题主要出现在以"股权确认纠纷"为案由的案件中,而单独提起显名化诉讼请求的"请求变更公司登记纠纷"的案件屈指可数。主要原因在于确认股东资格是显名化的前提之一,一般在当事人被法院确认为公司实际股东之后会附带提起工商变更登记(显名化)的请求。

(2)法院判决结果分布情况

法院在认定显名化问题上没有明显倾向,支持(41个)与不支持(42个)显名化的分布基本呈现"五五开"的趋势。实践中显名化的认定标准较为确定,所以法院在这一问题上自由裁量的空间较小,基本是按照相关法条的构成要件进行裁判。各地法院的裁判结果不会出现明显的差异,不同年份同一地方法院的判决结果也不会出现较大的差别。

(3)省份分布情况

显名化有效案例在各省的分布情况如下:案例数量位居前四的省份分别是江苏省(23个)、湖北省(5个)、浙江省(5个)、江西省(5个),而经济发达的北京市、上海市的相关案例分别仅有4个和1个。从地理分布来看,华东地区显名化相关纠纷数量显著超过其他地区。

(4)法院裁判说理分布情况

在对有效案例的法院裁判说理进行整理归纳之后,共总结出19种类型(见表1-2)。表1-2中列举的裁判说理要旨是隐名持股显名化部分的核心,对各地法院的判决结果起到决定性作用。在第二部分中,笔者将裁判规则和具体案例相结合,详细分析法院在"显名化"问题上的思考方式和主要立场。

表1-2 法院裁判说理分布情况

单位:个

法院裁判说理要旨	案例数量	支持	不支持
其他股东过半数同意	19	7	12
证明过半数股东知道出资事实且无异议	16	3	13
半数包括本数	2	2	0
法定条件仅适用于有限责任公司	1	0	1
代持关系	8	0	8
履行出资义务	1	0	1

续表

法院裁判说理要旨	案例数量	支持	不支持
不能代行请求显名化	1	0	1
不能向公司主张显名化	2	0	2
唯一股东无须表决直接显名	3	3	0
名义股东同时是其他股东可参与表决	1	1	0
股东变更后原过半同意无效	1	0	1
改制企业(职工持股)	14	14	0
法定义务	4	4	0
代持协议约定条件是否成就	3	3	0
代持协议解除后可依法显名	2	0	2
国有资产	1	0	1
外商投资企业	6	5	1
涉及案外人权益	6	3	3
另案解决	2	0	2

2. 法院裁判规则

法院在是否支持隐名股东显名化的问题上，主要适用《公司法司法解释(三)》的规定，考察实际出资人是否经过公司其他股东半数以上同意，以决定是否支持显名化，即变更工商登记。如果涉及特殊企业，则适用特殊法进行判断，如针对外商投资企业的显名化适用最高人民法院《关于审理外商投资企业纠纷案件若干问题的规定(一)》第14条规定。至于如何解释法条，并将法条与具体案例结合起来，各地法院在个案适用过程中主要呈现以下逻辑框架和裁判规则(见图1-5)。

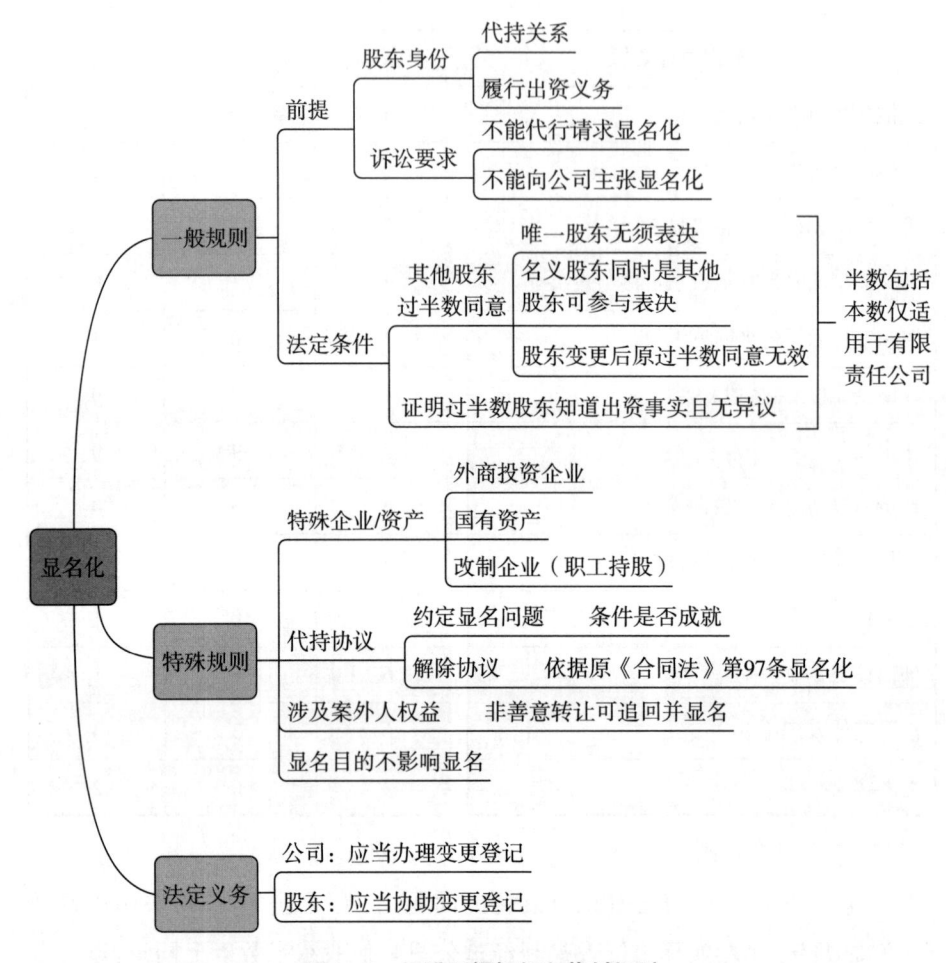

```
                            ┌─ 股东身份 ─┬─ 代持关系
                    ┌─ 前提 ─┤           └─ 履行出资义务
                    │        └─ 诉讼要求 ─┬─ 不能代行请求显名化
                    │                    └─ 不能向公司主张显名化
       ┌─ 一般规则 ─┤                           ┌─ 唯一股东无须表决 ─┐
       │            │            ┌─ 其他股东 ──┼─ 名义股东同时是其他 │  半数包括
       │            │            │  过半数同意 │  股东可参与表决     │  本数仅适
       │            └─ 法定条件 ─┤            └─ 股东变更后原过半数同意无效 │  用于有限
       │                         │                                          │  责任公司
       │                         └─ 证明过半数股东知道出资事实且无异议 ────┘
       │
       │                         ┌─ 外商投资企业
显名化─┤            ┌─ 特殊企业/资产 ─┼─ 国有资产
       │            │            └─ 改制企业（职工持股）
       │            │            ┌─ 约定显名问题    条件是否成就
       ├─ 特殊规则 ─┼─ 代持协议 ─┤
       │            │            └─ 解除协议   依据原《合同法》第97条显名化
       │            ├─ 涉及案外人权益   非善意转让可追回并显名
       │            └─ 显名目的不影响显名
       │
       └─ 法定义务 ─┬─ 公司：应当办理变更登记
                    └─ 股东：应当协助变更登记
```

图 1-5　诉讼逻辑框架和裁判规则

（1）一般规则

①判断前提

实践中在判断是否满足显名化法定条件之前，会先比对是否满足一些前提条件。首先，股东身份识别。正如深圳泰邦集团有限公司、广西龙光贵梧高速公路有限公司股东资格确认纠纷二审民事判决书①中明确了隐名股东身份识别及显名的条件：一是隐名股东和显名股东之间有隐名持股的合意；二是实际

---

① 广西壮族自治区高级人民法院民事判决书,(2017)桂民终131号。

出资人已经履行了出资义务。有效案例中共有 8 个案例以"存在代持关系""股权代持情况未查清"等为由驳回了当事人显名化的请求;仅有 1 个案例将履行出资义务作为显名化判断的基础。

其次,诉讼要求。一是不能代行请求显名化。在铜陵鸿鑫领享投资合伙企业(以下简称铜陵企业)与贵阳高原矿山机械股份有限公司(以下简称高原公司)一审民事判决书①中,法院不支持显名的理由为:承前所述,案涉高原公司临时股东会决议为合法有效决议;并且,铜陵企业并无代行高原公司而要求王某某、朱某某、陈某某返还股份及办理变更登记手续的诉讼权利或授权。二是不能直接向公司主张显名化。在罗某某、孙某某合伙企业财产份额转让纠纷再审审查与审判监督民事裁定书②中,法院明确,依据合同的相对性,孙某某只能向合同相对方罗某某主张投资权益而不能直接向上海六禾丁香投资中心主张权利。

②法定条件

根据《九民纪要》第 28 条的规定,在青海恒威办公家具有限公司与丁某某、赵某某等股东资格确认纠纷再审审查与审判监督民事裁定书③中,法院明确说明了显名化的两种方式:(1)实际出资人经公司其他股东半数以上同意;(2)实际出资人能够提供证据证明有限责任公司过半数的其他股东知道其实际出资的事实,且对其实际行使股东权利未曾提出异议。这也被广泛称为显名化的法定条件,绝大多数显名化的案件中都涉及法定条件的认定。针对上述两个过半数的法定条件,需要注意两方面的限制:一是半数包括本数;二是《公司法司法解释(三)》第 24 条规定仅适用于有限责任公司。正如深圳市金长金投资有限公司(以下简称金长金公司)、广州市万绿达集团有限公司(以下简称万绿达公司)合同纠纷二审民事判决书④所述:另据双方当事人提交的证据反映,广州农商银行属于股份有限公司,并非有限责任公司,因此一审法院适用《公司法司法解释(三)》第 24 条第 3 款不当,应予纠正。

---

① 贵州省高级人民法院民事判决书,(2018)黔民初 100 号。
② 湖北省高级人民法院民事裁定书,(2018)鄂民申 3668 号。
③ 青海省高级人民法院民事裁定书,(2020)青民申 365 号。
④ 广东省高级人民法院民事判决书,(2017)粤民终 2299 号。

a. 经公司其他股东过半数同意

在83个有效案例中,共有19个案例是以"其他股东过半数同意"为标准来决定是否支持显名化的。首先,对于"其他股东"的认定,从各地法院的判例中可以看出如下裁判规则:一是公司仅有唯一股东时无须经过表决同意。正如吉林省万翔房地产开发有限公司(以下简称万翔公司)、徐某某、孙某某与万里股东资格确认纠纷二审民事判决书①所述,万某某为万翔公司100%股权的实际出资人,并不存在"其他股东",其要求变更公司股东当然也不需"其他股东"的同意。二是在名义股东同时是其他股东时可参与表决。这一方面表示,表决不需要名义股东同意,正如何某某与冷湖滨地钾肥有限责任公司股东资格确认纠纷一审民事判决书②所述:公司法要求公司其他股东半数以上同意,并未要求必须经名义股东同意且范某某没有提出证据证明该同意书违法。另一方面表示,名义股东只有在其他股东的时候才能参与表决,正如李某某与刘某某及东港鸿丰房地产综合开发有限公司(以下简称鸿丰公司)等股东资格确认纠纷民事裁定书③所述,李某某既是刘某某的名义股东,同时也是占有鸿丰公司一定股份的其他股东。根据李某某与刘某某签订的补充协议,可以认定李某某同意刘某某持有鸿丰公司股权。

其次,对于"过半数同意"的认定存在一个特殊案例,法院裁判认为在股东变更后原过半数同意无效。在杨某某、瑞金市长鹏房地产开发有限公司(以下简称长鹏房地产公司)股东名册记载纠纷二审民事判决书④中法院明确,虽《股权确认及代持协议》明确认可杨某某的股东身份地位,且由当时股东过半数签字确认及长鹏房地产公司盖章,但该协议系2012年12月8日所签订,目前长鹏房地产公司股东已有5人,如现有股东过半数同意其显名,原告可另行起诉。

b. 隐名股东证明过半数股东知道其出资事实且对其行使权利无异议

在83个有效案例中,共有16个案例是以隐名股东举证"证明过半数股东知道其出资事实且对其行使权利无异议"为标准来裁判显名化问题,其中因举

---

① 吉林省高级人民法院民事判决书,(2020)吉民终278号。
② 青海省高级人民法院民事判决书,(2015)青民二初字第79号。
③ 辽宁省高级人民法院民事裁定书,(2015)辽审一民申字第983号。
④ 江西省高级人民法院民事判决书,(2016)赣民终378号。

证不足裁判不支持显名化的案例有 13 个。从中可以看出,隐名股东对其他股东知情其出资事实进行充分举证较为困难,因为在代持关系下,隐名股东很少参与公司的日常经营管理,与其他股东的接触机会不多,往往只是隐藏其出资人身份,所以很难在审理过程中提供足以证明其他股东知情的有效证据。

举证不足的案例,如浙江国贸集团金信资产经营有限公司(以下简称金信经营公司)、广厦建设集团有限公司、浙江三和控股集团有限公司等股权转让纠纷案,其二审民事判决书①陈述如下:在卷证据不足以认定博时基金公司及其股东 2003 年即已明知广厦建设公司系受他人委托代持公司股权的显名股东,鉴于金信经营公司亦未提供证据证明其已经博时基金公司其他股东半数以上同意,故其要求将 2% 的博时基金公司股权过户至其名下的条件尚不具备。举证成功的案例,如青海恒威办公家具有限公司与丁某某、赵某某等股东资格确认纠纷案,其再审审查与审判监督民事裁定书②陈述如下:潘某某、刘某某知道丁某某等四人实际出资的事实,且对其实际行使股东权利未曾提出异议。

(2)特殊规则

特殊规则是显名化法定条件的例外,属于不适用《公司法司法解释(三)》的特殊情况,主要涉及特殊企业或特殊资产、股权代持协议、案外人权益,实践中法院针对以上几种特殊情形展开了较为充分的说理,下面将结合案例展开分析。

①特殊企业或特殊资产

a.外商投资企业

实践中,外商投资股东显名化的主要争议在于最高人民法院《关于审理外商投资企业纠纷案件若干问题的规定(一)》第 14 条第 3 项的认定,特别是近年来外商投资企业变更登记已经从机关审批向备案管理过渡,在一定程度上节省了显名化的成本。在余某某、进和株式会社股东资格确认纠纷二审民事判决书③中,法院认定:广州进禾公司的经营范围不属于现行《外商投资产业指导目录》中限制或禁止外商投资的领域。广州进禾公司的股东变更后,其成为中外

---

① 浙江省高级人民法院民事判决书,(2019)浙民终 1 号。
② 青海省高级人民法院民事裁定书,(2020)青民申 365 号。
③ 广东省高级人民法院民事判决书,(2019)粤民终 646 号。

合资经营企业并不涉及国家规定的准入特别管理措施,故该变更登记事项属于依照《外商投资企业设立及变更备案管理暂行办法》的规定无须事前征得有关机关审批同意而适用备案管理的范围。另外,成都帅君美容有限公司(以下简称帅君美容公司)、张某股东资格确认纠纷二审民事判决书①中也详细说明了审批的规则:彭某某(我国台湾地区居民)请求确认股东身份是否需要国务院规定的部门或者国务院规定的地方人民政府审批,应当考虑帅君美容公司从事的经营范围是否涉及国家规定实施准入特别管理措施。该案中帅君美容公司从事的业务为美容业务,不属于国家规定实施准入特别管理措施的范围。

此外,外商投资企业股东显名化还存在其他限制,如自然人依法不能成为中外合资经营企业的股东。正如湖南金湘工贸公司、孙某某与公司有关的纠纷二审民事判决书②所述:泰华公司为中外合资经营企业,依据《中外合资经营企业法》(已失效)第 1 条关于"中华人民共和国为了扩大国际经济合作和技术交流,允许外国公司、企业和其它经济组织或个人(以下简称外国合营者),按照平等互利的原则,经中国政府批准,在中华人民共和国境内,同中国的公司、企业或其它经济组织(以下简称中国合营者)共同举办合营企业"的规定,即法律对自然人成为中外合资经营企业股东作出了限制性规定,孙某某作为自然人依法不能成为中外合资经营企业的股东,其该项请求于法无据,不予支持。

b. 国有资产

在涉案股权属于国有资产的情况下,即使满足《公司法司法解释(三)》规定的法定条件,也不能直接显名化,还要考虑国家政策规定和国有资产处置问题。正如中国建设银行股份有限公司长沙天心支行与湖南省华厦房地产开发公司(以下简称华厦公司)、湖南佳程酒店有限公司股东资格确认纠纷一审民事判决书③所述:因为涉案股权系国有资产,原告持有涉案股权违反了《商业银行法》第 43 条的管理性规定,且该案涉及相关历史遗留问题,具有一定特殊性,故原告并不因其实际享有涉案股权投资权益的客观事实而必然享有涉案股权。

---

① 四川省高级人民法院民事判决书,(2017)川民终 219 号。
② 四川省高级人民法院民事判决书,(2019)川民终 248 号。
③ 湖南省高级人民法院民事判决书,(2018)湘民初 41 号。

依照国家的相关政策规定,原告作为涉案股权的隐名股东,应当按照国有资产处置的相关规定,通过后续程序对涉案股权进行处置,并办理相应工商变更登记手续,确保涉案国有资产不流失。同时,为切实保护好涉案国有资产,并便于对该部分国有资产后续归位处理程序的正常完成,在涉案股权所涉国有资产正常归位且华夏公司并未支付合理对价获得涉案股权之前,涉案股权已不宜再登记在华夏公司的名下。

c. 改制企业(职工持股)

在南京长江石化有限公司(以下简称长江公司)与其职工关联的14个股权资格确认纠纷案[①]中,法院明确了改制职工持股的特殊性,不经过公司股东过半数同意不会影响公司的人合性,因此将其作为2014年《公司法司法解释(三)》适用的例外。判决中表明:上述司法解释规定主要考虑到有限责任公司具有人合性,如果公司原有股东不同意其他民事主体成为公司股东,即使该民事主体向公司实际出资,也不应赋予该民事主体股东身份。而该案系改制设立的企业,由77名改制职工组建,除职工现金出资外还包括原企业对该77名改制职工的激励资产,没有该改制职工,长江公司是无法设立的,故长江公司股东不存在人合性障碍。长江公司对职工持股会的产生、组成是明知且同意的。随着我国公司登记制度的完善,职工持股会因不具备民事主体资格,无法再登记为公司股东。现长江公司职工持股会会员(持股职工)作出决议解散职工持股会,要求将持股职工登记为公司股东,未违反法律规定以及长江公司章程规定。

②股权代持协议

法定条件的要求主要出于保护有限责任公司人合性的目的,没有从股权代持协议的角度考虑显名股东和隐名股东的双方合意。实践中,部分股权代持双方会约定显名条件,这也是法院是否支持显名化的重要判断因素。另外,在隐名股东要求解除股权代持协议的情况下,"显名化"的路径则从公司法转移到了合同法。

a. 股权代持协议约定显名条件

在股权代持协议约定的显名条件未成就时,法院对办理工商变更登记的请

---

① 江苏省高级人民法院民事判决书,(2016)苏民再433号。

求不予支持,同时释明等条件成就时,当事人可自行解决或另行起诉。正如深圳市金长金投资有限公司、广州市万绿达集团有限公司合同纠纷二审民事判决书①所述:金长金公司诉请万绿达公司将其代金长金公司持有的广州农商行的股份变更登记到金长金公司名下目前条件尚未成就,故一审判决认为金长金公司该诉请缺乏依据,并无不当。但当条件成就时,金长金公司与万绿达公司可自行解决或另诉解决。此外,熊某某、昆明哦客商贸有限公司股东资格确认纠纷二审民事判决书②也表明:从当事人沟通情况看,双方已约定只有将案涉债务清偿完毕,才能将股权登记变更回上诉人名下。而上诉人并未清偿完毕案涉债务,将股权变更回上诉人名下的条件尚未成就。若此时将股权变更回上诉人名下,则会导致被上诉人的债权失去基于股权让与担保而受到的保障。因此,对上诉人办理工商变更登记的请求不予支持。

b. 请求解除股权代持协议

在 83 个有效案例中,有 3 个案例涉及隐名股东要求解除股权代持协议并变更股权登记的情况,在此种情况下,法院均作出支持的判决,表明在解除股权代持协议后隐名股东可依法显名化。正如陈某与重庆市金灿房地产开发有限公司、罗某某合资、合作开发房地产合同纠纷二审民事判决书③所述:根据原《合同法》第 97 条,当事人可以要求合同解除后恢复原状。《合作开发合同书》及补充协议、《代持股担保协议》解除后,对于陈某关于罗某某应将其持有的 49% 的海南金灿公司股权过户至陈某名下的主张,予以支持。

③涉及案外人权益

在 83 个有效案例中,有 6 个案例的争议股权归属涉及案外人权益,除了非善意转让的情形,法院最终都选择了以案外人权益优先,不支持隐名股东的显名化请求。首先,案外人在与显名股东签订股权转让协议及办理股权变更时不具有善意,隐名股东有权追回股权并显名化。正如张某某与霍某某、殷某股权转让纠纷一审民事判决书④所述:霍某某与殷某签订协议转让股权属于无权处

---

① 广东省高级人民法院民事判决书,(2017)粤民终 2299 号。
② 江西省高级人民法院民事判决书,(2020)赣民终 294 号。
③ 海南省高级人民法院民事判决书,(2019)琼民终 113 号。
④ 江苏省高级人民法院民事判决书,(2016)苏民初 29 号。

分行为。殷某在与霍某某签订股权转让协议时及办理股权变更登记过程中不具有善意。因此,张某某有权追回其对美中公司的股权。又如,广西南宁市国旺粮油供应有限责任公司、王某某股东资格确认纠纷再审审查与审判监督民事裁定书①所述:认定王某某受让股权不构成善意,有事实和法律依据。因谢某某为国旺公司隐名股东,故其根据公司法的相关规定请求国旺公司向公司登记机关为其办理登记的诉讼请求,应当得到支持。

其次,针对案外人出于善意且显名化会损害其权益的情形,包括股权已质押给案外人、股权被查封等情形,法院具有驳回显名化请求并告知隐名股东另行主张的权利。正如三亚三兴实业公司与王某某等股权转让纠纷一审民事判决书②所述:因金源新盛公司未经三亚三兴实业公司的同意,将代持的三亚三兴实业公司的股权质押给案外人,导致作为隐名股东的三亚三兴实业公司办理工商变更登记的诉讼请求无法实现。对此,三亚三兴实业公司可以另行主张。黄某某、李某某再审民事判决书③中也明确:该项诉讼请求将会导致黄某某在案涉股权查封前就案涉股权所享有的债权性投资权益以及"投资权益显名化"的债权请求权直接转变为对案涉股权的所有权,进而与案涉股权在查封时的权属状态产生根本性冲突,其实质是变相请求对处于查封状态下的案涉股权权属进行变更和处分,在案涉股权处于查封状态的情况下,黄某某提出的关于确认其享有案涉股权的诉讼请求,不能对抗执行申请人,依法不予支持。

(3)其他裁判规则

除上文所论述的判断是否支持显名化的一般规则和特殊规则以外,在83个有效案例中还涉及对显名化其他问题的裁判。例如,在证据不足以证明隐名股东的显名目的不当时不影响其显名化,显名化给公司和股东施加了协助办理变更登记的法定义务。这些都对推动隐名股东实现显名化具有重要作用,也对隐名股东显名的正当性给予充分肯定。正如山东龙熙置业有限公司(以下简称龙熙公司)、于某某股东资格确认纠纷二审民事判决书④所述:龙熙公司主

---

① 广西壮族自治区高级人民法院民事裁定书,(2019)桂民申1691号。
② 北京市高级人民法院民事判决书,(2015)高民(商)初字第3542号。
③ 最高人民法院民事判决书,(2019)最高法民再45号。
④ 山东省高级人民法院民事判决书,(2017)鲁民终605号。

张,协议约定于某某持有龙熙公司30%的股权的真实意图是为项目融资过程中的借款提供担保,因龙熙公司提交的证据不能证明该主张,故不予支持。又如辛某某、修水县首玺置业有限公司(以下简称首玺公司)股东资格确认纠纷执行审查类执行裁定书[①]所述:首玺公司的股权比例发生变更,该公司负有变更公司登记事项的法定义务,尧某某、辛某某、姜某某、姜某2等被执行人具有协助执行的义务。

(六)涉代持股关系股权转让合同的效力

笔者设置关键词后检索到的隐名持股纠纷共计1469个,经过初筛后与本部分直接相关的案例共计91个,但仔细阅读后可用案例不多,样本数量过少,因此又阅读了各中级人民法院审理的案例,对相关数据进行可视化分析,如下。

1. 统计分析及结果显示

(1)最高人民法院及高级人民法院审理的隐名持股纠纷案例(见图1-6~图1-8)

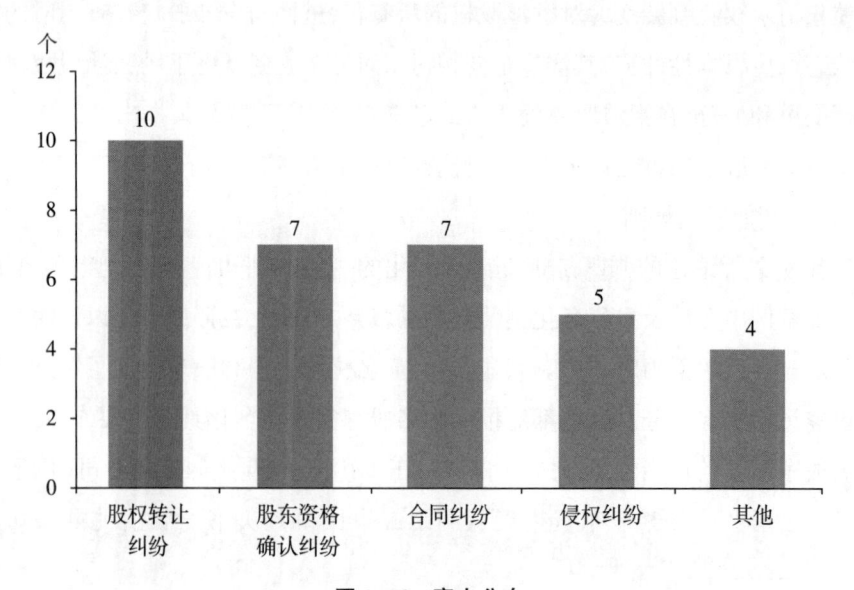

图1-6 案由分布

---

① 江西省高级人民法院民事裁定书,(2020)赣执复60号。

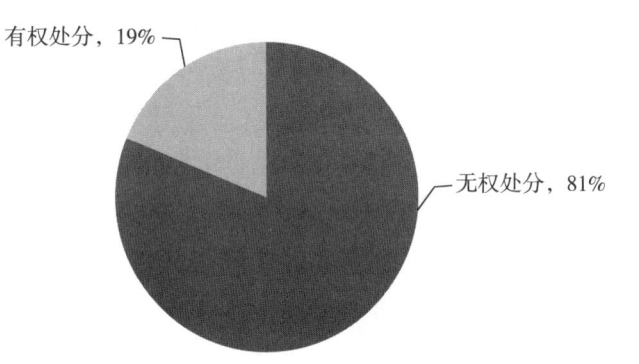

图1-7 整体分布

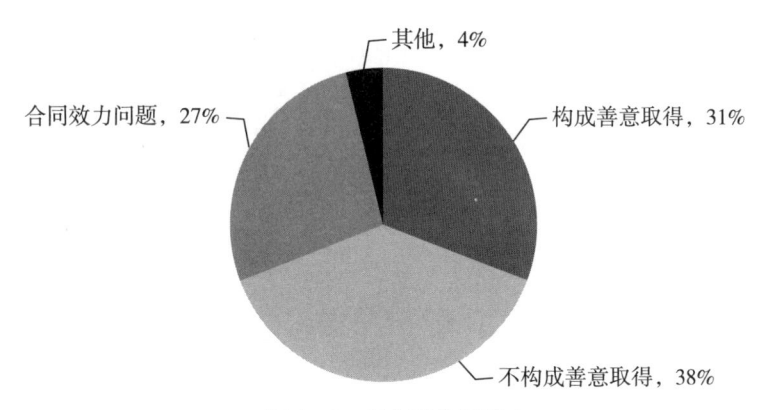

- 有权处分，19%
- 无权处分，81%

图1-8 无权处分问题

- 合同效力问题，27%
- 其他，4%
- 构成善意取得，31%
- 不构成善意取得，38%

（2）补充案例：中级人民法院审理的隐名持股纠纷案例（见图1-9至图1-11）

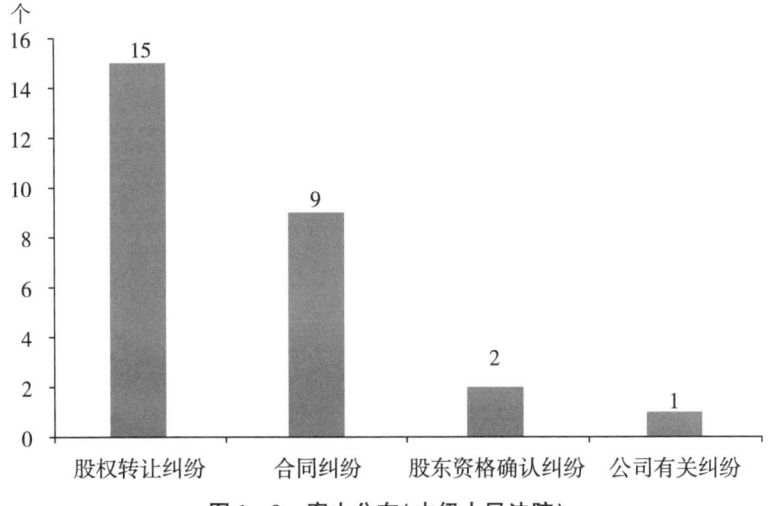

图1-9 案由分布（中级人民法院）

- 股权转让纠纷：15
- 合同纠纷：9
- 股东资格确认纠纷：2
- 公司有关纠纷：1

有权处分，27%
无权处分，73%

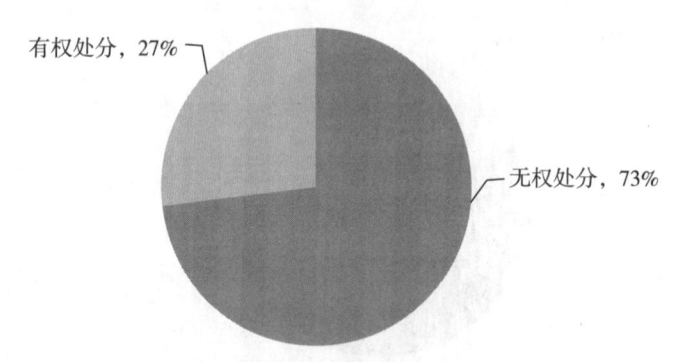

图 1-10　整体分布(中级人民法院)

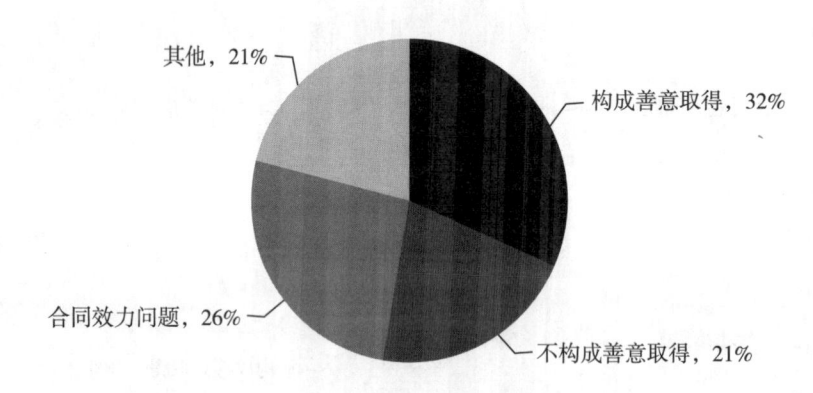

其他，21%
构成善意取得，32%
合同效力问题，26%
不构成善意取得，21%

图 1-11　无权处分问题(中级人民法院)

(3)细节(见表 1-3)

表 1-3　无权处分与有权处分案例统计

单位:个

分类	争议焦点	高级人民法院及以上	中级人民法院
无权处分	成立善意取得	8	6
	不成立善意取得	10	4
	合同效力判断	7	5
	其他	1	4
	小计	26	19
有权处分	同意、追认或授权	4	5
	隐名股东转让	2	2
	小计	6	7
合计		32	26

2. 案例概况

高级人民法院及以上法院审理的案例中,涉及隐名股东无权处分案例共26个,其中8个案例成立善意取得,10个案例不成立善意取得。7个案例涉及合同效力判断,在该问题上,法院的基本立场是,不因无权处分行为无效认定股权转让协议无效,受让人也不能以重大误解为由主张股权转让合同可撤销。在赔偿责任方面,在成立善意取得和不成立善意取得的情况下均可能引发赔偿责任。在成立善意取得的案例中,有2个案例要求责任人承担连带损害赔偿责任,其中1个案例中承担连带责任的请求因目标公司(被投资公司)不能控制出让人的股权转让行为而未获支持,另1个案例中法院支持目标公司承担连带责任。在不成立善意取得的案件中,有1个案例由恶意的受让人承担连带赔偿责任;有3个案例股权实际所有人要求代持人承担侵权损害赔偿责任,均获得法院支持,其中1个案例为案外人代签代持人名字而出让,但由于代持人明知案外人的股权转让行为,却未采取任何防范措施,法院认为,该代持人怠于行使职权,因此也应当承担赔偿责任。第二次检索条件设置"代持股、无权处分、股权转让;二审;中级人民法院;最近2年"的关键词,在"威科先行"法律信息库重新查找案例进行阅读,在总计120个案例中,得到26个样本案例,统计如下:中级人民法院审理的案例中,共计19个案例为无权处分,其中6个案例成立善意取得,4个案例不成立善意取得,涉及合同效力判断的案例共计5个。基本判决思路与高级人民法院及以上法院的思路是类似的,表明我国在该问题的裁判上具备一致性。但也偶尔会看到与该思路不同的判决。

从上述统计中,基本可以确定主要纠纷是对显名股东转让股权行为的效力判断,主流认为该种行为属于无权处分行为。在解决这一问题上存在两种主要思路:合同效力判断和善意取得判断(主流)。

具体而言,认定股权转让行为效力时,第一步是股权转让合同效力分析;第二步是物权行为效力分析,主要包括处分权问题和公示问题,处分权问题可以因善意取得规则而得到弥补,可见股权转让适用的是物权让与的规则。

参照有关"善意取得"的规定说明法院对于显名股东转让股权行为性质进行认定时,倾向于认定其是无权处分。根据内外有别的原则,对外显名股东是登记权利人,具有权利外观,出于保护交易安全,维护流动性的考虑,善意第三人基于该外观产生的信赖利益值得法律保护;对内显名股东和隐名股东之间存在合同关系,根据合同的相对性原则,隐名持股协议仅能约束合同当事人,善意受让人不受股权转让协议的约束。要求受让人不断追索前手,对股权的真实归属进行尽职调查成本过高。此外,隐名股东可以依据隐名持股协议要求显名股东承担违约责任,各方利益可获得平衡。

在存在代持股关系的前提下,股权转让行为可能属于无权处分,也可能被认定为有权处分。一般来看,隐名股东转让股权属于有权处分,但处理该问题时法院立场不一致。显名股东无权擅自转让股份,法院一般认为显名股东转让股份属于无权处分行为;如果显名股东的股权转让行为事先得到隐名股东授权,则股权处于圆满状态,此时的股权转让行为当然有效,而此种情形常常是提起了恶意诉讼,即双方就是否存在授权行为存在争议,在裁判上主要是看双方是否能够完成举证。具言之,这种情况可能发生在公司上市后股价上涨,隐名股东对于转让股权的行为反悔,因此主张显名股东无权处分,但法院查明,股权转让行为其实是得到隐名股东的授权的。法院在处理存在隐名持股的股权转让关系的案件时,常采取以下思路。

第一种思路是既判断股权转让合同效力又判断善意取得,不过一般是权利人有所主张才去判断转让合同效力。显名股东转让股权最通用有效的路径是善意取得判断,这与《公司法司法解释(三)》第25条规定有分不开的关系。

第二种思路是合同效力判断。从无权处分角度判断合同无效的诉讼主张不能得到法院支持;恶意串通导致合同无效是法院认可的理由,但恶意的证明标准较高,往往难以完成举证。因此,进行恶意串通的认定之后,大部分案例还是借助认定不能成立善意取得,从而维护隐名股东权利。当然,如果股权转让协议无效,则股权转让行为无效。从整体上看,股权转让行为遵从的是物权行为认定思路,受到区分原则的影响,债权行为的无效并不影响整个股权转让行为的效力。

从样本案例看,隐名股东的诉讼请求主要是请求违约损害赔偿、侵权损害赔偿、返还股权转让款等,隐名股东要求确认股东身份或者确认合同无效的诉讼请求在成立善意取得的情况下均未能获得支持。

3. 案例分析

(1) 隐名股东转让股权

裁判结果一：隐名股东转让股权属于无权处分，需经显名股东认可，股权转让行为才有效。

例如，甘肃民丰物流有限公司（以下简称民丰公司）和童某某、甘肃省食品股份有限公司股权转让纠纷案，①该案的特殊之处在于，法院直接认为隐名股东对外转让股份属于无权处分，必须经过实际处分权人即显名股东的追认该行为才有效，该案与该次检索的其他案件裁判思路并不一致，属于特例。法院认为被上诉人童某某作为隐名股东，在公司股东之间可依法转让其股权，但无权直接向公司股东之外的人转让，其处分权应通过显名股东孙某实施。因此，被上诉人童某某与民丰公司签订的《股权转让协议》及《补充协议》中约定的将涉诉股权直接转让给民丰公司，本属无权处分，但股权代持人孙某嗣后与民丰公司签订《股权转让协议》约定：经股份实际所有人同意和申请，孙某将其代持的17名股东的股份（包括涉诉童某某所持股权）转让给民丰公司，该协议可视为处分权人孙某对童某某的股权转让行为予以追认，因此童某某与民丰公司签订的《股权转让协议》及《补充协议》均为有效合同。在刘某某、徐某某与郑某某等股权转让纠纷案②中，隐名股东徐某某进行了股权转让，后来该出让人违约并要求解除股权转让协议，诉讼请求获得法院支持，受让方主张违约金，未获得法院支持。法院认为：该案特殊性在于刘某某、徐某某之间转让的是徐某某在通商公司隐名股份，其转让需要显名持股人郑某某及另一隐名股东王某某的认可，并修改或重新签订《委托持股协议书》，对此，刘某某、徐某某均为明知。根据判决书内容可知，隐名股东进行股权转让行为后，除需要重新修改《委托持股协议书》外，还需要显名股东的配合才能为受让人办理变更登记，故出现"隐名股东转让股份需要显名持股人和另一隐名股东的认可"这一表述（也可能是该法院同样认同显名股东才具有处分权，这两个案件是极为特殊的）。

笔者认为，"隐名股东转让股权需要显名股东的认可"和"显名股东转让股

---

① 甘肃省兰州市中级人民法院民事判决书，(2019)甘01民终273号。
② 新疆维吾尔自治区高级人民法院伊犁哈萨克自治州分院民事判决书，(2018)新40民终1214号。

权需要隐名股东的认可"这两个问题的实质仍旧是不同的,相较于后者,前者与有权处分的关系可能更近。

裁判结果二:隐名股东转让股权属于有权处分。

在陈某某、胡某某股权转让纠纷案①中,隐名股东转让股权在股权转让的受让人明知其系隐名股东,且公司及其他登记股东均未对股权转让提出异议的情况下,隐名股东签订的《股权转让合同》合法有效。

(2)显名股东转让股权

①显名股东转让股权构成有权处分的条件

a.经过隐名股东同意,股权转让行为有效

经过隐名股东同意的判断方法:第一,根据证据判断隐名股东已经同意,如在曹某、黄某某侵权责任纠纷案②中,显名股东转让股权,但经过了隐名股东同意,因此股权转让行为有效。后来公司上市,股价上涨,隐名股东提起诉讼主张显名股东无权处分。法院认定的证据显示,该行为经曹某等5人确认,领钱时均有签字,但签名表上未表明钱款的组成,且曹某签字时还特别备注"拿了钱不代表同意转让"。另外,曹某还确认,350万元扣税后,收到280多万元资金。从前述曹某等5人确认的内容足以推断出,曹某等5人领取款项时应该清楚其领取的是股权转让款。从股权转让合同的效力来看,即便显名股东属于无权处分人,但经过隐名股东同意,该合同效力为有效,该股权转让行为经过隐名股东同意而有效。

第二,隐名股东同时也是股权转让的受让人,可推知其同意。在张某、黄某某股权转让纠纷案③中,黄某某与张某之间的股权转让,转让的股份本来就是其隐名在张某的名下,该转让对于华翔公司经营管理没有影响,无须征得华翔公司其他股东的同意。

b.隐名股东进行授权,股权转让行为有效

在武汉凯喜雅飞翔房地产开发有限公司(以下简称武汉凯喜雅公司)、杨

---

① 云南省大理白族自治州中级人民法院民事判决书,(2019)云29民终686号。
② 最高人民法院民事判决书,(2018)最高法民终324号。
③ 江西省宜春市中级人民法院民事判决书,(2019)赣09民终499号。

某某股权转让纠纷案①中,法院认为,虽然显名股东系无权处分,但是得到了隐名股东追认,因此股权转让行为有效。二审法院查明,徐某某和飞翔环保公司向北京华业公司和武汉凯喜雅公司出具《委托函》,委托北京华业公司、武汉凯喜雅公司将湖北迁建公司股权转让给杨某某。武汉凯喜雅公司向杨某某转让股权的行为也是经过其授权的行为。

c. 隐名股东追认,股权转让行为有效

在湖北爱诺亚经贸有限公司、武汉玉源投资管理中心股权转让纠纷案②中,隐名股东湖北爱诺亚经贸有限公司签订的《债务转让协议》的内容表明,该协议可视为事后对甫川贸易公司转让赵某某茶厂40%的股权的追认,因此该股权转让行为有效。在赵某某、姚某某股权转让纠纷案③中,上诉人赵某某作为显名股东违反合同约定,擅自将隐名股东姚某某的股权进行了转让,系无权处分行为。姚某某对上诉人赵某某转让股权的行为并不反对,系对股权转让合同的追认。赵某某转让股权的合同相对方已取得案涉股权,转让合同已实际履行完毕。因此,股权转让行为有效。

②显名股东转让股权构成无权处分后,是否成立善意取得的判断

a. 受让人成立善意取得

第一,关于受让人具备善意的判断。一种是正面判断是否具备善意。在尚某某、邢某某等与刘某某、张某某等确认合同无效纠纷案④中,转让受让行为目的具备正当性,受让人作为外部第三人,相信权利外观,应认定为善意。法院认为,该案系企业改制的历史遗留问题,应妥善处理保障职工合法权益与维护社会经济秩序稳定的关系。判断案涉股权转让的效力,关键在于刘某某等人受让股权是否存在与张某某等27名持股代表恶意串通情形,该转让是否侵害了纺织品公司职工的根本利益。从该案情况来看,股权转让前纺织品公司欠缴职工社会保险费用,债务负担重,已处于停业状态,濒临倒闭。为了盘活企业,由刘某某等人从纺织品公司的张某某等27名持股代表处受让纺织品公司股权,接

---

① 湖北省高级人民法院民事判决书,(2016)鄂民终90号。
② 湖北省高级人民法院民事判决书,(2017)鄂民终2292号。
③ 山东省淄博市中级人民法院民事判决书,(2020)鲁03民终3441号。
④ 江苏省宿迁市中级人民法院民事判决书,(2019)苏13民终1718号。

手经营纺织品公司,目的具有正当性。关于27名持股代表是否具有转让职工股权的权限,因27名持股代表系经工商登记明确记载的股东,刘某某等人有充分的理由相信该27人具有代表纺织品公司转让股权的权利,转让股权是经过职工同意的,应认定刘某某等人受让股权具有善意。

另一种是主张不构成善意的一方举证不能时,可以认定受让人具备善意。在胡某某、王某某股权转让纠纷案①中,实际权利人主张受让人在受让涉案股权时已经对存在隐名代持知情,应当承担举证证明责任,若举证不能,需要承担不利后果。法院认为,胡某某未提供证据证明蔡某某在受让涉案股权时已获知存在隐名股东的事实,结合涉案《股权转让协议》中相关约定的内容及蔡某某在受让涉案股权时的表现,蔡某某系属于善意。在周某某与朱某、张某某股权转让纠纷案②中,关于张某某是否构成善意取得的问题:周某某主张张某某是恶意的,只有佘某的证言证明张某某在公司成立之初买卖土地使用权时即知道周某某为隐名股东,因佘某与张某某之间存在诉讼和其他争议,具有利害关系,仅凭其证言并不足以证明张某某在受让朱某股权时即知道周某某为隐名股东,故根据现有证据应认定张某某受让显名股东朱某的股权是善意的。在薛某某与江苏苏浙皖边界市场发展有限公司(以下简称边界公司)债权人代位权纠纷案③中,当事人主张因恶意串通导致补充协议无效,但主张恶意串通须承担举证责任,最终因证据不足,当事人提出的恶意串通的主张没有获得法院承认。薛某某与陆某某的关系属于内部关系,陆某某与边界公司的关系属于外部关系。内部关系存有争议但无定论的情形下,外部关系中的股权善意受让人边界公司在股权转让事宜需进一步协商的情况下,仍与原合同相对人、登记股东陆某某协商并签约,并不违反相关规定,亦具备合理性。

第二,对受让人支付合理对价的判断。第一种情况是根据公司资产价值和当事人协商确定的价格进行判断。在姚某某与陈某某等股东资格确认纠纷案④中,股权的价值应根据公司资产价值确定,但对于股权转让时的价格确定,

---

① 浙江省温州市中级人民法院民事判决书,(2019)浙03民终2151号。
② 江苏省宿迁市中级人民法院民事判决书,(2019)苏13民终3370号。
③ 江苏省高级人民法院民事判决书,(2016)苏民终372号。
④ 山东省济南市中级人民法院民事判决书,(2019)鲁01民终4343号。

应当尊重合同双方当事人协商确定的价格,体现当事人意思自治原则,以当事人的真实意思表示为依据,当事人自行确定股权转让价格系其对自身民事权利的处分。在周某某与朱某、张某某股权转让纠纷案①中,关于股权转让价格,根据朱某的主张,18%亿丰公司的股权的转让价格为297万元,与周某某所提供的亿丰公司净资产鉴证报告中的净资产数额的18%基本相当。虽然张某某和朱某之间签订了补充协议变更约定股权转让价款为144万元,但张某某在与朱某的诉讼案件中明确陈述其还为朱某承担了朱某对案外人吴某和韩某某所负的债务,并称如果朱某不认可张某某替其承担债务变更价款,可以按照实际价格支付297万元股权转让对价。因此,可以认定至少在股权转让对价上,张某某和朱某之间并无异议,只是对于支付方式存在不同理解和诉求。因此,双方关于股权转让对价的约定亦是合理的。第二种情况是根据专业评估机构出具的报告进行判断。在胡某某、王某某股权转让纠纷案②中,蔡某某和案外人李某系以3亿元价格受让内蒙古准格尔旗如意苏家沟煤矿有限责任公司100%的股权(包括采矿权及其他资产),其中用于工商、税务变更登记的股权转让价格为1.2亿元,5000万元用于内蒙古准格尔旗如意苏家沟煤矿有限责任公司归还原股东借款,1.3亿元以补偿金方式支付至内蒙古准格尔旗如意苏家沟煤矿有限责任公司登记股东指定账户等。蔡某某受让王某某12%的股份的转让价格为1440万元,原审法院根据上述约定及双方提供的证据材料认定该1440万元系用于工商、税务变更登记的股权转让价格,并非12%的股份的全部转让价格,其全部转让价格应为3600万元(包括目标公司借款、补偿款)具有合理性,应予确认。

b. 受让人不成立善意取得

第一,对受让人不具备善意的认定。第一种情况是,受让人系出资人,或参与公司管理,对隐名代持情形知情。在邱某某、福建省连城县宏泰旅游开发有限公司(以下简称宏泰公司)确认合同无效纠纷案③中,对于王某某代持邱某某在宏泰公司15%的股份及邱某某参与宏泰公司管理的事实,宏泰公司工商登

---

① 江苏省宿迁市中级人民法院民事判决书,(2019)苏13民终3370号。
② 浙江省温州市中级人民法院民事判决书,(2019)浙03民终2151号。
③ 福建省龙岩市中级人民法院民事判决书,(2019)闽08民终1628号。

记股东和其他隐名股东均为明知。崔某某作为宏泰公司原法定代表人、朱某某的配偶及股权受让人,充分了解宏泰公司股东变化及隐名股东的情况,在邱某某已经提出异议,并发函要求暂停支付王某某股权转让款的情况下,王某某仍催促崔某某抓紧付款,崔某某也继续向王某某支付剩余款项,王某某与崔某某双方明显故意串通。在邹某、青岛汉泰投资管理有限公司股权转让纠纷案①中,关于黄某受让股权是否善意的问题,因黄某、高某某、邹某某是康能公司的隐名股东,黄某对邹某持有康能公司30%的股份系明知,因此不能认定黄某受让诉争21%的股权为善意。在崔某某、上海众杰投资有限公司(以下简称众杰公司)与陆某某、包某某股权转让纠纷案②中,众杰公司将其所持有的苏润实业集团公司1.5%的股权转让给崔某某,无论是股权转让的决定还是股权转让的价格等,众杰公司、崔某某均未举证证明经过了苏润信托资金管理委员会、苏润信托资金出资人代表大会审议通过、批准,其实际是处分了苏润信托资金投资所形成的资产,属于损害全体出资人重大利益的情形。在长沙天域物流有限公司(以下简称天域公司)、姚某股东资格确认纠纷案③中,姚某作为受让人,应就"禾润智能科技有限公司管理层研究决定,将以'天域公司'的名称与'安吉物流'联合开展拟开通北美航线货运物流业务"知情,且结合天域公司存续时间、股东出资情况、姚某受让股权的价格、王某在与姚某签订《股权转让协议》的前一天出具的关于代持股协议的《声明》《股权转让协议》的履行情况以及王某关于股权转让对价的陈述等,一审法院认定王某与姚某恶意串通转让天域公司股权具有高度盖然性。第二种情况是,应通过尽职调查了解真实的股权持有情况,否则构成重大过失。在高唐县合通建筑机械有限公司(以下简称合通公司)、姜某某确认合同效力纠纷案④中,尽职调查能够发现合通公司被租用的事实,也能够了解合通公司真实的股权持有情况(高唐县千顺电动车有限公司的老板张某某证明杨某某不时来厂区查看,向高唐县千顺电动车有限公司问询车间及办公用房使用状况),林某某与张某某签订转让协议前,没有尽到合理审

---

① 山东省青岛市中级人民法院民事判决书,(2019)鲁02民终11458号。
② 最高人民法院民事裁定书,(2019)最高法民申616号。
③ 湖南省长沙市中级人民法院民事判决书,(2020)湘01民终9502号。
④ 山东省聊城市中级人民法院民事判决书,(2020)鲁15民终2297号。

慎的义务,其行为存在重大过失。

第二,对受让人支付对价不合理的认定? 一种方法是结合评估价格确定出让价格不合理,如在合通公司、姜某某确认合同效力纠纷案①中,无论是林某某答辩状主张的"股权转让价款203万元",还是该案审理中张某某、林某某共同认可的700万元,都明显低于934.22万元的评估价值。张某某与林某某之间的股权转让协议不属于以合理的价格转让。另一种方法是结合公司资产市场价值确定出让价格不合理。在邱某某、宏泰公司确认合同无效纠纷案②中,从股权转让对价来看,协议约定的股权转让款为225万元,之后崔某某实际支付王某某的股权转让款为438万元,而宏泰公司竞买土地的出让金高达5020万元,扣除政府返还的款项,实际支付的土地出让金也有2400万元,即便不考虑土地已经升值的因素,宏泰公司45%的股权的价值也应在1000万元以上,崔某某支付的股权转让价格可以认定为明显不合理低价,故其受让王某某股权的行为不能构成善意取得。

第三,能否从"利害关系"推知非善意和不合理价格? 对于该问题,法院判决给出了肯定回答。出让人将股权转让给亲戚朋友,受让人会被推定为对实际股权投资关系知情,除非有相反的证据证明,否则不能认定受让人善意;转让给亲戚朋友,往往伴随未支付合理对价。万翔公司、徐某某、孙某某与万里股东资格确认纠纷案③是一个比较典型的显名股东转让股份,按照善意取得的规则认定股权转让行为的效力的裁判。法院认为,孙某某系徐某某妻弟,其以零对价受让李某代万某某持有的万翔公司55%的股权的行为不属于善意取得,显名股东李某未经隐名股东万某某同意,将代持股权转让给孙某某的行为无效,孙某某所受让股权应予返还。在史某某、邓某某股东资格确认纠纷案④中,法院的裁判思路也是如此,法院认为,刘某与邓某某、李某某签订的股权顶账协议载明的汇款人均系刘某的亲属、朋友或关联企业,与刘某具有利害关系。刘某主张邓某某、李某某夫妇以股抵债方式偿还了津昌公司欠刘某的借款,但刘某未提

---

① 山东省聊城市中级人民法院民事判决书,(2020)鲁15民终2297号。
② 福建省龙岩市中级人民法院民事判决书,(2019)闽08民终1628号。
③ 吉林省高级人民法院民事判决书,(2020)吉民终278号。
④ 山东省高级人民法院民事判决书,(2020)鲁民终588号。

交充分证据证明其向津昌公司出借款项的事实,不能认定刘某支付了合理对价。在傅某某与梅某某、梅某等股东资格确认纠纷案①中,法院认为:首先,梅某某、梅某及陈某某对傅某某借款的时间、金额、交付方式的陈述均不一致,且未能提供任何证据加以佐证;其次,梅某某在同意书、抛弃书和立契书中均明确傅某某向绅咏公司投入资金,并为绅咏公司实际经营人,基于梅某某与梅某的姐弟关系,梅某知晓绅咏公司实际投资关系的可能性较大;最后,梅某和陈某某未能提供任何实际支付股权转让对价的凭证。综合上述三点,不能认定梅某受让股权为善意。

c.股权转让合同效力问题

第一,受让人主张撤销合同,未被支持。在伍某某、廖某某股权转让纠纷案②中,廖某某表示合同签订后,经查询才得知伍某某(隐名股东)并非协议约定的同诚公司、安联盛公司的股东,伍某某存在欺诈以及廖某某存在重大误解,故主张撤销合同。对此,廖某某作为商事活动主体,在签订《股权转让协议书》前完全可以通过国家企业信用信息公示系统查询同诚公司、安联盛公司的股权情况,且廖某某自2016年2月4日起成为安联盛公司的股东,其理应清楚安联盛公司的股权登记情况,以重大误解为由主张撤销股权转让协议,缺乏事实依据。

第二,效力待定合同无人追认,认定合同无效。在陈某某、曾某某股权转让纠纷案③中,艾薇儿公司无权转让自身股权,依据原《合同法》第51条之规定,艾薇儿公司属于无权处分人,其转让的艾薇儿公司股权的有权处分人应该是艾薇儿公司股东,在权利人没有追认的情况下,该合同效力处于待定状态。该案中,没有任何有权处分人追认该合同或授权转让股权,且艾薇儿公司已自认在2019年5月停止营业,此时再行追认亦有悖公平原则,因此该合同应认定无效。

第三,坚持区分原则,无权处分并不当然导致基础法律行为无效。在应某

---

① 江苏省高级人民法院民事判决书,(2016)苏民终864号。
② 广东省广州市中级人民法院民事判决书,(2020)粤01民终21704号。
③ 江西省南昌市中级人民法院民事判决书,(2020)赣01民终1365号。

某、张某确认合同无效纠纷案①中,一审法院认为,显名股东转让股权的行为系无权处分,效力待定,未获得隐名股东追认,反而提起诉讼,以实际行动否认了该合同的效力,基础法律行为即股权转让协议无效,股权转让物权行为就不能发生法律效力。但奇怪的是,该案一审法院又进一步审查了是否符合善意取得。二审法院对一审法院的错误进行了纠正,虽然张某与和某之间存在代持股关系,《股权转让协议》系无权处分,但根据司法解释规定,上述无权处分行为并不当然导致协议无效。该案法院有两个鲜明的立场:一是显名股东对股权进行的处分行为属于无权处分行为,二是无权处分并不必然导致基础法律行为无效。因此,成立无权处分之后二审法院进一步适用善意取得规则也就顺理成章。在吴某某、沈某股权转让纠纷案②中,由于我国实行公司股权公示制度,吴某某是显名股东,即使存在隐名持股的情况,吴某某与陈某某之间也是内部关系,不能对抗善意取得股权的第三人沈某,故其主张公司决议及《股权转让协议》无效无事实及法律依据。在向某某与陈某某、肖某某确认合同无效纠纷案③中,原告的诉讼请求是确认股权转让合同无效,并提出了两条确认路径:一是无权处分导致股权转让协议无效,并未获得法院认可;二是恶意串通导致股权转让协议无效,但未能充分举证。法院认为,恶意串通中的恶意系指动机不良的故意,即该意志以损害第三方利益为目的,具有法律上的当谴责性,同时,各缔约方就该恶意具有意思联络、沟通或在非法目的上展现出一致性。该案的事实无法证明存在恶意。最终,该案走向了善意取得的审查。陈某某在受让股权时已知晓向某某隐名股东的身份,且股权转让未经隐名股东同意,陈某某应当知道肖某某无权转让向某某股权,且陈某某至今未按约向肖某某付清全部股权转让款,故陈某某受让向某某委托肖某某持有的股权的行为不构成善意取得。

第四,恶意串通导致股权转让合同无效。在杨某某、曹某某确认合同无效纠纷案④中,采取了两条判断路径,但该案法院思路并不清晰。法院认为,显名

---

① 云南省高级人民法院民事判决书,(2016)云民终279号。
② 广西壮族自治区北海市中级人民法院民事判决书,(2020)桂05民终2028号。
③ 湖北省高级人民法院民事判决书,(2015)鄂民二终字第00197号。
④ 浙江省金华市中级人民法院民事判决书,(2019)浙07民终697号。

股东转让股权属于无权处分的效力待定合同,须经过权利人追认后取得合同的处分权,合同才有效。但在判断时,遵循的依旧是善意取得的思路,即认定明知和未支付合理的股权转让对价,因此认定股权转让协议系恶意串通导致合同无效,顺带提及未经过追认的合同无效。法院并未厘清判断股权转让行为的多条路径,存在矛盾的情形。法院裁判理由如下:杨某、金某某仅与作为显名股东的杨某某、曹某某签订股权转让协议,且未支付相应的股权转让对价,亦未向法院提交隐名股东当时同意或事后追认的依据,一审法院据此认定杨某、金某某及杨某某、曹某某恶意串通,损害第三人利益,涉案股权转让协议因此无效,符合法律规定,法院予以支持。

(3)民事责任承担

第一,显名股东转让股权经过隐名股东追认后,隐名股东可主张股权转让款。在王某1、王某2股权转让纠纷中,①案涉《股权转让协议》系显名股东转让股权,事后经隐名股东追认,且协议内容没有违反法律、法规的强制性规定,应认定为合法有效。案涉《股权转让协议》当事人实际应为林某某(隐名股东)和王某2(受让人)。受让人未支付股权转让款,构成违约,应向隐名股东支付违约金。在蒋某某与周某某、姜某某股权转让纠纷案②中,周某某(显名股东)未经蒋某某同意将其代持的竣玺公司股权进行转让,属于无权处分,但蒋某某在该案中已经追认上述股权转让行为,故周某某转让上述10%的股权的效力不因无权处分受影响。因上述10%的股权实际由蒋某某享有,在股权转让后,蒋某某有权向周某某主张该10%的股权对应的股权转让对价。

第二,受让人与显名股东恶意串通,应对隐名股东的损失承担连带责任。在江苏春晖国际贸易有限公司(以下简称春晖贸易公司)、江苏新沂农村商业银行股份有限公司(以下简称新沂农商行)财产损害赔偿纠纷案③中,显名股东以案涉股份折价抵偿债务,债权人明知其并非股权的实际所有人,仍迅速办理了案涉股权的变更手续,因此须对损失承担连带责任。法院认为:"新沂农商行明知春晖贸易公司系新沂农商行100万股股份的实际出资人,且春晖贸易公

---

① 福建省宁德市中级人民法院民事判决书,(2019)闽09民终1371号。
② 江苏省苏州市中级人民法院民事判决书,(2019)苏05民终3550号。
③ 最高人民法院民事判决书,(2016)最高法民再168号。

司与凤凰时装厂正在办理股权变更登记手续,仍然与凤凰时装厂协商以案涉股份折价抵偿凤凰时装厂担保债务,并迅速办理案涉股份的变更登记手续。新沂农商行没有证据证明其曾经就上述事项通知并征求春晖贸易公司的意见,其与凤凰时装厂擅自处分春晖贸易公司实际所有股份、造成春晖贸易公司损失的共同故意十分明显,应当与凤凰时装厂对春晖贸易公司因此遭受的损失承担连带赔偿责任。"

第三,隐名股东损失与股权转让行为之间具备因果关系时,才能要求承担赔偿责任。在高某某与周某某侵权责任纠纷案①中,名义股东周某某将股权转让后,又从他人处转回了股权,明远新能源公司100%的股权目前均在周某某名下。也就是说,实际股东依旧可以依据代持股协议享有股份的收益和权利,高某某完全可以要求周某某返还股权,但高某某认为公司股权已非当时委托持有时的股权,在公司严重亏损的现状下已无经济价值可言,故不愿意继续持有公司股权,转而要求周某某支付股权转让款。但是法院认为,"从财务上看,不能认为股权转让行为与公司股权贬值之间存在因果关系。高某某在转让期间,一直在明远新能源公司工作,并对于明远新能源公司的经营状态和财务状况应当是明知的。周某某仅是名义转让,公司的经营理念、管理方式并未因股权转让、股东变更而发生变化"。综上,法院认为,股权转让行为与公司股权价值贬损之间并不存在因果关系,因此高某某要求周某某支付股权转让款的诉讼请求未获得支持。由于股权转让行为和实际股东的损失之间缺乏因果关系,该案中高某某诉讼请求缺乏法律依据。

第四,名义股东明知他人擅自转让其代持的股权而未提出异议,应承担赔偿责任。在蔡某某与柯某某委托合同纠纷案②中,柯某某接受蔡某某委托投资汇源公司,有权作为蔡某某在该公司股权的代持人,并有义务维护其股东权益。柯某某在知晓其名下汇源公司15%的股权被他人擅自转让的情况下,并未提出异议,表明其同意《股权转让协议》的内容,故柯某某要求确认《股权转让协议》无效的诉讼请求被法院驳回。

---

① 安徽省高级人民法院民事判决书,(2016)皖民终880号。
② 福建省高级人民法院民事判决书,(2015)闽民终字第1444号。

4. 股权善意取得学理分析

(1)股权让与是债权让与还是物权让与

股权的性质目前认定复杂,存在债权说、社员权说、所有权说、股东地位说、权利义务集合体说、独立说等。主张采取债权说的学者认为,"在德国法上股权让与构成要件遵循权利让与的一般规则(德国《民法典》第 413 条),采取意思主义,需转让人和受让人之间达成有效的股权让与合意,受让人即取得所让与之股权"。股权受让人告知公司之后,取得股东资格,但是未告知公司并非股权让与行为的生效要件,亦非对抗要件。"因此股权让与之本质遵循着债权让与所构建的权利让与的一般规则。"①从性质上看,债权不能善意取得,股权也不应适用善意取得。善意取得是物权法规则。物权所有权是对物进行占有、使用、收益和处分的权利;债权与物权是相对的概念,与物权相较:债权的客体可以是物或行为,而物权的客体只有物;债权具有相对性,物权则具有对世效力;债权无追及力,而物权有追及力。

股权是有限公司股东对公司享有的人身权利和财产权利的综合性权利。如《公司法》第 42 条(2023 年修订后为第 65 条)规定:"股东会会议由股东按照出资比例行使表决权……"此外,从《公司法》的规定来看,股权不仅是权利,还应包括义务:如不得抽逃出资和补足出资义务。

从物权的权能来看,股东占有股权,但股权背后的财产是由拟制的法人控制的;从收益上看,股东不具备利润分配权而只是享有利润分配请求权;从使用上看,股东看似可以行使股权,但实质上是法人的法定代表人在进行使用;从处分上看,股权对外转让需要其他股东的同意。股权更像是被困在囚笼中的财产权。物权中的所有权权能是完整的,股权权能则不完整,股权不是物权,将其解释为债权虽更合理,但也存在许多问题,如没有相对应的债务人,而且能否将股权定性为债权并非适用善意取得的关键。笔者倾向认为,股权是独立的财产权,对股权适用善意取得实质上是为了维护交易安全所作出的例外规定,善意取得不应局限于物权,而应从制度构建的目的和构成要件出发,考察"股权善意取得制度"的合理性。

---

① 张双根:《德国法上股权善意取得制度之评析》,载《环球法律评论》2014 年第 2 期。

(2) 股权权利外观基础构建

股权善意取得引发了股权的实际所有者和善意受让人之间的利益冲突,前者为静态地维持所有的利益,后者为动态地维持交易安全利益。善意取得在牺牲前者的利益时,必须保证存在值得信赖的交易外观基础。在物权让与中,动产的权利外观为占有,不动产的权利外观为登记,动产占有这一权利外观的确定性低于不动产登记的权利外观,会影响受让人善意的判断标准。

在我国,股权的权利外观也是登记,登记的确定性处于何种位置?在设置的检索条件下,仅是最高人民法院和高级人民法院近3年审理的案件就有1400多件,这还只是出现纠纷的案件,可见股权代持是比较常见的;而且法院对于股权代持协议的效力是认可的,由是观之,股权登记的确定性并不强。既然股权登记作为权利外观的确定性并不强,对受让人善意的评判标准应当如何设定?在湖北爱诺亚经贸有限公司、武汉玉源投资管理中心股权转让纠纷案中,出让人向受让人承诺:不存在隐名持股等影响受让人取得股权的情形。在股权转让合同中约定类似条款是否必要?该条款是否说明受让人对于股权的真实权利归属进行了一定的审查?还是相反地,因为股权代持人擅自转让股权毕竟在股权转让合同中属于特殊情形,此条款是否恰恰证明"此地无银三百两"?还存在一个问题:受让人善意取得股权后,是否还能依据该合同约定向出让人主张违约责任?笔者倾向肯定该条款的必要性,赋予受让人一定的注意义务。动产让与、不动产让与和股权让与权利外观的公示力确定性存在强弱之分,动产的外观公示最弱,股权次之,不动产让与的公示性最强。

股权的权利外观确定性低于不动产,高于未登记的动产,因此股权转让行为中,受让人可能存在的主观状态为不知情(无过错、过失、重大过失)和知情(故意)。笔者认为,从确定性观之,应准用动产让与的善意认定标准,如果受让人在股权转让行为中存在重大过失则不能善意取得股权,但并未出现相关案例支持此结论。从文义解释和嗣后立法者的解释观之,股权善意取得适用不动产善意取得规则,但是不动产和股权登记的确权力不同,完全准用不动产善意取得标准并不合理。也就是说,在现有的股权代持协议认定和登记规则下,为了更好地平衡实际权利所有人和善意受让人之间的利益,需要对受让人的善意制定更高的标准。此外,应提高股权登记的确定力,如在对股权代持协议的效力认定日渐宽松的条件下(尤其是历史遗留的股权代持),可以要求当事人在登记机关登记股权代持关系,以保证登记尽可能与真实权利关系相一致;股权的实际所有人未进行登记,则视为放弃权利维持利益,仅能依据股权代持协议要求名义股东承担赔偿责任,因而善意取得的适用才能更加通畅。

(3)小结

股权让与并非物权让与,但是为了维护交易安全,平衡实际权利人和善意受让人的利益,降低交易成本,股权让与适用于善意取得规定。从立法上看,适用善意取得最重要的问题在于,构建值得信赖的权利外观和合理分配善意受让人的注意义务。法院作出评判时,也应考察权利外观和受让人的主观心态,带着衡平法的思维,公平、合理、合法地认定股权转让是否能够适用善意取得。

(七)排除强制执行

在隐名股东委托他人代持股权的案件中,在执行程序里,经常涉及排除强制执行问题,相关纠纷较多。笔者一共找到了83个涉及排除强制执行问题的隐名持股案件,将重复和不相关的案件删除后,剩下61个涉及隐名持股排除强制执行的案件。在这61个案件中,(1)涉及典型的隐名股东申请排除案外人强制执行名义股东代持财产的案件共有48个,法院支持排除强制执行的案件有11个,不支持排除强制执行的案件有37个;(2)涉及反向的名义股东以代持为由申请排除由隐名股东处分的强制执行案件有3个,法院不支持排除强制执行的案件有2个,支持的案件有1个;(3)涉及名义股东申请排除对其进行限制高消费的强制执行的申请案件有2个,法院均判决继续执行限制高消费;(4)涉及名义股东申请排除对于抽逃出资的责任赔偿的强制执行案件共有7个,法院支持名义股东排除追偿的强制执行案件有2个,支持继续强制执行的案件有5个;(5)有1个案件涉及金融不良债权处置转让后再次转让债权的强制执行,法院对于该案进行了利益平衡后部分支持了继续强制执行。以下将对法院在这些类别案件中的判决进行具体分析和说明。

1. 隐名股东申请排除对代持股份的强制执行

对于隐名股东能否申请排除对代持股份的强制执行的案件,核心在于究竟是应当优先保护债权人的利益还是实质权利人的利益。对此,不同法院的判决意见并不一致。但总体而言,判决思路大抵延续"确认股权实质权利人—确认是否具有足以排除强制执行的权利"的思路。但在对如何认定"具有足以排除强制执行的权利"问题上,不同法院的认定思路不同。

(1)否认构成对代持股权的实质权利,并因此否认排除强制执行

在此类案件中,如果相关当事人并未完成对具有代持股权实质权利的认证,则需要承担举证不能的后果。例如,在许某某等与华熙昕宇投资有限公司案外人执行异议之诉民事判决书①中,法院判决如下:"华熙酒店项目的回购权与华熙酒店公司30%的股权并不能完全等同。许某某未能证明其就上述30%的股权有直接出资,许某某与黑天鹅公司之间也没有关于华熙酒店公司30%的股权的代持协议……许某某通过与案外人签订股权代持协议的方式控制黑天鹅公司,黑天鹅公司获得了与许某某有项目合作关系的华熙酒店公司30%的股权,这应认定为一种商业运作的方式,而不能直接认定为黑天鹅公司代许某某持有华熙酒店公司的30%的股权。"在林某某、富某案外人执行异议之诉二审民事判决书②中,法院判决如下:"但从林某某提交的相关证据看,一则,落款日期署名黄某某的《声明》虽然记载黄某某将所持金塔公司35%股权的10%划分到林某某名下,但该《声明》落款日期在黄某某与唐某某、同益公司、石某签订《股权转让协议》且受让金塔公司35%股权之后。鉴于林某某与黄某某系妹夫与妻兄的特殊关系,上述《声明》的真实性存疑。二则,林某某二审提交的所谓部分出资款支付凭证的支付对象多为唐某某、黄某某夫妇,而非其主张的名义股东黄某某,且缺少款项用途记载,并不足以证明所涉款项系林某某的出资款。因此,林某某主张其系黄某某名下诉争股权的实际出资人,依据不足,难以认定。"

大部分被否认对争议标的具有实质权利的案件,大都涉及无法提供有效的代持股协议证明、无法有效证明存在实际足额出资和具体资金流转用途等事项,而难以证明申请人就是诉争股权的实际权利人,因此被驳回申请。

---

① 北京市高级人民法院民事判决书,(2020)京民终309号。
② 浙江省高级人民法院民事判决书,(2020)浙民终99号。

(2)承认构成有效的隐名持股,认可足以排除强制执行

第一,债权人明知存在隐名股东仍申请执行。在范某某、聂某某执行异议之诉再审审查与审判监督民事裁定书①中,法官写道,洪某某已实际向万江公司出资,并存在最终由范某某作为万江公司名义股东代持洪某某股权的事实,该认定并无不当。在确认洪某某是实际权利人后,判决文书中又有"范某某与中大公司所签《协议书》表明,此时中大公司与万江公司对范某某代持洪某某18%的股权的事实是知晓的,且无异议。洪某某要求确认其是持有万江公司18%的股权的股东并终止执行该部分股权的诉讼请求成立,该认定并无不当,本院予以维持"的表述。在该案中,债权人明知存在隐名股东的事实,但仍要执行代持股权,不具备信赖利益,对该诉争股权无实质期待权益,因此不足以支持其继续强制执行隐名股东的财产。

第二,债权人信赖名义股东持股外观申请强制执行,法院予以支持。在支持排除强制执行的11个案件中,有10个法院均是通过对最高人民法院《关于人民法院办理执行异议和复议案件若干问题的规定》第25条、《公司法》第32条(2023年修订后为第56条)和《公司法司法解释(三)》相关条款的解释,认定实际出资人的权益足以排除对股份的强制执行。

在李某与倪某、张某1案外人执行异议之诉二审民事判决书②中,法院判决如下:"在外观权利与实际权利不一致的情况下,善意第三人基于对权利外观的信赖而与名义权利人进行民事法律行为的效力受法律优先保护,而本案是李某与名义股东张某1因借款关系等而形成的一般债权,其并非基于信赖权利外观而进行民事法律行为的善意第三人,故其债权请求不能受到优先于实际权利人倪某的保护。"在中信银行股份有限公司济南分行(以下简称中信济南分行)、海航集团有限公司(以下简称海航集团)执行异议之诉再审民事判决书③中,一审法院的法官认为,"根据权利外观理论,当实际权利人的权利与因信赖权利外观而和名义权利人为民事法律行为的善意第三人之权利发生冲突时,为维护交易安全,善意第三人的权利优先于实际权利人受到保护。而本案中中信

---

① 最高人民法院民事裁定书,(2019)最高法民申1326号。
② 甘肃省高级人民法院民事判决书,(2020)甘民终491号。
③ 最高人民法院民事判决书,(2016)最高法民再360号。

济南分行申请执行的是其与中商财富之间因借款关系而形成的债权,中信济南分行并没有与名义股东中商财富就登记在中商财富名下的 7200 万股股份从事民事法律行为。从权利外观原则来看,中信济南分行不是基于信赖权利外观而需要保护的民事法律行为之善意第三人,本案也没有需要维护的交易安全,中信济南分行的债权请求不能受到优先于实际权利人海航集团的保护"。在平顶山市新华容升煤业有限公司、王某某再审民事判决书①中,对于《公司法司法解释(三)》股权善意取得制度的适用主体,法官认为,"股权善意取得制度的适用主体仅限于与名义股东存在股权交易包括股权转让、股权质押等方式的第三人。据此,按照商事外观主义原则的适用范围一般不包括非股权交易的第三人。本案中,案涉执行案件申请执行人王某某不是针对胡庄村委会名下的股权进行交易的行为,而是因债务纠纷而寻查胡庄村委会财产以达到还债的执行行为,故本案不存在商事交易信赖利益保护的情形。若适用商事外观主义原则,将实质权利属于容升公司的财产用以清偿胡庄村委会的债务,将严重侵犯容升公司的合法权利"。

综上可知,支持隐名股东具有排除强制执行权益的观点认为,股权善意取得制度的适用主体仅限于与名义股东存在就其所代持股权进行股权交易的第三人,而不包含非交易第三人。若仅是因一般债权债务关系形成的追偿义务,则不能构成信赖利益保护的需要。因此,实际权利人具有了足以排除强制执行的民事权益。

(3)承认构成有效的隐名持股,否认足以排除强制执行

在此种否定具有排除强制执行权益的案件类型中,法官的判决和前文第 2 种类型的判决理由往往针锋相对,对于与名义股东交易的第三人是否构成股权善意取得制度所要保护的第三人,交易相对方是否对该代持股权具有信赖利益产生了激烈的交锋。

在庹某某、刘某再审民事判决书②中,法官详细阐述了为何不应支持排除强制执行的理由。第一,法院认为:"法定事项一经登记,即产生公信力,登记

---

① 河南省高级人民法院民事判决书,(2018)豫民再 1087 号。
② 最高人民法院民事判决书,(2019)最高法民再 46 号。

事项被推定为真实、准确、有效,善意第三人基于对登记的信赖而实施的行为,受到法律保护。只要第三人的信赖合理,第三人的信赖利益就应当受到法律的优先保护。"此处法院认为,第三人应当被保护的信赖利益包含两个方面:一方面是"因为执行债权人在与被执行人发生交易时,基于对被执行人的总体财产能力进行衡量后与之进行交易",因此债权人在交易时的信赖利益应当受到保护;另一方面是"申请执行人为实现对某项特定财产的查封,必须放弃对其他财产的查封申请",因此对于申请执行人选择查封的机会成本和信赖利益也应当予以保护。由此,法官认为,"在案涉股份的实际出资人与公示的名义股东不符的情况下,不应将善意第三人的保护范围仅限于就特定标的从事交易的第三人,将其扩张到名义股东的执行债权人,具有正当性与合理性"。第二,法院认为,庹某某本人有足够的时间和机会及时办理股权变更登记,避免后续问题的发生,因此"案涉股份未能及时变更登记到庹某某名下,其自身亦难逃干系"。第三,从权责和利益分配上衡量,"国家设立公司登记制度的原因在于公司的股东、经营状况等信息具有隐蔽性,公众无法知晓,将公司的必要信息通过登记的方式公之于众,有利于保护交易安全、降低交易成本。国家鼓励、引导公司以外的第三人通过登记信息了解公司股东情况和经营情况,对名义股东与实际出资人之间的代持关系,名义股东的债权人却难以知悉,属于其难以预见的风险,不能苛求其尽力查询义务,风险分担上应向保护债权人倾斜,制度以此运行则产生的社会成本更小"。第四,从法律制度价值和司法政策价值导向看,法院认为,"代持关系本身不是一种正常的持股关系,与公司登记制度、社会诚信体系等制度相背离,股东之间恣意创造权利外观,导致登记权利人与实际权利人不一致,在给实际出资人提供便利的同时,放任显名股东对外释放资产虚假繁荣信号,给公司的法律关系、登记信息带来混乱,增加社会的整体商业风险和成本,该风险和成本应当由实际出资人自行承担"。

在临沂医药集团有限公司、郭某案外人执行异议之诉二审民事判决书[①]中,法院判决如下:"上述法律规定所称的第三人,并不限缩于与显名股东存在股权交易关系的债权人,名义股东的非基于股权处分的债权人亦应属于法律保

---

① 山东省高级人民法院民事判决书,(2018)鲁民终1121号。

护的'第三人'的范畴,该债权人的民事法律行为效力应受到法律的优先保护。"在王某某与刘某某、詹某某等申诉、申请民事裁定书①中,法院判决如下:"第三人,并不限缩于与显名股东存在股权交易关系的债权人。根据商事外观主义原则,有关公示体现出来的权利外观,导致第三人对该权利外观产生信赖,即使真实状况与第三人的信赖不符,只要第三人的信赖合理,第三人的民事法律行为效力即应受到法律的优先保护。基于上述原则,名义股东的非基于股权处分的债权人亦应属于法律保护的'第三人'范畴。"

综合来看,对于隐名股东能否申请对代持财产的排除强制执行,学理上的主要争论在于,是否适用股权的善意取得制度和信赖利益保护。但善意取得制度本身是对交易安全的保护,该制度中的第三人一般是"具有转让请求权、质押优先权等交易中的一方……且被认为是因信赖登记而展开交易的人,而不是一般债权人"。② 商事权利外观的信赖利益脱胎于物权公示公信制度,而物权公示公信制度本身在很大程度上又服务于物权的善意取得制度,《公司法司法解释(三)》第 25 条的相关规定也并未对此进行突破,仍参照适用物权善意取得。那么,按照这个顺序推演,能否认为最终回到前一观点对善意取得制度本身的讨论,即仍旧未跳脱商事交易中认定善意第三人的框架?从执行程序的角度来看,在财产的保全和执行程序中,存在大量案外人主张标的权利的情形,往往需要消耗大量司法资源对此进行确认。仅从司法执行制度顺利运行和成本的角度考虑,是否统一在执行阶段排除此类异议申请后,再通过其他案外人意思自治的内部协调追偿渠道解决争议会更有效率,也是需要加以考虑的因素。

(4)否认足以排除强制执行中涉及特别规定的情况

在否认足以排除强制执行的案件中,有 3 件涉及了商业银行强制规定,这 3 件案件均被法院判决不足以排除强制执行。在新乡市汇通投资有限公司、韩某案外人执行异议之诉再审民事判决书③中,法院对于商业银行股权的委托代持协议效力予以了否定。法院在判决书中提道,如果在对外关系中轻易保护实

---

① 最高人民法院民事裁定书,(2016)最高法民申 3132 号。
② 王毓莹等:《隐名权利能否阻却法院执行:权利性质与对抗效力的法理证成》,载《人民司法(应用)》2017 年第 31 期。
③ 最高人民法院民事判决书,(2018)最高法民再 325 号。

际出资人,会发出不恰当的信号,进而导致非正常的公司持股现象大增,徒增交易成本,不利于交易安全。如果一概承认实际出资人排除执行的权利,则会让股权代持协议成为实践中规避执行、逃避义务的工具,导致被执行人无论是股权的实际出资人,还是名义持有人时,都无法执行的局面。因此,对于商业银行股权的代持行为,法院不应肯定和支持。在青海省富康医药集团有限责任公司(以下简称富康公司)与交通银行青海分行股份有限公司青海省分行二审民事判决书①中,法院同样提道,"根据《商业银行股权管理暂行办法》的规定,商业银行股东不得委托他人或接受他人委托持有商业银行股权。富康公司在一审庭审中亦认为因商业银行持股比例有限制规定而由美信公司代持股权,亦属违反、规避法律法规的行为,由此造成的一切后果亦应当由实际出资人自行承担"。在中信济南分行、海航集团执行异议之诉再审民事判决书中,②在对司法政策价值进行衡量时,法院判决书提道:"对商业银行股权代持的监管体现出逐渐严格和否定的趋势。为了维护交易安全,也为倒逼隐名股东在选择名义股东时更加谨慎,依法判决实际出资人海航集团不能对抗人民法院对涉案股权强制执行,有利于规范商业银行股权法律关系,防止实际出资人违法让他人代持股份或者规避法律。"

综合来看,涉及商业银行隐名持股问题时,法院一般倾向因其违反相关规定,即使不直接判决其代持协议无效,也认为其不是值得法律加以保护的正当利益,并从风险承担、法律政策价值引导的角度,否认其足以排除强制执行的可能性。

2. 名义股东申请排除对代持股份的强制执行

(1)法院不支持名义股东申请排除对代持股份的强制执行

在江苏亚特投资控股集团有限公司与高能控股有限公司合同纠纷二审民事判决书③中,法院认定:"由于代持人并未按照协议书约定,在对外转让股权时告知哈某某夫妇,哈某某夫妇对现任股东不知情,故渤海金龙开发公司的实际出资人仍为哈某某、陈某某。渤海金龙开发公司在本案中所表达的意志仅为

---

① 青海省高级人民法院民事判决书,(2018)青民终 208 号。
② 最高人民法院民事判决书,(2016)最高法民再 360 号。
③ 北京市高级人民法院民事判决书,(2019)京民终 1400 号。

名义股东的意志不能对抗实际出资人哈某某、陈某某。二人有权处分渤海金龙开发公司的财产。"在石家庄市政府招待处工会委员会(以下简称招待处工会)、邢台城乡房地产开发有限公司申请执行人执行异议之诉二审民事判决书①中，法院认定，虽然招待处工会被公司登记机关登记为世府锦绣公司股东，但招待处工会并不是案涉股权的权利人，不实际享有世府锦绣公司股东的权利，实际权利人是工会中的自然人股东。由于华川公司已经收购了自然人股东持有的股权，虽未办理股权变更登记手续，但不影响华川公司收购股权事实的成立以及生效。最终，法院判决："相关证据可以证实华川公司收购股权后已经实际行使了股东权利，且招待处工会名下陈某某、姜某、李某某等172名自然人股东始终未就法院查封股权提出过异议，故对案涉股权执行法院可以继续执行。"从这两个案例可以看出，相对名义出资人，法院更倾向穿透登记的表象，保护实际出资的权利人，并以实际出资人的处分权为限对诉争财产的处分情况进行认定，保护实际出资人的处分权。

(2)名义出资人得以排除实际权利人处分财产的情况

在中国信达资产管理股份有限公司湖北省分公司(以下简称信达湖北分公司)、武汉市荣盛物业有限公司(以下简称荣盛公司)金融借款合同纠纷二审民事判决书②中，名义股东王某某申请排除对其承担连带保证责任的执行。法院在判决中认定："《个人担保声明书》中虽然确认了王某某持有的当代公司49%的股权系为冯某代持，上述股权属于冯某的财产，但王某某并未作出任何保证的意思表示，故本院对信达湖北分公司主张王某某应对荣盛公司以其所持当代公司49%股权价值为限承担连带清偿责任的上诉请求不予支持。但冯某承担保证责任时，其用以承担保证责任的财产范围中应包括王某某代持的当代公司49%的股权。"该案中，对于名义股东是否应当承担连带保证责任的认定，落脚点在于对《个人担保声明书》和股权代持协议两个协议中相关担保条款真实意思表示的内涵的确认，名义股东只在其代持范围内承担相关的股东责任，既然其不拥有实质意义上的股东处分权，那么当实际控制人实际处分该股份并

---

① 河北省高级人民法院民事判决书,(2018)冀民终983号。
② 湖北省高级人民法院民事判决书,(2018)鄂民终775号。

以之作为担保时,亦不得过分延伸为包含名义股东连带担保的意涵。

3. 名义股东申请排除对其限制高消费的强制执行

此类案件共有2件,均为名义股东申请排除对其进行个人高消费限制的强制执行,且均被法院驳回。涉及的法律法规主要为最高人民法院《关于限制被执行人高消费及有关消费的若干规定》第1条、第3条。在何某、上海浦东发展银行股份有限公司成都分行、四川国宏能源科技有限责任公司(以下简称国宏公司)等对下级法院执行异议裁定的复议执行审查类执行裁定书①中,法院认为,"何某并未提交证据证明其不是国宏公司的法定代表人,在其担任法定代表人的公司被采取限制消费措施后,其被限制消费并无不当,复议理由不能成立"。在刘某、刘某某、成都火山岩科技有限公司等对下级法院执行异议裁定的复议执行审查类执行裁定书②中,一审法院认为,虽然只是代持,但刘某、刘某某是公司的最主要负责人,李某、鲜某是公司的法定代表人,代持协议只是内部约定,不发生对外效力。复议法院认定,根据相关规定,"在其担任法定代表人或实际控制人的公司被采取限制消费措施后,其被限制消费并无不当"。综上可知,对于名义股东申请排除对本人的限制消费的强制执行的申请,由于相关法律规定,且名义股东一般为公司登记中记载的法定责任人和主要负责人,因此并无支持其排除强制执行的权益,法院不予支持。

4. 名义股东申请排除对其追偿出资瑕疵责任的强制执行

在名义股东申请排除对其追偿出资瑕疵责任的强制执行的案件中,法院反对排除强制执行的案件有5个,支持排除强制执行的案件有2个。主要涉及的法律法规有《公司法》第31条,《公司法司法解释(三)》第13条、第26条,最高人民法院执行工作办公室《关于股东因公司设立后的增资瑕疵应否对公司债权人承担责任问题的复函》,最高人民法院《关于民事执行中变更、追加当事人若干问题的规定》第17条、第18条、第19条、第21条。

(1)法院反对排除强制执行

在阜新五龙矿业设备有限公司(以下简称五龙公司)、阜新市高新区博大

---

① 四川省高级人民法院执行裁定书,(2020)川执复8号。
② 四川省高级人民法院执行裁定书,(2019)川执复330号。

小额贷款有限公司(以下简称博大小贷公司)执行异议之诉二审民事判决书①中,法院认为,"内部的隐、显名股东关系不能对抗公司股东登记的公示效力和公信力,不能对抗外部债权人,更不能对抗法院的强制执行;而未缴纳、未足额缴纳出资的股东以及抽逃出资的股东,在债务人的财产不足以清偿生效法律文书确定的债务时,均属于可被追加为被执行人的范围,因此,无论五龙公司是实际股东还是名义股东,也无论其是属于未履行出资义务还是抽逃出资的情形,在金龙小贷公司的财产不足以清偿债务时,一审法院依博大小贷公司申请追加五龙公司为被执行人均具有事实和法律依据,并无不当"。类似地,在吴某某、珠海精诚船舶设备维修有限公司(以下简称精诚维修公司)案外人执行异议之诉二审民事判决书②中,法院判决认定:"吴某某作为工商行政主管部门核准登记于兴洋公司登记簿的股东,具有公示公信的效力,其不能以代持协议、债权担保等内部约定对抗第三人精诚维修公司。吴某某是否受海心汇公司的指派代持相关股权等约定,均属于其与海心汇公司、兴洋制造公司、伍某某之间的内部法律关系,不能产生对抗第三人的法律效力,更不能产生否定工商登记的公示效力。吴某某应承担为此而带来的法律风险及不利后果。"在西丰县民和小额贷款有限责任公司、沈阳万方实业股份有限公司执行异议之诉再审民事判决书③中,法院判决认定:"名义股东承担补充赔偿责任是基于实际出资人未履行出资义务。"在西部发展资本管理(北京)有限公司(以下简称西部资本管理公司)、浙江中南建设集团钢结构有限公司二审民事判决书④中,法院认定:"即便存在合法有效的股权代持关系,股份代持亦仅在内部对合同相对方发生法律效力,不能对抗第三人。本案中,根据工商登记记载的内容,西部资本管理公司为圣鼎鸿公司的唯一股东,理应在出资不实及抽逃出资的范围内承担赔偿责任。"综上,一般而言,名义股东作为工商登记簿上的登记人,不得以存在内部的代持关系为由,拒绝执行承担出资不实及抽逃出资等出资瑕疵范围内的赔偿责任。

---

① 辽宁省高级人民法院民事判决书,(2018)辽民终 514 号。
② 广东省高级人民法院民事判决书,(2018)粤民终 930 号。
③ 辽宁省高级人民法院民事判决书,(2019)辽民再 97 号。
④ 山东省高级人民法院民事判决书,(2019)鲁民终 1838 号。

(2)法院支持排除强制执行

在东银融资租赁(天津)有限公司(以下简称东银融资公司)、束某某申请执行人执行异议之诉二审民事判决书①中,法院认为:"东银融资公司提交的《情况说明》、银行汇款凭证等证据不足以证明束某某与张某某存在抽逃出资行为,故一审法院驳回其诉讼请求并无不当。"在海天东盛小额贷款有限公司与杨某、王某等二审民事判决书②中,法院认为根据现有证据不足以证明存在出资不实、抽逃出资的问题。综上可知,对于名义股东申请排除关于出资瑕疵承担责任的强制执行案件,在证据足以证明存在出资瑕疵的情况下,法院一般予以支持,名义股东不得以代持的内部关系对抗第三方。

5. 特别情况

在盐城众联资产管理有限公司(以下简称众联公司)与徐州飞虹网架(集团)有限公司(以下简称飞虹集团公司)、徐州飞虹网架建设有限公司其他案由执行裁定书③中,主要涉及的是金融不良债权处置转让后再次转让债权的强制执行问题,而该案除涉及金融不良债权外,还有国有资产保护和职工利益需要兼顾。法院在判决文书中提道:"第一,本案所涉债权的执行直接涉及飞虹集团公司的职工权益。第二,鉴于被执行人自身情况,如果需要继续执行,仍然要对其享有的建设工程价款采取强制执行措施。这就涉及农民工权益的特殊优先保护问题。第三,众联公司将合计受偿将近1.3亿元。但该公司受让案涉债权成本仅为909万元。如按其请求对被执行人继续执行1亿多元,则必然导致各方利益明显失衡。第四,众联公司购买的案涉金融不良债权的本金及必要利息应当得到保护。以众联公司受让案涉金融不良债权的成本909万元为本金起算,众联公司仍将实际受偿远超过其购买的金融不良债权的本金。因此,众联公司主张继续执行11,525.32万元,不符合《座谈会纪要》(最高人民法院《关于审理涉及金融不良债权转让案件工作座谈会纪要》,编者按)精神,也将带来利益保护上的不平等。"在这一案例中,从保护国有资产、保护农民工权益等特殊角度考虑,法院并未完全支持继续彻底执行名义股东名下的代持股份,

---

① 天津市高级人民法院民事判决书,(2019)津民终44号。
② 青海省高级人民法院民事判决书,(2018)青民终196号。
③ 江苏省高级人民法院执行裁定书,(2018)苏执异40号。

而是提出了折中方案。

综上可知,对于隐名股东委托他人代持股份后涉及强制执行的案件,主要来源是第三人申请执行名义股东名下的代持股权的效力问题。目前来看,对于如何认定股权善意取得制度中第三人的适用范围,和商事外观主义以及保护信赖利益的信赖利益之定义,各地法院在判决中仍有较大分歧,易出现同案不同判之情状。除此以外,在名义股东申请排除强制执行的案件中,包括因实际股东处分财产导致的对于代持股权的执行和对名义股东的限高消费执行问题,还有涉及出资瑕疵导致的追偿问题,法院一般倾向肯定实际出资人的处分权,并要求名义股东以其代持股份和股东义务为限,承担相关责任。在处理此类代持股案件的强制执行问题时,需要充分考虑案件情节、主体性质的特殊性,如果存在法律法规特别规定、特殊利益保护对象等特殊问题时,需要具体问题具体分析,平衡好不同的利益保护之间的关系。

(八)解除股权代持合同及投资款返还

1. 解除股权代持合同

虽然在学理上对于股权代持法律关系的性质有诸多争议,但不可否认的是,股权代持关系一定存在"委托"的性质,而委托的根基就在于双方的相互信任——这就导致股权代持关系的稳定性较弱;若双方当事人因纠纷诉至法院要求解决争议,一般就意味着当事人间的股权代持关系已难以为继。从笔者查找的案例来看,排除当事人并未提出相关诉请但法院进行了相关说理的7个案例,在符合条件的46个案例中,法院支持当事人关于解除代持合同诉请的案例有37个,支持的比率大概为80%,说明法院大概率是支持该诉请的。

该类案件的案由分布如图1-12所示(案由有重合),以合作纠纷为案由的案件数量达到28个,数量排第二的案由是委托合同纠纷。

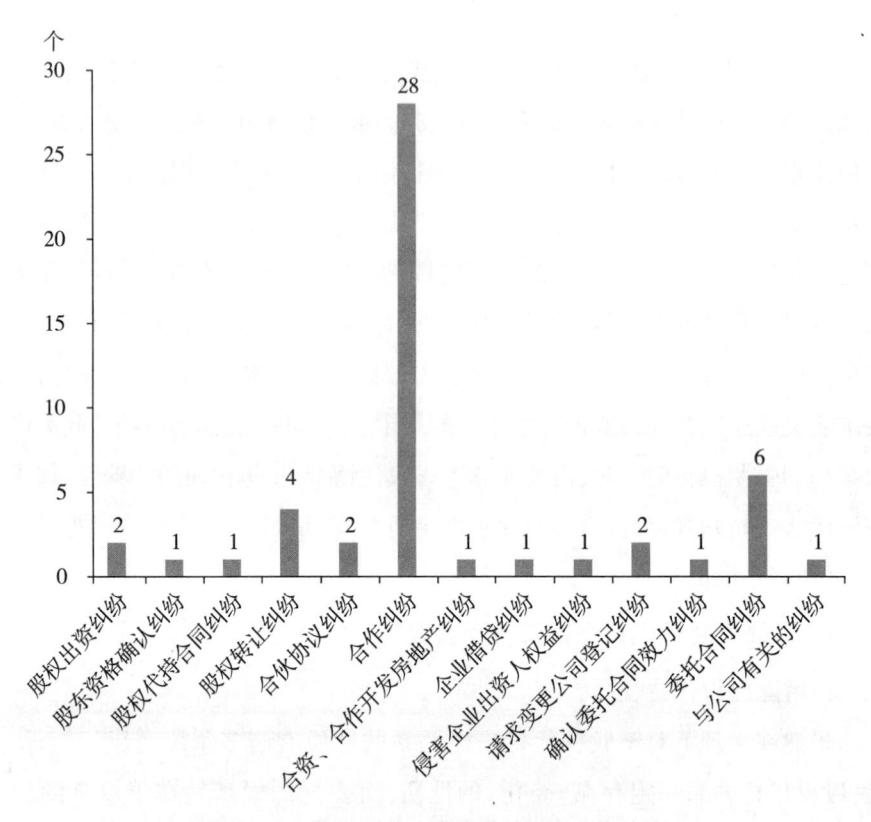

图 1-12　解除代持合同案件的案由分布统计

在法院判决支持解除代持合同的案件中,就法院裁判理由摘要和引用法条的分布来看(见表 1-4),法院判决引用最多的是原《合同法》第 94 条。

表 1-4　支持解除代持合同的裁判理由

法院裁判理由摘要	引用法条	案件数量/个
委托人有权单方解除委托合同	原《合同法》第 410 条	6
双方协商一致解除合同	原《合同法》第 93 条	3
合同目的不能实现,委托方享有法定解除权	原《合同法》第 94 条	18
达到约定的合同解除条件	原《合同法》第 95 条	1
名义股东不履行与实际投资者之间的合同,致使实际投资者不能实现合同目的	最高人民法院《关于审理外商投资企业纠纷案件若干问题的规定(一)》	1

法院不支持解除代持合同的理由大致能分为4类,裁判理由和案件数量如表1-5所示。

表1-5 不支持解除代持合同的理由

法院裁判理由	案件数量/个
不构成根本违约(合同目的可以实现)	3
没有达成解除合同的协议	1
未约定委托方的任意解除权	1
协议已实际履行	4

下面按照案例基本事实,将该部分案件分为4类。

(1)双方协议解除类案件

双方协议解除类案例事实较简单,法院对该类案例的判决结果也无疑问,支持率为100%。例如,在周某与陈某某、徐州金丰阳光不动产投资咨询有限公司等与公司有关的纠纷二审民事判决书①中,法院认为:"陈某某等被上诉人要求解除涉案《股权代持协议》,周某在原审答辩期间明确表示同意解除,故以双方一致同意解除为由判决解除《股权代持协议》。"

(2)委托方行使任意解除权解除类案件

法院可能直接参照法律规定的委托合同中双方的任意解除权,认为委托人一方有权直接要求解除代持协议,而无须代持人存在违约情形。例如,在滕某与俞某请求公司变更登记纠纷案②中,法院就认为,"滕某为隆成公司登记的股东,以股东身份完成出资、增资、股权转让及股权代持行为,其基于与俞某的代持关系,请求解除其与俞某签订的《委托代持股权协议书》,并要求俞某配合其将隆成公司股权变更登记在其名下的主张,符合法律规定,本院予以支持"。

(3)一方行使单方解除权解除类案件

有的当事人直接在股权代持协议中约定,在一定情况下委托方享有单方解除权,委托方可单方解除股权代持关系;发生合同约定的合同解除情形,当事人即行使单方解除权解除代持合同。一方行使单方解除权解除类案件法院的支

---

① 江苏省高级人民法院民事判决书,(2019)苏民终1617号。
② 辽宁省高级人民法院民事判决书,(2019)辽民终309号。

持率也比较高,在 6 个案件中有 5 个案件法院支持了当事人的诉请。

例如,在庄某某、张某合同纠纷再审民事判决书①中,法院认为,根据双方签订的《委托持股协议书》第 8 条的约定,受托方的委托持股期限由委托方确定,解除委托持股关系由委托方出具书面的解除委托持股意见,办理相关变更手续,并经双方确认。因此,张某可随时解除双方的《委托持股协议书》。又如,在许某、冯某合同纠纷再审民事判决书②中,法院判决如下,从该协议的文字表述内容看,合同终止的条件不仅包括因国家政策和导向发生变化,还应包括因许某不能按期向冯某支付投资收益导致许某无法继续履行受托投资责任的情况。由于出现了新恩投资中心经营不善且无法履行支付投资人逾期收益的情形,许某作为受托人因无法履行受托投资责任,导致冯某获得投资收益的合同目的无法实现,故依据《委托持股协议书》第 6 条的约定,许某应负有"在 7 个工作日内向甲方结清未结清的投资本金和或有收益"的义务,故冯某在该案中要求许某结清其投资本金 40 万元,符合合同约定。

对于约定的单方解除权,有些法院倾向持更宽松的态度,保护该种委托关系中委托方的单方解除权利。这一点在相关案例中体现得非常明显,且类似观点还出现在裁判文书中。在汤某某、巩某股权转让纠纷二审民事判决书③中,一审法院认为:"案涉协议中虽约定汤某某有权在条件具备时,将相关股东权益转移到汤某某或汤某某指定的任何第三人名下,巩某须无条件配合并提供必要的帮助;亦约定如巩某不适当履行受托行为,汤某某有权利随时终止协议,解除巩某代持股权利,但协议中均未对条件具备指什么条件以及何为汤某某认为的不适当履行进行约定。汤某某现有证据不足,关于解除案涉协议的主张缺乏事实及法律依据。"但二审法院最终支持了委托人的诉求,解除了该委托投资合同,法院认为:"委托人或者受托人可以随时解除委托合同。因解除合同给对方造成损失的,除不可归责于该当事人的事由以外,应当赔偿损失。"可见,委托人和受托人的任意解除权是法定权利。案涉代持股份协议虽然约定"如巩某不适当履行受托行为,汤某某有权利随时终止本协议,解除巩某代持股份

---

① 湖南省高级人民法院民事判决书,(2020)湘民再 119 号。
② 河南省高级人民法院民事判决书,(2020)豫民再 308 号。
③ 辽宁省高级人民法院民事判决书,(2019)辽民终 1133 号。

的权利",但对何种行为属于"不适当"并未明确约定。在此种情形下,否定委托人的法定解除权于法无据,原审适用法律错误,应予纠正。

当然,也不乏法院会对受托方是否实际违约、是否达到合同约定的解除条件进行审查,从而确定委托方是否享有解除权,一旦没有满足合同解除的实质条件,法院就将判决驳回当事人的诉请,在笔者所查找的案件中就有4个属于此种情形。比如,江苏省高级人民法院似乎就对该类问题持比较严苛的态度,在姜某某与盛世贸易有限公司(以下简称盛世公司)股东出资纠纷二审民事判决书①中,法院就认为,受托方没有根本违约的情况,因为合同中没有约定受托方负有委托人所诉称的义务。判决书中,法官认为,"盛世公司未向姜某某提交长江镍矿公司章程、股东会会议记录、董事会会议决议、监事会会议决议和财务会计报告等材料不构成违约。首先,当事人之间签订的《协议书》《隐名投资补充说明》《补充说明》没有约定,盛世公司应当向姜某某提交长江镍矿公司上述资料。其次,长江镍矿公司并没有形成股东会会议记录、董事会会议决议、监事会会议决议等。另姜某某自长江镍矿公司成立至2013年年初,一直在长江镍矿公司任职,了解和掌握公司经营情况。最后,姜某某关于盛世公司没有向其支付投资收益,并提供虚假审计报告构成违约的主张也不能成立。双方当事人均明确认可,长江镍矿公司没有分配过盈余,姜某某的上述主张没有事实依据"。最高人民法院也持相同态度,在黄某某与重庆翰廷投资有限公司(以下简称翰廷投资公司)合同纠纷再审案②中,法院认为,"通知解除合同的当事人必须具有实质性的解除权,才能发生解除合同的法律效力。第一,《股权代持协议书》已经实际履行,黄某某也如约实际取得了隐名股东的相应权利,故其无权主张单方解除该合同。第二,《补充协议》约定的股权变更登记不能如期实现属合同双方之认识过错,而非一方之原因。对本案而言,《重庆市小额贷款公司设立变更工作指引(试行)》规定持股比例前3位的股东应承诺自公司成立之日起2年内不转让股权,黄某某同翰廷投资公司达成了1年变更股权的合意,双方对此均存在过错。第三,涉案《补充协议》依法可以履行,黄某某请

---

① 江苏省高级人民法院民事判决书,(2018)苏民终1212号。
② 最高人民法院民事裁定书,(2017)最高法民申2851号。

求解除合同之主张缺乏事实和法律依据。对该案件而言，限制变更期限已过，翰廷投资公司亦明确表示愿意进行股权变更登记，黄某某以融炬小额贷款公司经营状况不佳为由拒不办理，不属于约定或法定解除合同事由，其解除合同通知不发生解除的效力"。

(4) 履行基础丧失类案件

当股权代持协议履行的基础丧失，法院也将同意双方解除股权代持协议。该种情形通常发生在该股权代持协议的签订目的为担保债权实现之时，若主债权合同已经解除，法院即认为股权代持协议的履行基础丧失，股权代持协议也应解除；有4个涉及履行基础丧失、法院支持诉请的案件中事实均如此。例如，在陈某与重庆市金灿房地产开发有限公司、罗某某合资、合作开发房地产合同纠纷二审民事判决书①中，法院认为：" 现《合作开发合同书》及补充协议已予以解除，《代持股担保协议》的签订基础已经丧失，推进涉案项目的合同目的已经不能实现，根据合同法第九十四条第四项的规定，《代持股担保协议》亦应予以解除。"

2. 相关权益返还

无论是股权代持法律关系本身存在瑕疵，还是投资者委托投资的状态已不可能再维持下去、当事人诉请解除股权代持关系，都必须考虑相关权益的返还问题。在笔者研究的范围内，排除当事人未提出返还投资权益诉请的情况，当事人在47个案例中提出了返还投资款项的诉求，法院支持诉请的案例数为32个，比率大概为68.09%，但仅在个别案例中释明了其依据的法条。

具体到判决当事人返还何种权益，是返还实际的投资款项，抑或是返还代持的股份价值？利息又该如何计算？目前法律还没有明文规定，有待法院在具体个案中形成裁判规则。法院通常会考量多种因素，比如，显名股东在参与企业经营管理时是否已经从企业中获得了相应报酬、隐名股东自己是否参与了管理、显名股东是否已从隐名股东处获得了相应报酬等，并将原投资额和投资收益在双方之间进行合理分配；②在显名股东违反合同约定将该代持股份转让给

---

① 海南省高级人民法院民事判决书，(2019)琼民终113号。
② 参见汤友军：《股权代持纠纷办案指引｜办案手记》，载微信公众号"天同诉讼圈"2020年10月17日，http://mp.weixin.qq.com/s/iMYEaaTV92HNZ4vngTR – Cw。

案外第三人时，法院还可判决显名股东直接向隐名股东(实际投资人)返还股权转让的款项。

需要明确的是，隐名股东作为实际投资者诉请返还投资款的对象是股权代持法律关系中的受托方，而非代持股份所属公司——实践中有大量原告因"诉错了人"导致自己的诉请得不到支持，最终自身权益受损；仅在该次研究的有效案例中，就有5个是由于选错被告而被法院判决驳回诉讼请求。在刘某与南京开盛信息科技有限公司(以下简称开盛公司)合同纠纷二审民事判决书①中，法院认为，本案中，刘某的股权虽未经工商登记，但依据《股份代持协议书》，其股份由开盛公司法定代表人代持，故刘某系开盛公司的隐名股东。涉案《技术入股协议书》不仅真实有效，且双方当事人已实际履行，刘某主张解除该协议书并要求开盛公司赔偿损失的诉讼请求不能成立。公司成立后，股东不得抽逃出资。刘某在其已实际享有开盛公司股权的情况下，主张解除涉案《技术入股协议书》并要求开盛公司赔偿其入股的技术成果约定的总价值的损失，相当于"退股"即抽回出资的诉讼请求，亦不能成立。

在"诉对了人"的前提下，代持法律关系的效力可能影响法院的处理方式。

(1)代持法律关系无效类案件

对于代持法律关系无效的情况处理，有观点认为应参照《中华全国律师协会律师办理公司诉讼业务操作指引》有关外商委托投资合同无效的规定处理。② 该规定的精神是将合同无效的过错更多地归于实际投资人，所以在损失分担的时候也让实际投资者一方承担了更多的损失。在笔者查找的裁判文书中，在代持法律关系被认定为无效时，法院并没有依据上述规定，而是直接依据原《合同法》第58条规定，酌情对投资款项、利息及分红等进行处理。

例如，在永宏民公司、李某某合同纠纷二审民事判决书③中，法院认为：永宏民公司因合同无效而取得的财产应当予以返还。永宏民公司实际占用2000万元，而该笔款项本身有相应利息产生，但李某某未举证证明其资金占用利息

---

① 江苏省高级人民法院民事判决书，(2019)苏民终159号。
② 参见汤友军：《股权代持纠纷办案指引丨办案手记》，载微信公众号"天同诉讼圈"2020年10月17日，http://mp.weixin.qq.com/s/iMYEaaTV92HNZ4vngTR－Cw。
③ 四川省高级人民法院民事判决书，(2019)川民终1114号。

损失大于中国人民银行同期同类贷款利率,故其要求按照年利率24%计算利息的请求一审法院不予支持。永宏民公司应向李某某返还因合同无效而取得的财产2000万元,并按中国人民银行同期同类贷款利率支付自2017年9月30日起至付清时止的资金占用利息。

在鑫四海公司与西池乡政府、山西晋煤集团长治仙泉煤业有限公司侵害企业出资人权益纠纷再审民事判决书①中,法院也作出类似的处理:鑫四海公司受让西池乡政府25%的股权,未约定股权价款,鑫四海公司也没有向西池乡政府支付对价,因此西池乡政府在南山煤矿享有的25%的财产份额,应当与鑫四海公司进行清算,并收回国有资产。关于利息问题,西池乡政府应当取回其在南山煤矿的财产。但西池乡政府未及时清算取回及西池乡政府在之后的煤炭资源整合、南山煤矿资产转让等过程中,均未主张取回,系对其民事权利的处分,鑫四海公司对此不存在过错,因此不应承担利息损失。2018年1月,西池乡政府知道其权利受到侵害后即于2018年1月16日向人民法院提起本案诉讼,要求取回其财产,鑫四海公司自此开始应当承担其利息损失。

(2)股权代持法律关系有效类案件

股权代持法律关系有效时,当事人诉请解除股权代持关系,法院支持该诉请。在该种情形下,法院根据双方当事人的过错程度确定权益的返还范围,且视情况不同,将作出包括判令当事人返还投资款、投资收益、股权转让款项等不同判决。主要包括:第一,因受托方违约导致股权代持合同解除。第二,双方均存在过错导致股权代持协议解除。其中在笔者研究的有效案例中前一种情形案例数量较多,达到20个,后一种情形案例数量较少,仅为6个。第三,几个特殊情形导致股权代持合同解除。

①受托方违约导致股权代持合同解除

有两种情形是最为明了的,即最简单的受托方违约导致合同解除的情况:第一种情形是受托方没有按照委托方的要求将投资款项用于指定投资活动;第二种情形是受托人超出约定的委托事项利用投资款项的。在这两种情形下,法院均判决受托方返还投资款项,在笔者研究的有效案例中该类案件案例数为5

---

① 山西省高级人民法院民事判决书,(2019)晋民再253号。

个,支持率为100%。对于情形一,法院认为,受托方并不负有补偿委托方预期利益的义务;在裁判文书中,也没有将投资可获得的预期收益与借款的利率相比较的论述,如在庄某某、张某合同纠纷再审民事判决书①中,法院认为,鉴于张某委托庄某某购买股票,尚有4万元投资款未购买股票,庄某某应予以退还,并自委托方张某支付投资款项之日起至付清之日止,按中国人民银行同期贷款利率计算利息。对于情形二,即受托人超出约定的委托事项利用投资款项的,也应当向委托人返还投资款项。在许某某与罗某委托合同纠纷申诉民事裁定书②中,法院认为,对于剩余投资款是否应予返还的问题,2010年7月29日,罗某与许某某订立的《委托持股协议书》及于同年11月12日签订的四方协议,仅明确罗某系牟平分公司实际投资人,其股份由许某某代持。在无其他证据佐证的情况下,不能认为罗某同意设立牟平公司。现许某某在牟平分公司的股东身份被注销后,超越其委托权限将剩余投资款投入牟平公司,所涉款项应向罗某返还。

在委托人无过错,受托人有重大过错的情况下,即投资款已经实际投入公司或开发的项目,后因受托人违约导致合同解除的情形,法院也判决受托人返还全部投资款,在笔者研究的有效案例中该类案例有5个。例如,在李某某诉奥力公司股东出资纠纷再审案③中,法院认为:李某某出资后,既未成为奥力公司在工商部门登记的显名股东,也未能以隐名股东的身份享受股东权益。奥力公司历次召开股东会、修改公司章程、转让股权变更股东,李某某均未能行使任何股东权利。李某某的出资目的无法实现。李某某的出资权益受到损害,奥力公司存在重大过错。李某某出资后,王某、孙某某瞒着李某某签署了公司章程,向工商部门申请将王某、孙某某登记为股东。而奥力公司明知李某某不是登记股东、王某与李某某不存在股权代持协议的情况下,向李某某出具虚假的《出资证明书》。奥力公司与王某的行为存在共同欺诈的故意,由此造成李某某权益受损,应承担全部法律责任。综上,奥力公司占有李某某的出资款拒不返还,又不赋予李某某股东身份,损害了李某某合法的经济利益,应向李某某返还出

---

① 湖南省高级人民法院民事判决书,(2020)湘民再119号。
② 上海市高级人民法院民事裁定书,(2015)沪高民二(商)申字第S307号。
③ 山东省高级人民法院民事判决书,(2017)鲁民再27号。

资款并承担相应利息。

若项目已有分红,除了返还全部投资款项外,法院还将判决受托人返还投资收益;但在该种情况下法院没有计算利息。例如,在陈某某与颜某某等合伙协议纠纷上诉案①中,法院认为:颜某某作为实际收取投资款项的合伙人,负有向陈某某返还投资款及利润的义务。判决被上诉人颜某某应于本判决生效之日起10日内退还上诉人陈某某投资款50万元及合伙经营利润1,468,823.3元。

若因受托方将代持股权转让给第三人而导致委托代持协议被解除,法院将判决受托方向委托方返还股份转让款项而非投资款项。例如,在余某等诉邱某等侵权纠纷案②中,法院认为,余某某通过转让香港邦兆公司股权处分了邱某某以香港邦兆公司之名投资的权益,给邱某某造成损失,所获得的该部分收益款包括邱某某应分得部分。若受托方未经过委托方同意减持股份,后又将代持股份卖出给第三人,在赔偿委托方损失时应当参照其卖出的股份价值,按照减持前的股份数进行赔偿。在温某与岳某某股权代持合同纠纷上诉案③中,法院认为:案涉协议明确约定,温某代持股权期间,在未取得岳某某书面同意的情况下,其不得将所代持的股权向任何第三方出售、转让或以所代持的韦加公司股权为自身或任何第三方提供任何形式的担保。因此,即便存在韦加公司基于股权激励而要求股东减持股份的事实,温某亦应依约定事先告知岳某某并征得其同意,且代实际出资人在股东形成决议时表达意见。根据本案现有证据,温某确已将其代岳某某持有的韦加公司股份转让他人,且无证据表明事先经过了委托人岳某某同意,理应对此承担违约责任,赔偿由此给岳某某造成的损失。

②双方均存在过错导致股权代持协议解除

在双方均有过错的情况下,法院将酌情确定返还权益的范围,该部分获支持的案例数量较少,在笔者研究的有效案例中仅有2个。例如,在李某、郑某合伙协议纠纷再审民事判决书④中,法院认为,从查明的事实看,郑某并没有通过

---

① 福建省高级人民法院民事判决书,(2015)闽民终字第495号。
② 广东省高级人民法院民事判决书,(2015)粤高法民四终字第232号。
③ 四川省高级人民法院民事判决书,(2016)川民终907号。
④ 湖南省高级人民法院民事判决书,(2019)湘民再612号。

合伙公司为李某代持股份,股权代持合同目的没有实现,股权代持合同应该解除。郑某应该退还李某的100万元。鉴于股权代持合同目的没有实现的原因是国家出台了新政策,郑某没有主观过错;李某也应该预计到投资有风险,故本案以中国人民银行同期同类贷款利率计算利息为宜。

③几种特殊情形导致股权代持合同解除

其一,关于返还投资款项利息的计算和限制,在笔者研究的有效案例中类似案例有3个。在湖南卓越投资有限公司等与邱某股权转让纠纷二审民事判决书①中,双方先签订了股权代持合同,后因该合同履行不能,双方又签订《和解协议》约定受托方返还投资款及收益的日期及罚息;法院在审查时参照了2015年《最高人民法院关于审理民间借贷案件适用法律若干问题的规定》,对双方约定的利率进行限制。法院认为:首先,邱某与杨某在约定按照月利率2%的标准计付利息时,参照了《最高人民法院关于审理民间借贷案件适用法律若干问题的规定》的相关规定。其次,杨某在本案中主张双方通过签订《和解协议》已将股份转让款5000万元转为邱某对杨某的借款,而邱某在一审庭审中也表示其与杨某签订《股份转让和股份代持合同》存在借贷目的。根据《最高人民法院关于审理民间借贷案件适用法律若干问题的规定》第28条的规定,《和解协议》中关于截至2018年6月19日的利息2500万元应计入本金,并自2018年6月20日起就上述利息2500万元再行按照年利率24%计算利息的约定,因不符合法律而不予支持。《和解协议》中关于自2018年8月20日起按照日利率1.333%即年利率48%计收罚息的约定,超出了上述法律规定的年利率24%的上限,超出部分不应得到支持。

其二,工会代持。在工会代持这类比较特殊的代持股份案件中,员工要求退股时的股本价值计算,法院一般会参照持股会章程的规定来确定。在临沂恒昌煤业有限责任公司(以下简称恒昌煤业公司)、临沂恒昌焦化股份有限公司(以下简称恒昌焦化公司)侵害企业出资人权益纠纷二审民事判决书②中,法院认为,于某某于2014年11月退休。鉴于本案中恒昌煤业公司、恒昌焦化公司

---

① 北京市高级人民法院民事判决书,(2019)京民终1651号。
② 山东省高级人民法院民事判决书,(2020)鲁民终1494号。

直至2015年才向于某某退还股本金,按照持股会章程的规定,以退还股本金的上一年度即2014年的资产净值计算股权价值最能真实反映股权的实际价值,亦符合公平原则。因此,一审法院按照2014年年度资产净值计算股权权益价值亦无不当。

其三,法院囿于客观原因无法判决返还投资款的特殊情况,也即合作期间的盈利和亏损还未清算完毕的情形。在该种情形下,应当先进行项目收支的清算,再决定返还权益的范围。该类案例比较特殊,在笔者研究的有效案例中仅有1个。例如,在深圳市晟大光电有限公司(以下简称晟大公司)等诉林某某合同纠纷案[1]中,法院认为:林某某、李某及晟大公司在共同合作经营亿光运营中心过程中,并未针对亿光运营中心项目注册成立合伙企业,而是依托冠嘉公司(被挂靠方)对外开展经营活动。在未设立合伙企业的情况下,各方开展合作经营活动中涉及的法律问题,应当参照普通合伙法律关系处理。普通合伙关系一旦确立,各合伙人应共同经营、共享利润、共担风险。现亿光运营中心处于无法继续经营的停滞状态,因此各方当事人应当对合作期间的债权债务、投资盈余、工资税收等进行自行清算或委托第三方清算。在亿光运营中心未进行清算的情况下,晟大公司与林某某之间合作经营的盈利及亏损亦未进行清算,晟大公司无权要求林某某返还投资款。至于冠嘉公司,因其仅为亿光运营中心的被挂靠单位,并非合伙人,与亿光运营中心的财务独立核算,也不受诉争《合作协议》的约束,晟大公司要求被挂靠单位返还相应的投资款,缺乏事实与法律依据。

综上,在合同解除的部分,法院对代持合同的解除大体上持比较宽松的态度,除原《合同法》第93条、第94条规定的情形外,由于代持合同具有委托合同的性质,当事人还可引用原《合同法》第410条规定的委托合同中当事人的任意解除权来进行主张。但值得注意的是,在协议已经履行、实际投资者已经实际享有或行使股东权利的情况下,当事人若以未实现预期收益、合同目的不能实现为由诉请解除合同,法院大概率会作出不予支持的判决。

若法院判决合同不能解除,自然就此打住,但若合同被判决解除或被认定

---

[1] 福建省高级人民法院民事判决书,(2015)闽民终字1170号。

为无效,就涉及投资款返还等事项。该部分最基本的裁判规则就是根据双方过错酌情决定权益的分配和返还。具体到利息认定、违约金部分,由于仍没有具体的法律规定,各个法院的裁判细则就各不相同,比如,在利息计算上,有的法院认为利息自合同解除之日起计算,有的法院则认为自资金交付之日起计算,甚至如果法院判决返还投资收益,可能对利息部分不予支持。

(九)商事外观主义原则的适用

在隐名持股纠纷的案件中,在是否适用商事外观主义原则的问题上,法院一般根据案件是否涉及公司以外的第三人进行裁量。如果只是公司的内部关系,一般认为不需要适用商事外观主义原则,而主要看实质要件,即案件双方当事人的合意、出资问题;如果涉及公司以外的第三人,可能就需要适用商事外观主义的原则。商事外观主义原则在隐名持股纠纷中所涉及的案件类型主要包括案外人执行异议之诉、股东资格确认纠纷、合同纠纷、股权转让纠纷等。下文通过区别公司内外部关系,对商事外观主义原则在隐名持股问题中的应用进行分析。

1. 公司内部对隐名股东的资格确认

法院在处理公司内部法律关系时,通常不会适用商事外观主义原则,而是根据当事人意思表示、实际出资、实际管理等要素进行判断。正如法官在王某、蒋某某清算责任纠纷再审民事判决书[1]中所述:关于股东资格确认问题,要结合当事人是否对公司实际出资、是否签署公司章程、是否持有出资证明、是否参与公司经营管理和工商登记等因素综合予以认定。据此,在涉及债权人与股东、债权人与公司之间的外部法律关系时,确认股东资格坚持形式要件优于实质要件,以工商登记材料作为确认股东资格的主要证据。在涉及诸如隐名股东与显名股东之间的公司内部法律关系时,应遵照意思主义原则,以当事人的意思表示、实际出资、签署公司章程、实际履约行为等实质要件为主要依据。在山东中惠泽贸易有限公司、管松某股东资格确认纠纷二审民事判决书[2]中,法院判决陈述如下:本案系公司内部法律关系,故确认股东资格并不能简单以公司

---

[1] 浙江省高级人民法院民事判决书,(2017)浙民再136号。
[2] 山东省高级人民法院民事判决书,(2018)鲁民终1119号。

章程、股东名册以及工商登记等形式要件来认定,应以是否签署公司章程、是否实际出资、是否享有并行使股东权利等实质要件作为认定依据。在运城蔬菜批发市场与运城蔬菜果品有限公司、侯某某股东资格确认纠纷再审民事裁定书①中,法院判决陈述如下:本院认为,从运城蔬菜果品有限公司设立的形式要件(外观主义)来看,公司章程、出资证明书、工商登记等均反映侯某某、常某某为公司股东。但侯某某、常某某二人当时同时具有自然人和国家干部双重身份,二人是公司的名义股东代持股份,还是为实际股东享有公司全部投资权益,是本案当事人争议的实质性焦点问题。应当在查明运城蔬菜果品有限公司成立的背景、目的、运营情况、资产情况等全部案件事实的基础上,依据相关法律规定依法作出认定。

2. 外部关系

在"威科先行"法律信息库中对与隐名持股相关的案件进行"外观主义"的二次检索过程中,笔者发现了如下26个案件,均为案外人执行异议之诉案。其中,支持保护第三人的有18个判决,占比69.23%;不支持保护第三人的有8个判决,占比30.77%。可见,支持保护第三人仍为法院主流观点。在法院的判决中,主要关注的问题为债权人的善意第三人认定,代持股关系能否对抗第三人,隐名股东和显名股东是否适用商事外观主义原则。

(1) 债权人的善意第三人认定

与名义股东进行交易的第三人,以债权人身份在申请对名义股东代持的股份要求权利时,会产生法院对债权人身份的认定问题。在前文提到的庹某某、刘某再审民事判决书②中,法院将外观主义的范围扩张到与之进行股权交易的申请强制执行人。在中国建设银行股份有限公司吕梁住房城市建设支行(以下简称建行吕梁住建支行)与高某某执行异议之诉二审民事判决书③中,法院判决陈述如下:从信赖利益角度分析,应当保护执行程序中债权人的信赖利益。商事法律具有公示原则和商事外观主义原则,公司公示的对外效力具有一定强制性。永宁煤焦公司作为保证人,其支付能力必然是银行借款时的考虑因素,

---

① 山西省高级人民法院民事裁定书,(2018)晋民再5号。
② 最高人民法院民事判决书,(2019)最高法民再46号。
③ 山西省高级人民法院民事判决书,(2020)晋民终449号。

在山西白马仙洞旅游开发有限公司不能偿还借款的情况下,山西白马仙洞旅游开发有限公司及永宁煤焦公司名下的所有财产均存在作为公司承担还款责任财产的可能,建行吕梁住建支行对山西白马仙洞旅游开发有限公司及永宁煤焦公司名下的财产均存有信赖利益。此外,实际出资人既然选择隐名,就应承担此种代持所带来的风险。

最高人民法院和部分法院如山西省高级人民法院认为,善意第三人的认定可以及于非股权交易的债权人,即与名义股东进行交易的债权人,并不一定需要与案涉股权进行交易活动,才能主张行使对案涉股权的权利。如果通过借贷等交易活动,要求对债务人名下的财产,包括其代持的股份进行强制执行,也应当支持,这主要是基于对债权人信赖利益的保护,如上文提到的山东滕建投资集团兴唐工程有限公司、山东华奥斯新型建材有限公司案外人执行异议之诉再审案。① 然而,在前文提到的甘肃省高级人民法院、山东省高级人民法院和福建省高级人民法院的判决中,法院认为,如果债权人没有就案涉股权产生处分性的法律关系,就不能认可其为善意第三人,即如果债权人不是基于名义股东旗下的股权产生信赖且针对其股权产生了交易,债权人就不能作为善意第三人,从而获得高于实际出资人的保护地位。

(2)代持股关系能否对抗第三人

正如温某某、李某某等借款合同纠纷申请再审民事裁定书②中所述:"根据商法交易中的公示公信主义与外观主义原则,温某某、李某某与北泰公司之间的代持股关系属于方圆公司的股东内部法律关系,不能以此对抗公司债权人。"在贵州雨田集团实业有限公司、逸彭(上海)投资管理合伙企业二审民事判决书③中,法院判决陈述如下:"双方关于股权转让的约定和案涉《代持股协议书》均仅在协议签订双方之间具有法律效力,对外不具有公示效力,不能对抗第三人。在诉争股权仍然登记在付某名下的情形下,逸彭(上海)投资管理合伙企业作为申请执行人有理由相信工商行政管理机关的登记和企业信用信息公示系统公示的信息是真实的。因此,不论贵州雨田集团实业有限公司是否

---

① 山东省高级人民法院民事裁定书,(2020)鲁民再239号。
② 最高人民法院民事裁定书,(2015)民申字第2509号。
③ 最高人民法院民事判决书,(2020)最高法民终844号。

支付对价,均不能以其与付某之间的代持股关系排除人民法院的强制执行行为。"在青海百通高纯材料开发有限公司、交通银行股份有限公司青海省分行二审民事判决书①中,法院判决陈述如下:"经过公示体现出来的权利外观,导致第三人对该权利外观产生信赖,即使真实状况与第三人的信赖不符,只要第三人的信赖合理,第三人的信赖利益就应当受到法律的优先保护。据此,由于股权的实际出资人在对外关系上不具有登记股东的法律地位,所以其不能以其与登记股东之间的内部约定,来对抗与登记股东进行交易的善意第三人及登记股东的债权人。当登记股东因其未能清偿到期债务而成为被执行人时,该股份的实际出资人不得以此对抗登记股东的债权人对该股权申请强制执行。"

(3)隐名股东和显名股东是否适用商事外观主义原则

对于隐名股东和显名股东谁更能代表公司的问题,笔者也在案例中发现了一些端倪。在湖南骄阳律师事务所、岳阳经济技术开发区湘联置业有限公司(以下简称湘联公司)法律服务合同纠纷二审民事判决书②中,法院判决陈述如下:周某某是否具有以湘联公司名义对外签订合同的代理权外观。根据刑事案件查明的事实,周某某系湘联公司的发起人、隐名股东和实际控制人,具有特殊的身份表征。在签订涉案协议时,周某某出示了湘联公司的公章,虽然该枚公章并非当时湘联公司使用的公章,但周某某亦认可该公章是湘联公司之前使用过的公章,未被依法注销。结合周某某的特殊身份,其已具备代表湘联公司的权利外观。在上文提到的单某某与林某股权转让纠纷再审民事判决书③中,法院认为:"单某某作为名义股东代陈某持股已登记在欧亚公司工商档案中,具有了公示公信力,也实现了四方签订《股权转让及投资合作协议》的合同目的,《股权转让及投资合作协议》与工商登记档案相结合构成了单某某代陈某受让林某、左某股份而成为欧亚公司名义股东且持股比例为51%的股权转让合同的内容。现林某要求确认单某某与林某于2009年6月26日签订的《股权转让协议》不成立,实质上欲否认单某某之股东身份。本院认为,该请求无事实及法律依据,法院不应支持。"

---

① 最高人民法院民事判决书,(2017)最高法民终100号。
② 湖南省高级人民法院民事判决书,(2017)湘民终762号。
③ 重庆市高级人民法院民事判决书,(2018)渝民再42号。

从这两个案例可以看出,法院认为隐名股东和显名股东都是特殊的身份表征。但隐名股东需要借助一些外观,譬如公章,结合其特殊身份,才能显示出代表公司的权利外观。但对于显名股东来说,因为工商登记档案上是其名字,其本身就具有较强的权利外观,因此可以代表公司。

3. 证券市场中的股权归属

在隐名持股纠纷中,除了一级市场的股权问题,也存在二级市场股权的案例。在徐某某、张某借款合同纠纷二审民事判决书[①]中,法院判决陈述如下:"一般情况下,登记外观能够表彰所有权的归属,但这一权利判断原则存在例外。行为人虽然在形式上未被登记为证券的所有权人,但通过投资关系、协议或者其他安排,能够实际控制证券权利,并享有该证券的收益或者承担该证券的亏损的,应当认定行为人对该证券拥有实质所有权……从形式上看,徐某某并非系争股票的所有权人。但若拘泥于这一登记外观形式的判断标准,则无法解释双方当事人为什么会签订案涉《过桥借款协议书》这一问题……本院采取实质重于形式的判断标准,加以评判。"对于股票的所有权纠纷的判定,法院在协调内部关系时,也采用了实质重于形式的判断标准,而没有采用商事外观主义的原则。

四、结论与建议

在上述理论分析和案例分析的基础上,笔者对于隐名持股法律关系中争议较集中的如何判断代持合意的成立、股东资格的确认以及确认后的权益返还三个问题,提出相应的实务建议。

(一)代持合意的判断

1. 直接证据

(1)是否存在书面股权代持协议

在商事交易形式化的情况下,股权代持协议的存在和有效性是判断是否存在股权代持合意的最直接证据。在判断书面股权代持协议是否体现了当事人双方的股权代持合意时,首先,应判断该合同是否是真正的股权代持协议,即排

---

① 最高人民法院民事判决书,(2017)最高法民终604号。

除名为股权代持协议实为其他性质的协议的可能。对于该事项的判断，可以从几个方面来入手，如投资款项指向的是公司的股权，还是仅针对某个特定项目；投资所期望的收益是否为公司经营的分红，投资收益的最终归属主体是否为出资者本人。

其次，还应判断该股权代持协议是否存在效力瑕疵，即是否存在违反法律、行政法规强制性规定的情况。一般来讲，可能导致股权代持协议违反法律、行政法规强制性规定的因素可能包括隐名股东的身份特殊或公司的性质和行业特殊。特殊身份包括隐名股东是否为公务员、国家公职人员，是否在政府部门或在其他参照公务员管理的单位担任党政领导干部、军人、国有企业员工或领导干部等；隐名股东是否为外籍人士或企业；隐名股东是否在关联企业任职，负有禁止关联交易或竞业禁止的义务等；隐名股东是否为股份合作制企业的个人股东等。公司的性质和行业特殊则主要包括：公司是否属于银行、保险公司等金融机构，公司是否为上市公司，公司所涉及的行业是否属于存在特定准入要求的行业等。

(2) 是否存在隐名股东出资的证据

由于我国公司法采取的是认缴资本制，因此在对隐名股东是否出资进行考察时，也应考虑实际出资和认缴出资的情况。可以证明实际出资的证据包括向公司或显名股东银行账号汇款后银行出具的汇款回单、公司或显名股东出具的确认其已收到股东投资款的收据、公司向股东出具的出资证明书等；可以证明认缴出资的证据则主要是向公司或显名股东作出的出资承诺。

2. 间接证据

虽然直接证据是认定双方是否存在有效代持合意的最直接、最重要的证据，但是在直接证据缺失或存在一定争议的情况下，下列间接证据也将对股权代持合意的判断起到一定作用。

(1) 是否具有股权代持的合理动机

常见的股权代持的合理动机包括但不限于：隐名股东的身份不适合登记为股东；公司的实际股东人数过多；为提高工商登记或股东会效率，便于集中管理；存在公司历史遗留问题；存在保护隐名股东个人隐私的需要等。

(2) 代持取得公司及其他股东的实际认可

在判断代持是否取得了公司及其他股东的实际认可时,可综合考虑以下因素:公司是否向隐名股东发送参加股东会会议的通知;股东会记录、股东会决议等文件中是否有能确定参与股东会、行使表决权人员的身份信息;公司是否向隐名股东发送受领公司分红的通知;公司是否向隐名股东发送年度财务会计报告;显名股东是否按照隐名股东指示返还公司分红等收益(注意与借款等其他资金往来相区分);显名股东对股东会决议事项的表决及签署是否有隐名股东授权;显名股东是否曾向隐名股东汇报公司经营情况或询问决策意见;隐名股东是否在公司担任管理职务,或者不担任任何职务却直接参与公司经营决策;公司及其余股东对于股权代持事项知情且认可的邮件、往来函件、短信及微信沟通记录等材料。

(二) 股东资格的确认

根据《公司法司法解释(三)》的规定,如果其他多数股东认可隐名股东,应认定隐名股东的股东资格。其他多数股东认可的形式,主要分为明示的认可和默示的认可两种。在明示的认可下,股东会可以作出决议修改公司章程对隐名股东加以记载,以及修改股东名册并要求公司变更工商登记。若其他多数股东明知隐名股东实际出资,且未曾表示异议,认可隐名股东行使股东权利,则应视为默示认可,此时也应当认定隐名股东的股东资格。

(三) 确认后的权益返还

对于应返还的权益范围,当前我国司法实践尚未形成统一的裁判规则。但一般而言,法院通常会考量多种因素,比如显名股东在参与企业经营管理时是否已经从企业中获得了相应报酬、隐名股东是否参与了管理、显名股东是否已从隐名股东处获得了相应报酬等,并将原投资额和投资收益在双方之间进行合理分配。

(编校:莫志)

第二章 "对赌协议"效力实证研究

刘 晨 安 邦
罗 欢 黎学成 李永杰

一、案例整理和分类统计

本章以"把手案例"为案例数据库,以"全文:'对赌';案由:民事案由;文书类型:判决书"为检索条件,检索"对赌协议"效力纠纷民事案件,共检索出1767个案例(截至2020年10月15日),经人工筛选,筛选出620个有效目标案例,进行重点分析。(筛掉的非目标案例主要包括联营合同、民间借贷、员工激励、股权转让、股权确权等与"对赌协议"效力纠纷无实质关系的案例。)

(一)"对赌协议"效力纠纷情况

在620个目标案例中,逐年的"对赌协议"效力纠纷数如下:2013年2个,2014年16个,2015年25个,2016年52个,2017年62个,2018年108个,2019年272个,2020年83个。除2020年外,从2013年至2019年,"对赌协议"效力纠纷逐年递增,成为不可忽视的问题。

(二)"对赌协议"性质争议逐渐减少

关于"对赌协议"的法律性质,学界曾热烈讨论,存在射幸合同说、附条件合同说、担保说、期权说、综合说等观点。射幸合同说指"对赌协议"具有"神和"的特征,即射幸性、等价有偿的相对性与"对赌协议"中的业绩不确定性和交换的不对等性。也有学者从经济学功能出发论证射幸性不同于赌博且具有经济功能和价值。附条件合同说则在批判射幸合同说的基础上发展而成,其认为射幸合同说缺少对发生概率的足够考虑,具有随机性和任意性,忽略了"对赌协议"中投融资双方的自主能动性以及对"对赌"成就条件的理性考虑,因而该学说虽然将"对赌"中约定的事项与附条件合同的所附条件的特征进行比较,但是这种约定条件发生的概率具有更大的盖然性,以及在"对赌协议"签订前对其进行估值判断是带有审慎的理性考虑。担保说认为,"对赌协议"是一种有别于债权担保的非典型的股权担保,因为以私募基金为代表的股权投资者是一种有别于传统股权投资者的财务投资者,其投资并非为了控制公司而进行经营,而是一种兼具股权和债权性质的"夹层资本"。因此,其往往约定了相关的退出安排,如"股权回购请求权",因这一请求权仅能由《公司法》第74条、第142条(2023年修订后为第89条、第162条)规定的小股东所有,因此在海富案①之前,这样的安排被我国的裁判机关判定为"名股实债"。期权说认为,"对赌协议"本质是一种期权形式,是由投融资双方达成投资协议时,对企业未来业绩不确定性的共同约定。这一学说排除了保底无效规则在"对赌协议"中的适用,为认定"对赌协议"合法有效奠定了理论基础。综合说认为,"对赌协议"是一种民事契约但又应用于商法领域,兼具民法角度的射幸合同性和商法角度的期权性。

以"对赌协议"法律性质为思考起点的思路在司法实践中也曾有所体现。在包括2018年及以前的265个案例中,法院明确定性"对赌协议"的案件有12个,将"对赌协议"定性为"股权转让协议"或"融资借贷"。2019年,法院对"对赌协议"的定性走向多元化,将"对赌协议"定性为"民间借贷""附条件的合同解除条款""保底条款""担保条款""让予担保""名股实债""联营合同"等。随着《九民纪要》的出台,司法实践对于"对赌协议"的认定思路不再以定性为起点,《九民纪要》出台后,论证"对赌协议"定性问题的案例数为0。

(三)与股东"对赌"普遍有效

自海富案以来,投资方与目标公司股东的"对赌协议"在司法实务中被普遍判定为有效。在笔者收集统计的与目标公司股东"对赌"的案件共有581个(此处的581个案例包括公司、股东二者都关涉的案例),其中认定与股东"对赌"有效的案件有575个,仅有6个被法院认定与股东"对赌"无效。在法院认

---

① 最高人民法院民事判决书,(2012)民提字第11号。

定"对赌协议"无效的案件中,审理法院层次低,都是基层人民法院,其主要的判决理由有二:一是违背了联营合作中联营双方共负盈亏、共担风险、共享收益的法律准则,有违《最高人民法院关于审理联营合同纠纷案件若干问题的解答》(已失效)的规定,属原《合同法》第52条第5项规定的合同无效情形,该条款无效。二是法院认定"对赌协议"违背《公司法》第20条(2023年《公司法》修订后为第21条)的规定,认为"投资方应以其认缴的出资额为限对公司承担责任,股东仅可以通过持股比例分配利润、减资退股、清算分配剩余财产的方式从公司获得财产,不得滥用股东权利损害公司或者其他股东的利益",但无论是认定为联营保底条款,还是主张滥用股东权利,如上判决都被二审法院撤销或者在审判监督程序中予以发回重审。余下的认定为"对赌条款"无效的情形,则属于股权转让中涉及国有股权转让的特殊程序①和将非"对赌"股东错误牵涉进来的情形。② 这两种情形较为特殊,前者并没有对"对赌条款"进行评价,后者则仅仅是"对赌条款"不适用于被私刻印章冒名签字的股东。

笔者选取法院在论理中比较充分、争点比较突出的90个案例,重点分析与股东"对赌"案例中常见的抗辩理由。③ 经统计,有23个案例辩称存在保底条款(或名为投资、实为借贷),有20个案例主张欺诈,有18个案例主张显失公平,主张对赌条件未成就、情势变更的案例各6个,主张侵犯股东优先购买权的案例4个,故意促成对赌条件的案例有3个,其他案例的抗辩事由还有夫妻共同债务、资金用途违法、干预经营、不可抗力、双重补偿、章程规定股东间不可转让等。

笔者将上述抗辩事由按照法律行为要件整理划分为以下四个维度的抗辩事由,即当事人(对赌主体)维度、意思表示维度、内容合法维度、所附条件成就归责的维度。

---

① 山东省济南市历下区人民法院民事判决书,(2015)历商初字第2778号。
② 福建省福州市鼓楼区人民法院民事判决书,(2019)闽0102民初348号。
③ 大部分的裁判说理为"合同当事人的真实意思表示,内容不违反法律法规的强制性规定"。例如海南省海口市龙华区人民法院民事判决书,(2014)龙民二初字第556号等,也有不少法院直接一笔带过直接认为其有效。

1. 当事人(对赌主体)维度

当事人角度的抗辩聚焦于否认自己是"对赌协议"的相对方,进而否定"对赌协议"对自己的效力。常见的情形是主张自己在协议签订时已经不再是公司股东、①未在协议上签字、②签字是伪造、③不属于夫妻共同债务等。④ 纵观被告当事人角度的抗辩事由,主要涉及事实认定的问题。如果有足够的证据作为支撑,法院一般就认定"对赌协议"的效力不及于该抗辩人。进言之,此种事实的举证难度较之后文的欺诈等事由更小。

2. 意思表示维度

从意思表示的角度来看,当事人主要主张在签订协议时投资方存在欺诈或者地位不平等导致显失公平来进行抗辩,但是这类抗辩被法院采纳的情形较少,一方面是法院认定其举证不能和超期未行使撤销权,另一方面也与法院逐渐认识到"对赌协议"本身是一种被认可的估值调整协议有关。

在以欺诈为抗辩事由的案例中,如在龙岩市国有资产投资经营有限公司(以下简称国投公司)与阮某某、赵某某与公司有关的纠纷一审民事判决书⑤中,被告辩称"国投公司将对赌协议包装成《投资协议书》,违背双方对国投公司共同经营、共享收益的初衷,其行为已构成欺诈",且得到一审法院的支持,认为"将投资风险转嫁给阮某某、赵某某、曹某某,有悖通常的投资应当承担风险的原则",但是随后即被二审法院基于"是各方的真实意思表示,对其效力的认定应审查该协议是否违反法律法规的强制性效力性规定"⑥予以撤销。在鲁

---

① "被上诉人于 2015 年 12 月 31 日离职,与中航宝胜智能技术(上海)有限公司(以下简称上海宝胜公司)再无工作关系,上海宝胜公司亏损与被上诉人无关,且根据《出资协议书》第 4.5 条约定,被上诉人离开公司之日起,被上诉人的股份自动转让给了上诉人",参见上海市第二中级人民法院民事判决书,(2020)沪 02 民终 867 号。

② "被告熊某某辩称:没有在协议上签字,不应承担协议上约定的义务",参见湖南省长沙市岳麓区人民法院民事判决书,(2017)湘 0104 民初 2767 号。

③ 李某辩称从未与杨某某签订《股票转让协议》,《股票转让协议》中"李某"的印章是伪造的,该协议不能成立。参见福建省福州市鼓楼区人民法院民事判决书,(2019)闽 0102 民初 348 号。

④ "原告起诉韩某某没有事实和法律依据。涉案股权转让是用于公司上市,并非用于家庭生活,即使产生债务,也不是夫妻共同债务。所以请求驳回原告诉讼请求",参见河北省井陉县人民法院民事判决书,(2017)冀 0121 民初 553 号。

⑤ 福建省龙岩市新罗区人民法院民事判决书,(2017)闽 0802 民初 2353 号。

⑥ 福建省龙岩市中级人民法院民事判决书,(2018)闽 08 民终 53 号。

某与山东圣地嘉禾生物工程有限公司(以下简称圣地嘉禾)、孔某某新增资本认购纠纷、买卖合同纠纷一审民事判决书①中,原告抗辩主张"《投资协议》、《投资协议之补充协议》及《回购协议》等系被告圣地嘉禾以欺诈方式与原告签订,被告圣地嘉禾的诸多违约行为,致使合同目的根本无法实现",但是如法院所言"原告主张上述3份协议系被告圣地嘉禾以欺诈方式与其签订应予解除或撤销,但未提供充分证据证明协议存在约定或法定解除,以及法定可撤销之情形"。在蒋某某与甲湛(上海)投资中心(有限合伙)(以下简称甲湛企业)股权转让纠纷二审案件二审民事判决书②中,蒋某某抗辩称"《补充协议》第3.5条,对股权赎回义务主体为目标公司或创始人的表述,系甲湛企业故意诱使蒋某某陷入其并非股权赎回责任主体的错误认识所签",但是法院认为"涉案3份交易合同均系各方真实意思表示,内容不违反法律、行政法规的强制性规定,合法有效"。

在以显失公平为抗辩事由的案例中,直接以"违反商业活动等价有偿、风险共担"为由主张回购款的利息畸高导致显失公平,进而主张合同无效的情况,运用民法思维的法官倾向于认为其是"一般的民事法律行为"。因此,投资方已经通过回购款得到保护,"投资者和融资者均应当遵循民法的公平原则和诚信原则,投资者谨慎投资、融资者诚实守信,投资者和融资者均要承担一定的风险和收益",故只准许投资方要求对方支付迟延回购的违约金。③ 二审法院驳回了被告主张显失公平导致合同无效的上诉申请,并指出投资方"投入的不仅是资金成本,还包含了以公司上市为目标的资本运作,存在资本运作的风险"。④ 在认为"业绩补贴有失公平"的案例⑤中,法院更是责令股东要实事求是,给投资者"画完大饼"后主张不公平,有违诚实信用原则。当然,比较行之有效的抗辩事由是主张"收取资金利息或高额违约金的行为,显失公平和严重不合常理",该抗辩事由得到法院的采纳,并适当降低违约金,且投资人也没有

---

① 山东省曲阜市人民法院民事判决书,(2018)鲁0881民初3285号。
② 上海市第一中级人民法院民事判决书,(2020)沪01民终616号。
③ 广东省汕头市龙湖区人民法院民事判决书,(2017)粤0507民初506号。
④ 广东省汕头市中级人民法院民事判决书,(2018)粤05民终283号。
⑤ 广东省汕头市中级人民法院民事判决书,(2018)粤05民终283号。

上诉。① 司法实践中,对于业绩补偿条款与违约金的性质,是否可以类推适用违约金中过分高于实际损失时法庭应当予以调整的规定,实践中存在不同的做法:支持的法官认为支付业绩补偿金是因为合同一方违反了协议中约定的合同义务,即将利润目标作为合同义务;反对的法官则认为业绩补偿和利润目标是一体的,都是合同义务的内容。②

简言之,法律保护的是交易过程的正当性,法律应当给予商事主体机会平等的保护以及保护的平等,而不是保证某一特定交易中的各方享有同等收益。因此,此类因为"对赌"失败致使风险分担结果不公的情形,并不能成为法律介入的充分理由,法律所保护的交易过程双方意思表示真实、自由。根据民事诉讼法的相关规定,对于欺诈、胁迫的证明标准更高,举证难度大,被法院采纳的情形也较少。③

3.内容合法维度

内容合法维度主要认为"对赌协议"属于赌博、高利贷,投资者的资金来源不法,如属于拆借资金或者挪用的资金、投资者进行了双重救济、增资违反公司法等。

对于赌博的抗辩,法院一般不予采纳,并将其视为"一种具有商事交易秩序价值的'对赌'行为,并非两被告主张的丧失秩序价值的赌博行为"。④ 对于诸如"固定收益""资金占用费"等,在"对赌条款"中一般表现为"投资回报率",且用于计算回购价款,即"投资本金+固定利息"。在笔者关于这方面年化利率统计中,大多数的年化利率都是比较合理的,具体而言,约定 30% 的只有 3 个,20% 的 1 个,18% 的 1 个,15% 的 4 个,12%(月息 1%)的 7 个,10% 的 22 个,8% 的 20 个,6.8%、6.5%、同期银行贷款利率的各 1 个,5% 的 2 个。其

---

① 广东省深圳市罗湖区人民法院民事判决书,(2018)粤 0303 民初 6642 号。
② 参见祝传颂、洪雅娴:《从司法案例看对赌承诺兑现危机的抗辩事由丨实务指南》,载搜狐网 2018 年 11 月 26 日,https://www.sohu.com/a/277903355_290358。
③ 最高人民法院《民诉法解释》第 109 条规定,当事人对欺诈、胁迫、恶意串通事实的证明,以及对口头遗嘱或者赠与事实的证明,人民法院确信该待证事实存在的可能性能够排除合理怀疑的,应当认定该事实存在。
④ 浙江省湖州市中级人民法院民事判决书,(2019)浙 05 民初 1 号;浙江省高级人民法院民事判决书,(2020)浙民终 525 号。

中,30%的约定被法院调低为受民间借贷保护的24%,①因此,如果抗辩主张约定的年化利率过高属于一种变相的高利贷,则难以得到法院的支持,而且投资方的年化利率安排也是理性的商人安排。②但是在回购条款中可以约定减去投资人已经实际取得的公司分红。

对于资金来源不法的抗辩,如抗辩称"该合同所涉资金来源,可能是挪用的公司企业资金,涉嫌挪用资金犯罪,也可能导致合同无效",③或者"《增资控股协议》约定的对赌内容违反中国证监会的规定。硅谷天堂公司作为投资人,应承担投资风险,《增资控股协议》实为资金拆借协议,属于以合法形式掩盖非法目的的合同,应认定为无效合同"。④对于前者,因为举证不能而未被法院采纳,对于后者则被法院认为"《增资控股协议》系各方当事人的真实意思表示,内容不违反法律、行政法规的禁止性规定,依法确认有效","协议中关于公司财务业绩、公司上市、股东回购投资方股份的约定,不构成确认合同无效的要素"。⑤

对于双重救济抗辩,如抗辩称"补充协议中没有约定周某某在回购股权的同时需要支付业绩补偿款,且郴高创投企业并未提交会计师事务所的审计证明锡涛化工的净利润低于约定利润,且按照《补充协议》的约定获得业绩补偿的前提是郴高创投企业继续持有锡涛化工的股权,业绩补偿与回购股权不应同时支付,郴高创投企业要求支付业绩补偿的诉讼请求不应支持",法院认定"故业绩补偿应以郴高创投企业继续持有锡涛化工的股权为基础。现郴高创投企业要求周某某回购股权,即不再持有锡涛化工的股权,则郴高创投企业要求周某某支付业绩补偿款的诉讼请求,亦不能成立,本院不予支持"。简言之,"对赌"责任一般可分为补偿责任和回购责任,法院一般不支持业绩补偿和股权回购同

---

① 河北省井陉县人民法院民事判决书,(2017)冀0121民初554号。
② 但是也有法院认为"不论目标公司的经营业绩如何,投资者均可从承诺人处获取固定收益,明显违背了投资领域利益共享、风险共担之原则,可对股权回购价格予以调整",例如广东省高级人民法院民事裁定书,(2016)粤民申2202号;甘肃省兰州市中级人民法院民事判决书,(2016)甘01民初字第343号。
③ 浙江省湖州市中级人民法院民事判决书,(2019)浙05民初1号。
④ 北京市朝阳区人民法院民事判决书,(2017)京0105民初26782号。
⑤ 北京市第三中级人民法院民事判决书,(2018)京03民终6693号。

时主张。

对于"对赌"股东认为"对赌协议"的存在使投资人的出资附条件,有违公司法出资不可附条件的规定的抗辩,在仇某某与广州市香雪制药股份有限公司及杨某、抚松长白山人参市场投资发展有限公司公司增资纠纷案①、甘肃现代农业产业创业投资基金有限公司等诉徐某某公司增资纠纷案②中,法院认定所附条件是股东之间作出的,这种承诺是有限责任公司人合性和资合性的体现,因而不属于对公司的附条件增资。

简言之,此类抗辩倾向于否定这一合同本身的效力,不局限是源于朴素的"吃亏"和"不公平"以及保底条款,还延伸到"对赌"责任承担的公平以及投资款的合法性。但是,这类抗辩事由并不属于原《合同法》第52条规定的可以导致合同本身无效的情形,因此,法院一般都从意思自治和鼓励交易两个维度认可"对赌协议"的效力。

4. 所附条件成就归责的维度

在"对赌协议"或者"对赌条款"中,投融资双方都会约定一个触发条款,即达到一定的业绩指标或者首次公开募股(Initial Public Offering,IPO)上市,而目标公司的运营中,则可能会出现一些影响这些目标达成的事件。例如,投资人不当干预公司经营、投资人恶意促成条件成就、发生不可抗力或者情势变更。还有两种情形影响这些目标达成:一是阻却"对赌条款"的发生,即侵犯股东优先购买权致使主协议的股权转让无效而补充协议成为无本之木;二是致使"对赌条款"消灭,即投资者未在约定的时间内行使回购权。这些事由不仅影响"对赌"目标的实现,也是"对赌一方"在产生对赌责任时的抗辩理由。

在不当干预公司经营、恶意促成"对赌"条件的抗辩中,北京秉鸿嘉盛创业投资有限公司(以下简称秉鸿公司)与邹某某等股权转让纠纷案中,邹某某等辩称,回购条款的触发是由于秉鸿公司自身的过错,不应由秉鸿公司承担回购义务……秉鸿公司声称自己仅为财务投资人,但实际上干涉了超拓公司的正常经营,恶意促成回购条款的达成,应当视为回购条件不成就③。但是一审法院

---

① 参见吉林省高级人民法院民事判决书,(2017)吉民终383号。
② 参见甘肃省兰州市中级人民法院民事判决书,(2016)甘01民初字第343号。
③ 参见北京市海淀区人民法院民事判决书,(2017)京0108民初38994号。

认为其证据不足,二审法院进一步认定,投资者仅仅是按照投资合同行事,并未在融资过程中滥用一票否决权,①两次审理都没有足够的证据证明投资方干预公司经营。因为与投资人进行"对赌"的承诺方一般是目标公司的控股股东或者实际控制人,所以法院判断的主要标准是"创始股东能否正常掌控被投公司的经营权"。因此,投资人的插手干预、严重干扰,甚至不按照合同规定出资都会导致业绩条款的不成就。这些投资者介入公司管理的抗辩事由,法庭考虑的争点审判思路在事实认定上可以进一步细分为:(1)交易文件中有无投资者介入经营而导致原股东不承担对赌责任的明确约定;(2)投资者介入的动机是否正当,主要看有无违规操作、阻碍交易等恶意促成"对赌"条件的事由;(3)介入经营与公司损失是否存在因果关系;(4)投资者派人进入公司管理层,行使一票否决权是否属于控制了公司的经营权。一般而言,投资人与股东"对赌",往往看重原股东或者管理团队的能力,但是在司法实务中法院对原股东经营权的得失与"对赌条款"的成就与否有不同的认识,有的法院支持原股东因为丧失经营权而无法实现"对赌"目标,②有的法院从权利义务对等角度否认原始股东对业绩不达标负责。③

对于非因自身事由导致"对赌"条件成就的抗辩,除投资人的不当干预外,主要还有不可抗力和情势变更,即辩称原材料成本上升、市场行情低迷导致业绩不达标,中国证监会监管政策变化导致不能上市,这里的主要难点是如果将这些情形解释进不可抗力或者情势变更中去,法院则往往将其视作一种正常的商业风险。例如,在秉鸿公司与邹某某等股权转让纠纷案④中,被告辩称,同时也受大环境所致,因此,依据情势变更原则,从公平的角度出发,理应对业绩要求作出适当调整。法院对此不予采纳,认为其属于正常的商业风险,不属于情势变更和公平原则调整的范围。同样,在南京誉达创业投资企业与上海超硅半导体有限公司、陈某股份转让纠纷案⑤中,被告辩称,2012 年的时候市场不

---

① 参见北京市第一中级人民法院民事判决书,(2019)京 01 民终 1898 号。
② 参见上海市高级人民法院民事判决书,(2014)沪民终第 105 号。
③ 参见山东省高级人民法院民事判决书,(2018)鲁民初 103 号。
④ 北京市海淀区人民法院民事判决书,(2017)京 0108 民初 38994 号。
⑤ 上海市松江区人民法院民事判决书,(2015)松民二(商)初字第 142 号。

好,产品价格暴跌,行业内公司无法实现利润,属于情势变更,是不可抗力造成的,合同中各方不能预见也无法避免。法院也认定该价格波动属于市场风险,提交的证据不足以证明发生了情势变更。根据意思自治的原则,不可抗力和情势变更都可以成为协议中约定的"对赌责任"的免责条款,如果没有进行约定,则融资方存在极大的证明困难,且由于原股东并非受到不可抗力的直接影响,因此,其抗辩主张可能不被认可。

主张股权转让协议侵犯股东优先购买权而无效的抗辩,主要是否定"对赌"条件的发生,例如,原告、被告在2016年5月5日签订的《补充备忘录》侵害了其他股东的优先购买权,应当认定无效①。对于股东的回购股权约定,根据公司法规定属于对外转让股权,需要审查是否经过其他股东过半数同意,且其他股东放弃优先权②。以上两个案例的审理法院都没有认定侵犯股东的优先购买权,且认定投资人增资经过股东大会的决议,最后的回购是公司股东间的股权转让,并未涉及股权转让给第三人,因此不采纳这一抗辩。

主张投资人未在约定的期限内行使回购权的,可以称之为"时限抗辩",主要取决于合同约定的行权期限以及对于行权日起算的理解。例如,在广西桂能科技发展有限公司(以下简称桂能公司)、蔡某合同纠纷二审案③中,桂能公司没有按照《增资扩股协议书》约定的时间提出股权回购请求,即丧失了请求权。蔡某无须对桂能公司持有的股权进行回购。在红塔创新投资股份有限公司与河南三和皮革制品有限公司、郸城德润投资有限公司公司增资纠纷一审案④中,根据原告所提供的证据来看,补充协议的回购条款触发的时间是2013年。新余风格汇财资产管理中心、唐某某、刘某某等合同纠纷一审案⑤中,《投资协议》第6.3条约定:标的公司自付款完成之日起满3个财年后20个工作日内,甲乙任何一方均有权发起回购(超过上述期限的,回购的权利及对应的义务自动失效)。

---

① 参见上海市浦东新区人民法院民事判决书,(2016)沪0115民初85477号。
② 河南省周口市中级人民法院民事判决书,(2019)豫16民初206号。
③ 广东省深圳市中级人民法院民事判决书,(2018)粤03民终3603号。
④ 河南省周口市中级人民法院民事判决书,(2019)豫16民初206号。
⑤ 四川省宜宾市翠屏区人民法院民事判决书,(2018)川1502民初4190号。

(四)与公司"对赌"分歧渐小

笔者在案例研读和总结中,对法院在审判中对于效力认定从主体出发进行不同区分的这种思路,感受十分深刻。当协议主体是属于投资人与股东"对赌"的情况时,法院从意思表示自由出发,基本上认定协议效力是有效的,虽然个别案件否定了协议的效力,但也多是从事实认定出发,在否定了当事人的主体地位之后,才否定了相关协议的效力。但是针对投资人与公司"对赌"的情况,法院对于协议效力的认定是不一致的。对于协议效力的判断,主要是从公司法相关条款出发,否定了一些情况下"对赌协议"的效力。所以,针对实践中可能存在争议的区域进行研究和探讨,是实证研究的目的之所在,也希望从侧面展示实践状况。

通过对目标案件的梳理,笔者排除一些非相关案件,得到的结论是在实践中,"对赌协议"中只有投资人与目标公司的"对赌"案件共 38 个。在这些案件中,法院对于"对赌协议"的效力认定情况为:有效 19 个,无效 19 个,各占 50%。可见,对于与目标公司进行"对赌"的效力问题,实践中法院是存在一定的分歧的。

进入具体的案件中,对于认定"对赌协议"有效的案件,法院在判决书中主要体现了意思自治的思想和价值判断。典型的表述为:案涉"对赌协议"中关于股份回购的条款内容,是当事人特别设立的保护投资人利益的条款,属于缔约过程中当事人对投资合作商业风险的安排,系各方当事人的真实意思表示。① 三方签订的协议明确了合作内容及目的,是三方经过协商后意思自治的表现,协议包括"对赌条款"不违反法律法规的强制性规定,真实有效,三方均应遵守。② 涉案的《增资协议》《增资协议补充协议》《增资协议补充协议 2》《增资协议补充协议 3》,均系当事人的真实意思表示,并不违反法律、行政法规的强制性规定,应属有效。③ 可见,在认定协议有效的案例中,主要是以意思自治为核心,突出意思自治,尊重当事各方在商业活动中的理性选择。部分判决书

---

① 参见江苏省高级人民法院民事判决书,(2019)苏民再 62 号。
② 参见上海市金山区人民法院民事判决书,(2018)沪 0116 民初 15790 号。
③ 参见北京市朝阳区人民法院民事判决书,(2016)京 0105 民初 39818 号。

中直接说明"并不违反法律、行政法规的强制性规定",相应的论述说理较少。

但同时,如江苏华工创业投资有限公司与扬州锻压机床股份有限公司(以下简称扬锻集团公司)、潘某某等请求公司收购股份纠纷案(以下简称华工案)所述,案涉对赌协议签订时扬锻集团公司系有限责任公司,且该公司全体股东均在对赌协议中签字并承诺确保对赌协议内容的履行[①]。法院也论证了公司决议的有效性、决议程序的有效性和决议主体的适当性。从《公司法》层面来说,其在一定程度上论述了意思表示的适当性,从而维护了当事各方的意思自治。

在与目标公司"对赌"无效的案件中,法院对于其理由的论述,主要围绕《公司法》第 20 条第 1 款、第 35 条、第 74 条、第 142 条规定。总的来说,相关条文的引用情况为:《公司法》第 35 条被引用 7 次;第 74 条被引用 1 次;第 142 条被引用 5 次;第 20 条第 1 款被引用 7 次。通过这些条款对"对赌协议"的效力予以否定,其背后的价值取向有一定的同源性。这体现的是我国公司法的基础:对资本维持的追求。原《合同法》第 52 条出现 9 次,以最后否定合同相关条款及约定的效力的法律条文出现,主要是体现原《合同法》第 52 条第 5 项的相关内容,即违反法律、行政法规的强制性规定。典型的判决书表述如下。

《补充协议》第 2.1.1 条约定,在约定的条件成就时,甄投中心有权要求运货柜公司回购甄投中心持有的全部或部分股权,运货柜公司承诺予以回购,回购价格应保证甄投中心本次投资的年收益率不低于 15%……该约定违反了上述公司法第 35 条、第 142 条的强制性规定;《补充协议》约定的回购款计算方式,使甄投中心的投资可以取得相对固定的收益,该收益脱离了运货柜公司的经营业绩,损害了公司利益和公司债权人利益,同时亦属于违反《公司法》第 20 条规定的情形。因此,《补充协议》有关运货柜公司回购股权的内容应属无效。[②]

《补充协议书》系杰丰公司与厚德合伙企业签订,约定由杰丰公司回购厚德合伙企业股权,并补偿投资额每年 20% 的收益率。该约定使厚德合伙企业的投资可以取得相对固定的收益,该收益脱离了杰丰公司的经营业绩,实质上

---

① 参见江苏省高级人民法院民事判决书,(2019)苏民再 62 号。
② 参见江西省高级人民法院民事判决书,(2019)赣民终 178 号。

损害了杰丰公司及公司债权人利益,违反了《公司法》第 20 条第 1 款"公司股东应当遵守法律、行政法规和公司章程,依法行使股东权利,不得滥用股东权利损害公司或者其他股东的利益;不得滥用公司法人独立地位和股东有限责任损害公司债权人的利益"的规定,构成了股东滥用股东权利,损害了杰丰公司及杰丰公司债权人利益。依照原《合同法》第 52 条第 1 款第 5 项"违反法律、行政法规的强制性规定",合同无效的规定,《补充协议书》中第 3 条回购条款的约定应认定为无效。①

在涉及与目标公司"对赌","对赌协议"效力判断的案件中,协议效力认定呈现逐渐放宽的趋势:2014 年认定协议无效的案例数为 5 个,有效的案例数为 0 个,有效率为 0;2015 年认定协议无效的案例数为 10 个,有效的案例数为 0 个,有效率为 0;2016 年认定协议无效的案例数为 17 个,有效的案例数为 0 个,有效率为 0;2017 年认定协议无效的案例数为 14 个,有效的案例数为 2 个,有效率为 12.50%;2018 年认定协议无效的案例数为 27 个,有效的案例数为 10 个,有效率为 27.03%;2019 年认定协议无效的案例数为 21 个,有效的案例数为 88 个,有效率为 80.73%;2020 年认定协议无效的案例数为 1 个,有效的案例数为 19 个,有效率为 95%。整体而言,与目标公司"对赌"的协议效力认定逐渐放宽。

(五)较少审查"对赌协议"可履行性

在笔者梳理的涉及公司责任的"对赌"案例中,有 119 个判定协议有效的案例,但在这 119 个案例中,仅有 10 个案例的审理法院审查了可履行性,并且仅仅停留在了形式审查上——是否完成了减资程序,并未对是否构成抽逃出资进行实质审查,且在判定目标公司未完成减资程序,不能履行时,未对目标公司的违约责任问题作出回应。

《九民纪要》第 5 条第 1 款对于目标公司"对赌"的可履行性总体规定为:"……投资方主张实际履行的,人民法院应当审查是否符合公司法关于'股东不得抽逃出资'及股份回购的强制性规定……"第 2 款和第 3 款分别规定了关于股权回购和金钱补偿义务的具体审查规定,下文将以此为基础探讨法院对

---

① 参见新疆维吾尔自治区乌鲁木齐市中级人民法院民事判决书,(2016)新 01 民初 258 号。

于"对赌协议"可履行性审查的现状和审查内容。

在笔者梳理的案件中,与目标公司"对赌"有效的案件共119个,而在这中间,法院对"对赌协议"可履行性进行实质审查的案件,即对可履行性进行法律性审查、程序性审查、清偿能力审查的案件,却只有11个。在这11个案件中,有10个案件的"对赌协议"的内容都是关于股权回购,仅有1个案件,即北京千舟清源投资基金(有限合伙)与山东宏力艾尼维尔环境科技集团有限公司等合同纠纷案在"对赌协议"中既约定了现金补偿,又约定了股权回购。① 但这并不意味着法院缺乏对"对赌协议"是否符合《公司法》有关规定的审查。在119个案件中,法院最终认定"对赌协议"可以履行的案件有86个,不可以履行的案件有17个,未明确的案件有16个。

可能产生上述情形的原因是:一方面,最高人民法院的判决对地方各级法院产生强烈且直接的指导效果,造成了裁判规则的路径依赖。2012年11月7日,最高人民法院作出中国"对赌"纠纷第一案,即"海富案"的民事判决,其也成为当年最高人民法院的公报案例。最高人民法院当时的观点是,投资方与目标公司的股东"对赌"有效,但是与目标公司"对赌"会直接或间接地损害公司利益和公司债权人的利益,应认定无效。该判决作为裁判指引,直接导致之后地方各级法院作出了大量的与目标公司"对赌"无效的判决,由于与目标公司"对赌"无效,则更没有必要探讨履行问题,造成可履行性探讨的缺失。另一方面,法院在认为"对赌协议"有效后,直接把合同有效与合同可履行混为一谈。在119个与目标公司"对赌"的案件中,法院对绝大多数案件的处理都是在审查合同效力中探讨"对赌协议"是否违反了原《合同法》和《公司法》的规定,将本应在履行阶段探讨的内容在判断效力阶段进行探讨,反映了法院对于"对赌协议"在原《合同法》和《公司法》适用上的混乱,以及并未正确处理合同行为与合同履行行为的关系。

司法实践中,"对赌协议"的履行方式包括股份回购与现金补偿,其履行的标准应当来自《公司法》中有关分配盈余和回购股份的要求。

就约定金钱补偿义务的"对赌协议"来说,目标公司对投资人进行现金补

---

① 参见北京市海淀区人民法院民事判决书,(2017)京0108民初26768号。

偿应当受到盈余分配的规制。其主要内容包括《公司法》第 34 条（2023 年修订后为第 227 条）关于分红比例的规定，"股东按照实缴的出资比例分取红利；公司新增资本时，股东有权优先按照实缴的出资比例认缴出资。但是，全体股东约定不按照出资比例分取红利或者不按照出资比例优先认缴出资的除外。"《公司法》第 37 条（2023 年修订后为第 59 条）对利润分配程序的规定："股东会行使下列职权：……（六）审议批准公司的利润分配方案和弥补亏损方案……"《公司法》第 166 条第 4 款、第 5 款（2023 年修订后为第 210 条第 4 款、第 211 条）对公司盈余分配的规定："公司弥补亏损和提取公积金后所余税后利润，有限责任公司依照本法第三十四条的规定分配；股份有限公司按照股东持有的股份比例分配，但股份有限公司章程规定不按持股比例分配的除外。股东会、股东大会或者董事会违反前款规定，在公司弥补亏损和提取法定公积金之前向股东分配利润的，股东必须将违反规定分配的利润退还公司。"

就约定股权回购的"对赌协议"来说，人民法院主要审查其是否符合公司法关于"股东不得抽逃出资"或者股份回购的强制性规定。我国《公司法》采取"原则禁止、例外许可"的股份回购政策，主要审查内容包括《公司法》第 35 条关于股东不得抽逃出资的规定和第 142 条、第 177 条（2023 年修订后为第 224 条）关于减资的规定。

当前，我国司法实践对"对赌协议"可履行性的审查内容标准不一。2019 年，华工案①的判决提出"对赌协议"可履行性的法律障碍和事实障碍。法律障碍主要指是否履行了《公司法》规定的减资程序，是否遵守了资本维持原则；事实障碍主要指股权回购和现金补偿是否会损害公司的清偿能力和持续经营能力等。

实务中，对于"对赌协议"可履行性的审查标准主要停留在法律程序的审查上。笔者梳理的除"华工案"以外的其他 10 个案件中，只有 1 个案件，即在李某与熊某某等合同纠纷案②中，二审法院不仅对法律障碍进行审查，还对事实障碍进行了审查；而有 8 个案件，法院仅仅对法律障碍进行审查，即主要对是

---

① 江苏省高级人民法院民事判决书，（2019）苏民再 62 号。
② 北京市第三中级人民法院民事判决书，（2019）京 03 民终 14391 号。

否履行减资程序进行了审查。

在天津优势股权投资基金合伙企业(有限合伙)与重庆云河水电股份有限公司等股权转让纠纷一审案和重庆佰纳投资中心(有限合伙)与郭某等股权转让纠纷一审案①中,人民法院审查的均为已经受理的被告公司的破产清算申请,被告已经进入破产清算程序,无法办理减资,故不能履行股权回购。在成都高特佳银科创业投资合伙企业(有限合伙)公司增资纠纷案,以及新疆西龙土工新材料股份有限公司与北京银海通投资中心、奎屯西龙无纺土工制品有限公司股权转让纠纷案(以下简称新疆西龙土工新材料案)②中,法院也只对减资程序进行了审查。在上述新疆西龙土工新材料案中,法院首次明确提出举证责任问题,将是否履行减资程序的举证责任分配给原告,认为原告并无证据证明被告相应减资程序已经完成,被告亦确认其减资程序尚未启动,因此,对于原告要求被告履行股权回购义务的诉讼请求不予支持。值得一提的是,在杭州工创股权投资基金合伙企业、江苏玛岸网络科技有限公司、王某等合同纠纷二审案③中,当事人和法院还对溢价款的性质进行了探讨,一审法院认为该溢价款属于利息补贴,二审法院认为该溢价款为股权回购款的组成部分。在李某某与北京中科同向信息技术有限公司合同纠纷一审案以及青岛善苫村餐饮文化管理有限公司、姜某某合同纠纷二审案④中,法院均判定原告的出资并未登记于被告股东名单中,出资额也未被计入被告注册资本之中,故被告回购原告的出资份额不会影响自身的注册资本,不违背资本维持原则,亦不违反公司法规定,回购条款合法有效。最为例外的一个案件是,在北京千舟清源投资基金(有限合伙)与山东宏力艾尼维尔环境科技集团有限公司等合同纠纷一审案⑤中,法官关注的重点并不是对法律障碍上减资程序的审查,而是对原告是否在合同约定

---

① 北京市朝阳区人民法院民事判决书,(2016)京0105民初39818号;北京市朝阳区人民法院民事判决书,(2016)京0105民初55023号。
② 上海市第一中级人民法院民事判决书,(2018)沪01民终13785号;新疆维吾尔自治区高级人民法院民事判决书,(2015)新民二终字第280号。
③ 浙江省绍兴市中级人民法院民事判决书,(2020)浙06民终650号。
④ 北京市房山区人民法院民事裁定书,(2019)京0111民初16629号;浙江省杭州市中级人民法院民事判决书,(2020)浙01民终1938号。
⑤ 北京市海淀区人民法院民事判决书,(2017)京0108民初26768号。

的股权回购时间限制内提出股权回购请求进行审查,认为原告超出协议约定的时间限制,被告有权拒绝回购。

基于对上述案件的梳理,可以看出当前在我国实务界除对于涉及"对赌协议"案件的可履行性审查不足之外,对于审查内容也存在较大区别。相关案件中比较突出的问题在于,比如"华工案"中,法官着重审查公司法的程序性障碍,最终判决公司以减资方式回购股权,似乎错置了回购与减资之间的先后顺序和因果关系。① 在司法实务中,与目标公司"对赌"失败之后,使其主动履行减资程序可行性不大,可能造成"对赌协议"裁判的名存实亡。

(六)忽视担保方式"对赌"

在笔者选取的涉及公司责任的"对赌"案例中,公司为股东承担担保责任的案例有65个,排除法院针对相同事实、一方当事人以同一理由作出的重复判决42个,得到有效统计案例23个,均为约定公司承担连带保证责任。其中,约定股权回购的案例有23个,同时约定了其他现金补偿条款的案例有6个(包括约定违约金案例5个,约定业绩补偿案例1个)。在23个案例中,法院认定公司担保有效的案例有15个,无效的案例有8个。法院认定担保有效的基本理由是意思自治,不违反法律法规的强制性规定。其中,4个案例涉及公司未经股东会决议便提供关联担保,该担保亦被法院认定为有效。在8个担保无效的案例中,法院援引《公司法》第20条第1款规定,认为公司为股东承担连带保证责任是股东滥用权利损害公司利益而无效的案例有3个;援引《公司法》第16条第2款(2023年修订后为第15条第2款)规定,认为股东会未作出决议因而公司提供的关联担保无效的案例有4个;援引《公司法》第142条规定,认为公司对于回购款的支付承担保证义务也属于未经法定程序收购本公司股份的行为,因而无效的案例有1个。有1个案例,法院认为因公司承担保证责任使投资人取得相对固定的收益,脱离了公司的经营业绩因而损害了公司利益而无效。

从时间维度上看,统计以上23个案例的时间跨度为2015年12月至2020

---

① 参见刘燕:《"对赌协议"的裁判路径及政策选择——基于PE/VC与公司对赌场景的分析》,载《法学研究》2020年第2期。

年 2 月。2015 年、2017 年均只有 1 个无效案例;2018 年共有案例 7 个,其中有效案例 5 个,无效案例 2 个;2019 年共有案例 13 个,其中有效案例 9 个,无效案例 4 个;2020 年仅有 1 个有效案例。可以看出,直接将公司作为"对赌"对象时,法院认定合同有效的概率随时间的变化而有所不同,公司对参与"对赌"的股东承担保证责任的案件,其案件的有效率并没有统计学上的意义。

但笔者在对案件进行分析的过程中,仍发现在涉及公司对对赌股东承担保证责任案件中存在以下两个争议焦点:第一个焦点来自程序层面,即《公司法》第 16 条第 2 款、第 3 款规定了公司为股东提供担保需要经过股东会或股东大会的决议,而未经决议的关联担保是否有效在司法实践中仍然存在争议。第二个焦点来自实质层面,即当公司为股东提供担保时,该担保合同是否会因主债务是由"对赌"产生的,从而违背公司的资本维持原则而无效,公司提供担保的行为与其直接参与"对赌"是否有所区别,以及是否有必要进行区别。以担保方式进行"对赌"的问题,《九民纪要》没有作出回应。

二、焦点问题分析与解决路径

(一)对"对赌协议"无效论的否定

法院在裁判文书中体现的无效理由,主要是《公司法》的相关规定。尤其是在认定"只与公司""对赌"的相关情形中,无效理由集中在了《公司法》第 20 条第 1 款、第 35 条、第 74 条、第 142 条的规定上。

公司实体,即公司形成之后的资本维持,包括了股东不得抽回股本、公司原则上不得回购本公司股份、对公司利润分配的程序限制等方面。①《公司法》第 35 条是关于"抽逃出资"的内容,第 74 条、第 142 条是关于回购股权的内容,第 20 条是具有总括性的关于股东不得滥用股东权利的规定,即与权利行使的合理限制相关。

《公司法司法解释(三)》第 12 条对抽逃出资进行了较为详细的规定。其前两项规定的内核主要表现为"虚构欺诈",第 3 项规定的关联交易也与欺诈有关,而第 4 项规定对于其他未经法定程序将出资抽回的行为进行程序性限

---

① 参见王保树:《"资本维持原则"的发展趋势》,载《法商研究》2004 年第 1 期。

制。股东自然是有拿回自己出资的权利的,这是投资自由的一种体现,但是要履行限制权利行使的相关法律程序。实践中,在双方"对赌"的情况下,主要存在的问题是第12条第4项规定的程序性问题。如前文所述,《九民纪要》已经将和目标公司"对赌"的程序性问题作为一个关键问题来进行应对。对于实践中出现的情况,股东(大)会同意并通过了"对赌协议",是否就意味着同时同意了资本的引入以及一定条件下的退出?这个程序是否具有正当性?

如果从《公司法》的精神上来看,维持法人人格健全的一个非常重要的因素是维持其资本。维持资本并不意味着资本完全不变,资本变化的因素是多方面的,总的来说,在我国立法的语境下要维持公司对于债权人、小股东的责任。尤其是对债权人偿债能力的信赖保护,而此信赖主要体现为资本的维持,体现在对于资本信用的认可。但是随着观点的不断变化,公司的资本并不能决定公司的信用,公司的资产才能起到更为重要的作用。[1]

如资本维持原则、股份的有限回购原则、禁止抽逃出资等,股权转让的限制对于"对赌协议"效力的影响也不容忽视。随着社会的发展,尤其是"对赌协议"在实践中的广泛引用,对于"对赌协议"的效力的认识也在不断发展。尤其随着《九民纪要》的发布,其中虽然对"对赌协议"相关内容也进行了发展,但是同样存在不少问题。

在笔者统计的投资人和公司对赌的相关案件中,以2019年公布的《九民纪要》界分,所统计的案件在其公布前的案件129个,其中有效案件49个,无效案件80个,有效率仅为37.98%;其公布之后的案件73个,有效案件70个,无效案件3个,有效率为95.89%。而且无效案件均为担保情形下未经股东大会决议违反《公司法》中担保相关规定而无效。

显然,对于效力认定问题,由于对于效力的有效性认定的比例大幅度提高,这是否意味着在一定程度上《九民纪要》对于公司法的资本维持已经作出了一定的突破呢?笔者认为,除了履行形式问题,更多的是程序问题,但是对于效力的认定,可以说是存在一定的进步的,其中最大的进步之处在于对效力认定和实际履行进行界分。从《九民纪要》的内容可以看出,其最大的特点是将有效

---

[1] 参见赵旭东:《从资本信用到资产信用》,载《法学研究》2003年第5期。

性的限制体现在《公司法》所规定的资本退出程序上,即"目标公司未完成减资程序的,人民法院应当驳回其诉讼请求""今后目标公司有利润时,投资方还可以依据该事实另行提起诉讼",上述规定在对退出的程序进行要求和限制的同时,也留有合理性的通道。

从"对赌协议"交易模式的产生出发,"对赌协议"无疑具有一定的激励作用。在适当的目标下,产生正面的激励作用,尤其对于管理层具有一定的激励效果。同时,"对赌协议"的存在,也能够对企业的管理层起到一定的约束作用;而对于投资方,可以通过动态调节,降低交易成本,确保风险的可控,实现对于估值的调整,从而顺利达成交易。

"对赌协议"作为一种投资方式,能够为商事情景下的融资活动提供一个很好的途径。随着我国经济的发展,私募股权投资在国内的发展势头迅猛,解决了一些企业融资难的问题。保证投资人的相关权益,在一定程度上能够促进民间融资环境的改善和发展,私募行业的发展也需要完善的法律作为支撑。

"对赌协议"能够在一定程度上解决现实投资中信息不对称的问题,从而缓解融资市场"逆向选择"和"道德风险"问题。试想,被投资企业是最清楚自身各方面的能力及水平的,而投资人很难准确把握这些信息,为了规避相应的风险,自然倾向于将交易价格(股权交易)设计为可调整及浮动的,同时保证自己在获得相应投资回报的前提下,出让部分利益,以实现风险—收益的平衡。在这种交易架构之下,很难说明谁具有交易主动权,是投资人携资金以"进攻"资金缺乏等待投资的公司,还是被投资公司掌握更加全面的信息,选择合适的投资人?在具体情况下,难以阐明。但是,在商事交易中,商事主体的选择是给予更多的自由还是予以严格的限制,则是需要讨论的核心问题。

让股权投资进退更加自由,自然会促进私募投资者的投资意愿,促进资金融通。但是从《公司法》的内容出发,其体现的价值是保护债权人、小股东的利益,大股东不得滥用股东权利,即不希望大股东的行为完全绑架小股东及债权人的利益。随着对"对赌协议"认识的加深,对其效力的认定障碍减少,但是对于协议条款的履行,法院普遍回避不可履行后的违约责任问题。

进入21世纪,"对赌协议"作为一种金融工具,并不违背金融市场规律,如前所述,其也在一定程度上契合了市场中人们的理性选择。一般情况下,传统投资及企业很难像风险投资这样,在共享投资的同时做到风险的共享,所以需要创新性的契约。① 而且,当今社会的发展风险,也并非通过信息不对称就可以完全解释。未来变幻莫测,对于未来不确定的风险,创新性的化解或者解决风险责任的分配,在一定程度上需要当下制度的支持。

(二)金钱债务与一时履行不能

在"华工案"和《九民纪要》确定了需要对"对赌协议"履行性进行判断的基础上,有必要进一步回答"对赌协议"履行障碍的实体判断标准。我国《公司法》中虽然没有资本维持的字眼,但是禁止股东抽逃出资、分配限于净利润、禁止回购等规则都蕴含资本维持的理念。② 以上论述表明我国《公司法》的一大原则是资本维持原则,该原则也成为目标公司"对赌协议"的履行障碍之一。"华工案"对于事实上的履行可能性的判断标准之一是公司的经营能力,这在某种程度上表明持续经营原则也成为"对赌协议"履行障碍的又一大内容。资本维持,即只要不损及资本,公司可以自由地向股东进行利润分配、回购股份或以其他方式输送利益。资本维持的实质,是公司法以此设置了一个债权人保护与公司(或股东)自主权之间的平衡点;③"持续经营"的本质是法院不仅关注公司的现金流、资产及负债的总体情况,还关注回购对公司持续经营的影响。

《〈全国法院民商事审判工作会议纪要〉理解与适用》对《九民纪要》相关规定作出的解释是投资方也应当承担一定的商事风险。当目标公司达到预期目标时,双方皆大欢喜,一旦没有达到预期目标,此时如果让投资方全身而退,则投资方理论上不承担任何风险,这就违背了股东投资风险自担原则。④ 显然,根据利益平衡原则,司法实务上最终达成的裁判规则是"对赌"失败时优先坚持资本维持原则,保护股东和债权人的利益。对于此种解释产生的疑问是,

---

① 参见潘林:《金融创新与司法裁判:以我国"对赌协议"的案例、学说、实践为样本》,载《南京师大学报(社会科学版)》2013年第3期。

② 参见刘燕:《"对赌协议"的裁判路径及政策选择——基于PE/VC与公司对赌场景的分析》,载《法学研究》2020年第2期。

③ 参见刘燕:《"对赌协议"的裁判路径及政策选择——基于PE/VC与公司对赌场景的分析》,载《法学研究》2020年第2期。

④ 参见最高人民法院民事审判第二庭编著:《〈全国法院民商事审判工作会议纪要〉理解与适用》,人民法院出版社2019年版,第119页。

投资人的利益是否真的应当直接被抛弃？一个可能的解决方案是，在认可"对赌协议"有效性的前提下，目标公司因公司法上的资本规制不能补偿或者回购的问题应当在合同法上的违约责任承担的逻辑下展开。①《民法典》第577条规定："当事人一方不履行合同义务或者履行合同义务不符合约定的，应当承担继续履行、采取补救措施或者赔偿损失等违约责任。"违约责任的适用可能成为目标公司不能履行"对赌协议"而对投资人相关利益作出的补偿。但同时有学者指出，《民法典》第580条第1款规定："当事人一方不履行非金钱债务或者履行非金钱债务不符合约定的，对方可以请求履行，但是有下列情形之一的除外：（一）法律上或者事实上不能履行；（二）债务的标的不适于强制履行或者履行费用过高；（三）债权人在合理期限内未请求履行。"目标公司未履行减资程序导致无法回购股权，是否属于"法律上或者事实上不能履行"？可以肯定的是，"法律上或事实上不能履行"的适用前提是非金钱债务，金钱债务原则上不存在履行不能与违约责任转化的问题。"对赌协议"中，无论是现金补偿还是股权回购，目标公司均负担金钱债务，不应考虑《民法典》第580条的适用。

民法中不认可金钱履行不能，但为何抽逃出资得以突破该规则？"对赌协议"中的现金补偿和股权回购义务都是金钱债务，而原《合同法》第110条、《民法典》第580条仅适用于非金钱债务。从资本维持原则之违反，到"对赌协议"之履行不能，有什么逻辑及依据？如果违反资本维持原则导致履行不能，其法律后果为何？违约责任是否仍旧是金钱补偿？如果属于金钱补偿，那么履行不能又有何实际意义？还是说会一并免除与履行不能相伴随的履行迟延之违约责任？

在此问题上，笔者赞同贺剑老师的观点②：《民法典》第580条规定的非金钱债务之履行不能、第579条规定的金钱债务无履行不能，均指永久不能，不包括一时不能。金钱债务履行的一时不能应当类推适用《民法典》第579条抑或

---

① 参见潘林：《重新认识"合同"与"公司"基于"对赌协议"类案的中美比较研究》，载《中外法学》2017年第1期。
② 参见贺剑：《对赌协议何以履行不能？——一个公司法与民法的交叉研究》，载《法学家》2021年第1期。

第580条,取决于两者的规范目的。《民法典》第579条规定的金钱债务无履行不能,以债务人欠缺经济能力(清偿能力)为限,应排除部分法律不能之情形。

(三)减资程序不应为考察"对赌协议"能否履行的标准

当前法院审判的问题还在于,不确定的市场因素导致公司的资本运营和持续经营能力难以被准确预测,使法院逐渐将履行性的审判转向程序审查而非实体审查。例如,《九民纪要》提出的明确的履行标准就局限于是否符合《公司法》的各项程序性规定,笔者搜集的11个可履行案例中,绝大多数案例法院只审查了减资程序的履行,而缺乏对资本维持原则和公司清偿能力的实体审查。

《九民纪要》中"经审查,目标公司未完成减资程序的,人民法院应当驳回其诉讼请求"的规定可能成为公司怠于承担回购股权、现金补偿的责任,逃避履行债务的避风港,即只要不履行减资程序,就能够不进行股权回购和现金补偿。在司法实践中,目标公司"对赌"失败之后,能够按照法定程序进行减资的公司很少。比如,股东大会决议减资是减资的必经程序,而股东大会决议行为不可强制履行,否则会导致股份回购义务无法履行。同时,公司减资的决定权不仅仅在于股东大会,更在于债权人。根据《公司法》的规定,公司减资时如不能按债权人的要求清偿债务或者提供担保,债权人将可能以公司及股东为被告诉请法院判决撤销减资决议及行为。上述程序表明,减资因为涉及公司债权人利益保护等问题,其实际履行十分困难,真正发生纠纷时,"对赌协议"的条款很难得以实行。依据《九民纪要》的规定,当目标公司未完成减资程序时,法院不能强制公司减资,而必须先减资、再回购。法院也不能判决目标公司进行债权人保护程序以及作出决议。当纠纷已经发生,目标公司拒不还款时,公司往往不会主动减资,那么所谓与公司"对赌"有效而非无效之规定,还有什么实质意义?

同时,减资程序的前置程序——公司决议,是公司意思形成的标志,在没有公司决议的情况下,合同约定的股权回购意思表示真实吗?"对赌协议"中约定公司义务是以公司减资为前提,那么在公司没有形成决议的情况下,其意思表示就没有成立,法人代表签署的合同就成了无权代表,而解决无权代表问题,应依照无权代表的逻辑框架进行而非不能履行。因此,将减资程序作为考察履行之标准既不能解决实际问题,也不符合法理逻辑。

实际上,通过合同解释所有"对赌"场合的股权回购决议,都需要经过减资程序。而依照公司法的规定,减资需要减资决议,在无减资决议的情况下,公司意思表示并未成立,此时代表公司签订合同的股东或法定代表人构成越权代表或越权代理,签订的合同可依据具体情况按照效力待定或者表见代表(理)处理。当协议签署者本身的股权已经超过 2/3 时,应认定为作出减资决议,公司意思表示成立并生效。这样的认定在实务中也有相关案例,如在牛某某与陈某、天津君辉蓝天环保科技股份有限公司(以下简称君辉环保公司)股权转让纠纷一审案①中,法院认为,《股权转让协议》约定的君辉环保公司提供连带责任保证的效力应有效。根据《公司法》第 16 条第 2 款规定,公司为公司股东或者实际控制人提供担保的,必须经股东会或者股东大会决议。但之后陈某及君辉环保公司向牛某某出具了《承诺函》,其上有陈某签字,陈某系持有君辉环保公司 2/3 以上股权的股东,故即便牛某某应当知道没有公司机关决议,也应当认定担保符合公司的真实意思表示。

如此操作,于利益衡量角度来看也无问题,公司股东会事后决议不减资,当属于法律赋予其的决议自由,不存在事后单方操控股权回购的嫌疑。从减资角度来看,未完成相应决议程序,投资方的回购请求受阻,乃减资决议之欠缺而致相关的约定变为效力待定状态。一方面,公司股东会决议是否减资的固有权利未被限制;另一方面,投资方可通过越权代表的追认、表见代表等与法定代表人相关的代表权限制规则来获得保护。②

(四)以担保方式"对赌"的法律问题

1. 关联担保的公司决议

严某波、四川玖玖爱食品有限公司(以下简称玖玖爱公司)与公司有关的纠纷案③,法院认为目标公司的股东只有 3 人,只要 3 人有一致的意思表示就可

---

① 天津市河东区人民法院民事判决书,(2019)津 0102 民初 8689 号。
② 参见贺剑:《对赌协议何以履行不能?——一个公司法与民法的交叉研究》,载《法学家》2021年第 1 期。
③ 四川省高级人民法院民事判决书,(2018)川民终 69 号。

以视为经过了股东会决议,而不必有形式意义上的股东会决议。

该案中汇富合伙为玖玖爱公司的投资人,严某波、严某林为玖玖爱公司的原股东。2011年11月29日,各方签订了《增资扩股协议》约定汇富合伙用6000万元认购玖玖爱公司新增的10%的注册资本。同日,各方又签订了《补充协议》约定当玖玖爱公司未能在约定日期前上市或实际控制人发生变更则汇富合伙可以要求其指定的主体回购其在玖玖爱公司的全部股份。2015年7月29日,各方又签订了《股权回购协议》约定由严某波对股权进行回购,并由严某林、玖玖爱公司对支付义务承担连带保证责任。

在诉讼中,严某波、玖玖爱公司主张由于玖玖爱公司对股东严某波提供担保未经过决议程序,因此担保无效。对此,法院的判断是:关于严某波、玖玖爱公司提出的担保无效的问题。法院认为,在《股权回购协议》签订时,玖玖爱公司的股东为严某波、严某林、汇富合伙,三方当事人形成的一致意思表示足以表明玖玖爱公司提供担保的行为经过了公司全部股东的一致意思表示,应当认定已经经过了股东会决议。同时,最高人民法院民一庭对于《公司法》第16条第2款规定的倾向性意见是:该规定属于公司内部的管理性规范,对公司以未经股东会或股东大会决议为由主张对外担保无效的,人民法院不予支持,因此玖玖爱公司为严某波提供担保的行为合法有效。① 法院认为,玖玖爱公司在增资之前股东只有严某波与严某林2人,而2人又是增资协议与回购协议的共同签署人,除控股股东严某波外,小股东严某林也对公司提供担保表示了同意,因此即便不存在形式上的决议也应认定为有效。

与上述案例类似,在张某某与广州市盈孚莱得自动化技术有限公司(以下简称盈孚莱得公司)、北京富林源投资顾问有限公司(以下简称富林源公司)合同纠纷案②中,原告张某某作为股权投资方,被告盈孚莱得公司、富林源公司作为标的公司股东方[分别持有目标公司广州飒特电力红外技术有限公司(以下简称飒特公司)70%和30%的股权]、被告飒特公司作为目标公司,于2010年12月23日共同签署《股权投资框架协议》,约定由张某某向飒特公司增资。同

---

① 参见四川省高级人民法院民事判决书,(2018)川民终69号。
② 山东省聊城市中级人民法院民事判决书,(2018)鲁15民初56号。

时约定飒特公司将在特定时间之前完成 IPO 并于深交所上市,如果未能达成此目标则张某某可以要求盈孚莱得公司、富林源公司回购其所持有的目标公司的股份。2014 年 1 月 4 日,因飒特公司没能按时启动 IPO 程序,张某某主张盈孚莱得公司、富林源公司开启股权回购和退款程序。2015 年 3 月 27 日,飒特公司和盈孚莱得公司的实际控制人吴某某向张某某出具《还款保证书》,自愿对回购款及利息的支付承担保证责任。

在庭审过程中,双方就飒特公司承担保证责任的效力产生了争议。法院认为,该案的特殊点在于参与"对赌"的两名股东是目标公司仅有的两名股东,飒特公司的担保行为并未损害公司及其他股东权益,[1]法院对此也采取了不违背《公司法》第 16 条的解释。

与上述案例相比,更加极端的案例是强某某、曹某某股权转让纠纷案[2],在该案中,法院虽然认为公司没有经过股东大会的决议即提供担保,但是提供担保都是为了让公司受益,而《公司法》第 16 条的立法目的是防止大股东利用对于公司的控制地位而损害公司以及其他股东、债权人的权益。但在该案中,所有的钱款都是为了公司的发展而使用,没有违背《公司法》第 16 条第 2 款的立法目的。再加上作为接受担保的一方强某某已经履行了形式上的审查义务,因为《增资协议书》中已经载明增资经过股东会决议;因此,法院认定担保有效。

该案中,强某某作为投资人之一于 2011 年 4 月 26 日与目标公司瀚霖公司及其股东曹某某、其他投资人共同签订了《增资协议书》及《补充协议书》,约定由投资人向目标公司进行增资,并且曹某某承诺目标公司将在特定时间完成 IPO,如未如期完成,则强某某有权要求曹某某以现金形式回购强某某所持有的目标公司的全部股权,瀚霖公司为曹某某的回购提供连带责任担保。

针对该案中瀚霖公司为其股东曹某某提供担保的效力在该案一审、二审之中均被法院以担保条款使股东获益脱离公司经营业绩,背离公司法法理精神,使强某某规避了交易风险,严重损害瀚霖公司其他股东和债权人的合法利益[3]为由认定无效,而在最高人民法院再审的过程中,法院推翻了前审对于担保合

---

[1] 山东省聊城市中级人民法院民事判决书,(2018)鲁 15 民初 56 号。
[2] 参见最高人民法院民事判决书,(2016)最高法民再 128 号。
[3] 参见最高人民法院民事判决书,(2016)最高法民再 128 号。

同无效的认定。

在再审过程中,最高人民法院认为:其一,在各方签署的《增资协议书》以及《补充协议书》中记载瀚霖公司已通过股东会决议,原股东同意本次增资;各方已履行内部程序确保其具有签订本协议的全部权利;各方授权代表已获得本方正式授权。甲方(瀚霖)公司通过股东会决议同意本次增资扩股事项①。因此,强某某已经对于瀚霖公司的担保尽到审慎注意义务和形式审查义务。其二,曹某某将强某某的投资全部用于公司的发展,瀚霖公司以及全体股东而受益,因此,此担保行为并不违背《公司法》第16条之立法目的,没有被大股东所滥用,应认定为有效。

针对"违反《公司法》第16条第2款规定,未经股东会或股东大会决议而对关联股东提供担保"的效力问题,《公司法》第16条确立了公司为他人提供担保的内部控制程序,体现了公司法作为组织法的特性,②也为防止大股东、实际控制人滥用权利损害公司小股东、债权人的利益提供了程序上的保障。但自2006年《公司法》规定此条以来,关于未经股东会(股东大会)决议的关联担保是否有效、是否能够约束公司的争论就一直不断。

曾有观点认为,《公司法》第16条属于任意性的规定,其是公司内部管理事项,不能约束外部第三人,因此,越权担保合同有效,应该对公司产生约束力。③ 还有观点认为,对于《公司法》第16条的规定应该区别看待,第1款规定的一般担保应该属于管理性强制性规定,而第2款、第3款规定的关联担保应该属于效力性强制性规定。④ 此外还有观点认为第16条第2款属于认定公司内部决议效力的法律依据,而不是认定担保合同效力的法律依据。⑤

2019年《九民纪要》⑥第17条规定,违反《公司法》第16条规定,未经授权擅自为他人提供担保的,构成越权代表,人民法院应当根据原《合同法》第50

---

① 参见最高人民法院民事判决书,(2016)最高法民再128号。
② 参见石冠彬:《论公司越权担保的认定标准及法律效果》,载《法商研究》2020年第2期。
③ 参见最高人民法院民事判决书,(2012)民提字第156号。
④ 参见王保树、崔勤之:《中国公司法原理》,社会科学文献出版社2006年版,第42页。
⑤ 参见钱玉林:《寻找公司担保的裁判规范》,载《法学》2013年第3期;曾大鹏:《公司越权对外担保的效力研究——基于法律解释方法之检讨》,载《华东政法大学学报》2013年第5期。
⑥ 《九民纪要》。

条关于法定代表人越权代表的规定,根据订立合同时债权人是否善意分别认定合同效力:债权人善意的,合同有效;反之,合同无效。

笔者从平衡公司股东与第三人、债权人利益的角度来考虑,更能接受以《九民纪要》所采取的先判断是否越权,再判断相对人善意的方式来考虑越权担保合同的效力问题,即第一步判断是否真正存在越权担保,第二步判断相对人是否构成善意。

第一步,没有形式上的股东会及股东大会的决议是否构成越权担保?笔者认为不能仅依靠形式上的判断。从《公司法》第 16 条第 2 款、第 3 款的内容来看,公司为公司股东或者实际控制人提供担保的,必须经股东会或者股东大会决议。前款规定的股东或者受前款规定的实际控制人支配的股东,不得参加前款规定事项的表决。该项表决由出席会议的其他股东所持表决权的过半数通过。该条规定的意义在于通过程序保证小股东在公司提供担保时参与决策的权利,只要这个目的能够实现,不必采用正式决议的形式。

如在严某波、玖玖爱公司的纠纷中,虽然公司为股东提供担保时没有经过决议,但所有的股东都在包含公司担保内容的股权回购协议上签了字。从形式上来说,包括没有利害关系的小股东在内的所有股东都通过签名的方式作出了意思表示。实质上,由于小股东已经参与了一致性决策的过程,因而不存在其会因大股东滥用权利而利益受损的情况。总的来讲,大股东或公司的管理者并没有越权提供担保。因此,对于法院的此类裁判思路笔者是认可的。

第二步,如果小股东确实没有参与到公司提供担保的决策中,担保合同是否对公司生效就要考虑是否有值得保护的善意第三方债权人的利益存在。因《公司法》第 16 条第 2 款对于无利害关系股东参与决策作出了规定,不因公司内部章程而改变,这就给外部第三人构成善意设定了明确的标准,即债权人只对公司股东曾对于关联担保作出决策进行形式上的审查,决策的实质真实性可以不问,只要满足这一点,债权人构成善意,该担保合同就应当约束公司。

但司法实践当中存在一种不当的观点。如强某某、曹某某股权转让纠纷案,法院认为,在没有证据证明公司未参与"对赌"的小股东对于公司提供担保作出过决策的情况下,仅凭投资人投资的资金注入公司且用于公司经营就断定大股东越权提供担保的行为没有损害小股东利益,这种所谓的对于股东利益的实质性判断已经超出了应有的边界,小股东参与公司治理是法律与公司章程所赋予其的权利,其有权对公司是否提供担保、向何人提供担保作出选择,即便其选择没能实质性影响公司的最终决定。只因投资人的投资没有被大股东纳入自己的账户就认为对小股东未造成损害,这个判定过于武断,其实际上架空了小股东参与公司治理的权利,会使公司的内部管理体制失效。此外,也会让没有遵守法律规定的、不具备善意的第三人受益,鼓励这种非善意行为,于法无益。

2. 公司担保与资本维持

如果经过适格的股东会及股东大会的决议再向关联方提供担保,即已满足《公司法》第16条的要求,但当保证的标的是股东的"对赌款"时,即便经过决议或债权人为善意,该担保的效力在实践中仍存在争议。

如在北京建新宏业科技有限公司(以下简称建新宏业公司)等与北京嘉鑫世纪投资有限公司(以下简称嘉鑫世纪公司)股权转让纠纷案①中,建新宏业公司(丙方)作为目标公司,德博正业公司作为丙方的控股股东,持有丙方76.471%的股权,郑某某(丁方)为乙方和丙方的实际控制人,嘉鑫世纪公司(甲方)作为投资人,四方在2012年12月21日签署了《增资合同》,约定甲方向丙方增资,并且约定丙方应当在一定期限内在A股完成IPO,如未达成则甲方有权要求乙方或丁方受让甲方持有的丙方全部股权。同时,丙方对于款项的支付承担连带保证责任。据法院查明,《增资合同》中载有"丙方股东会已经作出与本次增资有关的决议"且甲方当庭提交的丙方股东会决议内容与此一致。

庭审中双方的争议焦点之一,是丙方作为目标公司,其为控股股东承担连带责任是否有效。法院认为,目标公司本身并不承担股权回购义务,并未直接参与"对赌",其对股东、实际控制人的债务承担保证责任后可以向债务人追偿,因此《增资合同》约定的目标公司保证条款并不影响公司资本维持和法人财产独立原则,因而有效。

但在苏州宝苏投资企业(以下简称宝苏企业)与苏州明鑫科技集团有限公

---

① 北京市第一中级人民法院民事判决书,(2019)京01民终4395号。

司(以下简称明鑫公司)、苏州市新同里红酒业有限公司(以下简称新同里红公司)公司增资纠纷案①中,法院则有不同的认识。

该案之中,宝苏企业作为投资人、甲方,新同里红公司作为目标公司以及其股东明鑫公司、沈某某(分别持有目标公司 90% 以及 10% 的股份)共同作为乙方在 2015 年 1 月签订了《增资协议》,该协议载明甲方同意向目标公司增资。2015 年 3 月,四方又签订《补充协议》约定在一定期限内如新同里红公司未完成 IPO 且投资人的股权没有被第三方投资机构全部收购,则投资人有权要求明鑫公司回购其所持有的目标公司的全部股权。同时,目标公司对回购款支付义务承担连带保证责任。

在该案之中目标公司承担连带保证的效力同样成了争议的焦点。在该案之中,法院认为,首先,《公司法》第 35 条规定公司成立后,股东不得抽逃出资。如果公司为股东之间的股权转让提供担保,当受让股权的股东不能支付股权转让款时,由公司先向转让股权的股东支付转让款,这会导致公司利益及公司其他债权人的利益受损,形成股东以股权转让的方式变相抽回出资的情形。公司承担担保责任后虽然有权向受让股东追偿,但该权利能否实现尚存变数,此行为将公司财产支付给股东,违反了资本维持原则,损害了公司及债权人的利益。其次,根据《公司法》第 142 条的规定,公司非因法定事由并经法定程序,不得收购本公司股份。虽然形式上目标公司并非回购股权的主体,但一旦目标公司实际承担了担保责任,客观上造成目标公司以自身财产向转让股东支付回购款,产生公司收购自身股份的结果。法院认为,即便存在追偿权,但相对于公司没有承担责任的情形来说,还是存在资金流失的风险,这仍然是一种抽逃资金的形式。

类似地,在天津达晨创世股权投资基金合伙企业(有限合伙)与蒋某某等股权转让纠纷案②、杭州蓝色成长投资合伙企业与庄某某、辽宁红旭现代农业股份有限公司股权转让纠纷案③以及曾某某、段某股权转让纠纷案④中,法院认

---

① 江苏省苏州市吴江区人民法院民事判决书,(2018)苏 0509 民初 11206 号。
② 北京市海淀区人民法院民事判决书,(2015)海民(商)初字第 34475 号。
③ 浙江省杭州市西湖区人民法院民事判决书,(2017)浙 0106 民初 254 号。
④ 广东省深圳市人民法院民事判决书,(2018)粤 03 民终 10926 号。

为,只要公司为参与"对赌"的股东承担了保证责任,就构成股东抽逃出资,因为其损害了公司及债权人的利益。

因此,一个需要讨论的重要问题是,公司为参与"对赌"的股东承担担保责任与公司资本不当向股东回流的抽逃出资行为是否具有同质性?是否需要被同样予以严格管制?笔者认为答案是否定的,主要在于二者有以下几点重要的不同之处。

首先,抽逃出资与公司直接承担最终责任不同,公司承担保证责任之后享有向债务人的追偿权。《民法典》第392条规定:"被担保的债权既有物的担保又有人的担保的,债务人不履行到期债务或者发生当事人约定的实现担保物权的情形,债权人应当按照约定实现债权;没有约定或者约定不明确,债务人自己提供物的担保的,债权人应当先就该物的担保实现债权;第三人提供物的担保的,债权人可以就物的担保实现债权,也可以请求保证人承担保证责任。提供担保的第三人承担担保责任后,有权向债务人追偿。"其一,只要公司对承担最终责任的股东享有追偿权就不是资金向股东的直接回流。其二,享有追偿权就未脱离投资人与原股东的双向激励机制。投资人与股东签订的"对赌协议"被认为有效的原因之一就是存在一种激励机制,即原股东尽力投入自己的人力成本,尽到忠诚勤勉义务,公司经营得越好股东获得的回报越多;反之若经营不善未能达到上市或者业绩目标,则可能面临支付回购款、回购股份的压力。公司即便为直接参与"对赌"的股东承担了保证责任,但由于追偿权的存在,直接债务人股东仍然面临支付价款的压力,这一点与股东直接参与"对赌"相同,而与抽逃资金不同。

其次,公司为股东承担保证责任是公司经营中常见的模式。一般与外部股权投资者进行"对赌"的公司中初创型公司较多,这类公司有着迫切的融资需求,但其融资需求与较少的信用记录,以及融资方与投资方较大的信息不对称性形成了矛盾,这导致此类公司的融资成本偏高。对于外部投资者,尤其是股权投资者来说,让公司承担保证责任是提升双方信任、降低融资成本的重要途径。而公司法在某种程度上正是商业实践的法律化,其不应断然对于公司为"对赌"的股东承担保证责任进行否定。

即便不能杜绝会存在股东恶意利用公司的担保逃脱债务造成公司及债权

人损失的情形,但也可以通过其他法律规范如原《合同法》第52条第2项规定的恶意串通损害第三人利益等规定加以限制。此外,恶意利用公司担保毕竟为少数情形,为了一部分主体可能做出的或然行为而否定一类合同的效力,并不利于上市行为的稳定可期待的发展。

再次,与抽逃出资被公司法所明文禁止不同,公司为股东提供担保被明确规定在了《公司法》第16条之中。《公司法》第16条的规定是对公司进行担保的规制而不是禁止,第2款和第3款规定公司提供关联担保必须经过无利害关系股东组成的股东会、股东大会的决议,保护了小股东的利益,提高了善意债权人的认定门槛。但同时也是以法律的形式认可了公司可以向其关联人提供担保。从历史的角度来看,我国《公司法》从不允许公司为股东提供担保到允许的演变也说明了这一点。而当公司为股东提供担保时,该股东的债务是对公司内其他股东承担的债务还是对公司外部主体承担的债务,公司法并没有作出进一步的限定,因此不应该被解释为普遍禁止公司为股东提供担保。

又次,《公司法》将公司是否提供担保的决定权分配给了董事会、股东会或股东大会,这证明无论提供关联担保还是非关联担保均是公司的正常经营行为之一。是经营就会存在风险,《公司法》虽然有意平衡大股东、小股东与债权人的利益,但也只是限定作出是否提供担保的决议程序,而并不禁止公司因经营不善而产生亏损,事实上这正是市场经济的题中应有之义。

最后,公司即便负有担保责任也并不意味着公司和小股东、债权人的利益一定会产生不当减损。事实上,如果公司拥有足够多的盈利,以盈余去承担保证责任,并不会影响公司的经营,只有当公司被迫用注册资本为股东承担保证责任时才可能产生向股东不当回流资金的风险。但这不是合同是否生效的问题,而是能否通过不损害公司利益而得到履行的问题。自"华工案"[①]发生和《九民纪要》公布以来,有关公司直接承担"对赌"责任的合同的争议焦点也从合同的效力问题转向了是否可履行问题,同时有以上几点差异存在,公司为参与"对赌"的股东承担保证责任的效力不应产生歧义。

公司资本维持对于公司的存在十分重要,但也需要注意资本维持的边界,

---

① 江苏省高级人民法院民事判决书,(2019)苏民再62号。

当边界不断扩大就可能影响正常的公司经营行为与融资创新,进而损害企业发展。

三、结论

首先,笔者认为,违反资本维持原则并不影响"对赌协议"效力,而应当于合同履行层面探讨资本维持原则的问题。

其次,《九民纪要》中的减资程序不应成为衡量合同可履行性的标准。减资需要减资决议,在无减资决议的情况下,公司意思表示并未成立,代表公司签订合同的股东或法人构成越权代表或越权代理,可依据具体情况按照效力待定或者表见代表(理)处理。而当协议签署者本身的股权已经超过 2/3 时,应认定为作出减资决议,公司意思表示成立并生效。

最后,以担保方式"对赌"不应与直接"对赌"方式同等对待,理由主要如下:与公司直接承担最终责任不同,公司承担保证责任之后享有向债务人的追偿权,公司为股东承担保证责任是公司经营中常见的模式。与抽逃出资被公司法所明文禁止不同,公司为股东提供担保被明确规定在《公司法》第 16 条。公司即便负有担保责任也并不意味着公司和小股东、债权人的利益一定会产生不当减损。

(编校:莫志)

第三章 公司增资纠纷实证研究

宋家旺 马鼎甲

武晓龙 赵雪林 张 怡

一、概述

(一)公司增资的过程与问题

公司增资,[①]即增加公司注册资本。在公司增资过程中,投资人向目标公司实际出资或认缴出资,目标公司赋予投资人相应的股权。根据投资人来源的不同,公司增资可以分为内部增资和外部增资。内部增资,即原股东增资;外部增资,即新股东增资。当然,也可能既有原股东增资,也有新股东增资。内部增资,可以是将资本公积金转为注册资本,可以是将应分配股利转为注册资本,也可以是原股东出资。外部增资,可能是新股东出资,也可能是债转股。公司增资的过程大致可以分为七部分:董事会制定增资方案,股东(大)会作出增资决议,签订增资协议,原股东的优先认缴权,出资,将投资人记载于股东名册并向其签发出资证明书,办理登记。

1. 董事会制定增资方案

《公司法》第 46 条(2023 年修订后为第 67 条)规定:"董事会对股东会负责,行使下列职权:……(六)制订公司增加或者减少注册资本以及发行公司债券的方案……"《公司法》第 108 条第 4 款(2023 年修订后为第 122 条第 2 款)

[①] 参见施天涛:《公司法论》(第 4 版),法律出版社 2018 年版,第 562~563 页;范健、王建文:《公司法》(第 4 版),法律出版社 2015 年版,第 261~262 页;梁开银、彭真明主编:《公司法学》(第 2 版),法律出版社 2020 年版,第 170~173 页。

规定:"本法第四十六条关于有限责任公司董事会职权的规定,适用于股份有限公司董事会。"可见,无论是有限责任公司,还是股份有限公司,均由董事会负责制定增资方案。实践中关于这一点未发现有争议。

2. 股东(大)会作出增资决议

《公司法》第43条第2款(2023年修订后为第66条第3款)规定:"股东会会议作出修改公司章程、增加或者减少注册资本的决议,以及公司合并、分立、解散或者变更公司形式的决议,必须经代表三分之二以上表决权的股东通过。"《公司法》第103条第2款(2023年修订后为第116条第3款)规定:"股东大会作出决议,必须经出席会议的股东所持表决权过半数通过。但是,股东大会作出修改公司章程、增加或者减少注册资本的决议,以及公司合并、分立、解散或者变更公司形式的决议,必须经出席会议的股东所持表决权的三分之二以上通过。"可见,无论是有限责任公司,还是股份有限公司,均需由股东(大)会作出增资决议,且都要求2/3以上多数决。实践中关于股东(大)会作出增资决议的问题点包括:(1)股东(大)会增资决议的效力问题,决议是有效、无效、不成立,还是可撤销？(2)增资协议效力瑕疵会造成什么影响？这些问题将在下文予以阐述。

3. 签订增资协议

公司增资过程中,投资人和目标公司,有时也包括原股东,会签订增资协议。实践中关于增资协议的问题包括:增资协议的主体、增资协议的效力、增资协议的解释、增资协议的解除、违约责任等,此外还会涉及目标公司估值的争议与估值调整机制("对赌")的争议。

4. 原股东的优先认缴权

《公司法》第34条(2023年修订后为第227条)规定:"股东按照实缴的出资比例分取红利;公司新增资本时,股东有权优先按照实缴的出资比例认缴出资。但是,全体股东约定不按照出资比例分取红利或者不按照出资比例优先认缴出资的除外。"该条规定了公司增资时原股东的优先认缴权。实践中,关于原股东的优先认缴权的问题包括股东(大)会决议和优先认缴权的关系、侵犯优先认缴权的增资的效力、优先认缴权的范围、股份有限公司股东是否有优先认缴权。

5. 出资

《公司法》第 178 条(2023 年修订后为第 228 条)规定:"有限责任公司增加注册资本时,股东认缴新增资本的出资,依照本法设立有限责任公司缴纳出资的有关规定执行。股份有限公司为增加注册资本发行新股时,股东认购新股,依照本法设立股份有限公司缴纳股款的有关规定执行。"可见,公司增资时的出资与公司设立时的出资基本适用相同的规定。当然,公司增资时的出资和公司设立时的出资并不完全相同。《公司法司法解释(三)》第 13 条第 4 款规定:"股东在公司增资时未履行或者未全面履行出资义务,依照本条第一款或者第二款提起诉讼的原告,请求未尽公司法第一百四十七条第一款规定的义务而使出资未缴足的董事、高级管理人员承担相应责任的,人民法院应予支持;董事、高级管理人员承担责任后,可以向被告股东追偿。"可见,对于公司增资时的出资,董事、高级管理人员也可能承担责任,这与公司设立时情况不同。实践中,关于公司增资时的出资的问题包括:未出资怎么处理、出资瑕疵怎么处理、抽逃出资怎么处理。

6. 将投资人记载于股东名册并向其签发出资证明书

《公司法》第 31 条第 1 款(2023 年修订后为第 55 条)规定:"有限责任公司成立后,应当向股东签发出资证明书。"第 32 条第 2 款(2023 年修订后为第 56 条第 2 款)规定:"记载于股东名册的股东,可以依股东名册主张行使股东权利。"第 130 条(2023 年修订后为第 102 条)规定:"公司发行记名股票的,应当置备股东名册……"这里牵涉的是公司法上一个经典的问题:股东资格何时取得。

7. 办理登记

实践中,关于公司增资登记的问题包括:未登记如何救济?未登记是否影响合同效力?未登记可否解除合同?

(二)公司增资纠纷案例统计概览

笔者设定"案由:公司增资纠纷 & 文书类型:判决书"和"案由:新增资本认购纠纷 & 文书类型:判决书"作为关键词,通过"威科先行"法律信息库检索案例。之所以检索公司增资纠纷和新增资本认购纠纷两个案由,是因为实践中这两个案由都包含公司增资相关案例,且这两个纠纷界限不清,对此,笔者将在下文展开论述。

结合数据库中提供的一些变量,并根据以上关于公司增资过程和问题的讨论,笔者划分出如下一些变量:审理法院、省份、案号、审判日期、案件类型、案由、审判程序、文书类型、标的额(参考值)、受理费(参考值)、目标公司类型、内部增资或外部增资、是否登记、是否涉及出资责任、是否涉及增资决议效力、是否涉及优先认缴权、是否涉及目标公司估值、是否涉及目标公司估值调整机制("对赌")。针对每一类案件,如何更细致地划分变量,下文将详细分析。下面将从几个方面来对笔者检索到的案例作一个概览。公司增资纠纷和新增资本认购纠纷将分开展示,下文将对这两类案由作出比较。

1. 公司增资纠纷和新增资本认购纠纷的部分地域分布(见图3-1)

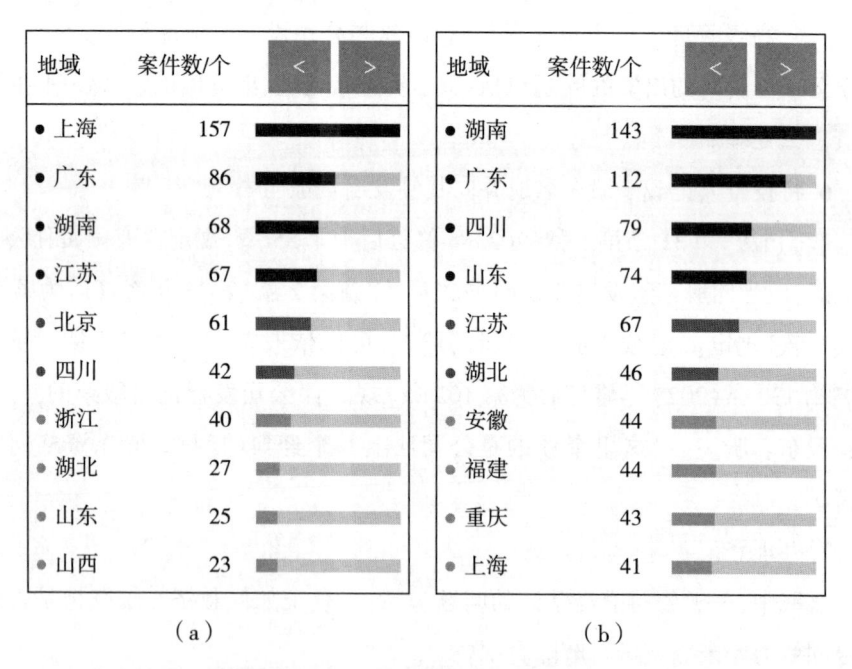

地域	案件数/个	<	>
● 上海	157		
● 广东	86		
● 湖南	68		
● 江苏	67		
● 北京	61		
● 四川	42		
● 浙江	40		
● 湖北	27		
● 山东	25		
● 山西	23		

(a)

地域	案件数/个	<	>
● 湖南	143		
● 广东	112		
● 四川	79		
● 山东	74		
● 江苏	67		
● 湖北	46		
● 安徽	44		
● 福建	44		
● 重庆	43		
● 上海	41		

(b)

图3-1 公司增资纠纷(a)和新增资本认购纠纷(b)的地域分布

2. 公司增资纠纷和新增资本认购纠纷的标的额分布(见图3-2)

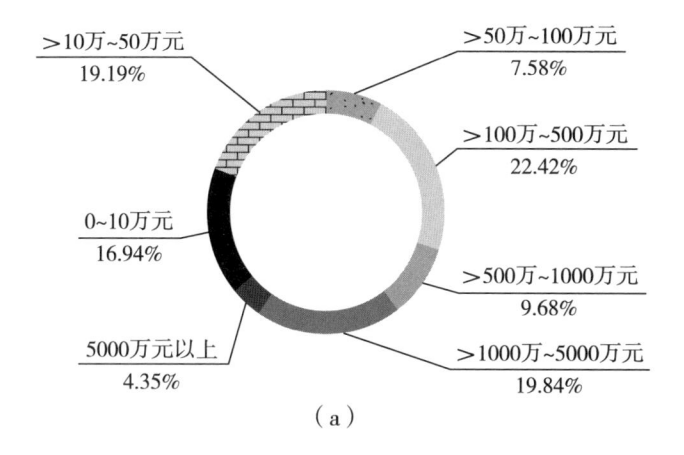

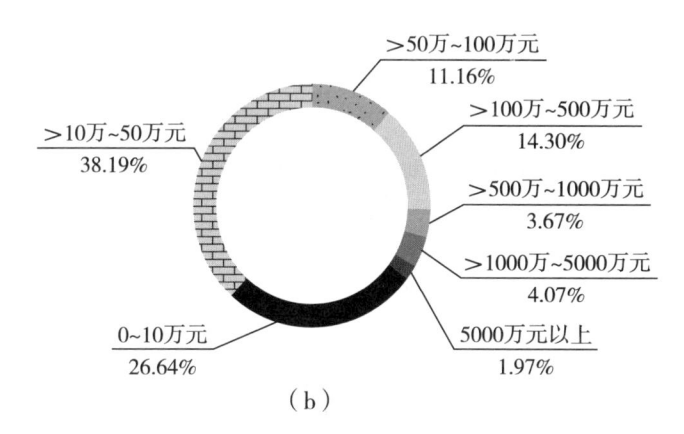

(a)
- >10万~50万元 19.19%
- >50万~100万元 7.58%
- >100万~500万元 22.42%
- 0~10万元 16.94%
- >500万~1000万元 9.68%
- 5000万元以上 4.35%
- >1000万~5000万元 19.84%

(b)
- >50万~100万元 11.16%
- >100万~500万元 14.30%
- >10万~50万元 38.19%
- >500万~1000万元 3.67%
- >1000万~5000万元 4.07%
- 0~10万元 26.64%
- 5000万元以上 1.97%

图3-2 公司增资纠纷(a)和新增资本认购纠纷(b)的标的额分布

3. 公司增资纠纷和新增资本认购纠纷的审理法院级别分布(见图3-3)

单位：个

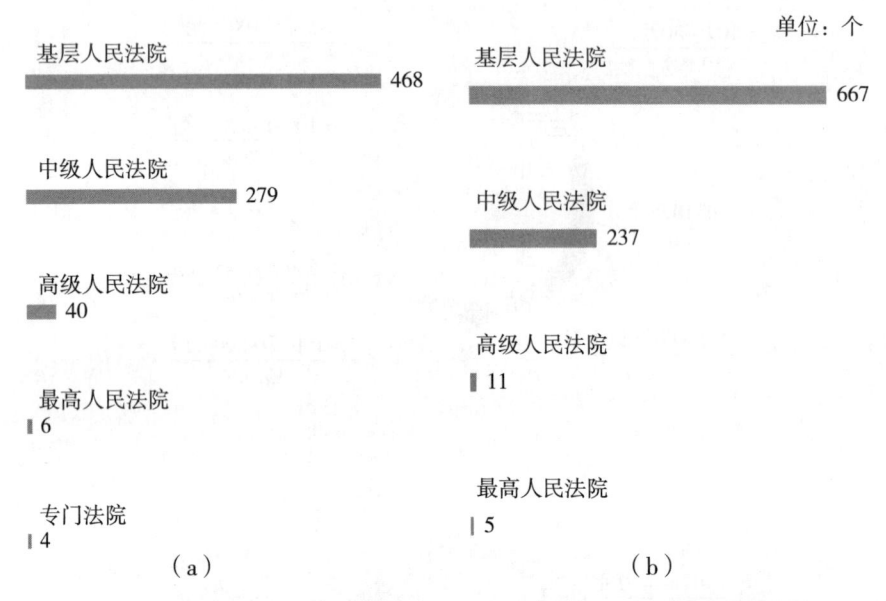

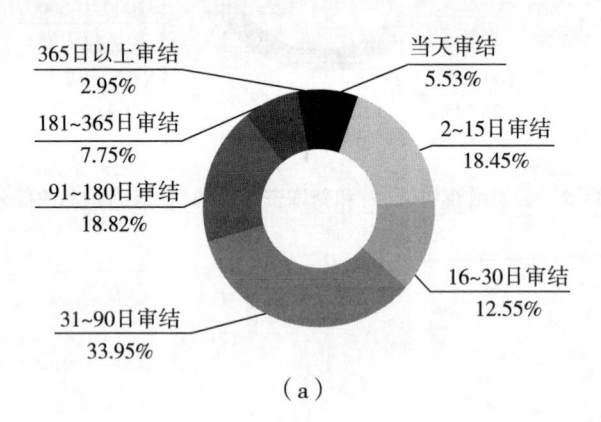

(a)
- 基层人民法院 468
- 中级人民法院 279
- 高级人民法院 40
- 最高人民法院 6
- 专门法院 4

(b)
- 基层人民法院 667
- 中级人民法院 237
- 高级人民法院 11
- 最高人民法院 5

图3-3　公司增资纠纷(a)和新增资本认购纠纷(b)的审理法院级别分布

4. 公司增资纠纷和新增资本认购纠纷的审理期长度分布(见图3-4)

(a)
- 当天审结 5.53%
- 2~15日审结 18.45%
- 16~30日审结 12.55%
- 31~90日审结 33.95%
- 91~180日审结 18.82%
- 181~365日审结 7.75%
- 365日以上审结 2.95%

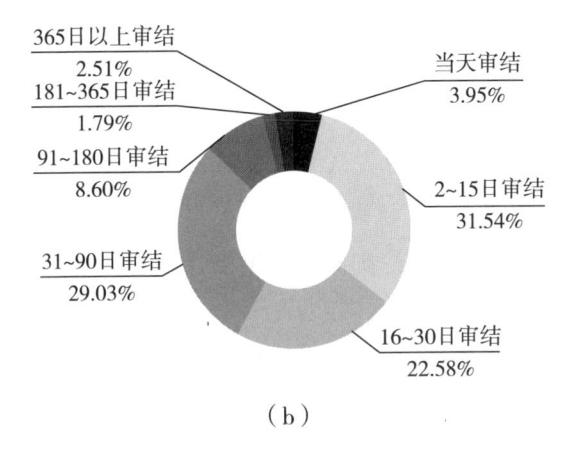

365日以上审结
2.51%
181~365日审结
1.79%
91~180日审结
8.60%
31~90日审结
29.03%
当天审结
3.95%
2~15日审结
31.54%
16~30日审结
22.58%

(b)

图 3-4 公司增资纠纷(a)和新增资本认购纠纷(b)的审理期长度分布

5. 公司增资纠纷和新增资本认购纠纷的聘请律师情况(见图 3-5)

单位：个

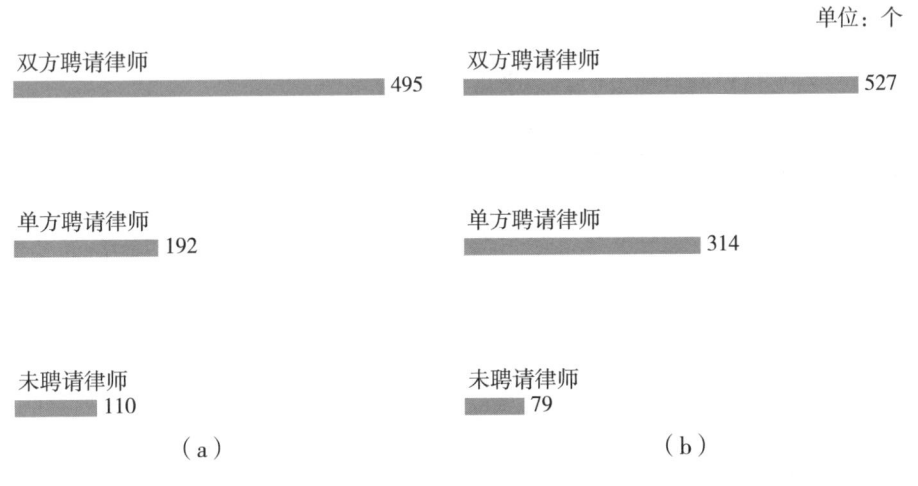

双方聘请律师 495
单方聘请律师 192
未聘请律师 110
(a)

双方聘请律师 527
单方聘请律师 314
未聘请律师 79
(b)

图 3-5 公司增资纠纷(a)和新增资本认购纠纷(b)的聘请律师情况

(三)公司增资纠纷和新增资本认购纠纷的关系

公司增资纠纷和新增资本认购纠纷两类案件都和公司增资有关系,二者之间是什么关系呢？经过检索发现 2000 年《民事案件案由规定(试行)》(已失效)对二者皆无规定,2008 年《民事案件案由规定》(已失效)新增"公司增资纠纷"案件,2011 年《民事案件案由规定》(已被修改)新增"新增资本认购纠纷"案件。看起来,两类案件应该是各有所指。那么怎么区分哪些案件属于公司增资纠纷,哪些案件属于新增资本认购纠纷？区分的标准是什么呢？笔者提出了以下猜想并逐一检验,最后发现实践中公司增资纠纷和新增资本认购纠纷界限并不清楚。

1. 猜想 A:根据原股东的优先认缴权来划分

新增资本认购纠纷中的"认购"似乎暗示,新增资本认购纠纷专指涉及优先认缴权的争议,公司增资纠纷则指公司增资过程中产生的其他争议。对此,下文将展开具体论述。

赵某与湖南张家界天门山旅游股份有限公司公司增资纠纷的争议焦点是原股东的优先认缴权,①苏某某、章某某新增资本认购纠纷的争议焦点也是原股东的优先认缴权。② 这两个案例,可以否定猜想 A。另外,笔者发现优先认缴权相关纠纷在两类案件中占比都很低,公司增资纠纷中优先认缴权争议大致占比 2%,新增资本认购纠纷中优先认缴权争议大致占比 3%。由此可见,是否涉及优先认缴权争议并非划分两类案件的依据。

2. 猜想 B:根据目标公司类型来划分

公司分为有限责任公司和股份有限公司,会不会是按照目标公司类型划分这两类案件的呢？肖某某与湖南航天卫星通信科技有限公司公司增资纠纷中的目标公司是有限责任公司,③苏州金螳螂投资管理中心与黄某某、深圳市华源轩家具股份有限公司公司增资纠纷案中的目标公司是股份有限公司；④成都磐基融创股权投资基金管理有限公司、成都致云科技有限公司新增资本认购纠纷中的目标公司是有限责任公司,⑤廖某某与重庆百花生物医药集团股份有限公司新增资本认购纠纷中的目标公司是股份有限公司。⑥ 从这 4 个案例来看,公司增资纠纷和新增资本认购纠纷并非依照目标公司类型来划分。

而且,笔者粗略统计了一下两类纠纷中目标公司的类型占比,公司增资纠纷中,目标公司是有限责任公司的案件大概占 12%,目标公司是股份有限公司

---

① 湖南省张家界市永定区人民法院民事判决书,(2018)湘 0802 民初 848 号。
② 广东省深圳市中级人民法院民事判决书,(2018)粤 03 民终 18609 号。
③ 湖南省长沙市岳麓区人民法院民事判决书,(2013)岳民初字第 03359 号。
④ 江苏省苏州市中级人民法院民事判决书,(2013)苏中商初字第 0085 号。
⑤ 四川省成都市中级人民法院民事判决书,(2020)川 01 民终 2504 号。
⑥ 重庆市合川区(市)人民法院民事判决书,(2014)合法民初字第 07891 号。

的案件大概占88%;新增资本认购纠纷中,目标公司是有限责任公司的案件大概占25%,目标公司是股份有限公司的案件大概占75%。由此可见,公司增资纠纷和新增资本认购纠纷并非依照目标公司类型来划分。

3. 猜想 C:根据是否涉及"对赌"来划分

两类案由中都有大量案件涉及"对赌",如安徽省创投资本基金有限公司诉朱某某等公司增资纠纷案中涉及"对赌",①但高某与泰安剑泉网络有限公司、乔某某新增资本认购纠纷、买卖合同纠纷案中也涉及"对赌"。② 可见,是否涉及"对赌"并非划分公司增资纠纷和新增资本认购纠纷的标准。

4. 猜想 D:根据是否由投资人诉目标公司来划分

两类案由中都有大量案件涉及投资人诉目标公司。例如,杨某诉天津卡博尔信息科技有限公司公司增资纠纷案是投资人诉目标公司请求解除合同并返还出资款,③但骆某某与桐庐且慢旅游开发有限公司、钟某某新增资本认购纠纷案也是投资人诉目标公司请求解除合同并返还出资款。④ 可见,是否是投资人诉目标公司并非划分公司增资纠纷和新增资本认购纠纷的标准。

5. 猜想 E:根据是否由目标公司诉投资人来划分

两类案由中都有大量案件涉及目标公司诉投资人。例如,上海理豪建筑科技有限公司诉顾某某增资纠纷案是目标公司诉请新股东履行出资义务,⑤但新昌县恒丰胶囊有限公司与王某某新增资本认购纠纷案也是目标公司诉请新股东履行出资义务。⑥ 由此可见,是否是目标公司诉投资人并非划分公司增资纠纷和新增资本认购纠纷的标准。

以上的 5 个猜想比较典型,虽然未穷尽所有可能性,但是已经具有足够的代表性,很多类似的案件在两类案由中都能找到。由此可以得出结论,实践中公司增资纠纷和新增资本认购纠纷两类案由界限无法区分。研究公司增资问题的案例时,两类案由都应关注。

---

① 安徽省宣城市中级人民法院民事判决书,(2016)皖 18 民初 9 号。
② 山东省泰安市泰山区人民法院民事判决书,(2020)鲁 0902 民初 116 号。
③ 天津市西青区人民法院民事判决书,(2017)津 0111 民初 6418 号。
④ 浙江省桐庐县人民法院民事判决书,(2019)浙 0122 民初 4165 号。
⑤ 上海市虹口区人民法院民事判决书,(2010)沪二中民四(商)终字第 457 号。
⑥ 浙江省新昌县人民法院民事判决书,(2019)浙 0624 民初 3189 号。

二、焦点问题之一：缴纳填补责任和审查义务

(一)承担担保责任股东的连带缴纳填补责任

1. 问题的发现和提出

在市场经济飞速发展的今天，公司出于扩大规模、加强融资等需求和目的进行增资的案例不胜其数，在增资的过程中产生的纠纷也不在少数。其中因增资协议引发的一类纠纷案件数量颇多，也引起了笔者相关思考，这类纠纷焦点就是增资协议当事人问题以及由其引发的对相关原股东缴纳填补责任问题的思考。

从规范上来说，增资协议应是外部认购人(外部投资人)和目标公司之间签订的协议。因为增资协议是有关目标公司与认购人之间权利义务的约定，认购人依照约定履行其向目标公司出资的义务；目标公司履行其应负的增资义务如颁发出资证明、修改股东名册、办理变更登记等。从而投资人成为目标公司的股东，目标公司实现了增资，双方权利义务的实现即实现了合同目的。

但是在实证案例的收集检索中，笔者发现增资协议除了上文提到的以外部认购人和目标公司为当事人签订之外，还存在大量的增资协议是由外部认购人、目标公司和公司内部原股东一起签订的。笔者分析发现，实务中之所以出现将其他股东纳入增资协议当事人范围的情况，很重要的原因是规避风险，即在公司不履行义务时使其他股东一并承担责任。

2. 举例说明

在上海真金高技术服务业创业投资中心(以下简称真金公司)、上海占空比电子科技有限公司(以下简称占空比公司)等与张某公司增资纠纷案[1]中，一审法院认定事实如下：2015年12月31日，真金公司与占空比公司、毅智集团、宝威企业、邬某某、韩某某等共同签署了《占空比公司之增资协议》和《占空比公司之增资协议的补充协议》，上述协议各1份。上述签约当事人在增资协议及补充协议中约定，目标公司为占空比公司，毅智集团、宝威企业、邬某某及韩某某系原股东。其中上述增资协议第2.7条约定，投资完成之前产生的或目

---

[1] 上海市高级人民法院民事判决书，(2018)沪民终358号。

公司在此期间因经营活动而产生的一切债务及潜在责任均应由目标公司以其原有的债权及未分配利润承担,如不足以承担,由原股东向目标公司投入相应的资金,以使投资方不会受到前述债务或责任的任何损害。上述增资协议第5.3条约定,公司原股东对公司上述增资款、利息、违约金的支付承担连带责任。

从此法院文书中的认定事实部分可以看出:这个增资纠纷案件中的增资协议的签订主体为三方、多人,不仅包括外部认购人和目标公司,更包括数个目标公司的原股东;而将目标公司原股东也纳入增资协议签订主体当事人范围,就是为了让股东在目标公司违约时替目标公司承担连带担保责任,保障外部认购人的利益,为外部认购人对目标公司增资提供信心和保障。

那么基于此种增资协议,当外部认购人全面适当履行了增资协议的义务(主要是投资义务)后,如果公司违约(主要是不履行或不适当不全面履行增资义务),那么增资协议上其他为公司提供担保的原股东应当为公司承担连带担保责任。根据意思自治的原则,只要当事人签订协议达成合意时意思表示真实、不违反法律法规的强制性规定、不违背公序良俗,那么这个协议是没有问题的。问题在于,如果是外部认购人在增资协议生效后不履行增资义务,那么此时原先签订协议愿为公司违约提供担保责任的内部原股东是否应该为不履行增资义务的外部认购人承担连带的缴纳填补责任?

值得思考的是,一起签订协议的目标公司内部原股东在协议上表示得清清楚楚,为公司的违约承担担保责任,但没有表示为外部认购人增资义务的不履行承担担保责任,既然没有明确的意思表示,凭什么让内部原股东去承担这个义务?没有履行应当履行的增资义务明明是外部认购人的"过错",又凭什么给内部原股东施加额外的负担?

可问题是,公司设立时如果发起人违反了出资义务,不履行出资义务或者瑕疵出资,此时其他发起人就其出资不足的部分将承担连带责任,去缴纳去填补,这是发起人的连带缴纳填补责任。在这个场景下其他发起人就一定有约定吗?他们就一定有"过错"吗?仔细想来,问题好像不是约定不约定、怎么约定的;公司设立时发起人的连带缴纳填补责任似乎和公司增资时为公司违约提供担保的原股东为外部投资人承担连带缴纳填补责任有一定的可比性,需要仔细分析。

3. 类比的合理性和必要性

首先，公司的设立和公司的增资有极强的相似性和可比性。简单来说，公司的设立就是公司从无到有的过程，股东也是从无到有；公司的增资过程，就是公司由小到大、由旧到新的过程，也是股东从少到多或者发生相应变动的过程。总之，公司的设立和公司的增资，都涉及公司的变化、公司成员的变化，并且根据《公司法》第178条第1款的规定，有限责任公司增加注册资本时，股东认缴新增资本的出资，依照该法设立有限责任公司缴纳出资的有关规定执行。[①] 从中至少可以得出，在这个理论层面上，公司的设立和公司的增资具有极高的相似性和可比性的结论。

其次，公司的设立和公司的增资在实践中相对应的类比。公司设立时股东资格的取得和公司增资时股东资格的取得也具有可比性，此处是股东资格的取得而不是股东权利的享有或者实际行使。公司登记成立后股东才取得法律上的股东资格，先有公司后有股东资格这一点没有疑问；公司增资时也应类比公司设立，在办理相应登记后，外部认购人才取得股东资格，以此来区分旧公司和新公司、旧成员结构和新成员结构。公司设立和增资关系到公司的资本、公司的成员结构，已经涉及公司最根本的问题，因此必须予以严格对待。此外，还有一点疑问是关于《公司法》第32条的理解。该条规定公司应当将股东的姓名或者名称向公司登记机关登记；登记事项发生变更的，应当办理变更登记。未经登记或者变更登记的，不得对抗第三人。有观点认为此处的变更并不是指公司增资发生时的股东变更，仅指纯粹的股东变更。笔者支持用此种观点来回应对于增资时股东资格取得的疑问。

再次，外部认购人在增资协议生效后不履行增资义务，那么此时原先签订协议愿为公司违约提供担保责任的内部原股东应该为不履行增资义务的外部认购人承担连带的缴纳填补责任。公司设立时，发起人连带缴纳填补责任的产生，背后最根本的法理依据是公司的资本充实；公司增资时，让先签订协议愿为

---

① 参见张双根：《蚂蚁金服与内蒙君正增资纠纷案分析——浅谈有限责任公司增资的法律问题》，载《法律与新金融》2015年第1期。

公司违约提供担保责任的内部原股东为不履行增资义务的外部认购人承担连带缴纳填补责任，类比公司设立发起人的连带缴纳填补责任，其原因和动机同样是维护资本充实、公司利益、公司债权人和社会经济秩序的稳定，而关于资本充实的含义及其重要性无须进行多余论述。因此，在这一层面上，公司设立和公司增资的相关连带缴纳填补责任具有可比性和必要性。

最后，关于公司增资时的连带缴纳填补责任，其实质，是作了一个价值比较衡量和价值选择。当目标公司的内部股东加入外部认购人和目标公司的增资协议中表示为目标公司承担担保责任时，应当认为其作为目标公司内部股东愿意提供担保最终是为了目标公司的利益。为目标公司提供违约担保，从而促进外部认购人的投资行为，进而帮助目标公司完成增资、壮大资本，最终实现目标公司增资的种种目的。在这一层面，公司增资与公司设立仍有非常强的相似性和类比性。此外，无论是在公司成立后取得股权还是通过公司增资取得股权，股权都是原始取得；设立时的发起人和增资协议的投资人正常履行义务，都会成为公司股东。

签字股东本是为公司履行增资义务而向投资人承担保证责任，理应不承受额外义务负担，但是从维护公司资本充实和公司发展的角度来看，或许应当让签字股东负担类似发起人的差额缴纳填补责任。因此，在公司增资的问题上，从商事组织法的角度来看，维护资本充实、保障公司及其债权人利益和社会经济秩序的价值要大于投资者或股东的个人价值，也即在无辜的股东和待救济的公司之间，组织法应当选择维护后者的价值，但并不是说完全牺牲股东的利益，没有任何救济（如承担了责任的股东而后可以通过处理股权等其他方式进行救济）；需要进一步讨论的问题是如何在二者之间尽可能找到一个理想的价值平衡点。

4. 价值侧重的平衡—责任范围的调整修正

笔者站在组织法的角度，从维护公司利益出发，进行制度构想。外部认购人在增资协议生效后不履行增资义务，让原先签订协议愿为公司违约提供担保责任的内部原股东为不履行增资义务的外部认购人承担连带缴纳填补责任；同时，也需要站在股东个人（个体）的角度进行考量。若不注重保护商组织体的稳定和利益不利于商事发展和稳定；但过分地强调商组织体的利益，同样不利于个体的利益保护,从而将间接地影响商事关系的发展。因此,在二者之间找到一个较为理想的平衡点就成了制度构建的关键。

责任的承担范围从当事人承担责任的"可预见性"出发不失为一条合理、公平的解决思路。目标公司内部原股东为公司违约承担担保责任是为了维护目标公司的利益;为不履行增资义务的外部认购人承担缴纳填补责任同样也是为了维护公司利益。在这个目的上,虽然二者承担责任的担保对象不同,但都有一个最终目的——维护目标公司的利益,尤其体现资本的充实。于是,以原股东在协议中所表示的为目标公司所能承担的担保范围为限,将该范围复制到为外部认购人承担缴纳填补责任至少具有符合其承担责任范围的"可预见性"。原股东至少不会担心因为外部投资人不履行增资义务而导致自己可能承担"漫无边际"的天价责任。这样一来,既可以尽可能维护公司资本充实的原则,保障公司及其债权人利益,维护社会经济秩序;又可以尽可能保护个体的利益,维护交易安全,不失为一个可能的理想价值平衡点。此外,也符合商事法律的精神:既要强调商事主体、社会经济之安全和效率,也要兼顾私人主体的利益保护,在强行性和任意性之间不断寻找最为理想的平衡点。

(二)外部认购人对公司增资决议的审查义务

1. 问题的发现和提出

在增资过程产生的纠纷中,还有一类因增资协议引发的纠纷案例也引起了笔者的注意:公司内部增资决议的对外效力引发的思考——外部认购人是否应该承担对目标公司内部增资决议的审查义务。《公司法》第43条第2款规定,股东会会议作出修改公司章程、增加或者减少注册资本的决议,以及公司合并、分立、解散或者变更公司形式的决议,必须经代表2/3以上表决权的股东通过。一般来说,公司作为行为主体实施法律行为时,其内部行为就算存在瑕疵,但只要其外部行为不存在无效的情形,公司就应受其表示行为的制约,不能以此内部瑕疵对抗外部善意第三人。[①]

如何确定善意还是恶意,法院通常通过审查相对人是否尽到相应的审查义务来进行判断。最为典型的例子如公司担保(因此处是为了类比,所以不讨论

---

① 四川省高级人民法院民事判决书,(2015)川民提字第235号。

关联担保,仅讨论涉及类比的一般担保)。根据《九民纪要》第 18 条规定,相对人(债权人)需要证明其在签订担保合同时对董事会决议或者股东会(股东大会)决议二者之一进行了审查即可。① 公司增资时外部认购人是否应该承担对目标公司内部增资决议的审查义务似乎与公司提供担保债权人的审查义务具有可比性。

2. 举例说明

在嘉兴睿泰九鼎资产管理有限公司、王某与江苏博发生物科技有限公司、蒋某某等公司增资纠纷案②中,法院认为,《公司法》第 43 条第 2 款关于公司增加或者减少注册资本的股东会决议应当经代表 2/3 以上表决权的股东通过的规定,是关于股东会决议的表决程序及其效力的规定,仅是对公司内部决策机制的限制,并不影响公司对外作出意思表示的效力。增资的主体就增资事宜达成了一致意见,签订《增资协议》系双方真实的意思表示,不存在原《合同法》第 52 条规定的法定无效情形,《增资协议》合法有效。关于目标公司内部决议未作出或者不符合规定,仅系《增资协议》能否履行、能否办理增资的问题,与协议效力无关。

由此引发思考,一般公司的商事交易活动不涉及相对人的审查义务;但是目标公司为增资与外部认购人签订增资协议,毕竟与普通商事交易活动上的一般民事债权债务关系有所区别,故对相对人的审查义务要求,应在区别一般的商事活动和比较特殊的行为(如公司担保)时予以体现和规定。

3. 类比的合理性和必要性

首先,外部认购人对公司内部增资决议的审查义务具有合理性和可比性。公司的担保和公司的增资都涉及公司的一个核心问题,即公司的财产安全和资本充实。公司作为市场主体,拟制法人,最具标志性和根本性的特征就是有独

---

① 根据《九民纪要》第 18 条规定:公司为公司股东或者实际控制人以外的人提供非关联担保,根据《公司法》第 16 条的规定,此时由公司章程规定是由董事会决议还是股东(大)会决议。无论章程是否对决议机关作出规定,也无论章程规定决议机关为董事会还是股东(大)会,只要债权人能够证明其在订立担保合同时对董事会决议或者股东(大)会决议进行了审查,同意决议的人数及签字人员符合公司章程规定,就应当认定其构成善意,但公司能够证明债权人明知公司章程对决议机关有明确规定的除外。

② 江苏省无锡市中级人民法院民事判决书,(2019)苏 02 民终 5 号。

立的人格、承担独立的责任，而这种独立的人格需要通过独立的财产来体现，这种独立的责任需要通过独立的财产来承担。因此，财产的安全和资本的充实对于公司来说至关重要。而在公司财产和资本的层面上，公司担保和公司增资的相对人对内部决议的审查义务具有合理性、相似性和可比性。

其次，审查义务具有必要性。增资行为不同于一般的公司与外部交易行为。一般的公司与外部交易行为更多为一般的民事债权债务行为，此种情形下，考虑到交易安全、效率，一般认为，公司内部的限制和瑕疵不能对抗外部第三人；但增资协议增资行为正常履行后的效果是投资人进入公司内部成为公司股东，而非简简单单的一笔两笔交易。在此种情况下，或许应通过组织法的思路，更多立足于维护公司人合性和公司的发展角度，让投资人在一定程度上负担对公司内部有关决议的审查义务。

4. 价值的侧重——审查义务注意程度的调整修正

要求外部认购人对公司内部增资决议进行审查的注意程度需要关注和讨论；而这个问题的实质同样是价值取向的侧重和倾向：交易安全和交易效率的平衡点。若对于外部认购人的审查注意义务置之不理，发生涉及公司内部决议效力的纠纷时会破坏交易安全和秩序，对市场经济造成消极影响；但若对外部认购人科以过重的审查义务，则又不利于交易的效率，会对商事主体商事行为造成不便，同样阻碍市场经济的发展。因此，寻找交易安全和交易效率的平衡点就是这个问题的关键所在。

外部认购人至少应当对目标公司内部决议进行形式审查来证明自己尽到了善意相对人的审查义务。根据《公司法》第43条第2款规定，股东会会议作出修改公司章程、增加或者减少注册资本的决议，以及公司合并、分立、解散或者变更公司形式的决议，必须经代表2/3以上表决权的股东通过。不同于公司一般担保的是，公司的增资属于重大事项需要通过股东会特别决议，因此不存在公司一般担保中的对于董事会决议或者股东会决议二选一进行审查的问题，对于公司的增资必须审查股东会决议。关键在于，审查的程度如何权衡确定。上文已经对审查注意义务的轻重程度会对交易效率、交易安全产生的相应影响作了分析，此处不再赘述。

综合交易效率和交易安全，笔者认为，科以外部认购人较重的实质审查义务,对于外部认购人而言负担较重且履行较为困难,此举将造成外部认购人交易成本过高,打击外部认购人积极性等问题,不利于公司增资和市场经济发展;但让外部认购人承担一定的形式审查义务,则似乎可行。外部认购人对于目标公司决议的形式审查义务具体而言可以参照类比《九民纪要》中关于公司一般担保中相对人(债权人)的形式审查义务要求标准,[1]即只要外部认购人能够证明其在订立增资协议时对股东会决议进行了审查,决议之通过及签字人员符合公司法规定(代表 2/3 以上表决权股东通过),就应当认定其构成善意,尽到了形式审查的注意义务。这样一来,既减轻了交易成本和负担,又能够尽可能保证市场交易秩序稳定和安全,不失为一种兼顾交易效率和市场安全的合理考量。

(三)小结

基于前期较充分的增资纠纷案例检索,笔者着重对以增资协议为核心引发的增资纠纷案例进行分析研究。基于实证案例,立足寻找交易安全和效率的平衡点,笔者对于设想目标公司内部股东对外部认购人承担类似发起人的连带缴纳填补责任和外部认购人对于目标公司内部决议审查义务制度构建两大问题,进行了分析并提出了可能的建议。笔者的结论是:目标公司内部股东对外部认购人承担类似发起人的连带缴纳填补责任范围,应以其在签订增资协议时承诺为公司承担的责任范围为限;外部认购人对公司内部增资决议应负有审查义务,审查义务注意程度为形式审查。

三、焦点问题之二:优先认缴权

(一)案例统计

笔者使用"威科先行"法律信息库,搜索关键字"公司增资纠纷、优先"等,共收集判决书 66 份。经过筛选,去除无效案例判决书 41 份,共有有效案例判决书 25 份。

(二)公司增资股东优先认缴权的由来

"最早承认股东优先认缴权的是马萨诸塞州法院 1807 年判决的格雷诉波

---

[1] 《九民纪要》第 18 条。

特兰银行一案……优先认缴权旨在赋予原股东保持比例利益的机会。发端于工业化早期的优先认缴权制度,在股份类型日趋复杂的背景下,保护股东比例利益的积极意义有所下降,而妨碍公司融资便利的负面作用越发凸显……其可行性和积极意义逐渐局限于股份单一的封闭性公司之中。"①

对比我国关于股东优先认缴权的规定,我国公司类型区分为有限责任公司和股份有限公司;我国《公司法》仅对有限责任公司规定了优先认缴权(2023年修订的《公司法》第227条规定了股份有限公司的优先认缴权),有限责任公司的股东优先认缴权属于股东的当然权利,但全体股东可一致约定采取其他方式行使权利。

无论是在实务中还是在理论学说中,对于股东在公司增资时对新增资本份额所享有的权利,有"优先认缴权""优先认股权""优先认购权"3种表述,这3种表述几乎大同小异,都可表达出该股东权利的基本含义。因此,为保持前后论述的一致,下文均采用"优先认缴权"一词。

(三)我国法律规定变迁

从我国公司法中关于股东在增资时认缴出资规定的变化中可以看出:第一,我国《公司法》中关于股东对新增资本份额的认购始终采用的是认缴制,这不同于2014年以前设立公司时注册资本采用的实缴制。第二,1993年、1999年和2004年《公司法》第33条均规定"公司新增资本时,股东可以优先认缴出资";而2005年、2013年和2018年《公司法》则规定"公司新增资本时,股东有权优先按照实缴的出资比例认缴出资。但是,全体股东约定不按照出资比例分取红利或者不按照出资比例优先认缴出资的除外",不同的是,2005年规定在第35条,而2013年和2018年改为第34条并沿用至今。从《公司法》第34条规定可以得出如下信息。

第一,股东对新增资本的认缴是一种权利而非义务,股东可对公司新增资本放弃优先认缴权。在任某与河南省华隆生物技术有限公司公司增资纠纷一审民事判决书②中提到"该股东会决议内容是该公司股东放弃优先认缴权的具

---

① 王军:《有限责任公司股东增资优先认缴权解析》,载《金融法苑》2019年第1期。
② 河南省新乡市红旗区人民法院民事判决书,(2019)豫0702民初6381号。

体表现";在苏州生益轩智慧物流股份有限公司诉上海致云股权投资基金管理有限公司新增资本认购纠纷案的判决中,法院认为"签署协议时的原告股东为丁某一人,且其已经在系争协议上签名,应当视为原告的股东已对增资及放弃新增资本优先购买权作出表示,故本院对于被告的该项辩称同样不予采纳";①在曾某某诉四川双兴建筑工程有限公司新增资本认购纠纷案法院判决②中,法院认为"虽然原告根据该章程享有对新增资本优先认缴出资的权利,但是否认缴新增资本,股东具有完全的意愿自主性,属于公司自治的范围"。

第二,只有在全体股东一致约定下才可不按实缴比例认缴出资。在上诉人铁岭骏龙泉墓园开发有限责任公司、刘某与被上诉人王某、铁岭县新台子镇懿路村民委员会公司增资纠纷案的判决书③中,法院认为:"股东会决议增资程序合法;但通过资本多数决的方式决定新增资本不按股东实缴比例认缴违反《公司法》第34条规定,且不符合全体股东一致约定的除外情形,故该部分决议无效。"

相较《公司法》第71条(2023年修订后为第84条)以及《公司法司法解释(四)》第16条至第22条关于股权转让时股东的优先认缴权的规定,《公司法》对于公司新增资本时股东的优先认缴权只有第34条作出简单规定,并且也没有司法解释予以解释说明。这也就导致在司法实践中出现了诸多问题亟待解决。

(四)问题与思考

1. 问题一:增资完成后,股东行使优先认缴权是否会导致增资的回转？股东的优先认缴权属于何种性质的权利？是否具有合理的行使期间？

(1)理论观点

股东向公司作出行权意思表示后,公司是否有接受抑或拒绝的酌量权？第一,从优先认缴权的立法目的看,回答应当是否定的。优先认缴权旨在保护原股东的持股比例利益,这一权利应不受其他股东意志的干预。如果股东会拥有

---

① 上海市宝山区人民法院民事判决书,(2016)沪0113民初7959号。
② 四川省双流县人民法院民事判决书,(2013)双流民初字第2780号。
③ 辽宁省铁岭市中级人民法院民事判决书,(2018)辽12民终2445号。

此种酌量权,则拥有多数表决权的股东就可以决定少数股东能否在某次增资中保持持股比例。这显然违背了优先认缴权的立法目的。第二,从《公司法》第34条的文义看,股东行使优先认缴权并不需要征得多数股东同意。第34条的"但书"也表明,只有全体股东一致约定才可以变更优先认缴权行使比例——这意味着,非经股东本人同意,股东行使优先认缴权的比例不受调整。同理,股东能否行使优先认缴权也不应当受制于其他股东的意志。①

"也有学者认为股东的优先认缴权属于请求权,即债权。该种学说认为股东是通过与公司达成某种合意以获得优先认缴增资的优势地位,而此种优势地位的取得更多地受益于公司成立所依据的契约规则,即依原定的合同公平地分配权利、获取利益,这种学说主要以古老的契约精神来解释优先认缴权的渊源、效用。"②

(2)典型案例

绵阳市红日实业有限公司(以下简称红日公司)、蒋某诉绵阳高新区科创实业有限公司(以下简称科创公司)股东会决议效力及公司增资纠纷案及相关问题③。蒋某、红日公司均为科创公司股东,其中蒋某出资67.6万元,出资比例14.22%;红日公司出资27.6万元,出资比例5.81%。2003年12月16日,科创公司召开股东会,通过"关于吸纳陈某某为新股东"的决议(75.49%同意,20.03%反对,4.48%弃权)。蒋某及红日公司投反对票,并要求行使股东对新增注册资本的优先认缴权。2003年12月18日,科创公司、陈某某签订《入股协议书》,约定由陈某某出资800万元,以每股1.3元的价格认购科创公司新增的615.38万股股权。2003年12月22日,红日公司向科创公司递交报告,主张蒋某和红日公司对新增资本享有优先认缴出资的权利。2003年12月25日,科创公司完成注册资本及出资比例的工商变更,蒋某、红日公司的出资比例分别降低至6.20%及2.53%。2003年12月26日,红日公司向工商局递交了《请就新增资本、增加新股东作不予变更登记的报告》。2005年3月30日,陈某某将其持有的科创公司615.38万股股份转让给固生公司(固生公司的法定代表

---

① 参见王军:《有限责任公司股东增资优先认缴权解析》,载《金融法苑》2019年第1期。
② 杜承伟:《有限责任公司股东优先认缴权的行使》,黑龙江大学2019年硕士学位论文。
③ 最高人民法院民事判决书,(2010)民提字第48号。

人为陈某某),并办理了工商变更登记。2005年12月12日,两名原告向一审法院起诉,请求确认科创公司2003年12月16日股东会通过的吸纳陈某某为新股东的决议无效,确认科创公司和陈某某2003年12月18日签订的《入股协议书》无效,确认其对800万元新增资本享有优先认缴权,科创公司承担其相应损失。

对此一审法院认为[①]:关于红日公司和蒋某能否优先认缴科创公司2003年12月16日股东会决议通过的新增的800万元资本,按照1999年修订的《公司法》第33条关于"股东按照出资比例分取红利。公司新增资本时,股东可以优先认缴出资"的规定,蒋某、红日公司作为科创公司的股东,对公司新增资本享有优先认缴权利。但1999年修订的《公司法》对行使股东优先认缴权的期间未作规定。2006年5月9日起施行的《公司法司法解释(一)》第2条规定:"因公司法实施前有关民事行为或者事件发生纠纷起诉到人民法院的,如当时的法律法规和司法解释没有明确规定时,可参照适用公司法的有关规定。"2005年修订的《公司法》第35条只规定了股东的优先认缴权限于其实缴的出资比例,也未对股东优先认缴权行使期间作规定,但2005年修订的《公司法》第75条第1款规定"有下列情形之一的,对股东会该项决议投反对票的股东可以请求公司按照合理的价格收购其股权……",该条第2款规定"自股东会会议决议通过之日起六十日内,股东与公司不能达成股权收购协议的,股东可以自股东会会议决议通过之日起九十日内向人民法院提起诉讼"。该条虽然针对的是异议股东的股权回购请求权,但按照民法精神从对等的关系即公司向股东回购股份与股东向公司优先认缴出资看,后者也应当有一个合理的权利行使期间,以保障交易的安全和公平。从该案查明的事实看,红日公司和蒋某在2003年12月22日就向科创公司主张优先认缴新增资本800万元,于2005年12月12日才提起诉讼。其间,陈某某又将占出资比例56.42%的股份转让给固生公司,其个人又陆续与其他股东签订了股权转让协议,全部办理了变更登记,从2003年12月25日起至今担任了科创公司董事长,科创公司的石桥铺项目前景也已明朗。因此,红日公司和蒋某在2005年12月12日才提起诉讼不

---

① 四川省绵阳市中级人民法院民事判决书,(2006)绵民初字第2号。

合理。2003年12月16日的股东会决议、《入股协议书》合法有效,红日公司和蒋某主张优先认缴权的合理期间已过,故对其主张的对800万元新增资本享有优先认缴权并赔偿其损失的请求,不予支持。

四川省高级人民法院认为①:关于有限责任公司股东请求人民法院保护其认缴新增资本优先权的诉讼时效问题,现行法律无特别规定,应当适用原《民法通则》规定的2年普通诉讼时效。蒋某和红日公司在2003年12月22日书面要求优先认缴新增资本800万元,至2005年12月19日提起诉讼,符合该法关于2年诉讼时效的规定,其所提应当优先认缴800万元新增资本的请求依法成立,二审法院予以支持。

最高人民法院认为,②在民商事法律关系中,公司作为行为主体实施法律行为的过程可以划分为两个层次:一是公司内部的意思形成阶段,通常表现为股东会或董事会决议;二是公司对外作出意思表示的阶段,通常表现为公司对外签订的合同。出于保护善意第三人和维护交易安全的考虑,在公司内部意思形成过程存在瑕疵的情况下,只要对外的表示行为不存在无效的情形,公司就应受其表示行为的制约。根据《公司法》第34条的规定,公司新增资本时,股东有权优先按照实缴的出资比例认缴出资。从权利性质上来看,股东对于新增资本的优先认缴权应属形成权。法律并未明确规定该项权利的行使期限,但从维护交易安全和稳定经济秩序的角度出发,结合商事行为的规则和特点,人民法院在处理相关案件时应限定该项权利行使的合理期间,对于超出合理期间行使优先认缴权的主张不予支持。

在黄某某与湖南张家界天门山旅游股份有限公司新增资本认购纠纷、买卖合同纠纷案③中,法院认为,对于股份有限公司,基于其资合性的组织形式与管理运行模式,公司法并未对其增资扩股行为设定优先认缴权的强制性规范。该案被告的增资扩股行为系其内部经营决策合意的结果,没有违反相关强制性法律法规。2007年度和2009年度的两次增资扩股,被告的全体股东均享有增资扩股的权利,但该增资扩股行为早已实施完毕。维护公司交易的稳定性和安全

---

① 四川省高级人民法院民事判决书,(2006)川民终字第515号。
② 最高人民法院民事判决书,(2010)民提字第48号。
③ 湖南省张家界市永定区人民法院民事判决书,(2019)湘0802民初59号。

性是原《合同法》和《公司法》的基本原则。原告黄某某现要求认购被告新增资本6万元，客观上已不具备履行可能。如果否定被告公司内部经营决策合意的结果，必将导致被告及其他公司的经营混乱，不利于维护市场经济的运行秩序，亦有悖于国家的立法宗旨。原告黄某某现起诉其应当享有增资扩股的权利，其权利是否成立应当看其受让的第三人郭某某当时是否恰当地主张了该权利。虽然现行法律没有明确规定该项权利的行使期限，但为维护交易安全和稳定经济秩序，该权利应当在一定合理期间内行使，且由于这一权利的行使属于典型的商事行为，对于合理期间的认定应当比通常的民事行为更加严格。原告黄某某在2017年10月受让第三人郭某某股权后在2019年1月3日提起诉讼，被告增资扩股行为早已实施完毕，争议的股权价值已经发生了较大变化，此时允许原告黄某某行使认购新增资本的权利不符合诚实信用原则，并将导致已趋稳定的法律关系遭到破坏，极易产生显失公平的后果。

在苏某某、章某某新增资本认购纠纷、买卖合同纠纷案①中，法院认为，自2016年5月16日股权变更登记之日至该案起诉之日2018年4月，已超过了合理期间，股权变更登记是公司对外公示行为，苏某某作为公司股东应当知晓股权变更事宜，苏某某未在合理期间内提出异议并主张对1万元新增资本的优先认缴权利，不利后果应当由苏某某承担。

在赵某与湖南张家界天门山旅游股份有限公司公司增资纠纷案②中，法院认为，维护公司交易的稳定性和安全性是我国合同法和公司法的基本原则。由于被告的增资扩股行为系其内部经营决策合意的结果，没有违反相关强制性法律法规，并且被告的增资扩股行为早已实施完毕，现在原告要求被告按公司增资的比例增资扩股，已不具备履行的可能。如果否定被告公司内部经营决策合意的结果，必将导致原告及其他公司的经营混乱，不利于维护市场经济的运行秩序，亦有悖于国家的立法宗旨。因此，对于原告要求被告按公司增资的比例增资166,500元的诉讼请求，不符合法律规定，法院不予支持。

在秦某某等与徐州众城科技有限公司公司增资纠纷案③中，法院认为，股

---

① 广东省深圳市中级人民法院民事判决书，(2018)粤03民终18609号。
② 湖南省张家界市永定区人民法院民事判决书，(2018)湘0802民初848号。
③ 江苏省徐州市铜山区(县)人民法院民事判决书，(2016)苏0312民初4613号。

东优先认缴公司新增资本的权利属于形成权,虽然现行法律没有明确规定该项权利的行使期限,但为维护交易安全和稳定经济秩序,该权利应当在一定的合理期间内行使,并且由于这一权利的行使属于典型的商事行为,对于合理期间的认定应当比通常的民事行为更加严格。四名原告明确表示不同意增资扩股,亦未在合理期限内行使自己的优先认缴权,视为放弃该权利。

(3)小结

关于公司增资时股东的优先认缴权的性质,可以从公司内股东的股权性质来进行对比分析。

第一种观点认为股权是所有权。有关学者从股东对公司财产的共有权出发,将股权视为所有权。第二种观点认为股权是社员权。这一种学说内部又有两种不同的学说:一种是单一权利说,这种观点认为,股权就是股东通过认缴公司资本的一部分而取得的相当于此份额的社员权,是一种既非物权又非债权的特殊权利,是一种单一的权利。[1] 另一种是权义集体说,认为股权分为共益权和自益权,共益权是为实现全体利益而赋予社员的权利,而自益权则是为满足个人利益而赋予社员的权利,因此是权义集体。第三种观点则是法律地位说,此种观点否认股权是一种具体的权利,主张股权体现股东在公司取得的成为各种权利基础的法律地位,以此法律地位为基础确认的权利才是股权的内容。[2] 第四种观点则认为股权是一种附条件的债权,由于股份有限公司具有资合性质,而且随着产业的发达,企业的所有权与企业的经营权日趋分离,证券化了的股东权已经成为以请求利益分配为目的的附条件的债权。[3] 第五种观点则认为股权是一种特殊权利,即不属于任何现有权利的范畴,而是一种独立的特殊权利。

笔者更倾向将股权看作权义集合的社员权,即包括共益权和自益权在内的权利集合。那么,在公司增资时,股东对增资份额所享有的优先认缴权,应当认为既有维护公共利益,也有维护个人利益的考量。其中,公共利益,是指由于有限公司是人合性的,股东享有优先认缴权可以更好地保护公司的人合性,不至

---

[1] 参见程宗璋:《股权性质刍论》,载《安徽电力职工大学学报》2001年第2期。
[2] 参见程宗璋:《股权性质刍论》,载《安徽电力职工大学学报》2001年第2期。
[3] 参见程宗璋:《股权性质刍论》,载《安徽电力职工大学学报》2001年第2期。

于在引入其他人后导致合作关系不协调,甚至破裂;而个人利益当然是股东在公司股权里所占的份额比例。如此看来,股东的优先认缴权具有较为重要的作用,因此应当将优先认缴权看作一种形成权,才能够更好地使这种权利得以落实。

法院的说理也论证了这一点。股东优先认缴公司新增资本的权利属于形成权,虽然现行法律没有明确规定该项权利的行使期限,但为维护交易安全和稳定经济秩序,该权利应当在一定合理期间内行使,并且由于这一权利的行使属于典型的商事行为,对于合理期间的认定应当比通常的民事行为更加严格。因此,股东的该项权利只有在合理期间内行使,才可能获得法院的支持。基于维护公司交易的稳定性和安全性的要求,一旦商事行为形成较稳定的结果,股东超过合理期间行使优先认缴权势必会打破这种稳定的局面,造成公司经营的混乱。因此,股东的优先认缴权应当在合理期间内行使。

2.问题二:股东的优先认缴权是否局限于实缴比例?股东对于其他股东放弃的比例是否可以享受优先认缴权?

(1)理论观点

一种观点认为,股东放弃优先认缴权,其他股东有权按照实缴的出资比例优先于第三人认缴出资,不仅可以保护原股东的权利,还可以最大限度地维护公司的人合性。[1]另一种观点认为,我国《公司法》第34条规定,公司新增资本时,股东有权优先按照实缴的出资比例认缴出资。但是,享有优先认缴出资权利的股东放弃优先认缴出资时,其他股东是否有权在该股东放弃优先认缴出资的范围内享有优先认缴出资的权利,《公司法》并未对此作出规定。

笔者认为,其他股东不享有在该股东放弃优先认缴出资的范围内享有优先认缴出资的权利。理由如下:第一,我国《公司法》第34条规定,公司新增资本时,股东有权优先按照其实缴的出资比例认缴出资。但该规定仅直接规定股东优先认缴权行使的范围和方式,并没有直接规定股东对其他股东放弃认缴的增资份额有无优先认缴权。《公司法》第34条所列情形完全是针对股东对新增

---

[1] 参见廖明松、谈丽娜:《浅析有限责任公司股东优先权——兼谈〈公司法〉司法解释(四)征求意见稿修改建议》,载《中国律师》2016年第8期。

资本的认缴权而言的,这与股东在行使认缴权之外对其他股东放弃认缴的增资份额有无优先认缴权并非完全一致。第二,《公司法》第34条允许股东之间可以经过协商,由全体股东约定不按照出资比例优先认缴出资。从文义上理解,即便全体股东约定不按照出资比例优先认缴出资,也不能引申出股东放弃优先认缴出资时该项优先认缴权利由其他股东享有的结论。第三,如果股东希望对其他股东放弃认缴的增资份额享有优先认缴权,则需要填补立法空白。对此,有限责任公司的股东会完全有权决定将此类事情及可能引起争议的决断方式交由公司章程规定,从而依据公司章程规定作出决议,当然也可以包括股东对其他股东放弃的认缴出资有无优先认缴权问题,该决议不存在违反法律强行规范问题,决议是有效力的,股东必须遵循。第四,当公司发展与公司人合性发生冲突时,则应当优先保护公司的发展机会。此时若基于保护公司的人合性而赋予某一股东优先认缴权,该优先认缴权行使的结果可能会削弱其他股东特别是控股股东对公司的控制力,导致其他股东因担心控制力减弱而不再谋求增资扩股,从而阻碍公司的发展壮大。因此,不能援引《公司法》第72条(2023年修订后为第85条)关于股权转让的规定精神来解释《公司法》第35条(2023年修订后为第53条)规定。①

(2)典型案例

在贵州捷安投资有限公司(以下简称捷安公司)诉贵阳黔峰生物制品有限责任公司(以下简称黔峰公司)、重庆大林生物有限公司(以下简称大林公司)等案件中,黔峰公司是一家有限责任公司,其股东及持股比例分别为:大林公司持股54%、贵州益康制药有限公司(以下简称益康公司)持股19%、深圳市亿工盛达科技有限公司(以下简称亿工盛达公司)持股18%、捷安公司持股9%。黔峰公司为改制上市,引进战略投资者,召开股东会并形成决议:公司增资扩股2000万股,引进外部战略投资者。大林公司、益康公司、亿工盛达公司均同意增资扩股,且放弃认缴的增资份额总计1820万股,转由新引进战略投资者认购,同意占比为91%;捷安公司同意增资扩股,但主张按比例其享有认缴180

---

① 参见《公司增资时股东在行使认缴权之外对其他股东放弃认缴的增资份额有无优先认购权?》,载微信公众号"法商参考"2020年11月1日,http://mp.weixin.qq.com/s/j9H564Z-X0WP1dYN473iRA。

万股股票的权利,且不同意引入战略投资者,并对其他股东放弃认缴的增资份额主张优先认缴权。由此产生争议,捷安公司诉至贵州省高级人民法院请求确认其对黔峰公司增资扩股部分的 1820 万股增资份额享有优先认缴权。

对此,贵州省高级人民法院认为,①关于捷安公司是否对其他股东承诺放弃认缴的新增出资份额享有优先认缴权,应从以下方面进行判断:首先,优先认缴权对其相对人而言权利影响甚巨,必须基于法律明确规定才能享有。根据 2005 年修订的《公司法》第 35 条的规定,有限责任公司新增资本时,股东有权优先按照其实缴的出资比例认缴出资。但是,当部分股东欲将其认缴的出资份额让与外来投资者时,其他股东是否享有同等条件下的优先认缴权的问题,公司法对此未作规定。2004 年《公司法》第 33 条规定:"……公司新增资本时,股东可以优先认缴出资。"而 2005 年修订的《公司法》第 35 条将该条修改为"……公司新增资本时,股东有权优先按照实缴的出资比例认缴出资……"该规定对股东优先认缴出资的范围作了限定。由此可以推知,当时公司法对股东行使增资优先认缴权的范围进行了压缩,并未明确规定股东对其他股东放弃的认缴出资比例有优先认缴的权利。② 其次,公司股权转让与增资扩股不同,股权转让往往是被动的股东更替,与公司的战略性发展无实质联系,故要更加突出保护有限责任公司的人合性;而增资扩股,引入新的投资者,往往是为了公司的发展,当公司发展与公司人合性发生冲突时,则应当优先保护公司的发展机会。最后,黔峰公司股东会在决议增资扩股时,已经按照 2005 年《公司法》第 35 条关于"公司新增资本时,股东有权优先按照实缴的出资比例认缴出资"的规定作出决议。根据捷安公司的意思,股东会决议中明确其可以按其实缴出资比例认购 180 万股新增份额,且捷安公司已按比例交了认缴出资,故该股东会决议没有侵害捷安公司依法应享有的优先认缴权。因此,黔峰公司股东会以多数决通过的增资扩股及引入战略投资者的决议有效,捷安公司对其他股东放弃的新增出资份额没有优先认缴权,捷安公司所提确认其对黔峰公司其他股东放

---

① 贵州省高级人民法院民事判决书,(2007)黔高民二初字第 28 号。
② 2023 年《公司法》第 227 条第 1 款规定,有限责任公司增加注册资本时,股东在同等条件下有权优先按照实缴的出资比例认缴出资。但是,全体股东约定不按照出资比例优先认缴的除外。第 84 条第 2 款规定,有限责任公司的股东向股东以外的人转让股权的,其他股东在同等条件下有优先购买权。

弃的1820万股出资份额享有优先认缴权的诉讼请求不能成立,予以驳回。

最高人民法院认为,[①]有限责任公司增资扩股时,股东会决议将股东放弃认缴的增资份额转由公司股东以外的第三人认缴的,其他股东主张优先认缴的,法院不予支持,但公司章程另有约定的除外。我国2005年《公司法》第35条规定,公司新增资本时,股东有权优先按照实缴的出资比例认缴出资。该条规定股东行使优先认缴权的范围和方式,并没有直接规定股东对其他股东放弃认缴的增资份额有无优先认缴权,也并非完全等同该条但书或者除外条款,即全体股东可以约定不按照出资比例优先认缴出资的除外情形。此款所列情形完全是针对股东对新增资本的认缴权而言的,这与股东在行使认缴权之外对其他股东放弃认缴的增资份额有无优先认缴权并非完全一致。对此,有限责任公司的股东会完全有权决定将此类事情及可能引起争议的决断方式交由公司章程规定,从而依据公司章程规定的方式作出决议,当然也可以包括股东对其他股东放弃的认缴出资有无优先认缴权问题,该决议不存在违反法律强制性规范问题,决议是有效力的,股东必须遵守。只有股东会对此问题没有形成决议或者有理解歧义时,才有适用公司法规范的问题。即使在此种情况下,由于公司增资扩股行为与股东对外转让股份行为确属不同性质的行为,意志决定主体不同,因此二者对有限责任公司人合性要求不同。在已经充分保护股东认缴权的基础上,捷安公司在黔峰公司此次增资中的利益并没有受到损害。当股东个体的更大利益与公司整体利益或者有限责任公司人合性与公司发展相冲突时,应当由全体股东按照公司章程规定的方式进行决议,从而得出最终结论以便各股东遵循。至于黔峰公司准备引进战略投资者具体细节是否已经真实披露于捷安公司,并不能改变事物性质和争议处理方法。原审判决认定事实清楚,判决理由充分,法院予以维持。

在聂某某与天津信息港电子商务有限公司(以下简称电子商务公司)、天津信息港发展有限公司(以下简称信息港发展公司)等公司决议侵害股东权纠纷案中,电子商务公司于2000年3月20日设立,注册资金为620万元,共有三方股东:信息港发展公司出资220万元,出资比例约占35.48%;银翔中心出资

---

① 最高人民法院民事判决书,(2009)民二终字第3号。

200万元,出资比例约占 32.26%;聂某某出资 200 万元,出资比例约占 32.26%。电子商务公司为申办电子认证服务许可,注册资金应不得低于3000万元。于是,电子商务公司于 2005 年 8 月 7 日召开第二届第三次股东会临时会议并形成决议:增资扩股 2380 万元;同意各股东按照原出资比例负责增资;各股东自己出资或引入新股东出资来完成其所负责的增资数额;以 2005 年 8 月 25 日为最后期限;股东如不能按时完成承诺的筹资数额,对于未能完成部分自动放弃优先认缴权,由其他股东优先认缴。当即,聂某某对决议中引入新股东出资表示反对,并且在该次决议规定的期限内,各股东均没有履行增资义务。在聂某某的提议下,电子商务公司于 2005 年 8 月 20 日召开了第四次股东会临时会议,在第三次股东会临时会议的基础上并未形成任何新的决议。2005 年 9 月 20 日,电子商务公司召开第五次股东会会议,并形成决议:吸收合并朗德公司;经评估,朗德公司价值 2380 万元,在吸收后,电子商务公司的注册资本变为 3000 万元。聂某某对该次决议形成的内容均表示反对,认为该决议严重侵犯了其对该次增资的优先认缴权。聂某某遂向天津市第一中级人民法院提起诉讼,请求确认股东会决议无效,并且确认其对该次增资享有优先认缴权,其对其他股东不能认缴的增资享有优先认缴权。

对此,天津市第一中级人民法院判决[①]认为,被告电子商务公司为申办电子认证服务许可,满足注册资金不低于人民币 3000 万元的条件,召开了第二届第三次股东临时会议,且形成了决议。此次股东会召集程序合法,决议内容亦不违反法律规定,并符合该公司公司章程的规定,意思表示真实,应为有效决议,对各股东均有约束力。原告聂某某主张按股东出资比例优先认缴增资额,但没有按第二届第三次股东会形成的决议所规定的期限缴纳增资款。按照该决议第 6 条规定,应认定为聂某某自动放弃了优先认缴权。虽然电子商务公司在原告的提议下于 2005 年 8 月 20 日又召开了第二届第四次股东临时会议,但该会议只形成纪要,不能对抗第二届第三次股东会临时会议形成的决议,也不能视为对该决议所规定的增资期限进行了变更。在此基础上所形成的第二届第五次股东会决议,已获代表 2/3 以上表决权的股东表决通过,也系有效决议。

---

① 天津市第一中级人民法院民事判决书,(2005)一中民二初字第 304 号。

故此，原告的诉讼请求，因法律和事实依据不足，不予支持。遂判决驳回原告聂某某所有诉讼请求。后聂某某上诉至天津市高级人民法院。

天津市高级人民法院判决①认为，首先，从2004年修订的《公司法》第33条、第35条规定，2005年修订的《公司法》第35条、第72条规定可以看出，有限责任公司增资时，股东享有优先认缴出资的权利。其次，有限责任公司的人合性是有限责任公司与股份有限公司之间最根本的区别。法律规定有限责任公司增资时，原股东对增资有优先认缴的权利，也是基于有限责任公司的人合属性。有限责任公司股东之间是否合作，同谁合作，以及共同出资组建公司，是以股东之间相互信任为基础的。基于股东之间的相互信任，公司得以成立；也基于股东之间的相互信任，公司的经营能够正常开展。因此，法律规定了在公司新增资本时，各股东有优先于其他人认缴增资份额的权利。对于其他股东不能按持股比例认缴的部分，股东是否可以较股东之外的人优先认缴的问题，《公司法》规定得并不明确。但是，对此可以参照《公司法》对有限责任公司股权转让的有关规定去分析和判断。《公司法》规定，股东之间可以转让股权，但向股东之外的他人转让股权应当经其他股东过半数同意，②经股东同意转让的股权，在同等条件下，其他股东有优先购买权。法律这样规定的目的，就是要维护有限公司的人合属性，使公司股份维持在原股东之间，不轻易向外扩散。公司股份是一个整体，由各股东按比例分享。他人想取得公司的股份，只能来自公司原有股东的让与。如果允许股东以外的他人向公司增资，无疑是公司的原股东向增资人转让股权。在公司增资的情形下，如果由股东之外的人向公司增资，公司原有股东的持股比例必定下降，也就是这部分下降的比例由公司的原有股东让与了新股东。在此情形下，如果公司的原有股东愿意自己出资购买这部分股权，其应比他人有优先购买的权利。只有公司原股东均不认缴增资时，才可以由股东之外的人向公司增资。因此，认定公司原股东对其他股东不能认缴的增资享有优先于他人认缴的权利，是符合公司法的立法本意和基本精神的。当原有股东能够满足公司的增资需要时，就不能由股东之外的人认缴这部

---

① 天津市高级人民法院民事判决书，(2006)津高民二终字第0076号。
② 2023年《公司法》第84条第2款规定，股东向股东以外的人转让股权的，其他股东在同等条件下有优先购买权。没有规定须经其他股东过半数同意。

分增资,否则,就违反了我国公司法关于股东对转让的股权有优先购买权的规定。因此,撤销原判,判决支持聂某某按比例对增资有优先认缴权,并且支持聂某某对其他股东放弃的部分也享有优先认缴权。

(3) 小结

综合上述案例,原告方的诉讼请求大致相同,均是主张对增资部分有按原比例优先认缴的权利,并且对于其他股东放弃的部分也享有优先认缴权。但两个案子的判决结果却截然相反,那么究竟在该问题上是否有统一明确的答案?

朱锦清的《公司法学》一书中也提到了这两个案例。对于案例一,即捷安公司案,该书认为"该案确立的规则是:有限责任公司新增资本时,除非章程另有规定或者股东会另有决议,原股东的优先认缴权只限于其实缴的出资比例,而不能延伸到其他股东放弃认缴的增资份额。这样的判决结果是限制了先买权的范围,扩大了多数派股东的经营管理权,同时又保护了少数派异议股东的持股比例不被稀释,从而在多数派与少数派的权力冲突中达成了一种适度的平衡"①。

而对于案例二,即聂某某案,书中提到"本案确立的规则时,有限公司增资时,公司原有股东不但可以按出资比例认缴新增资本,还有权对其他股东放弃认缴的增资部分行使优先于外人的先买权"。书中又提道,捷安公司案与聂某某案的规则截然相反,聂某某案是天津市高级人民法院2006年判决,捷安公司案则是最高人民法院2009年判决。这是否意味着应当以最高人民法院的判决所确立的规则为准?两案在事实情节上存在差别:捷安公司案中引入战略投资者为公司上市所必需;而聂某某案中是为了取得电子认证服务许可,只要增资使注册资本达到3000万元即可,并无引入外人的必要,而且天津市高级人民法院论述合情合理,颇有说服力,是一个正确的判决。因此,股东先买权的适用范围,特别是对于其他股东放弃认缴的新增资本有没有先买权,还难以一概而论,还需要看引入外来投资者是否为公司经营和发展所必需。②

因此,对于问题二,结合前面提到的理论观点、法院案例的说理以及学者的论述,股东是否对于其他股东放弃的增资份额享有优先认缴权,应当结合引入

---

① 朱锦清:《公司法学》(修订版),清华大学出版社2019年版,第97页。
② 参见朱锦清:《公司法学》(修订版),清华大学出版社2019年版,第99页。

外来投资者是否为公司发展和经营所必需来进行探讨,而不能局限于对法律规定的说理。

3. 问题三:在股份有限公司增资扩股中,是否存在股东的优先认缴权?

(1)理论观点

一种观点认为,在股份有限公司,新股优先认缴权并非股东固有权利,但公司章程和股东大会决议可以创设。从我国实际情况来看,上市公司在公开发行新股时可能允许原股东对全部或者部分新股行使优先认缴权(通常表述为"向原股东优先配售"),其余新股(以及原股东放弃认购的新股)向社会公众发行,愿意继续认购的原股东也可以参加此次认购;非上市的股份有限公司有可能通过公司章程规定股东享有优先认缴权。[1]

我国《公司法》第 34 条规定是在《公司法》第二章"有限责任公司的设立和组织机构"项下的,第一节中,并且结合该条的立法目的——保护有限责任公司的人合性,因此此规定仅适用于有限责任公司,而不适用于资合性的股份有限公司。由于公司法中并未对股份有限公司增资扩股时股东的优先认缴权设定强制性规定,所以应当认为股份有限公司的增资扩股行为由其决策机关自行合意,只要不违反法律法规的强制性规定,公司章程均可对增资的各种事项加以约定。根据《公司法》第 133 条(2023 年修订后为第 151 条)规定,股份有限公司在发行新股时,无论是否向原股东发行新股,均应作出相应的决议。

(2)典型案例

在欧阳某与长沙农村商业银行股份有限公司新增资本认购纠纷、买卖合同纠纷案[2]中,法院认为,原告欧阳某作为股份有限公司的发起人认购被告长沙农村商业银行股份有限公司的股份,与其他新增自然人股东同股同权,不具备享有优先购买权的合同及法律依据,故对于原告欧阳某相应的诉讼请求,法院不予支持。在乔某某、薛某某等与内蒙古神元生物工程股份有限公司、郝某某等公司增资纠纷案[3]中,法院认为股份有限公司不具有人和性,股份有限公司增资时,股东不享有优先认缴权,故不予支持五原告诉称该案所涉《股权投资

---

[1] 参见王军:《有限责任公司股东增资优先认缴权解析》,载《金融法苑》2019 年第 1 期。
[2] 湖南省长沙市天心区人民法院民事判决书,(2019)湘 0103 民初 12296 号。
[3] 内蒙古自治区呼和浩特市赛罕区人民法院民事判决书,(2018)内 0105 民初 4653 号。

协议》及《股权投资补充协议》侵犯其优先认缴权的意见。

(3) 小结

2018 年《公司法》对股份有限公司增资时原股东是否具有优先认缴权没有明确的规定,所以这就给了股份有限公司决策机关较大的自治权。在司法实践中,相关案例也表明了如果股份有限公司的决策机关未约定股东对新增资本享有优先认缴权,那么股东主张的优先认缴权就没有约定或法定的依据,从而也就无从享有对新增资本的优先认缴权。

四、焦点问题之三:股东会决议效力

(一) 案例统计[①]

本部分拟通过实证分析探讨股东会决议效力中值得关注的法律问题,初步搜索"威科先行"法律信息库中案由为增资纠纷和新股认购纠纷的案例,整理出三类涉及股东会决议效力纠纷的案件,分别为"股东会决议无效""股东会决议可撤销""股东会决议不成立"。第二次检索条件依次为"股东会决议无效""股东会决议不成立""股东会决议可撤销",初筛得到"股东会决议无效"判决书 23 份;初筛得到"股东会决议不成立"判决书 8 份,其中 4 份与上述"股东会决议无效"案例搜索结果重复,不再分析,剩下 4 份判决书中有 1 个案例经过上诉,实际为 3 个案例,分别为:北京兴琦房地产开发有限公司等与李某某公司增资纠纷案,大连闻达化工股份有限公司、白某某公司增资纠纷案,周某某与雅江县斯诺威矿业发展有限公司、成都兴能新材料股份有限公司、成都川商兴能股权投资基金中心、台州椒江祺鸣股权投资企业公司增资纠纷案,分析见表 3-1。

表 3-1 股东会决议不成立案例统计

案例	起诉方	判决理由	结果	法院裁判	裁判依据
北京兴琦房地产开发有限公司等与李某某公司增资纠纷案	原股东	签字并非本人所签,公司认可未通知,也不符合表决权比例	胜诉	股东会决议不成立	《公司法司法解释(四)》第5条第4项

---

① 案例统计截至 2020 年 12 月 22 日。

续表

案例	起诉方	判决理由	结果	法院裁判	裁判依据
大连闻达化工股份有限公司、白某某公司增资纠纷案	原股东	自认未开会；通知内容与实际会议内容矛盾；会议记录页码缺漏，其真实性存疑	胜诉	股东会决议不成立	《公司法司法解释（四）》第5条第5项
周某某与雅江县斯诺威矿业发展有限公司、成都兴能新材料股份有限公司、成都川商兴能股权投资基金中心、台州椒江祺鸣股权投资企业公司增资纠纷案	原股东	股权被稀释，原股东对增资不知情，原股东给公司数张空白授权书；原告股权价值增加	败诉	股东会决议成立：召集及表决程序上存在瑕疵，但情节显著轻微，未对决议产生实质影响，如认定决议不成立并据此撤销两次增资的工商登记，这将使被告雅江县斯诺威矿业发展有限公司陷入困境，甚至资不抵债，公司、债权人，以及包括周某某在内的所有股东的利益都将受到损害，对既已形成的社会经济关系产生严重不良影响	《公司法司法解释（四）》第5条第4项

案例分析结论为起诉方均为原股东，且均宣称对增资决议不知情，案例相似度非常高。胜诉案例中法院均认为会议记录的真实性存疑，具体表现为通知内容与实际会议内容矛盾，会议记录页码缺漏、签字并非本人所签系伪造，甚至在庭审中公司自认未开会或未通知某股东；胜诉还有一个重要理由为即使开会了也不符合表决权比例。

在败诉的案例中，法院判断原股东给公司数张空白授权书且原告股权价值增加，暗示公司即使未开会或未通知某股东也合法。由于《公司法司法解释（四）》第5条明确规定："股东会或者股东大会、董事会决议存在下列情形之一，当事人主张决议不成立的，人民法院应当予以支持：（一）公司未召开会议的，但依据公司法第三十七条第二款或者公司章程规定可以不召开股东会或者股东大会而直接作出决定，并由全体股东在决定文件上签名、盖章的除外；

(二)会议未对决议事项进行表决的;(三)出席会议的人数或者股东所持表决权不符合公司法或者公司章程规定的;(四)会议的表决结果未达到公司法或者公司章程规定的通过比例的;(五)导致决议不成立的其他情形。"对于决议不成立有清晰明确的判断标准,司法裁判者依据该规定可以直接判断股东会决议是否成立,裁判上难度很低,所以分析价值不高。案例分析中还可以发现,实际上在司法裁判中无论起诉方主张"股东会决议可撤销"还是"股东会决议不成立",司法裁判者都可能依据"股东会决议不成立"来判断,主张不准确并不会影响起诉方胜诉。

另外,笔者初筛得到"股东会决议可撤销"案例有27个,人工筛选去掉23个无关案例(包括实际为协议效力可撤销而非股东会决议可撤销、实际为不可撤销的认购承诺而非股东会决议可撤销、实际为不可撤销的连带保证而非股东会决议可撤销),去掉与上述"股东会决议无效""股东会决议不成立"3个重复案例,只找到1个有效案例,为广州科化新材料技术有限公司、叶某某新增资本认购纠纷、买卖合同纠纷案,起诉方为原股东,起诉结果为败诉。有效案例数太少,故不作为分析重点。

最终确认分析增资纠纷、新股认购纠纷中涉及"股东会决议无效"的案例,搜索"威科先行"法律信息库中全部的增资纠纷和新股认购纠纷案例,检索出包含股东会决议无效的判决书有23个,检索实例见表3-1。其中,手动筛去被上诉的一审判决或同一纠纷涉及多人但没有并案审理的判决书5个,实际是17个案例。其中8个案例实际谈及其他争议焦点,分析见表3-2。

表3-2 增资纠纷其他争议焦点统计

实际涉及	判决书	起诉方	结果	相关案情及法院判断
股东会决议不成立	重庆市二零八地质环境工程勘查设计院有限公司与重庆宏图土地规划有限公司新增资本认购纠纷二审民事判决书	增资人	败诉	决议中一人签名系伪造
增资协议	郑某某与禾丰(天津)洗涤有限公司公司增资纠纷一审民事判决书	增资人	胜诉	决议少一名股东签名;增资过程中大股东去世;原告未被记入股东名册也未办理工商变更登记

续表

实际涉及	判决书	起诉方	结果	相关案情及法院判断
提及另案	李某某与济宁市兖州区晶冠玻璃有限公司、薛某公司增资纠纷一审民事判决书	原股东	败诉	新股东增资后抽逃出资欲减资,不因抽逃出资而自动减资
	鸿大(上海)投资管理有限公司与姚某某公司增资纠纷一审民事判决书	原股东	败诉	出资期限提前涉及股东基本利益,不能通过多数决的方式予以提前
股东会决议可撤销	苏某某、章某某新增资本认购纠纷、买卖合同纠纷二审民事判决书	原股东	败诉	未通知股东参会;持有少数资本的股东未出席会议对决议未产生实质影响,不可撤销
	广州科化新材料技术有限公司、叶某某新增资本认购纠纷、买卖合同纠纷二审民事判决书	原股东	败诉	伪造签名;不符合表决比例;涉案股东会决议上股东签名非本人所签,决议没有达到表决权2/3以上股东同意,属于股东会的表决方式上存在瑕疵,所形成的股东会决议属于可撤销范畴,股东可在法定期限内提起股东会决议撤销之诉
不否认增资决议效力	冯某某与北京百恒达石油技术有限公司公司增资纠纷一审民事判决书	原股东	败诉	原股东对增资不知情,决议上未签字;知识产权虚假增资(法院未处理),不否认增资决议效力直接请求确认增资行为无效无事实及法律依据
增资协议效力	西藏自治区地质矿产勘查开发局第二地质大队与西藏元泽矿业有限公司公司增资纠纷一审民事判决书	公司	胜诉	被告未按约缴纳增资款;被告主张协议约定被告承担增资但股份比例不变违法;增资决议合法有效,被告应当按增资协议约定缴纳增资款

还有9个案例争议焦点涉及股东会决议无效,由于案例较少,能够全部分析,具体案情分析见表3-3。

表 3-3 增资纠纷股东会决议无效统计

判决书	起诉方	增资情况	原股东性质	反对增资原因	反对增资理由	反对增资理由展开	结果	胜诉/败诉理由
巫某与连南瑶族自治县佶富辉石业有限公司、林某某、黄某某公司增资纠纷一审民事判决书	未增资的原股东	公司决议增资，个人不想增资也未增资	资本少于1/3	股权被稀释	增资未审计；股东会决议作出依据的章程造假；滥用资本多数决；公司取得高价值矿业权，不需要增资	章程规定减持股份要补偿；原始股不应被稀释	败诉	股东会的召集程序、表决方式以及股东会的决议内容均符合公司法和公司章程的规定，决议有效
建银兴邦山东投资有限公司与巴州和硕中石矿业有限公司、北京久宏投资管理有限公司公司增资纠纷二审民事判决书	未增资的原股东	公司决议增资，个人不想增资也未增资	资本少于1/3	股权被稀释	①增资未审计；②股东会决议未在开会当天形成；③被上诉人北京久宏投资管理有限公司是丁冯某 29% 的股权后，才满足表决权经代表 2/3 以上表决权的股东通过的要求	①通过微信群召开了股东会；②提交登记的股东会决议记录并非真实有效，而是事后对之前的微信的整理	败诉	股东会的召集程序、表决方式以及股东会的决议内容均符合公司法和公司章程的规定，决议有效
乌鲁木齐金慧利源商贸有限公司、杨某公司增资纠纷二审民事判决书	增资的原股东	公司决议增资，个人不想增资但未参会被增资	资本多于1/3	比例不变但不想增资	章程规定修改章程需该公司全体股东以书面形式一致同意，而因增资变更公司章程，章程中部分签名系伪造	—	胜诉	未召开会议

续表

判决书	起诉方	增资情况	原股东性质	反对增资原因	反对增资理由	反对增资理由展开	结果	胜诉/败诉理由
上诉人铁岭骏龙塞园开发有限责任公司、刘某与被上诉人王某、铁岭县新台子镇懿路村民委员会公司增资纠纷案的判决书	未增资的原股东	公司决议增资，个人想增资但不能增资；大股东认缴全部增资	资本少于1/3	股权被稀释	侵犯先认缴权	—	胜诉	公司股东会或者股东大会、董事会的决议内容违反法律、行政法规的强制性规定而无效（侵犯优先认缴权；滥用股东权利）
陈某与贵州龙里建荣电子科技有限公司公司增资纠纷一审民事判决书	未增资的原股东	公司决议增资，个人未参会	资本少于1/3	比例不变但不想增资	增资未通知原告，违反章程，原告的签名均是虚假冒签	章程规定增资必须召开股东会，由全体股东通过并作出决议	胜诉	未召开股东会
林某与深圳市特发保税实业有限公司公司增资纠纷二审民事判决书	未增资的原股东	公司决议增资，个人不想增资也未增资	资本少于1/3	股权被稀释	主张增资未通知原告	对增资提出异议并拒绝签名，公司在决议增资时制作了《股东增资确认书》	败诉	股东会的召集程序、表决方式以及决议内容均符合公司法和公司章程的规定，决议有效

续表

判决书	起诉方	增资情况	原股东性质	反对增资原因	反对增资理由	反对增资理由展开	结果	胜诉/败诉理由
秦某某、张某等与徐州众城科技有限公司增资纠纷二审民事判决书	未增资的原股东	公司决议增资，个人不想增资也未增资	资本少于1/3	股权被稀释	主张增资未通知原告	—	败诉	股东会的召集程序、表决方式以及股东会的决议内容均符合公司法和公司章程的规定，决议有效
王某某与陈某某、深圳企大信息技术有限公司增资纠纷一审民事判决书	未增资的原股东	公司决议增资，个人不想增资也未增资	资本少于1/3	股权被稀释	①增资不必要；②增资未审计；③大股东滥用权利	本人对增资前未评估市值有异议未在决议上签字	败诉	股东会的召集程序、表决方式以及股东会的决议内容均符合公司法和公司章程的规定，决议有效
张某某、辽宁宇航实业公司、沈阳宇龙汽车改装有限公司增资纠纷二审民事判决书	未增资的原股东	公司决议增资，个人不知情	资本多于1/3	股权被稀释	在公司最大股东原告不知情的情况下，私刻辽宁宇航实业公司公章，伪造公司决议	—	胜诉	未召开会议

(二)起诉方反对增资原因

起诉的原股东中,89%为未增资的原股东,11%为增资的原股东。可以看出,往往是未能增资的当事人对增资有异议,未增资的原股东由于股权被稀释等产生增资纠纷容易理解,增资的原股东之所以也会产生纠纷则可能是因为公司决议增资,而个人不想增资且未参会被增资。比如,在乌鲁木齐金慧利源商贸有限公司、杨某某公司增资纠纷案①中,公司通过伪造签名,强行使股东增资,尽管增资后持股比例保持不变,但股东并不想扩大对公司的投入,承担更多责任,也反对这样的增资(见表3-4)。

表3-4 增资的原股东起诉案例统计

判决书	起诉方	增资情况	原股东性质	反对增资原因	反对增资理由	结果
乌鲁木齐金慧利源商贸有限公司、杨某某公司增资纠纷二审民事判决书	增资的原股东	公司决议增资,而个人不想增资且未参会被增资	资本多于1/3	比例不变但不想增资	章程规定修改章程需该公司全体股东以书面形式一致表示同意,而因增资变更公司章程,章程中部分签名系伪造	胜诉
胜诉理由	胜诉理由展开					
增资未召开股东会议	公司章程规定公司在增加注册资本金时,应当召开股东会作出书面决议,并修改公司章程。但实际办理公司增资过程中,公司并未召开股东会议,也未形成股东会决议,作为增资依据的在工商行政管理局备案的《章程修正案》中的股东签名,也并非全体股东亲笔签名					

在原股东未增资的情形中,去掉无法看出是否想要增资的案例,其中83%系不想增资,17%系想增资。在原股东未增资的情形中,公司决议增资个人不想增资也未增资很好理解;公司决议增资个人也想增资但未能增资则是因为大股东依资本多数决认缴全部增资,②在这类案件中,未能增资的股东资本少于1/3,无法依资本多数决反对增资决议,由于大股东滥用权利,侵犯小股东优先

---

① 新疆维吾尔自治区乌鲁木齐市中级人民法院民事判决书,(2019)新01民终1994号。
② 辽宁省铁岭市中级人民法院民事判决书,(2018)辽12民终2445号。

认缴权,所以发生增资纠纷后,法院最终会判决小股东胜诉(见表3-5)。

表3-5 未增资原小股东起诉案例分析

判决书	起诉方	增资情况	原股东性质	胜诉/败诉理由	胜诉/败诉理由展开
上诉人铁岭骏龙泉墓园开发有限责任公司、刘某与被上诉人王某、铁岭县新台子镇懿路村民委员会公司增资纠纷案的判决书	未增资的原股东	公司决议增资,个人想增资但未能增资;大股东认缴全部增资	资本少于1/3	公司股东会或者股东大会、董事会的决议内容因违反法律、行政法规的强制性规定而无效(侵犯优先认缴权;滥用股东权利)	①该股东会决议未给予二被上诉人优先认缴出资的选择权,以股权多数决的方式通过了公司新增出资1000万元全部由刘某认缴的决议,侵犯了二被上诉人有权优先按照实缴的出资比例认缴新增资本的权利,违反了法律强制性规定;②股东会决议用于增资的1000万元是采取"债转股"的方式实现的,上诉人刘某作为债权人将其债权转为股权,且在实施股东会决议时未对公司净资产进行审计、评估,上诉人刘某滥用股东权利的行为违反了诚信义务,该决议内容使二被上诉人作为股东的股权占比被稀释,严重损害了二被上诉人的合法利益

综合分析全部相关案例,反对增资的主要原因是股权被稀释,股权未被稀释时则是不想扩大对公司的投入。

(三)常见胜诉/败诉原因分析

通过分析全部相关案例,笔者发现最容易胜诉的理由是未召开股东会议,其次是侵犯优先认缴权。未召开股东会议,是指《公司法司法解释(四)》第5条第1项所指情形,但依据《公司法》第37条第2款或者公司章程的规定可以不召开股东会或者股东大会而直接作出决定,并由全体股东在决定文件上签名、盖章的除外。根据《公司法司法解释(四)》第5条第1项的规定,未召开股东会议将直接导致决议不成立,既然决议不成立,自然也就无从发生效力,起诉的未增资的原股东也当然因此能够胜诉。在侵犯优先认缴权的案件中,法院会认定,侵犯优先认缴权的决议内容因违反法律、行政法规的强制性规定而无效。侵犯优先认缴权的案例往往还存在大股东滥用股东权利的情况,如上诉人铁岭骏龙泉墓园开发有限责任公司、刘某与被上诉人王某、铁岭县新台子镇懿路村民委员会公司增资纠纷案。法院认为,股东会通过资本多数决的方式决定新增资本不按股东实缴比例认缴违反公司法规定,且不符合全体股东一致约定的除外情形,故该部分决议无效。

(四)增资决议无效的事由

原告常常用来主张增资决议无效的理由包括未召开股东会议、未通知原告、侵犯优先认缴权、增资未审计、增资不必要、通知方式有瑕疵、大股东滥用权利等。

经过案例统计可以发现:未召开股东会议、未通知原告(原告未参加)往往涉及伪造签名等,如果综合证据认定未召开股东会议往往可以直接认定决议不成立因而不发生效力;[1]如果未通知原告(原告未参加),则要看是否符合资本多数决,实践中原告往往是资本少数,所以仅因未通知原告(原告未参加)如果不构成未召开会议(股东只有两个人的案件只要认定原告未参加就会认定会议未召开),决议仍然因满足资本多数决而有效。

由于增资审计不是程序要求,所以增资未审计不会影响决议效力,除非构成大股东滥用权利;通知方式有瑕疵因为是轻微程序瑕疵,所以也不会导致决议无效;增资不必要很难证立,除非构成大股东滥用权利。

(五)优先认缴权与增资决议效力

1. 总览

关于决议侵犯优先认缴权在法院裁判中出现了明显的同案不同判的情形,存在法律适用不统一的问题,有必要好好梳理。具体而言可以分为3种情形予以分析:情形一是公司决议增资而个人不想增资也未增资。在这种情形之下,因股东自动放弃优先认缴权会直接导致败诉。情形二和情形三属于个人想增

---

[1] 新疆维吾尔自治区乌鲁木齐市中级人民法院民事判决书,(2019)新01民终1994号;贵州省龙里县人民法院民事判决书,(2018)黔2730民初2233号;辽宁省沈阳市中级人民法院民事判决书,(2015)沈中民三终字第00916号。

资但未能增资,在这种情形下,一部分判决认为侵犯优先认缴权将导致决议无效(或部分无效),因为优先认缴权是强制性规定,违反强制性规定的决议无效,裁判依据为《公司法》第22条第1款(2023年修订后为第25条)规定:"公司股东会或者股东大会、董事会的决议内容违反法律、行政法规的无效。"另一部分判决认为决议即使侵犯优先认缴权仍因满足资本多数决而有效,只能主张赔偿。裁判依据为《公司法》第37条第7项(2023年修订后为第59条第5项)规定,股东会行使的职权包括对公司增加注册资本作出决议。此时因股东会的召集程序、表决方式以及股东会的决议内容均符合公司法和公司章程的规定,决议有效。

由于在情形一中涉及股东对优先认缴权的自愿处分,不违反法律规定,审判上并没有争议,所以不是分析的重点。情形二和情形三则存在明显的分歧,说明实务中对侵犯优先认缴权是否会影响增资决议效力没有统一的裁判标准。对于这个问题,可以从以下三个案例中得到较为合理的结论。

(1)红日公司、蒋某诉科创公司股东会决议效力及公司增资纠纷案[①]

这是侵犯优先认缴权导致增资决议无效的典型案例,该案在2010年由最高人民法院作出判决,被收入公报案例。法院认为,决议内容中,涉及新增股份中14.22%和5.81%的部分因分别侵犯了蒋某和红日公司的优先认缴权而归于无效,涉及新增股份中79.97%的部分因其他股东以同意或弃权的方式放弃行使优先认缴权而发生法律效力。该股东会将吸纳陈某某为新股东列为一项议题,但该议题中实际包含增资800万元和由陈某某认缴新增出资两方面的内容,其中由陈某某认缴新增出资的决议内容部分无效不影响增资决议的效力。

法院认为,增资决议可以拆分为是否增资的决定和具体由谁认缴多少增资的决定,前者因资本多数决当然有效,后者侵犯优先认缴权的部分无效。推而广之,看增资是否超出其优先认缴权比例加上他人放弃的优先认缴权比例的总比例,如果没有超出就有效,超出就部分无效,无效部分即为超出的部分。法院认为不可以以资本多数决侵犯优先认缴权,侵犯优先认缴权的部分单独无效。

(2)徐某与北京立马水泥有限公司(以下简称立马水泥公司)公司决议效

---

① 最高人民法院民事判决书,(2010)民提字第48号。

力确认纠纷案①

上文提到尽管最高人民法院认为股东会决议如果侵犯优先认缴权将归于无效,但是其他法院并没有就这个问题完全参考最高人民法院的意见。比如2019年,北京市房山区人民法院判决生效的徐某与立马水泥公司公司决议效力确认纠纷案。

在该案中,一方面,法院肯定股东会决议内容侵犯优先认缴权:"章某认缴的增资金额中,包含了本属于徐某有权优先认缴的527.1万元,在立马水泥公司无证据证明徐某明示放弃该项权利的情形下,该公司通过的章某认缴徐某享有优先认缴权的527.1万元部分增资的决议内容损害了徐某享有的增资优先认缴权。"另一方面,又拒绝因此否认股东会决议的效力。

法院认为,只有将优先认缴权认定为强制性条款才有否认股东会决议效力的可能,其提出:《公司法》第22条第1款规定,公司股东会或者股东大会、董事会的决议内容违反法律、行政法规的无效。对于决议内容违反法律、行政法规的含义,应理解为只有决议内容违反了效力性强制性规定的,才属于无效。具体到本案,《公司法》第34条关于股东享有增资优先认缴权的规定是否属于效力性强制性规定。

法院从形式、实质和利益衡量的角度否认了优先认缴权为强制性条款:首先,就形式识别方法而言,可根据立法所用语言对法条进行识别,判断标准在于是否允许公司参与各方另行约定。对于典型的任意性规定,立法者会以一些标示性语言来表明其性质,比如"可以""由公司章程规定""依照公司章程的规定""全体股东约定的除外"等,对于此类规定,当事人可以做出不同于法律规定的事务安排,当事人的自由意志可以优先于立法者的意志。根据上述标准对《公司法》第34条进行识别,可以看出该条属于任意性规定而非强制性规定。

其次,就实质识别方法而言,可根据违反了规定是否损害国家利益或社会公共利益对法条进行识别。法律、行政法规虽未规定违反将导致法律行为无效的,但违反该规定如使法律行为继续有效将损害国家利益或社会公共利益的,应当认定该规定系效力性强制性规定。徐某与公司之间关于此次股东会决议

---

① 北京市房山区人民法院民事判决书,(2018)京0111民初12968号。

效力的争议,属于公司内部的纠纷,是私主体之间民事利益的调整关系,认定第三项决议内容有效,究其根本,受到影响的也只是股东个人的利益,不涉国家利益或社会公共利益。

最后,从利益衡量的视角,该项决议内容亦不宜认定为无效。维护商事活动安全原则系公司诉讼案件审理的原则之一。无效是对法律行为最严厉的否定性评价,股东会决议的效力关系到公司、股东、债权人等多方主体的利益,若将所有违反法律规定的决议效力一概认定为无效,将会使市场交易主体丧失对交易安全的信任,影响市场交易的效率,不但不能实现立法的目的,反而可能会损害更多主体的利益,造成新的、更大的不公平。况且,决议的讨论、形成及执行必然要耗费一定的社会资源,否定决议的效力,意味着此前投入的系列资源的浪费,亦会对多方主体产生影响。对于违法行为,法律赋予了相关主体法定期间内的撤销权、损失赔偿等若干救济途径,并非仅有效力否定一种举措。相关股东完全能够通过其他法定途径,对其受损权利予以救济。法院认为,在此前提下,基于平衡维护交易稳定、节约社会资源和股东权利救济等多项利益之间的冲突,实现社会效益最大化的考量,亦不应否定此项决议的效力。

房山区人民法院认为,决议内容即使损害了增资优先认缴权,仍不属于无效。房山区人民法院的分析不无道理,考察《公司法》第34条之规定,确实允许全体股东就优先认缴权作出另行约定。然而这种做法实际上使大股东可以轻易规避优先认缴权条款,比如,召开股东会时不通知部分股东,只要仍满足资本多数决,可撤销期间届满后,资本少数股东无法优先认缴,股权被直接稀释。从上文的案例分析中也可以看出,召开股东会时不通知部分股东也是实践中常见的做法,这种方法具有可操作性,如果法院采取上述理解,会严重损害小股东的权益,使公司法对优先认缴权的规定被架空。

(3)许某某、杨某某等诉曹某某公司增资纠纷案①

2016年,最高人民法院在许某某、杨某某等诉曹某某公司增资纠纷案中对优先认缴权与增资决议效力阐述了新的看法。

股东会决议,是指股东会在其职权范围内,依据一定的组织规则所作出的

---

① 最高人民法院民事判决书,(2015)民二终字第313号。

决定；而股东间协议则是股东就其相互之间的权利义务关系达成的合意。两者在合意形成规则、内容、法律效果和法律适用等方面均存在不同：在形成规则上，股东会决议遵循资本多数决的原则，即按照多数派股东的意见作出，而股东间协议遵循意思自治原则，即只要一个股东表示反对，协议就无法达成；在内容上，股东会决议只能决定股东会职权范围内的事项，其主要调整公司的事项而不能处分股东的权益；在法律效力上，股东会决议对公司的董事、监事、经理及高级管理人员均具有法律约束力，而股东间协议仅对签订协议的股东具有法律约束力；在法律适用上，对于股东会决议的效力认定主要以公司法为依据，而对股东间协议的效力认定主要以合同法为依据。在实践中，公司文件名称的使用并不规范，因此，不应单纯以文件名称对其定性，而应对文件的具体内容进行分析，并在此基础上判断法律文件的性质。

也就是说，股东会决议是股东会在其职权范围内作出的决定，遵循资本多数决的原则，因此对于股东会决议的效力认定主要以公司法为依据。而股东间协议则是股东就其相互之间的权利义务关系达成的合意，遵循意思自治原则，以合同法为依据，不能依据资本多数决，只要有一个股东反对就不能成立，且认定时不应单纯看到股东会决议就依资本多数决判断，而是根据实际内容作出判断。比如该案判决中就提道：在该案中，从《债务确认书》及两份《股东会决议》的签署日期及所载内容看，全体股东就股东间的债权债务关系和公司增资如何认缴等事宜作出了整体交易安排，故在确认各股东的权利义务时，需将上述文件作为一个整体加以分析认定。同时，2013年1月29日滨海公司《股东会决议》载明的内容，并非全部属于股东会职权范围。股东会有权对公司增加注册资本作出决议，但对股东是否认缴公司新增资本、认缴多少不能作出决议。根据2005年《公司法》第35条关于"公司新增资本时，股东有权优先按照实缴的出资比例认缴出资"的规定，认缴新增资本是股东的法定权利。滨海公司全体股东在2013年1月29日《股东会决议》上签章同意的关于新增注册资本2000万元由曹某某以现金方式缴付的内容，本质上属于股东间对新增资本优先认缴权的约定，属于股东之间的协议，而非股东会作为公司的权力机构行使职权作出的决议，应当适用合同法的相关规定。曹某某关于该案属于请求撤销股东会决议、应当适用公司法及相关司法解释的主张不能成立。

法院实际上是对股东会决议与股东间协议进行区分,认为优先认缴权不能由股东会决议决定,相关内容即使规定在决议上也应当被认为是股东间协议。另外,不再依公司法认定决议侵犯优先认缴权的部分无效,而是依合同法判断股东间协议的效力。

2. 小结

笔者认为,最高人民法院最新的判断比较合理,即面对侵犯优先认缴权的股东会决议,认定股东会决议无权规定优先认缴权部分,对优先认缴权部分依照合同法判断股东之间的协议的效力。

因为实际上公司法并没有赋予股东会分配优先认缴权的职权,股东会依公司法规定可以决定的只是是否增资,而是否增资关系公司资本的扩大,是关系公司利益的事项,表现为多数决,实际为公司的意志,而优先认缴权的分配完全是股东自行协商的事项。优先认缴权是股东之间的利益分配,实际上与公司的利益并不相干,公司决定增资即可确保公司的利益,具体增资由谁来认缴对公司来说没有区别。公司分配优先认缴权既没有必要也没有根据。

但是最高人民法院的判断存在一个问题,《公司法》第34条提供了一个优先认缴权分配的可选方案并明示约定优先:"……公司新增资本时,股东有权优先按照实缴的出资比例认缴出资。但是,全体股东约定……不按照出资比例优先认缴出资的除外。"依据《公司法》的规定,在没有相关约定时,股东有权按照实缴的出资比例认缴新增出资。但是如果按照最高人民法院的理解,《公司法》并不能规定这种约定,相关约定应该由原《合同法》规定。股东优先按照实缴的出资比例认缴出资虽然因为不影响股东股权比例相对公平而具有一定合理性,但是《公司法》原则上不应当干预股东个人的权益分配。

对此笔者的理解是,该法条虽然规定于《公司法》中,但也可以视为法律对意思自治的例外干预,干预的合理性在于,如果实践中不存在约定,虽然具体增资由谁来认缴对公司来说没有区别,但是没有约定就无法实行,如果不能一一达成约定,法律也没有作出兜底性规定,具体认缴就可能因为违反意思自治而归于无效,公司实际上就无法完成认缴工作也无法实际增资。而现实中,公司的治理并非都能得到股东的积极参与,为了公司能有效增资,法律可以给出一个相对公平的高效方案,使公司能够便捷地完成增资,并按照意思自治的原则规定全体股东可以另行约定,保留股东变更具体增资比例的可能性。这种认识也符合公司法的相关规定。

采取上述理解除了可以避免大股东依资本多数决侵犯小股东的优先认缴权,还可以更好地保护优先认缴权,应对实践中复杂的情况。比如,在许某某、杨某某等诉曹某某公司增资纠纷案中,股东有条件地放弃优先认缴权,决议生效后,发现相对方存在欺诈,并不打算履行有关协议,此时按照最新的理论,优先认缴权的放弃是相对方欺诈的结果,可以依据合同法,认定欺诈撤销有关协议,股东重新行使优先认缴权。

五、焦点问题之四:未进行增资变更登记的合同解除

(一)案例统计

笔者设定"案由:公司增资纠纷＆文书类型:判决书"和"案由:新增资本认购纠纷＆文书类型:判决书"的关键词通过"威科先行"法律信息库检索案例,截至2020年,共检索到公司增资纠纷案例判决书792份,去除26份无效案例判决书,剩余有效案例判决书766份。共检索到新增资本认购纠纷案例判决书908份,去除10份无效案例判决书,剩余有效案例判决书898份。

在上述案例中,检索关键词"解除",得到521个案例,对这521个案例进行阅读并整理分类,其中有221个案例是关于未进行增资变更登记要求解除合同。从判决结果上看,以未进行增资变更登记为由要求解除合同的221个案例中有144个判决解除,77个判决不解除。

同时,在以未进行增资变更登记为由要求解除合同的221个案例中,从审级来看,一审案件有149个,二审案件有72个。在一审的149个案件中,有101个案件判决解除合同,48个判决不解除合同。在二审的72个案件中,有60个案件维持原判,12个案件改判。60个维持原判的案件,其中36个案件维持了原判的解除合同,24个案件维持了原判的不解除合同。改判的12个案件,其中7个案件改判解除合同,5个案件改判不解除合同。

笔者选取了144个判决解除合同的案件,根据解除原因,可以分为协商解除、约定解除权解除和法定解除3类。其中协商解除的案件12个,约定解除权解除的案件57个,法定解除的案件75个。

涉及法定解除的案例所适用的法条主要是原《合同法》第 94 条①第 4 项、《合同法司法解释(二)》第 26 条②和《九民纪要》第 48 条③。其中,适用原《合同法》第 94 条第 4 项的有 63 个案件,适用《合同法司法解释(二)》第 26 条的有 8 个案件,适用《九民纪要》第 48 条的有 4 个案件。

判决不解除合同的案件中,大部分案件中法院判决不解除的原因是认为合同目的已经实现(原告已成为事实股东),部分案件中法院认为未进行增资变更登记是原告的责任。

(二)判决路径和法律依据

在对实务判决进行解析之前,需要界定何谓"未进行增资变更登记",实务中对于多长时间没有进行登记会被认定为"未进行增资变更登记",即没有履行增资变更登记义务?

在对"未进行增资变更登记"进行界定之后,本部分将从法定解除、约定解除、协商解除、违约方起诉解除 4 个方面对实务中的判决路径和法律依据进行分析。

1. 对未进行增资变更登记的认定之期限问题

对于多长时间没有进行登记会被认定为"未进行增资变更登记",即没有

---

① 原《合同法》第 94 条规定,有下列情形之一的,当事人可以解除合同:
(1)因不可抗力致使不能实现合同目的;
(2)在履行期限届满之前,当事人一方明确表示或者以自己的行为表明不履行主要债务;
(3)当事人一方迟延履行主要债务,经催告后在合理期限内仍未履行;
(4)当事人一方迟延履行债务或者有其他违约行为致使不能实现合同目的;
(5)法律规定的其他情形。
② 《合同法司法解释(二)》第 26 条规定,合同成立以后客观情况发生了当事人在订立合同时无法预见的、非不可抗力造成的不属于商业风险的重大变化,继续履行合同对于一方当事人明显不公平或者不能实现合同目的,当事人请求人民法院变更或者解除合同的,人民法院应当根据公平原则,并结合案件的实际情况确定是否变更或者解除。
③ 《九民纪要》第 48 条规定,违约方不享有单方解除合同的权利。但是,在一些长期性合同如房屋租赁合同履行过程中,双方形成合同僵局,一概不允许违约方通过起诉的方式解除合同,有时对双方都不利。在此前提下,符合下列条件,违约方起诉请求解除合同的,人民法院依法予以支持:
(1)违约方不存在恶意违约的情形;
(2)违约方继续履行合同,对其显失公平;
(3)守约方拒绝解除合同,违反诚实信用原则。
人民法院判决解除合同的,违约方本应当承担的违约责任不能因解除合同而减少或者免除。

履行登记义务,在实务中,如果合同中对于登记期限有约定,那么以约定的时间为基础判断是否存在违约。如果合同中对登记期限没有约定,则需要法院依据该未进行增资变更登记是否已经超出了"合理期限"进行判断。有的法院会在判决中明确提及"合理期限",也有的法院虽然没有在判决中明确提及"合理期限",但从判决书的内容来看,可以判断法院认为没有履行登记义务的依据是超出了"合理期限"。此外,有的判决书中会提及《公司管理登记条例》第 31 条的规定。

(1)有约从约

如果合同中对于登记期限有约定,那么以约定的时间为基础判断是否存在违约。在宋某某与深圳市房猪猪科技有限公司、江东跃公司增资纠纷案中,法院认为根据《增资扩股协议书》第 5 条第 2 项约定"如在戊方(原告)缴纳全部认购资金之日起 60 个工作日内公司仍未完成工商变更登记,则戊方有权解除本协议。协议解除后,公司应负责将戊方缴纳的全部资金返还戊方,不计利息。"原《合同法》第 93 条第 2 款规定:"当事人可以约定一方解除合同的条件。解除合同的条件成就时,解除权人可以解除合同。"该案的争议在于被告深圳市房猪猪科技有限公司有无按协议约定的时间进行工商变更登记,是否构成违约。

(2)无约定——合理期间——法院明确提及"合理期限"

如果合同中对登记期限没有约定,则需要法院对该未进行增资变更登记是否已经超出了"合理期限"进行判断。有的法院会在判决中明确提及"合理期限"。在四川炜麒科技股份有限公司(以下简称炜麒公司)、杜某新增资本认购纠纷案①中,杜某在支付投资款后长达 3 年的时间内,炜麒公司均未召开股东大会形成增资扩股决议,杜某亦未成为炜麒公司股东。虽案涉《投资协议》未约定炜麒公司将杜某登记为股东的具体期限,但炜麒公司未履行合同义务的行为已超出合理期间,致使杜某的合同目的无法实现。现杜某依据原《合同法》第 94 条之规定要求解除该《投资协议》,具有事实依据和法律依据,法院予以支持,一审法院对此予以认定并无不当。

---

① 四川省成都市中级人民法院民事判决书,(2019)川 01 民终 20207 号。

(3) 无约定——合理期间——根据案情判断法院的裁判依据为"合理期限"

如果合同中对登记期限没有约定,则需要法院对该未进行增资变更登记是否已经超出了"合理期限"进行判断。有的法院虽然没有在判决中明确提及"合理期限",但从判决书的内容来看,可以判断法院认为没有履行登记义务的依据是超出了"合理期限"。在李某凯与李某峰等公司增资纠纷案中,根据约定,李某凯已于2013年12月23日向千朝公司出资50万元,千朝公司在此之后并未将李某凯登记为公司股东,亦未办理公司增资,同时千朝公司未举证证明李某凯出资后享有股东权益。因此,千朝公司违反了合同约定,致使李某凯的合同目的无法实现,李某凯有权解除合同,故对于李某凯要求确认《增资扩股债务融资协议》于法院起诉材料送达至千朝公司、李某峰之日解除的诉讼请求,法院予以支持。虽然上述判决书未提出"超出合理期限",但笔者根据案情判断,该案增资协议签订时间是2013年,起诉时间是2019年,明显超出合理期限。

(4) 无约定——公司登记管理条例

有的判决书中会提及《公司登记管理条例》[①]第31条的规定,但仅有原告在诉请中提到了这一条,并无法院在判决中适用这一标准。

2. 未进行增资变更登记能否解除合同——案例中的判决路径和法律依据

如前所述,实务中判定未进行增资变更登记能否解除合同主要是从法定解除、约定解除、协商解除、违约方起诉解除四个方面进行判断。因此,笔者也从上述4种路径进行分析。

(1) 法定解除的路径

对于法定解除的情形,实务中一般认为未进行增资变更登记不影响合同效力,合同仍然成立且生效。但未进行增资变更登记影响合同履行且会被认定为违约。而违约能否解除合同,则是根据原《合同法》第94条第4项的规定判断其是否导致合同目的不能实现。实务中对于合同目的是否实现,主要是看增资方是否实际享有股东权利。

---

① 现已失效。

首先是未进行增资变更登记对合同效力的影响。此处可以将未办理股权变更登记对合同效力的影响和未办理增资变更登记对合同效力的影响作一个对比。对于如何认定未办理股权变更登记的股权转让协议的效力,在实务中存有3种不同的观点。① 第一种观点认为,依法成立的股权转让合同自成立时生效,工商变更登记不是股权转让合同的生效要件。受让方未支付股权转让款的,只是合同未履行的问题,不会导致股权转让协议未生效,股权转让协议对双方仍有拘束力。第二种观点认为,股权转让合同签订后,未办理股权变更登记的,股权转让协议未生效。第三种观点认为,既未办理股权变更登记,又未支付股权转让款的,应当认定股权转让合同虽然生效,但是未履行,视为股权转让协议自始不存在,股权转让协议对双方当事人无拘束力。对于未办理增资变更登记对合同效力的影响,笔者发现,在所有判决中,未办理增资变更登记都不影响合同效力。例如,在深圳市诺亚信成长一期股权投资合伙企业与深圳高远通新材料科技有限公司(以下简称高远公司)、杨某某公司增资纠纷案②中,法院认为,案涉《高远公司增资协议》《高远公司增资协议之补充协议1》系各方当事人的真实意思表示,内容不违反法律、行政法规的强制性规定,应认定为有效。为何增资变更登记和股权变更登记会对合同效力产生不同的影响?对于这个问题,将在后面予以分析。

其次是未进行增资变更登记应认定为违约。在陆某与上海思人信息科技发展有限公司(以下简称思人信息公司)公司增资纠纷案③中,法院认为,从案涉《投资入股协议书》的签约主体和约定的内容分析,其主要权利义务为:陆某注资20万元至思人信息公司,参股2%,该股权由标的公司大股东秦某出让而来;标的公司收取全额认购金后,出具收据并将陆某列入股东名册,在股东名册登记后即视其为公司股东,被上诉人予以办理股东工商变更登记等手续。从协议的实际履行情况分析,陆某注资完成,被上诉人将陆某登记为了股东,但并未办理增资变更登记。据此,被上诉人违约属实,亦应承担办理增资变更登记手续等违约责任。所以,未进行增资变更登记一般会被法院认定为违约。

---

① 参见黄国田:《未办理股权变更登记股东的清算责任》,载《人民司法(案例)》2019年第26期。
② 广东省深圳市福田区人民法院民事判决书,(2018)粤0304民初41856号。
③ 上海市第一中级人民法院民事判决书,(2020)沪01民终5844号。

再次是判断违约能否解除合同。在判定未进行增资变更登记这种违约情形能否解除合同时,法院将原《合同法》第94条第4项规定作为判断依据,即考虑未进行增资变更登记是否导致合同目的不能实现。

最后是判断合同目的能否实现。

①实务中认定合同目的的普遍标准

在陆某与思人信息公司公司增资纠纷案[①]中,原告依据原《合同法》第94条第4项规定要求解除涉案《投资入股协议书》,理由是被告有违约行为。具体情形为:被上诉人未将上诉人列入股东名册,也未办理工商变更登记手续;上诉人没有享受股东决策权、资产收益权、知情权。对此法院认为,《投资入股协议书》系当事人真实意思表示,各方当事人均应恪守约定。但就被上诉人的该违约行为是否足以导致合同目的无法实现并解除系争协议书方面,鉴于入股金已经进入公司并作为公司的运营资金开展实际经营将近3年,被上诉人也已经将陆某记录于公司股东名册,并认可了陆某的股东身份,《投资入股协议书》中主要权利义务已经获得了部分履行。至于被上诉人未能及时办理增资变更登记事宜,完全可以通过补充办理而得以补救,陆某相关投资权益亦可通过其他救济途径实现。据此,陆某主张双方签署的协议书合同目的已经无法实现,不具备事实依据,故法院对其解除系争协议书的上诉请求,不予支持。

在深圳市中安泰控股集团有限公司(以下简称中安泰公司)、湖南金手掌生物科技有限公司(以下简称金手掌公司)公司增资纠纷案[②]中,法院认为,金手掌公司虽未为中安泰公司办理相应的工商登记手续,且未将中安泰公司登记在公司股东名册中,但根据中安泰公司在该案中提交的《股东会决议》,中安泰公司增资是经过了金手掌公司股东会全体股东同意的。中安泰公司按合作协议的约定向金手掌公司支付了部分增资入股款共计340万元,并派遣庄某某在金手掌公司担任总经理主持日常工作,中安泰公司已实际享有了作为金手掌公司股东的决策权、知情权及参与公司经营管理权等权利。根据公司法的相关规定,股东资格的取得并不依赖工商登记,工商登记仅具有对抗第三人的公示公

---

① 上海市第一中级人民法院民事判决书,(2020)沪01民终5844号。
② 湖南省长沙市中级人民法院民事判决书,(2019)湘01民终10730号。

信效力。综上,对于中安泰公司主张解除涉案合作协议并要求金手掌公司、陶某某返还投资款的诉讼请求,法院不予支持。

在李某某与北京千朝酒店管理有限责任公司(以下简称千朝酒店公司)等公司增资纠纷案①中,根据约定,李某某已于2013年12月23日向千朝酒店公司出资50万元,千朝酒店公司在此之后并未将李某某登记为公司股东,亦未办理公司增资,千朝酒店公司同时未举证证明李某某出资后享有股东权益。因此,千朝酒店公司违反了合同约定,致使李某某的合同目的无法实现,李某某有权解除合同。故对于李某某要求确认《增资扩股债务融资协议》于一审法院起诉材料送达千朝酒店公司、李某某之日解除的诉讼请求,一审法院予以支持。

以上案例为笔者挑选的部分典型案例,总结后发现,增资方签订增资合同的目的是取得股东资格并享受股东权利,即增资方享有股东决策权、资产收益权、知情权、公司经营管理权等权利。一旦增资方实际享有了上述部分权利,法院即认为不存在合同目的不能实现情形,因而不能依据法定解除权解除合同。

②案例中认定合同目的时出现的其他情况

在禾丰(天津)洗涤有限公司(以下简称禾丰公司)、秦某某合同纠纷案②中,案涉《股份认购协议》签订后,秦某某将投资款汇入禾丰公司账户,但禾丰公司法定代表人李某某突然死亡,禾丰公司陷入经营困局。这属于当事人在订立合同时无法预见的、非不可抗力造成的不属于商业风险的重大变化,继续履行合同对于秦某某一方明显不公平,秦某某亦不能实现合同目的,现秦某某请求人民法院解除合同。一审法院根据公平原则,并结合案件的实际情况确定解除合同,不违反法律规定,禾丰公司应当返还秦某某已经支付的投资款150万元。上述案件属于情势变更,法院认为情势变更导致合同目的不能实现。

除情势变更外,也存在少量因信任关系破裂导致合同目的不能实现的案例。在湖南瑞恒华康资产管理有限公司、湖南同禾文化科技有限公司公司增资纠纷案③中,法院认为,湖南浔龙河投资控股有限公司按照《战略合作框架协议》的约定履行了全部出资义务后,而相对方湖南瑞恒华康资产管理有限公司

---

① 北京市第三中级人民法院民事判决书,(2020)京03民终4669号。
② 天津市第一中级人民法院民事判决书,(2020)津01民终1425号。
③ 湖南省长沙市中级人民法院民事判决书,(2019)湘01民终13021号。

却一直未履行对应的合同义务,自始未召开股东会对投资方的增资行为予以决议,也从未办理相应股权变更登记(包括登记于股东名册、向工商部门办理登记等),导致双方之间投资信任关系破裂,合同已不具有继续履行的基础,合同目的无法实现。因此对于湖南浔龙河投资控股有限公司主张解除涉案《战略合作框架协议》的诉请应当予以支持。据此法院解除了湖南浔龙河投资控股有限公司与湖南瑞恒华康资产管理有限公司于2015年8月18日签订的《战略合作框架协议》。

总结而言,因情势变更、信任关系破裂等导致合同丧失履行基础的,法院可以判定合同目的不能实现,但这种案例很少。通过对法院案例的查阅,也引发了笔者对法院在案例中对合同目的能否实现的认定是否合理,以及应该如何认定合同目的能否实现的思考,对此将在后面部分予以阐述。

(2)约定解除的路径

原《合同法》第93条规定:"当事人协商一致,可以解除合同。当事人可以约定一方解除合同的条件。解除合同的条件成就时,解除权人可以解除合同。"在上海真金高技术服务业创业投资中心(有限合伙,以下简称真金中心)与精致钻石邮轮管理(上海)有限公司(以下简称精致邮轮公司)等公司增资纠纷案①中,真金中心主张精致邮轮公司未能按照《投资协议》的约定完成工商变更手续,已经构成违约。对此法院认为,根据《投资协议》的约定,精致邮轮公司应在投资完成后的15个工作日内完成本次增资的工商变更。现真金中心已经于2015年10月19日向精致邮轮公司支付了5000万元,完成了《投资协议》约定的义务,但精致邮轮公司至今未能完成相应的工商变更,且并未有证据显示存在合同约定的不可抗力等因素,故精致邮轮公司已构成违约,投资人即真金中心有权行使单方解除权,法院对真金中心要求解除《投资协议》及《补充协议》的诉请予以支持。

在郝某某与吉林恒金药业股份有限公司公司增资纠纷案②中,双方约定在认购增资的资金全部到位后30日内,召开新老股东大会,修改公司章程,办理

---

① 上海市第一中级人民法院民事判决书,(2019)沪01民初218号。
② 吉林省梅河口市人民法院民事判决书,(2019)吉0581民初2540号。

工商注册变更手续。在贫困地区产业发展基金有限公司与全椒全通服饰有限公司等公司增资纠纷案①中,根据案中《增资合同》的约定,牧都公司应于贫困地区产业发展基金有限公司交清投资款后30个工作日内完成相应的变更登记、备案手续,逾期超过30日仍未完成的,贫困地区产业发展基金有限公司有权单方终止合同。在林某某与广州新生餐饮服务有限公司、徐某公司增资纠纷案②中,《投资协议》约定:乙方应自甲方全额支付增资款之日起30个工作日内完成工商变更登记手续和领取新营业执照,并向甲方出具相关资料复印件。从实务来看,多数投资协议约定的登记期限都是资金全部到位后30个工作日内。

当投资协议会约定出现不可抗力时,当事人有权解除合同。例如,在宁夏然尔特实业集团有限公司与宁夏德坤环保科技实业集团有限公司、宁夏建设投资集团有限公司公司增资纠纷案③中,涉案《增资协议》约定该协议的终止情形为:因不可抗力(包括足以影响该协议履行的地震、洪水、政策、法律变化、战争等事件,政府行为及社会异常事件)导致投资无法正常进行的;其他违反法律、法规等相关规定应当终止的情形。合同约定的"不可抗力"采用扩大化解释,除了法律规定的"不可抗力"含义以外,又包含"政策、法律变化,政府行为",应以双方约定的"不可抗力"条款为准。

在王某与深圳纷煌文化传播有限公司(以下简称纷煌文化公司)、刘某某公司增资纠纷案④中,法院认为根据《持股协议》的约定,原告随时可以向被告纷煌文化公司提出退出持股要求,但必须提前1个月向被告纷煌文化公司告知并书面提交申请。在该案中,被告纷煌文化公司收到起诉状副本的时间是2019年7月6日,故原告主张其与被告纷煌文化公司签订的《持股协议》于2019年7月6日解除的诉讼请求,于法有据,法院予以支持。在李某与上海比众网络科技有限公司、李某红新增资本认购纠纷案⑤中,法院认为当事人可以约定一方解除合同的条件,解除合同的条件成就时,解除权人可以解除合同。

---

① 北京市第二中级人民法院民事判决书,(2019)京02民初36号。
② 广东省广州市天河区人民法院民事判决书,(2018)粤0106民初30423号。
③ 宁夏回族自治区银川市中级人民法院民事判决书,(2019)宁01民初2127号。
④ 广东省深圳市南山区人民法院民事判决书,(2019)粤0305民初15051号。
⑤ 上海市奉贤区(县)人民法院民事判决书,(2018)沪0120民初10501号。

现原告按照涉案协议的约定将 50 万元投资款支付至被告上海比众网络科技有限公司,但被告上海比众网络科技有限公司却未能按照协议约定就原告增资部分完成变更登记,原告有权按照协议约定单独解除合同。

(3)协商解除的路径

原《合同法》第 93 条规定:"当事人协商一致,可以解除合同。当事人可以约定一方解除合同的条件。解除合同的条件成就时,解除权人可以解除合同。"在杭州微辣新零售科技有限公司与淮安市达纳斯克国际贸易有限公司公司增资纠纷案①中,原告杭州微辣新零售科技有限公司(作为乙方)、被告淮安市达纳斯克国际贸易有限公司(作为甲方)于 2018 年 9 月 4 日签订《淮安市达纳斯克国际贸易有限公司增资协议书》,约定由乙方以货币出资 200 万元对甲方增资,该出资由乙方于 2018 年 12 月 31 日前汇入甲方对公账户,签完合同一周内交付投资额 10% 的定金,2018 年 10 月底完成财务系统建设交付投资额至 50%,2018 年 12 月底交付投资额至 100%。协议签订后,原告于 2018 年 9 月 13 日向被告汇入首笔投资款 20 万元。2019 年 6 月 14 日,被告将上述 20 万元投资款返还原告。2019 年 6 月 18 日,原告、被告签订《解除合同协议书》,约定:《淮安市达纳斯克国际贸易有限公司增资协议书》自 2019 年 6 月 18 日解除,自解除之日起原合同中约定的双方权利义务终止,甲、乙双方互不承担任何经济与法律责任。甲方已将增资款 20 万元于 2019 年 6 月 14 日返还乙方,乙方确认收悉,甲、乙双方再无任何纠纷。

(4)违约方起诉解除的路径

《九民纪要》第 48 条规定了违约方起诉解除的情形。② 在任某与河南省华隆生物技术有限公司公司增资纠纷案③中,法院认为任某拒不履行协议约定出

---

① 浙江省杭州市萧山区(市)人民法院民事判决书,(2019)浙 0109 民初 16509 号。
② 《九民纪要》第 48 条规定,违约方不享有单方解除合同的权利。但是,在一些长期性合同如房屋租赁合同履行过程中,双方形成合同僵局,一概不允许违约方通过起诉的方式解除合同,有时对双方都不利。在此前提下,符合下列条件,违约方起诉请求解除合同的,人民法院依法予以支持:
 (1)违约方不存在恶意违约的情形;
 (2)违约方继续履行合同,对其显失公平;
 (3)守约方拒绝解除合同,违反诚实信用原则。
人民法院判决解除合同的,违约方本应当承担的违约责任不能因解除合同而减少或者免除。
③ 河南省新乡市红旗区人民法院民事判决书,(2019)豫 0702 民初 6381 号。

资义务的行为已经构成违约。根据上述条文规定法院认为在守约方河南省华隆生物技术有限公司提起反诉要求任某继续履行涉案《增资扩股协议》的情况下,任某应当继续履行协议约定的出资义务。

(三) 问题与思考

通过对实务判例的阅读、整理和分析,笔者发现了以下3个问题。

问题1:为何增资变更登记和股权变更登记会对合同效力产生不同的影响?

问题2:法院判例中对合同目的能否实现的认定是否合理?应该如何认定合同目的能否实现?

问题3:法院判决时,基本是从合同法角度判定未登记能否解除合同,如何从组织法角度看待这一问题?

要回答上述3个问题,需要分析一个前置问题:未办理增资变更登记会产生何种影响?

1. 未办理增资变更登记会产生何种影响

(1) 学理上对登记效力的规定

股权登记属典型的商事登记,商事登记之私法功能在于保证交易安全和便捷。[1] 商事登记之目的在于"已登记之商业得以依据登记事项对抗他人,主张权利,使自己之权益受到法律保障"。[2]

商事登记对抗力之制度功能主要体现在以下方面:首先,可以降低交易成本。商事登记的信息一经登记即具公开性,第三人可经查询得知,从而弥补信息不对称,若怠于了解该等信息,则难以寻求法律保护。其次,对抗力可以平衡当事人的风险。在主体方面,申请登记方可对抗第三人;在客体方面,已登记事项可对抗未登记事项。[3] 最后,对抗力也增进交易的确定性。商事登记系由国家机关完成,国家机关之登记和商主体自行之宣示的不同在于,前者有公权力背书,可为第三人信赖提供保障,使得交易具有确定性。

---

[1] 参见王远明、唐英:《公司登记效力探讨》,载《中国法学》2003年第2期。
[2] 刘清波编著:《商事法》,商务印书馆1986年版,第19、20页。
[3] 参见王妍:《商事登记中公权定位与私权保护问题研究》,法律出版社2011年版,第175页。

商事登记对抗力之理论基础,离不开商事外观主义,即"以交易当事人的外观为标准,而确定其行为所产生的法律效果……根据该原则,商事交易行为人的行为意思应以其行为外观为标准并适用法律推定规则。商事交易完成后,原则上不得撤销,适用禁反言规则,行为人公示的事项与客观事实不符时,交易相对人可依外观公示的内容来主张其权利"。① 一般认为,外观主义的构成要件包括外观事实的存在、本人与因、相对人的善意信赖,②后果则有二:行为有效,即第三人可主张其依外观事实所作行为有效;信赖责任,即第三人可向过错方请求损害赔偿。③

商事登记与物权法的公信力最大的不同在于,前者因外观主义之理论基础而涵盖"本人与因"要件,后者并不以本人与因为前提。由此,若以物权法的公信力理解商事登记,将导致商事登记背离外观主义。

(2)现行法对登记效力的规定

首先是《公司法》的规定,我国《公司法》最早出台于1993年,2005年《公司法》修订时,对1993年《公司法》规定的制度进行了调整。之后《公司法》的修改都沿用了2005年的规定。《公司法》第31条规定:"有限责任公司成立后,应当向股东签发出资证明书。出资证明书应当载明下列事项:(一)公司名称;(二)公司成立日期;(三)公司注册资本;(四)股东的姓名或者名称、缴纳的出资额和出资日期;(五)出资证明书的编号和核发日期。出资证明书由公司盖章。"第32条规定:"有限责任公司应当置备股东名册,记载下列事项:(一)股东的姓名或者名称及住所;(二)股东的出资额;(三)出资证明书编号。记载于股东名册的股东,可以依股东名册主张行使股东权利。公司应当将股东的姓名或者名称向公司登记机关登记;登记事项发生变更的,应当办理变更登记。未经登记或者变更登记的,不得对抗第三人。"第179条规定:"公司合并或者分立,登记事项发生变更的,应当依法向公司登记机关办理变更登记;公司解散的,应当依法办理公司注销登记;设立新公司的,应当依法办理公司设立登记。公司增加或者减少注册资本,应当依法向公司登记机关办理变更登记。"

---

① 赵万一主编:《商事登记制度法律问题研究》,法律出版社2013年版,第89、93页。
② 参见全先银:《商法上的外观主义》,人民法院出版社2007年版,第48页。
③ 参见赵万一主编:《商事登记制度法律问题研究》,法律出版社2013年版,第152页。

其次是《民法典》第65条规定:"法人的实际情况与登记的事项不一致的,不得对抗善意相对人。"根据2019年《九民纪要》的规定,原《民法总则》与公司法的关系,是一般法与商事特别法的关系。但应当注意也有例外情况,主要表现在:就同一事项,原《民法总则》制定时有意修正公司法有关条款的,应当适用原《民法总则》的规定。例如,《公司法》第32条第3款规定:"公司应当将股东的姓名或者名称向公司登记机关登记;登记事项发生变更的,应当办理变更登记。未经登记或者变更登记的,不得对抗第三人。"而原《民法总则》第65条的规定则把"不得对抗第三人"修正为"不得对抗善意相对人"。经查询有关立法理由,可以认为,此种情况应当适用原《民法总则》的规定。《九民纪要》第8条规定:"当事人之间转让有限责任公司股权,受让人以其姓名或者名称已记载于股东名册为由主张其已经取得股权的,人民法院依法予以支持,但法律、行政法规规定应当办理批准手续生效的股权转让除外。未向公司登记机关办理股权变更登记的,不得对抗善意相对人。"

(3)如何理解"不得对抗善意相对人"

对于如何理解"不得对抗善意相对人",笔者从立法历史出发,对"不得对抗第三人"到"不得对抗善意相对人"的立法意图进行了时间线上的梳理。2005年《公司法》第32条系新增订条款,修订草案最初表述为:"记载于股东名册的股东,可以依股东名册主张行使股东权利。但是,股东名册所记载股东未经公司登记机关登记,不得对抗第三人。"其后二审稿进行了文字性修改,[1]表述为:"公司应当将股东的姓名或者名称及其出资额向公司登记机关登记;登记事项发生变更的,应当办理变更登记。未经登记或者变更登记的,不得对抗第三人。"[2]由此可知,该条预设的情形应是在股权转让情形下股东名册上记载之股东未经工商登记,在第三人取得股权后,不得主张第三人股东资格无效。[3]

对此,有学者提出质疑,除了股权转让会涉及对抗第三人的问题外,一般的股权争议,都属于公司和股东、股东和股东之间的争议,不存在所谓的第三人问

---

[1] 参见安建主编:《中华人民共和国公司法释义》,法律出版社2005年版,第420页。
[2] 安建主编:《中华人民共和国公司法释义》,法律出版社2005年版,第428页。
[3] 参见胡光宝主编:《〈中华人民共和国公司法〉释义及适用指南》,群众出版社2005年版,第121页。

题。有限公司对外转让股份,存在其他股东的优先购买权问题,简单地将"不得对抗第三人"用于股权转让之中,存在许多漏洞。① 还有学者认为,《公司法》第 32 条规定的是公司登记而非股东登记,旨在便利与公司相关的交易。一方面,股东对外转让股权,是股东之间意思自治的表现,公司无法参与其中;另一方面,第三人与公司交易无涉股东,无须知道股权的相关信息,更不应该对此投放信赖。②

《公司法司法解释(三)》出台后,有学者认为,《公司法司法解释(三)》第 23 条是对《公司法》第 32 条第 3 款规定的不得对抗的主体之修正。③ 原因在于:一方面,以商事主体登记为核心的商事登记制度,登记信息应仅可对抗申请登记主体之交易相对人。公司是股东变更登记之义务主体,应由其承担怠于登记之责任,而不是将风险、责任归于无辜股东,否则缺乏正当性。另一方面,股东在登记程序中并非完全处于被动。《公司法司法解释(三)》第 23 条规定依法取得股权之股东可要求办理变更登记,换言之,股东虽非登记申请主体,但其有权要求公司申请办理登记,倘若懈怠不为,由其承担不利之后果亦属当然;此外,股东还负有配合登记之义务,比如提交股权转让协议,否则公司亦无法完成相应登记,此时股东要承担不利后果。在此意义上,对于股权登记,股东既是被动的——于公司而言,又有一定的主动性,因此,较于公司债权人等外部人而言,其是复合型权利义务主体。

总结而言,在 2005 年修订《公司法》时,立法者的原意是"不得对抗第三人"的主体是股东名册记载之股东,但这受到许多学者的抨击。在 2014 年制定《公司法司法解释(三)》时,立法者将"不得对抗第三人"的主体进行了修正,根据商事登记制度的本人与因要件,将股东变更登记的义务主体——公司设定为不得对抗的主体,同时依据股东在登记程序中的主动性要求股东承担一定责任。

到了 2017 年,商事登记对抗效力之基本规定,落在奉行民商合一的原《民

---

① 参见邓峰:《普通公司法》,中国人民大学出版社 2009 年版,第 244 页。
② 参见张双根:《股权善意取得之质疑——基于解释论的分析》,载《法学家》2016 年第 1 期。
③ 参见王军:《中国公司法》(第 2 版),高等教育出版社 2017 年版,第 85 页;施天涛:《公司法论》(第 3 版),法律出版社 2014 年版,第 272 页。

法总则》第 65 条规定上,"法人的实际情况与登记的事项不一致的,不得对抗善意相对人"。从文义解释看,后半句并无明确之主体,结合前半句确定的主体——法人,对该规定应作如下理解:法人登记事项与实际情况不一致的,法人不得对抗善意相对人。从历史解释看,原《民法总则》一审稿表述为"信赖登记的善意第三人",有意见认为该表述易生误解,认为"善意"除信赖登记外,还包括其他因素,为明确信赖登记即善意之标准,二审稿剔除了"信赖登记"之修饰。但在后续审议中,有意见认为,不得对抗"善意相对人",应限于合同相对方而不包括其他第三人,该意见最终被采纳。①

从修订过程看,立法者渐次明确两点:其一,相对人可信赖之外观仅限于登记,因此"信赖登记"与"善意"是重复之表达;其二,善意保护的对象仅限于合同相对人,因此用"相对人"取代"第三人",以限缩善意保护之对象范围。就体系解释而言,原《民法总则》第 64 条明确了登记的申请义务人为法人,第 65 条明确了申请义务人违反义务之后果。因此,原《民法总则》第 65 条所谓的"善意相对人",系指与法人进行交易之善意相对人。② 依上述解释,有学者认为该条意在于法人与交易相对人之间作出利益平衡,若法人未及时办理变更登记,由其承受不利后果,以此促使法人及时办理登记,维护自身之利益。③ 笔者认为,《九民纪要》的更改,正是基于前述公司法和民法总则立法原意而作出的变更。

通过对相关立法者原意的探究可以发现,立法者认为,公司变更登记"不得对抗善意相对人",主要是指公司不得对抗信赖登记的与公司法人进行交易的相对人。根据这一立法原意,公司是增资变更登记的主体,因未及时办理变更登记导致的不得对抗善意相对人的责任由公司承担。因而未办理增资变更登记在不存在增资方懈怠等自身责任的情形下,不会导致增资方的法律责任,也就谈不上因为自身利益受损而要求解除合同,故而未登记不能成为解除增资合同的事由。

---

① 参见李适时主编:《中华人民共和国民法总则释义》,法律出版社 2017 年版,第 188、189 页。
② 参见杨立新:《民法总则:条文背后的故事与难题》,法律出版社 2017 年版,第 175 页。
③ 参见张新宝:《〈中华人民共和国民法总则〉释义》,中国人民大学出版社 2017 年版,第 124、125 页。

对增资方来说，也不存在因未办理增资登记而适用《公司法》第32条规定不得对抗第三人以致损失的空间，就实务判例来看，司法实践都将第三人锁定在股权处分的相对人、公司的债权人、登记股东的债权人等三类人中。① 未办理登记的增资方不适用股权处分的情形，该主体也不是公司和登记股东。

2. 为何增资变更登记和股权变更登记会对合同效力产生不同的影响

对于这一问题，通过对前置问题的讨论可以探知答案，即是否进行增资变更登记不会导致未登记的增资方出现不能对抗第三人或不能对抗善意相对方的情形，而是否进行股权变更登记会对股权处分的效力能否对抗第三人产生影响。因此，增资变更登记不影响增资合同的效力，一般情况下增资合同成立且有效；但股权变更登记会对股权转让合同的效力产生影响，使得实务中对合同效力的认定产生不同的观点。

3. 法院判例中对合同目的能否实现的认定是否合理？应该如何认定合同目的能否实现

（1）何谓合同目的不能实现

第一，不能实现合同目的等于严重影响订立合同所期望的经济利益。从立法史的角度看，原《合同法》第94条主要承继了原《涉外经济合同法》第29条的规定。该条第1项明确了判断法定解除权发生的标准是严重影响订立合同所期望的经济利益。其后原《合同法》的草拟基本承袭了这一判断标准。

第二，不能实现合同目的约等于《联合国国际货物销售合同公约》（以下简称CISG）中的根本违约，等于债权人的给付利益受到严重影响。从域外制度对立法的影响看，我国原《合同法》的制定受到了德国法和CISG的影响。学说中一般认为合同目的不能实现约等于CISG中的根本违约（fundamental breach），而CISG第25条中确定的判断是否根本违约的标准是债权人的给付利益是否受到严重影响。②

第三，辨析原《合同法》第94条和《合同法司法解释（二）》第26条规定。有学者认为，应将《民法典》第563条第1款（原《合同法》第94条）与《合同法

---

① 参见李建伟、罗锦荣：《有限公司股权登记的对抗力研究》，载《法学家》2019年第4期。
② CISG第25条规定："……对另一方造成不利（detriment），以致实质（substantially）上剥夺了其根据合同有权期待获得的东西。"

司法解释(二)》第 26 条中的合同目的不能实现严格区分开来。前者所涉目的是指债务人的义务完全履行,后者所指目的乃债权人对给付本身的使用目的。所谓"目的不能实现"在违约产生的法定解除权中是指合同的主给付义务不能(完全)履行,在交易基础丧失中是指虽然主给付义务已经履行,但债权人使用该给付的目的落空。简言之,前者是欲得而不得,后者是欲得已得但无用。原本使用效用贬损风险是由债权人承担的,但在让债权人单方承担使用效用贬损风险显属不公时,可通过交易基础丧失让该风险在债务人和债权人间重新分配。①

(2)对问题的解答

第一,以是否享有股东权利来认定合同目的是否实现是合理的。

对于合同目的能否实现的判定,主要就是从经济利益的角度进行考量。而对于一个增资合同来说,增资方预期取得的经济利益必然是基于股东资格而享有的股东权益,也即股东决策权、资产收益权、知情权、公司经营管理权等权利。法院的案例也是基于经济利益的视角对合同目的进行判定。但实际上,也有法官认为:"合同目的是当事人通过订立和履行合同想要达到的目标和结果,其既可以为对物质利益的追求,也可以是为了非物质利益。合同目的可以分为一般目的和特殊目的。"②笔者认为,对于增资合同这种商业合同,一般情况下其所追求的就是增资行为的商业利益,因而法院判决中基于增资方是否享有股东权益判定合同目的是否实现是符合一般标准的合理做法。

第二,但对于部分判决,笔者认为其相关认定存在问题。

在湖南瑞恒华康资产管理有限公司、湖南同禾文化科技有限公司公司增资纠纷案③中,湖南浔龙河投资控股有限公司在按照《战略合作框架协议》的约定履行了全部出资义务后,相对方湖南瑞恒华康资产管理有限公司却一直未履行对应的合同义务,自始未召开股东会对投资方的增资行为予以决议,也从未办

---

① 参见赵文杰:《论法定解除权的内外体系——以〈民法典〉第 563 条第 1 款中"合同目的不能实现"为切入点》,载《华东政法大学学报》2020 年第 3 期。

② 最高人民法院民事审判第二庭编:《最高人民法院关于买卖合同司法解释理解与适用》,人民法院出版社 2012 年版,第 407、408 页。

③ 湖南省长沙市中级人民法院民事判决书,(2019)湘 01 民终 13021 号。

理相应股权变更登记(包括登记于股东名册、在工商部门办理变更登记等),导致双方之间投资信任关系破裂,合同已不具有继续履行的基础,合同目的无法实现。据此,法院判决解除《战略合作框架协议》。对于上述判决,笔者认为其适用法律错误,法院认为"双方之间投资信任关系破裂,合同已不具有继续履行的基础,合同目的无法实现",此处的"合同目的"不是原《合同法》第94条规定的合同的主给付义务不能(完全)履行,而是《合同法司法解释(二)》第26条规定的交易基础丧失,即虽然主给付义务已经履行,但债权人使用该给付的目的落空。因而法院不应该适用原《合同法》第94条的规定,而应该适用《合同法司法解释(二)》第26条的规定。

4. 法院判决时,基本都是从合同法角度判定未登记能否解除合同,如何从组织法角度看待这一问题

需要说明的是,许多法院在说理中虽然从组织法的角度对为何不能仅凭未登记判决解除合同进行了说理,但是其判决所适用的法条都是合同法的条文。

(1)法院说理

在深圳市中安泰控股集团有限公司、湖南金手掌生物科技有限公司公司增资纠纷案[①]中,法院认为,根据公司法及资本维持原则,已经对公司完成出资的股东,如擅自撤回出资必定会损害公司、公司股东及公司债权人等利害关系人的合法权益,故深圳市中安泰控股集团有限公司在未履行法定程序的情况下,不得抽回其出资。在深圳市诺亚信成长一期股权投资合伙企业与高远公司、杨某某公司增资纠纷案[②]中,法院认为,首先,案涉协议签订后,原告已向目标公司即被告高远公司交纳了投资款500万元。根据协议约定内容,原告已成为被告高远公司的股东。在该案中,原告虽未能在工商行政管理主管部门登记成为被告高远公司的股东,但这并不影响原告成为被告高远公司股东之事实。其次,注册资本金与资本公积金属于公司所有,是公司资产的构成部分,股东不得任意要求公司予以返还。在该案中,原告的投资款已计入被告高远公司的注册资本金与资本公积金中,案涉投资款属于被告高远公司的财产,原告主张返还

---

① 湖南省长沙市中级人民法院民事判决书,(2019)湘01民终10730号。
② 广东省深圳市福田区人民法院民事判决书,(2018)粤0304民初41856号。

案涉投资款,缺乏法律依据。再次,返还投资款势必减损公司资本,损害债权人利益。注册资本金与资本公积金均属于公司资本范畴,是公司的资本储备,目的在于巩固公司的财产基础,加强公司信用。在该案中,如果将案涉投资款予以返还,将导致被告高远公司资本规模减小,损害被告高远公司的财产和信用基础,损害公司债权人的利益。最后,返还投资款将违反资本维持原则,属于抽逃出资。根据公司资本维持原则的要求,公司在其存续过程中,应维持与其资本额相当的实有资产。为使公司的资本与公司资产基本相当,切实维护交易安全和保护债权人的利益,《公司法》第35条规定,公司成立后,股东不得抽逃出资。同理,对于被告高远公司的新股东即原告来说,同样不得抽回其向被告高远公司所缴的投资款。综上,即使案涉增资协议及补充协议被解除,原告亦无权要求返还增资款500万元及支付利息损失。在杭州璞程股权投资合伙企业与杭州狄狄猫网络科技有限公司(以下简称狄狄猫公司)、许某某公司增资纠纷案①中,增资协议签订后,原告履行了向被告狄狄猫公司的增资义务,被告狄狄猫公司也为原告办理了相关股东信息工商变更登记,原告成为被告狄狄猫公司的股东。股东在向公司出资后,即失去对出资财产的所有权。在该案中,原告除了失去作为认购公司新增注册资本的投资款15.625万元的所有权,也失去了计入公司资本公积金的171.875万元的所有权。自投资款交割日起,原告的投资款已全部成为被告狄狄猫公司的财产,被告狄狄猫公司已取得所有权。

(2)被告辩解

在宁夏然尔特实业集团有限公司与宁夏德坤环保科技实业集团有限公司、宁夏建设投资集团有限公司(以下简称宁夏建设公司)公司增资纠纷案②中,宁夏建设公司辩称,①《增资协议》已经履行完毕,不存在法定解除情形。②首先,《增资协议》的解除既应遵循原《合同法》的规定,亦不应违背《公司法》的相关要求。根据《公司法》第35条的规定,公司成立后,股东不能抽逃出资,也就是说已经出资中的计入注册资本以及计入资本公积金的部分均不得撤回。且不说涉案《增资协议》不存在法定解除情形,就算是解除了,被答辩人也不能

---

① 浙江省杭州市滨江区人民法院民事判决书,(2018)浙0108民初6019号。
② 宁夏回族自治区银川市中级人民法院民事判决书,(2019)宁01民初2127号。

要求返还出资。另外,根据德坤公司公司章程第20条第4款规定,"除法律、行政法规规定的情形外,公司股东不得退股或减持",原告不能退股或减持。其次,原告诉请的损失没有依据,被告没有违约行为,不应承担损失赔偿。

(3)笔者观点

从法院说理和被告辩解来看,他们认为,根据《公司法》的规定,当增资方已经成为公司的股东之后,就不能抽逃出资,否则会损害公司利益和债权人利益。但这种公司法角度的说理只是对法院依据合同法所判决的不能解除合同之结果的进一步说理,是在法院依据合同法中合同目的已经实现(增资方已经实际享有股东权利)作出判决结果之后对结果的补充。在判定未进行增资变更登记能否解除合同时,法院还是根据合同法且只根据合同法作出的判定。

笔者认为,在公司法上,是否享有股东权利唯一的判断标准是增资方是否登记在股东名册上。但无论是企业实际运营还是法院对证据的采信,股东名册实际上都不是认定股东身份的合理标准。这使得公司法对股东身份的认定条文实际上未能发挥应有效力。此外,公司法也没有明文规定没有进行增资变更登记产生的影响。因此,公司法上对股东资格认定的不足,导致法院对这一问题只能依据合同法的规定进行认定。

(编校:余蓁茜)

第四章　名股实债纠纷实证研究

仲倩萍　许　璐　赵蓓蓓
张　艳　郭晓庆　高文华　许　航

一、概述

(一) 名股实债的概念

名股实债是一种在实践中产生的类型化交易安排，又被称为"明股实债""阶段性股权让渡""带回购条款的股权性融资"等。相关概念只是散见于原中国银行业监督管理委员会（以下简称原银监会）、中国证券投资基金业协会（以下简称中基协）等部门的文件及最高人民法院的有关会议纪要中。名股实债在外观形式上表现为股权的持有和退出，而在权利义务的分配与风险的承担上则接近于债权投融资。投资方通过增资或股权转让的方式将资金注入目标公司，但往往附带回购条款，约定一定期限后，目标公司关联方或股东回购上述股权。这一回购安排使上述交易在本质上具有刚性兑付的保本特征。

金融交易的本质是进行跨期的价值交换，而种种交易安排其实都是交易主体在风险和收益之间进行权衡的结果。其中，最常见的交易安排便是股和债。股权和债权在学理上的含义是确定且能够清晰区分的，两者在财产属性、清偿顺位以及成员权属性等方面都存在区别。股权是投资人对企业资产所享有的权利，在公司清算时劣后于债权人参与公司财产分配，且包含一系列的成员权利，如表决权等。债权则是权利人让渡一定期限内的资金使用权，对企业享有请求返还本金与支付利息的权利。债权在公司清算的时候可以优先于股权受偿，但其本质上是财产性权利，债权人原则上不具有表决权等成员性权利。通常而言,股权往往是高风险伴随高收益,而传统的有抵押的债权则意味着低风险和低收益。但在实践中,当事人之间的交易安排往往不似学理讨论上那般"泾渭分明",尤其在公司金融领域,混合的投资形式是较为常见的,类似的交易安排包括"优先股""可转债""对赌协议",以及本书讨论的名股实债等。出现这一问题的根本原因在于,当事人希望通过其他的安排,在投资所面临的不确定性和取得的收益之间进行平衡。

(二)名股实债的范围

笔者所探讨的名股实债,并不包括优先股以及股权对赌,因此,在展开进一步的讨论之前有必要对3类融资方式加以区分。优先股是指对公司资产和利润分配享有优先权的股票,其股东往往对公司事务没有表决权。其与名股实债的区别主要体现在交易安排上,优先股股东在公司分配盈利时,可以优先进行分配并享有固定的利率,而在实践中名股实债的利润分配方式则复杂得多。在收回方式上,除由公司赎回外,对于可转换的优先股还可以按规定转换成普通股;而名股实债中投资人更希望得到本金及利息的回报。

股权对赌同样也是投资方和目标企业的大股东或直接控制人对未来一定期限的不确定情况所作出的约定。实践中对赌标的可以是业绩、是否完成上市目标以及股票价格等;对赌主体包括投资方和目标企业的大股东或实际控制人;对赌筹码包括现金和股权以及其他权益,如债权等,其中以股权最为常见。尽管"股权对赌"和名股实债两者都是围绕股权交易进行,且都会设置类似股权回购的条款,但两者之间仍然存在不同,这种区别主要体现在投资目的和交易安排上。首先,两者的投资目的存在相对清晰的差别,在"股权对赌"中,投资方的目的是实现更高的投资收益,而在名股实债中,投资方期待的是相对稳定且低风险的投资回报,并不期待多倍于投资额的收益。其次,两者的交易安排也存在不同,这也是"股权对赌"与名股实债最重要的区别。"股权对赌"中的回购条款往往是或然性的,并不会确定性地发生,只有在融资方对其承诺的预期收益无法实现时,才会启动回购条款,作为支付的补偿;而在名股实债中,往往在回购条款中约定对方在经过一定期限后即负有履行义务。前者是附条件的回购,而后者则是附期限的回购。

此外，实践中还存在以股权质押为债权投资作担保的情形，此种交易不同于名股实债的安排，当事人之间为债权债务关系，这一认定是毫无争议的，关键在于股权质押的效力以及在债务人不能还款时，债权人如何实现其质权等。而笔者将关注于典型的名股实债交易模式，即投资人以股权投资的方式提供资金，但约定一定期限后由公司或股东回购其股份。

（三）名股实债的产生与发展

从公司融资的现实需要来看，上文言及的多种复杂交易安排的出现是必然的。尤其是对于未上市的公司来说，外部的投资者以股权进行投资所面临的主要问题包括难以确定公司的真实价值和未来的经营状况，且由于缺乏公开的交易市场，其想要退出也较困难，其所要负担的投资风险过高。公司若是采用债权的方式进行融资，则可能会具有较高的负债率，这将影响之后的融资。因此，"名股实债"等交易安排实则是基于对未来的不确定性、信息不对称等因素的考量，在当事人之间进行收益调整的一系列安排，其产生和发展是交易各方所共同期待的，能够满足各自利益诉求的结果。但是，名股实债自身存在固有风险，如市场风险、监管风险和法律风险等，因此必须受到严格的管控和限制。

司法实践对于名股实债这一交易安排的处理态度，随着对其认识的深入，逐渐发生了改变。由于我国在法律上对借贷的限制较多，为了规避关于企业间借贷的禁令，当事人不得不通过设计交易安排，以股的形式实现债的目的。1990年最高人民法院颁布司法解释，将部分主体不参与经营、不承担风险、按期收取固定收益的行为定性为"明为联营，实为借贷"，并认为该行为违反了金融法规，因此交易双方之间订立的合同无效。由于上述司法政策的存在，当事人在参与交易时所安排的关系被否定，需要接受法律对于借贷交易的管制。1999年，原《合同法》出台，随后相关司法解释推行，对认定合同无效的法定条件进行了明确规定。能够认定合同无效的"违反法律、行政法规的强制性规定"被限定为"全国人大及其常委会制定的法律和国务院制定的行政法规"，且应属效力强制性规定。故而，违反市场准入与特许经营规定以及违反公司法上的法定资本制度时，合同是无效的；但仅仅是违反金融监管类规章的合同则不会因此而直接被认定无效。在结束效力之争，承认当事人之间的合同效力后，法院又面临如何认定当事人的交易性质这一问题,在实践中主要存在认定为股和认定为债这两种判决。如果认定为股,实际上是尊重当事人之间的意思自治;若认定为债,则是一定程度地介入当事人之间的法律关系,引入利息管制的相关规则。2005年,最高人民法院在《关于审理涉及国有土地使用权合同纠纷案件适用法律问题的解释》(已被修改)第26条规定:"合作开发房地产合同约定提供资金的当事人不承担经营风险,只收取固定数额货币的,应当认定为借款合同。"在很长一段时间内,"保底条款"或"附回购条款"的交易安排被认定为债。在夏某某与高某某等协议纠纷案[①]中,一审、二审法院均将交易性质认定为股,而再审法院则将其认定为债,并对合同约定的利息进行了调整。当然,在名股实债类问题中,能否单纯地以利息管制规则衡量当事人之间的利益分配是否公平,尚存在争议。必须承认的一点是,在联营体尚未存在或目标公司仍然处于设立阶段时,投资人要承担比投资给成熟企业更高的破产风险,其必然也会追求相对更高的收益,此种情况下对双方之间的利息约定应适当宽容。

在监管方面,原银监会在2006年7月发布的《关于进一步加强房地产信贷管理的通知》,提到,要对信托公司以投资附加回购承诺等方式间接发放房地产贷款的行为进行监管,在2008年10月发布的《关于加强信托公司房地产、证券业务监管有关问题的通知》中,则是明确规定,严禁信托公司以投资附加回购承诺、商品房预售回购等方式间接发放房地产贷款。2017年2月13日,中基协发布《证券期货经营机构私募资产管理计划备案管理规范第4号——私募资产管理计划投资房地产开发企业、项目》,对名股实债作出了明确界定:本规范所称名股实债,是指投资回报不与被投资企业的经营业绩挂钩,不是根据企业投资收益或亏损进行分配,而是向投资方提供保本保收益承诺,根据约定定期向投资方支付固定收益,并在满足特定条件后由被投资企业赎回股权或者偿还本息的投资方式,常见形式包括回购、第三方收购、对赌、定期分红等。该文件是第一个对名股实债进行明确定义的规范性文件。值得注意的是,虽然在此之前并没有使用名股实债的表述,但原银监会、国家税务总局已经对名股实债

---

① 江苏省扬州市中级人民法院民事判决书,(2012)扬商再终字第0004号。

问题有所关注,通过投资方资金的退出方式对名股实债类的交易加以认定,并进行类型化的处理。

(四)名股实债的交易模式

结合实践当中的操作和学术观点,可以将名股实债的交易环节分为股权取得、股权持有、股权回购。第一环节的特点是采取股权投资模式,第二环节的特点是通过交易结构设计达成相对固定的收益安排,第三环节的特点是通过交易结构设计回收本金。上述各个环节之间又存在不同的形式。在股权取得环节,常见的取得方式包括增资入股和受让股权两种方式。对于前者,实践中还产生了直接将投资方的资金计入公司资本公积金的形式;对于后者,实践中也发展出了受让项目收益权、受让股权收益权等多种模式。值得注意的是,在受让股权的情形中,投资方虽然是从股东手中获得股权,但资金通常直接支付给目标公司。

在股权持有期间,存在当事人之间对于收益数额的不同安排以及对支付主体的不同约定:就收益而言,存在固定收益和保底的浮动收益两种情形;就支付主体而言,存在公司支付、股东支付以及公司先行支付不足由股东补足等形式。典型的名股实债交易中往往直接约定固定收益,不受公司未来经营业绩的影响;部分协议中会采用"固定收益+浮动收益"的混合模式,即在保证最低收益的前提下,根据公司业绩分配收益,在这种安排下,投资方有可能获得公司利润增长带来的额外获利。在收益的支付方式上,与债券付息的方式类似,名股实债中收益的支付也分为一次性支付和分期支付两种。一次性支付,是指在对股权进行回购时支付溢价作为固定收益回报;分期支付则是指投资方与承诺方约定在投资方持股期间,定期支付一定价款作为回报。

在股权回购阶段,有意义的区分是根据回购主体进行区分,存在股东回购和公司回购两种情形。在现有的研究分类中,多数学者是按照投资方取得股权的方式和退出时的回购方进行分类,但在实际的研究过程中,相较究竟以何种方式取得股权,明晰合同的相对方、合同中的收益安排以及支付收益和回购的主体更具有实践意义。

(五)文献综述

1. 现有研究概述

目前已经有不少研究围绕法院在名股实债类案例中的裁判结果进行了分析,如赵育才在《名股实债司法裁判实务的总结与反思》一文中,对法院的裁判结果进行了总结:回购条款原则上有效。在性质认定层面,名股实债类案例普遍被认定为股权投资;只有在特定情形下,即当事人能够提出充分证据证明双方达成的真实合意为债权投资时,法院才会突破股权的表面形式作出实质是债权的认定。① 在《"名股实债"的司法裁判路径探析——以"新华信托—港城置业"案为例》一文中,学者吴潇敏等人还提出,法院有时对投资性质并不进行明确认定,仅作出支持当事人按照约定继续履行合同义务的判决。

现有研究主要围绕两组关系展开:一是合同当事人之间的关系,主要围绕真实意思表示和利息管制、公平原则等进行认定和调节;二是在涉及外部第三方时,围绕商事外观主义原则,考虑对外部第三人信赖利益的保护。就真实意思表示的认定角度,多数学者在研究中都对几类重要的影响因素进行归纳,如是否行使股东权利,有无享受固定收益,是否办理工商登记,是否有其他担保,股权转让价格是否公允以及融资回报期限等。此外,对于直接将当事人之间的交易安排等同"股"或"债"的做法,不少学者提出了质疑。如许德风教授在《公司融资语境下股与债的界分》一文中就提到,法院以形式代替实质,将交易中附有"联营+保底"以及对赌安排简单等同"借贷",以有名合同规则强行解释当事人意思,但忽略了交易背后真实的风险分配。② 他认为,应控制形式检验规则的适用,更多地关注当事人之间的约定是否会造成债务人与债权人之间的利益失衡。对于显失公平的约定,受损害方可以根据《民法典》第 151 条请求人民法院或者仲裁机构予以撤销。在当事人之间的约定违背公序良俗时,可以依据《民法典》第 143 条的规定,认定其无效。学者陈明在《股权融资抑或名股实债:公司融资合同的性质认定——以农发公司诉通联公司股权转让纠纷案为例》一文中同样提出,在股债融合背景下,事实上存在无数种融资模式,无法简

---

① 参见赵育才:《名股实债司法裁判实务的总结与反思》,载《金融法苑》2018 年第 1 期。
② 参见许德风:《公司融资语境下股与债的界分》,载《法学研究》2019 年第 2 期。

单用"股"或"债"的概念界定其性质,应当结合内外部关系作出个案认定。①

在涉及外部第三方时,则须考虑是否需要适用商事外观主义原则。商事外观主义原则适用的条件包括外观事实、善意第三人的合理信赖以及本人与因。许德风教授认为,在当事人介于股债之间的交易安排中,公司的利益不会受损,理由是:公司向投资人提供股权回购担保有利于自身经营发展,并不损害公司及公司中小股东权益,因此,法院需要判断是否存在因信赖利益而将实际受到损害的债权人。② 但现实中,部分法院往往以抽象替代具体,未能对是否存在第三人的信赖利益进行讨论。之后,这一问题逐渐得到重视,学者陈明也在文章中指出:"不能机械地认为只要存在其他债权人就一定适用外观主义而认定为股权融资,还应考虑是否存在合理信赖权利外观或意思表示外观的交易行为;也不能机械认为公司承担回购或补偿义务就必然损害债权人利益,还应考虑公司履行义务是否减损公司资产、降低偿债能力,资产是否足以清偿其他债务等。"③

2. 现有研究所面临的不足

(1) 未对各种影响因素的影响力进行详细探讨

多数学者在探讨实践中法院对于股债认定的思路时,往往是泛泛而谈,涉及很多方面,但没有对各种影响因素对法院认定产生的影响力大小进行探讨。比如,陈明在《股权融资抑或名股实债:公司融资合同的性质认定——以农发公司诉通联公司股权转让纠纷案为例》一文中虽然提到了"综合考虑多方面的因素",具体而言包括融资期限与回报、股权转让或增资价格、是否存在主债权或其他担保、是否办理工商登记、是否行使股东权利、是否参与公司经营以及交易主体与行业情况等,但文中并未对各因素在法院作出认定时所占的权重进行

---

① 参见陈明:《股权融资抑或名股实债:公司融资合同的性质认定——以农发公司诉通联公司股权转让纠纷案为例》,载《法律适用》2020年第16期。
② 参见陈明:《股权融资抑或名股实债:公司融资合同的性质认定——以农发公司诉通联公司股权转让纠纷案为例》,载《法律适用》2020年第16期。
③ 陈明:《股权融资抑或名股实债:公司融资合同的性质认定——以农发公司诉通联公司股权转让纠纷案为例》,载《法律适用》2020年第16期。

分析。① 如果在实际应用中，法院对诸多因素都加以考虑，却不予区分哪些要素或哪一要素是关键的衡量因子，那么一旦依据不同要素认定的结果出现矛盾时，就缺乏统一的认定规范，容易造成混乱。

(2)忽视法院裁判与金融监管之间的关系

多数研究忽视或未能清楚地认识两者之间的关系。需要明确的是，监管中对名股实债类交易的禁止性规定，其目的是控制金融风险，并通过限制资金进入特定行业领域或者对特定主体进行风险控制达到这一目的。例如，原银监会办公厅《关于加强信托公司房地产、证券业务监管有关问题的通知》第1条、原保监会《关于保险资金设立股权投资计划有关事项的通知》(已失效)第3条、《政府和社会资本合作项目财政管理暂行办法》(已失效)第35条以及国务院办公厅《关于印发互联网金融风险专项整治工作实施方案的通知》等规定。但司法裁判的逻辑是不同的，法院应更关注案外人利益和交易主体之间真实的意思表示，在实践中，法院不能仅仅依据禁止性的监管规定而直接认定当事人之间的合同无效。根据《民法典》第143条的规定，行为人具有相应的民事行为能力、意思表示真实且不违反法律、行政法规的强制性规定，不违背公序良俗的情况下所实施的民事法律行为有效，故尚未上升至法律、行政法规的强制性规定这一层级的监管规范，不能作为否定合同效力的法律依据。因此，不能通过法院对交易性质的裁判代替监管的惩处手段，即法院裁判不能代替行政监管。但这并不意味着司法和金融监管的做法是相互矛盾的，实际上，在法院保护商事交易或者当事人意思自治的情况下，当事人仍然将面临金融监管部门的惩治，故而当事人需要在监管套利与交易安全之间进行权衡。只有清楚地认识到了法院裁判与金融监管之间的区别和联系，才能够在司法裁判中明晰法院的角色，进而避免其以监管者自居，过度干预和介入当事人之间的交易。

(3)对实际的履行问题考虑不足

可以类比"股权对赌"中回购义务的履行情况，对这一问题进行审视。根据《九民纪要》中关于"对赌协议"的效力及履行的相关论证，当投资方与目标

---

① 参见陈明：《股权融资抑或名股实债：公司融资合同的性质认定——以农发公司诉通联公司股权转让纠纷案为例》，载《法律适用》2020年第16期。

公司订立包含股权回购、金钱补偿等一系列设计的融资协议时,应判断双方之间的协议是否存在法定无效事由。若不存在法定无效事由,则进一步考虑履行问题。若投资方请求目标公司回购股权,适用《公司法》上关于回购的规定;若请求目标公司承担金钱补偿义务,则适用《公司法》关于利润分配的规定。上述分析表面上似乎已经使问题得到了解决,其实不然。以投资方请求公司履行回购义务为例,公司回购的前提是公司通过股东会或股东大会的决议作出了减少注册资本的决议,但上述决议是公司的自治事项,法院没有办法强制公司为履行回购义务而通过减资的决议。这就意味着,即便是承认了"对赌协议"本身的效力,在实际履行中,一旦公司不履行之前协议中关于回购的约定,投资方不仅无法按照约定退出,而且实际上也无法获得救济,因为法院无法就回购条款强制执行。在投资方请求目标公司承担金钱补偿义务的情况下,上述问题同样存在,利润分配也是公司的自治事项,法院无法强制公司作出分红的决议并向投资方分红。上述问题,同样也适用于名股实债的约定,如果投资方直接与公司签订股权回购合同,同样涉及公司自治与司法权的边界这一问题。目前针对履行问题,学理上的讨论仍然相对匮乏。

(4)缺乏对法院整体裁判路径的梳理和分析

对于名股实债案件,法院在审理过程中主要涉及以下3个问题:合同是否有效;合同的性质认定,在对合同性质的认定部分又可能会涉及基于商事外观主义原则而对第三方的信赖利益进行保护的问题;具体的履行安排,如支持或部分支持当事人对利息、违约金的请求等。笔者将在数据统计的基础上,分析法院在各个问题中的裁判理由和影响因素,并最终建立法院对名股实债类案件的整体裁判路径。

二、案例整理和分类统计

(一)数据统计与初步分析

由于名股实债纠纷在不同案件中有不同的描述,如"名股实债""明股实债""名为股权实为借贷""名为出资实为借款"等,为了进行更加全面的检索,笔者使用十几种不同的关键词排列组合方式,限定"民事 + 一审、二审、再审 + 裁决书 + 2011.1.1~2020.11.15"的前置搜索条件,在"威科先行"法律信息库中初步检索到案例 1956 个,人工去除重复案例和无关案例后,得到相关案例 955 个。为了突出争议点,在此基础上进一步进行目标案件的范围缩限,去除只有转账凭证和投资款备注,①无书面合同的案例以及资金投入主体为非公司的案例,②最后用于分析的名股实债案例为 525 个。

1. 历年数量及地域分布情况

如图 4-1 所示,从名股实债纠纷案件的年度分布来看,名股实债投资方式引发的纠纷整体呈现增长的趋势(2020 年有所下降),这说明名股实债这种融资操作模式的风险逐渐暴露出来。从下文分析不难得出,不同法院的裁判也出现不同的结果。

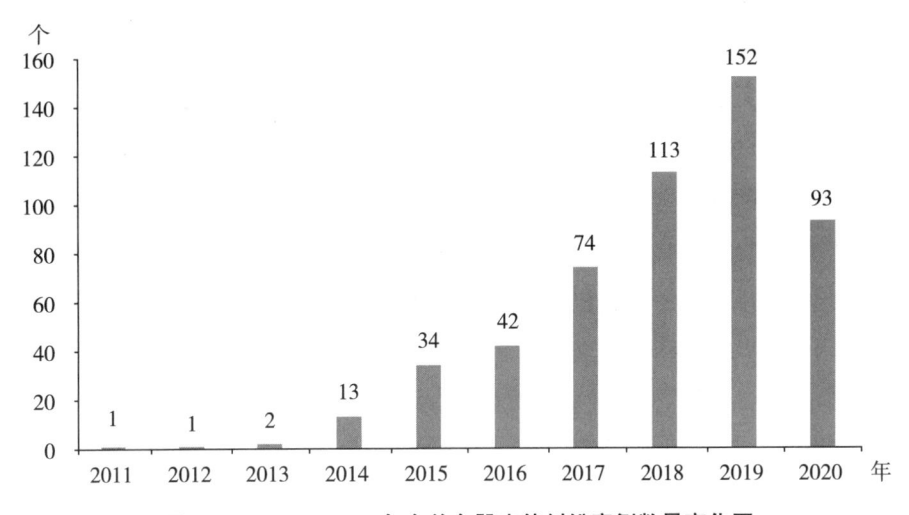

图 4-1 2011~2020 年有关名股实债纠纷案例数量变化图

就案件地域分布而言,如图 4-2 所示,可以看到广东、江苏、浙江等东南沿海城市的案件数量相对靠前,其中广东省 81 个,江苏省 47 个,浙江省 42 个,名股实债作为创新型的融资工具满足了民营企业的部分资金需求,因此案例纠纷数量和地域经济发展程度也显现出一定的关联性。

---

① 该类案例没有书面合同,法院主要结合当事人的各种履行行为来确定其真实意思表示,从而进行股或债的认定,并且是否注明投资款本身也并非确定的认定标准,法院有时认定为股,有时认定为债。

② 该类案例大部分为投资合作/投资开发项目,不涉及公司实体的股权变动安排和公司资本维持问题,法院一般简单依据是否"共担风险、共享收益"认定是否为民间借贷。

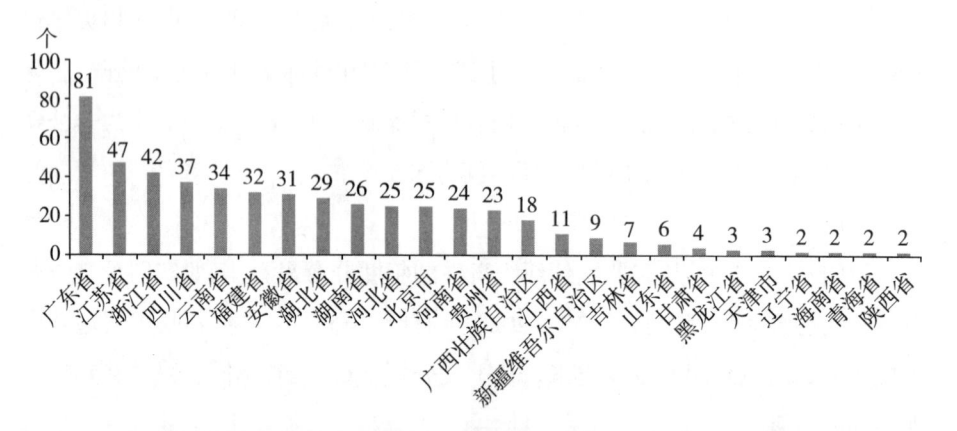

图 4-2　2011~2020 年有关名股实债纠纷案件主要地域分布情况

广东省 81、江苏省 47、浙江省 42、四川省 37、云南省 34、福建省 32、安徽省 31、湖北省 29、湖南省 26、河北省 25、北京市 25、河南省 24、贵州省 23、广西壮族自治区 18、江西省 11、新疆维吾尔自治区 9、吉林省 7、山东省 6、甘肃省 4、黑龙江省 3、天津市 3、辽宁省 2、海南省 2、青海省 2、陕西省 2

2. 法院审理情况

从图 4-3、图 4-4 可以看出,名股实债纠纷案例中,由中级以上人民法院审理的案件达到近 35%,并且有近 34% 的案件经历了二审程序。经进一步统计,由基层人民法院一审时的上诉率达到 47%。究其原因可能是:首先,名股实债交易涉及多方利益,除出资方和融资方之外,还可能涉及承担担保责任的第三方主体,并且交易模式相对而言较为复杂,涉及多方举证责任,事实不易查清。其次,由于缺乏相应的法律释明,法院裁判也没有统一的标准,因此一方当事人认为判决结果不公的情况时有发生,从而上诉率较高。

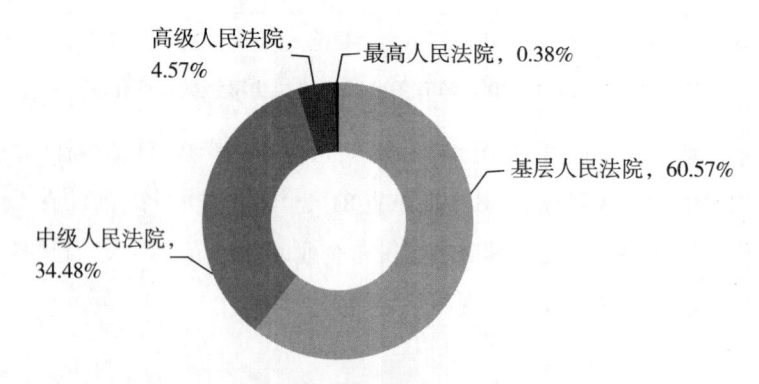

高级人民法院,4.57%
最高人民法院,0.38%
基层人民法院,60.57%
中级人民法院,34.48%

图 4-3　2011~2020 年有关名股实债纠纷案件审理法院分布情况

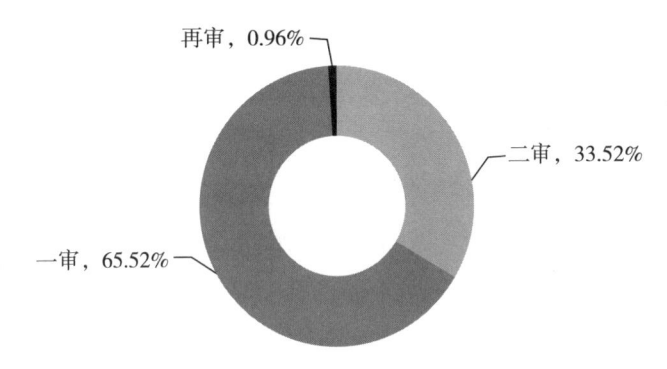

图 4-4 2011~2020 年有关名股实债纠纷案件审级分布情况

3. 纠纷类型情况

通过对目标案例的纠纷类型进行统计梳理,如图 4-5 所示,可以发现其中占比最多的前 5 种案由类型为民间或企业借贷纠纷、合同纠纷、借款合同纠纷、股权转让纠纷以及新增资本认购纠纷。其中民间或企业借贷纠纷占比最多,案件数量共 279 个,其中 241 个案件被法院判决最终认定为债。在这种纠纷类型下,各方当事人之间的资金拆借以及保底收益安排较为明显,易被法院认定为借贷法律关系。新增资本认购纠纷和股权转让纠纷体现了投资方进入融资方公司的两种不同形式,案件数量分别为 14 个和 38 个,实际上也可以看出,在名股实债的交易安排中,股权转让由于不涉及公司注册资本的变更等重大事项,较之新增资本认购手段更为常用。综合来看,这两类案件中法院判决认定为股的数量和认定为债的数量大致相当(认定为债的有 25 个,占这两类案件总比 48.08%)。破产债权确认纠纷、股东资格确认纠纷、股东出资纠纷等案件数量均为个位数,虽然案件总体数量较少,但具有一定的典型性,笔者将在后文分析中有所涉及。此外还有保证合同纠纷、追偿权纠纷、别除权纠纷等其他与公司有关的纠纷,由于类型相对分散且并非典型纠纷类型,因此未在图表中列明。

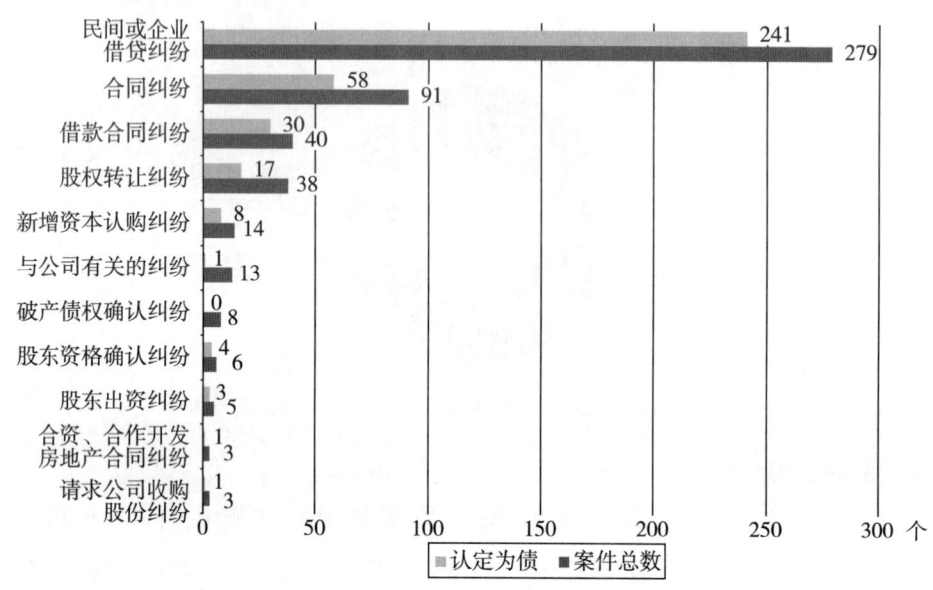

图 4-5 2011~2020 年名股实债案件主要纠纷类型分布情况

4. 涉诉案件标的额情况

笔者对检索到的案例涉诉标的额情况进行了相应统计,如图 4-6 所示。由于部分数据缺失,因此统计总数为 419 个,其中 366 个案件标的额都在 1000 万元以下,占到案件总数的 87.35% 以上,大部分通过股权转让或增资实施名股实债安排的都是自然人和中小型公司企业。5000 万元以上的案件共 16 个,其中有 8 个案件和房地产开发相关,体现出较强的行业集中度,投资主体也主要为集合性投资主体,如信托公司或专门的投资管理有限公司等。

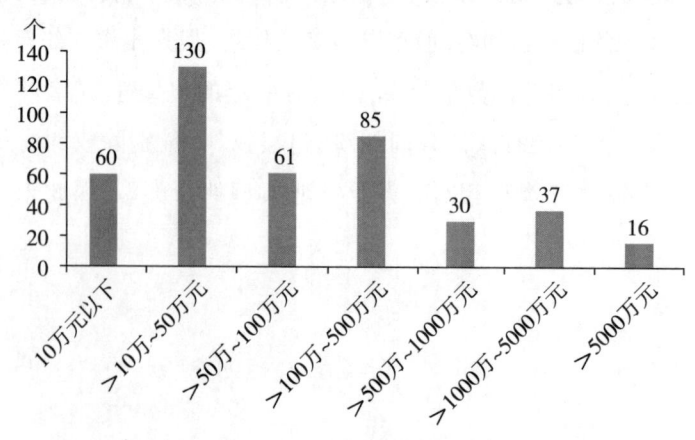

图 4-6 2011~2020 年有关名股实债涉诉案件标的额分布情况

5. 涉诉案件交易安排分析

首先,对目标案件股权取得方式进行初步统计,其中明确为增资入股的案件为 168 个,明确为股权转让的案件为 215 个,总体而言,股权转让的交易安排更为常见。进一步结合法院判决进行统计,笔者发现增资入股案件中,认定为债的案件数量为 105 个,占比为 62.50%,而股权转让案件中这一比例为 79.53%,这说明股权转让的交易安排可能更容易被认定为名股实债。

除增资入股和股权转让这两种常见方式外,也有部分名股实债交易对股权的安排较为模糊,如约定出资方取得股份"不列入公司的原始股,投资股只能作为投资与公司分享保底分红不享有资产权"①,或者仅约定投资款项进入公司,但并未对股权取得作出相应安排等。② 这类案件的出资方没有实质取得股权并享有相应股东权利的交易安排,因此认定不具有股权投资的目的,可以较为容易地识别出借贷的法律关系。

其次,对股权回购主体进行分类统计,大部分名股实债交易安排中回购主体为股东,占比达 62%,回购主体为公司的占比达 32%,还有 6% 交易安排股东和公司共同承担回购义务,对出资方而言,能够获得更好的回收本金的保障。

(二) 案例数据概览

1. 合同效力认定情况

在统计的 525 个案例中,仅有 6 个被法院认定合同无效,可以看出,尽管案涉合同效力时常成为当事人争议的焦点,但法院的裁判立场较统一,绝大多数认定协议有效。

如表 4-1 所示,有 4 个案件因违反国家法律法规中关于金融管理的强制性规定而被认定合同无效,这些判决都发生在 2015 年《民间借贷规定》出台之前,依据该规定第 11 条的规定:"法人之间、其他组织之间以及它们相互之间为生产、经营需要订立的民间借贷合同,除存在合同法第五十二条、本规定第十四条规定的情形外,当事人主张民间借贷合同有效的,人民法院应予支持。"在该

---

① 张某某与东莞市博发物流有限公司、蔡某、宁某某民间借贷纠纷案,广东省东莞市第二人民法院(2014)东二法岭民一初字第 589 号民事判决书。

② 参见吴川市银丰投资贸易公司(原吴川县信用发展公司)与陈某借款合同纠纷案,广东省吴川市人民法院(2018)粤 0883 民初 2101 号民事判决书。

规定出台之后,企业之间可以用自有资金相互借贷,原则上不因违反金融管理的强制性规定而无效。在张某与江苏金淼商业管理股份有限公司借款合同纠纷一审民事判决书①中,因案涉合同属于"名为投资,实为借贷"被直接认定为无效,法院没有进行相关说理。在湖北徽商投资有限公司、周某某股权转让纠纷案②中,一审法院认为出资方受让目标公司股东股权时,剥夺其他股东的优先购买权,案涉协议因违反法律、行政法规的强制性规定而无效;二审法院认定案涉协议实为民间借贷法律关系,并不当然无效,但其中目标公司对原股东回购投资方股权及固定收益实现进行担保的约定违反了2013年《公司法》第20条第1款中股东不得滥用权利损害公司或其他股东利益的规定,应属无效。该判决实际上是肯定了真实借贷合同的效力。

表 4-1 无效合同判决理由

判决书	法院认定无效理由
安徽省六安市中级人民法院民事判决书,(2013)六民二终字第00384号	安徽省大地隆丰公司作为有限责任公司,依照法律规定,不享有向社会以发行证券方式募集资金的权利,并且发行证券依法也应经过审批,因此该公司通过向不具有公司股东和员工身份的赵某某和盖某某发放股权认购证以募集资金,其行为违反法律禁止性规定,属无效民事行为
四川省绵阳市中级人民法院民事判决书,(2015)绵民初字第56号	一百投资公司不具备从事金融业务的资质,故该合同无效
浙江省杭州市中级人民法院民事判决书,(2015)浙杭商终字第815号	双方之间名为投资,实为借贷,违反国家法律、行政法规的强制性规定,应认定双方之间的投资合同无效
广东省高级人民法院民事判决书,(2015)粤高法民二破终字第44号	中关村证券并不具有金融业务经营资格,违反了国家法律和政策禁止非金融机构经营金融业务的相关规定

---

① 参见江苏省常州市新北区人民法院民事判决书,(2018)苏0411民初5905号。
② 参见湖北省武汉市中级人民法院民事判决书,(2017)鄂01民终3367号。

续表

判决书	法院认定无效理由
湖北省武汉市中级人民法院民事判决书,(2017)鄂01民终3367号	召集程序及股东会决议违反了公司法或该公司章程的规定,剥夺了其他股东的知情权或优先购买权,违反法律、行政法规的强制性规定
江苏省常州市新北区人民法院民事判决书,(2018)苏0411民初5905号	该协议的性质系名为股权投资实为借贷的合同,应属无效

2.合同性质认定情况

在518个有效案例中,有379个案涉协议被法院认定为债,132个案涉协议被法院认定为股,另有7个案例法院并未对协议性质作出实质性认定,而注重合同履行。2011年至2020年协议性质认定的裁判倾向并未发生较大变化,认定为债的案件比率稳定在70%~80%。

3.法院主要认定理由梳理

如图4-7所示,在认定当事人之间合同性质时,法院依据的主要理由为是否仅获取固定收益、是否参与经营管理以及是否承担经营风险等,即合同的权利义务安排和真实的意思表示成为主要的认定理由,其中固定收益的安排更是成为最核心的考虑因素。此外,股权取得的外观如是否变更股东名册、是否办理股权变更登记等也在法院认定的考虑范围内,重要性略次于合同约定的权利义务。也有少数法院在合同性质认定时,要求当事人承担证明责任,并不主动对合同性质进行相应认定,即如果当事人不能证明案涉合同实质为债,便按照合同约定认定为股权法律关系。

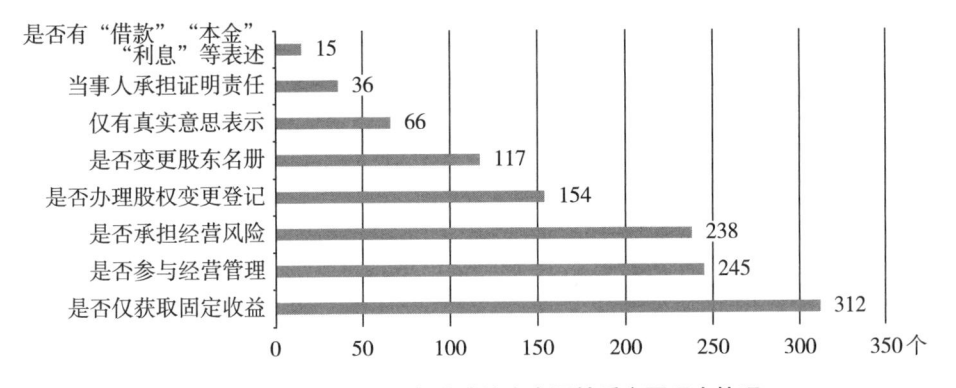

图4-7 2011~2020年法院认定合同性质主要理由梳理

- 是否有"借款""本金""利息"等表述: 15
- 当事人承担证明责任: 36
- 仅有真实意思表示: 66
- 是否变更股东名册: 117
- 是否办理股权变更登记: 154
- 是否承担经营风险: 238
- 是否参与经营管理: 245
- 是否仅获取固定收益: 312

除图 4-7 中所示的主要认定理由外,一些法院还依据股权转让的法律关系特征进行合同性质的认定,如合同当事人约定不办理股权变更手续①、转让股份的数量及价款不明②、出资方不承担股权转让前后的债权债务③等,据此认定当事人不具有股权转让的合意。

4. 固定收益条款分析

笔者进一步对涉及固定收益条款的判决进行分析,发现其中约 77% 的合同仅约定出资方享有固定收益,约 23% 的合同约定可以参与分红,即收益与目标公司利润有一定关联。

笔者对不同类型的收益条款对合同性质认定的影响进一步分析,发现当合同中仅约定固定收益时,有 92% 的法院判决将其认定为债,仅有 8% 的判决将其认定为股。当合同约定出资方可以参与分红时,股债认定的比例大体相当,分别为 49% 和 51%。据此可以看出,当合同有明显的固定收益安排时,绝大多数法院都是据此认定交易的债权性质,还本付息的稳定预期也是债权区别于股权的主要特征。

笔者对参与分红并且认定为债的案例进行进一步分析,发现合同约定都具有明显的保底条款性质,即在固定收益的基础上依据公司经营情况获取一定的浮动收益,如约定"按月利率 4% 的标准计算利息,同时按 2% 股权比例享受目标公司分红"④,而当收益安排直接和利润挂钩时,由于要承担一定的经营风险,股权法律关系的特征更加明显。

(三)法院认定合同性质的主要影响因素

合同性质是当事人争议的主要焦点,也是法院审理的主要内容。在合同被认定为有效的基础上,合同性质的争议围绕着是"股"还是"债"而展开。

本次案件统计所设标签,即假设会对法院判断合同性质产生影响的因素有 12 个,如下所示。

---

① 参见广东省广州市白云区人民法院民事判决书,(2018)粤 0111 民初 9124 号。
② 参见最高人民法院民事判决书,(2016)最高法民终 435 号;江苏省徐州市中级人民法院民事判决书,(2020)苏 03 民终 463 号。
③ 参见广东省东莞市第二人民法院民事判决书,(2014)东二法虎民一初字第 617 号。
④ 湖北省武汉市江汉区人民法院民事判决书,(2016)鄂 0103 民初 6945 号。

1. 出资方是否为金融机构(是1,否0)(如基金或投资公司)。

2. 股权取得方式是增资/股权转让(增资1,股权转让0)。

3. 法院要求当事人承担证明责任(是1,未提及则空)。

4. 是否约定回购股权(是1,否0),未提及的一般都是1,如果为0下面两项不填。

5. 是否约定其他增信措施,例如保证、抵押(是1,否或未提及则空)。

6. 出资方是否参与经营管理(是1,否0,未提及则空)。

7. 融资方是否仅支付固定收益,参与分红就是否(是1,否0,未提及则空)。

8. 出资方是否共担经营风险(是1,否0,未提及则空)。

9. 融资方是否变更股东名册(是1,否0,未提及则空)。

10. 融资方是否办理股权变更登记(是1,否0,未提及则空)。

11. 双方是否后续达成改变合同性质的补充协议(是1,否0)。

12. 其他涉及性质认定的事由。

经过初步筛选,笔者发现:

第一,关于标签1,出资方为金融机构的只有37个案例,其中涉案合同被认定为债权合同的有27个,被认定为股权合同的有10个。可见出资方是否为金融机构与合同性质认定并无太多关联,即融资的资金来源并不会影响合同性质认定,故在此不作过多讨论。

第二,关于标签2,通过增资取得股权的案例有217个,通过转让取得股权的为294(标明的168)个。无论哪种方式取得股权,合同性质认定都是既有股权又有债权,其实,这一约定的存在并不当然表明投资方可以获得股东身份,最终还是要经过工商登记。因此,这一标签与合同性质的认定并没有直接的关系,故在此不作过多讨论。

第三,关于标签4,有回购股权约定的案例有158个,未约定的为353个。回购股权多与收益条款混在一起,表明投资收益或利息的给付期限和给付金额,同时,也可能包括股权持有期限或转让节点的安排。可以说,其是股债融合的一个重要表现,或者说,正是因为回购股权的存在,才使合同具有股债融合的性质。因此,其并不是合同性质认定的影响因素,故在此不作过多讨论。

第四，关于标签5，增信措施或者说担保措施，其实都是融资方对投资方承诺收益的一种保证，说到底是附属于主合同的，即不能以担保合同的存在与否来判定主合同的性质，故在此不作过多讨论。

综上，笔者认为，法院认定合同性质时考虑的主要因素有：出资方是否参与经营管理、融资方是否变更股东名册、融资方是否办理股权变更登记、出资方是否共担经营风险、融资方是否仅支付固定收益、其他涉及性质认定的事由。此外，从事实认定和证据来看，影响因素包括是否仅有真实意思表示而无实际履行、是否存在证据不足而主张不能成立、双方是否后续达成改变合同性质的补充协议以及其他涉及性质认定的事由。

通过初步筛选，上述因素可分为以下几类：一是形式因素，包括是否参与经营管理、是否变更股东名册以及是否进行股权变更登记；二是风险因素，即是否承担经营风险；三是收益因素，即是否约定固定收益；四是其他因素，包括证据证明、达成补充协议以及其他认定合同性质的理由。在此，笔者将逐一对上述因素进行分析，以司法案例作为支撑加上理论支持，以期能明确各个因素在判断合同性质中的重要性和合理性。

1. 形式因素

形式因素主要涉及股东认定的3个外观因素，即是否参与经营管理、是否变更股东名册及是否办理股权变更登记。笔者认为，仅从法院关于名股实债的案例判决中来研究还不够，因此笔者从管理学角度对股东资格进行了一定的研究。沈贵明《股东资格研究》一书中，关于股东资格的认定介绍较为详细。沈贵明在文中面对有关股东认定的现实问题和研究状况，对当时《公司法》某些规定的合理性与科学性提出质疑，如《公司法》有关股东资格工商登记的规范的作用，《公司法》对有限责任公司与股份有限公司在股份凭证与股东名册方面的不同规定及股东资格认定的法理根基。[①]

股东一方面是股份的持有人，另一方面是股份的所有者。广义上的股东，不仅是上市公司发行股票后的股东，还应该包括股份有限公司、有限责任公司及其他组织的股东。股东属于公司法上的概念，股东资格的问题在公司制度方

---

① 参见沈贵明：《股东资格研究》，北京大学出版社2011年版，第9页。

面是较为基础性的问题,而且在公司法的研究中也显得比较重要,一方面有关股东的法律法规是整个公司法律体系的基础,另一方面《公司法》中对股东的肯定也极大地保护了股东的利益,因此对股东资格的研究,不能局限在表面的认定上,还应该从整个公司的法律制度中去研究,因此必须从法律层面对股东资格进行研究,才能更好地保护其权利。

在对股东资格的实质分析上,沈贵明指出,在主体的能力方面,股东资格实质上是指民事主体对其财产进行投资运作的能力,从字面含义上看,股东资格,是指民事主体能否成为股东的能力。然而,民事主体要成为股东,必须持有公司股份。① 在主体的身份方面,股东资格的实质在于:明确股东权利的载体,确定股份财产利益的归属。民事主体取得股东资格,就意味着该主体与公司发生了特定的法律关系,即成为公司组织体的成员——股东,实际上成为享有股东权利的主体;就意味着该主体成了相应股份的所有者,是该股份之上的权益归属的载体。② 此外,股东权利和股东资格认定存在很大区别,股东权利具体包括参与经营管理、重大事项表决决策权;股东资格比较偏向公司法法律主体的认定,即是某项利益的归属者。股东权利是股东资格的具体体现。③ 因此对股东资格的认定,应该更好地结合股东实际权利来进行认定,即一般认为,某主体享有了某项权利,其便具有了某种资格,或者说某主体是因为具有了该资格之后,才能行使该项权利。

关于取得股东资格需要具备的条件,学界存在一定的争议,有学者认为股东应该具备以下特征:(1)在公司章程上被记载为股东,并在章程上签名盖章;(2)向公司投入了在章程上承诺投入的资本;(3)在相关部门备案的公司文件中被列为股东;(4)拥有公司签发的出资证明书;(5)被载入公司股东名册;(6)享有法律规定的股东权利。④ 沈贵明认为,取得股东资格的条件需要包括股东与公司合法存在、主体适格及股东资格取得方式合法。⑤

---

① 参见沈贵明:《股东资格研究》,北京大学出版社2011年版,第114页。
② 参见沈贵明:《股东资格研究》,北京大学出版社2011年版,第115页。
③ 参见沈贵明:《股东资格研究》,北京大学出版社2011年版,第134页。
④ 参见刘兰芳主编:《新公司法疑难案例判解》,法律出版社2009年版,第6、44页;丁巧仁主编:《公司法案件判解研究》,人民法院出版社2003年版,第9、42、47页。
⑤ 参见沈贵明:《股东资格研究》,北京大学出版社2011年版,第284页。

股东资格的证明文件,是股东认定的重要因素,即能够证明某主体是公司的股东,也是表明股东身份的凭证。该证明文件为股东行使权利作了必要的准备。能够证明股东资格的基本文件是股东名册和股份凭证,由公司保管的股东名册和由公司签发、股东持有的股份凭证,表明股东成为公司成员的意志和公司对股东身份的认可,反映了公司与股东之间的合意关系。因此,股东名册和股份凭证是证明股东资格的基本文件。① 沈贵明将股东名册和股份凭证两个方面的认定作为股东的证明,而最高人民法院认为,当股东向公司投资合法取得股东资格,而公司不将股东记载于股东名册,不向股东签发股份凭证时,股东向人民法院提起诉求的,人民法院应当予以支持。② 可以看出,最高人民法院在此作出实质性判断,而非外观主义的判断。

下面将对形式因素进行逐一分析。

(1)是否变更"股东名册"

根据我国《公司法》的规定,公司需要在股东名册上记载股东的基本信息。③ 股东名册记载了关于股东的姓名、名称等各项信息,股东如果同意将某人记载于股东名册上,表明其对股东资格一定程度的认可。对股东名册的内容,我国《公司法》第32条(2023年修订后为第56条)第1款规定:"有限责任公司应当置备股东名册,记载下列事项:(一)股东的姓名或者名称及住所;(二)股东的出资额;(三)出资证明书编号。"第130条(2023年修订后为第102条)规定:"公司发行记名股票的,应当置备股东名册,记载下列事项:(一)股东的姓名或者名称及住所;(二)各股东所持股份数;(三)各股东所持股票的编号;(四)各股东取得股份的日期。发行无记名股票的,公司应当记载其股票数量、编号及发行日期。"可见,《公司法》对有限责任公司和股份有限公司关于股东名册的内容规定得较为详细。

第一,重要性分析。《公司法》规定了股东需要在名册上登记信息,可见股

---

① 参见沈贵明:《股东资格研究》,北京大学出版社2011年版,第298页。
② 《公司法司法解释(三)》第23条规定:"当事人依法履行出资义务或者依法继受取得股权后,公司未根据公司法第三十一条、第三十二条的规定签发出资证明书、记载于股东名册并办理公司登记机关登记,当事人请求公司履行上述义务的,人民法院应予支持。"
③ 值得注意的是,我国《公司法》对有限责任公司与股份有限公司采取了不同的立法态度:有限责任公司应当置备股东名册;而股份有限公司发行记名股票的,应当置备股东名册。

东名册可以作为认定股东身份的一个因素,但是诚如案例分析所见,股权取得的外观如是否变更股东名册、是否办理股权变更登记等也在法院认定的考虑范围内,其重要性略次于合同约定的权利义务。通过案例检索,在525个案例中有117个案例提及股东名册,因为法院在审理案件中,有了直接认定股东身份的股东名册,审理会较便捷,但具体认定为股权还是债权,还需要作其他实质性判断。

第二,合理性分析。对于股债认定的因素,股东名册虽然不像固定收益、承担风险那样重要,但是作为外观的判断因素之一,其存在还是具有一定合理性的。法院在审理案件中,通过外观主义的判断,可以迅速审结案件,如武汉缤购城置业有限公司(以下简称缤购城公司)、国通信托有限责任公司(以下简称国通公司)借款合同纠纷案中,国通公司虽经工商变更登记为缤购城公司股东,但缤购城公司并未举证证明国通公司实际参与了缤购城公司的后续经营管理。① 因此二审法院没有将之认定为股权,而是认定为债权。股东名册虽然对于认定股权投资关系作用不大,但是其存在还是具备一定的合理性。

(2)是否办理股权变更登记

在实务中一般认为,未办理股权变更登记,一般不具有股东资格,办理了股权变更登记,即享有了股东资格。出现这种情况,沈贵明认为有三个原因:第一,将与股东资格相关的股权等同于登记确权的财产权;第二,将股东资格的公司内部登记混同于公司登记主管机关的登记公示制度;第三,对公司法的相关规定的片面理解。② 有观点认为,公司登记管理机关对公司事项的登记是一种公示的方式,出资证明书和股东名册只是公司出具的股权证明形式,易出现不规范的随意行为,不具有登记所具有的公示力和公信力。因此,股权转让应当经登记后才能产生法律效力。股东资格的公司登记宣示意义是公示性的,是为了保护与公司进行交易的不特定的第三人。③《公司法》关于公司登记事项变更规定:公司应当将股东的姓名或者名称向公司登记机关登记;登记事项发生变更的,应当办理变更登记。未经登记或者变更登记的,不得对抗第三人。这

---

① 参见最高人民法院民事判决书,(2019)最高法民终1532号。
② 参见沈贵明:《股东资格研究》,北京大学出版社2011年版,第384、385页。
③ 参见《中国民商审判》(2002年第2卷)(总第2卷),法律出版社2002年版,第145页。

便造成了办理登记之后才是股东,而没有办理登记便不是股东这样的一个错误判断。

第一,重要性分析。结合沈贵明有关股东资格认定的观点,可以认为,公司登记,是公司主体资格的登记,既不是"股东登记"或"股权登记",更不是"股东变更登记"或"股权变更登记"。《公司法》及相关法规所涉及的"股东登记"只是公司登记中的一个相关事项。① 因此,将公司登记作为认定股东资格的条件是不充分的,同时,如果一定要认定只有办理了股权转让登记才能取得公司股权,则难以适应现实的需要。笔者认为,对于登记的认定,应当结合《公司法》的立法原意去理解,即登记只具有对抗的效力,未经登记不能对抗第三人。

同样,关于股债认定中,是否进行股权变更登记这一要素,笔者认为,其只起着宣示性的对抗作用,即便进行了登记也不一定是股东,不登记也不一定不是股东,还须结合其他因素作出实质性判断。如许某、壮某某第三人撤销之诉再审民事判决书中,法院认为,壮某某自愿交纳投资款,系其要求成为欧德公司股东的意思表示,且其在欧德公司受让设备时行使了股东权利,即使未经工商登记确认,亦不影响对壮某某系欧德公司股东身份的认定。②

第二,合理性分析。在案例检索中,524 个案例中有 154 个案例提及是否办理了股权变更登记,因此该因素存在一定的合理性。通过案例的对比,笔者发现外观主义中的股权变更登记对最后的结论显得并非那么重要,其存在的合理性值得进一步商榷。

(3)是否参与经营管理

股东在取得公司股份之后,可以从事公司的经营管理活动,经营管理活动是对相关财产进行直接的掌握和管理的活动。沈贵明认为,股东资格偏向投资活动的资格,而进行投资活动的股东资格与从事经营活动的股东资格的基本法律属性是不同的;股东资格是法律主体运用自己的财产投资于公司,成为公司股东的可能性,股东资格在本质上反映的是财产所有权主体自主运用自己财产的权利,是法律主体享有财产所有权的表现;而经营活动资格,是指主体可以实

---

① 参见沈贵明:《股东资格研究》,北京大学出版社 2011 年版,第 401 页。
② 参见浙江省海宁市人民法院民事判决书,(2018)浙 0481 民再 3 号。

行以营利为目的的财产管理运用行为的可能性。前者的资格以一般的主体权利能力为基础,具有追求普遍意义的公平理念;而后者的资格以特定主体所必不可少的行为能力为基础,具有追求法律后果的效益和安全的理念。①

第一,重要性分析。结合管理学上关于股东参与公司经营管理的知识点,可以得出这样的结论,即参与经营管理在认定股东资格上,只是一个外观主义的判断要素,股东也可以不参与公司的经营管理,因此该要素在认定股东资格上并非那么重要。

第二,合理性分析。从统计的数据来看,525 个案例中,有 245 个将是否参与经营管理作为认定为股权还是债权的考量因素。其中缤购城公司、国通公司借款合同纠纷二审民事判决书②中,法院认定国通公司虽经工商变更登记为缤购城公司股东,但缤购城公司并未举证证明国通公司实际参与了缤购城公司的后续经营管理。法院从是否参与经营管理这个角度,没有将其认定为股权,因此当几个外观主义因素都混合的时候,经营管理的重要性及合理性便显现出来。

综合分析上述因素,可以得出结论:是否参与经营管理的重要性大于股东名册和股权变更登记,对于法院判断合同性质具有更重要的影响。当然这只是从外观主义的视角作出的判断。

2. 风险因素

这是关于"是否承担经营风险"的分析。风险是特定环境下某种损失发生的可能性,股东应当对公司的风险承担责任。

关于股东权利对于股东资格的认定,存在"剩余资本说",该学说认为,股东只不过是剩余资本的契约提供者,他们的"合同"使他们可以取得企业的剩余利润,同时要求他们承担企业主要的亏损风险,因为公司其他的资金提供者相对于他们都有获得支付的优先权。③ 该学说认为股东应对公司的风险承担重大责任。

---

① 参见沈贵明:《股东资格研究》,北京大学出版社 2011 年版,第 406 页。
② 参见最高人民法院民事判决书,(2019)最高法民终 1532 号。
③ 参见[美]罗伯特·W.汉密尔顿:《美国公司法》(第 5 版),齐东祥等译,法律出版社 2008 年版,第 42 页。

(1) 重要性分析

在笔者统计的525个案例中,有238个提及了股东是否承担经营风险,可见,这在股权或债权认定中尤为重要。如张某某与镇江一鹤餐饮服务有限公司(以下简称一鹤公司)、谢某民间借贷纠纷案①中,法院认为入股协议约定如一鹤公司破产或关闭,投资款项不退还,这表明原告应当以其投资款为限对一鹤公司承担责任,原告并非只享受固定利益,而不承担公司经营风险。由此可以看出,对于股东承担经营风险的行为,法院一般认定为股权。而杭州临安华蓝再生资源有限公司(以下简称华蓝公司)、陈某某民间借贷纠纷案②中,法院认为华蓝公司和陆某某在案涉《补充协议》中约定陈某某不承担风险只收取固定收益的事实,一审判决认定陈某某与华蓝公司订立的《临安华蓝再生资源有限公司小股东股份合作协议》名为出资协议实为借贷协议并无不当。在严某与廖某某合同纠纷案③中,法院认为原告实际向被告支付的款项中,其余的840万元,并没有证据显示用于设立茂鼎公司,款项直接支付至被告账户,由被告实际支配及使用,双方在《合资合作合同》中一并对款项的保底收益予以约定,并在第一年实际支付了相应收益,其特征符合有固定回报这一点,且并没有实际履行出资入股程序,与投资行为风险性的基本特征不符,可以认定其名为投资实为借贷,该部分款项争议的性质属于民间借贷纠纷。可以看出,是否共同承担经营风险在认定是股权还是债权的过程中很重要。

(2) 合理性分析

我国《公司法》第3条(2023年修订后为第3条、第4条)规定:公司是企业法人,有独立的法人财产,享有法人财产权。公司以其全部财产对公司的债务承担责任。有限责任公司的股东以其认缴的出资额为限对公司承担责任;股份有限公司的股东以其认购的股份为限对公司承担责任。

股东是公司股权的持有者,其与公司的业绩存在直接的挂钩关系,对公司承担责任,因此对公司的风险也应当承担直接的责任。在进行股权还是债权的认定中,是否共同承担风险是一个很重要的因素,其存在彰显了公司法关于股

---

① 参见江苏省镇江市京口区人民法院民事判决书,(2018)苏1102民初448号。
② 参见浙江省杭州市中级人民法院民事判决书,(2018)浙01民终6413号。
③ 参见广东省佛山市禅城区人民法院民事判决书,(2018)粤0604民初4875号。

东规定的意义。

外观主义的 3 个要素如股东名册、经营管理和股权变更,从共同承担经营风险这个角度来看已经显得不是很重要,在认定是股权还是债权的时候,更应该透过形式去看本质,这也是法院在审判中对合同性质认定时比较看重的理由。

3. 收益因素

这是关于"融资方是否支付固定收益"的分析。从公司实体论的角度来看,股权和债权是公司外部融资的两个主要渠道。"公司(融资方)将对外筹措所得的债权、股权等融资,交由一定的治理机制予以管理、运营,并将其获利以本息返还、盈余分配、股权回购等方式回馈投资方。"①"公司根据其现金流、控制权可分配的具体现状,可选择采取单纯的债权或股权融资,但也可采取按比例叠加或按条件转换方式,对应不同的现金流与控制权分配组合。"②股债的本质区别在于融资对价的高低,即不同的风险和收益配比带来了不同的现金流和控制权配比。

(1)重要性分析

综观各国资本收益分配制度的指导原则,主要有 3 条:一是股份平等原则,二是资本保有原则,三是投资资本收益分配与借贷资本收益相区别原则。借贷资本收益并不与公司的盈利状况挂钩,无论公司是否有盈利,公司均须向债权人支付固定的利息,即借贷投资回报这种收益是固定的。③ 注意,许多国家公司法规定优先股股东可以收取固定收益,但这种收益是建立在公司盈利的基础上,且是以股东对公司管理的参与权换取得来的,"本质上是非固定收益的变种"。④ 因此,判断"融资方是否仅支付固定收益"应成为法院确定合同性质的首要考量因素。

(2)合理性分析

在实践中,投融资双方可能会围绕投资和收益作出大量的约定,因此法院

---

① 陈克:《论不完全合同视角下的公司融资》,载《交大法学》2020 年第 1 期。
② 陈克:《论不完全合同视角下的公司融资》,载《交大法学》2020 年第 1 期。
③ 参见仇京荣:《公司资本制度中股东与债权人利益平衡问题研究》,中信出版社 2008 年版,第 219 页。
④ 仇京荣:《公司资本制度中股东与债权人利益平衡问题研究》,中信出版社 2008 年版,第 219 页。

需要对涉及收益条款的所有内容进行"固定"与否的判断。在此,可将收益分为金额型、利率型和利润型3类,这一划分的主要依据是收益计算的方式。首先,金额型。例如,"分红回报不低于每年40万元"[1]"每月固定收取4000元收益"[2]。其次,利率型。该类型有两种可能:一是固定利率型,如"甲方以年化率33.9%向乙方支付固定投资回报"[3]"不低于月息二分红利"[4]"享有合同中约定的14%利润分红,该项分红按每年12万元固定利润分给乙方";[5]二是"固定+浮动利率"型,如"固定分红为每年12%另加浮动收益1%到10%不等,根据华昌和泰公司的运营情况而定"。[6] 最后,利润型。例如,"以纯利润10%作为分红"[7]"可享受股份的增值"[8]等。可以看出,金额型收益都是固定收益(金额固定);利率型收益一部分属于固定收益(本金×利率=固定收益),另一部分属于不固定收益(要视经营状况而定);利润型收益则与目标公司利润挂钩,属于不固定收益,有的按利率计算,有的按股份比例计算。

总体来说,收益条款中有"分红"或"利润"字眼的并不当然就属于不固定收益,说到底还是要看计算收益的基数是否固定,即是以投资本金还是以经营利润为基数决定了收益数额在合同订立时是否固定。但是,会存在既以本金又以经营利润为计算基数的收益条款,例如,"最低保底年利息18%分红,分红上不封顶"[9]"甲方按年利率9.5%+企业可分配利润分红返还乙方所得收益"[10]"如有亏损康伟持股金20万元每月保底利息15‰,利益分红按经营威信公司股份的总股份比例5%每月分配"[11]"约定将公司净利润的20%作为投资人分红,若当年盈利分红收益低于8%的年化收益率,则按8%的年化收益率进行利

---

[1] 浙江省杭州市江干区人民法院民事判决书,(2017)浙0104民初4013号。
[2] 福建省福州市仓山区人民法院民事判决书,(2019)闽0104民初3276号。
[3] 江西省赣州市中级人民法院民事判决书,(2019)赣07民终2915号。
[4] 湖北省咸宁市中级人民法院民事判决书,(2019)鄂12民终1217号。
[5] 湖南省长沙市中级人民法院民事判决书,(2019)湘01民终4961号。
[6] 北京市东城区人民法院民事判决书,(2019)京0101民初14691号。
[7] 广东省广州市中级人民法院民事判决书,(2019)粤01民终17595号。
[8] 广东省深圳市福田区人民法院民事判决书,(2015)深福法民一初字第7279号。
[9] 福建省福州市中级人民法院民事判决书,(2020)闽01民终2231号。
[10] 江苏省常州市钟楼区人民法院民事判决书,(2018)苏0404民初861号。
[11] 湖南省新化县人民法院民事判决书,(2018)湘1322民初2021号。

息计算"①等。对于此类条款,多数法院认为其属于不固定收益。其实,固定与否都是投资回报,都会受到目标公司经营状况的影响,但是债权人享有"投资回报取得权以及投资本金收回权,且该权利具有确定性或可预期性,与股权投资回报的或然性不可同日而语"。②

此外,其实还有一种类型,即保本型,例如,"对五金制品公司员工入股的股金,承担经营风险,保不亏损……"③"该项目投资保本……退股时无须承担店铺亏损金额即投资多少退多少"④"不享受期间利润,原价回购"。⑤ 应当明确,保本与保底收益都是融资方对投资方的承诺,都属于资金使用的对价,但是两者保证的内容并不相同:前者是指保证投资方不承担目标公司经营风险,后者则是指保证投资方可以获得本金之外的最低收益。在实践中,两者可同时存在,但也可能只存其一,本次统计也并未发现存在不保本但同时又承诺最低收益的矛盾情况。

综上所述,从 511 个案件判决中摘出有明确约定收益的案件共 294 个。其中,根据是否约定收益以及法院是否认为属于固定收益来划分,约定了固定型收益(金额型和固定利率型合并)的案件为 204 个、不固定型收益(不固定利率型与利润型合并)的案件为 87 个、保本型收益的案件为 3 个,如表 4-2 所示。

表 4-2 收益条款类型及其比例

收益条款类型	数量/个	占总数比例/%
固定型 (金额型 & 固定利率型)	204	69.39
不固定型 (不固定利率型 & 利润型)	87	29.59
保本型	3	1.02

从收益条款与合同性质的关系来看,约定了保本型收益和固定型收益的合

---

① 甘肃省天水市中级人民法院民事判决书,(2019)甘 05 民终 607 号。
② 李安安:《股债融合论:公司法贯通式改革的一个解释框架》,载《环球法律评论》2019 年第 4 期。
③ 福建省厦门市中级人民法院民事判决书,(2016)闽 02 民终 1174 号。
④ 广东省深圳市宝安区人民法院民事判决书,(2020)粤 0306 民初 2416 号。
⑤ 福建省厦门市中级人民法院民事判决书,(2014)厦民初字第 1027 号。

同都被认定为债权合同;而约定了不固定收益的合同有的被认定为债权合同(51个),有的被认定为股权合同(36个)。由此可见,固定收益对于判断合同为债权合同具有决定性作用,即约定了固定收益的合同一定会被法院认定为债权合同;但是,并不是所有被认定具有债权性质的合同其收益条款约定的都是固定收益。

  为什么收益不固定合同也会被认定为债权合同?笔者猜测,原因主要是对不固定利率型条款的解读不同。这一类型的收益部分与目标公司经营状况挂钩,因而具有了不固定的属性;但是其固定性的部分使法院认为其只能为债权合同所特有。显然,"收益只要具有(部分)固定性——就是债权合同",这就是部分法院的逻辑。但是,也有些法院持不同的立场:从各方签订的合作协议内容看,虽然合作协议对益田公司的投资款有保底条款,但是同时也约定了实际运营收益高于12%的按照实际结算,可见益田公司并非仅按照借款获取固定收益,而是与合同其他各方共同分享合作收益,故不能仅依据保底条款就认定合作协议实质为借贷合同。① 当然,这里面还存在约定收益与实际履行收益不符的事实认定问题,即虽然约定了不固定收益,但实际履行时却是固定的,那法院只能认定为债权合同。例如某案判决书载明:陈某某应支付李某15%盈利分红,若分红金额未达到2万元,公司补足2万元。合同实际履行过程中,陈某某按照每月返还李某2万元款项的方式支付,共计返还款项85,000元。② 又如某案判决书载明:公司正常运作后,股东每月准时分红;分红不到3000元,保证补足3000元;分红超过3000元的,就按分红给。从实际履行情况来看,原告出资后……被告按其承诺的每月3000元保底分红标准已支付了原告2017年6~9月分红。③

  综上,收益是否固定是法院判断股债性质的重要标准,但显然股债融合已成趋势,故收益安排也无绝对的固定或不固定之分,而如果法院仍坚持截然二分的立场,在仅着眼于收益与合同性质这一对关系的情况下,就会出现同类不固定收益条款判决对应不同性质合同的情况。

---

  ① 参见广东省广州市越秀区人民法院民事判决书,(2017)粤0104民初4923号。
  ② 参见福建省福州市鼓楼区人民法院民事判决书,(2020)闽0102民初1317号。
  ③ 参见广东省深圳市中级人民法院民事判决书,(2018)粤03民终17621号。

4. 其他因素

其他因素包括是否有证据证明、是否达成补充协议以及其他涉及合同性质认定的理由。

(1) 是否有证据证明

第一,重要性分析。显然,从程序法的角度来看,没有证据证明的主张在法庭上是不能成立的,且在法院作出判决前,当事人未能提供证据或者证据不足以证明其事实主张的,由负有举证责任的当事人承担不利的后果。固然,合同约定的内容是一回事,实际履行是另一回事,合同约定与实际履行是否一致需要证据证明。因此,举证质证是法庭审理的重要环节,也当然地会影响到法院对合同性质的认定。

第二,合理性分析。证据主要用于证明投资方是否履行出资义务、融资方是否按时支付收益、是否进行工商登记等合同实际履行的内容。对于合同性质的判断不能仅停留于静止的合同文本,而是应该看到合同的变更、履行和违约情况等动态过程。因此,对当事人的真实意思表示,抛开法院最后认定的结果来说,部分存在于证据之上,而非仅仅体现于合同之中,两者应该是相互印证的。例如某案判决书载明:"综合判别本案争议对抗双方证据,原告提交的证据就其主张事实来说不能得出唯一性或高概率结论——其与第三人澜湄公司系借款而未发生股权转让。故从举证责任角度而言,原告所提交依据不足以否定对方提交的《股权转让协议》《股东大会决议》《确认函》所具有的直接证明效力,即不能推翻《股权转让协议》、《股东大会决议》以及《确认函》所体现的涉案红土航空公司争议股份流转意思表示。进言之,未能证明相应意思表示不真实或无效"[1]。法院都应当警惕:不可以价值判定替代事实判定,以法律适用先于事实查明。[2]

(2) 是否达成变更合同性质的补充协议

第一,重要性分析。如上所述,合同文本承载的只是订立合同之时双方当事人的真实意思表示,但在合同履行的过程中,双方的合意是变化的,甚至在庭

---

[1] 云南省昆明市官渡区人民法院民事判决书,(2017)云0111民初978号。
[2] 参见陈克:《论不完全合同视角下的公司融资》,载《交大法学》2020年第1期。

审过程中,双方当事人也可能随时达成和解或达成新的协议。而法院所认定的都是证据呈现的案件情况或事实,也就是说,即使最初合同约定的是股权转让,可能最后也会转变为借贷合同;反之亦然。一个名股实债案件中往往有很多个合同安排,存在主合同、担保合同和补充协议等,从这些合同中不仅能看出投资架构的复杂程度,还能看到双方合意的变化过程。可能是不断地"加码",从简单的借贷到股权转让担保;也可能是不断地"减负",从复杂的收益安排到简单的本金返还。补充协议如何达到变更合同性质的效果,要变更哪些因素?这些合同是否可以被认为属于一个交易安排?法院要对交易安排进行整体而全面的考量,但是交易的跨度又应该如何计算?

第二,合理性分析。通过补充协议达到变更合同效果的案例较少,笔者仅发现 14 个。例如,"收据时间形成于股份转让协议书之后,即使股份转让协议真实存在,根据履行情况,收据应视为对款项性质进行了变更"。① 又如,"被告辩称该款项系投资款,因《股权转让合同书》中约定,如本合同签订后一年内福臻公司无法上市,则被告以年利率 12% 向原告偿还本息,且在此之后,双方也签订了《借款合同》,故该款项的性质应为借款"② "2015 年 2 月 18 日,原告因一直未享受到公司股东权益,便与被告协商。经协商,被告易某某出具了还款承诺书,认可向原告借款 25 万元……"。③ 由此可以看出,尽管双方当事人争议的是同一笔投资,但却在不同时期具有不同的性质,而法院一般只根据最终的交易安排来认定最终的合同性质。虽然这确实尊重了当事人的意思自治,也是一种"省时省力"的做法,但从侧面反映了并非所有法院都能把握交易安排作为一个整体的性质。

(3)其他涉及合同性质认定的事由

作为上述影响因素的补充,是否还有其他影响合同性质认定的因素。在笔者挑选出来的 103 个案例中,可能会影响合同性质认定的因素包括:有借款、本息、保底等或相反的表述,刑事案件中供述的佐证,④公司收到投资但未完成增

---

① 参见江苏省丹阳市人民法院民事判决书,(2019)苏 1181 民初 358 号。
② 参见江苏省南京市秦淮区人民法院民事判决书,(2018)苏 0104 民初 4322 号。
③ 参见湖南省株洲市中级人民法院民事判决书,(2017)湘 02 民终 1811 号。
④ 参见吉林省吉林市中级人民法院民事判决书,(2019)吉 02 民终 2628 号。

资程序,①投资方有知情权和监督权,②等等,在此不一一列举。这些都是辅助性的依据,分别是对形式、风险或收益因素以及证据的补充。此外,还有法院从交易习惯或商业常理出发进行判断:例如,"胡某某转让股权后理应取得股权支付对价,但事实上胡某某并未获得,原告投入的 1920 万元由被告享有资金使用权,用于整个公司生产经营,与常理相悖。被告于 2011 年 4 月 26 日成立,注册资本为 2000 万元,被告成立仅一月有余,每股即溢价 240 万元,原告支付 1920 万元仅能购买 8% 股份,亦与常理相悖"③。

5. 对影响因素的综合判断

通过对上述因素的逐一分析,笔者发现,判断到底是债权投资还是股权投资,除剖析股权转让或者股权增资协议中双方或各方的真实意思外,还需通过分析投资方获得股份之后的权益来判断。但是,两者并不是相分离的。一方面,法院需要通过解读合同约定来判断双方的真实意思;另一方面,法院需要通过证据主张实施来判定双方的实际履行,即上述各类因素结合实施的效果。最终,两者相互印证而得出实际的交易架构,进而判断出交易的性质。需要说明的是,"交易"的范围大于"合同",前者具有偏股、偏债和股债混合多种可能性,是包括多个连续性合同在内的合同集,而且前者是从整体角度来看待各种合同的安排,这也是法院应当坚持的综合判断立场。

首先,许多法院认为,合同中股权转让或出资的约定并非当事人的真实意思表示,而是以股权转让或出资行为来掩盖借贷行为,即借贷行为才是双方当事人的真实意思表示,因此是债权合同。④ 而依据原《合同法》第 125 条第 1 款规定,当事人对合同条款的理解有争议的,应当按照合同所使用的词句、合同的有关条款、合同的目的、交易习惯以及诚实信用原则,确定该条款的真实意思。这里出现两个层次的判断,从关于合同条款的真实意思表示,延伸到关于合同性质的真实意思表示。可以看到,在名股实债案件中,双方主要争议在于收益条款,即大部分案例是名为"股权转让协议",却有约定固定收益的条款。审理

---

① 参见湖南省长沙市开福区人民法院民事判决书,(2020)湘 0105 民初 1936 号。
② 参见湖南省永顺县人民法院民事判决书,(2020)湘 3127 民初 327 号。
③ 参见江苏省丹阳市人民法院民事判决书,(2019)苏 1181 民初 358 号。
④ 参见熊崧:《名股实债投资的性质认定》,载《吉林工商学院学报》2020 年第 3 期。

的重点在于对收益条款的解读,当然,还有对形式、风险和其他条款的解读。例如,"虽双方签订的是《投资合作协议书》、且该协议书将张某某的身份界定为股东,但从该协议第三条'该投资合作期自投资之日起为半年,回报率为20%,半年期满后,可将本金及回报取回;半年期满后,还可将本金及回报继续投资合作,期限为半年,仍享受20%回报率,至一年期满后,本金及回报全部返还股东'的约定及该协议其他条款约定的内容看,张某某既不参与共同经营,也不承担经营风险,无论火山鸣泉公司经营亏损与否,张某某均有收回本金并收取固定回报的权利……应认定双方之间系民间贷借法律关系"①这样的条款。但是,这仅仅是解释了约定的部分合同条款。对于当事人的整体真实意思表示,有学者认为在意思表示需要解释的场合,解释者面对各种解释方法,应该以目的解释方法确定解释方向,然后以文义解释方法和体系解释方法为基础,根据具体意思表示所处情形选择习惯解释方法、历史解释方法、法定解释方法等,最终实现对表意人真实意思的探究。② 以目的解释为方法确定解释方向,例如,"原告向某甲公司所投资金为预认购股权款,其在涉案交易的合同目的在于取得众志股份公司的股权并在定期内享有要求公司回购股权的选择权,自始并非以出借本金来实现利息收益……"③这类表述。

  其次,"法官在运用合同解释方法得出结论后,往往在现有的案件事实资源和价值判断中多方求证"④,而且,法官既会考虑规则的限制,也会考虑案件现实情况,这些现实情况包括当事人的诉求、证据的多寡、当事人对判决结果的接受程度等。因此,综合形式因素、风险因素、收益因素与证据进行判断,才能得出案件的真实情况,并验证解释而得的双方真实意思。第一,在判断时可以先看股东有无真正行使股东权利。股东在外观上享有的权利如可以进行股东名册登记、股权变更登记等。第二,是否作为股东选派代表、参与表决,享有进行重大活动的决策权。第三,参与公司经营管理的外观主义也显得尤为重要,如投资方实际参与了公司的经营管理,亦更适宜将其认定为股权投资。第四,

---

① 参见黑龙江省齐齐哈尔市中级人民法院民事判决书,(2019)黑02民终429号。
② 参见王敬礼:《论意思表示的司法解释、方法及其规则》,载《法学杂志》2015年第11期。
③ 广东省江门市中级人民法院民事判决书,(2019)粤07民初281号。
④ 张艳:《论合同解释方法的运用》,载《法律适用》2013年第11期。

再了解收益是否固定,一般满足外观的收益都是不固定的,可能会有保底,但这之上还会有分红。但是,投资方已通过足额出资或合理对价支付股权转让款,并已进行股东名册及工商变更登记,外观上已取得公司股权并拥有股东身份,但并未行使股东权利,而是以一定形式获取固定收益,且投、融资双方有明确的资本退出计划,对此,原则上应认定为债权投资。

最后,法院一般会综合多种因素判断各方真实意思,即综合上述的形式因素、风险因素、收益因素和其他因素进行综合判断,然后,再结合合同的实际履行情况,最终对合同性质作出认定。之前也有学者进行过影响因素分析,大致包括上述因素,但其认为这些因素并无明显的次序区分。① 不过,笔者认为,法院一般的说理顺序是:形式因素—风险因素—收益因素—其他因素;当然,也有收益因素—风险因素—形式因素—其他因素。在这里,形式因素与风险因素联系紧密,且与收益因素既对立又统一。若将形式因素中的各个因素绑定在一起,则形式因素与收益因素的结构安排有4种:不固定(收益)—满足(形式要件)、不固定—不满足、固定—不满足、固定—满足。再加上风险因素,就有6种可能的情形:不固定—高风险—满足、不固定—高风险—不满足、固定—低风险—不满足、固定—低风险—满足、固定—无风险(保底)—不满足、固定—无风险(保底)—满足。可以看到,实践中除了最后一种,前5种结构都是现实中大量存在的,而其他因素起到了辅助证明或加强属性的作用。

总之,在司法裁判过程中,就整个交易架构,而非仅就单个合同而言,上述因素并不是孤立的,它们彼此之间紧密联系。除"固定是否收益"条款是明确的股债区分必要条件外,其他任何单项因素均不足以决定名股实债是股权还是债权性质,故应当进行综合判断。也就是说,法院应当以探明交易各方真实意思表示为主旨,并全面、客观地审核证据,依照法律规定,运用逻辑推理和日常生活经验法则,根据证据有无证明力和证明力大小查明案件事实,最后作出判断。②

---

① 参见赵育才:《名股实债司法裁判实务的总结与反思》,载《金融法苑》2018年第1期。
② 参见闫飞翔:《名股实债纠纷的司法裁决路径分析》,载微信公众号"高杉 LEGAL"2016年12月15日,https://mp.weixin.qq.com/s/oMcUBgzoLRswWnugal23Ow。

三、焦点问题分析

（一）外观主义原则对回购条款效力的认定

1. 回购条款的概念界定

资本的退出是体现"名股实债"债的属性的另一重要环节。资本退出通常对应股权的返还，即股权回购，反映在交易中为在合同中先期设置股权回购条款。回购主体既可以是融资公司，也可以是股东或者其他第三人，回购触发条件包括到期回购和附条件回购。本书界定下的"名股实债"中的附条件回购所附条件区别于对赌协议，其与公司经营业绩无关，具体指分期发放的收益回报价款达到一定金额时，投资方返还股权，故又可以将其归纳为"收益达成退出"。

2. 回购条款的法律适用

如将协议性质认定为股权投资，则投资方退出目标公司的路径仅有：(1) 按照相关协议的约定通过股权回购的方式退出；(2) 法定的股权退出路径，如按照《公司法》第142条规定，由公司收购投资方股份，或者依法定程序向外转股，公司清算时退出等。投资方想要退出投资的最便捷快速的路径是按照协议约定由相关方面进行股权的回购。

按协议进行回购的退出方式可划分为股东或第三人回购和公司回购，其中，股东或第三人回购股份的，属于股权转让程序。由股东进行股份回购的，该过程仅受到股东间协议、章程的约束；由第三人回购股份的，受有关股东优先购买权等程序的限制。公司回购股份的，属于公司减资，受有关公司减资程序的限制。公司减资为投资方股权退出带来更大履行阻碍的，公司须编制资产负债表，通知债权人，进行公告；债权人对减资提出异议的，公司须提前偿还债务，或为债务提供担保等。

当协议性质被认定为债权投资时，投资方退出投资属于本金及利息的收回，应当受到《民法典》及最高人民法院关于审理借贷案件的司法解释的约束。在债权属性下，可以从法律上确保投资方完全退出投资，收回本金及利息，降低其投资风险，保证其收益。

3. 回购条款的效力和履行问题

名股实债的交易结构涉及两个核心环节,即股权的取得和股权的回购。对于交易中的第一个环节股权取得来说,无论是采用出资入股、增资入股还是由股东转让的方式,在我国《公司法》中均有关于股权转让程序等的详细规定,在涉及这些程序时,交易双方仅需按照程序履行即可,而且由于名股实债具有股权投资外观的特点,在实践中交易双方也会履行完备的股权转让手续,因此,在此环节中所出现的纠纷较少。即使在此环节中出现纠纷,所涉纠纷与其他股权纠纷案件并无本质区别,法院在审理案件时也仅需根据法律规定裁判即可。在名股实债案件中产生纠纷所涉及的争议重点并非出现在股权获取环节,而是在股权回购环节,其中争议最大的通常是股权回购条款的效力。就股权回购这一交易环节而言,其并非仅仅存在于名股实债交易中,作为保障投资方收益的重要手段,在很多投资与联营中的交易双方都会约定股权回购条款来作为保底手段。

早在1990年最高人民法院出台的司法解释中就对这种保底条款进行过专门解释,在最高人民法院《关于审理联营合同纠纷案件若干问题的解答》(已失效)第4条关于联合经营活动中所缔结的合约中的保底条款问题中规定,投资主体在联合经营活动中作为一方当事人向共同的经营活动中投资,但双方约定了投资者并不参与实际经营与管理,无须承担在经营活动中所出现的任何风险,在盈利或者亏损的情况下均可以按照约定定期收回投资本金及投资收益,这种情况属于形式上的联合经营关系,实质上是借贷关系,违反法律有关强制性规定,约定不具有法律效力。此后在2005年最高人民法院出台的《关于审理涉及国有土地使用权合同纠纷案件适用法律问题的解释》(已修正)中也出现了类似规定,如在房地产开发项目中为项目投资的主体与被投资主体约定项目中所出现的风险由被投资方独自承担,投资方收取不变的收益,这种约定应当认定为借款合约。从这两条规定中可以看出当时的司法实践中将交易双方是否在经营活动中共同参与管理并共同承担经营中所出现的风险作为区分股权与债权所依据的标准。[①]

---

① 参见高国明:《名股实债的裁判规则探究》,新疆大学2019年硕士学位论文。

就股权的退出环节而言,股权回购常常涉及第三方的利益,是引发资方退出是否牵涉抽逃出资、影响第三人权益等争议的关键环节。通过对样本案例分析和梳理,笔者发现将股权回购条款的效力和履行等作为争议焦点的案例达到158个,占全部样本案例的16%。就股权回购的效力而言,在样本案例中,无效案例包括两种类型,即基础协议被认定为无效导致回购条款无效,以及股权回购的约定缺乏充分证据而导致法院对其效力不予认可。就股权回购的履行而言,包括:因股权回购条款被认定为无效、股权回购的约定缺乏充分证据证明而未能履行股权退出环节的情形;因逾期未履行回购而丧失回购权,导致股权回购无法履行实现的情形;回购条款被认定为抽逃出资,损害公司利益的情形;名为回购条款,实为让与担保的情形。

4. 具体案例分析

(1) 关于承担回购主体的问题

投资方为了确保退出条件成就时其收益得到保障,在相关退出协议签订时,会竭力将融资公司及其股东都纳入当事人范围内。因此,在退出方式的选择上,投资方通常采用远期股权回购、股权对赌回购等方式进行,即通过与目标公司、目标公司原股东签订股权回购协议、对赌协议或与上述主体在股权投资协议中约定股权回购条款实现投资方从目标公司中退出。基于投资方与目标公司及相关当事人所订立的协议,在诉讼中投资人一般会要求公司和股东共同承担回购义务。在此种情况下,目标公司通常会主张回购协议损害了公司、股东及债权人利益,当属无效。原股东则以其为保证人,仅承担保证责任进行抗辩,同时提出在作为主合同的回购协议无效情形下,股东的保证责任亦无效。此时,承担回购义务的主体应当是公司还是股东成为关键所在。[①]

2012年最高人民法院审理甘肃世恒案[②]的裁判结果就能看出对赌协议效力的认定已有基本倾向,即与公司签订的股权回购对赌协议是无效的,但是与股东或者第三人签订该协议基于合同自治法院认可其效力。此后,2014年最高人民法院《关于人民法院为企业兼并重组提供司法保障的指导意见》再次指

---

① 参见李瑶:《名股实债法律性质的司法实践研究》,湖南大学2018年硕士学位论文。
② 参见最高人民法院民事判决书,(2012)民提字第11号。

出,法院在裁判过程中对于对赌条款或协议的效力判断,应坚持促进交易进行、维护交易安全的商事审判理念,审慎认定企业估值调整协议、股份转换协议等新类型合同的效力。

对于投资方要求公司直接承担回购义务的主张,法院从公司资本维持的原则出发,以其损害公司、股东及债权人利益为由,认定该条款或协议无效。但是,对于股东作出的相应承诺,只要是出于其真实意思表示,法院尊重双方的意思自治,并不认定为无效。从法院观点看,承担股权回购或业绩补偿义务的主体只能是与投资人签订相关协议的股东或者第三人,融资的目标公司不能成为此类协议的当事人。

(2)回购条款或协议是否损害公司、股东及债权人利益

在投融资双方的股权投资外形下,投资方将投资资金注入目标公司并办理变更登记后,相应地就拥有了公司股东身份。我国《公司法》第35条(2023年修订后为第53条)明确规定,公司成立以后,股东不得抽逃出资。那么,双方约定的由公司或股东于条件成就时对股权进行回购是否构成投资方抽逃出资,是否损害公司、股东及债权人利益成为新的争议焦点,结论亦直接关乎回购条款、协议的效力。

通过对相关案例的梳理,笔者发现,投资方一般会认为,附回购条款的股权投资行为属于企业正常资本运作形式,投资资金的注入使公司资本增加,固定投资期限内的上市或业绩要求为公司发展提供了原动力,若达成目标,股东可分享利益,债权人债权实现更加有保障。并且,在融资方不能保证其收益的情况下,投资方的回购请求符合我国《公司法》第74条(2023年修订后为第89条)关于股东可以请求公司回购其股权的相关规定。因此,回购条款或协议并不构成抽逃出资,更不损害公司、股东及债权人利益。而融资方认为已注入公司的资金为公司经营的资本,这意味着股东不得随意将投入的资金予以撤回,投资方要求公司回购股权显然违反了公司资本维持原则,回购协议因涉及股东抽逃出资,损害了公司、股东和债权人的利益应属无效。

在前述海富案[①]中,投资方与被投资方、被投资方当时唯一的股东迪亚公

---

① 最高人民法院民事判决书,(2012)民提字第11号。

司及迪亚公司法定代表人陆某签订《增资协议书》，其中约定投资方向被投资方投资，取得被投资方股权的方式为增资入股，若世恒公司未达到相应业绩则海富公司有权要求赔偿，并约定了相关股权回购条款。该案虽为对赌协议案件，但其判决对名股实债的研究也具有参考意义。最高人民法院在再审判决中，认为投资方与融资方公司所签订的合约中约定的对赌条款不具有法律效力，与融资方股东签订的合约中有关对赌的部分约定有法律效力。裁判理由为：在整个交易过程中，投资方与融资方公司的对赌约定反映出投资方无须承担交易中可能存在的风险但同时又能取得恒定的利益，这种约定会对公司及公司债权人的利益造成损失，因此不具有法律效力；投资方与融资方股东的对赌协议是基于双方当事人真实意思表示而作出的，符合原《合同法》对于意思自治的规定，因此协议具有法律效力。从这个案件中可以看出最高人民法院对回购条款效力是以"是否损害公司及公司债权人"作为认定标准的。

对于要求原股东进行股权回购的协议，法院认为符合《公司法》有关股权内部转让的规定，不构成抽逃出资，也不损害债权人利益，出于尊重当事人的意思自治的考虑，认定协议有效。对于请求公司回购的回购协议之效力，法院直接根据回购协议金额和固定收益认为投资方股东可以在不承担经营风险的情况下，直接从公司获得财产使公司资产极大减少，违背了公司资本维持原则，构成抽逃出资，同时违反了《公司法》股东不得滥用股东权利的规定，实质上损害了公司、股东及债权人利益，因而相应回购协议为无效。

（3）回购条款、协议是否构成让与担保

名股实债操作模式中，投资方是利用"股权"与融资方进行交易。股权是兼具财产权和人身权的综合性权利，其中分取利润、红利的权利属于财产权性质，而选择管理者、进行公司管理决策的权利则属于具有人身性质的权利。显然，人身性质的权利不具有可转让性，更不能用来提供担保，因此股权作为让与担保的标的，在担保法法理上可能面临质疑。

从基本的名股实债操作模式出发，投资者一般不要求参与公司的经营管理，这一点并未触及股权的人身权性质。并且，从投融资双方关于固定收益的约定也可以看出，其与股权中的利润分配等财产性质权利也有本质区别。因此，名股实债的操作模式下投资者持有融资公司相应股权的目的并不在于拥有并实施股权权能,而在于其被认定为让与担保的基础。但是,投资者若出于进一步控制权的需要提出对融资公司实施经营管理监督,那么应当认定该举动已超越股权作为让与担保标的的范围,不能以让与担保来证明投融资双方的投资行为是名为股权投资,实为债权投资。

从交易流程上来说,投资方与融资方关于固定期限届至的回购安排中,回购价款实质上是融资方到期要偿还投资方的"投资本金＋固定收益",融资方到期成功回购,投资方即退出融资方公司,股权恢复到投融资双方签订投资协议之前的原本状态。若出现融资方不能回购的情形,只要双方当事人未约定投资方不可随意转让股权,那么投资方就可处置其持有的股权以达到受偿债权的目的。即使双方约定了投资方不可转让股权,也应当从投融资双方为法律行为之时着手探究双方内心真实意思,即双方签订投资协议不是为获得股权成为股东,而是为真实的借贷关系提供担保。

法院认为,纠纷当事人主张名股实债操作下投资方持有融资方股权并由融资方远期回购该股权属于让与担保。但是,投资方要求对融资方保留一定的经营管理权限,虽然并未突破双方真实的债权债务关系,但是此种情况下不宜以让与担保来主张债权投资法律关系的成立。

5.裁判观点总结

从上述案例可以看出,虽然案例中会出现不同的结论,但其所体现的司法逻辑却是相同的,都是基于公司资本维持原则所作出的裁判,因此笔者也可以总结出当前对于回购条款效力认定中的司法观点,即在认定交易双方合同效力上,首先探求当事人意思表示是否真实,其次考虑该约定是否违反公司资本维持原则,若意思表示真实且不损害公司及公司债权人利益,法院原则上会根据意思自治原则裁定回购条款有效,但在涉及公司承担股权回购义务时,法院会更加慎重地考虑该交易是否违反公司资本维持原则而作出相应判决。

《公司法》第74条中规定了有限责任公司中股东有权要求公司收购其股份的情形,第142条中规定了股份公司可以收购本公司股份的情形。目前,实务中对于超出《公司法》第74条规定的情形,公司是否可以回购本公司股权仍然存在不同看法,通过对上述多个案例的分析也可以看出,在由公司承担回购义务时,若存在损害债权人利益的情形,法院倾向认定公司回购条款无效。

(二)外观主义原则下破产情形的认定

1. 破产案例概况

在数据分析部分,笔者收集到的与名股实债相关的破产案例共计 68 个,笔者先对这 68 个案例进行了数量分析。首先,按照法院级别来划分,基层人民法院作出判决的有 47 个,中级人民法院作出判决的有 7 个,高级人民法院作出判决的有 8 个,最高人民法院作出判决的有 6 个,公报案例、典型案例和指导性案例为 0 个。其次,从审级上划分,一审占 75.36%,二审占 23.19%,再审占 1.45%。可以看出,绝大部分的破产案件还是由基层人民法院来审理的,一审终审的较多。从时间上来看,2020 年之前案件数量都不多,每年基本都在 10 个以下,但 2020 年一年却突增至 51 个,这表明名股实债问题在近两年受到了重视。从地域上来看,所收集到的这 68 个案例分布在北京、浙江、四川、广东等 9 个省份,北京的(包括最高人民法院审理的案件)最多,占比过半。从标的额来看,50 万元以下的案件占 69.49%,其中 0～10 万元的案件占 62.71%,这说明,大部分破产案件的标的额并不高,这与之前所得到的绝大部分破产案件由基层人民法院审理,且一审终审的结论是吻合的。

在进行了数量分析之后,笔者接着对这 68 个案例进行个案分析。笔者发现,这 68 个案例中,涉及在公司破产情况下名股实债的股东请求确认"破产债权"的有效案例共有 8 个,而根据回购主体的不同,可以将案例进一步分为公司回购和股东回购两类。前者有 6 个,法院判决均认定为股权,对请求确认破产债权的主张不予支持;后者有 2 个,法院基于意思自治原则判决支持履行。

2. 具体案例

(1)与公司订立合同

案例一是新华信托股份有限公司(以下简称新华信托)与湖州港城置业有限公司(以下简称港城置业)破产债权确认纠纷案。[①] 法院的裁判理由是:首先,在名实股东的问题上要区分内部关系和外部关系,对内部关系产生的股权权益争议纠纷,可以当事人之间的约定为依据,或认定为隐名股东,或认定为名股实债;其次,对外部关系不适用内部约定,依照 2013 年《公司法》第 32 条第 3

---

① 浙江省湖州市吴兴区人民法院民事判决书,(2016)浙 0502 民初 1671 号。

款"公司应当将股东的姓名或者名称向公司登记机关登记;登记事项发生变更的,应当办理变更登记。未经登记或者变更登记的,不得对抗第三人"之规定,第三人不受当事人之间的内部约定约束,而是以当事人之间对外的公示为信赖依据。该案不是一般的借款合同纠纷或股权转让纠纷,而是港城置业破产清算案中衍生的诉讼,该案的处理结果涉及港城置业破产清算案的所有债权人的利益,应适用商事外观主义原则。港城置业所有债权人实际均系第三人(相对于该案双方当事人而言),对港城置业公司的股东名册记载、管理机关登记所公示的内容,即新华信托为持有港城置业80%股份的股东身份,港城置业之外的第三人有合理信赖的理由。综上,被告港城置业管理人在破产程序中履行管理职权,确认新华信托对破产企业不享有破产债权是正确的。基于新华信托在港城置业中的股东身份,其出资并获得股东资格后不应再享有对破产企业的破产债权。

案例二是中国工商银行股份有限公司鹰潭分行(以下简称鹰潭工行)与嵊州市交通房地产开发有限公司(以下简称嵊州公司)别除权纠纷案。① 法院的判决理由是:该案不是一般的借款合同纠纷或股权转让纠纷,而是嵊州公司破产重整案中衍生的诉讼。该案的处理结果涉及嵊州公司破产重整的所有债权人的利益,应适用商事外观主义原则,即嵊州公司所有债权人实际(相对于鹰潭工行、方正东亚信托有限责任公司、鹰潭市国丰贸易有限公司而言)均系第三人,对鹰潭市国丰贸易有限公司的股东名册记载、管理机关登记所公示的内容,即方正东亚信托有限责任公司为持有鹰潭市国丰贸易有限公司86.96%股份的股东身份,方正东亚信托有限责任公司、鹰潭市国丰贸易有限公司之外的第三人有合理信赖的理由。

案例三是浙江鑫亚控股集团有限公司(以下简称鑫亚公司)、峰华控股集团桐庐置业有限公司管理人(以下简称峰华桐庐公司管理人)追收未缴出资纠纷、股东出资纠纷案。② 法院在判决理由中写道:"现法院已受理峰华桐庐公司破产清算案,股东出资作为破产企业的财产,应当在企业破产时向全体债权人

---

① 江西省南丰县人民法院民事判决书,(2017)赣1023民初560号。
② 浙江省杭州市中级人民法院民事判决书,(2018)浙01民终6672号。

进行清偿。根据鑫亚公司与峰华桐庐公司的内部约定,鑫亚公司仅是在名义上持有30%股权,但因鑫亚公司的股东身份已经公示,故其不能根据双方的内部约定对抗债权人。"

案例四高某某与诸暨市东宸园林绿化有限公司(以下简称东宸公司)、浙江金磊房地产开发有限公司(以下简称金磊房产)破产债权确认纠纷案①中,法院的判决理由也大同小异:"信托计划和保证合同中并未约定高某某应以股权回购的方式履行保证义务,即使金磊房产、东宸公司认可其以回购股权的方式履行保证责任,其支付的股权转让款也未经市场评估,其对价支付的股权受让款如作为破产债权确认,将损害其他债权人的利益,从而与破产法的规定产生冲突。"在上述4个案例中,法院在裁判理由中都涉及商事外观主义原则,认为内部约定不得对抗外部关系,从而对请求确认破产债权的主张不予支持。

当然,法院的判决理由不只有商事外观主义原则。案例四中,法院在判决理由中还提到:"高某某系通过受让安信信托的股权已成为金磊房产的股东,其只能通过股权转让的方式将出资收回,现因金磊房产、东宸公司已经破产,东宸公司和金磊房产所作的承诺法律上或者事实上已不能履行。"

案例五青海泉汪投资管理有限公司(以下简称泉汪公司)与青海大自然地毯纱有限公司(以下简称地毯纱公司)破产债权确认纠纷案中,法院认为:虽然双方所签《投资协议书》的本质是融资协议,即以先股后债的方式实现融资,但双方约定实现先股后债的程序是先由投资人通过投资成为股东,经过一定的投资期限,而后以股权转让、公司回购、公司清算方式退出公司,实现"股转债"的目的,并不是在出资期限到期后直接将投资款确定为债权债务关系。根据协议约定,投资人在退出公司前享有股权,退出公司后享有债权,此种股债并存的形式体现了双方当事人真实意思表示,并不违反法律禁止性规定。地毯纱公司依法进入破产清算程序所出现的法定事由,致使投资人泉汪公司失去以《投资协议书》为依据,转让或以企业回购方式实现"股转债"的基础,且依法进行的破产还债程序与公司及股东对公司自行清算的性质和程序不同,依法进行的破产还债程序致使泉汪公司在破产清算程序开始后,不能按《投资协议书》完成"股

---

① 浙江省诸暨市人民法院民事判决书,(2019)浙0681民初1875号。

转债"。据此,泉汪公司的上诉理由和请求是要否定《投资协议书》约定的"股转债"的相关条件和程序,要求直接确认投资款为债权,与《投资协议书》内容相悖。在这2个案例中,法院的理由是案涉公司因破产失去履行基础。此外,还有直接在性质上认定为股的,如孙某某与宁波世捷新能源科技有限公司破产债权确认纠纷案中,法院就表示,公司对其股东应承担的相关民事责任不能优于公司债权人,原告以此主张确认破产债权的,法院不予支持。

(2) 与股东订立合同

关于股东回购的案例仅有两例。案例一是周某某与王某某合同纠纷案①,法院的裁判理由是:"……《投资协议书》约定,项目周期内本项目经营主体出现停业、解散、清算、被吊销营业执照等无法继续经营情形的,投资人有权要求股权出让方按照投资本金的100%收购股权。根据M. Y. Lab木艺实验室(北京店)微信公众号在2019年10月15日发布的声明,投资项目停业并已经开始处置财产,无法继续经营,该种情形符合《投资协议书》约定的股权收购条件,现白某某要求王某某支付10万元股权收购款,合法有据,本院予以支持。"

案例二是通联资本管理有限公司(以下简称通联公司)与中国农发重点建设基金有限公司(以下简称农发公司)股权转让纠纷案,②法院的裁判理由是,在《投资协议》约定的回购条款因汉川公司破产而被触发后,通联公司是具有回购义务的股东,农发公司则是通联公司的债权人,通联公司应当按照合同约定承担支付股权回购款的义务。可以看出,这两个案例的裁判理由基本相同,都是以意思自治原则来肯定当事人之间的约定有效,进而支持原出让股东负有回购义务的主张。

3. 破产情境下回购条款的履行

在约定了股份回购的实践中,由于回购义务的约定与履行之间往往存在一段时间间隔,加上当事人还可能约定以分期付款的形式履约,故可能存在这样一种情况,即当事人约定回购时公司的资产大于负债,而在实施回购时(或回购了几期以后)公司陷入破产境地。在这种情况下,有关股东能否请求公司回

---

① 北京市朝阳区人民法院民事判决书,(2020)京0105民初29434号。
② 最高人民法院民事裁定书,(2020)最高法民申2759号。

购股份？对此,理论上有几种不同的观点。

一种观点认为,按照破产撤销权的原理,决定是否构成无偿转让财产的时点,应当是负担行为成立时(如合同订立),而非处分行为作出时(如实际交付财产)。也可以认为股东在股权回购协议成立那一刻取得了价款,而后再将该款项出借给公司。若按此种理解,此后该股东的法律地位显然与债权人无异。另一种观点认为,鉴于回购交易中利益关系的特殊性,应以回购当时而不是订立回购协议时公司的资信状况为依据,来判断回购权人的回购权可否行使。还有观点认为,只要股东行使权利不会损害任何其他债权人的利益,股东就可以行使其权利,至于该权利行使是否会将公司推入破产的境地,不予考虑。另有折中的观点认为,应该采取双重考察规则,即在订立有关回购协议时考察公司是否存在溢余,在履行有关回购协议时考察公司是否陷于破产。

目前,我国法院的司法裁判观点主要有二:一是以公司回购时的财产情况作为判断依据,[①]二是若回购会导致破产则不予支持。[②] 从理论上分析,对于股东通过行使回购权而取得的债权,只要不符合破产撤销的条件,便应给予保护。在股东行使回购权之前,其仍然(至少在形式上)具有股东的身份,其请求回购的权利,在性质上与抽象分红权类似。若股东行使回购权时公司已陷入破产或溢余不足的状态(或者虽然股东行使回购权时公司尚未破产,但双方约定了公司支付回购款的期限,而该期限届至时公司陷入破产境地),其权利便应受到相应限制;若股东取得股票的同时也取得了针对未来回购权而设定的担保权,这在性质上属于为附条件债权提供了担保,在条件成就时,有关担保的效力不应受公司事后破产的影响。

4. 商事外观主义原则的适用

商事外观主义原则的适用要件主要有三:第一,外观事实。名股实债类案件通常能在股东的工商登记、股东内部的股东名册、公司章程、出资证明书等文

[①] 如前述案例四:"现因金磊房产、东宸公司已经破产,东宸公司和金磊房产所作的承诺法律上或者事实上已不能履行。"

[②] 如某案的裁判理由:若天源公司仍坚持名股实债的资金运作方式,导致联亿公司破产倒闭的后果,不但做不到国有资产保值增值,还会加大国有资产的不当损失。国家层面有着注重实体经济发展的政策导向,不能因为资本运作而强拆实体经济的柱石,天源公司名股实债的资本运作方式,扰乱了实体企业发展,与国家经济政策背道而驰。

件中显示其性质。第二,善意第三人的合理信赖。这是为了保障善意交易人对交易行为合法性、交易行为效力的确定性的期待。第三,本人与因,即本人对导致相对人信赖的该外观事实有可归责的原因。名股实债类案件中投资方取得股权之外观由各方参与人促成,自然构成外观主义这一构成要件。

需要指出的是,第一、第三构成要件目前已普遍达成,因而"善意第三人的合理信赖"应当成为名股实债类案件是否需要突破经济实质适用商事外观主义原则的关键之所在。至于具体情形,从样本案例看,商事外观主义原则的适用主要包括以下两种情况:一是公司债权人可否将名股实债投资方完成股权退出之行为认定为抽逃出资;二是在公司破产清算中,是否可以将名股实债的投资方认定为破产债权人。问题的关键就在于如何确定善意第三人的合理信赖。商事外观主义原则的适用中,对善意第三人的合理信赖的理解不能脱离"信赖在交易中产生"这一要素,在理论上,需要满足第三人的行为具有交易性质,以及第三人的行为与信赖之间存在因果关系两个条件。在实践中,可以采取的简化方式有:名股实债的投资方作为在后达成之实际债权人,在先债权人不存在将名股实债投资方的股权投资作为合理信赖可能的,法院可以将名股实债的投资方认定为破产债权人;或者名股实债的投资方作为在先达成之实际债权人的,在后债权人可以出于对名股实债投资方股权出资、公司公积金金额等的合理信赖,与公司达成在后交易,可以适用商事外观主义原则。另外,商事外观主义原则的作用为保护善意第三人信赖利益和交易安全,在可以达成前述目的的情形下,仍应在原当事人之间回归交易经济实质,即将名股实债投资方作为劣后债权人或优先股东。

(三) 名股实债——非典型合同的性质认定

名股实债纠纷中,最核心的争议焦点在于判断交易双方究竟是股权转让还是"名为股权转让,实为借贷"的债权债务关系,但由于名股实债并非一个法律概念,而是由金融实践发展而来的投资形式,法律上并未对其性质作出清晰的界定。通过前述介绍可知,在各级人民法院针对此类纠纷作出的司法裁判中,考量的因素并不完全相同,主要争议焦点是对名股实债合同的性质以及效力认定,笔者试对法院主要的裁判路径进行梳理并分析司法裁判方式上存在的问题。

1. 探究当事人的真实意思表示

名股实债,顾名思义,其交易方式往往都带有股权转让的外观,要确定投资人享有的究竟是股权还是债权,应先确定当事人的真实意思,而如何确定当事人的真实意思是裁判的关键。

公司融资的股债合同是商事主体在平等协商的基础上对交易内容进行的安排,秉承着"当事人是自己利益的最佳判断者"这一原则,基于理性经济人的假设,在商事交易中,当事人对合同所进行的约定都是对自身利益最大化的追求,只要不违反法律法规的强制性规定、不违背公序良俗,原则上都应该对当事人基于合同所进行的安排予以尊重。

基于商事交易的灵活多变,金融创新手法的层出不穷,股债在商事交易中并非截然二分,不少交易同时融合了股与债的特点,因此,法院在进行具体认定时,应当以合同解释优先,不宜僵化地适用法律,直接以"名为……实为……"来否定当事人对交易的安排。例如,应当避免一看到"固定收益"就认为其属于借贷关系独有,进而认定其真实意思为借贷关系,构成名股实债,从而否定当事人股权回购条款的效力。在商事实践中,固定收益既可能是利息也可能是股息。仅此一项不足以判定是股还是债,应看当事人在合同中的具体约定,结合交易目的,综合其他因素进行认定。

与名股实债并行的另一种股债融合式交易安排——对赌协议,在进入司法裁判领域之初,法院对其性质的认定由于采用了股、债二分的思维方式,一定程度上损害了当事人的意思自治。例如在"对赌协议第一案"——海富案中,法院认定合同性质的思路是"投资就应当风险共担,对赌协议中的补偿约定违反了这一条,因此应当无效"。长久以来,我国法院在进行合同性质认定时,都是先认定某种类型合同的基本特征,如果案件中的合同条款不符合该特征,就认定该条款无效。有学者指出,当法院在实际合同中发现某些条款违反了原先认定的合同类型性质时,应该做的是修正自己对合同种类的初步定性,承认当事人的合同安排虽然类似某种有名合同,或者当事人虽然在合同名称上选择了某种有名合同,但实际上缔结的是一种无名合同或者混合合同,仅仅依据原《合同法》第52条来判断该合同或者该条款的有效性,而不是反过来依据自己对合同种类的定性或者当事人对合同名称的选择,直接否认该条款的效力。后种做法是典型的"削足适履"。①

该提醒同样适用于对名股实债的认定。名股实债与对赌协议非常类似,区别仅在于回购条款的触发机制不同,对赌协议中回购条款的触发具有不确定性,一般以企业经营业绩为目标;名股实债中回购条款的触发一般与经营业绩无关,无论经营好坏,回购机制一般到约定的时间就触发。两者的交易目的也不同,对赌协议是高风险高收益,其约定的回购条款实质是对企业的估值调整;而名股实债中,双方真实意思就是进行债权类投资,往往受限于放贷资质、投资企业资质等问题,为了规避监管而采取股权的形式,因此,其回购条款是为了一定时间后获得本息收益。随着对两者交易目的的认识不断加深,在司法裁判中,对对赌协议的考量一般只在股权投资的层面进行,将其视为一种股权型融资手段,而名股实债由于本质上是债,虽然表面上采取了股权转让的外观,但被认定为债后,要受到借贷利率的限制。在认定案涉内容是否为债时,司法裁判必须非常谨慎,避免因当事人交易安排中有"保底"类条款,就将其认定为名股实债,如在夏某某与高某某等协议纠纷再审案②中,再审法院认为"无论经营盈亏,提供资金的某一方都享有固定收益",将其径直认定为名股实债,忽略了当事人的交易安排;同时,司法裁判中也要避免仅仅因具有股权转让外观就将债权认定为股权。以上两种做法都可能会曲解当事人的真实意思,损害其意思自治原则。

2.综合因素判断

在实践中,法院有时并未事先对涉案合同的法律关系进行认定,而是直接注重合同履行,如在新华信托与北京时光案③中,一审、二审、再审都未对合同涉及的法律关系进行认定,仅认为在没有无效事由的情形下,合同合法有效,双方应按照合同履行。该案中所体现出的不纠结于合同性质的司法智慧固然值得称赞,但这种做法只能适用于个案,因为在该案中,承担回购义务的是股东,若换成公司,其履行除要考虑程序问题外,还涉及较复杂的资本维持原则。因

---

① 参见彭冰:《"对赌协议"第一案分析》,载《北京仲裁》2012 年第 3 期。
② 江苏省扬州市中级人民法院民事判决书,(2012)扬商再终字第 0004 号。
③ 最高人民法院民事判决书,(2014)民二终字第 261 号。

此,在其他情形下若不作认定,仅仅按照合同履行,可能会对当事人、案外人的利益产生一定影响。

在股债纠纷中,法院一般会通过合同约定来确定法律关系的性质,在合同没有约定或者用词模糊,双方又都采用有利于自己的解释时,法院会综合合同约定与实际履行进行认定。

(1) 是否进行股权转让

是否进行股权转让为参考因素之一,但仅凭股权转让不能说明当事人之间的法律关系,既可能是对赌协议,也可能是为了规避监管的名股实债,还可能是让与担保。

(2) 是否办理工商登记

办理工商登记,是投资者成为股东后对外进行公示的手段,在涉及交易第三人时,可以成为商事外观主义原则下保护交易第三人合理信赖的依据。

(3) 股权转让价格是否公允

在新华信托与江峰房地产公司案[1]中,重庆市高级人民法院认为双方约定新华信托公司"以1元资金受让江峰房地产公司原股东持有的90%股权",显然与该股权的实际市场价值不符,也不符合常理。由此可知,转让价格是法院认定合同为借款合同时所考量的因素之一。

(4) 是否实际参与经营

享受股东权利,履行股东义务。在一般情况下,资方能够参与公司经营或者委派董事,可以认定为股权,但这也并非绝对标准,如在通联公司与农发公司股权转让纠纷案[2]的再审裁定中,通联资本以没有参与经营为由,认为案涉合同双方是借贷关系,但最高人民法院并未采纳,因为在商事交易中,在以股权融资的对赌协议安排里,财务投资者的目的是获取高额利润,并没有真正成为公司股东、参与公司经营的意愿,因此,也不会干涉公司经营。

(5) 融资期限与融资回报

一般而言,股权投资期限往往比较久,3年到5年或者以达到某种不确定

---

[1] 重庆市高级人民法院民事判决书,(2014)渝高法民初字第00010号。
[2] 最高人民法院民事裁定书,(2020)最高法民申2759号。

的标准为条件,如在对赌协议中常见的"赌上市"。债权期限较为短暂,往往一两年甚至几个月都可以,但此标准并不绝对,如在联大集团有限公司与安徽省高速公路控股集团有限公司股权转让纠纷案①中,交易双方约定股权转让后2年内有权回购,一方主张案涉股权转让为名股实债,但法院认为其是股权融资,且"出于短期融资的需要产生的融资,其合法性也应予承认"。对于融资回报,即约定收益,法院会参考是否收益固定,以及回报高低来认定,比如在前述的通联资本案中,法院以"每年1.2%的回报率对借贷利息而言过低",作为否定名股实债的主张。笔者认为,审判实践中长期以固定收益作为股债区分关键的做法应予摒弃,根据公司法法理,股东不仅有普通股股东还有优先股股东,优先股股东的股息,往往就是固定分红。最高人民法院在对新华信托与北京时光案进行论述分析时也指出:优先股不同于普通股的特别之处在于:第一,当企业破产清算时,优先股的清偿权限优先于普通股,即破产企业的资产在先偿还债务后,需要再偿还给优先股股东,最后才是普通股股东。第二,股息偿付的优先权,即企业在股票分红时,优先股股东具有先获得固定分红的权利。第三,通常优先股股东不参与企业的管理决策……因此,在信托资金以谋求资金收益为目的进入融资公司后,公司也可以在不违反公司法法理的基础上给予其优先固定利益回报。②

(6)交易主体以及行业情况

笔者认为,此因素的参考价值比较大,因为真正构成名股实债,以股权形式来进行借贷的当事人,往往都是出于逃避监管的目的,因此在对借贷管制严格的领域,如金融、房地产行业,其操作更可能被认为是名股实债,而对于基金公司等专业的财务投资机构来说,采用回购或补偿条款系其退出股权投资的常规操作。因而,对于涉及这些行业的名股实债合同,最终大多不会被认定为股,而是被认定为债。

(7)是否约定增信措施

在一般情况下,债权投资人为了到期时顺利拿回本金及收益,往往会约定

---

① 最高人民法院民事判决书,(2013)民二终字第33号。
② 张雪楳:《以股权转让形式退出信托资金的效力认定及相关法律问题》,载杜万华主编、最高人民法院民事审判第二庭编:《商事审判指导》总第40辑,人民法院出版社2016年版。

如抵押、质押、第三方保证等增信措施,确保自己的债权顺利实现,股权投资者往往不会。在前述新华信托与江峰房地产公司案中,双方当事人签订《合作协议》并办理相关担保财产的抵押、质押手续,法院认为这与江峰房地产公司主张双方是股权转让相矛盾,但这一标准同样并不绝对。在新华信托与港城置业破产债权确认纠纷案①中,由于在破产案件中涉及其他债权人的利益,即使双方约定了担保等增信措施,法院仍基于商事外观主义原则认定其为股权。

综上所述,上述因素在股债区分中较为常见,但根据任何单一的因素都无法对股、债作出直接判断,且股和债的区分判断并没有统一的认定标准。

对名股实债交易性质的认定有不同观点,常见的有四种:①根据肯定说,从行为来看,目标是获得股权,因此认定为股权投资;②根据否定说,从真实意思的角度认定其是借贷;③内外区分说,认为内部关系是债权,外部关系是股权;④区别情形说,应具体分析并进行个案认定。从最高人民法院民二庭法官会议纪要来看,其认可了"个案认定"的方式——名股实债并无统一的交易模式,实践中应根据当事人的投资目的、实际权利义务等因素综合认定其性质。投资人的目的在于取得公司股权,且享有参与公司的经营管理权利的,应认定为股权投资,投资人是目标公司股东,在一定条件下可能构成抽逃出资。反之,投资人目的并非取得目标公司股权,而是获得固定收益,且不享有参与公司经营管理权利的,应认定为债权投资,投资人是目标公司或有回购义务股东的债权人。无论在哪种情形中,投资人取得的固定回报都来自其先前的投入,故其退出公司亦非无偿退出,一般不存在抽逃出资的问题。②

3. 运用整体思维看待交易安排

在商事实践中,以前区分股权和债权的因素现在正逐渐融合,体现出商事实践的复杂多元,笔者认为,在进行股债区分时,必须改变从前认为两者泾渭分明的观念。如前所述,合同本身的约定并不是全部,且在有多个合同的情况下,要着眼于商事交易本身,从整体性视角出发,探求交易的性质。

在名股实债交易安排中,一般会涉及资金进入、资金返还、固定收益和增信

---

① 浙江省湖州市吴兴区人民法院民事判决书,(2016)浙0502民初1671号。
② 参见贺小荣主编:《最高人民法院民事审判第二庭法官会议纪要:追寻裁判背后的法理》,人民法院出版社2018年版,第64页。

措施四个环节,针对每个不同的交易环节,双方都会签订相应的合同,这些合同看似相互独立又彼此结合,共同构成整个交易流程。有观点认为,这些合同在一定程度上构成了合同联立,即各自具有独立的"设立、变更或终止民事权利义务关系"的功能,但具有经济上一体的交易功能。① 如在新华信托与强人公司破产债权确认纠纷案②中,法院认为"对于法律关系的性质认定,应当根据合同约定的实质内容以及各合同之间的相互关系综合判断",该案双方签订了多个合同,并将其中的《信托融资合同》"作为主债权合同用以办理房产抵押、股权质押登记",还明确其他两份合同为《信托融资合同》的附件。因此,法院在认定法律关系性质时,认为"《信托融资合同》是本案所涉法律关系的主合同,应当主要根据该合同的性质认定各方当事人之间法律关系的性质",并因为该合同内容中约定了综合融资利率、本金偿还和利息支付以及因违约产生的利息和复利等条款,最终认定该合同属"借款合同",双方之间为借贷关系。但在新华信托与港城置业破产债权确认纠纷案③中,双方先谈妥要进行股权融资再设立涉案信托资金,在《合作协议》中仅约定"港城置业有义务配合新华信托在信托期满时,采取信托文件提及的方式安全退出信托资金",而在新华信托与资金提供人签署的《资金信托合同》中约定"采取以下方式安全退出信托资金:获取项目公司的分红和减资;转让项目公司股权;转让信托收益权"等,故有观点认为,应该以《资金信托合同》作为评价整体交易行为目的的依据,并且由于该合同约定的是股权式的退出方式,即使不从商事外观主义原则的角度,从合同整体解释的角度进行分析,也能论证该案实质是"股权投资"。④

4.案外人利益衡量

在新华信托与港城置业破产债权确认纠纷案中,吴兴区人民法院运用商事外观主义原则明确指出,在名实股东的问题上要区分内部关系和外部关系,对

---

① 参见吴潇敏、孙美华、郑扬:《"名股实债"的司法裁判路径探析——以"新华信托—港城置业"案为例》,载《法律适用》2019 年第 12 期。
② 重庆市高级人民法院民事判决书,(2014)渝高法民初字第 00045 号。
③ 浙江省湖州市吴兴区人民法院民事判决书,(2016)浙 0502 民初 1671 号。
④ 参见任一民:《破产语境下的房地产信托投资问题研究——以新华信托破产债权确认案为样本》,载韩长印、许多奇主编:《公司经营风险的商法回应》,上海三联书店 2017 年版。

内部关系产生的股权权益争议纠纷,可以当事人之间的约定为依据,或是隐名股东,或是名股实债;而对外部关系不适用内部约定,按照 2013 年《公司法》第 32 条第 3 款"公司应当将股东的姓名或者名称向公司登记机关登记;登记事项发生变更的,应当办理变更登记。未经登记或者变更登记的,不得对抗第三人"之规定,第三人不受当事人之间的内部约定约束,而是以当事人之间对外的公示为信赖依据。并且该案发生在港城置业破产的情形下,涉及港城置业其他债权人利益,商事外观主义原则应该优先适用。此案一出,在信托业引起极大反响,因为在房地产行业,名股实债几乎是普遍做法,如果认定为股权,金融机构将面临巨大的风险。此案中,吴兴区人民法院这一判决暴露了采用名股实债的交易模式打监管制度"擦边球"所面临的法律风险。该案也提醒信托行业从业者无论从交易对象选择上还是从交易结构的设计上都要增强法律风险防控。

新华信托与港城置业破产债确认纠纷案中,法院认为,在进行股债认定时有必要区分对内关系和对外关系。但一个值得思考的问题是,对于案外人利益衡量的边界在哪里。新华信托与港城置业破产债确认纠纷案发生在破产情形下,在其他情形下是否还应该优先适用商事外观主义原则?案外人的范围包括哪些人?在一般情形下,公司具有多个债权人,如银行、客户、本单位职工、税务机关、股东、担保权人等,其是否都可主张商事外观主义原则,从而使法院将实质上的债权人认定为股东?这些问题尚存争议,最高人民法院民二庭在法官会议纪要里指出:"公司与股东是两个独立的主体,债权人即便对公司有所信赖,也不能认为对股东形成同样的信赖。因此,不宜简单地根据所谓的商事外观主义,让债权人承担股东的抽逃出资责任。"①笔者认为,商事外观主义原则一般适用于交易第三人,其必须满足善意且对权利外观具有合理信赖,才能寻求商事外观主义原则的保护,避免一遇到债权人就适用商事外观主义原则认定交易性质为股权。

---

① 贺小荣主编:《最高人民法院民事审判第二庭法官会议纪要:追寻裁判背后的法理》,人民法院出版社 2018 年版,第 66 页。

(四) 名股实债合同裁判思路

1. 合同原则上有效

我国民法中规定的合同生效要件包括：交易双方具有民事行为能力、意思表示真实、不违反法律、行政法规的强制性规定、不违背公序良俗。在裁判思路上，法院也是首先尊重当事人的意思自治和合同自由，考察当事人是否达成了真实合意，然后在此基础上，进一步考察合意的内容是否违反法律、行政法规的强制性规定或者公序良俗，如果不违反，则确认合同效力，再依照合同约定来认定交易双方的权利义务关系。

在名股实债纠纷中，名股实债合同属于典型的"名不符实"合同，其效力如何要通过探究当事人的意思表示进行判定。若双方真实意思确为股权转让，则依照股权转让合同的生效要件来判断其效力，认定其"名实相符"；若双方表面上签订一个股权转让合同，却根本没有股权转让的意思，真实意思其实是借贷，则根据民法意思表示理论，双方构成"通谋虚伪意思表示"，以虚假的意思表示（股权转让）实施的民事法律行为无效，而对于虚假意思表示隐藏之下的民事法律行为（借贷），应按照其相关的生效要件进行判断。

笔者统计的案例表明，法院真正认定合同完全无效的案例很少。合同整体无效的情况主要发生在2015年《民间借贷规定》出台前，过去我国法律法规中对于非金融企业之间的借贷一直以来明令禁止，①将这样的合同认定为无效合同，②理由为违反国家金融法规中的强制性禁止性规定。因此实践中以名股实债的操作来规避相关禁止企业间借贷的法规，但当纠纷出现，法院认为其实际属于企业之间借贷关系后，该借贷关系还是难逃被认定为无效的命运。③ 随着市场经济的发展，企业面临融资需求，绝对禁止企业间借贷已行不通，《民间借贷规定》出台以后，企业之间的借贷合同被认定为属于民间借贷的一种，仅在

---

① 1986年《中华人民共和国银行管理暂行条例》(已失效) 第4条规定："禁止非金融机构经营金融业务。"1996年中国人民银行发布的《贷款通则》第61条第2句规定："企业之间不得违反国家规定办理借贷或者变相借贷融资业务。"最高人民法院《关于对企业借贷合同借款方逾期不归还借款应如何处理的批复》(法复〔1996〕15号) 规定："企业借贷合同违反金融法规，属无效合同。"

② 广东省高级人民法院民事判决书，(2013) 粤高法民二终字第58号。

③ 浙江省杭州市中级人民法院民事判决书，(2015) 浙杭商终字第815号。

非法从事放贷业务、以非自有资金转贷牟利、目的非法等情况下无效,《民间借贷规定》明确了企业之间以必要的生产经营为目的,可以拆借资金,①因此,司法实践中对此类企业间借贷合同也逐渐认定为有效,在名股实债纠纷中,司法也将裁判的重点放在了对法律关系性质的认定上。但一个值得探究的问题是未取得贷款业务资格的金融机构从事的放贷行为是否无效? 最高人民法院民二庭在会议纪要里指出:"金融是典型的特许经营行业,对金融机构更要加强资质监管。在此情况下,应当根据最高人民法院《合同法司法解释(一)》第10条'当事人超越经营范围订立合同,人民法院不因此认定合同无效。但违反国家限制经营、特许经营以及法律、行政法规禁止经营的规定的除外'的规定,认定未取得贷款业务资格的金融机构从事的放贷行为无效。"

2. 回购条款原则上有效

回购条款在股债纠纷中一直颇具争议。公司进行回购的本质就是公司注册资本减少,有可能损害债权人的利益,这也是最高人民法院所论述的"损害了公司利益和公司债权人利益",但是这一论述并不能让人满意,毕竟只要公司有足够的履行能力,债权人利益也未必会受损,公司回购并不必然意味着公司利益受损,也并不必然导致回购条款无效,故回购条款的效力认定不应从抽象的可能性出发,而要从公司现实的财务状况进行认定,考察其实际上是否能够履行回购义务。同时,公司回购还需要符合《公司法》的规定,对于有限公司而言,我国《公司法》第74条并未禁止有限责任公司与股东达成回购约定,因此,公司回购不存在任何法律障碍。《公司法》第142条规定了原则上股份有限公司不得回购本公司股份,但也规定了几种例外情形,如减少公司注册资本、与持有本公司股份的其他公司合并等。在名股实债中,只要公司回购股份属于前述例外情形之一,符合《公司法》的规定,就应当认定为有效,只有不属于例外情形,才可能因为违反法律的强制性规定而导致回购条款无效。对于股东回购,由于本质上属于股东之间持股比例的变化,不会影响公司的资本状况,无论从可履行性还是从程序上,股东承担回购义务的条款都属于当事人意思自治的

---

① 2015年《民间借贷规定》第11条规定:"法人之间、其他组织之间以及它们相互之间为生产、经营需要订立的民间借贷合同,除存在合同法第五十二条、本规定第十四条规定的情形外,当事人主张民间借贷合同有效的,人民法院应予支持。"该规定已于2020年被修正。

结果,应当认定为有效。

3. 关于抽逃出资问题

在名股实债中,公司债权人可能因为公司注册资本减少,追究投资人抽逃出资的责任,常见于公司回购股权后又减资的,导致公司注册资本减少或者股东回购股权,公司承担担保责任后不能清偿债权的情形。最高人民法院认为,"在公司回购股权后减资的情况下,投资人之所以能取得固定回报,是因为其前期对公司进行了投资。也就是说,其回报是投资回报,并非无偿取得,一般不存在抽逃出资问题。在后一场合,投资人取得的固定回报同样不是无偿行为,也不存在抽逃出资问题,至于公司因承担担保责任而导致不能清除到期债务的问题,则可以通过请求确认公司担保无效的方式来救济,不能将其与抽逃出资混为一谈"。笔者认同这一思路。同时,由于公司提供担保并非对整个融资合同提供担保,仅是对股东回购义务提供担保,若担保无效,公司不用承担担保责任,不存在资产减少的问题。

(五)对名股实债裁判现状的反思

1. 名实二元对立的立场存在弊端

首先,"名(为)……实(为)……"这一说法在法院裁判中比较常见,比如名股实债、"名为联营,实为借贷"、"名为买卖,实为借贷"。但在实际运用中,"名(为)……实(为)……"的说法本身已经暗含了二元对立的先入之见,如名股实债,股与债可能同时出现在一个交易安排里,但在愈加复杂的商事交易中,二者并非泾渭分明,也不是对立关系。因此,采用"名(为)……实(为)……"的认定方式有时候难以对新类型、更加复杂的交易行为作出认定。其次,法院在对某一案件事实进行认定时,通常先试图将其归入典型合同,排除典型合同后才考虑是否构成新合同,这种归入过程,实质是在进行法律的类推解释,因而需要进行必要的论证和说理,解释为何案件事实属于该典型合同。但我国的裁判过程有时缺乏论证和说理,若案件事具有某种典型合同的特征就将其认定为该典型合同,若包含多种典型合同的特征即采用"名(为)……实(为)……"直接进行归类,但"具体案件事实是否属此类型,并非仅视其是否包含该类型之全部因素。毋宁取决于:这些'典型'因素的数量及强度上的结合程度,是否足以使该案件事实'整体看来'符合类型的形象表现,类型不能定义,只能描述"。① 因此,这种直接套用典型合同的做法往往滞后于不断推陈出新的商事实践,在一定程度上会损害当事人的意思自治。最后,"名(为)……实(为)……"这种说法还容易扩大适用范围,将事实认定和法律适用混为一谈,易导致认定错误。

2. 相关法律对虚假行为和避法行为并未明确区分

我国民法中以"通谋虚伪意思表示"涵盖了虚假行为和避法行为,但这两者并不完全相同。虚假行为是指表面上的行为是假的,比如常见的阴阳合同,阳合同是假的,双方不会按照阳合同去履行。而避法行为最常见的例子如"假离婚",即为了规避限购政策而假装离婚,夫妻双方内心没有真实离婚的意思表示,但是双方都希望表面的离婚行为发生效力,并且按照离婚的程序去做。名股实债较为概括化,可以涵盖实务中的虚假行为和规避行为。规避行为的效力并非如虚假行为一般一律被认定无效:一是要看其规避行为交易结构的设计,如果符合某种社会需要,也会逐步被认定为合法有效,比如从实践中发展起来的"动产让与担保";二是避法行为所避的法必须是"法律法规的效力性强制性规定",才会导致避法行为无效,否则会极大地限制当事人意思自治的空间,不利于商业活动的开展。我国法律中未对虚假行为和避法行为作出明确区分,容易导致法院以当事人主观上的真实意思否定其表面上股权安排的效力,忽视当事人的交易结构安排,一定程度上会使裁判僵化。

3. 不利于民间创新

为了市场的有序发展,国家往往出于公共目的规定各种行政监管和金融监管措施,其背后是国家的管控力量。司法裁判,代表的也是一种"国家法",而避法行为通常是当事人为了追求自己利益最大化,在意思自治下所为的民间行为,一般通过合同交易安排来实施,可以称为一种"民间法"。而法院就是这两种"法"相碰撞的地方,裁判者一方面不能让管控的目的落空,要符合国家的法律规定,对于那些违反国家法律法规强制性规定的行为,依法认定其无效;另一方面对于其他避法行为亦不能过分限制当事人的意思自治,因为商人的嗅觉总

---

① [德]卡尔·拉伦茨:《法学方法论》,陈爱娥译,商务印书馆2003年版,第100页。

是比监管机关灵敏,避法行为往往也是交易模式创新、制度创新的途径之一。同时,监管措施的调整也需要当事人的推动,否则,市场经济的活力无从说起。司法裁判只有通过法律解释和各种论证方法真正做到了事实认定清楚、说理充分,才能在国家管控和市场活力之间取得平衡,做到尊重当事人的意思自治,推动我国市场经济的发展。

四、结论

事实上,若将融资交易结构看成一个融资光谱(光谱两端分别是债和股),则其中存在无数种融资模式,其位置越接近债端,债权属性越强;越接近股端,股权属性越强。笔者无法简单通过概念界定两者,也很难抽象出典型模式为之设定单一标准。[1] 有学者认为,将不同标准加以组合并互相参照得出权利标准,即股利分配请求权、剩余财产分配请求权和救济与诉讼权标准,[2]此为股权;相应地,债权是固定收益请求权、破产债权优先清偿权和合同与违约责任救济。这一标准是变动的标准,权利是贯穿其中的一条线索。而在这条线索之下还隐含着一个规律:结构变动权是权利"生长"的钥匙,"它可以无限地创造出不同性质的权力并对之予以无限制地复制,同时还具有分配、激活、优化权利的作用"。[3] 这个标准是活的标准,依据这一标准所划出的道路就不再是"线",而是勾勒出了一块"权利—义务—救济"区域。这个区域的内容是由不同的合同来具体化的,表现为合同权利义务、公司章程、股东会议决议,甚至是法律,而法院的判决是这个区域界线的最终边界。

综上,股权融资和债权融资是公司从资本市场获得资金的两种基本方式,分别以股或债为融资工具,投资人权益分别以股权和债权形式存在。[4] 在认定为股还是债、名股实债抑或是名股实股时,单单从外观主义中股权变更登记、股

---

[1] 参见陈明:《股权融资抑或名股实债:公司融资合同的性质认定——以农发公司诉通联公司股权转让纠纷案为例》,载《法律适用》2020年第16期。

[2] 参见李安安:《股债融合论:公司法贯通式改革的一个解释框架》,载《环球法律评论》2019年第4期。

[3] 陈醇:《权利结构理论:以商法为例》,法律出版社2013年版,第54页。

[4] 参见陈明:《股权融资抑或名股实债:公司融资合同的性质认定——以农发公司诉通联公司股权转让纠纷案为例》,载《法律适用》2020年第16期。

东名册以及参与公司经营管理的角度来看还不够,更应该透过表层观察到股债认定的实质因素。通过理论及案例研究,笔者发现,一方面应考虑投融资双方的真实意思表示,另一方面固定收益的安排和共同承担经营风险对于股债认定的影响极大。通过对股债因素进行认定,一方面可以更好地界定当事人权利义务关系,另一方面有利于在市场经济活动中营造良好的法治营商环境,促进交易安全,更好地维护当事人的合法利益。

同时,应重视实践中交易安排的创新,在不违反法律、行政法规的效力性强制性规定,不违背公序良俗的情况下,这种创新是值得肯定的。此外,在今后的实践中,作为交易双方的当事人应当加强风险意识,在金融创新和遵守法律之间寻找平衡点。对于投资者来说,为了防止发生纠纷并保证债权的实现,应当做到以下4点:第一,投资之前对融资方进行详尽的调查,了解其信誉以及运营状况。第二,建议选择同股东订立回购协议,同时应当在一定程度上考虑该股东自身的资产状况,确保合同有效且能够履行。第三,合理地设置对融资公司的经营管理权和控制权,一方面,投资方为了保证资金的有效利用可能希望在重大事项上拥有一定的决策权;另一方面,如果投资方参与融资方的运营管理则很有可能被认定为股权投资。第四,要求融资方提供可靠的增信措施,如固定资产的抵押或质押。

(编校:龙泓任)

第五章 股权信托纠纷实证研究

杨淑榆　李菁菁　李微微
张翩翩　莫语霏　朱俊钢

一、案例整理和分类统计

目前,虽然在实践中信托已经广泛得到应用,但信托纠纷的案例并不多见,一是信托计划往往能够得到履行,或者未履行也往往能够得到"刚性兑付";二是即便真的存在纠纷,多数也通过仲裁得到解决,很少诉诸法院,而仲裁案件原则上是不公开的,且信托纠纷目前没有成为法院一个专门立案的事由,因此对于信托纠纷的数据统计一直存在一些障碍。为了能够扩大数据统计的范围,提高数据统计的质量,增加研究的样本量,笔者在多个数据库中检索了信托相关的案例,笔者统计的数据库包括"威科先行"法律信息库、无讼案例数据库、北大法宝法律数据库,以及在知网、万方、维普等信托纠纷相关的论文,甚至百度中以信托为关键词的网页。为了能够最大限度地将股权信托纠纷的相关案例囊括进去,笔者搜索中使用的关键词包括股权信托、收益权信托、表决权信托、"资金信托+股权、信托+股权纠纷"等。此外,考虑到一些股权信托纠纷的案例可能因为登记等原因上升为行政案例,笔者的筛选标准包括民事纠纷和行政纠纷。在经过搜索和初步筛查中,笔者共搜索并阅读1440个案例,经过人工筛选,共得到有效案例225个,其中郝某某(等人)与中国光大银行股份有限公司、长安国际信托股份有限公司营业信托纠纷案存在63个案例,因内容和裁判理由一致,为避免极端值造成统计偏差,该63个案例按照一案处理。

(一)年份统计

从年份统计的角度来讲,股权信托纠纷的案例数量整体上呈上升趋势。2018

年及 2019 年股权信托纠纷的相关案例数据达到峰值,但是 2020 年有所回落。

(二)地域统计

从地域统计的角度来看,股权信托纠纷的案例虽然总量小,但地域分布比较集中。统计发现,北京、上海是股权信托案例纠纷"高发"地带,这也与两地经济活动比较活跃有关。此外,从地域分布来看,除了北方的吉林省外,南方的股权信托纠纷案例数量明显高于北方。这也从侧面说明了信托这样一种交易形态在南方的应用相对更为广泛。

(三)审级统计

从审级统计的角度来看,一审及二审案例占总案例的 90% 以上,存在少部分再审、再审申请等其他类型案例。

(四)案由统计

从案由统计的角度来看,以信托为基础形成的纠纷形式整体上较多样化,在股权信托纠纷的案例汇总中,营业信托纠纷占比最大,占总数的 1/5 以上,如图 5-1 所示(只列举主要案由)。

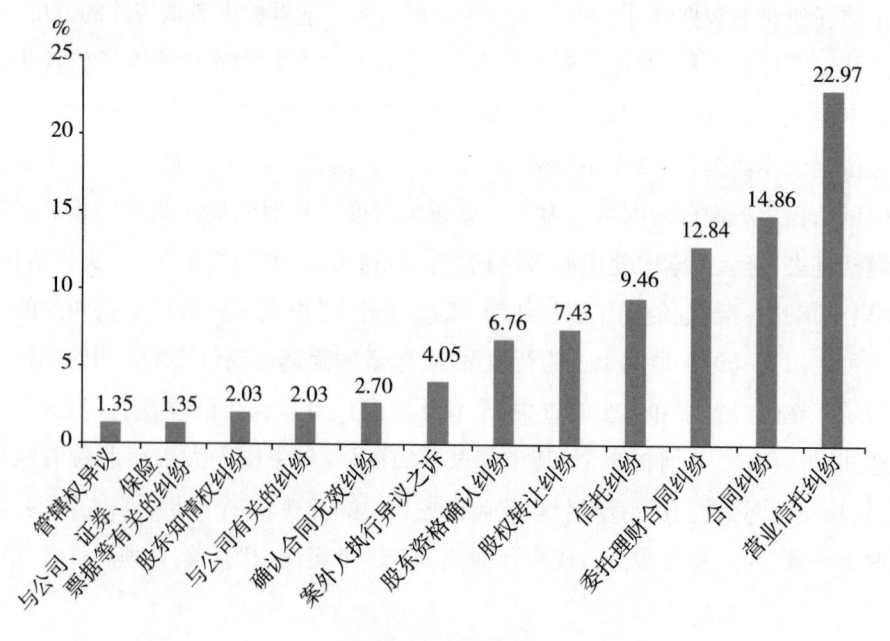

案由	比例(%)
管辖权异议	1.35
与公司、证券、保险、票据等有关的纠纷	1.35
股东知情权纠纷	2.03
与公司有关的纠纷	2.03
确认合同无效纠纷	2.70
案外人执行异议之诉	4.05
股东资格确认纠纷	6.76
股权转让纠纷	7.43
信托纠纷	9.46
委托理财合同纠纷	12.84
合同纠纷	14.86
营业信托纠纷	22.97

图 5-1 股权信托纠纷主要案由统计

(五)信托形态统计

按照信托纠纷收益对象来进行分类(详见图5-2),自益型信托的比例较高,这与我国信托本身的功能密切相关。如果信托功能很多集中在增信担保的领域,自益型信托形态是一个比较好的选择。

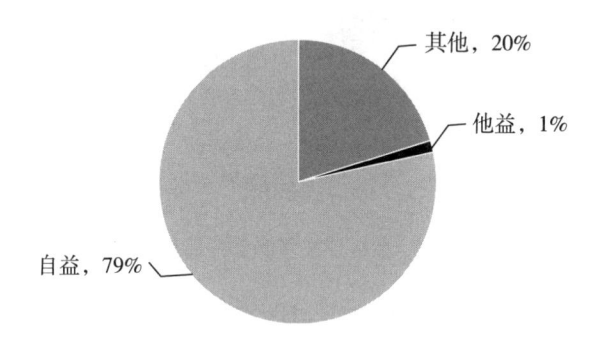

图5-2 股权信托纠纷收益对象统计

从信托财产形态的角度来看,股权信托和资金信托占信托财产形态的比例较高,但也存在部分股权收益权信托和其他类型信托形态,如图5-3所示。

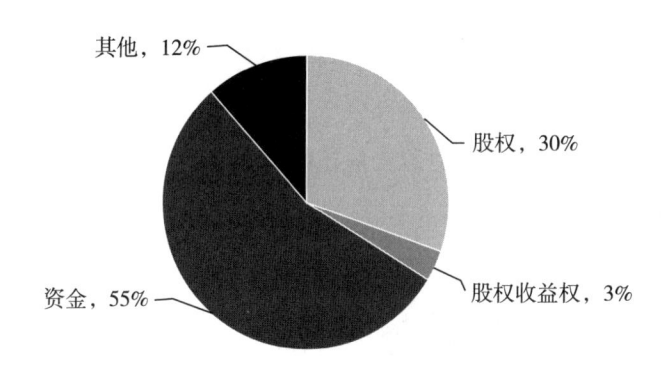

图5-3 股权信托纠纷财产形态统计

从信托目的的角度来看,以信托投融资为目的的股权信托案例占比较高,详见图5-4。

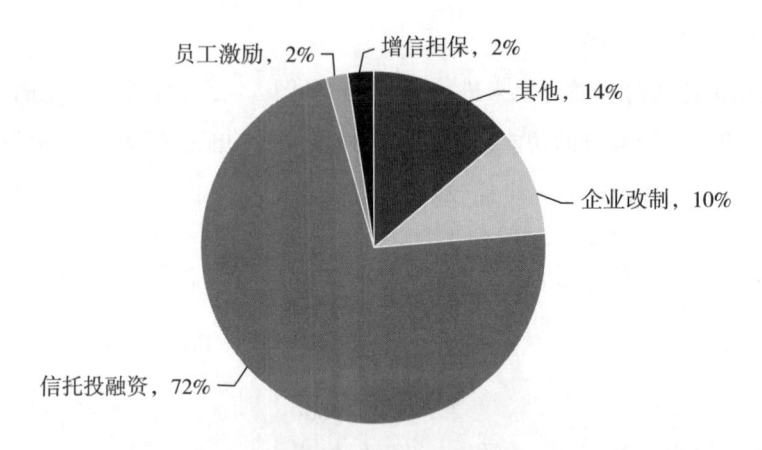

图 5-4　股权信托纠纷信托目的统计

如果按照民事信托和商事信托的角度来分类,在形成纠纷的案例中,商事信托占信托收益形态的比例较高,达到85%。

从委托人数量的角度来看,在形成纠纷的案例中,单一信托和集合信托的数量差别并不明显,前者占比45%,后者占比55%。

通过人工筛选,笔者将现有案例的争议主题划分为6项,分别为股权信托合同效力、当事人权利义务关系、股东资格认定及权利、出资瑕疵责任问题、收益权信托及其他。此外,还存在少部分交叉类型案例,详见图5-5。因此下文将围绕6个争议主题展开,探讨股权信托纠纷案例中具体的法律问题。

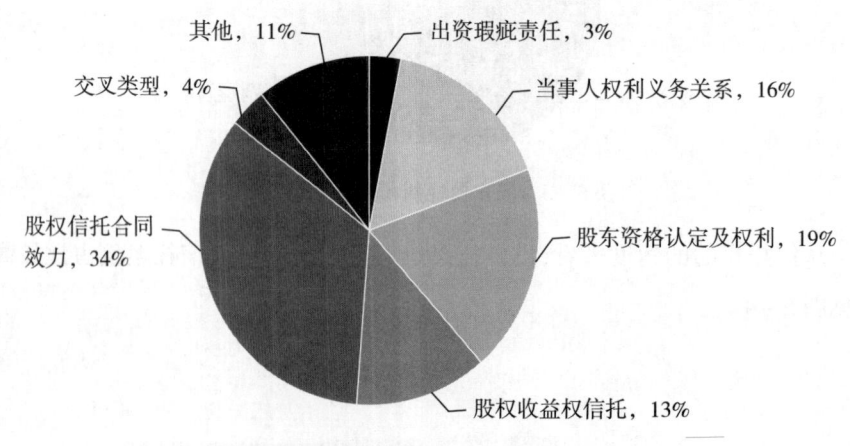

图 5-5　股权信托纠纷争议类型统计

二、焦点问题之一：股权信托特殊性纠纷

(一)股权信托合同效力纠纷

1.信托生效的构成要件

(1)法律规定

关于信托合同的法律规定,主要集中在《信托法》第8条、第9条、第10条。基于上述规定,笔者认为,信托生效包括三个构成要件:一是采取书面形式;二是信托合同符合《信托法》第9条要求;三是依照《信托法》第10条办理登记。但在实务中仍会产生的问题是,信托生效的三个构成要件中,前两个要件都是关于信托合同的要求,只有第三个要件是关于信托登记的内容。根据《信托法》第10条的规定,设立信托,对于信托财产,有关法律、行政法规规定应当办理登记手续的,应当依法办理信托登记。未依照前款规定办理信托登记的,应当补办登记手续;不补办的,该信托不产生效力。此时产生的问题即包括两个方面:一方面,从信托生效的角度看,一部分需要登记的信托只有在完成登记后才生效,但是部分不需要登记的信托自合同生效时成立;另一方面,从信托无效的角度看,只要信托合同触发法定无效事由或者不符合前述的构成要件,信托合同无效就会直接导致合同无效。同时,对于当下的实践来说,信托公司的信托产品有相应的登记制度,虽然自然人之间的信托还没有正式的登记备案制度,但仍然存在意定的生效约定,因此存在比较复杂的认定问题,很多信托关系成立纠纷就在于此。

(2)案例情况

根据笔者对信托成立、生效案例的搜索,查到有效案例共96个,其中,争议案由为"信托合同有效性"的案例约占30.7%,"信托关系是否成立"的案例约占32.8%,"信托关系无效"的案例约占27.6%,其他案由[①]约占8.9%。其中,案由为"信托合同有效性"及"信托关系是否成立"汇总,"资金信托合同/资金信托关系有效性"约占56.5%、"股权财产权信托合同/股权财产权信托关系有效性"约占39.1%,"财产权信托合同/财产权信托关系有效性"约占4.3%。

---

① 其他案由,主要指执行异议之诉类案件。

2. 股权信托的成立

就股权信托而言,股权信托主要分为股权投融资信托和财产权信托,其纠纷散见于前述信托关系是否成立及信托合同有效性的纠纷案例中。下文将以股权融资信托以及股权收益权信托两类信托关系为切入点,基于前述统计案例分析实务中的股权信托纠纷。首先着眼于股权信托成立的视角,焦点在信托关系成立与信托合同的关系;其次着眼于股权信托无效的视角,焦点在信托无效与信托合同及法定无效事由的关系。基于前述两个视角,笔者将首先探寻实务认定标准和基本逻辑,并进一步基于学理理解其合理性。

(1)股权投融资信托的类型

股权投融资信托的成立主要包括三类结构:

第一类结构是投资人(委托人)直接将其持有的股权信托给受托人,受托人直接持股标的公司股权进行信托,当受托人为信托投资公司时,信托投资公司一般会向投资人发放相应的信托单位,其具体结构如图5-6所示。

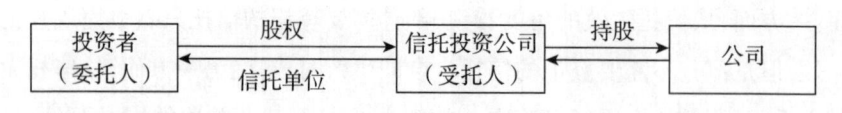

图5-6 股权投融资信托类型一

第二类结构是投资人将资金信托给受托人作为受托人信托持股标的公司的定向资金,受托人以该笔资金直接持股标的公司,当受托人为信托投资公司时,信托投资公司一般会向投资人发放相应的信托单位,其具体结构如图5-7所示。

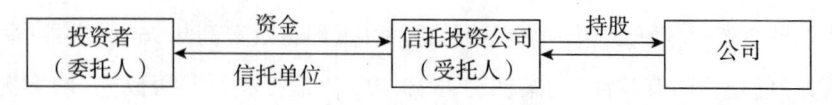

图5-7 股权投融资信托类型二

第三类结构是投资人将资金信托给受托人,受托人成立专门的信托投资SPV(Special Purpose Vehicle,特殊目的实体)作为收购股权、增资扩股的特殊目的实体,[①]在完成投资目的后通过股权转让变现并返还收益和本金,其具体

[①] 参见谈李荣:《金融信托交易模式演进的法律逻辑》,载《华东政法大学学报》2017年第5期。

结构如图 5-8 所示。

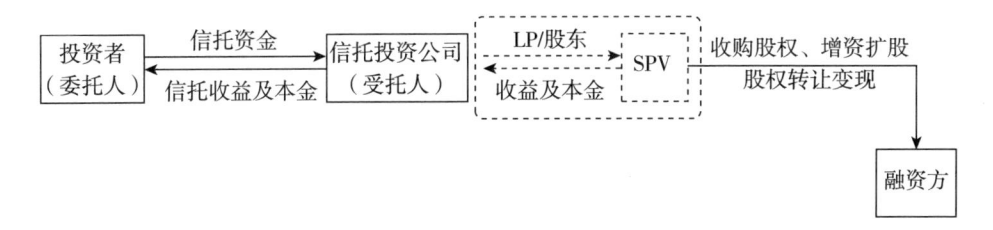

图 5-8　股权投融资信托类型三

由于信托合同对于认定信托关系有着关键的作用,在上述三类信托关系中均需要搭建相应的信托关系框架,从整个交易架构来看,其协议框架主要包括信托合同、股权转让协议及担保性质的承诺函。①

(2) 案例情况

从笔者对已有案例的研究可知,目前的信托关系纠纷主要集中在第二类和第三类结构中,第一类结构主要集中在自然人之间的信托关系。从司法实务角度看,当前司法实务对股权投融资信托关系的整理,主要关注整体交易架构及具体条款中列明的转让目的、股权权利及实际履行的情况。

第一,信托合同具体条款对信托关系成立认定的影响。在文书号为(2019)京 02 民终 989 号②的案例中,法院认定信托关系有效。建筑公司、广州利海公司、冯某某将其合法持有的广西利海公司 100% 的股权设立信托,委托金谷信托公司进行管理等事项;信托目的为,为实现信托财产的保值、增值,由金谷信托公司按照合同约定对信托财产进行管理、运用和处分,以实现受益人利益的最大化;委托人应在合同签订后 5 个工作日内开始办理将标的股权移交给金谷信托公司的有关手续,包括但不限于办理工商变更登记等手续;标的股权交付后,金谷信托公司持有的合同项下的标的股权应登记于目标公司的股东名册;合同项下的初始受益人为建筑公司、广州利海公司、冯某某。上述案例中,法院主要审查了信托目的、受托人权利与义务、有关登记的约定以及股东名

---

① 参见孙义刚、郑阚:《信托制度异化论——对我国现行信托产品法律结构之评判》,载《法律科学(西北政法大学学报)》2009 年第 4 期。
② 参见冯某某与中国金谷国际信托有限责任公司信托纠纷案。

册变更的问题,在符合《信托法》第 9 条的条件下,信托关系成立。

第二,让予担保的成立否定股权信托关系。在文书号为(2019)京 01 民终 6072 号①的案件中,法院认定信托关系无效,基本案情如下:案涉《股东借款合同》中明确,该合同项下的借款是为了履行西藏信托—北京金威中嘉并购项目集合资金信托计划,以募集的部分信托资金向金威公司发放贷款。由此说明,案涉信托计划与借贷关系并非相互独立,而是具有内在联系、互为一体的商业安排,《股权购买选择权暨股权收购合同》约束了西藏信托公司的股东权利。从《出资转让协议书》内容来看,凯智公司将注册资本金为 50 万元的金威公司等价转让,并未进行过金威公司的资产评估。在上述案例中,法院同样审查了信托合同所列明的信托目的、受托人权利义务,但法院同时审查了其他相关协议,如上述所提及的《出资转让协议书》及《股权购买选择权暨股权收购合同》,在该交易中,尽管双方在《股东借款合同》约定了双方的信托关系,但是在其他协议中却约束了受托人作为直接持股人的股东权利,也并未进行过资产评估,难以认定股权转让对价的合理性。在该案中,尽管借贷关系在形式上与信托计划无关,但是仍然被法院认为是互为一体的商业安排,即法院从整体交易结构上认定了信托计划的真实目的,其具体结构如图 5-9 所示。

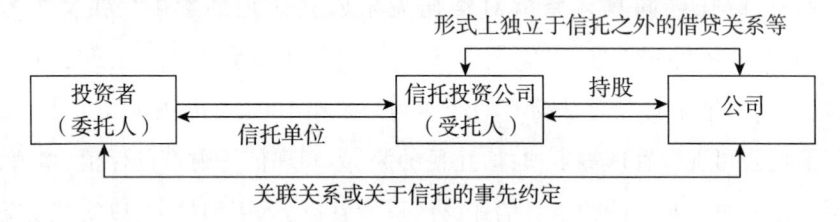

图 5-9 股权信托关系无效的交易结构图

由此可见,信托合同中的具体条款约定对认定信托关系有关键的作用,而信托合同中信托目的的认定将会受到法院的实质审查。实质审查的范围主要是信托合同中的相应条款(如对受托人权利义务的约定、对价的确认)是否与约定的信托目的相一致,如不一致,将会被认定为名为信托而实为其他法律关系,会导致信托关系无效。

---

① 参见北京金威中嘉科技有限公司等与北京凯智鑫龙投资咨询有限公司股东资格确认纠纷案。

3. 股权收益权信托的成立

(1) 股权收益权信托的类型

股权收益权信托同样主要包括三类形式:第一类是投资人将信托资金信托给受托人作为投资股权收益权的定向资金,受托人使用该笔资金从融资方受让附回购承诺的股权收益权。其具体结构如图 5 – 10 所示。

图 5 – 10　股权收益权信托类型一

第二类是作为融资方的委托人将附回购承诺的股权收益权信托给受托人,此时受托人通常是信托投资公司,受托人将信托受益权转让给投资人。其具体结构如图 5 – 11 所示。

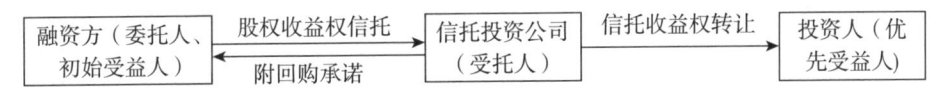

图 5 – 11　股权收益权信托类型二

第三类与第二类相似,当通常是信托投资公司的受托人将信托受益权转让给投资人后,投资人成为优先受益人,融资方成为劣后受益人。[①] 其具体结构如图 5 – 12 所示。

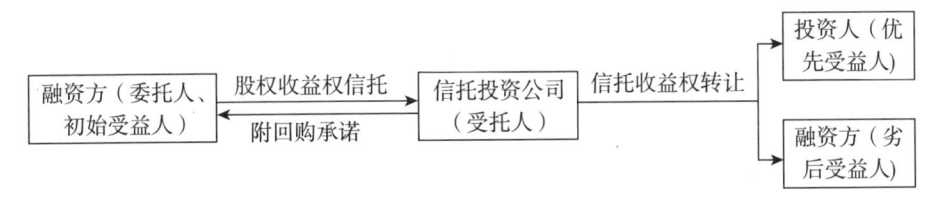

图 5 – 12　股权收益权信托类型三

在上述三类形式中,整体信托关系的协议框架主要包括《信托合同》、《特定资产收益权转让暨回购合同》、担保性质的承诺函等。

(2) 案例情况

与股权投融资信托相类似,从股权收益权信托的成立来看,司法实务仍然

---

① 参见丛彦国:《股权信托合同法律问题研究》,载《南方金融》2015 年第 5 期。

倾向实质审查，主要关注整体交易模式及受让人是否实际承担取得标的物后的风险、买卖标的物的实际交易价格和市场公允价格比较、买受人是否实际取得收益权的管理和控制权、是否承诺固定收益。

第一，承诺固定收益导致信托关系不成立。下述新华信托股份有限公司（以下简称新华信托公司）与镇江冠城房地产开发有限公司（以下简称镇江冠城公司）等借款合同纠纷案例中，法院认定信托关系不成立，具体情况如下：案涉《信托融资合同》第5条虽然有关于利息支付的文字表述，但无利率是多少的直接、明确的文字表述。对各类信托资金的解释，亦无所谓的资金信托合同相印证。根据《信托融资合同》第5条的约定，新华信托公司是按固定比例收回投资本金及投资收益的，故新华信托公司与镇江冠城公司之间建立的是借款法律关系。在上述案例中，案涉《信托融资合同》明确约定了信托公司按照固定比例收回投资本金及投资收益，因此直接被法院认定为名为信托实为借贷的关系，信托关系不成立。

第二，风险承担约定影响信托关系的认定。下述北京天悦投资发展有限公司（以下简称北京天悦）、安信信托股份有限公司（以下简称安信信托）合同纠纷案①（以下简称天悦案）及五矿国际信托有限公司（以下简称五矿公司）与广西有色金属集团有限公司（以下简称有色金属公司）营业信托纠纷案②（以下简称有色金属案）均为最高人民法院审理的信托纠纷，两个案例中具有相似的案情，但是法院作出了不同的裁判，两案具体情况如下：在天悦案中，上诉人称案涉信托并未有效设立，该案的法律关系是民间借贷关系，安信信托与委托人上海凯盟投资发展有限公司（以下简称上海凯盟）和盛京银行北京分行之间仅为普通的委托合同关系。法院认为，案涉协议第10条特别约定安信信托受让标的股权收益权后，北京天悦持有的标的股权仍由其负责管理；第2条约定的标的股权收益权转让对价并无符合市场价值的证明；案涉协议第6条又约定安信信托向北京天悦返售的标的股权收益权对价系直接在其支付的买入对价基础上增加固定比例的溢价款，安信信托并不承担买入标的股权收益权期间的风险。在有色金属案中，案涉《特定资产收益权转让暨回购合同》约定说明，在信托公司取得特定资产收益权期间

---

① 最高人民法院民事判决书，（2017）最高法民终907号。
② 最高人民法院民事判决书，（2016）最高法民终233号。

内,特定资产产生的任何收益均属于信托公司所有。因此,信托公司的收益不是固定收益,回购价格应为最低收益,该合同约定的业务内容属于信托公司正常的业务经营活动。信托公司已向其监管单位履行了报备手续,相关单位并未提出整改意见。原审法院认定该案合同性质为营业信托性质,并无不当。

上述两案的一个重要问题在于,两案的交易结构相似,两案中,双方同样约定了返售的标的股权收益权对价系直接在其支付的买入对价基础上增加固定比例的溢价款,但是该溢价款在天悦案中被认定为信托公司不承担风险的依据之一,但是在有色金属案中却并未成为认定信托关系不成立的原因。

如前文所述,信托合同对于信托关系的成立有着重要的影响,上述两案中,天悦案在合同中明确约定了安信信托受让标的股权收益权后,北京天悦持有的标的股权仍由其负责管理,这成为最高人民法院认定其股权收益权信托不成立的重要依据;在有色金属案中,信托公司已经向监管单位进行了报备并未收到整改意见,这也成为认定其信托关系成立的重要条件。基于上述分析,在实际交易关系、交易架构相似的情形下,信托关系是否成立在司法实务认定中仍然具有一定的空间,此时协议的表述和备案的履行起到重要的作用。

第三,交易模式影响信托关系的认定。下述黄山市江滨大厦度假有限公司(以下简称江滨公司)与中国金谷国际信托有限责任公司(以下简称金谷公司)合同纠纷案①中,法院认为当事人的信托关系不成立,具体情况如下:江滨公司申请再审称案涉《特定资产收益权转让合同》是信托合同,江滨公司与金谷公司之间的法律关系是信托关系,该信托应是财产权信托,而非集合资金信托。最高人民法院认为,双方订立的《特定资产收益权转让合同》的"1. 定义"中的第1.2条载明:本信托指乙方作为受托人发行设立的金谷—黄山江滨度假酒店特定资产收益权集合资金信托计划,第3.2条明确约定"特定资产收益权转让价款以本信托实际募集的信托资金金额为准",江滨公司只是集合资金信托计划的交易对象,并非该信托计划所涉信托资金的委托人。

上述案例主要涉及本节所提及的第一类交易结构。可以看到,第一类交易结构和第二类、第三类交易结构的区别在于,第一类交易结构的融资方位于交

---

① 最高人民法院民事裁定书,(2016)最高法民申2414号。

易后端,而第二类、第三类交易结构中融资方位于交易前端。这样产生的直接问题是,仅在第二类、第三类交易结构中,融资方是信托关系的当事人,属于委托人,而在第一类交易结构中,融资方并不在信托关系之中,因此其与信托公司的关系自然不构成信托关系。认定的标准仍要回归于合同的具体条款表述,从最高人民法院基于双方签订的收益权转让合同中的具体条款引用可以看出,法院是基于其资金来源和该合同条款的表述,认为江滨公司属于本节所列第一类交易结构的类型,从而认定江滨公司并不处于信托关系中。

第四,法院对信托关系的审查趋严。法院对信托关系认定的严格审查,主要在于:(1)股权信托是否可能实质上存在借贷交易;(2)股权收益权信托的买入返售形式是否真实。笔者认为,法院进行严格审查的原因在于,在信托关系中,信托公司作为买受人真实承担标的物转让的风险并享有收益,且不实际要求回购获取固定收益的,此时即使买受人获得的收益高于年利率36%,也不宜适用民间借贷利率上限的有关规定。但如果并未实现上述风险负担的转移,将可能成为规避法律关于民间借贷上限的措施,此时,转让暨回购合同相当于预设一个根本无意去履行的风险收益条款。

从上述分析可知,无论是股权投融资信托还是股权收益权信托,法院都采取了实质审查、严格审查的态度。在司法实务中,信托合同的约定是影响信托关系成立与否的关键因素,尤其是在交易模式相似的情况下,信托合同的文义表述成为司法裁判认定交易模式和信托目的的重要依据。

4. 信托无效的情形

上述第二部分讨论了关于信托是否成立的纠纷,信托成立的依据是信托行为是否符合法律规定的构成要件,如果符合则成立,不符合则信托关系不成立。进一步地,当信托关系符合法律的构成要件,但是触发了法律规定无效事由时,即使信托关系成立,也无效。就信托关系无效而言,可能包括三个方面:一是信托关系由于具有《信托法》第11条[①]所列情形而无效,其中,违反法律、行政法

[①] 《信托法》第11条规定:"有下列情形之一的,信托无效:(一)信托目的违反法律、行政法规或者损害社会公共利益;(二)信托财产不能确定;(三)委托人以非法财产或者本法规定不得设立信托的财产设立信托;(四)专以诉讼或者讨债为目的设立信托;(五)受益人或者受益人范围不能确定;(六)法律、行政法规规定的其他情形。"

规或者损害社会公共利益、委托人以非法财产或者《信托法》规定不得设立信托的财产设立信托及专以诉讼或者讨债为目的设立信托是主要的纠纷争议点；二是信托关系中的信托公司由于不具有法律规定的主体资格①而无效；三是由于触发《信托公司集合资金信托计划管理办法》第 8 条②规定的刚兑条款而无效。

(1) 信托公司不具有法定主体资格导致信托关系无效

该种情形导致信托关系无效在案情上往往比较简单，但在实务中仍然导致了一些纠纷问题，该类纠纷主要在于当不具有主体资格的营业信托受托人从事相关业务不成立有效信托法律关系时，在之前基于该无效的信托关系而进行的交易行为是否有效。

在林某与吉林省洪范股权投资基金管理有限公司、兴业银行股份有限公司长春分行(以下简称兴业银行长春分行)营业信托合同纠纷案③中，判决书认定："信托无效后，受托人应将其领受的信托财产返还给委托人，基于信托财产已经产生的收益亦应归属于委托人所有。应赔偿林某因信托无效而受到的损失。不能依据监管协议请求兴业银行长春分行对其承担连带责任。"因此，法院认为监管方不需要向委托人承担连带责任。在长春万惠食品有限公司与刘某、原审被告洪范基金管理有限公司吉林省分公司、长春市洪范万惠投资管理部(普通合伙)、兴业银行股份有限公司长春分行营业信托纠纷案④中，判决书认定："融资方因无法及时返款作出《承诺函》、《关于延迟还款的说明》、《关于还款的承诺》，承诺清偿投资款及相应利息，系债务加入行为，承担连带责任。"法院认为融资方在此过程中作出的还款意思表示为债务加入。

(2) 不得设立信托的财产设立的信托无效

在福州天策实业有限公司诉福建伟杰投资有限公司、君康人寿保险股份有

---

① 《信托公司管理办法》第 7 条规定："设立信托公司，应当经中国银行业监督管理委员会批准，并领取金融许可证。未经中国银行业监督管理委员会批准，任何单位和个人不得经营信托业务，任何经营单位不得在其名称中使用'信托公司'字样。法律法规另有规定的除外。"
② 《信托公司集合资金信托计划管理办法》第 8 条第 1 项规定：信托公司推介信托计划时，不得以任何方式承诺信托资金不受损失，或者以任何方式承诺信托资金的最低收益。
③ 吉林省长春市中级人民法院民事判决书，(2017)吉 01 民终 3183 号。
④ 吉林省长春市中级人民法院民事判决书，(2019)吉 01 民终 3534 号。

限公司营业信托纠纷案①中,判决书认定:"允许隐名持有保险公司股权,将使得真正的保险公司投资人游离于国家有关职能部门的监管之外,如此势必加大保险公司的经营风险,妨害保险行业的健康有序发展。"在该类案件下,由于信托涉及了严监管的保险领域,故而保险公司的股权属于不得设立信托的财产,此时信托由于触发了《信托法》第 11 条第 3 项而无效。

(3)专以诉讼或者讨债为目的设立的信托无效

专以诉讼或者讨债为目的设立的信托无效,此系一种因信托目的违法而造成信托无效的情形。信托目的违法导致信托无效与因交易结构与信托目的不符而导致的信托关系不成立不同,信托目的违法导致的信托无效乃是因为可能导致不良社会影响、扰乱市场秩序而被认定为无效。在冯某某与中国金谷国际信托有限责任公司(以下简称金谷信托公司)信托纠纷案②中,争议焦点便是案涉《股权信托合同》是否因违反《信托法》第 11 条第 4 项规定而无效。在该案中,冯某某主张《股权信托合同》项下的股权信托,系为保障东方资产成为广西利海公司债权人之后的权益而设立,事实上,东方资产通过金谷信托公司对广西利海公司进行了控制与管理,股权信托已沦为了东方资产的讨债工具和讨债手段。法院认为,专以诉讼或者讨债为目的设立的信托无效,系一种因信托目的违法而使信托无效的情形,此时债权本身即信托财产,委托人让渡作为信托财产的债权后,金谷信托公司可代替委托人作为原告向不特定的多数债务人提起诉讼实现债权。

从上述案例可以看出,法院认定案涉合同构成对《信托法》第 11 条第 4 项的违反,主要依据在于交易中的信托财产是否为债权本身,而信托目的是否是通过债权的信托使信托公司得以通过提起诉讼而实现债权。至于股权信托后导致信托公司具有主张标的公司债权的权利不当然属于《信托法》第 11 条第 4 项所规定的无效事由,原因在于信托关系中信托财产仍然是股权,信托公司就股权受让自担风险。因此,专以诉讼或者讨债为目的的信托行为的定性是认定该类案件无效的"挂件",而其基本依据仍然是基于信托合同约定的信托财产、

---

① 最高人民法院民事裁定书,(2017)最高法民终 529 号。
② 北京市第二中级人民法院民事判决书,(2019)京 02 民终 989 号。

信托目的内容。

(4) 承诺刚兑导致信托关系无效

刚性兑付的行为脱离了信托关系的本质,"将信托关系弱化为合同关系,将组合投资简化为单一投资,让保底保收益取代风险自担,短期看是尊重了市场意思自治,繁荣了市场,长期上则必定模糊行业本质,侵蚀行业发展根基,也无法正确识别和防范行业风险"①,但在实践中,并非所有刚兑条款均无效,就信托关系而言同样适用,具体而言可以将承诺刚兑条款的主体分为作为资管金融机构的信托公司、信托关系中的自然人受托人及信托关系中的第三方。

第一,作为资管金融机构的信托公司承诺的刚兑条款无效。《九民纪要》确认了刚兑条款无效,②在这之后,《九民纪要》后首个刚兑无效案例下达二审判决并由当事人安信信托公司公布相关进展。该信托累计募集资金162.5亿元,优先级的认购人中湖南高速集团财务公司4亿元。在此案例中,湖南高速集团财务公司与安信信托公司虽然在《信托合同》中没有直接约定保本保收益的条款,但二审中湖南省高级人民法院认为在《信托受益权转让协议》《补充协议》的约定是保本保收益的约定,属于刚性兑付的约定,应属无效。在该案中需要关注的是,湖南省高级人民法院对信托无效的认定是以主管部门调查为依据的,其向信托公司的主管部门进行了征询,主管部门对安信信托公司进行了相关调查后书面回复认为安信信托公司与湖南高速集团财务公司签订的《信托受益权转让协议》等一系列操作是保证本金收益不受损失的行为,属于违规刚性兑付行为。在某案件中,最高人民法院同样认为该信托关系中存有刚兑条款,"受托人无论盈亏均保证委托人获得固定本息回报,超额投资收益均归受托人所有,即约定保证本息固定回报条款的(又称保底条款),属于名为委托理财,实为借贷关系的情形,应认定当事人之间成立借款合同关系。保底条款的约定不仅违反了民法和合同法规定的公平原则,违背了金融市场的基本规律和

---

① 赵学毅:《中基协会长洪磊:基金应恪守本质坚持组合投资》,载《证券日报》2017年11月6日。
② 《九民纪要》第92条第1款规定:"信托公司、商业银行等金融机构作为资产管理产品的受托人与受益人订立的含有保证本息固定回报、保证本金不受损失等保底或者刚兑条款的合同,人民法院应当认定该条款无效。受益人请求受托人对其损失承担与其过错相适应的赔偿责任的,人民法院依法予以支持。"

交易规则,应为无效条款;而且保底条款作为委托理财合同的核心条款,进而影响了委托理财合同整体的法律效力"。①

可以看出,刚兑条款导致信托关系无效的关键逻辑在于:一旦被认定为保底条款,则当事人之间应当被认定为借贷关系;同时,保底条款本身无效,作为合同的核心条款会导致合同无效。综上所述,可以认为在实务中,就刚兑条款导致信托关系无效这一点本身是没有争议的,但是纠纷中的难点主要在于是否构成刚兑条款,以及该刚兑条款是否导致整个协议无效。而从已有案例来看,在认定刚兑条款上监管部门的意见和调查起到重要作用,而刚兑条款本身的无效则极有可能因构成核心条款而导致整体协议无效。

第二,信托关系中的自然人受托人承诺的刚兑条款因尊重意思自治而有效。在胡某与刘某委托理财合同纠纷案②中,双方约定受托人须保证委托人本金安全及10%的利润。对此,法院认为:"自然人之间委托理财保底条款系当事人在彼此之间设定权利、义务,该约定并未损害国家、集体及其他第三人的利益。法院应尊重其意思自治,不轻易打破合同的稳定性。"笔者认为,认定自然人受托人的刚兑条款有效,是因为自然人之间的交易由于过于分散且金额不大,对市场秩序并无较大影响。但当自然人受托人进行信托行为规模达到一定程度而可能影响市场秩序时,同样可能受到刚兑条款无效规定的约束。最高人民法院指出:"自然人接受社会上不特定多数人委托理财,特别是进行集合性受托投资管理业务的应属无效。"③

第三,信托关系中的第三方进行担保而承诺的刚兑条款有效。在刘某某、四川信托有限公司营业信托纠纷案④中,法院认定信托关系的第三方如在进行担保时承诺保本收益条款,则条款仍然有效。其具体案情如下:签订《四川信托—盈丰1号证券投资集合资金信托计划信托合同》(B类优先委托人),原告为B类优先委托人,案外人李某某为一般委托人(实际为结构化信托中的劣后

---

① 最高人民法院民事判决书,(2008)民申字第1090号。
② 北京市第三中级人民法院民事判决书,(2017)京03民终8057号。
③ 高民尚:《审理证券、期货、国债市场中委托理财案件的若干法律问题》,载《人民司法》2006年第6期。
④ 成都市中级人民法院民事判决书,(2018)川01民终7042号。

受益人),案外人李某某承诺:作为该信托计划的一般委托人,有义务补足差额部分,并对此承担无限连带责任。刘某某主张李某某承担增强资金追加义务,变相为优先受益人作出了保本保收益的承诺和安排,应认定为无效信托。就上述案件,法院的基本立场为关于刚兑条款无效的认定主要约束信托机构,因此作为保证人的第三人不受相关规定的影响。

从上述分析可知,刚兑条款无效的基本立场是防止该类交易以资产管理之名扰乱市场秩序,故而对于其他主体承诺保本收益的行为也以此为基础。就信托关系而言,自然人受托人进行的小额分散信托行为和第三人进行的保证由于对市场秩序影响较小,从而法院尊重当事人的意思自治,不认为相关条款无效。

5. 信托目的的认定

从上文可以看出,无论是信托关系的成立与否还是信托关系的无效与否,都与信托目的的认定息息相关,信托目的条款的内容认定在司法实践中有着重要的作用。根据《信托法》的相关规定,信托目的是信托合同的必备条款,也是信托关系成立的构成要件,信托目的违法将会导致信托无效。从学理上看,信托目的是指委托人希望通过信托所达到的目的,是信托行为意欲实现的具体内容,信托目的明确了受托人权限,受托人管理或者处分信托财产必须遵循信托目的行事,信托目的也是衡量受托人是否忠实、谨慎、圆满地尽到了受托人义务的依据和标准。从司法实践中来看,对于信托目的的确认、信托目的条款的文义表述和整体交易结构有关。

在北京信诚达融资产管理有限公司(以下简称信诚达融公司)与中粮信托有限责任公司(以下简称中粮信托公司)信托纠纷案①中,争议核心焦点即信托目的,具体案情如下:该案一审判决认定:"涉案信托目的仅涉及 B 座项目的资产重组和后续建设运作,不包括 B 座项目以外的其他不特定项目。"信诚达融公司关于一审法院对信托目的认定错误提出上诉,被上诉人中粮信托公司称:"信托合同的目的必须结合信托合同的约定加以决定,只有信托合同才能体现当事人的关系。"该案二审认为双方《信托合同》中关于信托目的的约定"显然过于笼统,对于委托人如何管理、运用和处分信托财产并未有明确的约定,很难

---

① 北京市高级人民法院民事判决书,(2018)京民终 508 号。

依照此约定看出委托人的目的,也很难检验受托人是否完成信托事务。因此,必须结合《信托合同》的其他条款来确定"。从上述案情可知,争议焦点为涉案信托目的仅涉及 B 座项目,还是涉及 B 座项目以外的其他不特定项目。就该交易中信托目的的认定,二审法院最终以其约定的信托交易结构和对受托人的权利义务的约定进行认定,认为从上述交易结构的约定看,无法得出信诚达融公司有将中瑞公司作为融资平台,投资除 B 座项目之外的其他项目的意思表示。

上述案例较为典型地展现了法院对信托目的的认定方式,即以信托目的条款为主要依据,先审查其文义表述,当文义表述无法认定当事人意思表示范围时,进一步通过双方交易模式和当事人权利义务的约定确定其信托目的的真实范围。

6. 小结

基于上述四部分的分析,笔者认为,关于信托关系的成立与有效,核心点在于信托目的是否有效约定、是否能够实现,并以此为基础严格审查整体交易架构。从上述案例也可知,由于不同案例的具体案情并不一样,导致其不成立和无效的具体情况也各有不同,但是法院的判决思路总体较为一致,即信托合同的约定是主要依据。根据这一结论,在实践中,为避免信托关系不成立或信托合同无效的情况,需要从信托合同的拟定、信托要件的审查以及履行相应程序进行保障,具体包括以下内容。

(1)信托合同条款的文义表述

就信托合同条款的表述而言,首先,应当在信托目的、交易架构、对应的资金合同、推出调控等方面明确其具体范围。如某案①中法院便明确指出"各类信托资金的解释,亦无所谓的资金信托合同相印证。根据《信托融资合同》第五条的约定,新华信托公司是按固定比例收回投资本金及投资收益"。其次,应当避免呈现可能涉嫌避免风险承担或者对信托财产具有特殊安排而可能导致信托关系不成立的表述,典型的便是天悦案和有色金属案这两个相似案例最后却有相反审判结果的情况。最后,应当明确投资回报机制,避免被认定为固定收益,比如在案号为(2016)渝民终 592 号的案例中,法院认为新华信托公司

---

① 重庆市高级人民法院民事判决书,(2016)渝民终 592 号。

是按固定比例收回投资本金及投资收益,故新华信托公司与镇江冠城公司之间建立的是借款法律关系。

(2)审查信托要件

该项针对的主要是信托财产非法或者信托公司不具备相应资质而导致信托无效的情形。在该种情形下,尽管信托关系符合相应的构成要件,信托合同仍然无效,合同无效后,委托人的损失只能向受托人追偿。

(3)履行相应程序

在信托关系中及时进行相应的审批、备案、登记,能够有效证明其信托关系的有效性,在纠纷出现时也能够减轻论证的负担。比如在某案[①]中,信托公司已向其监管单位履行了报备手续,相关单位并未提出整改意见,原审法院认定该案合同性质为营业信托性质,并无不当。

此外,为了保证当事人利益,还可以进行公证作为风险防范措施。

(二)股东资格及权利纠纷

1. 股权信托中当事人之间的权利义务关系

(1)以股权为信托财产

在以股权为信托财产的情况下,其交易结构如图5-13所示,委托人、受托人与公司之间存在不同的权利义务关系。下文主要聚焦股权信托的前端(股权信托的成立和进行),当事人权利义务关系主要包括信托法上的权利义务、公司法上的权利义务和合同法上的权利义务。首先,在委托人、受益人与受托人之间,存在信托法上的权利义务关系,主要包括委托人、受益人和受托人享有何种权利、承担何种义务。其次,在委托人、受托人与公司之间,存在公司法上的权利义务关系,具体包括股东资格认定、股东权利确认和出资责任等内容。最后,在委托人、受益人与受托人之间以及受托人与公司之间,存在合同法上的权利义务关系,具体包括有关权利义务、股权转让和股权回购等约定。

---

① 最高人民法院民事判决书,(2016)最高法民终233号。

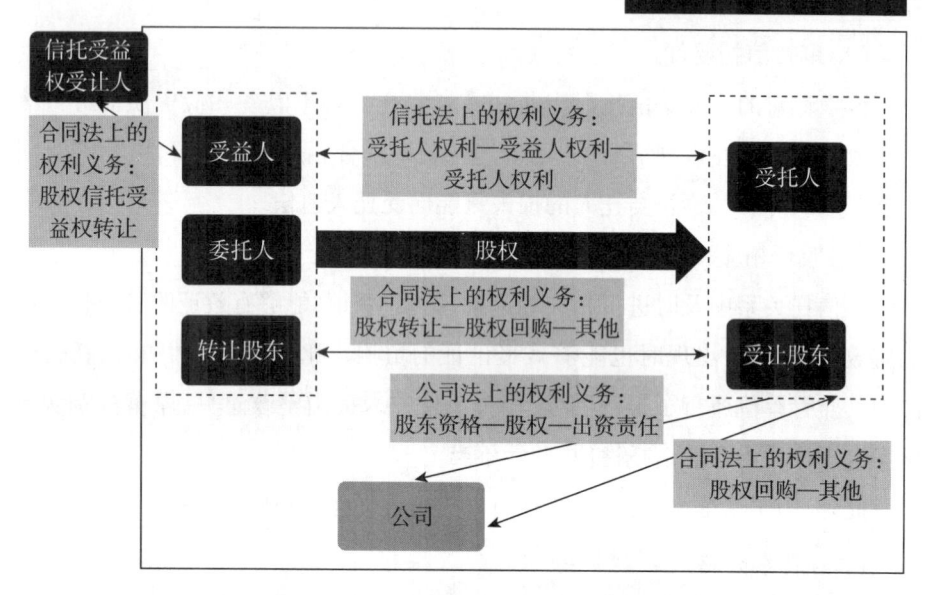

图 5-13 以股权为信托财产的交易结构

(2) 以资金(或其他财产)为"信托财产+股权投资"

在以资金(或其他财产)为信托财产并将信托财产用于股权投资的情况下,该信托名为资金信托,实为股权信托,其交易结构如图 5-14 所示。因而与以股权为信托财产的情况相似,在以资金(或其他财产)为"信托财产+股权投资"的结构中,当事人之间存在信托法、公司法和合同法上的权利义务关系。笔者将从信托合同的成立和效力出发,基于当事人之间的权利义务关系,聚焦股东资格及权利确认、出资瑕疵责任和行权纠纷,并探讨收益权信托和表决权信托两种特殊类型的股权信托纠纷。

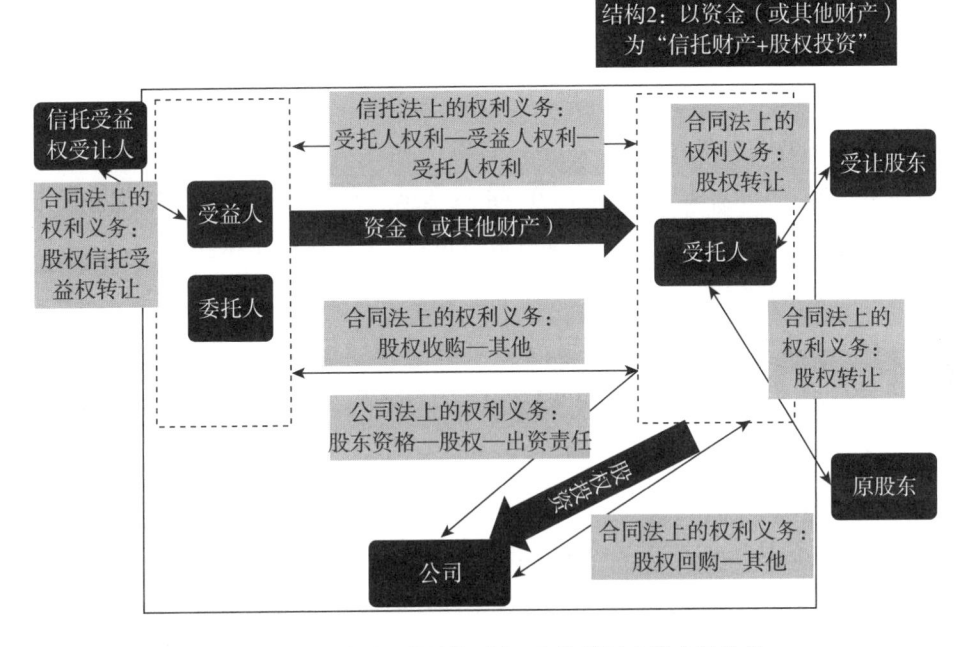

图 5-14 以资金(或其他财产)为信托财产的交易结构

在公司法上的权利义务关系之中,股权信托的委托人和受托人会因股东资格认定、股东权利和出资责任产生纠纷。在股东资格纠纷中,存在委托人和受托人请求确认股东资格两种情况;在股东权利纠纷中,主要为当事人因股东知情权、股权处分权和股东利益损害救济等受到侵害而起诉。股东资格及权利纠纷的本质为股东资格认定问题,即当事人是否具有股东身份、是否基于其股东身份而享有股东权利。下文将基于司法案例探讨股权信托中的股东资格及权利纠纷问题,梳理和评析司法判决的争议解决逻辑,并对股权信托中当事人股东资格认定、股权信托与股权代持的区分等问题提出自己的思考与观点。

2. 股东资格认定的基本理论

股东是指向公司出资或取得公司股份,并以其出资或所持股份,对公司承担责任并享受权利的人;[1]股东资格则是投资人取得和行使股东权利并承担股东责任的基础。基于股权的取得方式,股东资格的取得也主要包括原始取得和

---

[1] 参见胡绪雨、朱京安:《论股东资格的取得和确认》,载《法学杂志》2013 年第 9 期。

继受取得两种方式。股东资格的认定或确定以一定的要件为标准,主要包括形式要件和实质要件,相关学说争议主要为有限责任公司的股东资格认定问题。

(1)实质要件

股东资格认定的实质要件是指依法履行出资义务、认购股权或依法继受取得股权。《公司法司法解释(三)》第 22 条规定:"当事人之间对股权归属发生争议,一方请求人民法院确认其享有股权的,应当证明以下事实之一:(一)已经依法向公司出资或者认缴出资,且不违反法律法规强制性规定;(二)已经受让或者以其他形式继受公司股权,且不违反法律法规强制性规定。"通过履行出资义务、认购股权或继受取得股权,股东在实质上取得公司的股权,依法享有股东权利,并需要承担相应的责任与义务。

(2)形式要件

股东资格认定的形式要件主要包括公司章程、股东名册、公司登记及出资证明等要素。《公司法》第 25 条(2023 年修订后为第 46 条)规定,公司章程应当记载股东的姓名或者名称,股东的出资方式、出资额和出资时间,股东应当在公司的章程上签名、盖章。公司章程具有形式证明和对抗效力,股东在公司章程上的签字也体现其对股东权利义务关系的意思表示。股东签署并经相关部门登记的公司章程对内是确定股东及其权利义务的主要根据,对外具有公示效力,是相对人判断公司股东的主要依据,具有对抗股东之间其他约定的效力。①《公司法》第 32 条(2023 年修订后为第 56 条)规定了股东名册的效力和要求。

股东名册记载的效力主要体现在对抗效力、设质效力、通知依据效力和权利推定力四个方面,②股东名册的记载可以在形式上证明和推定股东资格,具有较强的证明力和对抗效力。公司登记虽然不是股东资格确认的根本依据,但作为一种证权性登记,公司登记具有向相对人证明股东资格的强大证明效力,也因此具有一定的对抗效力。此外,出资证明书是有限责任公司签发的证明股东出资的凭证,是认定股东资格的重要依据。简言之,证明股东资格的公司章程、股东名册、公司登记和出资证明书具有法律依据,虽然不是股东资格和权利

---

① 参见胡绪雨、朱京安:《论股东资格的取得和确认》,载《法学杂志》2013 年第 9 期。
② 参见胡绪雨、朱京安:《论股东资格的取得和确认》,载《法学杂志》2013 年第 9 期。

的根本依据,但对第三人具有重要的证明效力和对抗效力。

(3)股东资格认定的学说争议

股东资格认定的实质要件和形式要件提出了确认股东资格的不同标准,以何种标准为主要依据来认定股东资格,不同学说持有不同观点。实质主义说认为,确认股东资格应当探求公司构建股东关系的真实意思,而不能以外在表示行为作为判断股东资格的基础。① 实质主义说强调意思主义与出资义务,股东需要履行出资或股份认购义务、加入公司并自愿承担股东权利义务。折中说则主张根据公司内外部关系和当事人法律关系采取不同倾向。当纠纷仅及于公司内部时,更倾向注重当事人之间的真实意思表达;当纠纷涉及公司外部即除公司外的第三人时,更倾向维护商事外观和公示公信以保障交易的安全。②

笔者认为,股东资格的认定应以形式主义作为主要标准,坚持商事外观主义和公示效力。实际股东与名义股东之间的约定是意思自治的表示,当事人可以预料特殊安排的风险,风险应由当事人自己承担。以实质主义作为确认股东资格的主要标准,挑战了公示制度的存在和意义,交易的信赖基础因而不再稳固,影响交易成本、交易风险和交易效率,不利于保护外部第三方的利益。折中主义虽然力求一种平衡的解决方式,但其不利于保护公司及公司股东的权益,也不符合意思自治和外观主义的要求。因此,股东资格认定应以形式主义为主要标准,要加强完善股东名册、公司登记等具有公示作用的制度规则。

3. 司法裁判:案例描述性统计

(1)基本信息

笔者通过案例阅读与筛选,最终确定与股东资格及股东权利纠纷有关的有效样本案例为31个。其中,委托人请求确认股东资格和股东权利的案例为27个,受托人请求确认股东资格和股东权利的案例为4个。股东资格及权利纠纷案例的审级、案由信息(案由有交叉)如表5-1、表5-2所示。

---

① 参见马强:《有限责任公司股东资格认定及相关纠纷处理》,载《法律适用》2010年第12期。
② 参见程黎明:《有限责任公司股东资格确认的困惑及路径选择》,载马荣主编、《审判研究》编辑委员会编:《审判研究》(2009年第1辑),法律出版社2009年版。

表 5-1 案例样本审级分布

审级	一审	二审	再审
案例数量/个	13	16	2
占比/%	41.94	51.61	6.45

表 5-2 案例样本案由分布

案由	股东资格确认	股东知情权	股东权益损害救济	股权转让合同效力	委托合同纠纷	执行异议之诉
案例数量/个	12	3	1	5	5	6
占比/%	38.71	9.68	3.23	16.13	16.13	19.35

(2) 分类情况

基于信托类型划分,股东资格及权利纠纷案主要包括员工持股信托案例和其他普通股权信托案例。其中,员工持股信托案例为 21 个,非员工持股信托的其他普通股权信托案例为 10 个(详见表 5-3,列举部分)。

表 5-3 案例样本分类情况

类型	案例名称
员工持股信托纠纷案	张某某、庞某某股东资格确认纠纷案[1]
	刘某某与北京中水长固液分离技术有限公司股东资格确认纠纷案[2]
	靳某某、昊某某航化工有限责任公司纠纷案[3]
	河北诚基实业系列纠纷案[4]
	无锡万迪动力集团有限公司、国联信托股份有限公司与陈某某股东名册记载案[5]
	王某某与宁夏建筑科学研究院有限公司与公司有关的纠纷案[6]
	梁某某与武汉鑫益投资有限公司股东资格确认纠纷案[7]
	梁某某与湖北省医药工业研究院有限公司股东资格确认纠纷案[8]
	唐某与中国平安人寿保险股份有限公司辽宁分公司、中国平安保险集团股份有限公司、林某新豪时投资发展有限公司股东资格确认纠纷案[9]
	陈某某诉无锡二十一世纪集团有限责任公司股东知情权案[10]
	张某某、方某股权转让纠纷案[11]

续表

类型	案例名称
普通股权信托纠纷案	西子联合控股有限公司与安徽金田通信科技实业有限公司与公司有关的纠纷案[12]
	袁某与柳州市方盛汽修公司股东知情权纠纷案[13]
	枣庄科润建设工程材料检测有限公司、周某某股东知情权纠纷案[14]
	鲁某某、付某某等与王某某等损害股东利益责任纠纷案[15]
	北京凯智鑫龙投资咨询有限公司与北京金威中嘉科技有限公司股东资格确认纠纷案[16]
	王某某与北京经济发展投资公司、李某某确认合同无效纠纷案[17]
	杭州三华园房地产开发有限公司周某与新华信托股份有限公司等股权转让纠纷案[18]
	北京京奥港房地产开发有限责任公司等与南京华麟置业有限公司等合同纠纷案[19]
	杨某1与杨某2确认合同无效纠纷上诉案[20]

[1] 河南省焦作市中级人民法院民事裁定书,(2020)豫08民终1432号。
[2] 北京市海淀区人民法院民事判决书,(2015)海民(商)初字第20924号。
[3] 河南省焦作市中级人民法院民事判决书,(2016)豫08民终150号。
[4] 河北省石家庄市中级人民法院民事判决书,(2018)冀01民终10846号。
[5] 江苏省无锡市锡山区人民法院民事判决书,(2015)锡法商初字第00496号。
[6] 宁夏回族自治区银川市中级人民法院民事判决书,(2016)宁01民终2340号。
[7] 湖北省高级人民法院民事判决书,(2017)鄂民再367号。
[8] 湖北省武汉市中级人民法院民事判决书,(2016)鄂01民终2263号。
[9] 广东省深圳市福田区人民法院民事判决书,(2011)深福法民二初字第7352-7368号。
[10] 江苏省无锡市北塘区人民法院2006.08.04审结。
[11] 湖北省武汉市中级人民法院民事判决书,(2020)鄂01民终6165号。
[12] 浙江省杭州市江干区人民法院民事判决书,(2013)杭江商初字第353号。
[13] 广西壮族自治区柳州市鱼峰区人民法院民事判决书,(2014)鱼民初(二)字第82号。
[14] 山东省枣庄市中级人民法院民事判决书,(2020)鲁04民终1040号。
[15] 河南省新乡市凤泉区人民法院民事判决书,(2018)豫0704民初847号。
[16] 北京市海淀区人民法院民事判决书,(2016)京0108民初36480号。
[17] 北京市海淀区人民法院民事判决书,(2017)京0108民初34208号。
[18] 重庆市高级人民法院民事判决书,(2018)渝民初113号。
[19] 北京市第二中级人民法院民事判决书,(2019)京02民终4684号。
[20] 重庆市第四中级人民法院民事判决书,(2012)渝四中法民终字第01215号。

4.案例探析:争议解决逻辑

在股权信托下股东资格及权利纠纷案中,法院判决的争议解决逻辑主要包括两步:第一,确定委托人与受托人在股权信托合同下的法律关系;第二,基于该法律关系,确认当事人是否具有股东资格或享有股东权利。笔者将选取样本案例中的典型代表案例,梳理总结司法裁判的争议解决逻辑。

(1)委托人与受托人的法律关系

在袁某与柳州市方盛汽车维修服务有限公司(以下简称方盛汽修公司)股东知情权纠纷案①中,原告与案外人韦某某签订了一份信托协议,约定原告基于对案外人韦某某信任,特将其对被告方盛汽修公司的出资额信托给案外人韦某某,双方之间设立信托关系,案外人韦某某以自己的名义尊重原告意愿对信托资金进行管理、运用和处分;原告可以随时向案外人韦某某或被授权人了解信托资金的管理、处分、收益、收支情况,并要求案外人韦某某作出说明;原告为该合同项下的唯一受益人;案外人韦某某管理信托股权必须恪尽职守,必须保存处理信托事务的完整记录,并应当每年定期将信托资金的管理运用、处分及收支情况报告给原告等。之后,原告、案外人李某某(被告公司原股东)、韦某某又签订了一份信托协议,约定该信托基金原委托人李某某,经其与原告的友好协商,自愿转让其信托基金2万元给原告;其他内容与之前的那一份信托协议一致。2014年3月20日,原告以其无法查阅完整资料为由向法院提起诉讼,请求查阅、复制公司章程,股东会会议记录,董事会会议决议,监事会会议决议和财务会计报告等资料。法院判决认为,根据原告与案外人韦某某签订的两份资金信托协议的约定,在信托期间,案外人韦某某遵照委托人的意愿行使股东权利,并以信托财产承担责任,因此,该信托名为资金信托,实属股权信托。该案中,法院判决认定双方自然人之间签订的资金信托协议为股权信托合同,原告与案外人韦某某之间构成股权信托法律关系。

在陈某某诉无锡二十一世纪集团有限责任公司(以下简称无锡二十一世纪集团)股东知情权案②中,包括陈某某在内的28名自然人授权被告无锡二十

---

① 广西壮族自治区柳州市鱼峰区人民法院民事判决书,(2014)鱼民初(二)字第82号。
② 参见《陈某某诉无锡二十一世纪集团有限责任公司股东知情权案》,载怀效锋主编:《中国最新公司法典型案例评析》,法律出版社2007年版。

一世纪集团法定代表人惠某与国联信托公司签订《资金信托合同》，约定将惠某为代表的28位自然人交付的资金作为信托财产委托给国联信托公司，指定由国联信托公司以受托人名义受让化工集团9104.1316万股国有股股权。法院判决认为，受让化工集团股权的其中28名股东与国联信托公司签订资金信托协议，系通过资金信托的方式，以国联信托公司名义完成股权价款的支付。在国联信托公司以信托资产完成股权价款的支付后，信托财产的形态发生了变化，转为拥有与28名委托人交付的资金份额相对应的集合股权。根据合同约定，国联信托公司以自己的名义受让股权，成为股权所有人，原股东享有收益权；在信托期间，国联信托公司遵照委托人的意愿行使股东权利，并以信托财产承担责任，因此，该信托名为资金信托，实属股权信托。简言之，该案背景为国企改制过程中向以经营者和经营骨干为主体的企业员工转让全部国有产权。在该案中，法院认定包括原告在内的28名员工与受托人之间成立股权信托关系；股权信托成立后，受托人成为股权所有人，行使股东权利。

在张某某、庞某某股东资格确认纠纷案①中，法院判决认为，张某某等10名原告作为和兴化工公司股份的实际出资人与刘某某等人签订了《股权信托管理协议》，约定由刘某某等28人集中代持股份，乃至之后和兴化工公司股东会决议由刘某某集中代持中方投资所占股份，集中行使中方投资股份的权利，实际上均为有限责任公司实际出资人与名义出资人之间就相应股份代持问题所达成的合同，属于规范双方内部权利义务的协议。因而，在同样的国有企业改制过程中的员工持股信托案中，该案法院认为，委托人与受托人实际构成股权代持关系，双方签订的《股权信托管理协议》仅约束当事人。

在郝某某、河北诚基实业有限公司委托合同纠纷案②中，原告郝某某与张某某签订的《股权信托合同》约定：郝某某自愿将其合法所有的投资所形成的在河北诚基实业有限公司的股权委托给张某某，同意并授权张某某根据《公司法》行使其权利，以最大限度地为受益人获取利益；经工商行政管理机关登记注册后，郝某某的财产形成股权；郝某某享有信托受益权，即郝某某作为股东按

---

① 河南省焦作市中级人民法院民事裁定书，(2020)豫08民终1432号。
② 河北省石家庄市中级人民法院民事判决书，(2018)冀01民终10842号。

其投入公司的资本额享有所有者的资产收益权;张某某为法律形式上的股东,遵守合同约定,享有股东权利。原告郝某某诉请公司退返其42,000元出资额,法院判决认为,结合河北石钢劳动实业公司改制的历史渊源,上诉人与被上诉人张某某签订的《股权信托合同》实质是股权代持协议。上诉人是被上诉人河北诚基实业有限公司改制完成前的100多位员工之一,因《公司法》规定的有限责任公司股东数额的限制条件,故员工股东将名下的股份委托给被上诉人张某某,由其统一代持,并在工商系统显示为股东,河北诚基实业有限公司根据上诉人等员工的实际持股数发放股权证认可其真实股东身份。该案中,法院认为员工持股信托合同下的委托人与受托人实际成立股权代持关系,公司认可委托人的真实股东身份。

在杨某1与杨某2确认合同无效纠纷上诉案①中,杨某2为了向三峡银行贷款,于2008年与重庆国际信托有限公司签订了《股权转让协议》《股权转让协议之补充协议》《重庆国际信托有限公司股权信托合同》,将自己持有的重庆弘扬建材(集团)有限公司99.87%的股权转让于重庆国际信托有限公司,双方在《股权转让协议之补充协议》中约定:双方签订的《股权转让协议》是为了《股权信托合同》项下信托财产的交付(股权的变更登记)而签订,并不意味着双方具有股权转让的真实意思表示和实质交易,双方的真实意思表示应以《股权信托合同》及本补充协议为准。之后,重庆市公证处对该《股权信托合同》进行了公证。法院认为,双方所签的《股权转让协议》是为了信托财产的交付,肯定了双方当事人之间的股权信托关系。

(2)股东资格确认及股东权利行使

在袁某与柳州市方盛汽修公司股东知情权纠纷案②中,法院认为根据《信托法》第2条的规定,信托是指委托人基于对受托人的信任,将其财产权委托给受托人,由受托人按委托人的意愿以自己的名义,为受益人的利益或者特定目的,进行管理或者处分的行为。从信托法律关系的特点来看,股权信托要求委托人向受托人移交财产权。案外人韦某某依据信托合同已经取得了股权,故原

---

① 重庆市第四中级人民法院民事判决书,(2012)渝四中法民终字第01215号。
② 广西壮族自治区柳州市鱼峰区人民法院民事判决书,(2014)鱼民初(二)字第82号。

告在信托存续期间,不具有股东身份,无法向公司请求行使股东权利以查阅复制公司章程、股东会会议记录、董事会决议等资料。在该案中,法院在认定当事人之间成立股权信托关系的情况下,认为受托人已经取得了股权、成为公司股东,委托人不是公司股东,不对公司享有股东知情权。委托人可以依据其与受托人签订的合同请求受托人履行告知义务。

在陈某某诉无锡二十一世纪集团股东知情权案①中,法院认为根据《信托法》第2条的规定和信托法律关系的特点,股权信托要求委托人向受托人移交股权财产权。国联信托公司依据信托合同,在公司章程上签名并在股东名录上记载,应当认为是股东名册的变更,28名股东向国联信托公司交付股权完成交付股权,国联信托公司取得了股权,所以,陈某某在信托存续期间不具有股东身份。当信托终止后,按照《关于提前终止资金信托的协议》的约定,股权复归委托人,陈某某重新获得股权,股东身份恢复。陈某某的股权系以继受方式取得,应当确认其股东身份。该案中,法院支持股权信托持续期间,委托人不具有股东资格,不享有股东知情权等权利;股权信托终止后,委托人获得信托财产的复归权,继受取得股权及股东资格。

在张某某、庞某某股东资格确认纠纷案②中,法院认为实际出资人与名义出资人之间达成的合同属于规范双方内部权利义务的协议,并不意味着实际出资人能够因此直接被认定为有限责任公司的股东。实际出资人想要被认定为公司股东,需要满足隐名股东要求显名的条件,根据《公司法司法解释(三)》第24条第3款的规定,实际出资人未经公司其他股东半数以上同意,请求公司变更股东、签发出资证明书、记载于股东名册、记载于公司章程并办理公司登记机关登记的,人民法院不予支持。

在郝某某、河北诚基实业有限公司委托合同纠纷案③中,法院判决认为合同只对缔约当事人具有法律约束力,对合同关系以外的第三人不产生法律约束力,而河北诚基实业有限公司不是合同主体,上诉人直接依据该合同向河北诚

---

① 参见《陈某某诉无锡二十一世纪集团有限责任公司股东知情权案》,载怀效锋主编:《中国最新公司法典型案例评析》,法律出版社2007年版。
② 河南省焦作市中级人民法院民事裁定书,(2020)豫08民终1432号。
③ 河北省石家庄市中级人民法院民事判决书,(2018)冀01民终10842号。

基实业有限公司索要出资款没有法律依据。上诉人主张退回出资款的行为属于《公司法》中减少注册资本的情形,应依据《公司法》的相关规定处理。

在杨某1与杨某2确认合同无效纠纷上诉案①中,法院认为,当事人签订的《股权转让协议之补充协议》明确约定双方所签订的《股权转让协议》是为了《股权信托合同》项下信托财产的交付而签订,并不意味着双方具有股权转让的真实意思表示和实质交易,此约定表明双方所签的《股权转让协议》只是为了信托财产的交付,并不是实质上的股权转让,且事实上此后杨某2也仍然在对公司进行实际管理和经营。因而,杨某2并未因其签订的《股权转让协议》而丧失其在重庆弘扬建材(集团)有限公司的股权和股东身份。此外,根据《公司法》的规定,登记只是确认股东身份的表面证据,在本质上属于证权性登记,并无创设股东资格的效力,登记的主要效力在于公司及其股东不得否定登记而对抗公司及股东以外的债权人等第三人的效力,因此,不能仅以有无登记而确认或否定某人是否具有股东身份。在该案中,法院根据当事人之间的协议约定,在肯定股权信托关系存在的情况下,认为股权转让仅为信托财产的交付,不构成实质上的股权转让。虽然委托人已不再是登记的股东,但其仍为公司股东,具有股东资格。

(3)法院判决思路总结

综合上述典型案例及其他案例,法院的判决思路和观点主要如表5-4所示。

表5-4 司法案例裁判观点

案号(案件)	案例类型	信托财产	法律关系认定	股东资格及权利确认
广西壮族自治区柳州市鱼峰区人民法院民事判决书,(2014)鱼民初(二)字第82号	普通股权信托	资金	股权信托关系	信托期间,受托人不具有股东资格,不享有股东权利
陈某某诉无锡二十一世纪集团有限责任公司股东知情权案	员工持股信托	资金	股权信托关系	信托期间,受托人不具有股东资格,不享有股东权利

---

① 重庆市第四中级人民法院民事判决书,(2012)渝四中法民终字第01215号。

续表

案号(案件)	案例类型	信托财产	法律关系认定	股东资格及权利确认
河南省焦作市中级人民法院民事裁定书,(2020)豫08民终1432号	员工持股信托	股份	股权代持关系	委托人作为实际出资人,为隐名股东,认定股东资格需符合隐名股东的显名要求
河北省石家庄市中级人民法院民事判决书,(2018)冀01民终10842号	员工持股信托	股份	股权代持关系	委托人作为实际出资人,公司认可其真实股东身份;其减资请求应依据《公司法》规定向公司请求,而不是向受托人请求
北京市海淀区人民法院民事判决书,(2015)海民(商)初字第20924号	员工持股信托	股份	股权代持关系	委托人不符合隐名股东要求显名的条件,不具有股东资格
河南省高级人民法院民事判决书,(2018)豫民再185号	员工持股信托	股份	股权信托关系	受托人有权处分作为信托财产的股权,第三方可以善意取得该股权
湖北省武汉市中级人民法院民事判决书,(2020)鄂01民终6165号	员工持股信托	股份	股权信托关系	委托人不是公司股东,无法行使股东权利,可通过职工持股会间接行使权利
重庆市第四中级人民法院民事判决书,(2012)渝四中法民终字第01215号	普通股权信托	股份	股权信托关系	股权转让仅是股权信托下信托财产的转让,并不是实质的股权转让,委托人仍具有股东身份
山东省枣庄市中级人民法院民事判决书,(2020)鲁04民终1040号	普通股权信托	资金	股权代持关系	委托人作为实际出资人,不符合隐名股东要求显名的条件,不享有股东知情权
最高人民法院民事裁定书,(2018)最高法民辖终56号	普通股权信托	股份	股权信托关系	受托人有权处分作为信托财产的股权,股权转让有效
北京市第二中级人民法院民事判决书,(2019)京02民终4684号	普通股权信托	资金	股权信托关系	委托人在信托到期后未依约回购股权,受托人仍有股东资格,有权处分作为信托财产的股权

通过对司法案例中法院观点的梳理,司法裁判对股权信托中股东资格及权利纠纷的争议解决逻辑如下:法院会首先对当事人之间的法律关系进行认定,在此基础上再讨论股东资格的认定及当事人是否享有股东权利。

当法院认定当事人之间构成股权信托关系之时,对于股东资格及股东权利的确认分为两类观点:有法院判决认为,股权信托关系期间,委托人不具有股东资格,不能行使股东知情权等权利,与此同时,受托人具有股东资格,有权转让股权;也有法院判决认为,股权信托关系中,根据当事人的协议约定,股权转让仅代表信托财产的转移,而不构成实质上的股权转让,委托人仍具有股东资格。

当法院认定当事人之间构成股权代持关系之时,委托人作为实际出资人或隐名股东,其符合显名要求才能成为显名股东。这种情况下,股东权利的行使有两条途径:第一,委托人可以根据协议约定,通过其挂靠的名义股东了解公司有关情况;第二,委托人可以按照法定程序,在经公司其他股东过半数同意的前提下,记载于公司股东名册和章程上,成为显名股东,行使股东权利。

经梳理总结法院的判决思路,可以发现法院对股权信托合同/协议项下法律关系的认定存在不同意见,主要争议点为当事人双方之间构成股权信托关系抑或股权代持关系。此外,对于股权信托法律关系下的股东资格问题,法院对于委托人是否仍具有股东资格也存在不同观点,主要争议点为当作为股权信托财产的股权已被转让,委托人已不再记载于工商登记上,其是否仍具有股东资格与身份。在接下来的案例评析中,笔者将试图探析股权代持与股权信托法律关系的区分、员工持股问题、不同案例下影响法院判决的因素及其意见是否合理等问题。

5. 案例评析与思考

(1)法院判决的影响因素

法院判决在认定当事人之间的法律关系时,主要受到以下三个因素的影响:其一为员工持股股权信托,其二为判断股权信托与股权代持关系的界限,其三为信托/股权信托法律关系的特点。

首先,在国有企业改制的热潮之中,出现了员工持股信托的情形。企业将国有产权转让至以经营者和经营骨干为主体的企业员工,或企业员工集体出资入股改制后的企业。考虑到持股员工人数、有限责任公司的股东人数限制和经验管理需求,出现了以某员工、职工持股会,信托公司为受托人的员工持股信托。员工集体将其股份作为信托财产委托给受托人,受托人作为股权转让后的股东,行使股东权利、承担股东责任,委托员工享有股份分红等收益,双方一般约定在信托到期后,受托人将股份转让回委托人,委托人重新成为公司股东。在员工持股信托中,法院判决倾向认为委托员工为隐名股东,受托人为名义上的股东,双方之间成立股权代持关系。

其次,股权信托与股权代持关系的界限是影响法院判决的重要因素。例如,郝某某、河北诚基实业有限公司委托合同纠纷案[1]中,河北诚基实业有限公司根据上诉人等员工的实际持股数发放股权证,认可其真实股东身份,法院将该案中的当事人之间的法律关系认定为股权代持而不是股权信托关系。法院判决会受到个案事实的影响,股权信托与股权代持关系的区分是确认股东资格及权利的重要基础。

最后,法院如何认识信托/股东信托法律关系的特点影响其判决意见。例如,在杨某1与杨某2确认合同无效纠纷上诉案[2]中,当事人签订的《股权转让协议之补充协议》明确约定双方所签订的《股权转让协议》是为了《股权信托合同》项下信托财产的交付而签订,并不意味着双方具有股权转让的真实意思表示和实质交易,法院认为该约定表明双方所签的《股权转让协议》只是为了信托财产的交付,并不是实质上的股权转让。在该案中,法院在肯定股权信托关系存在的情况下,认为并未发生实质的股权转让,这与信托关系下,受托人在信托期间为信托财产所有权人的一般观点相悖。基于以上影响因素,笔者将对股权信托与股权代持关系的区分和员工持股信托加以思考,探讨法院判决的合理性与不足之处。

(2)股权信托与股权代持关系的区分

信托法律关系本质为财产法律关系,在信托关系中,信托财产的所有权与受益权相分离,由不同的人享有。在委托人和受托人之间:一方面,受托人享有某种意义上的信托财产的所有权,能够管理和处分信托财产,第三人在与受托

---

[1] 河北省石家庄市中级人民法院民事判决书,(2018)冀01民终10842号。
[2] 重庆市第四中级人民法院民事判决书,(2012)渝四中法民终字第01215号。

人进行交易的过程中，也以受托人为信托财产的权利主体和法律行为的当事人；另一方面，受托人的此种所有权不同于大陆法系民法上的所有权观念，受托人必须根据协议约定妥善处理和处分信托财产，并将信托财产的利益交给委托人或委托人指定的受益人，其处分权不包括从物质上毁坏信托财产的自由，更不能将管理处分信托财产所生的收益归自己所有。信托到期后，受托人应以一定形式将信托财产交还给委托人或委托人指定的受益人。股权信托作为信托的一种方式，其本质特征也是所有权与受益权相分离、信托财产的权利主体与利益主体相分离。受托人作为股东，对股权行使所有权，委托人不具有股东资格，无法行使股东权利。股权信托的该法律特征也与《公司法》上对股东资格的形式要件要求相一致，有利于保护交易安全、提升交易效率。因而，在杨某1与杨某2确认合同无效纠纷上诉案[1]中，法院不应既肯定股权信托关系的存在，又否定股权转让后股东资格与身份的变化。

股权代持本质上为委托代理法律关系。在委托代理说下，根据《民法典》第162条规定的代理行为法律效果归属规则，名义股东代持股权的法律效果原则上由隐名股东承担，仅在例外情况下由名义股东承担。具体而言，根据《民法典》第925条和第926条的规定，为维护有限公司的人合性和交易的安全性，公司和其他股东享有选择权，当且仅当其他股东对隐名股东之存在不知情且半数以上不同意隐名股东显名时，代持股权归属于名义股东；反之则归属于隐名股东。[2]

股权代持关系与股权信托关系的框架和效果不同。首先，二者的受托人对财产的控制权不同。就委托持股而言，代理人需要严格接受被代理人的指示和约束，代理人的行为以被代理人的授权为限。而在股权信托中，受托人对信托财产具有管理权和经营权，行使股东权利、承担股东义务，一般不受委托人和受托人的约束，除非法律另有规定或委托人有所保留或限制。其次，二者的稳定性不同。在股权代持中，被代理人可以随意解除代理关系；而信托关系则以信托财产为中心，一经成立原则上信托契约不能解除，股权信托关系的存在以信

---

[1] 重庆市第四中级人民法院民事判决书，(2012)渝四中法民终字第01215号。
[2] 参见王毓莹：《股权代持的权利架构——股权归属与处分效力的追问》，载《比较法研究》2020年第3期。

托期限为限,除非发生受托人违约或其他合同约定的情形。最后,最为重要的是,股权信托区别于股权代持的根本特质为所有权与受益权的分离、信托财产的权利主体与利益主体的分离。在股权信托关系中,受托人为股权的所有权人,具有股东资格,享有股东权利;而在股权代持关系中,委托人作为实际出资人或真正股权所有人,具有要求显名的权利和途径,在合同约定中也会否定名义股东的股份所有权。

不可否认的是,股权信托与股权代持关系本质都具有"信托"特点,即在受托人为委托人管理和经营信托财产的情况下,股权信托和股权代持关系在该情境下具有相似性。此时,需要探究个案中是否存在当事人订立的协议内容不符合股权信托关系、公司不认可委托人真实股东身份等问题。

(3)员工持股信托

员工持股信托是指开展员工持股计划的公司以员工持股计划名义设立信托账户,指定本公司参加计划的员工为受益人,公司管理人员或信托公司作为受托人,为持股员工的利益购买并持有雇主公司股票(股权),负责员工持股信托账户的管理。[①] 在实质意义上,员工持股信托是一种以信托形式为员工持有公司股权的法律架构。2020年5月8日,原中国银行保险监督管理委员会(以下简称中国银保监会)发布了《信托公司资金信托管理暂行办法(征求意见稿)》。该办法第29条规定,服务信托业务,是指信托公司运用其在账户管理、财产独立、风险隔离等方面的制度优势和服务能力,为委托人提供除资产管理服务以外的资产流转、资金结算、财产监督、保障、传承、分配等受托服务的信托业务。

员工持股信托应属于服务信托的范畴。在员工持股信托中,投资标的确定为公司的股权,受托人不负责筛选项目,不会进行风险性股权投资,其提供的仅是事务及平台服务,例如以股东名义签署公司决议、收取公司股权分红、向受益人分配股利等。委托人的主要信托目的也不是资产的保值增值,而是接受公司的股权激励,与公司共享收益、共担风险、共同成长,同时增强对公司的参与度

---

① 参见姜德广:《员工持股信托的内涵与发展》,载《中国金融》2020年第14期。

和主体意识,作为规范公司治理结构的配套措施,介入公司的经营管理活动之中。①

因此,法院不应简单地将员工持股信托界定为股权代持法律关系,员工持股信托模式具有其基于信托的特殊价值,例如员工持股信托与员工持股计划的内在价值相契合;受托人的严格受信义务有利于员工权益保障;股权信托具有专业性和灵活性。对于员工持股信托,法院应首先根据信托合同等判断是否成立股权信托关系,如果符合股权信托关系成立的要求,则应在股东资格和权利上直接适用股权信托的股东资格特征,而无须也不应适用隐名股东规则。

(4)股权信托关系下股东资格及权利确认

根据《信托法》的要求和股权信托的法律性质,在股权信托期间,委托人不具有股东资格,不享有股东知情权等股东权利;受托人作为股东,享有股东权利,信托期间有权为了委托人的利益处分股权。股权信托关系下的股东资格认定符合《公司法》规定的形式要件说,有利于维护交易秩序。因而,在股权信托成立的情况下,不应认为股权转让只是交付信托财产。此外,在受托人处分信托财产的行为违反股权信托协议的情况下,委托人只能依据合同的相对性追究受托人的违约责任和损害赔偿责任,而不能主张股权转让等处分行为无效。

在实践中,争议主要发生于股权转让发生后的当事人股东资格认定及权利主张方面。法院应根据当事人之间订立的合同形式、内容、目的等,判断其是否成立股权信托关系,而不应以是否具有代持股特征来否定股权信托关系。在成立股权信托关系的基础上,法院应适用《信托法》认定股东资格的规则,这也符合《公司法》对于股东资格认定形式要件的规定。如果不成立股权信托关系,则法院可以判断是否成立股权代持关系,并在此基础上适用隐名股东的股东资格认定规则。

(三)受托人的瑕疵出资责任纠纷

1.问题背景:信托财产公示制度的缺失

在公司法和信托法的交叉领域,存在如下问题,即原股权如果存在出资瑕疵,信托公司在基于信托关系持有项目公司股权后,是否需要承担出资不实责

---

① 参见姜德广:《员工持股信托的内涵与发展》,载《中国金融》2020年第14期。

任？如果需要，在何种范围内承担责任？是否可以内部追偿？该类问题涉及信托法和公司法的交叉领域和衔接问题，本质上是对现存信托财产无法有效登记的情况下，信托相关法律关系与公司法的问题交叉时，应当优先适用公司法还是优先适用信托法的追问。因此，虽然该类案件形成的司法纠纷并不多，但仍然有探讨的价值和必要性。

在对法条和案例进行梳理与解释前，有必要先介绍该问题产生的关键原因：信托财产公示制度的缺失，即受托人基于信托财产持股的法律关系难以通过法定机关登记得以体现。首先需要明确的是，信托持股的法律关系难以通过法定登记体现，但这并不意味着我国缺乏相应的信托登记制度。《信托法》第10条规定：设立信托，对于信托财产，有关法律、行政法规规定应当办理登记手续的，应当依法办理信托登记。未依照前款规定办理信托登记的，应当补办登记手续；不补办的，该信托不产生效力。2017年，原银监会为了建立和完善全国性的统一的信托登记制度，发布了《信托登记管理办法》，明确了信托公司的信托计划等产品及其收益权的相关信息均应该在中国信托登记有限责任公司依照该管理办法办理相关信托信息的登记。此后，中国信托登记有限责任公司随即向各个信托公司发布了《关于信托登记系统上线运行的公告》，意味着我国信托登记制度正式落实。另外于2017年9月，中国信托登记有限责任公司推出了《信托登记管理细则》和《信托受益权账户管理细则》的征求意见稿，这些意见稿中细化了信托登记的相关操作流程。《信托登记管理细则》《信托受益权账户管理细则》等相关正式文件已出台，为落实《信托法》第10条的相关规定，明确信托资产的相关归属，维护信托当事人之间的合法权益，促进信托制度的进一步发展提供了有力保障和支持。

但是，上述文件即相关制度措施却并未实现股权信托的有效登记和公示。《信托登记管理办法》确立了信托登记信息和公开信息的基本标准，其中第9条规定，信托登记信息包括信托产品名称、信托类别、信托目的、信托期限、信托当事人、信托财产、信托利益分配等信托产品及其受益权信息和变动情况。但上述信息仅为登记信息，而非公示信息。其中第31条特别规定，信托登记信息受法律保护，信托登记公司应当对信托登记信息及相关文件依法保密。除法律、行政法规或者国务院银行业监督管理机构规定可以公开的情形外，任何单位或者个人不得查询或者获取信托登记信息。可见，对于外在于信托法律关系的第三人来讲，上述信息原则上均为保密状态。

那么何种信息是需要公开的？《信托登记管理办法》第38条规定：集合资金信托计划的信托登记基本信息应当在信托初始登记后5个工作日内在中国信托登记有限责任公司官方网站公示。前款所称信托登记基本信息包括集合资金信托计划名称、登记时间、产品编码、信托类别、受托人名称、预计存续期限、信托财产主要运用领域等内容，国务院银行业监督管理机构另有规定的除外。可见目前中国信托登记有限责任公司信托登记系统的登记信息多处于保密状态，所公示的信息仅包含产品编码、发行机构、存续期限、信托功能、主要投向产业、财产运用方式等信息。其中财产运用方式中的信息也极为简单，仅为"股票投资"等字样，并未细化至基于信托持有具体某个公司的股份。对于不处于股权信托关系中的公司债权人来说，作为信托法律关系之外的第三人，其依然无法有效获得受托人是否基于信托计划持股的相关信息。

那么信托法律关系之外的第三人是否可以依申请查询信托持股的相关内容？《信托登记管理办法》第34条规定，信托登记公司应当根据法律、行政法规、国务院银行业监督管理机构的规定以及信托文件约定的信托登记信息保密要求，设置不同级别的查询权限：(1)委托人、受益人仅可以查询与其权利、义务直接相关且不违背信托文件约定的信托登记信息。当委托人、受益人出现民事行为能力丧失等情形时，信托财产法定继承人或者承继人等利害关系人，仅可以凭具有法律效力的证明文件申请查询与其权利、义务直接相关的信托登记信息。(2)信托机构仅可以查询与其自身业务直接相关的信托登记信息。(3)银行业监督管理机构和其他有权机关仅可以在法定职责范围内，依法查询相关信托登记信息。可见，信托登记信息原则上为保密信息，信托法律关系（委托人、受托人、受益人）之外的第三人，无权查询信托登记信息。而《信托登记管理办法》所划定的利害关系人，仅为当委托人、受益人出现民事行为能力丧失等情形下的信托财产法定继承人或者承继人，信托持股关系中股权所属公司的债权人并未被纳入《信托登记管理办法》中在特殊情形下可以查询信息的"利害关系人"范围内。

即使扩大《信托登记管理办法》中所规定的利害关系人，债权人是否有义务在与该公司形成债权债务关系时,查询其公司内部持股的法律关系?显然这是对债权人提出了过高的要求,施加了过度的义务。而相关法律也并未规定公司借款时需要披露其股东持股的具体法律关系,且还可以讨论更为复杂的情况,如公司股东并无义务告知公司其基于信托持股产生的相关法律关系。因此,在公司本身不属于信托法律关系中的委托人、受益人、受托人等任意一方时,公司可能也是不知情的第三方,因而即使要求公司向债权人披露其可能影响债权实现的相关信息,公司作为不知情的第三方也可能无法完全履行披露信托法律关系的义务。此外,在成为公司的债权人后,公司股东亦可能基于信托法律关系发生变化,此时债权人对该法律关系的变动亦无监测义务。

更为重要的问题在于,目前我国股权的法定登记机关仍然是工商部门。然而依据《市场主体登记管理条例》第 8 条的规定,市场主体登记事项中并不包括股权信托登记,因此实践中股权信托登记面临着很多困难。相关案例和纠纷表明,委托人和受托人很难以《股权信托合同》要求相关部门办理"股权信托变更登记"。如存在案例表明,在委托人和受托人已经签订了股权信托合同的前提下,相关部门拒绝基于股权信托合同办理企业登记以及信托登记,委托人就不得不提供一份标准的股权转让协议,将股权按照市价转让给受托人并缴纳税费,以此为基础工商部门才可以办理股东变更登记。① 因此即便受托人为专业的信托公司,仅从相关部门对受托股权所属的公司的股东登记信息来看,无法区分信托公司是依据其固有财产进行投资还是依据信托计划或者信托法律关系进行投资。而对于身份非信托公司的受托人来讲,公司债权人则更无法区分受托人持股背后的具体法律关系。因此,现有制度在股权作为信托财产这一点上,难以确定法定登记机关和产生法定登记效力,难以对抗外部第三人。

2. 法条梳理

那么,在股权作为信托财产上难以确定法定登记机关、产生法定登记效力,难以对抗外部第三人的情况下,应当如何适用法律、综合运用公司法和信托法

---

① 参见《设立信托一定要办理信托登记吗》,载新浪博客 2020 年 4 月 4 日,http://blog.sina.com.cn/s/blog_590e8ae00102zsh1.html。

来解决问题呢？该类问题涉及公司法和信托法的交叉部分，因此既需要在《公司法》中寻找法条资源，亦需要在《信托法》中寻找法条资源。

(1) 基于《公司法》及其司法解释的法条梳理

《公司法司法解释(三)》第13条第2款构成公司债权人在公司未能履行全面清偿义务的情况下，向瑕疵出资股东在其未出资的本息范围内追偿的法理基础。而在以股权作为信托财产的案例中，存在多种情况使得受托人成为公司股东后，其在身份上成为未全面履行出资义务的股东。第一种情况可能是股权在作为信托财产转让给受托人时即为瑕疵股权。第二种情况是，股权在作为信托财产转让给受托人时不为瑕疵股权，仅为尚未完全履行出资义务的股权，即该股权依据公司章程在既定时间内已经履行了既定的出资义务，但在受托人持股期间，履行下一轮出资义务的时间到期，股权由原来的无瑕疵出资的股权转变为瑕疵出资股权。但无论是上述哪种情况，在公司未能就债务向债权人全面清偿的前提下，受托人相对于公司债权人来说，在身份上均为未全面履行出资义务的股东。因此，债权人得以依据上述法条，请求受托人在未出资本息范围内就补充赔偿责任等承担连带责任。受托人作为股东向债权人清偿的范围为"未履行出资本息范围"而非"受托财产"等范围，在未履行出资本息范围大于受托财产的情况下，受托人当然需要以其固有财产向债权人清偿。

《公司法司法解释(三)》第18条进一步明确了瑕疵股权的受让人公司债权人在公司不能清偿全部债务的情况下，需要承担连带责任。一般来讲，股权作为信托财产时，受托人都会履行一定的尽职调查义务，因此一般都是瑕疵出资股权的知情受让人。那么按照上述法条，受托人应就履行出资义务、在未出本息范围内的补充赔偿责任等承担连带责任。即使受托人主张其为善意受让人，受托人在不主张以欺诈为基础撤销合同的情况下，依然要对债权人承担瑕疵出资责任。此外，《公司法司法解释(三)》第26条使受托人不能够以"名义股东"为由进行抗辩。

当然司法实践中，受托人往往认为其身份并非《公司法司法解释(三)》第28条中规定的名义股东。主要原因在于名义股东一般是基于委托关系取得股权，即委托持股。基于信托法律关系取得股权不同于基于委托法律关系取得股权，信托持股在信托财产独立性、受托人变更、处分股权的自由度方面与委托持股有明显区别。从信托财产的角度出发,信托持股关系中,股权作为信托财产本身具有独立性,区别于受托人的固有财产,受托人可以依照委托人的利益自由变更和处分股权。但是笔者认为,信托持股和委托持股的区分主要在当事人之间的内部法律关系上,相对于债权人来讲,二者之间内部的权利义务安排对其并无意义,因此仅从内部法律关系否定信托持股关系下受托人为《公司法司法解释(三)》第 26 条中的名义股东并不充分。

以上讨论均基于《公司法》及其相关司法解释。在《公司法》及其相关司法解释的认定中,出资瑕疵股东需要在其未出资的范围内向公司债权人承担责任。《公司法》相关司法解释中,瑕疵出资股权的恶意受让人和名义股东均不得对抗债权人追偿权,而在信托持股的法律关系中,基于公示制度的缺失,受托人往往基于股权转让协议和企业变更登记成为公司的名义股东。因此在公司法的框架下,受托人需要在未出资的本息范围内对债权人承担清偿责任,而不受限于信托财产,即在未出资的本息范围大于信托财产的情况下,受托人需要以其固有财产向公司债权人承担清偿责任。

(2)基于《信托法》的法条梳理

在瑕疵出资的情况下,受托人非因违背管理职责或者处理信托事务不当不对公司债权人承担责任。那么《信托法》第 37 条是否可以当然推出在瑕疵出资的情况下,受托人仅以其信托财产为范围承担瑕疵出资的清偿责任?

首先必须说明的是,从《信托法》第 37 条中的"以信托财产承担"和"以其固有财产先行支付"的文义来看,可得出多种可能性结论:第一种,"以信托财产承担"放在第一句表明受托人原则上以信托财产为限对外承担责任,"以其固有财产先行支付"表明受托人有权利以固有财产代为清偿信托债务,再寻求内部救济。在这种解释方法下,信托持股人得以仅以其信托财产为范围,承担瑕疵出资的清偿责任。第二种,第一句中的"以信托财产承担"是强调正当处理信托事务对外的债务最终是由信托财产承担,第二句"以其固有财产先行支付"并没有排除第三人对受托人固有财产行使权利的可能性,其可以自由选择信托财产或固有财产要求受托人清偿,而不区分先后顺序。第三种,只有在信托财产不能清偿对外债务时,才由受托人以其自有财产承担补充清偿责任,受托人依然有权先以其自有财产先行代为清偿再对内进行追偿。从上述分析可以看出,本问题涉及公司法和信托法之间的衔接问题,法律中并未对此作出明确的回答。那么接下来或可从司法实践的视角,审视司法实践中对于"受托人是否承担瑕疵出资责任"的法律适用和裁判思路。

3. 司法裁判

总体来讲,现有案例涉及债权人要求信托持股人承担出资瑕疵的案例较少,但是存在诉至最高人民法院的典型案例。通过初步检索,笔者搜索到了目前司法实践中,存在以下与受托人被诉或者可能被要求承担瑕疵出资责任的案例:(1)北京华联集团投资控股有限公司(以下简称华联集团)与青岛舒斯贝尔房地产开发有限公司(以下简称青岛舒斯贝尔)商品房预约合同纠纷执行裁定案①;(2)中信信托有限责任公司(以下简称中信信托)与青岛舒斯贝尔等营业信托纠纷案②;(3)中信信托、青岛海融兴达商业管理有限公司(以下简称融兴达)追偿权纠纷案③;(4)陈某某与浙江磐安五洲房地产开发有限公司、中诚信托有限责任公司(以下简称中诚信托)商品房销售合同纠纷案④;(5)上海爱建信托有限责任公司(以下简称爱建信托)等与方大炭素新材料科技股份有限公司(以下简称方大新材料)股东损害公司债权人利益责任纠纷案⑤。

(1)华联集团与青岛舒斯贝尔商品房预约合同纠纷执行裁定案

该案为一项执行裁定纠纷案,原告(债权人)华联集团通过调取档案发现债务人青岛舒斯贝尔原为山东舒斯贝尔置业有限公司(以下简称山东舒斯贝尔)的全资子公司,后中信信托在支付了一定的对价后,受让了来自山东舒斯贝尔所持有的青岛舒斯贝尔50%的股份,成为债务人青岛舒斯贝尔的股东。但是根据青岛舒斯贝尔公司章程和股东会决议,中信信托受让的股份并未全面履行出资义务,因此债权人华联集团请求山东舒斯贝尔在其未履行出资义务的范围内对其承担清偿责任。但是中信信托对此提出了抗辩,即中信信托并非公司法意义上的股东,中信信托公司是基于山东舒斯贝尔的信托关系持有青岛舒

---

① 山东省高级人民法院执行裁定书,(2014)鲁执复议字第129号。
② 一审北京市第三中级人民法院民事判决书,(2018)京03民初481号;二审北京市高级人民法院民事判决书,(2020)京民终33号。
③ 最高人民法院民事判决书,(2016)最高法民终475号。
④ 浙江省磐安县人民法院民事判决书,(2019)浙0727民初1786号。
⑤ 北京市高级人民法院民事判决书,(2017)京民终601号。

斯贝尔的股权的,那么山东舒斯贝尔在将股权转让给中信信托之后,仍应该对青岛舒斯贝尔承担出资义务。此外,中信信托基于信托合同的约定持有股权,其行使股东权利受到相当大的限制,如果此时仍然让中信信托在其股东权利受到极大限制的情况下承担股东义务,有违公平原则。

对此,青岛市中级人民法院认为,该案申请执行人以被执行人青岛舒斯贝尔的股东之一中信信托存在注册资金不实为由申请追加其为被执行人,由于对中信信托追加与否的判定,涉及对实体法律关系的认定以及实体法的适用,超出了执行程序的审查范围。因此,法院不予支持。山东省高级人民法院也认为,该案中信信托系基于信托计划及相关协议受让并持有被执行人青岛舒斯贝尔的股权,对于该股权存在的出资不实的情况,中信信托公司应否承担相应责任,涉及股权转让关系、信托关系等重大实体法律关系,并牵涉《公司法》《信托法》等实体法的衔接和适用,在执行程序中不宜进行判断和认定。申请执行人华联集团如认为中信信托应当承担出资不实的责任,可通过诉讼程序予以解决。

从上述裁判文书可以看出,无论是青岛市中级人民法院还是山东省高级人民法院均未对该问题进行实质性的解答。但笔者认为,青岛市中级人民法院和山东省高级人民法院对于"中信信托应否承担相应责任"不予直接裁定执行,实质上已经否认了中信信托与其他公司同等地位的结论,即无论是青岛市中级人民法院还是山东省高级人民法院,都否认了纯粹以公司的企业登记信息来认定股东这一单一标准。这就与后文中一些裁判文书中的结论存在实质上的矛盾。

(2) 中信信托与青岛舒斯贝尔等营业信托纠纷案

该案与上案联系紧密。中信信托被要求承担外部责任后,另行向北京市第三中级人民法院提起诉讼,请求确认其与山东舒斯贝尔的信托合同解除,且判令青岛舒斯贝尔协助中信信托办理股权变更登记。其诉讼理由依然基于山东舒斯贝尔需要履行股权的瑕疵出资义务而非中信信托,而山东舒斯贝尔长期不履行出资义务,构成根本违约。但是山东舒斯贝尔和青岛舒斯贝尔在答辩中均强调,中信信托在受让案涉股权时候,已经知道山东舒斯贝尔存在出资不到位的情形,且在《信托合同》中已经约定了山东舒斯贝尔出资不到位的违约责任,那么在这种情况下,中信信托对于此出资不到位的情形并不享有解除合同的权利。对于中信信托的诉讼请求,一审法院裁判理由为,青岛舒斯贝尔注册资金不到位及山东舒斯贝尔未补足出资的情况,不足以导致合同目的不能实现。在中信信托已经预计到了风险,并且以此为基础订立了合同,并对于风险防范、解决路径作出了明确安排的情况下,中信信托主张合同的根本目的在于山东舒斯贝尔交付不存在权利负担或其他瑕疵的标的股权,而山东舒斯贝尔未依约按期补足出资影响合同目的的实现,并以根本违约及合同目的不能实现为由要求解除合同,理由并不充分,法院不予采信。案涉《投资计划》终止,即使认为信托目的无法实现,中信信托作为受托人依然应当按照信托计划的约定进行清算及分配,而不是要求解除与青岛舒斯贝尔签订的《信托合同》及《股权转让合同》,而且,其要求退还股权的行为有可能会侵害到受益人的权利。

可以看出,一审法院的裁判理由并不认可山东舒斯贝尔未全面履行出资义务构成根本违约。裁判理由中的"中信信托退还股权的行为有可能会侵害到受益人的权利等"已经将中信信托作为青岛舒斯贝尔的股东认定,但是该案中原告再次上诉,二审的裁判理由和一审存在较大差别。二审法院裁判理由为:山东舒斯贝尔委托给中信信托管理的股权存有严重瑕疵,致使案涉合同提供类似担保功能的增信措施、保障全体优先受益人公众投资者的目的落空,严重损害信托计划公众投资者及中信信托的权益。二审法院还强调,信托本质上是一种合同关系,大多是基于信托合同设立,因此,原《合同法》的相关规则一般可以适用于信托合同。信托合同也是信托得以运作的直接依据,信托合同对信托的设立与存续具有重要意义。此外,信托合同是信托制度的重要内容,也是原《合同法》规范的对象。信托合同的订立、解除、解释、效力、违约责任等,都应当在原《合同法》的体系之下进行理解与适用,并应当适用合同法总则的相关规定。中信信托请求解除的案涉《信托合同》《股权转让合同》虽然没有约定解除合同事项,但是不妨碍中信信托依据原《合同法》第94条第3项(现为《民法典》合同编第563条第3项)规定行使法定解除权。

北京市高级人民法院的裁判文书体现了和一审中北京市第三中级人民法院完全不同的思路。首先,北京市高级人民法院在原《合同法》和《信托法》的适用关系中,完全偏向了原《合同法》的思路,即探求当事人双方的意思自治,认为该信托关系主要是一种增信担保,而山东舒斯贝尔迟迟不缴纳出资的行为已经构成了根本违约。案涉裁判文书中虽然没有涉及对于中信信托和青岛舒斯贝尔的关系问题,但是在论述"案涉《信托合同》的解除不影响其他相关方的利益"中,并未提及青岛舒斯贝尔的相关利益问题,实质上思路并未将中信信托认定为青岛舒斯贝尔的真正股东。

(3) 中信信托、融兴达追偿权纠纷案

该案与上述两个案件依然密切相关。融兴达作为青岛舒斯贝尔的债权人,请求中信信托在其未出资的本息范围内承担责任。中信信托依然以其不是公司法上的瑕疵出资股东抗辩。该案中一审法院裁判理由为,中信信托主张其不是公司法意义上的股东,缺乏法律依据,亦与相关法律规定不符,一审法院不予支持。《信托法》第37条第1款规定:"受托人因处理信托事务所支出的费用、对第三人所负债务,以信托财产承担。受托人以其固有财产先行支付的,对信托财产享有优先受偿的权利。"根据该条规定,可以认为,第三人不受信托当事人之间《信托合同》有关约定的约束,不受信托财产和固有财产责任划分的约束,信托人应当以其名下的所有财产对第三人承担责任。因此,在该案中,无论案涉股权是信托资产,还是中信信托的固有财产,不影响中信信托承担未全部出资的股东责任,《信托合同》对第三人没有约束力。

该案中一审法院的裁判理由涉及对《信托法》第37条的解释,其逻辑似乎为,第37条规定了第三人可以向受托人要求承担责任,则说明信托合同与一般合同一样,同样不能对抗第三人,并由此推出,第三人可以向受托人主张其承担责任的限度可以超出受托财产的限度,要求受托人以其固有财产承担责任。但是很快,该裁判理由就被二审法院明确否定。

该案的二审法院就是最高人民法院,最高人民法院的裁判理由为:《信托法》第10条对信托财产的登记及其法律效力作出了规定,但配套的信托财产登记制度并未建立。实践中为了实现信托财产的控制与隔离,有的采用权属过户的方式,有的采用对目标财产抵押或质押的方式。反映在该案中,案涉股权过户固然能够实现受托人控制股权的目的,但是由于过户登记在外观上并不具备信托财产的标识,隔离效果无法得到保障,且由于此类因信托目的引起的股权变动兼具股权交易与股权信托的双重特征,还引发了应当适用《信托法》还是

《公司法》的争议。该案中,中信信托受让股权的目的在于控制并管理信托财产,派驻董事也是为了保证信托财产的价值安全。但从表现形式上看,中信信托按照《公司法》的规定登记成了目标公司的股东,且案涉合同内容显示中信信托知晓登记为股东后可能需要承担补足出资的风险。综合考虑上述两方面因素,中信信托与融兴达关于法律适用的主张都具有一定的法律依据与现实合理性。

该案特殊之处在于,案涉债权产生于司法拍卖程序,系中信信托实现抵押权过程中拍卖抵押的土地使用权所产生的税费。该税费本应由抵押人青岛舒斯贝尔在抵押物变现过程中缴纳,否则无法实现抵押财产的变现。由于青岛舒斯贝尔没有缴纳该税费的能力,所以执行法院责令买受人融兴达先予垫付,然后向青岛舒斯贝尔追偿。从性质上看,此笔款项属于抵押财产的变现费用,理应在变价款中优先予以扣除,然后将剩余变现款交抵押权人。或者说,该部分款项原本就不应被中信信托领取。基于上述涉案债权来源特殊性的考虑,一审法院判令中信信托对山东舒斯贝尔公司在未出资范围内就融兴达公司对青岛舒斯贝尔公司的债权应承担的补充赔偿责任负连带责任并无不当。

应当指出,《信托法》第37条第1款是关于"处理信托事务所产生费用与债务如何负担"的规定。根据该条文,无法得出一审判决关于"第三人不受信托财产和固有财产责任划分的约束,信托人应当以其名下的所有财产对第三人承担责任"的结论。一审判决对该条法律规定适用不当,法院予以纠正。

可以看出,最高人民法院在对该案的裁判中,避开了受托人作为股东是否应当承担瑕疵出资责任的问题,仅表示"双方的主张都有一定的合理性"。但是最高人民法院明确指出,一审法院裁判文书中,"信托人应当以其名下的所有财产对第三人承担责任"的裁判结论存在错误,但是最高人民法院并未进一步对《信托法》第37条作出解释。最高人民法院在这个案件中的裁判结论没有解决类似案件的根本问题。

(4)陈某某与浙江磐安五洲房地产开发有限公司、中诚信托商品房销售合同纠纷案

该案中原告陈某某向被告购买房产,被告未能按时交付商品房和办理过户登记。原告因此要求被告赔偿。此外原告还主张被告的股东中诚信托在其未

出资的本息范围内承担责任。中诚信托在答辩中认为,中诚信托是以其受托人的身份持有 90% 的股权,作为借款配套的增信担保措施,在被告还款之后就会返还股权,因此不应当承担出资责任。此外中诚信托还主张原股东已经实缴了全部出资。一审法院针对中诚信托是否承担出资责任的裁判理由为:原告陈某某要求被告中诚信托承担连带责任的诉请,因未提供相关证据予以证明,一审法院不予支持。该案中法院并未直接回答该问题,而是以证据不足为由驳回了原告的诉讼请求。

(5) 爱建信托等与方大新材料股东损害公司债权人利益责任纠纷案

笔者认为,该案是司法实践中真正直面公司法和信托法的交叉问题的例子。该案中方大新材料曾经为三门峡惠能热电有限责任公司(以下简称惠能公司)的借款提供担保,后该公司未能如期还款,方大新材料作为保证人代为还款后,向惠能公司追偿,爱建信托为惠能公司的股东,但是始终未能履行出资义务。因此方大新材料向爱建信托发起诉讼,要求爱建信托在瑕疵出资范围内承担责任。在该案中,一审法院首先对原瑕疵出资的股东是否承担出资义务进行了讨论。原瑕疵出资股东在转让其股权的时候出资期限并没有届满,即该标的股权在转让的时候并不是瑕疵股权。由此可知,该案不适用于《公司法司法解释(三)》第 18 条。关于爱建信托,一审法院认为爱建信托确实未能按期足额履行出资义务。至于爱建信托公司提出的其系基于信托关系持有惠能公司的股权,该股权属于信托财产,应由信托财产来承担赔偿责任的抗辩意见,法院认为,爱建信托公司基于何种原因持有公司股权,涉及的是公司的内部关系,无法以此理由来对抗公司外部债权人,故该抗辩意见一审法院难以支持。

爱建信托对此不服提出上诉。应当注意的是,上诉中爱建信托的诉讼请求与上文案例中的中信信托有所不同。中信信托始终主张其并非公司法意义上的瑕疵出资股东,因此完全不应该承担任何瑕疵出资责任,而爱建信托上诉中则作出了一定的让步,其主张自身基于信托关系持有瑕疵股权,应依照《信托法》以信托财产承担。二审法院裁判理由认为,爱建信托提出的信托合同等未能在有关部门得到有效登记,爱建信托在受让股权时没有支付对价,对于泛域公司未履行出资义务即转让 34.145% 股权亦属明知,且承诺承担出资义务。因此,方大新材料有权要求爱建信托在未出资本息范围内对惠能公司债务不能清偿部分承担补充赔偿责任。该案中法院对于爱建信托提出的以信托财产为限承担责任并未明确回答，仅以信托股权未能完成登记为由，要求爱建信托承担瑕疵出资责任。

(6) 司法裁判总结

由于现有案例较少，司法实践中对该类型案例的裁判结果并不统一，且不存在明确的裁判标准，对于信托持股人是否要承担瑕疵出资责任，承担瑕疵出资责任是否以信托财产为限并无明确的回答，此外对于《信托法》和《公司法》如何衔接，应该怎样衔接缺乏回应。

4. 其他国家的法律制度

(1) 美国信托法——受托人可能以其自身财产承担责任

美国最早在《信托法重述》第265条规定了所有权责任，受托人一般应该以其持有的信托财产为限承担责任。此外美国《统一信托法典》(2000年)第1010条也规定，除了合同另有规定的情形之外，只要受托人在合同中明示自己是作为受托人而实施一定行为，受托人就其在信托权限内缔结的合同，不承担个人责任。但是美国《信托法重述》也规定，如果受托人是通过合同方式成为该信托财产的管理人，那么当受托人没有向第三人披露其作为受托人的身份的时候，受托人需要对第三人承担不限于其信托财产的责任。因此可以总结为，美国信托法倾向于保护受托人的财产，允许受托人以其信托财产为限承担瑕疵出资责任。但是美国的信托法也存在保护第三人的制度，即当第三人不知道受托人是通过信托关系持有信托财产的时候，受托人需要向第三人承担不限于其信托财产的责任。美国的信托法也规定一定的内部追偿制度，当受托人以其固有财产承担了责任后，当然可以向信托财产本身进行追偿，但是不能向信托财产的受益人进行追偿。总体上来讲，美国信托法在保护受托人和保护第三人之间，以是否向第三人披露为界限，划分了相关的交易风险。那么回归到受托人持股的情况，受托人本身基于信托合同进入了持股关系，该信托持股关系无法在企业登记或者其他信托持股系统中得到披露。因此，除非受托人能够举证债权人在向债务人借款时，已经知道信托持股关系的存在，比如债权人本身就是信托关系中的受益人，否则根据美国信托法的规则，受托人依然可能以其自身的财产向债权人承担瑕疵出资的责任。甚至在美国的信托法下，受托人无法向受益人追偿,只能向信托财产本身追偿。

(2) 日本的旧《信托法》——信托持股人承担全部出资责任

日本的旧《信托法》认为,对于一个商业社会来说,交易主体的信用在交易关系中是非常重要的,那么从名义上来说,信托财产的所有权人就是受托人,因此信托财产在交易中,第三方对其进行的信用指标的衡量取决于受托人的信用究竟为几何。因而,由于信托的这种双重属性,第三人对于信托财产的债权既可以向信托财产请求,也可以向受托人个人请求,这样就保护了与信托财产交易的第三人。① 日本的旧《信托法》虽然没有区分是否对第三人披露其信托关系,但因为其认为交易本身就基于对标的所有权人的信赖,那么无论信托关系是否对第三人进行披露,受托人均应该承担不限于其信托财产的责任。当然,日本的旧《信托法》也并未完全将风险归于受托人,其在受托人与受益人之间的内部关系中规定,受托人在对外以其个人财产承担了责任后,依然可以向受益人进行追偿,这就让风险最终归于信托财产的受益人。一定程度上,日本旧《信托法》对于第三人的保护程度是强于美国的。

(3) 日本的新《信托法》——允许仅以信托财产范围承担责任

日本的新《信托法》对于受托人是否对超出信托财产的部分以其个人财产承担责任的规定本质上与旧《信托法》没有太多区别,实质上都要求受托人基于其在交易中给第三人的信用外观,向第三人承担不限于信托财产的个人责任,但是日本的新《信托法》还有一个变化,就是改变了信托中受益人承担的风险。在日本的新《信托法》中,受托人在直接向第三人承担责任之后,仅仅能够向信托财产本身进行追偿,而无法向受益人进行追偿。因此在日本的新《信托法》下,受益人变成了纯粹获得利益的实体而不继续承担任何的风险。在这种情况下,受托人的风险和收益似乎产生了一定的不匹配,因此日本的新《信托法》也为受托人承担有限的责任进行了一定的规定。

日本新《信托法》第 21 条第 2 项第 4 号规定,受托人与债权人达成协议同意受托人仅以信托财产履行债务的,受托人仅以信托财产承担;日本新《信托

---

① 参见姜雪莲:《信托制度中受托人对外责任的比较研究》,载《江苏大学学报(社会科学版)》2014 年第 3 期。

法》第 21 条第 2 项第 3 号也规定,受托人依据法定仅以信托财产承担履行责任的,受托人仅以信托财产承担。但是在日本的新《信托法》的结构下,依然对受托人仅仅以信托财产为限承担责任进行了严格的限制。日本新《信托法》要求:首先,在双方的信托合同中就必须明确规定受托人承担责任的限制。其次,受托人仅承担有限的责任这个要素必须要经过登记,才能有效对抗第三人。再次,如果双方设立的信托名称中也必须显著表述出来受托人仅以信托财产为限承担责任,即表明该信托是所谓的"限定责任信托"。最后,受托人在与第三方交易的时候,必须告知第三方其承担的有限责任,如果产生纠纷,受托人对此负有举证的责任。如此一来,日本新《信托法》中对于受托人的责任规定实际上已经接近美国对于受托人责任的规定。

(4) 小结

通过上述对于美国和日本信托法的比较,可以看出,无论美国还是日本,对于受托人承担的责任无论是有限责任还是无限责任,在与第三人交易的时候,如果第三人为善意第三人,法律都会倾向于保护第三人的利益。如美国信托法结构下,如果交易中第三人是善意第三人,则受托人也需要对超过信托财产的部分承担责任;而即使是在日本新信托法的"有限责任信托"的框架下,受托人所承担的有限责任必须经由登记公示,且明确告知第三人才可以实现"有限责任",如果没有经过登记公示,或者即使经过登记公示,第三人有合理理由表明其没有能够了解到该信托财产中受托人的有限责任,受托人依然要对第三人承担不以信托财产为限制的责任。对于第三人来讲,无论是在美国法框架下还是在日本信托法的框架下,第三人均有权要求受托人承担股权的瑕疵出资责任而无论信托财产究竟有多少。当然至于受托人在承担完财产之后的内部救济问题,美国的信托法、日本的旧《信托法》和日本的新《信托法》的相关处理可能有所不同。

5. 我国信托持股人的瑕疵出资责任

(1) 信托持股人是否应当承担出资瑕疵责任

探讨信托持股人是否应当承担出资瑕疵的责任,首先应该明确的是,信托持股人是《公司法司法解释(三)》第 26 条中所规定的名义股东吗?如果认为信托持股人是该条中所规定的名义股东,那么信托持股人对外在未出资的本息范围内,承担瑕疵出资的责任,而不以其信托财产为限似乎是理所应当的。回头再看《公司法司法解释(三)》第 26 条的规定:"公司债权人以登记于公司登记机关的股东未履行出资义务为由,请求其对公司债务不能清偿的部分在未出资本息范围内承担补充赔偿责任,股东以其仅为名义股东而非实际出资人为由进行抗辩的,人民法院不予支持。名义股东根据前款规定承担赔偿责任后,向实际出资人追偿的,人民法院应予支持。"

首先,从实质上来说,正如中信信托、爱建信托等在内的多个受托人主体的抗辩中所主张的,受托人受让股权本身往往是一种增信担保的措施,而并非为了成为公司的实质股东或者是名义股东。信托合同中也经常对受托人的股东权利作出很大的限制,但是这是否能够基于公平原则或者是其他法理否认受托人履行瑕疵出资的义务?笔者认为不可以。

在第三人完全不知情的情况下,如何公平分配责任?从我国信托法的法理上来看,信托财产本身并不具有独立性,我国《信托法》尚未明确信托财产是否需要所有权的转移登记。那么在信托持股的情况下,信托持股人基于信托合同持有股份,该信托关系无法在公司的登记信息中明晰出来。那么基于商事外观主义原则,结合日本旧《信托法》和日本新《信托法》中的一贯原则,在债权人考虑是否向公司借款时,其衡量的公司的信用风险应囊括股东的信用风险,即未完成其完整的出资义务的股东是否具有能力在未出资的本息范围内承担责任。第三人基于对于公司的信用风险,包括瑕疵出资股东履行其出资义务的能力的合理注意和衡量后选择借款,为了保护第三人的合理信赖,贯彻商事外观主义原则,应由瑕疵出资的股东履行其出资义务。如果第三人在进入交易时无法得知信托持股人基于信托持股的相关信息,在进入交易后,甚至交易对手方违约后,才得知信托持股的关系,那么不仅善意第三人无法得到足够的救济,交易的合理信赖没有得到足够的保护,市场中主体交易的积极性也会备受打击。如果股东认为信托财产可以是瑕疵出资义务的挡箭牌,则可能出现信托财产形式的商事逃避。

其次,从公司法的法理上来看,信托持股人仅仅以其信托财产为限承担责任也是不合理的。事实上理论上也有观点认为,公司本身的架构本质上也类似于信托,公司是我国法律上目前承认的一种具有独立人格的交易主体。《公司法》要求瑕疵出资的股东在未出资的本息范围内对于债权人承担责任，实际上也是防止股东通过各种方式逃避其义务，从而损害公司本身的独立性，使公司这个架构变成股东牟利的工具。那么回归到基于信托持股人持有股权的分析中，如果认定信托持股人可以基于信托关系完全不承担责任或者以信托财产为限承担责任，那么公司的财产将因为其上层的股东关系而不圆满，实际上已经损害了公司财产的独立性，进而损害了公司独立的人格。当然可能有反对意见认为，债权人依然可以要求原瑕疵出资的股东履行其出资义务。但问题是，当原股东基于信托关系将股权转让给信托持股人时，股权已经是瑕疵出资状态，那么要求原股东承担瑕疵出资责任尚有理论支撑。但是还存在其他的情况，即信托持股人基于信托合同受让股权时，股权尚因为出资期限未到等原因处于完满状态，但在受托人基于信托关系持股期间股权的出资期限已到而转变为瑕疵股权。在这种情况下，受托人当然可以和原股东约定仍由原股东承担出资义务，上文中中信信托和山东舒斯贝尔就有这样的约定。但问题在于，在原股东迟迟不履行出资义务，信托持股人亦没有解除信托合同的情况下，第三方(债权人)并无任何明确的法律依据去追究原股东的责任，原股东和受托人之间关于出资的约定也不能约束第三人。因此，如果不允许债权人在这种情况下追究受托人的责任，那么标的公司的独立人格和独立财产就因为其股东上层的信托关系遭到了严重的破坏，这也违背公司法的基本法理。笔者认为，此时如果再优先适用信托法的某些尚未厘清的原则解决问题，可能会严重有违公司法的基本原则法理。

因此可以确定的是，在第三人完全不知情的情况下，信托持股人应根据我国《公司法》的规定对出资瑕疵承担责任。但是对此的讨论依然可以进一步深入，即如果受托人明确告知第三人其基于信托持股的关系，是否可以使受托人豁免承担无限的责任？这也是日本旧《信托法》和日本新《信托法》的分野。笔者认为，对于这种情况来说，应当结合受托人对于第三人的披露程度来判断。如果受托人向第三人完全披露了信托持股中安排的内容，比如说何者承担瑕疵出资的责任，那么就意味着第三人在交易时已经充分了解并且接受了风险，此时如果仍要求受托人承担瑕疵出资责任，则相当于否认了信托架构的基本法理，完全否认了《信托法》第37条第1款中"受托人因处理信托事务所支出的费用、对第三人所负债务,以信托财产承担"的适用。使受托人承担了与其收益不相匹配的风险。

但仍然存在的问题是,如果在第三人完全披露了信托持股中对于双方义务的安排,第三人因其自愿承受的风险而不得不向受托人追偿,那么第三人是否完全不具备追偿权?如果认为第三人完全不具备追偿权,那么又否认了公司的独立人格和独立财产。因此笔者认为,此时第三人或可基于侵权行为,如悖俗侵权,向承担瑕疵出资的原股东提起诉讼。当然,最好的解决办法是第三人在向公司提供借款时,在借款协议中就将承担瑕疵出资责任的原股东纳入签署主体当中,在借款合同中明确约定公司无法承担全部清偿责任时,借款人对于瑕疵出资的原股东享有追偿权。

再次,笔者认为,上述讨论仅建立在信托持股人向第三人完全披露其信托持股安排的情况下。如果信托持股人在借款关系形成后才基于信托持股的方式成为公司股东,或者仅向借款人披露其信托持股关系,但并未完全披露原股东和受托人之间的责任分配问题,那么信托持股人仍需在未出资的本息范围内承担所有责任。这种做法看似使受托人承担了过高的风险,但受托人在管理财产和运用财产方面极大的自由度为受托人承担较高的风险提供了正当性基础,即该种安排表面的不平等恰恰意味着实质的平等。因为,在受托人有限披露的情况下,如果仍要求借款人仅基于此披露就承担有限的责任,那借款人必然要花费时间和精力去对受托人的信托财产和固有财产的界限做尽职调查,并承担风险。借款人向公司借款,本身只能获取固定收益,却要面临严重的信息不对称和风险不对称;而如果受托人仅基于其有限的披露就得以免除以个人财产承担责任的义务,借款人和公司、公司股东之间的信息不对称和风险不对称则会更加严重。因此,规范需对信托持股人和借款人之间的风险分配作出平衡。

最后,上述信托持股人可能以其个人财产承担责任的安排是否有违信托财产具有独立性这一原则?笔者认为不违反。因当讨论信托财产具有独立性时,宜明确其相对于何者独立。笔者认为,信托财产具有独立性:一是相对于受益人独立,即受益人无法享有信托财产的所有权,仅对信托财产的收益享有所有权。二是相对于委托人独立,即委托人一旦将信托财产交付或者登记至受托人名下,信托财产的所有权便转移至受托人。三是信托财产亦相对于受托人独立,即受托人的债务无法通过信托财产得到清偿。因此笔者认为,信托财产的独立性,最重要的是体现在信托财产与委托人、受托人和受益人的三方关系上,而非受托人或者信托财产与第三人的关系上。笔者认为,在现有的信托公示制度尚未完善的情况下,信托财产的独立性仍然可以在信托财产与委托人、受托人和受益人的三方关系上体现,但不能当然认为信托财产对世具有独立性。

(2)信托持股人的对内追偿范围

上文讨论的均是信托持股人对外责任的问题,但笔者认为亦有必要讨论信托持股人对内追偿的问题。该问题更多涉及合同法及信托法的相关问题。一般来讲,信托持股人在受让时一般均为瑕疵出资股权的知情人,如果受让时信托持股人明知股权出资不实而仍然受让该股权,且双方对于何者承担瑕疵股权的出资责任作出了约定,信托持股人在承担了外部责任后,依然可以依据信托合同向原股东寻求一定的救济。此时产生的信托持股人承担何种责任的问题便纯粹是合同法的问题而非信托法与公司法交叉领域的问题。

但可能存在的情况是,因为不能归责于信托持股人的原因出现股东瑕疵出资的情况,比如信托持股人在基于信托合同取得股权时,该股权的出资义务虽然未被完全履行,但该未完全履行出资义务的原因是没有到达原股东实缴出资的期限。那么在此种情况下,受托人是否还可以进行追偿? 此外还存在信托持股人与原股东已就出资义务达成协议,并采取了一定督促、监管措施的情况,这种情况下信托持股人并无过错,如果认定信托持股人应对超出信托财产部分承担全部清偿责任,则对信托持股人过于不利。那么信托持股人又是否可以追偿? 笔者认为依然可以。对于受托人来讲,其本身是受人之托,代人理财,信托财产的收益本身并不归为受托人,那么非因受托人自身的原因造成的信托财产对外负担的债务,应进行追偿。而由此产生的问题在于,是应向原股东/委托人追偿还是受益人追偿? 当然可能存在该信托为自益型信托,受托人与受益人归为同一人的情况,此时并无讨论的价值。但是若受托人和受益人身份分离,应当如何处理该问题?

受托人是否可以基于瑕疵担保向委托人追偿? 笔者认为不可以。瑕疵担保的前提条件应为受让人不了解受让标的可能存在的瑕疵,但在受托人受让股权时,一般已经对受让股权存在的未履行出资义务的情况有所了解,且在受让时该股权是完整的。受让股权非因转让人的原因出现瑕疵状况,而是因为实缴期限届满才由完满状态变为瑕疵股权状态。受托人在接受该股权时应视为对于其风险了解并接受。

那么受托人是否可以向受益人追偿?我国《信托法》第37条规定,"受托人以其固有财产先行支付的,对信托财产享有优先受偿的权利。受托人违背管理职责或者处理信托事务不当对第三人所负债务或者自己所受到的损失,以其固有财产承担"。可以看到,我国《信托法》并未对受托人和受益人之间的求偿关系作出说明,而仅规定了受托人对于信托财产的优先受偿权。但笔者认为,从法理上来讲,受托人本质上是为了受益人的利益所服务,且瑕疵股权的出资责任并非因信托持股人未尽到勤勉忠诚的管理义务,或者是处理信托事务不当而产生,如果此时仍然要求受托人收取固定的低廉的报酬,却承担较大的风险,而受益人向受托人支出固定费用并纯粹获利,则显然对于受托人不公平。因此,受托人在因持有瑕疵股权承担出资责任后,可以在其以个人财产承担责任的范围内,向受益人追偿。

6. 小结

本部分探讨了信托持股人是否应该对第三人承担股权瑕疵出资的责任,以及以何种限度承担瑕疵出资责任的问题。这个问题涉及信托法和公司法的交叉领域和衔接问题,本质上是对现存信托财产无法有效登记的情况下,信托相关法律关系与公司法的问题交叉时,应当适用公司法优先还是信托法优先的追问。笔者首先介绍了信托登记制度的缺失,其中着重介绍了《信托登记管理办法》及其相关配套规则缘何依然不足以构成对于信托持股的有效公示。根据《信托登记管理办法》规定,对于不处于股权信托关系中的公司债权人来说,作为信托法律关系之外的第三人,其依然无法有效获得受托人是否基于信托计划持股的相关信息,债权人也无法作为利害关系人,申请查询信托持股的相关内容。更为重要的问题在于,在股权信托登记具体规则缺失的情况下,究竟应该适用公司法的规则还是信托法的规则解决问题?《信托法》第37条第1款规定:受托人因处理信托事务所支出的费用、对第三人所负债务,以信托财产承担。这与《公司法》及其司法解释中的部分规则产生了矛盾。从司法实践的角度来看,现有案例较少,司法实践中对该类型案例的裁判结果并不统一,对于信托持股人是否要承担瑕疵出资责任，承担瑕疵出资责任是否以信托财产为限并无明确的回答。从域外角度来看，无论美国还是日本，对于受托人承担的责任在原则上是有限责任还是无限责任，在与第三人交易的时候，如果第三人为善意第三人，法律会倾向于保护第三人的利益。至于受托人在承担完财产之后的内部救济问题，美国的信托法、日本的旧《信托法》和日本的新《信托法》的相关处理可能有所不同。

我国信托持股人的瑕疵出资责任问题，在第三人（债权人）完全不知情的情况。在信托财产本身并不具有独立性的情况下，为了保护第三人的合理信赖，贯彻商事外观主义原则，应由瑕疵出资的股东履行其出资义务。从公司法的法理上来看，如果认定信托持股人可以基于信托关系完全不承担责任或者以信托财产为限承担责任，那么公司的财产将因为其上层的股东关系而不圆满，实际上已经损害了公司财产的独立性，进而会损害公司独立的人格。因此在第三人完全不知情的情况下，信托持股人应根据《公司法》的规定对出资瑕疵承担责任。如果第三人（债权人）知情，则应当结合受托人对于第三人的披露程度来判断受托人承担瑕疵出资责任的程度。如果受托人向第三人完全披露了信托持股中安排的内容，比如说何者承担瑕疵出资的责任，那么意味着第三人在交易时已经充分了解并且接受了风险，依据《信托法》第37条的规定，信托持股人可免于以个人财产承担责任，此时第三人或可基于侵权行为，向承担瑕疵出资的原股东提起诉讼。但是，如果信托持股人在借款关系形成后才基于信托持股的方式成为公司股东，或者其仅向借款人披露其信托持股关系，但并未完全披露原股东和受托人之间的责任分配问题，那么信托持股人仍需在未出资的本息范围内承担所有责任，该种安排表面的不平等恰恰意味着实质的平等。此外，笔者认为，上述信托持股人可能以其个人财产承担责任的安排并不违背信托财产具有独立性这一原则，因在现有的信托公示制度不够完善的情况下，信托财产的独立性仍然可以在信托财产与委托人、受托人和受益人的三方关系上得以体现，但不能当然认为信托财产对世具有独立性。而至于对内追偿问题，如果信托持股人受让时明知股权出资不实而仍然受让该股权，且双方对于何者承担瑕疵股权的出资责任作出了约定，信托持股人在承担了外部责任后，依然可以依据信托合同向原股东寻求一定的救济。但是如果信托持股人在基于信托合同取得股权时,该股因未满原股东实缴出资的期限而未实缴,而信托持股人在持股期间股权因到达实缴出资的期限而变为瑕疵股权,受托人很难基于瑕疵担保向委托人追偿,但依据法理,可以在其以个人财产承担责任的范围内,向受益人追偿。

三、焦点问题之二:股权信托一般性纠纷

股权信托,是股权与信托的结合,其本质是将股权的因素引入信托交易结构中,股权或作为初始信托财产而被委托给受托人加以管理、运用,或作为受托人的管理、运用信托初始财产的成果而转化为后续信托财产。股权信托的行权纠纷,根据当事人行使权利时所处的法律地位,可以大致分为两大类型:一是一方当事人基于其自身或者另一方当事人所具有的股权权利人身份,或主张确认股东资格、行使股权权利,或请求对方承担股东义务与责任。二是一方当事人基于其作为信托法律关系中的委托人、受托人、受益人之角色,要求对方当事人履行委托人、受托人、受益人所负担的义务与责任。简言之,前者可理解为由于股权信托关系中"股权"这一不同于资金、不动产等信托财产形态所引发的公司法上的典型纠纷,后者则属于依股权信托关系中"信托"这一根本性范畴所引发的信托法上的典型纠纷。在此部分,将把股权信托纠纷案例统计分析的视角,由股权之特殊性转移至信托之普遍性,探究股权信托纠纷中,股权信托当事人可能基于何种权利的主张而引发何种争议,法院又是基于何种逻辑进行裁判。

在整体有效案例中,笔者针对本专题的研究问题,进一步筛选出本专题的研究对象,排除1个因诉争股权被法院查封而依法裁定驳回起诉案件,共将21个有效案例作为样本进行研究。其中,12个案件的双方诉讼主体均为股权信托关系中的当事人(受托人、委托人、受益人),称为"股权信托内部纠纷";9个案件的一方诉讼主体为信托当事人以外的第三人,称为"股权信托外部纠纷"。所有研究样本均涉及的是自益型信托,共有20个案例属于商事信托,仅有1个案件因民事信托而发生纠纷。详见表5-5。

表 5-5　纠纷类型案例汇总

纠纷类型	案例名称
股权信托内部纠纷	北京国际信托有限公司与尤某某案[1]
	北京信诚达融资产管理有限公司与中粮信托有限责任公司信托纠纷案[2]
	李某某与新华信托股份有限公司营业信托纠纷案(二审)[3]
	李某某再审审查与审判监督案[4]
	罗某某与高某某民事信托纠纷案[5]
	上海森泽房地产有限公司与四川信托有限公司信托纠纷案[6]
	司某某与国民信托有限公司信托纠纷案[7]
	斯太尔动力股份有限公司、国通信托有限责任公司合伙协议纠纷案[8]
	孙某某与中融国际信托有限公司营业信托纠纷案[9]
	王某某与中诚信托有限责任公司信托纠纷案[10]
	邬某某与上海聚焦投资管理有限公司、上海汉世纪投资管理有限公司、上海万城创业投资有限公司、高某委托理财合同纠纷再审案[11]
	重庆帝多农业发展有限公司与新华信托股份有限公司营业信托纠纷案[12]
股权信托外部纠纷	张某、余某某等与卞某某股权转让纠纷案[13]
	五矿国际信托有限公司与五佛山振兴共济文化投资有限公司、五云南振戎润德集团有限公司等营业信托纠纷案[14]
	新华信托股份有限公司与舒兰龙兴房地产开发有限公司、吉林省龙兴集团有限公司等合同纠纷案[15]
	中融国际信托有限公司与北京安华图房地产开发有限公司等股权转让纠纷案[16]
	刘某佑与刘某确认合同无效纠纷案[17]
	北京鸿坤伟业房地产开发有限公司等与北京中诚万信投资管理有限公司等营业信托纠纷案[18]
	四川糖果通讯技术有限公司与深圳国津实业发展有限公司等营业信托纠纷案[19]
	中融国际信托有限公司与云南恒基创展建筑工程有限公司、曲靖中天明城商贸有限公司信托纠纷案[20]
	董某某与汪某某、三门峡天元铝业股份有限公司合同纠纷案[21]

〔1〕北京市朝阳区人民法院民事判决书,(2018)京0105民初5233号。书中称为"尤某某案"。
〔2〕北京市第二中级人民法院民事判决书,(2018)京02民初33号;北京市高级人民法院民事判决书,(2018)京民终508号。书中称为"信诚达融公司案"。
〔3〕最高人民法院民事判决书,(2018)最高法民终173号。书中称为"李某案"。
〔4〕最高人民法院民事裁定书,(2019)最高法民申2689号。书中称为"李某某再审申请案"。
〔5〕宁夏回族自治区银川市中级人民法院民事判决书,(2016)宁01民终1435号。书中称为"罗某某案"。
〔6〕最高人民法院民事判决书,(2015)民二终字第406号。书中称为"上海森泽公司案"。
〔7〕北京市东城区人民法院民事判决书,(2018)京0101民初2266号。书中称为"司某某案"。
〔8〕最高人民法院民事判决书,(2019)最高法民终515号。书中称为"斯太尔公司案"。
〔9〕北京市西城区人民法院民事判决书,(2019)京0102民初19500号。书中称为"孙某某案"。
〔10〕北京市第二中级人民法院民事判决书,(2016)京02民终80号。书中称为"王某某案"。
〔11〕上海市高级人民法院民事判决书,(2017)沪民再11号。书中称为"邬某某案"。
〔12〕重庆市第五中级人民法院民事判决书,(2014)渝五中法民初字第00523号。书中称为"重庆帝多公司案"。
〔13〕广东省深圳市南山区人民法院民事判决书,(2017)粤0305民初3220号。书中称为"张某案"。
〔14〕青海省高级人民法院民事判决书,(2017)青民初36号。书中称为"五矿国际信托案"。
〔15〕重庆市第一中级人民法院民事判决书,(2016)渝01民初431号。书中称为"新华信托案"。
〔16〕北京市第二中级人民法院民事判决书,(2017)京02民初360号。书中称为"中融国际信托案"。
〔17〕北京市顺义区人民法院民事判决书,(2019)京0113民初27857号。书中称为"刘某佑案"。
〔18〕北京市第三中级人民法院民事判决书,(2020)京03民终4486号。书中称为"北京鸿坤公司案"。
〔19〕北京市通州区人民法院民事判决书,(2019)京0112民初1454号。书中称为"四川糖果公司案"。
〔20〕云南省高级人民法院民事判决书,(2019)云民初5号。书中称为"刘某案"。
〔21〕河南省三门峡市湖滨区人民法院民事判决书,(2018)豫1202民初4388号。书中称为"董某某案"。

(一)基于样本案例的描述性统计

1.股权信托内部纠纷

就股权信托内部纠纷而言,有两份判决书(一审判决、二审判决)当事人均为北京信诚达融资产管理有限公司(以下简称信诚达融公司)和中粮信托有限责任公司(以下简称中粮信托),中粮信托曾在一审中提起反诉;有两份裁判文书(二审判决、再审申请裁定)当事人均为李某某与新华信托股份有限公司(以下简称新华信托)。审级方面,来自一审程序的案件5个,二审程序的案件6个,再审申请、再审案件各1个,详见表5-6。在地域分布上,由上海、宁夏、重庆地区的法院管辖的案件分别有1个,其余7个均发生在北京地区,详见表5-7。根据"原告就被告"的诉讼管辖基本原则,此类纠纷频发于北京地区,可能的原因是多数信托公司的主要办事机构设立在北京,而信托公司又常常作为此类案件的被告。值得注意的是,或与股权信托内部纠纷往往标的金额大等有关,虽然样本总数不多,但仍有4个案件由最高人民法院作出裁判,分别是李某某案、李某某再审申请案、斯太尔公司案、上海森泽公司案。

表 5-6 研究样本审级分布

审级	案件数/个	比例/%
一审	5	38.46
二审	6	46.15
再审申请	1	7.69
再审	1	7.69

表 5-7 研究样本地域分布

地域	案件数/个	比例/%
北京	7	70
上海	1	10
宁夏	1	10
重庆	1	10

案由方面,根据表5-8,样本涉及的案由包括合同纠纷、委托理财合同纠纷、信托纠纷、民事信托纠纷、营业信托纠纷此5种。然而,《九民纪要》第88条规定:"信托公司根据法律法规以及金融监督管理部门的监管规定,以取得信托报酬为目的接受委托人的委托,以受托人身份处理信托事务的经营行为,属于营业信托。由此产生的信托当事人之间的纠纷,为营业信托纠纷。"由此可见,认定营业信托纠纷的条件有三:一是诉讼标的为信托公司作为受托人的信托法律关系,二是诉争当事人即为信托当事人,三是信托公司所涉信托活动具有营业性,即"以取得信托报酬为目的而经营信托业务"①。那么,如遵循该条规定的要旨,则部分样本的案由区分并不准确。事实上,样本中有11个案例完全满足前述条件,因此,准确地说,这11个案例均应归属于营业信托纠纷。至于另外2个不属于营业信托纠纷的:一是双方当事人均为自然人的罗某某案,属于民事信托纠纷;二是因委托投资股权信托产品而发生在委托人与受托

---

① 周小明:《信托制度:法理与实务》,中国法制出版社2012年版,第62页。

人之间的委托理财合同纠纷,即邬某某案。从样本案由划分不清的现象中可推测,审判机关对于信托机构所实施的股权信托交易定性存在分歧,从泛泛地界定为合同纠纷,到进一步细化认定为信托纠纷,乃至精准定位为营业信托纠纷的做法皆有之,司法实务中对于营业信托纠纷的认知仍未统一,这在一定程度上是我国《信托法》上缺少明确其定义的立法所导致的。我国《信托法》第3条规定:"委托人、受托人、受益人(以下统称信托当事人)在中华人民共和国境内进行民事、营业、公益信托活动,适用本法。"但是该法对于何种信托活动属于营业信托未予以规定。鉴于《九民纪要》对于统一司法裁判的重要意义,自《九民纪要》颁布后,以营业信托纠纷作为案由的股权信托案件数量出现明显的增长态势。

表 5-8 研究样本案由分布

案由	案件数/个	比例/%
合同纠纷	2	15.38
委托理财合同纠纷	1	7.69
信托纠纷	5	38.46
民事信托纠纷	1	7.69
营业信托纠纷	4	30.77

如表 5-9 所示,股权信托受托人作为原告参加诉讼的案件较少,仅有 2 个,分别是受托人作为本诉原告(尤某某案)和反诉原告(信诚达融公司案)的情形。绝大多数案件中,信托受托人是作为被告被动应诉答辩,共有 11 个,占比达 84.62%。由于该部分案例均为自益型信托,原告是基于委托人还是受益人身份行权,需进一步根据诉讼请求与法律依据进行辨析。

表 5-9 研究样本被告诉讼地位情况

一审受托人诉讼地位	案件数/个	比例/%
原告	2	15.38
被告	11	84.62

在一审诉讼请求方面,在股权信托受托人为被告的案件中,如表 5-10 所示,以返还信托本金/信托财产/投资款/购买信托单位的资金为诉讼请求的案

件数量次之,共有 5 个;原告以损害赔偿(包括支付违约金)作为诉求的案件最多,共有 6 个;以解除/终止信托合同(包括解任受托人)为诉求的案件有 4 个;至于原告请求被告继续履行信托合同、不得收取信托报酬、提供信托计划相关信息、返还信托报酬的案件分别有 1 个。如表 5-11 所示,在受托人为原告的案件中,涉及解除/终止信托合同的有 2 个,要求委托人支付信托报酬的案件有 1 个。此外,请求被告支付信托收益或者受领受托人返还的信托财产的案件各 1 个。在诉讼中,当事人为尽可能最大限度争取利益,往往主张的诉讼请求不止一项,股权信托纠纷亦是如此。有 4 个委托人要求解除信托的案件样本,委托人均要求受托人赔偿损失,可见,一方当事人实施了违约行为,作为信托成立基础的信赖关系受到减损;另一方当事人提出解除合同的同时,通常都会要求违约方承担损失赔偿责任。

表 5-10 研究样本诉讼请求情况(股权信托受托人为被告)

一审诉讼请求	案件数/个
返还信托本金/信托财产/投资款/购买信托单位的资金	5
损害赔偿(包括支付违约金)	6
解除/终止信托合同(包括解任受托人)	4
继续履行信托合同	1
不得收取信托报酬	1
提供信托计划相关信息	1
返还信托报酬	1

表 5-11 研究样本诉讼请求情况(股权信托受托人为原告)

一审诉讼请求	案件数/个
解除/终止信托合同	2
支付信托报酬	1
支付信托收益	1
受领受托人返还的信托财产	1

在诉讼结果方面,样本中共有 5 个案件的诉讼主张获得法院支持或部分支持,其中一审案件有 3 个,二审案件 1 个,再审案件 1 个。可见,样本中原告一

审胜诉率仅为23.08%,二审/再审胜诉率则更低。另外,在8个二审、再审、再审申请案件中,驳回上诉/申请的案件有6个,撤销原判、全部或部分改判的案件有2个,改判率为25%,其中邬某某案由上海市人民检察院提起抗诉,一审原告方才在再审程序中获得改判判决,该案所经程序较为曲折。

以受托人所承担的职能与义务作为标准,信托可以分为事务管理信托和主动管理信托,前者是指受托人不具有信托财产运用的自主裁量权,而是根据委托人或者由委托人委托的具有指令权限的人的指令,对信托财产进行管理和处分的信托,即"通道业务"。后者是指信托公司作为受托人具有全部或部分的信托财产运用裁量权,自主、独立地对信托财产进行管理和处分的信托。[①] 这种分类对于处理信托纠纷具有重要意义,从公法意义来说,金融监管部门对通道性质的事务管理信托有特别监管要求;从私法效果来说,事务管理信托和主动管理信托划分有二:一是不同信托的效力可能因监管规则受到不同的影响,二是这种分类概括性是对受托人权利、义务范围的概括性总结。因此,采取这种分类标准来判断案件中所涉的信托类型,是研究股权信托内部纠纷的重要窗口。

如表5-12、表5-13所示,去除相同当事人的2个案件,在11起股权信托内部纠纷中,共有8个案件涉及的信托类型为主动管理信托,都属于以集合资金信托计划作为投融资交易中介的情形。集合资金信托计划以主动管理信托为主,是因为此种信托交易中,受托人都是财力基础雄厚、具有专业运营能力的信托公司,其谈判地位强势,自然会争取更多信托财产的使用裁量权,同时让专业的人有更自由的空间处理专业的事,这是促进商事交易效率的明智之选。另有3个案件涉及事务管理信托,分别是以代持股为目的进行信托的罗某某案;本质上属于委托理财合同纠纷的邬某某案;虽然也是集合资金信托计划但极其例外地采取事务管理信托方式的斯太尔公司案。

[①] 参见胡萍:《通道业务中受托人义务如何界定:中国政法大学副教授赵廉慧释疑关于信托的几个法律问题》,载中国金融新闻网,https://www.financialnews.com.cn/trust/zjgd/201707/t20170710_120667.html。

表 5–12　信托类型案例分类统计

案例名称	信托类型	判断依据
信诚达融公司案	主动管理信托	信托合同约定："信托财产的管理、运用和处分由受托人进行。"
李某某案	主动管理信托	信托合同约定："本信托计划为委托人指定用途,并由受托人以集合方式管理、运用和处分信托财产的集合资金信托计划。"
罗某某案	事务管理信托	信托持股协议约定："委托人基于对受托人的信任,将其财产权委托给受托人,由受托人按委托人的意愿以自己的名义,为受益人的利益或者特定目的,进行管理或处分行为。"
上海森泽公司案	主动管理信托	信托合同约定："信托财产的管理、运用和处分由受托人进行。"
司某某案	主动管理信托	信托合同约定："委托人……资金……由受托人根据文件约定以自己的名义,为受益人进行集中管理、运用和处分。"
斯太尔公司案	事务管理信托	风险申请书提示："本信托计划为委托人委托特定投资顾问指令用途的事务管理类信托。" 信托合同约定："受托人按照信托文件的约定、投资顾问发送的投资指令管理、运用、处分信托计划财产……"
孙某某案	主动管理信托	信托合同约定："在不违反信托文件、交易文件约定的前提下,受托人可以自行决定信托财产的变现方式、程序及价格等与信托财产变现相关的全部事项,受托人可以采取包括但不限于协议转让、拍卖等方式变现信托财产,受托人亦有权自行决定是否聘请中介机构对信托财产予以评估等。"
王某某案	主动管理信托	信托合同约定："委托人将其合法拥有的财产委托给受托人,由受托人按照本合同的约定进行管理、运用和处分。"

续表

案例名称	信托类型	判断依据
邬某某案	事务管理信托	信托合同约定:"聚焦公司应根据邬某某的指示处分本合同下的信托财产。"
重庆帝多公司案	主动管理信托	信托合同约定:"对信托类别的约定为,信托计划为帝多农业公司指定用途,新华信托以集合方式管理、运用和处分信托财产的集合资金信托计划。"
尤某某案	主动管理信托	股权信托合同约定:"委托人自愿将其合法拥有且有权处理的葫芦岛英格公司40%股权信托给受托人,受托人以自己名义持有该股份,并名义上持有受托人的股份,行使股东权利,承担股东义务,为受益人的利益进行管理、运用和处分。"

表 5-13 研究样本信托类型分布

信托类型	案件数/个	比例/%
主动管理信托	8	72.73
事务管理信托	3	27.27

2. 股权信托外部纠纷

在样本案例中,因股权信托发生的外部纠纷,依据原告、被告的身份,可以分两种类型:一是股权信托受托人与股权受让人之间发生的行权纠纷;二是发生在股权信托受益人和股权信托受益权受让人之间的行权纠纷。

当股权信托受托人依照信托合同约定享有处分信托股权的权利时,受托人可能以对外转让股权的方式运用信托财产。在此情况下,可能因股权转让协议发生争议。如表5-14所示,在样本案例中,此种类型的股权信托外部纠纷的共同特征是:股权信托受托人作为原告,因股权受让人未支付股权收购/转让款,而提起诉讼。对此,法院之间具有共同的裁判意见:经审理,在股权收购/回购/转让条款成立有效的前提下,根据《合同法》规定,结合股权转让协议约定,支持股权信托受托人的诉讼请求,股权受让人应当支付股权转让款。

表 5-14 信托股权转让纠纷概况

案例名称	原告	被告	一审诉讼请求	裁判意见
张某案	股权信托受托人	股权受让人（原转让股东）	支付股权收购/转让价款	股权收购/回购/转让条款成立有效，股权受让人应当支付股权转让款
五矿国际信托案		股权受让人（原转让股东）		
新华信托案		股权受让人（目标公司其他股东）		
中融国际信托案		股权受让人（原转让股东）		

《信托法》第 48 条规定："受益人的信托受益权可以依法转让和继承，但信托文件有限制性规定的除外。"因此，股权信托受益人原则上享有转让受益权的权利。在股权信托受益人对外转让受益权时，可能就股权信托受益权协议的效力、履行情况等问题发生争议。如表 5-15 所示，刘某佑案中，股权信托受益人为取得受益权转让价款而提起诉讼，受让人为免于支付价款而提起确认受益权转让协议无效之诉。对此，法院具有一致的审判思路：依照合同法的基本原理来确认股权信托受益权转让协议的效力，在协议合法有效的基础上，支持股权信托受益人主张的价款给付请求权。

表 5-15 信托股权受益权转让纠纷概况

案例名称	原告	被告	一审诉讼请求	裁判意见
刘某佑案	股权信托受益权受让人	股权信托受益人	请求确认受益权转让协议无效	《股权信托受益权转让协议》系双方当事人真实意思表示，不违反法律、法规的强制性规定，不存在原《合同法》第 52 条规定的无效事由，应属合法有效
北京鸿坤公司案	股权信托受益人	股权信托受益权受让方	支付受益权转让款	股权信托受益权转让协议有效，转让人已转让受益权，受让人应按照约定支付转让款
四川糖果公司案				
刘某案				
董某某案				

（二）基于样本案例的争议问题解析

1. 违反信托的民事责任性质界定

依据民法法理，权利人依法或者依约行使民事权利，义务人依法或者依约履行民事义务，纸面上的权利义务条款因此变成现实中人与人之间相辅相成的互动状态，此为理想中法律或合同所发挥的实际作用。然而，一方行使权利，但另一方拒绝或怠于履行民事义务时，行权纠纷就此发生。所有行权纠纷的主线，皆可提炼为权利人请求义务人该当为其不履行义务之行为付出承担法律责任之代价，在该主线的指引下，请求人积极提出事实依据、法律依据进行攻击，被请求人积极抗辩、反驳以自我防御，最终行权纠纷的主线将落脚于承担民事责任与否乃至承担何种民事责任的结论上。对此，值得思考的是，在股权信托内部纠纷中，当事人所承担的民事责任性质如何？

学理上关于这一问题的解释存在分歧，主要有债务不履行说、侵权行为说、兼具债务不履行及侵权行为说、独立责任说。① 与强调违反信托的责任属于无法被现有民法体系所包容的独立责任说不同，侵权行为说与债务不履行说的分野，是基于传统民法上物债两分的考量，将信托法律关系或理解为物权法律关系，或理解为债权法律关系，或理解为两种权利关系的结合，进而在物权、债权的基本逻辑下得出推论。笔者认为，尽管学界众说纷纭，但我国司法实务所遵循的主流逻辑应是债务不履行所导致的违约责任说。无论是当事人的自我证成，还是法官的居中裁判，都展现出一致的说理结构：以违约责任为出发点与落脚点，以违约责任构成要件为发力点，逐一展开事实与法律观点的铺设与呈现。

一方面，在信托受托人引起的行权纠纷中，因为受托人对信托财产无可获益的法律空间，原则上不存在因委托人或受益人侵害其固有权利而行权的可能，所以侵权责任理论上不适用于受托人要求委托人或受益人承担的责任性质。那么，受托人行权依据便较为简单明晰，信托合同之上的权利约定赋予了受托人要求委托人或受益人承担继续履行责任的基础。如信诚达融公司案中，中粮信托主张信诚达融公司未按照《信托合同》的约定向中粮信托支付信托报酬，要求其履行支付报酬的义务。

---

① 参见张里安、符琪：《论违反信托义务的民事责任》，载《法学评论》2006年第3期。

另一方面，在信托受托人被动参加委托人/受益人发起的行权诉讼中，受托人是否违反其义务通常是原告、被告争议焦点之一。样本案例中当事人均援引双方签订的信托合同作为其主张的依据，除罗某某案的原告以出现合同约定终止事项为由要求解除案涉的《信托持股协议》以外，其余案例中原告均要求被告承担继续履行、返还财产、赔偿损失等违约责任，而法院也围绕原告、被告之间是否存在违约事项及损失的问题开展法律涵摄的工作。如在信诚达融公司案中，信诚达融公司提出了中粮信托的数项违约行为并要求中粮公司承担损害赔偿的违约责任；在李某某案中，李某某认为新华信托存在项目筛选不符合约定标准的违约行为；在上海森泽公司案中，上海森泽公司以四川信托违反信托合同及《信托法》规定的义务为由提出诉请；在斯太尔公司案中，斯太尔公司主张国通信托存在重大违约行为；在孙某某案中，虽然孙某某未明确主张中融信托存在违约行为，但法院仍将争议焦点总结为中融信托是否存在违约行为；在王某某案中，王某某与法院均以案涉的信托合同约定为依据来认定中诚信托的合法性。

斯太尔公司案的二审法院指出，评判信托公司是否尽到受托人职责，依据应为双方签订的信托文件。股权信托行权诉讼中，信托合同等信托文件是当事人行权的最主要依据。尽管信托文件背后的支撑力量来自信托法、合同法等国家实在法，但是，一旦当事人自行运用法律所赋予的自由缔约权利并达成信托合同后，在争端发生时，当事人便倾向于从信托合同所产生的第一性的原权利以及第二性的救济权利中寻求保护，而较少需要直接依据公司法、信托法、合同法的缺省规则，更没有依据侵权制度寻求侵权损害赔偿救济的案例。试窥个中原因，股权信托纠纷绝大多数是在商主体之间从事的营业信托活动，商主体在设计交易、实施交易的能力上显著优于普通民事主体，那么在商主体所主导订立的信托合同中，对于当事人的权利义务安排往往比法条的规定更翔实、细致。并且，具有谈判优势地位的一方当事人在订立合同时，还可以不断扩张自己的权利空间来控制自身交易失败的风险，违约金条款的安排即为例证之一。故而，基于信托合同产生的约定之债，在保护范围和救济力度方面，比直接源于信托法、合同法、侵权法的"法定之债"更具优势。

与样本案例所提示的实务主流认识一致，笔者从法教义学方法出发，亦支持将违反信托的责任界定为债务不履行的违约责任。合同是信托成立的基础,"实际上,信托是一种关于如何管理和分配信托财产的交易"①,委托人、受益人、受托人均可通过信托合同(或者信托法所提供的标准合同)找到救济的依据,可见违约责任说在信托行权纠纷中展现了强大的包容性。

首先,侵权责任说难以兼容受托人不能依约取得信托报酬的情形,使受托人行权之诉几乎没有施展空间。其次,在侵权行为论者看来,受托人违反对信托财产的管理、处分权限,致使信托财产受到损害,因此,受托人的民事责任属于侵权责任的范畴。②问题是,侵权责任的构成要件之一是"须侵害他人的权益",③在信托关系中,无论将受损害的权益界定为物权(狭义侵权)还是债权(悖俗侵权),都有一定理论或操作的困难。虽然《信托法》第2条规定,信托是委托人将财产"委托给受托人",没有明确使用"所有"或"所有权"术语,但是依据《信托法》草案起草组成员周小明先生的观点,在解释上我国信托财产所有权仍归受托人享有。④ 所以,作为信托财产的所有权人,受托人不负担不得以损害的方式处分信托财产的义务。另外,受托人违反约定的权限管理、处分信托财产,造成信托财产受损害的,可能违反的债权性义务包括两种:一是信托合同上的约定义务,二是不得损害受益人受益权的法定义务。在这两种情况下,请求人的权利基础都是债权,前者是合同项下的债权,后者是具有债权性质的受益权。⑤ 债权属于纯粹经济利益,对于纯粹经济利益损失能否得到侵权责任法的救济,目前理论界、实务界尚有争论。况且,即便认为纯粹经济利益损失可以产生侵权损害赔偿请求权的学者也强调,相较于侵害绝对权导致的狭义侵权责任,只有当受托人行为违反善良风俗,构成悖俗侵权时,才得以要求赔偿纯粹经济利益损失。⑥ 纯粹经济利益、善良风俗之类的法律概念在内涵和外延上具有先天的模糊性、不确定性,是追究受托人侵权责任的一大障碍。总之,尊重

---

① [美]约翰·H.兰贝恩、何美欢:《信托法的合同基础》,载《清华法学》2004年第1期。
② 参见余卫明:《论信托受托人的民事责任》,载《中南大学学报(社会科学版)》2007年第2期。
③ 参见王泽鉴:《侵权行为》,北京大学出版社2009年版,第87页。
④ 参见周小明:《信托制度:法理与实务》,中国法制出版社2012年版,第206~208页。
⑤ 参见周小明:《信托制度:法理与实务》,中国法制出版社2012年版,第250页。
⑥ 参见葛云松:《纯粹经济损失的赔偿与一般侵权行为条款》,载《中外法学》2009年第5期。

体系与逻辑是法教义学的基本特征与要求,①相较于其他见解,债务不履行的违约责任说更能在大民商法体系中保持内部的一贯性。

2. 受托人义务

(1) 受托人的法定义务及释义

如表 5-16 所示,我国《信托法》对受托人义务作出了一系列规定,包括遵守信托文件义务,忠实义务,勤勉义务,分别管理义务,亲自管理义务,记录、报告、保密义务,支付信托利益义务,清算义务等。

表 5-16 我国《信托法》关于受托人义务的规定

义务	规定	
信托文件的遵守义务	第25条第1款:受托人应当遵守信托文件的规定,为受益人的最大利益处理信托事务	
积极的忠实义务	第25条第1款:受托人应当遵守信托文件的规定,为受益人的最大利益处理信托事务	
消极的忠实义务	禁止利用信托财产为自己谋利	第26条第1款:受托人除依照本法规定取得报酬外,不得利用信托财产为自己谋取利益
	禁止将信托财产转为固有财产	第27条:受托人不得将信托财产转为其固有财产……
	禁止将其固有财产与信托财产进行交易或者将不同委托人的信托财产进行相互交易	第28条第1款:受托人不得将其固有财产与信托财产进行交易或者将不同委托人的信托财产进行相互交易,但信托文件另有规定或者经委托人或者受益人同意,并以公平的市场价格进行交易的除外
勤勉义务	第25条第2款:受托人管理信托财产,必须恪尽职守,履行诚实、信用、谨慎、有效管理的义务	
分别管理义务	第29条:受托人必须将信托财产与其固有财产分别管理、分别记账,并将不同委托人的信托财产分别管理、分别记账	

---

① 参见许德风:《法教义学的应用》,载《中外法学》2013年第5期。

续表

义务	规定
亲自管理义务	第30条第1款:受托人应当自己处理信托事务,但信托文件另有规定或者有不得已事由的,可以委托他人代为处理
记录、报告、保密义务	第33条:受托人必须保存处理信托事务的完整记录。受托人应当每年定期将信托财产的管理运用、处分及收支情况,报告委托人和受益人。受托人对委托人、受益人以及处理信托事务的情况和资料负有依法保密的义务
支付信托利益的义务	第34条:受托人以信托财产为限向受益人承担支付信托利益的义务
清算义务	第58条第1句:信托终止的,受托人应当作出处理信托事务的清算报告

委托人将信托财产交给受托人是基于其对受托人品格和技能的双重信任,因此受托人在处理信托事务时必须在品格和技能方面都不负于委托人的信任,[1]所以在价值上具有统领意义的原则性义务,当属忠实义务与勤勉义务。然而,我国《信托法》对于忠实、勤勉义务的界定相对模糊,或许是因为《信托法》没有在法律后果上对违反忠实义务的行为和违反勤勉义务的行为分作安排,从法律实效性的角度看没有明确区分的必要。但是,为了实现法律适用的稳定和可预见性,对法律概念进行合文义、合体系的解释,实有必要。故而,笔者将就忠实义务和勤勉义务的界分提出一些个人见解。

一般而言,对受托人品格的要求主要体现为忠实义务,对受托人技能的要求则主要体现为谨慎义务。忠实义务作为信义义务的核心,[2]其要旨在于,受托人不得辜负委托人所托,应为了受益人的利益,诚信而忠诚地进行信托管理。认定受托人不忠实的关键因素是,受托人主观上对侵害信托财产的行为具有故意,即受托人明知道其行为将损害信托财产利益而追求或放任这种损害结果发生,当然包括通过侵害信托财产来谋取私利的行为。违背忠实义务原则的行为可归纳为以下几种典型类型:受托人利用信托财产谋取私利;将信托财产转为固有财产;将固有财产与信托财产进行交易或将不同委托人的信托财产进行交

---

[1] 参见周小明:《信托制度:法理与实务》,中国法制出版社2012年版,第279页。
[2] Trusts and the Fiduciary Principle, Trusts-Law 463, Lecture Notes No.1, Fall Term 2012.

易,对于信托财产价值的危害尤其严重。

受托人应当恪尽职守,履行谨慎、有效管理义务,这是勤勉义务在我国《信托法》上的体现。这种义务的考察视角是围绕着受托人管理、运用信托财产的过程展开的,关注受托人履行受托职责时的勤奋程度、谨慎程度。勤勉义务是一种"善良管理他人事务时应尽的注意义务",其标准比"处理自己的事务应有的注意义务"还要高,如果受托人是以信托为业的信托公司,则按照同行业的普遍注意标准来确定其是否违反了谨慎义务。① 依注意义务的不同遵守程度来划分,勤勉义务主要的类型有两种:一是受托人因疏忽大意而没有认识到注意义务;二是认识到注意义务但轻信自己的履行行为已达到注意义务的标准,实际上未达到注意义务的标准。至于明知注意义务的存在及标准,但追求或放任违反注意义务所导致的后果,由于主观恶意较大,应科以最严厉的谴责。笔者将孙某某案中委托人对受托人的指控,理解为委托人对受托人未尽勤勉职责的不满,因为,只要受托人没有将公司股权变现的利益非法占为己有,或者没有无正当理由予以毁弃,至多就只能将"未经委托人同意卖出持有的目标公司股权"评价为不符商业判断、不理智、不勤勉行为。

(2) 基于样本案例的受托人义务的违反

在明确受托人义务类型及其内容的前提下,根据样本案例中委托人(受益人)主张受托人的违约行为,统计委托人(受益人)主要关注的受托人义务类型(详见表5-17)。如表5-18所示,委托人或受益人对受托人未尽勤勉义务的控诉最频繁,有52.63%的原告主张与勤勉义务有关,此外,原告提出受托人违反忠实义务、报告义务的案例均为3个,占比15.79%,还有2个案件涉及受托人对清算义务的违反,1个案件中受托人被原告追究未亲自管理信托事务的法律责任。

---

① 参见钟瑞栋、陈向聪:《信托法》,厦门大学出版社2007年版,第108页。

表 5-17　诉争受托人违约行为及所涉义务情况

案例名称	原告主张股权信托受托人的违约行为	原告主张行为所违反的义务性质
信诚达融公司案	未执行委托人的指令	勤勉义务
	单方终止《信托合同》	勤勉义务
	未与委托人、目标公司其他股东协商，擅自将目标公司的工商营业状态变更为"歇业"	勤勉义务
李某某案	项目筛选不符合约定标准	勤勉义务
	未依约主动管理	勤勉义务
	未披露重大事项	报告义务
上海森泽公司案	抽逃目标公司注册资本、挪用目标公司资产	勤勉义务
	违约支付保管费、财务顾问费、法律顾问费、评估费	亲自管理义务
司某某案	信托计划到期后没有进入清算程序	清算义务
	与融资方相同信托计划已经出现延期对付的情况下，没有采取有效措施，违反有效管理义务	勤勉义务
斯太尔公司案	未及时要求目标公司办理工商变更登记手续	勤勉义务
	未履行信息披露义务	报告义务
孙某某案	未经委托人同意卖出持有的目标公司股权	勤勉义务
	没有按利益最大化处理产品	忠实义务
	没有披露季报、财务数据披露不实	报告义务
王某某案	未办理财务移交手续	勤勉义务
邬某某案	未依约将信托资金投资于目标公司，受托人将信托资金挪为己用	忠实义务
重庆帝多公司案	信托计划到期未清算	清算义务
	将信托财产据为己有	忠实义务

表 5-18　诉争受托人义务情况

诉争受托人义务	案件数/个
忠实义务	3
勤勉义务	10

续表

诉争受托人义务	案件数/个
报告义务	3
亲自管理义务	1
清算义务	2

有趣的是，在某些情形下，仅仅按照信托义务、违约行为的话语体系对被告行为进行评价并不充分，被告行为还有悖于公司法上的强制性规范，因而应另受谴责。以上海森泽公司案为例，尽管法院由于事实依据欠缺，没有支持原告提出的关于被告"抽逃目标公司注册资本、挪用目标公司资产"的主张，但是不妨碍在事实假设的前提下进行一些有启发性、前瞻性的推理活动。

假设受托持有、经营股权的信托公司，基于股东享有的决定管理人员等参与公司治理的权利，向目标公司提名、任命董事、监事，甚至向目标公司派驻资金和印章监管人员，那么此时，围绕信托公司的代理问题尤其严重。一方面，信托公司是信托委托人的代理人，在管理、运营股权的过程中可能偷懒、自私自利，或疏忽大意，或滥用权利，进而可能造成信托股权遭受不合理的经济损失。另一方面，正如在上海森泽公司案中，四川信托持有目标公司99%的股权，在以融资为目的的信托结构中，信托公司凭借强大的（集合）资金优势，作为股东加入目标公司时，往往会成为公司的大股东、控股股东，并通过决定董事等高级管理人员等方式实际控制目标公司，从而在目标公司内部掌握压倒性的权力。多重公司法上的角色身份，使信托公司又可以被视为公司、中小股东的代理人。而且，信托公司基本上只是作为财务投资者进入目标公司，以短期的财务回报为目标，目标公司的持续经营能力并非信托公司的关切所在。

信托公司抽逃目标公司注册资本、挪用目标公司资产的，即为双重代理问题交叉的典型情形。信托公司就同一行为事实，应同时对委托人、受益人和项目公司承担民事法律责任。对于委托人而言，信托公司违反了信托合同，辜负委托人信任，应承担停止侵害、采取补救措施等违约责任；对受益人而言，信托公司抽逃目标公司注册资本，导致信托公司持有的目标公司的分红权、优先认购权等财产性股权依法受限制，信托股权因此受到损害，应对受益人承担违约损害赔偿责任；对目标公司而言，信托公司作为股东抽逃出资的，负有向目标公司返还出资的义务,在目标公司不能清偿债务时,信托公司不再承担有限责任,应就抽逃出资的部分向目标公司债权人承担责任。

由此产生的启示是,除了需要遵从一般勤勉义务的内容以外,基于股权之特殊性,股权信托受托人勤勉与否的判断,还须从受托人管理、行使、处分股权的过程中观察。受托人既要积极地行使股权以促进股权价值的实现,如积极参与目标公司的股东(大)会,按照有利于信托和受益人的方式行使表决权、提案权、股利分配请求权等权利,又要适当履行股东义务以免股权价值贬损,如不得实施抽逃出资、挪用公司资金等行为。如果受托人在行使股权时,存在懒惰、懈怠、不作为的情形,则须承担违反勤勉义务的责任。如果受托人不但不正当行使股权,而且滥用股东有限责任、控股股东的控制地位,给公司、其他股东造成损害,不仅构成对信托勤勉义务的违反,还可能构成公司法上的特殊责任。

3. 重要行权纠纷的司法裁判思路

(1)前置讨论

按照债务不履行的违约责任说,追究股权信托受托人违反信托的民事责任,首先应满足违约责任的一般构成要件,其次根据具体请求的责任承担形式,还应满足特定责任形式的专属构成要件。关于受托人违反信托的责任承担形式的规定,我国《信托法》以恢复和赔偿为主要内容构建信托责任规范体系。我国《信托法》将受托人违反信托的责任形式限定为恢复原状和损害赔偿。

恢复原状和损害赔偿两种责任形式,在含义和适用上的区别是什么?通常意义而言,损害赔偿责任的适用范围较为清晰:凡是一方当事人的行为给另一方当事人的民事权益造成损害的,均有可能产生损害赔偿请求权。而恢复原状的内涵,在不同的民法制度中不尽相同,崔建远教授甚至将恢复原状的含义解析出至少5种类型。[①] 笔者在此尝试厘清,信托语境下的"恢复原状"之意,应是指恢复"信托财产"原状。具体而言,当信托财产因受托人行为受损,且信托财产能恢复到受托人行为之前的状态或价值时,委托人或受益人对受托人享有

---

① 参见崔建远:《关于恢复原状、返还财产的辨析》,载《当代法学》2005年第1期。

恢复原状请求权。① 例如,当受托人抽逃出资时,信托股权的财产性权利受到限制,而受托人又能够通过补缴出资的方式将股权恢复到原先圆满的状态,委托人或受益人即有权请求受托人就信托股权承担恢复原状的责任。

在前述对"恢复原状"的解释路径下,"恢复原状便属于损害赔偿的范畴"②。为了避免同一行为的法律后果被重复评价为性质相同的法律责任,应在法律适用技术上,对《信托法》第22条之下的"恢复原状"与"损害赔偿"两种责任形式作进一步精细化区分:恢复原状型的损害赔偿应具有优先性,如果受到侵害的信托财产有恢复原状的可能,应优先适用恢复原状,只有不能将信托财产恢复或者完全恢复到原有性质、状态的,才适用一般意义上的损害赔偿,以金钱的形式填补不能恢复的信托财产部分。这是因为考虑到受益人可能有这样一种偏好:宁愿恢复失去的特定财产(因为具有情感价值或价值有望增值),而不愿意从受托人处获得等额的现金,因为它不能反映该财产的未来利润,也不能反映情感价值或内在价值,这些价值超出了经济的范畴。③ 在适用顺序上以恢复原状请求权为先,亦有促进保护权利人的现实意义。

在信托法民事责任体系中,恢复原状与损害赔偿地位突出的重要原因之一是,这两种主张的行权效果具有直接的财产性内容。不同于继续履行报告义务等其他仅强调给付行为的信托法上的责任形式,恢复原状与损害赔偿责任的承担,还要求满足"填平损失"的给付效果,这种方式对受益人利益的实现最为充分。鉴于此,笔者将继续在受托人义务维度上,聚焦股权信托当事人内部行权纠纷的两大类型:一是恢复原状请求权相关的行权纠纷;二是以损害赔偿为请求内容的行权纠纷。

(2)基于恢复原状请求权的本金返还之诉

样本案例中,并无当事人提出与恢复原状直接相关的主张,以至于无法对恢复原状请求权直接展开相关论述。不过,有5个案例的受益人对受托人提出

---

① 此种解释路径,对应崔建远教授文章指出的"第三种类型的恢复原状"。虽然崔教授将此种类型的含义限定在"有体物遭受损坏,将该物恢复到原来的状态",但是笔者认为,将此种类型的范围扩张至股权之类的无体物状态恢复的情形,也未尝不可。

② 崔建远:《关于恢复原状、返还财产的辨析》,载《当代法学》2005年第1期。

③ 参见陈雪萍、豆景俊:《信托关系中受托人权利与衡平机制研究》,法律出版社2008年版。

返还本金的请求,而恢复原状请求权或许可以在某种情形下,作为本金(财产)返还之诉的法定权利基础。笔者试图分别从信托法和合同法的视角,探究在恢复原状请求权的不同含义之下,对返还本金之诉进行裁判的不同路径(详见表 5 – 19)。

表 5 – 19　关于本金返还之诉的研究样本概况

案例名称	裁判结果	主要裁判理由
李某某案	不成立	《资金信托合同》和《认购风险申明书》均明确提示受托人、投资管理人不对预期收益率作出任何承诺,不保证投资本金可被部分或全部收回。故而李某某关于信托计划到期,新华信托公司应当退还其本金,且按照 22.3% 的年利率支付利息的主张缺乏合同依据
上海森泽公司案	不成立	信托计划具有投资风险,且森泽地产公司签订的《认购风险申明书》已经载明"受托人不承诺信托资产本金不受损失"的内容。根据《信托合同》第 11 条"信托利益的计算和分配"关于向次级受益人分配信托利益的约定,在信托终止时,四川信托公司应当以信托财产原状形式,向作为次级受益人的森泽地产公司分配剩余信托财产,并无向其返还本金 9950 万元及兑现收益的义务。森泽地产公司关于四川信托公司返还购买次级信托单位的资金及兑现收益的请求,没有法律和合同依据
斯太尔公司案	不成立	斯太尔公司与国通公司签订的《风险申请书》第 1 条约定:该信托计划为委托人委托特定投资顾问指令用途的事务管理类信托,受托人不承诺保本和最低收益,委托人/受益人自担投资风险,适合风险识别、评估、承受能力较强的合格投资者。斯太尔公司在签订信托合同前,对于国通公司未向其承诺返回投资款和相应收益是明知的。在信托终止时,国通公司可以信托财产原状的非货币形式信托财产向斯太尔公司分配信托利益
邬某某案	成立	被申请人聚焦公司的上述行为系根本违约,致使邬某某的合同预期和合同目的无法实现,邬某某为此要求解除诉争两份《信托合同》有事实依据
重庆帝多公司案	不成立	新华信托已经按照上述约定将前述 4000 万元用于约定用途,没有违约,加之双方的信托合同并未解除,因此帝多农业公司要求新华信托返还 4000 万元并赔偿该款资金占用损失的诉讼请求缺乏依据,不应支持

在返还本金之诉中的信托法适用问题上,无论是恢复原状型损害赔偿还是一般意义的金钱损害赔偿,返还本金请求权成立的必要前提是满足违约损害赔偿请求权的基本构成要件,即违约行为、损失、因果关系。样本案例中,只有重

庆帝多公司案是以信托公司"没有违约行为"为由作出不支持请求的判决，其他3个中驳回本金返还请求权的裁判理由，均强调案涉信托合同"不承诺保本和最低收益"，其潜在逻辑是：本金并非合同约定的可得利益。此种裁判思路的出发点和落脚点对应的是违约损害赔偿责任中的"损失"要件。

具体来说，得到违约责任请求权救济的损失，包括固有利益的损失和可得利益的损失。一方面，固有利益包括信托财产的原始状态和转换状态，但转换后的信托财产中超过原始信托财产价值的部分属于可得利益。本金只是信托财产的原始形态，一旦投入信托的运作当中，信托财产的状态就随着受托人的运用场合发生动态变化。在股权信托中，受托人将受托管理的资金向目标公司出资，信托财产即转换为股权，请求人无法依据固有利益受损要求返还本金。另一方面，可得利益，指的是受益人在信托合同全面得到履行的情况下所能获得的履行利益，可得利益的求偿前提是未履行信托合同的约定。在我国打破资管产品刚性兑付的监管环境下，信托公司都不得在信托合同中约定保底或者刚兑条款，即使这般约定，依照《九民纪要》第92条的规定，该约定也属无效。既然信托合同没有也不能设置保底条款，本金便不属于受益人可期待的履行利益的范畴。

至于为何邬某某案可以获得胜诉判决，从信托法上的恢复原状请求权来说，该案的受托人将投资款挪作他用，是对原始状态下的信托财产的直接侵害，损害的是邬某某对该笔投资款享有的固有利益。此种情况满足违反信托下的恢复原状请求权全部构成要件，返还本金之诉请具备请求权基础，应得到支持。此外，在该案中，受托人根本违约导致信托解除，返还本金的请求权基础还可以是基于合同解除而发生的"恢复原状请求权"。与前述信托法上的恢复原状请求权的内涵不同，该恢复原状请求权的类型应是"恢复到当事人之间的原有法律关系状态"，其构成要件的特征是，不要求请求人的利益受到损失。只要具备合同解除的事由，且合同性质与履行情况允许，股权信托当事人间的法律关系应恢复到未建立股权信托关系前的状态。换言之，交付投资款的委托人享有本金返还请求权，是信托合同解除效果的题中应有之义。

(3) 损害赔偿之诉

李某某案的一审法院意见指出,在信托法律关系中,受托人承担违约赔偿责任的构成要件为:第一,受托人有法律规定或者当事人约定的违约行为;第二,信托财产受到损害;第三,受托人的违约行为和信托财产损害之间存在因果关系。笔者以信托违约损害赔偿责任的构成要件为线索,对相关样本案例展开梳理与分析。

如表5-20所示,共有6个案件的原告要求股权信托受托人承担违约损害赔偿责任,仅2个案件得到终审法院支持。其中,重庆帝多公司案的法院裁判思路较为特别:在无法证明案涉信托公司在信托终止后转让股权的价格不低于市值的情况下,把该转让股权行为推定为违约行为;在无其他较为合适的损失参照因素情况下,推定损失成立,并按照委托人的投资款和同期贷款基准利率推定损失的范围;综合案件事实情况推定因果关系成立。该案法院使用此推定方法,以减轻委托人的举证责任,其关键的事实基础在于:案涉信托公司持有目标公司100%股权,并通过委派董事、监管印信等方式实际控制目标公司,但至案涉信托计划终止时,目标公司账面混乱,大量会计凭证缺乏原始票据支撑,导致即使是鉴定机构也无法对评估基准日的财务状况作出鉴定。而股权交易价格的公允性又是认定该案违约行为、损失、因果关系的核心因素,信托公司滥用其在目标公司的控制地位,未按照最基本的财务规范治理目标公司,如此管理、运用信托股权的行为不仅严重违反受托人的勤勉义务,严重损害受益人利益,还是委托人举证不能的主要原因。因此,法院以推定要件成立的方式最终支持了原告请求。笔者认为,此种裁判思路矫正了信托当事人之间原本因受托人严重违约行为而失衡的权利义务关系,体现司法公平的价值理念,值得肯定。

此外,在损害赔偿责任不成立的4个案件中,因不满足违约行为要件的有2个,因不满足损失要件、因果关系要件的各1个。

表 5–20 关于损害赔偿之诉的研究样本概况

案例名称	违约行为	损失	因果关系	违约损害赔偿责任
信诚达融公司案	成立	成立	不成立	不成立
李某某案	成立	不成立		
斯太尔公司案	不成立			
孙某某案	不成立			
邬某某案	成立	成立	成立	成立
重庆帝多公司案	推定成立	推定成立	推定成立	成立

就违约行为而言,法院认可构成违约行为的情形有:未按照委托人指令将资金用于特定用途(信诚达融公司案、邬某某案);未及时清算(李某某案);未以公平市场价格转让公司股权(重庆帝多公司案),分别涉及股权信托的开始阶段和退出阶段。

法院不认可的违约行为主张包括异地推介、项目筛选不合理、对项目管理不充分、未及时披露重大事项等。其中,异地推介行为因信托未成立而当然不构成对信托义务的违反。其他未得到支持的违约行为主张,则是集中于对受托人管理信托事务行为本身的评价。在此类争议中,受托人都是处于主动管理信托地位的信托公司,对信托事务享有较大的自由裁量权。在没有明显违背商业常理的情况下,法院倾向于肯定信托公司管理、运用信托财产的自主抉择,体现了在勤勉义务履行情况的认定方面,法院大体上尊重信托公司商业判断的司法谦抑性。

损失要件方面,邬某某案的投资款尚未依约投入信托计划中,该笔钱款涉及的是固有利益的损失,重庆帝多公司案和信诚达融公司案的资金均已按照委托人要求投入特定的信托项目中,但因受托人不尽职的管理行为而受损,此处涉及的是履行利益的损失。而李某某案的裁判意见所体现的司法实务观点是,虽然信托公司未及时清算信托项目而构成违约,但也正因尚未对案涉项目进行清算,不能确定因违约延期清算的行为给委托人造成损失以及损失的大小,因此不满足损失要件,损害赔偿责任不成立。

在因果关系要件上,法院认为信诚达融公司案不成立因果关系的理由是,委托人所主张的可得利益都是建立在目标公司与案外人公司存在合作关系的基础上,而信托公司的违约行为发生在该合作关系终止之后,损失发生在先,违约行为在后,二者必然不存在因果关系。而在邬某某案中,未按约定使用信托资金,显然与委托人就该笔资金享有的财产权利损失之间具有因果关系。

四、焦点问题之三:其他类型股权信托纠纷

(一)收益权信托纠纷

1.股权收益权作为信托财产的适格性

(1)股权的性质

根据我国《公司法》第4条(2023年修订后为第4条第2款)的规定,公司股东依法享有资产收益、参与重大决策和选择管理者等权利。除此之外,《公司法》还赋予了股东如知情权、优先购买权、决议撤销权、股份回购请求权等一系列权利。这些权利都是通过股东对公司出资或者认购股份产生的。公司的独立法人资格是法律拟制而来的,表面上公司的财产属于公司本身,但是从破产法的角度来看,公司的财产首先是属于公司的债权人,然后才是股东。所以依据双层所有权说,股东和公司之间是信托关系,公司只是替代股东行使占有、使用和处分的权利;[1]但是根据一物一权的原则,两种所有权是不能并存的。根据现代公司的核心特点,所有权和经营权分离的传统物权法已经无法解释这种现象,所以股权已经超越了传统的"物权"成为一种独立的民事权利。[2]

(2)股权收益权的性质

权能说认为,收益权属于固有的所有权中的一项自益权能。根据我国《民法典》第240条的规定,所有权人对自己的不动产或者动产,依法享有占有、使用、收益和处分的权利。收益权是基于原物所有权所产生的派生权利,权利人依靠法定的权利类型所附带的收益权能来实现对相关物或者权利的财产利益。如果按照财产和非财产的分类对股权下的各种权利进行重新分类,则股权的财产权包括获得特定股权和派生股权产生的财产性收益(如红利、股息)的权利,股权的非财产权包含投票权、知情权等权利。在实务中,对于信托财产而言,股

---

[1] 参见王利明:《民商法研究》(第2辑),法律出版社2001年版。
[2] 参见[美]阿道夫·A.伯利、[美]加德纳·C.米恩斯:《现代公司与私有财产》,甘华鸣等译,商务印书馆2005年版。

权收益权的范围划定和理论中不同。实务中所指的股权收益权包含:股权产生的财产性收益,包括红利、股息等;标的股权形成的派生股权包括配股、拆分股权、公积金转增、送股等任何情形下的股权卖出收入;出现公司清算情况时,标的股权对应的应分配剩余财产;标的股权和派生股权产生的其他任何收入。理论中,股权收益权就是股权本身所产生的收益,股权的转让、处分等所产生的收益超过了股权收益权的范畴。

未来债权说认为,股权收益权是一种将来的债权,是基于合同所产生的一种债权。如果将股权收益权放在"信托"这个大前提之下,未来债权说就是较为合理的。因为信托是基于信托合同成立的,作为信托财产的股权收益权依靠股权所产生的收益就是信托所产生的收益。那么基于信托合同,委托人有权向受托人索取基于股权从公司中获得的收益。而且股权收益权也只是一种期待权,它并没有固定的、确定的收益,因为公司可以选择不分红。而且基于上述学说,实践中股权收益权的范围非常大,这些收益作为信托合同中的对价,强调的是债权的功能,所以未来债权说非常符合作为信托财产的股权收益权的性质。

2. 交易模式

(1)以股权收益权作为原信托财产的交易对价

这种交易模式最开始还是以资金作为信托财产。委托人——社会投资者设立资金信托后,受托人用该资金买入某资产的收益权,如股权收益权。其交易对手就获得融资,合同项下交易对手通常还有溢价回购等义务。现实中较多司法案例都属于该交易模式。笔者将该种模式称为模型一,如图5-15所示。

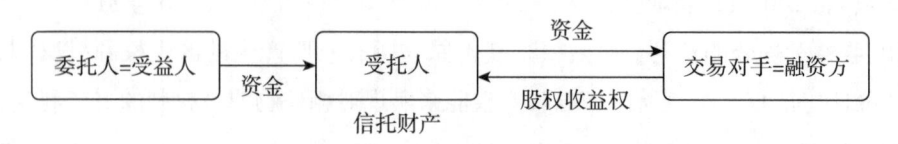

图5-15 收益权信托交易模型一

(2)以股权收益权直接设立信托

该种情形下,委托人(发起人)发起信托计划,将自己的股权收益权投入信托中,从而获得了信托计划项下的受益权,然后通过向社会公众转让受益权从而获得融资。笔者将该种交易称为模型二,如图5-16所示。

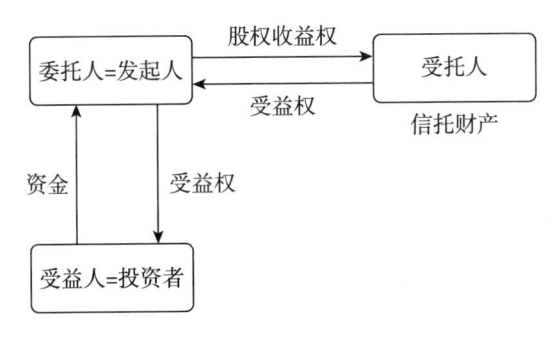

图 5-16 收益权信托交易模型二

3. 案例统计

在股权收益权信托这一部分,笔者一共统计有120个发生了纠纷的案例,其中1个未开庭,14个无关案例(信托框架已经搭建,但是出于监管的原因无法在这条渠道进行投融资,而在计算信托类型的时候会将其纳入统计范围之内,所以剩下只有105个案例。

图 5-17 的案例统计总数为 120 个,按照交易模式来分类,依据模型一来搭建交易架构的有 26 个案例,依据模型二来搭建交易架构的有 93 个,余下 1 个案例未开庭。

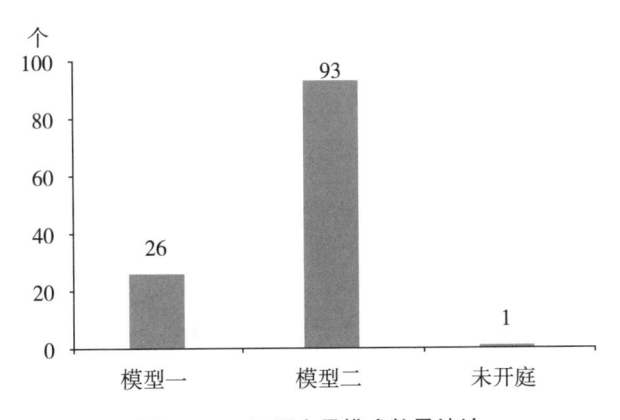

图 5-17 不同交易模式数量统计

图 5-18 的案例统计总数为 105 个,其中被认定为借贷关系的有 7 个,被认定为信托关系的有 97 个,而比较特殊的就是其中 1 个案例被认定为股票质押式回购交易。所以通过统计发现,法院大多认为委托人和受托人之间的关系

为信托关系,但是依然存在被法院认定为名为信托、实为借贷的情形。

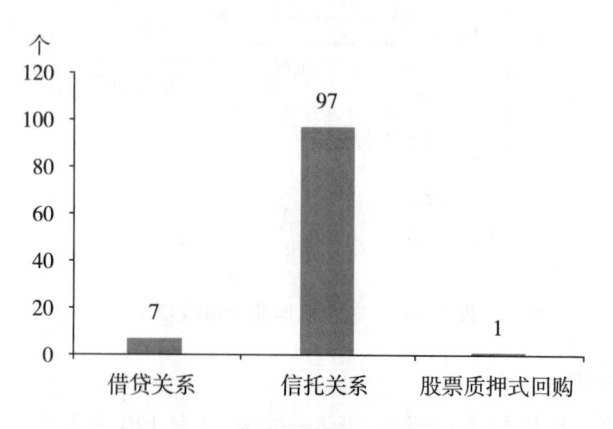

图 5-18 不同法律性质数量统计

（借贷关系：7；信托关系：97；股票质押式回购：1）

4. 实务焦点

（1）股权收益权作为信托财产的可行性

要讨论股权收益权是否能作为信托财产,就要先讨论资产收益权是否能作为信托财产。在我国 2013 年发生的安信信托诉昆山纯高公司案①被称为收益权信托的第一案,虽然该案引起了非常大的争议,但是法院最终确认了资产收益权可以作为信托财产。

昆山纯高公司为了土地投资开发而筹集资金,与其实际控制人安信信托签订了《资产收益财产权信托合同》,信托财产是"委托人对基础资产依法享有取得收益的权利及因对其管理、使用、处分或其他情形而取得的财产",昆山纯高公司交付一项土地使用权和在建工程作为信托财产的基础资产,而基础资产收益的权利是指权利人享有获得对基础资产预售、销售或以其他形式使用和处分所形成的现金收入的权利。但是在之后双方又签订了一份《信托贷款合同》。这就出现了 2 个合同指向同一笔交易的情况,所以出现纠纷时昆山纯高公司以《信托贷款合同》无效为由,请求确认《资产收益财产权信托合同》的效力,明确委托人和受托人的关系是信托关系,并非借贷关系。法院基于保护投资者的目的确认该案属于营业信托纠纷,维持了信托合同的效力。从这个判决来看,资

---

① 参见上海市高级人民法院民事判决书,(2013)沪高民五(商)终字第 11 号。

产的收益权作为信托财产是可行的。

所以，股权收益权作为信托财产同样也是可行的。根据《信托法》的规定，信托财产是指委托人通过信托行为转移给受托人，由受托人按照一定的信托目的进行管理和处置的财产，所以信托财产要具有合法性、确定性、积极性、可转让性等特征。① 而股权收益权的合法性毋庸置疑，法律并没有对其明文禁止。

股权收益权的确定性具有较大的争议，因为收益权并非一个法定概念，这样就导致其权利边界不明，而且其是随着基础资产股权价值的波动而波动的。股权的价值包含财产性权利和非财产性权利的价值，而非财产性权利中最重要的就是投票权，所以投票权的价值会占股权价值的一部分比例。因此，不能完全以股权价值去确定股权收益权的价值。而且，信托财产的确定性，要求信托财产于信托设立时必须确定存在及特定化。可见，股权收益权作为信托财产，其确定性时常遭到质疑。

2016年刊登于最高人民法院公报上的世欣荣和投资管理股份有限公司（以下简称世欣荣和）与长安国际信托股份有限公司（以下简称长安信托）等信托合同纠纷案②中，涉及股权收益权作为信托财产的确定性问题。天津东方高圣公司与世欣荣和共同设立了天津东方高圣诚成股权投资合伙企业，认购了长安信托作为受托人的信托计划的次级受益权，兴业银行上海分行认购了优先受益权。该信托计划是以委托人天津鼎晖股权投资一期基金（有限合伙）和天津鼎晖元博股权投资基金（有限合伙）所持有的浙江恒逸石化股份有限公司（以下简称恒逸石化）的股票收益权作为信托财产所设立的信托计划。由于恒逸石化的股票价格持续走低，兴业银行指示长安信托将信托财产变现，但变现的价款无法清偿优先受益人的本金，那么次级受益人的本金就更无法偿还了。因此，世欣荣和以该信托计划的信托财产不确定为理由请求法院确认信托计划无效。但是经过几轮审理，最高人民法院最后以信托财产确定为由判决该信托计划有效。最高人民法院的观点是，在长安信托和天津鼎晖股权投资一期基金（有限合伙）和天津鼎晖元博股权投资基金（有限合伙）之间的《股权收益权转

---

① 参见唐义虎：《信托财产权利研究》，中国政法大学出版社2005年版。
② 参见最高人民法院民事判决书，(2016)最高法民终19号。

让协议》中，股票的数额是确定的，股票收益权的内容也是确定的，即股票的处置收益和所约定的收益期间实际取得的红利、红股、配售、新股认股权证等孳息。可见，信托计划下的信托财产的边界是非常明确的，长安信托基于这样的规定，可以对股票收益权进行管理，故信托计划有效。由此可见，最高人民法院的判决思路是审查合同中股票或股权的具体数额和收益的边界，如果两者的边界清晰，那么信托财产就属于确定，如果边界模糊则有可能落入《信托法》第11条适用范围内，从而被认定为无效。

虽然最高人民法院的定案依据是股票具体的数额和收益权的权利边界是否清晰，但是笔者认为，还应当考量股票收益权的定价是否确定、是否有合理依据，这样才能最终认定股票收益权作为信托财产的确定性。

由于《公司法》和《民法典》没有对股权收益权转让作出一般性的限制，股权收益权在法律上是可转让的，由此推断，在理论上股权收益权可以作为信托财产。

也有法律对股权收益权信托进行认可。在《信托公司管理办法》第16条中规定了信托公司可以申请经营的本外币业务，其中就包含了财产权信托。除此之外，根据中国人民银行、原中国银保监会、中国证监会、国家外汇管理局《关于规范金融机构资产管理业务的指导意见》第15条的规定，资产管理产品直接或者间接投资于未上市企业股权及其受（收）益权的，应当为封闭式资产管理产品，并明确股权及其受（收）益权的退出安排。未上市企业股权及其受（收）益权的退出日不得晚于封闭式资产管理产品的到期日。这都说明了至少在法律层面，股权收益权作为信托财产是没有任何问题的。

（2）法律关系性质

下面通过2个判决来看法院对于融资方和作为受托人的信托公司之间的法律关系是如何认定的。

在天悦案[1]中，委托人上海凯盟与受托人安信信托设立虚假信托，再由安信信托与北京天悦签订《股权收益权转让及回购协议》。《股权收益权转让及回购协议》名为股权收益权转让及回购，实为借贷，规避了信托公司不得向房

---

[1] 参见最高人民法院民事判决书，(2017)最高法民终907号。

地产企业发放贷款的信贷政策限制以及金融机构不得高利放贷的限制,属于以合法形式掩盖非法目的。法院认定上海凯盟与安信信托之间的关系为借贷关系还基于以下3个理由。

第一,在形式上安信信托通过利用作为信托财产的资金买入北京天悦所持有的其全资子公司100%的股权收益权,然后通过回购的安排要求北京天悦回购股权所有权。虽然北京天悦将股权质押至安信信托,但是合同中约定,当北京天悦收到股权收益时,应当立即转到安信信托的账户之下,这说明了作为受托人的安信信托根本没有权利参与作为信托财产的股权收益权的管理,只是间接获得了北京天悦经营、管理、处置、转让标的股权等所产生的收益,且需要北京天悦的配合才能获取收益。

第二,虽然《股权收益权转让及回购协议》约定安信信托有权获得天悦公司经营管理标的股权产生的收益,但协议中还约定协议履行期内北京天悦不得以任何形式分配利润。该协议第7条还约定北京天悦应与安信信托签订《股权质押合同》将标的股权质押给安信信托,该标的股权实际出质给了安信信托,限制了北京天悦通过处置、转让标的股权产生收益的可能。

第三,法院认为,《股权收益权转让及回购协议》中对于股权收益权转让的对价并没有在市场价值上的证明,而且只约定了北京天悦向安信信托回购其股权收益权,回购的对价是在安信信托买入对价的基础上增加固定比例的溢价款,这说明安信信托并不承担买入标的股权收益权的风险,因为不论该收益权产生怎样的收益,或高或低,都是以固定的溢价款获得回报。所以《股权收益权转让及回购协议》并非《信托公司管理办法》中规定的"买入返售"类型的合同,安信信托认为其和北京天悦的关系并非借贷关系的主张不能成立。再结合该案中的各种担保可知,该案实质的交易是:北京天悦的主要合同目的在于向安信信托融通资金,安信信托的主要合同目的在于向北京天悦收取相对固定的资金收益,所以上海凯盟利用信托的"外衣",将资金借给北京天悦。

在案例统计中,唯一一个被认定为股票质押式回购的交易是韩某某与北京嘉寓新新资产管理有限公司(以下简称新新公司)居间合同纠纷案[①]。其实股

---

① 参见北京市顺义区人民法院民事判决书,(2013)顺民初字第5348号。

票质押式回购交易的本质也是借贷关系,只是多出了特别的机制。法院的观点是:因为在该交易中,作为受托人的华鑫国际信托有限公司(以下简称华鑫信托)和新新公司之间没有签订所谓的回购合同,只是在他们的《股票收益权转让合同》中约定了一个类似于回购的机制。该合同约定新新公司对于原本属于其的股票收益权拥有优先受让权,但是如果出现合同中约定的情况,新新公司将会丧失优先受让权,如不支付行权费、自愿放弃等。但是这个案件本质上还是涉及借贷关系。

另外一个具有代表性的案例是广西有色金属案①,依据该案中五矿公司和有色金属公司之间的《股权收益权转让暨回购合同》(以下简称《回购合同》),其法律关系被法院认定为股权收益权返售回购法律关系。委托人五矿公司委托信托公司利用其5亿元资金设立资金信托,然后受让有色金属公司持有的其子公司87.37%的股权收益权。法院的观点是:信托公司取得特定股权收益权后,有色金属公司按合同约定期限回购全部特定股权收益权并支付回购价款,而《回购合同》中规定在信托公司取得特定资产收益权期间,特定资产产生的任何收益均属于信托公司所有,因此,信托公司的收益不是固定收益,回购价格只是信托计划的最低收益。依据信托公司和有色金属公司股权收益权投资集合资金信托计划,信托公司与案外委托人五矿公司之间形成了信托法律关系;依据《回购合同》,信托公司与有色金属公司之间形成了股权收益权返售回购法律关系。这样的交易模式符合《信托公司管理办法》中规定的"买入返售"方式,与所谓的"信托贷款"模式有区别。

综上所述,借贷关系和信托关系的界限在于收益是否确定。在这样的股权收益权信托计划中,实践中往往存在一个"回购合同",如果该合同中约定的回报具有不确定性,即使回购溢价是使用固定比率,但是该固定比率下的收益只是最低的收益,其总体收益是无法确定的,所以也会被认定为信托关系。如果约定的回报只是一个基于支付股权收益权对价的固定比率,则类似于借贷中所约定的固定利息,该合同中的法律关系会被认定为借贷关系。因此,法院依据收益是否能确定来判断其性质是借贷关系还是股权收益权返售回购法律关系。

---

① 参见最高人民法院民事判决书,(2016)最高法民终233号。

(3) 回购合同的强制执行力

在实务中,争议最大的并不是股权收益权的转让或者对于涉案法律关系的定性问题,而是因为融资方的项目出现亏损,信托资金无法通过回购的方式收回,信托背后的投资者利益受到损失,进而作为受托人的信托公司或投资者直接对融资方提起诉讼,要求法院强制执行回购合同的问题。那么,到底回购合同的强制执行力如何?

例如,在四川信托有限公司申请执行公证债权文书案[①]的裁定书中,法院对于股权收益权的认定是,根据《股权收益权转让合同》股权收益权包含股权卖出的收入、股息红利,以及股权因分红、公积金转增、拆分股权等情况所形成的收入。所以,股权的收益并不是一个固定的数值,应当依据该公司的经营状况而定。虽然合同中对于收益约定了一条计算公式,但是这个公式并不囊括上述所有的收入,计算所得不能代表所有的收益。因此,根据最高人民法院、司法部《关于公证机关赋予强制执行效力的债权文书执行有关问题的联合通知》第1条的规定,虽然债权债务关系明确,但是被执行的数额不具体、不明确,所以不予执行。不过,在泰安志高实业集团有限责任公司、淮南志高动漫文化科技发展有限责任公司等请求公司收购股份纠纷执行案的裁定书中,法院认为《股权收益权转让及回购合同》等涉案合同的内容具体,债权的数额和种类确定,在当事人已经自愿承诺接受强制执行的情况下,从诚实信用原则出发,可以强制执行。[②]

在上述2个案件中,法院都采取了债权数额是否明确这个标准来判断是否可以执行。根据上文,法院在认定信托公司和融资方法律关系的时候,到底是认定为信托关系还是借贷关系,依据的就是其收益是否确定——如果是固定收益,法院就会认定为借贷关系;如果收益不固定,法院就会认定为股权收益权返售回购法律关系。这样就在不同的问题下产生了矛盾,如果想要强制执行回购合同,债权的标的数额必须确定,那么倒推就是借贷关系;如果融资方和信托公司是股权收益权返售回购法律关系,其收益无法确定,那么申请强制执行就得

---

① 参见江西省高级人民法院执行裁定书,(2014)赣执审字第1号。
② 参见山东省高级人民法院执行裁定书,(2014)鲁执复议字第47号。

不到法院的支持。显然，仅以"债权标的数额"是否明确作为判断是否能够强制执行回购合同的标准是不合理的。《九民纪要》第89条中对于回购合同的执行予以确认，即如果合同中约定由转让方或者其指定的第三方在一定期间后以交易本金加上溢价款等固定价款无条件回购，无论转让方所转让的标的物是否真实存在、是否实际交付或者过户，只要合同不存在法定无效事由，对信托公司提出的由转让方或者其指定的第三方按约定承担责任的诉讼请求，人民法院依法予以支持。该条并没有提到数额的"确定性"问题。

笔者认为，法院在判定是否可以执行回购合同的时候，不应当对债权标的是否确定作出静态判断，而应当对合同中约定的收益作出动态的判断。虽然合同中所约定的往往是一个较为模糊的数值，其价值要依据股权的价值来确定，但是作为债权标的的收益就是一个相对固定的数额。而且回购协议或者条款都是基于双方当事人合意达成的，在债权数额相对确定的情况下，法院应当准许对回购合同的强制执行，这样也符合民法中的意思自治原则。

(4) 交易合法性风险

股权收益权信托的本质在实务中一直存在争议。在传统信托制度下，受托人对于信托财产要尽到管理和处分的责任，但是在我国这种"股权收益权信托"融资模式下，作为受托人的信托公司只要将资金转交给融资方就完成了其最重要的义务。笔者也赞同这样的观点，在上述北京天悦和安信信托案中，法院也持有相同的观点。法院认为，这样的模式利用了信托的外壳来规避原中国银监会办公厅《关于加强信托公司房地产、证券业务监管有关问题的通知》第1条规定。除此之外，这样的交易模式还规避了《信托公司集合资金信托计划管理办法》中规定的信托计划向他人提供贷款不得超过其管理的所有信托计划实收余额的30%。

在以上所统计的所有案例中，没有一个是法院依据原《合同法》认定其无效的。因为大量的企业面临着融资需求，且为了经济的发展，股权收益权信托的存在有一定的正当性。所以法律能做的就是赋予其明确的合法性，从而将其纳入监管。

(5) 信托期间股权处分风险

无论是基于"权能说"还是"未来债权说"，股权收益权都是股权所派生出来的权利,终究是要依附股权存在的。如果作为融资方的第三人将其股权转移给其他人,就会给整个交易带来风险。要讨论这个风险问题首先要明确的是,股权收益权的转移并不会导致股权所有权的转移,或股东资格的丧失,因为股东是向公司投入资金的人,即使以股权收益权设立信托后,股东名册上也不会出现任何变化。

实践中,融资方通常是拿自己持有的其他公司股权的收益权与信托资金进行交换,所以作为公司股东的融资方对投资人并不承担信义义务,他们可以因为私利而转让自己的股权。而且信托合同和附带的回购合同都较难约束融资方的行为,这给投资者带来了极大不确定性。

另外,《信托登记管理办法》第10条规定的信托登记制度是登记生效制度,并非登记对抗制度。从更好地保护股权收益权信托中的投资者的角度,登记对抗制度优于目前法律所规定的登记生效制度。为了更好地保护信托利益,在实践中,作为股权收益权基础的这一部分股权往往会被要求质押给受托人,并且外部还有各种保证人对该项交易进行增信。

(6)信托财产的独立性和所有权

我国《信托法》第2条中规定,信托是指委托人基于对受托人的信任,将其财产权委托给受托人。我国《信托法》并没有直接说明,委托人将财产所有权转移给受托人,仅是用了"委托"一词。这样模糊的用词意味着对于所有权的转移法律没有硬性要求,无论转移还是不转移所有权,信托都能成立。换言之,在我国法律的规定下,信托财产的所有权转移并非有效信托关系的构成要件。因此,有学者认为,在委托人保留信托财产权属时,只要法律上对委托人义务责任有明确规定、信托财产可辨识,信托财产独立性仍可实现。①

但笔者的观点是,作为信托财产的股权收益权的所有权并未实质性转移,其不具有独立性。首先,从收益的角度来看,在实践中基于股权收益权所产生的任何收益,如派发股息、转让等,委托人并不能第一时间占有、支配、处分这些收益,这些收益产生之初是被股东占有和支配的。受托人必须依靠合同义务来

---

① 参见楼建波:《信托财产的独立性与信托财产归属的关系——兼论中国〈信托法〉第2条的解释与应用》,载《广东社会科学》2012年第2期。

约束股东,要求股东将股权所产生的收益转移至受托人的银行账户,这样股权收益权才得以实现。而这种实现是依靠别人的帮助,是一种间接实现,如果股东违背合同项下义务,那么信托计划不会收到任何的收益。若信托财产利益的实现需要依靠第三人的帮助,如何实现其独立性?在实践中,股权收益权是通过真实交易的方式,使受托人以初始信托资金作为对价支付来受让股权收益权。从买卖合同的角度来看,股权收益权是转移到了信托计划中的。但是上文已经提到,股权一旦产生收益,受托人不能第一时间对收益进行占有,说明股权收益权不能脱离股权本身进行转移,而实践中的这种转移,只是通过交易安排实现的间接性转移。因此,在股权收益权信托下,信托财产不具有独立性,所有权也并未"实质上"转移。

其次,从破产隔离的角度来看,股权收益权作为信托财产依然不具有独立性。上文已经提到,作为信托财产的股权收益权对于收益的实现只能依靠于股权本身,其只能间接实现收益。实践中,作为融资方的第三人,往往不会用自己的股权收益权作为对价来交换信托资金,通常做法是,融资人会用自己所持有的子公司的股权收益权来作为对价交易信托资金。那么,如果该交易完成之后,作为第三方的融资人破产,作为公司财产的股权所产生的收益是属于破产财团,还是受托人?根据《企业破产法》第30条的规定,破产申请受理时属于债务人的全部财产,以及破产申请受理后至破产程序终结前债务人取得的财产,为债务人财产。由此可知,在进入破产程序之后,股权所产生的收益都应该属于债务人财产,应当作为破产财产对债权人进行清偿。因此,在破产程序中,信托计划下的股权收益权较难对抗债权人。因为无法做到破产隔离,投资者的风险增大,这样的信托无法从这个角度保护投资者利益。

综上,把股权收益权作为信托财产时,因为其性质使信托财产不具有独立性,以及其实质上的所有权并未转移,所以往往无法在破产程序中对抗外部第三人,从而可能损害投资者利益。

5. 小结

本部分对在实务中出现非常频繁的"股权收益权信托"进行了探讨。首先,分析了股权收益权到底是一种什么性质的权利。笔者认为,股权收益权是基于股权的价值所产生的权利,其实现依托于股权,所以"未来债权说"较为符合股权收益权的特征。其次,分别展示了实务中出现的两种交易模式:一种是直接以股权收益权作为信托财产设立信托,通过信托收益权去融资;另一种是以原始信托资金受让股权收益权。笔者还对实务中的焦点问题进行了简略的分析,通过安信信托诉昆山纯高公司案明确了收益权作为信托财产是具有可行性的。再次,明确了融资人和作为受托人的信托公司之间的法律关系的判断,是依据合同中对于"收益"的约定。如果收益固定则为借贷关系,如果收益不确定则为股权收益权返售回购法律关系。复次,对回购合同的强制执行力进行了探讨。在实践中,部分法院使用债权标的数额是否确定来作为能否执行的判断标准。但是笔者认为这是不合理的,不应仅通过债权实现的那一刻数额是否确定来判断债权能否执行,这样不利于投资者的保护,应当考虑整个信托的动态过程。最后,在我国法律框架下,信托财产的独立性和所有权始终存在很大的争议,股权收益权信托也是如此。笔者认为,作为信托财产的股权收益权只是表面上转移至了信托计划之下,但是其实质还是属于原股东,因为受托人不能第一时间对收益进行占有和处分,需要通过原股东的帮助才能实现收益。而且从破产法角度就能看出股权收益权作为信托财产不具有独立性,因为其无法做到真正的破产隔离对抗外部债权人。所以,股权收益权独立性的缺失也是实践中的一个巨大风险。

(二)表决权信托纠纷

1. 概念与辨析

表决权信托是指一个股东或数个股东根据协议将其所持有股份的法律上的权利,主要是表决权,转让给受托人,后者为实现一定的合法目的而在协议约定或法律确定的期限内持有该股份并行使其表决权的一种信托。表决权信托实质是股东受益权和表决权的分离,原股东享有除表决权以外的一切权利,而受托人在信托期内代表股东行使权利,代为保管股票、处理公司事务、代转股息收入。

(1)股权信托与表决权信托

股权信托中股权作为信托财产,既包括表决权又包括财产性质的权属部分。股权收益也属于信托财产的一部分,因此属受托人所有,由受托人按照约定向受益人进行分配。如果信托合同没有特别的限制,受托人一般可以行使所有的权能,其中包括表决权的行使,也包括股权转让等。因此,在股权信托的场合,股权是以完整的形式存在的,没有发生割裂。而表决权信托中,只有表决权是信托标的,股权中的财产性利益依然归委托人所有。表决权信托的委托人享有知情权,表决权信托受托人仅能就表决权行使权利,不能随意处置其余财产性利益,如股票转让等。

(2)表决权信托与表决权协议

表决权信托与表决权协议之间的关系类似于信托与委托代理之间的关系。信托与民法上的委托代理关系不同,这表现在当事人、受信任者对表决权的控制权限和稳定性等方面。一方面,相较于委托代理的受托人来说,信托关系的受托人表决权权限更大,而且更稳定,不容易被撤销;另一方面,表决权信托一般要求采取一定的方式公示,这使其具有一定的对抗第三人的效力。

2. 国外相关立法与实践——以美国为例

美国多个州的成文法或者示范文件都对表决权信托进行了规定。美国《纽约州公司法》第621条对于表决权信托协议规定:任何单个或多个股东,根据书面协议,为了转让表决权,可以将本人的股份转让给单个或多个表决权受托人,期限不得超过10年,具体由合同条款规定。对于转让的股份,旧股权凭证应该交还公司并注销,向受托人颁发新的股权凭证,凭证上记载颁发根据是表决权协议,并且公司在登记这些股份时应该注明这一事实,受托人在协议约定的期限内可以行使受让股份的表决权。协议的副本应存放在公司,并且协议和表决权信托证书应该如同第624条规定的公司文件一样,登记的股东和表决权信托证书持有人有权查阅。股东和表决权信托证书持有人享有第624条规定的救济。

美国《特拉华州普通公司法》第218条规定:在将表决权信托协议的副本交付至公司在该州的办事处或该公司主要营业地的办事处后,在日常的营业时间内,该副本应可供该公司的任何股东或协议下的任何受益人查阅,在所签发的股权证书中(如果有的话),应注明该证书是根据该协议签发的,并且该事实也应在公司的股票分类账户中说明。

美国《示范公司法》第7.30条对于表决权信托规定:一个或多个股东可以

创设表决权信托,通过签署信托协议规定信托条款(可能包含一切符合信托目的内容)并将股份转移给受托人的方式,将其表决权或其他权利授予受托人代为实施。表决权受托人须准备一份表决权信托受益人的清单,清单中要列出受益人的姓名、地址以及其转让给受托人的股票的数量和类别,并将该清单及协议副本交存公司主要办事处。当信托中的第一笔股份登记在受托人名下时,该表决权信托生效。自生效日起,除根据该法本条 C 项的规定进行延长以外,表决权信托的有效期不得超过 10 年。

通过以上这些立法,可以总结出美国表决权信托的设立具有以下特点:(1)表决权信托合同一般要求书面形式;(2)信托的目的是授予受托人表决权;(3)期限一般不超过 10 年;(4)股份需要转让给受托人,但受托人的股权凭证上需有特殊注明;(5)协议和受益人名单需要存放到公司,供股东查阅。

五、结论

股权信托纠纷是一个复杂的领域,在法理上涉及公司法和证券法的交叉部分,在司法实践中虽然案例不多,但是几乎都存在二审和部分再审的情况,司法裁判的结果也相对不统一。笔者通过阅读现有案例和相关资料,将讨论主题归纳为股权信托合同效力、股东资格认定及权利、出资瑕疵责任问题、收益权信托和表决权信托,分别进行了讨论并给出原创性的结论。

(编校:龙泓任)

第六章 公司法人人格否认实证研究

任丽莉　刘悦宁
朱康宇　毛文昊　彭俊威

一、概述

公司法人人格否认制度，又称揭开公司面纱、刺破公司面纱制度。该制度是在承认公司具有法人人格的前提下，在特定的法律关系中对公司的法人人格及股东有限责任加以否定，以制止股东滥用公司法人人格及有限责任，保护公司债权人的利益。[①]

与上述司法实务观点相对照，学理上一般认为，公司法人人格否认制度是指为阻止公司独立人格的滥用，就具体法律关系中的特定事实，否认公司的独立人格和股东的有限责任，责令公司的股东对公司债权人或公共利益直接负责的一种法律制度。[②]

司法实践中，对公司法人人格否认制度的适用，强调的是保护债权人的利益，在公司债权人与股东有限责任之间进行平衡；而学理上，更进一步要求公司股东对公共利益负责，但关于公共利益的界定一直是理论和实务上的难点，在公司法人人格否认制度的司法实务中对此也罕有关注。

（一）制度价值

法人性质理论有拟制说、实在说和否认说三种。法人人格否认制度以拟制

[①] 参见人民法院出版社编著：《最高人民法院民事案件案由适用要点与请求权规范指引》（下册）（第2版），人民法院出版社2020年版，第752页。

[②] 参见赵旭东主编：《公司法学》（第4版），高等教育出版社2015年版，第6页。

说为基础。

公司人格理论的意义在于公司的独立责任与股东的有限责任。毫无疑问，这一法律设计具有极大的社会意义，①但也并非完全没有争议。1800年，汤姆斯·库波耳(Thomas Cooper)将公司有限责任描述为"在美国相当普遍的对诚实公众的欺诈模式"。与之相对，尼古拉斯·巴特勒(Nicholas Butler)则高度赞赏称，有限责任是"现代最伟大的一次发现"，"具有不亚于蒸汽和电力的发明之作用"②。法人人格否认制度则是在某些情形下用来打破传统的有限责任规则，并使股东承担责任，就好像公司的行为是股东自己的行为一样。上述对有限责任的矛盾心理也同样反映在法人人格否认制度上。

从法律层面来看，该制度的目的是通过对事实上已经丧失独立人格特征的法人状态的揭示来凸显隐藏于公司背后的法人人格滥用者，借此突破股东有限责任的局限，以使滥用者的责任由有限责任向无限责任复归，实现股东与公司之间责任的再分配。

从经济层面来看，在应用法人人格否认制度时，可以将这些情形理解为，至少是大体上理解为，他们试图在有限责任的成本和收益之间求取平衡。在有限责任条件下，如果改善资产流动性和投资多样化所带来的收益微乎其微，而且反而使公司更倾向于从事社会风险过高的冒险活动，法院就更有可能允许债权人去追索股东的个人财产。③

(二)理论依据

与法人人格否认制度相关的理论主要有欺诈学说、代理学说、工具学说和企业主体学说等。在英美法律实践中，在决定是否否认公司法人人格时，法院有时会考虑不同的因素，并经常使用上述理论以及推断性的特征来描述股东与公司之间的关系。虽然"揭开公司面纱是公司法中最具诉讼

---

① 参见施天涛：《公司法论》(第4版)，法律出版社2018年版，第29页。
② John H. Matheson, *Why Courts Pierce: An Empirical Study of Piercing the Corporate Veil*, BERKELEY Bus. L. J. 1 (2010).
③ 参见[美]弗兰克·伊斯特布鲁克、[美]丹尼尔·费希尔：《公司法的经济结构》(中译本第2版)，罗培新、张建伟译，北京大学出版社2014年版，第54~55页。

性的问题"①,但诚如卡多佐法官所言,"法院在适用揭开公司面纱时所采用的标准'雾里看花',至今全部问题'仍被包裹在隐喻的迷雾之中'"②。以下拟结合我国相关司法实务,对法人人格否认制度的相关适用作进一步阐释。

(三)历史沿革

1. 2005 年《公司法》修订前

1987 年最高人民法院作出的《关于行政单位或企业单位开办的企业倒闭后债务由谁承担的批复》(已失效)中规定,行政单位开办的企业、公司停办后,凡符合中共中央、国务院中发〔1986〕6 号文件《关于进一步制止党政机关和党政干部经商、办企业的规定》第 6 条、国务院国发〔1985〕102 号文件《关于进一步清理和整顿公司的通知》(已失效)第 3 条第 1 款规定的,应由直接批准的业务主管部门负责清理,企业、公司所负债务先由企业、公司的财产清偿,不足部分由直接批准开办企业的业务主管部门或开办公司的呈报单位负责清偿。

1991 年 3 月 16 日最高人民法院又以通知的形式下发《关于在经济审判中适用国务院国发〔1990〕68 号文件有关问题的通知》(已失效)。在通知中所转发的国务院国发〔1990〕68 号文件明确规定:"公司虽经工商行政管理机关登记注册,但实际上没有自有资金,或者实有资金与注册资金不符的(国家另有规定的除外),由直接批准开办公司的主管部门或者开办公司的申报单位、投资单位在注册资金范围内,对公司债务承担清偿责任。对注册资金提供担保的,在担保资金范围内承担连带责任。"

1993 年,最高人民法院发布《关于印发〈全国经济审判工作座谈会纪要〉的通知》(法发〔1993〕8 号)(已失效),该通知规定,不具备法人条件的企业,由开办单位承担责任;出资不足的,投资方应予补足;注册资金不实的,由开办单位在注册资金不实的范围内承担责任;抽逃资金、隐匿财产,依法追回。

1994 年 3 月 30 日最高人民法院法复〔1994〕4 号《关于企业开办的其他企业被撤销或者歇业后民事责任承担问题的批复》(已失效)第 1 条第 3 项规定:

---

① 薛波:《公司法人格否认制度"入典"的正当性质疑——兼评〈民法总则〉"法人章"的立法技术》,载《法律科学(西北政法大学学报)》2018 年第 4 期。

② John H. Matheson, *Why Courts Pierce: An Empirical Study of Piercing the Corporate Veil*, BERKELEY Bus. L. J. 1 (2010).

"企业开办的其他企业虽然领取了企业法人营业执照,但实际没有投入自有资金,或者投入的自有资金达不到《中华人民共和国企业法人登记管理条例实施细则》第十五条第(七)项或其他有关法规规定的数额,或者不具备企业法人其他条件的,应当认定其不具备法人资格,其民事责任由开办该企业的企业法人承担。"

最高人民法院于 1998 年作出的《关于人民法院执行工作若干问题的规定(试行)》中规定:"被执行人无财产清偿债务,如果其开办单位对其开办时投入的注册资金不实或抽逃注册资金,可以裁定变更或追加其开办单位为被执行人,在注册资金不实或抽逃注册资金的范围内,对申请执行人承担责任。""被执行人被撤销、注销或歇业后,上级主管部门或开办单位无偿接受被执行人的财产,致使被执行人无遗留财产清产债务或遗留财产不足清偿的,可以裁定由上级主管部门或开办单位在所接受的财产范围内承担责任。"

2002 年 12 月 3 日通过的《最高人民法院关于审理与企业改制相关的民事纠纷案件若干问题的规定》第 35 条规定:"以收购方式实现对企业控股的,被控股企业的债务,仍由其自行承担。但因控股企业抽逃资金、逃避债务,致被控股企业无力偿还债务的,被控股企业的债务则由控股企业承担。"

最高人民法院 2003 年 11 月 4 日发布的《关于审理公司纠纷案件若干问题的规定(一)》(征求意见稿)第 48 条规定:"人民法院应当严格遵守公司法规定的公司独立人格和股东有限责任的原则,仅在具体法律关系中存在本规定所列的滥用公司人格的特定事由时,判令控制股东对公司债权人直接承担民事责任。"第 49 条规定:"公司债权人以控制股东滥用公司人格损害其利益为由,直接要求控制股东承担民事责任的,人民法院应予受理。公司或者公司股东提起否认公司人格诉讼的,人民法院不予支持。"第 50 条规定:"公司的实质股东仅一人,其余股东仅为名义股东或者虚拟股东的,公司的实质股东对公司债务承担无限责任,名义股东对公司债务承担赔偿责任。名为公司实为自然人的独资企业,企业主应当对公司的债务承担无限责任。有限责任公司因股权转让导致股东为一人,在 6 个月内既未吸纳新股东,又未进行企业性质变更登记的,该股东应当对公司债务承担无限责任。本条不适用于外商独资企业。"第 51 条规定:"因下列情形致使公司与其股东或者该公司与他公司难以区分,控制股东对公司的债务承担连带责任:(一)公司的盈利与股东的收益不加区分,致使双方财务账目不清的;(二)公司与股东的资金混同,并持续地使用同一账户的;(三)公司与股东之间的业务持续地混同,具体交易行为、交易方式、交易价格受同一控制股东支配或者操纵的。"第53条规定:"人民法院在具体案件中适用公司人格否认规则的,不得将对公司判决效力扩张适用于未参加诉讼的其他公司或者股东。"

2. 2005年《公司法》修订后的两次修改

自2005年《公司法》修订后,分别于2013年和2018年进行了两次修改,其中关于人格否认制度的规定并没有改变,只是关于股东对公司债务的连带责任的法律条文的具体位置有所变化。

(四)法条释义

1. 与法人人格否认相关的法律规定

法人人格否认相关法条包括《公司法》第20条(2023年修订后为第23条)第3款;原《民法总则》第83条第2款(已失效,现为《民法典》第83条第2款);《上市公司收购管理办法》(2020年)第7条。

2. 法条评述——以原《民法总则》第83条第2款为视角

原《民法总则》第83条第2款源于《公司法》第20条,其适用须在维护法人独立地位和出资人有限责任的基础性原则与控制法人制度滥用弊害之间保持平衡。有赖于裁判实务经验的累积,该条款将滥用行为的构成予以类型化,逐步形成可预测的构成要件和认定基准。[1]

同时,该条涉及一个重大理论问题:它是否确立了控股股东和实际控制人的信义义务?有观点认为,该条首次确立了控制股东的诚信义务制度。[2] 但也有观点认为,原《民法总则》该条规定并没有确立营利法人出资人对公司,尤其是对其他小股东的信义义务,它只是禁止权利滥用这一规则适用于营利法人出资人的结果。但在立法论上,确有必要规定营利法人控股股东的信义义务,以充分保障营利法人及其中小股东的利益。[3] 一般所谓营利法人,除公司外,尚

---

[1] 参见李宇:《民法总则要义:规范释论与判解集注》,法律出版社2017年版,第220页。
[2] 参见孙爱林:《关联交易的法律规制》,法律出版社2007年版,第104页。
[3] 参见陈甦主编:《民法总则评注》(上册),法律出版社2017年版,第589、590页。

有其他企业法人。其他企业法人,包括未采用公司制的国有企业法人和集体企业法人、股份合作企业法人等。

对于上述将《公司法》的法人人格否认制度进一步上升至原《民法总则》之一般规定,学界的评价莫衷一是。有学者指出,与法人人格否认有关的规定,之前仅有《公司法》第 20 条规定,原《民法总则》第 83 条第 2 款将之提升为营利法人一般规定,使之可适用于公司以外的其他企业法人。① 原《民法总则》第 83 条第 2 款规定的法人人格否认制度,是在《公司法》规定的基础上所做的进一步完善,完善了营利法人的治理结构和相关规则。② 也有学者对此提出批评,认为这种直接将已有具体规范上升为"总则"的复制技术,未能充分注意到营利法人内部及其与非营利法人的差异,更有可能与《公司法》等已有规范发生冲突。③ 以下拟考察原《民法总则》第 83 条第 2 款在司法实践中的适用情形。

3. 数据统计

以下数据分析的主要目标有两个:其一,观察原《民法总则》第 83 条第 2 款在实践中的应用情况,主要是法院应用该条解决哪些实践中的问题,该问题是不是《公司法》第 20 条第 3 款所无法解决的;其二,在上述基础上,进一步观察法院在应用法人人格否认制度时的一些倾向性。

(1)案例选择

数据来源为"威科先行"法律信息库,搜索方式为"《民法总则》+ 第 83 条",搜索时间为 2020 年 10 月 23 日,获得案例总数 689 个。对上述 689 个案例以"人工 + 统计"方式筛除与法人人格否认制度无关案件、串案(多名原告就同一被告起诉)、援引原《民法总则》第 83 条第 1 款的案件以及涉及清算、抽逃出资的案件,获得有效案例 142 个,约占案例总数的 20.6%。案例中涉及的其他企业法人有集体所有制企业、农民专业合作社、全民所有制企业和工商业担保协会(社会团体法人)。以是否同时适用《公司法》第 20 条为划分依据,有 58

---

① 参见李宇:《民法总则要义:规范释论与判解集注》,法律出版社 2017 年版,第 221 页。
② 参见王利明:《〈民法总则〉实现对个人私权的全面保护》,载人民网,http://m.people.cn/n4/2017/0525/c31-9019154.html。
③ 参见蒋大兴:《〈民法总则〉的商法意义——以法人类型区分及规范构造为中心》,载《比较法研究》2017 年第 4 期。

个案例同时引用了《公司法》第 20 条,约占有效案例的 40.8%。

(2)变量选择

这些案件被编成原告身份、审判程序、省份、标的额、案由、法院是否支持原告的诉讼请求、支持或不支持的理由等变量。上述变量分为 4 种不同类型的信息:①原告信息;②案件基本信息;③法院信息;④裁判结果及所依据的理由。各变量的含义详述如下。

原告信息:"个人"是指原告为自然人身份;"公司"是指原告为有限责任公司等法人组织。案件基本信息:"省份"是指案件审理地点;"标的额"是指案件审理涉及的争议数额;"案由"是指案件的具体类型。法院信息:"审判程序"是指案件审理级别,包括一审、二审等。"审理法院"是指案件审理的法院,其中的"初级"是指基层人民法院;"中级"是指中级人民法院;"高级"是指高级人民法院;"最高"是指最高人民法院;"破产"是指法院审理的破产案件。裁判结果及所依据的理由:"支持"是指法院支持了原告的诉讼请求,在判决中否认了被告公司的法人人格;"不支持"是指法院未支持原告的诉讼请求,未否认被告公司的法人人格。支持的理由:人格混同、财产混同、财务混同、其他混同(主要包括通过个人账户转款、账户混用、债务混同、法定代表人与公司之间存在混同等情形)、被告自认、被告举证不能(包括一人公司中公司举证不能以及原告初步举证后被告举证不能)、公司管理相关(怠于行使督促义务、销毁公司会计账簿等违反法定义务情形)、过度支配与控制、生效判决文书确定(公司在其他生效判决文书中被否认)、实质合并(破产案件)、未说理(法院在判决中单纯引用法条,未结合案件事实进行说理)以及资本显著不足。不支持的理由:被告不具有股东身份、被告具有特殊身份(如被告为全民所有制企业)、公司具有偿债能力、未说理、无损害事实(原告对公司的债权未获得支持)、有独立账簿、证据不足。

(3)描述性数据

在 142 个有效案例中,如表 6-1 所示,原告身份为个人的案例有 57 个,约占比 40.1%;原告身份为公司的案例有 85 个,约占比 59.9%。(详见表 6-1)

表6-1 原告身份统计

原告身份	案件数量/个	百分比/%
个人	57	40.1
公司	85	59.9
总计	142	100.0

在142个有效案例中,如表6-2所示,案件最多的省份——河南省为20个,紧随其后的是山东省和广东省,案件数量分别为18个和15个。案件区域分布并未完全与经济发展水平相匹配。

表6-2 有效案例的地域统计

地域(法院)	案件数量/个	百分比/%
安徽省	3	2.1
北京市	6	4.2
福建省	3	2.1
甘肃省	3	2.1
广东省	15	10.6
广西壮族自治区	1	0.7
海南省	1	0.7
河北省	14	9.9
河南省	20	14.1
黑龙江省	1	0.7
湖北省	3	2.1
湖南省	5	3.5
吉林省	2	1.4
江苏省	5	3.5
江西省	5	3.5
辽宁省	11	7.7
内蒙古自治区	1	0.7
宁夏回族自治区	5	3.5

续表

地域(法院)	案件数量/个	百分比/%
山东省	18	12.7
陕西省	3	2.1
四川省	5	3.5
新疆生产建设兵团下野地垦区人民法院	1	0.7
新疆维吾尔自治区	1	0.7
云南省	6	4.2
浙江省	1	0.7
重庆市	1	0.7
最高人民法院	2	1.4
总计	142	100.0

在142个有效案例中，如表6-3所示，除了无标的的案例，标的额范围主要集中在10万元至50万元和100万元至500万元区间。

表6-3　有效案例的标的额统计

标的额	案件数量/个	百分比/%
无标的	37	26.1
0万元至10万元	14	9.9
10万元至50万元	32	22.5
50万元至100万元	8	5.6
100万元至500万元	26	18.3
500万元至1000万元	7	4.9
1000万元至5000万元	16	11.3
5000万元以上	2	1.4
总计	142	100.0

在142个有效案例中，按法院所列案由分类（如表6-4所示），主要案件类型为各种合同类纠纷。

表6-4 有效案例的案由统计

案由	案件数量/个	百分比/%
承揽合同纠纷	1	0.7
房屋租赁合同纠纷	1	0.7
服务合同纠纷	2	1.4
公司关联交易损害责任纠纷	1	0.7
股东损害公司债权人利益责任纠纷	5	3.5
股权转让纠纷	1	0.7
合同纠纷	10	7.0
合资、合作开发房地产合同纠纷	1	0.7
加工合同纠纷	2	1.4
建设工程分包合同纠纷	3	2.1
建设工程合同纠纷	2	1.4
建设工程施工合同纠纷	10	7.0
借款合同纠纷	8	5.6
借款合同纠纷;执行	1	0.7
金融借款合同纠纷	4	2.8
进出口代理合同纠纷	1	0.7
劳务合同纠纷	1	0.7
旅店服务合同纠纷	1	0.7
买卖合同纠纷	32	22.5
民间借贷纠纷	23	16.2
民事	1	0.7
侵权责任纠纷	1	0.7
确认合同效力纠纷	1	0.7
商品房销售合同纠纷	3	2.1
商品房预售合同纠纷;执行	1	0.7
申请执行人执行异议之诉	2	1.4
损害股东利益责任纠纷	1	0.7

续表

案由	案件数量/个	百分比/%
无因管理纠纷	1	0.7
与公司有关的纠纷	3	2.1
与破产有关的纠纷	2	1.4
执行异议之诉	5	3.5
装饰装修合同纠纷	3	2.1
追偿权纠纷	2	1.4
追索劳动报酬纠纷	2	1.4
租赁合同纠纷	4	2.8
总计	142	99.6

在142个有效案例中,如表6-5所示,案件所适用的审判程序主要为一审案件,数量为93个,占比65.5%。

表6-5 有效案例的审判程序统计

审判程序	案件数量/个	百分比/%
破产	3	2.1
一审	93	65.5
二审	39	27.5
再审	5	3.5
执行	2	1.4
总计	142	100.0

在142个有效案例中,如表6-6所示,由基层人民法院审理的案件87个,约占比61.3%;由中级人民法院审理的案件45个,约占比31.7%;由高级人民法院审理的案件6个,约占比4.2%;由最高人民法院审理的案件2个,约占比1.4%;由破产法院审理的破产案件2个,约占比1.4%。

表6-6 有效案例的审理法院统计

审理法院	案件数量/个	百分比/%
破产	2	1.4
初级	87	61.3
中级	45	31.7
高级	6	4.2
最高	2	1.4
总计	142	100.0

在142个有效案例中,各级法院支持否认被告公司法人人格的案件106个,约占比74.6%。其中,基层人民法院支持否认被告人格的案件67个,约占基层人民法院审理案件数量的77%;中级人民法院支持否认被告人格的案件33个,约占中级人民法院审理案件数量的73.3%;高级人民法院支持否认被告人格的案件3个,占高级人民法院审理案件数量的50%;最高人民法院支持否认被告人格的案件1个,占最高人民法院审理案件数量的50%;破产类案件支持否认被告人格的案件2个,占法院审理的破产案件数量的100%。在142个有效案例中,在原告是个人的情况下,各级法院支持原告的案件43个,约占比75.4%;在原告是公司的情况下,各级法院支持原告的案件63个,约占比74.1%。

在106个各级法院支持否认被告公司法人人格的案例中,如表6-7所示,法院支持否定公司法人人格最主要的理由为公司与股东之间存在混同,案件数量59个(其中人格混同24个、财产混同21个、财务混同7个以及其他混同7个),约占55.7%;过度支配与控制10个,约占9.4%;资本显著不足7个,约占6.6%。在36个各级法院不支持否认被告公司人格的案件中,如表6-8所示,法院未支持否认公司法人人格最主要的理由为原告证据不足,案件数量29个,约占80.6%。

表6-7 有效案例的法院支持理由统计

法院支持理由	案件数量/个	百分比/%
财产混同	21	19.8
财务混同	7	6.6
其他混同	7	6.6
人格混同	24	22.6
被告举证不能	8	7.5
被告自认	4	3.8
公司管理相关	2	1.9
过度支配与控制	10	9.4
生效判决文书确定	3	2.8
实质合并	2	1.9
未说理	11	10.4
资本显著不足	7	6.6
总计	106	99.9

表6-8 有效案例的法院否定理由统计

法院否定理由	案件数量/个	百分比/%
被告不具有股东身份	2	5.6
被告具有特殊身份	1	2.8
公司具有偿债能力	1	2.8
未说理	1	2.8
无损害事实	1	2.8
有独立账簿	1	2.8
证据不足	29	80.6
总计	36	100.0

在106个支持案例中,原告为个人的有43个有效案例,如表6-9所示,法院支持否定公司法人人格最主要的理由为公司与股东之间存在混同,案件数量为25个(其中财产混同9个、人格混同7个、财务混同5个以及其他混同4个),约占43个有效案例的58.1%;原告为公司的有63个有效案例,如表6-10

所示,法院支持否认公司法人人格最主要的理由为公司与股东之间存在混同,案件数量 34 个(其中,人格混同 17 个,财产混同 12 个,财务混同 2 个,其他混同 3 个),约占 63 个有效案例的 54%。

表 6-9 有效案例的原告为个人支持理由统计

支持理由	案件数量/个	百分比/%
财产混同	9	20.9
财务混同	5	11.6
其他混同	4	9.3
人格混同	7	16.3
被告举证不能	1	2.3
被告自认	4	9.3
公司管理相关	2	4.7
过度控制与支配	1	2.3
过度支配与控制	2	4.7
未说理	5	11.6
资本显著不足	3	7.0
总计	43	100.0

表 6-10 有效案例的原告为公司支持理由统计

支持理由	案件数量/个	百分比/%
财产混同	12	19.0
财务混同	2	3.2
其他混同	3	4.8
人格混同	17	27.0
被告举证不能	4	6.3
被告未举证	3	4.8
过度支配与控制	7	11.1
生效判决文书确定	3	4.8
实质合并	2	3.2

续表

支持理由	案件数量/个	百分比/%
未说理	5	7.9
证据不足	1	1.6
资本显著不足	4	6.3
总计	63	100.0

(4) 相关经典案例展示

在中铁二十一局集团第四工程有限公司(以下简称中铁公司)与成都润庆置业有限公司(以下简称润庆公司)、成都润鼎置业有限公司(以下简称润鼎公司)合同纠纷案中,法院认为中铁公司该项诉讼请求的实质是认为润鼎公司、成都泰禾农产品市场管理有限公司、成都禧丰置地有限公司、成都市永润置业有限公司、成都恒晋置业有限公司与润庆公司系关联企业的法人人格混同而要求5家公司承担返还投标保证金的连带责任。原《民法总则》第83条第2款规定:"营利法人的出资人不得滥用法人独立地位和出资人有限责任损害法人的债权人利益。滥用法人独立地位和出资人有限责任,逃避债务,严重损害法人的债权人利益的,应当对法人债务承担连带责任。"依据该规定我国法律将法人人格否认制度的义务主体从公司、股东延展至所有的营利法人及其出资人。而最高人民法院于2013年1月发布指导案例15号,确立横向人格混同亦适用法人人格否认制度。故而司法实务中的法人人格否认制度规制的义务主体不再局限于公司和股东之间,其既包括所有营利法人的出资人,又涵盖关联企业。①

在中国农业生产资料集团公司(以下简称中农集团公司)、中国农业生产资料沈阳公司(以下简称中农沈阳公司)借款合同纠纷案中,法院提到,中农集团公司系中农沈阳公司的出资人,二者均属集体所有制企业。2004年改制后,中农沈阳公司将独立核算制改为报账制,即中农沈阳公司向中农集团公司报送支出需求,中农集团公司根据需求进行拨款;中农沈阳公司不经营具体业务,不享有资产处置权,财务源于中农集团公司拨款,员工工资及一切福利待遇由中

---

① 参见四川省崇州市人民法院民事判决书,(2020)川0184民初1号。

农集团公司发放,中农沈阳公司事实上已不具备自主经营、自负盈亏的条件。中农集团公司于2012年通过相关机关查封实际控制了中农沈阳公司名下的主要资产,但一直未申请对上述资产进行拍卖,同时又将中农沈阳公司的楼房销售款、房屋动迁款、房屋出租租金等全部资产收益转移至中农集团公司账户,导致中农沈阳公司丧失独立的偿债能力,损害了中农沈阳公司债权人的利益。法院判决认定中农集团公司的行为构成滥用法人独立地位和出资人有限责任,依照原《民法总则》第83条第2款的规定,应当就中农沈阳公司对嘉丰农资公司的债务承担连带责任。①

在焦作市山阳区亚白刚玉厂、唐山市开平区开平镇一街村民委员会执行异议之诉案件中,法院认为,该案为追加被执行人执行异议之诉,结合最高人民法院《民诉法解释》第308条(已修改)和最高人民法院《关于民事执行中变更、追加当事人若干问题的规定》第32条两项规定,被执行人唐山市硅质耐火材料厂无论是否同意申请执行人焦作市山阳区亚白刚玉厂的主张,均应作为该案的当事人参加诉讼。此外,唐山市硅质耐火材料厂虽然为集体所有制企业,但也属于营利法人的一种。原《民法总则》第83条规定,营利法人的出资人不得滥用出资人权利、法人地位和有限责任损害他人利益。故而《公司法》的相关规定可以对营利法人类推适用。一审判决仅以集体所有制企业不适用《公司法》的规定为由,认定追加理由不成立的事实不清。②

在关于原《民法总则》第83条第2款对其施行前的案件适用性探讨问题上,存在肯定说和否定说两种情况。在持肯定说的闫某与刘某3等合同纠纷案中,法院认为,滥用法人独立地位和出资人有限责任,逃避债务,严重损害法人的债权人利益的,应当对法人债务承担连带责任。被告春杰合作社虽然不属于有限责任公司,但属于非典型的营利法人,被告刘某1、刘某2损害债权人利益的行为发生在原《民法总则》实施之前,当时的法律法规并无相关的规定,故原《民法总则》第83条第2款的规定法院可以参照适用,刘某1、刘某2应当对春杰合作社的上述债务承担连带责任。③ 在持否定说的唐山启新水泥有限公司

---

① 参见最高人民法院民事裁定书,(2020)最高法民申2302号。
② 参见河北省唐山市中级人民法院民事裁定书,(2020)冀02民终3790号。
③ 参见北京市延庆区人民法院民事判决书,(2018)京0119民初4961号。

(以下简称启新公司)与北京世通东方建筑材料有限公司(以下简称世通公司)与公司有关的纠纷案中,法院认为,关于启新公司主张该案适用原《民法总则》的意见,根据该案查明的事实,从肖村砼搅拌站变更隶属关系至北京市地方建筑材料供应公司,到北京市地方建筑材料供应公司改制,直至北京市地方建筑材料供应公司变更为世通公司,启新公司所称的世通公司与肖村砼搅拌站资产混同的行为均发生在2006年之前,而原《民法总则》自2017年10月1日起施行,启新公司上诉主张应适用原《民法总则》关于营利法人的相关规定对涉案法律关系进行认定,缺乏依据,法院不予采纳。①

(五) 构成要件

《九民纪要》指出,公司人格独立和股东有限责任是公司法的基本原则,并对其适用作出了解释与限制。以下拟针对《九民纪要》出台前后,否认公司人格构成要件各部分变化进行逐一对比说明(见表6-11)。

表6-11 《九民纪要》出台前后各地相关司法解释关于否认公司人格构成要件的对照

各地机关司法解释	主体	主观	行为	结果	因果关系	备注
广西壮族自治区高级人民法院(2020)	√	√	√	√	√	
九民纪要(2019)	√	√	√	√	√	
广东省高级人民法院(2012)	√		√			非穷尽式列举
重庆市高级人民法院(2009)	√		√	√	√	有其他救济途径的,不适用人格否认
上海市高级人民法院(2009)			√	√		逃避债务,未明确因果关系
陕西省高级人民法院(2007)	√		√	√		公司已有独立人格,公司无力清偿

---

① 参见北京市高级人民法院民事裁定书,(2019)京民申3393号。

续表

各地机关司法解释	主体	主观	行为	结果	因果关系	备注
浙江省高级人民法院（2002）			√			仅提及行为

注：广西壮族自治区高级人民法院(2020)，是指广西壮族自治区高级人民法院民二庭《关于审理公司纠纷案件若干问题的裁判指引》；广东省高级人民法院(2012)，是指广东省高级人民法院民二庭《关于民商事审判实践中有关疑难法律问题的解答意见》；重庆市高级人民法院(2009)，是指重庆市高级人民法院《关于审理股东滥用公司法人独立地位和股东有限责任赔偿纠纷案件的指导意见》；上海市高级人民法院(2009)，是指上海市高级人民法院民事审判第二庭《关于审理公司法人人格否认案件的若干意见》；陕西省高级人民法院(2007)，是指陕西省高级人民法院民二庭《关于公司纠纷、企业改制、不良资产处置及刑民交叉等民商事疑难问题的处理意见》；浙江省高级人民法院(2002)，是指浙江省高级人民法院民事审判第二庭《关于公司法适用若干疑难问题的理解》。

1. 主体要件

(1)原告：因股东滥用公司法人人格的行为而受到损害的公司债权人。股东与公司自己不能成为原告。

(2)被告：实施了滥用公司人格和股东有限责任的行为的积极的控制股东。依据原《民法总则》第83条第2款，还包括所有的营利法人及其出资人。《九民纪要》出台前，司法实践更强调是否"控制"，《九民纪要》解释更强调是否"无辜"。

此外，我国司法实践表明，公司法人人格否认制度基本只在闭锁型公司(尤其是有限责任公司)中适用，结合上述案例也可以看出，并无公开公司被否认之案例。这可能和闭锁型公司的管理和经营更容易倾向于合伙化，管理上的兼任和运作上的非程式化，①而公开公司在管理和运作上一般能严格遵守所有权和控制权的分离，管理运作上的程式也相对规范有关。

与主体相关，另一个值得讨论的问题是，实际控制人能否成为适格被告？《公司法》规定，公司实际控制人虽不是公司的股东，但通过投资关系、协议或者其他安排，能够实际支配公司行为，在客观事实上享有对公司的控制权。2020年修订的《上市公司收购管理办法》第7条第1款规定，被收购公司的控股股东或者实际控制人不得滥用股东权利损害被收购公司或者其他股东的合

---

① 参见施天涛：《公司法论》(第4版)，法律出版社2018年版，第32页。

法权益。该条规定了上市公司的实际控制人不得滥用股东权利,但这不能视为实际控制人已被纳入公司法人人格否认之诉的被告范围之内,理由在于:一是这里的"不得"体现出"倡导"或"鼓励"之意,将之理解为"提倡性规范"而非"强制性规范"似乎更符合该条的规范旨意;①二是其并没有对实际控制人滥用权利的行为规定相应的法律后果;三是其为对公开公司实际控制人的要求,如上文所述,公司法人人格否认制度主要适用于闭锁型公司,而非公开公司。事实上,我国司法实践中,仅有极少量案件将实际控制人纳入该条的规制范围。

例如,在某案例中,因张某自认其为米澜公司的实际控制人,且对梁某1要求其承担连带责任的诉请并无异议,故梁某1要求张某对米澜公司的上述债务承担连带责任有理,法院予以支持。至于梁某1认为常某、梁某2没有实缴出资,亦应对米澜公司上述债务承担连带责任的问题,因米澜公司系有限责任公司(自然人投资或控股),现登记状态为在营(开业)企业,股东梁某2、常某登记的出资时间均为2055年12月31日,出资期限尚未届满,且该案中并未出现股东出资提前到期的情形,故梁某1要求常某、梁某2承担责任无事实及法律依据,法院依法予以驳回。②

2. 主观要件

相较以往的司法观点,《九民纪要》就公司法人人格否认制度最大的变化是,其明确指出了要求具备主观要件,即滥用公司法人独立地位和股东有限责任的股东,主观上有明显过错,是故意为之。而在以往的司法实践中,并不太强调。

《九民纪要》出台前的司法观点认为,鉴于《公司法》第20条并未明确规定公司法人格利用者必须在主观上具备恶意的不当目的或违法意图,因此,为真正体现权利滥用禁止的法律精神的本意,并减轻法人格滥用目的的举证困难,人民法院在公司法人人格否认诉讼中不应过分强调权利滥用的主观要件。③

---

① 参见薛波:《公司法人格否认制度"入典"的正当性质疑——兼评〈民法总则〉"法人章"的立法技术》,载《法律科学(西北政法大学学报)》2018年第4期。
② 参见广东省广州市天河区人民法院民事判决书,(2019)粤0106民初7092号。
③ 参见李国光、王闯:《审理公司诉讼案件的若干问题——贯彻实施修订后的〈公司法〉的司法思考》,载最高人民法院民事审判第二庭编:《民商事审判指导》第8辑,人民法院出版社2006年版。

《〈全国法院民商事审判工作会议纪要〉理解与适用》特别指出,从被告的主观过错来看,滥用公司法人独立地位和股东有限责任的股东,其目的是逃避债务,主观上有明显过错,是故意为之。如果股东主观上没有过错,或者过错不明显,属于过失,也没有必要否认公司人格。换言之,公司股东的行为必须达到"滥用"公司法人独立地位和股东有限责任的程度,才有必要否认公司人格。如果没有达到"滥用"的程度,就没有必要否认公司人格,否则有违公司人格独立和股东有限责任的基本原则。① 以下就 2019 年、2020 年的相关案例进行相关展示。

笔者对 2019 年、2020 年的 1835 个案例,以"人工 + 统计"方式筛除与法人人格否认制度无关案件、串案(多名原告就同一被告起诉)等,获得有效案例 1326 个。上述 1326 个有效案例中,经过手动筛选,可视为含有"主观"因素的案例计 68 个,占 5.13%,相关判决理由表述如下。

(1)被告文某某作为西安新起点健康企业管理有限公司的股东及高级管理人员,理应明确知悉我国《公司法》关于公司股东不得滥用公司独立法人地位和股东有限责任损害公司债权人的利益的法律规定,其将个人银行账户出借给公司或公司实际控制人陈某某用于对外大额举债,违反了相关法律规定。②

(2)因黄某某不能证明王某某有滥用公司法人独立地位和股东有限责任的过错,故其要求王某某承担连带责任的诉讼请求法院不予支持。③

(3)《公司法》第 20 条确立了公司法人人格否认制度,上诉人董某某未提供任何证据证实被上诉人白某某主观上具有逃避债务的故意,故上诉人董某某的该项主张,法院不予支持。④

(4)李某某主张的上述情况,必须同时具备以下 4 个构成要件:①主体要件,公司法人人格的滥用者必须是公司股东;②主观要件,有主观故意实施逃避债务之目的;③行为要件,滥用公司法人人格的行为及逃避债务行为已实施;

---

① 参见最高人民法院民事审判第二庭编著:《〈全国法院民商事审判工作会议纪要〉理解与适用》,人民法院出版社 2019 年版,第 146 页。
② 参见陕西省西安市高陵区人民法院民事判决书,(2020)陕 0117 民初 841 号。
③ 参见河南省扶沟县人民法院民事判决书,(2018)豫 1621 民初 66 号。
④ 参见辽宁省大连市中级人民法院民事判决书,(2020)辽 02 民终 6243 号。

④结果要件,严重损害了公司债权人的利益,致使公司的财产不足以偿还公司对公司债权人的债务,且滥用行为与损害结果之间有直接的因果关系。该案中李某某未举证证实刘某、喻某某滥用公司法人独立地位有逃避债务的主观故意,且实施具体行为,严重损害李某某的利益。李某某应承担举证不能的法律后果。至于刘某使用个人账户大量进行公司业务交易且个人多次使用该账户,属于公司内部管理不规范,违反财务制度的情形,亦不成为否认公司法人人格、刘某承担还款责任的依据。故而刘某收取涉案款项并支付相应利息系履行职务行为,其不承担向李某某还款的责任。①

3. 行为要件

(1) 人格混同

《〈全国法院民商事审判工作会议纪要〉理解与适用》对此未予细分,并指出公司与股东人格混同,又称公司人格的形骸化,公司与股东关系不清,意指公司成为股东的另一自我、工具、同一体,因而失去独立存在的价值,应否认其人格,股东对公司债务承担连带责任。公司法人格形骸化,实质上是指公司与股东完全混同,案例观点列举如下。

关联企业法人人格混同必然会对各自的债务向关联企业的债权人承担连带责任吗? 首先,关联企业本身并不违反法律规定,且恰恰是当下实力雄厚的市场主体主要的经营架构模式(如集团公司),更不因具有某种"关联"即当然构成人格混同。其次,相关法律及司法解释并未对人格混同作出明确规定,而司法实践中通常将其作为判定法人丧失人格的主要理由的原因在于,"滥用法人独立地位和出资人有限责任"这一行为要件的典型情形即人格混同。关联企业是否构成人格混同,应按照财产混同、业务混同、人事混同、经营场所混同等标准予以考察,而其中财产混同是最重要的标准,其余标准应作为补强标准,若其"关联"的紧密度不足以达到混同标准,则不构成人格混同,亦无须承担关联法人的责任。最后,关联企业即使构成人格混同,也不必然产生否认其法人人格的结果,人格混同仅是法人人格否认的构成要件之一,属行为要件,还需同时具备"造成债权人利益受损"这一结果要件,方可作出否认其人格的评价,即

---

① 参见云南省昆明市中级人民法院民事判决书,(2019)云 01 民终 6884 号。

唯有否认关联企业的法人人格方能保护债权人的利益。①

(2)过度支配与控制

《九民纪要》对可以认定为滥用控制权的情形进行了一些梳理,共分成4种情形和1种兜底条款。同时,《九民纪要》在第11条第2款规定了横向否认(最高人民法院指导案例15号)的经典情形。其是指控制股东控制多个子公司或关联企业财产边界不清、财务混同、利益相互输送,丧失人格独立性,沦为控制股东逃避债务、非法经营甚至违法犯罪工具的,可以综合案件事实,相互否认子公司或关联企业,判令相互承担相应的连带责任。

有学者认为,最高人民法院指导案例15号,系于《公司法》第20条的文义之外,依据该条所蕴含的法理,而创设新的裁判规则,具有法律续造之性质,其所用法学方法,为类推适用。至于判决所称被告行为违背了诚实信用原则,笔者认为,这是对诚信原则的误用,既不准确,又无必要;从诚信原则的抽象说辞中,并不能得出关联企业应负连带责任之结论。② 也有学者认为,该案使用类推适用方法并不妥当,因为此处不存在法律漏洞:民法规定的公平原则和诚实信用原则以及《公司法》第3条第1款规定,足以成为法院否认公司独立地位的法律依据。③

(3)资本显著不足

《九民纪要》出台过程中,对资本显著不足认定的争议点主要在于,在认缴制下,资本显著不足是否还包括设立时的显著不足?一种观点认为,公司设立时不存在资本显著不足的问题,因为认缴制下公司设立时出资多少是对外公示的。另一种观点则认为,设立时也可能存在资本显著不足的问题,即使股东进行了公示,公司实缴资本进行了公示,也可能存在实缴资本与经营的事业规模与隐含的风险相比明显不匹配的问题。

《九民纪要》最终确定,公司成立时资本显著不足,是指在行政机关登记的股东资本实缴数额与公司经营隐含的风险相比明显不匹配。这种情形应由行

---

① 参见四川省崇州市人民法院民事判决书,(2020)川0184民初1号。
② 参见李宇:《民法总则要义:规范释论与判解集注》,法律出版社2017年版,第222页。
③ 参见王军:《人格混同与法人独立地位之否认——评最高人民法院指导案例15号》,载《北方法学》2015年第4期。

政机关处理,但除特殊行业设立公司需要政府审批外,绝大多数行业是不需要政府审批的,公司成立时登记备案就行。因此从审判实践来看,2019年至2020年还没有因为公司成立时资本显著不足而否认公司人格的案例。在《九民纪要》征求意见过程中,有观点提出,作为否认公司人格基础的资本显著不足,在我国只可能发生在公司经营过程中,而不会出现在公司成立时。经认真研究,《九民纪要》删去了公司成立时资本显著不足这一情形。①

4. 结果要件

《九民纪要》出台前,将严重的损害和因果关系(直接)放在一起统称为结果要件。

《九民纪要》将结果要件和因果关系要件分开来阐释,就结果要件来看,原告的损害必须达到"严重"程度;就因果关系要件而言,债权人的损害是股东"滥用"公司法人独立地位和股东有限责任行为造成的。②

在相关案例中,法院认为,《公司法》第20条第3款规定为否认法人独立人格提供了法律依据。但法人人格独立是公司法的基本原则,对法人人格的否认应予慎重适用。判断公司股东是否滥用公司法人独立地位和股东有限责任的常见行为,有人格混同、过度支配与控制、资本显著不足等。在认定是否构成人格混同时,应当综合考虑以下因素:(1)股东无偿使用公司资金或者财产,不作财务记载的;(2)股东用公司的资金偿还股东的债务,或者将公司的资金供关联企业无偿使用,不作财务记载的;(3)公司账簿与股东账簿不分,致使公司财产与股东财产无法区分的;(4)股东自身利益与公司盈利不加区分,致使双方利益不清的;(5)公司的财产记载于股东名下,由股东占有、使用的;(6)人格混同的其他情形。原《民法总则》第83条第2款规定,营利法人的出资人滥用法人独立地位和出资人有限责任,逃避债务,严重损害法人的债权人利益的,应当对法人债务承担连带责任。《九民纪要》第11条第2款规定,控制股东或实际控制人控制多个子公司或者关联企业,滥用控制权使多个子公司或者关联企业财产边界不清、

---

① 参见最高人民法院民事审判第二庭编著:《〈全国法院民商事审判工作会议纪要〉理解与适用》,人民法院出版社2019年版,第156页。

② 参见最高人民法院民事审判第二庭编著:《〈全国法院民商事审判工作会议纪要〉理解与适用》,人民法院出版社2019年版,第146~147页。

财务混同,利益相互输送,丧失人格独立性,沦为控制股东逃避债务、非法经营,甚至违法犯罪工具的,可以综合案件事实,否认子公司或者关联企业法人人格,判令承担连带责任。

5. 扩张情形

有关公司法人人格否认制度的扩张适用情形,主要有横向刺穿(三角刺穿)和反向刺穿。笔者将在后文予以阐释,此处不再赘述。

(六)诉讼程序

1. 一般规定

《〈全国法院民商事审判工作会议纪要〉理解与适用》指出,关于公司法人人格否认案件,其性质属于侵权纠纷案件,公司股东滥用公司独立法人地位和股东有限责任,侵犯了公司债权人的利益,应当按照债权责任的构成要件承担相应的侵权赔偿责任。故而该类案件应适用一般普通诉讼时效,由侵权行为地或被告住所地人民法院管辖。同时,应注意的是,公司法人人格否认案件应根据原告公司债权人的请求而适用,人民法院不得主动援用。[①]

2. 案由适用要点

与法人人格否认制度相关的案件可适用独立的案由,即股东损害公司债权人利益纠纷。其是指公司股东因滥用公司法人独立地位和股东有限责任,逃避债务,严重损害公司债权人利益,对公司债务承担责任的民事纠纷。具体构成要件包括:(1)公司合法地取得了法人资格;(2)公司股东滥用了公司人格,具体情形主要包括公司资本显著不足、过度控制、人格混同、公司人格形骸化等;(3)公司股东对公司人格的滥用,严重损害了债权人的合法权益。请求权基础规范指引包括《公司法》第20条,《九民纪要》第10条、第11条、第12条、第13条。[②]

[①] 参见最高人民法院民事审判第二庭编著:《〈全国法院民商事审判工作会议纪要〉理解与适用》,人民法院出版社2019年版,第147页。

[②] 参见人民法院出版社编著:《最高人民法院民事案件案由适用要点与请求权规范指引》(下册)(第2版),人民法院出版社2020年版,第752页。

二、焦点问题之一：一般类型人格否认

本部分尝试使用统计学的方法，对公司法人人格否认类案件的裁判情况、判决影响因素进行分析。笔者统计分析的对象是关于公司法人人格否认的裁判案件，进行统计分析的依据是公开的裁判文书。笔者用"聚法案例"以"法人人格否认""人格否认"为关键词进行搜索，将相关的文书打包下载，逐一阅读，提取重要的信息（如裁判是否支持人格否认、裁判是否支持原告主张的债权、作出裁判的法院级别、裁判的审理程序、作出裁判的时间等）。经过阅读、比对、审核，笔者筛选出了适于用作分析的总计748份裁判文书，并将其整理为结构化的表格信息，以便于分析。同时，梳理法院在判决中对公司进行人格否认的样本量为401份，并通过对该样本量中法院适用人格否认的不同类型进行频次统计，在《九民纪要》的基础上，结合法院在具体个案中适用的理由，进而总结出司法实践中法院在公司法人人格否认类型案件中常用的裁判理由，以及公司法人人格否认中常发生的人格否认情形。

笔者在上述筛选案件的基础上，针对数据进行描述性统计和推断性统计。在描述性统计部分，笔者着重展现数据的基本信息，并以此作为启发进行推断性统计的前置性工作。在推断性统计部分，笔者将采用逻辑回归的方法，对描述性统计部分难以下定论的问题进行分析。最后，在统计法院判决理由的数据上，梳理不同法院在具体个案中对公司法人人格否认的适用，有利于了解法院的裁判思路和公司法人人格否认在司法实践中的具体适用情形。

（一）描述性统计

1.公司法人人格否认与案由的关系（绝对值）

在这一部分，笔者对公司法人人格否认案件的数量与案由之间的关系进行描述性统计分析，并将其绘制为堆积柱状图（见图6-1）。这一堆积柱状图直观地表示：第一，不同案由引发的公司法人人格否认的总数量；第二，在每个案由门类中，笔者关心的案件诉讼请求——请求判决公司法人人格否认得到支持与未得到支持的数量对比。两个方面的信息均由绝对值进行展示。

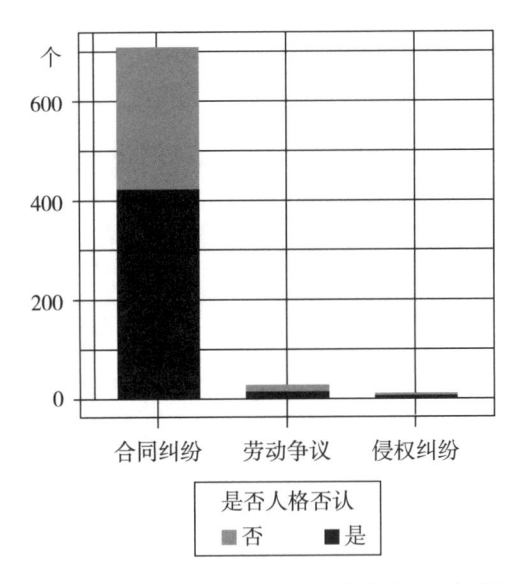

图 6-1　公司法人人格否认与案由的关系(绝对值)

从图 6-1 中得到以下信息:首先,由合同纠纷引发的公司法人人格否认案件数量要远远多于另外两种案由,即由劳动争议、侵权纠纷引起的公司法人人格否认案件数量,而由侵权纠纷引发的诉讼数量还要小于劳动争议引发的诉讼数量。具体地说,由合同纠纷引起的公司法人人格否认案件数量是 709 个,由劳动争议引起的公司法人人格否认案件数量是 28 个,由侵权纠纷引发的公司法人人格否认案件数量是 11 个。对此可以看出,公司法人人格否认纠纷与经济纠纷紧密相连,而公司等经营主体最有可能发生纠纷的情形是合同纠纷,因此,债权人最有可能向法院提起诉讼,寻求救济,并引发公司法人人格否认的纠纷。其次,以合同纠纷为观察对象,可以发现在全部的裁判结果中,法院裁判支持公司法人人格否认的比例略高于 50%。因此,笔者可以得到初步的结论,公司法人人格否认制度在实践中得到了较为普遍的适用,而非被法院束之高阁的"僵尸条款"。最后,由于因合同纠纷引发的公司法人人格否认诉讼数量过多,很难看出另外两种案由最终能否得到支持所占的比例。这一信息的缺乏在下一部分的相对值描述(见图 6-2)中可以得到补全。

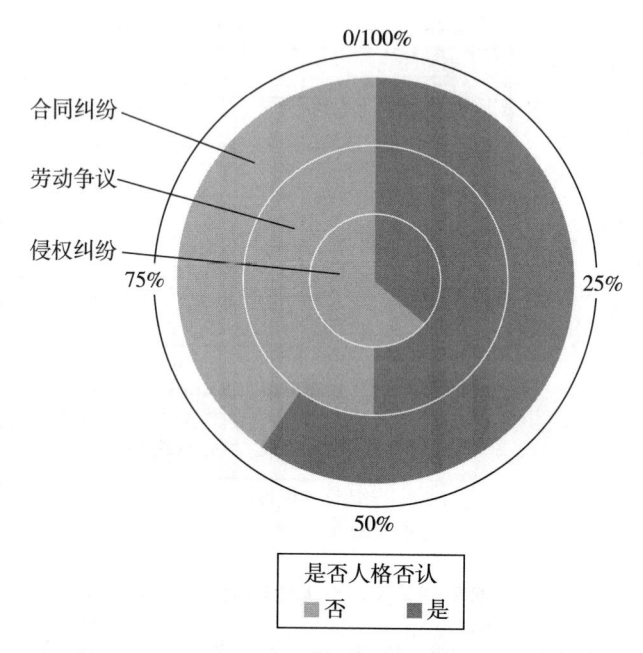

图 6-2 公司法人人格否认与案由的关系(相对值)

2. 公司法人人格否认与案由的关系(相对值)

在这一部分,笔者将上一部分的描述性统计从另一个角度进行展示,探索在不同案由引起的公司法人人格否认纠纷中,是否存在显著诉讼请求是否得到支持的比率差异。由于上一部分合同纠纷的占比过多,由劳动争议和侵权纠纷造成公司法人人格否认纠纷的情形并不直观,笔者将三种不同的案由的数量规范化为100%,探索是否支持公司法人人格否认在各自中所占的比例。

由此可以看出,由合同纠纷造成的公司法人人格否认诉讼得到支持的概率最高,由劳动争议造成的公司法人人格否认诉讼得到支持的概率次之,而由侵权纠纷造成的公司法人人格否认诉讼得到支持的概率最低。不过,即便是在获得支持比例最低的侵权纠纷中,其得到支持的比例也超过了三成,可见公司法人人格否认制度在实践中得到了比较充分的运用。

合同纠纷引起的案件数量占到了绝对多数,且案件信息更为丰富,笔者以下的分析均以合同纠纷引起的案件为研究对象。

3. 法院级别与审理程序(绝对值)

在这一部分,笔者对公司法人人格否认案件的审理程序、法院级别进行描述性统计分析,并将其绘制为堆积柱状图(见图 6-3)。堆积柱状图的横轴代表法院的级别,依次为基层人民法院、中级人民法院、高级人民法院以及最高人民法院。每一个级别下的案件数量由对应的柱状图高度表示。笔者注意到,法院级别与审理程序是高度相关,又有交叉的。下文采用不同的颜色,对每一个法院级别中审理的案件进行区分,不同的颜色代表不同的审判程序。这一堆积柱状图可以直观地显示:第一,各个法院级别进行审判的总数量;第二,在每个法院级别的审判中,不同审理程序的占比。

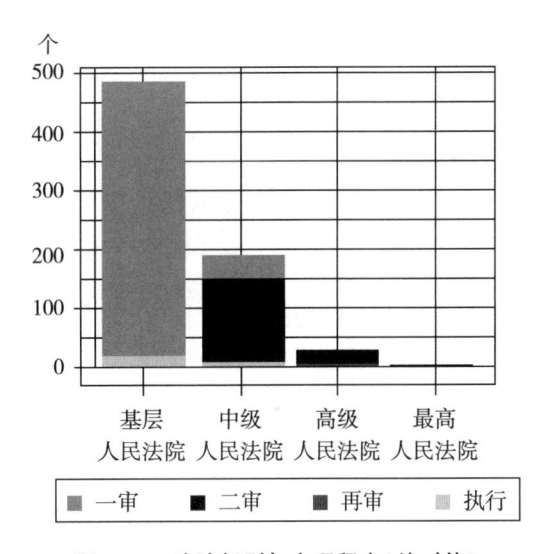

图 6-3 法院级别与审理程序(绝对值)

从图 6-3 中可以获得以下信息:首先,由基层人民法院进行裁判的案件占了全部案件的绝大部分,并且在基层人民法院进行裁判的案件中,一审程序占到了绝大部分,剩余的一部分是执行程序。其次,中级人民法院的裁判以二审程序为主;高级人民法院与最高人民法院同样存在一些二审程序。结合第一条的信息,可以认为,二审程序会发生在一审程序结束后,当事人对裁判结果不满意,然后审判级别向上提升一个等级。不过,由于高级人民法院与最高人民法院的裁判数量较少,从图 6-3 中难以看出高级人民法院与最高人民法院的审理程序结构,这将在下一部分进行分析。

4.法院级别与审理程序(相对值)

在这一部分,笔者克服上一部分绝对值堆积柱状图的不足,展示在不同级别的法院中不同的审理程序所占的比例(见图6-4)。为了将信息展示得更加直观,笔者仍然以柱状图进行展示,纵轴的单位是比例。可以从图6-4中验证上一部分的结论,在基层人民法院中,一审案件占到了大多数。从图6-4中可以看出的一个非常有趣的信息是,随着法院级别的上升,执行案件的比例也稳步上升;另一个值得关注的信息是,大部分再审发生在高级人民法院与最高人民法院。从程序上说,基层人民法院与中级人民法院同样可以进行再审。然而,进行上诉显然是更为方便的程序,因此在基层人民法院与中级人民法院中几乎没有再审程序,这一点也是可以理解的。

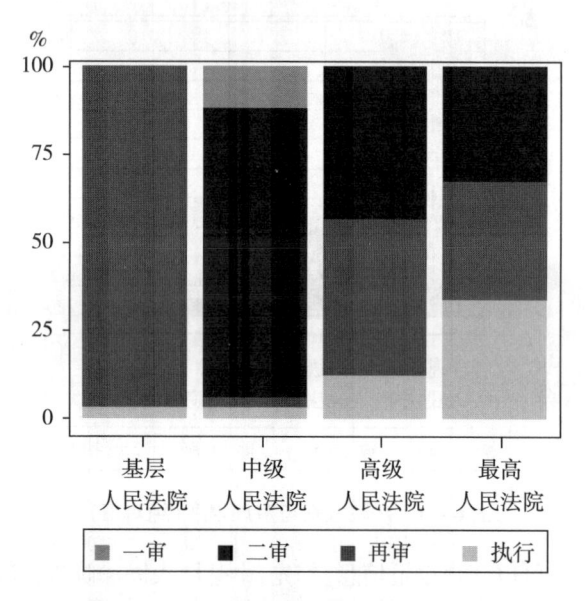

图6-4　法院级别与审理程序(相对值)

本部分能够较好地展示出,基层人民法院与中级人民法院的裁判分别以一审、二审为主,而高级人民法院与最高人民法院的审判类型更加多元化。

5. 公司法人人格否认与支持债权的关系

在这一部分,从图6-5可以明显地发现,当法院判决不支持债权时,其也不会支持原告关于公司法人人格否认的诉讼请求。事实上,这是由公司法人人格否认诉讼的制度构造决定的,原告的债权是公司法人人格否认的基础,因此,当法院不支持债权时,也就不会支持公司法人人格否认。

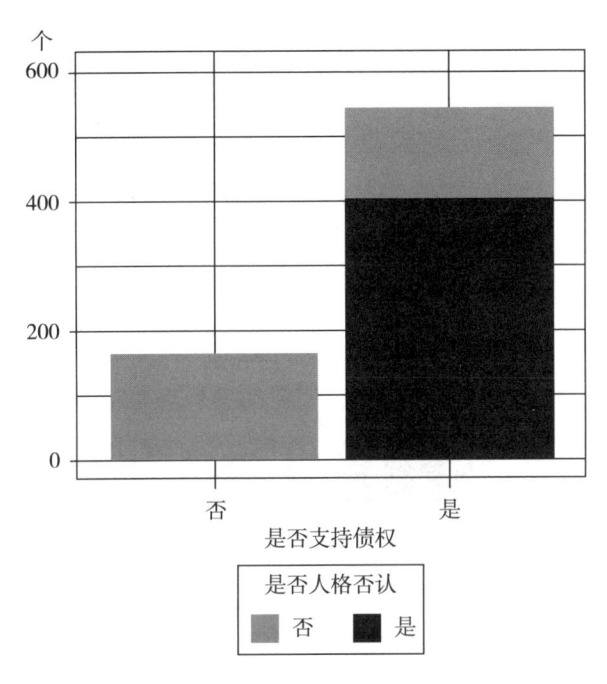

图 6-5 公司法人人格否认与支持债权的关系

6. 公司法人人格否认与审理程序(绝对值)

在这一部分,笔者用堆积柱状图展示审理程序与公司法人人格否认案件数量,以及裁判结果之间的关系(见图 6-6)。可以非常直观地认识到,绝大多数的案件是一审程序,少部分案件是二审程序,比较少的案件是再审程序、执行程序。事实上,这一事实在第三部分的分析也可以被认识到,不过这两个部分有一些区别。首先,在第三部分,要直观地认识到不同审理程序所对应的案件数量相对较难,因为在第三部分,案件是被分散放置在不同审理级别的。在这一部分,笔者更加直观地用审理程序作为横轴,对数据进行统计,能更加直观地看到不同程序中案件数量的分布。其次,在本部分中,可以看到不同程序中的案件是否被裁判为支持公司法人人格否认的数量对比。例如,在一审过程中,明显能够看出,支持公司法人人格否认的案件数量超过不支持公司法人人格否认案件的案件数量。再如,在二审程序中,能够看到不支持公司法人人格否认的判决的案件数量会更多一些。这或许是因为二审裁判中,裁判者有与一审裁判法官不同的偏好;但另一个可能性是,进入二审程序的案件与一审程序的案件本身就有系统性的偏差。笔者认为,不同审级的法院均会进行裁判,一个案件的一审裁判者,或许就是另一个案件的二审裁判者,因此第二个假设可能更为可取。

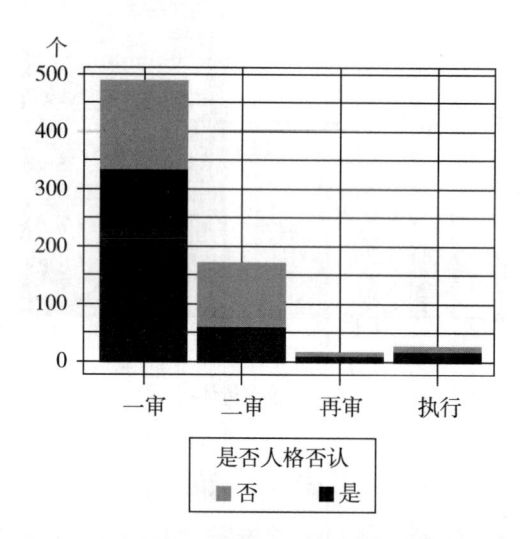

图 6-6 公司法人人格否认与审理程序(绝对值)

在这一部分中,再审与执行的案件数量较少,因此信息展示并不直观,这一问题将在下一部分利用相对值进行解决。

7. 公司法人人格否认与审理程序(相对值)

在这一部分,笔者用扇形图来展示相对值(见图 6-7)。二审程序作出的支持公司法人人格否认的判决要显著地低于其余几个程序作出的支持公司法人人格否认判决的比例。笔者猜想这或许是由于进入二审程序的案件可能本来就不应当被裁判为公司法人人格否认。换句话说,那些应当被裁判为公司法人人格否认的案件,在一审过程后便结案了,于是产生了系统性的偏误。

第六章 公司法人人格否认实证研究　377

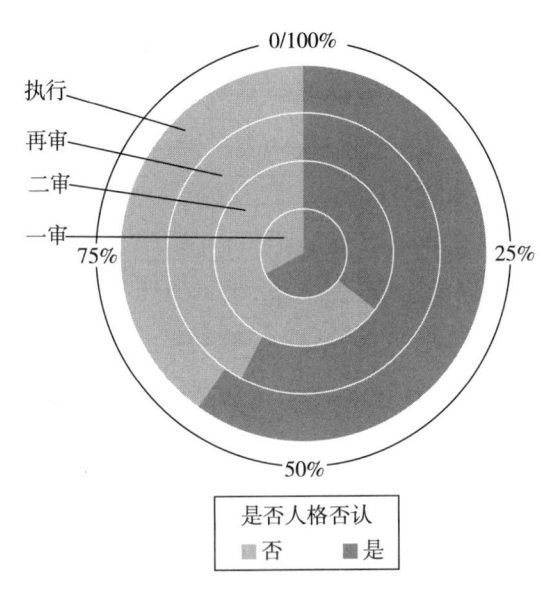

```
         0/100%
    执行
    再审
    二审
    一审
  75%              25%

         50%

      是否人格否认
      ■ 否   ■ 是
```

图6-7　公司法人人格否认与审理程序(相对值)

8.公司法人人格否认与法院级别(绝对值)

在这一部分中,笔者用堆积柱状图进一步考察不同法院级别中的案件数量以及裁判结果之间的关系(见图6-8)。同样,类似第六部分对于第三部分的改进,可以非常直观地了解到不同法院级别作出的判决数量,以及在各自类别中法院对于是否支持公司法人人格否认的倾向。当然,由于第三部分的横轴本身就代表法院级别,在第三部分笔者就已经发现,基层人民法院作出了最多的判决,中级人民法院次之,而高级人民法院与最高人民法院作出的判决数量则明显少于前两者。在基层人民法院中作出了更高比例的支持公司法人人格否认的判决,而在中级人民法院中则要少得多。通过第四部分法院级别与审理程序(相对值)的分析,在中级人民法院审理的案件中,二审程序占据了大部分。那么,究竟是哪一个原因造成了裁判者对于公司法人人格否认支持率的下降?还是由两个因素共同造成这一结果?这是描述性统计难以回答的,只能将这一问题留在推断性统计部分进行讨论。

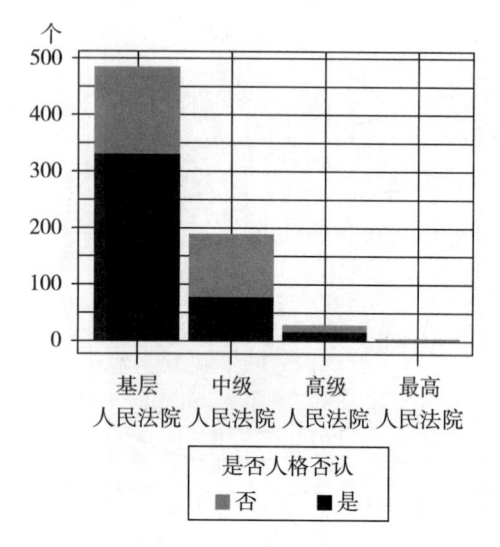

图 6-8 公司法人人格否认与法院级别(绝对值)

样本案例中,高级人民法院和最高人民法院裁判的案件数量较少,笔者将在下一部分通过相对值进行展示。

9. 公司法人人格否认与法院级别(相对值)

在这一部分,笔者发现,最高人民法院作出的判决中,不支持公司法人人格否认的判决的比例要更高一些,弥补了在上一部分没有观察到的缺憾(见图6-9)。对于最高人民法院裁判的解读,或许应用案例分析的方法更为合适:一方面,最高人民法院作出的判决数量较少,采用个案分析是有可能性的,而从个案分析中获得的信息是统计分析中无法获得的;另一方面,由于最高人民法院作出的判决较少,如果对其进行统计分析,那么就可能产生非常大的统计误差。

第六章 公司法人人格否认实证研究 379

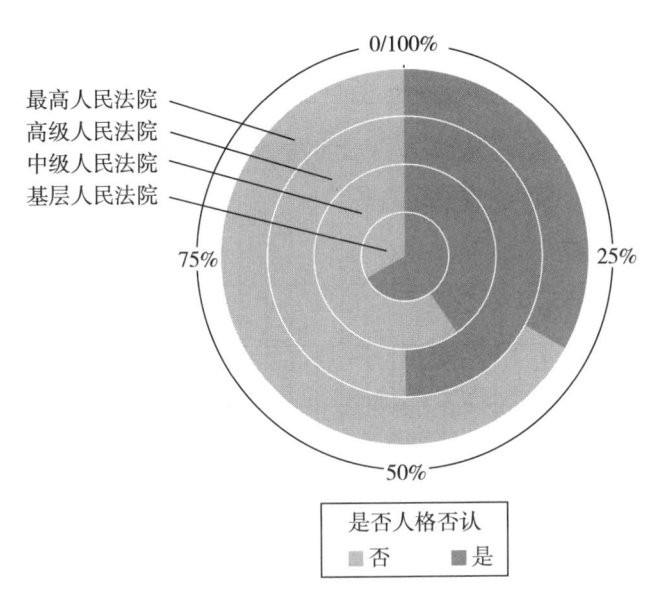

图 6-9 公司法人人格否认与法院级别(相对值)

因此,笔者把目光放在中级人民法院与基层人民法院作出的判决的差异上,在推断性统计方面,笔者将会把注意力放在如何识别法院级别、审判程序给法院支持公司法人人格否认带来的影响上。

10. 公司法人人格否认与时间的关系

在这一部分,笔者绘制了从 2005 年至 2020 年间法院是否支持公司法人人格否认的比例的时间序列(见图 6-10)。图片中的深色线条是样本均值,浅色部分是 95% 置信区间。由于在比较早的时候,案件数量比较少,样本标准误比较高,置信区间甚至来到了 0 以下,但是随着案件数量的增加,可以看到置信区间迅速缩小,其带来的结论也就更加可信。同样地,在靠近时间轴末尾部分,由于案件数量减少,标准误扩大,置信区间稍有扩张,但是仍然可以作出有效的判断。

随着时间的推进,法院对于公司法人人格否认类案件的判决数量是慢慢提升的,并且,在 2019 年后,可以发现,这种提升显现出了更高的速度。对此,笔者提出一个假设,随着 2019 年《九民纪要》的出台,法院的裁判倾向发生了改变。当然,对于这一假设,需要更加严格的推断性统计进行检验。

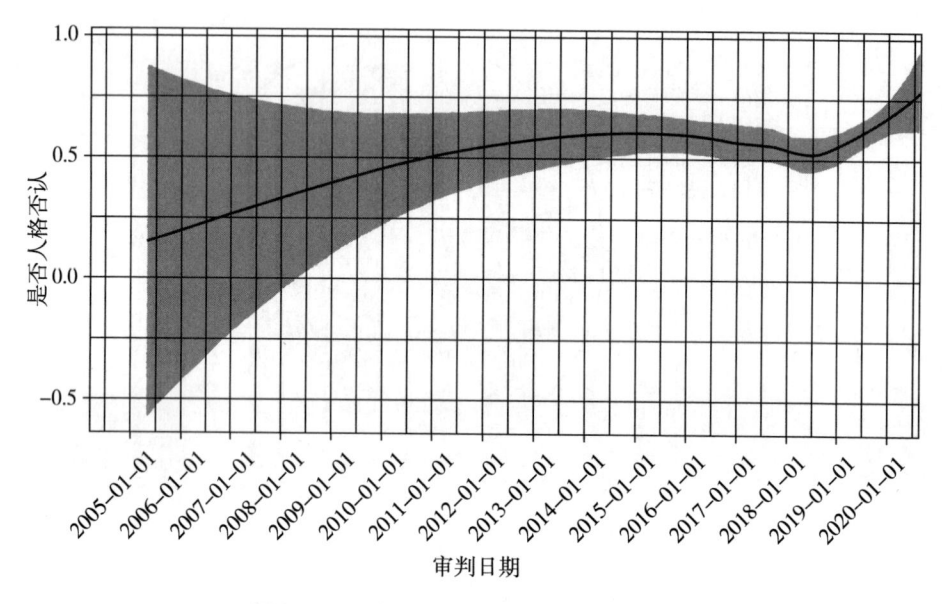

图 6-10　公司法人人格否认与时间的关系

11. 是否支持债权与时间的关系

在这一部分,笔者发现法院对于是否支持债权的裁判同样在 2019 年后有一个明显的上升(见图 6-11)。法院不支持原告对于债权的诉讼请求时,也不会支持原告对于公司法人人格否认的诉讼请求;从反面进行推断,当法院更多地支持原告对于债权的诉讼请求时,支持原告提出的公司法人人格否认诉求的概率也会提升。因此,要探讨上一部分提出的假设,就不得不用模型控制住法院对于债权支持率的影响,以此考察在 2019 年法院是否显著地提升了支持公司法人人格否认的裁判比率。

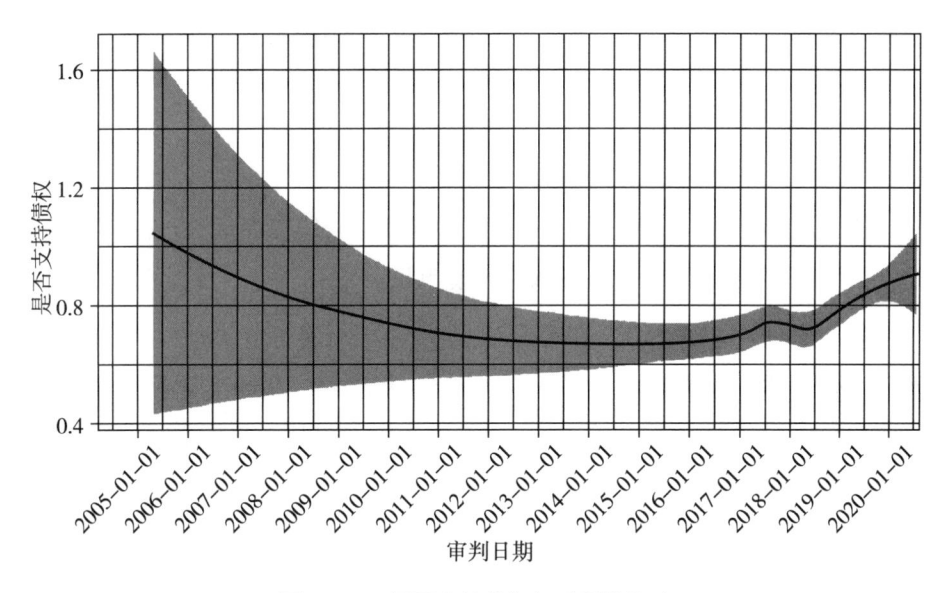

图 6-11 是否支持债权与时间的关系

(二) 推断性统计

笔者关心的核心问题是,什么因素影响了法院作出支持或不支持公司法人人格否认的判决。与之相关的问题是,不同因素的影响程度是否有区别,哪些影响因素是真实的,哪些影响因素是通过其他的因素起作用,而自身并不产生直接影响的,等等。笔者采用离散选择模型研究这一问题。法院的裁判支持公司法人人格否认,与不支持公司法人人格否认,是一种非此即彼的二元选择,笔者将其视作因变量 y,而其余的影响因素,则视作自变量 x。离散选择模型的基本原理是,假定于每一个事件,也就是每一份判决,其因变量 y 取值为 1 的概率是由自变量 x 决定的,而决定的方式则是一个特定的函数关系,其中的系数是待定的。通过观测到的数据,可以计算出待定的系数,系数的正负、大小,代表了对应变量的影响方向、大小。

笔者选择逻辑回归模型,其模型设定是:

$$P(y = 1 \mid x) = \frac{e^{x'\beta}}{1 + e^{x'\beta}}$$

其中,x 是笔者关心的因素,在不同的模型中,可以将不同的自变量放入 x 中,而与 x 相对应的 β,则代表这一变量的影响方向、大小。有几点方法论上的问题需要强调:首先,β的取值具有定性与半定量的意义,但不具有绝对的定量意义。事实上,笔者很难穷尽影响法院作出裁判的因素,即便在理论上可以设想,也难以取得相关的样本,因此,笔者更应该关注β的正负,以及同一个模型中,不同β的相对大小,以判断不同因素的影响程度,而不是关注它的绝对水平。其次,笔者进行了多次估计,每一次均选择不同的自变量。这样的处理并非自相矛盾,因为要设定"唯一正确"的模型几乎是不可能的,而通过各自不同但互有关联的模型对比,可以很好地看出,哪些因素始终对法院的判决结果有影响,哪些因素则会在添加其他因素后变得不再显著。这种分析方式提高了结论的稳健性。

在下文的表6-12中,"估计值"是每个因素对应的系数估计值,"标准误"则代表它的估计误差。"P-value"列对应着拒绝假设检验中的原假设:犯错概率。P-value越小,则越可以认为其对应的因素是显著异于0的,换句话说,对于笔者要讨论的问题有显著的影响。若P-value < 0.01,标记为"***",若0.01≤P-value < 0.05,标记为"**",若0.05≤P-value < 0.1,标记为"*"。一般来说,P-value≥0.1,则笔者不再认为系数是显著异于0的,因为作出如此判断会存在相对较大的犯错概率(10%)。若P-value过大,哪怕系数不是0,也与0没有很大的差异。在每个模型中,笔者都加入了截距项,也就是常数项,加入这一项可以提高模型的稳健性,但由于它不对应任何因素,没有很大的意义。

表6-12 公司法人人格否认与支持债权的关系

变量	估计值	标准误	P-value
截距	-2.1572	0.2562	<2*10^-6 ***
支持债权 是（基准:否）	3.2195	0.2743	<2*10^-6 ***

1.公司法人人格否认与支持债权之间的关系

从上一部分的描述性统计,笔者已经初步得知,法院在不支持原告的债权时,也不会支持原告关于公司法人人格否认的诉讼请求。从表6-12中可以发现,以不支持债权为基准,如果案件的裁判结果支持债权,那么法院裁判支持公司法人人格否认的概率会显著提升。在后面的模型中,为了保证模型的稳健性,在探讨了每一个因素对于法院是否裁判支持公司法人人格否认的影响后,会加入是否支持债权这一变量。

2. 公司法人人格否认与审理程序之间的关系

以一审程序为基准,可以发现在二审程序、再审程序、执行程序中,法院认定支持公司法人人格否认的概率均有所降低,其中以二审程序最为明显,其系数的绝对值明显高于另外两个(见表6-13)。进一步,由于再审程序与执行程序的系数并不显著,笔者难以给出结论,认为在再审程序和执行程序中,法院裁判支持公司法人人格否认的概率要显著低于在一审程序中的概率。笔者可以作出的判断是,在二审程序中,法院裁判支持公司法人人格否认的概率会显著降低。这样的原因或许在于,那些已经被法院裁判为公司法人人格否认并且支持债权的案件,被告方不倾向于上诉;而那些一审法院裁判为不支持公司法人人格否认的案件,原告方倾向于上诉。这样,进入二审程序的案件便存在系统性的差别。当然,还有其他的因素会造成这种差别,如二审程序的法官会更加谨慎地认定公司法人人格否认等。对产生这一结果的因素,可以进行进一步的探讨。

表6-13　公司法人人格否认与审理程序的关系

变量	估计值	标准误	P-value
截距	0.7553	0.0971	$7.2*10^{-15}$ ***
审理程序　二审	-1.3539	0.1866	$4.0*10^{-13}$ ***
审理程序　再审	-0.4368	0.4747	0.357
审理程序　执行 (基准:一审)	-0.3498	0.3851	0.364

3. 公司法人人格否认与支持债权及审理程序之间的关系

在这一部分,笔者不但以审理程序作为自变量,而且加入了法院是否支持债权这一变量(见表6-14)。当模型同时存在两个及以上变量时,这些变量对于法院是否支持人格否认的影响会被模型同时考虑,得到的回归结果是权衡了所有因素后的最优估计,这样就可以得到更加稳健的回归结果。在这个回归结果中可以看出,是否支持债权这一因素对应的系数基本没有变化,并且其绝值要高于审理程序中任何一个因素的值。在控制了支持债权的影响后,以一审程序为基准,二审程序仍然显著为负,而再审程序与执行程序的系数正负反转,但是仍然不显著。这说明,对于再审程序与执行程序要下一个比较确定的结论是比较困难的。

表 6-14 公司法人人格否认与支持债权及审理程序的关系

变量	估计值	标准误	P-value
截距	-1.8906	0.2696	$2.4*10^{-12}$ ***
支持债权 是 (基准:否)	3.3723	0.2864	$2.0*10^{-16}$ ***
审理程序 二审	-1.5333	0.2156	$1.1*10^{-12}$ ***
审理程序 再审	0.1180	0.6401	0.854
审理程序 执行 (基准:一审)	0.2682	0.5238	0.609

对于审理程序是否确定地影响法院对于是否支持公司法人人格否认的裁判,也要考虑到不同的审理程序是由不同层级的法院启动的,因此,下一部分分析法院层级对于公司法人人格否认是否具有影响。

4. 公司法人人格否认与支持债权及法院级别之间的关系

在这一部分,笔者直接考虑带有两个因素的回归模型,在确定法院对于债权是否支持的情况下,讨论法院级别与公司法人人格否认之间的关系(见表6-15)。首先,是否支持债权对于是否认定公司法人人格否认的影响仍然是非常显著的。其次,可以看到,以基层人民法院为基准,中级人民法院支持公司法人人格否认的概率显著偏低,高级人民法院与最高人民法院的系数同样为负,但是并不显著,尤其是高级人民法院。尽管最高人民法院系数的绝对值要高于中级人民法院、高级人民法院,但是其标准误很大,因此显著程度并不高。而标准误数值较大的原因是,样本数量较少。

表 6-15 公司法人人格否认与支持债权及法院级别的关系

变量	估计值	标准误	P-value
截距	-1.8345	0.2638	3.5*10^-12***
支持债权 是 （基准:否）	3.3190	0.2821	2.0*10^-16***
法院级别 中级	-1.3015	0.2071	3.3*10-9***
法院级别 高级	-0.3122	0.4935	0.527
法院级别 最高 （基准:基层）	-2.1777	1.2315	0.077*

尽管中级人民法院的系数显著为负,但是笔者不能作出定论。在描述性统计部分,笔者发现法院的级别与审判程序有密切的关联,尤其是中级人民法院与二审程序之间,存在大量的重合。因此,笔者希望探讨,究竟是法院的级别,还是审理的程序,对于裁判结果有真正的影响。

5. 公司法人人格否认与支持债权、法院级别及审理程序之间的关系

在这一部分,笔者同时考虑法院级别与审理程序这两个因素,并且确定了法院对于债权是否支持这一因素(见表 6-16)。可以发现,在审理程序部分,原本显著的二审程序,现在依然是显著的,并且符号没有发生变化,而原本不显著的再审程序与执行程序,现在仍然是不显著的。更为重要的是,在法院级别部分,原本显著的中级人民法院,现在变为不显著。换句话说,在确定了法院级别后,审理程序对于裁判结果是否认定公司法人人格否认的影响仍然是显著的,但是在确定了审理程序后,法院级别对于裁判结果的影响变得不再显著。因此,笔者可以得到比较确切的结论,审理程序会显著地影响裁判结果,这一结论不受到法院级别的干扰。

表 6-16 公司法人人格否认与支持债权、法院级别及审理程序的关系

变量	估计值	标准误	P-value
截距	-1.9231	0.2741	2.3*10^-12***
支持债权 是 （基准:否）	3.4111	0.2895	2.0*10^-16***

续表

变量	估计值	标准误	P-value
审理程序　二审	-1.5517	0.5285	0.003***
审理程序　再审	0.0022	0.8592	0.9980
审理程序　执行 （基准：一审）	0.3182	0.5575	0.5681
法院级别　中级	-0.0078	0.5077	0.9878
法院级别　高级	0.4336	0.7187	0.5463
法院级别　最高 （基准：基层）	-1.8976	1.3979	0.1746

同时，笔者发现，审理程序中的二审程序，以及支持债权，这两个因素的系数保持稳定，这从另一个角度说明了回归结果的稳定性。

6. 公司法人人格否认与《九民纪要》之间的关系

在描述性统计部分，笔者发现了法院的裁判结果在2019年中、后有很大的变化，支持公司法人人格否认的概率明显上升（见表6-17）。考虑到《九民纪要》在同一时间发布，并且对于公司法人人格否认案件的裁判作出了相关规定，笔者希望探索，在《九民纪要》出台前后，法院对于公司法人人格否认的支持率是否会有改变。回归的结果显示，以《九民纪要》出台前为基准，《九民纪要》发布后，法院对于公司法人人格否认的支持率有显著提高。

表6-17　公司法人人格否认与《九民纪要》的关系

变量	估计值	标准误	P-value
截距	0.2557	0.0836	0.0022***
《九民纪要》　后 （基准：前）	0.7911	0.2189	0.0003***

7. 公司法人人格否认与支持债权及《九民纪要》之间的关系

在描述性统计部分，笔者已经发现，随着《九民纪要》的出台，法院的裁判更多地支持原告的债权（见表6-18）。这或许是因为，支持债权是确认公司法人人格否认的必要条件，因此作为一个伴随性的现象，法院对于债权的支持率也在上升。笔者希望探讨，在确定法院是否支持债权的情况下，法院对于是否认定公司法人人格否认在《九民纪要》出台前后是否有变化。模型显示,在确定了法院对于是否支持债权这一变量后,《九民纪要》的估计值有所变小,显著度也有所降低。不过,《九民纪要》的出台对于法院的影响仍然是显著的。笔者通过数据分析的方式,验证了《九民纪要》对于法院认定公司法人人格否认的正面影响。由于规则变得更加清晰,法院有更多的机会作出适用这一制度的裁判,这样的结果是意料之中的。

表6-18　公司法人人格否认与支持债权及《九民纪要》的关系

变量	估计值	标准误	P-value
截距	-2.2171	0.2587	$<2*10^{-6}$***
支持债权　是 （基准:否）	3.1800	0.2749	$<2.10^{-6}$***
《九民纪要》　后 （基准:前）	0.5411	0.2523	0.032**

8. 公司法人人格否认与支持债权、审理程序及《九民纪要》之间的关系

上面的若干回归模型已经证明了:法院是否支持债权、案件的审理程序、《九民纪要》的出台都是影响法院裁判结果的明显因素(见表6-19)。结合前面作出的回归模型,笔者希望验证,当这3个重要的影响因素同时加入模型后,它们是否仍然都是显著的,换句话说,它们是否均属于影响模型的重要因素。结果表明,当将这3个因素同时放入模型后,这3个因素仍然同时是显著的。并且,相对于上一个模型来讲,《九民纪要》的显著性有所降低,且回归系数有所升高。

表6-19　公司法人人格否认与支持债权、审理程序及《九民纪要》的关系

变量	估计值	标准误	P-value
截距	-1.9596	0.2727	$6.8*10^{-13}$***
支持债权　是 （基准:否）	3.3354	0.2874	$2.0*10^{-16}$***
审理程序　二审	-1.5470	0.2172	$1.1*10^{-12}$***
审理程序　再审	0.0635	0.6465	0.9218

续表

变量	估计值	标准误	P-value
审理程序 执行（基准：一审）	0.3194	0.5192	0.5384
《九民纪要》后（基准：前）	0.5928	0.2633	0.0244**

因此，笔者可以比较确定地认为，法院是否支持债权、案件的审理程序、《九民纪要》的出台这3个因素都是影响法院是否支持公司法人人格否认的重要因素。笔者采用了多个模型，考虑了各种不同因素，综合判断后可以认为，这一结论是比较稳妥的。

(三)公司法人人格否认类型统计分析

图6-12表明，司法实践中最常见的公司法人人格否认的类型首先是财产混同，其次是人格混同，最后是滥用股东权利，而其他类型的混同不超过13%。从《九民纪要》的出台来看，其总结司法审判经验，明确了3种具体的公司法人人格否认类型，即人格混同、过度支配与控制、资本显著不足，并且针对3种类型的具体情形进行了相应总结。但是，通过对样本量的统计来看，实际上实践中财产混同占比最大：一方面，由于财产混同一般体现为公司的财产账目之间混同，有明确的银行进出账的记录，有明确的证据，相对而言更具有确定性；另一方面，往往当事人通过财务数据的记录更容易发现、收集人格否认的证据，从而提起相应诉讼和诉讼请求。而《九民纪要》中规定的资本显著不足和过度支配与控制，在实践中占比相对较少。一方面，就公司的资本而言，以较少资本获得较大利润是公司及投资主体追求的目标，其中还涉及商业判断的规则，因此具有很大的模糊性，法院必须更为谨慎。另一方面，在《九民纪要》出台以前，公司法上并没有对公司法人人格否认的具体类型进行区分，但在司法实践中还存在欺诈或不当行为、人员混同、业务混同等类型。因此，公司法人人格否认案件中法院需要针对诉讼请求和具体的案件来判断构成何种类型的否认，以及需要实质判断现有证据下是否足以推翻公司的独立法人地位。

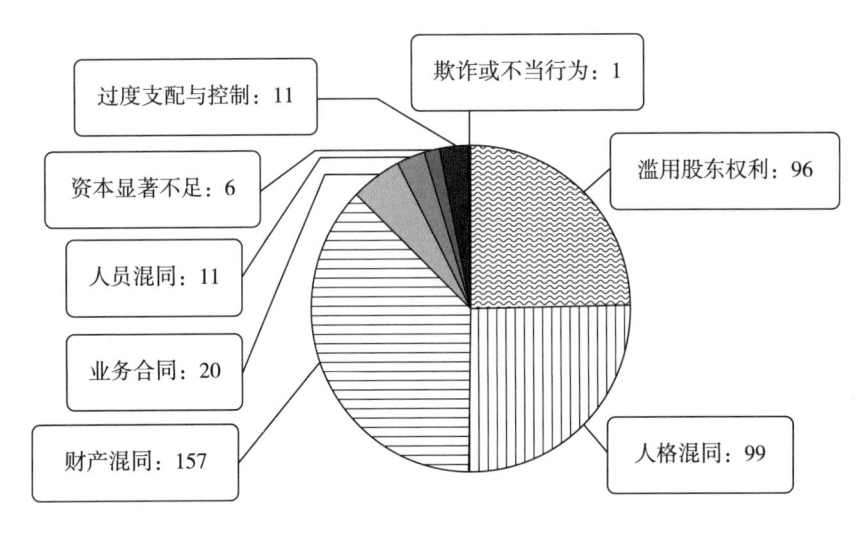

图中数据：
- 过度支配与控制：11
- 欺诈或不当行为：1
- 资本显著不足：6
- 滥用股东权利：96
- 人员混同：11
- 业务合同：20
- 财产混同：157
- 人格混同：99

图 6-12　公司法人人格否认类型统计分析

通过以上梳理，一方面，可以看出在公司法人人格否认案中，只有证据相对确定，标准相对统一且清晰，公司法人人格否认主张才为法院所接纳，也体现了司法在否认公司独立人格主体地位方面的审慎性；另一方面，更为重要的是，根据前述数据统计可以很好地了解公司法人人格否认在中国司法实践中的发展，也为未来进一步明确使用标准提供依据和前提。

同时，公司内部治理可以着重从实践中常被适用的否认类型入手，构建公司防范被否认的风险体系和制度，确保公司治理符合法治轨道，在法律的框架实现管理层的意志，维护公司的主体利益。

（四）公司法人人格否认类型的刺破率

从图 6-13 可以看出，财产混同是样本数据中占比最高的类型，与上述分析中财产混同的标准和认定相对清晰有关；而在滥用股东权利和人格混同中，刺破成功率不到 50%。显然，这两类公司法人人格否认的类型，仍然有相对较多的抗辩空间。

人员混同和资本显著不足以及欺诈或不当行为的样本数量有限，但可以推断的是，这些较少的公司法人人格否认类型，其成功率相对较高。因其类型的特殊性、构成要件的特殊性，一旦存在该种情形，一般较容易直接构成公司法人人格否认,从而刺破公司面纱。

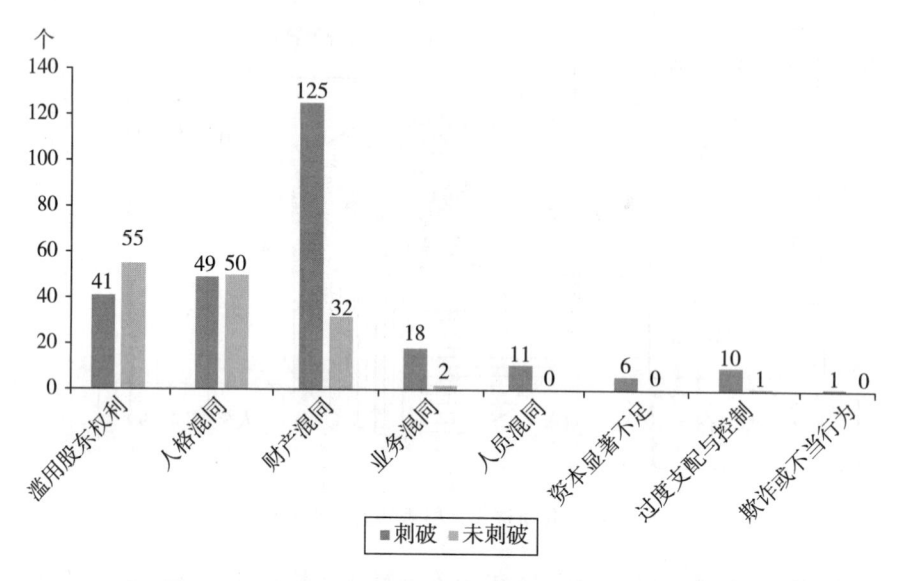

图6-13 公司法人人格否认类型的公司面纱刺破率统计

因此,应该针对刺破率不高的否认类型,审慎考察其是由于定义或标准模糊,还是证据收集存在困难,或者其本身未必是构成公司法人人格否认的合理理由。虽然公司法上只有公司法人人格否认涵盖了所有刺破公司面纱的情形,但是《九民纪要》基于司法审判实践,进一步明确了公司法人人格否认的几种类型。从对判决书的梳理过程来看,法院并不是笼统地直接适用公司法人人格否认的条文,而是根据具体案情来判断当事人的诉讼请求从哪一层面上否认公司的独立主体地位。从这个角度来说,公司法上将公司法人人格否认的情形笼统代之,也有利于法院在司法实践中不断扩展公司法人人格否认中可能出现的新的足以刺破公司面纱的情形,从而完善公司法人人格否认制度,不断维护公司作为独立法人的主体地位和利益。

(五)小结

本部分是对法院裁判公司法人人格否认的影响因素的统计学分析。笔者结合了描述性统计与推断性统计:首先,用图表展示了案件的整体信息,用合适的方法从不同的角度展示了研究对象的信息。其次,用离散选择模型中的逻辑回归模型将不同的因素综合考虑,用定性与半定量的方法,具体地探讨了不同因素对于法院裁判结果的影响,并且尽可能地排除了因素与因素之间的干扰。最后,通过对法院在司法实践中具体适用公司法人人格否认的类型和成功率进行统计分析,了解了公司法人人格否认制度在实践中的具体运用和裁判。

在描述性统计部分,笔者展示了案件的审理程序与法院层级之间的密切关系,进而在推断性统计部分进行辨别。并且,通过描绘时间序列,直观地观察到政策对于法院审判倾向的影响。

在推断性统计部分,笔者成功地排除了法院级别这一无关因素,总结出了对于法院裁判有真实影响的 3 个因素:法院是否支持债权、案件的审理程序、《九民纪要》的出台。若不使用统计学的方法,很难识别不同因素之间的混杂影响,这是本部分对于整体的贡献。

在司法实践中法院具体适用公司法人人格否认的类型上,财产混同的比重较高,人格混同和滥用股东权利次之,这与其标准相对明确清晰息息相关。而资本显著不足这一类型,由于内涵不够明确,标准模糊,同时可能涉及公司主体自身的商业判断,在实践中法院适用极少,这表明了法院在对公司的独立法人主体地位的判断上保持谨慎和谦抑的态度。

总之,以裁判文书为基础,进行相应的数理统计和分析,有利于深化公司法人人格否认制度在司法实践中的应用;同时,数据之间关联性的新发现也为思考公司法人人格否认制度的进一步发展和运用提供新的视野和维度。

三、焦点问题之二:特殊类型人格否认

(一) 关联企业法人人格否认

1. 关联企业的概念

我国公司法并没有对何谓关联企业作出规定,《公司法》第 216 条第 4 项(2023 年修订后为第 265 条第 4 项)解释了"关联关系"的含义。关联关系,是指公司控股股东、实际控制人、董事、监事、高级管理人员与其直接或者间接控制的企业之间的关系,以及可能导致公司利益转移的其他关系。但是,国家控股的企业之间不因为同受国家控股而具有关联关系。施天涛教授认为,关联企业是指企业之间为达到特定经济目的通过特定手段形成的企业之间的联合,不

包括营业部、分公司等不具有独立法人人格的分支机构。① 邓峰教授认为,企业之间的联合指向的是一种组织联盟,由两个或者两个以上的企业主体之间形成,企业之间存在控制与被控制或者组织与协调的关系,在市场经济中企业之间有统一安排或者共同进退的整体利益。②

2. 关联企业之分类

根据刘俊海教授的分类,关联企业有纵向与横向之分。纵向关联企业,如母子公司关系或公司与控股公司的关系等;横向关联企业非单向的控制和从属关系,多是互为影响的双向关系。③ 横向关联企业之间缺少显著的控制与被控制情形,因此司法实务中对如何否认姐妹公司的法人人格争议不断。④ 在最高人民法院指导案例 15 号发布之前,无法用人格否认刺破横向关联企业面纱。

3. 纵向关联企业的人格否认

我国的刺破公司面纱制度普遍适用于各种公司组织架构,并未对公司集团制定特殊规则。公司集团背景下有限责任的作用不同于一般情形,故从理论上讲,其适用刺破面纱制度的方式应有所不同。⑤

纵向关联企业刺破面纱,虽然可以适用《公司法》第 20 条第 3 款的"人格否认"制度,但依旧有刺破标准。朱慈蕴教授认为,母公司对子公司只存在控制,并不必然导致揭开公司面纱。这种控制必须达到令子公司完全丧失或基本丧失自主权,即母公司对子公司实施过度控制,使其完全丧失独立的法律人格的程度时,法院才揭开公司这层面纱,令母公司对子公司的债权人直接负责。也有观点认为,母公司对子公司的过度控制有 3 项条件:(1)母公司对子公司的经营有完全的支配,而且这种支配具有连续性、持久性、广泛性的特点;(2)母公司对子公司销售控制权系为不正当之利益,即控制权之行使,系为母公司之利益以损害子公司;(3)母公司对子公司的控制,对子公司的债权人或少数股东造成损害。

---

① 参见施天涛:《关联企业概念之法律透视》,载《法律科学(西北政法学院学报)》1998 年第 2 期。
② 参见邓峰:《普通公司法》,中国人民大学出版社 2009 年版,第 152 页。
③ 参见刘俊海:《现代公司法》(上册)(第 3 版),法律出版社 2015 年版,第 666 页。
④ 参见王纯强:《关联企业法人格否认制度的完善与裁判标准构建》,载《法律适用》2019 年第 24 期。
⑤ 参见黄辉:《公司集团背景下的法人格否认:一个实证研究》,载《中外法学》2020 年第 2 期。

4.纵向关联企业案例分析

在本次案例统计中,确实存在母公司子公司法人人格否认的案例。例如,宝建公司是河北建设集团股份有限公司设立的独资子公司,从成立的目的来看,宝建公司在涉案建设工程、公司财务(仅工程款过账和纳税)上就不具有法人的独立性;从事实上看,宝建公司在涉案工程的承包、流转、与第三方购销、公司财务(仅收支工程款)上也不具有法人的独立性。由此可见,河北建设集团股份有限公司作为宝建公司的唯一股东利用宝建公司法人地位和有限责任,损害了宝建公司债权人的合法利益,根据法律规定,依法应当承担连带责任。①在另一起案例中,法院认为,幸福蓝海公司将笛女公司的资金供关联企业无偿使用,未提交相关的合理性证据,幸福蓝海公司作为重庆笛女公司、笛女公司的控制股东控制多个子公司或者关联企业,滥用控制权使笛女公司、重庆笛女公司财产边界不清,幸福蓝海公司的行为属于《公司法》第20条第3款规定的范围,应当对笛女公司的债务承担连带责任。②

在本次案例统计中,笔者还发现了双层刺破公司面纱的案例,其基本案情如下:得量电机(深圳)有限公司系由一个法人股东,即英属维京群岛得量企业有限公司设立的一人有限公司,而张某某系英属维京群岛得量企业有限公司的唯一投资人,得量电机(深圳)有限公司的设立、投资、增资、董事监事的选任等事项均由张某某个人决定,张某某系得量电机(深圳)有限公司的实际控制人。涉案合同约定的相关房屋占用费、押金均支付至张某某个人的银行账户,张某某及得量电机(深圳)有限公司均不能举证证实公司的财产独立于张某某个人财产(一人公司举证责任倒置),张某某与得量电机(深圳)有限公司之间存在财产混同。张某某存在利用其对公司的控制权收取公司款项并滥用公司法人独立人格和股东有限责任意图逃避债务的嫌疑,违背中国法律规定的诚实信用和合法经营的原则,依法应当对得量电机(深圳)有限公司债务承担连带责任。③

---

① 参见安徽省当涂县人民法院民事判决书,(2017)皖0521民初1857号。
② 参见北京市朝阳区人民法院民事判决书,(2019)京0105民初28656号。
③ 参见广东省深圳市宝安区人民法院民事判决书,(2019)粤0306民初21520号。

5. 横向关联企业(兄弟型)的人格否认

现实中,横向关联企业被刺破公司面纱,实质是应其中某个企业债权人的请求,否认关联企业之间独立地位,将各关联企业视为一个整体,以其全部资产对外共同承担责任。① 否认各关联企业的独立人格,是将股东的责任延伸到由他们完全控制的关联企业上,以遏制滥用关联关系实现债务逃避的行为。②

(1)最高人民法院指导案例15号确立横向关联企业可适用人格否认

最高人民法院指导案例15号徐工集团工程机械股份有限公司(以下简称徐工机械公司)诉成都川交工贸有限责任公司(以下简称川交工贸公司)等买卖合同纠纷案③,确立我国横向关联企业适用《公司法》第20条第3款的司法裁判标准。该案涉及买卖合同中守约方请求违约方支付剩余货款及利息的纠纷,徐工机械公司与川交工贸公司签订工业品买卖合同,但川交工贸公司未支付货款。该案中与公司法人人格否认相关的争议焦点有二:第一,四川瑞路建设工程有限公司(以下简称瑞路公司)、成都川交工程机械有限责任公司(以下简称川交机械公司)与川交工贸公司之间是否存在人格混同情形,是否应对川交工贸公司的债务承担连带清偿责任;第二,相关股东、财务人员是否应对川交工贸公司的债务承担连带清偿责任。

法院认为,川交工贸公司与川交机械公司、瑞路公司人格混同,主要理由如下:一是三个公司人员混同。三个公司的经理、财务负责人、出纳会计、工商手续经办人均相同,其他管理人员亦存在交叉任职的情形。二是三个公司业务混同。三个公司实际经营中均涉及工程机械相关业务,经销过程中存在共用销售手册、经销协议的情形;对外进行宣传时信息混同。三是三个公司财务混同。三个公司使用共同账户,以王某某的签字作为具体用款依据,对其中的资金及支配无法证明已作区分;三个公司与徐工机械公司之间的债权债务、业绩、账务及返利均计算在川交工贸公司名下。因此,三个公司之间表征人格的因素(人员、业务、财务等)高度混同,导致各自财产无法区分,已丧失独立人格,构成人格混同,且严重损害债权人利益。根据《公司法》第20条第3款,三个公司应

---

① 参见施天涛:《公司法论》(第4版),法律出版社2018年版,第33页。
② 参见朱慈蕴:《公司法人格否认:从法条跃入实践》,载《清华法学》2007年第2期。
③ 江苏省高级人民法院民事判决书,(2011)苏商终字第0107号。

承担连带责任。

最高人民法院指导案例15号实现了：规范对象从"纵向否认"向"横向否认"的突破；规范类型从"股东滥用型"向"关联企业人格混同型"的突破；规范效果从"股东与公司的连带责任"向"关联企业间连带责任"的突破。与其说最高人民法院指导案例15号在扩展法条规范适用范围，不如说是在创造新的规范。① 可以认为，最高人民法院指导案例15号所反映的责任承担链条是"单一公司—多位股东—多个公司"，其实质是在适用传统法人人格否认制度的基础上运用外部人反向刺破公司面纱的结果。②

此后，绝大多数横向关联企业刺破面纱均以人员、业务、财务是否混同为标准，其结果是使各自财产无法区分，丧失独立人格，构成人格混同。法院分析的思路基本为"在原告与被告利东公司签订合同期间，利东公司与百信公司的公司人员混同……在公司业务方面……在公司财务方面……两公司之间财务状况不明晰。因此，百信公司与利东公司之间表征人格的因素（人员、业务、财务）高度混同，导致各自财产无法区分，已丧失独立人格，构成人格混同……现利东公司下落不明，投资人的合法权益得不到保障，百信公司又以与原告无民事法律关系为由辩解不应承担责任……故参照《中华人民共和国公司法》第二十条第三款的规定，百信公司对利东公司的债务应当承担连带清偿责任"③。

（2）横向刺破公司面纱为债权人提供另一种可能性

在一起案例中，法院认为：三个公司虽在工商登记部门登记为彼此独立的企业法人，但实际控制人均是王某，万通房地产公司因实际控制人占用资金造成应承担的债务无力清偿，严重损害了债权人的利益。参照《公司法》第20条第3款的规定，金土地绿化公司应在漯河华颖（集团）实业有限公司所占40.83%股份内对万通房地产公司所欠贵都置业公司的漯河市中级人民法院（2014）漯民三初字第11号民事判决书确认的债务承担连带清偿责任。④ 在另

---

① 参见陈洁：《关联公司间法人格否认规则的适用机理——兼评最高人民法院第15号指导案例》，载陈洁主编：《商事指导性案例的司法适用》，社会科学文献出版社2017年版。
② 参见彭超、李晶晶：《法人人格否认制度的扩张与调适——以最高法指导案例15号为中心》，载《城市学刊》2020年第3期。
③ 海南省屯昌县人民法院民事判决书，（2016）琼9022民初110号。
④ 参见河南省漯河市召陵区人民法院民事判决书，（2019）豫1104民初1655号。

一起案例中,法院认为:当关联企业的财产无法区分,丧失独立人格时,就丧失了独立承担责任的基础。被告实创集团出资成立实创太原,法定代表人张某某由被告实创集团聘用,被告实创太原经营期间,被告实创集团直接收取了部分客户的业务款,两个公司虽在工商登记部门登记为彼此独立企业法人,但实际上相互之间界限模糊、人格混同,实创太原现已歇业,无力承担对外债务,严重损害了债权人的利益。① 就上述两个案例而言,若无横向管理公司刺破面纱承担连带清偿责任,则只能诉公司实际控制人或股东,要求其承担连带赔偿责任。如果股东将其资金全部转移到另一关联企业,或股东自身的财产状况已经不佳,则债权人的债权极有可能无法得到救济,股东可以轻易摆脱其责任。因最高人民法院指导案例 15 号的实践,债权人多了一种诉讼选择。此时,债权人可以依据股东及关联企业的财务状况,判断更有清偿能力及胜诉可能的一方,选择自身的诉讼策略。

(3)实践中人格混同的认定混乱

关联企业适用人格否认的标准模糊,是否与传统的混同标准相同,尚未达成共识。混同包括财产混同、业务混同和人员混同。在笔者统计的关联企业法人人格否认案例中,资产混同的运用最多,而人员混同的运用最少。在具体案件中需要法官运用自由裁量权去判断和衡量。

有的案例中,财务混同可以单独被认定为人格混同。例如,在某案中,法院认为:羊洞塘园艺场自 2006 年 6 月成立后,该厂的投资人从刘某 1 变更为刘某 1 之妻刘某 3,再变更为刘某 1 之子刘某 2,结合 4 上诉人在二审中的陈述,羊洞塘园艺场与天成菊花厂为家庭共同经营的企业,存在财产混同的现状,一审法院判决刘某 2 与羊洞塘园艺场对涉案欠款承担连带赔偿责任并无不当。② 还有的案例中,存在无财务混同也可构成的人格混同。又如,在某案中,法院认为:巨潮贸易公司与巨潮矿产公司人格混同,一是两个公司的法人、经理、工商手续经办人相同,均为马某某;二是两个公司业务混同,均是从事矿产品的销售。因此,两个公司之间人员、业务高度混同,导致各自财产无法区分,已丧失

---

① 参见山西省太原市杏花岭区人民法院民事判决书,(2018)晋 0107 民初 344 号。
② 参见云南省文山壮族苗族自治州中级人民法院民事判决书,(2016)云 26 民终 561 号。

独立人格，构成人格混同。该案中，两个公司虽在工商登记部门登记为彼此独立的企业法人，但实际上相互之间界线模糊、人格混同。①

通常，人员混同并不能单独构成人格混同。对于关联企业来说，其人员存在部分交叉属于正常情况。在某案中，法院认为，该案中两公司的法定代表人确为同一人，但在股东组成、业务范围、办公地址上还有区别，涵延公司也未提供证据证明财务方面的混同，故涵延公司提供的证据不足以证明上述两公司之间存在人格上的混同，故对涵延公司该诉讼请求，难以支持。②

业务混同的内涵过于宽泛，进而导致实践中业务混同的认定标准不一，业务混同在人格混同判断体系中的地位不明确，部分法院在说理的部分往往一笔带过，并未展开，因而实务中认定业务混同的主观性过强。在一起案例中，法院认为，关于业务混同问题，对比该三被告的营业范围，虽然彼此关联，有所交叉，但并不足以认定业务高度混同。③ 若把该句中的用词进行替换，构成"彼此关联，有所交叉，足以认定业务高度混同"，也完全符合用语逻辑。换言之，部分法院在这一方面的判断标准一定程度上不够严谨，更缺乏足够的说服力。在另一起案例中，法院认为，德仁及美高梅两公司虽在工商登记部门登记为彼此独立的企业法人，但两家公司表征人格的因素（人员、财务等）高度混同，导致各自财产无法区分，已丧失独立人格，相互之间界线模糊、人格混同。④ 此时，业务混同又不在人格混同的认定范围内，无须业务混同也可认定为人格混同。

还有案例中，法院把人格混同的持续性视作人格混同的标准。例如在某案中，法院认为：虽然案涉公司在经营场所、经营范围、高级管理人员任职等方面确实存在时间或者空间上交叉的情形，存在公司人格混同的若干外在表征，但上述外在表征尚不足以证实上述公司在财产、组织机构、业务等方面存在持续的重叠情形，更不足以证实上述外在表征与长城资产公司所主张的高压开关公司丧失独立承担民事责任资格的后果具有因果关系。⑤ 对此，可能的解释是，

---

① 参见贵州省龙里县人民法院民事判决书，(2017)黔2730民初1690号。
② 参见上海市第一中级人民法院民事判决书，(2018)沪01民终12261号。
③ 参见江苏省南京市玄武区人民法院民事判决书，(2018)苏0102民初2926号。
④ 参见湖南省湘潭市岳塘区人民法院民事判决书，(2017)湘0304民初281号。
⑤ 参见最高人民法院民事判决书，(2013)民二终字第66号。

关联企业之间虽然存在关联关系,如人员和业务上的交叉,财务上也可能难以做到规范的界分,但不宜轻易否认公司独立人格,对以人格混同否认法人人格的判断应当采取谦抑性的态度。

此外,刘俊海老师还提出过关联企业机构混同可否作为判断关联企业人格混同的一个标准的问题。① 例如,关联企业共有一个营销部、人力资源部、办公室,关联企业对外办公电话号码、邮箱、宣传内容一致等。笔者更倾向于将共用一个营销部、人力资源部、办公室等行为划入人员混同的类型中,毕竟共有一个部门及办公室只是机构混同的表象,混同的实质是办公室及部门的构成人员一致,即"一套人马,两块牌子"。

现阶段关联企业人格混同认定之乱象是客观存在的,笔者建议严格规范关联企业的人格混同之认定标准。一方面,警示关联企业控股股东,告诉股东何为关联企业人格混同、何等行为视作滥用股东权利、何种条件下由关联企业承担连带责任、何种条件下可以免责,关联企业及其股东得以清楚地知悉其行为规范及行为类型的边界,减少与债权人在该观点上不必要的纠纷,节省司法及行政资源;另一方面,准确的文字表述、说理分析和公正的司法裁判将促使、鞭策关联企业控制人竭力行使其权利、履行其义务,客观上起到监督的作用,从而有助于公司治理的改善、中小股东的保护。

(4) 没有论证损害债权人利益(缺少人格混同损害债权人利益的因果分析)

在实务中,大部分法院都缺少对结果要件部分的认定;同时,还有部分案件尽管进行了结果上的认定,但法院只是简单陈述了债权人主张的债务人未偿还债务的事实,对于债权人利益遭到何种程度的损害并未进行说理,便认定满足结果要件,上述两种做法普遍存在。很大一部分原因是相关指导案例在裁判说理中对于结果要件部分也并未予以重视,只是轻描淡写一笔带过,导致当前司法实践中大部分的法官并未注意对于结果要件部分的说理,而仅侧重于对行为要件部分的说理。在一起案件中,法院认为:恒发通公司与坤园公司因投资人、财务、经营混同,该两公司为关联企业。根据《公司法》第 20 条第 3 款"公司股

---

① 参见刘俊海:《揭开公司面纱制度应用于司法实践的若干问题研究》,载《法律适用》2011 年第 8 期。

东滥用公司法人独立地位和股东有限责任,逃避债务,严重损害公司债权利益的,应当对公司债务承担连带责任"的规定,恒发通公司的债务,坤园公司负连带责任①。若根据法院裁判,投资人、财务、经营混同的结果是两公司为关联企业,因其构成关联企业就要承担连带责任,这显然是对人格否认规则的滥用,降低了该制度适用的门槛,易造成诉讼资源的浪费。②

根据最高人民法院指导案例 15 号确立的原则,对人格混同损害债权人利益进行因果分析是必要的。实践中,也有法院较为充分地进行了人格混同与损害债权人利益的因果分析。例如,某法院在判决书中表明:证明各关联企业人格混同仅是法人人格否认的要件之一,作为债权人的中铁公司尚需提交造成债权人利益受损这一结果要件的证据,诉讼中中铁公司没有提交证据证明该项事实的存在,故对中铁公司基于润鼎公司、泰禾公司、禧丰公司、永润公司、恒晋公司与润庆公司存在人格混同而要求润鼎公司、泰禾公司、禧丰公司、永润公司、恒晋公司对返还投标保证金的诉讼请求不予支持。③

(5)债权人举证责任要求过高

基于债权人和实际控制股东之间的信息不对称,若按照普通的举证责任显然不公平。对检索案例的基本情况予以分析,笔者发现在当前否认关联企业法人人格失败的案件中,基于证明力度或证据不足而导致公司债权人的主张无法实现的案件所占比例是最多的,因此证明责任分配在很大程度上决定着关联企业适用法人人格否认制度的成功与否。况且,关联企业之间内部利益网络错综复杂,即便同在两关联企业任职的董事或员工也难以全面了解公司之间的利益往来,更不用说公司外部的债权人。当然,若完全使举证责任倒置,则会存在滥诉可能,有可能从根本上动摇公司法人人格独立和股东有限责任制度基石。④故而,在实践中对原被告双方证明责任应予以合理分配,要求债务人承担更多的举证责任,反证其并无滥用股东权利致使关联企业间人格混同。

---

① 参见四川省广安市前锋区人民法院民事判决书,(2018)川 1603 民初 898 号。
② 参见赵旭东:《法人人格否认的构成要件分析》,载《人民司法》2011 年第 17 期。
③ 参见四川省崇州市人民法院民事判决书,(2020)川 0184 民初 1 号。
④ 参见李娜:《"取"或"舍":"逆向揭开公司面纱"制度合理性之证成——从宏观价值到微观问题导向之谋定》,载《山东审判》2014 年第 5 期。

(6)横向关联企业背后控制股东是否承担责任之探讨

除了关联企业应当承担连带责任,控制股东也应共同承担责任,目的在于发挥人格否认制度的根本功能——保护债权人。若关联企业背后的控制股东不承担责任,则不符合公司法人人格否认法理所追求的公平、正义的法律核心价值。关联企业之间出现混同的情况下往往会伴随财产的转移、挪用,甚至流向其共同的控制股东,导致关联企业丧失履行债务能力。① 此时应适用公司法人人格否认制度,要求实际控制人对债权人承担责任,这应是顺理成章的。

对此有学者认为,"如果债权人的债权有担保、债权人可以通过行使债权人撤销权或代位权来获得清偿,或者债权人可以通过请求控股股东承担责任,均不应否认关联企业的法人人格"②。实践中,有法院认为,关联企业由共同控制人控制,造成资金在关联企业之间转移,关联企业存在人格混同,应当由实际控制人和关联企业对债务承担连带责任。③ 还有法院在某案例中认为,装饰公司、房屋公司、娱乐公司存在股权交叉关系,三家公司均是沈氏公司出资设立,沈某为三家公司的董事长,对公司拥有绝对的控制权。沈某无视三家公司的独立人格,滥用对公司的控制权,致使装饰公司、房屋公司和娱乐公司在财产、财务管理人员、办公地点、联系方式等方面相同,这种人格混合行为,损害了债权人利益。④ 该法院最终只判令装饰公司的债务由房屋公司与娱乐公司承担连带清偿责任,未要求控制股东承担连带责任,这实际上将传统人格否认和逆向人格否认有机结合。⑤

对此,控制股东的责任承担需满足两个条件:第一,债权人须对控制股东提出诉请,法院不宜主动追加。第二,控制股东是否承担责任,需要视其滥用行为是否满足传统公司法人人格否认制度的构成要件(主观要件、客观要件、行为

---

① 参见樊纪伟:《关联公司扩张适用公司人格否认之检讨——兼评最高人民法院指导案例15号》,载《湖南大学学报(社会科学版)》2016年第3期。
② 王纯强:《关联企业法人格否认制度的完善与裁判标准构建》,载《法律适用》2019年第24期。
③ 参见江苏省南京市中级人民法院民事判决书,(2005)宁民二初字第43号。
④ 参见最高人民法院民事判决书,(2008)民二终字第55号。
⑤ 参见盛海清:《"反向刺破公司面纱"法律问题研究》,载《山东审判》2008年第6期。

要件、结果要件)而定,由债权人承担初步举证责任。①

6. 关联企业破产中的人格否认

现代破产制度给予了债务人特殊保护,公司法人人格制度给债务人提供法律保护的同时,为他们利用破产程序逃避债务提供了可能的条件。② 关联企业人格混同时,将产生两种结果:一是人格混同达到严重程度,符合合并破产条件的,债务人及其关联企业应当适用实质合并破产规则进行实质合并;二是人格混同未达到严重程度,追回应当属于债务人的财产用于清偿债务人的债务。③ 基于类推适用原则,破产程序中可以参照适用《公司法》第 20 条第 3 款关于法人人格否认的规定。④

现实中,我国法院在关联企业破产程序中适用了《公司法》第 20 条第 3 款关于法人人格否认的规定。例如,某法院在某案中认为:吉林金属有限公司与湖南有色金属有限公司在工商行政管理部门登记的经营范围有重合,均涉及矿产品的投资开发、金属销售等,因此认定两个公司表征人格因素混同,吉林金属有限公司已丧失独立人格。综上,湖南有色金属有限公司对吉林金属有限公司的掌控,致使吉林金属有限公司财产不独立且资本流失,最终资不抵债而破产,从而导致旭华房地产有限公司的权益严重受损,故湖南有色金属有限公司应对吉林金属有限公司的该笔债务承担连带赔偿责任。湖南有色金属有限公司作为吉林金属有限公司的连带债务人,在吉林金属有限公司破产程序终结后,仍应对吉林金属有限公司的债务承担连带赔偿责任。⑤ 又如,"被告管阀配件厂和被告工业制品公司……之间已经实际成为了人格混同的关联企业。管阀配件厂将主营业务由工业制品公司承继后申请破产,损害了债权人的利益,违背了诚实信用原则和法人制度设立的宗旨,其行为本质和危害结果与《公司法》

---

① 参见王纯强:《关联企业法人人格否认制度的完善与裁判标准构建》,载《法律适用》2019 年第 24 期。
② 参见彭真军、栗保卫:《论破产欺诈中债权人救济制度之完善》,载《求索》2011 年第 6 期。
③ 参见最高人民法院民事审判第二庭编著:《最高人民法院关于企业破产法司法解释理解与适用》,人民法院出版社 2013 年版,第 289 页。
④ 参见赵龙、杨林法、沈隆吉:《破产程序中对法人人格否认制度的适用》,载《人民司法》2019 年第 20 期。
⑤ 参见湖南省益阳市赫山区人民法院民事判决书,(2019)湘 0903 民初 5474 号。

第 20 条第 3 款规定的情形相当,故参照该规定,被告工业制品公司应当承担连带赔偿责任"[①]。

我国法院在实践中还适用合并破产原则。公司法人人格否认不等于实质合并破产,但是公司法人人格否认会带来合并破产的效果,如一家破产、其余连带。在一起最高人民法院公报案例中,法院认为:四家关联企业与闽发证券在资产和管理上严重混同,公司治理结构不完善,是闽发证券从事违法违规经营活动的工具。四家关联企业由闽发证券出资设立,与闽发证券在管理上和资产上严重混同,无独立的公司法人人格,是闽发证券逃避监管,违法违规开展账外经营的工具,应当与闽发证券一并破产,合并清算。[②]

7. 小结

关联企业因其构成,包括母子型的纵向关联企业,也包括不存在控股或控制关系的兄弟型横向关联企业,在适用《公司法》第 20 条第 3 款时应有所区分。纵向关联企业的人格否认实质是控股公司滥用其支配地位,掏空子公司使其丧失独立法人人格,可直接适用人格否认制度。横向关联企业法人人格否认并无法可依,在最高人民法院指导案例 15 号确立的原则下,法院要求横向关联企业承担连带责任,应充分说明公司间人格混同之构成、人格混同与损害债权人之因果关系。其中,关联企业人格混同的几大要素,即人员混同、财务混同、业务混同乃至机构混同、混同的持续性等标准应进一步完善,在保障债权人得到救济的同时防止法院滥用权力、对人格否认作出曲解的行为。此外,鉴于债权人对关联企业内部运作掌握的信息过少,应适当减少债权人的举证责任,提高债务人未滥用股东权利的证明责任,保障债权人债务人公平合理的举证责任。关联企业符合合并破产条件的,债务人及其关联企业应当适用实质合并破产规则进行实质合并。对于股东的连带清偿责任的认定,应在股东因人格混同造成损失或获利范围内,使其承担责任。[③]

[①] 赵龙、杨林法、沈隆吉:《破产程序中对法人人格否认制度的适用》,载《人民司法》2019 年第 20 期。

[②] 参见闽发证券有限责任公司与北京辰达科技投资有限公司、上海元盛投资管理有限公司、上海全盛投资发展有限公司、深圳市天纪和源实业发展有限公司合并破产清算案,载《最高人民法院公报》2013 年第 11 期。

[③] 参见王欣新、周薇:《关联企业的合并破产重整启动研究》,载《政法论坛》2011 年第 6 期。

(二)逆向否认制度

1. 逆向否认的定义

我国《公司法》在2005年修改时,只规定了公司法人人格正向否认,未对逆向否认作出规定。逆向否认公司法人资格,是指股东为规避债务而故意将自己财产无偿转移给从属公司时,法院可责令无偿受让财产的公司向股东的债权人承担清偿责任。其实质是在揭开公司面纱之后,由公司替股东承担责任。逆向否认公司法人资格,通常适用于股东人为制造的"瘦父(股东)、胖子(公司)"的情形。①

2. 内部逆向否认

逆向否认,依据请求否认主体的不同又具体分为"内部逆向否认"和"外部逆向否认"。内部逆向否认,是指公司或特定股东主动请求否认公司独立人格,将公司债务或债权变成股东个人债务或债权,从而使公司享有某些自然人才能够享有的豁免权利或保护。在日本月亮人针织有限公司诉南通日出服装有限公司一案②中,法院以违反诚实信用原则和公平原则否定了南通日出服装有限公司内部逆向否认其公司法人人格的诉讼请求。实际上,最高人民法院曾经发布的《关于审理公司纠纷案件若干问题的规定(一)》(征求意见稿)第49条第2款就规定,"公司或者公司股东提起否认公司人格诉讼的,人民法院不予支持",从而不承认内部逆向否认的实施。股东在选择公司形式,享受有限责任的同时,就须承担相应的负担。

3. 外部逆向否认

外部逆向否认,是指当发生滥用公司独立人格的情形时,特定股东的债权人要求否认公司独立人格,令公司对股东的债务承担责任。在责任流向上,正向否认由公司债权人提出,责任流向公司背后的股东;外部逆向否认由股东债

---

① 参见刘俊海:《揭开公司面纱制度应用于司法实践的若干问题研究》,载《法律适用》2011年第8期。

② 参见《股东日本月亮人会社因公司欠付买卖合同货款诉南通日出公司给付货款公司要求否定法人人格由全体股东作共同被告案》,载北大法宝,http://pkulaw.cn/case/pfnl_a25051f3312b07f30c96a02851fc4ce137d9dc1e915f4dd2bdfb.html? keywords = 日本月亮人 &match = Fuzzy,最后访问日期:2021年1月15日。

权人提出,责任流向股东持股的公司。在滥用公司法人人格的适用情形上,正向否认中的"公司资本显著不足"涉及的是股东对公司的责任,不会对股东的债权人产生损害,不适用于外部逆向否认。在滥用行为侵犯的客体和否认对象上,正向否认时,股东滥用公司法人人格必然损害公司债权人的利益,也可能损害自己债权人的利益,股东有限责任和公司法人人格都将被否认;外部逆向否认时,股东滥用公司法人人格必然损害股东债权人的利益,不可能损害公司债权人的利益,此时仅需要否认公司法人人格而不需要否认股东有限责任。在法律关系主体上,正向否认的法律关系主体包括股东、公司及公司债权人,三者均是公司法律关系主体;外部逆向否认的法律关系主体包括公司、股东、股东债权人,其中既有公司法律关系主体,又有非公司法律关系主体,是对非公司法律关系主体的救济。

(1)外部逆向否认的失败案例

在中国工商银行股份有限公司抚顺分行与抚顺铝业有限公司(以下简称铝业公司)、抚顺铝厂、抚顺新抚钢有限责任公司借款合同纠纷上诉案①中,法院认为:作为独立的企业法人,抚顺铝厂应以其全部财产对自身债务承担责任,这些财产既包括留在抚顺铝厂的财产,也包括抚顺铝厂的债权和对外投资所形成的股东权益。因此,《企业改制规定》第7条不适用于新设的铝业公司;铝业公司不必对抚顺铝厂的债务承担连带责任。反向揭开公司面纱,即在特定情况下,由第三人提出,否认公司的独立人格,由公司为股东的债务承担责任。反向揭开公司面纱从根本上颠覆了公司有限责任基础,在适用过程中应更加谨慎。《企业改制规定》第6条、第7条的规定,实际就是对于反向揭开公司面纱制度的一种规定,适用过程中,应极度谨慎。

在另一起案例中,法院认为:关于原告提出第三人王某某与原告公司人格混同,故王某某的债权应当由原告公司予以追偿。原告公司自成立以来一直存在两名以上登记股东,原告也并未出具任何证据予以证实第三人王某某存在违反《公司法》第20条第3款规定的情形。原告公司于2016年8月18日申请破

---

① 参见《中国工商银行股份有限公司抚顺分行与抚顺铝业有限公司、抚顺铝厂、抚顺新抚钢有限责任公司借款合同纠纷上诉案》,载北大法宝,http://pfnl_a25051f3312b07f31188cd8d1ddc6e2b1c70a2fae0bab95cbdfb,最后访问日期:2021年1月15日。

产,根据《企业破产法》的规定,允许破产的为具备独立人格的公司法人而并非自然人。虽然第三人王某某为原告公司的法定代表人,但在未经确定原告公司与其法定代表人存在人格混同的前提下,其法定代表人个人的债权不能作为公司债权予以确认。① 可见,法院意识到反向揭开公司面纱的制度彻底地否决了公司法人人格独立,不恰当地适用外部逆向否认,会导致整个法人制度处于不稳定状态,也违背创立公司法人人格否认制度的本来意义。② 法院在适用过程中,保持了极度谨慎和谦抑性原则,除极个别情况外,法院并不承认反向揭开公司面纱,不允许股东的债权人要求公司承担连带清偿责任。

(2)外部逆向否认的成功案例

①适用《公司法》第 20 条第 3 款

笔者统计案例中,存在法院承认反向刺破公司面纱效力之判决,其依据是《公司法》第 20 条第 3 款。例如,在某案中法院认为:新东方公司和惠天公司在人员、业务管理、资金方面存在人格混同情形。基于具体案情,可以推定,该案在合同的订立、履行以及结算方面,反映不出新东方公司的独立意思表示,该公司的经营活动已处于一种不正常状态,其与惠天公司之间出现人员、经营管理、资金方面的混同,说明新东方公司法人人格已形骸化,实际是惠天公司的另一个自我。由于存在股东与公司间人格混同,股东须对公司债务承担责任,自不待言,而公司须为股东债务承担责任,也应是《公司法》第 20 条有关法人人格否认规定的应有之义。结合该案事实,新东方公司应对其股东惠天公司的债务承担连带责任。当然,公司法人人格否认规则仅适用于该案,其效力不得扩张适用于未参加诉讼的债权人或公司股东。③ 在该案中若仅追究惠天公司或新东方公司一方的责任,则作为善意相对人的市二建公司将无法或可能无法实现其债权,不符合诚实信用原则和公平理念。④

笔者认为,沈阳市中级人民法院判决的依据是对《公司法》第 20 条的扩大

---

① 参见湖南省永州市中级人民法院民事裁定书,(2017)湘 11 民初 42 号。
② 参见朱慈蕴:《公司法人格否认法理研究》,法律出版社 1998 年版,第 152 页。
③ 参见辽宁省沈阳市中级人民法院民事判决书,(2010)沈民二终字第 264 号。
④ 参见陈林、贾宏斌:《反向刺破公司面纱——公司法人格否认规则的扩张适用》,载《人民司法》2010 年第 14 期。

解释。然而,对此法律条文扩大解释也无法适用逆向否认,该条文中规定的责任主体、救济对象与逆向否认实际适用中的责任主体、救济对象都不相同。再者,该案法官仅凭该案的施工合同由母公司代理人签字、子公司盖章来认定母子公司存在业务混同,显然没有考虑业务混同的持续性。法官的裁判中,并未对损害的严重性进行论述,即否认了公司法人人格的独立性。虽然该案保障了债权人的救济,但贸然否认公司法人人格的独立性,未考虑人格混同的多方面认定因素,是不够慎重的。

②适用公平与诚信原则

在有些判决中,法院要求公司对股东的债务承担连带责任,然而其法律依据并非《公司法》第20条第3款,而是其他法条或原则,笔者称之为"曲线救国"式补偿债权人。例如,有法院认为:该案债务为个人债务,不适用"公司法人人格否认、揭开公司面纱"制度让华顺阳光公司、谢边拉丝公司承担连带清偿责任。但考虑到被告区某1将本应用于偿还涉案物业抵押贷款的转让款,在收款后一两天内全部转出,大部分款项用于其作为法定代表人、股东或与其存在关联的公司。被告华顺阳光公司、国太公司、谢边拉丝公司在享受原告支付转让款受益的同时,理应承担相应的清偿责任。被告华顺阳光公司、国太公司、谢边拉丝公司应在受益范围内对上述债务承担连带清偿责任。① 显然,该案援引了人格否认制度及《公司法》第20条,认定该案不适用法人人格否认,但结果上要求公司对股东承担连带清偿责任,实现股东债权人利益的救济。

有时,民法中诚实信用、公平原则同样可作为股东债权人的救济手段。在中国信达资产管理公司成都办事处与四川泰来装饰公司等担保合同纠纷案② 中,最高人民法院认为,被告关联企业之间因出现了严重人格混同,损害了债权人利益并且违反了民法诚实信用原则,因此关联企业应当对被告公司债务承担连带责任。最高人民法院回避了公司法人人格逆向否认的裁判依据问题,而是直接援引民法上的诚实信用、公平原则,认为被告与各子公司之间已实际构成

---

① 参见广东省佛山市南海区人民法院民事判决书,(2019)粤0605民初10160号。
② 参见最高人民法院民事判决书,(2008)民二终字第264号。

了人格混同,其行为违背了法人制度设立的宗旨,违反了诚实信用、公平原则,损害了债权人利益,故应当否认子公司的独立法人人格。

③其他法律依据

还有一些案例通过援引《公司法》第20条第1款作出逆向否认的判决。在2005年的建设银行大连青泥洼桥支行(以下简称建设银行)诉大连鑫北房地产开发有限责任公司(以下简称鑫北公司)等借款合同纠纷案①中,法院适用该条支持了原告的诉讼请求。法院认定,鑫北公司利用其子公司逃避债务,严重损害了建设银行的利益,构成滥用法人人格的行为。因此根据《公司法》第20条第1款的规定,判决否认了子公司的独立人格,责令其与鑫北公司对原告债权承担连带清偿责任。

还有一些案例通过扩大解释《公司法》第63条(2023年修订后为第23条)来作出逆向人格否认的判决。例如,在2013年王某某等诉刘某某等股权转让纠纷案②中,最高人民法院依据该条判决要求被告的子公司对被告债务承担连带责任。该案法官认为,在一定条件下,为了保护股东的债权人的合法利益,公司法人人格否认可以由股东的债权人发起;而法人格否认可以有两种结果——股东承担公司的债务或由公司为股东的债务承担责任。可见,该案对公司法人人格否认制度的适用性进行了扩张。在这类案件中,法院认为,公司独立人格的否认或者说公司面纱被揭开所导致的责任承担应该是相互的,因此依据《公司法》第20条第3款和第63条要求公司对股东的个人债务负责是应有的逻辑,只需在具体案件的裁判中对该条款作扩大解释即可。

可见,法官们在面对外部逆向否认的案件时,对于相关法条是否适用以及如何适用存在不同的见解。法官在适用逆向人格否认时,几乎没有论述甚至提及对公司债权人和其他股东利益的保护,而这恰好是外部逆向否认与一般否认之区别。从此可以看出,我国法院在普遍接受外部逆向人格否认制度的同时,仅将逆向人格否认作为传统人格否认一样对待,可见我国外部逆向否认的立法亟待完善。

---

① 参见辽宁省大连市中级人民法院民事判决书,(2005)大民合初字第181号。
② 参见最高人民法院民事判决书,(2013)民二终字第120号。

4. 外部逆向否认的公司责任类型

关于外部逆向否认的公司责任类型,现有两种观点:第一种是公司应以接收股东财产的范围为限对股东债务承担连带责任(有限责任);第二种是公司应当以其所有财产直接对股东债务承担连带责任(无限责任)。在常州凯瑞针织印染有限公司(以下简称凯瑞公司)与骏隆机械有限公司(以下简称骏隆公司)买卖合同纠纷案①中,一审法院认为,凯瑞公司对仁舜公司的债务,应在其接收仁舜公司的资产范围内承担偿付义务。二审法院认为,凯瑞公司与仁舜公司存在财产、人员及经营管理上的混同,应当以公司全部资产对仁舜公司的债务承担连带清偿责任。虽然一审判决凯瑞公司在接受仁舜公司的资产范围内承担连带清偿责任不当,但骏隆公司并未就此提出上诉,应认为骏隆公司接受了一审法院的判决,故二审法院对一审法院关于凯瑞公司承担责任的判决主文仍予以维持。

外部逆向否认,本质上是将股东与公司看作一个完整的整体,让公司对该股东债务承担连带责任。支持有限责任的观点通常是出于对无过错股东和公司债权人利益的现实考虑。否认法人人格已经对该法人的外部债权人、内部其他股东以及公司的管理者和员工等无辜人员形成了一次伤害,若法律再规定这种伤害是无限的,则势必造成二次伤害。无限的逆向否认的责任,一定程度上是将风险以法律的名义转嫁给无关股东和债权人,公司法对公司的外部债权人和内部无辜股东的保护将形同虚设。②

5. 小结

从实践需求看,逆向否认制度具有独特价值,其他救济均不足以完全替代。鉴于逆向揭开公司面纱关涉的利益关系更为复杂,故立法上应设置更为严格的条件,实践中亦须严格控制其适用范围,非经法院判决,不得逆向揭开。③《公司法》第 20 条并不能完全作为适用外部逆向制度的法律依据。法律的生命在于确定性,司法上的适用还需要上升为具体的法律条文的规定。在滥用公司法

---

① 参见江苏省高级人民法院民事判决书,(2004)苏民三终字第 056 号。
② 参见张行:《法人人格的"逆向否认"》,载《人民司法》2014 年第 17 期。
③ 参见李娜:《"取"或"舍":"逆向揭开公司面纱"制度合理性之证成——从宏观价值到微观问题导向之谋定》,载《山东审判》2014 年第 5 期。

人人格行为日益增多的现状下,我国亟须建立一套完善的公司法人人格逆向否认制度,以适应当前社会经济发展以及司法实践需要。

四、结论

(一)标准模糊和规定过于原则

由于公司法人人格否认制度源于英美判例法,其核心价值是追求衡平救济,大多依靠法官内心确信和公平正义的善良标准来自由裁量是否刺破公司面纱。而判例法国家遵循先例的原则,使刺破面纱很难形成一套完整的体系化标准,法官只需要从以前的判例中总结出足以适用于个案情形的刺破面纱标准即可。[①] 因此,从域外的角度来看,刺破面纱制度发展了这么久也没有形成既定明确、可供法院一体遵照的裁判规则。更有学者对其批评道,"刺破面纱是一个有严重缺陷的学说,这个学说含糊不清,标准不定,给法官留下了很大的自由裁量空间。其结果是不确定性和不可预测性"[②]。

我国公司法以成文法的形式引入法人人格否认制度,尚属诸多法域中首例。成文法国家要求在法律的精确性和模糊性之间达到微妙的平衡,该简则简,该详则详。公司法的主要目标也在于确定性和可预测性,当法律规则的轮廓和内容不确定时,会带来巨大的社会成本。[③] 虽然《公司法》第20条第3款的规定是一个完全法条,但其中构成要件的界定、否认公司人格的理由和适用标准都不甚明晰,容易造成法律适用上的困难和疑惑。即使最高人民法院2019年11月8日出台了《九民纪要》,根据审判经验和学理讨论对各种否认公司法人人格的情形进行了归纳总结,但关于各类型的滥用独立人格行为之判断标准还是存在一定的模糊性,对法院的指引作用存在局限性。并且,《九民纪

[①] 虽然近年来英美法域,尤其是美国有些州,热衷于根据先例将可能的判断标准总结成一个类似清单的长串表格,但这些清单式的标准只不过是基于通常无法阐明的理由而得出的结论的事后合理化,仅仅是一些结论性陈述,基本上都因过于冗长且与不同司法管辖区的标准大相径庭,而无法适应个案判决需要。

[②] [美]斯蒂芬·M.班布里奇、[美]M.托德·亨德森:《有限责任:法律与经济分析》,李诗鸿译,上海人民出版社2019年版,第189页。

[③] 当诉讼风险无法被自信地预测时,当事人各方可能会被阻止参加社会所需的活动,或者至少会采取过度的(和昂贵的)预防措施。参见[美]斯蒂芬·M.班布里奇、[美]M.托德·亨德森:《有限责任:法律与经济分析》,李诗鸿译,上海人民出版社2019年版,第256页。

要》的性质毕竟是法院内部关于审判工作的指导性意见,而不是严格意义上具有强制力的法律规范,对于公司、股东等一般商事主体缺乏强制性的规范指引作用,不利于在源头上遏制股东的滥用行为。当然,如果法律条文规定得过于详细,反而可能给某些股东和公司可乘之机,他们可以利用法律条文的详细定义使自己的行为不具有相关特征,从而规避法律风险。其中涉及规范详略得当的立法技术问题,需要规则制定者审慎把握。

  法律规范本身的模糊性和不确定性,导致法院审判标准宽严程度的把握和法律适用的不统一:在某些地区,法官通过充分说理、精准适用法律,从而否认公司法人人格,十分具有说服力。例如,云南省高级人民法院在一个涉及法人人格否认的案件中是这样进行裁判说理的:其一,主体要件,……该案中,廖某某、洪某某作为云南金顺进出口有限公司(以下简称金顺公司)唯一的两名股东,实际参与了金顺公司的日常管理和经营决策,是金顺公司的实际控制股东,故廖某某、洪某某具备适用公司法人人格否认法理的责任主体要件。其二,行为要件,……该案中,廖某某、洪某某作为金顺公司各持股50%的自然人股东,其股东财产与公司财产是否存在混同,致使金顺公司缺乏独立的财产和作为独立人格存在的基础是认定廖某某、洪某某是否实施滥用公司法人人格行为的重要判断标准。从该案查明的事实来看:首先,金顺公司的经营场所是股东廖某某名下的个人房产;其次,2013年3月18日,廖某某将涉案800万元贷款,即2013年3月13日云南桂族经贸有限公司(以下简称桂族公司)从工行贷出后转汇金顺公司的800万元款项,从金顺公司账户转出其中的450万元用于其股东个人增资扩股;再次,2013年4月,廖某某又从金顺公司账户多次转款共计435万元;最后,从金顺公司、廖某某、洪某某一审提交的《金顺公司支付桂族公司款项明细表》可以看出,从2012年12月17日至2013年11月13日,金顺公司与廖某某分别多次从公司账户和个人账户转款至桂族公司账户用于偿还涉案贷款。综上所述,从该案贷款行为发生起,金顺公司账户与股东廖某某的账户之间出现多次转款,金顺公司和股东廖某某亦均向出借人桂族公司多次还款,由此可见,金顺公司违反公司财产与股东财产分离原则,故可以证实金顺公司的财产与股东廖某某的个人财产存在混同。其三,结果要件,……该案中,从2013年3月18日起,在无合法依据的情形下,廖某某从金顺公司账户转出款项至其个人账户共计 885 万元,占金顺公司 1088 万元注册资本金的 80% 以上,其挪用公司财产的行为已构成对债权人桂族公司利益的严重损害。综上所述,结合公司法人人格否认的具体适用条件,金顺公司的实际控制股东廖某某,其个人财产与公司财产混同,并最终严重损害了该案债权人桂族公司的利益,应对金顺公司尚欠桂族公司的债务承担连带清偿责任。洪某某作为金顺公司的另一名股东,与廖某某各持金顺公司 50% 的股权,二者又为夫妻关系,原审在认定廖某某应对金顺公司的债务承担连带责任的情况下,判决洪某某对此亦承担连带责任并无不妥。① 而在其他的某些地区,法官往往单凭一种股东和公司混用账户的情形就认定公司与股东财产混同,进而要求股东承担连带责任,对其判决也没有进行充分说理。例如,大连市中级人民法院在一个涉及法人人格否认的案件中是这样论证的:案涉借款实际存入刘某某个人账户,而非大连恒诚投资管理有限公司(以下简称恒诚公司)账户,该情形实为以恒诚公司名义借款,而款项实际存入股东个人账户,可以认定刘某某与恒诚公司构成本笔债务混同,刘某某应对恒诚公司该笔债务的偿还承担连带责任。② 这样较不清晰的论述在一定程度上有损司法权威和公司独立人格及有限责任的基础性地位。否定公司法人人格的渠道是多样的,在存在多种可能性的情况下,法院应当尽可能选择客观确定和较易操作的标准,③然后通过将该标准准确、综合地适用于个案情形,为判决提供充足的正当性和说服力,真正使当事人心服口服。然而现实是法院否定公司法人人格很大一部分都依赖"滥用股东权利"这样笼统

---

① 参见廖某某、洪某某与桂族公司合同纠纷案,云南省高级人民法院(2015)云高民二终字第 84 号民事判决书。

② 参见刘某与恒诚公司合同纠纷案,辽宁省大连市中级人民法院(2020)辽 02 民终 3974 号民事判决书。该案中仅凭案涉款项存入股东个人账户的事实,法院就认为足以刺破公司的面纱,这背后的裁判标准实在很难让商事实践中的一般人形成合理预期。甚至连最高人民法院在个案中也不能做到充分释法说理,没有进行综合分析,而是直接给出结论:长沙金元贸易有限公司(以下简称长沙金元公司)的现股东孙某 1、孙某 2 在明知长沙金元公司 A 已经注销、长沙金元公司不享有涉案房屋所有权及相关土地使用权的情况下,仍以长沙金元公司的名义与湖南金园公司签订《合作协议》《借款协议》。上述合同履行过程中,湖南金园公司支付给长沙金元公司的借款均由长沙金元公司的股东或股东亲属领受。孙某 2、孙某 1 的行为滥用了公司法人独立地位和股东有限责任,损害了湖南金园公司作为债权人的利益。因此,孙某 2、孙某 1 应当对长沙金元公司的债务承担连带责任,原判决并无不当。参见长沙金元公司与孙某 1 合同纠纷案,最高人民法院(2019)最高法民申 471 号民事裁定书。

③ 参见蒋大兴:《公司法的观念与解释Ⅱ:裁判思维 & 解释伦理》,法律出版社 2009 年版,第 332 页。

的、原则性的理由,并没有结合个案情形进行具体的、综合的考察。这种现象在某种程度上应当归因于法律条文本身没有给出恰如其分的适用标准和裁判指引,立法者为了审慎对待人格否认制度,在规范设计上有意地保持了这种原则性,但正是这种保守做法,导致了裁判标准的不一致。

有学者主张:以法定的适用要件将所有否认公司法人人格的情形都予以概括,既不必要又不可能,应当由法院根据公平正义的理念、诚实信用和权利滥用禁止的原则在个案中实现公平正义的价值目标。[1] 这种观点在某种程度上可能已经不适于我国的法治发展阶段和水平。过于抽象的公平正义标准往往容易导致人格否认制度的滥用,有损法律的尊严和严肃性。因此,应当在合理限度内尽可能地使该制度的适用条件、适用标准以明定法的形式表现出来,从而最大限度发挥人格否认制度应有的维护公司独立法人人格、股东有限责任的作用,同时实现对公司、股东、债权人之间利益的合理平衡。

笔者认为,第一,应适时修改《公司法》,以"列举+概括"的形式扩充法条的实质内容,为公司法人人格否认制度确立适当标准。《九民纪要》从人格混同、过度支配与控制、资本显著不足3个方面对《公司法》第20条第3款进行了扩充和补强,并且在前两种情形的规范设计上采用了"列举+兜底"的方式,这种做法值得肯定。这样不仅可以为法院裁判提供典型情形的对照,同时还保留了法院根据个案情形作出自由裁量的权力,体现了规范的周延性。但如前所述,由于该纪要不是传统意义上的司法解释,不具有强制性的约束力,只能作为法院说理部分的引用,不能在判决主文中援引,应当由立法者在时机成熟的时候将有关规定上升为法律,赋予其强制性的规范指引效力。这样既使法院可以直接依照判案,又使公司实践中的各方主体能够合理预测自己行为的后果,从而形成自律,尽可能从源头上对滥用公司法人人格的行为进行规制。

第二,应在否认公司法人人格的情形中,对"资本显著不足"的适用情形予以填充,这一部分应当以司法解释的形式出现。如上所述,《九民纪要》对人格混同和过度支配与控制进行了详略得当的论述,但对于资本显著不足的情形仍

---

[1] 参见朱慈蕴:《论公司法人格否认法理的适用要件》,载《中国法学》1998年第5期。

然采取了概念界定式的原则性规定。① 从本质上讲,公司的资本额是否显著不足是一个非常复杂的商业判断,而法官通常没有这方面的专业技能。② 如果法律不对其予以适当指引,很可能会使法律适用走向两种极端:法官要么因为难以把握,使之成为更为模糊的原则性标准;要么草率、任意地认定公司资本显著不足,滥用公司法人人格否认制度。若将来出台司法解释,对于该情形应当采取同样的论述方法予以适当补充,以取得全面矫正法律适用标准的效果。对此,可参考部分学者对于资本显著不足的具体判断标准的论述,其内容归纳总结如下。

(1)股权资本与债权资本之间的比例过低。股权资本是指包括被告股东在内的股东投入公司的股权资本总额,债权资本是指公司从包括原告债权人在内的所有债权人处筹措的债权资本总额。③ 倘若二者比例过于悬殊,则应当认定股东投入公司的资本不足以抵抗其经营活动中蕴含的风险,即股东没有实际经营公司的诚意,把营业风险转嫁给了债权人。(2)从公司所属的行业性质以及经营规模的角度来考察是否构成资本显著不足,应当从公司所从事的行业的性质和该行业容易发生的风险事件的性质来观察资本额是否足以应对风险损失,这个资本额不必满足一切可以想象的债务,但应能支付风险性质所决定的合理数额。④ (3)判断资本是否充足的时间点应当以公司开始营业时为准。若公司的初始资本充足,后来由于经营亏损而使资本额不足以应付行业风险,那么即使在侵害债权人的事件发生时公司资本不足,也不能认定为资本显著不

---

① 《九民纪要》第12条规定:"资本显著不足指的是,公司设立后在经营过程中,股东实际投入公司的资本数额与公司经营所隐含的风险相比明显不匹配。股东利用较少资本从事力所不及的经营,表明其没有从事公司经营的诚意,实质是恶意利用公司独立人格和股东有限责任把投资风险转嫁给债权人。由于资本显著不足的判断标准有很大的模糊性,特别是要与公司采取'以小博大'的正常经营方式相区分,因此在适用时要十分谨慎,应当与其他因素结合起来综合判断。"该规定只是对资本显著不足的概念进行了定义,并没有给出具体的判断标准,这就容易导致法官对该刺破理由不易把握,如实践中已经出现将认缴出资但未实缴出资的行为认定为资本显著不足,从而否定公司法人人格追究股东的连带责任。参见周某某与陈某1、陈某2合同纠纷案,湖南省隆回县人民法院(2020)湘0524民初136号民事判决书。
② 参见黄辉:《中国公司法人人格否认制度实证研究》,载《法学研究》2012年第1期。
③ 参见刘俊海:《揭开公司面纱制度应用于司法实践的若干问题研究》,载《法律适用》2011年第8期。
④ 参见朱锦清:《公司法学》(修订本),清华大学出版社2019年版,第165页。

足。① (4)附带考虑股权资本的替代化风险抵御措施,如责任保险范围的充分性等。若一家公司的股权资本及为赔偿用户等债权人的潜在损失而购买的责任保险共同作用,足以保护公司的债权人,则可以不否认公司法人人格。②(5)构成资本显著不足的其他情形。

(二)请求权基础与刺破率

传统理论预测认为,合同之债为主动债权,刺破面纱的概率相对于侵权之债等被动债权的刺破率低。人们期望发现的合同案件比侵权案件要少,而且法院在合同案件中审理刺破公司面纱的比率比侵权案件要少。③ 一方面,在英美法上的刺破面纱理论研究中,合同之债中的债权人往往是自愿的,对于合同的风险和相关情势是自愿承担的,且需要尽到必要的审查和注意义务,与公司订立合同即应当认为其自愿承受合同的积极后果和消极后果;如果违反这种义务,则说明债权人自己存在过失,因此法院不会轻易刺破面纱去动摇公司独立人格和股东有限责任,除非债务人有欺诈或者错误行为导致债权人变得不自愿。另一方面,侵权之债、劳务之债等其他所谓不自愿的债权人,由于他们与公司的债务不是自愿发生,对于合同的风险是被动承受的,在通常情况下往往缺乏事先与侵权人讨价还价的机会,更无从容的时间与机会向侵权人索要真实、合法、有效的担保手段,④其更需要法律予以特殊照顾。法院往往在这类案件中否认公司法人人格,防止将风险和损失转嫁给无辜者,以实现衡平救济、公平正义的立法目标。

在我国的案例实证研究中,笔者发现实际情形与理论预测有些颠倒:合同案件的刺破率要比侵权、劳务等被动债权案件高。申言之,在合同案件中,只要债权人的债权被法院支持,而债务人与其股东之间存在混同的一点迹象,法官就会否认公司的法人人格,让股东承担连带责任,没有根据个案情形来合理分

---

① 参见朱锦清:《公司法学》(修订本),清华大学出版社2019年版,第165页。
② 参见刘俊海:《揭开公司面纱制度应用于司法实践的若干问题研究》,载《法律适用》2011年第8期。
③ 参见[美]斯蒂芬·M.班布里奇、[美]M.托德·亨德森:《有限责任:法律与经济分析》,李诗鸿译,上海人民出版社2019年版,第83页。
④ 参见刘俊海:《揭开公司面纱制度应用于司法实践的若干问题研究》,载《法律适用》2011年第8期。

配责任和风险;侵权等被动债权案件中,往往债权人处于弱势一方,或者其举证能力不足以满足否认公司法人人格的证明标准,或者债权人所受损失达不到否认公司法人人格的程度,又或者债权人根本没有提出刺破面纱的诉讼主张,从而未能请求公司背后的股东对债务负责。首先,从案件统计的样本总量来看,748个案件中,侵权纠纷案件11个,劳动争议案件28个,其余的全是合同纠纷案件(详见表6-20)。这与债权人提起诉讼主张权利的积极性有关。合同债权人往往更注重实体权利的维护,更关注合同债权的实现,因此往往会更主动、更频繁地提起诉讼。而侵权之债、劳动之债等涉及的被动债权人,他们往往并不愿意主动提起诉讼,背后的原因是多样复杂的:既有可能是受传统"息事宁人"的厌讼思想的影响而不愿意起诉,又有可能是因为双方庭外和解,以债务人直接给付赔偿额的方式解决了纠纷,相关争议因此并没有进入法院的审判程序。案件的基数相差如此悬殊,决定了合同案件的刺破率一定会高于侵权案件。其次,从刺破率来看,在所有合同案由中,法院支持人格否认的案件数量为422个,整体刺破率为59.5%;侵权案由中,法院支持人格否认的案件数量为4个,刺破率为36.4%;劳动争议中,刺破面纱的案件数量为14个,刺破率为50%。简言之,对于多发的合同案件,法院更倾向于否认公司法人人格,追究股东的连带责任;而对于偶发的侵权、劳动争议等被动债权案件,法院不会轻易否认公司法人人格。

表6-20 不同请求权基础的刺破情况

请求权基础	案件数量/个	刺破/个	未刺破/个	刺破率/%
合同之债	709	422	287	59.5
侵权之债	11	4	7	36.4
劳务之债	28	14	14	50.0

笔者认为,法官在决定是否否认公司法人人格时,还是应当注意区分债权人是自愿还是非自愿。针对自愿债权人提起的公司法人人格否认请求,法院对相关标准可以适当从严把握,避免该制度被滥用。当自愿债权人提出否认公司

法人人格的主张时，法院可以更多地探究是否存在足以否认公司法人人格的情形，以及相应情形体现得是否充分。因为自愿债权人应当为其自愿选择与公司进行交易而承担风险，除非其能够证明公司有欺诈行为而致其无法恰当地评估风险，否则相应风险在订立合同时就应当被债权人考虑在内，或者债权人应当履行必要的审查义务。当然，这里应当首先考虑人格否认之外的其他救济制度，如合同无效、可撤销合同、代位权、不当得利返还等制度，不要轻易动用公司法人人格否认制度来实现权利救济。当非自愿债权人(被动债权人)提出否认公司法人人格的主张时，一方面，法院应当将公司法人人格否认作为最后的救济手段，不轻易否认公司独立人格；另一方面，当确有必要否认公司法人人格时，法院也不应当对被动债权人适用过严的认定标准，甚至可以考虑适当放松尺度，以实现权利的衡平保护。这是因为，被动债权人受到侵害之前对公司毫无了解，没有机会也不可能有机会去衡量风险与收益之间的比例，在与公司的关系中，他们处于相当被动的地位，此时若再对其适用严苛的标准，在实质正义上很难寻求到合理支撑。并且，一般来说，被动债权人的举证能力相对于主动债权人更弱一些，很难掌握股东滥用公司独立人格的证据，法院在举证责任的分配上可以适当地放宽标准。

总而言之，在公司法人人格否认的请求权基础方面，既要尊重客观现实与理论预测不相符合的实际，又要合理把握理论预测的指导意义：在多发的合同案件中，人格否认的标准不宜过宽；在偶发的侵权、劳动争议案件中，人格否认的标准也不宜过严，二者之间应当达到合理平衡，避免不恰当地适用法律。

(三)适用法律不精准和认定标准不严格

一般认为，否认公司法人人格必须满足《公司法》规定中蕴含的4个要件——主体、主观、行为、后果。当然，主观要件是否必要存在争议，笔者认为是必要的，因为条文中"滥用""逃避"等措辞表明立法者要求股东主观上必须存在故意；过失导致债权人利益受损的，不能否认公司的独立人格。至于债权人的举证困难问题，笔者赞同过错推定说，即如果股东没有足够证据证明自己不存在故意，就可以从客观的行为表现上推定股东有主观过错，股东就要对其滥用法人人格的行为承担赔偿责任。① 若缺少其一,哪怕债权人利益严重受损也不应当诉诸公司法人人格否认制度,而应当以公司法的其他制度来解决。

但是,案例实证分析表明,部分法院在运用该条规定否认公司法人人格时,似乎并没有严格掌握各要件的适用标准,也没有进行充分的说理论证。例如,法官在否认公司法人人格时没有审查债权人利益是否严重受损、被告股东是否存在滥用行为,仅从被告公司与其股东之间的关系是否达到混同程度这一视角来片面判定是否应当追究股东的连带责任。② 这样适用法律,难免有失偏颇,而且可能导致公司法人人格否认这一制度的价值完全失衡:人格否认并不仅保护债权人的利益,它也包含对恶意股东的惩戒、对各方利益的衡平救济,从而真正在法律的实然层面实现公司的独立人格和对各方主体利益的公平保护。被迫接受的例外越多,法律也就越显苍白,公司法人人格否认制度之起源就是一种衡平救济,强调各方利益达致和谐公允,不矫枉过正,不偏不倚,这就要求法院对其裁判理由进行充分说理,为个案适用该制度提供合理的依据,精准地适用法律。从坚持企业维持、鼓励投资、刺激经济发展等角度思考,公司法人人格否认制度被滥用并不是一种好的迹象,该制度只是法人独立人格的例外。任何人(包括债权人)都不能寄希望于通过诉讼来弥补自己的过错,在诉讼过程中为自己的过错(或非理性、草率)交易行为减少损失。③

对此,笔者认为,法官在否认公司法人人格之前,不能仅凭主观判断来武断地下定论,而是应当精准把握该制度的基本构成要件:其一,主体应当是滥用公司独立人格的股东和因此权益受到严重损害的债权人。其二,被告股东实施了滥用公司独立人格和股东有限责任的行为。这种行为的具体表现和认定标准,

---

① 参见赵旭东:《法人人格否认的构成要件分析》,载《人民司法》2011年第17期。
② 例如,广东省佛山市某基层人民法院在判决书中以简短的一句话否认公司法人人格:被告江某某以其个人账户收取案涉投资款及支付欠款,其个人财产与公司财产混同,故应对案涉债务承担连带清偿责任。参见李某某与佛山市南海盐步新兴达制衣有限公司、江某某合同纠纷案,广东省佛山市南海区人民法院(2016)粤0605民初12243号民事判决书。
③ 参见蒋大兴:《公司法的观念与解释Ⅱ:裁判思维 & 解释伦理》,法律出版社2009年版,第336页。

《九民纪要》已经作出了适当的指示，可以参引，在此不作赘述。其三，行为人主观上存在恶意。由于否认公司法人人格而使股东所承担的连带责任之性质是侵权责任，那么按照侵权责任的法理，就要求行为人主观上存在过错。当然，为解决债权人举证困难的问题，可以采用过错推定的方式，要求被告股东证明自己没有主观恶意。其四，产生了实际的、严重的损害结果。所谓的实际损害结果，须是公司资产不足以清偿债务，使债权人的权益无法得到充分保障。在涉及刺破面纱的场合，法官一定要避开"家长式"的裁断思维，谨慎地理解、尊重公司的交易判断，不要轻易使用"正义或公平的帽子"①。

（四）证明责任分配不当

在笔者的案例统计中，大多数法院严格按照《公司法》的规定将证明责任分配给债权人，即债权人应当提供证据证明债务人公司和被告股东之间存在足以否认公司法人人格的情形；但仍然有一部分法院将证明责任倒置给了被告，要求被告"自证清白"，即被告股东在公司非为一人公司的情况下，被要求举证证明自己的财产与公司相互独立。② 更有甚者，在原告没有提供任何证据证明被告存在人格否认的情形下，有的法院径行依职权调取证据，来"查明"被告财产混同，从而要求股东承担连带责任。③ 还有的法院直接根据法条来否认被告公司的独立人格，既不说理又不查证。

通过对比《公司法》第 20 条第 3 款与第 63 条的规定可以发现，要在实体上认定是否存在否认公司法人人格的情形，原则上应当按照民事诉讼法"谁主张，谁举证"的规则，由债权人负担证明责任；只有当公司是一人公司时，

---

① 蒋大兴：《公司自治与裁判宽容——新〈公司法〉视野下的裁判思维》，载《法学家》2006 年第 6 期。

② 比较典型的案例是河北省某基层人民法院认为：被告杜某某作为春禾公司另一股东，公司交易款项在其个人账户进行，公司财产与杜某某个人财产混同，被告方未提供能够有效区分公司财产与杜某某个人财产的证据，符合公司法关于公司股东应承担民事责任的情形，被告杜某某应对公司欠原告债务承担连带责任。这就使被告公司在非为一人公司的情况下，仍然要自证财产没有混同。参见郑某 1 与郑某 2、围场满族蒙古族自治县春禾马铃薯种植有限公司合同纠纷案，河北省围场满族蒙古族自治县人民法院(2019)冀 0828 民初 5658 号民事判决书。

③ 参见王某某与广州锦陶陶瓷实业有限公司、郭某某合同纠纷案，广东省广州市白云区人民法院(2019)粤 0111 民初 23971 号民事判决书。在该案中，原告并没有提供相关足以使公司法人人格被否认的证据，法院却直接以被告没能说明案涉款项的具体去向为由，认为公司与股东产生了人格混同，进而判决被告承担连带责任。此类错误分配举证责任的案件数量相对较多，不能忽视。

证明责任才倒置给了被告股东,这是因为一人公司极易发生财产混同,并且外部人无法轻易知晓一人公司内部的事宜。虽然在公司法人人格否认诉讼中,债权人对于一般的有限责任公司的举证能力也相当有限,但这种情况可以通过申请法院调取证据来解决,而不应由法院硬性改变证明责任的分配规则,将其强加给被告股东;更不应该由法院亲自完成相关的证明活动。这样不适宜地分配证明责任,会破坏当事人之间的力量平衡,有违人格否认制度弥补利益失衡的目的和公司法对公平正义价值的追求,并且也极易导致公司法人人格否认制度的滥用,若动辄要求股东承担连带责任,不利于整体市场经济秩序的稳定和发展。

有学者认为,在公司法人人格否认之诉中,原告债权人只须提供证明被告股东存在滥用行为的初步证据,证明责任便完成,此时应当由被告股东提出相反证据来反驳,如果被告不能提出相反证据,则有可能导致公司法人人格被否认。[1] 由于相关证据涉及公司内部信息,原告难以获取,"谁主张,谁举证"的安排给债权人分配了过重的证明负担,应适当降低原告举证标准,只须达到产生合理怀疑的程度即可,剩余举证责任可以由公司股东承担或向人民法院申请调查取证。[2]

笔者认为,上述观点比较合理:由原告提出足以产生合理怀疑的证据、再由被告提供相反的证据;否则被告应当承担不利后果。这样的安排既照顾了原告举证困难的现实,又没有过分、不合理地加重被告的举证责任,积极追求实体正义的同时也尊重了程序正义。

(五)偏重形式化而忽略人格否认的实质

有限责任制度可以聚集社会闲散资本,形成生产力推动社会经济的发展,鼓励商业冒险和企业家精神,与公司独立人格一同被誉为现代公司制度的基石,是公司制度有效运转的逻辑起点。法院应当认识到,刺破公司面纱在一定程度上影响公司法目的的实现,需要谨慎对待;在应用结论性和含

---

[1] 参见朱慈蕴:《公司法人格否认:从法条跃入实践》,载《清华法学》2007年第2期。
[2] 参见王力:《论我国公司法人人格否认制度的适用困境——解读〈公司法〉第20条》,载《黑龙江省政法管理干部学院学报》2017年第2期。

糊不清的标准时,法院应当在刺破公司面纱之前相当有说服力地证明其正在评估所有因素。① 因此,对于公司法人人格否认制度,法院应当审慎适用,在适用时应进行充分的说理论证,不能仅关注表面上的形式特征而忽略实质性的因素,这样才能体现判决的公正性和良善性。只有在不取消股东有限责任保护就不足以实现实质公正的情形下,才能否认公司法人人格,不能轻易动摇公司法的基础。

而在笔者的实证研究中,大量案例表明,部分法院在否认公司法人人格时并没有秉持这种慎重的态度,通常只是因为股东与公司共用了一个银行账户或者股东从公司拿了一笔钱等形式上的某种表征,就认定股东存在滥用行为,股东与公司发生了混同,从而否认公司独立人格;很多法院在作出上述判断时也几乎不会进行充分的说理,要么是对法律条文的简单重复,要么是将学说理论简单堆砌,并没有将规范精神与案情事实有机结合起来作实质性的认定,这就与该制度的本质产生了偏离。在剔除共同诉讼案件和与公司法人人格否认无关的案件后,笔者对筛选出来的案件进行了说理充分与否的统计,见表 6-21 和表 6-22。其中说理充分,是指法官将人格否认制度的各构成要件与被告股东的行为具体结合在一起,从实质层面考察股东的行为是否满足滥用股东权利、人格混同等足以否认公司法人人格的标准。而说理不充分,是指法官仅凭一项或两项形式上的表现(在大多数案例中通常体现为股东和公司共用一个账户)就认定股东与公司之间产生了混同,从而足以使公司的人格被否定,此外再无其他的补充说理。②

---

① 参见[美]斯蒂芬·M. 班布里奇、[美]M. 托德·亨德森:《有限责任:法律与经济分析》,李诗鸿译,上海人民出版社2019年版,第216页。

② 虽然,该项统计中所运用的判断标准实际上是笔者的主观感受,相当具有主观性,但笔者在统计时代入了被告股东的立场,不仅从判决书的内容是否足够翔实来判断,更多的是从被告的角度来看该判决是否具有说服力。并且,笔者只是选取了两个"极端",即说理很充分和说理很不充分,对于内容相对不明确的判决书,笔者并没有统计在内。因此,该统计在某种程度上也是具有参考价值的。

表 6-21 成功刺破公司面纱的案件说理情况

单位:个

刺破理由	说理充分	说理不充分
滥用股东权利	0	30
人格混同	6	40
财产混同	4	89
业务混同	7	11
人员混同	5	4
资本显著不足	1	4
过度支配与控制	6	4

注:案件总量不一致,是因为有些案件中法院运用了多种刺破理由。

表 6-22 未刺破公司面纱的案件说理情况

单位:个

刺破理由	说理充分
人格混同	7
财产混同	3
滥用股东权利	1

通过观察数据可以发现,在成功刺破公司面纱的案件中,说理充分的案件占比较低,而说理不充分的案件占比较高。其中"滥用股东权利"这一刺破理由没有说理充分的案例,这可能是因为该理由本身就是法律的原则性规定,法院通常会将其作为"口袋条款",凡是不具备具体的表现形式却又要对被告判决承担连带责任时,就会运用该理由刺破面纱。在成功刺破公司面纱的案件中,运用得最多的混同理由(包括人格混同、财产混同、业务混同、人员混同),说理不充分所占的比率也较高。这充分说明部分法院在运用刺破面纱制度时不够慎重,仅从形式上表现出来的某种迹象(出现频率最高的就是共用账户)就认定股东与公司发生了混同,股东存在滥用公司独立人格和股东有限责任的情况,继而刺破公司面纱。

在未刺破公司面纱的案件中,有些法院反而保持了谨慎克制,对不刺破面纱的理由进行了充分阐释,不仅从构成要件的角度与股东的行为结合起来作具体分析,而且没有把股东与公司共用账户认定为人格混同或财产混同的表现形式。[①]

《九民纪要》对于人格混同的认定标准的规定,其核心要义在于股东财产与公司财产之间是否存在一定的记录(财务记载、账簿等),以便二者能够相互区别。这其实就折射出两个层面的标准,即形式上要求有一定的财产情况的记录,实质上要达到明确区分的效果。换言之,如果股东为了商事活动的便利,在相关交易行为中没有履行必要的财务记录等程序性义务,即使实际上股东与公司的财产是存在合理界限且能够区分的,也不否认公司法人人格;相反,如果股东为了规避法律风险,在账面上将相关的记录做得很完善很详尽,但暗里将公司财产当作自己财产来挥霍使用,二者混同且无法实质区分,那么也要否认公司法人人格。相关的程序记录和实质上是否存在混同,二者之间并不存在逻辑上的先后性和必然性,因此法院在关注形式的同时,仍然要对具体情形进行实质性的、综合性的考察。

(编校:莫志)

[①] 例如,广东省东莞市第二人民法院在一份判决书中说道:东莞市鹏业汽车贸易有限公司(以下简称鹏业公司)性质为有限责任公司,被告孙某某作为被告鹏业公司原股东,被告杨某某承认为被告鹏业公司的隐名股东或实际控制人,皆仅以其出资额为限对鹏业公司承担责任。原告主张被告孙某某实际收取案涉代理费及客户购车定金,被告杨某某实际控制该些款项,实际是主张被告孙某某、杨某某与鹏业公司存在人格、财产混同的情况,根据"谁主张,谁举证"的民事诉讼原则,原告应对此承担举证责任。现时原告提供的证据仅为相应汇款入被告孙某某账户的代理费及客户购车定金的银行流水记录、转账记录,声称与杨某某的微信聊天及微信群聊记录,即使被告孙某某存在以个人账户收取公司款项的情况,此种公司股东就公司个别款项的代收行为也并不足以证明其个人财产与公司财产混同,故仅凭原告提供的汇款入孙某某账户的几笔银行流水及汇款记录不足以认定鹏业公司存在与孙某某财产或人格混同的问题。而对于被告杨某某,原告称其实际控制被告鹏业公司款项,但一方面,原告提供的微信群聊记录或者微信聊天记录无法显示相应的人的具体身份,被告杨某某亦否认其为微信聊天记录中的人员,无法确认确实为杨某某本人的陈述;另一方面,在微信聊天记录中亦不能显示原告所称的为杨某某的人员对被告鹏业公司的款项有实际控制或者处理,原告所称被告杨某某实际控制被告鹏业公司款项的事实无法证明。原告要求被告孙某某、杨某某承担鹏业公司债务的连带清偿责任没有事实及法律依据,法院依法予以驳回。参见欧阳某某与鹏业公司、杨某某合同纠纷案,广东省东莞市第二人民法院(2019)粤1972民初1219号民事判决书。类似对不刺破面纱进行充分说理、从形式和实质两方面进行考察的典型案例还有:上海市崇明区人民法院民事判决书,(2017)沪0151民初5929号;广东省中山市第一人民法院民事判决书,(2014)中一法民二初字第1026号;安徽省高级人民法院民事判决书,(2014)皖民二终字第00164号,在此不过多赘述。

第七章 股东会决议效力瑕疵实证研究

刘泽文 黄 甜

陈潞潞 王 琲 程 浩

一、概述

所谓公司决议的效力瑕疵,是指公司决议在实体上或者程序上存在要件缺失,①无法实现效力的情况。2018年修正的《公司法》第22条将公司决议纠纷区分为决议无效确认纠纷和决议撤销纠纷,并分别规定了救济方式(2023年修订后分别体现于第25条、第26条、第28条)。但是在实践中,一方面,关于公司股东会决议的纠纷,除聚焦决议是否有效以及是否可撤销之外,还关注决议是否成立;另一方面,在个案的司法审判中,不同法院对条款的理解和运用存在巨大的差异,同案不同判的现象十分严峻。笔者认为,司法实践中出现同案不同判的现象,一方面,是由于股东会决议效力纠纷往往涉及复杂的程序和实体问题;另一方面,也是因为现有法律和司法解释未对相关问题作出清晰、明确的规定。具体而言,《公司法》仅仅将股东会决议效力划分为"无效"和"可撤销"两大类,不足以完全解决实践中出现的股东会决议效力争议。尽管《公司法司法解释(四)》针对股东会决议的撤销、不成立和无效进行了相对细化的规定,但是还是存在对上述三种效力状态界定混乱的局面,难以很好地指导实践。

笔者旨在通过相关的案例分析,探索司法实践中各级法院对于股东会决议效力瑕疵案件的认定标准和处理结果,在理论研究的基础上对司法裁判以及相关法律法规的适用提供完善建议。探讨股东会决议的性质问题,并在此基础上

---

① 参见刘俊海:《公司法学》,武汉大学出版社2010年版,第201页。

探讨不同国家决议效力的立法模式以及中国实践中的突出问题。

（一）股东会决议的性质

股东会决议作出后，由公司承担决议的法律后果。作出决议的主体是股东会，为何由股东会享受表决权却不由股东会承担相应的法律后果？一般认为，股东权是股东出资后丧失对出资款享有的所有权而转化成的对孳息的法定权利——社员权，社员权又分为自益权与共益权。① 这一观点的本质是通过经济利益来判定股东权利的行使方式以及归属状态，但是其认为对自益权和共益权可以作清晰明确区分，是不符合实际的。此外，有学者认为，股东是基于契约约定的投票权获得表决权，不论是初始股东还是后续股东都通过契约的安排和调整享有投票权。② 这一观点从微观的视角观察公司权力的分配，但是忽视了公司作为一个完整的主体，与其内部机关之间的关联；且这一解释建立在完全经济理性的假设之上，不能有效应对复杂多变的社会实践。还有学者主张，公司与股东之间的关系属于债权债务关系。简言之，股东对公司所持有的表决权为基于其所有人身份获得的对公司的债权所派生的特别权能。这一观点的不足也是明显的，将股东对公司所享有的所有权理解为一种债权不符合主流观点，并且实质上形成了对股东权利的损害。

在对决议性质进行论证时，一个重大的障碍是决议的内在特性较难被现有的民法体系所吸纳。具体来说，从民事法律行为的视角出发，只有在真实的意思表示之下，相关当事人才需要承担意思表示的法律后果。虽然公司的决议程序常常无法实现所有表意人的意思表示一致，但是法律后果需要大家共同承担。因此，对决议的性质的界定也成为公司法上的重要课题。

1. 共同行为说

所谓共同行为说，简要来说，第一点是将决议视为一种法律行为，但与单独法律行为不同，股东会决议有特殊的目的指向，即该共同行为的目的是为公司这个实体制定章程，维持公司正常的生产经营。第二点是决议的同向性，即在决议的过程中，不同的表决主体最终达成同样的意思表示。第三点是决议行为

---

① 参见［德］卡尔·拉伦茨：《德国民法通论》（上册），谢怀栻等译，法律出版社2003年版，第222页。
② 参见罗培新：《公司法的合同解释》，北京大学出版社2004年版，第202页。

效力的一致性,即决议中持有少数观点的股东也需要承担集体决策的法律后果。

共同行为说所牵涉的重要理论问题就是意思表示,即决议的意思表示为何能让持反对意见的股东同样承担法律后果。有观点认为,共同行为说实际上并未突破民法对于意思表示的理论框架,决议在本质上仍旧是表意人通过真实、自由的意思表示设立的法律关系。

2. 多方法律行为说

有观点认为,法律行为可以区分为多方法律行为和单方法律行为。前者包括契约、共同行为、决议等。① 国内学者通过表意人的数量将法律行为划分为单方法律行为、契约行为以及多方法律行为。② 作为最终多方法律行为,决议不要求意思表示的同向性,即不要求所有的股东都对某一事项持有一致的观点,但是基于尊重程序性的原则,决议的效力仍对每个股东有效。

3. 意思形成说

意思形成说认为,股东会决议是公司形成意思表示的过程,公司作为特殊的法人主体,其意思表示的形成需要借助执行机关的对外行为,否则不能成为完整的法律行为。意思形成说认为,在考虑公司决议形成的时候,应当关注意思表示环节的冲突规则和民主规则。

(二)决议效力的立法模式

决议效力的立法模式主要有二分法模式与三分法模式。所谓二分法模式,是将股东会决议的效力分为可撤销和无效。具体而言,当股东会决议的程序要件违反法律和公司章程时,视其为可撤销决议;当实体内容违反法律、行政法规时,视其为无效决议。二分法的主要逻辑在于通过实体瑕疵或者程序瑕疵对股东会决议效力进行区分。与之不同,三分法的立法逻辑在于决议违反法律、行政法规被视为无效,存在严重的程序违法的决议可以视为根本没有成立,若瑕

---

① 参见韩长印:《共同法律行为理论的初步构建——以公司设立为分析对象》,载《中国法学》2009年第3期。
② 参见龙卫球:《民法总论》,中国法制出版社2001年版,第436页;梁慧星:《民法总论》,法律出版社2007年版,第160~161页;朱庆育:《民法总论》,北京大学出版社2013年版,第133页;李永军:《民法总论》(第2版),法律出版社2009年版,108页。

疵不至于影响决议是否存在,且侵害了其他股东的利益,则该决议被视为可撤销决议。具体来说,如果股东会根本没有召开,或者股东会没有经过法定的表决程序等行为实际上导致相关决议没有合法性支持,应当认为决议不成立。

我国《公司法》采取二分法的立法模式,该立法模式认为,公司作为拟制法人,其意思表示与自然人之间存在本质区别,即经过了法律和公司章程规定的内部程序,公司的意思表示被推定为自由、真实、没有瑕疵。因此,在二分法模式下,立法对公司和自然人的意思表示作出区分处理,自然人意思表示不真实、受到胁迫等情况不再以公司争议的方式解决。但是,二分法模式的缺陷也是显然存在的,即二分法在讨论股东会决议瑕疵的问题时,必然以股东会决议已经有效成立为前提和基础,而股东会决议是否成立也不能单纯归结于程序性的问题。

三分法模式在大陆法系国家的立法实践中也有广泛体现。1981年修改的日本《商法典》在第252条新增确认决议不存在的情形,在决议无效、可撤销之外新增了股东会决议瑕疵的独立类型。我国《公司法司法解释(四)》第3条第1款规定,"原告请求确认股东会或者股东大会、董事会决议不成立、无效或者撤销决议的案件,应当列公司为被告。对决议涉及的其他利害关系人,可以依法列为第三人",可见已经将决议不成立引进为新的决议效力瑕疵的情形。《公司法司法解释(四)》中有关决议不成立的规定大多聚焦决议召开、表决的程序,但需要强调的是决议不成立并非仅包括存在严重的程序性问题,三分法的价值在于吸收民事法律行为的成立与生效的区分标准,通过新的理论解决目前理论研究和司法实践中所遇到的种种问题,并且为未来的公司立法指明发展方向。

(三)焦点问题

1.决议的成立

原《民法总则》第134条第2款(现《民法典》第134条第2款)将决议行为作为民事法律行为的新类型加以规定,同时也将成立要件规定为决议行为法律制度的核心条款,即决议需要依照法律或者章程所规定的议事方式和表决程序作出。若对决议是否成立进行更加深入的探索,则需要进一步研究法律行为理论。

作为法律行为,公司的决议应当以意思表示为核心,是通过召开内部股东会进行表决而形成,其中表决必须符合多数决原则,即持有少数意见者的意思被多数意见代表,或者多数决者的意思上升为公司的意思表示。因此,在判断公司决议是否成立时,也必须判断是否履行了由股东会召开的法定程序。在这一方面,《公司法》第43条第2款(2023年修订后为第66条第3款)规定了特定事项召开股东会的人数要求,即股东会会议作出修改公司章程、增加或者减少注册资本的决议,以及公司合并、分立、解散或者变更公司形式的决议,必须经代表2/3以上表决权的股东通过。《公司法》第103条第2款规定(2023年修订后为第116条第2、3款),股东大会作出决议,必须经出席会议的股东所持表决权过半数通过。但是,股东大会作出修改公司章程、增加或者减少注册资本的决议,以及公司合并、分立、解散或者变更公司形式的决议,必须经出席会议的股东所持表决权的2/3以上通过。

为何违背上述《公司法》第43条第2款和第103条第2款程序性规定会使决议不成立而非无效?最基本的原因在于,如果连会议都没有按照法定程序召开,则说明根本没有形成有效的意思表示。当然,这并不意味着未经股东会召开作出的所有决议都无效。《公司法》第37条第2款(2023年修订后为第59条第3款)规定,针对第37条第1款所列事项,股东以书面形式一致表示同意的,可以不召开股东会会议,直接作出决定,并由全体股东在决定文件上签名、盖章。该条款尽管规定了没有经过会议程序的决议也是有效成立的,但是附有对决议事项的严格限制和其他严格的程序性规定。

总之,根据《公司法》和《公司法司法解释(四)》,公司决议的成立至少包括以下条件:(1)召集人具有法律或者公司章程规定的召集权;(2)向全体表决人发出了召集公告,或者至少具有发布了召集公告的外观;(3)股东会在实际上进行了决议;(4)股东投票表决达到了法律或者公司章程规定的人数要求。

2. 决议是否有效

所谓的决议有效,是指公司决议在成立的基础上,满足了有效构成要件,在法律上对公司和全体股东发生拘束力。一般认为,在决议成立的基础上,只要一项意思表示不违背法律或者行政法规的强制性规定,就被推定为有效,即可以顺理成章地发生意思表示主体拟发生的法律效力。基于类似的逻辑，也从尊重社团自身意思自由的原则出发，公司经过法定程序达成的决议一旦作出，除非存在效力阻却因素，否则该决议的法律效力自动发生。

需要注意的是，目前我国并没有明确的法律依据支持公司提起确认决议有效之诉。关于法院是否能介入公司自治的范畴判断决议的效力，一种观点认为，从法无禁止即可为出发，既然法律没有禁止这种诉讼类型，则该种诉讼类型应当存在。此外，对于当事人来说，确认决议有效之诉与确认决议履行之诉相比，举证责任和所耗费的时间精力都会少很多。① 另一种观点认为，法无禁止即可为针对的主体是私主体，对于具有公权力性质的法院来说，应该遵循法无授权不可为的基本原则，禁止代表国家强制力的法院对公司的意思自治横加干涉。在公司没有违背法律和行政法规的强制性规定的情形下，不应该允许法院对公司决议的有效性进行判决。公司决议的效力来自内部经过法律或者公司章程规定的特定程序的意思自决，一旦公司决议成立，就应当推定公司决议有效，除非存在胁迫等阻碍效力实现的事由。此外，公司的决议一般在作出之后的较短时间内就开始实施，即对外已经公示了其决议的效力，如果由法院回溯性地否定决议效力，则一方面存在时间上的矛盾，另一方面会对正常的商事活动带来阻碍。具体来说，如果公司的决议必须要经过法院的判决才能确定其效力，则会严重降低商业活动、公司之间协商、交易、合作的效力。

3. 决议是否可撤销

《公司法》第22条第2款规定，"股东会或者股东大会、董事会的会议召集程序、表决方式违反法律、行政法规或者公司章程，或者决议内容违反公司章程的，股东可以自决议作出之日起六十日内，请求人民法院撤销"（2023年修订后为第26条第1款）。该条文对公司决议是否可撤销进行了概括性规定。

决议可撤销的基本原理在于维护撤销权人的意志自由。公司决议往往是在集体决策之下遵循多数决原则，在公司股东大会召开的程序之中，如果召集程序、表决方法、表决具体内容等违反公司章程及相关法律法规规定，则导致部分股东没有进行真实的意思表示。

---

① 参见朱庆育：《民法总论》（第2版），北京大学出版社2016年版，第233页。

当然,应该注意这样一个事实,我们必须将个人意图的缺陷与整体意图的缺陷区分开来。仅投票权意志表达的缺陷自然不会导致适用于相关决议法的法律行为的可撤销性。只有在这种情况下团体的多数决不能成立时,才会对决议的有效性产生影响。实际上,这是公司自治的应有含义。对于公司决议,其撤销是基于程序缺陷引起的公司意志缺陷。对于表决权意志表达的缺陷导致决议案召集程序的严重缺陷甚至不存在,或者影响决议案多数表决方式的实现的情况,撤销制度的规定自然适用。

二、案例整理和分类统计

笔者梳理了全国各级法院有关股东会决议效力瑕疵纠纷案件共3104个,通过样本考察分析《公司法》第22条确定的解决公司股东会决议效力瑕疵的决议无效和可撤销诉讼制度在实际中的运行状况。在样本处理方法上,将案例按照争议焦点、裁判理由、裁判结果、法院级别、审理级别、省份、年份进行初步处理,随后按照"不成立""撤销""无效"划分为三种类型,并按类型分析其中的核心问题,笔者将"不成立""撤销""无效"三种类型的具体判决原因按照如下标准进行分类(见表7-1)。

表7-1 股东会决议瑕疵原因分类

不成立	撤销	无效
伪造签名	会议召集程序	决议内容的合意基础不存在
会议未召开	表决方式	侵害股东的利润分配请求权
未通知	决议内容	侵害股东对公司增资的优先认缴权
召集权瑕疵	主持程序	非法变更股东出资额或持股比例
未形成决议或未对决议表决	会议通知	违法解除股东资格
意思表示不真实	会议时间	选举的董事、监事、高级管理人员不具有任职资格
未达通过比例;未达到法定或章程规定的表决权数	60日除斥期间	未经财务审核分配公司资产

续表

不成立	撤销	无效
无表决权	非股东、董事人员参会所作决议的效力	侵害公司利益
股东或董事未于会后签名	会议地点	侵害股东的经营管理权
会议记录瑕疵：无会议记录或会议记录未记载		不具有股东(董事)资格的主体作出的决议
出席数瑕疵：不足法定出席数		侵害公司债权人利益
会议主持人瑕疵		违反禁售期的规定转让股权
代理权限瑕疵		

（一）审级和标的额情况

在收集到的 3104 个案例中，一审案例 1768 个，占比为 56.96%；二审案例 1285 个，占比为 41.40%；再审案例 51 个，占比为 1.64%。从金额上看，79.02% 的案件标的额不足 10 万元，12.50% 的案件标的额在 100 万元以上。这些数据表明了公司纠纷具有标的额小，但是争议较大，二审和再审占比较高的情况。见图 7-1、图 7-2。

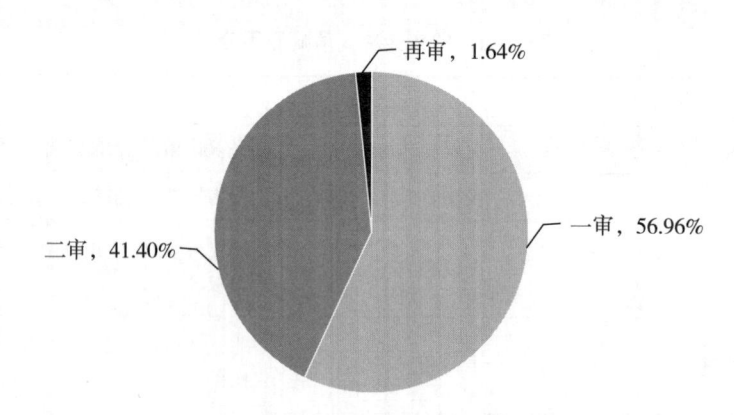

图 7-1　审级分布情况

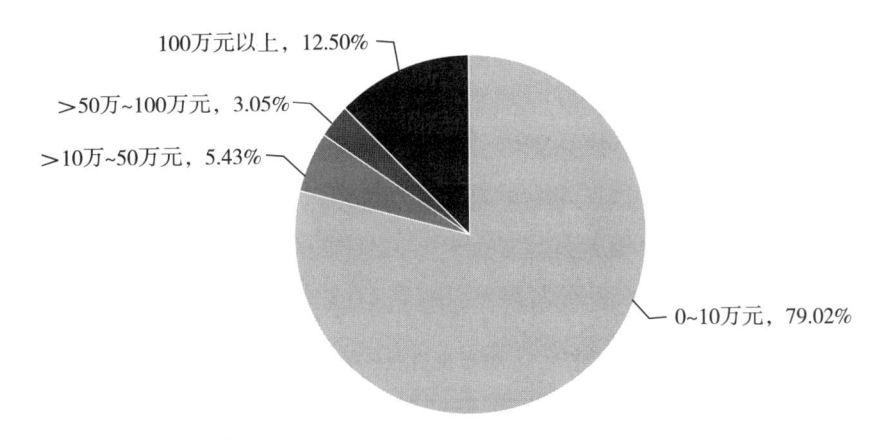

图 7-2 标的金额分布情况

(二)地域分布

经济更活跃的东部地区案件数量更多,北京市案件达 364 个,江苏省 302 个,上海市 265 个,浙江省 263 个,山东省 223 个,广东省 208 个,上述六个地区共计 1625 个,合计占比高达 52.35%(见表 7-2)。

表 7-2 地域分布

地区	案件数量/个	占比/%
北京	364	11.73
江苏	302	9.73
上海	265	8.54
浙江	263	8.47
山东	223	7.18
广东	208	6.70
合计	1625	52.35

(三)年份分布

随着经济活力的进一步释放,股东会决议效力纠纷案件逐年增多,2016~2019 年分别为 307 个、463 个、606 个、716 个。结合股东会决议效力认定案件涉案金额较小、案件难度较大的特点,随着近年来相关案件数量的稳步提升,解决股东会决议效力认定理论争议对降低司法成本、引导公司的实践具有重要意义。

（四）各瑕疵类型占比分布

在所有样本中，约有 2628 个案例涉及股东会决议不成立的问题，占比高达 84.66%；约有 305 个案件涉及股东会决议可撤销，占比达 9.83%；约有 290 个案例涉及股东会决议无效，占比达 9.34%；另外有 119 个案例涉及上述三种情况（与上述数据有重合），占比 3.83%。如表 7-3 所示。

表 7-3　各瑕疵类型分布情况

情形	数量/个	占比/%
不成立	2628	84.66
撤销	305	9.83
无效	290	9.34
重合情形	119	3.83

在多焦点案件中，82 个案例涉及不成立和无效的交叉重合，25 个案例涉及不成立和撤销的交叉重合，12 个案例涉及撤销和无效的交叉重合，如表 7-4 所示。

表 7-4　各瑕疵类型重合情况

情形	数量/个	占比/%
不成立＆无效	82	68.91
不成立＆撤销	25	21.01
撤销＆无效	12	10.08
合计	119	100

（五）决议成立问题常见情形

在有关股东会决议是否成立的案例中，有 683 个案例涉及伪造签名的问题，占比达 26.00%；有 674 个案例涉及会议未召开的问题，占比达 25.66%；有 476 个案例涉及股东会决议未通知的问题，占比达 18.12%；涉及出席人数不符合法定要求、会议主持人瑕疵、代理权限瑕疵等问题的案例分别有 21 个、14 个、10 个，占比均在 1% 以下。如表 7-5 所示。

表 7-5 决议成立问题常见情形

问题类型	数量/个	占比/%
伪造签名	683	26.00
会议未召开	674	25.66
决议未通知	476	18.12
召集权瑕疵	193	7.35
未形成决议或未对决议表决	155	5.90
意思表示不真实	143	5.44
未达通过比例:未达到法定或章程规定的表决权数	124	4.72
无表决权	52	1.98
股东或董事未于会后签名	41	1.56
会议记录瑕疵:无会议记录或会议记录未记载	41	1.56
出席人数瑕疵:不足法定出席人数	21	0.80
会议主持人瑕疵	14	0.53
代理权限瑕疵	10	0.38

(六)决议撤销主要原因

在有关股东会决议是否可撤销的案例中,有135个案例涉及会议召开程序的问题,占比达44.41%;有72个案例涉及表决方式的问题,占比达23.68%;有36个案例涉及股东会决议未召开的问题,占比达11.84%;涉及60日除斥期间,非股东、董事人员参会所作决议的效力,会议地点等问题的案例分别有5个、4个、4个,占比均在2%以下(见表7-6)。

表 7-6 决议撤销主要原因

原因	案例数/个	占比/%
会议召开程序	135	44.41
表决方式	72	23.68
股东会决议未召开	36	11.84
主持程序	22	7.24
会议通知	18	5.92

续表

原因	案例数/个	占比/%
会议时间	8	2.63
60 日除斥期间	5	1.64
非股东、董事人员参会所作决议的效力	4	1.32
会议地点	4	1.32

(七) 决议无效主要原因

在有关股东会决议是否有效的案例中,有 108 个案例涉及决议内容的合意基础存在与否的问题,占比达 37.24%;有 33 个案例涉及侵害股东的利润分配请求权的问题,占比达 11.38%;有 31 个案例涉及侵害股东对公司增资的优先认缴权的问题,占比达 10.69%。涉及不具有股东(董事)资格的主体作出的决议、侵害公司债权人利益、违反禁售期的规定转让股权等问题的案例分别有 8 个、8 个、4 个,占比均在 3% 以下。

(八) 决议有效主要原因

在法院认定决议有效的理由中,有 70 个案例涉及决议的内容属于公司自治范畴,占比为 53.03%;有 44 个案例涉及股东对持股比例虽有争议,但不影响决议通过所需的表决权比例的问题,占比为 33.33%;有 11 个案例涉及新的公司决议改变原决议内容的问题,占比为 8.33%;有 7 个案例涉及未通知隐名股东参会的问题,占比为 5.30%(见表 7-7)。

表 7-7 决议有效主要原因

原因	数量/个	占比/%
决议的内容属于公司自治范畴	70	53.03
股东对持股比例虽有争议,但不影响决议通过所需的表决权比例	44	33.33
新的公司决议改变原决议内容	11	8.33
未通知隐名股东参会	7	5.30

(九) 最多引用条文统计

从收集的案例来看,大部分案例主要争论点是决议是否成立,但对《公司法司法解释(四)》的援引实际上是比较少的。原因可能是大量案例发生在该解释出台之前。具体引用条文情况见表7-8。

表7-8 引用条文统计

法条	解决问题
《公司法》第22条(2023年修订后分布于第25条、第26条)	公司决议的无效或被撤销
《公司法》第37条	股东会职权
《公司法》第41条	股东会会议的通知与记录
《公司法》第42条	股东的表决权
《公司法》第43条	股东会的议事方式和表决程序
《公司法司法解释(四)》第5条	不成立
《公司法》第71条(2023年修订后为第84条)	股权转让
原《民法通则》第55条	民事法律行为的判定
最高人民法院《关于民事诉讼证据的若干规定》第2条	举证

三、焦点问题分析

(一)决议不成立

我国学术界对决议不成立这一形态的关注始于21世纪初。

2017年9月1日实施的《公司法司法解释(四)》[①]增设决议不成立这一形态,并在第5条具体规定导致决议不成立的原因。但是,《公司法司法解释(四)》并没有消除争议,相对简单的规定为解释提供了广阔的空间。

1.决议不成立事由的司法适用

根据《公司法司法解释(四)》第5条的规定,决议不成立的事由包括:第一,公司未召开会议的,但依据《公司法》第37条第2款或者公司章程规定可以不召开股东会或者股东大会而直接作出决定,并由全体股东在决定文件上签

---

① 《公司法司法解释(四)》于2020年修正,自2021年1月1日起生效。修正内容为第2条、第4条,增加"民法典第八十五条"作为依据,不涉及第5条。

名、盖章的除外;第二,会议未对决议事项进行表决的;第三,出席会议的人数或者股东所持表决权不符合公司法或者公司章程规定的;第四,会议的表决结果未达到公司法或者公司章程规定的通过比例的;第五,导致决议不成立的其他情形。

(1) 数据概览

在检索得到的有效案例中,与决议成立相关的案例共有 2628 个,其中法院支持决议成立的案件共有 350 个,法院支持决议不成立的案件共有 2278 个。可以看出,法院支持决议不成立的案例数量远远高于支持决议成立的案例数量,可能的理由是只有当决议存在较大争议时,当事人才会提请法院进行判决,这种情况下案例确实存在不成立事由的可能性高于存在成立事由的可能性。

进一步分析可知,《公司法司法解释(四)》发布后,法院判决决议不成立的案例数量显著增多(如图 7-3 所示)。这与《公司法司法解释(四)》对决议不成立规则的确立有关,规则的确立提高了司法审判的效率与确定性。

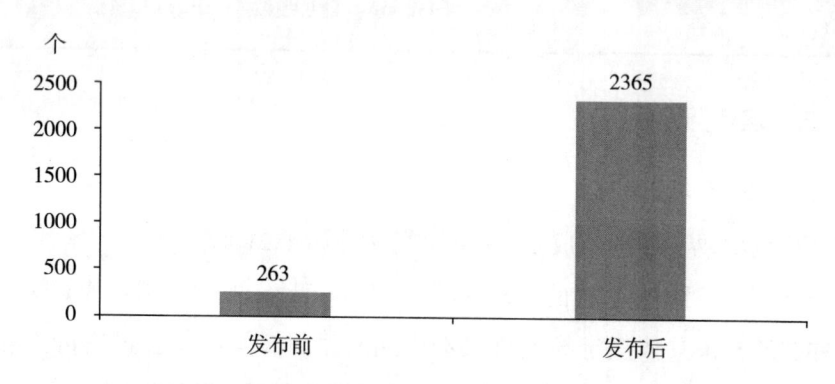

图 7-3 《公司法司法解释(四)》发布前后案例数量

(2) 法定事由

①公司未召开会议

从《公司法司法解释(四)》(征求意见稿)和正式条文的对比,以及司法实践中法院的观点看,导致决议不成立的《公司法司法解释(四)》第 5 条第 1 项规定的"公司未召开会议"情形为根本没有开会。在上海筱颢酒店管理有限公司(以下简称筱颢公司)与夏某某公司决议效力确认纠纷二审案中,法院认为,在案证据显示,筱颢公司及4名第三人均无证据证明该日的股东会经过提议、召集、通知、主持等程序,同时确认系争股东会决议相关事项及决议上夏某某的签字均系中介机构代办、代签。筱颢公司及4名第三人虽主张全体股东在现实场合中对股东会决议内容进行过讨论和确认,但亦未就此提供相应证据予以佐证。故,法院有理由相信案涉股东会会议并未实际召开。①

但依据《公司法》第37条第2款或者公司章程规定可以不召开股东会会议而直接作出决定,并由全体股东在决定文件上签名、盖章的除外。江苏省南京市中级人民法院在审理北京兰亭风文化传播有限公司与南京文化艺术产权交易所有限公司(以下简称文交所公司)、南京八城科技有限公司等公司决议效力确认纠纷案时,认为《公司法》第37条规定:股东会行使下列职权:(一)决定公司的经营方针和投资计划;……(十)修改公司章程;(十一)公司章程规定的其他职权。对前款所列事项股东以书面形式一致表示同意的,可以不召开股东会会议,直接作出决定,并由全体股东在决定文件上签名、盖章。该案中,文交所公司2013年8月10日的股东会决议,虽非通过召开股东会会议形成,但系各股东经协商后在书面决定文件中加盖印章而制,上述决议方式并不违反相关法律规定,决议成立②。

在该项法定事由之下,笔者给公司的建议是:形成公司决议,原则上必须召开股东会会议或董事会会议。虽然有《公司法》第37条第2款规定可以不开会的例外情形,但只针对有限责任公司,不包括股份有限公司;且只针对有限责任公司的股东会,不包括董事会。需要特别注意的是,有限责任公司的股东会不开会的前提是其决议内容属于公司法及公司章程规定的股东会职权。

②未对决议事项进行表决

"表决"系决议作为特殊法律行为的程序特征。《公司法司法解释(四)》重视表决程序的瑕疵,第5条所规定的5项原因中,3项与出席表决相关。其中,第2项"未对决议事项进行表决"系指在事实层面上不存在股东意思,自然无法进一步讨论决议。③ 在北京尚业乾元投资管理有限公司(以下简称尚业公

---

① 参见上海市第一中级人民法院民事判决书,(2020)沪01民终345号。
② 参见江苏省南京市中级人民法院民事裁定书,(2016)苏01民终7142号。
③ 参见殷秋实:《法律行为视角下的决议不成立》,载《中外法学》2019年第1期。

司)等与杨某某公司决议纠纷二审案中,法院认为,在会议表决程序上,案涉股东会对尚业公司的执行董事进行了变更,杨某某系变更前的公司执行董事,故表决事项与杨某某具有重大关联,但杨某某未能收到通知参加会议,此时尚业公司股东会以决议形式作出的免去杨某某执行董事职务的表决结果……可认定案涉股东会的决议结果并非经过股东会合法表决程序后的股东会意见。综上所述,法院认为,2016年12月2日,尚业公司股东会未能形成有效决议,对一审判决关于案涉股东会决议不成立的判决结果,予以维持①。需要注意的是,逐个通知股东不构成表决。会议决议是以电话通知的形式,逐个征求各股东的意见形成的……决议不成立。②

司法实践中,法院一般会要求公司承担举证责任,公司如果不能证明对决议事项进行了表决,则承担举证不能的不利责任。其原因是公司决议作为一种法律行为,其成立需要具备特定的形式要件,如有股东会会议召开的事实要件、提交表决及表决符合公司法或公司章程要件等,这些形式要素一般由公司保存,公司承担举证责任符合诉讼便利和诉讼经济原则。在三明物产(天津)国际贸易发展有限公司(以下简称三明物产公司)与三明兴业科技(天津)有限公司、李某奎公司决议效力确认纠纷二审案中,法院认为,本案中,2015年6月26日,由贺某某召集召开了会议,股东李某奎和李某雄到会,非股东人员也与会,谈话中涉及更换公司法定代表人等内容。但上诉人三明物产公司没有证据证明,此次会议对决议事项进行了表决,继而根据表决结果作出股东会决议。因此,2015年6月26日股东会未形成决议③。

在该项法定事由之下,笔者给公司的建议是:注重留存表决证据,并要求参会股东在每一表决事项的相关文件上签字,或对决议讨论全程录音录像。

③表决权不符合规定

《公司法司法解释(四)》颁布实施前,出席会议的人数或股东所持表决权不符合公司法或公司章程规定的,所作决议一般按可撤销处理。在北京金冠汽车服务有限公司(以下简称金冠公司)与东联科技有限公司(以下简称东联公

---

① 参见北京市第一中级人民法院民事判决书,(2019)京01民终1405号。
② 参见安徽省芜湖市鸠江区人民法院民事判决书,(2017)皖0207第3689号。
③ 参见天津市第二中级人民法院民事判决书,(2016)津02民终3229号。

司)董事会决议撤销纠纷上诉案中,法院认为:结合公司章程第15条、第17条、第25条之规定,金冠公司董事会决议的表决通过方式采用的并非通常意义上的资本多数决方式,而是董事人数的2/3多数且应包含各方至少1名董事。此举意味着对于金冠公司重大事项,金冠公司的三方股东派驻的董事必须做到每方至少有1名董事参加并同意才具备通过的可能……由于该案争议的董事会决议缺乏股东一方东联公司董事的参与及事后同意,根据公司章程第25条的规定,该董事会决议在法律上属于可撤销的范畴。①

但是,就股东会而言,《公司法》没有规定最低出席人数或者表决权数。《公司法司法解释(四)》第5条第3项规定可能涉及的问题是股东会出席人数只可能在章程中有规定,这就关系到应如何确定意定的出席人数,司法实践中并无定论。在重庆市鹏业建筑工程有限责任公司与瞿某某、吴某某等请求变更公司登记纠纷二审民事判决中,法院认为,案涉股东会的召开未通知陈某,谢某某的签名系其女儿代签,在周某某、朱某1、姚某某、朱某2、瞿某某没有举示充分证据证明另外8名股东没有参加股东大会,不是本人签名的情况下,除陈某、谢某某的表决权比例所占份额为5.9%和18.01%,其余8名股东所占份额超过了2/3,上述股东持股比例已经超过公司章程约定的表决权比例,故陈某、谢某某未在股东会决议上的签名并不影响该股东会决议的效力②。

④表决结果未达到通过比例

《公司法司法解释(四)》颁布实施前,对于表决结果未达到公司法或公司章程规定通过比例,存在不同的裁判观点。多数裁判观点认为,应按照决议无效处理;少数裁判观点认为,应按照决议可撤销处理。按决议无效处理的案件如张某玉与海南某泰科技有限公司(以下简称某泰公司)二审案,该案中,法院认为,根据公司初始章程第18条规定的"其他事项(包括减资)由出席董事会会议三分之二以上的董事通过",仅张某一人同意减少注册资本及变更股东出资比例,不符合公司章程的规定……某泰公司于2010年8月25日作出的《股东会决议》因未经合法的表决程序而不符合法律和公司章程之规定,关于公司

---

① 参见北京市高级人民法院民事判决书,(2009)高民终字第1147号。
② 参见重庆市第二中级人民法院民事判决书,(2020)渝02民终690号。

减少注册资本和变更股东出资比例的决议无效。① 按撤销决议处理的案件如周某某、姜某某与徐州市长盛建筑工程有限公司公司决议纠纷二审案,法院认为表决结果未达到通过比例,不是决议内容违反法律、行政法规的规定,不属于决议无效事由,而属于撤销决议的事由。周某某、姜某某主张无效的股东会决议内容系增加注册资本和变更公司经营范围,该决议内容并不违反法律、行政法规的规定,且周某某、姜某某要求确认该股东会决议无效的理由系"未经过有2/3表决权的股东同意",其实质系认为股东会召集程序、表决方式违反了法律、法规或公司章程的规定,依法应通过撤销程序解决。②

对于有限公司而言,《公司法》第43条第2款规定,"股东会会议作出修改公司章程、增加或者减少注册资本的决议,以及公司合并、分立、解散或者变更公司形式的决议,必须经代表三分之二以上表决权的股东通过"。在公司治理实践中,常见的是以全部股东持表决权的2/3为标准。在谢某某与枣阳兴华龙盛摩擦材料有限公司(以下简称兴华龙盛公司)与公司有关的纠纷一审案中,法院认为,股东会的普通决议则没有规定,留待章程解决。根据兴华龙盛公司章程的规定,股东会决议应当由出席股东大会的股东按照出资比例行使表决权,并且对所议事项作出决议,必须经代表2/3以上表决权股东通过。因投同意票的股权份额未能达到兴华龙盛公司章程规定的2/3以上表决权的份额,故兴华龙盛公司2017年12月9日的股东会决议不成立③。当然,除全部股东持表决权的三分之二之外也存在其他标准,如在于某某与河北航空集团天鹅国际旅行社有限公司公司决议撤销纠纷二审案中,法院以决议人数未过半数为由撤销决议:河北航空集团天鹅国际旅行社有限公司的工商登记董事备案信息中并未显示有田某某董事。因此,田某某董事的身份不确定,该次董事会决议的通过人数未过半数。④

⑤导致决议不成立的其他情形——召集程序

《公司法司法解释(四)》第5条所列举的决议不成立原因未提及召集通知

---

① 参见海南省高级人民法院民事判决书,(2014)琼民终三字第1号。
② 参见江苏省徐州市中级人民法院民事判决书,(2016)苏03民终5290号。
③ 参见湖北省枣阳市人民法院民事判决书,(2018)鄂0683民初588号。
④ 参见河北省石家庄市中级人民法院民事判决书,(2016)冀01民终3776号。

程序的瑕疵。最高人民法院认为,其第5条第1项"公司未召开会议"为根本没有开会、表决,召集通知程序有瑕疵不属于该范围。如果不能扩张解释第5条第1项,则这种漏洞至少可以通过类型化第5项"导致决议不成立的其他情形"来涵摄召集通知程序严重瑕疵的情况。

召集程序有瑕疵主要有以下4种情形:召集通知瑕疵、召集权限瑕疵、召集对象瑕疵以及召集内容瑕疵。检索所得的有效案例中,与召集程序有瑕疵相关的案例共有193个,其中召集通知瑕疵案例数量最多,为148个;召集权限瑕疵、召集对象瑕疵、召集内容瑕疵案例分别为23个、12个、10个(如图7-4所示)。

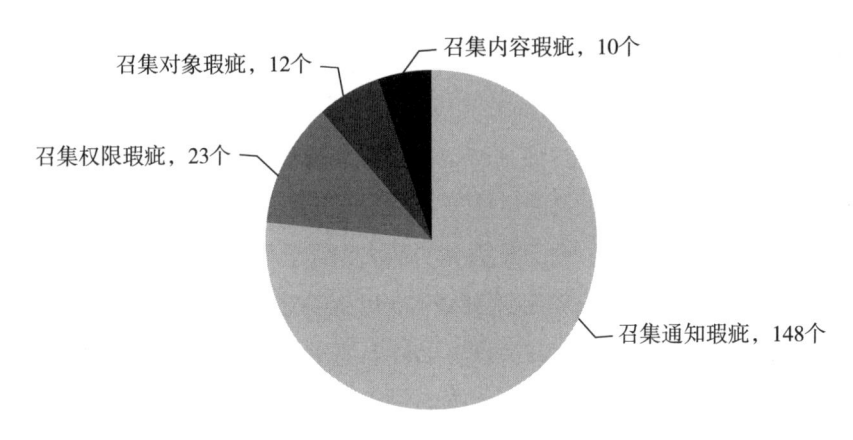

图7-4 召集程序瑕疵

A. 召集通知瑕疵

召集通知瑕疵表现为召集的形式瑕疵。关于召集的形式瑕疵,司法实践中的争议焦点是采用发送主义还是到达主义。从注重公司运行的经济效率的角度出发,应当采取发送主义,即在公司法规定的期限之前发出通知则认为通知已经到达,未能接收到通知而遭受的损失应当由接收方承担。而从保护股东权益的实质角度出发,则应当采取到达主义,公司发出通知应当以接收方实际接收的时点为准。

采用发送主义还是到达主义决定了法院对同一送达方式效力判定的不同。在黑龙江悦社经贸有限责任公司(原哈尔滨康赛尔经贸有限责任公司,以下简称悦社公司)、英某公司决议纠纷案中,法院采取到达主义,因此否定了公司以公告形式通知股东的效力,认为悦社公司采用公告的方式通知股东参加能够对公司经营产生重大影响的股东会议,显属未尽到合理的注意义务,不能实现《公司法》所称"通知"的法律目的。因此,法院确认悦社公司通知英某参加股东会的方式不合法,股东会会议召集程序存在瑕疵。① 同样是公司以公告方式通知股东,湖南省资兴市人民法院在原告罗某某与被告资兴和谐共进投资有限公司(以下简称和谐公司)、第三人资兴市地和矿业有限公司、湖南钜垣矿业有限公司、湖南合汇投资有限公司、杨某公司决议纠纷案中予以肯定:被告和谐公司于2019年10月12日在《郴州日报》上以公告形式通知其他股东召开临时股东会议的时间、地点和审议内容等。②

B. 召集权限瑕疵

一是召集人本身不属于《公司法》或公司章程规定的范围,如董事、监事或者满足持股要求的股东。在青岛宏和置业有限公司、王某某公司决议纠纷二审案中,法院认为:该案争议涉及的股东会,没有根据《公司法》以及《公司章程》的约定,由有权召集股东会议的主体来召集会议,而由不具备股东会议召集权的上诉人来召集股东会议,在会议召集方面违反《公司法》以及公司章程的规定……《公司章程》第16条约定:代表1/10以上表决权的股东,执行董事提议召开临时会议的,应当召开临时会议。上诉人属于无权召集本案争议涉及的股东会会议的主体,是上述争议股东会决议不成立的原因之一。③

二是召集人没有遵循《公司法》第40条(2023年修订后为第63条)关于顺位的规定。在刘某某与河南鑫锐健康管理有限公司(以下简称鑫锐公司)公司决议纠纷一审案中,法院认为,被告鑫锐公司章程规定股东会议由执行董事召集和主持,执行董事不能履行职务或者不履行职务的,由监事召集和主持,监事不召集和主持,代表1/10以上表决权的股东可以自行召集和主持……被告鑫锐公司的执行董事为原告刘某某,监事为耿某。2019年5月25日和2019年11月26日的股东会决议被告鑫锐公司并未提交证据证明向执行董事提议召开临时股东会,也没有提交证据证明执行董事不能履行或不履行召开股东会会

---

① 参见黑龙江省哈尔滨市中级人民法院民事判决书,(2020)黑01民终2664号。
② 参见湖南省资兴市人民法院民事判决书,(2019)湘1081民初2326号。
③ 参见山东省青岛市中级人民法院民事判决书,(2020)鲁02民终7817号。

议职责……被告鑫锐公司形成的股东会决议不成立,法院予以支持。①

C. 召集对象瑕疵

关于召集对象瑕疵,争议的焦点是召集向多数股东发出即可还是须向所有股东发出。"召集向多数股东发出即可"的观点更强调股东会决议是股东意思这一实质角度,如此,只要对多数股东发出召集通知就能满足决议成立的要求。②

我国《公司法》第 41 条(2023 年修订后为第 64 条)第 1 款规定:"召开股东会会议,应当于会议召开十五日前通知全体股东;但是,公司章程另有规定或者全体股东另有约定的除外。"由该规定可知,在我国,召集须向所有股东发出,但是章程另有规定或股东另有约定的除外。在赵某某与四川君悦丽景大酒店有限公司(以下简称君悦丽景酒店)公司决议纠纷案中,法院认为:有限责任公司的股东会议,应当由符合法律规定的召集人依照法律或公司章程规定的程序,召集全体股东出席,并由符合法律规定的主持人主持会议……君悦丽景酒店未按照章程规定通知全体股东参加股东会议,其作出的股东会决议不能代表全体股东的真实意思表示……该股东会决议作出的程序违法,依法不能成立。③

D. 召集内容瑕疵

针对召集内容瑕疵,司法实践中争议的焦点为是否可对未通知的内容作出决议,司法实践中对该问题亦无定论。有的法院认为,股东会会议对未通知的会议内容作出决议不属于决议不成立的情形,理由是我国《公司法》第 41 条仅规定,有限责任公司召开股东会会议应当于会议召开 15 日以前通知全体股东,但未规定必须通知会议审议的事项,亦未禁止会议期间对会议通知未列明事项进行表决。④ 笔者亦支持该观点,只要实际召开会议、召集和表决程序合法,那么决议的内容即具有正当性,即使其属于未通知的内容。

---

① 参见河南省郑州市高新技术产业开发区人民法院民事判决书,(2020)豫 0191 民初 1798 号。
② 参见殷秋实:《法律行为视角下的决议不成立》,载《中外法学》2019 年第 1 期。
③ 参见四川省成都市锦江区人民法院民事判决书,(2019)川 0104 民初 13907 号。
④ 参见上海市第一中级人民法院民事判决书,(2019)沪 01 民终 15504 号。

⑥导致决议不成立的其他情形——会议记录

会议记录的内容至少包括决议的日期、内容、投票的具体情况以及股东签名等,否则算不上会议记录,也无法让查询会议记录的股东发现程序瑕疵。在刘某宝、刘某军公司决议纠纷二审案中,法院认为,原审被告未提供证据证明两次股东会召开且两次股东会会议记录为填充式,会议地点、记录人不明确,难以认定召开股东会会议。①

当然,会议记录的细微瑕疵不影响决议效力或可事后补正。在王某与上海瑞德会计师事务所有限公司等公司决议效力确认纠纷二审案中,法院认为,至于会议纪要的记录问题,会议纪要中虽未详细记录审议的全部内容,但对会议最终决议内容有明确记载,且案涉决议得到出席会议所有人员的确认,由此可见,临时股东会议已对案涉决议中所列事项进行过表决并予以通过。王某据此为由主张临时股东会议存在未对决议事项进行表决的上诉意见,法院不予采纳。②

⑦导致决议不成立的其他情形——签名

司法实践中,有关决议签名的瑕疵大致可分为3类:一是伪造签名或印章;二是股东未签名;三是非公司股东的人员签名。其中,伪造签名或印章的数量最多,为522个;股东未签名的,为121个;数量最少的是非公司股东的人员签名,为40个(如图7-5所示)。

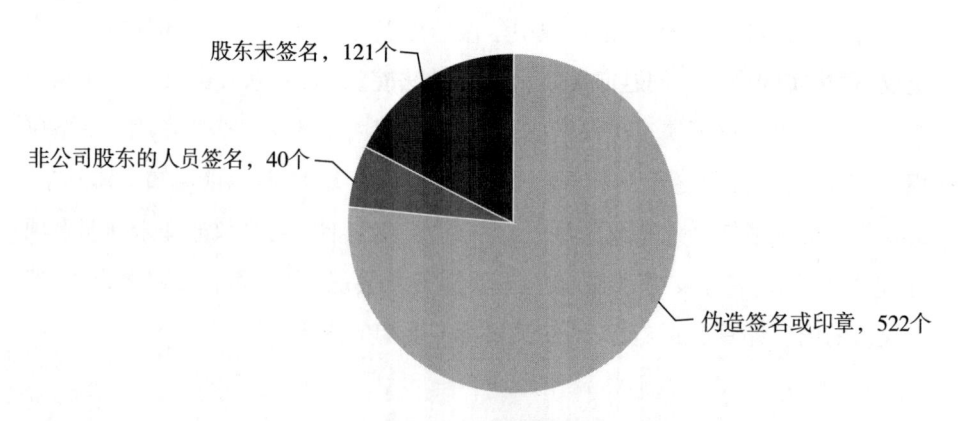

图7-5 签名瑕疵

---

① 参见河北省邢台市中级人民法院民事判决书,(2020)冀05民终1758号。
② 参见上海市第一中级人民法院民事判决书,(2019)沪01民终15504号。

A. 伪造签名或印章

关于签名瑕疵的性质认定存在较大争议,各地裁判观点也不一致。伪造签名属于不成立事由、可撤销事由或无效事由,各地法院皆有判决。

在王某某与衡水申通快运服务有限公司(以下简称衡水申通公司)、于某请求变更公司登记纠纷一审案中,法院认为伪造签名属于决议不成立事由,原告向法院提供确实证据证明2017年6月13日的股东会决议上王某某的签名并非其本人签署……亦未提供证据证明已按章程规定在会议召开前履行了通知义务,故案涉股东会决议并非签名股东的真实意思表示。因此,法院确认被告衡水申通公司2017年6月13日的股东会决议不成立。① 在贺某与湖南云轩贸易有限公司公司决议效力确认纠纷一审案中,法院认为,2014年12月29日的湖南云轩贸易有限公司股东会决议系在未召开股东会会议的情况下制作,且股东会决议上的股东签名亦非股东贺某本人所签,故该股东会决议不成立。②

也有法院认为,伪造签名属于决议可撤销或无效事由,如刘某某与成都阳光远程教育网络有限公司公司决议效力确认纠纷二审案中,法院认为,该股东会决议上刘某某的签字虚假、决议内容违反公司章程等事实,仅属于股东有权请求撤销股东会决议的事由,而非确认股东会决议无效的事由。③ 在卢某某、黄某等与张某某等公司决议效力确认纠纷一审案中,法院认为,该案中落款时间为2014年4月10日的百山缘公司股东会决议,实际并未召开,股东会决议上4名原告的签名,经鉴定均非其本人签署,则该股东会决议并非4名原告真实意思表示,不具有法律效力……原告要求确认该股东会决议无效的诉请,法院予以支持。④

是否伪造签名的司法认定,举证责任由公司负担,通常由公司申请笔迹鉴定。在靳某某与北京上合建设工程有限公司公司决议纠纷一审案中,法院认为,应当由公司申请笔迹鉴定,北京上合建设工程有限公司未证明就案涉股权变更召开过股东会,亦未申请鉴定笔迹,未证明股权变更系靳某某真实意思表

---

① 参见河北省衡水市桃城区人民法院民事判决书,(2018)冀1102民初1860号。
② 参见湖南省桃江县人民法院民事判决书,(2020)湘0922民初1517号。
③ 参见四川省成都市中级人民法院民事判决书,(2012)成民终字第874号。
④ 参见贵州省贵阳市观山湖区人民法院民事判决书,(2019)黔0115民初1065号。

示,股东会决议不成立。① 在杨某某、浙江中亚交通发展有限公司公司决议纠纷二审案中,法院则主张可以通过其他事实认定:首先,现有证据表明,杨某某在落款日期为2016年5月30日的关于同意增加注册资本、变更住所、修改公司章程的股东会决议签名;其次,杨某某认可在知晓增资事项之后经办过浙江中亚交通发展有限公司参加的招投标项目,结合现有证据反映出的杨某某在相关股东会决议上的签名,应认定杨某某对于有关增资事项的最终认可。②

B. 股东未签名

在认定决议不成立的情形下,股东未签名通常与《公司法司法解释(四)》第5条第1项"公司未召开会议"联系在一起,股东并未实际参与股东会议并作出意思表示。在威海市文府房屋置换有限公司、周某股东资格确认纠纷二审案中,法院认为,关于争议焦点二……涉案股东会未实际召开,王某某亦未在股东会决议上签名,依据《公司法司法解释(四)》第5条第1项的规定,该股东会决议不成立。对于上诉人刘某明、丁某某、刘某舰、牛某主张王某某未依照公司法第22条第2款的规定请求撤销因此应认定该股东会决议有效,该院认为,公司法第22条第2款系针对股东会决议因程序瑕疵或内容违反公司章程而具有可撤销情形的规定,前提为股东会决议成立,该案不适用上述规定。一审法院依据《公司法》第22条第1款认定涉案股东会决议无效属适用法律错误,该院予以纠正"。③

C. 非公司股东的人员签名

非公司股东的人员签名的决议并非绝对不成立,有法院主张可结合其他事实认定签名的效力。在济南中加泰乐斯科技开发有限公司(以下简称中加公司)与润华集团山东房地产开发有限公司(以下简称润华公司)股东会决议效力纠纷审判监督案中,案涉公司股东及高级管理人员之间存在紧密的亲属关系,法院认为这种关联性使某一股东或高级管理人员的民事行为能够代表公司。关于原审上诉人股东签名伪造、签名的不是股东的主张,法院再审认为,该案中,中加公司的股东张某某、王某华、王某某、王某波之间的关系是家庭成员,

---

① 参见北京市门头沟区人民法院民事判决书,(2020)京0109民初508号。
② 参见浙江省杭州市中级人民法院民事判决书,(2020)浙01民终687号。
③ 参见山东省威海市中级人民法院民事判决书,(2019)鲁10民终2167号。

张某某、王某华系夫妻关系,王某某、王某波是张某某、王某华的子女。惠泽公司的股东为潘某某、陈某某,林垟公司的股东为潘某某,两公司法定代表人均为陈某某。陈某某系潘某某的外甥。在该案股东大会决议形成期间及之前,润华公司和中加公司的总经理均为王某波,从上述涉案公司股东及高级管理人员相互之间的关联性确认在当时潘某某、陈某某的民事行为能够代表林垟公司和惠泽公司,王某波的民事行为能够代表中加公司……相互印证润华公司2007年10月28日曾经召开股东会并形成决议的事实,对此应当确认。①

⑧导致决议不成立的其他情形——股东会超越职权

关于股东会超越职权作出决议的法律效果,亦存在决议不成立说与决议无效说之争。决议不成立说认为,对于股东会作出决议应当先行评价其权利范围是否正当合法,决议超出公司法或者公司章程规定的股东会职权范围,并不是决议违反了法规或规章,而是决议主体无权作出或被限制作出,并且越权决议主体作出的决议在内容上不一定是不合法的,所以不适用决议无效。决议无效说则认为,公司法对股东会职权范围的限定属于决议主体的资格界定,若违反该限制性规定,则应当认定决议行为存在主体不适格的问题,从而认定决议无效。因公司的决策经营需要,权利在股东会或董事会之间分配,其后果就是相互之间不能篡夺或干预既有权力的行使,一方超越职权所作出的决议无效。

股东会超越职权作出决议应区分两种情形:一种是超过内部机构权力界限,另一种是股东会给股东非法设定义务。对于第一种情形,《公司法司法解释(四)》对公司决议成立与否的认定,主要以严重程序瑕疵为基础,基本上遵循召集程序和表决方式两种类型,并不涉及决议的内容。在既有股东、董事出席人数和表决结果都符合法律或者公司章程规定的情形下,公司决议已经成立,超越职权作出决议更加侧重于从决议内容效力方面进行考虑。因此,应从决议无效的角度进行认定。对于第二种情形,股东会通过资本多数决的形式为股东设定法定之外的义务,表面上符合召集程序和表决程序的约束,但是未与股东达成契约,股东不受此义务约束。因此,股东会为股东非法设定义务可以归属内容违反规定范畴,亦应从决议无效的角度进行认定。

---

① 参见山东省济南市中级人民法院民事判决书,(2013)济民再字第31号。

⑨小结

从决议不成立的法定事由分布看,司法实践中包含召集程序、会议记录、签名及股东会超越职权等"其他事由"的决议案例占比大(见图7-6)。但是,《公司法司法解释(四)》第5条对于决议不成立原因的列举类型不完全,未包含以上事由。

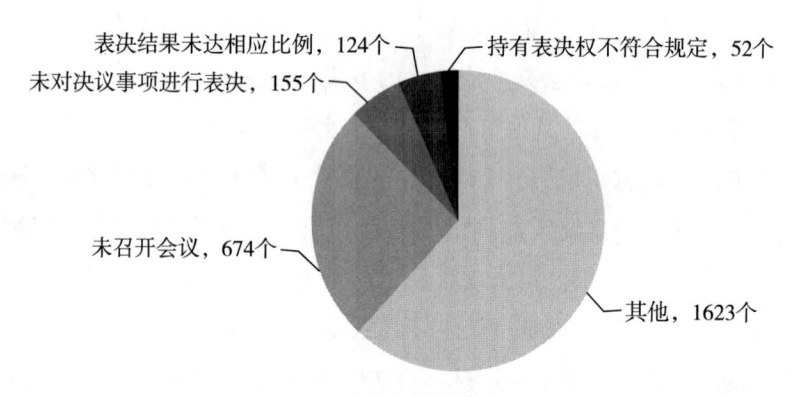

图7-6 决议不成立事由统计

表决结果未达相应比例,124个
持有表决权不符合规定,52个
未对决议事项进行表决,155个
未召开会议,674个
其他,1623个

可能的解决方案是对《公司法司法解释(四)》第5条前4项进行扩大化解释,如股东未签名通常与《公司法司法解释(四)》第5条第1项"公司未召开会议"联系在一起,即股东并未实际参与股东会议并作出意思表示。如果不能将前4项进行扩大化解释,则需要将第5项"导致决议不成立的其他情形"类型化涵摄以上事由构成严重瑕疵的情况。

2. 以团体法视角构建决议不成立制度①

(1)团体法下决议之特性

团体法,从文义上看,即与个人法相对的法律规则。从起源上看,比较系统地论述团体法思想的是德国法学家祁克,其代表的是日耳曼学派的团体法理念,在他所著的三卷《德意志私法论》、四卷《德意志团体法论》以及其他专著、论文中,对民法发展影响较大的当为其所论述的法源论、法人本质论和团体人格论。② 其中,就团体内部而言,祁克提出团体法的组织性、成员须遵守法律秩

---

① 参见潘朗峰:《团体法视角下股东会决议不成立研究》,载《法大研究生》2018年第1期。
② 参见何勤华等主编:《西方法律史》,法律出版社2006年版,第264页。

序、自治性;就团体外部而言,祁克提出公示原则。

第一,团体作为民事主体,其人格与自然人的人格不同,团体的人格并不是拟制的,而是实实在在的存在。公司具有"实体团体人格"①。

第二,程序性是股东会决议最重要的特性,决议作为团体内部事项应遵守法律或者公司章程所规定的程序。法律对个人和团体的内部的作用是不同的,法律无法约束个人的内部生活,但是团体的内部生活须服从法律秩序,最终实现正义的目的。须指出的是,此处的正义并不是指完全的团体内部人人平等,而是指"合比例性"②,如公司内部的多数决。虽然《公司法司法解释(四)》没有规定"召集程序和表决程序"的具体内容,但是,可参考《公司法司法解释(四)(征求意见稿)》第7条第1款关于"召集程序和表决方式"的规定:"召集程序"和"表决方式",包括股东会或股东大会、董事会会议的通知、股权登记、提案和议程的确定、主持、投票、计票、表决结果的宣布、决议的形成、会议记录及签署等事项。

第三,股东会决议具有自治性的特点。团体通过内部的组织机构制定自治性规范规定自己的目的、日常事务等事项,调整团体内部的法律关系。并且,在这意义上,"自治性规范也是一种社会法"③。体现在公司决议上,决议的自治性实质上是公司可自主地作出决议以及可通过章程规定决议的相关内容等。

第四,股东会决议具有组织性的特点。股东会决议形成的是全体股东的意志,对全体股东均发生效力。团体不是全部自然人的简单相加,团体内部的秩序并不是团体个人"各种关系相互缠绕而成的网",团体是"通过组织机构来体现为感知性的、决断性的、意愿性的和行动性的单位体"④,通过内部组织机构的决策形成团体意志。

第五,股东会决议具有相对外观性。决议不仅在内部发生效力,而且在外

---

① [德]格尔德·克莱因海尔、[德]扬·施罗德主编:《九百年来德意志及欧洲法学家》,许兰译,法律出版社2005年版,第152页。
② [德]奥托·基尔克:《私法的社会任务》,刘志阳、张小丹译,中国法制出版社2017年版,第145页。
③ 何勤华:《近代德国私法学家祁克述评》,载《法商研究(中南政法学院学报)》1995年第6期。
④ [德]奥托·基尔克:《私法的社会任务》,刘志阳、张小丹译,中国法制出版社2017年版,第77页。

部也能发生效力。与个人通过口头或行动表示其意思不同的是,团体通过不同的公示手段如通过成员的行为等表达其意志,这使团体意志——决议具有一定的外观性。根据《公司法司法解释(四)》第6条的规定,决议外观性须根据第三人善意与否的状态确定。若第三人是善意的,则公司决议无效或可撤销不影响公司依据该决议与善意第三人所形成的民事法律关系。

(2)决议不成立制度之构建

决议不成立与决议可撤销都是针对决议的程序瑕疵而采取的不同救济方式,区分二者的关键在于程序瑕疵的"严重"标准的判定。严重程序瑕疵不仅影响单个股东,而且对大多数股东甚至全部股东产生严重影响。

作为《公司法司法解释(四)》第5条所规范的决议不成立事由,第1项"公司未召开会议"、第2项"会议未对决议事项进行表决"、第3项"出席会议的人数或者股东所持表决权不符合公司法或者公司章程规定",以及第4项"表决结果未达到公司法或者公司章程规定的通过比例"均严重影响股东对该决议的提案权、知情权、表决权等股东权利,属于严重程序瑕疵基本不存在争议。司法实践中,争议较多的问题还是决议的召集程序、会议记录、签名及股东会超越职权。基于团体法视角,可以股东的权利是否受到严重影响、决议内容的形成是否受到严重影响以及决议结果是否受到严重影响为3项标准,对是否属于严重程序瑕疵进行判断。

①股东的权利是否受到严重影响

首先,根据《公司法》第40条与第41条的规定,决议的启动程序需要董事会尽到法定通知的义务。若从一开始,董事会便没有通知全部或部分股东到会,则没有接到召集通知的股东都不能行使其股东权利,这部分股东的权利行使会受到严重影响,到会的股东作出的决议也无法代表全部股东的意志。因此,"董事会没有尽到法定通知义务"会严重影响股东的权利行使,属于严重程序瑕疵。

其次,对于未尽到提前15天通知的通知义务这一瑕疵,如仅提前了12天向参加股东会议的股东发出召集会议的通知,这无法证成为"严重"。对于这项事由可建立起有召集义务的主体没有在规定的时间内尽到法定通知义务与股东是否参加股东会有因果关系的标准。当有召集义务的主体如董事会没有在规定时间内尽到召集义务,但股东到会并参与表决,此时决议瑕疵仅达到显著轻微的程度;若有召集义务的主体没有在规定的时间内履行召集义务,导致股东未能及时参会,无法行使其股东权利,二者之间存在因果关系,则决议存在严重程序瑕疵而法院应当确认决议不成立。

最后,对于召集权限瑕疵,一般来说,无召集权人召集股东会通常为决议不成立的事由。根据《公司法》第40条规定,董事会负责召集股东会,董事长负责主持股东会。有召集权的董事会以及有主持权的董事长拥有向股东会提交提案的职权,因此,董事会以及董事长是可以决定股东会上讨论表决的内容的。若无召集权人召集股东会,那么股东会召开后股东们讨论的是无召集权人提出的提案,此时的提案不能体现公司或其他机关的意志,也侵害了股东的提案权。因此,由无召集权人召集的股东会存在严重的程序瑕疵,严重影响股东行使提案权等权利,属于决议不成立的情形。

②决议内容的形成是否受到严重影响

根据决议的组织性,股东的表决与股东会的决议是不同的,股东会所作出的团体法行为应系决议,股东通过法定或章程约定的程序所作出的表决结果共同构成股东会决议的内容。若股东共同作出股东决议的行为严重违反程序,则股东会决议内容的行为无法体现全体股东的意志,该程序瑕疵符合"严重"的标准。

第一,若表决内容与决议文件内容不同或者表决内容与决议文件内容存在一定差异,则违反了表决与决议事项相一致的原则,决议文件内容形成的程序存在重大瑕疵。但是,需注意的是,若决议文件只是部分内容与表决内容不符,其余内容仍是表决的内容,基于商事领域的效率原则,加之确认表决与决议文件内容一致的部分不会损害整个决议的有效性,则应确认决议文件中该部分内容仍是有效的。

第二,召集股东时所通知的议题与股东会表决内容不相符时,实际上没有影响决议内容的形成,股东仍然可以通过表决在股东会上把讨论的内容否定,再对召集通知的议题进行讨论或者通过召集通知下一次股东会的方式讨论召集通知的议题。因此,此情形属于可以弥补的程序瑕疵,并没有严重影响决议内容的形成,法院直接驳回确认股东会决议不成立的诉讼请求即可。

③决议结果是否受到严重影响

决议内容的形成是全体股东意志形成的过程,决议结果的实质是全体股东意志的"固化",若出现违反程序的瑕疵,其严重影响决议结果,则该结果同样不能反映全体股东意志。此时,该程序瑕疵符合"严重"的标准。

对于伪造股东签名,在司法实践中通常有两种解释路径:一是以"伪造股东签名"直接等同于意思表示不真实,以法律行为无效来否定决议的效力;二是将"伪造股东签名"与"未达到公司法或者公司章程规定的通过比例的"相联系,以"未达到公司法或者公司章程规定的通过比例的"来否定决议的效力。对于路径一,根据决议的组织性,股东的表决与股东会的决议是不同的,股东个人意思表示的不真实不能推导出决议无效,①该路径是行不通的。对于路径二,《公司法司法解释(四)》第5条第4项已规定"未达到公司法或者公司章程规定的通过比例"的情形,因此发生该种情形,可认定为严重影响决议结果,法院应判决决议不成立。

(二)决议可撤销

股东会决议撤销属于决议瑕疵的一种,股东会决议是以"资本多数决"的方式形成的,可能会导致"多数人暴政",存在道德风险。控股股东成为多数派,外部股东、拥有股份少的股东成为少数派,这些少数股东相比控股股东在对公司的运营管理、资本等方面均存在信息不对称、地位劣势,他们作为股东的权利可能受到侵害。为了克服公司自治的局限性,平衡控股股东与少数股东的利益与法律地位,法律设立决议瑕疵诉讼制度赋予少数股东、小股东对自我利益的救济。

《公司法》第22条第2款(2023年修订后为第26条第1款)规定:"股东会或者股东大会、董事会的会议召集程序、表决方式违反法律、行政法规或者公司章程,或者决议内容违反公司章程的,股东可以自决议作出之日起六十日内,请求人民法院撤销。"对于公司法领域公司决议的撤销,我国法律只允许通过公力救济,即通过诉讼的方式申请撤销,立法层面上暂时缺失非诉救济途径。股

---

① 参见吴飞飞:《伪造股东签名决议效力之判别——兼论意思表示瑕疵规则与公司决议瑕疵规则的适用对接》,载《南大法学》2020年第3期。

东会违反法律、章程、程序性规定导致决议效力存在法律瑕疵的,则该决议可撤销。决议瑕疵产生于股东会会议的召集、表决的整个过程,按照内容可以分为程序瑕疵和内容瑕疵,程序瑕疵按照阶段又可分为召集阶段瑕疵、表决阶段瑕疵、召开阶段瑕疵、除斥期间瑕疵。

1. 股东会决议撤销制度演变

股东会决议撤销制度发端于德国,并为日本、韩国等公司立法相互参考。但在德国的早期立法中并未区分决议瑕疵的性质,均以撤销诉讼处理,后来经历多次修法、立法变革后的今日德国立法中决议无效之诉与决议撤销之诉的界限仍未明确。德国《股份公司法》规定,股东会决议的瑕疵以撤销为原则,以无效为例外,只要程序或内容上具备违法事由就可以构成决议撤销的理由,而对于决议无效的理由采用列举方式规定。日本、韩国继受了德国立法,但明确区分了决议撤销之诉与决议无效之诉的界限,如日本《公司法典》第831条规定,决议撤销的原因包括股东会召集程序或表决方式违反法令或章程,或显著不公正;决议内容违反章程以及有特别利害关系的股东行使表决权形成不当决议。在大陆法系国家关于股东会决议撤销之诉的立法中,不同的事由对决议效力产生了不同的后果,还出现了"二分法"向"三分法"的转变,即在决议撤销之诉、决议无效之诉之外又确立了决议不成立之诉。

英美法系中关于股东会决议瑕疵并未确立类似于德国、日本、韩国等大陆法系国家所确立的决议撤销、决议无效、决议不成立的制度安排,在股东会决议效力的诉讼中,判决宣告股东会决议无效或撤销的裁判属于衡平法上的救济手段。早期英国的衡平法院秉持不干涉公司内部事务的原则,认可章程在公司内部的"宪法"效力,只要股东会决议是股东依据章程规定作出,由多数决议形成的,法院就不能干涉公司自治,严格遵循福斯诉哈博特(Foss v. Harbottle)一案中确立的"大多数规则",严格限制少数股东的起诉权,这一规则也成为英国普通法处理公司纠纷遵循的重要原则,在审判中这一原则一直是处理大多数案件的规则。美国未在立法上确定决议撤销、决议无效、决议不成立的制度安排,在实务中单以股东会决议瑕疵为诉讼理由的案件也寥寥无几。股东会决议效力问题被提出往往是在公司行为的有效性或合法性层面产生争执,因美国公司法以董事会作为公司经营决策的中心,股东会仅仅保留对公司重大事项的决定与认可权。美国《示范公司法》规定,股东会决议违反章程或内部细则有关会议程序性规定的,并不当然对股东会决议的效力产生影响;美国《特拉华州普通公司法》规定股东可以向衡平法院申请确认选举董事的股东会决议效力,以及请求法院确认选举董事以外的公司其他事务的决议效力。公司法上权力构造的不同导致理论与实务诉讼标的与争议焦点的不同,而对决议瑕疵制度作出了不同的制度安排。

我国公司法中关于股东会决议瑕疵诉讼的制度安排目前主要采用三分法,将决议瑕疵诉讼区分为决议撤销之诉、决议无效之诉与决议不成立之诉,但从我国的立法与审判实务看,三者之间的界限还是较为模糊,三者之间存在交叉,违反章程约定的既可能判决撤销决议,也可能判决决议无效。我国1999年《公司法》第111条规定:"股东大会、董事会的决议违反法律、行政法规,侵犯股东合法权益的,股东有权向人民法院提起要求停止该违法行为和侵害行为的诉讼。"该条为原则性规定,也未区分股东会召集程序、决议方法、决议内容违反法律、行政法规与违反公司章程之间在效力上的差异,[①]这一阶段中并无针对股东会决议瑕疵事由,法院审判中往往采取不受理或者不支持的做法。2000年最高人民法院发布《民事案件案由规定(试行)》(已失效)明确增加了"公司决议侵害股东权纠纷""股东会议召集权纠纷"两种案由,决议瑕疵案件受理数量逐渐增多。中国证监会之后发布的《上市公司股东大会规范意见》(2000年修订,已失效)第42条规定:"对股东大会的召集、召开、表决程序及决议的合法有效性发生争议又无法协调的,有关当事人可以向人民法院提起诉讼。"但对于纠纷的案由性质还比较模糊。2003年最高人民法院发布《关于审理公司纠纷案件若干问题的规定(一)(征求意见稿)》第39条规定:"下列情况下股东有权请求人民法院撤销股东会议决议:(一)股东会议的召集程序和表决方式违法或者违反公司章程规定的;(二)股东会议决议内容违反公司章程规定的。股东主张撤销股东会议决议,应当自股东会议结束之日起2个月内提起诉讼;逾期起诉的,人民法院不予受理。"2005年修订的《公司法》采用该规定,法院受

[①] 参见钱玉林:《股东大会决议撤销之诉》,载王保树主编:《实践中的公司法》,社会科学文献出版社2008年版。

理决议撤销之诉真正在法律上与实务中确立并开展开来。

2. 主体资格

(1)原告资格

《公司法司法解释(四)》第 2 条规定:"依据民法典第八十五条、公司法第二十二条第二款请求撤销股东会或者股东大会、董事会决议的原告,应当在起诉时具有公司股东资格。"《公司法司法解释(四)》第 3 条第 2 款规定:"一审法庭辩论终结前,其他有原告资格的人以相同的诉讼请求申请参加前款规定诉讼的,可以列为共同原告。"因此,原告在起诉时应具备股东资格,主体限于股东,不包括董事、监事。

我国公司法将决议撤销之诉的原告限定为股东,与确认公司决议无效之诉、决议不成立之诉相比,后两者享有原告资格的不仅包括股东,还包括董事、监事。决议撤销之诉中的决议主要为程序存在瑕疵的决议,且该程序瑕疵限定为必须对股东权益产生实质损害。也就是说,第一,如果程序瑕疵并未对股东的实体权利或其他公司法律关系产生实际损害,则法院不支持撤销;第二,决议撤销之诉较决议无效之诉、不成立之诉中的瑕疵在性质与程度上情节较轻,损害较小,而在决议不成立、决议无效之诉中的事由较为严重,作为需要履行勤勉忠实义务的公司的经营管理人员、监督管理人员的董事、监事可以代股东行使诉讼权利来更好地保护股东权利;第三,为了维护决议的稳定性、提高公司决议效率,在股东为救济主张决议程序瑕疵并提起决议撤销之诉时,法律对决议程序瑕疵的苛责程度也比较轻,因此,将原告资格限缩为与股东会决议具有最大利害关系的主体股东。①

《公司法司法解释(四)》(征求意见稿)第 2 条中规定:"……案件受理后不再具有公司股东身份的,应当驳回起诉。"但在正式稿中该规定被删去。也就是说,目前并不以决议时是否具备股东资格为要件,只需要在起诉时具有股东身份即可;同时,股东起诉不受表决权之有无、会议出席情况、表决情况、持股数量之限。关于股东资格,法院则应当依据公司法的相关规定对相关主体是否具有股东资格进行判断。

---

① 参见赵心泽:《股东会决议瑕疵诉讼制度研究》,法律出版社 2017 年版,第 136 页。

(2) 被告资格

我国《公司法》未对决议撤销之诉的被告资格作出明确规定，在《公司法司法解释（四）》出台之前，司法审判实践中，原告股东通常将公司列为被告。例如，北京市高级人民法院印发的《北京市高级人民法院关于审理公司纠纷案件若干问题的指导意见（试行）》第 3 条就被告的确定进行裁判统一："涉及因股东会议、董事会议而提起的诉讼包括要求召开股东会议、董事会议，请求确认股东会议、董事会议决议效力，请求撤销股东会议决议、董事会议决议案件。股东会是公司的权力机构，代表公司行使法定的和公司章程所规定的职权；董事会对股东会负责，是公司的执行机构。股东会议、董事会议的召开及决议均属于公司法人行为，此类诉讼应当以公司为被告。根据无效的股东会议、董事会议决议取得财产利益的当事人可以列为共同被告或第三人。"除此之外，有些案例中还将股东列为共同被告。《公司法司法解释（四）》解决了被告资格的问题，第 3 条第 1 款前段规定："原告请求确认股东会或者股东大会、董事会决议不成立、无效或者撤销决议的案件，应当列公司为被告。"决议撤销之诉的被告限定为公司没有争议，在公司为被告时，董事长应作为公司的法定代表人代表公司应诉。

公司在承担了包括诉讼费在内的一切不利后果后，可以再根据《公司法》第 20 条（2023 年修订后为第 21 条）、第 112 条（2023 年修订后为第 125 条）、第 149 条（2023 年修订后为第 188 条）等规定追究违信股东、董事、监事等高级管理人员的赔偿责任。①

(3) 第三人资格

《民事诉讼法》第 55 条第 1 款规定了共同诉讼，即当事人一方或者双方为二人以上，其诉讼标的是共同的，或者诉讼标的是同一种类、人民法院认为可以合并审理并经当事人同意的，为共同诉讼。第 59 条规定了诉讼第三人制度，赋予与案件存在利害关系的第三人加入诉讼的权利。《公司法司法解释（四）》第 3 条第 1 款后段规定："对决议涉及的其他利害关系人，可以依法列为第三人。"在决议可撤销之诉中引入第三人制度，一方面，有利于追究公司瑕疵决议对股

---

① 参见李建伟：《公司法学》（第 4 版），中国人民大学出版社 2018 年版，第 316 页。

东、董事等利害关系人的损害赔偿责任;另一方面,可以减少公司决议瑕疵诉讼的滥诉风险,维护股东会决议的效力、公司法律关系的稳定性。

3.决议撤销之诉的司法适用

(1)决议撤销的法定事由

《公司法司法解释(四)》第4条规定:"股东请求撤销股东会或者股东大会、董事会决议,符合民法典第八十五条、公司法第二十二条第二款规定的,人民法院应当予以支持,但会议召集程序或者表决方式仅有轻微瑕疵,且对决议未产生实质影响的,人民法院不予支持。"《民法典》第85条规定:"营利法人的权力机构、执行机构作出决议的会议召集程序、表决方式违反法律、行政法规、法人章程,或者决议内容违反法人章程的,营利法人的出资人可以请求人民法院撤销该决议。但是,营利法人依据该决议与善意相对人形成的民事法律关系不受影响。"因此,关于决议撤销存在程序瑕疵与内容瑕疵,应在程序瑕疵中规定轻微瑕疵裁量驳回制度,即要求法院对程序瑕疵的程度进行判断。

关于会议召集方式与表决方式,《公司法司法解释(四)(征求意见稿)》第7条第1款作出明确规定:"公司法二十二条第二款所称的'召集程序'和'表决方式',包括股东会或者股东大会、董事会会议的通知、股权登记、提案和议程的确定、主持、投票、计票、表决结果的宣布、决议的形成、会议记录及签署等事项。"但该款在正式版本中已被删去,现不存在明确的评判标准,给了法院较为灵活的裁量空间。下文讨论的会议召集方式与表决方式均基于案例情形进行分类归纳,再予以分析。

在本次检索得到的有效案例中,与决议可撤销相关的案例共有305个,其中法院支持撤销决议诉讼请求的57个,不支持撤销决议诉讼请求的248个,法院判决结果中的撤销率为18.7%。受理决议效力撤销之诉中提出的瑕疵事由以程序瑕疵为主;在支持撤销决议请求中,因程序瑕疵而撤销的占比77.0%。

关于可撤销决议的程序瑕疵限定为实质瑕疵,即对决议产生实质影响的瑕疵,确立了轻微程序瑕疵的裁量驳回制度。在可撤销决议的案例统计数据中,不支持撤销决议诉讼请求的案件中因程序轻微瑕疵裁量驳回的案件207个,占比为83.5%。以其他理由驳回的案件41个。进一步分析不支持撤销的理由,决议本身不存在瑕疵、证据不足成为主要的理由;在裁量驳回案件中,不影响权利或意思表示、追认成为认可效力的主要理由。

(2) 程序瑕疵

程序瑕疵既可以根据是否可以作为撤销决议理由区分为轻微瑕疵和实质瑕疵，又可以根据股东会决议阶段细分为召集阶段瑕疵、召开阶段瑕疵、会议记录瑕疵、表决阶段瑕疵、除斥期间瑕疵。在召集阶段出现的程序瑕疵数量较多，其次为表决阶段。

① 召集阶段瑕疵

"为召开会议所为之必要程序，谓之股东会之召集程序。"① 召集程序是股东会召开的准备阶段，主要包括召集决定的作出和召集通知这两个阶段。《公司法》第 39 条（2023 年修订后为第 62 条）第 2 款规定了股东会会议召开的条件："定期会议应当依照公司章程的规定按时召开。代表十分之一以上表决权的股东，三分之一以上的董事，监事会或者不设监事会的公司的监事提议召开临时会议的，应当召开临时会议。"召集阶段中通知时间瑕疵数量最多，其次为召集权瑕疵（见图 7-7）。

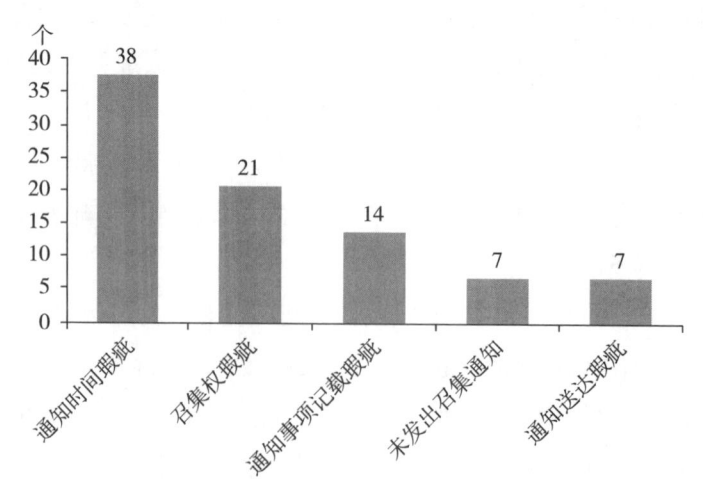

图 7-7 召集阶段瑕疵

---

① 柯芳枝：《公司法论》(上)，台北，三民书局 2002 年版，第 221 页。

A. 未发出召集通知

未发出召集通知中需要区分两种情形,如果未发出召集通知导致股东未能参加决议,则存在决议效力瑕疵;如果股东通过其他途径知悉而不会影响股东参会,就不能因为未发出召集通知而认定决议可撤销。中国食品工业(集团)有限公司(以下简称中食工业公司)与中食科创(北京)企业管理发展有限公司(以下简称中食科创公司)公司决议撤销案①中,法院指出:虽然中食科创公司在一审中提供窦某、陈某及徐某1出庭作证,用以证明2019年3月11日其委托3名证人向中食工业公司送达涉案股东会通知、被中食工业公司拒收,但窦某原系全服转公司的法定代表人,全服转公司依据涉案股东会决议,受让中食科创基金管理(北京)有限公司的部分股权;陈某系中食科创公司的员工;徐某1在一审庭审中称与窦某系朋友关系。故该3名证人均与该案存在利害关系,在缺乏其他证据佐证的情况下,仅凭上述证人证言不足以认定中食科创公司于2019年3月11日向中食工业公司发出过涉案股东会的召集通知。由于缺乏可信的证据证明发出过召集通知,为重大的程序瑕疵,则认定股东会会议未合法召集,未合法召集的股东会视为未召开,作出的决议自然可撤销。

B. 会议通知送达方式

关于股东会会议通知的送达方式,各国大概可以区分为两种立法例——强制主义立法例和任意主义立法例。强制主义立法例即法律明确规定股东会会议的通知方式,典型代表为德国、意大利、奥地利、比利时、韩国等,并且绝大多数国家要求股东会会议通知须以法定的书面形式发布;任意主义立法例即法律未明确规定股东会会议通知的具体方式,而是交由公司章程自治,典型代表为美国、瑞士、瑞典,但为了预防纯粹的章程自治主义的缺陷,这些国家往往都对章程自治进行了限制,如美国建立"法律候补适用规则"、瑞典建立"特定决议通知方式法定规则"②。现有的送达方式可以概括为口头送达、专人送达、邮寄送达、公告送达、现代传媒送达5种方式,采取不同的送达方式送达生效时间也不一致。一般来说,口头送达采取"了解主义",只要能令人理解就为有效;专

---

① 北京市第二中级人民法院民事判决书,(2020)京02民终3617号。
② 蒋大兴:《股东会会议通知制度分析与缺陷检讨——以〈公司法〉的修改为中心》,载《南京大学学报(哲学·人文科学·社会科学版)》2001年第4期。

人送达采取"签收主义",即以收到为生效,签收人会存在一定的灵活空间,不局限于送达人本人,但是采取挂号信这种本人属性较重的送达方式的,必须本人亲自签署;邮寄送达中各国立法例存在差异,存在"推定到信主义""发信主义""投邮主义",特殊邮寄采取"签收主义";公告送达采取"发信主义",往往也会存在一定的前提条件与公示时间、版面等诸多限制。送达方式的生效原则直接影响举证责任的分配,对认定决议瑕疵诉讼中会议是否真实有效召集并召开的判定至关重要。

目前,我国法律规范对股东会会议通知的送达方式及其生效没有统一规定,仅对股东大会通知的送达方式有一定的规定,如1994年原国务院证券委员会发布的《到境外上市公司章程必备条款》第57条规定:"股东大会通知应当向股东(不论在股东大会上是否有表决权)以专人送出或者以邮资已付的邮件送出,受件人地址以股东名册登记的地址为准。对内资股股东,股东大会通知也可以用公告方式进行。前款所称公告,应当于会议召开前45日至50日的期间内,在国务院证券主管机构指定的一家或者多家报刊上刊登,一经公告,视为所有内资股股东已收到有关股东会议的通知。"可以看出,对股东大会的通知方式以简便送达为主,"从《公司法》的立法精神来看,设计股东会会议通知制度的目的在于成功地向股东告知开会事宜。一种通知方式应否被通知人选用,关键在于该种方式能否实现上述目的。与此同时,通知方式的选用应尽可能地给通知人提供便利,降低通知成本。但成功通知股东始终应是通知制度意欲实现的首位目标,而提高通知效率、节约通知成本只能是附属性目标"[1]。审判实践中法院认可多种送达方式,是否认可送达效力则以是否让被送达人知晓为原则。笔者对检索的案件的通知方式及生效情况进行统计,法院审判中大致遵循以下规则。

第一,公司章程可约定会议通知方式。我国对送达生效原则也未作规定,《上市公司章程指引》第169条规定"公司通知以专人送出的,由被送达人在送达回执上签名(或盖章),被送达人签收日期为送达日期;公司通知以邮件送出

---

[1] 蒋大兴:《股东会会议通知制度分析与缺陷检讨——以〈公司法〉的修改为中心》,载《南京大学学报(哲学·人文科学·社会科学版)》2001年第4期。

的,自交付邮局之日起第×个工作日为送达日期;公司通知以公告方式送出的,第一次公告刊登日为送达日期",而对于股东会的送达方式缺乏相关法律、法规及规范性文件的规定。公司往往在公司章程内规定相关事项的做法,如在章程中规定"公司通知以专人送出的,由被送达人在送达回执上签名(或盖章),被送达人签收日期为送达日期;公司通知以邮件送出的,自交付邮局之日起第5个工作日为送达日期(以电子邮件送出的,自电子邮件发出日期为送达日期);公司通知以公告方式送出的,第一次公告刊登日为送达日期"诸种规定。在新疆豪骏贸易有限公司、张某某与乌鲁木齐市祥平实业有限公司、乌鲁木齐市祥平房地产开发有限公司公司决议撤销案[①]中,房地产公司 2009 年 9 月 9 日章程第 15 条第 1 款规定:召开股东会议,应当于会议召开 2 日以前通知全体股东。以电话或手机短信方式向以下股东代表发出通知后即视为有效通知。必要时,可提前 1 周以特快专递或挂号信方式向该条第(1)项股东代表列明的地址邮寄送达,邮件发出之日,即视为有效通知。法院承认公司章程约定的会议通知方式的效力,若送达方式、送达地址不满足章程要求,则该送达存在程序瑕疵。

第二,在未约定通知送达地址时需全面送达。上海日诞智能科技有限公司(以下简称日诞公司)诉洪某公司决议纠纷案[②]中,梅某某在知晓洪某家庭住址的情况下仅向公司地址送达,且该信件直至同年 5 月 22 日才被逾期退回,不能视为对洪某个人的有效送达;而日诞公司和梅某某所提供的电子邮件等证据也不足以证明洪某个人已知悉并拒收该信件,未全面送达时视为未全面履行通知义务,存在通知瑕疵。

第三,具体送达方式需要在多种送达方式中择优选择,否则会影响送达结果。在张某与霍邱苏润置业有限公司(以下简称苏润公司)公司决议撤销纠纷案[③]中,苏润公司作为有限责任公司,股东会召开前 2 名记名股东均能正常联系,在能通过其他便捷可靠的方式通知股东的前提下,却通过报纸公告的方式通知,事实上未能达到通知其他股东参加会议的效果。

---

① 新疆维吾尔自治区高级人民法院民事判决书,(2014)新民再终字第 1 号。
② 上海市第一中级人民法院民事判决书,(2016)沪 01 民终 9734 号。
③ 安徽省霍邱县人民法院民事判决书,(2016)皖 1522 民初 3317 号。

第四,存在对送达的异议时否定送达效力。在方某某与江苏雪豹十月影视文化发展有限公司(以下简称雪豹公司)公司决议撤销纠纷案①中,贺某某与袁某某虽然代表雪豹公司向股东方某某提前15日邮寄了股东会议通知,但因邮件被退回,理应知道股东方某某未知悉召开股东会会议事宜。根据原告方某某提供的微信聊天记录,可以清楚地反映出方某某的丈夫李某某已经就召集程序提出了异议,贺某某亦表示同意延期。雪豹公司股东童某已经于2017年11月30日死亡,雪豹公司仍然向已经死亡的股东发送召开股东会议的通知,程序不合法,法院承认送达异议否定送达效果的法律效力。

第五,在具体的送达方式中,公证邮寄可作为已经发送会议通知的证明。在邵某与新疆金阳房地产开发有限公司(以下简称金阳房产)公司决议撤销纠纷案②中,金阳房产于2019年8月12日召开的临时股东会由执行董事、股东赖某召集,金阳房产于会议召开15日前分别通过电话、短信、微信、EMS、上门送达的方式向邵某送达《股东会开会通知》,并分别由新疆维吾尔自治区公证处进行公证。该次临时股东会的召集程序未违反法律、行政法规或者公司章程的规定。法院承认公证的确认效力,其他送达方式的确认需要结合具体情形判断。例如,当电子邮件被退回时不得认为已经送达,在方某某与雪豹公司公司决议撤销纠纷案③中,贺某某与袁某某虽然代表雪豹公司向股东方某某提前15日邮寄了股东会议通知,但因邮件被退回,理应知道股东方某某未知悉召开股东会会议事宜。快递单、挂号信经本人签收的认为通知已送达;未经本人签收,一般不得认为已经送达,在张某与江苏润阳置业有限公司公司决议撤销纠纷案④中,虽然张某辩称其没有收到股东会会议通知,但EMS专递签收单证明2014年9月25日上诉人张某已收到会议通知,因此,法院认可送达的效力。同时,邮件、微信、QQ、手机短信、聊天记录、通知等均可证明履行了通知义务,在姜某与北京城建弘城物业管理有限责任公司(以下简称弘城物业公司)公司

---

① 江苏省无锡市滨湖区人民法院民事判决书,(2019)苏0211民初6821号。
② 新疆维吾尔自治区乌鲁木齐市沙依巴克区人民法院民事判决书,(2019)新0103民初10001号。
③ 江苏省无锡市滨湖区人民法院民事判决书,(2019)苏0211民初6821号。
④ 江苏省镇江市中级人民法院民事判决书,(2015)镇商终字第519号。

决议撤销纠纷案①中,经查,弘城物业公司于 2014 年 3 月 27 日公证邮寄了《关于召开弘城物业公司临时股东会会议的提议》和《临时股东大会会议通知》,该邮件寄送地址为姜某的办公地点。同日上述会议通知被张贴在弘城物业公司的营业地。2014 年 3 月 27 日及 2014 年 3 月 28 日李某、白某某分 6 次以发送手机短信的形式向姜某告知临时股东会将于 2014 年 4 月 12 日召开。显而易见,弘城物业公司的多数股东已经竭尽所能地向姜某发送了通知,姜某辩称没有看见公司张贴的通知,没有收到短信,也没有收到白某某转交的邮件,证据不足以让一审法院采信。如果有相关证据显示多次以多样方式送达,则法院往往在结合客观实际权衡下认可送达的效力。

C. 通知时间瑕疵

未依照法律规定的时间通知股东参加会议,会导致股东丧失充裕的会议准备时间,妨害股东进行充分信息调查、专业人员咨询、充分思考后作出合理的决策,实质上侵害股东权利。我国《公司法》第 41 条第 1 款规定:"召开股东会会议,应当于会议召开十五日前通知全体股东;但是,公司章程另有规定或者全体股东另有约定的除外。"原则上需要提前 15 日,同时尊重公司章程对通知时间的特殊约定,但是法院也并非完全承认,章程对 15 日期限的特殊约定,如章程约定于会议召开前 2 日至 3 日通知全体股东,则可能会因为实质损害股东权利的行使而不被法院承认效力。在通知时间短于 15 日时应区分三种情形:第一,该通知时间为股东之间合意约定,则不存在通知瑕疵,决议合法有效;第二,通知时间短于 15 日但不影响股东参会,则属于轻微瑕疵,不能作为撤销事由;第三,通知时间短于 15 日影响股东参会,则属于程序瑕疵,可作为撤销事由。在审判实务中,仅有 23.68% 的案件因为通知时间瑕疵而被撤销。

在所检索的案例中,关于通知时间的瑕疵在审判实践中可以归纳为以下情形。

第一,股东知悉会议通知且未提出异议的不会影响决议效力。华城地产集团有限公司与宁波开元华城置业有限公司公司决议撤销纠纷案②中,法院指出

---

① 北京市第二中级人民法院民事判决书,(2015)二中民(商)终字第 00448 号。
② 浙江省宁波市镇海区人民法院民事判决书,(2014)甬镇商初字第 430 号。

"被告未于会议召开十五日前通知原告,程序上存在瑕疵。但原告已收到被告发出的会议通知,能够确保原告对2014年1月22日会议的知晓;同时若原告认为通知时限过短,影响到其对审议事项的准备,应当向被告明示异议,并提出合理理由,原告未对通知时间提出异议,而是委派占某某参加股东会会议,该行为视为原告认可涉讼股东会会议召集程序。故涉讼股东会会议召集程序未对原告股东权利产生实质影响,该程序瑕疵尚不能构成股东会决议撤销的事由"。

第二,在决议合法表决通过时不会因为时间召集瑕疵影响决议效力。在黄某某与高州市鼎盛气体有限公司(以下简称鼎盛公司)、珠海市香洲气体(厂)有限公司公司决议撤销纠纷案①中,"虽然2018年3月28日作出的股东会决议,未按照公司章程提前15日通知股东参加股东会,只是提前14日通知,召集程序有轻微瑕疵,但该股东会决议由具有90%公司表决权的股东表决通过,并签名确认,表决方式符合鼎盛公司章程和法律规定……本院认定鼎盛公司于2018年3月28日作出的股东会决议合法有效"。

第三,客观事实加上时间瑕疵给决议造成了实质阻碍,则否认决议效力。在蒋某某、歙县润德房地产开发有限公司公司决议撤销纠纷案②中,法院认为,歙县润德房地产开发有限公司在严格疫情管控措施下,不应召集在黄山市以外的股东来歙县召开现场会议,但该公司仍在2020年1月12日发出在歙县召开现场股东会的通知,其召集股东会的程序违反了歙县疫情防控应急指挥部第15号通告的有关规定,同时忽略了蒋某某难以出席或不能出席会议行使股东权利的情形。蒋某某虽未以此为由主张权利,但该事由是本案涉及的客观事实。歙县润德房地产开发有限公司关于召集股东会未提前15日通知系轻微瑕疵以及其召集程序合法的抗辩观点,法院依法不予支持。

第四,不存在通知期限豁免造成实质阻碍。在广西有色栗木矿业有限公司、广西有色金属集团桂北投资有限公司公司决议撤销纠纷案③中,法院认为"本案被告于2019年4月30日邮寄《临时股东会召集通知》,视为原告于2019

---

① 广东省高州市人民法院民事判决书,(2018)粤0981民初1578号。
② 安徽省黄山市中级人民法院民事判决书,(2020)皖10民终489号。
③ 广西壮族自治区桂林市中级人民法院民事判决书,(2020)桂03民终13号。

年 5 月 13 日收到,被告于 2019 年 5 月 10 日召开 2019 年第一次临时股东会会议,本案中又不存在通知期限豁免情形且原告未出席会议,被告提交的证据无法证实其在会议召开 10 日前通知了原告,故该次股东会召集程序违反《公司章程》关于股东会应当在会议召开 10 日以前通知公司股东的规定"。

D. 召集通知记载事项

会议时间、会议地点通常为通知上所要记载的事项,但由于法律并没有对此作出明确规定,会议时间、会议地点的列明并非强制规定,参加股东会的股东清楚即可。关于是否需要列明审议事项,实践中存在不同的做法,法院通常并不要求必须列明审议事项。在顾某与上海中建物业管理有限公司(以下简称中建物业公司)公司决议撤销纠纷案①中,"对于顾某提出的股东会通知中未告知具体表决事项,因此决议应予撤销的主张,本院认为,法律行政法规对有限责任公司召开股东会的通知并未强调要列明审议事项,中建物业公司章程中也未规定此项要求,并且'更换'一词本身包含'更改替换'的词义,因此顾某认为免去原法定代表人和选举新法定代表人是两个决议事项的主张,本院难以采信"。在无须召开股东会会议的情况下召开会议事项记载可以豁免,如蒋某某与苏州市永星鸿福物业管理有限公司(以下简称永星公司)公司决议撤销纠纷案②中,根据《中华人民共和国公司法》第 37 条的规定,有限责任公司股东就公司增加注册资本事项以书面形式一致表示同意的,可以不召开股东会会议,直接作出决定,并由全体股东在决定文件上签名、盖章。该案所涉两份股东会决议上载有永星公司时任全部股东的签名。

E. 公司决议超过会议通知内容

法院一般承认超过会议通知内容部分效力,只要表决程序合法有效,法院认可表决事项的有效性。在陈某某、余某与黄石市江城物业管理有限公司公司决议纠纷案③中,会议除讨论通知书中载明的议题外,还临时增加了人事任免议题……但我国《公司法》对有限责任公司召开股东会只规定了提前 15 天通知全体股东,没有规定必须通知会议审议的事项,亦没有要求不得对通知中未

---

① 上海市第一中级人民法院民事判决书,(2020)沪 01 民终 342 号。
② 江苏省苏州市中级人民法院民事判决书,(2019)苏 05 民终 92 号。
③ 湖北省黄石市中级人民法院民事判决书,(2016)鄂 02 民终 862 号。

列明事项进行表决。审判实务中,仅有2%的案子因为公司决议超过会议通知内容而被法院判决撤销决议。

F. 召集权瑕疵

《公司法》规定了股东会召集人和主持人的条件。《公司法》第39条规定:"股东会会议分为定期会议和临时会议。定期会议应当依照公司章程的规定按时召开。代表十分之一以上表决权的股东,三分之一以上的董事,监事会或者不设监事会的公司的监事提议召开临时会议的,应当召开临时会议。"《公司法》第40条规定:"有限责任公司设立董事会的,股东会会议由董事会召集,董事长主持;董事长不能履行职务或者不履行职务的,由副董事长主持;副董事长不能履行职务或者不履行职务的,由半数以上董事共同推举一名董事主持。有限责任公司不设董事会的,股东会会议由执行董事召集和主持。董事会或者执行董事不能履行或者不履行召集股东会会议职责的,由监事会或者不设监事会的公司的监事召集和主持;监事会或者监事不召集和主持的,代表十分之一以上表决权的股东可以自行召集和主持。"召集权对于股东会的召集效力至关重要,没有召集权的情形可以区分为无召集权、越权召集、表见召集。

第一,无召集权,即指不具有法律规定的召集权的身份。法定的召集权的身份要求为代表1/10以上表决权的股东,1/3以上的董事、监事会或者不设监事会的公司的监事。在青岛宏和置业有限公司、王某某公司决议纠纷案①中,寄件人赵某不是公司执行董事也不是监事或股东,本案争议涉及的股东会,没有根据《公司法》以及公司章程的约定,由有权召集股东会议的主体来召集会议,而由不具备股东会议召集权的上诉人来召集股东会议,在会议召集方面违反《公司法》以及公司章程的规定。在北京宏福源科技有限公司(以下简称宏福源公司)与安泰科技股份有限公司公司决议撤销纠纷案②中,金峰航公司提交的《宏福源公司金峰航提议召开新一届股东会的回复》虽然加盖了宏福源公司的公章,但不能视为宏福源公司董事会和监事会的意思表示,且监事毕某和董事会秘书刘某均出庭作证表示没有收到金峰航公司要求召开股东会的书面

---

① 山东省青岛市中级人民法院民事判决书,(2020)鲁02民终7817号。
② 北京市第三中级人民法院民事判决书,(2014)三中民终字第13067号。

申请,金峰航公司亦未提供其他证据证明其向宏福源公司董事会和监事会提出召开股东会的要求,并被董事会和监事会所拒绝,故金峰航公司自行召集和主持宏福源公司2012年9月13日的股东会违反《中华人民共和国公司法》及宏福源公司章程的规定,该次股东会所作出的决议,应予以撤销。法院基本不认可无召集权人召集的会议的效力,视为会议未召开,则所作的决议可撤销。

法院承认代表1/10以上表决权的股东的召集权,在上诉人福建中豪房地产开发有限公司(以下简称中豪公司)、杨某某与被上诉人何某某公司决议撤销纠纷案①中,"在二审庭审过程中,杨某某明确表示其是以'法人代表的名义,股东的名义让董事长办公室发出短信召集',故2014年10月19日中豪公司股东会会议并非由董事会负责召集的,而本案中杨某某以股东身份召集股东会会议的条件尚未成就,此外,即使杨某某有权召集股东会会议,根据现有的证据也不足以证明其有在会议召开十五日前通知全体股东。因此,2014年10月19日中豪公司股东会会议召集程序违法违章,所作出的决议应予撤销"。

第二,越权召集,即在前一顺位未明确表示不行使召集权时后一顺位主动行使召集权。根据《公司法》规定,召集权的行使存在严格顺位,如在董事会或者执行董事不能履行或者不履行召集股东会会议职责时,监事会(监事)才可以行使召集权。当监事会(监事)越权召集时,如在于某某与北京华友天下影视文化有限公司(以下简称华友天下公司)公司决议撤销纠纷案②中,"案涉股东会决议作出前,于某某任华友天下公司的执行董事,黄某某任监事,依照上述法律和公司章程的规定,应由于某某履行召集股东会会议的职责,当于某某不能履行或不履行其职责时,黄某某作为公司监事,可以自行召集和主持。在于某某并未表示不履行其职责的情况下,黄某某直接向于某某发出《关于提议召开临时股东会的通知》,该通知明确载明开会的时间、地点和议题,名为会议提议,实为会议通知,此次临时股东会的召集程序不符合《中华人民共和国公司法》和公司章程的规定",法院往往会因召集程序不合法而认定决议可撤销。

---

① 福建省宁德市中级人民法院民事判决书,(2016)闽09民终448号。
② 北京市朝阳区人民法院民事判决书,(2020)京0105民初16261号。

第三，表见召集，即权利人存在召集权外观，但实际上缺乏行使召集权的前置性程序。在湖南鹿角风情谷生态农业旅游发展公司(以下简称鹿角风情谷公司)、刘某某公司决议撤销纠纷案①中，"鹿角风情谷公司章程第十六条第二款规定'公司首次会议应由全体股东出席始得召开。除此之外，公司定期会议或临时会议须有代表公司三分之二以上表决权的股东出席始得召开'，是公司章程对股东会参会的代表表决权的股东人数的特别约定。黄某提请执行董事刘某某召集召开股东会后，在刘某某作为占股49%的股东明确表示不同意召集、召开、参加并主持股东会的情况下，代表公司三分之二以上表决权股东出席的条件未成就，就不能召开股东会议或临时会议。黄某于2019年8月29日上午9时召开公司股东会临时会议并作出决议，违反公司章程第十六条第二款上述关于股东会召开的程序规定"。该案中法院不认可表见召集的决议效力，但对于表见召集各地法院做法不一，认可与不认可均存在。

第四，还存在合法召集后又取消召集的情形，在杨某某与上海若来网络科技有限公司公司决议撤销纠纷案②中，"原告称已取消了此次股东会，但结合庭审中当事人的陈述和采信的证据可以看出，原告发出的取消通知是晚于股东会召开时间而达到另三名股东的，故此通知并不产生相应的法律效力，而在此情况下，三名股东按时出席股东会议并无不当"。只要召集权行使不存在瑕疵，事后取消召集也不会否定决议的效力。

因此，审判实务中，法院对于无权召集与越权召集的态度较强硬，一律否定会议召集的合法性，而对于表见召集存在个案判断的不同做法。其背后的原因在于，无权召集与越权召集属于对公司组织机构权力层级的僭越，表面上属于程序瑕疵问题，但是实质上属于主体瑕疵问题，无召集权人并非合法成立的社团意思机关，主体欠缺成立要件时决议自然无所依附，那么这种程序瑕疵已经实质上影响到股东权利，并非轻微瑕疵。而表见召集中召集的主体为法定有权召集的主体，只是缺乏前置性程序，这并不会涉及公司内部权力分配的问题，可被认定为轻微瑕疵。

---

① 湖南省岳阳市中级人民法院民事判决书，(2020)湘06民终1049号。
② 上海市金山区人民法院民事判决书，(2014)金民二(商)初字第775号。

②召开阶段瑕疵

召开阶段瑕疵主要包括会议时间、会议地点、主持程序瑕疵,其中主持瑕疵为该阶段中存在的主要问题。

A. 会议地点

会议地点以会议通知中载明的地点为准,若实际会议地点与通知不符,则需要分析案件中股东是否知悉,否则影响决议效力。在上海富珩置业有限公司(以下简称富珩公司)诉宋某某公司决议撤销纠纷案①中,"《关于召开临时股东会的通知》中的会议地址也并非涉案股东会的实际召开地址。因此,一审法院认定富珩公司2015年10月19日股东会的召集违反《公司法》及公司章程的规定,并无不当"。股东会的召开地点,一般应该体现有利于多数股东参会的原则。鉴于现代公司的股权往往较分散(上市公司股权尤其处于高度分散的状态),法律难以对有利于多数股东参会的会议地点作出较刚性的明确统一的规定。我国法律法规并未作出规定,但有些规范性文件对上市公司股东大会的召开地点作出规定,如中国证监会发布的《上市公司治理准则》(2018年修订)第15条第1款规定:"股东大会会议应当设置会场,以现场会议与网络投票相结合的方式召开。现场会议时间、地点的选择应当便于股东参加。上市公司应当保证股东大会会议合法、有效,为股东参加会议提供便利。股东大会应当给予每个提案合理的讨论时间。"实践中,大部分公司选择的会议地点为公司所在地,但也不排除选择在多数股东参会不方便的地点,这种做法的考虑是控制参会股东的人数,让一些股东缺席会议而决议按照预期通过。审判实务中法院只关注地点的明确与未临时改变,并未考虑有利于多数股东参会的原则,而长此以往并不利于保障股东参会的权利,因此相关法律法规可以确立有利于多数股东参会的原则,若会议召开地点不当则可以认定为召集程序存在实质瑕疵,导致相当数量的股东由于地点不方便而缺席会议,损害其正常行使参会权利。

B. 会议时间

会议时间在会议通知中已经告知,临时有变的,应当确保股东知悉,否则会

---

① 上海市第一中级人民法院民事判决书,(2016)沪01民终9790号。

影响决议效力。根据相关司法裁判观点,实际召开会议的时间与会议通知记载的时间不一致的,作出的公司决议为可撤销的决议。

C. 主持程序瑕疵

主持人需要有主持权,《公司法》规定了董事、执行董事、监事会、监事的主持权,除此之外,依规被推荐的主持人也有权主持。在广西洁宝纸业投资股份有限公司(以下简称洁宝公司)与卢某某、杨某某公司决议撤销纠纷案①中,"关于股东大会主持人身份问题。根据《公司法》第一百零二条……的规定,并未禁止公司董事长或公司大股东委托代理人主持会议。另,根据洁宝公司《公司章程》第四十条'……董事长和副董事长均不能出席会议,董事长也未指定人选时,由董事会指定一名董事主持会议……'的规定,本案股东大会召开时,董事长、副董事长均未出席,同时在洁宝公司2011年10月10日第三届董事会第五次会议决议中明确同意推荐李某某作为2011年11月11日股东大会主持人,李某某作为股东大会的主持人是得到了董事会全体董事一致同意的,二审判决认定其无权主持股东会错误,本院依法予以纠正"。主持权的有无一般也不会影响决议效力,主持人主要负责会议的流程引导,不参与实际决策,股东会决议由股东真实表意决策,不会影响到其实际权利。但是如果主持人不中立,在主持股东会会议中主导会议,进而导致股东意思表示不真实,则决议效力因存在实质瑕疵而不予认可。

③会议记录瑕疵

第一,股东会决议与会议记录不是同一时间形成是否会影响决议效力。在蔡某某与南通博邦机械制造有限公司、俞某某、刘某某公司决议撤销纠纷案②中,股东会决议是否应被撤销应当考量该股东会决议的召集程序、表决方式、决议内容,至于案涉股东会决议、股东会会议记录是否是同一时间形成、是否于5月14日当天形成,与蔡某某撤销该股东会决议是否符合公司法规定的条件没有必然联系。重要的是股东会会议的真实性与表决有效性,而会议记录时间的瑕疵是可以补正的。

---

① 广西壮族自治区高级人民法院民事判决书,(2013)桂民提字第154号。
② 江苏省南通市中级人民法院民事判决书,(2014)通中商终字第0129号。

第二,未对决议进行会议记录是否会影响决议效力。在蒋某某、歙县润德房地产开发有限公司公司决议撤销纠纷案①中,歙县润德房地产开发有限公司未对两次股东会所议事项专门制作会议记录,而是以股东会决议代替会议记录,法院认为对于歙县润德房地产开发有限公司于 2020 年 1 月 10 日召开的股东会,虽然此次股东会的召集及会议记录上存在瑕疵,但属于轻微瑕疵,且歙县润德房地产开发有限公司的经营范围为房地产开发、销售,公司提前股东出资期限系经营管理需要,因马某某占股 80%,享有公司三分之二以上的表决权,故该轻微瑕疵不足以对此次股东会决议产生实质影响。如果决议的有效性可以通过其他证据展示,则未对决议进行会议记录可以作为轻微瑕疵,而不会对决议效力产生影响。

④表决阶段瑕疵

股东会决议作为社团性的决议行为,需要通过股东表决的方式进行意思表示,表决程序的瑕疵对股东会决议的效力认定产生重要影响。

A. 非股东、董事人员参会所作决议的效力

各地法院对非股东、董事人员参会所作决议的效力判决不一。在王某某诉上海英迈吉东影图像设备有限公司公司决议撤销纠纷案②中,法院认为,"王某某还提出股东会议上有非股东人员参加,违反法定程序,系争股东会决议应予撤销。本院认为,王某某提出的该项事由不属于公司法规定的股东会决议应予撤销的法定事由,故本院不予支持"。如果非股东所占比例过高,则其会成为多数决决议不成立的理由,伪造股东签名进行表决也是该种情形中的一种。美国公司法规定了股东会专门会议的替代方式——"征求同意"或"持有人同意"。例如,美国《特拉华州普通公司法》第 228 条规定,在任何需要通过股东会采取行动的场合,也可以通过征求股东书面同意的方式进行,但它需要满足全体股东参加会议采取行动时所必须满足的表决足数要求。③我国可以参考规定非股东、董事人员参会代为同意制度,从而最大限度保证决议的效力。

---

① 安徽省黄山市中级人民法院民事判决书,(2020)皖 10 民终 489 号。
② 上海市第一中级人民法院民事判决书,(2015)沪一中民四(商)终字第 1160 号。
③ 参见赵心泽:《股东会决议瑕疵诉讼制度研究》,法律出版社 2017 年版,第 97 页。

B. 表决方式

作出公司决议的表决方式应合法且符合公司章程,否则决议为可撤销的决议。

C. 表决数有错误与表决未达比例

需要在个案中进行判断是否影响决策结果,重新计数后如果未达规定比例则决议无效。

⑤除斥期间瑕疵

《公司法》第22条中规定"股东可以自决议作出之日起六十日内,请求人民法院撤销"。《公司法》修改后法院对于60日属于除斥期间基本没有异议,因此60日除斥期间不适用诉讼时效关于中止、中断、延长的规定,60日不包括邮寄起诉状的在途期间。在王某某、陈某某与浏阳市鼎丰房地产开发有限公司及第三人义乌市鼎丰置业有限公司公司决议撤销纠纷案①中,法院在判决书中表示:"法律之所以对股东行使公司决议撤销之诉的权利规定了60日的除斥期间,而对股东要求确认公司决议无效权利的行使期间并未作出限制性的规定,其立法旨意是为了避免股东滥用该撤销权从而影响公司正常的经营管理秩序以及交易安全,而非绝对性地排除股东正常的行使权利。原告王某某、陈某某于2017年4月6日向本院提起股东会决议无效之诉时并未超出公司法规定的提起公司决议撤销之诉的除斥期间,且该股东会决议的效力自原告王某某、陈某某提起股东会决议无效之诉时起就已处于不确定的状态。现原告王某某、陈某某在撤回股东会决议无效之诉后立即向本院再次起诉要求撤销诉争股东会决议并不违反公司法第二十二条的规定及其立法旨意,且股东会决议无效之诉与撤销之诉的目的是一致的,都是希望该股东会决议不发生相应的法律效力,原告王某某、陈某某提起决议无效之诉的时间可以认定为其提起决议撤销之诉的时间。"各地法院已就60日作为除斥期间的裁判规则达成共识,均认为超出公司决议作出之日起60日的,提起公司决议撤销之诉的撤销权消灭。

---

① 湖南省浏阳市人民法院民事判决书,(2017)湘0181民初6869号。

(3) 内容瑕疵

①决议内容违反章程规定

公司章程是公司依法制定的规定公司名称、住所、经营范围、经营管理制度等重大事项的规范性文书,也是公司必备的规定公司组织以及活动基本规则的书面文件,作为股东共同一致的意思表示,是公司内部根本性的规章制度。股东会决议内容违反公司章程规定属于决议存在实质瑕疵。在决议撤销之诉中往往只需考虑章程规定,如果出现决议内容违反法律、行政法规的规定,则进而通过分析违反的法律、行政法规属于管理性强制性规定还是效力性强制性规定,进行决议是否有效的区分,由其他决议瑕疵诉讼去解决。

例如,在邓某某、汪某某公司决议纠纷案①中,法院认为,绵阳城南爱婴妇产医院有限公司股东会会议决议共有9条内容。其中第2条的内容,不符合公司章程第10条的规定,应予撤销。章程约定的内容十分广泛,决议违反章程的规定大致分为以下情况:决议未经股东同意处分其股权或伪造出资转让协议,侵害股东权利;决议内容为公司的控股股东、实际控制人、董事、监事、高级管理人员利用其关联关系损害公司利益;决议侵害股东依法享有的优先认缴权;决议内容包括使用他人的居民身份证并非法签署文件,用以变更公司注册信息,违反国家法律及行政法规的禁止性规定;决议违法解除股东资格,剥夺股东待遇;违反章程中规定的表决比例。

②决议内容违反股东间的协议

决议内容违反股东间的协议一般也认定为无效。在靖江市国茂商贸有限公司(以下简称国茂公司)与无锡灵山元一投资发展有限公司(以下简称灵山元一公司)、新余金正锡投资管理中心(以下简称投资管理中心)合伙协议纠纷、公司决议纠纷案②中,"如前所述,国茂公司与投资管理中心为灵山元一公司的两大股东,在2015年7月协议书中就保障国茂公司享有的25%股权的利益而对灵山元一公司日常活动中相关事宜所作制度安排,协议中明确约定执行董事、总经理更换必须经国茂公司认可,该内容系全体股东在公司章程之外对

---

① 四川省绵阳市中级人民法院民事判决书,(2020)川07民终107号。
② 江苏省无锡市中级人民法院民事判决书,(2016)苏02民终2963号。

更换执行董事所应遵循的特别程序达成的一致意见,未违反法律法规和公司章程,属于双方当事人真实意思表示,合法有效"。

4. 小结与建议

(1)轻微瑕疵与实质瑕疵的认定

《公司法》中确定了裁量驳回之诉,即在于保证决议效力与程序正义之间的权衡,程序瑕疵只有在已经"实质影响"到股东权利时,才可以成为撤销决议的正当理由。因此,在对程序瑕疵进行判断时,需要从三个方面考量:第一,程序的瑕疵是否会影响股东获取参会或表决所需的信息;第二,程序的瑕疵是否会导致股东无法公平参与多数意思的形成;第三,程序的瑕疵是否会影响最终决议结果。瑕疵对个体及群体意思表示影响的考量相对独立,在现实中,符合某一法定要件也并不意味着必然会符合另一法定要件,有些瑕疵虽然客观上属于轻微瑕疵,但是仍可能对个体的意思表示产生影响(如不适格主持人的不当引导);而在某些情况下,对个体及团体性意思表示的最终结果不会产生实质影响,也可能属于严重的程序瑕疵(如召集人的不适格),具体还需要法院在个案中进行实质判断。

(2)影响公司决议被撤销的重要因素

总体上从案例检索结果来看,股东会会议召开的全阶段中导致决议撤销的瑕疵事由绝大多数出现在召集阶段,而在召集阶段中瑕疵事由最多的为通知时间瑕疵,其次为召集权瑕疵(主要为无权召集、越权召集)。多数案件中通知时间瑕疵可作为轻微瑕疵被法院裁量驳回,决议真正被撤销的案件中出现最多的撤销事由为召集权瑕疵。在召开阶段,出现最多的是主持瑕疵。在表决阶段,个别股东行使表决权意思瑕疵与表决未达比例占最多数。

(3)通过章程预防决议瑕疵

我国在关于公司的法律规定中充分尊重公司自治,从上文关于决议撤销的相关条文也可看出,《公司法》中包含较多任意性规范,如"章程另有规定的除外"。章程是公司的根本自治原则,是公司的"宪法",公司章程可以进一步细化法律规定的原则性、概括性规定,或进行补充。公司章程也是公司自行处理内部纠纷与矛盾的重要依据,作为公司组织和活动的根本准则意义重大。例如,在召集阶段中法律并未对会议地点、送达方式进行规定,而股东会决议属于公司日常经营的内部事项,法律应该赋予公司较大的自治空间而不能随便介入,为了约束股东等利害相关人的行为,公司可以在其章程中约定相关事项,提前告知达成合意,可以减少日后的违约成本。同时公司章程中还可以设置激励、惩罚措施,①明确股东、董事、监事、高级管理人员违反信义义务后的具体责任承担,如设置惩罚性赔偿责任(双倍返还获利、罚款或扣除工资、分红、奖金等),②督促其更加审慎地行使权利,避免出现过错导致公司决议瑕疵的产生。

加强公司自治,召集人严格按照法定程序或章程规定进行召集,会议通知送达(按照公司法规定或者章程规则发送),公司章程可适当缩减公司会议提前通知的期限;公司决议与章程相一致,对相关提案提前仔细核查。

(4)补充非诉救济手段

我国公司法对于股东会决议撤销的救济只提供了诉讼这一条途径,这使救济所产生的诉讼成本与实际瑕疵程度不相匹配,"程序正义与公司经营成本、商事交易效率、法律关系稳定之间存在内在的张力,程序正义、经营成本与司法处理的严格化呈正相关性;商事效率、法律稳定与司法处理的严格化呈负相关性"。③

而非诉救济允许公司采用自我救济的方式补正决议瑕疵,节省通过诉讼维权的过高成本,减少对公司正常经营造成的破坏。在各国立法例中,非诉救济手段主要体现为一种法定事由的豁免或者效力追认,即通过公司内部的"补正""追认"等方式消除决议的瑕疵,补正制度使公司决议的程序瑕疵可以因得到全体股东的同意等法定事由而豁免,法国《商事公司法》、美国《示范公司法》、1985年英国《公司法》都对决议的程序瑕疵的补正作出了规定。"追认制度"是通过再次召开股东会会议以作出新决议的方式承认前瑕疵决议的效力,德国《股份法》、意大利《民法典》等均明文规定了追认制度。④ 补正和追认可以作为非诉救济方式补正决议瑕疵,实质也在于承认决议行为的法律行为本质,

---

① 参见王楠:《公司决议的撤销及其民事责任》,山东大学2019年硕士学位论文,第100页。
② 参见李欣然:《股份有限公司董事表决权回避制度研究》,中央民族大学2015年硕士学位论文,第56页。
③ 参见赵心泽:《股东会决议瑕疵诉讼制度研究》,法律出版社2017年版,第192页。
④ 参见王楠:《公司决议的撤销及其民事责任》,山东大学2019年硕士学位论文,第34页。

充分尊重当事人的意思自治原则,以真实合意消除意思表示上的瑕疵。除了补正、追认等方式,还可以允许当事人和解,无论是在诉讼中还是诉讼外,只要不违反法律法规的强制性规定,法院就应当支持适用调解、和解制度,减少诉讼程序,让双方及时、有效地化解矛盾,满足效率与自由的原则,促进公司内部自我救济。

(三)决议无效

1.法律规范

(1)《公司法》第22条第1款(2023年修订后为第25条)

股东会决议是各方股东利益平衡的结果。在众多股东组成的公司中,股东之间一定存在某种利益分歧。公司作为独立法人,各个股东的意思表示需要拟制成一个独立的意思表示。股东在享受自由投票权利的同时,还要承担股东会决议带来的不利影响。①

股东会决议的效力是法律拟制的结果。对于如何用法律规制股东会决议,不同法系采用的方式不同。英美法系主要通过诉讼方式来解决因股东会决议瑕疵而引发的股东权利受损问题;大陆法系则是通过对股东会议效力进行法律评价,从而得到相应的法律后果。我国在2005年修订《公司法》时,确立了判定股东会议效力的立法模式。在司法实践中,股东会决议无效是占比较重的公司纠纷类型。因此,《公司法》第22条第1款的适用问题尤为重要,其关系到法律干预公司内部利益的平衡问题。

股东会决议问题首次规定于1993年《公司法》中,该法第111条规定:"股东大会、董事会的决议违反法律、行政法规,侵犯股东合法权益的,股东有权向人民法院提起要求停止该违法行为和侵害行为的诉讼。"由此看出,此法条并没有规定股东会决议的效力,而是采取侵权救济方式。

2005年修订的《公司法》转变立法模式,规定了股东会决议效力的判定。股东会决议无效的规则主要规定于2018年《公司法》第22条第1款以及《公司法司法解释(四)》第1条、第3条和第6条。《公司法》第22条第1款规定公司股东会决议内容违反法律、行政法规的无效;《公司法司法解释(四)》第1条明确股东

---

① 参见叶林:《股东会决议无效的公司法解释》,载《法学研究》2020年第3期。

会决议包括无效情形,①第 3 条规定了确认股东会决议无效的诉讼程序,②第 6 条规定了股东会决议确认无效后与第三人之间的关系。③ 以上 4 个法条中,仅《公司法》第 22 条第 1 款涉及股东会决议无效的判定。但是"违反法律、行政法规"的表述过于宽泛,解释空间很大,没有明确引起股东会决议无效的具体事由,即缺少构成要件。因此,司法实践中不易适用。基于此,笔者认为应梳理法条的解释方法,从而准确理解法条内涵。

对于《公司法》第 22 条第 1 款股东会决议无效的认定标准,目前存在限缩解释和扩张解释两种解释方法。限缩解释主张从法律规范性质入手,将股东会决议违反"法律、行政法规"无效理解为违反"法律、行政法规中的强制性规范"的无效。扩张解释则主要适用于司法实务,该观点主张,我国公司法规定不明确,因此可以利用民法中的"法律行为效力"以及"侵权责任"两种路径进行解释。笔者认为,以上两种解释方式均从民法角度出发,而未强调公司组织法的属性。经检索,笔者查到 2016 年出台的《公司法司法解释(四)》(征求意见稿)第 6 条对《公司法》第 22 条第 1 款的内容进行细化,下文将具体介绍。

(2)《公司法司法解释(四)》(征求意见稿)第 6 条的经验

2016 年 4 月最高人民法院起草的《公司法司法解释(四)》(征求意见稿)第 6 条中,对股东会决议无效事由主要从三个方面进行细化。④ 一是对股东权利的保护;二是对债权人利益的保护;三是对效力性法律和行政法规的保护。虽然在正式发布的《公司法司法解释(四)》中删除了上述规定,但是可以参考以上三个角度,分析股东会决议无效制度的法理进而归纳出类型化的无效

---

① 《公司法司法解释(四)》第 1 条规定:"公司股东、董事、监事等请求确认股东会或者股东大会、董事会决议无效或者不成立的,人民法院应当依法予以受理。"
② 《公司法司法解释(四)》第 3 条规定:"原告请求确认股东会或者股东大会、董事会决议不成立、无效或者撤销决议的案件,应当列公司为被告。对决议涉及的其他利害关系人,可以依法列为第三人。一审法庭辩论终结前,其他有原告资格的人以相同的诉讼请求申请参加前款规定诉讼的,可以列为共同原告。"
③ 《公司法司法解释(四)》第 6 条规定:"股东会或者股东大会、董事会决议被人民法院判决确认无效或者撤销的,公司依据该决议与善意相对人形成的民事法律关系不受影响。"
④ 《公司法司法解释(四)》(征求意见稿)第 6 条规定:"股东会或者股东大会、董事会决议存在下列情形之一的,应当认定无效:(一)股东滥用股东权通过决议损害公司或者其他股东的利益;(二)决议过度分配利润、进行重大不当关联交易等导致公司债权人的利益受到损害;(三)决议内容违反法律、行政法规强制性规定的其他情形。"

事由。

①对股东权利的保护

《公司法司法解释(四)》(征求意见稿)第6条第1项规定,股东滥用股东权利损害公司或者损害其他股东利益的决议无效。股东权是指股东对于公司在法律上应当享有的权利。其主要包括共益权和自益权。共益权是指对公司运营的管理权利,主要包括请求权、表决权;自益权是指股东自身的权利,主要包括股权转让权、收益权等权利。法律对股东权利的保护,特别是对中小股东权利的保护,主要基于公司法中"多数决"的表决方式。公司作为法律上的拟制人,其权利主要由股东让渡出的权利组合而成。如果采取一致性的表决原则,则不仅影响决策效率,而且会导致小股东享有否定权,从而影响资本利用价值。因此,在公司决策中大多采用的是多数决方式。但多数决表决方式存在的问题在于大股东容易滥用权利,利用多数决规则侵犯小股东利益。因此,为了保护多数决下小股东的利益,应当规定侵犯股东权利的股东会决议无效。

②对债权人利益的保护

《公司法司法解释(四)》(征求意见稿)第6条第2项规定,过度分配利润、进行重大不当关联交易等导致公司债权人的利益受到损害的决议无效。现代公司的重要特征即公司所有权和经营权相分离,所有权人仅需在出资的范围内承担有限责任。这也就意味着,公司将运营风险从所有人转移到了债权人。因此,有限责任公司的股东和债权人之间承担的风险与其收益相比并不对等。为了能够将公司债权人的风险降至最低,防止股东会决议对公司资产造成不正当影响,应当认定严重影响债权人利益的股东会决议无效,如过度分配公司利润,进行重大关联交易等决议。其中过度分配公司利润会破坏公司资本维持,影响公司偿债能力;重大关联交易则因在商业活动中十分常见且隐蔽,不易被第三人察觉,对债权人的潜在危害性更大。

③对效力性法律和行政法规的保护

《公司法司法解释(四)》(征求意见稿)第6条第3项规定,内容违反法律、行政法规强制性规定的股东会决议无效。此处的强制性规定指的是必须依照法律适用,不能以个人意志予以改变或者排除适用的规范。股东会决议若违反此类规范则无效。

2. 股东会决议无效司法案例的实证分析

(1) 数据统计及分析

本部分以"股东会决议无效"为主题,案由为"公司股东会决议效力确认纠纷",在"威科先行"法律信息库中,限缩关键词"股东会决议无效""民事""判决书"共检索到可利用案例310个。需要说明的是,此次选取的310个案例包含2017年《公司法司法解释(四)》出台之前审理的案例。由于在此之前,我国不存在股东会决议不成立事由,所以在2017年之前,当事人会以"请求确认无效"向法院提起部分属于不成立的情况的诉讼请求。通过对310个案例的分析整理,按照上文中对无效事由的三大分类,主要整理结果如表7-9所示:

表7-9 股东会决议无效案例分类统计

类型	细化类型	数量/个	占比/%
对股东权利的保护	滥用资本多数决原则的股东会决议无效	29	9.35
	未经股东本人同意的股权转让无效	31	10.00
	侵害股东优先认缴公司新增资本权利的股东会决议无效	46	14.84
	违法解除股东资格的股东会决议无效	28	9.03
	违反按照实缴出资比例分红的股东会决议无效	24	7.74
	侵犯继承权决议无效	16	5.16
	未通知(转向决议不成立)	47	15.16
	伪造签名(转向决议不成立)	64	20.65
对债权人的保护	违反分配利润条件向股东分配利润的股东会决议无效	6	1.94
对法律、行政法规强行性规定的保护	违法任免公司人事决议无效	19	6.13
总数		310	100

(2) 类型化具体事由

①滥用资本多数决原则的股东会决议无效

在此类29个案件中,21个案件中的法院支持股东会决议无效,占比约为72.41%;8个案件因证据不足未支持,占比约为27.59%。支持决议无效的法官认为,公司大股东或者控股股东凭借占多数股权的优势,滥用多数决原则,将大股东的个人意愿强加给其他股东或者公司其他参与方。虽然在形式上符合多数决要求,但是因内容不公正而产生实质瑕疵。违背多数派股东对少数派股东的信义义务,以及违反了公司法诚实信用的基本精神,因此该决议应当无效。在马某诉上海某房地产开发有限公司等确认纠纷案①中,法院认为:"胡某作为某公司法定代表人,该款变更为由其个人或某公司掌控。在一审判令某公司返还的情况下,某某公司、某某某公司和何某仍滥用股东权利而作出上述决议内容,导致对此投赞成票的多数股东获益,排斥了原告的合法权益,明显损害了某公司的利益,违反了我国《公司法》关于股东不得滥用股东权利损害公司和其他股东利益的规定,因此该股东会决议内容无效。"

②未经股东本人同意的股权转让无效

在实证研究中,共有31个相关案例。其中29个案例主张未经股东本人同意的股权转让无效,占比约为94%。法院认为,股权转让是股东享有的基本权利,他人擅自将其股权转让,侵犯了股东的所有权。因此,在未经股东本人同意,伪造该股东签名作出股东会决议,或者未通知该股东参与自行作出股东会决议,转让其股权的无效。在北京邦诺存储科技有限公司(以下简称邦诺公司)、张某某与李某某公司决议效力确认纠纷案②中,法院认为:"在涉案股东会决议上李某某的签名非其本人所签,邦诺公司无法证明李某某对涉案股东会决议中'李某某愿意将邦诺公司的货币7.0万元出资转让给张某某'的内容知情且同意,故该内容非李某某的真实意思表示,侵害了股东的合法权益,应属无效。"

③侵害股东优先认缴公司新增资本权利的股东会决议无效

股东认购权,是指在公司新增资本时,股东优先享有的按照比例认购认缴股权的权利。该权利主要保护有限责任公司的人合性特征。在46个案例中,法院的主流观点是,在股东向外转让股权时,未通知或未征得其他股东的同意,更有甚者通过伪造签名的方式在其他股东不知情的情况下将股权转让给了股

---

① 上海市青浦区(县)人民法院民事判决书,(2011)青民二(商)初字第489号。
② 北京市第一中级人民法院民事判决书,(2012)一中民终字第5883号。

东以外的人,则该股东会决议无效。

④违法解除股东资格的股东会决议无效

在 28 个相关案例中,共有 21 个因股东会决议违法解除股东资格而被判定无效,占比 75%。法院认为,股东资格经公司及登记机关确认后,除非符合以下法定条件,不应被剥夺:一是股东未履行出资或者抽逃全部出资;二是经过合理催告后仍未履行或者返还抽逃资金。也就是说,只有满足以上两个条件时,股东会作出的除名决议才是有效的;反之无效。① 在金寨双河源农业技术开发有限公司与洪某某公司决议效力确认纠纷案中,法院主张根据《公司法司法解释(三)》规定,只有在股东未出资或者抽逃全部出资、公司在催告未果的情形下才可以通过股东会决议解除某一股东的股东资格。该案中洪某某不存在未出资或者抽逃全部出资的情形,不符合解除股东资格的实质条件,故股东会决议关于解除洪某某股东资格的内容违反法律规定,应属无效。

⑤违反按照实缴出资比例分红的股东会决议无效

本部分实证研究中共有 24 个相关案例,其中 19 份股东会决议被判定无效,占比约为 79%。法院主流观点认为,在股东之间未形成一致意见的情况下,违背按照实缴出资比例分配公司利益的股东会决议无效。相同股份应当享有同样的分红权,未经一致同意的"同股不同利"将会损害某些股东的权益。② 在谢某、刘某某诉安徽兴达化工有限责任公司(以下简称兴达公司)公司决议效力确认纠纷案中,法院主张:"兴达公司向每位股东分配公司弥补亏损和提取公积金后所余税后利润,则应当遵守《中华人民共和国公司法》第 35 条的规定分配,即股东按照实缴的出资比例分取红利;但是,全体股东约定不按照出资比例分取红利或者不按照出资比例优先认缴出资的除外。本案中,在全体股东未达成约定的情况下,不按照出资比例分配而是对每位股东平均分配的决议内容违反了上述规定,决议内容无效。"

---

① 参考案例:贵州省高级人民法院民事判决书,(2015)黔高民商终字第 18 号;江苏省常州市戚墅堰区人民法院民事判决书,(2014)戚商初字第 212 号;江苏省宿迁市中级人民法院民事判决书,(2014)宿中商终字第 0006 号。
② 参考案例:四川省成都市武侯区人民法院民事判决书,(2014)武侯民初字第 3382 号;重庆市渝北区人民法院民事判决书,(2014)渝北法民初字第 10866 号;浙江省杭州市上城区人民法院民事判决书,(2008)上民二初字第 1285 号。

⑥侵犯继承权决议无效

此类案件共有16个相关案例,其中法院判定11份股东会决议无效,占比约为69%。法院认为,根据《公司法》第75条(2023年修订后为第90条)规定,"自然人股东死亡后,其合法继承人可以继承股东资格;但是,公司章程另有规定的除外",股东资格可以作为遗产继承。也就是说,股东资格继承属于法定继承事由,股东会决议不得对此内容进行更改,否则决议无效。

⑦未通知股东参加股东会议

对于股东会议未通知的情况,法院目前主要存在两种判决观点:一是判决股东会决议无效,主要理由为公司未通知股东参加股东会,可能从实质上剥夺股东对公司的管理控制权,如表决权、知情权、优先购买权、处分权等权利。此外,公司及其他人员未通知的行为违反了诚实信用原则,属于违反了公司法规定的行为,应当认定该股东会决议无效。二是判定股东会决议不成立,主要理由为公司在召开会议之前未通知相关股东的行为属于程序性瑕疵。根据《公司法司法解释(四)》第5条的规定,应当认定决议不成立。经分析案例数据发现,法院判决是动态变化的。在2017年前共有21个相关案例,其中判定股东会决议无效的有17个案例,另外4个案例驳回原告诉讼请求。在2017年后共有26个案例,其中19个案例判定为股东会决议不成立,6个案例被驳回诉讼请求,1个案例被判定股东会决议无效。通过以上数据可知,2017年《公司法司法解释(四)》出台前,若股东会决议涉及股东重要权利,则法院判定未通知的股东会决议无效。在《公司法司法解释(四)》出台后,法院逐渐从判决无效转向判决不成立。笔者认为,这个转变符合《公司法》的基本精神,即尽量减少股东会决议无效的判决。公司股东会作出决议需要耗费大量的人力、财力。此外,股东会决议不仅影响公司内部,而且会对第三人产生影响,因此判定无效后波及范围广。法院在判决决议是否无效时应当多方面考虑,尽量减少决议无效的判决。

⑧伪造签名

目前,我国司法实践中对于如何认定伪造签名的股东会决议效力问题存在较大争议。经过案例分析,笔者发现,签名瑕疵与未通知瑕疵相同,法院对于伪造签名的股东会决议效力认定问题随着《公司法司法解释(四)》的出台有所变化。在2017年该解释出台前,法院对于伪造签名问题主要存在三种观点:一是主张伪造签名属于程序瑕疵问题,股东会决议应被判定为可撤销。二是认为如果签名瑕疵的部分股东所占股权比例较小,其表决不会导致股东会决议产生相反结果,那么只要股东会决议内容没有违反法律、行政法规,法院最终就认定决议有效。三是主张虽然签名瑕疵的部分股东所占比例较小,但是伪造签名的行为侵犯了股东的实质权利,即知情权。被伪造签名的股东无法真实地表达意见,从而作出的股东会决议没有决议基础,因此法律应当予以保护。也就是说,即使其他股东行使的表决权已达多数表决比例,也不意味着缺少当事人的真实意思表示就可以形成有效的决议。由于这种行为侵犯了当事人股权,应当认定该类股东会决议无效。案例研究显示,2017年之前,法院共审理了35个相关案件。其中19个案例被认定为可撤销,9个案例被认定为有效,7个案例被认定为无效。在2017年《公司法司法解释(四)》出台后,多数法院将伪造签名的行为归属决议不成立情形;而在判定决议不成立后,无须再判定其是否为有效决议。案例研究显示,2017年后,法院共审理了29个相关案例。其中23个案例被认定为不成立,5个案例被驳回诉讼请求,1个案例被认定为决议无效。

⑨违反分配利润条件向股东分配利润的股东会决议无效

在该类案例中,共有6个案例因违反分配利润条件向股东分配利润而被判定为决议无效。《公司法》第166条(2023年修订后为第210条)规定,公司需在弥补往年亏损,提取法定公积金后才能进行利润分配。公司财产是其生存与发展的基础。为了给公司股东谋取不正当利益违反法定利润分配顺序的股东会决议,会导致公司资产减损,从而影响债权人的利益。

⑩违法任免公司人事决议无效

该类案件共19个,其中15个案例决议因为违反公司法中人事任免强制性规定而被判定无效。我国《公司法》第146条(2023年修订后为第178条)规定了不得担任公司董事、监事、高级管理人员的消极资格。从法条原文中"不得担任"的表述可以看出,该条为强制性规范,违反该条的股东会决议无效。从选举监事的主体资格来看,《公司法》第117条(2023年修订后为第130条)规定,职工监事的比例不低于1/3,职工监事通过职工代表大会或其他形式民主选举产生。这是考虑到监事会具有的监督职能,而职工作为公司的一部分,理应让其选举部分代表以维护其利益,因而该条款不能被违反。

(3)司法裁判思路总结

法院在认定股东会决议无效时,仅引用《公司法》第22条的情况比较少。多数法官会在适用该法条之上,论述具体理由。其主要包括:一是在实体和程序上均侵犯了股东权利,如限制股东表决权、股东异议权等违背公司法维护中小股东的基本精神。二是该决议违背公司资本维持原则,导致债权人的债权实现风险增高。三是决议违反法律、行政法规中的强制性规定,尤其是公司法中的强制性规定。

3. 总结建议

(1)股东会决议无效事由类型化

《公司法》第22条第1款是判决股东会决议无效的唯一依据,因其表述过于笼统,司法实践中判定决议无效的事由混乱。笔者认为宽泛的规定不利于公司法的适用,应当予以细化完善。经过上文分析,建议从以下3个方面对股东会决议无效事由进行细化。

第一,应当明确侵害股东权利的股东会决议无效。由于股东会决议采取"多数决"的表决机制,容易出现大股东滥用支配地位侵害中小股东利益的情形。在第二部分的实证研究中,笔者总结了实践中股东权利受到侵害而导致股东会决议无效的8种情况。例如,滥用资本多数决原则的股东会决议,股权转让无效类型,侵害股东优先认缴公司新增资本权利的股东会决议,违法解除股东资格的股东会决议等。建议立法机构在法律修改时考虑将以上具体情况,从而更好地指导司法实践。

第二,应当明确侵害公司债权人利益的股东会决议无效。公司发展不仅依靠股东投资,还需通过债权人的贷款来支持公司现金流的健康运转。如果股东会决议违背公司资本维持原则,则会给债权人的债权实现带来潜在风险。此外,随着经济全球化,公司集团越来越多。母公司与子公司、子公司之间基于税收优惠、降低成本等原因存在众多关联交易。不当的关联交易会影响公司现金流运转,进而影响债权人债权实现的可能性。因此,此类股东会决议也当被认定为无效。

第三,应当明确违反法律、行政法规强行性规定的股东会决议无效。法律规范分为任意性规范和强行性规范。任意性规范是指在法定范围内允许法律关系参与者,依据自由意志确定相互权利义务的具体内容的法律规范。强行性规范是指必须依照法律适用,不能以个人的意志变更或者排除适用的规范。例如,《公司法》第16条(2023年修订后为第15条)规定了公司为股东提供担保时的法定程序;第25条(2023年修订后为第46条)规定了有限责任公司章程应当载明的事项;第43条(2023年修订后为第66条)规定了股东会的决议机制等。因此,笔者建议立法机构明确法律规范中强行性规范的范围,尤其是《公司法》中强行性规定内容,以便更好地指导实践。

(2)股东会决议无效的法律后果

股东会决议效力纠纷属于确认之诉,但在法院判定该决议无效后,如何恢复原状以及各方应当承担怎样的责任,法律并未规定。笔者认为,形成一份股东会决议需要花费大量的人、财、物成本,因此导致该决议无效的责任方应当承担决议形成的成本。此外,若公司在确认之诉的判决生效前,已经依据股东会决议实施了某种损害他人或者公司的行为,则应当判定恢复原状,返还所得。

综上所述,目前我国公司法中股东会决议无效制度仍然存在立法原则化,缺乏具有可参照性的实施细则等问题。本部分通过对确认股东会决议效力纠纷案件的整理分析,总结出具有可操作性的类型化思路,并为完善该制度提出建议。

(四)股东会决议程序问题

通过研读案例研究,笔者发现,在股东会决议无效、撤销、不成立中有几类程序性问题值得探讨,因此虽然这部分与前述部分有一定的重合,但是其仍具有独立的研究价值,笔者将从原告资格、时效和变更诉请三个方面详细论述。

1.原告资格

《公司法司法解释(四)》确立了对于股东会决议无效、撤销、不成立之诉的原告资格的裁判规则。《公司法司法解释(四)》第1条规定:"公司股东、董事、监事等请求确认股东会或者股东大会、董事会决议无效或者不成立的,人民法院应当依法予以受理。"第2条规定:"依据民法典第八十五条、公司法第二十二条第二款请求撤销股东会或者股东大会、董事会决议的原告,应当在起诉时具有公司股东资格。"此裁判规则的优点是明确了股东会决议效力诉讼的原告资格,即有权确认股东会决议无效或不成立的主体为公司股东、董事、监事;有权请求撤销股东会或者股东大会、董事会决议的原告,应当在起诉时具有公司股东资格。但是其不足之处在于,未对司法实践中经常出现争议的隐名股东、名义股东等可否提起公司决议效力诉讼的问题作出规定。笔者试图从案例中寻求司法实践中的裁判规则,但是这里样本量较小,所得数据不具有代表性,对这部分案例的展示仅提供可能的裁判思路。①

(1)隐名股东是否具备原告资格

在刘某、孔某某等与淮北新兴实业有限责任公司(以下简称新兴公司)公司决议效力确认纠纷案②中,法院认为,刘某等11人持有新兴公司签发的证明其股东身份的股权证,同时也被记载于新兴公司的股东名册,系新兴公司的隐名股东,与股东会决议有着直接的利害关系,依据《公司法司法解释(四)》第1条的规定,有权提起确认股东会决议无效的诉讼。刘某等11人是本案适格原告。而在杨某与北京易谱精灵电子商务有限公司公司决议撤销纠纷案③中,法院认为,在存在隐名股东和显名股东的情况下,因隐名股东与显名股东之间系委托持股关系,对公司而言,公司法意义上的股东是指显名股东,而非隐名股东,故隐名股东在显名前,不是公司法意义上的股东,不具备《公司法》第22条第2款(2023年修订后为第26条第1款)及《公司法司法解释(四)》第2条规定的原告资格。

(2)显名股东是否具备原告资格

此种情形的案例样本数量同样较小,即使认为显名股东具备原告资格的稍占多数,也不能认为这是司法实践已经统一的裁判观点。在叶某某与福建泰龙电力股份有限公司(以下简称泰龙公司)一案的裁判理由中,法院观点为显名股东具备原告资格,"虽该股权实际出资人并非叶某某本人,但叶某某提起本案诉讼时,其仍是泰龙公司的在册股东,故叶某某有权依据公司法规定行使其

---

① 参见殷秋实:《法律行为视角下的决议不成立》,载《中外法学》2019年第1期。
② 安徽省淮北市相山区人民法院民事判决书,(2018)皖0603民初3331号。
③ 北京市第二中级人民法院民事裁定书,(2020)京02民终6077号。

股东权利,其起诉主张撤销泰龙公司相关公司决议,程序上并无不当。泰龙公司上诉主张叶某某并不具备起诉资格的理由不能成立"。① 但也有法院主张,公司股东大会决议无效之诉的当事人应当是与股东大会决议内容有直接利害关系的公司股东,若并未实际出资,仅为名义股东,则与股东大会决议的内容无直接利害关系,不具备原告资格。②

(3)未履行出资的股东是否具备原告资格

对于未履行出资的股东是否能提起股东会决议效力诉讼,法院裁判基本一致:股东未履行出资义务或者出资不实不影响其股东资格的取得,因此其有权提起公司决议诉讼。"股东未履行出资义务,并不改变其已有的股东资格,这种资格取决于公司章程和股东名册的记载,更重要的则是工商行政管理部门注册登记的确认,这些文件虽不能证明该股东已履行出资义务,但却是证明其股东资格的基本依据。"③

(4)丧失股东资格的前股东是否具备原告资格

与前一点一致,法院的裁判观点较统一,认为因特殊原因丧失股东资格后,无权提起公司决议诉讼。例如,在成某某等与南通先锋染织有限公司公司决议纠纷上诉案④中,法院认为,可以认定周某的继承人事实上已认可了周某不再是公司股东的事实。因此,其以股东身份提起诉讼缺乏事实和法律依据,法院不予支持。

2.时效

《公司法》第22条第2款规定:"股东会或者股东大会、董事会的会议召集程序、表决方式违反法律、行政法规或者公司章程,或者决议内容违反公司章程的,股东可以自决议作出之日起六十日内,请求人民法院撤销。"然而,对于这个60日属于何种性质的期限,学理上有不同的观点。有学者认为,各国大多对股东会决议撤销之诉规定了明确的期限,该期间的性质为除斥期间。在立法例上,该期限一般为1~3个月,韩国、瑞士规定为2个月,意大利规定为3个月。

---

① 福建省厦门市中级人民法院民事判决书,(2015)厦民终字第4546号。
② 陕西省延安市中级人民法院民事判决书,(2016)陕06民终1197号。
③ 新疆生产建设兵团第六师中级人民法院民事判决书,(2016)兵06民终406号。
④ 江苏省南通市中级人民法院民事判决书,(2016)苏06民终3631号。

我国《公司法》第22条第2款将股东会决议撤销之诉的除斥期间明确规定为60天。① 法院裁判比较一致,基本形成《公司法》第22条第2款规定的时效是除斥期间的观点,如原告提起的诉讼为公司决议撤销之诉,撤销权作为形成权,应当在除斥期间内行使。根据《公司法》第22条第2款的规定,股东诉请撤销公司决议,应当在决议作出之日起60日内行使,该除斥期间不得中止、中断与延长。原告于2019年6月11日起诉请求撤销被告于2018年5月5日作出的股东会决议,已超过法律规定的60日除斥期间。

然而,即使在这一点上司法实践达成共识,也有后续难题。《公司法》仅规定股东会决议撤销之诉应当自决议作出之日起60日内提出,但未对其他股东会决议效力之诉的起诉期限作出规定,因此,司法实践中对于除股东会决议撤销之诉外的其他公司决议效力之诉的时效问题易产生争议。对于决议不成立和无效,法院观点一致认为不适用限制决议撤销之诉的60日期限;但对于是否应适用普通诉讼时效,各法院裁判观点不一。在作为样本的58个案件中(见表7-10),其中63.79%的判决认为决议不成立和无效之诉不受诉讼时效的限制,其观点主要是单纯的时间经过不能改变无效合同的违法性,如"该股东会决议无效属自始无效,单纯的时间经过不能改变无效合同的违法性,朱某某向人民法院申请确认该决议效力,不适用两年诉讼时效期间的限制,故对格维恩科技公司、纪某所称朱某某的诉求超过诉讼时效期间的上诉理由本院亦不予支持"②。还有法院以确认股东会决议不成立之诉属确认之诉,不受诉讼时效限制来进行裁判。除此之外,还有36.21%的判决认为对于决议不成立和无效应当适用诉讼时效,曾某某与广州市优珥格计算机科技有限公司公司决议效力确认纠纷一审民事判决书③道:"对于曾某某的诉讼时效是否已逾法律规定的问题。我国《公司法》第二十二条第二款规定的情形属于'股东会决议撤销之诉'关于除斥期间的规定,本案属于公司决议不成立的情形,不应当适用该除斥期间的规定,且法律并未对公司决议不成立诉讼的诉讼时效作出特别规定,应当适用普通诉讼时效的相关规定,本案中案涉股东会决议作出之日为2017年12

---

① 参见范健、王建文:《公司法》(第5版),法律出版社2018年版,第339页。
② 河南省郑州市中级人民法院民事判决书,(2016)豫01民终9355号。
③ 广东省广州市天河区人民法院民事判决书,(2018)粤0106民初3494号。

月4日,曾某某于2018年2月6日起诉主张相应权利未逾法律规定的诉讼时效期间,优珥格公司及韦某、晏某的抗辩理由不成立,本院不予采信。"

表7-10 时效统计

情形	数量/个	占比/%
适用诉讼时效	21	36.21
不受诉讼时效限制	37	63.79
总计	58	100

3. 变更诉请

司法实践中,存在当事人的诉讼请求的内容和实际发生的效力瑕疵或无效的事由不一致的情形。例如,出现股东会决议存在无效的事由时,当事人却提起了股东会决议撤销之诉;出现股东会决议不成立的事由时,当事人却提起了股东会决议无效之诉。由此产生了以下两个问题:(1)法院是否可以向当事人释明变更诉讼请求,(2)诉请的决议效力瑕疵类型与实际类型不一致时,法院应当按事实直接作出判决,还是驳回诉讼请求。

《公司法司法解释(四)》(征求意见稿)第9条第1款中曾规定,"原告起诉请求确认股东会或者股东大会、董事会决议不存在、未形成有效决议、决议无效或者撤销决议,与人民法院根据案件事实作出的认定不一致的,应当直接作出判决"。但最后正式公布的《公司法司法解释(四)》中未对法院可否在公司决议效力之诉中释明变更诉讼请求作出规定。

对于此问题,73个案例样本的统计数据如表7-11所示。

表7-11 诉讼请求变更统计

情形	数量/个	占比/%
法院主动释明	11	15.07
法院未主动释明	62	84.93
总计	73	100

在当事人诉请与法院认定结果不一致时法院的判决结果如表7-12所示。

表 7-12　当事人诉请与法院判决统计

情形	数量/个	占比/%
驳回诉讼请求	54	73.97
原告提股东会决议无效之诉法院判决不成立	8	10.96
原告提股东会决议撤销之诉法院判决无效	6	8.22
其他	5	6.85
总计	73	100

笔者将案例的主要情形分别予以展示和分析。

(1) 原告诉请为判决股东会决议无效，法院直接判决不成立。陈某某与南充市桓荣冷食品有限公司公司决议效力确认纠纷案①为此情形的代表。其中法院认为，尽管原告主张确认上述股东会决议无效，但因立案之时，公司决议纠纷这个三级案由下列明了公司决议效力确认纠纷及公司决议撤销纠纷两个四级案由，确认股东会决议不成立及确认股东会决议无效均为公司决议效力确认纠纷范畴，为避免讼累，作出确认前述三股东会决议不成立的评判。法院从案由的级别和避免讼累的角度判决决议不成立。

(2) 原告诉请为判决股东会决议无效，实际属于可撤销事由，法院未予释明，驳回诉请。在姜某某等 7 人与绿洁公司案中，姜某某等 7 人主张，2011 年 10 月 27 日股东会决议无效的事由有以下两方面：其一，绿洁公司未按公司法及公司章程规定的程序通知姜某某等 7 人，侵害了法律规定的股东表决权；其二，绿洁公司股东会决议内容侵害了姜某某等 7 人享有的新股认购优先权。法院认为，绿洁公司在 2011 年 10 月 27 日召开股东会时未按公司章程"应于会议召开五日前通知全体股东"的规定通知姜某某等 7 人，决议内容侵害了姜某某等 7 人所享有的新股认购优先权，应属于会议召集程序、决议内容违反公司章程。根据公司法规定，股东会的会议召集程序违反法律、行政法规、公司章程或者决议内容违反公司章程的，股东可以自决议作出之日起 60 日内，请求人民法院撤

---

① 四川省南充市顺庆区人民法院民事判决书，(2018) 川 1302 民初 2617 号。

销。因此,姜某某等7人主张股东会决议无效,没有法律依据,不予支持。①

(3)原告诉请为撤销股东会决议,法院认定为无效,但支持撤销请求。在张某与霍邱苏润置业有限公司(以下简称苏润公司)公司决议撤销纠纷案中,法院认为,"苏润公司作为有限责任公司,股东会召开前两名记名股东均能正常联系,在能通过其他便捷可靠的方式通知股东的前提下,却通过报纸公告的方式通知,事实上未能达到通知其他股东参加会议的效果,股东会召集程序违反法律规定及公司章程,所召开的股东会剥夺了张某行使股东权利,可以认定此次股东会决议无效。张某诉请要求撤销股东会决议,理由正当,本院予以支持"。② 但需要注意的是,本案的立案时间为2016年,当时还并未发布《公司法司法解释(四)》。

通过前文对案例的比较和分析,可以看出,较少的法院在诉讼中主动向当事人释明变更诉讼请求,但司法实践普遍认为法院可以向当事人释明,只是没有必须向当事人释明的义务。司法实践中,当事人请求确认的股东会决议效力瑕疵的类型与法院认定的股东会决议效力瑕疵的类型不一致时,多数法院认为应当直接驳回原告的诉讼请求,但是少数法院的判决结果较混乱,没有统一的裁判规则。③

4. 小结

通过对股东会决议无效、撤销、不成立之诉中程序问题的梳理与分析,可从以下几点构建程序问题的解决路径:关于原告资格问题,在有隐名股东和显名股东的情况下,因隐名股东和显名股东之间系委托持股关系,隐名股东在显名前,不是公司法意义上的股东,不具备决议效力诉讼的原告资格,理应驳回起诉;④关于时效问题,肯定确认无效和不成立的形成权性质,不应适用诉讼时效的规定;就变更诉请而言,明确法院可以对当事人进行释明,但是理应遵循《民事诉讼法》确立的处分原则,法院审判权不得侵害当事人的处分权。

---

① 安徽省马鞍山市雨山区人民法院民事判决书,(2018)皖0504民初277号。
② 安徽省霍邱县人民法院民事判决书,(2016)皖1522民初3317号。
③ 参见杜万华主编,最高人民法院民事审判第二庭编著:《最高人民法院公司法司法解释(四)理解与适用》,人民法院出版社2017年版。
④ 参见李志刚:《公司股东会撤销决议之诉的当事人:规范、法理与实践》,载《法学家》2018年第4期。

四、结论与建议

综上所述,笔者对股东会决议无效、撤销、不成立之诉案例进行关键词筛选得到大量案例样本,并对案例进行分工研读、汇总数据,再通过数据研究无效、撤销、不成立以及程序问题中的司法实践的争议,最后提出一些对策建议,以期能对实务形成统一的裁判规则有所帮助。

1. 关于避免股东会决议不成立的建议

在《公司法司法解释(四)》颁布实施前,未召开会议而直接作出股东会决议会被认定决议无效,而《公司法司法解释(四)》颁布实施后会被认定决议不成立。虽然《公司法》第37条第2款规定,有限责任公司的全体股东对于一致同意的事项可以不开会,直接作出书面决议,但需要满足以下条件:可以不开会直接作出公司决议的例外只针对有限责任公司,不包括股份有限公司;只针对有限责任公司的股东会,不包括董事会。董事会必须开会,董事会不开会直接作出董事会决议的后果就是公司决议不成立;前提是其决议内容属于公司法及公司章程规定的股东会职权,如果股东会在未开会的情况下,擅自行使了不该行使的职权(如股东会行使了本该由董事会行使的职权),则应认定股东会决议不成立。

故形成股东会决议,原则上必须召开股东会;做好表决过程的记录;保证股东会决议上的签名在当场签署;以公司章程为依据进行完善,根据公司的实际情况对股东会职权作出个性化设计。

2. 关于避免股东会决议被撤销的建议

(1)开股东会必须发送会议通知;(2)特别注意会议通知发出、送达证据的保存;(3)有限责任公司可通过章程方式适当缩减会议提前通知的日期,增加公司经营决策的灵活性;(4)注意避免公司决议因存在程序性瑕疵而被撤销;(5)注意股东会决议内容与公司章程相一致。

3. 关于避免股东会决议被认定为无效的建议

股东会决议内容应合法,不得违反法律法规的强制性规定,在公司决议作出之前,建议聘请律师对决议草案、相关提案是否合法合规进行核查。对决议内容的合法性的核查建议可从以下方面进行:(1)是否侵害股东的优先认缴权;(2)是否侵害股东的利润分配请求权;(3)是否违法解除股东资格;(4)是否非法变更股东出资额或持股比例;(5)是否侵害公司利益;(6)是否侵害公司债权人利益;(7)是否是具有股东资格的主体作出的决议;(8)决议内容的合意基础是否有不存在的情形;(9)选举的董事、监事、高级管理人员是否有不具有任职资格的情形。

(编校:莫志)

第八章　独立董事法律责任实证研究

于楚涵　程晓雨　李秦洋
周宫炜　黄子高　丁晨妍

一、概述

（一）导论

独立董事制度是一项源于英美法系的重要制度，其有助于完善董事会的结构与职能，确保董事会运作的公正与透明，在强化董事会制约机制、制衡公司经理层权力、保护中小投资者等方面发挥了重要作用。[①] 2001 年，我国通过了《关于在上市公司建立独立董事制度的指导意见》（已失效），正式引进独立董事制度。在 20 多年的实践中，该制度在一定程度上发挥了监督管理层、为公司决策提供独立意见等作用。然而，其毕竟来自采取一元制治理模式的英美法系国家，若要适配于同时设立监事会的二元制治理模式下的我国公司制度，必须借助一套完备的规范体系以实现制度的本土化。但就目前而言，独立董事的相关规则多以部门规范性文件、行业规定等为载体，立法层级较低且缺乏体系化与统一性，一方面，无法保障制度功能的实现；另一方面，也带来了独立董事权利、义务、责任配置的无序，造成现实中制度运行的混乱。

具体到独立董事的法律责任问题，在理论上，责任归属应当与权利义务结构相对应，但根据制度运作的实质逻辑，独立董事的独立性、外部性使其难以自主、直接、充分获取公司内部信息，存在信息不对称的状态，由此便会导致其相较一般董事，难以真正且完全地行使权利、履行义务，并进一步造成了权利、义

[①] 参见廖理主编：《公司治理与独立董事》，中国计划出版社 2002 年版，第 236 页。

务、责任的失衡。在实践中,这种不合理的状况却近乎成为常态。大量的司法及执法案例显示,因信息不对称而无法充分履行职能的独立董事在法律责任方面并未获取相应的克减,并且其针对信息问题作出的抗辩也往往得不到有效回应。为解决该问题,英美法系国家大多采取限制独立董事的责任范围、①建立独立董事责任保险机制、为独立董事履职创造必要条件等措施。

学者对上述措施的讨论已然较为充分。笔者试图回归信息障碍这一问题本质,依据信息获取的难易程度等对与独立董事履职相关的信息进行类型化处理,并将不同类别的信息同独立董事的主观过错程度相匹配,进而与法律责任相关联,由此构建一套以信息为基础的独立董事法律责任应然架构,并将其与我国独立董事行政、民事法律责任处理现状相结合,研究我国实践的具体发展情况。

基于此,首先,笔者介绍独立董事制度的基本情况以及研究所运用的案例数据,进而结合我国规范构建独立董事法律责任的应然架构,并对行政、民事案例进行实体与程序方面的深入分析,总结出执法与司法实践中独立董事违反勤勉义务的实然判断标准,在应然框架与实然状况的互动中论证我国独立董事法律责任存在的问题。其次,补充专业背景以及特殊类型的企业在独立董事法律责任中的影响,以确保应然框架逻辑体系的周密与完备。独立董事作为一种特殊类型的董事,在具体概念、制度定位、发展历程等方面具有较高的独特性。因此,有必要先对独立董事的制度概况进行简要介绍。此外,由于本书以大量司法、执法案例为基础,本部分还将整理研究所采用的行政、民事以及交易所的案例数据,并据此得出一些初步结论,为后续应然架构的搭建以及案例分析的展开奠定基础。

就董事的分类而言,比较重要的三对概念为内部董事与外部董事、独立董事与非独立董事、执行董事与非执行董事。其中独立董事与非独立董事是笔者关注的重点。然而,其他两对概念在某种程度上也会存在与独立董事的交叉与混用,这涉及独立董事概念本身的内涵与外延问题。因此,有必要对上述三对概念的划分标准、具体内涵及相互关系进行界定,以明确笔者关注的独立董事

---

① 例如,美国密歇根州的公司法明确规定了独立董事的义务不得超过内部董事的义务。BUSINESS CORPORATION ACT(Act 284 of 1972) Article 450.1505(3): An independent director shall not have any greater duties or liabilities than any other director.

的概念边界及其在董事制度体系中的定位。

内部董事与外部董事的区分标准为董事的来源,即董事是否在公司内部从事专职的董事工作。独立董事与非独立董事的区分标准为董事是否能够对公司事务作出独立的判断。执行董事与非执行董事的划分依据为董事是否具有经营职能。可以看出,三组概念的边界其实并非十分清晰,不同标准之下的董事类型间存在明显的交叉与重合。以独立董事为例,其既是根据董事是否能够作出独立判断这一标准划分而出的,也能够包容外部董事中的"独立的外部董事"及非执行董事中的"独立的非执行董事"。正因如此,外部董事、独立董事、非执行董事三者经常出现混用的现象。为了直观展现其区别,笔者将三者的关系绘制为图8-1。

```
外部董事 ─┬─ 非独立的外部董事
         └─ 独立的外部董事 ──┐
                              ├── 独立董事
非执行董事 ┬─ 独立的非执行董事 ┘
          └─ 非独立的非执行董事
```

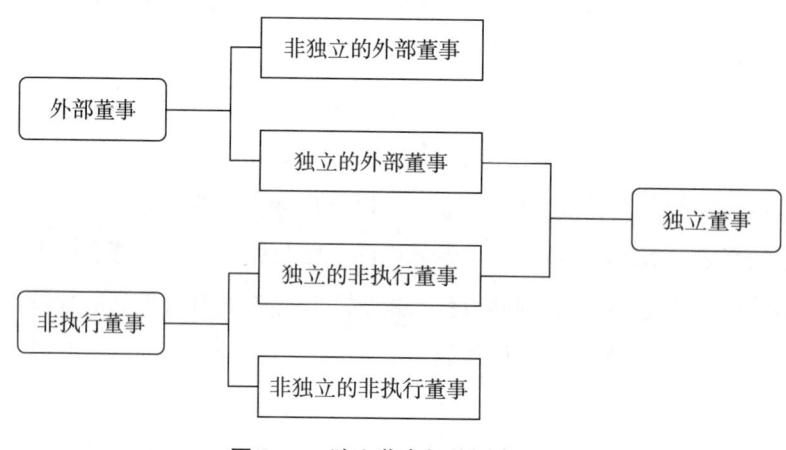

图8-1 独立董事相关概念关系

(二)历史沿革

1. 独立董事制度产生过程

独立董事制度形成于20世纪70年代的美国,主要来源于公司监督管理董事会的需要。20世纪初,出于对改良"一元制"公司治理模式的考虑,美国公司引进了外部董事制度,聘请那些从生产经营一线上退下的创业者担任外部董事,希望借助这些"元老"的才能、声誉与威望为公司建言献策,并起到监督内部董事的作用。除此之外,外部董事也经常来源于律师、公司咨询顾问,与公司存在密切融资关系的商业银行、投资银行等。此处的外部董事显然属于上述

"非独立的外部董事",即"灰色董事"的范畴。① 为了克服该制度的弊端,便需要努力提高董事的独立性与外部性,这一过程逐步催生了独立董事制度。

1934 年,美国《证券交易法》明确提出了"非雇员董事"(non-employee director)的概念。② 1940 年,美国《投资公司法》要求投资公司董事会必须有不少于 40% 与公司利益无关的董事。③ 这些规定虽然已经具有了独立董事的意味,但其一方面,仅限于证券公司、投资公司等特定行业的公司,不具有普适性;另一方面,这些董事的职能也主要局限于定期参加董事会议,为公司建言献策等,其更多地承担了咨询而非执行或监督的职能,因此还无法算作现代意义上的独立董事。④

20 世纪 60 年代,美国的政治混乱及政治、经济丑闻推动了独立董事制度的发展。这些问题引发了人们对公众公司董事会的不信任,也引起了对增强外部董事"独立性"的呼声。⑤ 据此,在 1977 年,经美国证监会批准,纽约证券交易所在其上市规则中明确规定:"本国的每家上市公司在不晚于 1978 年 6 月 30 日设立并维持一个全部由独立董事组成的审计委员会,这些独立董事不得与管理层存在任何可能影响他们作为委员会成员进行独立判断的关系。"⑥到了 21 世纪,世通、IBM、安然等公司的丑闻相继曝光,独立董事制度的有效性也引起了人们的怀疑。为此,在 2002 年,关于会计监管和公司治理的一揽子改革法案——塞班斯法案(Sarbanes Oxley Act)出台,要求发行人必须设立审计委

---

① 参见王天习:《公司治理与独立董事研究》,中国法制出版社 2005 年版,第 133~134 页。
② SECURITIES EXCHANGE ACT OF 1934 (AMENDED): A Non-Employee Director shall mean a director who: (A) Is not currently an officer [as defined in § 240.16a - 1(f)] of the issuer or a parent or subsidiary of the issuer, or otherwise currently employed by the issuer or a parent or subsidiary of the issuer; (B) Does not receive compensation, either directly or indirectly, from the issuer or a parent or subsidiary of the issuer, for services rendered as a consultant or in any capacity other than as a director, except for an amount that does not exceed the dollar amount for which disclosure would be required pursuant to § 229.404 (a) of this chapter; and (C) Does not possess an interest in any other transaction for which disclosure would be required pursuant to § 229.404(a) of this chapter.
③ INVESTMENT COMPANY ACT OF 1940 SEC. 10[80a - 10]: (a) No registered investment company shall have a board of directors more than 60 per centum of the members of which are persons who are interested persons of such registered company.
④ 参见马更新:《独立董事制度研究》,知识产权出版社 2004 年版,第 26 页。
⑤ 参见王天习:《公司治理与独立董事研究》,中国法制出版社 2005 年版,第 135~137 页。
⑥ See New York Exchange, Listed Company Manual, Paragraph 303.00.

员会,且该机构全部成员均为独立董事。① 该法案正式确立了审计委员会作为上市公司法定机构的地位。在此之后,独立董事制度不仅影响了英国、加拿大等英美法系国家,也在法国、日本等大陆法系国家得到应用和发展。

2. 我国制度概况

尽管我国独立董事制度建立于2001年,但在此之前,已有企业在实践中出于境外上市的目的设立了独立董事。例如,1993年青岛啤酒股份有限公司为在港交所上市,聘请了香港律师阮某等人担任独立董事,开辟了中国公司引入独立董事的先河。由于此时我国立法尚未对独立董事进行规定,独立董事的设立完全属于公司自治问题。此后,在1997年,中国证监会发布《上市公司章程指引》,首次规定了独立董事制度。该指引第112条明确了独立董事任职资格的消极条款,禁止公司股东或股东单位的任职人员、公司的内部人员、与公司关联人或公司管理层有利益关系的人员担任上市公司独立董事。然而,该条允许公司根据需要有选择地设立独立董事,因此并不具有强制性,不能视作我国独立董事制度建立的标志。1999年,原国家经济贸易委员会、中国证监会发布《关于进一步促进境外上市公司规范运作和深化改革的意见》,提出了境外上市公司都应逐步建立健全外部董事、独立董事制度的要求。②

2001年,中国证监会正式发布《关于在上市公司建立独立董事制度的指导意见》(已失效),较为详细地规定了独立董事的相关规则,标志着我国正式确立了独立董事制度。2002年,中国证监会、原国家经济贸易委员会颁布了《上市公司治理准则》(已失效),对独立董事制度进行了更加详细的规定,为独立董事在公司中的实践提供了有效指导,促进了该项制度的完善。2005年,国务院颁布了《批转证监会关于提高上市公司质量意见的通知》,在完善法人治理结构的条款中明确指出,要设立以独立董事为主的审计委员会、薪酬与考核委员会,并充分发挥其作用。同年,独立董事制度被引入《公司法》,标志着我国在法律上确认了独立董事制度,其成为我国一项正式的法律制度。

---

① See Sarbanes Oxley ACT Sec 301.
② 参见《关于进一步促进境外上市公司规范运作和深化改革的意见》第6条。

独立董事制度的结构体系可以分为三部分,即进入规则、运行规则与后果规则。进入规则,是指某个人成为独立董事所应符合的条件,包括实体与程序两个层面。在实体上,这主要涉及独立董事的任职资格问题。独立董事作为一种特殊类型的董事,既要符合普通董事的一般任职资格要求,也需要遵守一系列特别规范。一般任职资格主要规定于2018年《公司法》第146条(2023年修订后为第178条),涉及行为能力,刑事处罚,破产清算企业管理人,被吊销营业执照、责令关闭的公司的管理人,负债等内容。① 就特别任职资格要求而言,诸多规范性文件及行业规定对其进行了详细规定,包括但不限于《上市公司章程指引》《关于在上市公司建立独立董事制度的指导意见》(已失效)、《保险机构独立董事管理办法》等。综合而言,这些规范均对独立董事的独立性、专业性等进行了强调。例如,《关于在上市公司建立独立董事制度的指导意见》(已失效)明确排除了具备亲属关系、持股等经济上利害关系的主体担任独立董事的情况,也对独立董事履职的工作时间进行了强调。② 在程序上,进入规则主要关注独立董事的提名、选举和更换程序。针对提名问题,《关于在上市公司建立独立董事制度的指导意见》(已失效)规定:"上市公司董事会、监事会、单独或者合并持有上市公司已发行股份1%以上的股东可以提出独立董事候选人,并经股东大会选举决定。"该要求并非强制性规定,因此公司也可根据自身需要在公司章程中增加相应的提名条件。在选举上,《上市公司治理准则》要求各上市公司在章程中规定规范、透明的董事选任程序,并在召开股东大会前披露董事候选人的详细资料。③ 就更换而言,存在期满更换、违规撤换、主动辞职三种情况。《关于在上市公司建立独立董事制度的指导意见》(已失效)明确指出:"独立董事每届任期与该上市公司其他董事任期相同,任期届满,连选可以连任,但是连任时间不得超过六年……独立董事连续3次未亲自出席董事会会议的,由董事会提请股东大会予以撤换……独立董事在任期届满前可以提出辞职。"

---

① 2023年《公司法》在"个人因所欠数额较大债务到期未清偿"的基础上加上"被人民法院列为失信被执行人"。
② 参见《关于在上市公司建立独立董事制度的指导意见》(已失效)第2条、第3条。
③ 参见《上市公司治理准则》(2018年修订)第18条、第19条。

运行规则主要涉及独立董事的工作制度,主要包括独立董事的权利、义务、保障制度。在权利、义务方面,既包括普通董事的一般性权利、义务,也包含独立董事因其独特身份而具备的特殊性权利、义务。在保障方面,主要涉及独立董事履职的时间要求以及上市公司应当为独立董事提供的必要条件。《关于在上市公司建立独立董事制度的指导意见》(已失效)既要求独立董事原则上最多在5家上市公司兼任独立董事,①也要求上市公司保证独立董事同其他董事享有同等的知情权,并给予独立董事适当的津贴等。②

后果规则带有结果导向,主要内容是独立董事的法律责任问题,即笔者关注的重点。独立董事的法律责任一般涉及民事责任、行政责任及刑事责任。责任部分是笔者关注的重点,将在后续"应然框架"部分进行详细论述。为直观展示我国独立董事制度体系,将其整理为图8-2。

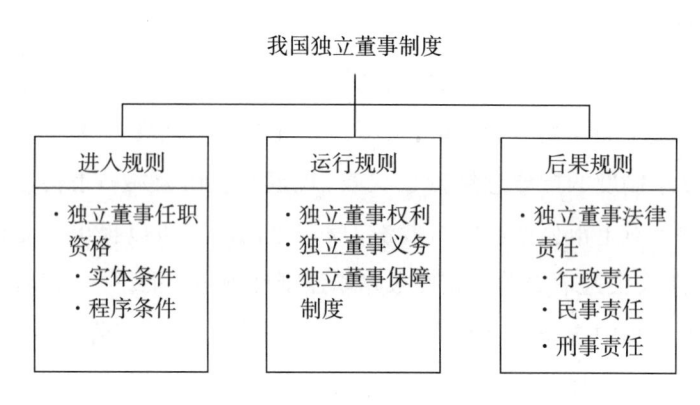

图8-2 我国独立董事制度结构体系

(三)理论框架

1. 权利义务结构:一般层面与特殊层面

在我国现行规范下,独立董事根据法律法规的形式规则拥有一般性与特殊性相结合的权利义务结构,也应承担与之相应的民事、行政、刑事责任。然而,就现实的实质逻辑而言,由于存在信息障碍等问题,独立董事无法真正享有并行使规范赋予其的理想化权利与义务。据此,若依旧让独立董事承担原本与其

---

① 参见《关于在上市公司建立独立董事制度的指导意见》(已失效)第1条。
② 参见《关于在上市公司建立独立董事制度的指导意见》(已失效)第7条。

理想化权利义务结构相对应的法律责任显然不具有合理性。这一形式与实质相背离的情况是独立董事外部性的附随现象。针对该问题,部分域外国家在独立董事法律责任的认定及判断上采取了特别的思路与标准,可以为我国独立董事法律责任应然架构的构建提供启示与参考。

由此,本部分首先从形式与实质视角出发,论述我国独立董事权利义务结构与责任归属在规范与实践层面的具体表现,其次介绍美国法实践,最后在此两部分的基础上,尝试构建一套全新的独立董事法律责任应然架构。该架构以独立董事履职相关信息为基础,将信息获取、识别等的难易程度与独立董事主观层面的过错程度相关联,在此基础上推导出其所承担的法律责任的位阶与层级。作为一种特殊类型的董事,独立董事的权利义务结构具有一般与特殊两个层面。针对责任归属问题,则涉及纵向上的行政责任、民事责任与刑事责任的划分,以及横向上的独立董事与一般董事责任的区别。

(1)独立董事的一般性权利义务结构

第一,就一般性权利而言,独立董事同普通董事均享有出席董事会并行使表决权、报酬请求权及履职费用请求权、知情权、参与行使董事会集体职权等权利。出席董事会是董事行使权利的基础和前提,主要规定于《公司法》第111条(2023年修订后为第124条),[①]属于一项法定原则。表决权则是出席权的必然下位权利,在《公司法》上体现为"一人一票"机制。《上市公司独立董事履职指引》还特别指出独立董事的出席及表决的权利,表明独立董事出席会议后要对会议记录和决议记录签字确认。[②] 这对于作为公司外部人且不从公司领取劳动报酬的独立董事而言尤其重要。知情权是董事履行职能的关键,只有在了解公司内部信息的基础上,董事、独立董事才能够作出有针对性的适宜判断。独立董事作为外部董事,对于公司情况的了解与熟悉程度必然低于公司内部的其他董事,此时其又具有对公司一些重大问题发表独立意见并进行监督的职能,[③]这一略显矛盾的现象对上市公司提出了采取措施保障独立董事能够充分获取信息的要求。至于董事会集体职权,则规定于《公司法》

---

① 参见《公司法》(2018年)第111条。
② 参见《上市公司独立董事履职指引》第45条。
③ 参见孙敬水:《论独立董事的权利及法律责任》,载《科学学与科学技术管理》2003年第6期。

第46条,主要包括召集股东会会议、执行股东会的决议、决定公司经营计划与投资方案等内容。该权利的行使关乎公司的整体正常运作,属于一项基础性权利。

第二,就一般性义务而言,董事应当对公司及股东负有忠实、勤勉义务,独立董事自然也不例外。《上市公司独立董事履职指引》第3条明确规定:上市公司独立董事负有《公司法》《证券法》《上市公司治理准则》及其他法律、行政法规、部门规章、规范性文件、自律规则与公司章程要求董事的一般义务,对上市公司及全体股东负有诚信、勤勉的义务,尤其要关注中小股东的合法权益不受损害。该条明确指出,独立董事应当履行作为董事的一般义务,即忠实、勤勉的义务。

(2)独立董事的特别性权利义务结构

第一,就特殊性权利而言,独立董事享有对重大关联交易进行事前认可、向董事会提议聘用或解聘会计师事务所、召开临时股东大会、提议召开董事会、独立聘请外部审计机构和咨询机构、在股东大会召开前向股东公开征集投票权、对上市公司相关事项发表独立意见等特别性权利。在这些权利中,重大关联交易事前认可权及重大关联交易发表独立意见权是最关键且核心的特别权利。

针对重大关联交易事前认可权,之所以强调独立董事在关联交易审查中的重要作用,一方面,是因为此时有关联的董事无法参加讨论和表决,需要由独立董事参与董事会决策,对交易条件是否公平、中小股东利益是否受损等发表意见;另一方面,也是希望通过外部人的介入,对关联交易人形成一种威慑力,发挥独立董事的监督职能,制约内部人之间不正当的关联交易。①

根据《上市公司独立董事履职指引》规定,需独立董事向上市公司董事会或股东大会发表独立意见的事项主要包括对外担保、重大关联交易、聘任或解聘高级管理人员、提名或任免董事、制定利润分配政策、重大资产重组等内容。② 这些事项与公司内部管理及日常经营息息相关,独立董事意见的加入也

---

① 参见廖理主编:《公司治理与独立董事》,中国计划出版社2002年版,第318~319页。
② 参见《上市公司独立董事履职指引》第16条。

能够对其中可能出现的违法现象起到有效制约作用。在实践中,受聘的独立董事常常出于维持与上市公司友好关系、保持其在公司中独立董事地位的考虑,不愿过多发表独立意见,只有在上市公司出现明显违规、违法或不公正情形时,才会发表不同或反对意见,①这无疑阻碍了其监督职能的实现。对此,《上市公司独立董事履职指引》第43条要求独立董事发表同意、保留意见并说明理由、反对意见并说明理由、无法发表意见及其障碍这4种类型的独立意见,②使独立董事在多种情形下都必须发表意见,避免其成为"花瓶董事"。

第二,就特殊性义务而言,独立董事的特别义务主要规定于《上市公司独立董事履职指引》第二章,该指引第4条至第13条分别规定了独立董事应保持独立性、任职时间和数量限制、日常工作联系和最低工作时限、参加培训、出席董事会及股东大会会议、关注上市公司相关信息、对上市公司及相关主体进行监督和调查、制作工作笔录、提交年度述职报告、辞职后的义务等。总体而言,其中最为重要的便是独立性及参与性,前者能够确保独立董事在无利害关系的前提下切实履行监督职能,后者则能促进独立董事真正发挥作用,而非仅仅作为摆设或"花瓶董事"。

(3)小结

在规范层面,法律法规在普通董事权利义务结构的基础上,结合独立董事所应发挥的监督、决策职能,赋予其一系列具有特殊性的权利、义务,形成独立董事的特殊权利义务结构。该权利义务结构梳理如图8-3所示。

---

① 参见廖理主编:《公司治理与独立董事》,中国计划出版社2002年版,第323页。
② 《上市公司独立董事履职指引》第43条规定:独立董事应当认真阅读会议相关材料,在充分了解情况的基础上独立、客观、审慎地发表意见,并确保所发表的意见或其要点在董事会记录中得以记载。独立董事应当就会议审议事项发表以下几类意见之一:同意;保留意见并说明理由;反对意见并说明理由;无法发表意见及其障碍。独立董事可以就决议事项投出赞成、反对或弃权票,并就反对或弃权票说明理由。

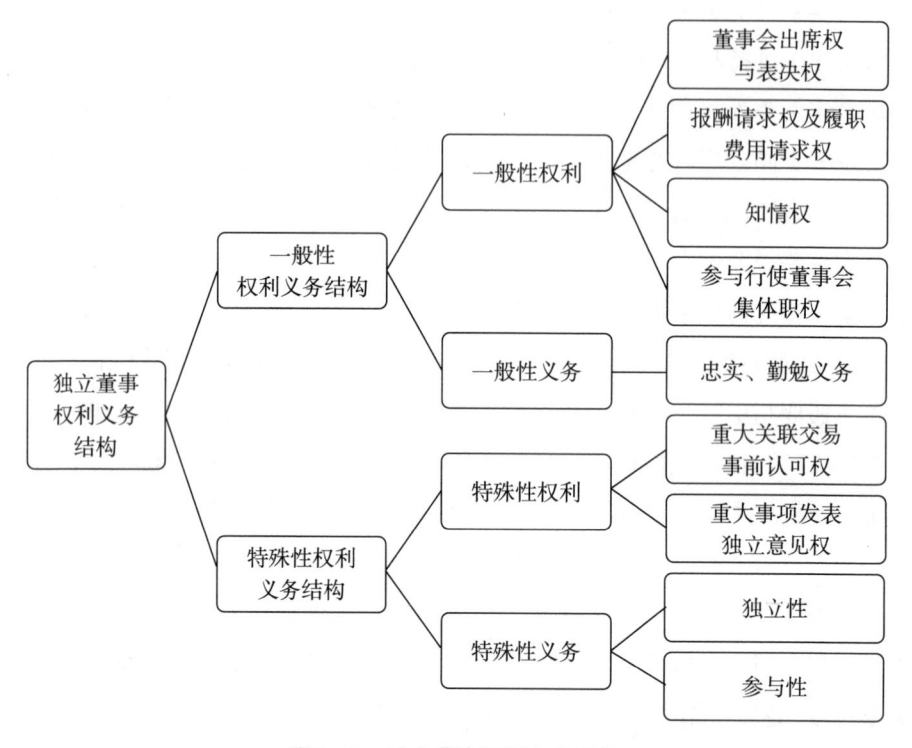

```
独立董事         一般性          一般性权利  ┬── 董事会出席权与表决权
权利义务  ┬──  权利义务结构  ┤            ├── 报酬请求权及履职费用请求权
结构      │                 │            ├── 知情权
          │                 │            └── 参与行使董事会集体职权
          │                 └── 一般性义务 ── 忠实、勤勉义务
          │
          └── 特殊性权利   ┬── 特殊性权利 ┬── 重大关联交易事前认可权
              义务结构    │              └── 重大事项发表独立意见权
                         └── 特殊性义务 ┬── 独立性
                                        └── 参与性
```

图 8-3 独立董事权利义务结构

2. 责任归属：理想与现实视角

就独立董事的法律责任而言，尽管相关规范已根据其一般与特殊相结合的权利义务结构设置出一套理想化的责任体系，但实践中独立董事的权利义务结构因外部性带来的信息障碍等问题并未真正落实，导致理想化的法律责任在现实中存在合理性有限的问题。本部分将从规范层面与现实层面出发，对独立董事法律责任进行深入剖析。

（1）规范层面：理想化的运行规则

就规范层面而言，既可以从纵向的法律部门角度出发，将独立董事的法律责任划分为行政、民事、刑事责任，又可以采取横向视角，通过独立董事与一般董事的法律责任对比展开研究。

第一，纵向来看，法律责任一般可以分为民事责任、行政责任、刑事责任及违宪责任四种类型,[①]独立董事的法律责任主要涉及前三种类型,即民事责任、行政责任与刑事责任。三者之中较关键和常见的是行政责任,独立董事在现实中被追究民事责任及刑事责任的情况并不多见,这从案例数据概览部分也可以看出。尽管如此,由于法律法规对独立董事的民事、刑事责任作出了具体的规定,在此部分也将对其进行简要梳理。

在行政责任层面,独立董事主要因为上市公司信息违法披露而承担责任,包括定期报告虚假陈述、重大事件未及时披露及重大事件虚假披露等。相关内容规定于《证券法》第197条。根据该条规定,公司存在违法披露行为时,不仅要对公司处以罚款,还要对直接负责的主管人员和其他直接责任人员处以罚款,董事、独立董事便有可能包含在其中。除此之外,独立董事还可能因为内幕交易、短线交易等违规行为而承担行政责任。

就民事责任而言,《证券法》第90条专门提及独立董事在公开征集股东权利违法、违规导致上市公司或其股东利益受损时所应承担的民事赔偿责任。除该条外,独立董事还会基于一系列普通董事法律责任的条款承担民事责任。例如,《公司法》第112条所规定的董事参与董事会决议,而决议违反法律、章程而承担的民事责任;第21条涉及的董事从事关联交易,利用其关联关系损害公司利益,对公司承担的赔偿责任等。此外,《证券法》第53条规定了(独立)董事作为知情人从事内幕交易行为所应承担的民事责任;第85条也规定了(独立)董事违反信息披露义务而承担的赔偿责任等。

针对刑事责任问题,独立董事可能触犯违规披露、不披露重要信息罪。《刑法》第161条第1款明确规定:"依法负有信息披露义务的公司、企业向股东和社会公众提供虚假的或者隐瞒重要事实的财务会计报告,或者对依法应当披露的其他重要信息不按照规定披露,严重损害股东或者其他人利益,或者有其他严重情节的,对其直接负责的主管人员和其他直接责任人员,处五年以下有期徒刑或者拘役,并处或者单处罚金;情节特别严重的,处五年以上十年以下有期徒刑,并处罚金。"然而,笔者在案例检索中尚未查到独立董事基于该条遭受刑事处罚的案例。

---

① 参见张文显主编:《法理学》,高等教育出版社、北京大学出版社1999年版,第126页。

第二,横向来看,独立董事和一般董事只是以董事主体类型为标准进行的特别区分,两类主体责任的基础仍是前述行政、民事与刑事责任。事实上,在纵向层面的分析中,便可以看出三种法律责任的条款均未对独立董事与一般董事的责任进行专门区分,说明我国相关法律法规实际上默认了两类主体在责任构成要件方面的同一性。

法律法规之所以对独立董事与一般董事进行相同处理,是因为二者在权利行使与义务承担方面并无差异的假设。但这显然只是一种理想化的处理,独立董事享有足够的知情权、信赖权,那么其承担的责任与公司其他董事便会有相似之处。但二者在实践中存在太多的差异,因此在责任上应当进行区别,即所谓的"相同之事相同对待(treat like cases alike),不同之事不同对待(treat different cases differently)"。① 对于该问题,笔者从以下现实层面具体展开探讨。

(2)现实层面:现实中的信息障碍

独立董事是否应当承担相关规范中的行政、民事、刑事责任,与其能否切实享有法律法规赋予的一般与特殊相结合的权利义务结构密切相关。在现实中,独立董事有效发挥监督作用的前提是要全面了解公司的真实情况。独立董事的外部性使其不可能充分了解公司的内部情况,需要依赖管理层的介绍与披露获取相关信息。现实往往是,一方面,可能直到独立董事被处罚或被起诉时,其都因未获得有效信息披露而未发现违法行为,此时其显然不可能对违法行为进行纠正;另一方面,公司也会采取一系列方式迷惑独立董事,以求"蒙混过关",如一些公司为了隐匿关键信息,会提供过薄或过于冗长的文件,还会进行"突击",在即将开会时才向独立董事提交相关文件。

此外,针对独立董事与一般董事承担的法律责任之区分问题,尽管在规范层面,二者在责任认定上采取了相同标准,但具体到现实层面,该做法显然不合理。较之在公司中具有雇员身份的一般董事,独立董事通常为兼职,一般仅在董事会会议的召开期间才会出现在上市公司,其在履职期间所获取的信息显然比不得一般董事在日常工作中日积月累的信息丰富、真实、准确。此外,独立董

---

① 官欣荣:《独立董事制度与公司治理:法理和实践》,中国检察出版社2003年版,第328页。

事不熟悉公司的运作情况,为获取信息所能动用的公司资源也有限。据此,独立董事比起一般董事显然更难获取公司内部的相关信息,这将影响二者履职的具体情况与效果,进而在法律责任层面,二者承担的法律责任应当有所区分。

3. 美国独立董事的义务及责任体系

下文将进一步分析美国法上独立董事的义务及其法律责任,并结合执法和司法实践重点论述美国法上证券欺诈中独立董事责任的认定标准。

(1)公司法上的注意义务[①]及法律责任

美国《公司治理准则:分析与建议》在第4.01条将注意义务分为决策义务和监督义务。[②] 其中,决策义务包括决策信息、对专业意见的信赖和决策的完备程度。

随着公司业务规模的扩大和公司治理结构的演变,董事凡事亲力亲为不再可能。在此背景下,美国法越来越关注董事的信赖权利与监督职责(the supervision function)的关系,其根本问题在于董事能够在多大程度去信赖其他人的行为和信息,同样可以肯定的是,并不存在某种信赖能够完全抵销其监督职责,完全放弃监督职能会使董事履行其他职能变得不再必要。[③] 根据美国《公司董事指南》,董事的监督义务可以分为监督公司日常运营义务、监督信息披露合规义务、监督公司商业风险义务三类。上述三种监督义务对董事有两方面要求:①监督的基础是知悉和了解公司相关状况和事务;②在得知某些警示信息后的作为义务。对于监督义务判断的美国司法实践,其审查焦点主要包括以下内容:第一,知道或应知存在"红旗警示"(red flag)信息;[④]第二,知道"红

[①] 国内将美国法上信义义务的两大内容通常翻译为忠实义务和注意义务,国内法要求独立董事"勤勉尽责",尽管两个术语在内涵上仍有争议,但本研究认为美国法上独立董事的注意义务和国内对独立董事勤勉义务的要求在内涵上等同,或应等同。因此,本部分内容在讨论美国法上独立董事法律责任制度时,为符合美国法语境,统一采用"注意义务"这一术语。

[②] 参见蒋昇洋:《董事注意义务的司法认定:美国的经验和中国的再造》,西南财经大学出版社2019年版,第42页。

[③] See T. Richard Handler & J. Gordon Christy, *Texas Corporate Directors' Standard of Care and Right to Rely: A Proposed Modification*, 8 TEX. TECH L. REV. 291 (1976).

[④] See In re Abbott Labs. Derivative Shareholders Litig., 325 F. 3d 795, 806 (2003). In re Maxwell Techs., Inc. Derivative Litig., No. 13 – CV – 966 – BEN RBB (2014).

旗警示"信息后的作为义务。①

(2)证券法上的信息披露义务及法律责任

独立董事制度为上市公司所特有,在美国法律和制度土壤中更是体现了鲜明的公司法和证券法相结合之特征,通过分析美国公司法上对独立董事注意义务的要求及司法实践,美国证券法上对独立董事信息披露义务的要求及司法、执法实践,笔者就美国法上独立董事义务作出以下归纳,如图8-4所示。

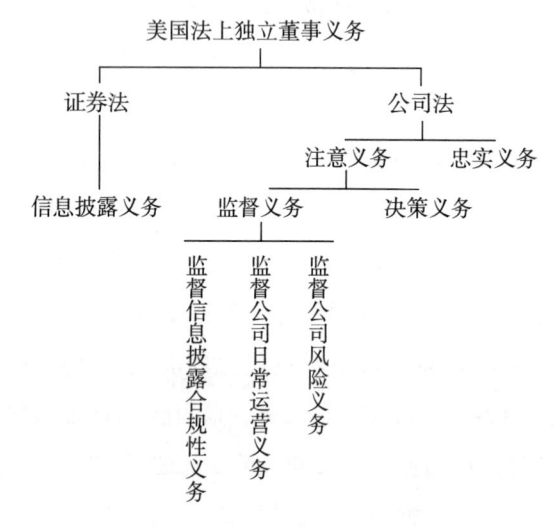

```
                    美国法上独立董事义务
              ┌──────────────┴──────────────┐
            证券法                         公司法
                                    ┌────────┴────────┐
                                  注意义务           忠实义务
                    ┌───────────────┼───────────────┐
              信息披露义务        监督义务         决策义务
                            ┌───────┼───────┐
                          监督      监督      监督
                          信息      公司      公司
                          披露      日常      风险
                          合规      运营      义务
                          性        义务
                          义务
```

图8-4　美国法上独立董事义务框架

就公司信息披露违法问题而言,与独立董事相关的义务主要有基于证券法的信息披露义务和基于公司法规定的注意义务项下的监督义务。如前所述,虽然美国证券法上对独立董事义务的要求与注意义务在义务内容、责任来源和责任承担上存在一定区别且更加严格,但在判断路径上两者具有共通性(见图8-5)。

---

① See In re Polycom, Inc., 78 F. Supp. 3d 1006 (2015).

```
                    ┌─ ①相关事实是否构成"红旗警示"信息
        ┌─ 知道或应知存在"红旗警示" ─┤                    ↕  是否满足主观要件（民事责任）
        │  信息                    └─ ②如果构成，独立董事是否知道或应知
信息 ─┤
        │                           ┌─ 独立董事是否采取积极行动进行监督
        └─ 知道"红旗警示"信息后的 ─┤
           作为义务                  └─ 参考独立董事的日常履职状况

程序 ── 监督公司内部信息收集和报告系统有效运转的义务
```

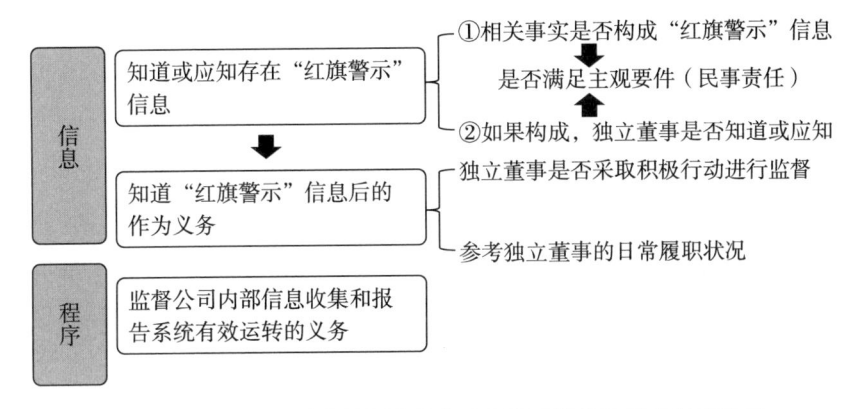

图 8-5　美国法上信息披露案件中独立董事勤勉尽责的判断路径

4. 独立董事的法律责任体系

独立董事法律责任体系包括独立董事法律责任的横向分类、各类法律责任项下的构成要件、归责原则及责任形式等内容，从我国现有案例来看，独立董事所面临的法律风险，主要是在公司信息披露案件中可能承担一定行政和民事责任。据此，基于我国独立董事法律责任现状，笔者尝试搭建应然的独立董事法律责任架构，并集中探讨责任认定层面的构成要件（见图 8-6），进一步在案例分析中发现我国执法、司法实践中的问题，以期完善我国独立董事法律责任制度，形成良好的制度激励，发挥独立董事的预期职能。

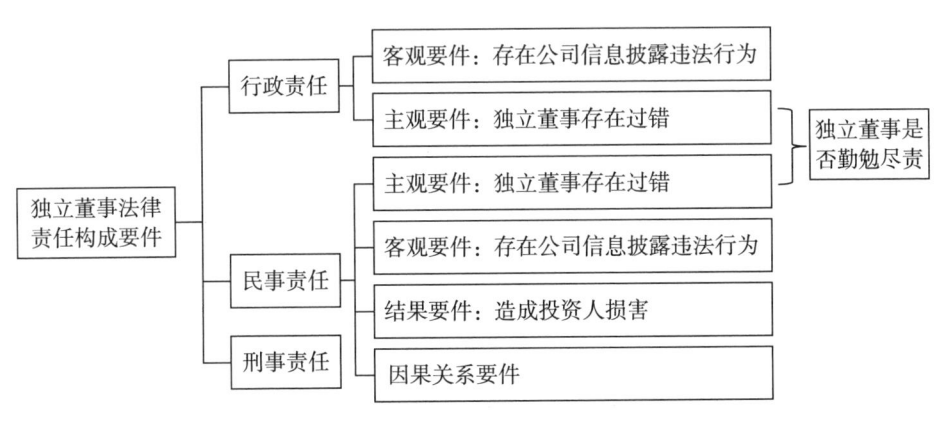

```
                           ┌─ 行政责任 ─┬─ 客观要件：存在公司信息披露违法行为
                           │            └─ 主观要件：独立董事存在过错         ┐
                           │                                                    ├─ 独立董事是
独立董事法律 ─┤            ┌─ 主观要件：独立董事存在过错                        │  否勤勉尽责
责任构成要件    ├─ 民事责任 ┼─ 客观要件：存在公司信息披露违法行为               ┘
                           │            ├─ 结果要件：造成投资人损害
                           │            └─ 因果关系要件
                           └─ 刑事责任 ─
```

图 8-6　独立董事法律责任构成要件

根据上述独立董事法律责任构成要件，认定公司信息披露案件中独立董事承担行政责任和民事责任存在区别，基于公司法和证券法对独立董事施加的义

务,独立董事承担行政责任和民事责任的唯一联结点在于其个人是否符合主观要件。我国在《证券法》及相关证券监管规则、自律组织规则中对独立董事施加了在公司信息披露行为上须"勤勉尽责"的义务,因此对主观要件的审查落脚于对独立董事勤勉尽责的判断。判断标准的清晰化,不仅有利于司法、执法责任认定的统一,也为独立董事进行勤勉尽责抗辩提供了空间和明确的边界,从而有效降低公司治理成本。综上所述,笔者认为,现阶段我国独立董事法律责任制度的主要矛盾在于行政责任和民事责任认定中独立董事是否满足主观要件,更进一步看,是独立董事勤勉尽责的审查问题。接下来,本部分将构建独立董事法律责任体系核心主观要件——勤勉尽责的审查框架。

(1) 审查步骤

首先,需要确定公司信息披露违法行为中独立董事勤勉尽责的审查范围。如前所述,独立董事法律责任的基础是公司法上的勤勉义务和证券法上的信息披露义务,且二者相关联,因此在公司信息披露违法案件中,审查独立董事是否勤勉尽责,应以该公司信息披露违法行为相关的事项为核心,同时应综合考虑独立董事监督公司日常运营义务的状况,特别是在持续性的信息披露违法案件中。

其次,将审查内容分为信息和程序两个面向,其中信息层面的审查是前置性、基础性的,也是独立董事勤勉尽责审查的核心。这是因为:第一,独立董事作为公司外部人,并不参与公司日常经营,在获得信息的能力、对公司状况的了解、处理公司事务的精力、被赋予的法定职权等方面无法与内部董事、执行董事相比,因此独立董事在相关事项上享有较内部董事、执行董事更高的信赖权利,但仍应对不同的独立董事角色作进一步区分;第二,信息和程序层面的区分是相互关联的,就独立董事而言,其程序层面的审查在于对公司信息收集和报告系统有效运行的监督,独立董事无法获得信息并非在任何情况下都能构成免责或减轻责任的正当理由,因为独立董事同时有义务监督和要求公司保障自己获得必要信息。但程序层面的审查仍然是第二性的,其目的在于信息层面的判断。

笔者认为,独立董事勤勉尽责的审查核心在于信息,包括两个层面:其一,就特定信息披露违法事项,独立董事是否存在事后的积极作为,包括采取有效的质询、整改和补救措施等;其二,如果没有事后作为,则判断该特定信息是否为独立董事所实际知情、应知和能知。展开而言,其判断过程和可能导致的审查结果如图8-7所示。

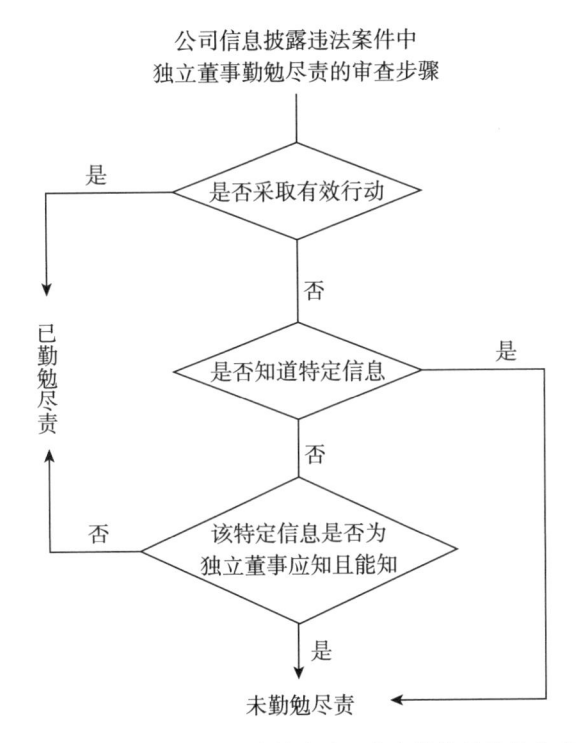

图8-7 公司信息披露违法案件中独立董事勤勉尽责的审查步骤

需要强调的是,尽管独立董事勤勉尽责与否存在基本的界限,但由于实践的复杂性,其界限并不分明,因此下文将进一步展开分析各个条件的考虑因素,用于判断何种行为构成独立董事积极作为、何种信息是独立董事所应知且能知的。

(2)独立董事是否采取有效行动的审查

判断独立董事是否采取了有效行动,关键在于界定独立董事作为义务的标准。笔者认为,对于有效行动的判断应遵循以下原则:第一,判断过程而非结果。对于独立董事投反对票或拒绝签字的情形,根据公司法规定可以免除其责任。但是,这并不意味着,由于存在公司信息披露违法的结果,认为虽然独立董事采取了行动但因该行动在结果上无效,即认定独立董事完全未尽勤勉义务,这是不合理的。例如,独立董事签署了包含信息披露违法事项的公司招股书,并不意味着独立董事没有采取有效行动,对其作为的考察应贯穿独立董事在签字前对公司招股书内容的审查过程,如果独立董事就招股书中的违法信息披露曾向公司内部董事和管理层提出疑问、展开调查等,则应当认定独立董事在一定程度上勤勉尽责,可以适当减轻法律责任。第二,判断作为的持续程度。独立董事采取的常见积极行动包括就可疑信息向内部董事、管理人员提问和质询,发表反对意见,自行聘请法律或审计机构开展调查,对外发布新闻公告等,但无论何种方式,都应具备一定程度的持续性。例如,在董事会会议中,独立董事可以就特定事项向内部董事、管理人员提问,如果独立董事对答案并不满意,则应进一步提问和发表意见,或在会后展开质询和调查,只有当独立董事获得令人信服的答案或令人满意的解决时,其作为义务才完全得到了履行。

(3) 该信息是否为独立董事所应知且能知

判断该信息是否为独立董事所应知且能知,关键在于界定何种信息应为独立所应知和能知,笔者认为信息的判断包含信息的获取、信息的识别两个阶段,具体应考虑以下因素。

①信息的获取

第一,考察信息类型及来源。对独立董事施加的勤勉尽责义务,并不应苛责独立董事获取所有应知的信息,这与信息的来源相关。就证券法规定的必要信息披露事项而言,可以将相关信息分为:其一,公司基本信息,包括公司主营业务、经营范围、实际控制人等信息;其二,公司财务信息,包括公司定期财务报告中资产负债表、利润表所记载的成本、利润、费用等信息;其三,公司运营信息,包括关联交易、公司担保等重大交易涉及的信息;其四,公司合规信息,包括公司受调查、处罚和涉诉情况等信息。上述不同类型的信息,由于其获取来源存在区别,影响了独立董事获取信息的可能性大小,对于独立董事越难获得的信息,其被施加法律责任的可能性越低。

具体而言,独立董事最易获取的信息为公司基本信息,包括公司主营业务、经营范围、实际控制人等属于公司登记事项范围内的信息,独立董事除了从公司内部获得外,还可以从公开、透明、具有公信力的社会公众渠道中获得公司基本信息。较难获取的信息是公司财务信息,这是因为定期财务报告必须经上市公司董事会批准通过方可披露,假设公司程序正常运行,独立董事则可以通过公司董事会获得相关的公司财务信息。与之形成对比的是,公司运营信息和公司合规信息并不一定能够通过公司董事会被独立董事获取,由于公司内部治理、公司运营和公司合规方面在实践中的复杂性,当部分主体的违规行为被层层包装和掩盖,此时苛求独立董事获取相关信息是不现实的。

第二,考察公司程序的完备程度。除了信息来源的区分,还应考虑公司程序的完备性。如前所述,除公司基本信息外,其他三类信息的获取均需公司主动配合,独立董事具有相当的被动性,这意味着公司需要建立运行有效的公司信息搜集和报告系统及合规的公司决策程序。与之相对的是,当公司存在明显的程序问题以致影响独立董事勤勉义务的履行时,独立董事同样有义务监督公司完善程序运行。举例而言,公司未召开董事会导致独立董事就特定事项毫不知情,应认为独立董事不具备获取信息的可能性,但是若该公司长期不召开董事会或召开程序存在严重瑕疵,则独立董事的不知情不能成为其免责的正当理由,因为独立董事虽对特定事项不知情,但对公司程序瑕疵知情,所以不能漠视和消极对待。

②信息的识别

在信息获取的基础上,还存在信息识别的问题,即独立董事是否能够识别相关信息中可能违反公司信息披露规定的内容,该部分主要分析了美国《证券法》第11(b)节免责抗辩的差别性规范,其主要关注了信息的类型及独立董事与信息的关联程度。

第一,区别独立董事合理信赖的对象。独立董事作为外部人,有权合理信赖公司内部董事、执行董事及管理人员,以及公司外部专家。总体上,独立董事合理信赖有关人员的标准较内部董事、执行董事更低,在各类对象中,独立董事应更加警惕对待从公司内部董事、执行董事及管理人员处获得的信息,而对于专家意见,特别是公司外部独立的专家机构等出具的意见,其合理信赖的标准则较为宽松。

第二,作为专家或具有特殊职能的独立董事。具有专业技能、知识或经验或根据公司治理结构具有特殊职能,如财务审计、确定高级管理人员薪酬等的独立董事,与一般独立董事相比其在专业范围内具有更高能力,因此也负有更高的勤勉义务。这意味着,一位财务专家对公司财务报告内容的识别应尽可能发挥其专业性,以确保公司财务信息披露合规,这正是独立董事的价值所在。

③小结

综上所述,笔者从执法、司法实践中的主要矛盾出发,尝试构建我国公司信息披露案件中认定独立董事法律责任的应然架构,而责任架构的重中之重在于对独立董事勤勉尽责的审查。首先,笔者提供了一套独立董事勤勉尽责的审查步骤,涉及三方面的判断:是否采取有效措施;特定信息是否为独立董事所知;特定信息是否为独立董事所应知、能知。其次,笔者为上述审查中的关键问题提供了进一步细化的判断标准。关于独立董事是否采取有效行动的审查,应判断过程而非结果,判断作为的持续程度。关于该信息是否为独立董事所应知且能知的审查,在信息获取方面,应考察信息类型及来源、公司程序的完备程度;在信息的识别方面,应考察独立董事合理信赖的对象,并重点关注作为专家或具有特殊职能的独立董事。据此,下文将从实然层面,展开分析我国行政责任、民事责任的认定,并与应然架构相对比,进一步在案例分析中发现我国执法、司法实践中的问题,探索独立董事法律责任制度的完善方向。

二、案例整理和分类统计

(一)行政责任案例数据

笔者整理并分析了"威科先行"法律信息库(行政处罚部分还包括"律商网"数据库)截至 2020 年 12 月 31 日的独立董事相关案例,同时也对上海、深圳证券交易所的自律处分数据进行了检索与整理。现将各类案例的数据统计结果及部分初步结论整理如下:在行政责任方面,统计囊括了与独立董事相关的行政处罚、行政复议及行政诉讼案例,以期完整分析该问题在实践中的具体表现。

1. 行政处罚案例

以"独立董事"为关键词,在"威科先行"法律信息库的"行政处罚"栏目中进行检索,共获取 272 条数据;在"律商网"数据库的"行政处罚"栏目进行检索,共获取 291 条数据。此外,一些发生在独立董事制度引入初期的案例并未完全上网(如 2001 年郑某文案),故结合学者论文及中国证监会官网披露的信息进行补充。对上述基础数据进行两轮人工清洗,清除"威科先行"法律信息库中仅将"独立董事"作为案情描述的数据后,以及"律商网"数据库中将"独立"与"董事"分开进行模糊检索的数据,共获得有效数据209份。行政处罚案例数据在年份上具有如图8-8所示的分布特征。

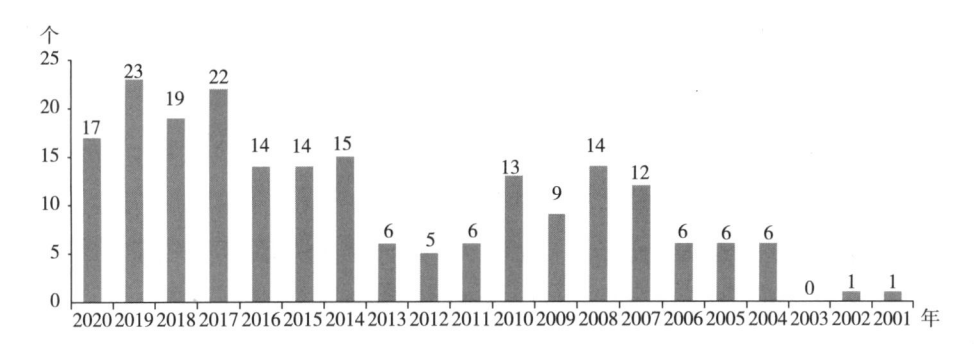

图8-8 行政处罚案例数量年份分布

就监管部门及地域统计而言,在209份数据中,有207份来自证券监督管理部门,其中151份来自中国证监会,56份来自地方证监局。

2. 行政复议案例

以"独立董事"+"行政复议"为关键词在中国证监会官方网站的证券期货监督管理信息公开目录页面进行检索,共获取行政复议决定书82份,经过人工筛选获取有效决定书64份。在64份决定书中,维持处罚决定书共61份,撤销行政处罚决定书共3份,复议成功率较低,仅为4.69%。

3. 行政诉讼案例

以"独立董事"为关键词,在"威科先行"法律信息库中选择"行政"案由进行检索,共获取行政诉讼数据66份,人工剔除无关案例、重复案例后,获得有效案例17份。在17个有效案例中,一审案件有8个,二审案件有9个,其中再审案件有3个。就地域而言,北京市有12个,上海市则为5个。此外,有12个案件曾经过行政复议。在审理结果上,17个案件中的原告无一胜诉。

(二)民事责任案例数据

以"独立董事"为关键词,在"威科先行"法律信息库中选择"民事"案由进行检索,共获取数据1827份,对案例进行人工筛查,排除仅案情部分涉及独立董事(非案件当事人)、独立董事仅作为涉案公司法定代表人或委托诉讼代理人出现、当事人非独立董事(非上市公司独立董事)等无关与重复案例1813份后获得有效案例14份。在14份有效案例中,11份涉及证券虚假陈述责任纠纷,1份涉及损害股东利益责任纠纷,2份涉及劳动争议执行裁定。

(三)刑事责任案例数据

以"独立董事"为关键词,在"威科先行"法律信息库中选择"刑事"案由进行检索,共获取数据60份,对案例进行人工筛查,未获得有效数据。

(四)自律处分案例数据

该次统计主要囊括上海证券交易所及深圳证券交易所官网中披露的涉及独立董事的自律处分数据,以下将对这些数据进行深入分析。

1. 上海证券交易所数据

以"独立董事"为标题关键词,在上海证券交易所官网"披露"页面进行搜索,并勾选"监管信息公开"栏目,共获取19份决定,其中1份为重复决定,故有效决定为18份。在监管内容上,有7份案例属于独立董事违反买卖股票禁止规定的情形,2份涉及独立董事资格问题,9份为公司违规,独立董事未尽勤勉义务,承担间接责任/负有一定责任的情形。

在监管措施上,有25人被予以监管关注,3人被通报批评并记入公司档案,2人被予以公开谴责。

2. 深圳证券交易所数据

深圳证券交易所的数据分为监管措施及纪律处分两种类别。

(1)监管措施

在深圳证券交易所官网"信息披露"页面中的"监管信息公开"一栏中的"监管措施与纪律处分"栏目中选择"监管措施"一项,并在"涉及对象"一栏输入"上市公司董监高",共获取659份监管函,经过人工筛选获取有关独立董事的有效监管函共39份。就监管内容而言,共有12份监管函涉及独立董事及其配偶违反买卖股票禁止规定的情形,4份监管函涉及独立董事任职独立性问题,23份监管函涉及公司违规,独立董事未尽勤勉义务,承担间接责任/负有一定责任的情形。

在监管结果上,在 39 份监管函中,1 份未披露监管措施,1 份仅表示"对你采取出具监管函的监管措施",其余 37 份采取了相同/类似"请你(们)充分重视上述问题,吸取教训,及时整改,杜绝上述问题的再次发生"的表述。

(2) 纪律处分

在深圳证券交易所官网"信息披露"页面中的"监管信息公开"一栏中的"监管措施与纪律处分"栏目中选择"纪律处分"一项,并在"标题关键字"一栏输入"独立董事",共获取 7 份数据,其中 1 份为重复数据,故有效数据为 6 份。就监管内容而言,6 份有效数据中,4 份涉及独立董事及其配偶违反买卖股票禁止规定的情形,1 份涉及独立董事资格问题,1 份涉及独立董事连续缺席董事会问题。在监管结果上,共 7 名独立董事受到处分,其中 6 人受到通报批评,2 人被记入中小企业板上市公司诚信档案(1 人同时被通报批评并记入诚信档案)。

三、焦点问题分析

(一) 独立董事行政责任

1. 行政案例概览与统计筛选方法说明

以法律部门划分,独立董事可能承担行政、民事和刑事 3 种法律责任,其中行政责任具有惩戒功能,目的是纠正并威慑行为人违反秩序的行为;民事责任的主要作用在于救济,目的是消除或减轻违法行为的损害后果;刑事责任重在打击和遏制犯罪行为,剥夺其进一步实施犯罪的条件,是较重的一种责任。[①]

(1) 行政处罚

笔者在"威科先行"法律信息库中以"独立董事"为关键词进行检索,共检索到 272 条行政处罚决定书,在"律商网"数据库中以"独立董事"为关键词检索行政处罚,得到 291 条数据。[②] 其中的部分案例由于网络"爬虫"的局限性未能在以上数据库中全面展示,需要与中国证监会官网披露的行政处罚决定书进行比对,以获取完整信息。另外,早期(主要是 2001~2003 年)的行政处罚决定书中未区分独立董事与董事,而统一称为董事(如 2001 年郑某文案),笔者

---

① 参见尚兆燕:《独立董事法律责任的中国实践——来自证监会对上市公司处罚的经验证据》,载《山西财经大学学报》2010 年第 3 期。

② 案例检索截止时间为 2021 年 1 月 20 日。

参考了学者论文、①中国证监会官网披露的行政处罚决定书,结合相关上市公司被处罚当年年报中的董事名单,对这部分案件进行了补充。经过两轮人工筛选,最终共获得有效数据 209 份,其中"威科先行"法律信息库中的无效数据主要是"独立董事"仅作为案情的描述而出现,而"律商网"数据库中的无效数据还包括检索系统将"独立"与"董事"分开进行模糊搜索的结果。笔者选取了 23 个统计口径对有效案例进行了仔细的研读、分析与归类。

(2)行政复议

笔者在中国证监会官方网站证券期货监督管理信息公开目录中,选择"行政复议",以"独立董事"为关键词进行检索,共获得中国证监会行政复议决定书 82 份,经过人工筛选后获取有效行政复议决定 64 份。笔者选取了 11 个统计口径对有效文书进行了归类与分析,重点关注行政复议中抗辩理由得到支持的案例。

(3)行政诉讼

笔者在"威科先行"法律信息库中,以"独立董事"为关键词,以"行政"为案由,进行裁判文书检索,共获得裁判文书 66 份。剔除无关案例、重复案例后,共获得与独立董事法律责任有关的有效案例 17 个(包含不同审级)。笔者选取了 17 个统计口径对有效案例进行了研读与分析。

2. 样本数据概况

(1)行政处罚

从处罚时间来看,我国对上市公司独立董事的行政处罚始于 2001 年,这与整个资本市场发展的大环境密切相关。在中国证监会《关于在上市公司建立独立董事制度的指导意见》(已失效)出台以前,独立董事在中国处于初步接受和缓慢发展阶段,公司设立独立董事主要是基于自愿,②独立董事未被制度化以及公司较少自愿聘请独立董事两方面原因使独立董事被处罚的案例较少出

---

① 相关学者论文,包括尚兆燕:《独立董事法律责任的中国实践——来自证监会对上市公司处罚的经验证据》,载《山西财经大学学报》2010 年第 3 期;贾希凌、钱如锦:《论独立董事行政责任之豁免——以 37 份证监会处罚决定为视角》,载《行政与法》2017 年第 10 期。

② 中国证监会 1997 年发布的《上市公司章程指引》(已失效)第 112 条规定,公司根据需要,可以设独立董事。而根据 1997 年《公开发行股票公司信息披露的内容与格式准则第二号〈年度报告的内容与格式〉》(已失效)的规定,对于设置独立董事的公司,其监事会可以免予披露部分事项。可见,上市公司设置独立董事在当时并非强制性规定,但能够取得监管上的便利。

现。2004年起,为迎合监管需求,上市公司聘任的独立董事人数不断增多,独立董事的职责也逐渐规范化,处罚决定的数量开始呈整体上逐年增加的态势:在2006年前,年处罚决定数量均未超过6份,而在2014年后,年处罚决定数量已稳定在14份以上,这与独立董事制度的健全和职责的不断明晰具有密不可分的联系,具体情况如图8-9所示。

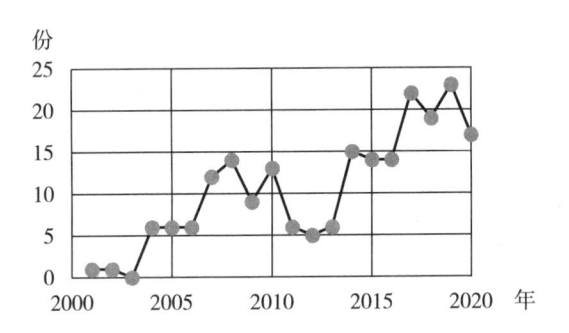

图8-9 独立董事行政处罚决定数量年份分布

从监管部门和地域统计方面来看,在209份有效处罚决定中,有207份来自证券监督管理部门,具体包括中国证监会和地方证监局,二者的数量分别为151份和56份,另有2份有效处罚决定来自原银保监部门。

各地方证监局作出的行政处罚决定数量差别不大,最多的上海市也仅有7份。

(2)行政复议

在64份有效行政复议决定中,61份决定维持了被复议的行政处罚决定,3份决定撤销了被复议的行政处罚决定,复议成功率为4.69%(详见表8-1)。

表8-1 独立董事行政复议决定统计

类型	案件数量/份	占比/%
维持行政处罚决定	61	95.31
撤销行政处罚决定	3	4.69

(3)行政诉讼

从审判程序上看,在17个行政诉讼案件中,一审案件有8个,二审案件有9个,其中再审案件有3个。从地域分布上看,17个行政诉讼案件均为北京市和上海市的案件,其中北京市有 12 个、上海市有 5 个,反映出独立董事行政责任法律纠纷主要发生在经济较发达的地区。从行政复议与行政诉讼的联系上看,在 17 个行政诉讼案件中,有 12 个经过行政复议,复议主张均未得到复议机关的支持。

3. 独立董事行政责任的类型化分析

(1)行政责任的类型化分析

①行政责任的分类

独立董事的行政责任主要包括因自身违规行为而产生的责任及因上市公司信息披露不规范而产生的责任。① 笔者将产生违规责任的行为定义为违规事由,上述两类违规事由在实务中均仅与董事身份有关,不涉及独立董事的特殊性。独立董事自身的违规行为主要包括内幕交易与短线交易。根据《证券法》第 50 条、第 51 条和第 191 条的规定,独立董事作为被推定的内幕信息知情人可能因内幕交易行为受到处罚。而根据《证券法》第 50 条和第 189 条的规定,董事从事短线交易的收益归公司所有,并可能受到警告和罚款。

此外,当上市公司存在信息披露违法行为时,根据《证券法》第 197 条的规定,独立董事可能作为其他直接责任人员受到处罚。上市公司通过 3 种途径履行其信息披露义务:在发行股票和债券前,需要公告招股说明书或债券募集办法;②在发行上市后,则需要通过公司的定期报告(包括年报、中报和季报)③和临时报告④进行信息披露。《证券法》第 78 条第 1 款和第 2 款分别对信息披露提出了"及时性"与"准确性"两项要求,其中"及时性"仅针对定期报告和临时报告,"准确性"则涵盖上述 3 种途径。据此,笔者将 3 类信息披露途径与"及时性要求""准确性要求"分别对应,得到重大事件未及时披露、重大事件虚假

---

① 此外,在检索中有两份处罚决定是由原银保监局作出的,具体案情为独立董事未对其所就职的农村商业银行的违规发放贷款行为尽到审查职责,因而负有直接责任或领导责任,但由于笔者主要讨论的是上市公司独立董事的法律责任,故笔者对其不予以展开,参见梧银保监银罚决字〔2019〕2 号、永银保监银罚决字〔2020〕40 号。

② 参见 2014 年《证券法》第 64 条。由于具体案件中主要是公开发行股票的上市公司,为了后续表述的简便性,笔者将其统称为"IPO 文件"。

③ 参见《证券法》第 79 条;《公开发行证券的公司信息披露编报规则第 13 号——季度报告内容与格式特别规定》(已失效)第 2 条。

④ 参见《证券法》第 80 条、第 81 条。

披露、定期报告未及时披露、定期报告虚假陈述及 IPO 文件虚假陈述 5 类违规事由,如图 8-10 所示。

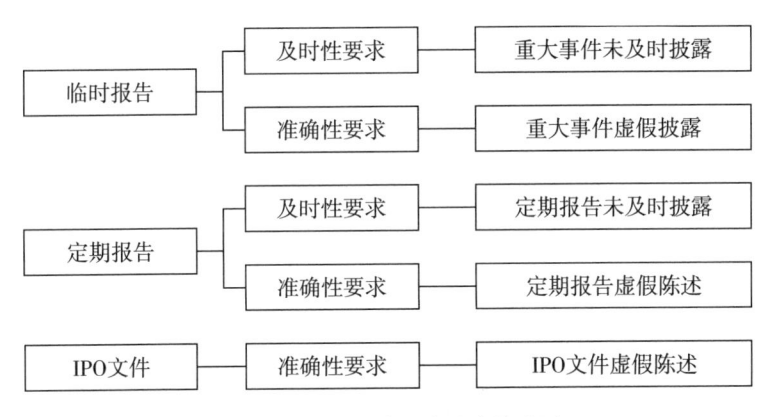

图 8-10 信息披露违法案件类型

《证券法》第 82 条规定,独立董事需要对 IPO 文件和定期报告签署书面确认意见、保证及时公平地披露信息,并保证信息真实、准确、完整。《上市公司信息披露管理办法》第 51 条也要求"上市公司董事、监事、高级管理人员应当对公司信息披露的真实性、准确性、完整性、及时性、公平性负责",这是董事对上市公司信息披露不规范的行为承担责任的法律基础。《证券法》第 197 条第 1 款和第 2 款则分别针对违反"及时性"和"准确性"要求的信息披露违法行为规定了相应的法律责任,当信息披露违法行为发生之时,根据《信息披露认定规则》第 15 条的要求,需要视情形认定直接负有义务的人员为负责的主管人员还是其他直接责任人员。由于独立董事并不直接参与公司运营,信息披露违法行为通常不是其积极追求的结果,其责任仅源于监督义务而非决策义务。因此,独立董事通常在案件中被认定为其他直接责任人员。[1]

综合两类法律责任,笔者对独立董事违规事由进行了统计,根据统计结果可以得知,定期报告虚假陈述和重大事件未及时披露两大违规事由是对独立董

---

[1] 这一点也与检索到的行政处罚决定相一致。值得特别说明的是,在中国证监会行政处罚决定书(证监罚字〔2002〕8 号)和中国证监会行政处罚决定书(证监罚字〔2001〕19 号)中,中国证监会分别认定独立董事吴某某负有"领导责任"、李某某和陆某某负有"直接责任",这样的表述与负责的主管人员相近,但由于两案中均认定上市公司董事长负有"领导责任和直接责任",笔者认为,中国证监会实际上对独立董事作出的认定仍应是"其他直接责任人员",只是当时的表述尚不规范。

事进行处罚的重点,笔者将重点讨论包含二者在内的信息披露违规行为,如表 8-2、表 8-3 所示。

表 8-2 行政处罚案件中的不同违规事由案件统计

单位:个

违规事由	数量
定期报告虚假陈述	171
重大事件未及时披露	100
重大事件虚假披露	20
定期报告未及时披露	13
IPO 文件虚假陈述	10
内幕交易	6
短线交易	5

表 8-3 行政复议案件中的不同违规事由案件统计

单位:个

违规事由	数量
定期报告虚假陈述	53
重大事件未及时披露	25
重大事件虚假披露	7
定期报告未及时披露	2
IPO 文件虚假陈述	3
内幕交易	0
短线交易	0

②信息披露义务中的信息分类

《证券法》及中国证监会的相关文件对于公司需要予以披露的信息类型有明确规定。2019 年《证券法》第 80 条规定了应当通过临时报告披露的信息,2014 年《证券法》第 65 条和第 66 条则分别规定了中报与年报中应当披露的信息,但 2019 年《证券法》第 79 条删去了该部分内容转而采用引致条款,要求上市公司"按照国务院证券监督管理机构和证券交易场所规定的内容和格式编制定期报告"。前述规定主要是指中国证监会发布的一系列《公开发行证券的公司信息披露内容与格式准则》,其中第1、第2、第3号文件及《公开发行证券的公司信息披露编报规则第13号——季度报告内容与格式特别规定》分别对招股说明书、年度报告、中期报告和季度报告如何编制和披露进行了细致的说明。结合上述法律、部门规章的规定及200份证券监督管理部门作出的有效处罚决定,笔者将信息划分为基本信息、财务信息与运营信息3类。

在基本信息中,中国证监会的关注点包括公司的主营业务范围、实际控制人及公司运作独立性情况等,违规事由包括未能及时披露上述信息的变化情况而构成的"重大事件未及时披露",[①]在IPO文件或定期报告中未能正确披露而构成的"IPO文件虚假陈述"[②]或"定期报告虚假陈述"。[③]

财务信息,是指财务会计报告中的项目,主要涉及资产负债表中的资产、负债科目,利润表中的收入、成本、费用和利润科目,以及现金流量表中的相关科目等。财务信息需要以财务报告为载体对外公开,因此针对这类信息的违规事由仅可能包括在IPO文件或定期报告中虚报上述科目,[④]进而构成的"IPO文件虚假陈述"[⑤]与"定期报告虚假陈述"。

运营信息则可进一步被分为交易信息与合规信息,其中,交易信息包括对外担保、对外借款、关联交易、关联担保、关联人资金占用、重大交易、重大对外投资、重大合同签订及重大违约等事项;合规信息则包含公司受到行政处罚的情况及重大诉讼情况。[⑥] 这两种信息可能既需要通过临时报告披露,也需要在IPO文件

---

① 《证券法》第80条第2款第8项规定了此种情况,但统计的案件中并未包含。
② IPO文件中虚假披露主营业务范围的,如中国证监会行政处罚决定书(〔2016〕107号);虚假披露公司运作独立性情况的,如中国证监会行政处罚决定书(〔2014〕19号)。
③ 定期报告中未正确披露实际控制人的行政处罚决定,如中国证监会行政处罚决定书(〔2017〕73号)、中国证监会行政处罚决定书(〔2017〕47号)、中国证监会行政处罚决定书(〔2015〕7号)等;定期报告中虚假披露主营业务范围的,如中国证监会行政处罚决定书(〔2009〕42号)。
④ 虚报资产的情形包括虚增存货、虚增固定资产、虚增固定资产折旧、虚增银行存款、虚增应收账款、虚增预付账款等。
⑤ IPO文件中虚增利润的行政处罚决定书,如中国证监会行政处罚决定书(〔2016〕107号);虚报现金流的,如中国证监会行政处罚决定书(〔2016〕84号);虚增收入的,如中国证监会行政处罚决定书(〔2013〕第47号);虚增资产的如中国证监会行政处罚决定书(〔2013〕23号)。
⑥ 比如,大股东股份被司法冻结的行为亦属于"重大诉讼情况",参见中国证监会行政处罚决定书(〔2019〕141号)。

和定期报告中予以披露,①与之相关的违规事由包括"重大事件未及时披露""重大事件虚假披露""IPO 文件虚假陈述""定期报告虚假陈述"4 种。②

(2)独立董事与上市公司行政责任的关联性分析

在内幕交易与短线交易案件中并不涉及对公司的处罚,因而信息披露不规范行为是进行独立董事与上市公司行政责任之间的关联性分析的对象。由于独立董事是作为公司信息披露不规范行为的其他责任人员受到处罚,对二者基于违规事由关联的关注是必要的。在独立董事被处罚的案件中,其违规事由必然也是上市公司的违规事由,但在同一案件中,上市公司还可能存在其他违规事由,而独立董事并不对该违规事由承担责任。

据统计,上市公司因两种以上的违规事由而被处罚的案件共有 111 个,其中独立董事仅被认定为上市公司部分违规事由的其他直接责任人员的案件为 70 个,占比达到 63.1%,重大事件未及时披露与定期报告虚假陈述是公司的主要违规事由,上述 111 个案件中 97 个同时包含这两种违规事由,占比达到 87.4%,当独立董事与公司同时因某一违规事由被处罚时,笔者称为"同罚"。笔者根据形式不同将信息披露分为临时报告、定期报告和 IPO 文件并分别展开分析与对比。

①临时报告

根据统计可见(见表 8-4),当公司因重大事件未披露而被处罚时,独立董事"受连累"(同罚案件)的比例较低,仅有 35.3%。虽然《证券法》第 82 条要求董事应保证信息披露的及时性,但由于独立董事不参与日常经营活动,证券监督管理部门通常只有在董事对重大事件未披露构成"明知"或"应知"时才予以处罚。

表 8-4 独立董事与公司责任关联情况(重大事件未披露)

公司违规事由	案件数量/个	同罚案件数量/个	不同罚案件数量/个	同罚案件数量比例/%
重大事件未披露	102	36	56	35.3

① 比如,在中国证监会行政处罚决定书(〔2019〕109 号)中,天业股份对于其关联交易、对外担保、债务违约、重大诉讼等事项既未及时披露,也未在定期报告中予以披露,因此受到了处罚。
② "定期报告未及时披露"由于并不直接涉及信息而未能对应到上述分类中。

由于重大事件往往需要交由董事会审议,若独立董事参加了该董事会并通过了董事会决议,就构成对该事项的"明知",从而需要督促公司对外披露。例如,在中国证监会浙江监管局行政处罚决定书([2015]3号)、中国证监会行政处罚决定书([2015]25号)、中国证监会行政处罚决定书([2009]10号)和中国证监会行政处罚决定书([2008]26号)中涉及的重大事项分别为子公司股权转让事项、重大关联交易事项、重大资产置换事项和重大对外担保事项,均未及时披露,参加会议并在董事会决议上签字的独立董事因而被列为其他直接责任人员。而在中国证监会行政处罚决定书([2015]10号)中,公司的收购、贷款、股权质押等事项未提交董事会审议,甚至未签署书面协议,中国证监会认为董事无须对此负责,与该观点相一致的案件还有中国证监会深圳监管局行政处罚决定书([2015]1号)及中国证监会行政处罚决定书([2010]8号),表8-5体现了证券监督管理部门针对交易信息的"参加决议要担责、未参加决议不负责"的态度。

表8-5 独立董事参加董事会情况与对交易信息是否应当知情的关联性

序号	案号	重大事件	参加董事会情况	同罚
1	中国证监会浙江监管局行政处罚决定书([2015]3号)	子公司股权转让	参加并同意	是
2	中国证监会行政处罚决定书([2015]25号)	重大关联交易		
3	中国证监会行政处罚决定书([2009]10号)	重大资产置换		
4	中国证监会行政处罚决定书([2008]26号)	重大对外担保		
5	中国证监会行政处罚决定书([2015]10号)	收购、贷款、股权质押、重大协议	相关事项未提交董事会审议	否
6	中国证监会深圳监管局行政处罚决定书([2015]1号)	重大对外贷款、重大对外担保		
7	中国证监会行政处罚决定书([2010]8号)	关联方债权债务往来、重大对外担保		

法律信息中的重大诉讼情况往往不涉及需要提交董事会审议的事项,对于独立董事是否应被推定为"应知",处罚机关提出了截然不同的观点,如表8-6

所示。

表8-6 执法部门对独立董事是否"应知"公司重大涉诉情况的态度

序号	案号	重大事件	同罚
1	中国证监会行政处罚决定书(〔2005〕26号)	重大涉诉情况	是
2	中国证监会行政处罚决定书(〔2014〕104号)		
3	中国证监会上海监管局行政处罚决定书(〔2016〕2号)		
4	中国证监会重庆监管局行政处罚决定书(〔2020〕2号)		
5	中国证监会行政处罚决定书(〔2019〕119号)		否
6	中国证监会行政处罚决定书(〔2015〕11号)		
7	中国证监会甘肃监管局行政处罚决定书(〔2019〕2号)		

事实上,"重大涉诉情况"往往是指处在诉讼过程中尚未终结且标的额较大的案件,一般并不能从公开渠道获得,因而独立董事并非必须"应知",可见上述矛盾结论也不乏合理性。从案件情况来看,除独立董事参与了相关重大事项的决策而"明知"外,不存在确定的独立董事"应知"的情形,是否应知需要进行个案分析,但遗憾的是,由于行政处罚决定书的说理相对粗糙,笔者难以作出进一步的分析。

而当公司虚假披露重大事件时,尽管存在样本量不足的问题,但独立董事被处罚的比例显著提高的结论仍具有一定价值(见表8-7)。这种比例差别的合理性在于,独立董事应当关注上市公司的信息披露行为,独立董事对披露出的"重大事件"进行核实的难度显然要低于独立董事发现公司未披露重大事件的难度。

表8-7 独立董事与公司责任关联情况(重大事件虚假披露)

公司违规事由	案件数量/个	同罚案件数量/个	不同罚案件数量/个	同罚案件数量比例/%
重大事件虚假披露	20	15	5	75

②定期报告

在公司因定期报告虚假陈述而被处罚的171个案件中,仅有1个案件中独立董事未被处罚(见表8-8),该案的特殊之处在于,上市公司2006年年报未按规定披露其提供关联担保的情况,而案涉3位独立董事的入职时间在2008

年后,因而未被列为该违规事项的其他直接责任人员。因而,仅从案件的数量上看,当公司因定期报告虚假陈述而被处罚时,独立董事几乎必"受连累"。具体原因是,根据《证券法》第82条的规定,董事应当对定期报告签署书面确认意见,并保证真实性、准确性与完整性。

表8-8 独立董事与公司责任关联情况(定期报告虚假陈述)

公司违规事由	案件数量/个	同罚案件数量/个	不同罚案件数量/个	同罚案件数量比例/%
定期报告虚假陈述	171	170	1	99.4

但经过对案件的细致分析,这个结论恐怕站不住脚,当上市公司对多项内容进行虚假陈述时,独立董事可能仅对其中的部分承担责任。例如,在中国证监会行政处罚决定书(〔2009〕42号)中,创智科技未在2004~2007年度报告中披露的事项包括股东之间的关联关系、大股东及其关联方占用上市公司资金的情况,但独立董事仅对后者承担责任。在中国证监会行政处罚决定书(〔2015〕11号)决定书中,承德大路在2010年和2011年的年度报告中均未披露重大合同签订及资产购买处置事项,该事项在2010年审议年度报告的董事会上并未提及,但在审议2011年年度报告的董事会会议前,则由董事长说明了具体经过,最终董事一致认为上述事件非真实交易,因而无须在年报中披露,独立董事仅须对2011年年度报告中的虚假陈述承担责任。在该案中,中国证监会似乎在考虑独立董事是否应当对其签署同意意见的年报中的虚假陈述承担责任时,区分了独立董事是否实际知情。"不知情就不承担责任"的观点也体现在中国证监会行政处罚决定书(〔2015〕10号)中:超日股份未在定期报告中披露海外收购光伏电站项目的情况及公司与境外合作方签订的《电站公司管理协议》,然而前一事项未被提交给董事会和股东会审议,也未曾签订书面协议,后一事项也未被提交董事会审议,最终独立董事对两者无须承担责任。

但中国证监会行政处罚决定书(〔2010〕14号)则持相反观点:四维控股未在2007年中期报告中披露与大股东青海中金创业投资有限公司签订《股权转让有关事宜协议书》并付款的重大事项,但该事项并未提交董事会审议,相关决议是通过召开独立董事并未参加的"总裁办公会"形成的,签订合同及交割等事宜随后由董事长代表公司完成。根据案情,独立董事应当对该事项并不知情,但中国证监会仍判定其应当对公司在定期报告中的虚假陈述承担责任。

此外,独立董事的专业背景也可能构成其是否"知情"的因素,如在中国证监会行政处罚决定书([2015]7号)中,青鸟华光在2012年通过关联方配合控股子公司实施无商业实质的购销交易从而虚增年度营业收入,独立董事却并未被列为该事项虚假记载的其他直接责任人员,后者仅包括公司的财务总监。对此,一个合理推断是,缺乏会计背景的独立董事有可能无须对"财务信息"的虚假披露承担责任,但在笔者检索到的虚报财务信息的案例中,均处罚了独立董事,如表8-9所示。

表8-9 独立董事与公司责任关联情况(定期报告未及时披露)

公司违规事由	案件数量/个	同罚案件数量/个	不同罚案件数量/个	同罚案件数量比例/%
定期报告未及时披露	12	12	0	100

在公司存在定期报告未及时披露的违规事由的案件中,定期报告的披露时间要求属于独立董事应知的事项,因而独立董事无一幸免,全部受罚。①

③IPO文件

在公司因IPO文件虚假陈述而被处罚的10个案件中,同罚比例同样达到100%,IPO文件虚假陈述与定期报告虚假陈述并没有本质差别,因而这样的比例可以被认为是合理的(见表8-10)。

表8-10 独立董事与公司责任关联情况(IPO文件虚假陈述)

公司违规事由	案件数量/个	同罚案件数量/个	不同罚案件数量/个	同罚案件数量比例/%
IPO文件虚假陈述	10	10	0	100

---

① 需要说明的是,公司因定期报告未及时披露而被处罚的案件原本有13个,但在最终统计时笔者将中国证监会行政处罚决定书([2010]6号)行政处罚决定书予以剔除,其原因是:威达股份的信息披露违规事由包括2005年和2006年年报虚假陈述及2007年年报未及时披露,但根据笔者对相关年报的查询,受到处罚的独立董事刘某和常某于2008年已卸任,因而无须为后一违规事由承担责任。

4.独立董事的抗辩及处罚情况分析

（1）处罚及抗辩整体情况

根据前文所述，独立董事是否需要对公司的违法行为承担法律责任，主要涉及对其是否履行勤勉义务的判定。而根据过错推定原则，独立董事需要向监督机关证明其自身行为已经符合勤勉义务履行的相关标准，否则后者将认定独立董事未履行勤勉义务。在此前提下，笔者尝试通过对现有行政处罚中独立董事提出的抗辩理由，以及证监部门在处罚决定书中所作的回应，反向推导出独立董事履行勤勉义务的标准。

在200个涉及信息披露的有效案件中，共有610名独立董事接受调查，最终被处罚的独立董事为604名，比例达到99.0%；3名独立董事抗辩成功被证监部门认定履行了勤勉义务；另有3名则是证监部门在审查中直接认定应当不予处罚。从抗辩情况来看，共有113个案件中的275名独立董事提出了抗辩，对于独立董事提出的抗辩理由，证监部门在98个案件中作出了不予采纳的决定，13个案件中作出了部分采纳的决定，而仅在5个案件中作出了予以采纳的决定。①

值得注意的是，提出抗辩的275名独立董事，在提出抗辩理由以证明自己已经履行了勤勉尽责的义务后，提出了五花八门的抗辩诉求，包括"不应当承担责任""不予处罚""撤销处罚""免予处罚""免于处罚""减轻或从轻处罚""请求警告处理"等。一方面，根据《行政处罚法》第32条、《信息披露认定规则》第20条和第21条的规定，规范的表述应当仅包括"从轻处罚""减轻处罚""不予处罚"3种；另一方面，独立董事根据"已勤勉尽责"的抗辩理由提出的请求并非都无须承担法律责任，大多是从轻、减轻或免予处罚。义务是责任的前提，行为人只有违反了义务才应当被要求承担法律责任。无论是从轻、减轻还是免除处罚，其逻辑前提都是应当受到行政处罚，而之所以应当受到行政处罚，

---

① 这里需要说明两点：第一，不予采纳、部分采纳和予以采纳的统计数量加总为116，大于抗辩案件的数量113，原因是受限于行政处罚决定的详细程度不足，统计仅能以案件而非独立董事作为对象，在两个案件中，证监部门分别采纳了一位独立董事的抗辩理由而对其他独立董事的抗辩理由不予采纳，在另一案件中，证监部门采纳了3位独立董事的抗辩理由而对其他独立董事的抗辩理由不予采纳，故进行了3次重复计算。第二，对独立董事抗辩理由予以采纳的案件中，由于独立董事的抗辩请求并非均为"不应处罚"，因此对抗辩理由予以采纳并不意味着独立董事无须承担责任，数据间并不矛盾。

是因为其行为违法而应承担法律责任。可见,独立董事对勤勉义务、行政责任与行政处罚之间的关系认识并不明确,对法律的理解也并不到位,这可能与我国立法上没有明确独立董事的勤勉义务和法律责任的认定有关系。①

(2)抗辩理由分析

①抗辩理由总体分析

通过对行政处罚案件的进一步分析,笔者发现,对于案件中公司和其他董事会成员实施的行为,以及独立董事在行为发生过程中的反应,独立董事向证券监督管理部门提出的抗辩可归纳为多种类型。而针对抗辩理由的类型化分析,对查明实务操作中独立董事所面临的困难及监管机构的态度具有重要意义。

根据抗辩针对的行为时间不同,笔者将独立董事的抗辩分为事前抗辩和事后抗辩。所谓事前抗辩,是指针对公司及董事违法行为发生前的独立董事行为进行的抗辩。由于此时违法行为尚未完成,其更加针对违法行为作出过程中独立董事发挥的作用,并综合既往行为辅助判断独立董事是否一贯履行勤勉义务。而事后抗辩,是指针对公司及董事违法行为发生后的独立董事行为进行的抗辩,主要侧重纠正违法行为、弥补损失、缩小不利影响、配合监督机关调查等方面。由于勤勉义务的履行必然发生于违法行为开始前和进行中,因此事后行为事实上并不能作为履行了勤勉义务的标准,其作用的发挥更多是以《行政处罚法》第32条、第33条请求减免责任为基础。而事前抗辩又可分为两类,即"针对本案的抗辩"和"针对日常经营的抗辩"。"针对本案的抗辩",是指针对违法行为发生过程中独立董事行为进行的抗辩,直接证明对勤勉义务的履行,或者证明独立董事履行勤勉义务存在客观障碍。而"针对日常经营的抗辩",是指针对公司日常经营过程中独立董事行为进行的抗辩,通过证明其在公司既往的经营活动中尽到了勤勉义务,进而辅助证明在此次违法行为中"有理由认为其也履行了"勤勉义务。

在实践中,"针对本案的抗辩"一般包含以下情况:第一,不知悉且未参与。

---

① 参见贾希凌、钱如锦:《论独立董事行政责任之豁免——以37份证监会处罚决定为视角》,载《行政与法》2017年第10期。

在这种情况下,独立董事对违法行为的发生并不知情,更毋论参与其中,因此认为其情况属于《信息披露认定规则》第20条"认定从轻或者减轻处罚的考虑情形"。第二,公司故意隐瞒而未提供有关资料。在此情况下,公司往往出于非法目的,为独立董事了解相关情况设置障碍,使其职权无法正常履行,在行政处罚决定书中具体表现为履职受到限制、无法得知涉案问题、大股东控制、内部人隐瞒、公司未提供材料、相关事项未提交董事会因而无从得知、信赖公司提供的文件、公司故意造假难以发现、会计账簿和会计凭证失真、内控制度缺位等形式。第三,合理信赖专业机构出具的报告和文件。由于公司经营中涉及大量财务、会计、法律等专业性较强的问题,而独立董事在很多情况下并不具备相关背景知识,因此无法正常履行其职能。作为补救措施,实务中其往往会聘请具有相关专业知识的外部机构出具报告,并以此作为判断依据。第四,已经尽到勤勉尽责义务。证监部门的处罚针对独立董事未履行勤勉义务的行为,因此部分独立董事在抗辩中直接提出其履行勤勉义务的具体表现,包括亲自出席董事会并认真阅读材料仍未能发现、质询相关人员了解进度、案件中要求公司注意风险、聘用外部审计机构进行了审计、曾要求解聘会计师事务所等,部分独立董事也将该抗辩作为具有兜底性质的抗辩予以提出。第五,不存在主观过错。部分独立董事主张,其对于违法行为的发生并未持故意或放任的态度,因而在主观层面上没有过错。第六,任职时间短、案件发生于任职前。一方面,部分独立董事认为其在公司内任职时间过短,无法发现和阻止违法行为的发生;另一方面,部分独立董事主张,该违法行为发生后其才被任命为公司的独立董事,因而其客观上无法阻止违法行为的发生。第七,其他抗辩理由。除以上几种情况外,部分独立董事还针对案件中的具体情况提出抗辩,如交易所未处罚,职务与事件不存在直接关系,处罚会对其主业产生重大影响,不应适用过错推定原则,已过追诉时效,本人没有获取不当利益,曾因公司不合规行为主动辞职未获得受理,责任应当小于其他董事、监事、高级管理人员等。而在以上几种情况中,主张次数最多的为"已经尽到勤勉尽责义务"和"不知悉且未参与",二者分别出现了57次;"合理信赖专业机构出具的报告和文件"、"公司故意隐瞒而未提供有关资料"和"其他抗辩理由"居于其次,被主张的次数分别为32次、31次和29次;"任职时间短、案件发生于任职前"和"不存在主观过错"被主张次数最少,分别为10次和16次(见表8-11)。

表8-11 "事前:针对本案"抗辩事由统计

单位:次

分类	抗辩理由						
	不知悉且未参与	公司故意隐瞒而未提供有关资料	合理信赖专业机构出具的报告和文件	已经尽到勤勉尽责义务	不存在主观过错	任职时间短、案件发生于任职前	其他抗辩理由
被主张次数	57	31	32	57	16	10	29

在实践中,"针对日常经营的抗辩"一般包含以下两种情况:第一,未参与公司管理和日常经营。部分独立董事主张,其并不负责公司的日常运营与管理,未参与相关活动中。第二,在日常履职中勤勉尽责。部分独立董事主张,其在日常履行职责的过程中已尽到勤勉尽责义务,具体表现为经常主动过问公司事务、积极参加董事会和股东会、提出建议、曾要求公司注意风险、要求公司合规经营等形式,要求证监部门从轻、减轻或免除处罚。相较"针对案件的抗辩","针对日常经营的抗辩"被主张频率较低,"在日常履职中勤勉尽责"仅出现了16次,而"未参与公司管理和日常经营"仅出现了8次。

与此同时,"事后抗辩"也根据行为类型的不同而有所区别。一方面,部分独立董事主张,其在得知公司违法行为后积极督促公司整改,及时披露相关信息,督促公司健全内部控制机制;另一方面,部分独立董事认为其积极配合证监部门调查工作,属于《信息披露认定规则》第21条"认定为不予行政处罚的考虑情形",因而证监部门应当对其从轻、减轻或免予处罚。然而,这些抗辩事实上也并未被频繁主张:在超过200个独立董事行政处罚案件中,"积极督促整改"仅出现10次,而"积极配合工作"也仅出现12次。[①]

从上文分析中可见,根据个案案情的差异,独立董事的抗辩事由可以分为多种类别,从这些分类出发倒推证监部门在不同情形下针对独立董事的履职要

[①] 需要说明的是,由于实务中案例具有相当的复杂性,独立董事抗辩中所涉及的大量行为同时具有多种分类的属性,前文中所提及的各种抗辩理由分类事实上仍可能存在大量交叉情况,因此该分类仍可以通过更进一步的研究进行完善。

求尤显必要。因此,笔者将从个案视角出发,通过对典型个案中独立董事抗辩和证监部门回复的具体分析,归纳监管部门对独立董事勤勉义务履行的要求。

②事前抗辩

A.针对案件的抗辩

针对违法行为发生过程中独立董事行为进行的抗辩,直接证明独立董事履行了勤勉义务,或者证明独立董事履行勤勉义务存在客观障碍。

第一,关于"不知悉且未参与"的抗辩。

如前文所述,在个案中部分独立董事主张其对于违法行为的发生不知悉,也未参与违法行为的实施。例如,在中国证监会行政处罚决定书([2020]29号)中,涉案公司定期报告存在虚增营业成本、虚增营业外收入、虚增资产减值损失等情况,独立董事主张其对涉案违法事项不知情,且完全未参与,无法通过审查年度报告的方式发现存在的问题;[1]在中国证监会黑龙江监管局行政处罚决定书([2020]002号)中,涉案定期报告存在虚假记载的情况,独立董事主张其对需要签字的内容事先并不知晓、不知情;中国证监会行政处罚决定书([2020]105号)中,定期报告存在虚增营业收入、虚报管理费用、遗漏重大借款及担保等情况,独立董事认为其对涉案定期报告虚假记载、重大遗漏事项,既不知悉,也未参与,不应认定为未勤勉尽责。然而,对于这些抗辩,证监部门却持消极态度:在中国证监会行政处罚决定书([2020]29号)中,中国证监会认为不知情、未参与等不是法定免责事由;在中国证监会黑龙江监管局行政处罚决定书([2020]002号)中,中国证监会也强调独立董事应当充分了解公司经营运作情况,不了解情况不能作为减免处罚的依据;中国证监会行政处罚决定书([2020]105号)中,中国证监会也认为,独立董事应当了解并持续关注上市公司的生产经营情况、财务状况和已经发生或即将发生的重大事件及其影响,应当主动调查、获取决策所需要的资料,积极问询,提出疑问,提供建议,不知情、不了解、未参与不能成为免责事由。相反,在正常履职的情况下,不知情、不了解、未参与恰恰是其未勤勉尽责的证明。

---

[1] 中国证监会行政处罚决定书([2020]29号):……陈某洲、陈某文、吴某巍、丛某秀在听证过程中,提出如下申辩意见:1.对涉案违法事项不知情,且完全未参与,无法通过审查年度报告的方式发现存在的问题……

在仅有的 3 例行政复议得到复议机关支持的案件中，证券监督管理机构认可了独立董事关于不知悉且未参与信息披露违法事项的抗辩事由。① 这 3 名独立董事均是基于同一上市公司的定期报告虚假陈述及重大事件未及时披露行为而受到处罚的，具体的信息披露违法行为包括未及时披露大股东及其关联企业占用资金的情况、未披露关联方所欠重大债务到期未获清偿的情况以及未及时披露控股子公司深圳京柏拆借资金 449 万元给关联方的情况。中国证监会经过复议认为："考虑到天目药业信息披露违法行为涉案事项系实际控制人一手操控，目前尚无证据证明申请人参与或者知悉天目药业信息披露违法所涉及的资金占用事项，本会对申请人有关复议理由予以支持。"中国证监会作出这一决定可能基于的考虑是，关联方所欠重大债务到期未获清偿、上市公司资金被大股东及其关联方占用的情况并非未直接参与公司经营管理的独立董事所能获知的。

在行政诉讼案件中，对相关违法事项不知悉或未参与是大多数独立董事主张的事由，在 17 个行政诉讼案件中，有 13 个案件中独立董事提出了这一主张。在裁判中，法院认为，不知情、未参与并非独立董事在信息披露违法案件中的免责事由，公司实际控制人情况、公司重大诉讼、重大担保事件均属于独立董事应当知悉的事项。例如，在李某某诉中国证监会行政处罚案②一审中，公司未在年度报告、半年度报告及临时公告中如实披露公司实际控制人情况，法院认为："原告作为公司董事会时任独立董事，对于顾某某成为公司实际控制人的相关情况应当知晓。"在陈某某诉中国证监会四川监管局、中国证监会行政处罚案③一审中，法院认为："对涉及公司重大诉讼及担保事件，作为独立董事应当知晓，这是董事对公司承担'勤勉义务'的基本要求……对于时间跨度长，涉案金额巨大，反复多次发生的重大诉讼和重大担保事件，原告作为公司独立董事一再强调其对上述情况毫不知情，这恰好表明其未履行对公司的'勤勉义务'。"

---

① 中国证监会行政复议决定书（〔2011〕6 号）、中国证监会行政复议决定书（〔2011〕5 号）、中国证监会行政复议决定书（〔2011〕4 号）。
② 北京市第一中级人民法院行政判决书，(2017)京 01 行初 1373 号。
③ 北京市西城区人民法院行政判决书，(2017)京 0102 行初 274 号。

在陶某诉中国证监会四川监管局、中国证监会行政处罚案①一审中,法院认为:"董事应当对公司经营状况包括法律风险、财务现状持续关注,积极获取相应的信息。对涉及公司重大诉讼及担保事件,作为独立董事应当知晓,这是董事对公司承担'勤勉义务'的基本要求。"在该案再审裁判中,法院指出,"未参与和不知情均非免责事由"。

在司法实践中,法院通常依据《上市公司信息披露管理办法》第 35 条的规定,认为独立董事应当了解并持续关注公司生产经营情况、财务状况和公司已经发生的或者可能发生的重大事件及其影响,主动调查、获取决策所需要的资料,并将公司重大诉讼及担保事件推定为独立董事应当知晓的事项。《上市公司独立董事履职指引》也规定,"独立董事应就公司对外担保事项发表独立意见,并应当在年度报告中,对上市公司累计和当期对外担保情况、执行上述规定情况进行专项说明"。② 因此,独立董事在司法实践中很难以对公司重大对外担保事项不知情为由进行抗辩。

第二,关于"合理信赖专业机构出具的报告和文件"的抗辩。

如前文所述,由于董事会事务涉及部分如会计、财务等专业性较强的领域,而独立董事并不一定具备相关知识,其往往通过聘请外部专业机构的形式协助决策投票,这也导致大量独立董事在抗辩中主张其行为是出于对专业机构的合理信赖而作出的。例如,在中国证监会广东监管局行政处罚决定书(〔2019〕13 号)中,涉案公司在定期报告中虚增利润,部分独立董事主张其未参与相关决策并合理信赖了审计机构的无保留意见报告;在中国证监会行政处罚决定书(〔2018〕9 号)中,涉案公司出现虚增收入、虚增合同价格等情况,独立董事亦主张其出于对审计委员会和审计机构的信任而在年报中签字。然而,中国证监会对这一抗辩理由并不认可:在中国证监会广东监管局行政处罚决定书(〔2019〕13 号)中,其明确表示"信赖会计师事务所"等陈述申辩意见,不属于法定的免责、从轻或减轻处罚理由。而在中国证监会行政处罚决定书(〔2018〕9 号)中,中国证监会更是明确表示,任职时间长、对公司情况熟悉,有财务专业

---

① 北京市西城区人民法院行政判决书,(2017)京 0102 行初 275 号。
② 《上市公司独立董事履职指引》第 26 条。

和工作背景的独立董事,对出现问题的定期报告仅仅进行一般性询问并签字,不能说明其已尽忠实、勤勉义务。

在行政诉讼中,独立董事以合理信赖专业机构出具的报告和文件作为主张免责的事由,包括信赖审计机构出具的审计报告、律师事务所出具的专业法律意见的情形。在17个行政诉讼案件中,有4个案件中独立董事提出了这类主张,均未得到法院支持。独立董事主张信赖审计机构出具的审计报告而免责的情形,如徐某诉中国证监会行政处罚案①中,原告主张自己在查看审计机构的审计结论后,既没有发现虚构收入的相关证据,也没有发现外部审计机构对政府补助和影视版权转让业务真实性提出异议的情形,基于对审计机构的信任而对年度报告履行了惯常的、程序式的签字义务。对此,法院认为:"会计师事务所固然应当保证经其审计的公司财务会计报告真实、完整,但公司董事信赖专业审计机构的前提,应是董事自己已经尽到了应有的监督职责并能够确信审计机构具有独立性,否则公司董事皆可以公司财务会计报告经过专业审计为借口而塞责。"在胡某某诉中国证监会行政处罚案②中,法院认定独立董事可以基于对外部专业审计机构无保留意见审计结论的信赖以降低其尽到勤勉尽责义务的证明责任,但"相关财务会计文件经过外部专业审计机构的审计,并不能完全替代董事履行勤勉尽责义务,因为董事履行勤勉义务具有相对独立性,对公司财务状况以及委托外部专业审计机构开展独立的审计工作仍然负有合理、审慎的注意和独立履行职责的义务"。独立董事应当对外部专业审计机构出具的审计报告进行仔细研究、审慎讨论并提出疑问,以证明其尽到了勤勉尽责义务。

关于独立董事能否以信赖律师事务所出具的专业法律意见作为免责的理由,在司法裁判中存在不同意见。例如,在李某某诉中国证监会行政处罚案③一审中,原告主张公司违规信息披露所涉及的事实得到了中介机构的确认,④

---

① 北京市第一中级人民法院行政判决书,(2019)京01行初298号。
② 北京市第一中级人民法院行政判决书,(2018)京01行初875号。
③ 北京市第一中级人民法院行政判决书,(2017)京01行初1373号。
④ 原告主张的依据是,《〈首次公开发行股票并上市管理办法〉第十二条"实际控制人没有发生变更"的理解和适用——证券期货法律适用意见第1号》(证监法律字〔2007〕15号)第7条规定:"律师和律师事务所就公司控制权的归属及其变动情况出具的法律意见书是发行审核部门判断发行人最近3年内'实际控制人没有发生变更'的重要依据……"

但法院认为:"律师和律师事务所出具的法律意见书,是提供给监管机关审查的重要依据,但并非董事、监事及高级管理人员据以免责的事由。"而在该案二审中,法院认为,实际控制人认定属于专业法律问题,因而在律师事务所等专业法律机构作出的认定范围内,当事人可以免除相应责任,除非有证据证明当事人知道专业法律服务机构认定结论错误。但法院又指出:"该认定意见出具时间在中国证监会认定顾某某成为实际控制人时点之前,而且被诉处罚决定认定顾某某成为实际控制人的关键事实,比如 2014 年 12 月 29 日顾某某实际控制任免公司董事会及管理层的事实,均发生在律师事务所出具法律意见书之后,而且上诉人知晓这些事实,因此相关律师事务所的法律意见并不能作为其免责的依据。"①因此,即使法院认可独立董事可以信赖律师事务所出具的专业法律意见,但对专业法律意见的信赖并不能免除独立董事及时了解公司业务经营管理状况的义务,尤其是对于法律意见出具后的公司经营状况变化与法律风险,独立董事应当及时关注。

第三,关于"任职时间短、案件发生于任职前"的抗辩。

在个案中,有独立董事提到,其在公司内任职时间较短,违法行为发生于其担任独立董事前。例如,在中国证监会黑龙江监管局行政处罚决定书(〔2019〕60 号)中,涉案公司未在法定期限内披露定期报告,独立董事主张其 4 月 4 日才就任独立董事,而公司于 4 月 28 日发布延期披露定期报告公告,年度报告的延期披露在其被选举为独立董事时已成既成事实;在中国证监会行政处罚决定书(〔2017〕23 号)中,定期报告存在重大遗漏、虚假陈述等情况,独立董事主张其于 2013 年 5 月 2 日才当选成城股份独立董事,并于 2014 年 4 月 28 日卸任,涉案诉讼、仲裁、担保事项均发生于其担任独立董事之前,其对该等事项并不知情。对于此类抗辩,中国证监会并不认同,其认为"三人所称延期披露已成定局等并非法定免责事由""不知悉或未参与信息披露违法行为、任职时间短、或者相关人员隐瞒违法行为,均非免责的理由"。事实上,该类抗辩截至 2020 年尚未有成功先例。

在司法裁判中,从现有案例来看,以任职时间短作为信息披露违法的免

---

① 北京市高级人民法院行政判决书,(2018)京行终 3244 号。

责事由无法得到支持。在周某某诉中国证监会上海监管局、中国证监会行政处罚案①和苏某诉中国证监会上海监管局、中国证监会行政处罚案②中，信息披露违法行为涉及的关联关系持续时间为 2009 年 2 月至 2012 年 12 月，而原告自 2012 年 12 月 18 日起才担任公司独立董事，原告主张其任职期间与被告认定的关联关系及关联交易期间几无交叉。对此，法院的态度是，只要信息披露违法事实发生期间原告属于时任独立董事，且在相应的年度报告上签署了确认意见，即属于信息披露违法行为的其他直接责任人员。

第四，关于"公司故意隐瞒而未提供有关资料"的抗辩。

如前文所述，在许多个案中，独立董事主张公司对其职务履行行为设置障碍，使其客观上无法正常履行勤勉尽责义务。例如，在中国证监会行政处罚决定书（〔2019〕141 号）中涉案公司未按规定及时披露关联方、关联交易及对外担保等情况，独立董事主张相关行为由公司内部高级管理人员操纵完成，公司未向其提供相关资料，其即使勤勉尽责也无法发现；在中国证监会行政处罚决定书（〔2018〕10 号）中，涉案公司在定期报告中伪造财务数据，虚增利润、虚增银行存款等，部分独立董事认为其在定期报告上签字系由公司高级管理人员与相关人员刻意隐瞒所导致，其不应对此承担责任；在中国证监会行政处罚决定书（〔2017〕97 号）中，涉案公司在定期报告中虚增利润，有独立董事声称公司剥夺其知情权，截至中国证监会调查前其对该事并不知情。此外，在其他个案中，有独立董事主张公司内控制度缺失，会议资料发放距离开会时间较近，其缺乏知悉违法事实的渠道；③也有独立董事主张相关会计账簿、凭证等失真，履职存在客观困难。④ 而对于以上抗辩，证监部门并未采纳，基本均以"不能排除信息披露责任"⑤"现有证据不足以证明实施了必要、有效的监督"⑥等方式驳回抗辩。

在一些行政诉讼案件中，原告主张公司应当披露而未披露的重大诉讼及担保事项未经公司经营管理决策流程，也未在公司财务及经营记录上有任何显

---

① 上海市浦东新区人民法院行政裁定书，（2015）浦行初字第 640 号。
② 上海市浦东新区人民法院行政裁定书，（2015）浦行初字第 643 号。
③ 中国证监会深圳监管局行政处罚决定书（〔2015〕1 号）。
④ 中国证监会浙江监管局行政处罚决定书（〔2020〕5 号）。
⑤ 中国证监会深圳监管局行政处罚决定书（〔2015〕1 号）。
⑥ 中国证监会浙江监管局行政处罚决定书（〔2020〕5 号）。

示,是公司个别高级管理人员故意隐瞒的结果。但对于这一抗辩事由,一审法院及二审法院均未直接进行回应,而是直接认定重大诉讼和重大担保事项属于独立董事应当知晓的内容。① 公司内部人员是否故意隐瞒相关资料实际上是一个较难证明的事项,但如果外部监管机构就相关事项发出了监管关注函或问询函,则独立董事很难主张其因公司故意隐瞒而对相关事项不知情。例如,在周某某等诉中国证监会行政处罚案中,②原告主张公司内部少数人员故意隐瞒股权代持事项,原告对此并不知情,但法院指出,深圳证券交易所于2007年3月15日向鸿基公司发出监管关注函,要求鸿基公司刊登澄清公告并明确说明有关公司股票持续异常波动情况,故原告的主张无法成立。

第五,关于"已经尽到勤勉尽责义务"的抗辩。

经过梳理,笔者发现,在实务中部分独立董事针对公司的违法事实,结合自身行为直接主张其已经履行了勤勉尽责义务,具体表现为关注、督促年报编制;③一些董事声称自己以现场、电话、微信等方式了解审计情况并主动与董事会、审计机构沟通;④而部分董事则仅认为"已勤勉尽责",并未对具体的勤勉尽责形式进行描述。⑤ 对于此类抗辩,中国证监会也基本未予以认可,通常以"认定责任和确定处罚幅度时充分考虑了各当事人的履职情况""现有证据不足以证明其已履行勤勉尽责义务"等形式予以驳回。

在行政诉讼中,独立董事提出的就公司信息披露违法事项已尽到勤勉尽责义务的主张包括:在信息披露文件发布前已就相关问题提出异议或整改建议、就相关问题向董事会或内部高级管理人员等质询、就信息披露事项咨询证券交易所、在审计委员会会议上提出认真核实的审计要求等,但均未得到法院支持。例如,在范某诉中国证监会行政处罚案中,独立董事主张其已就股权转让事宜向公司内部董事及高级管理人员质询,并就如何正确披露信息等事项咨询上海证券交易所,但法院认为这些行为均不足以达到对涉案信息披露事项已尽勤勉

---

① 北京市西城区人民法院行政判决书,(2017)京0102行初275号;北京市第二中级人民法院行政判决书,(2017)京02行终1462号。
② 北京市第一中级人民法院行政判决书,(2014)一中行初字第304号。
③ 中国证监会行政处罚决定书(〔2019〕58号)。
④ 中国证监会行政处罚决定书(〔2019〕35号)。
⑤ 中国证监会上海监管局行政处罚决定书(沪〔2015〕5号)。

尽责义务的标准。① 在江某诉中国证监会行政处罚案中,二审法院认为:"其所主张的向文峰股份证券事务代表程某女士、董事会秘书兼财务总监张某先生询问事实真相,要求就被调查事项请求交易所确认,并数次到文峰股份办公地点当面向时任董事长徐某某先生及张某先生、程某女士求证等行为,均不足以达到对涉案信息披露事项已尽勤勉尽责义务的标准。"②

但是,对于独立董事的哪些行为足以表明其已经尽到勤勉尽责义务,法院并未给出明确回答,只是对勤勉尽责义务进行了概念解释式的界定。例如,在胡某某诉中国证监会行政处罚案③中,法院认为"董事应当善意、合理、审慎地履行自己的职责,尽到处于相似位置上的普通谨慎的人在相同或类似情况下所需要的注意义务"。这一界定虽然在形式上提出了"一般理性人"标准、"善意"要素等审查标准,但并未将其实质性地适用到具体案件分析中。在司法实践中,法院唯一认可的足以证明独立董事尽到勤勉尽责义务的行为是提出具体异议记载于董事会、监事会、公司办公会等会议记录上,并在上述会议中投过反对票,即《信息披露认定规则》第 21 条第 1 项规定的情形。例如,在杨某某诉中国证监会行政处罚案④中,虽然原告多次在董事会审计委员会会议及董事会会议中对公司财务方面存在的问题提出过建议、异议,甚至发表过达不到相关要求其将拒绝签字的意见,但法院认为口头异议不构成具有实质意义的监督措施,并以历次董事会会议及相关会议中原告对会议记录进行了签字亦没有投出反对票为由,认定原告未完全尽到勤勉尽责义务。一个矛盾的现象在于,法院虽然提出"非以能否发现公司违法行为的结果作为判断其是否履行勤勉义务的标准",⑤而是强调在任职期间了解并持续关注公司生产经营状况、财务状况,主动调查、获取决策所需的资料,积极问询,提出疑问,提供建议等过程性的行为表现,但对于独立董事提出异议和疑问的情形,仍以"签字"和"投票"等结

---

① 北京市第一中级人民法院行政判决书,(2017)京 01 行初 760 号;北京市高级人民法院行政判决书,(2017)京行终 5308 号;最高人民法院行政裁定书,(2019)最高法行申 329 号。
② 北京市高级人民法院行政判决书,(2018)京行终 1750 号。
③ 北京市第一中级人民法院行政判决书,(2018)京 01 行初 875 号。
④ 北京市第一中级人民法院行政判决书,(2018)京 01 行初 887 号;北京市高级人民法院行政判决书,(2019)京行终 747 号。
⑤ 北京市高级人民法院行政判决书,(2018)京行终 6567 号。

果性标准认定独立董事应当承担行政责任。

第六,关于"不存在主观过错"的抗辩。

在个案中,部分独立董事主张,其对于公司违法行为的发生并无恶意。例如中国证监会行政处罚决定书([2015]7号)中,涉案公司定期报告重大遗漏、虚假记载,独立董事辩称其对法律概念的理解产生了偏差,并非出于本人故意;在中国证监会行政处罚决定书([2008]17号)中,针对定期报告虚增利润、重大遗漏的情况,独立董事主张其对此无主观故意,应当免责。对此,中国证监会直接指出,"主观上的过失或仅是形式上的合规性履职,正是追究其行政法律责任的重要依据""作为公司董事,不履行应尽的职责,其免责事由不能成立"。

第七,关于其他抗辩理由。

如前文所述,大量独立董事根据自身特殊情况,还提出了各种无法归于以上几种类别的抗辩理由。例如,有独立董事主张其为外籍公民,处罚将对其在其他地区的业务产生影响;①有独立董事认为,交易所对其未参与、不知情的情况免予纪律处分,中国证监会应当参照适用;②还有独立董事认为,涉案公司违法行为已经超过追诉时效,③不应对其行为进一步追究。而对于这些抗辩,中国证监会分别以"责任大小的认定已综合考虑相关人员履职、签字等情况"、"相关当事人提出的证券交易所纪律处分相关案例,因纪律处分在性质、法律依据方面不同于行政处罚,并且涉及的事项也不同于本案事项,不宜作为本案处理的依据",以及"未超过行政处罚时效"等予以驳回。事实上,自中国证监会以独立董事作为行政处罚对象以来,尚未有独立董事以此类理由抗辩成功的案例产生。

B.针对日常经营的抗辩

针对公司日常经营过程中独立董事行为进行的抗辩,辅助证明独立董事在公司经营过程中履行了勤勉义务。

第一,关于"未参与公司管理和日常经营"的抗辩。

如前文所述,经过梳理,笔者发现,部分独立董事主张其未参与公司管理和

---

① 中国证监会黑龙江监管局行政处罚决定书([2017]87号)。
② 中国证监会上海监管局行政处罚决定书(沪[2016]1号)。
③ 中国证监会行政处罚决定书([2018]117号)。

日常经营。例如,有独立董事主张其未直接参与公司日常工作,对有关违法行为不知情,①也有独立董事主张其作为独立董事不参与公司日常运营和具体项目的管理,无法了解和发现涉案公司信息披露问题。② 对于此类抗辩,一方面,中国证监会认为"在事先告知中认定当事人责任并作出拟处罚决定时,已将其与对涉案违法行为直接负责的主管人员作了明确区分";另一方面,中国证监会也明确表示,"独立董事的勤勉义务是基于其自身的法律地位而产生,是否直接参与日常管理不影响其依法独立履行勤勉义务"。由此可以看出,是否参与公司管理和日常经营,仅仅影响独立董事对公司违法行为承担责任程度的大小,并不影响对于其是否需要对违法行为承担责任的判定。

在行政诉讼案件中,独立董事以不具有经营管理、财务等方面的专业知识和能力为由主张免予处罚,未得到法院支持。例如,在范某诉中国证监会行政处罚案中,法院认为,董事的勤勉义务是基于其自身的法律地位而产生,是否直接参与日常管理及是否具有审计专业背景均不影响董事应当依法独立履行其勤勉义务。虽然外部董事一般不直接参与公司的具体经营,但仍然应当具备公司管理所需的必备专业知识,充分了解公司的经营状况,并基于自己的独立判断履行职责。③ 在刘某某诉中国证监会行政处罚案中,法院认为:"原告作为公司的独立董事,却以所谓'挂名董事'自居,以自己不参与公司经营决策等理由推诿责任,本院均不予支持。"④

第二,日常履职中勤勉尽责。

在行政处罚中,一些独立董事主张其在日常履职中勤勉尽责,进而辅助证明其在本次违法行为中履行了勤勉义务。例如,在中国证监会行政处罚决定书(〔2018〕116号)中,有独立董事对其履职行为描述得较详细,主张其在任期间均参加历次董事会会议和专业委员会会议,认真审议议题;在中国证监会行政处罚决定书(〔2014〕69号)中,独立董事则是直接声称其"在任职期间一直勤

---

① 中国证监会海南监管局行政处罚决定书(〔2014〕1号)。
② 中国证监会安徽监管局行政处罚决定书(〔2019〕6号)。
③ 北京市第一中级人民法院行政判决书,(2017)京01行初760号;北京市高级人民法院行政判决书,(2017)京行终5308号;最高人民法院行政裁定书,(2019)最高法行申329号。
④ 北京市第一中级人民法院行政判决书,(2018)京01行初37号。

勉尽责,已履行了应尽的责任和义务"。对此,中国证监会则回应称,现有证据不足以证明独立董事曾对涉案信息披露事项实施了必要及有效监督、已尽勤勉义务,①进而否定该抗辩的效力。

③事后抗辩

第一,事后积极督促公司整改,及时披露、健全机制。有部分独立董事主张其在案件发生后,积极督促公司整改,应当从轻、减轻或免予处罚。例如,在中国证监会行政处罚决定书(〔2017〕102号)中,涉案公司在定期报告中虚增收入,有独立董事主张其在获悉违法事实后,积极履职,促使公司年报更正。对此,中国证监会回复,"部分董事、高管提出在更正2016年年报事项中起到了积极作用的申辩意见,我会予以采纳,决定……从轻处罚"。由此可以看出,事后的补救措施对于减轻责任有一定作用,但无法完全免除其责任的承担。

第二,积极配合调查工作。还有部分独立董事认为,其在案发后积极配合调查工作,属于从轻、减轻或免予处罚的情节,应当有所考虑。例如,在中国证监会上海监管局行政处罚决定书(沪〔2015〕5号)中,涉案公司虚增库存与利润,独立董事认为其主动配合监管部门调查工作,中国证监会上海监管局则回复"不具有《认定规则》第二十一条明确列示的不予处罚的考虑情形",予以驳回。

在行政诉讼案件中,向证券监督管理机构举报公司财务造假行为、举报的及时性,以及举报时信息披露违法行为是否已被发现,是法院认定举报行为是否足以使独立董事减轻或免除责任的重要依据。例如,在杨某某诉中国证监会行政处罚案②中,法院认为:"原告向被告举报相关违法行为,不仅距最后一次信息披露违法行为发生已一年之久,而且是在审计机构已经发现违法行为的情况下提出的举报,该举报行为不足以构成法定应当免予处罚的事由。"

④获采纳抗辩事由分析

除以上众多的抗辩未获支持案例外,笔者通过梳理也得到了几个鲜见的抗辩获得支持的案例。例如,在中国证监会重庆监管局行政处罚决定书(〔2020〕

---

① 中国证监会行政处罚决定书(〔2014〕69号)。
② 北京市第一中级人民法院行政判决书,(2018)京01行初887号;北京市高级人民法院行政判决书,(2019)京行终747号。

1号)中,涉案公司定期报告未披露资金被占用、对外担保、共同借款等情况,独立董事郭某某在申辩材料中提出,其"作为公司审计委员会召集人,通过电子邮件及短信要求公司内审部门关注关联交易和非经营性资金占用风险;在审议公司三季报议案时,要求公司注意合规经营;在知悉公司的违法行为后,督促公司完善内部治理,加强资金占用审计"。在此前提下,中国证监会重庆监管局认为,其"对审议博腾股份2018年第三季度报告事项进行了必要关注,同时在知悉公司存在资金占用情况后积极采取补救措施,履行了独立董事职责",进而免予承担责任。

此外,中国证监会行政处罚决定书(〔2011〕38号)中也有独立董事被免予处罚。在该案中,涉事企业定期报告出现虚假陈述、重大遗漏等情况,独立董事杨某某在履行职责方面还做到了:第一,亲自对科达股份已投资项目运营情况进行实地考察并要求对拟投资项目进行可行性论证;第二,发现科达股份财务报表异常变化时,立即质询董事长和财务总监,提示不要违规;第三,每次参加股东大会和董事会时都会与财务总监沟通,关注到2008年年度报告、2009年第一季度流动资金变化很大,曾向财务总监询问原因,并提出"是否有关联方资金占用"等问题;第四,主动与提供审计服务的注册会计师沟通,包括沟通审计计划、重大问题等;第五,对科达股份投资项目进行效益跟踪考评;及时提醒和督促公司董事会通过关于关联方资金往来还款计划的议案并及时收回资金。在此情况下,中国证监会认为,"经查,现有证据证明杨某某忠实、勤勉地履行了职责,不再对其进行行政处罚"。由此,笔者认为,中国证监会执法标准对独立董事履行职务的要求极为严格,只有当独立董事穷尽一切职权仍无法阻止公司违法行为发生,且在行为发生后积极督促公司改正、积极配合监管机关调查的情况下,其才有可能免予行政处罚。

⑤小结

在以上梳理和分析中,笔者采用数据统计与个案分析相结合的方式,在对抗辩事由进行归类的前提下,对各个主要类型的抗辩事由和证券监督管理部门的执法标准、法院的司法裁判进行了分析,进而得出结论:目前我国法律对独立董事勤勉义务要求极为严格,执法与司法机关对独立董事抗辩整体持消极态度,抗辩成功率极低,"签字即负责"成为普遍现象。对独立董事勤勉义务要求过高、举证责任过重,独立董事缺少合理的抗辩空间。在部分司法案件中,法院援引了"一般理性人"标准、"善意"及"公司最大利益"等审查要素,但仅是形式上的引用与概述,并未将其与个案事实结合进行充分论证,并未说明独立董事对于相应的信息披露事项应当尽到何种勤勉尽责义务。需要说明的是,笔者发现,大量行政处罚决定书中的中国证监会对独立董事抗辩事由的回应,并未实现具体抗辩事由与采纳(或未采纳)理由的一一对应,而是将所涉及的各类抗辩进行概括性、大而化之的回复,①削弱了针对抗辩回应的指向性,给深入与精细化研究造成了一定的困难。这也从侧面印证了中国证监会对于采纳独立董事抗辩所持的消极态度。

(3)处罚措施分析

①处罚措施情况介绍

根据2013年《证券法》第193条的规定,当上市公司存在信息披露违法行为时,应当对其他直接责任人员给予警告,并处以3万元以上30万元以下的罚款。在笔者检索的有效案例中,被处罚的604名独立董事中,有166名仅被处以警告,有440名被处以警告、罚款。罚款数额方面,1万元、3万元、4万元、5万元、6万元、7万元、8万元、9万元、10万元、15万元、20万元、25万元、30万元均有涉及。② 具体罚款数额往往与违法性质、案涉金额相关,故笔者未对其

---

① 例如,中国证监会行政处罚决定书(〔2018〕116号)指出:"其三,《证券法》第六十八条规定:'上市公司董事、监事、高级管理人员应当保证上市公司所披露的信息真实、准确、完整。'《上市公司信息披露管理办法》(证监会令第40号)第五十八条规定:'上市公司董事、监事、高级管理人员应当对公司信息披露的真实性、准确性、完整性、及时性、公平性负责,但有充分证据表明其已经履行勤勉尽责义务的除外。'本案中,涉案的董事、监事和高级管理人员并未提供其对＊ST国药涉案信息披露行为已尽忠实、勤勉义务的证据。滕某昌、龚某超、朱某良、黎某、徐某等人提出的未参与、不负责、不知情、任职时间短、已向他人核实等辩解,不属于法定的免责事由,上述人员应当承担相应的法律责任。"中国证监会行政处罚决定书(〔2019〕9号)指出:"上市公司董事、监事、高管依法应保证上市公司披露信息的真实、准确、完整。现有证据不足以证明李某、傅某度、周某明以及夏某华等当事人已尽勤勉尽责义务,未发现具有《行政处罚法》第二十七条所述应当依法从轻或减轻行政处罚的情形,量罚幅度适当。"中国证监会重庆监管局行政处罚决定书(〔2019〕5号)指出:"根据《证券法》第六十八条规定,上市公司董事、监事、高级管理人员应当保证上市公司所披露信息真实、准确、完整。上市公司董事、监事和高级管理人员应具备与职责相匹配的专业知识和水平,主动调查并获取决策所需资料,独立发表意见、承担责任,上述当事人提交的证据不足以证明其已勤勉尽责。当事人的申辩理由不属于法定免责事由,且本案量罚时已考虑上述因素,故对上述当事人的申辩意见不予采纳。"等等。

② 需要说明的是,之所以会存在仅警告的情形,以及1万元的罚款数额(低于《证券法》规定的3万元下限),是由于《行政处罚法》第27条及《信息披露认定规则》第20条规定了可"减轻处罚"的情形。

作进一步数量统计,但即便考虑这些因素,笔者也能在一定程度上发现独立董事处罚金额的增加趋势。

从出现频率来看,3万元作为2013年《证券法》第193条规定的"底线"适用频率最高,共有266人;适用第二多的标准是5万元。30万元作为处罚规定的"上限"仅被适用过一次:在中国证监会行政处罚决定书([2013]23号)中,云南绿大地生物科技股份有限公司在招股说明书和2007年、2008年、2009年3年年报中虚增资产和业务收入,其中招股说明书中虚增近3亿元营收,2008年年报虚增1.6亿元资产。独立董事作为IPO文件虚假陈述和定期报告虚假陈述的其他直接责任人员最终被罚款30万元。[①]

②处罚措施纵向趋势分析

在处罚措施方面,值得关注的数据是仅警告而未予以罚款的独立董事人数的变化趋势(见表8-12)。从统计结果上看,2017~2020年被处罚的独立董事人数大量增加,其中所有的独立董事均被处以罚款,可见"警告+罚款"的处罚措施已经成为信息披露违法案件的"标配"。监管部门的处罚力度不断提高应当与上市公司独立董事制度不断完善有关。

表8-12 "仅警告而未予以罚款的独立董事人数/被处罚独立董事人数"的变化趋势

年份	仅警告而未予以罚款的独立董事人数统计/个	被处罚独立董事人数统计/个	两者比例/%
2020	0	48	0
2019	0	69	0
2018	0	49	0
2017	0	68	0
2016	12	46	26.1
2015	8	41	19.5
2014	19	44	43.2
2013	4	20	20.0

---

① 中国证监会行政处罚决定书([2013]23号)。

续表

年份	仅警告而未予以罚款的独立董事人数统计/个	被处罚独立董事人数统计/个	两者比例/%
2012	0	17	0
2011	19	26	73.1
2010	17	29	58.6
2009	10	27	37.0
2008	23	45	51.1
2007	24	32	75.0
2006	10	14	71.4
2005	9	16	56.3
2004	10	10	100.0
2003	0	0	无意义
2002	1	1	100.0
2001	0	2	0

③处罚措施横向比较分析

除按照时间线对处罚措施进行纵向比较,将案件中针对独立董事的处罚措施与针对非独立董事的处罚措施进行横向比较能够观察证券监督管理部门是否对独立董事与其他董事予以区别对待,而罚款数额则构成了比较的标准。从有效案例中的处罚结果来看,独立董事被处以罚款的数额通常是同一案件处罚决定中的最低档或倒数第二档。根据《信息披露认定规则》第19条的规定,认定信息披露违法责任人员的责任大小,应当从以下几个方面考虑责任人员与信息披露违法的事实、性质、情节、社会危害后果的关系:在信息披露违法行为发生过程中所起到的作用,知情程度和态度,职务、具体职责及履行职责情况,专业背景和其他影响责任认定的情况。

独立董事往往并不实际参与公司运营,不在公司内部担任其他职务,因而往往是被动参加信息披露违法事项的,并在其中起次要作用,难以对信息构成"明知",可见独立董事在同一案件中的责任往往相对较小。尽管除独立董事外，所有的处罚决定书中均未明确指出其他董事是否为执行董事或内部董事，但证监部门在部分案件中区分了内部董事与外部董事，对独立董事进行了从轻处理。

例如，从表述上来看，中国证监会深圳监管局行政处罚决定书（〔2015〕1号）中明确提出，"考虑到李某某、付某某、罗某作为外部董事不直接参与键桥通讯经营管理等情节，我局已将其责任与其他责任人员做了明确区分"，因而对参与经营管理的董事处以3万元罚款，而仅对李某某、付某某两位独立董事予以警告；①中国证监会行政处罚决定书（〔2010〕13号）在认定独立董事的法律责任时提出，"鉴于其外部独立董事身份，以及未有证据表明其参与或者知晓有关未披露事项，依法对其予以从轻处罚"。②

而从处罚结果来看，在中国证监会行政处罚决定书（〔2020〕105号）中，对于涉及相同违法事项的其他直接责任人员，中国证监会对两位独立董事郑某某、苏某某处以8万元罚款，而对两位兼任副总经理（因而属于内部董事）的董事吴某某、邓某某处以15万元罚款；③在中国证监会行政处罚决定书（〔2015〕84号）中，中科云网的信息披露违规事由包括：A. 2012年度报告违规确认加盟费收入、违规确认股权收购合并日前收益；B. 2014年度第一季度报告提前确认收入。最终6位独立董事均被罚款3万元，同为其他直接责任人员中的2位非独立董事则分别被罚款5万元和3万元。④ 值得说明的是，6位独立董事和被罚款5万元的非独立董事均是A和B两项违规事由的其他直接责任人员，而被罚款3万元的非独立董事仅为A的其他直接责任人员。在处罚决定书未见其他区别的背景下，上述罚款数额的对比情况反映了中国证监会的区分态度。

笔者对200个有效信息披露违规案件中，被认定为其他直接责任人员中的独立董事和非独立董事的罚款数额对比情况进行了统计，分为"相同"、"部分

---

① 中国证监会深圳监管局行政处罚决定书（〔2015〕1号）。
② 中国证监会行政处罚决定书（〔2010〕13号）。作出类似区分表述的案件还包括中国证监会行政处罚决定书（〔2014〕89号）、中国证监会行政处罚决定书（〔2014〕69号）、中国证监会海南监管局行政处罚决定书（〔2014〕1号）、中国证监会行政处罚决定书（〔2014〕42号）。
③ 中国证监会行政处罚决定书（〔2020〕105号）。
④ 中国证监会行政处罚决定书（〔2015〕84号）。

相同"、"不同"与"无统计意义"①(见表 8-13)。

表 8-13　行政处罚案件中独立董事与非独立董事罚款数额对比情况

单位:个

独立董事与非独立董事罚款数额比较	案件数量
相同	113
部分相同	22
不同	49
无统计意义	16

从整体统计结果来看,罚款情况相似的比例较高,达到 73.4%,②这说明对于同为其他直接责任人员的董事与独立董事,监管部门在决定罚款数额时未予以足够的区分。但必须说明的是,笔者认为,这一统计的参考性并不强,原因主要有两点。

第一,同一行政处罚判决书中往往涉及上市公司的多项信息披露违规事由,而其他直接责任人员中的独立董事与非独立董事可能仅对部分违规事由承担责任,理想情况是,独立董事和非独立董事对一致的信息披露违规事由负责,进而可以比较二者被罚款的情况。但如此严格的变量控制根本无法实现:不同董事可能对应完全不同的违规事由。例如,在某一案件中,公司的信息披露违规事由包括 A、B、C 3 项,独立董事甲是 A 和 B 的其他直接责任人员,独立董事乙是 B 和 C 的其他直接责任人员,而非独立董事丙是 A 和 C 的其他直接责任人员,无论是甲、丙还是乙、丙之间进行的比较都有局限性;且受限于处罚决定表述的简略性与模糊性,许多案件中董事与其违规事由之间的对应关系都无

---

① "无统计意义":在部分行政处罚决定书如中国证监会行政处罚决定书([2018]44 号)、中国证监会行政处罚决定书([2018]36 号)、中国证监会上海监管局行政处罚决定书([2018]22 号)、中国证监会上海监管局行政处罚决定书([2018]13 号)、中国证监会上海监管局行政处罚决定书([2018]7 号)中,当事人仅包括独立董事,因而没有比较的基础,故将该案定义为"无统计意义"。

② "相似"包括"相同"和"部分相同"两项,分母为有效案件数量 – 无统计意义案件数量。

法明确。①

第二,2013年《证券法》第193条将处罚数额限定在3万元至30万元之间,由于大部分案件中的信息披露违法情节并不严重,处罚决定往往径直采用下限标准,从而造成了趋同,从诸多案件中得出的"相同"可能是受制于法律规定的结果。

5. 独立董事行政责任的程序法分析

(1) 行政责任的认定程序

①管辖权

根据《证券法》《中国证监会派出机构监管职责规定》的规定,地方证券监督管理机构是中国证监会的派出机构,经中国证监会授权对管辖范围内的证券违法行为实施调查、作出行政处罚。因此,对于上市公司的信息披露违法行为,中国证监会及地方证监局均有进行查处并作出行政处罚决定的法定职权。

②行政复议与行政诉讼程序

根据《证券法》的规定,当事人对证券监督管理机构或者国务院授权的部门的处罚决定不服的,可以依法申请行政复议,或者依法直接向人民法院提起诉讼。根据《中国证券监督管理委员会行政复议办法》的规定,在行政复议程序中,无论是中国证监会还是作为其派出机构的地方证监局作出的行政处罚决定,其复议机关都是中国证监会。②

(2) 行政责任认定的程序法争议

①归责原则与举证责任

《行政处罚法》并未明确行政违法责任的构成要件,对于行政违法责任的构成,在学理上存在不同观点。第一种观点认为,行政违法责任应当采用过错原则,相对人只有在主观上有过错时才应当承担行政违法责任,若主观上无过失则不应受到处罚,这一观点即采"过错原则"。③ 第二种观点认为,无论相对

---

① 在统计中,尽管大部分行政处罚决定书一般会根据违规事由分别确定其他直接责任人员的范围,但有相当一部分则采取了类似"……(当事人姓名)是上市公司上述部分或全部信息披露违法行为的其他直接责任人员""……(当事人姓名)是其在任董事期间表决通过的董事会决议相应信息披露违法事项的其他直接责任人员"的表述。

② 参见《中国证券监督管理委员会行政复议办法》(中国证券监督管理委员会令第67号)第2条。

③ 参见张泽想:《行政处罚适用的构成分析》,载《政法论坛》1994年第5期。

人是否有主观过错,其只要客观上违反行政法律规范,就应受到行政处罚,原因在于由行政机关举证证明行为人存在主观过错会加重行政执法机关的负担,这一观点即采"无过错原则"。① 第三种观点认为,只要行为人存在违反行政法律规范的事实,行政机关就可推定行为人主观上具有过错,行为人只有证明其不具有主观过错,才能免除其法律责任,即"过错推定原则"。②

在现行法下,独立董事对公司信息披露违法行为所承担的行政责任以过错推定为归责原则。《上市公司信息披露管理办法》第51条第1款规定:"上市公司董事、监事、高级管理人员应当对公司信息披露的真实性、准确性、完整性、及时性、公平性负责,但有充分证据表明其已经履行勤勉尽责义务的除外。"《信息披露认定规则》第15条规定:"发生信息披露违法行为的,依照法律、行政法规、规章规定,对负有保证信息披露真实、准确、完整、及时和公平义务的董事、监事、高级管理人员,应当视情形认定其为直接负责的主管人员或者其他直接责任人员承担行政责任,但其能够证明已尽忠实、勤勉义务,没有过错的除外。"因此,对于上市公司的证券信息披露违法行为,推定独立董事具有过错,除非其能够证明自身已经尽到勤勉尽责义务,或者具备法定的其他免责事由。

这一问题还涉及行政诉讼中举证责任的分配,过错推定原则意味着证明独立董事已经尽到勤勉尽责义务的举证责任也由独立董事承担。从司法实践来看,在多个案件中,独立董事提出异议,主张不应采过错推定原则,但对于原告提出的由被诉行政机关对原告"未尽勤勉义务"的事实提供证据予以证明的主张,法院均予以驳回。③ 部分法院援引了最高人民法院《关于审理证券行政处罚案件证据若干问题的座谈会纪要》的相关规定。④

②行政处罚时效

根据《行政处罚法》第36条的规定,违法行为在2年内未被发现的,不再

---

① 参见马怀德:《〈行政处罚法〉修改中的几个争议问题》,载《华东政法大学学报》2020年第4期。
② 关于过错推定原则,在学理上有观点认为,它属于一类独立的归责原则;也有观点认为,它只是过错原则的一种适用方式。
③ 陈某某与中国证监会四川监管局、中国证监会行政判决书,(2017)京0102行初274号;范某与中国证监会行政判决书,(2017)京01行初760号;陶某与中国证监会四川监管局等行政裁定书,(2018)京行申866号。
④ 参见最高人民法院《关于审理证券行政处罚案件证据若干问题的座谈会纪要》第4条。

给予行政处罚。在实践中,有独立董事主张证券监督管理机关作出的行政处罚决定超过了法定的行政处罚时效。这一争议涉及如何确定信息披露违法行为的行政处罚时效起算点,以及如何确定违法行为是否被发现的问题。

关于信息披露违法行为的行政处罚时效起算点,在实践中存在不同的认定方式,如以受到处罚的独立董事不再担任公司职务之日起计算处罚时效、①以涉及信息披露违法的报告披露时间为行政处罚时效起算点。② 笔者认为,独立董事作为公司信息披露违法行为的其他直接责任人员而受到处罚的,应当以信息披露违法行为发生的时间作为行政处罚时效的起算点,即存在定期报告、临时报告、IPO 文件虚假陈述或未及时披露的,以该文件发布时间作为行政处罚时效起算点。由于公司实际控制人、对外担保、关联关系等事项通常持续一段时期,可以认定为"持续性违法行为",从行为终了之日即最后一份违规信息披露文件发布之日起计算处罚时效。例如,在周某某等诉中国证监会行政处罚案③中,法院认为:"鸿基公司自发布 2007 年 3 月 19 日《澄清公告》至 2010 年 3 月 24 日发布 2009 年年度报告,均未对'代持股'事项进行披露,鸿基公司的上述违法行为处于连续状态。"

关于如何认定《行政处罚法》第 36 条规定的"违法行为在二年内未被发现"中的"发现"标准,有观点认为,应当以行政执法机关对违法行为予以立案作为发现违法行为的判断标准。④ 在实践中,对于当事人就行政处罚已过处罚时效提出的抗辩,证券监督管理机构或法院大多以立案调查程序启动时作为违法行为被发现的时点。⑤ 但也存在不同的认定方式,如在中国证监会行政处罚决定书(〔2017〕41 号)中,中国证监会认为:"我会在 2015 年 7 月 23 日下发《调查通知书》前,已于 2015 年 1 月 19 日向涉案主体下发过《监督检查通知书》,

---

① 中国证监会行政处罚决定书(〔2017〕43 号)。
② 中国证监会行政处罚决定书(〔2018〕117 号)。
③ 北京市第一中级人民法院行政判决书,(2014)一中行初字第 304 号。
④ 参见梁凤云:《最高人民法院行政诉讼批复答复释解与应用(法律适用卷)》,中国法制出版社 2011 年版,第 10 页。
⑤ 参见中国证监会行政处罚决定书(〔2017〕43 号)、周某添等与中国证监会纠纷案[北京市第一中级人民法院行政判决书,(2014)一中行初字第 304 号]。

也即行政违法行为被发现日应为 2015 年 1 月 19 日之前。"①在执法实践中,也存在一些先稽查再立案的不规范现象。因此,对于如何界定违法行为被发现的标准,应当通过法律修订和解释加以明确。

③行政处罚程序合法性

在多个行政诉讼案件中,独立董事提出了被诉行政处罚决定的处罚程序违法的主张,包括"先稽查再立案""一事二罚""诱导式提问""听证程序违法"等理由。其中,"听证程序违法"是提出最多的行政处罚程序违法事由,在 17 个行政诉讼案件中,7 个案件的原告提出其在被告作出行政处罚决定前提出了听证的要求,但中国证监会或地方证监局未予采纳,未依法举行听证导致其作出的处罚决定违法。听证程序是行政处罚程序中的一项特别程序。根据《行政处罚法》的相关规定,行政机关在作出对行政相对人权益影响较大的损益性行政行为时,当事人有要求行政机关举行听证的权利。②

但在司法裁判中,当事人的这一主张均未得到法院支持。其原因在于,行政机关并非对于所有行政处罚决定都有应当事人要求组织听证的义务。就罚款这一处罚行为类型而言,只有当罚款数额达到一定标准时,行政机关才会组织听证。根据中国证监会《行政处罚听证规则》的规定,对个人没收业务收入、没收违法所得、罚款单独或合计 5 万元以上的,当事人才享有要求听证的权利。③ 由于以上 7 个案件中,独立董事所受罚款金额均为 3 万元,故当事人提出的听证程序违法主张无法得到法院支持。

6.应然架构视角下的行政责任实践

将笔者梳理的执法与司法案例置于前述独立董事法律责任的应然架构下检视,只有极少数案件符合这一应然体系。例如,在中国证监会行政处罚决定书(〔2004〕45 号)中,在知晓所转让资产为不良资产且若计提资产减值准备会导致该年度出现亏损的情况下,公司董事会决议通过了转让资产的事项,并在随后的临时公告和年度报告中披露了资产转让的主要内容,但没有披露所转让

---

① 中国证监会行政处罚决定书(〔2017〕41 号)。
② 参见《行政处罚法》第 63 条。
③ 参见中国证监会《行政处罚听证规则》第 5 条。

资产为不良资产以及不良资产对当期损益的影响。独立董事赵某国因对资产转让事宜对财务报告的影响提出过明确的异议而免责。在该案中,董事采取了有效行动,最终被认为履行了勤勉义务,符合本书给出的应然标准,但这样的案件仅是极少数。

大多数案件中,证券监督管理部门只是笼统地提出对于董事应当勤勉尽责加以关注,而很少考虑公司程序的完备程度。在中国证监会行政处罚决定书(证监罚字〔2007〕22号)中,ST威达未在其年报中披露重大关联交易事项,独立董事以"关联交易因实际控制人隐瞒,董事不知情、无法知情"进行抗辩,可合理推断该交易并未通过董事会审议。而中国证监会以"对于本案中认定的关联关系和关联交易,董事应当勤勉尽责地关注和加以调查了解"为由驳回抗辩。事实上,目前在执法层面,中国证监会未能充分考虑公司内部实际情况和信息获取难易程度,在违法行为发生后直接对独立董事进行处罚的案例确实存在。再以中国证监会行政处罚决定书(〔2019〕141号)为例。中国证监会查明,涉案公司未按规定披露关联方及关联交易、对外担保情况、股东股份司法冻结等情况。根据笔者先前所构建的标准,此类信息均为公司运营与合规信息,其在获取上本身就具有一定的难度,若独立董事未参与公司日常经营,则其鲜有机会了解、接触此类信息,更无从谈论其监督作用的发挥了。而在该案中,时任董事长在个别关键人员的协助下完成违规操作,更进一步增加了独立董事乃至内部董事查明的难度。

在这种情况下,正如前文所提到的,信息获取的难度增加应该直接导致独立董事被施加法律责任的可能性降低,独立董事"涉及三项事实均为庄某一手操纵,个别关键岗位人员协助;其本人勤勉尽责但仍不可能发现"等抗辩也体现了这一思想。然而,在行政处罚决定书中,中国证监会并未对此类主张予以积极回应,取而代之的是"不属于不予处罚的情形""责任认定和处罚幅度,已充分考虑了各自在违法行为中所起的作用和违法情节"等表述,并未实现从案件实际的角度出发对勤勉义务进行考察,与本书所设立的应然标准相去甚远。针对该案,笔者认为,应当进一步细化相关证据,还原案件中独立董事的信息获取程度,并以此作为判断其勤勉义务履行情况的依据。若经调查确实存在相关信息难以获得的情况,则应认定其履行了勤勉尽责义务。根据应然标准,关联交易是独立董事较难获取的公司运营信息,该案又属于公司决策程序不合规的情形,此时应当进一步考察这种程序不合规是否长期存在,以及董事是否有监督公司完善程序运行的行为来判断独立董事是否勤勉尽责。

在行政诉讼中同样存在这一问题。在周某某诉中国证监会上海监管局、中国证监会行政处罚案①中,上海家化在2009~2012年年度报告中未披露其与沪江日化之间发生的采购、销售及资金拆借等关联交易情况。法院以原告作为上海家化时任独立董事在2012年年度报告上签署确认意见为由,认定原告未尽到勤勉尽责义务。但是,关联交易作为公司运营信息的一部分,较难为独立董事所获取。而且原告自2012年12月18日起才担任上海家化的独立董事,自其担任独立董事起至其在2012年年度报告上签字仅有13天的时间,原告也缺乏足够的时间和机会获取关联交易的相关信息。因此,在笔者提出的独立董事勤勉尽责的应然审查框架下,该案中的独立董事不应因公司的信息披露违法行为而受到处罚。在陈某某诉中国证监会四川监管局、中国证监会行政处罚案②中,法院认为公司的重大诉讼和重大担保事项理应为独立董事所知悉,指出对于时间跨度长、涉案金额巨大、反复多次发生的重大诉讼和重大担保事件,原告作为公司独立董事应当保持足够的关注和勤勉义务。笔者认为,公司涉诉情况属于公司合规信息,除已经公开的判决文件外,正在进行的诉讼不一定能够为独立董事所获知。对于独立董事是否应当知悉公司诉讼的判断,不应仅从涉案金额和时间跨度角度出发,而应考察公司是否建立了运行有效的公司信息搜集和报告系统和内部决策程序,从而使独立董事能够通过董事会等程序知悉相关事项。

由此可见,法院和证券监督管理部门在实务中认定独立董事是否履行了勤勉义务的层次相对单一,与笔者提出的应然标准存在不小的差距,总体上对独立董事勤勉义务的要求过于严格,"签字即负责"成为普遍现象。

---

① 上海市浦东新区人民法院行政判决书,(2015)浦行初字第640号。
② 北京市西城区人民法院行政判决书,(2017)京0102行初274号。

(二)独立董事民事责任

1.民事案例概览与统计筛选方法说明

在进行独立董事民事责任案例研究时,笔者以"威科先行"法律信息库为样本,以"独立董事"为关键词,以"民事"为案由进行检索,共得到裁判文书1827份,统计截止时间为2020年12月31日。[①] 通过对所获得的案例样本进行人工筛查,排除仅案情部分涉及独立董事(非案件当事人)、独立董事仅作为涉案公司法定代表人或委托诉讼代理人出现、当事人非本书研究的独立董事范畴(非上市公司独立董事)等无关案例后,获得有效案例共计14个(详见图8-11)。

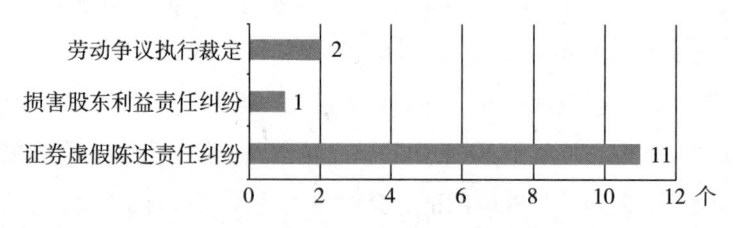

图 8-11 独立董事民事有效案例统计

案由	数量
劳动争议执行裁定	2
损害股东利益责任纠纷	1
证券虚假陈述责任纠纷	11

在前述涉及独立董事民事法律责任的14个有效案例样本中,包含劳动争议执行裁定共计2个、损害股东利益纠纷共计1个、证券虚假陈述责任纠纷共计11个。笔者对有效案例样本进行二次筛查:对于其中的劳动争议执行裁定,由于异议人已经辞去独立董事职务,故予以排除;对于其中的损害股东利益责任纠纷判决书,由于判决书前后内容不一致,故予以排除。最终,笔者用以进行后续分析研究的案例样本确定为涉及独立董事证券虚假陈述责任纠纷的判决书,共计11份,相关情况如表8-14所示。

[①] 笔者于2020年11月8日,以"关键词:独立董事"、"案由:民事"对"截至2020年11月1日"的民事裁判文书进行检索,当时共获得样本数量1815份。在进行本书撰写时,又增加了2020年11月、12月新增裁判结果对总样本数量进行更新,对于2020年11月1日至12月31日新增披露但裁判日期在2020年11月1日之前的文书不再进行统计。特此注明。

表 8-14　涉及独立董事责任的证券虚假陈述民事案例概览

案件名称[1]	案号	适用条款	判决理由	判决结果
唐某某案	（2016）苏01民初539号	实体法规定： 2014年《证券法》第63条、第69条；最高人民法院《虚假陈述若干规定》第17条、第18条、第19条、第21条第1款、第29条、第30条、第31条、第33条第1款第1项 程序法规定： 2012年《民事诉讼法》第13条、第142条	—	独立董事承担10%的补充赔偿责任
谢某某、协鑫集成公司虚假陈述系列案	（2016）苏01民初2066号 （2016）苏01民初2071号	实体法规定： 原《侵权责任法》第6条；2014年《证券法》第63条、第67条；《企业破产法》第92条、第94条；最高人民法院《虚假陈述若干规定》第17条、第18条、第19条、第20条、第21条、第30条、第32条、第33条、第34条、第35条 程序法规定： 2012年《民事诉讼法》第142条	—	独立董事承担10%的补充赔偿责任
李某某与东盛科技证券虚假陈述案	（2014）陕民二终字第00059号	实体法规定： 《虚假陈述若干规定》第18条、第20条第2款 程序法规定： 2012年《民事诉讼法》第170条第1款第1项	不满足因果关系要件	驳回原告诉讼请求

续表

案件名称	案号	适用条款	判决理由	判决结果
潍坊亚星公司虚假陈述系列案	（2013）济商初字第249号	实体法规定：最高人民法院《虚假陈述若干规定》第19条第2项 程序法规定：2012年《民事诉讼法》第64条第1款	不满足因果关系要件	驳回原告诉讼请求
	（2013）济商初字第250号			
	（2013）济商初字第251号			
	（2013）济商初字第252号			
	（2013）济商初字第253号			
	（2013）济商初字第254号			
郑某与李某等证券虚假陈述赔偿纠纷上诉案	（2009）浙辖终字第258号	—	—	—

〔1〕下文分析也主要使用此处的简称。

2. 独立董事民事责任的类型化分析

目前，独立董事的民事责任主要规定在《公司法》《证券法》以及证监部门相关行政法规之中，详见表8-15、表8-16。就其责任对象而言，可以划分为针对公司的民事法律责任与针对第三人（包括股东与投资者）的民事法律责任；就产生责任的原因而言，可以区分为因独立董事自身违法而产生的责任与因所在上市公司信息披露不规范而产生的连带责任。基于案例检索获得的结果，下文将主要围绕独立董事基于信息披露义务而需承担的虚假陈述民事法律责任展开论述。

表 8-15 《公司法》上的独立董事法律责任

法条	责任主体	责任对象	责任事项	责任类型	归责/免责事由
第 21 条（2023 年修订后为第 22 条）	董事	公司	关联交易损害公司利益	个人责任	—
第 112 条（2023 年修订后为第 125 条）	董事	公司	董事会决议	个人责任	参与会议＋签字推定免责；异议＋书面记录可免责
第 148 条（2023 年修订后为第 181 条）	董事	公司	董事不得从事的行为	个人责任	收入归公司
第 149 条（2023 年修订后为第 188 条）	董事	公司	执行事务	个人责任	—
第 152 条（2023 年修订后为第 190 条）	董事	公司	行为损害股东利益	个人责任	—

表 8-16 《证券法》上的独立董事法律责任

法条	责任主体	责任对象	责任事项	责任类型	归责/免责事由
第 44 条	董事	公司	证券交易限制	个人责任；连带责任	—
第 53 条	董事	投资者	内幕交易	个人责任	—
第 84 条	董事	投资者	不履行公开承诺	个人责任	—
第 85 条	信息披露义务人董事	投资者	信息披露	连带责任	第 82 条
第 90 条	独立董事	股东	公开征集股东权利	个人责任	—

3. 民事责任与行政责任的纵向对比：基于法律与案例的双重视角

（1）法律文本考察：解释论视角

目前，我国《证券法》及相关司法解释、行政法规对于独立董事在证券虚假陈述信息披露违法案件中应当承担的法律责任并未作出单独规定，独立董事在此类案件中所需承担的法律责任往往直接依照有关公司董事的法律规定进行处理。但在对相关责任规定进行纵向对比时，笔者发现，法律对董事在虚假陈述行政案件中的行政责任与虚假陈述民事案件中的民事责任的认定存在一定差别。

①文义解释分析

在民事责任方面,《证券法》第85条对董事的信息披露义务作出了规定。据此,在信息披露义务人存在"未按照规定披露信息,或者公告的证券发行文件、定期报告、临时报告及其他信息披露资料存在虚假记载、误导性陈述或者重大遗漏,致使投资者在证券交易中遭受损失"的情况下,董事"应当与发行人承担连带赔偿责任,但是能够证明自己没有过错的除外"。《虚假陈述若干规定》第21条第2款规定,"发行人、上市公司负有责任的董事"对因公司虚假陈述给投资人造成的损失"承担连带赔偿责任。但有证据证明无过错的,应予免责"。

根据前述规定,虚假陈述类案件中,独立董事应当承担过错责任,并以过错推定为归责原则,当董事能够证明自己对虚假陈述行为无过错时,可以免责。①在责任构成方面,主要考察下列要件:公司是否存在虚假记载、误导性陈述或者重大遗漏等虚假陈述行为,投资者是否发生损失结果,虚假陈述行为与损害结果之间是否存在因果关系。需要注意的是,只有"负有责任的董事"才需承担责任;同时,法律并未规定独立董事应当如何"证明自己没有过错"。

在行政责任方面,《证券法》第197条(2014年《证券法》第193条)未直接对独立董事或董事违法信息披露的责任进行规定,而是规定了"直接负责的主管人员和其他直接责任人员"的责任。《信息披露认定规则》第15条规定,"对负有保证信息披露真实、准确、完整、及时和公平义务的董事、监事、高级管理人员,应当视情形认定其为直接负责的主管人员或者其他直接责任人员承担行政责任";同时"能够证明已尽忠实、勤勉义务,没有过错的除外"。此外,《信息披露认定规则》第13条还规定了认定信息披露义务人违法的主观要件。

根据前述规定,独立董事承担行政责任的前提是公司存在信息披露违法并且董事被认定为信息披露违法的"直接负责的主管人员和其他直接责任人员",该责任不需要以存在投资者损失为前提;承担行政责任的原因是其"负有

---

① 参见周成:《独立董事的虚假陈述责任》,载《人民司法》2019年第19期。

保证信息披露真实、准确、完整、及时和公平义务"。此外,根据《证券法》第 82 条的规定,独立董事的"已尽忠实、勤勉义务",是指对信息的披露程序及内容尽责,并且在独立董事"无法保证证券发行文件和定期报告内容的真实性、准确性、完整性或者有异议"的情况下,"应当在书面确认意见中发表意见并陈述理由"并经由董事会披露或自行披露。结合《信息披露认定规则》第 16 条,对独立董事在公司违法信息披露过程中"没有过错"的判定应当综合章程规定的职责范围、独立董事履职情况、相关会议纪要(知情状况及态度)等内容。

从文义解释的角度出发,立法对独立董事民事责任与行政责任的上述规定存在以下区别:第一,在责任构成方面,民事责任的承担须依据侵权责任构成要件进行判定;行政责任的承担则依据循行政处罚的逻辑,要求公司存在信息披露违法且独立董事对此负有责任,不要求存在投资者损失与因果关系。这是二者之间存在的明确差别。第二,在共同适用过错推定原则的基础上,《证券法》第 85 条与《虚假陈述若干规定》第 21 条都未对独立董事承担民事责任情况下如何"证明自己没有过错"进行明确;而根据《信息披露认定规则》与《证券法》第 82 条的规定,在认定行政责任时对于独立董事"已尽忠实、勤勉义务,没有过错"的主要判断依据,包括独立董事在董事会会议书面确认意见中发表异议意见并陈述理由等内容。

②目的解释与体系解释分析

立法对如何认定独立董事在虚假陈述类信息披露违法案件中"没有过错"未作明确规定,也未说明是否可以直接适用行政处罚决定书中对行政违法的过错判定标准。在存在前述文义缺失的情况下,从目的解释与体系解释视角出发的分析或许可以帮助弥补法律漏洞,也可以帮助思考可否将行政责任认定过程中的异议标准类推适用于民事责任判定。

在民事责任方面,《虚假陈述若干规定》并未明确规定虚假陈述赔偿责任的法律性质,但根据其中有关虚假陈述行为认定的规定(第 17 条)、虚假陈述与损害结果的因果关系规定(第 18 条)以及责任主体归责原则的规定(第 21 条至第 24 条),应当认定虚假陈述民事责任适用归责原则的侵权责任路径。[1]

---

[1] 参见周成:《独立董事的虚假陈述责任》,载《人民司法》2019 年第 19 期。

因而,虚假陈述民事诉讼是民事侵权赔偿之诉,独立董事虚假陈述民事责任的基础性规则应为《民法典》第1165条(原《侵权责任法》第6条),而损害赔偿是侵权责任的主要救济手段与侵权责任立法的主要功能。[1]《虚假陈述若干规定》在引言部分指出,立法目的为"规范证券市场民事行为,保护投资人合法权益"。据此,证券虚假陈述民事侵权赔偿之诉主要保护的法益应当是投资者的合法权益;就过错推定而言,该民事侵权赔偿责任的过错应当是针对特定个体损害结果的过错,[2]即推定独立董事对于投资者在证券交易过程中出现的个人民事权益受损害的结果存在过错。

在行政责任方面,信息披露违法行政责任就其性质而言属于行政处罚。《行政处罚法》第1条规定,该法的立法目的为"规范行政处罚的设定和实施,保障和监督行政机关有效实施行政管理,维护公共利益和社会秩序,保护公民、法人或者其他组织的合法权益"。结合行政处罚的前述法益保护目的,《信息披露认定规则》第1条使用了"引导、督促发行人、上市公司及其控股股东、实际控制人、收购人等信息披露义务人(以下统称信息披露义务人)及其有关责任人员依法履行信息披露义务,保护投资者合法权益"的立法目的表述,但"引导、督促"有关主体"依法履行信息披露义务"更符合信息披露行政立法最直接与主要的目标,"保护投资者合法权益"则更接近于当有关信息披露的行政管理秩序得以维护时所产生的间接效果。

从体系与目的解释的角度出发,在公司信息披露违法的情况下,民事责任与行政责任的法益保护目的有所差别,从而影响对"过错"要件的认定:民事责任适用侵权责任的构成要件,其更强调对投资人合法权益的损害赔偿,针对的主要是相关信息披露违法行为对个体利益损害的过错。行政责任承担适用行政处罚的基本逻辑,同样强调投资者保护,但此种保护效果建立在对信息披露行政管理秩序的维护基础上。承担行政责任时的推定"过错",主要针对行为人违反信息披露管理秩序的过错。因而,对虚假陈述类案件中独立董事承担民

---

[1] 参见杨立新:《侵权责任法回归债法的可能及路径——对民法典侵权责任编草案二审稿修改要点的理论分析》,载《比较法研究》2019年第2期。

[2] 参见张保生、朱媛媛:《证券虚假陈述责任纠纷中董事民事责任边界探析——以两则上市公司董事免责抗辩成功案例为引入》,载《证券法律评论》2020年第00期。

事责任时"没有过错"的认定,也应当存在独立于行政认定的审查空间。①

③小结

由上述对法律规定的梳理分析可知,立法对独立董事民事与行政责任未作单独规定,均适用董事的规则进行处理。在此基础上,民事与行政责任的构成要件存在区别,法律保护目的与"过错"要件的认定标准也有所不同。行政责任作为公法责任,以维护信息披露行政管理秩序为直接目标,通过对独立董事信息披露违法的行政处罚间接达成投资者保护的目标,这一法益保护目的与方式影响其过错要件的建构。民事责任作为一种侵权赔偿责任关注对投资者受损害权益进行直接的恢复与救济;与之相对,民事诉讼过程中在过错要件方面更关注行为人信息披露违法的过错对投资者个体利益受损的影响。②

(2)案例样本分析:法院对行政处罚认定结果的态度

①法院对行政认定依赖性较强,不单独进行"过错"分析

与理论层面存在区别审查的空间不同,在司法实践过程中,由于《虚假陈述若干规定》第 6 条第 1 款规定"投资人以自己受到虚假陈述侵害为由,依据有关机关的行政处罚决定或者人民法院的刑事裁判文书,对虚假陈述行为人提起的民事赔偿诉讼……人民法院应当受理",行政处罚决定与刑事裁判文书长期以来被视为虚假陈述民事诉讼的前置程序。对此种前置程序的批评意见很早便存在,主要关注前置程序对投资者维权设置了障碍,以及导致了司法程序对行政处罚结果的过分依赖。③ 尽管在 2015 年最高人民法院《关于当前商事审判工作中的若干具体问题》中,最高人民法院指出,虚假陈述民事诉讼"立案受理时不再以监管部门的行政处罚和生效的刑事判决认定为前置条件",④但是司法实践中法院对行政处罚的依赖却依旧存在,具体表现为法院在认定民事

---

① 参见张保生、朱媛媛:《证券虚假陈述责任纠纷中董事民事责任边界探析——以两则上市公司董事免责抗辩成功案例为引入》,载《证券法律评论》2020 年第 00 期。

② 参见赵立新等:《走出困境:独立董事的角色定位、职责与责任》,法律出版社 2010 年版,第106 页。

③ 参见陈朝阳:《证券民事诉讼机制的完善——兼评最高人民法院〈关于受理证券市场因虚假陈述引发的民事侵权纠纷案件有关问题的通知〉》,载《华东政法学院学报》2003 年第 1 期。

④ 参见刘文:《前置程序成历史 证券民事赔偿之路向何方?》,载《证券时报》2016 年 1 月 23 日,A004 版。

责任时对"侵权行为"与"推定过错"要件均不再作单独审查,直接采用行政处罚决定书的结论。

据此,下文以检索得到的 11 个涉及我国独立董事民事责任的证券虚假陈述民事案例为例,进行实践层面行政责任与民事责任的关系考察,主要研究司法实践中法院对相关行政处罚认定结果的态度。

在笔者检索的案例中,存在适用无过错责任原则对独立董事进行民事责任认定的情况。例如,在潍坊亚星公司虚假陈述系列案中,中国证监会行政处罚决定书(〔2012〕16 号)、(〔2013〕3 号)对潍坊亚星公司的信息虚假陈述进行处罚,认定独立董事为"其他直接责任人员"。但法院在其判决书中仅引用了对公司信息披露违法行为的认定结果,"潍坊亚星公司……被中国证券监督管理委员会进行行政处罚",并且依据公司信息披露违法直接认定"陈某系潍坊亚星公司独立董事,没有证据证明其对潍坊亚星公司的虚假陈述无过错",因此须承担连带责任。①

此外,法院也可能直接根据行政机关对独立董事的处罚决定判断董事存在过错,即不进行单独的过错认定。例如,在唐某某案中,法院指出,"本案中,海润公司的独立董事已被上海证券交易所、江苏证监局认定为存在未能勤勉履行职责行为……亦未提供独立董事工作笔录等证据证明其勤勉尽职地履行了上述独立董事的义务,因此……对海润公司虚假陈述给投资者造成的损失,应当承担赔偿责任"。② 在该案中,法院认为,受到行政处罚的独立董事无法举证证明自己已经勤勉尽职,因此其无法推翻中国证监会江苏监管局处罚决定书中对其过错的认定,但没有探讨是否可能存在行政与民事过错的区别,以及前述区别是否会对案件中独立董事的民事责任认定产生影响。

在谢某某、协鑫集成公司虚假陈述系列案中,法院指出,"经查,中国证监会……在《行政处罚决定书》中对每个事件中的责任人员进行了认定",认为在无法举证推翻公司构成信息披露违法的情况下,"尊重行政监管机关的专业判

---

① 山东省济南市中级人民法院民事判决书,(2013)济商初字第 249 号;(2013)济商初字第 250 号、(2013)济商初字第 251 号、(2013)济商初字第 252 号、(2013)济商初字第 253 号、(2013)济商初字第 254 号。

② 江苏省南京市中级人民法院民事判决书,(2016)苏 01 民初 539 号。

断,采信中国证监会《行政处罚决定书》的证明效力,认定谢某某……存在过错"。①

②证券虚假陈述民事案件中法院思路的转变

由于立法对虚假陈述信息披露违法类案件中独立董事和董事的法律责任认定没有进行区别规定,笔者在案例分析部分还新增了部分法院认为对行政处罚与民事违法的认定进行区分的与董事法律责任相关的判决(见表 8-17)。法院在此类案件中的区分思路,可以为厘清独立董事在信息披露民事侵权与行政违法案件中过错判断标准的差异提供参考。

表 8-17 涉及董事责任区分的证券虚假陈述民事案例概览

案件名称	案号	焦点分析	判决结果
鞍重股份、杨某某证券虚假陈述系列案件	(2017)辽 01 民初 414 号 (2017)辽 01 民初 416 号 (2017)辽 01 民初 418 号	行政违法与民事侵权的关系;主观过错的认定	董事无须承担连带责任
江苏保千里公司、庄某证券虚假陈述系列案件	(2018)粤 03 民初 389 号 (2018)粤 03 民初 792 号 (2018)粤 03 民初 793 号 (2018)粤 03 民初 802 号 (2018)粤 03 民初 2493 号	行政违法与民事侵权的关系;外部信息与内部信息的区分;程序履行	董事无须承担连带责任

在鞍重股份、杨某某证券虚假陈述系列案件中,被告鞍重股份与九好集团进行重组并披露相关信息,后者的财务数据存在虚假。据此,中国证监会认定鞍重股份信息披露违法,董事长杨某某为直接负责的主管人员。② 在民事诉讼阶段,法院在分析杨某某是否应当承担连带赔偿责任时指出,"所谓侵权责任的过错,是指侵权行为人对于侵权行为具有主观故意或者过失。行政违法与民事侵权应依据不同法律、法规予以认定,两者具有不同的法律构成要件。如果董事、监事和高级管理人员能够证明其没有主观过错,则不应对上市公司的虚

---

① 江苏省南京市中级人民法院民事判决书,(2016)苏 01 民初 2066 号、(2016)苏 01 民初 2071 号。
② 中国证监会行政处罚决定书([2017]35 号)。

假陈述赔偿责任承担连带赔偿责任"。在主观过错的认定方面,法院综合了董事参与表决情况、中国证监会行政处罚决定书中认定的事实、虚假信息来源等内容。最终,审理该案的法院并未依据行政处罚认定董事须承担民事责任。①

在江苏保千里公司、庄某证券虚假陈述系列案件中,原告主张,童某某等7位被告为上市公司董事,"因证券虚假陈述而受到行政处罚",所以应当推定其在民事诉讼案件中存在过错。深圳市中级人民法院在该案中考察了虚假陈述行政处罚与民事责任的关系。判决书指出:第一,由于虚假陈述的行政处罚与虚假陈述民事赔偿责任"所保护的法律利益性质有所不同",二者"构成要件及认定依据的实体法律规定"存在差别。其中,民事侵权责任强调"侵害他人利益的过错",行政处罚责任构成要件中则要求存在"违反管理秩序的过错",二者"虽有关联但并不完全相同"。第二,行政处罚的免责不仅要求行为人"证明已尽忠实、勤勉义务"还需"没有过错",且判断依据为《公司法》第112条(2023年修订后为第125条)规定的"在表决时曾表明异议并记载于会议记录";而认定构成民事侵权时的"过错"标准则主要依据"公司法上董事、监事、高级管理人员和其他直接责任人员是否履行忠实、勤勉义务"。因此,行政处罚的过错认定相较民事侵权更严格,受到行政处罚"并不必然导致或者推定其在民事纠纷中存在过错并承担相应的民事赔偿责任"。在此基础上,法院结合《公司法》第147条第1款(2023年修订后为第180条,该条对忠实、勤勉义务作了更具体的说明)与《证券法》第68条,指出民事侵权情形下对"忠实、勤勉义务"的认定应当结合信息来源进行区分,并指出在外部信息来源情况下,"忠实、勤勉义务"的履行需要更注重程序方面的考察。②

③小结

综合上述案例可知,目前有关独立董事虚假陈述民事责任案件总体基数较少,独立董事所承担的法律责任仍然以行政责任为主;在现有民事案例中,司法机关在独立董事民事责任认定方面的主流态度与其他虚假陈述民事案件基本

---

① 辽宁省沈阳市中级人民法院民事判决书,(2017)辽01民初414号、(2017)辽01民初416号、(2017)辽01民初418号。
② 广东省深圳市中级人民法院民事判决书,(2018)粤03民初389号、(2018)粤03民初792号、(2018)粤03民初793号、(2018)粤03民初802号、(2018)粤03民初2493号。

一致,都显示出对证监部门处罚决定的强依赖性,将行政处罚决定作为判断独立董事虚假陈述民事责任中存在"侵权行为""过错"等构成要件的直接依据,未关注民事侵权与行政处罚在"过错"要件认定方面可能存在的差别,也未对此作单独审查与说理。在此背景下,独立董事一旦作为被告被起诉,就须在不清楚具体认定标准的情况下举证证明自身"没有过错",否则,即可能面临连带赔偿责任。独立董事的执业风险与不确定性因此急剧上升。

此外,通过对涉及董事虚假陈述民事责任的案例考察可知,在实践中存在部分法院对董事等公司管理人员在虚假陈述类案件中所承担的民事责任进行限制的倾向。例如,深圳市中级人民法院与沈阳市中级人民法院尝试对行政违法与民事侵权下董事的法律责任进行区分,并依据信息、程序、行为人职责分工判断董事在虚假陈述民事案件中的主观状态。这为后续厘清了信息披露民事侵权责任与行政违法责任的差异,进一步明确虚假陈述民事侵权相关案件中独立董事的"过错"要件,以及合理化限缩独立董事、董事在相关民事案件中的责任,提供了参考价值与完善发展的空间。

4. 独立董事与内部董事民事责任的横向对比:基于构成要件的考察

上文主要对纵向上独立董事行政责任、民事责任关系进行了考察,经研究发现,在立法方面,行政责任、民事责任应当存在区分,但法律规定不明确;在司法方面,法院开始进行独立认定民事责任的尝试。在此基础上,笔者对独立董事虚假陈述民事责任的构成要件进行展开分析。在这一部分的构成要件考察过程中,将更关注横向上独立董事与内部董事民事责任的异同。

在理论层面,独立董事与内部董事均享有董事的权利义务,同时法律对独立董事的特殊性权利进行了额外规定,使其享有了更多的职权;在实践层面,独立董事在可能获取的信息类型与质量、所能获得的薪酬激励等方面与内部董事的差别,又使其实际履职状态受到影响,无法如内部董事一般全面深入地参与到公司经营决策过程中。前述因素共同决定了在同等的公司信息披露违法情形下,上市公司独立董事和内部董事的责任承担应当有所差别,但现有立法未对独立董事和内部董事的民事责任进行区分规定。下面主要结合本次检索过程中案例样本所反映的民事责任构成要件方面的内容,对司法实践中法院在认定独立董事民事责任时的态度进行论述。

(1) 实体法分析

①存在侵权行为：上市公司虚假陈述

上市公司是直接实施虚假陈述行为的主体，包括独立董事、内部董事在内的公司董事、监事、高级管理人员并非直接实施人，对其是否构成侵权责任的认定建立于对公司是否存在虚假陈述的侵权行为的判定基础之上。①

证券市场的虚假陈述行为，是指信息披露义务人违反证券法律规定在发行或交易阶段对重大事件作出违背事实真相的虚假记载、误导性陈述，或者在披露信息时发生重大遗漏、不正当披露信息的行为，这与《信息披露认定规则》第二章"信息披露违法行为认定"中的行为存在重合，二者都属于对公司是否信息披露违法的客观认定。就该要件的判定而言，在证券市场不成熟与司法审判经验不足的情况下，法院可以参考与信赖行政机关对这一专业性问题的认定结果。② 该构成要件不涉及独立董事和内部董事的责任差别。在 11 个独立董事证券虚假陈述民事责任案例中，涉及证券监督管理部门对公司信息披露行政处罚的比例为 100%。

②损害结果与因果关系

投资者损失是其提起虚假陈述民事诉讼的原因，民事责任的构成要求这一损害结果与上市公司的信息披露违法行为之间存在因果关系。关于虚假陈述与损害结果的因果关系，要求投资人所投资的证券为与虚假陈述直接关联的证券类型，投资人在虚假陈述实施日及以后、揭露日或更正日之前买入证券，并在揭露日或更正日及以后因卖出该证券发生亏损，或者因仍持有该证券而产生亏损。

上述构成要件不涉及独立董事和内部董事的责任差别，但会影响独立董事民事责任的承担。例如，在 11 个独立董事证券虚假陈述民事责任案例中，李某荣与广誉远中医药股份有限公司证券虚假陈述案③便由于原告的买入日未落入法院所认定的范围内而被认为不存在因果关系，被告上市公司与独立董事王

---

① 参见周成：《独立董事的虚假陈述责任》，载《人民司法》2019 年第 19 期。
② 参见张保生、朱媛媛：《证券虚假陈述责任纠纷中董事民事责任边界探析——以两则上市公司董事免责抗辩成功案例为引入》，载《证券法律评论》2020 年第 00 期。
③ 陕西省高级人民法院民事判决书，(2014)陕民二终字第 00059 号。

某某均无须对原告的投资损失承担民事赔偿责任。在潍坊亚星公司虚假陈述系列案①中,法院也指出该案中原告的"经济损失,属证券市场中正常的投资交易风险,不应归责于潍坊亚星公司",因此,被告上市公司与独立董事均无须承担民事赔偿责任。

③争议焦点:责任认定标准——过错要件分析与责任范围考察

有关过错要件的分析与责任范围的审查是独立董事虚假陈述民事案件的争议焦点。这既是笔者在前文对民事责任与行政责任进行纵向对比时强调的法院理应存在但实际常常被忽略的独立审查空间,也是在横向层面考察独立董事与内部董事民事责任区别时最能反映二者差异的部分。下面结合本次检索过程中获得的案例样本与相关评论意见分别对独立董事在虚假陈述案件中过错要件与责任范围的考察进行探讨。

A. 过错要件/勤勉义务分析

曾有司法实务人员撰文指出,参考《公司法》第 46 条(2023 年修订后为第 67 条)对董事会职权的规定以及第 147 条第 1 款关于董事对公司负有忠实勤勉义务的规定,"董事没有过错的核心应当是证明已经勤勉尽责地履行了对信息披露真实性的控制及监督义务"。② 因而,本部分对过错要件的分析与独立董事及董事的勤勉义务是紧密联系的。

在前文引用的在江苏保千里公司、庄某证券虚假陈述系列案件③中,深圳市中级人民法院指出,认定是否构成董事虚假陈述民事侵权时的"过错"标准为"公司法上董事、监事、高级管理人员和其他直接责任人员是否履行忠实、勤勉义务"。此外,在该案存在专业性机构提供的外部信息的情况下,法院参考侵权责任法中一般注意义务与特殊注意义务的区分标准,并认为应当采用一般人在通常情况下能否注意作为判断案件中董事对外部信息作出的判定是否存在过错的认定标准。

---

① 山东省济南市中级人民法院民事判决书,(2013)济商初字第 249 号、(2013)济商初字第 250 号、(2013)济商初字第 251 号、(2013)济商初字第 252 号、(2013)济商初字第 253 号、(2013)济商初字第 254 号。
② 参见周成:《独立董事的虚假陈述责任》,载《人民司法》2019 年第 19 期。
③ 广东省深圳市中级人民法院民事判决书,(2018)粤 03 民初 389 号、(2018)粤 03 民初 792 号、(2018)粤 03 民初 793 号、(2018)粤 03 民初 802 号、(2018)粤 03 民初 2493 号。

在唐某某案中,法院认为,受到行政处罚的独立董事无法举证证明自己已经勤勉尽职,因此其无法推翻处罚决定书中对其过错的认定。但法院在裁判书中指出"独立董事制度设置的目的在于完善上市公司治理结构,强化公司内部监督机制",对独立董事在上市公司虚假陈述过程中"未尽勤勉尽职义务",法院更关注独立董事是否对存在虚假的决议内容进行核实调查,更强调独立董事的监督义务。据此,法院认为,该案中独立董事"不参与公司日常经营管理,不执行具体业务,只是通过参加董事会讨论决定各项决议来履行职务,其未采取必要、合理的调查方法以避免不实报告的产生,虽然存有过失,但该种过失是一种轻微过失"。[1] 但此处法院认定何谓"必要、合理的调查方法"的标准仍然相对模糊。

在谢某某、协鑫集成公司虚假陈述系列案中,法院对勤勉义务的衡量标准有了进一步探讨。法院根据中国证监会处罚决定认定独立董事谢某某在超日公司因财报造假导致2012年半年报、第三季度报告营业收入和利润总额虚假记载两个事件中存在过错,但对于独立董事提出的抗辩理由进行了单独审查。需要注意的是,该案的虚假陈述行为主要涉及财务会计信息,专业性较强、造假因素的隐蔽性也较高;信息源于公司管理层,财务部与内审部门未提出异议;独立董事主要依据公司提供的文件资料进行审议,资料中的记载内容没有明显异常。因而,独立董事抗辩称,其对于公司年报涉及财务造假的虚假陈述行为不知悉且未参与。然而,法院在其判决书中指出,"谢某某虽抗辩其已勤勉尽责地履行了独立董事职责,但参照中国上市公司协会《上市公司独立董事履职指引》这一行业准则的规定",[2]独立董事"未提供工作底稿等证据证明其勤勉尽责地履行了上述义务",因此未采纳抗辩。[3] 在该案中,法院对于独立董事的勤

---

[1] 江苏省南京市中级人民法院民事判决书,(2016)苏01民初539号。

[2] 判决书援引中国上市公司协会《上市公司独立董事履职指引》部分要求,包括:独立董事应当通过《独立董事工作笔录》对其履行职责的情况进行书面记载。在公司年度报告的编制和披露过程中,独立董事应尽量亲自参与有关重大项目的实地考察。在年审会计师事务所进场审计前和出具初步审计意见后,独立董事应当参加与年审注册会计师的见面会,就审计计划、风险判断、风险及舞弊的测试和评价方法等进行沟通。独立董事应当就公司因会计准则变更以外的原因作出会计政策、会计估算变更或重大会计差错更正发表独立意见。对于会计政策变更、会计估计变更、重大会计差错更正等事项,独立董事需要关注上市公司是否存在利用上述事项调节各期利润误导投资者的情形。

[3] 江苏省南京市中级人民法院民事判决书,(2016)苏01民初2066号、(2016)苏01民初2071号。

勉尽责义务设定了一个较高的标准,即《上市公司独立董事履职指引》的要求。据此,法院认为独立董事不应轻信公司内部管理层提供的信息和陈述,而应主动进行审查,同时对于会计等专业性知识领域也需要关注并提示风险。

上述案例反映出司法实践中对勤勉尽责义务的认定存在以下问题:首先,勤勉尽责义务的范围较为模糊;其次,法院可能并不区分在何种状态下才可以视为"已经尽到"调查核实的监督义务,如前述唐某某案;最后,由于相关立法赋予独立董事特殊职权的同时也规定了特殊义务,部分法院对独立董事勤勉尽责义务设置了过高的认定标准,如前述谢某某、协鑫集成公司虚假陈述系列案件。这直接导致在勤勉尽责义务的认定方面,独立董事承担与内部董事不加区分甚至更高的义务要求。

对独立董事而言,其作为外部人士和兼职者,一般被认为不接触公司日常经营管理信息,并且更多扮演对相关议案如商业风险和财务信息进行监督的角色。① 在此种状况下,基于独立董事所能获取的信息范围、对专业知识的掌握程度等方面的特征,法院在具体认定其过错时不应过于严苛。江苏保千里公司、庄某证券虚假陈述系列案件虽然是对董事勤勉义务的分析,但其提出的一般注意义务标准可以作为参考,适用于独立董事的过错判断过程。唐某某案虽然最终认定独立董事仅因未采取"必要、合理的调查方法"而属于轻微过失,但未明确认定的标准。而谢某某、协鑫集成公司虚假陈述系列案件中法院采用理想化的《上市公司独立董事履职指引》作为认定标准,也不甚合理。

B. 责任范围分析

根据《证券法》第85条的规定,在虚假陈述民事案件中,上市公司负有责任的董事应当承担连带责任。

在所涉及的11个独立董事证券虚假陈述民事责任案例中,有3个案例涉及独立董事的责任承担问题。其中,在唐某某案②中,法院认定独立董事属于轻微过失,并且在综合考量独立董事的"身份角色、知情程度和主观态度、职责相关性、专业知识背景等因素"的情况下,认定独立董事应当对虚假陈述造成

---

① 参见周成:《独立董事的虚假陈述责任》,载《人民司法》2019年第19期。
② 江苏省南京市中级人民法院民事判决书,(2016)苏01民初539号。

的损失在10%范围内"承担补充赔偿责任"。

在谢某某、协鑫集成公司虚假陈述系列案①中,法院对独立董事承担赔偿责任的方式和数额问题进行了详细论述。法院认为,"证券侵权责任的判定应当兼顾保护投资者合法权益与公平课予加害人责任的平衡",不仅需要参照《虚假陈述若干规定》进行投资人损失的计算,还要考虑独立董事在虚假陈述事件中的过错状态与过错程度。值得注意的是,法院虽然没有在责任构成层面对民事责任与行政责任中的过错要件进行区分与阐述,并且设定了较高的勤勉义务的判定标准(参照中国上市公司协会《上市公司独立董事履职指引》这一行业准则的规定),但在责任大小范围的部分展开分析了独立董事的"过错"并希望实现"责任与过错相适应"的目标。在具体的过错认定方面,首先,法院区分了主观故意的场合与"未尽勤勉尽责"的过失状态。其次,法院认为独立董事没有参与财务造假事件的"决策"、没有证据证明其"积极参与"或"明知"造假"仍不予以指明并审议通过",因而不构成故意;该案中独立董事的情况属于未尽勤勉尽责义务过失导致公司虚假陈述。最后,法院对2014年《证券法》第69条的适用情况进行解释,认为该条所述的"连带赔偿责任"仅适用于独立董事存在主观过错的情形,不适用于过失情形。

由上述案例可知,虽然法律条文规定了董事对公司虚假陈述的连带责任,但实践中法院在独立董事民事责任的判定过程中没有直接适用连带责任,而是根据"责任与过错相适应"的原则判决独立董事承担按份补充赔偿责任。此外,在按份责任大小的认定标准方面,南京市中级人民法院以过错程度作为区分标准,并对2014年《证券法》第69条进行限缩解释,从而实现了对独立董事的责任限制保护。

关于法院在实践中的这一判决,可以从责任的法理基础与改善公司治理目标等方面进行解释论层面的分析。② 从责任的法理基础方面来说,独立董事的虚假陈述民事责任就其类型而言属于侵权赔偿责任。《民法典》第1168条规定:"二人以上共同实施侵权行为,造成他人损害的,应当承担连带责任。"共同

---

① 江苏省南京市中级人民法院民事判决书,(2016)苏01民初2066号、(2016)苏01民初2071号。

② 参见周成:《独立董事的虚假陈述责任》,载《人民司法》2019年第19期。

侵权的共同要件要求侵权人之间存在意思联络。在虚假陈述情况下,南京市中级人民法院将此处的意思联络要件具体化为独立董事参与财务造假事件的"决策"、"积极参与"虚假陈述或"明知"造假"仍不予以指明并审议通过"等不同情形,并将其统一概括为主观故意。在此基础上,法院将2014年《证券法》第69条的连带责任限缩解释为适用于独立董事主观故意的情形,有一定合理性。从改善公司治理的层面来说,"独立董事制度设置的目的在于完善上市公司治理结构,强化公司内部监督机制",因而独立董事主要的勤勉尽责义务表现为监督义务,其在虚假陈述事件中的过错也主要体现为未尽到勤勉尽责义务的过失行为。在此基础上,法院依据"责任与过错相适应"原则对过失情形下的责任进行划分,有利于保障独立董事的合法利益、激发其认真履职的动力,进而帮助公司改善治理。

(2)程序法分析

①前置程序

关于独立董事虚假陈述民事诉讼的前置程序要求,前文已经有过论述。《虚假陈述若干规定》第6条的规定隐含了前置程序要求,但此种要求与保障投资人诉权的目标不符,并造成了司法实践中法院在认定民事责任时对行政处罚决定的过分依赖。因而,最高人民法院于2016年宣布废除前置程序的要求,但前述路径依赖仍然可见于部分案例之中。笔者认为,基于部分虚假陈述案件认定的复杂性,对于民事责任与行政责任构成要件中重合的公司信息披露违法行为判定的要件,法院一般可以直接依据行政责任进行认定,除非当事人举证证明公司不存在虚假陈述行为;对于过错要件,由于行政诉讼与民事诉讼法益保护目的的不同,不能直接适用行政处罚决定中的认定结论。

②归责原则与举证责任

我国《证券法》第85条和《虚假陈述若干规定》第21条对董事虚假陈述民事责任的归责原则进行了规定,据此,被诉董事在诉讼中被推定存在过错,并须承担证明自身无过错的举证责任。相关法律并未单独规定独立董事民事责任的归责原则,但法院一般直接适用《证券法》中对董事的规定,对独立董事民事责任的认定也适用推定过错的归责原则。但在笔者研究所涉及的11个独立董事证券虚假陈述民事责任案例中,上述推定过错的归责原则与一般的过错责任的归责原则的区分较为模糊,这主要是由于案件中原告方均提交了行政处罚决定书作为证据证明被告独立董事存在过错并须承担相应的民事责任,法院也往往以此作为判断过错的依据。

5. 独立董事民事责任制度构建与司法实践的考量

就行政法律与民事法律的区分而言,行政处罚突出惩戒作用而民事赔偿强调损害填补,因而从责任构成要件与法益保护的角度出发,行政责任与民事责任理应有所差别。然而,有关独立董事的法律责任制度与实践经验却显示,当前我国存在行政责任适用较多、民事责任则较少提及的现状;法院在进行民事责任认定时对行政处罚决定存在依赖,又导致本应存在的民事责任限制与免除的空间被压缩。对此,笔者认为,一方面,应当完善独立董事的民事责任制度建设,缓解目前仅关注行政处罚但忽视对投资者保护的法律责任追究现状;另一方面,也应注意行政责任与民事追责机制的不同,关注二者在过错认定与勤勉义务范围要求方面的差异。

就独立董事与内部董事的民事责任区分而言,由于实践中独立董事在可能获取的信息类型与质量、所能获得的薪酬激励等方面与内部董事存在差别,在同等的公司信息披露违法情形下,上市公司独立董事和内部董事的责任承担应当有所差别。然而,由于立法方面仅对内部董事的法律责任条款进行了规定,独立董事权责不明,法院倾向于同等对待独立董事与内部董事的民事责任。对此,笔者认为,应当进一步细化独立董事与内部董事在决策与监督义务承担方面的差异,厘清独立董事与内部董事勤勉尽责义务的差别,保障独立董事的合法利益,激发其认真履职的动力,进而真正实现运用独立董事制度改善公司治理的目标。

(三)特殊身份的独立董事

1. 具有会计背景的独立董事

在笔者所构建的应然框架中,针对信息识别问题,还特别强调应当关注专家或具有特殊职能的独立董事。这类董事自身所具有的专业知识,提高了其对于某些履职相关信息能知、应知的程度,同时也更可能以合理、充分的方式理解并处理相关信息。此时，较之一般独立董事，其行为更可能存在违反勤勉尽责义务的情况，更易符合行政、民事等法律责任的构成要件。据此，本部分将从理论与实践两个层面出发，详细论述会计背景与法律背景对于独立董事承担法律责任的影响。

我国《关于在上市公司建立独立董事制度的指导意见》（已失效）中明确要求，境内上市公司的独立董事必须至少包括一名会计专业人士（会计专业人士是指具有高级职称或注册会计师资格的人士）。其主要原因在于，上市公司披露的信息中很大一部分属于财务会计信息，具备会计专业知识有助于独立董事理解会计原则和财务报表，从而对公司信息披露文件中的财务信息进行审查，对相关事项作出准确判断，因此由会计专业人士担任独立董事是一种专业性与独立性相结合的体现，有利于对公司的经济活动进行监督。有学者基于会计信息质量的视角，对具有会计背景独立董事的监督效果进行了实证研究，得出的结论是具有会计背景独立董事的占比与会计信息的真实性、透明性、可靠性呈正相关。①

具有会计背景的独立董事对于公司治理的另一重要作用体现在审计委员会中。在上市公司的提名委员会、战略委员会、薪酬委员会等众多专业委员会中，审计委员会通常被视为最重要的一项制度安排，因为在董事会对公司财务相关信息缺乏了解的情形下，外部人员组成的审计委员会能够在"委托—代理"模式下为董事会提供关于公司财务状况的真实信息。② 审计委员会的监督职能集中体现在对内外部审计、内部控制以及财务信息披露等监督方面。③ 为保障审计委员会能够独立履行审计监督职能，在审计委员会的人员构成上独立董事具有重要地位，由独立董事担任审计委员会成员也拓宽了独立董事发挥作用的渠道。例如，美国《2002年萨班斯—奥克斯利法案》第301条规定，审计委员会的所有成员均应是董事会成员并保持独立。我国《上市公司治理准则》也

---

① 参见李明娟、孙琦：《会计背景独立董事监督效果的实证研究——基于会计信息质量的视角》，载《会计之友》2017年第3期。
② 参见谢朝斌：《独立董事法律制度研究》，法律出版社2004年版，第566页。
③ 参见涂建明：《会计独董与审计委员会治理的有效性——来自我国资本市场的经验证据》，载《中南财经政法大学学报》2010年第1期。

规定了审计委员会中独立董事应当占多数并担任召集人,且审计委员会的召集人应当为会计专业人士。①

具有会计背景的独立董事在信息披露违法责任认定中的特殊性体现在两方面:第一,比一般独立董事对于财务领域的事项负有更高的注意义务;第二,具有会计背景的独立董事担任公司审计委员会成员时,将基于其职务而承担特殊责任。②

一方面,在判断独立董事对涉及财务信息的信息披露违法行为是否尽到勤勉尽责义务时,对具有会计背景的独立董事尽到勤勉义务的判断标准应当高于一般独立董事,原因在于公司和社会均对具有会计背景的独立董事在财务事项的判断上具有更高的期待。根据《信息披露认定规则》第19条的规定,信息披露违法责任人员的责任大小可以考虑其专业背景进行综合认定,如是否存在专业会计人士对于会计问题未指出的情形。该独立董事只有在尽到相当于同类专业水平或类似经验水平的会计专业人员的努力时,才被视为恰当地履行了勤勉尽责义务。如果具有会计背景的独立董事对具有虚增利润等情形的财务报表进行了审阅,那么其很难主张对其中的违法事实并不知悉。此外,在以合理信赖专业机构意见作为抗辩理由时,由于会计问题在此类独立董事的能力范围之内,其很难援引信赖审计机构出具的专业意见这一理由作为免责的抗辩。例如,在中国证监会行政处罚决定书〔2013〕9号③中,紫光古汉年度报告会计信息存在虚假记载,独立董事作为其他直接责任人员受到了行政处罚,该独立董事是湖南大学商学院教授朱某某,具有良好的会计专业背景。中国证监会认为,朱某某对公司的具体经营情况可能不清楚,但是作为专业人士对公司的财务造假应当予以关注。听证会上,朱某某并未提出勤勉尽责的证据。值得注意的是,紫光古汉2005年年度报告中审计意见存在保留段,朱某某作为专业人士应当予以关注,但未足够关注。

另一方面,当具有会计背景的独立董事同时担任审计委员会成员时,对其

---

① 参见《上市公司治理准则》(2018年修订)第38条。
② 参见贾希凌、钱如锦:《论独立董事行政责任之豁免——以37份证监会处罚决定为视角》,载《行政与法》2017年第10期。
③ 中国证监会行政处罚决定书〔2013〕9号。

是否尽到勤勉义务的判断不仅应考虑其专业知识和能力,也要考虑其所负有的特殊职责。在我国,上市公司审计委员会负有监督公司的内部审计制度及其实施、审核公司的财务信息及其披露、审查公司的内控制度等职责。① 例如,在杨某某诉中国证监会行政处罚案②中,原告既是公司的独立董事,也兼任审计委员会主任委员,法院指出,公司成本核算方面的漏洞是一般具有会计常识的人员也能够发现的问题,原告在担任审计委员会主任委员期间,除了在会议上针对公司的财务问题提出一些常规意见,并未针对公司成本核算以及内控问题采取有实质意义的监督措施,特别是在审计机构就公司财务存在重大质疑时还予以消极处理。

2. 具有法律背景的独立董事

具有法律背景的独立董事通常指获得法律学位、具有律师职业资格或在法学院担任教职的独立董事。③ 在专业背景方面,目前我国仅要求上市公司独立董事中必须具有一名会计专业人士,尚未对其法律专业背景提出特别要求。

尽管如此,实践中上市公司聘用具有法律背景的独立董事的情形较为常见。当今时代,商业环境日益复杂,企业在日常经营中也会面临越来越大的法律风险,这便向其提出了增加有助于应对法律风险的法律背景人才的需求。其中,聘请具有法律背景的独立董事便是解决问题的途径之一。④

通常而言,上市公司独立董事的职能主要在于监督与咨询。具有法律背景的独立董事在公司治理中的作用与优势主要有三:第一,运用专业优势帮助公司建立并实现内部法律制度,推动公司治理的完善;第二,在经济、判断力等方面独立性较高,往往具备更强的履职能力,比起非专业背景的独立董事更加了解法律赋予其的职能,也能够更好地判断和预测公司可能存在的违法现象,从而切实发挥监督的作用;第三,股权市场化程度的提高,使公司治理中的危机与争议频发,具有法律背景的独立董事的职业特性及处理危机的经验也能够给予

---

① 参见《上市公司治理准则》第 39 条。
② 北京市第一中级人民法院行政判决书,(2018)京 01 行初 887 号;北京市高级人民法院行政判决书,(2019)京行终 747 号。
③ 参见何威风、刘巍:《公司为什么选择法律背景的独立董事?》,载《会计研究》2017 年第 4 期。
④ 参见何威风、刘巍:《公司为什么选择法律背景的独立董事?》,载《会计研究》2017 年第 4 期。

公司有效的帮助。①

据此,由于法律专业知识的助力,在监督方面,具有法律背景的独立董事对于法律规范具有更加充分的了解与认识,更易识别企业存在的违法行为;在咨询方面,其也能为企业应对法律风险提供务实有效的法律建议。二者相结合显然有助于提高公司治理水平,从而实现保护中小投资者利益等目标。然而,在实践中,具有法律背景的独立董事往往并未按照既定的规范逻辑履行职责。有学者曾利用沪深 A 股上市公司 2010 年至 2014 年的数据,通过 Logistic 回归模型分析了具有法律背景的独立董事与上市公司违规犯罪之间的关系,指出具有法律背景的独立董事与上市公司违规披露之间存在显著负相关关系,与上市公司违规后被查处的时间存在显著正相关关系,从而说明具有法律背景的独立董事并未发挥有效监督上市公司的职能,反而可能包庇其违规犯罪的行为。②

由此可见,部分具有法律背景的独立董事非但未利用其专业知识发挥监督职能,反而可能与企业相互勾结,为违法企业逃避法律制裁"献计献策"。由于独立董事存在利用其法律知识直接参与虚假陈述、违法披露、内幕交易等违法行为的情况,公司为获取其法律建议一般也会向其披露相关信息,那么此时其既不能就无法获取信息进行抗辩,也因其违法行为的直接参与性而应承担更重的处罚责任。

此外,即便在具有法律背景的独立董事并未实际参与违法行为的情况下,其抗辩也往往较难得到认可。一方面,此类独立董事更加熟悉法律规定,对于自身权利、义务、责任具有清醒的认识,当企业存在原本需要其参与却故意将之排除在外的情形时,在专业法律知识的加持下,其具有意识到自身知情权等遭受侵害的能力,从而能及时、有效地进行补救;另一方面,在自身之外,具有法律背景的独立董事对于何谓违法行为往往具有更准确的判断,当公司存在违法行为时,其若以自己丝毫不知情为由进行抗辩,则显然比起一般的独立董事而言

---

① 参见唐建新、程晓彤:《法律背景独立董事与中小投资者权益保护》,载《当代经济管理》2008 年第 5 期。

② 参见吕荣杰、郝力晓、吴超:《法律背景独立董事:监督还是包庇?》,载《上海对外经贸大学学报》2017 年第 6 期。

会更显牵强,这类似于刑法层面的"违法性认识可能性"的问题。

基于上述分析,具体到独立董事法律责任的构成要件层面,法律专业知识主要涉及主观要件,即独立董事过错程度的认定方面。法律知识的支撑,使具有法律背景的独立董事在明确自身职责、识别违法行为等方面具备更多的优势与便利。相反,若其在本应更容易避免公司违法行为的情况下,依旧未能充分履行其监督职责,则应认定乃至推定其在主观层面具有更大的过错,更难因其抗辩而获得有效的豁免。

事实上,在所涉及的案例中便存在具有法律背景的独立董事,如中国证监会福建监管局行政处罚决定书〔2018〕1号。在该案中,独立董事朱某某是厦门大学法学院教授,其以自身属于具有法律背景的独立董事,缺乏财务专业知识,难以对财务报告中计提罚息作出专业判断为由进行抗辩。但是中国证监会福建监管局却指出,不知情、不了解、财务专业知识不足、其他机构或者个人未发现和未指出均不能成为董事、监事、高级管理人员所应承担的信息披露保证义务的免责事由,监管部门并未减免朱某某的法律责任,其最终被处以4万元的罚款。

上述案件虽然涉及具有法律背景的独立董事,但是实践中执法机关没有对法律专业知识进行论证,而是更关注财会背景的重要性,说明实践中存在对于法律背景同过错之间的关系认识不足的现象,应当予以调整和转变。

3. 特殊类型的公司考察:有限责任公司的"独立董事"

在进行独立董事法律责任案例分析过程中,笔者在民事案例检索与筛选阶段发现,目前我国的有限责任公司中大量设有"独立董事"一职,故而在此稍作延伸考察。

目前,我国现有的独立董事制度主要设置于上市公司中。2001年,中国证监会发布《关于在上市公司建立独立董事制度的指导意见》(已失效),其中指出独立董事制度的设置目的为"进一步完善上市公司治理结构,促进上市公司规范运作"。2005年,《公司法》修订后,明确规定了"上市公司设独立董事"的条款。因而,从制度设置的历史与立法目的来看,其未将有限责任公司涵盖在内。

通过分析相关案例可知,所谓的"独立董事"在有限责任公司中实际承担的职责与角色多由公司章程直接规定,并且与目前有关上市公司独立董事的立法规定存在较大差别。《关于在上市公司建立独立董事制度的指导意见》(已失效)明确指出"独立董事"是对"独立的外部董事"的简称,因而其须具备"独立"与"外部"的双重属性。该指导意见第1条规定,独立董事的"独立"是指独立董事应当独立履行职责,不受上市公司主要股东、实际控制人,或者其他与上市公司存在利害关系的单位或个人的影响。

独立董事应当在利益关系上独立于上市公司本身、上市公司的大股东、上市公司所控股或控制的企业。然而,在有限责任公司内部设置的"独立董事"一职,前述独立性要求未完全被遵守。例如,在贾某某与刘某某等房屋买卖合同纠纷二审民事判决书[1]中,判决书明确张某为被上诉人北京五龙新村开发有限公司的法定代表人兼独立董事。但经过后续查询,北京五龙新村开发有限公司为张某100%控股,该"独立董事"并不满足独立性与外部性要求。在北京首钢建设集团有限公司与重庆德隆门窗有限公司等民事裁定书[2]中,张某为被告重庆德隆门窗有限公司的法定代表人兼独立董事。但经过后续查询,其同时为公司大股东、执行董事兼总经理,亦不符合该制度原本所设定的依靠独立性与外部性对公司内部治理进行监督的目标。

前述现象表明,实践中有限责任公司设置的"独立董事"一职更多停留在名称上,而未涉及上市公司独立董事制度的实质特征,也并未服务于公司内部治理的目标。对于此种现象,笔者认为,由于其并未与现行法律规范相抵触,根据"法无禁止即可为"的逻辑,有限责任公司设置此类内部机构并不违反法律与行政法规;然而,作为不同公司类型之间的内部治理制度的参考与借鉴,有限责任公司更应当思考其设置"独立董事"的目的,而并非仅仅照搬制度的名称。

基于上述分析,可以看出目前我国在实践中更关注会计专业背景对于独立董事所应承担的法律责任的影响,对法律背景的关注度尚且不够充足。这主要与两类独立董事在公司内部发挥的职能之区别相关——尽管二者都应

---

[1] 北京市第三中级人民法院民事判决书,(2019)京03民终8268号。
[2] 重庆市第一中级人民法院民事裁定书,(2019)渝01民辖终1225号。

当履行监督及咨询职能,但从规范倾向及公司自身动机来看,具有会计背景的独立董事主要承担监督职能,具有法律背景的独立董事则更多地发挥了咨询职能。

就具有会计背景的独立董事而言,执法及司法实践多从信息识别角度出发,认为该类独立董事所具备的会计常识能够帮助其识别财务报表中的造假及漏洞等问题,并据此驳回独立董事的有关抗辩。从理论上讲,这一思路是符合逻辑的;但就实践而言,应当明确专业背景仅是独立董事法律责任应然框架的一部分,并且其审查位阶是较靠后的。在笔者建构的框架下,针对独立董事是否勤勉尽责的问题,需要沿着逻辑线条先后审查独立董事是否采取有效措施,特定信息是否为独立董事所知,特定信息是否为独立董事所应知、能知三个层面的内容,会计背景则是第三位阶所需要审查的问题。基于此,对于具有会计背景的独立董事是否承担责任,以及承担何种程度责任的问题,需要同时结合其日常履职情况、信息获取程度进行综合判断,而不能跳跃式地在独立董事本就无法获取信息的情况下,认为其更可能识别那些虚构的信息而判定其承担法律责任。

至于具有法律背景的独立董事,其和具有会计背景下的独立董事间的区别在于其专业知识不仅关乎信息识别层面,还可能涉及信息获取层面。由于更加了解法律规范的相关规定,具有法律背景的独立董事更清楚何时公司应当向其披露信息、何种情况下其必须参与公司的决策等。这意味着当公司在某些应当披露信息的情况下选择隐瞒时,具有法律背景的独立董事更易察觉其中存在的违法可能性,并据此采取积极行动,要求公司向其提供相关信息。但就目前的执法及司法实践而言,法律背景在独立董事法律责任方面的影响并未得到充分重视,前文所涉及的中国证监会福建监管局行政处罚决定书〔2018〕1号虽然包含此类独立董事,但其并非直接将法律背景与法律责任相关联,而是以会计知识为中介,进行了"法律背景→会计知识→法律责任"的论述,其本质还是在讨论会计背景的影响。

此外,由于公司对具有法律背景的独立董事咨询职能的关注,该类独立董事还存在直接参与公司违法行为的可能性,在该种情形下,其无疑应当承担加重的法律责任,但因该问题并非笔者研究关注的重点,在此不再进行赘述。

综上所述,以笔者搭建的独立董事法律责任应然框架为参照,比对实践中执法、司法机关对具有会计背景、具有法律背景的独立董事的处理情况,可以看出目前我国相关实践仍旧存在不足:一方面,缺乏对于具有法律背景的独立董事的关注;另一方面,过度强调了专业背景的影响,而未综合考察日常履职、信息获取等对于具有专业背景的独立董事法律责任的影响,判断方式需要在实践中逐步加以完善。

四、结论

作为一种特殊类型的董事,独立董事在权利、义务方面既具有董事的一般性,也具有符合自身制度目标、功能的特殊性,由此形成了一般与特殊相结合的权利义务结构。以此为基础,相关法律法规也要求独立董事承担与其权利、义务相对应的行政、民事、刑事法律责任。

但就具体实践而言,较之普通董事,独立董事并不担任公司内部职务,其投入的时间、精力以及信息的知悉程度可能与法律赋予的职责不相符合。[①] 在此背景下,由于现实与规范逻辑的不一致,不应过多苛责独立董事,使其在无法事实上享有法律法规赋予的权利义务结构的条件下,依旧承担规范层面的较重的行政、民事、刑事责任。就我国实践而言,目前执法、司法机关在独立董事法律责任的认定上,依旧倾向于遵循形式主义逻辑,忽视了独立董事的实际履职情况。

据此,笔者认为有必要增加实质主义视角,在考虑独立董事在事实层面获取信息、履行职责之可能性的基础上,重构独立董事法律责任的判断标准。笔者从执法、司法实践中的主要矛盾出发,尝试构建了我国认定独立董事法律责任的应然架构,该架构的核心在于独立董事勤勉尽责的审查。针对该问题,本研究以信息为核心,提供了一套专门的审查流程,即按照逻辑先后从是否采取有效措施,特定信息是否为独立董事所知,以及特定信息是否为独立董事所应知、能知三方面出发进行判断。

[①] 参见赵立新等:《走出困境——独立董事的角色定位、职责与责任》,法律出版社2010年版,第110~111页。

在完成应然层面的独立董事法律责任框架建构后,本研究转向实然层面,深入挖掘与独立董事相关的行政处罚、行政复议、行政诉讼及民事诉讼案例,具体探究我国执法、司法机关在独立董事法律责任认定方面的现实情况,并将其同应然架构下的结论形成对比,从而挖掘我国执法、司法实践中的问题,探索独立董事法律责任制度的完善方向。

从案例统计分析及这一应然与实然层面的对比中,笔者发现我国独立董事法律责任的实践中主要存在以下问题。

在行政责任层面,行政执法及司法案例的结果显示,无论是法院还是证券监督管理部门,在认定独立董事法律责任方面采取的标准都较单一,对独立董事勤勉义务的要求总体上较严苛,存在"签字即负责"的形式主义逻辑,与应然框架下考察独立董事实际履职情况及可能性的模式存在较大差异。不过,实践中也确实存在执法机关遵循应然架构的逻辑进行责任认定的情况,如中国证监会行政处罚决定书〔2004〕45号等。该案依据独立董事采取了有效行动认定其履行了勤勉义务,因此免除了独立董事的法律责任。然而,这样的案例在实践中较少,绝大多数案例都遵循了更加严格的责任判断逻辑。

在民事责任层面,由于相关案例较少,本研究主要从行政与民事责任、独立董事与内部董事民事责任的区分方面出发进行了考察。就行政与民事的区分而言,行政处罚突出惩戒作用而民事赔偿强调损害填补,因而从责任构成要件与法益保护目标的角度出发,行政责任与民事责任理应有所差别。然而,有关独立董事法律责任制度与实践经验显示,当前我国存在行政责任过多适用、民事责任则较少被提及的状况;法院在进行民事责任认定时对行政处罚决定存在依赖,又导致本应存在的民事责任限制与免除的空间被压缩。就独立董事与内部董事的民事责任区分而言,由于实践中独立董事在可能获取的信息类型与质量、所能获得的薪酬激励等方面与内部董事存在差别,在同等的公司信息披露违法情形下,上市公司独立董事和内部董事的责任承担应当有所区别。然而,由于立法方面仅对董事的法律责任条款进行了规定,独立董事权责不明,法院倾向于同等对待独立董事与内部董事的民事责任。上述做法进一步暴露了实践中独立董事法律责任的认定高度依赖于形式主义逻辑的现象。

在延伸问题上,应然架构还特别强调作为专家或具有特殊职能的独立董事在信息获取、信息识别方面可能具有的优势,这将对其勤勉尽责义务及法律责任的判断产生影响。是以,笔者还从理论及实践层面出发,主要分析了会计背景、法律背景对于独立董事法律责任认定的具体影响。在实践中,目前我国执法、司法机关都注意到了具有会计背景的独立董事对于财务报表等信息的识别能力,但在责任的认定层面也存在忽视日常履职、信息获取能力等的片面倾向;至于法律背景,相关实践并未充分关注其与独立董事法律责任间的具体关系。

综上所述,以独立董事法律责任应然架构为参照,可以看出我国执法、司法机关都存在依赖形式主义规范,忽视独立董事具体履职情况及其与一般董事区别的问题,导致部分独立董事陷入法律责任与其实际权利、义务不相符合的尴尬境地。这无疑增加了独立董事履职的风险,过度的威慑也将阻碍外部优秀人才的加入,长此以往必将削弱制度本身的合理性、有效性,使其无法继续发挥应有的监督、咨询职能。据此,部分执法、司法机关应当修正当前采取的片面关注规范形式主义逻辑的思维方式,引入独立董事在现实中获取信息、履行职能等实质主义判断因素,在权、义、责相统一的基础上,推动独立董事法律责任制度的发展与完善。

(编校:龙泓任)

第九章 董事勤勉义务实证研究

江　珊　李沁岭

杨骐玮　王　宇　张翼翔

一、概述

(一)历史沿革

在讨论董事勤勉义务之前,首先无法回避的问题就是为什么要对董事施加这一义务?学理上认为,公司经营中,随着公司所有权与经营权分离,公司治理逐渐从"股东会中心主义"向"董事会中心主义"转变,[①]而这一转变带来了董事会或董事权力的扩大,随之产生了"内部人控制"或经济学上的代理问题。基于此,在日益扩大的董事权力面前,公司及股东对董事滥用、怠用权力的担心与日俱增。在此背景下,公司治理结构中权力制衡机制受到了前所未有的重视,董事义务则是其中最重要的一部分。[②]

从各法系看董事义务的内容,目前英美法系和大陆法系主要立法和学说均承认董事对公司负有忠实义务(duty of loyalty)和注意义务(duty of care)。就其二者内涵而言则均有区分,董事的忠实义务针对的是董事为了个人私利而滥用权力的情形,而董事的注意义务针对的则是董事不关心公司事务而怠用权力的情形。[③]

[①] 参见吴建斌:《构筑我国现代企业制度的科学法律基础——兼论进一步完善我国立法的几个问题》,载《中国法学》1998年第1期;冯果:《公司法》,武汉大学出版社2007年版,第212~214页。

[②] 参见楼建波、闫辉、赵杨:《公司法中董事、监事、高级管理人员信义义务的法律适用研究——以北京市法院2005~2007年间的相关案例为样本的实证研究》,载《商事法论集》2012年第1期。

[③] 参见李强:《董事注意义务研究》,武汉大学2009年博士学位毕业论文,第1页。

我国在 1997 年下发的指引性文件《上市公司章程指引》(已失效)即已列举了董事勤勉义务。而我国 2018 年修正的《公司法》历经了 1999 年、2004 年、2005 年三次修改后,直到 2005 年 10 月修订的《公司法》首次明确规定了董事负有勤勉义务。① 但是,我国立法中有关董事义务的规则仅提及"勤勉义务"这一概念,无明确表述"注意义务"概念的立法行文,同时,在司法解释和案例指导制度上也不够清晰。

这一使用勤勉义务而非注意义务的措辞也引起了讨论,有学者认为之所以使用"勤勉"一词,是为了与之前的文件中的用语保持一致,也有学者认为这是一种立法漏洞,因为勤勉义务仅指董事参加公司事务之管理义务,其只是注意义务的一种表现形式而非全部内容。"勤勉"义务的要求是注意义务标准中三项原则中的一项,勤勉、谨慎和技能共同构成完整的董事注意义务。因此,下文讨论的董事注意义务本身,需要从我国立法上的勤勉义务出发,但不限于勤勉义务。因此,此研究的首要一点即确定董事注意义务的范畴和标准。毕竟,从我国立法上看,相对于忠实义务,勤勉义务除了原则性表述外,几乎没有涉及具体内容。2005 年《公司法》第 149 条,以及 2013 年、2018 年《公司法》第 148 条(2023 年修订后分布在第 181~184 条),都列举了忠实义务的具体行为类型,却没有明确勤勉义务的行为类型。而纵观《公司法》全文,唯一勉强可以认定为细化了勤勉义务内容的是出席董事会的勤勉义务。② 除此之外,难有其他参照。

从法律层面来看,除《公司法》外,其他涉及董事勤勉义务的主要立法是《企业破产法》和《证券法》。③ 然而,立法表述也仅是提到了这一词,并明确了违法责任,至于词汇含义、行为类型、行为程度,乃至如何判断均未涉及,因此可以说,从法律层面来看,勤勉义务的内涵和范围并不明确。

除法律外,我国也有部门规章(主要指中国证监会发布的《上市公司治理

---

① 2005 年《公司法》第 148 条规定:董事、监事、高级管理人员应当遵守法律、行政法规和公司章程,对公司负有忠实义务和勤勉义务。董事、监事、高级管理人员不得利用职权收受贿赂或者其他非法收入,不得侵占公司的财产。
② 《公司法》第 48 条、第 112 条。
③ 《企业破产法》第 125 条;《证券法》第 142 条。

准则》第 21 条)和自治规则层面(主要是上海及深圳两个交易所出台的自治规则)的董事行为细则,但是这些部门规章和自治规则具有很强的适用局限性与针对性,其主要是针对上市公司的董事的行为指引与规范。同时,必须承认的是,这些规则没有对董事的勤勉义务提供具有可操作性的司法审查指引与司法认定标准,也没有对董事勤勉义务作出类型化要求,实际上,从条文表述上来看,董事勤勉义务的边界与免责认定仍然模糊不清。

1. 我国立法中的不足

由此可以看出,我国在董事勤勉义务的立法上存在一些问题。首先,从结构上看,相关规则以性质不明的部门规章居多,而在法律和部门规章这两个层级之间缺少行政法规的衔接。同时,可操作性稍强的条文又仅适用于上市公司董事,有明显的局限性。其次,总体上来看,已有规则的规制对象以上市公司董事为重点。然而,通过对我国司法案例的分析可得出,司法上的大部分判决都是针对有限责任公司董事作出的,上市公司董事的行为规制多还是以中国证监会为监管主体进行。因此,这方面的立法欠缺是较突出的问题。

2. 我国司法中的不足

针对我国目前的这一立法现状,有学者指出,我国董事主义的司法实践存在六个问题。第一,法院受理的董事勤勉义务案件少,这主要是基于以下原因:首先,立法上确立这一概念及相关规则的时间相对较晚;其次,已有规则也多停留在原则性规定层面;最后,就上市公司而言,我国股民权利意识较淡薄,且股东派生诉讼制度建立的时间也较晚。① 第二,我国司法实践中多将勤勉义务限定为合规、越权行为。第三,就法院审判路径而言存在两分的情况,一是违约模式,即追究董事违反与公司的聘用合同的责任,二是侵权模式,按照行为、损害结果及因果关系的追责路径追责。② 第四,裁判中往往不明确区分董事忠实义务与勤勉义务。第五,证券交易所层面的自治规则对勤勉义务有具体展开,但是具体行文上又将忠实义务和勤勉义务放在一起类型化。第六,因为标准不清,我国在司法实践中又引入了商业判断规则予以辅助,但具体判决中对商业

---

① 参见李强:《董事注意义务研究》,武汉大学 2009 年博士学位毕业论文,第 4 页。
② 慈溪富盛化纤有限公司等诉施盛平损害股东利益责任纠纷案,浙江省慈溪市人民法院(2007)慈民二初字第 519 号民事判决书。

判断规则的应用缺乏说理,且对规则也并未普遍予以适用,导致标准不统一,该规则是否能作为普遍标准推广也不确定。

(二)其他国家和地区相关制度

1. 美国相关立法

就立法行为而言,美国《示范公司法》第8.30条被公认为美国成文法典中关于董事注意义务的最直接规定之一,①其条文从三个角度对履行注意义务的董事提出要求:一是善意;二是类似情况下的合理的谨慎;三是符合公司最大利益。此外,美国法律研究院(American Law Institute)的报告《公司治理原则:分析与建议》(Principles of Corporate Governance: Analysis and Recommendations),以及美国公司法较发达的州——特拉华州的判例法所提出的商业判断原则也成为美国的通用标准,用于判断在某类事件中董事是否免责。

2. 英国相关立法

英国的法律行文同样采取"care"这一词汇以表述董事注意义务内容,其关于董事注意义务的主要立法有英国《2006年公司法》(Companies Act 2006)第174条,②以及英国《1986年破产法》(Insolvency Act 1986)第214条第4款。③英国《2006年公司法》第174条提出的三个判断因素是合理的"谨慎"、"技能"

---

① (a) A director shall discharge his duties as a director, including his duties as a member of a committee:

(1) in good faith;

(2) with the care an ordinarily prudent person in a like position would exercise under similar circumstances; and

(3) in a manner he reasonably believes to be in the best interests of the corporation.

② 174 Duty to exercise reasonable care, skill and diligence:

(1) A director of a company must exercise reasonable care, skill and diligence.

(2) This means the care, skill and diligence that would be exercised by a reasonably diligent person with—

(a) the general knowledge, skill and experience that may reasonably be expected of a person carrying out the functions carried out by the director in relation to the company, and

(b) the general knowledge, skill and experience that the director has.

③ (4) For the purposes of subsections (2) and (3), the facts which a director of a company ought to know or ascertain, the conclusions which he ought to reach and the steps which he ought to take are those which would be known or ascertained, or reached or taken, by a reasonably diligent person having both—

(a) the general knowledge, skill and experience that may reasonably be expected of a person carrying out the same functions as are carried out by that director in relation to the company, and

(b) the general knowledge, skill and experience that that director has.

和"勤勉",同时给出判断董事是否满足这三个判断因素的标准——与其他履行董事职责的人相比可以合理期望的一般知识、技能和经验,又以该名董事所具有的一般知识、技能和经验为补充,即类似条件下的类似人的标准,主客观结合标准。而英国《1986 年破产法》第 214 条第 4 款的行文与英国《2006 年公司法》第 174 条大致相同。因此,英国采用的是主客观结合标准,既要考虑类似情况下的人所采取的一般做法,也要考虑这名特定的董事自身情况。

一般情况下,主客观结合标准的实际运用中采取客观标准,即类似情况下的一般做法,但如果当事人的知识、经验、技能等明显高于一般人时,就会偏向主观标准,根据该名当事人所具有的水平进行具体判断。

3. 日本相关立法

日本在董事注意义务的判断上,移植了美国的商业判断规则,这一点体现在多个判例当中,例如福冈县鱼市场股东派生诉讼案及太阳投资顾问股份有限公司——AIC 案。① 而在具体路径上,日本的立法和学界观点较认可的是违约路径,即董事违反注意义务属于不履行其委任合同的行为。而判断其是否违反注意义务采用的是客观标准——一般的善良管理人的普遍做法,这一点体现在日本《民法典》第 644 条关于委任的规定中。②

4. 外国立法特点

总体而言,英美法系除了英国的主客观相结合标准,其他国家和地区都采用客观标准,着重使用"合理""最大利益""类似情况""谨慎""经验"等关键词,在司法实践中有着较强的实用性。而大陆法系国家,例如日本,参考民法上的委任来规定董事与公司之间的关系。而德国法则不涉及委任关系,直接规定义务。

5. 忠实注意义务二分法

早期英美法系判例对于有关董事义务的案例一直以信义义务为基础展开分析(信义义务源于衡平法,指受托人对受益人负有的最高程度的真诚、信任和正直的义务),而且绝大多数从忠实义务的角度进行分析。

---

① 参见蔡元庆:《董事的经营责任研究》,法律出版社 2006 年版,第 179~181 页。
② 日本《民法典》第 644 条规定"受托人负有按照委托的本意,以善良管理人的注意处理委托事务的义务"。

直到1925年,城市火灾保险公司(Re City Equitable Fire Insurance Co. Ltd.)案确立了注意义务的主观标准,即确认忠实义务的违反无须考虑董事主观上是否存在故意或过失,而确认注意义务的违反需考虑董事的主观过错,在过失方面要达到"重大过失"的程度,例如均由美国特拉华州最高法院判定的安隆森诉勒维斯(Aronson v. Lewis)案和史密斯诉凡高锟(Smith v. Van Gorkom)案,明确了注意责任。这实际上体现的是侵权的裁判路径,该种裁判路径源于侵权法的过失理论,即强调是否做到"合理的注意"(reasonable care)。1977年多彻斯特金融公司诉史特宾(Dorchester Finance Co. Ltd. v. Stebbing)案以普通谨慎之人在类似情况下所具有的知识、技能和经验为标准,而这实际上即为合理的注意。

然而美国学界对董事义务是"二分"还是"三分"长期存在争论,有学者认为,忠实义务和注意义务并不能涵盖所有情形,因此要求增加第三项义务——善意义务。[①] 而反对另行增加善意义务的学者认为额外增加这一义务将会进一步加重董事责任风险,从而打击公司管理层的创新、冒险精神。二分法下的注意义务和忠实义务能很好地平衡董事追责以及尊重公司决策之间的关系。[②] 因此,长期以来,二分法仍是英美法系下的主流观念。由此,确定了强调不损害公司利益的忠实义务,以及侧重于将公司利益最大化的注意义务,并明确了注意义务的具体内涵,即董事在履行职责的过程中,为了实现公司利益的最大化,按照法律的要求有选择地将其意识指向和集中于公司事务并且为或不为一定行为的必要性。

6. 注意义务的行为类型及判断标准

长期以来,英美法系在判例中逐渐明确了注意义务的各种行为类型,主要可将行为分为积极的注意义务行为及消极的注意义务行为。就积极行为而言,其可分为五大类:

第一,英国德汉(Re Denham & Co.)案以及美国的布雷格诉史宝定德案

---

① See Melvin A. Eisenberg, *The Duty of Good Faith in Corporate Law*, 31 Delaware Journal of Coprorate Law 1, 5-6 (2006).

② See Stephen M. Bainbreidge, *The Convergence of Good Faith and Oversight*, 55 UCLA Law Review 559, 567 (2008).

(Briggs v. Spauldind)都明确了董事承担出席董事会会议的注意义务。

第二,伦敦德简公司(Re D'Jan of London Ltd.)案明确了董事负有及时了解公司经营和管理状况的注意义务。这一义务具体又分两种情况,如果董事只是单纯地不了解公司情况,一般不会导致责任承担,但如果此种不了解的情况和涉及公司利益的事项有牵涉(如未经合理查证,直接签署了包含虚假信息的文件),则会导致其承担相应责任。

第三,合理调查并谨慎作出商业决策的注意义务。著名的商业判断规则的适用仅针对这一项注意义务。美国特拉华州的经典判例安隆森诉勒维斯(Aronson v. Lewis)案中,法官认为可以将商业判断规则作为一种推定,即推定公司董事在决策时是善意的,且掌握了充分信息,并真诚地相信其所作所为是为了公司利益最大化。如果董事没有滥用决策权,那么董事作出的判断就应该为法院所尊重,这也是尊重公司自治、法院不干预公司内部事务的体现。而如果要让董事为其商业决策承担责任,就必须提出证据推翻这一推定。具体而言,商业判断规则包含四项因素:一是客观上必须存在作出商业判断(决策)的事实[罗央诉里昂戴尔(Ryan v. Lyondell Chem. Co.)案];二是这一决策必须基于善意(非善意是从忠实义务的角度来判断,即存在利害关系)[布耶诉伯朗(Bayer v. Beran)案];三是这一决策必须基于其了解了充分的信息后作出[史密斯诉凡高锟(Smith v. Van Gorkom)案中,董事没有阅读与公司计划的兼并相关的法律文件,也没有收到与定价相关的任何问题,仅是听取了公司CEO兼董事长的口头发言就作出了批准的决定,被认定为未在掌握充分信息的基础上就作出的商业判断];四是这一决策符合公司最大化的商业利益,董事必须具有合理的理由以证明其所作出的这一决策是符合公司最大化的商业利益的[辛卡莱尔石油公司诉雷维安(Sinclair Oil Corp. v. Leivien)案]。

第四,监督的注意义务。主要体现在三方面:董事对他人的信任是否合理;公司内部是否建立信息监控系统;以及董事是否了解公司的经营和管理状况。

第五,提供信息又不误导他人的注意义务[歌定诉凯内尔(Gething v. Kilner)案]。这一项义务主要针对的是公司信息披露的行为,董事不能允许公司提供不完全或虚假的信息,更不能放任公司误导公司外部人甚至中小股东。

值得注意的是,不作为在早期英国判例法中并不属于违反注意义务的行为,如巴西橡胶种植园和庄园公司(Re Brazilian Rubber Plantations and Estates Ltd.)案和城市火灾保险公司(Re City Equitable Fire Insurance Co. Ltd.)案。但在1998年,英国上诉法院民事法庭在卡特茨国际(Re Kaytech International plc)案中,追究了"无所事事"的被告董事的责任,改变了对"怠工"行为的态度,实质上对董事提出了履职的要求。而就上述五项具体的注意义务行为类型,学理上一般采取两分法,即第一、二、四及五项属于董事对公司的监管义务范畴,而第三项为董事的决策义务。

就消极的注意义务行为类型而言,主要有两项:一是遵守法律法规和公司章程;二是董事独立而谨慎地作出决策,不得受他人控制,这里的他人包括控股股东、董事长、总裁等一切对董事独立决策可能有影响的人员。

而就董事行为未符合上述规定从而未履行注意义务的判断标准而言,除上文已提到的英国《2006年公司法》及英国《1986年破产法》中采用的主客观结合标准外,英国判例法中也发展出以具体当事人个人的智识状态、能力和水平为准的主观标准[城市火灾保险公司(Re City Equitable Fire Insurance Co. Ltd.)案]以及以具有同类专业水平或经营的专业人员所一般应达到的注意程度为标准的客观标准[多彻斯特金融公司诉史特宾(Dorchester Finance Co. Ltd. v. Stebbing)案]。

(三)分析框架

1. 董事注意义务(勤勉义务)

(1)我国勤勉义务的立法现状

正如前文所述,董事勤勉义务制度在完善公司治理结构以及保护各方合法权益等方面有其独特作用,因此,我国于2005年修订《公司法》时,其中首次明确了董事对公司负有勤勉义务。但需要注意的是,该制度所追求的目标与现实结果之间仍然存在不小的距离,究其原因,关键的一点即董事勤勉义务判断标准较模糊,致使该制度在实务操作中往往发挥的是一种宣示性的作用。相关立法规定见表9-1。

表 9-1 立法规定

法律效力层级	文件名称	涉及的具体法条	主要内容
法律	2018年《公司法》	第112条（2023年修订后为第125条）	董事会会议的出席以及相应责任承担
		第147条（2023年修订后为第180条）	勤勉义务的提出
		第149条（2023年修订后为第188条）	损害赔偿责任（注：此条与第112条关于损失程度的规定不同）
		第150条（2023年修订后为第80条、第187条）	列席并接受股东质询以及如实提供情况和资料
	《证券法》	第82条	信息披露义务
		第142条	未能勤勉尽责的责任
	《企业破产法》	第125条	违背信义义务的责任
	《企业国有资产法》	第26条	董监高对公司负有勤勉义务与忠实义务
部门规章	《上市公司信息披露管理办法》	第4条	上市公司的董监高应当忠实、勤勉地履行职责
	《上市公司收购管理办法》	第8条	被收购公司的董监高对公司负有忠实义务和勤勉义务
	《证券公司董事、监事和高级管理人员任职资格监管办法》（已失效）	第4条	证券公司董监高和分支机构负责人应当勤勉尽责
		第55条	证券公司董监高和分支机构负责人未能勤勉尽责应承担的责任

续表

法律效力层级	文件名称	涉及的具体法条	主要内容
部门规章	《商业银行董事履职评价办法(试行)》(已失效)	第11条	董事应勤勉履职
		第12条	董事最低工作时间
		第13条	董事参加董事会会议相关规定
		第14条	对董事工作相关要求
		第15条	董事履职过程中应注意的方面
		第18条、第19条	执行董事特殊规定
		第20条、第21条、第22条	非执行董事特殊规定
		第23条、第24条	独立董事特殊规定
其他规范性文件	《上海证券交易所股票上市规则》	第4.3.5条	具体勤勉义务的内容
	《深圳证券交易所股票上市规则》	第4.3.5条	具体勤勉义务的内容
	《上海证券交易所上市公司董事选任与行为指引》(已失效)	第26～40条	对董事的勤勉义务的具体规定
	《上市公司治理准则》	第21～24条	对董事的勤勉义务的具体规定
	《上市公司章程指引》	第98条	六项具体勤勉义务内容

通过观察分析表9－1中所列举的与董事勤勉义务有关的规定可以发现，我国董事勤勉义务制度还未形成一个科学化、系统化的体系，针对董事勤勉义务的规定较零散、内容较笼统，主要表现为三个方面：其一，对董事违反勤勉义务的行为缺乏明确的表述；其二，针对董事是否履行勤勉义务的判断标准不够明确；其三，对于董事勤勉义务的责任减免情形没有明确规定。

(2)勤勉义务的界定

由于我国立法机关认为"注意义务又称为勤勉义务"，因此我国《公司法》以及规范性文件均使用"勤勉义务"而非"注意义务"的表述。我国通常将公司董事勤勉义务分为两类：一是多数人所持的"标准说"，即其认为"董事有义务对公司履行其作为董事的职责，其在履行职责时，应当为公司的最佳利益，具有一个善良管理人的细心，尽一个普通谨慎之人的合理注意"[1]；二是"内容说"，即认为"董事在管理公司事务的过程中负有运用自己的知识、经验、勤勉和技能并且达到法律所要求的程度的义务"[2]。

在英国，福斯特（Forster J.）法官在多彻斯特金融公司诉斯特宾（Dorchester Finance Co. Ltd. v. Stebbing）案[3]中提出"作为一名注册会计师或者具有相当商业经验的非执行董事，却签发了空白支票致使公司负责管理的董事盗用公司资产，是存在疏忽的"。这一判决提高了董事的注意义务标准，使得在英国法律中，担任同等职务的董事至少要担负相同的职责，并不因为个人能力的差异而有所区分，这种观点的表述指出，董事作为一个职位，对其任职条件的要求应当是客观的，而不应当简单地因人而异。而在立法方面，英国直到《2006年公司法》颁布时，才将董事勤勉义务加以成文化确定下来。

在美国，董事注意义务在19世纪得到了承认，但当时主要集中于金融行业的相关公司，如银行、保险等公司，而将董事义务全面扩展至实业公司则是在19世纪末期。1974年，美国《示范公司法》首次引入了关于董事勤勉义务的规定，其中的表述为"董事要做到：①善意行事；②以在类似情况下一名正常人所应有的谨慎；③合理地以认为符合公司利益最大化的方式行事"。

综上所述，虽然英美法系与大陆法系在董事勤勉义务标准上存在差别，但两者的最终目的都是要求董事要谨慎、认真地为公司的最大利益行使职权。

（3）董事勤勉义务与侵权法中的注意义务的辨析

侵权法中的注意义务是指"一个人对他人负担不为加害行为或者避免加害行为发生的义务，而当其未加注意造成损害后果的时候，其需要对受害人承担相应的赔偿责任"[4]。由此定义可知，违反侵权法中的注意义务的行为是过失行为，当事人应给予的注意程度为正常人、必要的注意。而公司法中的勤勉

---

[1] 安建主编：《中华人民共和国公司法释义》，法律出版社2005年版，第211页。
[2] 张民安：《现代英美董事地位研究》（第2版），法律出版社2007年版，第145页。
[3] See Dorchester Finance Co. Ltd. v. Stebbing. 〔1989〕BCLC. 498.
[4] 廖焕国：《论英美侵权法中注意义务的历史、概念与功能》，载《时代法学》2007年第1期。

义务与侵权法中的注意义务的核心均在"注意",那么两者是否为种属关系,其在判断标准和认定上是一致的还是有所区别?

在英美判例法上,董事注意义务得益于侵权法的过失理论,公司法参考"合理的注意"构建了董事注意义务的准则。[①] 在诸多的判例中,董事负有注意义务成为承担过失侵权责任的一个前提性条件,而法官通过分析董事是否存在过失、过失程度以及过失与损害结果之间的因果关系来判定责任的有无。在弗朗西斯诉联合杰西银行(Francis v. United Jersey Bank)案[②]中,美国新泽西州的最高法院基于"重大过失"和"近因"因素来追究被告董事的责任。在此后,美国特拉华州最高法院在安隆森诉勒维斯(Aronson v. Lewis)案[③]和史密斯诉凡高锟(Smith v. Van Gorkom)案[④]中均沿用了"重大过失"这一判断标准。

但是,公司法参考侵权法中的有关理论并非当然证成董事注意义务应是侵权法上注意义务。在19世纪末期,美国联邦最高法院大法官提出,在公司法中借用侵权法上的过失责任原理是有其局限性的,侵权法上的过失责任原理不能够适应公司的复杂实践和人们对于董事(或经理)的预期。[⑤] 同样,美国的判例表明侵权法与公司法上所适用的注意义务判断标准是存在实质性差别的。在侵权法上,合理注意义务的判断标准以结果为导向,即判断被告的行为是否符合一个理性的人在类似情况下的行为。[⑥] 而公司法上,董事注意义务的标准则

[①] See R. A. Percy and C. T. Walton, Charlesworth & Percy on Negligence, 9th ed., London: Sweet & Maxwell, 1997, p.125. 转引自邓峰:《领导责任的法律分析——基于董事注意义务的视角》,载《中国社会科学》2006年第3期。另参见丁丁:《商业判断规则研究》,吉林人民出版社2005年版,第63页。

[②] 基本案情介绍:原告兼被上诉人弗朗西斯等是P&B公司的破产托管人,被告兼上诉人普里查德夫人是该公司董事和大股东,追加被告联合杰西公司是该公司发起人普里查德先生的遗产管理人。普里查德夫人在其丈夫去世后继承其公司股份,被告的两个儿子是公司股东和董事、高级职员。按照行业惯例,公司资金应当与客户资金分开,但是P&B公司却混在了一起。几年来,被告的两个儿子以股东贷款的形式从公司信托账户上提取了巨额客户资金。被告年事已高,失去丈夫后疾病缠身且酗酒,对公司业务一无所知,基本不参与公司管理,并从未阅读公司的财务报告。P&B公司破产后,原告以被告作为董事未能履行注意义务为由提起诉讼,要求赔偿损失。初审法院作出对原告有利的判决,被告应承担个人责任;上诉法庭维持原判。被告不服,上诉至美国新泽西州最高法院,该院七位大法官一致同意维持上诉法庭判决。

[③] See Aronson v. Lewis, 473 A. 2d. 805 (Del. 1984).

[④] See Smith v. Van Gorkom, 488 A. 2d 858 (Del. 1985).

[⑤] See Briggs v. Spaulding, 141 U. S. 132, 1891.

[⑥] See Yerkes v. Northern Pac. R. R. Co., 88 N. W. 33 (Wis. 1901).

是考察一个董事在做出决策之前是否履行了必要程序、是否采取了适当的措施或者获得了足够的信息等。

侵权法上的注意义务通常是指,行为人无论是危险的制造者还是危险状态的维持者,都应当有义务采取一切必要的以及适当的措施来防止此危险的发生,以保护他人和他人的绝对权利。①

笔者认为,目前而言,董事注意义务与侵权法上的注意义务存在较大区别。侵权法上注意义务的产生有一个基本前提——存在特定的"危险",即对于制造危险或维持危险状态的人或组织来说,其负有一个"理性的人"的注意义务,应当根据情况采取必要的并且是可以被合理期待的防护措施,进而防止危险的发生以避免他人受到损害。例如,道路施工时所放置的警示标志、在产品包装上附印的注意事项、管束产生危险的致害物(如车辆、动物、有毒物品)等。

当然,董事注意义务的产生也存在一个"危险"的前提——公司利益损失的危险(甚至是公司经营的失败),从消极意义上看(积极意义是指董事必须实现公司利益的最大化),董事在经营管理公司时必须对公司事务给予相应的合理的关注,在此过程中勤勉履行职责、积极掌握信息、谨慎作出判断,以避免造成公司利益的损失。但是,对于潜在的利益受损者,即公司或股东来说,这一危险的主要原因——"董事的风险投资行为",实际上是在预期之内的,甚至可以说,他们期望董事能够通过某些冒险的经营行为为公司带来更多的利润。

因此,这与侵权法上所讲的注意义务以及危险的情形是不同的。

首先,在侵权法中,受害人对于危险的存在一般处于一种"无知"的状态。假设道路施工者没能在醒目的地方放置警示标志,那么在特定环境下(如黑夜无灯或坑洞的位置十分隐蔽),一个普通的过路人不太可能会发现或者预知该危险的存在;产品制造者未在产品包装上附印正确的使用方法,那么普通的消费者亦不会知道不正确的使用会导致危害。而在公司法中,公司或股东对于危险的存在却是心知肚明的,他们对于董事、经理们的风险投资行为持鼓励和期待的心态。

其次,在侵权法中,受害人一般不会从义务人制造危险的行为或履行注意

---

① 参见张新宝:《侵权责任构成要件研究》,法律出版社2007年版,第452页。

义务的行为中获益。即便是消费者,也是支付了相应的对价才得以通过使用产品满足其某一方面的需求,其并没有在承受危险的同时从产品制造者制造产品的行为或履行注意义务的行为中获得额外的利益。而在公司法中,公司或股东却能够从董事或经理们成功的冒险投资行为以及与之相伴的谨慎、小心中获得额外的利益,换句话说就是风险越大,收益越大。

最后,在侵权法中,如果义务人确实尽到了注意义务,那么此时就可以推定在义务人的控制范围内其能够有效避免危险的发生(如将凶狠的狼狗锁在笼中),或即便发生了危险也能够免除其责任(如受害人砸锁逗狗被咬)。换言之,义务人尽到的注意义务对于危险的发生和责任的承担是能够起到阻隔作用的。而在激烈竞争的商业环境和诸多不确定因素的作用下,即便董事尽到了全部的注意义务,也未必能避免危险的发生,其也未必就能保证公司的利益始终不受损。注意义务也许能够阻隔责任的承担,但是在董事控制的范围内未必能够阻隔危险的发生。正因如此,在侵权法上,无论违反注意义务的程度如何,是轻微过失还是普通过失或重大过失均可以导致侵权责任的产生;而在英美的公司判例中,董事的行为不仅受到商业判断规则的保护,而且须达到重大过失的程度才会被追究责任。如果要求董事就一般过失承担责任,那么就相当于要求董事保证公司经营的成功,这就如同要求律师保证打赢官司一样不切实际。

综上所述,笔者认为,董事的注意义务与侵权法上的注意义务存在实质性的差异,是两种不同性质的注意义务,理应加以区分。

2. 董事注意义务(勤勉义务)的认定路径

(1)我国的司法实践

在司法实践中,我国董事勤勉义务的认定采用侵权路径,在认定董事是否违反勤勉义务时,除了对行为和主观方面进行审查,部分判决中也辅以商业判断规则作为裁判手段。

(2)法院路径二分:侵权与违约路径

虽然根据最高人民法院《民事案件案由规定(试行)》(已失效)的规定,董事违反勤勉义务的案件被归入侵权部分的董事损害公司权益纠纷,在实践中,法院也多将此类案件作为侵权案件来处理,但对于董事违反勤勉义务到底是走侵权路径还是走违约路径还存在争议。

司法实践中,大多数法院选择采用侵权责任的逻辑来审理董事的勤勉义务纠纷案件,尤其是在股东直接起诉董事要求董事承担其违反勤勉义务责任的案件中,因为董事与股东之间本不存在直接的合同关系,因此,法院自然而然地认定董事应当承担的是侵权责任,通过侵权路径进行判定。

而在公司起诉董事要求董事承担违反勤勉义务的责任的实务案件中,出现了"债务不履行"以及"侵权责任"两种判决,对应董事的勤勉义务就是"合同上的履约义务"与"侵权法上的注意义务"两种。笔者认为,在董事对公司承担勤勉义务的情形下,董事的勤勉义务应当视为合同履约义务与侵权法上的注意义务的竞合;在董事对股东、公司债权人承担义务的情形下,董事的勤勉义务就应当视为侵权法上的注意义务。但需要注意的是,即便认定董事勤勉义务属于侵权法上的注意义务,也应当明晰两者之间的差异:首先,董事违反勤勉义务承担的责任可以在事前通过公司章程进行限制或者免除,然而侵权法上若是因违反注意义务而产生的责任是没有办法做到事前免除的;其次,在认定董事责任的过程中,对董事的主观态度进行判断时,侵权法上的一般过失不能够被视为追究责任的情形,只有在董事发生了重大过失或者是持有故意的主观心态时才可能被追究相应责任;最后,我国法院在审判实务中对于董事勤勉义务进行判断认定时,较多适用的是"处于同等地位的人在相似情形下应当具有的注意"标准,不同于侵权法上的一般普通人或理性人标准。

从选择合同路径的层面来看,不追究责任一般有以下几种原因。

首先,从当事人自治的原则出发,对于权利义务最好的安排就是当事人双方自己协商。法定的勤勉义务旨在节省缔约成本,以及在合同出现法律漏洞时充当补充条款。但若当事人对于董事勤勉义务已经作了相应的约定,不存在法律漏洞,法律则不能强制将该信义义务作为调整当事人权利义务关系的基础。

当事人对于权利义务的安排,是根据自己的具体情况作出的,例如,公司给予董事较为低廉的报酬,同时以降低其勤勉义务为代价或者对于不同的董事赋以部分内容的管理职责,而对其他部分免除其管理责任。① 如果某些经营管理者能力过人,公司仅需要其参与重要的决策,而免除其对于日常经营管理的勤勉义务,等等。② 公司法上的勤勉义务在很大程度上通过合同进行运作,例如,在美国特拉华等州,公司可以选择是否修改其章程,以消除董事违反注意义务的个人责任,不过不能违反忠诚义务。③ 显然,当事人上述的权利义务安排是结合具体情形而言的,是符合自身利益的,应当优先于法律规定而适用,而这种约定具体可以体现在公司章程或者其他内容的规则之中,因此,当事人的意思自治是对勤勉义务责任进行限制或免除最为直接的原因。

其次,勤勉义务的标准是以客观第三人的标准进行界定,例如,一名董事对公司的经营管理应当了解到何种程度、应当在公司日常的经营管理上花费多少时间精力等。如果对董事都课以非常严苛的注意义务,那么,董事一方面会面临决策错误等巨大的勤勉义务责任风险,另一方面也将会因为想要尽可能地符合勤勉义务的标准而疲于应付。基于此,公司中很可能会出现董事自身为了规避风险,表面上尽可能地完成日常出席会议或参与工作等勤勉义务所要求的内容,但也只是"形象工程",其实质上不进行任何有效的决策,完全不能够对公司的经营发展起到任何有利影响的现象。这种仅仅为了满足勤勉义务的形式要求,实际上并不积极参与公司管理经营的后果显然不是法律规范想要达到的效果。

最后,在现代的商事交易中,市场环境千差万别,因此对于不同情况下董事应当履行的勤勉义务,法律并不能作出统一、精细的规定,而只能根据类似的情形对其加以规范,但这样就会存在一个问题,即上文所述的客观第三人标准是否真的符合具体情形下双方的利益诉求? 可能会出现例如公司需要考虑重新寻找一名替代董事的成本,或是公司追究该董事的责任所需要付出的时间成本

---

① See Herny Hansmann, The Ownership of Entelwisc 18 (1996); Frank H. Easterbrook & Daniel R. Fischel, The Col. ,orate Contract, 89 Col um. L. Rev. 1416 (1989); Thomas S. Ulen, The Coasean Firm in Law and Economics, I 8 J. Corp. L. 30 I, 318 – 28 (1993); William T. Allen, Contracts and Communities in Col. ,oration Law, 50 Wash. & Lee L. Rev. 1395, 1400 (1993).

② 参见武彬:《论我国董事责任限制制度的建构——以董事违背信义义务的责任为视角》,载《公司法律评论》2018 年第 00 期。

③ See DEL. CODE ANN. tit. 8, § 102(b)(7) (2014).

等,甚至可能公司知道董事违反了勤勉义务但是依然选择保持合同关系,因为这可能是当时的最佳选择。基于上述讨论,笔者认为法律不应也没有必要对这些情形作出规定,而应当允许当事人自行作出对其最有利的选择。

综上所述,在侵权方面,勤勉义务为法定义务,当董事的行为违反了法律法规或章程规定,有害于公司利益时,其行为的违法性十分明显,因此具有侵权责任的性质。

而主张走违约责任路径的一种意见认为,在董事对公司负有勤勉义务的情形下,勤勉义务产生于董事与公司的委托合同(包括书面的和事实上的);另一种意见认为,董事与公司之间其实是一种不完全合同的关系,因为双方无法将所有事情都事无巨细地在合同中确定下来,即意味着董事向公司承诺将竭诚为公司服务,不得损害公司利益,勤勉义务的违反意味着董事未按照合同履行约定的义务,要承担违约责任,而此时可能会有强制性规范的介入,此部分就会构成法定义务,与侵权责任产生竞合。

二、案例整理和分类统计

基于上文中确定的董事注意义务含义及范畴,笔者就 2005 年我国《公司法》加入勤勉义务条文以来所涉及的相关司法判例进行了筛选,并对筛选后的有效案例进行了相关分析。

笔者主要通过"北大法宝"司法案例检索系统,通过引用法条进行检索,所涉及的相关法条包括:在法律层面,有《公司法》(2005)第 148 条(共检索有 465 件案例)、《公司法》(2013)第 147 条(共检索有 2025 件案例)、《公司法》(2018)第 147 条(共检索有 1843 件案例)、《企业破产法》第 125 条及第 26 条(共检索有 42 件案例);在法规层面,主要为《上市公司治理准则》第 21 条(共检索有 36 件案例)。此外,在中国证监会官网上以"董事勤勉义务"为检索关键词,查找到 78 项公开信息。

经浏览及统计,以上案例中,约有 50% 的案例与侵占财产相关,约 25% 的案例与竞业禁止相关,另有约 20% 的案例为返还证照纠纷。依据前文定义,上述三类案件均为忠实义务范畴,因此予以筛除。剩余案例中,再筛去当事人仅为高级管理人员身份的案例(对高级管理人员身份案例中有典型参考意义的案例将在后文予以分析,此处案例数据中不包含),得出符合"董事勤勉义务"范畴的有效案例151件,另有中国证监会处罚及复议决定60件。随后的章节将结合有效案例的具体案情及裁判说理对董事勤勉义务的内涵边界及责任确定进行分析。

(一)司法案例统计

1. 案件概览

笔者就151件有效案例,首先进行概括性分析:以公司法历次修改为节点,可得到2005年至2013年之间共有勤勉义务判决25件,2013年至2018年之间有58件,2018年至2020年12月有68件,由此可见我国针对董事勤勉义务的判决在逐渐增多,尽管学理及立法上的相关概念仍有模糊之处,但司法实践正在努力探索,敢于对此作出判决,并在多个判决中对相关问题进行了极富参考性的讨论。

而在这151起案件中,有51.66%的案件最终被法院认定为董事违反勤勉义务,48.34%的案件被法院认定为未违反勤勉义务。由此可得出,尽管学理上多有对董事施加勤勉义务是过于苛求还是制衡必需的争论,但是法院在司法实践中并没有明确倾向,而是按照个案的不同情况相应作出不同判决。

2. 判决两义务区分清晰

在判决说理及表述上,法院也展现出了一定的两义务概念分辨度,即法院在近100件案件中仅针对勤勉义务进行了论述及判决,而仅在约50件的案件中同时涉及忠实义务和勤勉义务。这与学理上对这两个义务进行辨析还略有疑难的情况不同,可见司法实践一定程度上超出了期待,已出现明显的概念范畴区分,由此针对的当事人行为也更明确。

3. 所涉公司类别

从案例所涉公司的类型来看,其中约77%的案件为有限责任公司董事勤勉义务案件;约13%的案件为股份有限公司案件——其中79%为上市公司案件,21%为非上市公司案件;余下案件为社会团体中董事勤勉义务的特殊案件,参考性不大。由此可见,法院审判的案件大部分还是有限责任公司董事勤勉义务案件,考虑到股份有限公司中大部分涉及上市公司监管问题,有大量行政法规予以规制也另有监管机构介入,因此法院审判的股份有限公司案件数量相对较少。与之不同的是,有限责任公司为闭锁公司,其人合性更使得内里情况复杂,再加上董事、股东、高级管理人员之间多存在重叠任职现象,因此该类案件是判决重点,这也符合我国学者强调的"在任何一个社会中,数量占多数的仍然是封闭型公司"①,公司法应首先为小公司服务,如有必要再为大公司规定特别条款。②

(二)中国证监会案例统计

1. 案件概览

笔者对筛选出的60份中国证监会处罚及复议决定进行分析后,以年份为界,可得自有记录以来的2008年至2020年,各年份的相关决定分别为3、2、9、2、2、1、5、3、7、6、4、7、9份,由此可得中国证监会就董事勤勉义务作出的相关执法决定并未呈现出某种趋势,每年案件数量都较少,仅在个别年份呈现数量高峰。

同时,60份案例中行政处罚决定为31份,行政复议决定为29份,可见被执法人就其是否尽到勤勉义务,或是否存在免责事由在该类执法决定上的复议率较高。

2. 违法行为类型

在60份中国证监会执法决定中,违反勤勉义务的董事行为类型较多,其中55份决定针对的是董事对公司证券发行中的(持续)信息披露未尽勤勉义务,5份决定针对的是董事在公司证券发行申请中造假,另有涉及财务造假的决定1份,占用公司资金的决定1份,未阻止公司违法行为的决定1份,以及涉及公司担保事项的行为1份。由此可见,中国证监会对董事勤勉义务的监管主要还是从信息披露/保真角度入手的,而这也符合对上市公司最基本的监管逻辑。即使决定中的表述或为"造假"或为"真实性审核",但均针对的是董事对公司或公司聘请的第三方中介机构出具的信息、数据的背书行为,而少有董事直接操

---

① 参见丁丁:《商业判断规则研究》,吉林人民出版社2005年版,第138页。
② See The Secretary of State for Trade and Industry (2002), Mdernising Company Law Cmd 5553, Volume Ⅰ – Part Ⅱ: *The Government's Policy*, para 1.2, 1.3.

作的主动造假行为。

三、焦点问题分析

(一) 行为视角

现行立法下,忠实义务已有较细致的类型化规定,体现在《公司法》第148条,相比之下,勤勉义务仅有较为原则化的规定,体现在《公司法》第147条,在司法实践中,判断标准不清,缺乏可操作性。在层级较低的法规(如《上市公司章程指引》《深圳证券交易所股票上市规则》等)中,对上市公司董事的勤勉义务作出了类型化规定,但彼此之间存在一定的不自洽。那么,上市公司董事的勤勉义务分类能否适用于所有董事?如果不行,应当如何分类?不同分类在适用要件上是否会有所不同?如何将商业判断规则的要件结合个案进行判断?由于标准不一,在司法实践中引发许多疑问。因此,以类型化作为研究方法,正适合我国董事勤勉义务的现状。

案例检索结果显示,董事违反勤勉义务的行为形态各异,且存在与忠实义务的交叉,有一定的复杂性。而我国对于董事勤勉义务的立法、司法都处于起步阶段,根据我国实际,更应采取类型化思维这种中心明确、外延不加固定的相对包容性思维,以适应巨变时代社会中不断发展变化的各种情况。[①] 同时,在我国公司治理存在路径依赖、法官运用商业判断规则经验不足的情况下,根据案例对董事勤勉义务进行类型化分类,具有一定的实践指导作用。正如拉伦茨所说:"大部分的法律都是经过不断的司法裁判过程才具体化,才获得最后清晰的形象,然后才能适用于个案,许多法条事实上是借裁判才成为现行法的一部分。"因此,"类型化涵括了经验的因素和特征,同时又渗透了规范的意旨,并且两者相互结合,对于法及法学而言更为重要"。[②]

有鉴于此,下文将尝试根据我国司法判例中的常见纠纷对董事勤勉义务作出类型化分类。

[①] 参见刘士国:《类型化与民法解释》,载《法学研究》2006年第6期。
[②] [德]卡尔·拉伦茨:《法学方法论》,陈爱娥译,商务印书馆2003年版,第20、340页。

1. 及时了解公司经营管理状况

(1) 立法梳理与案件概括

涉及法条包括:《上市公司治理准则》第69条、第98条,《公司法》第47条(2023年修订后为第72条)、第48条(2023年修订后为第73条),《上海证券交易所股票上市交易规则》第4.3.5条。在所收集的13个有效案例中,涉及独立董事、上市公司的案例共有7个(占比53.85%),都与信息披露有关,且都被法院认定董事违反了勤勉义务。涉及有限责任公司的案例共6个(占比46.15%),主要包括对虚假出资/增资、财务人员选任、发票真伪、结算书内容的不了解。

以陶某与中国证监会等二审行政诉讼①为例,在本项义务中,法院通常会对上市公司董事对公司情况的了解状况作出更高要求,上市公司独立董事对上市公司按照《证券法》的规定,真实、准确、完整、及时、公平地进行信息披露,负有勤勉尽责义务,应当了解并持续关注公司生产经营情况、财务状况和公司已经发生的或者可能发生的重大事件及其影响,主动调查、获取决策所需要的资料。

而以广东天马有限公司诉郑某某等案②为例,对于封闭公司而言,法院认为董事对公司的了解程度也应与其职位相当,郑某某等五人时任天马公司最高管理层,对于天马公司的经营模式具有选择权和决定权,亦自应承担更严格的管理责任以防范风险,现其以天马公司经营模式的特殊性及其自身非专业人员而提出难以分辨发票真伪的抗辩意见,并不能成为免除其管理失职、选任不当责任的合理事由。

董事的职责是对公司的经营管理进行大方向的指导,因此,了解经营管理状况是必然的前提。在相关案例中,没有以本项义务作为单独诉因的案例。董事对本项注意义务的违反往往与不能积极履职、合理作出商业决策、保障信息披露和履行监督义务联系在一起。

---

① 北京市第二中级人民法院行政判决书,(2017)京02行终1462号。
② 广东省广州市中级人民法院民事裁定书,(2016)粤01民终18843号。

(2) 理论证成与域外制度考察

虽然董事违反本项义务的行为各异,但核心都是因对公司状况的不了解而导致其作出错误决定或未能制止其他高级管理人员的错误行为,从而损害了公司利益。正如在弗朗西斯诉联合杰西银行(Francis v. United Jersey Bank)案中,保罗克(Pollock)大法官指出:"董事有一贯的义务去了解公司的行为活动,否则他们就无法参与公司整体的经营和管理。因为董事有义务了解情况,无知不能作为逃避责任的抗辩。"①笔者认为,本项义务包括三项子义务:①获取相应的技能,这是董事及时了解公司经营管理状况的主观前提。②出席董事会并参与表决,唯有出席并行使表决权,才能发现高级管理人员不当行为,避免过分信赖。③签阅或审定文件报表、听取汇报、询问、任命或组织专门委员会对相关文件进行检查。

①获取相应的技能

我国《公司法》主要从任职资格角度,界定董事获取相应技能的义务,如《上市公司治理准则》第37条、第41条。根据案例分析也可见,上市公司董事与普通公司董事在本项义务的承担上并不相同。其法理在于,倘若董事不具备相应的技能,则将直接影响其履行职责的能力,从而对公司经营产生负面影响。对小型公司和封闭公司而言,股东对公司管理的参与度较高、对公司事务和董事人选的状况较为了解,此时股东能够承担董事因知识技能不足造成的决策不当的后果,意思自治足矣。而对上市公司等公众公司而言,中小股东数量较多,其很难了解公司的经营情况,由于持有股票少,对董事的选任通常也不具有发言权,要求其如封闭公司一样承担董事知识技能不足带来的后果,有失公允。因此,《上市公司治理准则》第19条规定董事负有承诺义务,如果不具备相应的技能,就应当拒绝董事职位,而一旦承诺,为了履行与董事职位相应的职责,就应当保证自身具备相应的能力,如果不具有,就应当主动学习。当公司开发新市场或拓展新业务时,作为公司经营策略的制订者和执行者,董事有义务去学习与新市场、新业务有关的知识和技能,否则,缺乏专业知识董事无论如何都

---

① Francis v. United Jersey Bank, 87 N.J. 15.

履行不好职责。①

同时,根据主客观结合的勤勉义务判断标准,获取相应技能并非要求董事成为相关领域的专家,董事只需达到处于类似地位上的普通理性人的水平即可。此外,"获取"具有一定的动态性,要求董事在任职期间保证自身水平与职位相符,在公司经营周期以及董事自身的职位变动周期内,其都应当主动更新知识技能、积极学习,以保证维持适当的能力状态。

②出席董事会会议

根据我国《公司法》的规定,董事有对公司生产经营管理工作进行指导的职权,并可以设置公司内部的机构、拟定公司的基本制度等,这些都需要通过出席董事会并行使表决权来达成。因为唯有董事们出席会议,才能在全面了解公司情况的基础上形成完整有效的集体意志,并有交流意见、"头脑风暴"的机会,也能进行相互监督,便于形成高质量的董事会决议,而董事会会议及其决策质量的好坏,直接影响公司的经营管理状况,因此出席董事会会议是董事履行其他职权的前提,是最重要的注意义务之一。

根据我国相关法律规定,出席董事会会议的基本要求具体包括:A. 定期、按时、亲自出席董事会会议,因故不能出席时,可以书面委托其他董事代为出席,委托书中应载明授权范围;或者履行正常的请假手续。② B. 在会议上就所议事项发表明确的意见,特别是对董事会所要作出的商业决策作出赞同、反对或弃权的表示。C. 出席股东大会或公司专门委员会等会议。③ D. 在会议记录上签名或盖章。E. 对于负有特定职责的董事长、副董事长或董事,还包括召集或请求召集董事会或股东会会议,以及主持董事会会议的义务。④

在英美判例法上,早期判例确立了董事控制与管理公司的权力不是连带责任(joint and several),而仅是共同责任(joint)的规则。这意味着董事们的决策必须在一个合法召开的会议上以集体的方式作出,其理论基础是,股东有权期待董事会在集体讨论和商议后才作出一项决定:讨论可以改变看法,共同商议

---

① 参见李强:《董事注意义务研究》,武汉大学2009年博士学位论文,第114页。
② 参见《公司法》第112条。
③ 参见《公司法》第150条。
④ 参见《公司法》第40条、第110条。

可以使思维敏锐,这些都能改善决策的进程和质量。① 但董事出席董事会会议的义务,经历了一个转变的过程,直到歌德(Gould)案②时法院才确立:"被告就任董事时即约定不出席董事会会议、也不参与公司经营,但仍被判决承担责任。"但判例法中追究的通常是董事偶尔不出席会议的责任,并曾许可特定情形下免除该义务,如哈塔维(Hathaway)案③和科芬(Cholfin)案④,法院免除了缺乏相关知识的家庭妇女的责任,比利斯(Billings)案⑤中,免除了只具有特定职务和作用的董事的出席义务。另外,对于出席董事会会议的形式,并非强制要求董事聚集到场,如美国《示范公司法》第8.20条第b款规定:"除非公司章程或者内部细则另有规定,董事会可以允许任何一个或者全体董事利用任何通讯手段参加例会或者特别会议,或者利用任何通讯手段召开会议,只要该上述通讯手段使得参会的所有董事可以在会议上听到彼此发言,利用这一通讯手段参与会议的董事应视为已亲自出席该会议。"⑥

我国未对既不委托也不请假的后果在《公司法》层面作出规定,由于缺乏相关案例,也并未规定特定事由下本项义务的免除。按照现行法律规范,有两种结果:视作已放弃在该次会议上的代表权⑦或视为不能履行职责,董事会应当建议股东大会予以更换。⑧ 这两种做法可能产生以下问题:首先,未对特定情形下的无法出席作出规定,董事在非常情况下可以通过其他方式表达对董事会决议的意见,因此在正当情形下可以允许其不出席。其次,以缺席董事会会议次数作为不能履行职责的标准,缺乏法理正当性。不同的上市公司召开董事

---

① 参见[美]罗伯特·W.汉密尔顿:《美国公司法》,齐东祥组织翻译,法律出版社2008年版,第234~235页。

② See Kavanaugh v. Gould,223 N. Y. 103.

③ See Hathaway v. Huntley,284 Mass. 587.

④ See Allied Freightways,Inc. v. Cholfin,325 Mass. 630.

⑤ See Wallach v. Billings,161 Ill. App. 317.

⑥ 沈四宝编译:《最新美国标准公司法》,法律出版社2006年版,第96页。

⑦ 《到境外上市公司章程必备条款》第94条规定:董事会会议,应当由董事本人出席。董事因故不能出席,可以书面委托其他董事代为出席董事会,委托书中应当载明授权范围。代为出席会议的董事应当在授权范围内行使董事的权利。董事未出席某次董事会会议,亦未委托代表出席的,应视作已放弃在该次会议上的投票权。

⑧ 《上市公司章程指引》第99条规定:"董事连续两次未能亲自出席,也不委托其他董事出席董事会会议,视为不能履行职责,董事会应当建议股东大会予以撤换。"

会的情况不同,对于开会较少的公司,缺席两次确实属于对公司经营管理状况的漠视,但对于开会次数多的公司可能并非如此。最后,这两种结果均是剥夺董事个人的权利,但并未明确董事对公司承担的责任,董事缺席可能导致决策不及时而错过商机,或者未能有效阻止错误决策而造成损失,此时,应对董事施加一定的赔偿责任。

③审阅或签订文件报表等

广义而言,公司所有的事务都可能与公司经营决策乃至公司利益息息相关,要求董事掌握所有信息未免"强人所难",而由于商业活动的复杂性,对公司事务本身进行分类也是非常困难的。因此,司法实践中的举证多以被记录留存的程序性事实为依据。该事实的过程和方式均客观存在,较易被察觉或证明,比如,签阅公司的定期财务报表或其他业务报表、听取部门负责人的报告或讨论公司的运营情况、向公司有关人员询问情况(通过书面/口头/电话或电子邮件等形式)、任命或组织专门委员会检查公司的业务执行情况或账目,等等。①

如果被告董事能够举证证明上述程序性事实,则表面上其已经履行了本项注意义务,反证推翻的举证责任转移至原告。但是,程序形式仅能证明董事作为的客观状态,对董事的主观状态无从考证。实际上,这种对审阅、签订文件时是否施以应有注意的主观认知难以查证,也无法通过条文穷尽各种情形,必须通过双方的举证质证和法官的自由裁量方能决断。

在域外,这类行为依举证的难易可以划分为两类:一类是从未积极作为——原告的举证较为容易,如弗朗西斯诉联合杰西银行(Francis v. United Jersey Bank)案等,董事从未审阅相关文件、从未在报表上签字。另一类则举证难度较大,因为董事仅是在特别环节、特定交易文件上有所疏忽,股东的举证难度大。例如,多彻斯特金融公司诉史特宾(Dorchester Finance Co. Ltd. v. Stebbing)案②中,两位具有丰富会计经验的非执行董事因在空白支票上签字而导致执行董事发放违法贷款,同样违反了注意义务。由此可见,如果文件本身

---

① 参见李强:《董事注意义务研究》,武汉大学 2009 年博士学位论文,第 101 页。
② See Dorchester Finance Co. Ltd. v. Stebbing BCLC 498.

是违反公司利益的,或是公司高级管理人员用于侵害公司利益的产物,即便有程序事实证明,也不能视为董事完成了本项义务;相反,恰能证明其因主观上的疏忽而违反了本项义务。而以公司利益为标准,如果董事认真阅读了相关文件却从事与之相反的行为造成公司损失,亦证明其违反了本项义务。同时,与出席义务不同,审阅相关文件的义务带有持续性,董事必须通过各种手段保持对公司文件乃至经营管理情况的关注。

我国的立法和司法实践中,更关注审阅、知悉后的作为报告和采取相应措施的义务,如《上海证券交易所股票上市规则》第4.3.5条第7项中即规定"及时向董事会报告公司经营活动中存在的问题",这里的报告主要针对在生产经营过程中的常发性问题,如产品质量不过关、产销不对路、订价过高、经销网点分布不合理、销售人员能力不足等。① 未来,在判断董事的知悉义务时,建议重视此项义务的程序性事实,并在举证质证中根据个案判断,合理辨析董事的主观状态、结合对公司利益的损害程度,灵活处理。

2. 合理调查并审慎作出商业决策

(1)立法梳理与案件概括

本项注意义务涉及的法条是《公司法》第47条②和第109条(2023年修订后为第122条)③,在笔者所收集的64个案例中,有36个案例(占比56.25%)提到了"超越权限""违反法律、章程规定的程序";有11个案例(占比17.19%)提到或隐含了商业判断规则。"商业决策"主要分为两大类:对外投资/提供担保或处理人事关系;对外处理债权。第一类行为涉及案件共41件,其中未经审慎决策的案件25件(占比60.98%)、违反法律、章程规定的程序的案件16件(占比39.02%)。第二类行为涉及的案件共14件,其中未经审慎决策的案件8

---

① 参见李强:《董事注意义务研究》,武汉大学2009年博士学位论文,第103页。
② 《公司法》第47条规定,董事会会议由董事长召集和主持;董事长不能履行职务或者不履行职务的,由副董事长召集和主持;副董事长不能履行职务或者不履行职务的,由半数以上董事共同推举一名董事召集和主持。
③ 《公司法》第109条规定,董事会设董事长一人,可以设副董事长。董事长和副董事长由董事会以全体董事的过半数选举产生。董事长召集和主持董事会会议,检查董事会决议的实施情况。副董事长协助董事长工作,董事长不能履行职务或者不履行职务的,由副董事长履行职务;副董事长不能履行职务或者不履行职务的,由半数以上董事共同推举一名董事履行职务。

件(占比57.14%),违反法律、章程规定的程序的案件6件(占比42.86%)。在单独诉因中,本类行为占比较大。

根据案例分析结果,我国法院在运用商业判断规则的案件中,裁判理由的论证与说明略有不足,只能在形式层面对标准进行引用,无法适用到具体的案件分析层面,因此,缺乏与审查要素有关的规范性文件或指导性案例。

首先,我国法院在注意义务案件的审查模式方面有所突破,但由此也会导致如下两个问题:一是由于法院的地域差异与级别差异,出现同案不同判的情形;二是采纳注意义务的法院,许多仅是单纯引用而未在判决与论证中实质性地运用。以湖北恩施铁连物资贸易有限公司诉张某等案[①]为例,法院并未对一般理性人标准、善意标准、信息标准等结合案情展开详细论述,本院重点审查铁连贸易公司执行董事张某的行为是否出于善意,为了公司的根本利益而非个人利益,且尽到了一般普通人应具有的审慎注意义务⋯⋯张某在履职的过程中对采购的煤样进行了多次化验,在其内心确认所采购的煤炭销售给腾龙水泥厂仍然有赚账的前提下,才决定签订合同。

其次,法院在裁判说理部分首先认定被告的决策行为是否违反公司章程、是否在未经股东会或董事会授权的情况下擅自作出决策,即将违反法律法规和公司章程作为违反注意义务的构成要件之一,甚至是首要构成要件。以泗阳县塔汇纺织有限公司诉虞某某案[②]为例,法院认为,本案中虞某某出售万彩公司的房产和土地给泗阳管委会这一行为并未违反上述勤勉义务,理由为:第一,虞某某的行为不违反公司章程的程序性规定⋯⋯

最后,我国法院对"善意"的认定和适用存在不清晰之处,从事后审查的思维看,法院常缺少对董事出于公司利益的善意的整体判断,以赵某某等诉苏南集团案[③]为例,法院就并未考虑到董事未按时完成工程审计工作是因为正值春节且其处于怀孕状态,其还就相关审计事宜咨询专业人员,并拖延签约时间为公司争取额外利益,完全是为了公司最大利益着想。

---

① 湖北省恩施土家族苗族自治州中级人民法院民事判决书,(2015)鄂恩施中民终字第00457号。
② 江苏省宿迁市中级人民法院民事判决书,(2013)宿中商初字第0140号。
③ 江苏省苏州市中级人民法院民事判决书,(2014)苏中商终字第0164号。

(2) 理论证成与域外制度考察

有些国家或地区,如果董事的行为能够运用商业判断规则予以免责,则一般不视为违反注意义务。其法理在于,虽然在获取所有能够合理得到的信息之基础上谨慎地作出商业决策,是董事履行其主要职责的体现,但由于商事活动灵活多变,即便董事以最大善意,在全面分析、搜集有关信息的基础上作出决策,也难免遇到商业风险而遭遇损失,而"全面了解所有信息"本身就是几乎无法完成的任务。因此,需要以商业判断规则保护董事,激励其积极作出决策。

商业判断规则的构成要件可归纳为以下四点:第一,必须存在作出商业决策的事实,包括作出具体明确的商业决策或经过调查、讨论之后的不作为,单纯的无动于衷不属于商业决策的范畴。第二,决策必须基于善意,作为一种主观状态,善意很难用统一标准衡量,通常通过界定其反面"非善意"来认定。第三,决策的作出必须基于充分的信息。第四,决策应当符合公司的最佳利益,要求董事有合理的理由而非仅是主观判断,也即董事在作出决策时对结果有所预计,虽然并不要求公司实际盈利,但这是董事在掌握充分信息后,基于善意的努力方向。

在实践中,判例法考察的主要因素为"是否进行合理调查"、是否"谨慎"。只有经过合理调查才能获取充分的信息,考虑因素包括:①董事会的会议纪要及相关文件。史密斯诉凡高锟(Simth v. Van Gorkom)案[1]中,法院在考察了文件的多寡、详细程度、可信赖性、会议召开次数、时长,以及董事的发言后,认为仅凭两小时的会议作出重要决定,未进行合理调查。②兼并案中,目标公司董事在已有收购者外是否努力寻找其他潜在收购者或组织招投标。如沙伯诉布莱恩(Shaper v. Bryan)案[2]中,法院认定目标公司的董事已经在为公司股东的最大利益努力。③是否获得了当时情况下可获得的所有信息。

而"谨慎地作出商业决策"则考察如何对待已有信息,包括:①是否在知悉相关信息的基础上,作出了明知对公司不利的决策。如波希诉米洛敦(Percy v. Millaudon)案[3]中,董事明知银行出纳欺诈公司,仍然据此作出决策,造成公

---

[1] See Smith v. Van Gorkom, 488 A.2d 858.
[2] See Shaper v. Bryan, 371 Ill. App. 3d 1079.
[3] See Percy v. Millaudon, 8 Mart. (n.s.) 68.

司损失。②是否谨慎地对待已经获得的信息,包括不能简单地信赖高级管理人员、投资顾问等,如汉森信托(Hanson Trust)案①中,法院认定董事未经思考而信赖第三方而造成的损失,是对注意义务的违反。③是否在知晓公司濒临或已经破产时,继续经营业务而扩大公司损失。④是否应决策而未决策,即在面对可能影响公司经营甚至生存问题时,是否及时采取措施应对,如莱恩(Ryan)案②。

总体而言,美国法院更关心:①董事是否尽其所能地对相关信息进行充分知悉。②董事知道或应当知道哪些信息,这些信息是否构成决策的正当理由。③董事是否对商业决策进行了充分的讨论、协商与谈判。④决策程序是否存在瑕疵。我国法院则更关心:①董事的决策行为是否违反法律法规。②董事作出的案涉商业决策是否符合公司章程规定、是否属于其职权范围。③董事是否有过错、公司是否有损失、过错与损失之间的因果关系如何。

将是否违反法律法规和公司章程作为审查重点,相当于把董事决策义务限缩理解为合规义务和是否越权,可能导致董事未违法违规的不当行为无法受到追责,而超越章程但基于公司利益最大化的善意行为受到不当追责。③ 因此,我国法院应把握本项义务的法理,将审判重点从"是否合法合规"转移到具体的构成要件上来,从董事获取的信息与董事决策所经过的程序两个角度切入,考虑个案中董事对信息的了解渠道、了解程度、主观了解意愿,以及董事作出决策的程序是否完备、有无重大瑕疵,并结合事实展开实质性的详细论述。总体而言,应当采纳整体主义的认定思路,综合考量所有要素后得出结论。

同时,我国应当对"商业决策"作限缩理解,将"商业决策"与商业判断规则的范围限定为那些与公司的生产、经营直接相关的决定,如购买设备、增加产量、核定价格、组织销售、签订合同、出售股份等;其他性质的决定则留待其他的注意义务规范。④ 此外,就立法角度而言,我国《公司法》将董事的商业决策视

---

① See Hanson Trust PLC v. ML SCM Acquisition, Inc., 781 F.2d 264.
② See Lyondell Chem. Co. v. Ryan, 970 A.2d 235.
③ 参见蒋昇洋:《董事注意义务的司法认定:美国的经验和中国再造》,西南财经大学出版社2019年版,第64页。
④ 参见李强:《董事注意义务研究》,武汉大学2009年博士学位论文,第111页。

为一种权利,但并未对如何行权作出更详细的规范,导致追责的依据模糊,未来应在总结实践经验的基础上,进一步作出细化规定。

3. 提供信息不误导

(1)立法梳理与案件概括

涉及的法条为《公司法》第141条(2023年修订后为第160~161条)、第150条,《证券法》第82条,《上市公司章程指引》第98条。在所收集的18个案例中,全部为上市公司案例,除2个案例外,均被认定为违反勤勉义务(占比88.89%);在被处罚的人员中,独立董事有8个。中国证监会处罚决定书与行政判决书中,仅有1例详细论述了信息特性的不同、董事获取信息渠道的不同而造成的责任的不同。90%以上的案例认为,信赖外部专业人士的判断(如审计报告、财务会计文件等)不能免除董事的勤勉义务,以杨某某行政判决①为例,杨某某在担任审计委员会主任委员期间,对此问题除了在会议上口头提出意见之外,并没有证据证明其采取了积极措施监督公司完善成本核算以及内控制度,特别是在审计机构就公司财务提出重大质疑时还予以消极处理……虽然上市公司内部治理混乱确实会对董事正常履行职责产生阻碍,但这不能构成董事在信息的真实性、准确性和完整性难以确认的情况下就在相关公司文件上予以签字认可的正当理由。

仅有1个案例②认为,不应当以专业人士的水准对非专业董事提出过高要求,对非专业的董事、监事、高级管理人员和其他直接责任人员不能以专业人士的标准加以要求。如果没有正当理由怀疑信息存在不实陈述或重大遗漏,且关于重要事项的陈述不存在明显异常的,不应仅以公司董事、监事、高级管理人员和其他直接责任人员未尽勤勉义务为由一概要求其承担赔偿责任,而应根据行为人的职责分工,判断是否存在故意和过失。

(2)理论证成与域外制度考察

与其他注意义务相比,本项注意义务主要针对公司股东,从我国上市公司的实践来看,受虚假信息误导的主要是股东或投资者,因此,本项义务更多针对

---

① 北京市高级人民法院行政判决书,(2019)京行终747号。
② 广东省深圳市中级人民法院民事判决书,(2018)粤03民初561、566、567号。

的是股东的知情权。通常情况下,董事的汇报与披露是股东了解公司信息的主要渠道,因此,董事有义务保障所提供信息的真实、准确、完整,对于不同公司的董事而言,本项义务的注意程度也不同。

在域外,提供错误信息并误导股东的行为常源于董事将个人利益置于公司利益之上,因此本项义务常具有忠实义务和注意义务的双重属性;如果董事基于个人利益提供错误信息并误导股东,则违反忠实义务;如果粗心大意,则违反注意义务。① 美国法院在信息披露方面主要关注"红旗警示"。如果董事们在事前知道或应当知道公司的财务信息及其报表存在虚假性、误导性和重大遗漏,而未采取任何措施予以更正,或采取放任模式的态度,则应被认定为具有未尽到以公司最大利益的方式行事的恶意。美国法院的审查焦点包括两部分。

第一,原告的举证是否构成"红旗警示"的信息,通常要求该信息具有特定性。例如,在花旗银行(Citigroup)案②中,法院认为,证券市场的风险不足以证明董事应当知道信息披露存在虚假陈述或重大遗漏,因此不具有针对性和特定性。而在福奇(Fuqi)案③中,由于公司收到了纳斯达克的通知,并受到 SEC 相关违规披露的调查,这些特定事实足以推定董事知道会计报表的违规披露,从而满足"红旗警示"的要件。同时,要求原告举证证明董事"知道或应当知道"该"红旗警示"信息,对原告提出了较高的举证要求。例如,在伍德诉鲍姆(Wood v. Baum)案④中,原告通过举证被告董事已签署或批准相关的财务报表,试图证明董事对违规披露的应知。但美国法院则认为,因为原告未举证董事存在其他行为,仅凭签署或批准行为,不足以达到证明标准。又如,在博利康(Polycom)案⑤和麦克斯维尔(Maxwell)案⑥中,原告认为,既然董事已在报告中签字署名,证明其肯定知道财务报表存在不实,但美国法院认为,没有任何特

---

① 参见蒋昇洋:《董事注意义务的司法认定:美国的经验和中国再造》,西南财经大学出版社 2019 年版,第 72 页。
② See In re Citigroup Shareholder Derivative Litig. ,2013 U. S. Dist. LEXIS 117741.
③ See Rich ex rel. Fuqi Int'l,Inc. v. Yu Kwai Chong,66 A. 3d 963.
④ See Wood v. Baum,953 A. 2d 136.
⑤ See In re Polycom,Inc. ,78 F. Supp. 3d 1006.
⑥ See In re Maxwell Techs. Inc. Derivative Litig. ,2013 U. S. Dist. LEXIS 15576.

定具体的实施性指控来解释董事们知道什么、董事们什么时候知道了虚假和误导性陈述,就不能推导出董事会具有恶意、故意或欺骗意图。①

第二,董事对违规报表实际参与,包括对报告的审核与筹备。"实际"参与指董事对报告的出具与完善有实际贡献,因此,原告如果以公司章程规定了董事的报告审核职责证明该事实,法院通常不予支持。同样以花旗银行(Citigroup)案为例,原告仅以董事具有章程赋予的职权,应当审查财务报表而推定董事已经审查过报告,被法院驳回。这种严格的"程序"和"信息"审查思路,也体现了推翻"善意"要件的证明标准较高。

在这个问题上,我国认为不能以其他机构或者个人未发现、未指出为由免除其义务。还要求董事证明"没有过错",一般是在表决时曾表明异议并记载于会议记录的方可免责。并且,对董事提出的未参与、不直接从事经营管理,不知情、无故意、未获益等不予采纳,不认为足以构成免责理由。例如徐某案中法院认为②,涉案两项重大收入事项,存在多个明显、高度异常,且原告知悉公司业绩下滑、可能存在财务舞弊的情况下,没有证据证明原告对涉案收入事项进行了持续关注和审慎监督,不能仅凭确认违约协议调解书效力的民事裁定书和财政补助文件来主张免责。

在举证责任上,我国法院认为需要由董事证明其了解并持续关注公司生产经营情况、财务状况和公司已经发生的或者可能发生的重大事件及其影响,主动调查、获取决策所需要的资料,签字即代表承担法律责任,被起诉时,董事需要自证清白,以范某案③为例,证明责任分配:①在公司定期报告上签字,即表明其对该报告的真实性、准确性、完整性承担法律责任。②若主张自己不应承担责任,即应提供相反证据证明自己已经尽到了勤勉义务。③董事的勤勉义务是基于自身的法律地位而产生,是否直接参与日常管理、是否具有审计专业背景均不影响董事应当依法独立履行其勤勉义务。

---

① See In re Maxwell Techs. Inc. Derivative Litig. ,2013 U. S. Dist. LEXIS 15576.
② 北京市高级人民法院行政判决书,(2019)京行终 7613 号。
③ 北京市第一中级人民法院行政判决书,(2017)京 01 行初 760 号。

4. 监督

本部分涉及的法条有《公司法》第 109 条、《上市公司章程指引》第 112 条。在所收集的 55 个案例中:有 1 个(占比约 1.82%)涉及不当对外授权;有 18 个(占比约 32.73%)涉及未建立良好的内部运营系统(包括财会/信息/风控/人事管理系统等);有 15 个(占比约 27.27%)涉及不了解公司的状况(对人事放任自流、主动或放任违法违规);有 6 个(占比约 10.91%)涉及不了解公司的状况(怠于经营管理,放任公司处于商业风险中);有 15 个(占比约 27.27%)涉及对股东抽逃出资、虚假出资、增资不实的监督义务。总体而言,我国裁判中体现的监督义务主要包括以下五个方面,且仍然以合规与越权的思路为主。

第一,不当对外授权委托。例如,王某、黄某某损害公司利益纠纷案①中,刘某某将董事长事务全部委托给王某,五洲公司任命王某为合越公司董事长,王某以董事长的名义签批合越公司的各类重要文件,王某、刘某某、五洲公司实施的上述与公司有重大利害关系的行为均未经合越公司董事会或股东会讨论,已然违反了公司章程及公司法的规定,亦损害了公司的权益。

第二,未建立良好的内部的运行系统,包括财会、信息、风控、人事管理系统等。例如,博雅出租车公司、王某某损害公司利益纠纷案②中,王某某、杨某、冯某等应当依照公司章程的规定制定财务会计制度,规范公司的报销流程等财务管理制度,但从现有证据看博雅出租车公司并未制定有关制度,从而导致王某某、杨某、冯某利用在公司的地位和职权为自己谋取私利或侵占了公司的财产。

第三,不了解公司的状况,对人事放任自流、主动或放任违法违规。例如,春雨公司诉汛腾公司案③中,被告吴某某在对人员任用、公章使用及公司对外重大事项的经营处分中均表现出放任管理、纵容下属员工的行为,其违反了对公司的忠实和勤勉义务。

第四,不了解公司的状况,怠于经营管理,放任公司处于商业风险中。例如,常客公司诉张某案④中,作为圣泰公司法定代表人的张某应在撤股后及时

---

① 广西壮族自治区崇左市中级人民法院民事判决书,(2019)桂 14 民终 483 号。
② 四川省遂宁市中级人民法院民事判决书,(2020)川 09 民终 606 号。
③ 辽宁省营口市中级人民法院民事判决书,(2016)辽 08 民终 1856 号。
④ 吉林省农安县人民法院民事判决书,(2014)吉农民初字第 2 号。

将设备从长华公司取回,以减少原告常客公司损失。但从 2005 年 11 月至 2009 年 12 月被告未按公司章程规定履职尽责,对公司财产怠于管理,使公司该出资设备去向不明,给原告公司造成直接经济损失 25.5 万元。

第五,对股东抽逃出资、虚假出资、增资不实的监督义务。例如,斯曼特公司与胡某等损害公司利益责任纠纷案①中,如果董事仅仅只是怠于向未全面履行出资义务的股东催缴出资,以消极不作为的方式未尽忠实勤勉义务,而该不作为与公司所受损失之间没有直接因果关系,那么要求董事对股东未履行全面出资义务承担责任,则缺乏事实和法律依据。

对我国董事监督义务的再造可以考虑以下内容:首先,明确其监督范围、定位、内容,允许董事在合理情况下信赖他人,并对什么是合理情形作进一步的详细说明。董事无法对公司事必躬亲,应当允许其享有"依赖权",但对于这种合理信任的界限应作出更详细的界定,例如,判断特定的董事就董事会的监督义务是否尽到必要的注意,应当考虑所有相关的情况,这些情况包括:①对声称为监管而产生的问题的预测的可能性;②对问题大小的预测的可能性;③在问题期内公司的业务状况(如是否处于稳定的收益或处于财力危机和公司变革中);④公司的复杂程度和规模;⑤公司其他董事、高级主管、雇员、专家、其他人员以及董事会各委员会的可靠性和可信赖程度;⑥问题期内董事在公司所担任的明确的角色,例如,董事在董事会的服务年限和董事是否承担了特殊的职责,或是在一特定阶段对公司事务在总体上是否关注和勤勉,所有这些都可能与评价董事是否尽到合理注意有关。②

其次,对于对信息要件的审查,可以参考信息的知名程度、相关性和特定性;对程序要件的审查,采取一般性认定,例如考虑特定的财会制度等并结合个案判断,考虑该特定公司的合规系统是否运营完备。

5. 遵守法律和公司章程

本部分涉及的法条有《公司法》第 147 条、第 149 条,《上市公司治理准则》第 4 条、《上市公司章程指引》第 103 条和第 98 条。在所收集的 9 个案例中,排

---

① 广东省高级人民法院民事判决书,(2016)粤民破 70 号。
② 参见美国法律研究院:《公司治理原则:分析与建议》,楼建波等译,法律出版社 2006 年版,第 176~177 页。

除了决策、监督行为违反公司法的案例,仅保留董事个人行为违法、公司行为违法的案例,包括虚假报税、污染环境、提交虚假材料、违规生产等。在检索的案例中,主要有以下三种违法行为。

第一,公司从事的违法行为,董事消极执行。例如,艾西彼管理咨询服务有限公司诉孙某华案[①]中,原告于经营期间应主动向税务部门申报纳税。现无证据证明原告曾于2014年及2015年向税务部门申报纳税,而该期间被告任首席代表之职,由此造成的企业损失理应归责于被告方。鉴于原告因逾期申报被征收滞纳金12,942.49元,被告对此应承担赔偿责任。

第二,公司从事的违法行为,董事有积极促进作用。例如,李某磊与李某鑫等损害公司利益责任纠纷案[②]中,李某鑫系公司执行董事兼经理,作出公司的生产经营决策和执行系其法定职责,公司进行违规生产,其应承担相应的责任。

第三,董事执行公司合法决议时的违法行为。例如,岚顺食品公司诉俞某英案[③]中,俞某英作为岚顺食品公司时任董事长执行公司职务时未尽到法律、行政法规或者公司章程规定的职责义务,致使岚顺食品公司因提交虚假变更备案材料而被监管部门罚款,给公司造成损失,依法应当承担赔偿责任。

值得注意的是,《公司法》第147条第1款、第149条和《上市公司章程指引》第98条似乎对遵守法律法规和公司章程有不同的理解。一种认为,法条文意为董事的行为应保证公司经营符合国家法律、法规的有关规定;另一种认为,还包括董事应当在法律法规和公司章程的范围内行事,即董事自身应遵守法律法规和章程。

一般而言,可将董事的行为分为公司的经营行为、董事实施的与公司经营无关的个人行为。而本项勤勉义务的内涵,应当采取《上市公司章程指引》第98条的规定来界定:董事个人行为合法,并保证公司行为合法。有学者认为,本项勤勉义务应表述为:董事应当遵守法律法规和公司章程;并保证公司的经营行为遵守法律和行政法规,在公司章程或营业执照规定的范围内开展经营活

---

① 上海市黄浦区人民法院民事判决书,(2016)沪0101民初16948号。
② 北京市房山区人民法院民事判决书,(2018)京0111民初14069号。
③ 福建省平潭县人民法院民事判决书,(2020)闽0128民初1468号。

动,并且,以后者为重点。①

由于我国司法实践中对合规较为重视,法院判决中常常提到"违反法律法规和公司章程",对于存在该表述的案件应当归入何种勤勉义务的范畴,应作如下理解:根据所违反法律的性质归类,如果违反的法律与公司的经营密切相关,且对该法律知晓,但由于疏忽大意而违反,则落入本项义务的规制范围;如果董事应当知晓而不知晓,则属于及时了解公司经营管理状况义务的规制范围;如果该法律本身与公司经营管理并非关系密切,作为一个处于相同职位的理性人(客观标准下)董事并不必然需要知晓,则施以合理调查并审慎作出商业决策的义务。

(二) 身份视角

主体差异是规范差异的基本出发点,是除行为分类角度以外认识注意义务的又一重要路径。细化注意义务人之间的差别,有助于分析其注意义务的不同程度与侧重方向。尽管司法裁判应注重个案分析,即根据具体身份及情况判断注意义务的程度与内容,但是对注意义务人加以较细致的分类可以为裁判及学习提供一个基本的分析框架。并且,注意义务的指向对象、注意义务的受益人与诉讼类型和诉讼中的主体地位密切相关,在司法裁判案例研究中尤其不可被忽视。本部分将结合案例展开论述,分析董事具体身份对注意义务的影响及其义务的指向对象与受益人。

从注意义务人身份角度入手来认识注意义务,包含两个层面的内容。首先对董事作出界定,这是判断一个主体是否承担信义义务的前提性问题;其次对董事或行为人进行分类,从而分析注意义务在哪些方面或多大的程度上需要予以差异化。鉴于董事在公司治理方面所起的关键作用,通过董事义务对所有类型董事的权力进行规制是至关重要的。② 这要求在界定董事时应采取更为全面且实质的思路。一则,有一些主体虽然不具备董事的身份,但实际行使了董事的职权,那么他们是否应该归入董事的范畴从而适用董事信义义务规则?二

---

① 参见李强:《董事注意义务研究》,武汉大学2009年博士学位论文,第137页。
② See Colin R. Moore, *Obligations in the Shade*: *The Application of Fiduciary Directors' Duties to Shadow Directors*, Legal Studies 36, No. 2 (June 2016): 326-353, p.326.

则,虽然都作为董事且行使一定职权,但对不同类型公司的董事、同一类型公司中不同的董事而言,其行为的具体内容或要求程度又是否一致？对于第一个问题,笔者认为应当给出肯定答案,通过将董事划分为正式董事和非正式董事使其均适用信义义务的规则。对于第二个问题,笔者认为应当给出否定答案,即应当结合公司类型与董事的具体身份判断其注意义务的内容与边界。

1. 正式董事与非正式董事

英国公司法承认董事的三个基本类别：经过适当任命的法律上的董事(de jure directors),尽管没有任命但仍然担任董事的事实上的董事(de facto directors),以及通过向法律上的董事发出指令对公司行使间接控制权的影子董事(shadow directors)。① 与将实际行使董事权力的主体都纳入董事范围的意旨一致,笔者将董事分为两类,即正式董事与非正式董事。正式董事是具备董事名义且行使职权的董事,这是通常情况。非正式董事对应的是英国公司法中事实上的董事与影子董事,二者的共同点是虽没有董事之名,但行董事之实。需要注意到,事实上的董事②与影子董事是有差别的。前者一般在公司担任非董事的公开正式职务,不隐名,而后者不在公司担任正式的或公开的职务。显然,与正式董事相比,非正式董事是需要进一步讨论的特殊情况。我国的董事勤勉义务司法裁判案例,存在与上述英国事实上的董事与影子董事对应的两种情况,且法院支持了非正式董事承担违反勤勉义务的赔偿责任的请求。

(1) 事实上的董事

在存在事实上的董事的情况下,法院针对原告股东所提出代表诉讼中事实上的董事赔偿公司损失的要求,根据《公司法》第147条(2023年修订后为第180条)和第149条予以支持,认为被告虽然未经股东会表决通过便担任公司董事长,并非公司名义上的董事,但其通过与执行董事交接,实际上管理公司。

---

① See Colin R. Moore, *Obligations in the Shade: The Application of Fiduciary Directors' Duties to Shadow Directors*, Legal Studies 36, No. 2 (June 2016): 326-353, p.326.
② 关于事实上的董事的讨论可参见 Brian Studniberg, *The Uncertain Scope of the De Facto Director Doctrine*, University of Toronto Faculty of Law Review 75, No. 2 (Spring 2017): 69-100。该文从公司税务案件入手展开分析,角度较为独特,不过与笔者所探讨的注意义务关系不大,故不展开讨论。

其未经股东会同意的对外投资行为给公司造成损失,应当承担赔偿责任。① 虽然法院并未明确指出,被告实质上属于董事,但通过法院援引的法律依据可以看出法院适用了董事勤勉义务的规则,其实也表达了对被告构成事实上的董事的认可。我国的司法裁判并未进一步说明构成事实上的董事的必要条件,但对该问题有明晰的认识是十分重要的,尤其是在所谓事实上的董事具备多重身份(比如兼任股东顾问)或存在同样行使职权的正式董事的情况下。对此,可以参考英国判例对"事实上的董事"界定的发展。

在海德路旦(Hydrodan)公司清算案中,法官提道,在考虑某人被认为是事实上的董事的条件时,必须确认该人履行了只有董事才能履行的职能,仅仅关注公司的管理或承担董事会以下的管理职责是不够的。② 但是这一条件,在后来的摩盖特金属(Moorgate Metals)案中,被瓦尔内(Warner)法官指出并不构成对事实上的董事的详尽描述。③ 在瑞彻波洛(Richboroug)家具公司案中,法院指出,要证明答辩人是事实上的董事,必须有足够的证据表明,要么答辩人是唯一指挥管理公司事务的人,或者与其一同行事的其他人同样缺乏有效任命,就像莫里斯(Morris)案④一样;要么在存在其他人担任正式或法律上的董事的情况下,答辩人与正式董事在指挥管理公司事务上发挥了同等作用……如果无法确定答辩人的行为是应归因于假定的董事身份,还是与其他能力有关(比如股东或顾问),那么答辩人有权享有"疑益",⑤即答辩人不能被认定为事实上的董事,因而无须向公司赔偿。可以看出,事实上的董事不仅要满足未被有效任命的条件,还须结合公司内法律上的董事履行职能的情况及其是否兼具其他身份的情况加以综合判断。⑥

---

① 程某与王某、刘某1、赵某、张某、刘某2、吉林吉某客运有限责任公司损害公司利益责任纠纷案,吉林省永吉县人民法院民事判决书,(2019)吉0221民初2163号。
② See Re Hydrodan (Corby) Ltd. (in Liquidation) [1994] BCC 161.
③ See Re Moorgate Metals Ltd. [1995] 1 BCLC 503.
④ See Morris v. Kanssen, [1946] 1 All ER 586.
⑤ See Re Richborough Furniture Ltd. [1996] 1 BCLC 507.
⑥ See Caroline M. Hague, *Directors: De Jure, De Facto, or Shadow*, Hong Kong Law Journal 28, No. Part 3 (1998): 304-314, p.306-307.

(2) 影子董事

"影子董事"的情形,在我国公司所有权与控制权分离程度不高的背景下,尤其容易出现,司法裁判案例中构成影子董事的相关情形不在少数,其典型特征是通过控制董事间接行使职权。不过大部分案例是不当关联交易、自我交易等情形,争议焦点在于是否违反忠实义务,而专门讨论是否违反注意义务或勤勉义务的案例屈指可数。在影子董事违反注意义务的案例中,具有一定探讨价值的案例是"集盛公司案"。[1] 由该案引发的在法律适用和规则设计上均有意义的问题是,假如股东对派驻董事加以控制,而派驻董事的行为违反了注意义务,应该如何向股东追责?结合《公司法》的规定,大致有两种路径:一种是影子董事路径,即采取间接认定的方式,先根据《公司法》第 147 条的相关规定,论证派驻董事的行为违反注意义务(勤勉义务),然后将派驻董事的行为视为股东的行为,进而认定股东违反注意义务(勤勉义务),股东应当担责。[2] 另一种路径是直接认定股东的行为构成了《公司法》第 20 条(2023 年修订后为第 21 条)规定的滥用股东权利,而不涉及关于董事注意义务(勤勉义务)的讨论。[3] 二审法院选择了后者,并认为一审法院采取第一种路径属于适用法律错误,不过两种方法的实体处理结果是一致的。那么,在司法裁判中应该选择哪种路径?《公司法》第 147 条与第 20 条在多大程度上竞合,这种竞合是否会导致其中一条规则被架空?在规则设计上,是否有必要引入影子董事的规则?对于这些问题,笔者作出以下解答。

笔者认为,应当优先适用的是"影子董事"路径。这一观点与对《公司法》

---

[1] 湖南省高级人民法院民事判决书,(2016)湘民终 140 号。
[2] 集盛公司案一审法院认为:派驻董事的行为视为股东集盛公司的行为,其法律责任由集盛公司承担,因此判断集盛公司是否尽到忠实勤勉义务,应主要审查派驻董事在借款过程中是否尽到了忠实勤勉义务。本案中,董事既是贷款人的董事,又是借款人的法定代表人,其凭借身份优势,对各方信息应有充分了解,尤其是与借款风险紧密相关的借款人经营财务信息、还款能力、关联关系。故其应尽到更高的审查和注意义务(勤勉义务)。在明知借款人已停止经营、不具备还款能力的情况下,未提请董事会注意该信息,根据《公司法》第 147 条规定,集盛公司未尽到与其职位相应的忠实勤勉义务。由此产生的赔偿责任应由集盛公司承担。
[3] 集盛公司案二审法院认为:集盛公司作为盛湘公司大股东,明知借款人没有偿还能力,仍决定同意借款,在借款到期后未积极向借款人追讨债权,属于滥用股东权利的行为。根据《公司法》第 20 条规定,集盛公司应承担连带责任。

第 20 条"禁止滥用股东权利"应然定位的理解有关。这一条款是较抽象和模糊的,甚至具有"口袋"的性质,应当被看作一般性条款,明确其适用的后位性,防止其对具体信义义务规则的架空,即只有在其他规则无可适用的情况下,才涉及该条款的适用。一方面,在公司并购等重大变动情形中,对股东之间的公平与小股东的利益,可以通过控股股东的信义义务加以维护和保障;在一般情形下,当股东成为公司董事行使职权的幕后之手时,可以通过影子董事对股东课以实质的信义义务。构建完善的信义义务规则体系是相对于《公司法》第 20 条更科学和明确的选择。另一方面,"禁止滥用股东权利"实际上的适用范围非常有限,类似于英国的"不公平损害制度",是专为小型封闭公司的特殊需要而设计的,[1]直接在股东之间设定了信义义务,使利益受到不公平侵害的股东可以对违反义务的股东提起不公平损害之诉。[2] 鉴于"禁止滥用股东权利"规则的一般性与适用范围的局限性,其在司法裁判中处于劣后适用的位置。

《公司法》并没有关于"影子董事"明确的直接规定或界定,而只能通过解释的方法对其间接认定。不同于法律上的董事和事实上的董事,影子董事与公司的关系尚未被解决或成功地界定,尽管其概念本身已经存在了一个世纪,[3]但考虑到该词最初仅为英国《1980 年公司法》中的定义的简写,[4]这便不足为奇。在公认的信托关系类别之外,当个人作出明示或默示的承诺或行为(undertaking)充当信托人(基于事实的信托人)时,信义义务也将基于个人事实而被确认。[5] 于是,所谓的"承诺测试"("undertaking test")被用于确认影子董事的一般受信地位。然而,仅仅基于存在或不存在承诺不足以认定影子董事

---

[1]　See Paul Lyndon Davies, *Introduction to Company Law*, Oxford University Press, 2010, p. 37.

[2]　参见李建伟:《股东压制的公司法救济:英国经验与中国实践》,载《环球评论》2019 年第 3 期。

[3]　Since the Companies (Particulars as to Directors) Act 1917, s3. 影子董事的普通法定义近百年来一直没有改变,其被定义为"a person in accordance with whose directions or instructions the directors of the company are accustomed to act",在英国《2006 年公司法》之前,这一概念被英国 1928 年、1929 年、1947 年、1948 年、1967 年、1980 年和 1985 年公司法广泛地使用。

[4]　See Company Act 1980, s 63. Also see P. Davies, S. Worthington Gower & Davies, *Principles of Modern Company Law* (London: Sweet & Maxwell, 9th edn., 2012), p. 513.

[5]　See Generally J. McGhee (ed.), *Snell's Equity* (London: Thomson Reuters, 32nd edn, 2010) para. 7 – 006. 在英国,基于事实而确认信义义务关系的案例包括:O'Sullivan v. Management Agency & Music Ltd. 〔1985〕1 QB 428; English v. Dedham Vale Properties Ltd. 〔1978〕1 WLR 93; Cobbetts LLP v. Hodge〔2009〕EWHC 786 (Ch)。

是否具有受信地位。因为,形成受信关系的理由,不仅在于"undertaking",还包括诸如对不平等、依赖、忠诚、财产关系、脆弱性或信任的考虑,或与其他类别的受信关系进行类比。加拿大的"权力和支配"测试("power and discretion"test)可以为影子董事与公司之间的受信关系提供原则上的辩护,而米勒的"信托权力理论"①构成支持"权力和支配"测试适用的基础依据。据此,尽管影子董事缺乏对公司事务的直接控制,但其对相关公司董事会的实际影响仍然构成了一种受信权力(fiduciary power)的形式,因此应当认为影子董事与公司之间实质上构成了信义义务的关系。在这一理论基础上,虽然我国没有关于影子董事的明文规定,但在注意义务(勤勉义务)司法裁判中可参考上述集盛公司案一审法院的间接认定的裁判思路,即在认定派驻董事具体行为违反勤勉义务的基础之上,将其行为归属于控制其的股东。

不过,对于上述"事实上的董事"和"影子董事"两种情形的分析,笔者似乎忽视了法律上的董事,即正式董事在个案中所扮演的角色。在非正式董事违反注意义务(勤勉义务)的情况下,正式董事是否也要被认定为违反注意义务(勤勉义务)?尽管以上所举的两个我国的司法裁判案例,并没有针对正式董事的诉讼请求,但是,笔者认为,正式董事应当承担不当授权或者未履行督导义务的违信责任。同时,需要注意的是,违反注意义务并不排斥同时违反忠实义务,二者很可能交织在一起,尤其是在存在影子董事的情况下,因为此时董事实际上成为非正式董事或股东的利益代言人,基于股东与公司的潜在利益冲突,无法排除其违反忠实义务的可能。

2.执行董事与非执行董事

与上述通过影子董事、事实上的董事来将行使董事职权的主体全面纳入董事信义义务规制之下的目的不同,本部分旨在通过执行董事、非执行董事的划分及其进一步细分讨论注意义务的应然程度,以为董事注意义务裁判提供一个大概的判断标准。

---

① P. Miller, *A Theory of Fiduciary Liability*,(2011)56 McGill L J 235;P. Miller,*Justifying Fiduciary Duties*,(2013)58 McGill L J 969;P. Miller,*The Fiduciary Relationship*, in A. Gold and P. Miller(eds.)Philosophical Foundations of Fiduciary Law,Oxford University Press,2014,p.63.

(1) 范围界定

将董事划分为执行董事(广义)和非执行董事的主要依据是其是否实际参与公司的经营管理活动或者兼任高级管理人员。如果是,则属于执行董事(广义)。不是,则属于非执行董事。① 前者具体而言,包括狭义的执行董事,即《公司法》第 50 条(2023 年修订后为第 75 条)所规定的股东人数较少或者规模较小的有限责任公司设一名执行董事的情形,还包括其他行使具体经营管理职权或兼任公司高级管理人员的董事。后者包括独立董事,以及独立董事之外不担任公司具体职务、不负责公司日常经营管理的其他董事。独立董事是指不持有公司股票或持有股票少于公司全部股权 5% 的非执行董事。也就是说,独立董事首先是非执行董事,独立于总经理;其次是非股东或非大股东,独立于股东。② 在被认定违反勤勉义务的董事中,除了独立董事,其他董事绝大多数属于上述广义的执行董事。

(2) 因子差异与注意义务排序

执行与非执行是董事在公司地位的体现,而这种地位的区分是出于满足公司的专业化运营与监督的需要。为了满足公司专业化运营的需求,对不同地位的董事就有相应的资质或专业的要求,这属于先天要求,比如要求董事具有专业技能、持有专业资格、通晓专门知识或具备专业领域的经验。先天要求的适用主要体现在董事的选举和聘任上,同时也可以作为判断董事注意义务的参考依据。而后天要求,可以通过章程加以具体设计,形成对先天要求的补充规定,或者从公司的特点性质、所处行业领域、规模、经营范围、所处地域、所面临的风险等方面进行推断,比如从事银行等金融事务的公司面临的风险更大,上市公司相对于封闭公司而言面临的不确定性因素更多,因此这类公司的董事的后天要求也相对于其他类型公司的董事更高。

根据先天要求、后天要求或公司实际需求,不同地位的董事在专业才能、信息获取、实际投入等方面是存在差别的。具体而言:

第一,执行董事(广义)相对于独立董事等非执行董事享有最大的信息

---

① 一般而言,内部董事与执行董事、外部董事与非执行董事的含义几乎一致。为方便起见,本部分统一使用执行董事与非执行董事的划分。

② 参见赵增耀:《董事会的构成与其职能发挥》,载《管理世界》2002 年第 3 期。

优势,由于其直接负责公司内部某方面业务的决策和执行,所以能掌握较多的内部情况。在专业才能上,其执行具体的事务,默认其具有相应的专业才能,且其一般依照劳动合同受聘,通常应适用更严格的客观标准。[①] 在实际投入上,执行董事对公司事务的接触、熟悉程度和投入的时间、精力远远超过其他类型的董事。此外,执行董事的薪酬也远高于独立董事及其他非执行董事。

第二,独立董事在专业才能上,由于精通财务、金融、投资、法律等方面的知识,能对公司的战略管理提供专门知识和咨询、指导,其具有所涉及事务的专业资格或经验,应适用客观标准。即该董事只有与具有相同专业资格、经验的专业人员在相似情况下所持的注意程度一样,才视为尽到了合理的注意义务。尽管独立董事具备较强的专业能力,但其在信息获取上并不占优势。因为其独立于管理层,亦独立于股东,只参与公司的董事会决策而不参与高层管理,所以其主要依靠经理提供详细信息以作出判断。在实际投入上,由于大部分的独立董事都存在兼任的情况,投入时间是有限的,所以在收入上,其只能收取较低的津贴。

第三,对于独立董事以外的非执行董事,其在信息获取方面与独立董事类似,由于不在公司担任具体职务和参与日常运营管理,所以其不具备执行董事的信息优势。而在专业才能方面,其与独立董事又有所不同。其一般不具有某种专业资格或专业经验,因此应尽量适用主观标准,即该董事只要主观上尽了自己的最大努力,就被视为履行了合理的注意义务(见表9-2)。[②]

[①] 参见马一德:《公司治理与董事勤勉义务的联结机制》,载《法学评论》2013年第6期。
[②] 参见张红、石一峰:《上市公司董事勤勉义务的司法裁判标准》,载《东方法学》2013年第1期。

表 9-2 董事类型比较

董事类型	执行董事	独立董事	独立董事以外的非执行董事
因子差异	信息:具有最大的信息优势。掌握较多的内部情况,对监督提供重要信息。专业才能:执行具体的事务,默认其具有相应专业才能,适用更严格的客观标准。实际投入:对公司事务的接触、熟悉程度和投入的时间、精力远超独立董事与其他非执行董事。收入:一般高于其他类别董事	信息:独立于管理层、独立于股东。只参与董事会决策而不参与高层管理,主要靠经理提供详细信息。专业才能:具有所涉及事务的专业资格或经验的非执行董事,应适用客观标准。即该董事只有与具有相同专业资格、经验的专业人员在相似的情况下所持的注意程度一样,才被视为尽了合理注意。实际投入:大部分独立董事都存在兼任的情况,投入时间有限。收入:只收取较低的津贴	信息:不在公司担任具体职务,不具备执行董事的信息优势。专业才能:一般不具备某种专业资格和专业经验。独立性:独立性弱于独立董事,一般只独立于管理层
注意义务由高到低	相当于董事+高级雇员,其注意义务自然要高于独立董事。基于信息、专业、投入等各方面的因素,对其注意义务的标准应采用一般过失	注意义务标准应低于兼任高级管理人员的董事,采用重大过失原则。客观投入公司的时间有限且不在公司担任其他职务,可以构成在个案中判断独立董事免责或减责的正当理由	应尽量适用主观标准,只要主观上尽了自己最大努力,就被视为履行了合理注意

通过将不同地位的董事在各因子上进行对比,可以粗略地得出注意义务程度的一个大致排序。总体而言,要做到权利与义务相匹配,地位越举足轻重、享有越大权利与优势的董事,其注意义务程度越高。即对执行董事注意义务的要求应该是最高的,同时在认定上对过失程度的要求要低于其他董事,即应采用一般过失原则;而对于独立董事等非执行董事采用严苛的标准是不公平的,应采用重大过失原则。[①] 反观目前有关独立董事的执法与司法案例,尤其是在上市公司因信息披露违规被行政处罚的案件中,呈现出独立董事与执行董事一同承担

---

① 参见樊云慧:《公司高管义务与董事义务一致吗?——美国的司法实践及其对我国的启示》,载《环球法律评论》2014年第1期。

责任的局面,没有一例抗辩成功。基于对独立董事与执行董事注意义务程度差异的认识,笔者认为,这并不合理。独立董事客观投入公司的时间有限且不在公司担任其他具体职务,因此不能将独立董事与执行董事等同视之,而且应当承认这些抗辩可以构成在个案中判断独立董事是否减免责任的正当理由。

(3)董事与高级管理人员的勤勉义务

在有关董事注意义务的司法案例中,笔者发现诸多案例中的被告都"兼具总经理与执行董事的身份"(详见表9-3)。这使笔者不得不注意到在现实的企业治理实践中,公司高级管理人员掌握着经营管理公司的权力,处于整个公司治理的核心地位,"代理权下沉"已成为普遍现象。[①]

表9-3 基于董事不同身份的案例统计

责任划分	案号	违反义务行为	身份	对象	责任内容
破产阶段					
与监事、公司承担连带责任	(2019)豫1121民初1132号	不正确履行职责致使公司因未按规定进行年检而被吊销营业执照,破产清算中不配合管理人使破产程序终结	董事+总经理+股东+实际控制人	债权人	未予执结的标的额463万元、迟延履行期间的债务利息15,809,405.2元、案件受理费141,800元、公告费520元
与公司承担连带责任	(2018)闽0502民初4331号	未提供公司财务资料导致破产清算无法进行	执行董事+法定代表人+实际控制人	债权人	宝驰公司欠张某的破产债务10万元

---

① 参见蒋大兴:《公司董事会的职权再造:基于"夹层代理"及现实主义的逻辑》,载《现代法学》2020年第4期。

续表

责任划分		案号	违反义务行为	身份	对象	责任内容
			处置公司资产&担保			
不合理	个人责任	（2018）皖01民终2601号	对外担保，未对被担保公司财务状况进行调查，在被担保公司贷款逾期后，未采取合理措施降低风险，未以公司名义向其追偿	执行董事+法定代表人+股东+实际管理和控制人	公司	公司为被担保公司使用的贷款的本息代偿1,851,654.5元、部分案件受理费、财产保全费
	个人责任	（2018）吉0302民初483号	低价处置公司重大资产	执行董事+法定代表人	公司	17套房屋评估价值与实际抵账价值相差的6,333,200元、案件受理费
违反章程	与总经理承担连带责任	（2019）闽08民终1598号	违反章程，未经董事会决议，将研发项目赠与他人	董事长+法定代表人	公司	赠与他人的资产的价值32万元、案件受理费17,241元
	个人责任	（2019）京0115民初871号	违反章程，未召开股东会决议，对外转让公司持有的其他公司股权	执行董事+经理+法定代表人+股东	公司	王某以26万元将公司持有的价值60万元的雪印公司60%股权转让给郑某，给公司造成的损失34万元，部分案件受理费5049元
	与财务总监承担连带责任	（2018）桂0105民初1384号	违反章程，未经股东会决议，对外担保，导致公司代为垫付了款项	董事长+法定代表人	公司	原告代垫的款项8,925,323.3元、部分案件受理费

续表

责任划分		案号	违反义务行为	身份	对象	责任内容
违反章程	与公章保管人承担连带责任	（2016）辽08民终1856号	没有股东会会议或由全体股东签名的决定文件，将公司的河道经营权转让	董事长	公司	公司利润损失2,759,452元
	董事间承担连带责任	（2015）渝五中法民终字第02809号	违反章程，未经股东会决议以低价处置公司重大资产	董事长+股东、董事+股东	公司	评估结论456.27万元与实际转让金额114万元的差值342.27万元、资金占用利息、案件受理费
公司违规被处罚	与其他股东+高级管理人员承担连带责任	（2016）粤01民终18843号	公司存在以假发票等不合法凭证入账以及不按规定缴交税费等多项违法违章事实，被告在公司财务人员选任和财务制度管理等方面未尽最大的严谨、认真和勤勉义务	董事+股东	公司	税务机关对公司罚款和滞纳金合计395,204.74元，扣减已支付税款的预留款项还剩的295,204.74元、案件受理费
	个人责任	（2014）朝民初字第24736号	在持有公司印章、证照的情况下，没有按时办理工商年检，导致公司被罚款	执行董事+经理+法定代表人+股东	公司	罚款1万元、部分案件受理费
	个人责任	（2018）京0111民初14069号	公司违规生产被原食药监局处以罚金	执行董事+法定代表人+经理+股东	公司	罚金2,158,800元、案件受理费
	与财务负责人承担连带责任	（2014）安商初字第132号	虚开增值税发票造成公司被处罚	董事长+法定代表人、董事+总经理	公司	罚款及滞纳金等损失共计1,308,618.40元、案件受理费

续表

责任划分		案号	违反义务行为	身份	对象	责任内容
怠于履职	个人	（2013）民二终字第30号	在相对方违约的情形下，未变更合同或采取担保措施，给公司造成损失	董事＋法定代表人＋总经理	公司	北京明达损失房屋售房款1225.586037万美元以及相应利息的总和，在扣除与万达意地产应得销售佣金、万达意公司承接北京明达对中建一局的债务后共计1194.193167万美元，以及销售款利息损失
	个人	（2014）吉农民初字第2号	怠于财产管理，使公司出资设备去向不明	董事长＋法定代表人	公司	公司出资设备去向不明造成的直接经济损失25.5万元、案件受理费
	个人	（2013）许民二终字第218号	未移交相关材料导致公司债权无法实现	原董事长＋原股东	公司	公司无法实现的1,284,280.35元债权扣除所述款项的业务提成款165,000元后，被告实际造成公司的直接经济损失共计1,119,280.35元，案件受理费
	个人	（2010）潭中民一终字第282号	违反公司章程、财务收支规章制度及股东会会议决议，不提交合同、送货单，不上交应收账款，财务不透明，致使公司资金链断裂，公司无法继续运作	董事长＋法定代表人＋股东	公司	赔偿原告湘潭某电子线路板公司应收款1,234,612.18元、案件受理费

续表

	责任划分	案号	违反义务行为	身份	对象	责任内容
怠于履职	与监事+股东、董事+股东承担连带责任	(2019)浙01民初4401号	未缴纳专利维持费用（专利系三被告作价增资入股公司的资产），造成公司重大资产流失	执行董事+总经理+法定代表人+股东	公司	参照《企业会计准则第6号——无形资产》中有关无形资产摊销的规定，酌定案涉专利在终止时的价值为5260万元，即明业公司因案涉专利终止而产生的损害为5260万元，案件受理费341,800元
			部分赔偿			
处置资产	董事承担70%责任，经理承担30%责任	(2020)湘31民终165号	董事未尽到对船舶等设施的审慎审查义务（无资质、质检证明），进而使公司遭受损害；未遵照股东会决议，对外的重大采购行为未召开董事会	执行董事+股东	公司	（公司的损失455,110元，对损失中的400,000元从2017年10月17日起至付清之日止按年利率6%支付利息）×70%
	董事长承担10.8%责任，与监事长承担连带责任，承担的责任总共约为损失的18%	(2016)苏0681民初3645号	违反章程，未经董事会审议、未向主发行报备，转让不良贷款债权	董事长	公司	[启东珠江银行的实际损失为1,613,316.58元（表内外欠息）-226,346元（费用）=1,386,970.58元]×10.8%
	董事与监事承担连带责任，承担的责任总共为损失的70%，董事承担的责任为70%×80%	(2010)浙商终字第37号	审查公司财务会计状况（盘查资产），折价处置资产	执行董事+法定代表人+大股东	公司	（存货盘点短少4,712,693.13元、存货盘短进项增值税转出684,610.14元、固定资产盘点机器设备短缺净值387,649.88元，合计5,784,953.15元）×70%×80%

续表

责任划分		案号	违反义务行为	身份	对象	责任内容
公司违规被处罚	承担30%的责任	(2019)浙0424民初311号	董事怠于履行职责,使原告企业经营状况恶化,财务管理混乱,多笔资金流失,少交增值税被罚款	执行董事+经理+法定代表人+股东	公司	(被告在担任法定代表人期间罚款合计593,610.47元)×30%
怠于履行	董事与另一公司各自承担15%的责任,直接负责人承担70%的责任	(2018)苏02民终3185号	未建立业务风险防范和监管机制,对储运公司质押物监管业务中出现的重大违约事件管理不力	董事+总经理(后辞职)	公司	(对超额释放质押物公司已实际赔付1,174,107.57元)×15%
	承担10%的责任	(2017)内22民终237号	未尽到审慎审核资质义务	董事长+股东	公司	(中绒公司因场地条件等一系列问题给施工单位造成了损失,赔偿其损失3,952,140元)×10%
不对注意义务部分赔偿	—	(2019)鄂1126民初1769号	在主持公司事务期间,不进行生产经营活动,而只进行了与公司主营业务无关的其他经营行为	执行董事+经理+法定代表人		仅对忠实义务部分(关联交易、侵占)作了处理
	—	(2015)石民四终字第00174号	在被扣车之后,董事未积极促进营运路线整改	执行董事		违反义务,但是营运车辆的损失数额受各方面因素的影响,应由专业的评估机构评估后才能确定

注:A+B代表当事人同时具有两个身份,A、B代表不同当事人各自的身份。

现代公司实质上由高级管理人员负责经营,董事会负责指导和监督。在夹层结构下,高级管理人员是公司的权力和经营中心,将董事会从日常经营事务中解放出来,使其致力于公司战略改进和经理层评价。① 所以,现实中的公司的主流模式,更接近"经理中心主义",而非"董事会中心主义"。处于核心地位的高级管理人员对公司经营成败发挥着更关键的作用,其接触到的信息较董事而言更全面充分,其职权、决策权也越来越大,且与之前的董事职权范围已十分接近,这要求对高级管理人员的勤勉义务加以重视。"董事会中心主义"的公司和"经理中心主义"的公司的高级管理人员应履行的义务应有所区别。② 后者应履行的注意义务的程度显然更高,应适用更严格的审查标准。法院可以依据高级管理人员和董事接触到信息的多寡、薪酬多少和投入公司时间的多少,使其注意义务与职责相适应。

然而,观察涉及高级管理人员勤勉义务争议的司法裁判案例,法院依旧存在将忠实义务与勤勉义务混为一谈且不具体分析的情况,更不用说在单独讨论勤勉义务的基础上进一步明确高级管理人员的职责及注意义务的程度。③ 高级管理人员勤勉义务的扩张与发展还有待司法裁判进一步分析和探索。

(三)义务指向对象或受益人

"说某人是受信人是分析的开始,这为问题的进一步深入指明了方向。其是谁的受信人?其作为受信人负有何种义务?其在哪些方面未能履行义务?其违反义务的后果是什么?"④在美国证监会诉车内里公司(SEC v. Chenery Corp.)案中,法兰克福特(Frankfurter)法官的一连串问题为探讨董事信义义务搭建了一个基本的分析框架。上一部分讨论了受信人即义务人这一作为分析起点的问题,本部分将进一步明确,"其是谁的受信人"。这涉及注意义务的指向对象及受益人。这一问题主要与诉讼资格、诉讼主体地位的问题相挂钩,而

---

① 参见蒋大兴:《公司董事会的职权再造——基于"夹层代理"及现实主义的逻辑》,载《现代法学》2020年第4期。
② 参见樊云慧:《公司高管义务与董事义务一致吗?——美国的司法实践及其对我国的启示》,载《环球法律评论》2014年第1期。
③ 例如,四川省内江市中级人民法院民事判决书,(2020)川10民终899号。
④ 318 US 80 (1943).

诉讼相关主体无非是公司、董事、股东和债权人等主体。

注意义务的指向对象基于其与董事之间的直接法律关系,可以针对董事违反注意义务的行为径行起诉。而注意义务的受益人,一般并无直接起诉的资格,因为其并未与董事建立直接的信义义务或受信关系,不具有直接利害关系的主体适格性,但在一些特殊情况下,法律可能直接赋予注意义务的受益人以起诉董事违反注意义务的权利,法院也可能在个案中肯定注意义务的受益人作为起诉主体的适格。

1. 义务的指向对象

很多文献在承认董事对公司负有信义义务的同时,采用了诸如"董事对股东和债权人不负信义义务的原则均已被突破"、[1]董事对公司和股东负有信义义务、董事对债权人的信义义务(owe fiduciary duties to creditors)[2]的表述。尽管这些说法并没有错误,但在理解和学习上可能造成一些误解。

笔者认为,应当较为明确地区分义务的指向对象和义务的受益人,因为二者的诉权来源有实质性差别。义务的指向对象基于直接利害关系享有直接的诉权,而义务受益人的诉权只是一种派生性权利。没有任何一个案件强调债权人可以就违反注意义务的情况提出直接损害赔偿请求,很难想象这种请求不是衍生性的。而且,认为股东与公司利益一体化而将二者都视为义务的指向对象也存在不合理之处。因为股东的利益虽然很大程度上与公司的利益是一致的,但二者也并非完全等同。在英国,公司一开始即被视为一个有着其自身目标的企业,这些目标必须通过根据其真正的自身利益——而非股东短浅且狭隘的财产利益——所作出的决策来加以推进。[3] 这意味着股东利益最大化不应是公司的唯一目标,公司的决策不能仅考虑股东的利益最大化,还需要考虑其他利

---

[1] 徐晓松、徐东:《我国〈公司法〉中信义义务的制度缺陷》,载《天津师范大学学报(社会科学版)》2015年第1期。

[2] See Roger A. Lane, *Direct Creditor Claims for Breach of Fiduciary Duty: Is They Is, or is They Ain't—A Practitioner's Notes from the Field*, 2007, Journal of Business & Technology Law 1, No. 2 (2007): 483-498.

[3] See Janet Dine, *The Governance of Corporate Groups*, Cambridge University Press, 2000, p.35.

益相关者的利益。①

基于此,笔者明确董事的信义义务以公司为指向对象,而股东和债权人是董事信义义务的受益人。因此,董事违反信义义务可能会招致代表公司的主体向错误行事的董事提起的诉讼,这些代表公司的主体包括一系列与公司有直接或间接关联的利益相关方,包括董事会自身、享有多数表决权的股东、通过法定派生诉讼(起诉)的少数股东,以及特定情形下的债权人。

2. 义务的受益人

(1)股东

在我国,股东针对违反信义义务的董事提起的诉讼是代表诉讼。尽管代表诉讼和派生诉讼在理论和运行机制上有一定差别,但其目的是一致的,都是追究董事违反信义义务或其他主体的侵权责任,使公司获得赔偿,即最后的胜诉利益归属于公司。大陆法系采用的是代表诉讼的概念,即因公司本身受到董事违反信义义务行为的侵犯,股东的权利间接受到损害,只有当董事或监事未代表公司起诉时,股东才可能基于其股份所有人身份取得为了公司利益而代表公司起诉的地位,由此提起的诉讼为代表诉讼。英美法系采用的是派生诉讼的概念,或译为衍生诉讼。在这一概念下,违反信义义务的董事的行为被视为公司的行为,股东认为公司的行为不当而可能使股权利益遭受损失,故而提起诉讼,在形式上以公司为被告。

股东代表诉讼作为一种纠纷解决机制即最后救济渠道,其重要性不容忽视。强调董事信义义务的最终目的还是希望通过诉讼的威慑来督促董事积极监督下属,审慎决策。尤其在公司内部人监督失灵的情况下(董事之间、董事与监事之间的监督失灵),股东代表诉讼作为对违反信义义务的行为事后追责的配套制度,存在的必要性更加凸显。该制度有利于督促董事积极履行作为监督者的权利与义务,并且有利于通过事后责任追究使监督义务制度得以激活和落实。

然而,笔者在检索到的151例董事注意义务的司法案件中,发现仅有1/6

---

① 参见李建伟:《论公司社会责任的内涵界定与实现机制建构——以董事的信义义务为视角》,载《清华法学》2010年第2期。

左右(共 26 例)是股东代表诉讼,①且没有一例是上市公司的股东代表诉讼,其他绝大部分案件是公司直接作原告。② 这一数据很可能表明,股东代表诉讼在我国的运行并不理想,或者并没有发挥我们所期待的价值。有学者对股东代表诉讼制度作实证研究,认为这一制度未充分发挥功能,尤其是对于上市公司。③ 这一结论与笔者统计的数据反映出的问题是一致的。

一项实体制度的配套诉讼程序在很大程度上决定了该实体制度的实际运行效果,董事注意义务或勤勉义务制度亦然。尤其在我国的上市公司董事勤勉义务制度中,完善诉讼程序对于该制度的完善,尤其是裁判标准的改进有着重要意义。如果义务违反而起诉成本、起诉难度很高,那么小股东很可能会望而却步,搭便车的理性冷漠使这种情况加剧。在上市公司的场合下,股权分散,众小股东持股比例低,其按照持股比例得到的实际利益也少之又少,可能与起诉所需要付出的时间、精力和金钱等成本相比十分不合算,即成本和收益严重失衡的问题成为较大的起诉障碍。因此,我国需要进一步解决诉讼激励的问题。比如,可以赋予原告股东在一些特殊场合的直接受偿权,如果诉讼的对象是侵害公司财产的公司内部人,让原告股东直接受偿能够防止从不法行为人处取得的赔偿金入评后又回到其手中。此外,诉讼费、律师费的适度降低也是对股东提起代表诉讼的激励。

(2)债权人

债权人起诉要求认定董事违反勤勉义务而向其赔偿的案例,相较于股东代

---

① 参见黄某民与黄某源损害公司利益责任纠纷案,江苏省无锡市中级人民法院民事判决书,(2020)苏 02 民终 547 号;夏某、朱某国损害公司利益责任纠纷案,安徽省合肥市中级人民法院民事判决书,(2018)皖 01 民终 2601 号;刘某健、黄某江损害公司利益责任纠纷案,广东省佛山市中级人民法院民事判决书,(2019)粤 06 民终 490 号。

② 参见龙州左江游船有限责任公司、唐某琳损害公司利益责任纠纷案,广西壮族自治区桂林市中级人民法院民事判决书,(2019)桂 03 民再 40 号;张某住与吴某勇与公司有关的纠纷案,福建省泉州市鲤城区人民法院民事判决书,(2018)闽 0502 民初 4331 号;启东市开来房地产有限公司等诉王某等公司利益责任纠纷案,江苏省启东市人民法院民事判决书,(2016)苏 0681 民初 3645 号。

③ 参见黄辉:《中国股东派生诉讼制度:实证研究及完善建议》,载《人大法律评论》2014 年第 1 期。

表诉讼,更是少之又少,在有效案例中仅有 5 例,债权人请求被支持的有 3 例。[①] 其共同特点是以《公司法司法解释(二)》和《公司法司法解释(三)》的相关条文为直接法律依据,且符合这些条文所规定的情形,即符合《公司法司法解释(二)》第 18 条第 2 款、第 3 款的董事怠于履职导致公司无法清算的情形,[②]或者符合《公司法司法解释(三)》第 13 条第 4 款的董事怠于履职未向股东追缴出资的情形。[③] 在这 3 例支持请求的案例中,法院以论述违反勤勉义务为基础,同时援引了《公司法》第 147 条及上述司法解释的条文作为裁判依据。由此观之,法官将上述两条司法解释理解为董事勤勉义务在特定情境的具体化规定。不过,这样事实清楚、法律依据极为明确的案例,很难激发对其中董事和债权人关系,以及相关司法解释背后的法理和逻辑依据的进一步思考。而有 1 例驳回请求的案例,[④]法官在判决书中的论述让人不禁产生了疑问。该案中,原告与公司存在劳动关系,由于公司破产,原告要求公司股东和董事承担支付工资差额的连带赔偿责任,而法院指出本案不属于《公司法司法解释(二)》第 18 条规定的情形,董事并非公司的清算人,亦非破产管理人,并未阻碍清算及对债权人的清偿。并且,判决中专门强调,根据《公司法》第 147 条规定,董事忠实勤勉义务的指向对象与赔偿对象只能是公司,而非债权人。法院如此强调似乎是与上述请求得到支持的案例相矛盾的,因为在符合司法解释规定的情形下,法院也作出过支持董事向债权人承担连带赔偿责任的判决。

那么,债权人是否可以直接从董事处获得赔偿,究竟该如何理解债权人与违反注意义务的董事之间的关系?它可以分解成五个小问题:债权人在何种情况下可针对违反注意义务的董事起诉?债权人在针对董事违反注意义务

[①] 被驳回请求的两例中,一例以举证不能为由被驳回,另一例系证券虚假陈述民事责任纠纷,董事的归责原则为过错推定原则,而证明无过错标准主要是履行忠实勤勉义务。所以,此种情况并非董事的勤勉义务指向债权人,而是在过错判断上引入了忠实义务和勤勉义务的标准。

[②] 参见王某占、郭某妮股东损害公司债权人利益责任纠纷案,河南省漯河市中级人民法院民事判决书,(2019)豫 11 民终 2150 号;张某住与吴某勇与公司有关的纠纷案,福建省泉州市鲤城区人民法院民事判决书,(2018)闽 0502 民初 4331 号。

[③] 参见福建福日电子股份有限公司与丘某良、黄某贵股东损害公司债权人利益责任纠纷案,广东省高级人民法院民事裁定书,(2015)粤高法民二申字第 1274 号。

[④] 参见朱某勇、臧某刚股东损害公司债权人利益责任纠纷案,广东省深圳市中级人民法院民事判决书,(2019)粤 03 民终 21410 号。

诉讼中的地位如何？债权人起诉违反注意义务的董事的法理依据何在？在债权人提起的诉讼中，商业判断规则是否依然适用？胜诉利益的归属，或者债权人是否可向违反注意义务的董事直接索赔？对于上述五个问题，美国的司法判例和学界都有过较多的讨论，资源制造（Production Resources）案①和教育基金案②为后来的许多判例所援引，其对上述五个问题分别作出如下回答。

第一，债权人在公司丧失偿付能力时才有可能成为针对董事违反注意义务的适格原告。在公司有偿付能力时，如果要求董事对债权人承担信义义务，相当于用此来填补原本不存在的空白，因为债权人受到合同条款、资产担保或其他合同条件以及欺诈转移法的保护。只有当一家公司达到"破产点"（point of insolvency）时，该公司的董事才应该向该公司的债权人承担信义义务。在弗莱德里克（Frederick Hsu v. ODN）案中，法官亦强调，只要公司不破产，董事会就只对普通股股东负有信义义务。③ 笔者认为，限制债权人仅在极为特殊的情形下成为董事信义义务的受益人是有道理的。除了上述法院已经提到的原因，还有一个不能忽视的原因在于，在公司具有偿付能力的时候，董事信义义务的主要受益人是普通股股东，而法院对董事是否违反信义义务的审查，在一些情况中已经适用了极为严厉的绝对公平标准（entire fairness）④。这种情形下，根本无须强调对债权人的特殊保护，债权人已实质搭上了保护普通股股东的"便车"。

第二，即使公司陷入无偿付能力的状态，董事依然对公司承担信义义务。此时董事信义义务的受益人以及那些能代表公司对董事违信行为提起诉讼的人的身份，应从股东转移给债权人，股东提起派生诉讼的地位被取代（its creditors take the place of the shareholders），债权人的诉求也是衍生或派生主张（"derivative claim", rather than "direct claim"）。基于这样一种认识，债权人对

---

① See Production Resources Group, L. L. C. v. NCT Group, Inc. 863 A. 2d 772(Del. Ch2004.).
② See North American Catholic Educational Programming Foundation, Inc. v. Gheewalla, 930 A. 2d 92(Del. 2007).
③ See Fredrick Hsu Living Tr. v. ODN Holding Corp., CV 12108 – VCL, 2017 EL 1437308 (Del., April 25, 2017).
④ See SV Investment Partners, LLC v. ThoughtWorks, Inc., 2006 WL 1903127 (Del. Ch. June 30, 2006).

董事提起的诉讼应定位为派生诉讼,而非直接诉讼。① 并且,法院认为,尽管特拉华州的成文法[第102(b)(7)条]本身并未具体提及债权人,但其普通条款适用于属于公司本身的所有债权,无论这些债权是由股东还是债权人派生主张的。②

第三,关于债权人成为董事信义义务的受益人的法理依据。当公司破产时,股东对公司承担的责任仅限于其出资额,且在公司分配剩余财产时劣后于债权人,债权人此时是公司剩余资产的所有人。换言之,董事此时操纵的是债权人的钱。在此情况下,债权人将成为董事违信行为导致公司价值减损的主要受害对象。而此时,股东与债权人对公司经营风险偏好并不相同,前者更倾向于"最后一搏",为获取高收益而很可能陷入高风险。然而,基于债权人是主要的风险承担者,以及权利与风险相匹配的原因,法院对无偿付能力公司的债权人给予特殊保护,此时追求经济公平比追求经济效率更为重要。

第四,董事如果遵守了对公司的忠实义务和注意义务,即使没有取得预期的成功,他们也不会对股东或债权人承担责任。在债权人针对违反注意义务的董事起诉的情况下,商业判断规则也是无可争议的。并且,有判例明确了在破产案件中存在商业判断规则的适用空间。③

第五,既然明确了债权人提起的诉讼属于派生诉讼,最后的胜诉利益原则上就属于公司。这一原理在裁判结果上的体现就是,法院认为破产公司的债权人无权向违反信义义务的董事直接索赔。

《公司法司法解释(二)》第18条肯定了债权人在公司破产清算情况下,处于董事勤勉义务的受益人地位。该条规定了董事与公司对债权人的连带赔偿责任,因此当债权人向董事直接主张赔偿时,董事无权主张先诉抗辩。《公司

---

① 参见朱圆:《论美国公司法中董事对债权人的信义义务》,载《法学》2011年第10期。
② See Production Resources v. NCT: The Implications of Section 102(b)(7) For Derivative Creditor Claims: Whether a firm is solvent or insolvent, it—and not a constituency such as its stockholders or its creditors—owns a claim that a director has, by failing to exercise sufficient care, mismanaged the firm and caused a diminution to its economic value. Although §102(b)(7) itself does not mention creditors specifically, its plain terms apply to all claims belonging to the corporation itself, regardless of whether those claims are asserted derivatively by stockholders or by creditors.
③ See Angelo, Gordon & Co., L.P. v. Allied Riser Commc'ns Corp., 805 A.2d 221, 229 (Del. Ch. 2002).

法司法解释（三）》第13条第4款侧重于要求董事履行监督股东出资充实的勤勉义务，在破产加速到期的情况下，将债权人理解为董事勤勉义务的受益人。总体而言，对于上述两条司法解释，无论是从文义表述还是法院裁判的论述、援引逻辑来看，将这两条理解为董事勤勉义务的具体化规定，可能已经成为一种共识。但是对于其中债权人可以直接向董事求偿的规定，笔者认为可以进行更为深入的论证和反思：假如支持债权人直接向违反注意义务的董事求偿，那么此种主张是基于何种基础关系，以及这样的基础关系能否足以支撑起该主张及其背后权利的设立。

由此可以看出，法院已经对"债权人成为董事注意义务的受益人"达成共识。然而，学界对此依然有所争论，对反对债权人成为注意义务受益人提出了一些论据。比如，债权人通常具有足够的知识和能力来构建其与公司及公司管理者的关系，因此，贷款协议可以约定较高的利率，债务加速的条款，允许放款人在不安全的情况下获得公司资产，宽松的接管规定，以及允许债权人任命公司董事的规定等。① 并且，受益人转移至债权人会制造无法接受的模糊和不确定性，这种不确定性主要体现在三个方面：第一，"受益人"何时转移存在很大的未知数，因为这依赖董事会进行清偿的能力。第二，哪些债权人应从转移中受益也难以确定。因为债权人不是同质的，有的与公司就合同进行详细谈判，有的则没有；有些以公司的资产得到完全担保，有些则只得到较少或没有担保；有些是自愿债权人，有些是非自愿债权人；有些受到法律保护，有些则不受法律保护；有些可以很容易地从与公司的关系中退出，有些则不能。对于具有详尽贷款协议的自愿性、完全有担保的债权人，董事信义义务的扩大会产生超出讨价还价条件的意外之财。第三，当债权人成为董事注意义务的受益人时，董事注意义务的实质内容是什么并不确定，至少法院没有给出明确答案。特拉华州判例法主要是程序性的，并没有定义这些义务的实质或需要考虑的

---

① William Callison, *Why a Fiduciary Duty Shift to Creditors of Insolvent Business Entities is Incorrect as a Matter of Theory and Practice*, Journal of Business & Technology Law 1, No. 2 (2007): 431–454. 除此之外，还有学者指出，即使在债权人缺乏信息和能力的情况下，公司的管理者也不应当向其承担信义义务，否则会造成棘手的冲突。See Brudney, *Contract and Fiduciary Duty in Corporate Law*, Boston College Law Review 38, No. 4 (July 1997): 595–666.

具体利益。

这些论据看似有道理,然而它们所反对的其实是笼统地确认董事对债权人负有信义义务。不论是公司提起诉讼,还是股东或债权人提起诉讼,面对针对董事的违背注意义务的指控,法院以个案判断为原则,结合每个案件的实际情况判断董事注意义务的内容、程度与面向。诚然,对于缔结了几近完备的合同的债权人而言,其实质上已经参与了董事的选拔过程,其可以提名认为能够胜任的董事,并且如果认为董事未能胜任,可以通过罢免或依据合同其他条款予以追责。然而事实上,对于绝大多数包括债权人在内的第三方,"自助"是极为有限的。如果公司发现董事能力方面面临一些困难,那么对于第三方而言,问题往往更加恶化,他们不仅欠缺参与甄选过程的能力和信息,而且在多个公司中选择交易伙伴的同时,如果还要选择合适的董事,交易成本无疑就过大。① 可见,大部分情况下,债权人所缔结的契约并不完备,而且不倾向于在缔约时就负担十分可观的交易成本,这是一种基于经济原因的理性考虑。如果法律或司法上断绝了债权人事后另寻救济的后路,相当于逼迫债权人在事前必须负担上述成本,这显然毫无道理。除此之外,在公司破产节点,承认受益人转移至债权人并不违背个案判断的原则。因为判断清偿能力必然是基于公司具体财务条件和经营状况进行测试,而且在公司濒临破产的节点,债权人可能是遭受最大损失的主体,将其作为董事注意义务的受益人是基于个案得出的公平结论。

(四)注意义务的判断标准

1. 一般判断标准

判断是否违反董事注意义务,首先就需要确立董事注意义务的标准。董事注意义务的构成要件一般分为善意、合理的注意以及要合理地相信其行为符合公司的最大利益。而针对"合理的注意"要件的适用,司法实践中出现三种判断标准,即主观标准、客观标准、主客观相结合的标准。

---

① See C. A. Riley, *The Company Director's Duty of Care and Skill: The Case for an Onerous but Subjective Standard*, Modern Law Review 62, No. 5 (September 1999): 697-724, p.722.

2. 一些国家董事注意义务判断标准

(1) 英国

英国是典型的判例法国家,因此英国法上关于董事注意义务的标准也是由判例法发展而来。历史上,早期的英国法对于董事注意义务的标准定得很低,其主要采用主观标准,并在1925年的城市火灾保险公司(Re City Equitable Fire)案①中达到了极致。罗曼(Romer)法官在该案中有一段著名的论述:"董事在履行职责时所展现出的技能,无须比与其拥有同样知识和经验的人被合理期待的技能更高。"其实该主张的重要限制在于主观因素,因为我们不可能要求董事达到比其个人能够达到的更高的标准,罗曼法官的见解却极其不适用于执行董事,这种主观标准的弊端在于能力越高的董事将承担更重的责任,而能力越低的董事反而承担更轻的责任,如此这般是极其不利于公司治理水平发展的。

20世纪90年代,赫夫曼(Hoffmann)法官在诺曼诉特道尔(Norman v. Theodore Goddard)案②中所作的判决标志着法院对董事注意义务的判断标准完全转为了客观标准,随后,其被英国《2006年公司法》吸收,确立了主客观相结合的注意义务标准。英国《2006年公司法》的董事注意义务标准为主客观相结合的标准,对待不同职责的董事适用与其相适应的不同的标准,划分得也比较细致,董事违反这一义务时,公司可就其过错给公司造成的损失主张赔偿。但较之其他董事注意义务标准更加严格的国家而言,英国的标准宽严相济,故笔者将其定义为一般注意标准。

(2) 美国

同样作为判例法国家的美国,关于董事注意义务的标准也经历了一系列的演变,美国早期对董事适用的是代理人标准,即公司的董事作为公司的代理人在不履行义务时对被代理人负责,或只对当事人负责,他们在接受代理期间所造成的错误,无论是否属于职权范围,都只对受到损害的人负责,不管这个人是

---

① See Re City Equitable Fire Insurance Co. 〔1925〕ICh. 407(C. A).转引自[英]保罗·戴维斯、[英]莎拉·沃辛顿:《现代公司法原理》(上册),罗培新等译,法律出版社2016年版,第502页。

② See Norman v. Theodore Goddard〔1991〕B. C. L. C. 1027. 转引自[英]保罗·戴维斯、[英]莎拉·沃辛顿:《现代公司法原理》(上册),罗培新等译,法律出版社2016年版,第503页。

当事人还是陌生人。① 由此可见,早期注意义务的标准是较低的。到了19世纪后期,董事注意义务的标准就主要采用受信托人标准,此时董事的注意义务标准经历了一个从严格标准到一般标准,再到宽松的一般标准的演变历程。在1880年的韩诉加瑞(Hun v. Cary)案②中,法院在处理关于董事注意义务的案件时,采用的是一种类似严格勤勉义务的标准,即要求银行董事在处理事务时必须具有像处理自己事务一样的谨慎与注意。此后,适用董事注意义务的范围逐渐扩大到了工业公司的董事,且在1891年的布里格诉斯堡定(Briggs v. Spaulding)案中,美国最高法院确立了董事应具有一个普通谨慎之人所应具有的合理谨慎的注意义务标准。这就使董事注意义务从严格标准过渡到一般标准。随着董事注意义务的发展,法院也由此意识到了司法克制的必要性,对于仅仅是因为董事决策错误而产生的责任不能强加给公司的受托人,于是渐渐发展出商业判断规则。这种宽松的一般标准在美国《示范公司法》第三分章第8.30条以成文法的形式得以体现。

美国董事注意义务的标准即为了公司利益善意地尽到一个平常人在类似情形下的注意义务,并且美国发展出了商业判断规则,免除了对于充分进行信息收集的善意董事的决策行为所造成的公司损失的责任,而这一标准相较于英国的标准略显宽松,故笔者将其定义为宽松的一般注意标准。

(3)德国

德国系大陆法系国家,其有关董事注意义务的规定主要体现在德国《股份公司法》第93条③以及德国《有限责任公司法》第43条④中,要求董事在执行业务时具备正当商人或认真的业务执行人的谨慎注意,而事实上,这种注意义务

---

① See Charles Kerr, *Responsibilities of Officers and Directors of Private Corporations*, 47 Am. L. Rev. (1913) 561:565.
② See Hun v. Cary 82 N. Y. 65, 71 (1880).
③ 德国《股份公司法》第93条第1款规定:董事会的成员应在其执行业务时,尽通常及认真的业务执行人之注意。对于其因其在董事会内的活动所知悉的机密事项和秘密,特别是营业或业务机密,其应保持缄默。参见《德国股份法·德国有限责任公司法·德国公司改组法·德国参与决定法》,杜景林、卢谌译,中国政法大学出版社2000年版,第42页。
④ 德国《有限责任公司法》第43条第1款规定:管理董事应以正当商人的注意处理公司事务。http://chma findlaw.cn/gongsifalv/gongsifal vfagui/youxianzerengongsi/6331_5.html,最后访问日期:2021年1月15日。

的要求程度是比较高的,有学者认为它是以"专家"的注意为标准的。在董事违反义务时,德国《股份公司法》第93条第3款中又规定了相当详细严格的赔偿义务,且在第2款中规定,董事违反义务的,由董事来承担相应的举证责任。因此,相较于美国,德国董事的注意义务标准是相当严格的,不只要求董事以"专家"的标准来开展业务,[①]并且在违反义务的情况下,也没有美国商业判断规则的救济渠道,除此之外,董事还需要承担证明自己行为无过错的举证责任,且也没有对不同董事进行区分,故笔者将其定义为严格的注意标准。

(4) 日本

日本虽然同样是大陆法系国家,但不仅其关于董事注意义务的标准在成文法中有所体现,同时也引入了美国商业判断规则的判例方法进而对符合条件的董事减免责任,因此其兼具了两大法系的特点。

日本民商法上相关董事义务主要存在于两个方面:一是善管注意义务,二是忠实义务。善管注意义务,是指董事在管理公司和对公司经营作出决策时,应当具备一个合理、谨慎之人在相似情形下的谨慎、勤勉和技能,而无论该董事是否具有管理公司的才能,只要其身在其职,就必须认真地做好有关公司的各项事务,一旦不称职就须承担责任。[②] 若单从这一规定来看,其实有点类似于德国注意义务的标准。但是,众所周知,任何决策都是存在风险的,如果因为决策失误就要求董事承担责任,那么这样对于董事来说就有失公平。基于此,日本开始思考引入商业判断规则,并通过案例的积累,逐渐形成了较为完善的理论体系。[③] 除此之外,日本商法中还有关于董事责任免除的相关规定,且为了不断适应新世纪经济的发展,完善了其公司治理结构。

日本关于董事注意义务的标准由最初的严格标准逐渐引入了美国商业判断规则,进而最终发展出适应日本本土的判例规则。在责任承担方面也发展了董事责任免除制度以平衡董事的责任,这样的标准介于德国严格的勤勉标准与英国一般的注意标准之间,故笔者将其定义为居中的严格注意标准。

---

① 参见梅慎实:《董事义务判断之比较研究》,载《外国法译评》1996年第1期。
② 参见崔文玉:《日本公司法精要》,法律出版社2014年版,第182页。
③ 参见崔文玉:《日本公司法精要》,法律出版社2014年版,第182页。

3. 我国勤勉义务判断标准的司法适用

在我国,可从《公司法》第 147 条第 1 款看出,首先,法律对于勤勉义务的规定较为原则,①法院在适用的时候无法有效地对董事的行为作出针对性的裁判,所以大部分法院都是依照原则性的法律条文来裁判,并不对勤勉义务进行过多的展开说明。很少部分的法院根据理论知识及裁判经验针对具体案件对勤勉义务的判断标准作出了界定,而法官个人的不同理解又使这种界定变得无法统一,导致了实践中裁判理由不统一的现象。

其次,法律条文中明确规定,董事违反法律、行政法规和公司章程是违反勤勉义务的具体表现;那么,董事没有违反法律、行政法规和公司章程的具体规定,仅是消极地不履行职责的行为是否构成对勤勉义务的违反就存在争议。

在司法实践中,我国法院在勤勉义务认定中,以过错归责的侵权责任认定作为裁判路径。法院多将勤勉义务认定限缩为合规、越权行为的认定,②这在一定程度上为董事提供了严格的保护,即在董事违反法律、行政法规、公司章程的情形下,即认定违反勤勉义务,不考虑之后的具体行为情形;当董事的行为符合法律、行政法规、公司章程的规定时,部分法院会认定未违反勤勉义务,不对之后例如董事对作出的决策未尽到充分审慎的考虑或者未尽到合理的监督义务加以审查。因此,这在一定程度上,是以合规义务、越权行为的认定取代了勤勉义务下的商业判断规则的适用。

同时,我国法院适用董事勤勉义务判断标准尚不统一,其中有的法院以董事自身具备知识、能力为基础进行认定;也有的法院要求董事以一个合理谨慎的人在相似情形下所表现的谨慎、勤勉和技能履行其职责;还有部分法院运用"主客观相结合"的标准对董事的勤勉义务进行认定(见表 9-4)。

---

① 《公司法》第 147 条第 1 款规定:董事、监事、高级管理人员应当遵守法律、行政法规和公司章程,对公司负有忠实义务和勤勉义务。
② 参见蒋昇洋:《董事注意义务的司法认定:美国的经验和中国的再造》,西南财经大学 2017 年硕士学位论文。

表 9-4　勤勉义务判断标准

采用标准		案号	要点	备注
主观标准		(2015)沈中民三终字第01487号[1]	法院指出，橡四公司还提出硫化罐安装存在质量问题，但因该项设备的安装是需要相关专业压力容器制造商和专业技术人员方能实施和解决的，并非闫某所能解决；而且闫某系大学本科学历、化工机械学士学位，橡四公司在招聘时应当清楚其公司所需要的高级管理人员所应具备的专业技能，因此，即使橡四公司所述的设备质量问题存在，也不能归责于闫某未尽到忠实义务和勤勉义务，故对橡四公司提出的该项上诉理由，亦不予支持	本案中法院即以"主观标准"作为董事是否违背勤勉义务的判断标准，法院认为董事在履行职务过程中需要表现的注意应以其自身具备的知识、能力为基础
客观标准	"专家标准"	(2010)浙商终字第51号	法院强调董事在执行公司事务过程中，应以一个董事长一般应有的技能和经验，为公司的最大利益履行合理善管的注意义务，此即"专家"标准	相似案例(2013)宿中商初字第0140号案、(2013)南市民二终字第467号案、(2014)简阳民初字第1190号案
	"自然人标准"	(2007)慈民二初字第519号	法院认为：从一个自然人的角度，执行董事进行了合理的信息收集和调查分析，做到了谨慎判断，其行为没有违反董事、高级管理人员的勤勉义务，此即"普通自然人"标准，董事所应尽到的注意等同于普通人的注意	相似案例(2013)鄂恩施民初字第02810号案

[1]湖北省恩施市人民法院民事判决书，(2013)鄂恩施民初字第02810号。

在适用主客观标准之时，还应当考虑董事在公司中的地位，因为不同身份类型的董事对公司事务的接触、熟悉程度等都不相同，应在实务中加以区分；考虑公司的经营性质及规模，一般认为公众公司的董事注意义务程度高于封闭公司或非上市公司的董事，但是在英美判例中，也有法官认为在大型的公众公司中，因为无法像封闭公司董事一样对日常各种公司事务状况可以做到了然于胸，其董事的注意程度反而要低于负责日常运作的封闭公司的董事。

因此,针对我国勤勉义务的认定标准的一个建议是确立"以客观标准为主,以主观标准为辅"的原则,①这符合现代商业社会发展趋势,同时也考虑到了董事的实际情况,并将该标准与前面提到的行为类型相结合共同组成我国对于勤勉义务的认定方法。

(五) 商业判断规则

1. 美国的历史沿革

商业判断规则是在美国司法实践当中发展运用而来的,其主要用以判断董事及高级管理人员在决策中所作的决定是否合理正当,并作为司法裁量时的判断依据。

商业判断规则是在 1829 年路易斯安那州最高法院在珀西案②中首先提出,其中有关论述是"董事是否承担责任的标准并非在于智者是否会犯该错误,而应按照一般人所具有的认知来认定;证明董事犯该错误必须是基于重大过失,对于该错误一个有常识的人只要达到普通注意的程度都不会如此";此后在 1944 年的卡西诉伍德夫(Casey v. Woodruff)案③中首度表明了不得对商业判断事项作事后审查,从而明确界分了公司董事与法官的行为界限,表达了法官对董事商业判断的尊重;1984 年的安隆森诉勒维斯(Aronson v. Lewis)案④对商业判断规则作出进一步深化,其中明确提出商业判断规则是一种"推定",这不仅使商业判断规则的适用更加简单和明确,也使商业判断规则开始有了独立表述;此外,与随后的对于商业判断规则发展所具有开放性的认同与包容不同的是,初审法院拘泥于商业判断规则传统的防御性,背离了商业判断规则在司法实践中不断演进的现实,特拉华州最高法院的态度则显得更加开放与包容。因此可以看出,商业判断规则成了一种兼具"攻击性功能"的规则,这体现出商业判断规则在美国日趋广泛适用的倾向。

---

① 参见牛禹萱:《我国董事勤勉义务判断标准研究》,吉林大学 2019 年硕士学位论文。
② See Henry Ridgely Horsey, *The Duty of Care Component of the Delaware Business Judgement Rule*, 19 Delaware Journal of Corporate Law 957(1994).
③ See Casey v. Woodruff et al., 49N. Y. 2d 625;1944 N. Y. MISC.
④ See Aronson v. Lewis, 473 A. 2d 805(Del. 1984).

2. 美国商业判断规则的界定

尽管该规则在美国公司判例中已经历长期发展,但是迄今为止还没有任何一个成文法阐释过其定义,美国各州对该规则的理解也是各不相同。① 就目前来看,现主要存在三种表述,②即特拉华州体例、美国《示范公司法》第8.30节③和PCG第4.0lc款。其中,PCG第4.0lc款是最具有权威性的,即"高级主管或董事在作出一项商业判断时符合下述条件的,即履行了本节中规定的诚信义务:(1)与该商业判断的有关事项没有利益关系;(2)所知悉的有关商业判断的事项的范围是高级主管或董事在当时情况下合理相信是恰当的;(3)理性地相信该商业判断是为公司最佳利益作出的"。这一表述也被认为与现行法以及美国大多数司法管辖区对于该规则的理解保持一致,且其中的每一个要素在实质上都得到了权威判例的佐证。

(1) 将商业判断规则视为一种推定

在特拉华州,将商业判断规则视为一种推定,即"推定公司的董事在决策过程中是善意的且掌握了充分的信息,并诚实地相信其所作所为是为了公司的最大利益",如果董事没有滥用决策权,那么其判断就将为法院所尊重,而如果要让董事承担责任,就必须提出证据推翻该判断。商业判断规则在英美判例法上的应用极为广泛,除了与履行监督职能有关外,其他决定和行为都可以归属到决策之下,从而获得适用商业判断规则的可能性。

(2) 适用"重大过失"标准

重大过失标准(Gross Negligence Standard)是介于最严格的普通过失标准和最宽松的善意标准之间的,该标准以特拉华州法院判例为代表。20世纪80年代以来,特拉华州最高法院就确立了商业判断规则包含重大过失标准。在安

---

① See Franklin A. Gevurtz, *Corporation Law*, West Group, 2000, p.279. 转引自徐肇鸿:《从法律经济分析论公司目的与受托义务之法律规范》,中原大学2007年硕士学位论文,第128页。

② 参见蔡元庆:《董事的经营责任研究》,法律出版社2006年版,第34页;苗壮:《美国公司法:制度与判例》,法律出版社2007年版,第249~250页。

③ 在权威判例安隆森诉勒维斯(Aronson v. Lewis)案中,特拉华法院将商业判断规则作为一种推定,即推定公司的董事在决策过程中是善意的且掌握了充分的信息,并诚实地相信其所作所为是为了公司的最大利益。如果董事没有滥用决策权,那么其判断就将为法院所尊重。而如果要让董事承担责任,那么就必须提出证据推翻该判断。

隆森诉勒维斯(Aronson v. Lewis)案中,法官认为,尽管特拉华州法院的判决使用了形形色色的术语进而来描述董事注意义务的标准,但笔者认为,根据商业判断规则,董事责任是建立在重大过失这一概念之上的。① 随后,特拉华州最高法院在史密斯诉凡高锟(Smith v. Van Gorkom)案中对该标准进行了重申。

尽管特拉华州最高法院从表面上看的确统一了长期以来十分模糊不清的董事责任的标准,但与此同时也带来了两个相关的问题:其一,重大过失标准到底是什么含义;其二,此标准与普通过失有何区别。有法官认为,董事的重大过失是指"不计后果地漠视股东利益,或有意地漠视股东的利益,或超出理性范围的行为"。但实质上,何谓重大过失这个问题是很难回答的。②

在史密斯诉凡高锟(Smith v. Van Gorkom)案中,泛联公司(Trans Union Corporation)董事会只召开了两个小时的会议就作出了出售公司的决定,在会议过程中董事只是听取了有关该交易的一个20分钟的口头汇报,而没有阅读出售协议,更没有调查价格确定的依据。尽管大多法官认为董事上述行为已经构成了重大过失,但有一法官持反对意见。他认为董事在本案中的行为只是普通过失,且其观点得到了很多学者的支持。③ 而持相反意见者认为,董事是经验非常丰富的经营者,因此,董事没有必要花费更多的时间来衡量交易价格是否合理,也没有那个必要去咨询他人,尤其是当对方给出的价格远远高于市场价的时候。

即便重大过失与普通过失范围的界定十分困难,也不能轻率地否决重大过失这一概念,因为无论如何,一般人都会认为,与普通过失相比,重大过失属于更严重的失职行为。事实上,股东以董事存在重大过失为由提起派生诉讼的案件也在持续地增长,这也从侧面说明这一标准在实务中的意义愈加重要。

3. 商业判断规则在我国司法实践中的应用

(1)法院对于商业判断规则的定义

虽然我国《公司法》并没有规定商业判断规则,但是在当前司法实践中却

---

① See 473 A. 2d 805,812 (Del. 1984).
② See W. Page Keeton et al. ,*Prosser and Keeton on the Law of Torts 34*, at 212 (5th ed. 1984).
③ See Daniel Fischel, *The Business Judgment Rule and the Trans Union Case*, 40 Bus. Law. 1437 (1985).

也不乏对商业判断规则进行解读、应用的案例。其中,在案例中,①法院对商业判断规则进行了较为完整的定义,法院认为:公司董事作为由股东选举产生的公司管理者,对公司事务具有独立的决定权,有权依照其对公司经营状况的判断独立作出相应的经营决策选择,只要该经营决策没有故意损害其他人的合法权益,即使该经营决策事后被证明对公司造成了损害,董事的该种基于公司经营状况作出商业决策的权利也应受到法律保护,而无须承担责任,这也即所谓的公司管理者的商业判断规则。

由上述法院对商业判断规则所给出的定义可以看出,法院认为只要董事在其履职过程中没有故意地损害公司利益即可免责,显然与上文所阐述的商业判断规则的内涵有巨大差异。

(2)在我国司法实践中的应用(详见表9-5)

表9-5 商业判断案例统计

案号	法院裁判	裁判总结分析	评价
(2014)阳中法民二终字第29号[1]	法院认为"'公司证照的保管'是公司内部事务管理问题,并非政府机构管理的事务,或司法机构应当予以介入的事务。公司证照的保管主体,属于公司商业判断的范畴,应由公司进行决定,法院无权也不应作出判断"	法院认为公司证照的保管也应当属于商业判断规则的适用范围,人为地扩大了商业判断规则的适用	法院扩大了商业判断规则适用范围
(2013)宿中商初字第0140号[2]	法院认为"从公司当时经营状况来看,万彩公司自成立年份起每年均亏损,至2009年年末起已停产。此外,根据万彩公司在(2012)宿中商初字第0143号案件起诉中载明的事由来看,当地政府管理部门为了调整产业结构、安置搬迁企业,考虑到万彩公司经营状况曾要求公司向政府出售土地和房产"	从中可知,法院已经从决策的客观环境、决策的内容、公司的具体经营状况等方面对该决策行为进行了相应的实质性的评判,实际上其已经脱离了商业判断规则所适用的实质情形	法院对商业决策行为进行了实质判断

---

① 湖南省高级人民法院民事判决书,(2014)湘高法民二终字第73号。

续表

案号	法院裁判	裁判总结分析	评价
（2014）湘高法民二终字第73号	法院认为"本案所争议的事实，即华能公司在2009年是否应恢复生产属于公司内部经营事项，应由公司内部经营者基于对公司经营状况的整体判断作出其认为正确的商业判断，而非应由法院作出决定的事项，除非南东公司能证明该经营决策系华能公司董事为了故意损害其利益，以使作出决定的董事获得不当利益的行为"	从中可以看出，法院实际上扩大适用了"善意"认定的标准，即商业判断规则适用的应当是重大过失标准，而不是故意标准	法院扩大对"善意"认定标准的适用
（2014）川民终字第667号	法院认为"案件争议焦点为'案涉浮选设备是否属于慧能公司闲置设备'，其属于公司董事会的商业判断范畴，需要慧能公司董事会根据公司运营情况、负债情况等事项，进行综合考量并作出判断……本案既无证据显示作出案涉浮选设备系公司闲置设备这一商业判断的时任董事与拆除案涉浮选设备之间存在利害关系，也无证据显示时任董事作出上述判断存在主观恶意或重大过失。综合本案现有证据，慧能公司时任董事根据所掌握的公司的实际运营情况、公司未来运营计划及负债情况等信息，作出案涉浮选设备系公司闲置设备这一判断并未背离一般经营者的通常决策水平，不存在明显的不合理，未违反董事的勤勉义务"	法院对商业判断规则进行了一次较为回归其规则本质的、相对完整的表述，即进行综合考量：是否存在利害关系、是否存在重大过失、是否掌握足够信息、是否同于类似情形下类似职务的一般合理谨慎之人作出的决策	法院较为完整阐释商业判断规则

〔1〕林某年与阳江市海盛能源投资有限公司公司证照返还纠纷案，广东省阳江市中级人民法院民事判决书，(2014)阳中法民二终字第29号。

〔2〕泗阳县塔汇纺织有限公司诉虞某芬损害公司利益责任纠纷案，江苏省宿迁市中级人民法院民事判决书，(2013)宿中商初字第0140号。

综上，笔者认为，商业判断规则归根结底就是辅助法院对董事勤勉义务进行相关裁判的一种手段，当然，也有一些观点认为商业判断规则是基于董事勤勉义务的一种免责，①但无论对其如何进行解读，该规则本身有其明确的适用范围以及相关的构成要件，因此，无论是立法还是司法，都应当厘清商业判断规则的内涵及其适用的条件，防止董事利用该规则逃避其应当承担的责任，进而损害公司等相关利益主体的利益。

（六）具体领域的责任

1. 美国收购中的责任

在特拉华州，董事受到重大过失标准和强大的商业判断规则（Business Judgement Rules，BJR）的保护，其注意义务演变成对相关数据的程式性考虑，一旦董事行为符合程式要求，其决定就不会被视为违反注意义务。结果就是，为了让董事承担一定责任，法院试图把案件强行解释为忠实义务或交易模式。考察特拉华州董事义务相关的判例发展史，特拉华州立法机构和衡平法院给予董事更大的尊重，前者体现在立法中的免责条款中，后者体现为衡平法院倾向于认可董事的商业决策；与之相反，特拉华州最高法院加强对董事决定的司法审查，因此发展出一些不同的检验标准，试图凭借这些特殊标准，使董事对原本属于传统的注意义务概念范围的决策承担责任。这些特殊标准中最为典型的是优尼科（Unocal）标准和勒方（Revlon）标准。然而，优尼科标准和勒方标准以及注意义务标准的结合并不完美，每一种学说之间都留下了相当大的空间。②

2. 对公司资本的责任

如前所述，在多起案例中董事因未及时向股东追缴出资而被认定为违反注意义务，这是由董事的职能定位和公司资本的重要作用决定的。譬如，在斯曼特公司与胡某等损害公司利益责任纠纷案中，最高人民法院指出：董事负有向未履行或未全面履行出资义务的股东催缴出资的义务；消极不作为构成对董事勤勉义务的违反；股东与六名董事共同造成损害的发生、持续，未催缴出资的行为与斯曼特公司所受损失之间存在法律上的因果关系；六名董事应对斯曼特公

---

① 参见邓峰：《普通公司法》，中国人民大学出版社2009年版，第520页。
② See Stephen J. Lubben, *Delaware's Duty of Care*, 31 DEL. J. CORP. L. 589 (2006).

司遭受的股东出资未到位的损失,承担连带赔偿责任。①

我国逐渐放松公司设立环节的出资管制,由资本维持观念转向灵活的运营资金观念。为了维持公司正常运营,防止出现资金不足的问题,必然要强化董事在确保公司资金与经营状况相符这一方面的信义义务。在出资方面,我国早先的规制思路是令股东之间承担连带责任以督促股东之间相互监督出资情况,然而这种方式容易导致股东集体作弊;目前强调董事的监督责任,这也是董事维护公司最佳利益的职责所在。按照《公司法司法解释(三)》的规定,这一责任既包括对公司和其他股东的责任,也包括对债权人的责任。笔者认为,这一责任应当是补充责任,一方面令董事承担连带责任的风险过重,另一方面应当考虑董事的主观状态,《公司法司法解释(三)》规定董事在协助抽逃出资时承担连带责任,此时董事的主观状态应为恶意,而未追缴出资时的主观状态一般并非恶意,让失职的董事同样承担连带责任可能导致不公。更进一步,应当对董事责任范围进行限制,未追缴出资的董事本质上是未尽到监督责任,因此应当对公司遭受的损失承担责任。理论上,赔偿范围应当以公司的实际损失为限而非对资本的填补。此外,在认缴出资制度下,应当明确董事对股东认缴而未实缴部分的监督和催缴义务。

在资本维持方面,关于公司减资,我国仅规定了成本高昂的减资程序,而未规定相关的董事责任。在正常减资情形下,董事应当对通知公告程序负有责任。对于恶意减资情形,董事应监督股东及时返还资产,并及时披露有关信息。关于利润分配,公司法将权利赋予股东会。在董事会中心主义下,利润分配权应交由董事会,由董事会进行商业判断,并辅以董事不当分配的责任制度。转投资方面,董事应当对其投资决策承担责任,同时受到商业判断规则和重大过失标准的保护。

3. 对企业合规的责任

企业合规有多重维度的内涵,在公司法语境下,企业合规主要指向作为公司治理方式的合规,即作为企业管理有机组成部分的合规管理。企业合规最早是因国际反商业贿赂的开展和合作而产生的。近年来,有更多的领域被纳入合

---

① 最高人民法院民事判决书,(2018)最高法民再366号。

规管理体系,例如反垄断、反金融欺诈、反洗钱等。① 企业合规实际上包括两个层面:一方面阻止非法行为;另一方面追求正向价值规范,要求雇员遵守公司内部的行为准则,这一部分与商业伦理和社会责任相关。② 有学者指出,完整的合规计划一般包括五个体系,即商业行为准则、合规组织体系、防范体系、监控体系和应对体系。③

4.对第三人的责任

在我国长期民商合一的影响下,商事责任的特殊性没有受到应有的关注。商事责任既包括对外经营活动中产生的责任,也包括基于内部的法律关系而产生的责任。传统理论中,董事勤勉义务指向公司或股东;在特殊情况下,也可能对第三人承担。因此,违反勤勉义务可能产生对公司、股东和第三人的责任。我国《公司法》没有董事对第三人承担侵权责任的规定,理论基础在于内部责任的观点:由于董事是公司的机关,因此其行为被公司吸收,公司先对受损害的第三人承担侵权责任,而后再向董事追责。问题是法人机关理论是否就否认了董事对第三人的责任? 有观点指出,董事的职务侵权行为既是公司行为,又是自己的行为,因此应由董事和公司一起对第三人承担侵权责任。④ 域外立法例表明,法人机关理论和董事对第三人的责任可以兼容并存。⑤ 董事的个人性在职务活动中并未消灭。当董事在其职务活动中存在故意或者重大过失时,依据法人机关理论应让公司承担责任,但是该过错董事也应对受害人承担责任。应当改变我国公司法人机关理论的绝对化认识。我国已经有一些董事对第三人承担责任的个别规定,可以适时增加董事对第三人责任的一般规则。

---

① 参见陈瑞华:《企业合规制度的三个维度——比较法视野下的分析》,载《比较法研究》2019年第3期。
② 参见邓峰:《公司合规的源流及中国的制度局限》,载《比较法研究》2020年第1期。
③ 参见周振杰、赖祎婧:《合规计划有效性的具体判断:以英国SG案为例》,载《法律适用(司法案例)》2018年第14期。
④ 参见潘勇锋:《论董事侵权责任》,载《北京仲裁》2011年第4期。
⑤ 参见王长华:《公司法人机关理论的再认识——以董事对第三人的责任为视角》,载《法学杂志》2020年第6期。

(七)董事责任豁免和限制

1.执行股东会决议的免责

这一问题反映了董事维护公司勤勉义务与执行股东会决议之间的义务冲突。这一冲突源于我国《公司法》规定董事会有义务执行股东会在其权限范围内所作决议。① 在此观念下,如果董事执行该决议给公司造成损害,责任根源在于股东会,但董事也违反了维护公司利益的信义义务,此时董事能否以执行股东会决议为由主张免责?

这种情形之所以产生,是因为股东会决议损害了公司利益。首先需要清楚的是股东会决议是否可以损害公司利益。可以损害的前提是该决议是公司的真实意思,即股东会有权作出该决议,换言之,该决议的内容在股东会的职权范围内且决议过程符合相应的程序,此时损害就是一种自我损害。可能的情形有股东会作出不合理的投资或担保决议,或者免除债务人的债权等。如果法律或章程规定决议内容属于股东会权力范围,那么董事执行的决议就是公司的自我意思,董事因执行决议违反信义义务实际上事先得到了公司的豁免。

另一个问题是如果决议直接损害了第三人利益或公共利益甚至违反了实在法的规定,此时董事能否主张免责?笔者认为,此时的损害并非公司的自我损害,股东会不被允许如此行为,形成的决议并非公司的自我意思,董事不能主张免责。此时不存在义务冲突的问题,董事的信义义务要求其在发现决议有意侵害第三人利益或违反实在法时拒绝执行。前述问题实际还是与我国股东会中心主义或两权分立不足有关,在董事会中心主义或经理中心主义的公司中,实际经营管理的决议应由董事或经理作出,不存在执行股东会决议的问题。即便涉及重大问题需要股东会作出最终决议,股东会也只是对董事会制作的议案予以表决。在我国,如果董事在权力配置不足的同时承担较重的责任,就产生了权责不匹配的问题。

既然董事不能在所有情形中以执行股东会决议为由主张免责,那么董事的勤勉义务就要求其对股东会决议进行实质性审查。此时,董事的勤勉义务也受到重大过失标准和商业判断等规则的保护,如果董事基于其合理获取的信息仍

---

① 参见丁勇:《董事执行股东会决议可免责性研究》,载《法学》2020年第5期。

不能发现决议的问题,譬如存在董事受到联合排挤并且被提供了错误信息的情形,那么董事不应当承担责任。

2. 美国的法定或意定免责

(1)美国各州公司法的规定

美国《特拉华州普通公司法》①将董事责任的限制权赋予公司章程;美国《俄亥俄州公司法》②和美国《威斯康星州公司法》③明确限制董事责任,但赋予公司章程排除限制责任的法条适用的权利;美国《弗吉尼亚州股份公司法》④则是选择性立法和法定立法模式的混合,立法规定赔偿额不得超过章程或股东同意的细则的赔偿金额和10万美元或董事引发责任行为之前10个月内公司获得的现金报酬总额这两者中的较高者。

美国《特拉华州普通公司法》第102(b)(7)条中提到章程不得免除或限制董事"非善意"行为的责任。对"非善意"的理解在过去引起了诸多争议,并引发对善意义务的讨论。总的来说,特拉华州立法和法院的立场是注意义务可以适用免责条款,但忠实义务不可以;非善意的行为无论是归于违反忠实义务的行为之下,还是作为对一个独立的义务即善意义务的违反,都不可适用免责

---

① 美国《特拉华州普通公司法》第102(b)(7)条规定:消除或限制董事因违反作为董事的信义义务而对公司或其股东的金钱损害赔偿的个人责任的条款,不得消除或限制以下情形产生的董事责任。(1)因董事违反对公司或其股东的忠诚义务;(2)因非善意的行为或不行为,或涉及故意的不当行为或明知故犯的违法行为;(3)根据本节第174条的规定;或(4)因董事从中获得不当个人利益的任何交易。

② 美国《俄亥俄州公司法》第1701.59(E)条规定:只有在有管辖权的法院以明确和令人信服的证据证明董事的行为或不行为涉及蓄意对公司造成损害,或轻率地无视公司的最佳利益的情况下,董事才应对其作为董事的行为或不行为承担损害赔偿责任……如果在董事的行为或不行为被起诉时,公司的章程或条例通过具体提及本条款而说明本条款的规定不适用于公司,那么不适用本条款。

③ 美国《威斯康星州公司法》第180.0828条规定:(1)除第(2)款的规定外,董事对公司、其股东或任何代表公司或其股东主张权利的人不承担因其违反或不履行其董事身份而产生的任何职责所形成损害赔偿、和解、费用、罚款、罚金或其他金钱责任,除非主张责任的人证明该违反或不履行职责构成下列任何一种情况……(2)公司可通过其公司章程限制本条规定的豁免权。

④ 美国《弗吉尼亚股份公司法》第13.1-692.1.条规定:A.在任何由公司提起或以公司权利提起的诉讼,或由公司股东或代表公司股东提起的诉讼中,因单一交易、事件或行为过程而令高级职员或董事承担的损害赔偿不得超过以下两项中较小的一项。1.公司章程或(如经股东批准)细则中规定的作为限制或免除高级管理人员或董事责任的货币金额(包括免除责任);或2.(1)100,000美元或(2)该高级管理人员或董事的行为或不行为引发责任之前10个月内从公司获得的现金报酬总额中的较大者。B.如果高级管理人员或董事从事故意不当行为或故意违反刑法或任何联邦或州证券法,包括但不限于任何非法内幕交易或操纵任何证券市场的指控,则该高级管理人员或董事的责任不受本条规定的限制。

条款;典型的非善意行为包括受信人故意以促进公司最佳利益以外的目的行事、受信人的行为意图违反适用的实在法或受信人故意失职或有意识地无视自己的责任。该条的非善意和明知故犯这两个概念表明,失去第 102(b)(7)条的免责保护要求董事有积极的渎职行为。在审前驳回动议或简易判决的案件中,几乎不可能在未讨论特殊事实的情况下,具体地申辩这种渎职行为。因此,第 102(b)(7)条在审前阶段处理与信义义务有关的主张方面相当有效率。

有关第 102(b)(7)条的典型案例是 2005 年①和 2006 年②的迪士尼(Disney)案以及 2008 年的麦克帕登诉思德胡(Mc Padden v. Sidhu)案。③ 迪士尼案指出,有三类不同的信义行为。第一类行为涉及所谓的"主观恶意",即受托人的行为是出于实际的损害意图,这类行为构成了典型的不善意。第二类行为处于光谱的另一端,涉及缺乏应有的注意,即完全由于疏忽而采取的信义行动,没有任何恶意。需要解决的一个问题是重大过失(包括未能告知自己现有的重要事实)是否也能构成恶意。法院认为答案显然是否定的。第三类行为介于前两类之间,即出于主观不良意图的行为和重大过失造成的行为。第三类行为正是大法官所说的故意失职,即有意识地无视自己的责任,这种不当行

---

① See In re Walt Disney Co. Derivative Litig., 907 A. 2d 693, 2005 Del. Ch. LEXIS 113, 35 Employee Benefits Cas. (BNA) 1705, https://advance.lexis.com/document/? pdmfid = 1000516&crid = a3e29e13 - fdf4 - 4d5e - 88d8 - 13f4d2b14d20&pddocfullpath = %2Fshared%2Fdocument%2Fcases% 2Furn%3AcontentItem%3A4GV9 - 0J30 - TVSY - W39C - 00000 - 00&pdcontentcomponentid = 5077&pdshepid = urn%3AcontentItem%3A7XWN - 83C1 - 2NSD - P3DM - 00000 - 00&pdteaserkey = sr0&pditab = allpods&ecomp = 5zt4k&earg = sr0&prid = 54b08b7f - 8981 - 46ec - 809d - 378736c9bd4e.

② See Brehm v. Eisner (In re Walt Disney Co. Derivative Litig.), 906 A. 2d 27, 2006 Del. LEXIS 307, 37 Employee Benefits Cas. (BNA) 2756, https://advance.lexis.com/document/documentlink/? pdmfid = 1000516&crid = 68daba28 - 082f - 4083 - 8249 - 0fa407103ced&pddocfullpath = %2Fshared% 2Fdocument%2Fcases%2Furn%3AcontentItem%3A4K4Y - 0FW0 - TVT4 - 92DB - 00000 - 00&pdcontentcomponentid = 5078&pddoctitle = Brehm + v. + Eisner + (In + re + Walt + Disney + Co. + Derivative + Litig.) %2C + 906 + A. 2d + 27%2C + 2006 + Del. + LEXIS + 307 + (Del. %2C + June + 8% 2C + 2006) &pdproductcontenttypeid = urn%3Apct%3A30&pdiskwicview = false&ecomp = w5p2k&prid = 461af2d0 - 36e2 - 4fd3 - bc6c - 58f0049957a8.

③ See Mc Padden v. Sidhu, 964 A. 2d 1262, 2008 Del. Ch. LEXIS 123, 2008 WL 4017052, https://advance.lexis.com/document/? pdmfid = 1000516&crid = c59c5d22 - edad - 47de - 84f1 - 71e85bf0c1d1&pddocfullpath = %2Fshared%2Fdocument%2Fcases%2Furn%3AcontentItem%3A4TDD - VWD0 - TXFP - 22DJ - 00000 - 00&pdcontentcomponentid = 5077&pdshepid = urn%3AcontentItem% 3A7XWP - W1F1 - 2NSD - M45W - 00000 - 00&pdteaserkey = sr0&pditab = allpods&ecomp = 5zt4k&earg = sr0&prid = f5621e90 - 8c7a - 4d5b - a094 - c1901607f816.

为应被视为违反善意行事的信义义务。在2008年的麦克帕登诉思德胡(McPadden v. Sidhu)案中,特拉华州最高法院修改了之前在信义义务方面对重大过失定义的理解[迪士尼案]。法院明确地指出,重大过失不能成为不善意行为的例子,而故意失职或有意识地无视自己的责任这种不当行为必须被视为不善意的行为。法院后来确认,这种责任完全属于忠实义务的范畴。因此,法院从曾经被归类为违反注意义务的严重疏忽行为(grossly negligent conduct)的行动领域中挑选出一种特定类型的行为——故意失职或有意识地无视自己的责任,并将其重新定义为导致违反忠实义务的恶意行为(bad faith conduct)。因此,特拉华州目前将重大过失理解为构成鲁莽冷漠的行为或超出理性范围的行为。在2019年的麦克拉斯诉卡拉尼克(McElrath v. Kalanick)案①中,法院再次指出不善意要求故意失职,在履行信义义务时的努力不足或有缺陷与有意识地无视这些责任之间存在着巨大的差异。关于美国董事责任豁免和限制案例见表9-6。

(2)我国关于法定或意定免责的完善路径

笔者认为,直接在立法上明确限制董事责任,在我国目前强调董事责任的导向下,可能存在跨度过大的问题。一个较为缓和的方式是法院承认当事方免责协议的效力。笔者在检索的所有案件中发现了一个类似的案件:武汉市江印印刷有限责任公司(以下简称江印公司)与申某义公司利益责任纠纷案。② 在被告(前法定代表人及执行董事)离任时,江印公司与其新任法定代表人出具了一份承诺书,该承诺书承诺对于被告在任职期间的一切所作所为,江印公司今后不得以任何形式、任何理由对其提出要求及诉讼,要求其承担责任。法院对此认为,江印公司作出的承诺系江印公司的意思表示,其放弃对申某义在公司任职期间行为追偿的权利符合法律规定。因此,法院其实承认了董事与公司

---

① See McElrath v. Kalanick, 2019 Del. Ch. LEXIS 107, 2019 WL 1430210, https://advance.lexis.com/document/? pdmfid = 1000516&crid = 0781f9f4 - b503 - 4f59 - b2f9 - e8ff404fbfbb&pddocfullpath = %2Fshared%2Fdocument%2Fcases%2Furn%3AcontentItem%3A5VSN - 9FV1 - JSRM - 61FB - 00000 - 00&pdcontentcomponentid = 5077&pdshepid = urn%3AcontentItem%3A5VSN - 7GB1 - DXC8 - 705C - 00000 - 00&pdteaserkey = sr0&pditab = allpods&ecomp = 5zt4k&earg = sr0&prid = eaa6bce1 - 9738 - 4502 - bf9d - 1fe5622c2bce.

② 湖北省武汉市中级人民法院民事判决书,(2014)鄂武汉中民商终字第01244号。

之间签订的免责协议的有效性。

表9-6 美国董事责任豁免和限制案例统计

案件/法院/时间	基本事实	法院判决
史密斯诉凡高锟（Smith v. Van Gorkom）案[1] 特拉华州法院（Supreme Court of Delaware） 1985年 违反	泛联（Trans Union）公司难以形成足够的应纳税收入来弥补可抵免投资税收，因而董事会决定通过将公司出售给一家具有充足应税收入的公司解决该问题。时任董事长兼CEO的凡高锟私自联系了知名的公司接管专家布里斯科（Pritzker），后者答应以55美元的价格直接收购公司。此后，凡高锟在没有提前向董事告知该事实的情况下，召开董事会对该提议予以讨论。凡高锟最终以口头陈述的方式说服了董事会成员并批准了该出售议案。持反对意见的股东提起集团诉讼，要求法院撤销计划并令董事赔偿损失。原告认为被告未对交易事项予以充分的知悉、协商，交易批准程序存在重大瑕疵，因此董事们违反了注意义务	初审法院：支持被告，董事会是在知情的基础上作出决策，受商业判断原则的保护。 最高法院：推翻。董事会在整个收购交易过程中的态度是草率的甚至是鲁莽的。董事没有充分地了解公司的价值，也没有对潜在的收购要约进行深入调查，合并计划不受商业判断原则的保护

续表

案件/法院/时间	基本事实	法院判决
优尼科(Unocal)案[2] 特拉华州法院 (Supreme Court of Delaware) 1985年 不违反	梅萨(Mesa)公司是优尼科公司持股13%的股东,发起了双层收购要约(以每股54美元收购公司37%已发行股票,其余股东未能出售股份以等额债券交换)。优尼科召开董事会,13名董事(公司共14名董事,其中8名独立董事)参与会议并听取了财务和法律顾问的详细分析。优尼科董事会采取了自我收购的防御措施,以发行债券的方式回购公司股份,并直接将梅萨公司排除在收购之外。梅萨公司认为自己受到了歧视待遇,目标公司董事违反了对公司的注意义务	初审法院:支持原告。最高法院:推翻。董事不是消极工具,其有权在公司面临敌意收购时采取适当的反收购措施。确立了优尼科标准,只要满足了以下两项证明要求,就可以援引商业判断规则,将证明负担转移给原告:(1)董事合理相信公司政策和效率面临危险;(2)采取的防御措施必须与面临的威胁有合理的关联,这要求董事会深入调查威胁及其影响。如果董事不能证明这两项要求,那么法院会在完全公平标准下评估董事会决议,此时证明由董事承担责任。本案中,梅萨公司的双层收购要约对股东造成压迫,对目标公司构成威胁;独立董事根据投资银行的报告认定梅萨公司计划交换的等额债券为垃圾债券;反收购措施基于合理商业目的产生

续表

案件/法院/时间	基本事实	法院判决
勒方(Revlon)案[3] 特拉华州法院 (Supreme Court of Delaware) 1986年 违反	勒方面临P公司的敌意收购,采取了一系列防御措施,其中票据契约和毒丸计划使P收购受阻。之后,P以勒方取消防御措施和自己提名董事为前提提高了报价。勒方同时与P和T协商出售,但董事会很显然地偏向F,其为F提供了更多的优惠条件,譬如提供非公开财务资料。P请求法院发布针对勒方和F合并的禁令,认为这项排他协议不符合股东最大利益	初审法院:支持原告,认为董事会的行为更加关注票据持有人的利益,而不是为全部股东的最佳利益去追求更好的出售价格。 最高法院:维持。确立了勒方规则:(1)目标公司董事可以采取适当的反收购措施,但是一旦公司面临解散或清算,一切防御措施即告终止,董事不再是公司的防御人,而转化为公司的拍卖人;(2)董事在拍卖过程中的注意义务是"为股东争取最好的价格",其应确保竞价的公正性,不得偏袒任何竞价者

续表

案件/法院/时间	基本事实	法院判决
米尔斯收购公司诉麦克米兰公司（Mills Acquisition Co. v. Macmillan, Inc.）案[4] 特拉华州法院 （Supreme Court of Delaware） 1989年 违反	麦克米兰公司（Macmillan）意识到自己很可能成为米尔斯（Mills）敌意收购的目标，故采取防御措施：将公司重组为几个部门，由公司几位CEO对新公司的股票进行多数控制。财务顾问估计拟议的重组将带来每股64.15美元的价值，这个价格对股东来说是公平的。米尔斯控股股东麦克斯韦尔（Maxwell）对麦克米兰公司提出了每股80美元现金的初步收购价。麦克米兰公司董事会没有及时回应这次竞购，并继续寻求由KKR管理层发起的对麦克米兰公司的收购。米尔斯持续提价至86.6美元，麦克米兰公司董事会不再推荐接受KKR的收购，并进行公开招标。两者报价接近。但KKR的方案仍然受制于一些条件，包括锁定和合并的最后期限，而米尔斯的方案是全现金收购。麦克米兰公司首席执行官伊文思（Evans）在未经授权的情况下向KKR透露米尔斯的出价金额，于是KKR第二轮竞标中获胜。麦克斯韦尔起诉，认为麦克米兰公司在拍卖过程中故意偏向KKR，使麦克斯韦尔本可以出价高于KKR	初审法院：支持被告。最高法院：推翻。将优尼科和勒方规则结合。法院拒绝将加强的义务仅限于主动拍卖，而是将勒方的责任扩展到其他类型的销售，如管理层收购和重组。目标公司与受青睐的竞争投标人之间达成锁定协议的做法，并非对所有股东都是公平的。这一约定具有在达到公司可获得的最高价格之前就提前结束拍卖的效果。一旦目标公司处于竞购阶段，在竞购者受到不公平对待时，公司董事必须证明其采取反收购措施是为了增进股东利益，才可以援引商业判断规则来免责

续表

案件/法院/时间	基本事实	法院判决
帕拉姆通信诉QVC网络（Paramount Communications v. QVC Network）案[5] 特拉华州法院 （Supreme Court of Delaware） 1994年 违反	帕拉姆通信与维亚康（Viacom）达成初步合并协议，约定：帕拉姆通信的每一普通股兑换维亚康0.1股的A级普通股和0.9股B级无投票权股，以及9.1美元现金。初始合并协议还包含了"非出售"规则、终止费和股票期权协议。1993年9月，QVC网络的董事长向帕拉姆提出，QVC网络愿意以每股大约80美元的价格收购帕拉姆，包括0.896股QVC网络的普通股和30美元现金。QVC网络同时还表达了其渴望与帕拉姆通信就细节问题进行进一步磋商的意愿。帕拉姆通信却以与维亚康的初始合并协议存在交易保护条款为由，拒绝与QVC网络就合并事宜展开磋商。最终，帕拉姆通信董事会执意批准了与维亚康的合并协议。初审原告和QVC网络以公司合并协商程序存在重大瑕疵为由，向法院请求对帕拉姆通信与维亚康的合并交易采取临时中止令	初审法院：支持原告。最高法院：维持。重申勒方规则；目标公司管理者在同意交易保护条款时将受到优尼科规则的限制。帕拉姆董事会没有履行其最大化股东价值的义务，董事会所采取的程序存在缺陷，两个要约之间高达10亿美元的价格差距，已经不足以成为董事会基于未来战略部署而与维亚康进行合并的正当理由

续表

案件/法院/时间	基本事实	法院判决
册德诉泰克尼科勒 (Cede & Co. v. Technicolor)案[6] 特拉华州法院 (Supreme Court of Delaware) 1993年 违反	泰克尼科勒(Technicolor)被MAF公司收购。根据收购要约和之后的现金式收购条款,泰克尼科勒的每一位股东(MAF及其附属公司例外)均有权以23元每股的价格出售股份。股东册德(Cede)不同意MAF公司的报价及1983年完成的收购,请求法院对其所持股份进行评估。原告认为公司董事的错误行为导致了公司的出售,于1986年提出第二个诉讼,主张被告的7名董事(共9名)、MAF公司及其控股股东等从事了欺诈和不公正交易,违反了信义义务,要求撤销合同并承担赔偿责任	初审法院:支持被告。 最高法院:原告推翻了商业判断假设,因此重审法院应按完全公平标准审查。法院试图将董事注意义务程序化,将其加入复杂的责任转移框架(衡平法院和最高法院意见分歧开始展现;此后,衡平法院倾向于尊重董事决策,最高法院则相反。)

续表

案件/法院/时间	基本事实	法院判决
尤尼特林诉美国通用公司（Unitrin, Inc. v. American General Corp.）案[7] 特拉华州法院（Supreme Court of Delaware） 1995年 不违反	1994年美国通用公司希望以26亿美元的价格收购尤尼特林（Unitrin）公司。在同尤尼特林董事会协商未果后，美国通用公司在公开市场上发出要约收购。尤尼特林董事会持有本公司23%的股份，认为美国通用公司要约收购价格过低，并且两个大型保险公司合并极有可能触发反垄断审查，因此批准了一个毒丸计划作为防御手段。此外，尤尼特林董事会在摩根建议下批准了一个股份回购计划。美国通用公司提起诉讼，申请禁止尤尼特林的毒丸和股份回购协议	初级法院：美国通用公司的要约收购具有一定胁迫性，因此，尤尼特林采取的防御手段是合理的，通过了优尼科测试。最高法院：毒丸是合理的，但是股份回购并不合理，因为扩大了优尼科的适用范围。认为只要董事行动是针对"可观察到的对公司政策和效率构成威胁并且涉及控制权问题的行为"而采取的防卫性措施，则这些行动就应受到强化的司法审查。但法院认为决定回购的必要性是董事会而非法院的任务，因此董事不承担责任。只要董事会采取的反收购措施不是蛮横的，即不是排除性或强迫性的，那么一般而言都认为其是在合理范围之内；一旦法院确认不是排除性或强迫性的，那么法院在其后的审查中就必须注意对董事会决策自主权的尊重和对司法权力的克制

续表

案件/法院/时间	基本事实	法院判决
麦克姆林诉贝朗（McMullin v. Beran）案[8] 特拉华州法院（Supreme Court of Delaware） 2000年 违反	ARCO公司收到里昂戴尔（Lyondell）公司的收购要约，前者通知后者其已接受，随后里昂戴尔修改报价，决定以每股57.75美元的价格收购ARCO所有已公开发行的股份。ARCO召开董事会商讨收购事宜。财务顾问就收购的事项及程序作了简要陈述，表示收购价格对公司股东来说是公平的。董事会讨论通过该交易。不久，里昂戴尔就完成对公司第一、第二阶段的收购。在此阶段，公司其他股东没有一人主张行使股份评估权。后麦克姆林（McMullin）提出董事们在批准交易时违反了"董事在向股东呈递一份收购要约之前应在信息充分的基础上谨慎行事以决定是否应批准该项要约"的信义义务	初审法院：支持被告。首先，该案中小股东无权对控股权溢价主张权利，而且控制权的变更也不会剥夺他们参与控股权溢价变更的机会。其次，小股东的权利对于阻止将要进行的兼并影响十分微弱，他们决定如何表决股权收购是无关紧要的，即使公司董事会试图影响他们的决定效用也不大。所以董事也没有必要在这一过程中表现得更加主动。 最高法院：推翻。认为尽管小股东的影响力不足以反对这一交易，但董事会在作出决定时，也应该向小股东披露所有有关兼并的事项、提供所有他们需要的财务数据等以供他们判断是接受该收购要约，还是主张评估股价。同时，董事对里昂戴尔公司的报价仅征求了一位财务顾问的意见，召开了一次董事会就通过了交易，明显未尽到合理谨慎行事的义务。所以支持原告的主张

续表

案件/法院/时间	基本事实	法院判决
奥尼卡尔诉NCS公司（Omnicare, Inc. v. NCS Healthcare, Inc.）案[9] 特拉华州法院 （Supreme Court of Delaware） 2003年 违反	NCS公司与吉尼斯健康资本（Genesis Health Ventures）公司签订了并购协议，其中包含《特拉华州普通公司法》第251条的交易保护条款（即使NCS董事会最终不同意此项交易，并购交易仍然必须按照协议完成），此外两者还签订了投票权协议（NCS公司两位均为董事会成员且共拥有65%股份的股东同意无条件地支持上述协议内容），确保了该交易能够获得股东同意。协议签订几个月之后，奥尼卡尔（Omnicare）向NCS公司董事会提出并购意向，且其提议的并购价格是吉尼斯健康资本公司的两倍。NCS公司董事会认为由奥尼卡尔并购更为有利，因而向股东推荐奥尼卡尔。但是，吉尼斯健康资本公司依然能够根据上述并购协议和投票权协议成功实现并购。奥尼卡尔起诉	初审法院：支持被告。最高法院：推翻。针对友好的（没有控制权变更）换股合并的交易保护条款适用优尼科原则，认为其需要受到更为严格的审查。尽管NCS和吉尼斯健康资本公司的并购协议和投票权协议并没有强制其他小股东投票同意并购交易，但事实上并购交易已经完成，而且上述保护性措施的采纳使任何竞争性并购交易都不可能实现，不管并购竞价多么高。法院据此认为这两项协议具有排斥性和强制性，因而不能予以执行。董事会不能将这两种措施联合采用进而创造一个绝对的、不可商谈的"交易锁定"，公司法必须允许董事会在存在更好并购竞价的机会时寻求更好的交易方式（该案引起较大争议，此前衡平法院在友好换股和交易保护的案件中适用的是注意义务的分析框架，而非优尼科标准。）

续表

案件/法院/时间	基本事实	法院判决
康普康公司 (In re CompuCom Systems, Inc.)案[10] 特拉华州法院 (Court of Chancery of Delaware) 2005年 不违反	2004年康普康(CompuCom)公司董事会宣布帕拉提南(Platinum)将以每股4.60美元的价格收购康普康公司,而在公布交易的前一天,康普康公司在市场上的交易价格还是每股4.84美元。康普康公司的控股股东科学安保(Safeguard Scientifics)公司在这场买卖中获1.28亿美元。康普康公司的股东中央雇员退休基金公司董事提起诉讼,称董事会违背了其为公司获得最佳价格的诚信义务	初审法院:支持被告。康普康公司在收到帕拉提南(Platinum)收购要约时,公司董事会就成立了由无管理权董事组成的特别委员会讨论该交易,特别委员会估量了来自其他潜在收购者的利益,审查了公司可以采取的其他使股东利益最大化的策略性方案,其间,该特别委员会还征求了其独立挑选的法律顾问和财务顾问的意见,确保以每股4.6美元的现金对价对康普康所有股东来说都是公平的,最后才向公司董事会提出建议接受要约。董事会没有轻率地批准一项其尚未充分了解信息的交易,其行为决策符合商业判断规则的假定

〔1〕See Smith v. Van Gorkom, 488 A. 2d 858, 1985 Del. LEXIS 421, 46 A. L. R. 4th 821, Fed. Sec. L. Rep. (CCH) p. 91,921, https://advance.lexis.com/document/? pdmfid = 1000516&crid = a2ac8324 - 3237 - 4fae - 8011 - 63811ac265e9&pddocfullpath = % 2Fshared% 2Fdocument% 2Fcases% 2Furn% 3AcontentItem% 3A3RRT - 7M90 - 003C - K197 - 00000 - 00&pdcontentcomponentid = 5078&pdshepid = urn% 3AcontentItem% 3A7XW4 - F4R1 - 2NSF - C54C - 00000 - 00&pdteaserkey = sr0&pditab = allpods&ecomp = 5zt4k&earg = sr0&prid = e88981a0 - 4201 - 4bcc - ac47 - 9988c397dbcb.

〔2〕See Unocal Corp. v. Mesa Petroleum Co., 493 A. 2d 946, 1985 Del. LEXIS 482, Fed. Sec. L. Rep. (CCH) p. 92, 77, https://advance.lexis.com/document/? pdmfid = 1000516&crid = 43114a8f - 6097 - 467a - acbd - 812f7dcd0a6a&pddocfullpath = % 2Fshared% 2Fdocument% 2Fcases% 2Furn% 3AcontentItem% 3A3RRT - 7KS0 - 003C - K16S - 00000 - 00&pdcontentcomponentid = 5078&pdshepid = urn% 3AcontentItem% 3A7XW4 - F561 - 2NSF - C4S9 - 00000 - 00&pdteaserkey = sr3&pditab = allpods&ecomp = 5zt4k&earg = sr3&prid = c9cbee12 - 6f86 - 4aaa - bee0 - 25046b62a408.

〔3〕See Revlon, Inc. v. Macandrews & Forbes Holdings, Inc., 506 A. 2d 173, 1986 Del. LEXIS 1053, Fed. Sec. L. Rep. (CCH) p. 92,525, 66 A. L. R. 4th 157, https://advance.lexis.com/document/? pdmfid = 1000516&crid = 3e25c345 - 01bc - 4c54 - a7d5 - 39efb5b8996a&pddocfullpath = % 2Fshared% 2Fdocument% 2Fcases% 2Furn% 3AcontentItem% 3A3RRT - 7K10 - 003C - K10V - 00000 - 00&pdcontentcomponentid = 5078&pdshepid = urn% 3AcontentItem% 3A7XW4 - F5C1 - 2NSF - C4NN - 00000 - 00&pdteaserkey = sr2&pditab = allpods&ecomp = 5zt4k&earg = sr2&prid = 090798f5 - adc5 - 4602 - 9b04 - a4c9df8f8739.

〔4〕See Mills Acquisition Co. v. MacMillan, Inc., 559 A. 2d 1261, 1989 Del. LEXIS 149, Fed. Sec. L. Rep. (CCH) p. 94,401, https://advance.lexis.com/document/? pdmfid = 1000516&crid = f6d8f136 - 2afa - 49d9 - b0d4 - bf0a311d31c0&pddocfullpath = % 2Fshared% 2Fdocument% 2Fcases% 2Furn% 3AcontentItem% 3A3RRT - 7BG0 - 003C - K4NT - 00000 - 00&pdcontentcomponentid = 5078&pdshepid = urn% 3AcontentItem% 3A7XWN - 03D1 - 2NSF - C091 - 00000 - 00&pdteaserkey = sr0&pditab = allpods&ecomp = 5zt4k&earg = sr0&prid = f9a333b6 - ebe7 - 4e04 - 8352 - 8c294239b336.

〔5〕See Paramount Communications v. QVC Network, 637 A. 2d 34, 1994 Del. LEXIS 57, Fed. Sec. L. Rep. (CCH) p. 98,063, https://advance.lexis.com/document/? pdmfid = 1000516&crid = 06132872 - 7976 - 4c1f - b765 - bff2cbf2e21f&pddocfullpath = % 2Fshared% 2Fdocument% 2Fcases% 2Furn% 3AcontentItem% 3A3RRT - 6Y70 - 003C - K1YK - 00000 - 00&pdcontentcomponentid = 5078&pdshepid = urn% 3AcontentItem% 3A7XWN - 03C1 - 2NSF - C4F6 - 00000 - 00&pdteaserkey = sr0&pditab = allpods&ecomp = 5zt4k&earg = sr0&prid = 5074136f - 8b75 - 4742 - a937 - f1a4683ef93e.

〔6〕See Cede & Co. v. Technicolor, 634 A. 2d 345, 1993 Del. LEXIS 398, Fed. Sec. L. Rep. (CCH) p. 97,811, https://advance.lexis.com/document/? pdmfid = 1000516&crid = be16aed4 - f69f - 4dff - 88a1 - 9df5838631c8&pddocfullpath = % 2Fshared% 2Fdocument% 2Fcases% 2Furn% 3AcontentItem% 3A3RRT - 6YX0 - 003C - K24F - 00000 - 00&pdcontentcomponentid = 5078&pdshepid = urn% 3AcontentItem% 3A7XWN - 0BY1 - 2NSF - C0GW - 00000 - 00&pdteaserkey = sr0&pditab = allpods&ecomp = 5zt4k&earg = sr0&prid = c66f54b0 - 40db - 4357 - 8644 - eaa42ab7e2ea.

〔7〕See Unitrin, Inc. v. Am. Gen. Corp. (In re Unitrin, Inc.), 651 A. 2d 1361, 1995 Del. LEXIS 13, Fed. Sec. L. Rep. (CCH) p. 98,519, https://advance.lexis.com/document/? pdmfid = 1000516&crid = e18a7bef - 4e1d - 42dd - bc7f - 9aa67e806040&pddocfullpath = % 2Fshared% 2Fdocument% 2Fcases% 2Furn% 3AcontentItem% 3A3RRT - 6WK0 - 003C - K1GR - 00000 - 00&pdcontentcomponentid = 5078&pdshepid = urn% 3AcontentItem% 3A7XWN - 0C01 - 2NSF - C1HD - 00000 - 00&pdteaserkey = sr0&pditab = allpods&ecomp = 5zt4k&earg = sr0&prid = 02630c09 - d021 - 46df - 9570 - 4db8363a2851.

〔8〕See McMullin v. Beran, 765 A. 2d 910, 2000 Del. LEXIS 481, https://advance.lexis.com/

document/? pdmfid＝1000516&crid＝f3d98a4a－99fa－4930－b28d－75b42b124095&pddocfullpath＝%2Fshared%2Fdocument%2Fcases%2Furn%3AcontentItem%3A41SS－9TC0－0039－41BC－00000－00&pdcontentcomponentid＝5078&pdshepid＝urn%3AcontentItem%3A7XWN－D3T1－2NSD－K4FC－00000－00&pdteaserkey＝sr0&pditab＝allpods&ecomp＝5zt4k&earg＝sr0&prid＝c526d3a2－c56b－4564－ba8d－fd01fdd3a2be.

〔9〕See Omnicare, Inc. v. NCS Healthcare, Inc., 818 A. 2d 914, 2003 Del. LEXIS 195, https://advance.lexis.com/document/? pdmfid＝1000516&crid＝f302788c－dbcc－489d－88e2－36cd9a1118c8&pddocfullpath＝%2Fshared%2Fdocument%2Fcases%2Furn%3AcontentItem%3A4895－60G0－0039－44VF－00000－00&pdcontentcomponentid＝5078&pdshepid＝urn%3AcontentItem%3A7XWN－D3W1－2NSD－K164－00000－00&pdteaserkey＝sr0&pditab＝allpods&ecomp＝5zt4k&earg＝sr0&prid＝13f51e51－7617－4c18－97b5－7fdc72f0a5da.

〔10〕See In re CompuCom Sys. Stockholders Litig., 2005 Del. Ch. LEXIS 145, https://advance.lexis.com/document/? pdmfid＝1000516&crid＝f32f16d3－9a8f－4205－8946－d206b532de6d&pddocfullpath＝%2Fshared%2Fdocument%2Fcases%2Furn%3AcontentItem%3A4H8N－P7S0－TVSY－W2CW－00000－00&pdcontentcomponentid＝5077&pdshepid＝urn%3AcontentItem%3A7XWP－RV91－2NSD－M3N6－00000－00&pdteaserkey＝sr0&pditab＝allpods&ecomp＝5zt4k&earg＝sr0&prid＝9d75f508－9f4c－4aa0－95fa－295c3a8e3426.

四、结论与建议

（一）问题概述

在对董事违反注意义务（勤勉义务）的案件进行分析后，笔者发现法院在认定董事违反注意义务（勤勉义务）或其行为造成公司损失之后，很少再结合公司的实际经营状况或董事的自身情况对其应承担的损失额予以分析。一个可能的解释是，法院受到民事侵权责任中矫正正义和全面补偿原则的影响。非全额赔偿的案件，法院的论述也是基于侵权责任分配，而不是防止董事过分谨慎经营的商事思维。

（二）改进路径

笔者认为，即便是在法院目前的分析框架中，也可以通过对赔偿原则的进一步细化、合理界定公司损失、合理认定因果关系等方式，在较小的变动中更细致地认定董事责任。

1. 赔偿原则

(1) 损益相抵原则

在启东市开来房地产有限公司等诉王某等损害公司利益责任纠纷案①中，银行董事违反章程未经股东会批准对外转让不良资产，法院认定银行损失为表内外欠息 1,613,316.58 元减去费用 226,346 元的差额 1,386,970.58 元。与此同时，法院认为，不良资产的转让既收回资金又使不良率下降，符合银行安全性、流动性、效益性的基本原则，因此最后酌定赔偿金额为 15 万元。法院的思路是把会计账面损失认定为实际损失，但基于公平原则只酌定赔偿部分损失。然而，这一账面损失其实未必是公司的实际损失。涉案债权在转让时已被评定为"次级"，属于不良信贷资产，被告提供的证据也证明法院在执行过程中对抵押财产的处置、几次拍卖未成交、执行时间较长等。最后所得转让款为本金和费用。法院认为，未收回的利息即为启东珠江银行的损失。一方面，利息是否具有收回的现实可能性或者可能性的大小都不确定；另一方面，资产不良率的下降可以让银行开展其他业务，转让行为实际上为银行带来了其他收益。笔者认为，或许可以转而适用损益相抵原则的裁判思路。

(2) 过失相抵原则——何谓公司的过失

依照公司治理的观点，公司不同机关依照法律、章程和协议"分权制衡"。尽管我国存在公司机关职能混乱的问题，但都设置了股东会、董事会/执行董事、监事会，如果这些主体都怠于履行其职责，是否可以视为公司的过错令其自身承担一定责任？比如，嘉兴中岳热处理科技有限公司与陈某钿损害公司利益责任纠纷案，②董事怠于履行职责，使原告企业经营状况恶化，财务管理混乱，多笔资金流失，因少交增值税而被罚款。被告在担任法定代表人期间的持股比例虽为 55%，但原告存在数十位隐名股东，被告对原告的经营决策并不占绝对主导地位，故如让被告单独承担所有责任则不合理。原告在被告未担任法定代表人前已经出现了财务混乱、出售货物不开具发票、不入账等情况，而非因被告单独的过错造成原告被国税局处罚。从公司的管理设置上看，监事对公司运

---

① 江苏省启东市人民法院民事判决书，(2016) 苏 0681 民初 3645 号。
② 浙江省海盐县人民法院民事判决书，(2019) 浙 0424 民初 311 号。

营、财务情况负有监督责任,但其未能发挥应有的职责。

2. 合理界定公司损失

除法律、契约另有规定外,损害赔偿以权利人所受损失及丧失的利息得到弥补为限度。

董事违反勤勉义务的损害赔偿责任中,董事为赔偿义务人,公司(有时是股东)是权利请求人,在一定情形中譬如破产或清算阶段,亦包括公司以外的第三人。因此,合理界定公司的损失是合理认定董事责任范围的前提。分析现有的案件,笔者发现法院对公司损失的认定大多不够严谨。譬如,蚌埠利拓车用能源有限公司、吕某损害公司利益责任纠纷案,①一审和二审法院都认为工程款属于公司客观损失,而技术服务费、节能评审费、环评费等合计13.4万元系原告公司为设立项目前期工作的必要支出,不应认定为案涉损失。然而,由于案涉项目未能通过省级主管部门同意处于停滞状态,如果后续项目无法建设,前期必要支出也将成为公司实际损失。

3. 合理认定因果关系的远近

界定责任范围的因果关系理论有合理预见说、法规目的说、过错程度衡量说等。法院应当选取合适的理论来适当限制董事的责任。譬如,喀什地区旅客运输有限责任公司与胡某辉、吴某莲损害公司利益责任纠纷案,②董事不及时补缴税款导致公司被罚款。笔者认为,该案可以采用法规目的说予以解释,损害结果应限定在立法所包含的范围之内。换言之,损害赔偿的责任范围要立足于约束和规范董事的行为。因此,涉案董事只应对其任职期间未及时补缴税款而使公司承担的滞纳金损失和罚款承担全部责任,而对其上任前因公司逃税而被罚部分不承担责任。

(编校:龙泓任)

---

① 安徽省蚌埠市中级人民法院民事判决书,(2018)皖03民终1942号。
② 新疆维吾尔自治区喀什地区中级人民法院民事判决书,(2017)新31民终856号。

法院中的公司法
（1）
下

COMPANY LAW IN
COURT

蒋大兴·主编

法律出版社
LAW PRESS·CHINA
北京

图书在版编目(CIP)数据

法院中的公司法. 1：上、下／蒋大兴主编. -- 北京：法律出版社，2024
　　ISBN 978-7-5197-8883-4

Ⅰ.①法… Ⅱ.①蒋… Ⅲ.①公司法－案例－中国 Ⅳ.①D922.291.915

中国国家版本馆 CIP 数据核字(2024)第 039779 号

法院中的公司法(1) FAYUAN ZHONG DE GONGSIFA (1)	蒋大兴　主编	策划编辑　沈小英　陈　妮 责任编辑　沈小英　常　锋 装帧设计　李　瞻	

出版发行　法律出版社
编辑统筹　法治与经济出版分社
责任校对　王　丰　张翼羽　王晓萍　李慧艳
责任印制　吕亚莉
经　　销　新华书店

开本　710 毫米×1000 毫米　1/16
印张　89　　　字数　1403 千
版本　2024 年 4 月第 1 版
印次　2024 年 4 月第 1 次印刷
印刷　北京中科印刷有限公司

地址：北京市丰台区莲花池西里 7 号(100073)
网址：www.lawpress.com.cn
投稿邮箱：info@lawpress.com.cn
举报盗版邮箱：jbwq@lawpress.com.cn
版权所有·侵权必究

销售电话：010-83938349
客服电话：010-83938350
咨询电话：010-63939796

书号∣ISBN 978-7-5197-8883-4　　　　　　　定价(上、下册)：198.00 元

凡购买本社图书，如有印装错误，我社负责退换。电话：010-83938349

主编简介

蒋大兴

1971年生,湖南省邵阳市人,湘潭大学法律系本科毕业,南京大学法学院经济法学硕士、博士。曾在湖南省邵阳市中级人民法院、南京大学法学院工作,现任北京大学法学院教授、博士生导师,教育部长江学者特聘教授,兼任北京大学中国企业法律风险管理研究中心主任、中国法学会证券法学研究会副会长、中国法学会商法学研究会常务理事、最高人民法院案例指导委员会专家委员、最高人民法院特邀执行咨询专家、国务院国资委法律顾问、北京仲裁委员会与深圳国际仲裁院仲裁员等职。

出版《公司法的展开与评判:方法·判例·制度》《公司法的观念与解释》等著作,在各类法学期刊发表论文100余篇,主持国家社科基金重大项目、国家社科基金重点项目、司法部、最高人民法院、国家发改委、国务院国资委等课题30余项。

续表

全称	简称
《中华人民共和国仲裁法》	《仲裁法》
《中华人民共和国合伙企业法》	《合伙企业法》
《中华人民共和国个人所得税法》	《个人所得税法》
《中华人民共和国企业所得税法》	《企业所得税法》
《中华人民共和国劳动合同法》	《劳动合同法》
《中华人民共和国企业国有资产法》	《企业国有资产法》
《中华人民共和国公司登记管理条例》(已失效)	《公司登记管理条例》
《中华人民共和国市场主体登记管理条例》	《市场主体登记管理条例》
《全国法院民商事审判工作会议纪要》	《九民纪要》
《最高人民法院关于适用〈中华人民共和国民事诉讼法〉的解释》	《民诉法解释》
《最高人民法院关于适用〈中华人民共和国公司法〉若干问题的规定(一)》	《公司法司法解释(一)》
《最高人民法院关于适用〈中华人民共和国公司法〉若干问题的规定(二)》	《公司法司法解释(二)》
《最高人民法院关于适用〈中华人民共和国公司法〉若干问题的规定(三)》	《公司法司法解释(三)》
《最高人民法院关于适用〈中华人民共和国公司法〉若干问题的规定(四)》	《公司法司法解释(四)》
《最高人民法院关于适用〈中华人民共和国公司法〉若干问题的规定(五)》	《公司法司法解释(五)》
《最高人民法院关于适用〈中华人民共和国公司法〉若干问题的规定(四)》(征求意见稿)	《公司法司法解释(四)》(征求意见稿)
《最高人民法院关于适用〈中华人民共和国合同法〉若干问题的解释(一)》(已失效)	《合同法司法解释(一)》
《最高人民法院关于适用〈中华人民共和国合同法〉若干问题的解释(二)》(已失效)	《合同法司法解释(二)》

编辑委员会

主　编　蒋大兴

副主编　龙泓任　余蓁茜

编　委　蒋大兴　龙泓任　余蓁茜
　　　　　莫　志　冯成丰　泽君茹

法律法规缩略表

全称	简称
《中华人民共和国民法典》	《民法典》
原《中华人民共和国民法通则》	原《民法通则》
原《中华人民共和国民法总则》	原《民法总则》
原《中华人民共和国合同法》	原《合同法》
原《中华人民共和国涉外经济合同法》	原《涉外经济合同法》
《中华人民共和国拍卖法》	《拍卖法》
《中华人民共和国公司法》（2018年修正）	《公司法》
原《中华人民共和国担保法》	原《担保法》
《中华人民共和国民事诉讼法》（2017年修正）	《民事诉讼法》
《中华人民共和国刑法》	《刑法》
《中华人民共和国商业银行法》	《商业银行法》
《中华人民共和国证券法》	《证券法》
《中华人民共和国行政处罚法》	《行政处罚法》
《中华人民共和国信托法》	《信托法》
《中华人民共和国企业破产法》	《企业破产法》
《中华人民共和国公务员法》	《公务员法》
《中华人民共和国外商投资法》	《外商投资法》
《中华人民共和国中外合资经营企业法》	《中外合资经营企业法》
《中华人民共和国中外合作经营企业法》	《中外合作经营企业法》
《中华人民共和国电子签名法》	《电子签名法》
《中华人民共和国会计法》	《会计法》
《中华人民共和国票据法》	《票据法》

续表

全称	简称
《最高人民法院关于适用〈中华人民共和国企业破产法〉若干问题的规定(二)》	《破产法司法解释(二)》
《最高人民法院关于审理民间借贷案件适用法律若干问题的规定》	《民间借贷规定》
《最高人民法院关于审理证券市场因虚假陈述引发的民事赔偿案件的若干规定》(已失效)	《虚假陈述若干规定》
《国务院国资委以管资本为主推进职能转变方案》	《国资委职能转变方案》
《信息披露违法行为行政责任认定规则》	《信息披露认定规则》
《北京产权交易所企业国有产权转让股东行使优先购买权操作细则》	《北交所细则》
《上海联合产权交易所有限公司股东行使优先购买权操作指引》	《上联所指引》
《天津产权交易中心有限公司关于股东行使优先购买权的操作细则(试行)》	《天交所细则》

下 册 目 录

第十章　公司印章纠纷实证研究 ·· 675
一、概述 ·· 675
（一）印章的定义及分类 ·· 675
（二）印章的法律性质 ··· 676
（三）公司印章的法律意义 ·· 678
二、案件整理和分类统计 ·· 679
（一）选取样本 ·· 679
（二）年份分布 ·· 680
（三）案由分布 ·· 680
（四）审级分布 ·· 680
（五）裁判法条引用 ·· 681
（六）涉诉案件标的额情况 ·· 681
（七）样本选取范围 ·· 681
三、焦点问题分析 ·· 682
（一）组织法上的印章 ··· 682
（二）交易法上的印章 ··· 697
（三）诉讼法上的印章 ··· 717
四、完善建议 ·· 743
（一）外部完善 ·· 743
（二）内部完善 ·· 745

第十一章　股东知情权纠纷实证研究 ……748
一、概述 ……748
（一）法条分析 ……748
（二）内涵解析 ……749
（三）审判争议 ……750
（四）立法完善建议 ……751
二、案例整理和分类统计 ……752
（一）样本选择 ……752
（二）裁判结果 ……754
（三）争议焦点 ……755
三、焦点问题分析 ……756
（一）主体资格 ……756
（二）查阅范围 ……762
（三）查阅前提 ……769
（四）行权辅助 ……784
（五）公司类型 ……788
（六）抗辩事由 ……790
四、特殊问题 ……821
（一）公司非正常经营状态的影响 ……821
（二）母公司股东知情权的穿越 ……831
（三）股份公司股东查阅会计账簿 ……832
（四）《公司法司法解释（四）》遗留问题 ……833
五、结论 ……836

第十二章　股利分配请求权纠纷实证研究 ……839
一、概述 ……839
（一）基本法条 ……839
（二）基本法条变迁 ……839
（三）司法解释 ……840

（四）关联法条 ·· 841
二、案例整理和分类统计 ·· 842
　　（一）样本处理 ·· 842
　　（二）分析方法 ·· 842
　　（三）总体情况 ·· 843
　　（四）裁判结果 ·· 844
　　（五）裁判结果具体类型 ·· 849
三、焦点问题分析 ·· 852
　　（一）认定原告主体资格 ·· 852
　　（二）可分配盈余的认定 ·· 864
　　（三）是否存在分配方案 ·· 873
　　（四）滥用股东权利 ·· 881
四、总结与建议 ··· 890
　　（一）问题分析 ·· 890
　　（二）对策 ·· 893

第十三章　股东回购请求权纠纷实证研究 ·················· 895
一、概述 ·· 895
　　（一）适用案例分析的必要性 ·································· 895
　　（二）案例分析思路 ·· 896
二、案例整理与分类统计 ·· 896
　　（一）股东回购请求权案例数据统计 ······················· 896
　　（二）上市公司回购案例数据统计 ··························· 905
三、异议股东回购请求权 ·· 906
　　（一）《公司法》第74条的适用概述 ······················· 906
　　（二）《公司法》第74条的构成要件 ······················· 907
四、股东与公司协议回购 ·· 923
　　（一）协议回购的类型化 ·· 924
　　（二）实务焦点问题分析 ·· 925

五、非上市股份有限公司股份回购 ……………………………………… 928
  （一）司法实证研究 …………………………………………………… 928
  （二）《公司法》第74条的类推适用 ………………………………… 934

六、上市公司股份回购问题研究 ………………………………………… 937
  （一）2018年《公司法》第142条的修法目的 ……………………… 937
  （二）上市公司股份回购事由的实证分析 …………………………… 939

第十四章　股东代表诉讼纠纷实证研究 ………………………………… 947

一、概述 …………………………………………………………………… 947
  （一）制度特征 ………………………………………………………… 948
  （二）制度价值与争议 ………………………………………………… 950

二、案例整理和分类统计 ………………………………………………… 953
  （一）审判程序 ………………………………………………………… 953
  （二）年度变化 ………………………………………………………… 954
  （三）地域变化 ………………………………………………………… 954
  （四）标的额分布 ……………………………………………………… 955
  （五）裁判类型 ………………………………………………………… 956
  （六）原告类型 ………………………………………………………… 956
  （七）被告类型 ………………………………………………………… 956
  （八）案由 ……………………………………………………………… 957
  （九）争议焦点 ………………………………………………………… 958
  （十）判决结果 ………………………………………………………… 958

三、股东代表诉讼的当事人资格问题 …………………………………… 959
  （一）原告资格 ………………………………………………………… 959
  （二）被告适格 ………………………………………………………… 973

四、股东代表诉讼的前置程序与实体判断 ……………………………… 989
  （一）股东代表诉讼的前置程序 ……………………………………… 989
  （二）损害公司利益的实体判断 ……………………………………… 1011

五、其他问题 ……………………………………………………………… 1021

  （一）清算阶段的股东代表诉讼 ················· 1021
  （二）公司在股东代表诉讼中的地位 ··············· 1026
  （三）股东代表的时效问题 ··················· 1028
  （四）诉讼费用问题 ······················ 1029
  （五）股东代表诉讼与仲裁 ··················· 1031
 六、结语 ···························· 1034

第十五章 股东资格确认纠纷实证研究 ················ 1036
 一、概述 ···························· 1036
  （一）相关概念界定 ······················ 1036
  （二）股东资格确认的难题 ··················· 1037
 二、案例整理与分类统计 ····················· 1039
  （一）案例普查 ························ 1040
  （二）案例详读 ························ 1043
  （三）统计小结 ························ 1044
 三、案例焦点分析 ························ 1047
  （一）原始取得 ························ 1048
  （二）继受取得 ························ 1059
  （三）特殊形式 ························ 1071
  （四）特殊主体 ························ 1078
  （五）实务特殊问题 ······················ 1091
 四、总结 ···························· 1099

第十六章 有限责任公司股权转让中的优先购买权纠纷实证研究 ········ 1103
 一、概述 ···························· 1103
  （一）含义特点 ························ 1103
  （二）立法目的价值 ······················ 1103
  （三）法条梳理 ························ 1106
 二、案例整理与分类统计 ····················· 1107

（一）案例检索方法 ……………………………………… 1107
（二）案例总体情况 ……………………………………… 1107
（三）主体资格争议 ……………………………………… 1108
三、案例焦点问题分析一：前置程序 …………………………… 1112
（一）通知义务 …………………………………………… 1112
（二）同等条件 …………………………………………… 1129
（三）合理期限 …………………………………………… 1144
（四）反悔权 ……………………………………………… 1151
四、案例焦点问题分析二：侵害优先购买权的股权转让合同效力 …… 1155
（一）司法实务情况 ……………………………………… 1155
（二）裁判论理归纳 ……………………………………… 1158
（三）观点争议与规范分析 ……………………………… 1159
五、其他问题 …………………………………………………… 1163
（一）间接转让股权中的优先购买权问题 ……………… 1163
（二）侵犯股东优先购买权的其他情形——投石问路 … 1169
（三）侵犯股东优先购买权的其他情形——瞒天过海 … 1171
（四）以拍卖方式转让股权 ……………………………… 1172
（五）国有产权转让 ……………………………………… 1179

第十七章 一股多卖法律纠纷实证研究 …………………… 1199
一、问题的提出 ………………………………………………… 1199
二、概述 ………………………………………………………… 1200
（一）有限责任公司股权转让的方式 …………………… 1200
（二）有限责任公司股权转让的形式条件 ……………… 1201
（三）股东资格确认 ……………………………………… 1201
（四）股东转让的程序 …………………………………… 1202
（五）股东股权变动模式研究 …………………………… 1202
三、案例整理和数据分析 ……………………………………… 1205
四、一股二卖中的股权善意取得 ……………………………… 1209

（一）善意取得的构造 ·················· 1209
　　（二）善意取得适用的难题 ·············· 1213
　　（三）对股权善意取得的建议 ············ 1215
五、一股二卖的法律后果 ·················· 1215
　　（一）股权归属问题 ···················· 1216
　　（二）受损方救济问题 ·················· 1218

第十八章　上市公司收购纠纷实证研究 ·············· 1220

一、问题的提出 ·························· 1220
　　（一）公司公告：上市公司收购全貌及其动态 ········ 1220
　　（二）行政监管：实施主体与监管手段多样化 ········ 1221
　　（三）涉诉文书：案件类型化及焦点集中化 ·········· 1221
二、案例整理与数据分析 ·················· 1222
　　（一）总体收购情况概览 ················ 1222
　　（二）收购交易方式 ···················· 1223
　　（三）要约收购交易情况概览 ············ 1224
　　（四）收购交易融资结构 ················ 1228
　　（五）收购交易行为 ···················· 1233
三、一般焦点问题分析 ···················· 1245
　　（一）风险控制之"聘请财务顾问" ······ 1245
　　（二）上市公司要约收购监管 ············ 1255
　　（三）上市公司公告：反收购设计及监管偏好 ········ 1258
　　（四）上市公司诉讼：反收购纠纷及司法态度 ········ 1279
　　（五）强制要约收购义务的触发及豁免 ···· 1287
四、特殊焦点问题分析——管理层收购纠纷 ·········· 1287
　　（一）我国企业管理层收购的主要模式 ···· 1287
　　（二）管理层收购的资金来源 ············ 1289

第十九章 国有企业/公司股权/产权转让交易纠纷实证研究 ………… 1294
一、导论 ………… 1294
（一）研究对象 ………… 1294
（二）案例检索情况 ………… 1296
二、国有股权/产权转让各程序所涉法律问题 ………… 1297
（一）内部决策 ………… 1297
（二）交易审批 ………… 1299
（三）审计评估 ………… 1321
（四）进场交易 ………… 1329
（五）履行交割 ………… 1339
三、国有股权/产权转让制度特殊法律问题 ………… 1340
（一）国有股权转让与优先购买权 ………… 1340
（二）国有股权转让与司法拍卖 ………… 1360
（三）无偿划转 ………… 1366
（四）期间损益 ………… 1372

第十章 公司印章纠纷实证研究

吴笑铭　朱哲坤　方贤慧　张斯羽
郑志冲　吴韵凯　孔何一　黎婉菲　叶筱雪

一、概述

(一)印章的定义及分类

法律中的印章是指公章和具有法律效力的个人名章。其中,公章包括企业的法定名称章和冠以法定名称的合同、财务、税务、发票等业务专用章。个人名章包括法定代表人及财务部门负责人的名章。印章可以分为实体印章和电子印章。

随着数据电文和区块链等技术的发展,电子印章获得了越来越多的应用。《电子签名法》第2条、第13条以及第14条,界定了何谓"可靠的电子签名",并承认了电子签名的法律效力。作为优化营商环境的一部分,为实现"一网通办",各地纷纷推出电子印章的推广方案。以北京市为例,根据《北京市电子印章推广应用行动方案(试行)》[①]的规定,政府部门为优化营商环境作出了许多

---

① 《北京市电子印章推广应用行动方案(试行)》:第一阶段,在2020年年底前,政务领域先行,带动企事业单位和社会组织在政府办事、招投标等领域应用。其中,开展电子签章公共服务试点。选择具备电子认证服务资质的第三方机构免费开展电子签章公共服务试点,建设公共服务签章系统,为新开办企业制作并赠送5枚云章(法定名称章、财务章、合同章、发票章以及法定代表人名章),为企业办理政府事项提供免费签章服务。公共服务签章系统包括印章及密钥托管、签章验章、在线印章状态查验等功能,支撑手机端扫码实现签验章等各种应用。电子印章管理系统、企业服务e窗通平台以及网上服务大厅等各单位系统需与公共服务签章系统对接,实现电子印章的快速申领和便利化使用。(市政务服务局、市公安局、市市场监督管理局、市经济信息化局负责;2020年年底前完成。)第二阶段,在2021年年底前,全面推动企事业单位和社会组织电子云章在社会领域应用。

创新,充分利用了电子签章的优点。截至2020年12月6日,以"电子印章"为关键词,可以搜索到民事裁判文书1367件,主要是债权转让纠纷(408件)和借款合同纠纷(228件)。在河北省各级地方法院审理的438个案件中,有421个合同纠纷案件,其中债权转让纠纷案件408个。其中,石家庄某某企业管理咨询有限公司的债权转让纠纷224个,石家庄展捷企业咨询管理有限公司的债权转让纠纷184个。这些债权转让纠纷的争议焦点并不在电子印章本身,故这些案例只能作为法院承认电子印章效力的证据。申请对电子印章形成时间进行鉴定的只有1例,说明一般情况下法院和当事人都会认可电子印章的效力;采用对电子印章编码进行涂改的手段变造文件的有48例,不过对电子印章进行伪造与对实体印章进行伪造并没有本质上的不同。

(二)印章的法律性质

1.概述

《民法典》第61条第1款规定:"依照法律或者法人章程的规定,代表法人从事民事活动的负责人,为法人的法定代表人。法定代表人以法人名义从事的民事活动,其法律后果由法人承受。"根据《公司法》第7条(2023年修订后为第33条、第34条)、第13条(2023年修订后为第10条)的规定,法定代表人的信息需要明确记载在公司章程中,同时还需要在公司登记中予以明确。由此可知,法律明确地规定了法定代表人作为公司代表机关的法定地位,我国所施行的公司代表制为单一的法定代表人形式。法定代表人的行为直接代表公司,其对外代表行为下的责任承担则归于公司本身。

至于公司印章的法律性质和地位,我国现有的法律规定得不是很明确。一方面,对于公司印章的制发与管理的规范主要体现为国务院《关于国家行政机关和企业事业单位社会团体印章管理的规定》,以及一些地方根据自身情况出台的关于印章管理的地方性规范文件;另一方面,涉及公司印章的法律法规体现在对于公司印章的具体使用和效力规定上,具体体现为《民法典》第490条,《会计法》第14条,《票据法》第4条和第7条,以及《刑法》第280条所规定的伪造公司、企业、事业单位、人民团体印章罪等。

总体来看,我国现有的法律法规针对公司印章多为行政管理性质的规定,而涉及公司印章使用及对应效力的规定极少,对于公司印章的法律性质和地位,并未全面直接性地予以说明和解释。

2. 印章是否属于财产范畴

目前在理论界和司法实践中有主张认为,印章不属于财产范围,有关印章的纠纷属于公司内部管理问题,不属于人民法院民事受案范围。如果相关行为构成犯罪,应当承担刑事责任。对于该种观点,笔者实难认同。"财产"通常被理解为金钱、物资、房屋、土地等物质财富,但韦斯莱·霍菲尔德(Wesley Hohfeld)教授提出,"财产"并不是像土地或啤酒厂之类的具体物,"财产"只能是财产权,也就是财物之上的权利。"财产"这个词被用于指称权利人所享有的各种主张、特权、权利等,这给予了权利人对于客体和空间的控制权和支配权。韦斯莱·霍菲尔德认为,事实上我们应当关注财物上的权利综合体,而这些权利综合体形成了现代财产法的客体。王利明教授在阐述物权客体的范围时也表示赞同韦斯莱·霍菲尔德这一观点。

应该明确的是印章不属于严格意义上的财产范畴,但印章对于公司而言具有重大的价值,这种价值不是体现为其使用价值或经济价值,其使用价值或经济价值即便有也并非人们所重视的印章价值。公司印章是公司主体身份的象征,更重要的是,公司印章是公司权力的象征,也是公司利益的象征,应当更加强调其抽象价值,包括公司印章的象征性价值、代表性价值及授权性价值,这些价值的体现是公司经营管理行为的高度抽象化。基于此,公司印章才被推到至高地位,毫不夸张地说,公司印章这种财产的价值超过了公司其他任何一样有形或者无形的资产价值。因此,公司印章不是传统民商法上的财产,而是公司法意义上的财产。

笔者认为,确定公司印章的财产属性有利于更好地在现行法律体系中保障公司利益。公司印章是公司对外进行活动的有形代表和法律凭证,对于公司的经营活动以及运营管理都有重要意义,如果否认其财产属性,会失去依据侵权关系主张返还财产以及赔偿损失的权利而只能诉诸《刑法》中的侵占罪等刑事措施保障。正如前述,公章本身不具有财产价值,是其背后的身份与权力的象征价值使其具有财产属性,那么仅仅依靠公章本身的价值是难以立案的,在诸如证照返还之诉中,公司的利益将被悬置,这显然不是最好的立法安排。

3.公司印章的地位

在实践中,公司印章代表了公司的身份,是公司的一种身份象征。公司印章是公司对外进行活动时,能够代表公司进行意思表示的法律凭证。不难想象,如果一个公司失去了印章这一法律凭证将意味着什么。如前所述,公司印章不仅以其本身的物理形态体现了一定的有形财产价值,也以其背后的身份与权力体现了作为公司权利能力和行为能力标志的无形财产的价值,这对公司来讲意义重大,属于公司专有的重要财产。从众多案例中可以看到,在公司印章被他人侵占的情况下,公司自身运转几乎停止。在现代公司制度中,无论公司与其他公司、组织、个人发生业务往来,还是与国家行政机关发生行政法律关系,甚至公司内部自身的管理运作,都需要公司印章"开路"。

另外,在公司印章被他人侵占的情况下,只要持有公司印章等重要凭证,并且无明显的相反证据,持有人以外的任何相对人完全有理由相信持有人获得了公司的合法授权,此乃民法理论中典型的表见代理。这个问题在法定代表人侵占公司印章的情况下更为突出。持有人所为的全部法律行为将全部归属于公司,无论是否有利于公司,都由公司承担全部法律责任。对此,公司无权抗辩。只有在对外承担了法律责任以后,公司才可以向恶意持有人追偿损失。因此,在公司印章被侵占的情况下,公司面临很大的危险。毫不夸张地说,谁掌握了公司印章,就等于抓住了公司的要害,一旦公司印章失控,公司将寸步难行,陷入瘫痪。

(三)公司印章的法律意义

1.公司印章是公司法律人格的物化象征

公司依照组织体论,是具有独立法律人格的主体,但其在物质方面的存在如机构、场所、人员等却无一能充任统领全部内涵的表征物,公司印章则是公司法律人格最全面、最抽象的概括,公司组织体的独立人格因此而得以完整。

2.公司印章具有公示的效力

以法定代表人的签名作为交易公司意思表示的证明,交易相对人至少需要调查以下内容:(1)公司的法定代表人是谁;(2)法定代表人的真实签名为何;(3)公司意思表示中的签名是不是公司法定代表人的真实签名。第一项采用工商登记机关(市场主体登记机关)或要求对方出示营业执照的方式较易实现;第二项由于没有相关的数据系统,很难进行调查,除非现场签名;第三项更是包含一定的技术因素,交易相对人自身很难判断,而聘请有关专业人员和机构则会产生额外的交易成本。在实践中,法定代表人往往授权代理人参与公司的意思表示作出,此时,交易相对人更需要花费时间和精力调查此代理人代理权限的真伪与大小,可能导致商机丧失殆尽,但不进行此种必要调查,又会使交易风险大增,不利于交易安全,这使得交易相对人陷入两难的境地。以公司印章作为交易公司意思表示的证明,则可以避免上述困境,因为公司印章在外观上较易识别,真伪亦可通过备案机关进行查询,交易相对人可以依赖公司印章在备案机关的公示行事,这保证了交易得以快速安全完成。

3. 公司印章可以防止法定代表人滥用特权

公司印章与法定代表人可以相互制约,防止法定代表人滥用其法律地位作出有损于公司的意思表示。以法定代表人作为公司意思表示的证明,除增加交易相对人的调查成本外,还可能产生信赖风险。法定代表人具有双重属性,相关主体担任公司法定代表人的同时,也不能摆脱自身利益的局限,这就产生了法定代表人自身利益和公司利益的冲突,有可能导致法定代表人滥用其代表公司进行意思表示的特权。如果同时采用公司印章,就可以对法定代表人的行为产生制约,通过让法定代表人之外的公司机关掌管印章,形成制衡,防止信赖风险的产生,这也是古代官印制度中官职印向官司印转变的根本动因。

二、案件整理和分类统计

(一)选取样本

笔者首先将时间限定为 2001~2020 年,将纠纷的案由设置为"民事",参照级别设置为"经典案例",搜索"印章"关键词,根据"威科先行"法律信息库提供的统计数据,一共获得了 472 条结果。在保持案由和关键词不变的情况下,笔者将法院级别设置为"最高人民法院",根据"威科先行"法律信息库提供的统计数据,得到了 5175 条结果。笔者将两种前置条件下的统计数据予以整合,一共选取了 5647 个纠纷案例样本。

(二)年份分布

笔者将选取的2001年至2020年样本数据按照年份进行分布,根据图10-1可以发现印章纠纷案件数量变动的趋势,2001年之前印章纠纷案件数量为198个,这个数据在2019年就上涨到了1048个,增长了约5倍。因此,可以发现公司印章纠纷在民商事领域中的影响越来越大,针对公司印章纠纷案件的研究有着重大的现实意义。

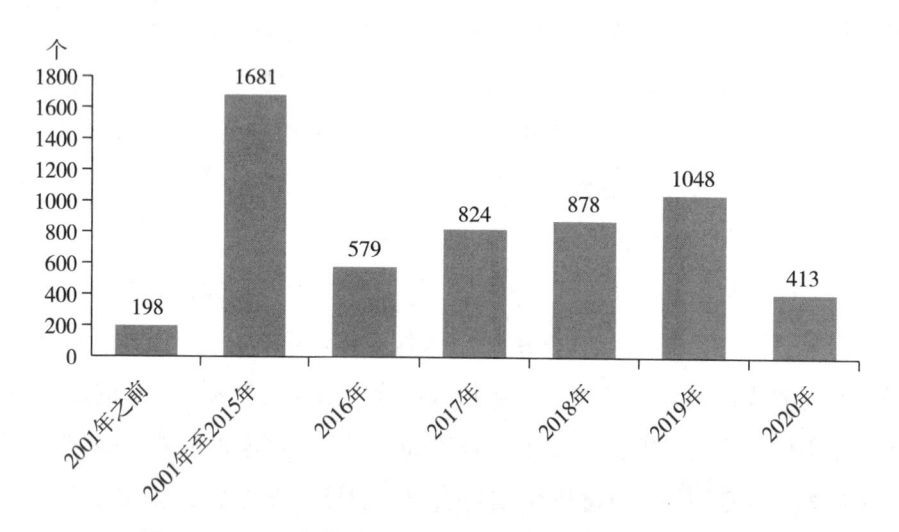

图10-1　2001年前后至2020年公司印章纠纷案例数量分布

(三)案由分布

笔者将选取的样本数据根据案由的不同进行划分,合同、无因管理、不当得利纠纷占据总数的71%,公司、证券、保险、票据等有关的民事纠纷占据11%,知识产权与竞争纠纷占据8%,适用特殊程序案件案由占据5%,物权纠纷占据2%,侵权责任纠纷占据0.9%,海事海商纠纷占据0.6%,人格权纠纷占据0.08%,婚姻家庭、继承纠纷占据0.03%,劳动争议、人事争议占据0.4%,其他争议占据0.99%。从数据可以发现合同、无因管理、不当得利案由的纠纷数量占据了大部分,一共是71%,而对其进一步细分,会发现合同纠纷案件占据了全部案例的70%。

(四)审级分布

笔者将选取的样本数量根据审级的不同进行划分统计,可以发现一审占比

2.4%,二审占比33.6%,再审占比53.9%,执行占比1.1%,其他占剩下的9%。总体而言,二审及再审的案件占比较高,这种情况可能是因为公司印章纠纷涉及多方利益,法律关系复杂,标的额巨大以至于案件事实不易查清,判决争议较大。

(五)裁判法条引用

公司印章纠纷案例的实体法法条引用主要集中在原《合同法》的领域,这是因为公司印章纠纷大部分发生在合同纠纷领域,因此实体法上主要集中适用原《合同法》的各项条款。

除了实体法领域,因为公司印章纠纷案例中频繁涉及对印章鉴定等上诉、再审问题,所以公司印章纠纷案例对于程序法的应用也十分频繁。

(六)涉诉案件标的额情况

笔者将选取的样本数量根据标的额的不同进行划分统计。根据统计数据可知,标的额0~10万元占比5%,标的额10万~50万元占比7%,标的额50万~100万元占比3%,标的额100万~500万元占比9%,标的额500万~1000万元占比11%,标的额1000万~5000万元占比25%,标的额5000万元以上占比40%。① 其中标的额500万元以下的案件占总数的24%,标的额500万元以上的纠纷案件占总数的76%。分析涉诉案件标的额的分布情况可以发现,公司印章纠纷中案件的标的额往往数目巨大,因此法院在实际审理中需要谨慎对其进行判决。

(七)样本选取范围

笔者将最早选取的5647个案例样本进一步细分,选取了"印章"关键词命中率较高的案例,再通过人工筛选,一共取得了新的案例样本数量753个,经过进一步的筛选和分析,可以归纳出12种印章纠纷类型进行区别研究。主要分为以下12个类型:(1)缺盖、漏盖;(2)伪造、私刻;(3)变造;(4)盗窃;(5)印章管理;(6)印章类别;(7)印章争夺、证照返还;(8)票据印章;(9)偷盖、骗盖;

---

① 参见唐斌尧、谭志福、胡振光:《结构张力与权能重塑:乡村组织振兴的路径选择》,载《中国行政管理》2021年第5期。

(10)诉讼时效经过的债权凭证上加盖的公章;(11)公章与法人签字;(12)证据相关问题。

笔者将细分的新数据样本按照12种不同的纠纷类型进行统计,其中缺盖、漏盖印章占比1.8%,伪造、私刻印章占比34.5%,变造印章占比0.4%,盗窃印章占比0.4%,印章管理占比15.1%,印章类别占比1.8%,印章争夺、证照返还占比0.7%,票据印章占比7.6%,偷盖、骗盖印章占比5%,诉讼时效经过的债权凭证上加盖的公章占比0.7%,公章与法人签字占比6.5%,证据相关问题占比25.5%。从数据可以发现占比较高的分别是伪造、私刻印章,印章管理以及证据相关问题类型。

三、焦点问题分析

(一)组织法上的印章

1. 企业内部的印章管理制度

(1)概述

企业的印章管理制度主要依据1999年的国务院《关于国家行政机关和企业事业单位社会团体印章管理的规定》,以及各地方行政部门出台的管理规定。1999年的国务院《关于国家行政机关和企业事业单位社会团体印章管理的规定》规定了印章的规格、式样和制发单位,印章的名称、文字和质料,印章的刻制、管理和缴销。

通过查阅部分上市公司章程发现,公司的具体规章的制定权都赋予了公司总裁。而公司内部的印章管理属于具体的管理规章,故属于总裁的权限范围。

根据是否上市、是国企还是民企、是营利法人还是非营利法人等标准,笔者选取了腾讯、京东物流、阿里巴巴公益基金会、中石油、正泰电器、耀阳科技、西藏中健7家企业的内部印章管理相关规定。这些企业对印章管理主要是围绕印章的分类、刻制、保管、使用、作废等几个方面进行规定的。

关于印章的分类,除了公章、法人章、财务专用章、合同专用章、发票专用章5个法律规定公司必须具备的印章,各个公司也会配置部门章和公务用个人名章。

规模越大的企业,其相关管理规范就越健全,特别是上市公司,整个公司的运营会比较规范和详细,注重流程和审批。这体现在印章管理制度中,就是根据企业运营管理的需要,设置不同种类的印章和审批权限。例如,一些规模比较大的集团企业,特别是上市企业,会设置HR专用章(用于在职证明等人事证明)、劳动合同专用章(用于劳动合同)、项目专用章(规定只能对内不得对外)。在保管方面,一般会设置专人保管、专柜保管,严禁将印章带离保管地、合同章与财务章分离等。在使用的风险控制方面,规定要严格按照审批流程进行申请和用印,不得在空白文件上加盖印章,原则上不外借印章,若需要由印章保管人随同监印等。例如,腾讯公司设置在外省的分公司或者项目部如果要用印章,为了加强对印章的管理和风险防控,还提供盖章文件的邮寄服务,可见公司对印章管理的严格和重视。

以下是通过观察样本企业的印章管理规定总结出的一些共性和存在的问题,例如,大多规定了企业要专章专用,也详细规定了印章的使用范围;印章要专人保管、专柜保管,对于责任人的规定也很详细和明确;越是大型的企业,对印章的分类、保管规定得越详细,审批流程也较小企业更为严格,通常要经过二级审批或者两个部门审批;在实践中,一些民营企业虽然有文本上的印章管理制度,但在业务操作中只要跟老板打声招呼就可以盖章了,风险控制能力弱;OA系统的运用并没有完全替代纸质申请书,只要存在纸质申请,那么就存在偷盖印章的风险;除公章、法人章、财务专用章、合同专用章、发票专用章以外的其他印章一般规定不得对外使用。(详见表10-1、表10-2、表10-3、表10-4)

表10-1 企业印章分类

企业	项目				
腾讯	公章、法人章、财务专用章、合同专用章、发票专用章	HR专用章	劳动合同专用章	部门章	项目专用章	其他(公务用个人名章、长条章)
京东物流	公章、法人章、财务专用章、合同专用章、发票专用章	区总人名章	电子章	业务部门章		

续表

企业	项目						
西藏中健	公章、法人章、财务专用章、合同专用章、发票专用章	党委、纪检、团委、工会章	运营中心章	质量管理专用章	人力资源部章	内设部门印鉴	其他专用印鉴
正泰电器	公章、法人章、财务专用章、合同专用章、发票专用章	法人签名章	部门章	人事章			
耀阳科技	公章、法人章、财务专用章、合同专用章、发票专用章	负责人私章	部门章	业务章			
阿里巴巴公益基金会	基金会名称印章	办事机构印章	专用印章				
中石油	公章	法人章	业务章				

表 10-2　企业印章管理

企业	项目		
腾讯	财经线管理印章	印章管理系统管理	盖章文件邮寄支持服务
京东物流	公章、合同章由区域 SSC 人力资源共享服务中心管理，同一人不得同时管理财务章和法人章	印章管理系统管理	
西藏中健	专人管理；运营中心章代替公章	OA 办公系统	
正泰电器	行政与公共事务部；专人保管、专柜存放	原则上不得借用，确需外出用印的要审批且由印章保管人员监印	
耀阳科技	公章、合同专用章指定专人保管；财务章由出纳以外的人保管；法人章由财务负责人保管	外带印章至少两人同时在场时方可使用；使用完毕后应立即交回	
阿里巴巴公益基金会	秘书处办公室保管	严禁带离	
中石油	集团公司印章由办公厅负责，专人管理	原则上不得带离，确需带离使用时由印章管理人员监印	

表 10-3 企业印章使用

企业	项目		
腾讯	印章管理系统	详细规定各种章的使用范围，明确审批人	
京东物流	除发票章和部门业务章外，其余印章均需通过 ERP 系统	电子签章不允许外借	严禁私刻、伪造；禁止在空白文纸加盖印章
西藏中健	OA 办公系统申请审批	明确规定公章的使用范围	
正泰电器	OA 办公系统或邮件申请审批	法定代表人在时，原则上不用法人签名章；刻制新章要与老章区别	不得在空白文件上用印
耀阳科技	申请审批	所有电子版红头文件对外原则只提供 pdf 格式，防止电子章被滥用	严禁私刻、伪造；不得在空白文件上用印
阿里巴巴公益基金会	法务支持中心根据金额逐级审批	对方先行加盖公章寄回，附件要加盖骑缝章	严禁私刻、伪造；倒签事务做逾期签署审批，审批层级到秘书长
中石油	审批登记	电子印章与实物印章同等管理	严禁私刻、伪造；不得在空白文件上用印

表 10-4 企业印章交接与缴销

企业	项目	
腾讯	录入系统存档；交接后才能异动	离职更名、撤销的及时封存或销毁，并登记备案；废止印章保留 3~6 个月
京东物流	移交手续，现场由安全防损部执行监交	审批备案后统一处置，严禁自行处置；公章、法人章、财务专用章、合同专用章、发票专用章的废止，SSC 须到公安机关备案并返还印章，进行注销
西藏中健		失效印鉴要即刻交回党群行政部，归档并永久保存
正泰电器	在第三人监督下进行	保存 3 年，期满销毁

续表

企业	项目	
耀阳科技	交接要在第三人监督下进行,并填写《印章移交登记表》,由双方当事人及监督人签字	行政部下发旧印章销毁通知,并安排由两人同时进行销毁,并进行销毁的登记工作
阿里巴巴公益基金会		
中石油	交接登记	单位撤销,原印章由办公厅缴销,并登记、发文废止

(2)存在的风险问题

①印章刻制环节的风险点

第一,未经批准擅自刻制企业印章。印章的刻制应由企业领导人批准,个别企业没有严格执行审批程序,而是根据业务需要进行刻制。第二,未在公安机关指定单位刻制,未履行备案手续。

②印章启用环节的风险点

第一,实务中存在大量不经备案而启用的公司印章。第二,未经批准擅自使用的风险。使用印章必须经过有关部门批准,未经批准不能使用,更不能在空白介绍信或纸张上用印。第三,用印登记中存在漏登记,错登记,未分类登记,未及时登记,要素记录不完整、不规范,用印审批单编号不连续,印章使用记录与实际不符等情况,不利于对印章使用情况的检查监督,影响事后核查追溯。

③印章使用环节的风险点

第一,印章使用无审批记录,任何员工可自取自用。第二,携带公司印章外出,归还时间不定。第三,在空白文件或者合同上加盖公章。用印人员为了减少麻烦,违背了"严禁在空白介绍信、保函、合同、重要支款凭证、公文用纸等上加盖印章"的规定,在空白协议、合同、重要支款凭证以及业务回单上预先加盖公章、合同专用章或业务专用章等,导致合同、协议等重要法律文件的内容、条款失去控制,具有潜在的法律风险。第四,业务印章未在规定的范围内使用,混用合同专用章、部门公章和业务专用章等。使用的印章不正确,内部管理不规范,可能会使公司陷入诉讼之中,或引发道德风险。第五,未建立印章使用台账,无原始审批记录查询。现代企业管理虽已普及网络办公,但仍存在使用纸质申请或领导手签资料用印的情况,容易出现原始申请单遗失或手签事项未予登记的问题。

④印章保管和监控环节的风险点

第一,经办人员之间混用、共用业务专用章:违背专用印章"谁保管,谁使用,谁负责"的原则,混用、共用业务专用章。一旦发生差错和事故,难以界定经办人员的责任,还可能给不法作案人员留下可乘之机。第二,未经审批擅自外带印章,此时,若未指定专人携带并按计划用印,将会使印章置于损毁、遗失或被盗用的风险之下。第三,印章使用后未及时收藏,而是随意放置。印章遗失或被盗后未在第一时间报告,也未及时发布作废声明,其间一旦被人恶意使用,在没有充分证据的情况下,企业无疑要承担相应的法律责任。

⑤印章交接环节的风险点

第一,对内而言,内部人员变动导致交接过程中的印章管理混乱,甚至出现印章遗失、被他人非法侵占的情况,尤其要警惕后者。第二,对外而言,概括承受债权债务,如公司吸收合并时,缺少印章交接程序,则很难区分受让前后的债权债务,可以将原印章全部换掉,常见的做法是在移交印章的同时将原印章去角。使用没有去角的印章是让与人留下的债务,只有使用缺角印章的才是受让人受让后应付的债务。

⑥印章缴销环节的风险点

第一,容易导致新旧印章启用时间不明确,从而影响相关人员责任划分。第二,缴销具体工作落实不到位容易造成新旧印章并存的情形,更有甚者,废章流出公司让不法分子钻了空子。

2.证照返还之诉

(1)公司证照返还纠纷概述

我国《公司法》第3条(2023年修订后为第3条、第4条)规定:"公司是企业法人,有独立的法人财产,享有法人财产权。公司以其全部财产对公司的债务承担责任。有限责任公司的股东以其认缴的出资额为限对公司承担责任;股份有限公司的股东以其认购的股份为限对公司承担责任。"在公司日常的经营管理过程中,公司作为独立法人,以其自身的名义从事民商事法律行为,以其所拥有的财产独立对外承担相应的民事法律责任。因而,证照对于公司而言,是其对外表征公司意志的主要方式。就如同身份证之于自然人,公司证照之于公司具有重要意义。

证照返还之诉案由,根据最高人民法院《民事案件案由规定》,系公司证照返还纠纷,为独立的三级案由。其中,证照返还之诉虽然在形式上呈现为公司证照返还纠纷,但实质上,公司证照返还纠纷涉案的标的物范围并不限于公司的证照,还包括其他能够表征公司独立法人意志的有关动产,如公司的各类印章(如公章、财务专用章、合同专用章、项目专用章)等。

(2)公司证照返还纠纷中标的物的范围

公司证照返还纠纷标的物的范围包括公司证照、公司印章以及其他对于公司具有特殊意义的动产。

具体来说,公司的证照主要包括营业执照、组织机构代码证、税务登记证(如今大部分地区对该三证已经采取了"三证合一"的模式),社保登记证、银行开户许可证。此外,对于一些特许经营行业的企业等具有一定特殊性的公司而言,在公司设立时,除了需要具备如前所述的相关证照,还包括一些需要预先行政审批的特殊文书或执照,这些动产对于此类特殊企业而言,可能关乎企业的存续,故亦应纳入证照返还之诉的标的物应有范围。

此外,除常见的公司公章、财务专用章、发票专用章、法定代表人人名章之外,出于企业经营的需要,公司往往会刻制多枚公章,并可能根据需要刻制相关的专用章,如合同专用章、部门专用章、项目专用章等。应当注意到,此类印章也在证照返还之诉的标的物应有范围之内。

另外,其他对公司具有特殊意义的动产则主要包括公司的各类资质证书、公司财务账册、公司会计凭证(含记账凭证及相关原始凭证)、银行开户支票本、房产证、土地使用证、公司档案、机密文件等,这些均属于公司证照返还之诉标的物的其他范畴。

(3)公司证照返还纠纷频发的原因及人员范围

实践中,公司证照返还纠纷频繁发生的原因主要包括两类,即缺乏运行有效的管理制度以及公司内部治理存在问题。

其中,缺乏运行有效的管理制度具体表现为:第一,公司内部往往存在多个管理人具有保管证照的相关权限,导致出现问题后互相推诿,权责不清的情形。第二,由于管理衔接制度的缺失,公司管理证照的相关人员进行交替导致证照丢失或证照被侵占的情形频发。第三,公司未制定或缺乏有效的证照、印章使用规范,导致公司相关员工可以随意使用公司证照及印章等。例如,在一些货运代理公司、房屋居间中介公司中,往往可能出现公司工作人员携带公司印章外出办事但无明确使用的限制条件及记录的情形。

除了没有规范的证照、印章管理制度导致公司证照被侵占,实践中更常见的情况往往与公司内部治理息息相关。公司内部治理存在问题具体表现为:由于公司内部控制权的争夺,新旧股东之间、新旧法定代表人之间、创始人与大股东之间为掌握公司控制权而争抢公司证照,进而引发诉讼。在前述证照被特定主体侵占而占有人拒不返还,造成公司意志无法正常行使的情况下,公司证照返还纠纷就产生了。此外,在特殊情况下,公司之外的第三人因故非法侵占公司证照的情况亦时常发生。

在侵占公司证照的人员范围方面,公司证照返还纠纷的侵权主体一般具有合理身份或事由以取得公司证照或印章,一般的侵权主体主要包括以下几大类:①公司证照、印章等特殊动产保管人;②公司股东、董事、经理等高级管理人员;③公司经办员工;④公司外的第三人等。

(4)公司证照返还请求权基础

经梳理,公司证照返还请求权基础主要有原《民法通则》第117条关于"侵占国家的、集体的财产或者他人财产的,应当返还财产,不能返还财产的,应当折价赔偿。损坏国家的、集体的财产或者他人财产的,应当恢复原状或者折价赔偿。受害人因此遭受其他重大损失的,侵害人并应当赔偿损失"的规定;《民法典》第157条关于"民事法律行为无效、被撤销或者确定不发生效力后,行为人因该行为取得的财产,应当予以返还;不能返还或者没有必要返还的,应当折价补偿。有过错的一方应当赔偿对方由此所受到的损失;各方都有过错的,应当各自承担相应的责任。法律另有规定的,依照其规定"的规定;《民法典》第235条关于"无权占有不动产或者动产的,权利人可以请求返还原物"的规定。

与此同时,与公司证照返还请求一并提出的通常还包括如下诉讼请求,在此概括归纳为与返还公司证照相关的其他诉讼请求。

第一，当公司董事、监事、高级管理人员作为侵权主体时，可请求其承担法定赔偿责任。《公司法》第147条（2023年修订后体现于第179～181条）规定："董事、监事、高级管理人员应当遵守法律、行政法规和公司章程，对公司负有忠实义务和勤勉义务。董事、监事、高级管理人员不得利用职权收受贿赂或者其他非法收入，不得侵占公司的财产。"其中，值得注意的是，虽然该条没有明确规定侵占公司证照、印章及财务账册等的行为，但是该条规定了对公司负有忠实义务，并且明确规定了不得侵占公司的财产。因此，虽然公司证照、印章及财务账册等经济价值不大，但是正如西藏信托有限公司等与北京博源工贸有限责任公司返还原物纠纷案例中法院所认为的那样，公司印章、证照及财务账册作为公司财产和公司经营活动中进行意思表示的手段，系公司日常经营所必需，故侵占公司证照、印章及财务账册的行为应当认定为属于"违反对公司忠实义务的其他行为"。[①]

此外，《公司法》第149条规定了董事、监事、高级管理人员违法执行职务时应承担"赔偿责任"而非"返还义务"，虽然该规定并非公司证照返还直接请求权基础，但是董事、监事、高级管理人员为经手公司证照、印章、财务账册等机会最多的人，在其执行公司职务违反法律、行政法规或者公司章程的规定时，公司可以在依据《公司法》第147条提起公司证照返还之诉的同时，依据该条要求公司董事、监事、高级管理人员承担相应的赔偿责任（前提是证明公司因此遭受了损失）。

第二，当非公司董事、监事、高级管理人员作为侵权主体时，也可请求其承担法定责任。公司董事、监事、高级管理人员之外的第三人发生侵占公司证照、印章、财务账册等特殊公司财产的行为，其本质上也是一种侵权行为，违反了《民法典》关于财产权益的规定。结合《民法典》第179条所规定的承担民事责任的主要方式，侵权主体依法应对此承担以下责任：①停止侵害；②排除妨碍；③消除危险；④返还财产；⑤恢复原状；⑥赔偿损失；⑦赔礼道歉；⑧消除影响、恢复名誉。前述承担责任的方式既包括"返还财产"也包括"赔偿损失"，甚至包括"消除影响、赔礼道歉"等。所以当侵占行为本身给公司带来损失的时候，除

[①] 北京市第一中级人民法院民事判决书，(2019)京01民终9835号。

提起返还之诉外,可同时提起赔偿之诉。此外,当侵权人占用公司证照、印章等时作出有损公司声誉的行为,还可一并提出侵权人"赔礼道歉"等其他诉讼请求,以全面维护公司权益。

(5)公司证照返还纠纷的裁判规则归纳

通过分析相关案例,公司证照返还纠纷的裁判规则主要可以归纳为以下几点。

第一,公司证照返还纠纷的权利人应证明被告确实持有该公司证照。如法院在上海盛宏百货有限公司诉王某某公司证照返还纠纷案[①]的判决书中写道,"当事人对自己提出的诉讼请求所依据的事实或者反驳对方诉讼请求所依据的事实有责任提供证据加以证明。本案中,原、被告对于确在被告处的公司资料物品应返还原告没有异议,本案争议焦点在于原告所主张的公司证照、印章及经营资料是否在被告处。对此,应由原告对其主张的公司资料物品在被告处承担举证责任。首先,审理中被告明确公司印章、证照在被告处。故根据被告的自认,本院认定公司公章,银行预留印鉴,营业执照正、副本,税务登记证,组织机构代码证,食品流通许可证,烟草销售许可证,酒类销售许可证等公司印章、证照在被告处,被告应返还原告。并且,被告曾使用原告公章参与诉讼,以及其运用营业执照、税务登记证等材料经营公司的事实亦可印证上述认定。其次,被告抗辩称公司账册不在被告处,但是在他案审理中,被告曾代表盛宏公司参与诉讼,并向审计机构提供了2009年至2010年的会计报表、总账、明细账、现金日记账、银行日记账、会计凭证、已开立银行账户清单信息等相关资料,作为审计的依据。被告提供上述材料的行为证明2009年至2010年的公司账册资料确在被告处,现被告应予以返还原告。此外,对于原告主张被告返还的公司其他资料物品,因原告未能提供证据证明在法定代表人变更时,曾将上述资料物品移交被告,亦无证据显示上述资料物品现在被告处,故原告此项诉讼请求缺乏相应事实依据,本院难以支持"。

第二,在公司证照返还之诉中,应当以持有人非法侵占印章及证照为前提。

---

① 上海市浦东新区人民法院民事判决书,(2013)浦民二(商)初字第1739号。

例如，在张某1、林某某公司证照返还纠纷再审审查与审判监督案①中，法院认为，"关于张某2是否应当向张某1返还禾山公司相关证照的问题。对于公司中谁有权保留印章及证照，我国法律并无明确规定，现实中应当以公司章程相关规定为准。公司经营中，大量公司印章与证照因日常处理事务方便所需，交由非特定人员保管亦较常见，导致印章及证照返还案件增多。因此，根据公司章程规定，公司印章及证照可由不同人员持有，在公司证照返还之诉中，应当以持有人非法侵占印章及证照为前提。本案中，根据已生效判决认定的事实，张某2为禾山公司的实际出资人，禾山公司实际上长期亦由张某2控制管理并经营，在禾山公司股权争议并未作出最终认定的情况下，张某2作为禾山公司实际出资人控制该公司相关证照并不构成非法侵占。虽然张某1、林某某系禾山公司原始股东，但其并未提交充分证据证明张某2系非法侵占持有禾山公司印章及证照，故其要求张某2返还公司证照于法无据，法院不予支持。尽管本案中张某2股东资格系伪造相应材料获得，已被认定为无效，但工商管理部门并未将股权变更至张某1、林某某名下，且根据生效判决，张某2为禾山公司实际出资人，因此对于禾山公司实际股权归属的认定及处理双方可另行解决"。

第三，法定代表人有权代表公司就公司证照返还提起诉讼。例如，苏某某与龙岩市红邦水电有限公司（以下简称红邦公司）公司证照返还纠纷再审案②中，法院认为，"《中华人民共和国民法总则》第六十一条第一款规定：依照法律或者法人章程的规定，代表法人从事民事活动的负责人，为法人的法定代表人。公司法定代表人作为代表公司从事民事活动的负责人，在不与公司章程、授权冲突的前提下，有权行使对内管理公司运营、对外代表公司履行职务等行为。本案中，陈某某作为法定代表人有权代表红邦公司就公司证照返还提起诉讼。一审、二审法院认定陈某某作为法定代表人有权代表红邦公司就公司证照返还提起诉讼，有法律依据。苏某某申请再审主张本案系陈某某假借公司名义、损害苏某某及公司利益而引发的纠纷。首先，陈某某在工商登记信息上确系红邦公司的法定代表人，依法享有公司法定代表人的权利，苏某某没有举证证明陈

---

① 最高人民法院民事裁定书，(2018)最高法民申2951号。
② 最高人民法院民事裁定书，(2019)最高法民申2444号。

某某系假借公司名义诉讼;其次,苏某某主张陈某某损害苏某某和公司利益,并没有提交证据予以证明,故苏某某的该项申请再审理由缺乏事实和法律依据。《中华人民共和国民事诉讼法》第六十四条规定:当事人对自己提出的主张,有责任提供证据。《最高人民法院关于民事诉讼证据的若干规定》第二条规定:当事人对自己提出的诉讼请求所依据的事实或者反驳对方诉讼请求所依据的事实有责任提供证据加以证明。没有证据或者证据不足以证明当事人的事实主张的,由负有举证责任的当事人承担不利后果。苏某某申请再审主张其持有公司证照是有权占有,是基于股东会决议的结果,股东会决议属于公司文件,受到陈某某控制。但是,在一审、二审阶段以及申请再审期间,苏某某均没有提供证据证明其该项主张。二审法院以苏某某没有证据证明其为有权占有为由,认定苏某某继续占有、管理公司证照依据不足,该认定并无不当"。

第四,法定代表人系保管公司证照的有权主体。例如,在何某某、陈某与马某某公司证照返还纠纷案①中,法院认为,"公司公章归公司所有,由相关工作人员根据公司授权保管使用,法定代表人是代表法人行使职权的负责人。根据原审查明的事实,马某某是年富公司法定代表人,年富公司的合资合同、章程或相关管理制度均未对公章由谁保管作出明确规定,在此情况下,一、二审法院判令将公章交由法定代表人马某某收执保管并无不当"。又如,在上海卓昙实业发展有限公司(以下简称卓昙公司)诉彭某某公司证照返还纠纷案②中,法院认为,"彭某某系卓昙公司的法定代表人,其在公司章程或股东间未就法定代表人章、网银U盾等约定由谁保管的情况下,有权对法定代表人章、网银U盾进行保管。卓昙公司认为在无约定情况下,应放在公司保险柜内,于法无据,故本院对其该上诉理由不予采信"。

第五,公司章证管理制度中规定的章证保管者有权请求返还章证。例如,在宋某某、孙某公司证照返还纠纷案③中,法院认为,"公司印章属于公司所有,本案是因公司证照返还引起的纠纷,其实质是股东之间对公司内部治理权的控制和主张,与公司印章的所有权无关,而是公司内部基于印章交给谁保管引起

---

① 最高人民法院民事裁定书,(2012)民申字第1205号。
② 上海市第一中级人民法院民事判决书,(2017)沪01民终5038号。
③ 安徽省合肥市中级人民法院民事判决书,(2017)皖01民终5878号。

的纠纷。根据《公司公章、财务章及营业执照等证件管理办法》规定,将财务章交由王某某保管,故一审原告对此具有诉的利益,是本案的适格原告"。

第六,被撤销法定代表人资格的占有人有义务返还公司的证照。例如,在沈某诉创游科技(上海)有限公司公司证照返还纠纷案①中,法院认为,"公司公章作为公司的财产,应当由公司法定代表人或者经营管理者保管,公司依法对其享有所有权。上诉人原系被上诉人执行董事、法定代表人,其之前保管被上诉人公章有合法依据。后被上诉人股东会决议对公司执行董事、法定代表人进行了变更,上诉人不再担任被上诉人的执行董事、法定代表人。上诉人主张被上诉人股东会决议内容违反了公司法及公司章程的规定,应属无效,上诉人仍是公司执行董事、法定代表人。本院认为,本案系公司证照返还纠纷,公司股东会决议效力并非本案审理范围。上诉人认为被上诉人股东会决议无效,可以向人民法院提起确认公司决议无效之诉,但至今上诉人并未提起该项诉讼,故被上诉人股东会决议未经人民法院确认无效,具有法律效力。上诉人的该项主张本院难以采信。根据被上诉人股东会决议,被上诉人执行董事、法定代表人已变更为他人,上诉人继续持有被上诉人公章缺乏依据,原审法院认为上诉人应当向被上诉人返还公章的意见,本院予以认同"。

第七,公司在没有加盖公司公章的情况下提起诉讼时具备诉讼主体资格。正如潘某某与上海视臻信息技术有限公司(以下简称视臻公司)公司证照返还纠纷上诉案②所述,"本案二审的争议焦点在于,视臻公司是否具备本案适格主体资格及潘某某是否负有返还系争标的物的责任。关于视臻公司是否具备本案适格主体资格的问题。潘某某对视臻公司在没有加盖公司公章的情况下提起本案诉讼提出异议,对此,本院认为,根据我国《民法通则》第38条、《民事诉讼法》第48条、《公司法》第13条的规定,法定代表人作为最基础的公司意志代表机关,是法人当然的诉讼意志代表主体。公章是公司对外作出意思表示的重要外在表现形式,但法律并未规定公章本身能够直接代表公司意志。本案中,视臻公司起诉目的就在于要求其财务潘某某返还公司公章,在法定代表人

---

① 上海市第一中级人民法院民事判决书,(2014)沪一中民四(商)终字第1151号。
② 上海市第一中级人民法院民事判决书,(2014)沪一中民四(商)终字第819号。

与公司公章分离的情况下,法定代表人胡某以公司名义作出的诉讼行为,应视为公司的诉讼行为。原审法院认定视臻公司具备合法的主体资格参加本案诉讼,并不违反相关法律规定,潘某某此项上诉请求,本院不予采信"。

第八,以证照作担保的债权未清偿时不可请求返还证照。例如,在广州市天河区石牌饮水思园酒家(以下简称饮水思园酒家)与广州顺盛物业管理有限公司(以下简称顺盛物业)公司证照返还纠纷案①中,法院认为,"本案的争议焦点是顺盛物业持有被上诉人饮水思园酒家的涉案证照是否应当归还。顺盛物业收取并持有涉案证照,是基于2016年4月25日宋某某出具的保证书并自动履行其承诺的结果。被上诉人饮水思园酒家在一审起诉时主张是被骗走的没有事实依据,本院不予采信。宋某某之所以将涉案证照交付给顺盛物业,是因为其长期违约欠租故以此向某物业作出保证,该行为在本质上具有债的担保性质。现被上诉人饮水思园酒家拖欠的租金尚未解决,而主张归还证照,明显有违其承诺,不符合民事行为所应遵循的诚实信用原则,故不应得到支持"。

3. 对印章管理制度的思考

(1) 为何颁布《电子签名法》

近年来,公司证照返还之诉、争夺印章案件屡见不鲜。可见,即便进入现代社会,印章在公司治理和商事交易中仍然扮演着重要的角色。那为什么还要颁布《电子签名法》？电子印章到底有什么意义？

对比实体印章,电子印章具有安全性高、操作简单、高效、环保等优点。根据案例检索结果,实践中有关印章的纠纷,绝大多数是伪造印章纠纷。如果电子印章在全社会得到推广,伪造印章的问题将得到极大缓解。

《电子签名法》的通过,标志着中国首部"真正意义上的信息化法律"正式诞生,这部法律将建立良好的网络信用机制和高效的网上交易途径,对我国电子商务、电子政务的发展以及网络经济繁荣起到极其重要的促进作用。

我国电商发达,但网上主要的"货币流通"方式存在很大的安全隐患。支付依赖第三方支付工具,凭借由数字、符号和字母组成的传统密码,而用户通常

---

① 广东省广州市中级人民法院民事判决书,(2017)粤01民终1434号。

为了方便记忆,设置的密码都过于简单,很容易被黑客等不法分子攻破,进而造成重大损失,网络安全性问题日益成为商业社会的突出难题。

有了电子签名后,无论是政府的电子政务系统、金融领域的安全信用应用系统,还是医疗移动临床系统和院校的远程教育系统、身份确认、档案管理、门禁系统,都可以充分享受电子签名技术所带来的安全与便利。

我国于2001年加入世界贸易组织,于2004年颁布《电子签名法》。作为优化营商环境的一个环节,我国于2019年修正了《电子签名法》。尽管如此,在实践中,我国传统的商业习惯就是签字盖章,电子签名的运用还没有被企业广泛接受,因此使用场景并不多,使用频率也并不高。鉴于其安全性和便利性,加上电商的进一步发展和开放的大门进一步打开,电子签章的运用会有一个光明的未来。

(2)企业个性化还是公共管理

如前所述,公司印章是公司法律人格的象征,对外具有公示力。那么印章管理是否就只属于公司内部管理事项,企业对印章是否完全可以意思自治呢?

印章在不同的场景下的运用,有着不同的目的,在效力上也存在巨大差别。以票据和合同为例,法律赋予了票据文义性,不管当事人的真实意思表示如何,只以票据文义上表示的意思为准,因而实现了强大的流通性;合同是意思自治最广泛的"舞台",订约自由是合同法最重要的原则之一,合同最重要的目的是实现当事人的意思。因此,印章在票据法和合同法上的功能和使用目的不同,在效力上也有很大的差别。如果把印章管理作为一项公共管理事务,所有企业的印章都交由政府部门托管,虽然可以极大地提高安全性和权威性,但在效率上将大打折扣,因为只要有行政管理的存在,就会存在效率上的损失,而且还会增加行政负担。不过,随着电子签名技术的发展,印章集中托管将变成可能。

(3)一套印章还是多套印章

实践中,为了使用的便利性和高效性,有些企业会置备多套印章。多套印章的好处不言而喻,特别是对于规模比较大、商事交易比较频繁的企业,印章的使用频率会非常高。如果一个公司只设置一套印章,或者有众多项目部的企业只在总公司置备一套印章,那么将给频繁的商事交易活动造成障碍,降低工作效率。但如果一个公司备置多套印章,这自然会产生印章真实性和效力的问题。印章除在组织法上是公司法律人格的象征,具有公示的效力之外,在交易法和诉讼法上又分别有着怎样的效力呢?

(二)交易法上的印章

1. 印章表征的法律行为的效力

(1)印章的法律效力

①传统对外代表效力及法律效力

在传统理论下,公司公章的对外代表效力,除公示公信效力外,还具有公司意思表示效力、公司意思执行效力(如很多合同都要求加盖骑缝章确认合同内容)、公司意思代表效力[公章持有人与公司之间的委托代理(表)关系,代理人所实施法律行为的后果最终均适用代理制度]。对交易相对人而言,在长期交易习惯和传统观念的影响下,公章最能够代表公司的意志和行为,是公司对外行使权利的最有效凭证之一。

然而,公章自身并不具有法律意义,盖章行为才会产生某种法律效力。首先,不管是商事合同还是劳动合同,我国法律赋予签字和盖章以同等的效力。《民法典》第490条规定:"当事人采用合同书形式订立合同的,自当事人均签名、盖章或者按指印时合同成立……"《民法典》第910条规定:"……存货人或者仓单持有人在仓单上背书并经保管人签名或者盖章的,可以转让提取仓储物的权利。"《劳动合同法》第16条规定:"劳动合同由用人单位与劳动者协商一致,并经用人单位与劳动者在劳动合同文本上签字或者盖章生效……"其次,公章具有较为显著的公司代表效力,如《民事诉讼法》第62条第1款规定:"委托他人代为诉讼,必须向人民法院提交由委托人签名或者盖章的授权委托书。"《公司法》第31条第3款(2023年修订后为第55条第3款)规定:"出资证明书由公司盖章。"

就"人章矛盾"引发的合同效力纠纷,我国法院多以"合同是否加盖公章""公章是否真实"作为案件的审查重点之一,并以"公章是公司的真实意思表示""盖有公章是判断合同成立、生效的重要依据"为主流的裁判观点。例如,在兰州金昌达商贸有限公司(以下简称金昌达公司)、周某某借款合同纠纷再审案①中,法院认为,"金昌达公司在《还款协议书》上加盖公章的行为表明,该协议书系金昌达公司的真实意思表示,对金昌达公司具有法律拘束力。《还款协议书》上金昌达公司法定代表人的签字和手印是否系伪造,不影响金昌达公司根据《还款协议书》对外承担责任"。再如,在喀什正大钢铁有限责任公司诉卢某某等联营合同纠纷案②中,法院认为,"法人公章具有直接识别民事主体,确认法律行为的作用,一经加盖,在并无充分有效反驳证据的情况下,即表明该法人自愿接受合同内容。因此,是否盖有法人公章往往成为判断合同是否成立生效的重要依据"。

②《九民纪要》的规定

《九民纪要》第41条规定,司法实践中,有些公司有意刻制两套甚至多套公章,有的法定代表人或者代理人甚至私刻公章,订立合同时恶意加盖非备案的公章或者假公章,发生纠纷后法人以加盖的是假公章为由否定合同效力的情形并不鲜见。人民法院在审理案件时,应当主要审查签约人于盖章之时有无代表权或者代理权,从而根据代表或者代理的相关规则来确定合同的效力。

法定代表人或其授权之人在合同上加盖法人公章的行为,表明其是以法人名义签订合同,除《公司法》第16条等法律对其职权有特别规定的情形外,应当由法人承担相应的法律后果。法人以法定代表人事后已无代表权、加盖的是假章、所盖之章与备案公章不一致等为由否定合同效力的,人民法院不予支持。

代理人以被代理人名义签订合同,要取得合法授权。代理人取得合法授权后,以被代理人名义签订的合同,应当由被代理人承担责任。被代理人以代理人事后已无代理权、加盖的是假章、所盖之章与备案公章不一致等为由否定合同效力的,人民法院不予支持。

A. 章真人假的相关案例

在海南虹艳贸易有限公司与海南金泰房地产开发公司(以下简称金泰公司)股权转让纠纷案③中,法院认为,该案当事人关某某虽然持有金泰公司公章以及原法定代表人人名章,并通过加盖该两枚印章签署协议,同时出具了加盖

---

① 最高人民法院民事裁定书,(2018)最高法民申5722号。
② 最高人民法院民事裁定书,(2014)民申字第2036号。
③ 最高人民法院民事判决书,(2012)民提字第35号。

有该两枚印章的授权委托书,但系无权代理。理由如下:一是相对人此前从未与关某某发生过业务往来且知道关某某并非金泰公司员工,此时对其是否有代理权应尽必要查证义务,并且当时法定代表人已经更换,相对人并未给予应有的注意。二是虽然有授权委托书,但由于关某某持有印章,庭审中相对人也自认,协议上的章都由关某某所盖,故并不能排除授权委托书上的印章同样系关某某利用掌握印章之机自行伪造的可能性。

B. 章假人真的相关案例

在中国银行股份有限公司太原并州支行与太原市大复盛房地产开发有限公司(以下简称大复盛公司)借款担保合同纠纷再审案[1]中,法院认为:"王某某作为大复盛公司法定代表人不经程序私刻公章的行为无疑应承担相应的责任,但就其民事行为而言,因相对人并不知情和无法知情而不能否认王某某使用其公章从事民事行为的效力。"

在英德市中实投资有限公司(以下简称中实公司)与杨某某、杜某某借款合同纠纷案[2]中,法院认为:"以印章未经备案为由主张印章系伪造,理由并不充分……如果仅以使用的印章未经备案为由就否定签约的效力,那民事主体在签约前就必须通过鉴定来核查对方使用的印章是否为备案印章。这显然既不现实,也不利于交易安全和实现公平……即使合同上并未加盖中实公司的印章,杨某某的签字也将具有双重效果,可以视为杨某某同时以个人身份和公司法定代表人的身份作出意思表示。"

在滨州港务集团有限责任公司(以下简称港务公司)与国泰租赁有限公司等融资租赁合同纠纷上诉案[3]中,法院认为:即使如港务公司上诉所称田某所加盖的公章是伪造的,因田某当时是港务公司的总经理,那么加盖伪造公章的行为也属于港务公司工作人员的行为。

C.《九民纪要》第41条存在法律冲突之可能

《民法典》第490条对原《合同法》第32条合同成立的条件作出了一定的修改,其规定书面合同成立的条件是"自当事人均签名、盖章或者按指印"。但

---

[1] 最高人民法院民事判决书,(2011)民提字第316号。
[2] 广东省高级人民法院民事判决书,(2016)粤民再83号。
[3] 山东省高级人民法院民事判决书,(2015)鲁商终字第381号。

如何理解此处的"、"？是理解为"同时具备"，签名和盖章或者按指印效力相同，即自然人需要同时签名和按指印，法人需要同时签名和盖章？还是理解为"或者"，签名、盖章、按指印效力相同，即自然人签名或按指印，法人盖章？《合同法司法解释（二）》第5条规定，"……当事人在合同书上摁手印的，人民法院应当认定其具有与签字或者盖章同等的法律效力"。因此，在原合同法体系下，应当理解为三者的效力相同。《民法典》在合同编的"仓储合同"中规定"保管人应当在仓单上签名或者盖章"，从法律解释的前后一致性来看，也应当认为"、"是"或者"的意思，合同的成立无须同时具备签字和盖章。

但在《九民纪要》的裁判思路下，是否可以作出"、"为"同时具备"的意思的解释，而将仓储合同的约定视为特别条款？如果没有进一步明确将带来法律的冲突。

D.《九民纪要》第41条将会提高交易成本，不利于交易

"看人不看章"裁判思路要求交易主体在任何情况下均须严格审查行为人的代理权限，包括审查对方的授权委托书、向对方公司核实具体的身份情况等，这显然加重了交易相对方的审查义务。而且，即使行为人提供了授权委托书，交易相对人还要进一步核查授权委托书的真实性，因为在该裁判思路下，授权委托书上的公章也不再具有权威性。如此循环往复，不仅不利于提高交易的效率，还会对交易的促成和商业社会的发展造成影响。

(2) 公司印章单独使用的对外效力

① 法定联署情形下的对外效力

从法律规定来看，法定联署有两种情形：一类是《公司法》的规定，股票或是公司以实物券方式①发行公司债券的，由法定代表人签名，公司盖章，强调的是关于股票或是以实物券形式发行的公司债券上须有公司法定代表人签字和公司印章盖章的情形。另一类情形体现为《票据法》第7条第2款的规定，"法人和其他使用票据的单位在票据上的签章，为该法人或者该单位的盖章加其法定代表人或者其授权的代理人的签章"，强调公司在使用票据时，必须有拥有权限的自然人的签字并加盖公司印章。

---

① 2023年《公司法》修改时，"实物券方式"改为"纸面形式"。

A. 关于股票或是公司以实物券方式发行公司债券的情形

股票作为公司股东享有权利的一种权利凭证形式,能够显示公司股东所具有的一系列权利内容。除此之外,公司还应该把股东所掌握公司资本的情况记录在股东名册之中,符合公司登记条件的还应该在工商登记机关(市场主体机关)进行股权信息登记。因此,在面对股票未有法定代表人的签字的遗漏情形时,股东可以凭借股东名册以及工商登记(市场主体登记)的相关信息向公司确认股权的存在,此股票上的瑕疵问题可以依据公司内部的信息记录予以解决。

B. 关于使用票据的单位在票据上签章的情形

第一,出票时只盖有公司印章,而没有法定代表人或代理人签字的票据,应认定为无效。以汇票为例,我国《票据法》第22条第1款中对汇票上必要记载事项作了明确规定,其中第1款第7项即"出票人签章",并且在该条文的第2款中也明确指出,汇票上未记载前款所规定的事项之一的,汇票无效。因而若票据单上只有公司印章,因与《票据法》中所规定的法人签章的形式规定不符,故认定其为缺少法定代表人、代理人签字的票据,无效。

第二,《最高人民法院关于审理票据纠纷案件若干问题的规定》第45条规定,背书人、保证人、承兑人的签章不符合票据法的相关规定的,其签章无效,但不影响法院对票据上其他签章效力的认定,与此相同的规定还有《票据管理实施办法》第17条和《支付结算办法》第24条。在对票据进行背书的情况下,不仅要求背书人在票据上签章,还要求背书应为连续的状态,所以背书人只加盖公章的签章不产生效力,但票据本身仍为有效,其他的签章也不会受到影响。在承兑的情形下,以汇票为例,持票人应当在出票的一个月内向付款人提示承兑,因而持票人签章的不规范致使签章无效,最终会造成持票人丧失对其前手的追索权的后果。在保证的场合,公司作为保证人未作出完整有效的签章,致使公司本身不承担保证责任,但原有票据债务并不会受到影响。

②约定联署情形下的对外效力

第一,关于简略规定为"签字盖章"的情形,在北京商建房地产开发公司与新世界发展(中国)有限公司、富邦兴国国际投资发展(北京)有限公司项目转让合同纠纷案①中,当事人双方约定自各方签字盖章之日起生效,法院理解为"签字或盖章",当事人只盖章未签字并不影响协议的生效。然而在从江县胖哥中外汽车维修中心与中国人民财产保险股份有限公司从江支公司合同纠纷案②中,协议中明确规定签字盖章生效,法院认为并非为签字或盖章选其一即可生效。在北京德弘盛建筑设备租赁有限公司与香河县三强建筑工程有限公司、中外建华诚城市建设有限公司租赁合同纠纷案③中,法院认为,合同虽约定签字盖章生效,但不能仅仅以未有当事人一方的签名就否定该合同的效力。同样,在平邑县家俱有限公司与平邑县泉鑫食品有限公司确认合同无效纠纷案④中,法院认为,当事人双方约定签字盖章生效为一种概括约定,并不包含"无签字不生效"的意义,因而尽管合同文本没有签字只有印章,合同仍然有效。

第二,即使在合同中明确写明"签字并加盖公章"的情形,司法判决对此也存在不一样的理解,比如在金光纸业(无锡)有限公司与无锡报业纸张发展有限公司分期付款买卖合同纠纷案⑤中,法院认为,合同载明"本合同需经签字并加盖公章",但这并未明确双方约定签字及加盖公章两者同时具备是合同的生效要件。

第三,针对合同中约定"签字、加盖公章"的情形,在特灵空调系统(中国)有限公司与际高建业有限公司买卖合同纠纷案⑥中,原审法院的理解为签字和盖章应该同时具备合同才能生效,但终审法院认为,如该条款只约定"甲、乙双方授权代表签字、盖章后生效",则合同生效的条件可以有两种理解,第一种为双方授权代表签字并盖章,第二种为双方签字或者盖章,最终效力如何,还应该结合其他因素加以判断。在南京州铄贸易有限公司与丹阳利普机械配件有限公司买卖合同纠纷案⑦中,原审法院认为,印章的使用离不开自然人的使用,从常理上分析,如果不同意则经办人不会盖章,因而只有公章也可表示当事人真

---

① 最高人民法院民事裁定书,(2014)民申字第273号。
② 贵州省高级人民法院民事裁定书,(2016)黔民申377号。
③ 河北省香河县人民法院民事判决书,(2015)香民初字第3116号。
④ 山东省平邑县人民法院民事判决书,(2015)平商初字第2498号。
⑤ 江苏省无锡市中级人民法院民事判决书,(2015)锡商终字第0495号。
⑥ 江苏省南京市中级人民法院民事判决书,(2014)宁商终字第71号。
⑦ 江苏省南京市中级人民法院民事判决书,(2013)宁商终字第912号。

实意思,合同即为有效。

其实,针对"签字盖章""签字、加盖公章"的情形,语义理解上的确存在很大的模糊性和不确定性,因而应该结合合同文本的其他内容判断当事人双方的真实意思。按照原《合同法》第45条的规定,当事人对合同的效力可以约定附条件。附生效条件的合同,自条件成就时生效。公司印章能否发生对外表征效力,还得依据具体的合同文本所约定的情况予以判断。"签字及盖章""签字并且加盖公章"等约定明确的情形并不存在太多语义理解的混淆,应该尊重当事人的自主约定,需同时满足签字和盖章两个形式条件,否则合同不能生效,只有公司印章的加盖事实并不能产生对外表征效力。

2. 越权代理情形下使用公司印章的效力分析

(1) 法定代表人越权对外使用印章

首先,对于应当由股东(大)会讨论决议的事项,法定代表人的越权行为因违反法律规定而无效。虽然公司印章具有公示公信的效力,但是法律本身具有更根本、更广泛的公信公示作用。对于法律明文规定所限制的交易方式,即使是法定代表人签字与公章的联合使用也不能实现代表公司行为的法律效果,公司印章不具备对外的表征效力,行为责任应该由行为人自身承担。

其次,对于董事及公司高级管理人员将公司资金借贷给他人或者以公司财产为他人担保,以及公司转让、受让重大资产或者对外提供担保这两类情形,当交易第三方为善意第三人时,公司印章具有对外表征的效力,合同因满足表见代理规则或因公司对此追认而有效。

最后,根据《最高人民法院关于当前形势下审理民商事合同纠纷案件若干问题的指导意见》第13条、第14条的规定,表见代理规则的成立一方面需要在客观上存在具有代理权的表象,另一方面还需要交易第三方善意无过失。合同书上的公司印章在一定程度上具有对外表征效力,善意第三人因相信合同约定内容为公司的真实意思表示而主张合同有效的,人民法院应予支持。

(2) 代理人越权对外使用印章

首先,代理人违反法定限制的越权行为与公司印章联合使用的效力如何认定。由于法律并未规定董事单一的执行权,董事的代理权直接来源于公司授予,所以董事违反法律明确规定的行为无效,而根据法律给予公司自治权限的范围，董事的越权行为应该根据代理的规则认定为效力待定状态，由公司决定是否追认，同时注重保护善意第三人的利益。在公司予以追认或者交易第三人为善意第三人时，公司印章的使用才具有对外表征效力。不过此时的第三人善意应该与法定代表人情形下的善意程度相区分，因为法定代表人具有广泛的代表权限，而董事的代理权被限制在公司授权范围之内行使，因而与公司董事接触交易的第三人应该负有更高的注意义务。经理在职务范围内有一定的默示代表权能，一定程度上与法定代表人存在类似效果，但违反法律明示的禁止性规定为无效，公司印章的使用也不能具备对外的表征效力。若是经理的越权行为仍在公司正常经营权限范围内，则根据效力待定规则处理。商业辅助人员的代理权往往只限于职务范围内，其违反法定明确限制的行为直接被认定为无效。

其次，代理人违反公司章程以及内部决议限制的越权行为与公司印章联合使用的效力如何判定。公司章程作为公示材料可以对抗善意第三人，善意第三人可以根据公司印章的实践使用而信任越权代理人的行为为合法有效，此时公司印章对外具有表征效力。只不过因代理人不同于法定代理人拥有的广泛代理权限，所以与代理人交易的相对方负有更高的注意义务，应谨慎判断代理人对于交易事项是否拥有权限。关于公司内部决议限制代理人权限的情形，因其内部决议的封闭性不可对抗善意第三人，在构成表见代理时，公司印章便具有对外的表征效力。

最后，因代理人是立足于自身利益或他人利益，并非为公司利益，所以代理人的滥用行为，即使是与公司印章联合运用，也不应由公司来承担，只不过现代公司法在注重公司交易安全的同时，也愈加倾向保护交易对方的信赖与整个交易市场环境。因此，在面对善意第三人进行商事交易时，公司印章由于其自身的公示效果，客观上能够让善意第三人信任并与之完成交易。因此，在满足表见代理规则适用交易实践时，法律通过结合表见代理规则的认定来试图弥补公司印章使用的缺陷，以保护交易安全，让公司印章具有对外的表征效力。

(3)无代理权人对外使用印章

无代理权人对外使用公章，即行为人对外利用公司印章让人误认为其具有代理权限，在冒充公司的有权代理人对外进行活动以谋取一定利益的情形下，如何认定行为效力问题需要依据表见代理制度来解决。但是在表见代理制度中,是否需要将被代理人过错独立纳入构成要件呢?对于此问题的解答,实际上应该回到表见代理制度设计的初衷,秉持着公平原则和过错责任原则,保护善意相对人的利益而选择在一定情况下牺牲被代理人的利益,在最大限度上保护市场交易环境的稳定和安全。若是完全不考虑被代理人过错而认为只要第三人善意信赖权利外观即可构成表见代理,则法律对于第三人的保护过于偏颇。不管是基于风险原则理解,还是以表见理论解释,都应该归为理论研究内部的分歧意见,在整体外部效果上并不存在差别。同时因第三人的善意程度往往与被代理人的过失之间关联紧密,所以对于无代理权人持有公司印章对外冒充有代理权人的行为,除需满足表见代理的一般构成要件外,还需要将被代理人是否具有过错纳入第三人信赖善意的衡量范围予以考虑,如此才与表见代理制度价值理念相符。

3. 瑕疵印章对外表征效力

(1) 借用印章实施的法律行为效力

最高人民法院曾于1987年7月发布过《关于在审理经济合同纠纷案件中具体适用〈经济合同法〉的若干问题的解答》,其中提道:"单位的业务介绍信、合同专用章和合同书是单位对外进行活动的重要凭证,不得借用,更不得借此非法牟利。对借用其他单位的业务介绍信、合同专用章或者盖有公章的空白合同书签订的经济合同,应当确认为无效合同。出借单位与借用人对无效合同的法律后果负连带责任。"在实践中,出于商业交易的需要,代他人加盖单位公章或签订合同,甚至以公司名义刻制项目部章,都是存在的。一概否定该类行为的法律效力,不利于商事活动。随着原《经济合同法》被原《合同法》取代,该解答现已失效。

司法实践中,法院未否认公章借用行为的效力,出借单位与借用单位之间的借用行为应当属于另外的法律关系,双方当事人之间的约定不具有对外的效力。例如,在河北胜达永强新型建材有限公司(以下简称胜达永强公司)与中信银行股份有限公司天津分行(以下简称中信银行)、河北宝硕股份有限公司

(以下简称宝硕公司)银行承兑汇票协议纠纷案①中,最高人民法院认为:出借相关印章是基于宝硕公司的承诺,不论宝硕公司是否存在欺骗的行为,出借印章的关系存在于胜达永强公司与宝硕公司之间,宝硕公司的承诺也只在该两公司之间发生效力,出于保护交易安全的需要,除非证明合同相对人中信银行存在恶意,胜达永强公司以印章是被骗出借的理由不能对抗中信银行向其主张合同项下的权利。

因此,在借用公章实施法律行为的情况下,除非相对人存在恶意,即知道或应当知道借用公章的行为存在瑕疵,否则借用公章实施的法律行为就是有效的。

(2)盗用印章实施的法律行为效力

盗用印章,是指采用不为印章所有人知晓的方式使用印章所有人的印章。关于盗用印章签订合同的效力,有两种不同的观点:一是不适用表见代理,因为盗窃是一种严重的违法行为,如果代理人的行为由被代理人承担,对被代理人来说就显失公平;二是并非一概不适用表见代理,应当根据被代理人保管印章时是否存在过失并综合全案情况,分别适用不同的法律来认定合同的效力,从而公平地保护各方当事人的合法权益。

通过下文对伪造印章的深入研究,笔者更倾向于采纳第二种观点。

(3)伪造印章实施的法律行为效力

在笔者查阅的35篇涉及伪造印章下表见代理构造的最高人民法院裁判文书里,争议焦点主要集中在伪造印章的事实认定与伪造印章下表见代理的构造。

①伪造印章的事实认定

A.未经过备案并非认定印章属于伪造的充分条件

首先,公章是否需备案不具有强制性。在邹某某与陈某某等建设用地使用权纠纷案②、中国华融资产管理股份有限公司河南省分公司与中国建设银行股份有限公司珠海丽景支行票据回购纠纷案③中,最高人民法院认定,在公司没

---

① 最高人民法院民事判决书,(2007)民二终字第35号。
② 最高人民法院民事判决书,(2013)民提字第184号。
③ 最高人民法院民事判决书,(2017)最高法民终313号。

有备案公章的情形下使用非备案印章发生同样法律效力。

其次,从陕西三朋松野置业有限公司与咸阳市工业资产经营有限责任公司等借款合同纠纷案①、江苏润扬交通工程集团有限公司与苏州中敦贸易有限公司等买卖合同纠纷案②、河南民基建设工程有限公司与周某某等劳务分包合同纠纷案③、中国工商银行股份有限公司景德镇分行与中国航空技术珠海有限公司等金融借款合同纠纷案④中可以看出,只要能证明是单位使用的印章,不论其是否备案,都能发生印章具有的订立合同效力。

B. 备案印章数量对印章真伪认定没有影响

在湖南宏欣投资有限公司与湖南鑫都大酒店有限公司等物权保护纠纷案⑤中,存在向原工商局备案两枚公章的情况。在彭某某与中十冶集团有限公司等建设工程施工合同纠纷案⑥中,中十冶集团有限公司在原工商局备案了5种不同印文的印章,最高人民法院认定这些印章都具有公信力。可见,只要印章在工商机关(市场主体登记机关)进行了备案,不论该印章是否与公安机关备案印章一致,都能发生印章具有的公信力。

C. 专用印章的效力认定

在四川省成城建设工程有限公司与成都市新津世昌实业有限公司等买卖合同纠纷案⑦、滕州市亿和丰达置业有限公司与枣庄市征腾经贸有限公司企业借贷纠纷案⑧中,最高人民法院认定,加盖了项目部真实印章的合同发生效力,公司必须为此承担合同履行责任。在唐山新天地房地产开发有限公司与江苏中南建筑产业集团有限责任公司等建设工程施工合同纠纷案⑨中,最高人民法院也认为,职务人员签字且加盖职能部门印章但未盖公司印章,同样产生职务代理效果。可见,只要为单位同意使用的印章,尽管并未冠以单位名称,同样对

---

① 最高人民法院民事裁定书,(2017)最高法民申2244号。
② 最高人民法院民事裁定书,(2015)民申字第236号。
③ 最高人民法院民事裁定书,(2013)民申字第600号。
④ 最高人民法院民事判决书,(2013)民提字第248号。
⑤ 最高人民法院民事裁定书,(2016)最高法民申519号。
⑥ 最高人民法院民事裁定书,(2015)民申字第1748号。
⑦ 最高人民法院民事裁定书,(2015)民申字第595号。
⑧ 最高人民法院民事裁定书,(2015)民申字第2157号。
⑨ 最高人民法院民事判决书,(2015)民提字第26号。

单位发生约束力。

另外,除《民办非企业单位印章管理规定》外,其他行政法规、规章并未明确法定名称章以外的单位印章也需经过刻制与备案程序。特别是国务院《关于国家行政机关和企业事业单位社会团体印章管理的规定》第22条和第25条规定,国家行政机关和企业事业单位、社会团体的其他专用印章(包括经济合同章、财务专用章等),虽然在名称、式样上应与单位正式印章有所区别,但经本单位领导批准后可以刻制、使用。既然这些印章只需本单位领导批准即可使用,自然无须考虑与备案印章相符的问题。一旦使用这些经单位领导同意刻制的印章,即发生法律效力。

D. 结论

可见,只要印章为单位同意使用,无论印章是否备案,更不论印章是否在公安机关备案,都能作为单位的意思表示。因此,便不能从印章未被备案反推出只要使用的印章与备案印章不一致即认定为伪造的结论。由于学界鲜有对伪造印章进行界定,笔者认为,只要印章未经单位同意刻制即构成印章伪造。之所以进行如此认定,是因为伪造印章本身不能表示单位的真实意思,为单位真实意思所不允许。鉴于单位印章为单位意思表示方式,若非单位同意刻制使用,便不能认为单位通过印章表达了意思。如果印章未经单位同意刻制,即构成印章私刻或者伪造,那么印章加盖行为也不能说明单位对此表达了订立合同的意愿。

E. 结论的延伸与司法实践的检验

第一,检材与样本不一致并非认定印章伪造的充分条件。虽然伪造印章仅为未经单位同意刻制,但不能通过检材与样本间鉴定结论上的不一致认定印章伪造。换言之,若不能锁定样本与检材的同一性,并且有证据证明检材并非样本,则只能说明送检印章与样本并非同一枚印章,不能证明送检印章系伪造。

例如,在长春市庆丰钢材销售有限公司与长春市轻工建筑工程有限责任公司等买卖合同纠纷案[①]中,最高人民法院认为,印章印文不一致仅能证明行为人使用的印章并非再审申请人现在使用的印章,并不能证明再审申请人订立合

---

① 最高人民法院民事裁定书,(2016)最高法民申2743号。

同时的印章使用情况以及是否使用过该枚印章,因而不能证明印章系伪造。反之,若印章名义人有证据证明一直使用唯一某枚印章,涉案印章只要与该枚印章不一致即认定构成伪造,如龙口市遇家建筑工程有限公司等与中国农业银行龙口市支行等保证担保借款合同纠纷案①中的情形。

第二,只有生效的判决书可作为认定印章伪造的依据。在司法实务中,一旦发生当事人认为印章被伪造的情形,当事人大多会选择向公安机关报案。如果公安机关已经立案调查,甚至在询问笔录中行为人已经自认印章伪造,此时一方主张印章伪造,人民法院是否采信这一证据而认定印章伪造事实成立?在贵州建工集团第三建筑工程有限责任公司(以下简称贵州三建公司)等与鸡西市坚实混凝土制造有限公司买卖合同纠纷案②中,尽管贵州三建公司提交了贵阳市公安局《立案告知书》,但最高人民法院认为,公安机关的《立案告知书》仅能证明公安机关开始调查涉嫌伪造公司印章一案,在没有人民法院生效判决前,并不能以此认定伪造公司印章事实成立。在江苏信达装饰工程有限公司与范某某装饰装修合同纠纷案③中,江苏省南京市中级人民法院认为,仅凭派出所接出警工作登记表不足以证明该公章系私刻。可见,即使公安机关进行了涉嫌伪造印章的刑事立案,也不能以此认定伪造印章事实成立。要想确认印章伪造的事实,除非另案对伪造印章作出了生效判决。在隋某某与柳河县宏宇建筑有限公司等民间借贷纠纷案④中,因《抵押借款协议书》上加盖的公章已被生效刑事判决认定为私刻,故最高人民法院在民事裁定书中裁定为伪造。

②单一表象下的表见代理构造

只有伪造印章这一证据时,印章伪造便不对印章名义人生效。在建行浦东分行诉中基公司等借款合同纠纷案⑤中,最高人民法院即认定,在书面合同订立中,若一方当事人印章被伪造且无证据证明该当事人对此默认,则合同不成立。江苏省高级人民法院在方圆公司与东方公司等承揽合同纠纷案⑥中作出

---

① 最高人民法院民事判决书,(2001)民二终字第 91 号。
② 最高人民法院民事裁定书,(2015)民申字第 2627 号。
③ 江苏省南京市中级人民法院民事判决书,(2015)宁民终字第 344 号。
④ 最高人民法院民事裁定书,(2016)最高法民申 2499 号。
⑤ 最高人民法院民事判决书,(2001)民二终字第 155 号。
⑥ 江苏省高级人民法院民事裁定书,(2015)苏审二商申字第 00507 号。

了同样的裁定。其理论依据是,发生表见代理需要同时具备两个要件,即代理外观与权利外观。真实印章与伪造印章都具备了代理外观,但只有真实印章具备权利外观。善意相对人之所以能依据真实印章对本人追责,是因为真实印章与本人之间存在可推定的因果关系。善意相对人之所以不能依据伪造印章追责本人,也是因为伪造印章与本人之间没有可以推定的因果关系。①

不过,相对人在签订合同时对于伪造印章的事实都是不知情的,那么对于伪造印章不知情,能否认定为"有理由相信"行为人有代理权?

笔者认为,相对人在订立合同时不知或者不应知印章系伪造,仅说明相对人并非恶意第三人,无从相信行为人没有代理权。这一定性使得相对人不受伪造印章事实的影响,使无法通过相对人对伪造印章的恶意来认定事实上他可能知道或者应当知道行为人无代理权。既然如此,在涉及行为人行为性质的认定上,笔者便将伪造印章与其他外观切割开来。当相对人对行为人伪造印章不知情时,相对人对其他外观的判断完全不受伪造印章影响。如果行为人的行为基于代理权发生,即使加盖的是伪造印章亦为有权代理。

例如,在阳朔一尺水实业投资开发有限公司与王某等民间借贷纠纷案②、广西桂资拍卖有限公司与广西三益拍卖有限责任公司合作合同纠纷案③中,最高人民法院认为,虽然印章的真实性存疑但行为人有签字权,因此不必考虑印章的真实性而认定合同有效。在行为人没有代理权且伪造印章的情况下,若伪造印章无法为相对人识别,则要看相对人能否从代理外观判断出行为人没有代理权。若行为人具备其他代理权表象,则存在表见代理。在隋某某与柳河县宏宇建筑有限公司等民间借贷纠纷案④中,虽然挂靠人私刻公章签订合同,但结合其他代理权外观事实,最高人民法院认为,因仍存在足以使第三人相信的理由,故构成表见代理。最高人民法院审理的类似案件还有合肥鑫丰建筑安装工程有限公司与青海华瑞物资有限公司等买卖合同纠纷案⑤、江苏新都建筑有限

---

① 参见傅鼎生:《不动产善意取得应排除冒名处分之适用》,载《法学》2011年第12期。
② 最高人民法院民事裁定书,(2016)最高法民申206号。
③ 最高人民法院民事判决书,(2013)民提字第140号。
④ 最高人民法院民事裁定书,(2016)最高法民申2499号。
⑤ 最高人民法院民事裁定书,(2015)民申字第1620号。

公司等与淮安汉邦万融建材有限公司买卖合同纠纷案①、长春市庆丰钢材销售有限公司与长春市轻工建筑工程有限责任公司等买卖合同纠纷案②。

这些事实表明,相对人不知印章伪造不影响相对人对行为人其他代理行为的判断。如果行为人的其他代理外观足以让相对人相信其有代理权,此时法院便会支持这一判断,认定为表见代理,从而发生有权代理效果。反之,若相对人不能从其他外观判断行为人有授权,即使对伪造印章不知情,也不构成表见代理。在兴业银行广州分行与深圳市机场股份有限公司借款合同纠纷案③中,最高人民法院认为,由于行为人本无代理权且无让相对人有理由相信其有代理权的外观,在伪造印章下只能构成狭义无权代理。在淮安龙跃建材贸易有限公司(以下简称龙跃公司)与江苏鑫盛建设工程有限公司(以下简称鑫盛公司)买卖合同纠纷案④中,龙跃公司知道鑫盛公司与张某某存在内部承包关系,据此最高人民法院认为,龙跃公司应当知道除非得到鑫盛公司特别授权,张某某不能代表公司对外签订合同。

可见,在相对人不知也不应知印章系伪造的情况下,相对人具有了善意的可能,为其有理由相信打下了基础。此时,伪造印章本身便不能影响对其他代理外观的判断。行为人行为是有权代理还是无权代理,全凭相对人对行为人其他行为的独立判断。

另外,如果相对人在订立合同时知晓印章为伪造的事实,应当如何处理?

笔者认为,此时应当分为两种情形予以具体分析。一是相对人能从其他事由中判断行为人有代理权(外观)。如果相对人能从其他事由中判断行为人具有代理权,如行为人持有真实有效的授权委托书等,即使行为人伪造了印章,行为人行为至少可以被界定为表见代理行为,发生表见代理的效果。此时,相对人虽然为恶意,但对其他事由却为善意。伪造印章下的恶意并不会波及对其他外观的认定。二是相对人知道或者应当知道印章系伪造且知道行为人无权代理。假若存在这样一种情形,即相对人对伪造印章的知情与无权代理的知情是

---

① 最高人民法院民事裁定书,(2015)民申字第1902号。
② 最高人民法院民事裁定书,(2016)最高法民申2743号。
③ 最高人民法院民事判决书,(2008)民二终字第124号。
④ 最高人民法院民事裁定书,(2015)民申字第1675号。

一致的,此时不可能再从其他外观判断出行为人是否有代理权。

③对司法实践的反思:容忍型表见代理构成要件探析

当仔细阅读最高人民法院裁判文书时,会发现审判实务还有一类特殊案件。在这类案件中,尽管行为人使用了伪造印章,但只要印章名义人知情而未反对,即认定构成权利外观而发生表见代理效果。例如,贵州建工集团第五建筑工程有限责任公司与宿州市聚富商贸有限公司等买卖合同纠纷案①、徐州中铁物资有限公司与龙成建设工程有限公司等买卖合同纠纷案②、汪某某与重庆群洲实业(集团)有限公司等建设工程施工合同纠纷案③、江山市江建房地产开发有限责任公司与雷某等民间借贷纠纷案④。对此,有两点疑惑需要提出:一是为何本人知情未反对只是构成权利外观,而不是构成默示授权?二是如果构成权利外观,相对人是否不受判断时间的限制,即相对人订立合同时并不知道本人知情未反对而是事后知情,此时能否认定构成表见代理?

在原《合同法》出台之前,由于原《民法通则》并未对表见代理作出规定,尽管理论上有争议,在当时的背景下,原《民法通则》第66条第1款第3句也只能被理解为默示授权。随着原《合同法》第48条第2款对沉默立法态度的转变,原《民法通则》第66条第1款第3句也变得模糊起来。根据原《合同法》的相关规定,本人沉默不但不会构成授权,相反会直接被法律认定为拒绝追认。虽有学者作出了"一般情况下,本人保持沉默的,视为其追认无权代理行为。但是,经相对人催告后,本人仍然保持沉默的,视为其拒绝追认"⑤的不同理解,但仅从是否催告来区分如此截然不同的法律适用,并无多少道理可言。相对人催告充其量只是本人知情的一个前提条件,其作用在于强化本人的知情,并不能构成对本人意思效力的一个强加。无论相对人是否催告,只要本人知情而未作表示即发生拒绝追认的效果。

沉默一般不能作为意思表示方式存在,这一点不仅在立法上而且在理论上

---

① 最高人民法院民事裁定书,(2013)民申字第2185号。
② 最高人民法院民事裁定书,(2014)民申字第1987号。
③ 最高人民法院民事裁定书,(2016)民申字第255号。
④ 最高人民法院民事裁定书,(2016)民申字第425号。
⑤ 周清林:《论默示授权的制度缺失与类型化完善》,载梁慧星主编:《民商法论丛》第59卷,法律出版社2016年版,第271~272页。

也已成为共识。例如,有学者指出:"通常情况下,内部意思之外部表达须借助于积极的表示行为,沉默不是表示行为,因此沉默不是意思表示,不能成立法律行为。"①不但原《民法总则》第 171 条沿袭了原《合同法》第 48 条,使得沉默不作为意思表示方式无甚争议,而且原《民法总则》第 7 章"代理"也未引入原《民法通则》第 66 条第 1 款第 3 句的规定。可见,无论从理论还是立法看,原《民法通则》第 66 条第 1 款第 3 句的规定都不能被视为默示授权,只能被理解为是对容忍型表见代理的规定。

反观司法实践,原《民法总则》第 172 条与原《合同法》第 49 条已经成为一种共识性规定,因此,当法院按照表见代理予以判决时,在法律适用上总是同时援用原《合同法》第 49 条和原《民法通则》第 66 条第 1 款第 3 句,如河南道成实业有限公司与乌托邦解决方案有限公司服务合同纠纷案②、叶某某与温州市经济法律服务所代理合同纠纷案③、河南汇通集团肉食品股份有限公司等和线材股份有限公司等借款担保合同纠纷案④。

可见,在司法实践中,容忍型代理并未被正视。基于此,容忍型代理也无法与常见的客观型表见代理分庭抗礼。学界在类型化容忍型代理时,或承认容忍型代理与客观型表见代理并列,⑤或由授权表示型表见代理吸收容忍型代理。⑥这一理论认识左右了立法,成为《民法典》第 172 条的理论来源。

这些立法与理论背景表明,容忍型代理虽然作为一类特殊表见代理而存在,但其特殊性仍然没有被真正发掘,被压制在传统的客观型表见代理之下。这正是审判实务中一直将本人知情未反对视为具有代理权客观表象的根源所在。为此,笔者有必要对容忍型表见代理的构造进行勾勒。

德国学者施瓦布认为,德国法上的权利外观代理分为容忍代理与表见代

---

① 徐国栋:《民法总论》,高等教育出版社 2007 年版,第 357 页。
② 河南省高级人民法院民事判决书,(2006)豫法民三终字第 64 号。
③ 浙江省温州市中级人民法院民事判决书,(2008)温民二终字第 590 号。
④ 河南省郑州市中级人民法院民事判决书,(2010)郑民四初字第 17 号。
⑤ 参见李开国:《民法总则研究》,法律出版社 2003 年版,第 379 页;赵秀梅主编:《民法学》,法律出版社 2012 年版,第 96 页。
⑥ 参见张俊浩主编:《民法学原理》(上册),中国政法大学出版社 2000 年版,第 329 页。

理。① 其分类依据在于意定代理上本人授权方式的不同。本人对代理人的授权可通过外部授权与内部授权方式进行。所谓外部授权,是指本人将授权意思向第三人(特定或不特定)表示;所谓内部授权,是指本人仅将授权意思告知行为人。客观型权利外观发生在外部授权下。当本人通过外部授权使第三人知道或者应当知道行为人具有代理权后,又通过不为第三人所知晓的内部方式解除授权,此时第三人依然可以通过客观的授权外部方式判断行为人具有代理权。② 主观型权利外观则发生在内部授权下。由于本人在授权上可以通过内部方式进行,可以不通知与行为人交易的第三人,此时第三人并不知道本人是否以内部方式进行授权。如果行为人一再以本人名义实施民事行为且本人知情未反对,与行为人交易的相对人就会依据常理推定,既然本人知情而容忍行为人以其名义的行为,应当是本人已通过内部方式授予了行为人代理权,否则本人在涉及自己重大利益关切时都会明确表示反对。德国学者认为,本人不反对即相当于"对实际上无授权的内部关系进行了不正确的外部告知"。③ 为此,法律让本人承担了一项诚信义务,即有义务披露第三人所无法知悉的真相。相对人会依据本人知情未反对这一主观状态,推定行为人具有代理权。可见,客观型权利外观与主观型权利外观在判断对象上迥然有别。对于客观型权利外观,相对人的判断对象只是如委托书、空白合同书等授权表征。在行为人进行无权代理行为时,本人对此并不知情,因而相对人无从依托本人是否知情进行判断。但对于主观型权利外观而言,相对人的判断对象不是客观上表现出来的授权表征,只是本人知道行为人以其名义实施行为而未反对这一主观状态。因此,相对人作出行为人具有代理权的判断,不是从委托书等客观外部事实得出的结论,只是就本人的这一主观状态进行推定的结果。④

据此,容忍型表见代理由4个要件构成,即行为人无代理权而以本人名义为行为、本人知情、本人未反对、第三人善意。

---

① 参见[德]迪特尔·施瓦布:《民法导论》,郑冲译,法律出版社2006年版,第545页。
② 参见《德国民法典》(第3版),陈卫佐译注,法律出版社2010年版,第59页。
③ 参见[德]迪特尔·梅迪库斯:《德国民法总论》,邵建东译,法律出版社2000年版,第709~710页。
④ 参见[德]迪特尔·施瓦布:《民法导论》,郑冲译,法律出版社2006年版,第545页。

在印章伪造下讨论容忍型表见代理:第一个难题便是相对人有证据证明本人知道行为人以自己的名义实施民事行为。相对人除伪造印章外若无其他证据证明本人知道或者应当知道行为人以自己的名义实施民事行为,欲证成表见代理的,须举证证明本人知道或者应当知道行为人使用伪造印章这一事实。之所以如此,是因为一旦本人对行为人使用伪造印章行为知情,即可通过伪造印章本身的代理性质判断出本人对行为人以自己的名义实施民事行为的知情。

在汪某某与重庆群洲实业(集团)有限公司等建设工程施工合同纠纷案①中,最高人民法院从签订的施工合同、工程款收据以及企业法人营业执照、组织机构代码证、授权委托书复印件上均盖有该编号的公章认定,重庆群洲实业(集团)有限公司对该公章的存在、使用知晓且为明知。在徐州中铁物资有限公司与龙成建设工程有限公司等买卖合同纠纷案②中,最高人民法院也依照同样的逻辑认定本人明知。可见,要认定本人明知,需确定本人对伪造印章使用情况知晓,至于本人没有注意到则为本人自己的问题,不能以此否定明知这一事实。

对于应知则只能通过相关事实进行推定。在江山市江建房地产开发有限责任公司与雷某等民间借贷纠纷案③中,最高人民法院通过挂靠人在招标通知书、建设工程施工招标备案资料以及与施工单位订立的《建设工程施工合同》等中均使用了该枚私刻的公章,认定作为被挂靠单位的江山市江建房地产开发有限责任公司应当知道行为人一直使用这枚伪造印章以其名义实施民事行为。在贵州建工集团第五建筑工程有限责任公司与宿州市聚富商贸有限公司等买卖合同纠纷案④、龙跃公司与鑫盛公司买卖合同纠纷案⑤中,作为实际施工人的行为人加盖的印章(涉嫌)伪造,最高人民法院都会以此裁定公司应当知晓。这些案例提示我们,只要实际施工人伪造了承包人印章,一般会推定承包人应当知道,也许这是考虑到建设工程实际施工关系中的习惯。

---

① 最高人民法院民事裁定书,(2016)最高法民申255号。
② 最高人民法院民事裁定书,(2014)民申字第1987号。
③ 最高人民法院民事裁定书,(2016)民申字第425号。
④ 最高人民法院民事裁定书,(2013)民申字第2185号。
⑤ 最高人民法院民事裁定书,(2015)民申字第1675号。

第二个难题是善意相对人的判断时间节点。最高人民法院裁定的有关案例皆未明确善意相对人是否知道或者应当知道本人知情未反对,遑论该相对人何时应当知道。对此,笔者需要从两方面加以论述。

第一,善意相对人知道或者应当知道本人知情未反对。对于容忍型表见代理,相对人判断的对象是本人对行为人以自己的名义实施民事行为的主观容忍。如果客观上存在本人的容忍行为,相对人对此不知情,相对人所能判断的对象便仅为伪造印章本身,无法通过本人知情未反对而推定行为人与本人之间的内部授权状态。由于无法单凭伪造印章进行权利外观推定,在客观上存在本人知情未反对下也不能认定行为人构成表见代理。之所以将容忍型表见代理归入主观型表见代理,并非依托客观上存在的本人容忍情形,而是按照相对人对本人容忍这一主观状态判断的结果。基于此,容忍型表见代理的判断需要相对人知道或者应当知道本人知情未反对,否则相对人无从判断这里的权利外观。审判实务在认定容忍型表见代理时不涉及此点,构成了对容忍型表见代理的误解。

第二,善意相对人应当在订立合同时知道或者应当知道本人知情未反对。表见代理制度是维护交易安全的结果,理当以交易当时来确定第三人善意。第三人是否为善意,完全看其在交易时能否判断出代理人有无代理权。如果不以此为标准,法律对善意第三人的保护就没有任何意义。① 如果相对人不能在订立合同时形成合理信赖,相对人便不能成为表见代理意义上的善意相对人。原《合同法》第48条第2款、原《民法总则》第171条第2款规定催告下的本人沉默视为拒绝追认,足以从立法上表明合同订立后本人知情不作表示的,不能适用表见代理,而是按照狭义无权代理处理。因此,本人知情只能发生在合同订立阶段,否则不构成容忍型表见代理。如果合同成立前第三人没有理由相信行为人是本人的代理人,而本人知情(不管本人的知情是否来源于催告)发生在合同签订后,此时本人的不反对行为不构成表见授权。因为第三人在签订合同时便没有理由认定合同相对方是本人,因而也没有理由对本人知情后的沉默作

---

① 参见周清林:《自治的异化:论表见代理的后果——兼评"选择权"通说》,载《学术论坛》2006年第10期。

出推断。以此言之,审判实务在认定容忍型表见代理时,应当让相对人举证证明订立合同时其知道或者应当知道本人知情未反对,否则不应当认定表见代理成立。

伪造印章难以认定,即使存在伪造印章也无法由此认定不构成表见代理。相对人判断行为人的行为是否构成权利外观,既有可能从印章本身进行,也有可能结合其他外观进行。在印章被确认伪造的情况下,如果只有这一代理外观,相对人不可能认定行为人的行为构成表见代理。如果既有伪造印章又有其他外观,相对人完全可以独立凭借其他权利外观判断行为人的代理权,从而发生表见代理的后果。只要行为人伪造了印章,就不论其他外观而一概否认表见代理的构成,不仅全然不符合审判实务,也有悖于表见代理的理论构造。针对审判实务有必要提示一点,在印章伪造下认定容忍型表见代理时,应当让相对人承担举证责任,即证明订立合同时知道或者应当知道本人知情未反对,否则不应认定构成表见代理。

(三)诉讼法上的印章

1. 印章鉴定

在笔者检索的案例判决书中,经过归纳汇总发现,法院对有资格申请印章鉴定的主体有不同分配,不仅体现在不利后果的承担上,甚至体现在法院不予准许非举证责任方提出的鉴定申请上。法院对于准予对印章进行司法鉴定一般不予说明理由,但对于不予鉴定会说明理由。综上,关于印章的鉴定问题,笔者从印章的不予鉴定理由、印章的鉴定申请资格两个方面进行分析。

(1)印章的不予鉴定

从法律层面看,不予鉴定的主要依据是《最高人民法院关于人民法院民事诉讼中委托鉴定审查工作若干问题的规定》相关规定:a. 通过生活常识、经验法则可以推定的事实,如签字或者印章明显就不具有同一性。b. 与待证事实无关联的问题。c. 对证明待证事实无意义的问题,如在建设工程合同案件中,要求鉴定合同章与建筑公司备案章的一致性,只要已经明确被告公司在案涉项目中使用该印章,那么该印章与备案章的一致性,就没有任何的意义。d. 应当由当事人举证的非专门性问题,如在建设工程中,分包方私刻项目经理部章,而这个章仅用于该分包方,如果分包方的供应商就此章确认的内容要求总包承担相应的责任,由于总包没有启用该章,鉴定与否本身就没有意义。e.通过法庭调查、勘验等方法可以查明的事实,如通过双方质证就可以判断印章的真实性,而无须鉴定。f.其他不适宜委托鉴定的情形。具体到印章鉴定问题,通过法庭调查即可明确的标准需要进一步明确,笔者依据此规定结合案例观点进行了总结。

①通过法庭调查、勘验等方法可以查明的事实

第一,其他证据足以证明印章真实性。

笔者所称"私刻公章",是指企业未经法定程序自己刻制公章,不同于企业以外的未经授权的主体擅自伪造企业公章的行为。私刻印章在双方效力无争议文件上曾经使用过,则法院认定无须鉴定印章效力即获得认可。在青海汇吉实业集团有限责任公司、周某某与杜某某、李某某、高某某、徐某某、袁某某、周某股权转让纠纷案[1]中,私刻印章在年检报告、股东会决议、各类申请、证明及采矿许可证、安全生产许可证等文件中使用,法院由此认定该印章对应的对内、对外所产生的一切民事法律行为应受法律保护,确认该印章的真实性与合法性。

印章鉴定本身属于证据的组成部分,但启动鉴定需要其他证据佐证。在天津一汽进出口有限公司与天津中信昊天资产管理有限公司信用证垫款纠纷案[2]中,中行天津咸阳路支行主任证明印章已停止使用;通过调取并查阅银珠公司在中行天津咸阳路支行与银行1999年往来账目原始凭证、银企对账单以及银行与银珠公司对账分户账上的记录,没有记载本案讼争的五笔信用证项下的款项已经归还中行天津咸阳路支行。证人证言及书证证明印章已停用,则法院认为没有必要对六份特种转账借方传票及银行印章的真实性进行司法鉴定。

其他证据对是否准许印章鉴定有举足轻重的作用。在南充市华盛建筑工程有限公司、云南云投生态环境科技股份有限公司建设工程施工合同纠纷案[3]

---

[1] 最高人民法院民事判决书,(2012)民二终字第86号。
[2] 最高人民法院民事判决书,(2008)民二终字第2号。
[3] 最高人民法院民事判决书,(2018)最高法民终1153号。

中,双方均提出了鉴定请求,法院在质证过程中对印章真伪已有判断,由于其他证据未能推翻质证中的认定,即便鉴定,在印章鉴定结论为间接证据的情况下,也不能充分动摇优势证据。在这种情况下,法院不予鉴定。

第二,当事人提出鉴定申请之前没有提出异议。

在进入印章真伪性鉴定之前,法院一般会对印章真伪进行初步判断,也就是要求在庭审过程中对印章真伪进行初步辨别。最高人民法院在金迪国际投资有限公司、昆明国际花卉拍卖交易中心有限公司合同纠纷案①中认为,本案委托人的工作人员一直在公司工作,不可能不知道更换印章,但委托人并未在一审过程中提出异议。因此,不能认为受托人使用新公章是私刻公章。根据双方在庭审过程中的表现否定了伪造印章的可能性。在江西赛维 LDK 太阳能高科技有限公司与广西玉柴机器集团有限公司买卖合同纠纷上诉案②、马鞍山小南山矿业有限公司诉交通银行股份有限公司武汉青山支行等金融借款合同纠纷案③中,同样认为申请鉴定之前从未提出公章虚假的主张或疑问,不应予以鉴定。

②查明印章真伪对证明待证事实无意义

由于公司在经营管理过程中,存在使用多枚公章的情况,多枚公章对外均代表公司,合同上加盖哪一枚公章,均不影响合同的效力。这就出现了在印章鉴定领域,鉴定对证明待证事实无意义的情况。在印章的鉴定申请中存在此种特殊情况:即便鉴定非同一印章所盖,也不能排除存在多套印章、私刻印章的可能性。

对于是否出现多枚公章同时使用的情况,应由双方当事人初步举证证明。在湖南六建机电安装有限责任公司(以下简称六建公司)诉田某某等民间借贷纠纷再审案④中,最高人民法院认为,在当事人均未就六建公司同时使用两枚公章予以举证证明的情况下,原判决认定即使鉴定亦无法排除六建公司同时使用两枚公章,继而对六建公司提出的鉴定申请不予支持,缺乏证据证明且剥夺

---

① 最高人民法院民事判决书,(2019)最高法民终 602 号。
② 最高人民法院民事判决书,(2015)民二终字第 36 号。
③ 最高人民法院民事判决书,(2017)最高法民终 310 号。
④ 最高人民法院民事裁定书,(2016)最高法民申 369 号。

了当事人申请鉴定的权利。法院默认公司仅使用一套印章对外代表,如果当事人主张公司有多套印章使用的情形,应当予以初步的证明。在宿迁东南建设有限公司与宿迁市致富皮业有限公司建设工程施工合同纠纷案①中,由于当事人自身提交给法庭的其他证据证明该公司拥有多个印章,无证据证明该公司在涉案协议签订前后只使用同一枚印章,因此法院同意了当事人的鉴定申请。

同时在大量案件中,法院虽然准许了鉴定,并且鉴定结果证明涉案合同与当事人提交比对的印签不一致,但由于无法排除多套印章同时使用,也存在法院对鉴定结果的证明力不予认可的情况。值得注意的是,我国香港特别行政区的印章备案制度与内地有所不同,香港特别行政区的公司印章无须备案,没有内地一样明确的印章使用要求。在广志财务投资公司、雷某某、深圳市京达旅业有限公司、谭某某房屋确权纠纷案②中,基于香港特别行政区的公司惯例,法院直接认定存在多套印章同时使用的情况,对鉴定结果的证明力没有认可。

基于案例与法律结合的分析,可以得到如下结论:在法院不予准许鉴定印章的情形中,主要有印章冒用、盗用、未注册、丢失、停用,而罕见伪造印章争议,因为伪造对技术手段鉴定的依赖性极强。在行政登记文件、效力无争议的文件或作为证据的文件中被质疑的印章曾经使用过,则法院认可印章效力。法院要求辩诉过程对印章真伪有初步的审理,故而在提出鉴定印章之前的诉讼过程中没有提出异议则认可印章效力。未对停用印章进行公示、其他优势证据可能直接推翻印章的证明效力等,均为法庭认为可以通过法庭调查、勘验等方法进行查明的事实。如若基于当事人证明、提交其他证据法院主动审查、商业习惯证明可能有多套印章存在,即便鉴定确非同一印章所盖,也不能排除存在多套印章、私刻印章的可能性,则查明印章真伪对证明待证事实已无意义,法院一般不准予以鉴定。

③票据上印章鉴定非同一印章所盖的情形

票据具有严格的形式主义特征,《最高人民法院关于审理票据纠纷案件若干问题的规定》第40条规定,票据出票人在票据上的签章上不符合票据法以及

---

① 最高人民法院民事裁定书,(2013)民申字第2000号。
② 最高人民法院民事裁定书,(2011)民监字第1022号。

下述规定的,该签章不具有票据法上的效力:第一,商业汇票上的出票人的签章,为该法人或者该单位的财务专用章或者公章加其法定代表人、单位负责人或者其授权的代理人的签名或者盖章;第二,银行汇票上的出票人的签章和银行承兑汇票的承兑人的签章,为该银行汇票专用章加其法定代表人或者其授权的代理人的签名或者盖章……其第 41 条规定:银行汇票、银行本票的出票人以及银行承兑汇票的承兑人在票据上未加盖规定的专用章而加盖该银行的公章,支票的出票人在票据上未加盖与该单位在银行预留签章一致的财务专用章而加盖该出票人公章的,签章人应当承担票据责任。在金坛建工集团有限公司(以下简称金坛公司)等诉青海新茂祥物资有限公司(以下简称新茂祥公司)票据追索权纠纷案[①]中,法院认为:"即使案涉汇票中的金坛公司印鉴确实与金坛公司留存于上述银行的印鉴印模不符,亦不能充分确实地证明案涉汇票印鉴的使用存在欺诈、虚假的事实,更不能证明是新茂祥公司以非法手段取得票据,或存在恶意取得票据的事实。"我国票据法要求签章的严格相符,不符签章无效,但是又要求在一定条件下错误签章承担票据责任。法院也依据案件的具体情况引入了外部证明。其背后的原因在于票据行为人签章的价值应该是确定票据行为人的身份。

面对中国人民银行关于签章的严格要求,最高人民法院关于票据法的司法解释进退两难:一方面,维持中国人民银行的规定,在《关于审理票据纠纷案件若干问题的规定》第 40 条中重申票据出票人在票据上的签章不符合相关要求的,该签章不具有票据法上的效力;另一方面,又不得不承认在某种情况下,即使签错了章,签章人也应承担票据责任,正如上述司法解释第 41 条关于银行汇票、银行本票的出票人以及银行承兑汇票的承兑人在票据上未加盖规定的专用章而加盖该银行的公章,支票的出票人在票据上未加盖与该单位在银行预留签章一致的财务专用章而加盖该出票人公章的,签章人应当承担票据责任的规定。在我国的票据运作中,签章的意义比其他国家和地区更重要。其他国家和地区关注的是票据上有没有票据行为人的签章,而我国关注的不仅是有没有签章,还关注签章是否符合除票据法以外其他法律法规的严格要求。没有签章的

---

① 最高人民法院民事裁定书,(2016)最高法民终 102 号。

票据行为自然无效；签章不合乎要求的票据行为也无效。票据法要求票据行为人签章本来是为了确定票据行为人的身份、票据义务的类别、票据行为人的行为能力。至于应该用此套章还是彼套章，本无大碍，不料中国人民银行却对其规定得如此细致烦琐，依据这些规定的字面含义，某票据行为人选择错了签章就可以主张票据行为无效，从而解除其票据义务。一个善意的持票人仅因票据行为人签章选择错误就不能向该行为人主张票据权利，如果真发生了这样的结果，这些规定就不仅仅是太烦琐的问题了。

(2) 印章的鉴定申请

在对案例的梳理过程中，笔者发现案例中还存在法院认为只能由原告或被告申请鉴定，其他当事人申请鉴定不予准许的情况，如在中国建设银行股份有限公司武汉省直支行与牛某、武汉市宏盛物资实业公司金融借款合同纠纷案①中，法院坚定主张应由原告方承担申请鉴定的义务，即使被告多次提出笔迹鉴定申请，法院也仍然坚持认为根据有关法律法规的规定，应该由原告提出笔迹鉴定申请，并最终因原告未申请鉴定而判决原告败诉。这里引出申请鉴定的资格问题，下面详细论述。

①认为应由提交证据的原告提出鉴定申请

认为应由提交证据的原告提出鉴定申请的案例有山东阳谷农村商业银行股份有限公司石门宋支行与国某1、国某2金融借款合同纠纷案②，该案中被告国某2对原告提供的担保函中的本人签名和个人名章不予认可，原告明确表示不申请鉴定，亦未提供被告国某2为被告国某1借款提供连带责任保证的其他证据，根据《最高人民法院关于民事诉讼证据的若干规定》(2008年)第2条"当事人对自己提出的诉讼请求所依据的事实或者反驳对方诉讼请求所依据的事实有责任提供证据加以证明。没有证据或者证据不足以证明当事人的事实主张的，由负有举证责任的当事人承担不利后果"的规定，原告不能提供被告国某2为被告国某1借款提供连带责任保证的有效证据，应承担对自己不利的后果。原告要求被告国某2对本案借款承担连带保证责任的诉讼请求，法院依法

---

① 湖北省武汉市中级人民法院民事判决书，(2016)鄂01民再107号。
② 山东省阳谷县人民法院民事判决书，(2019)鲁1521民初3049号。

不予支持。类似案例还有杭州银行股份有限公司上海分行诉上海韵辉钢铁有限公司等金融借款纠纷案①、德州农村商业银行股份有限公司、吴某某金融借款合同纠纷案②、江苏泰州农村商业银行股份有限公司白马支行与姚某某保证合同纠纷案③、中国邮政储蓄银行股份有限公司上海徐汇区支行诉王某某等金融借款合同纠纷案④等。

主要依据在于以下3条规定。第一,《民事诉讼法》第67条第1款规定:"当事人对自己提出的主张,有提供证据。"这是"谁主张,谁举证"原则。原告对所主张的事实所负的举证责任,应当在其提供足以证明案件事实的证据时视为完成,而不能仅因其提供形式上的证据就算完成。案件事实不具有确定性,除被告对案件事实认可的外,原告必须对自己所主张的事实提供足够的证据予以证明。这就是主张者举证责任之所在。

第二,《民诉法解释》第90条规定:"当事人对自己提出的诉讼请求所依据的事实或者反驳对方诉讼请求所依据的事实,应当提供证据加以证明,但法律另有规定的除外。在作出判决前,当事人未能提供证据或者证据不足以证明其事实主张的,由负有举证证明责任的当事人承担不利的后果。"因此,举证责任包含了行为意义上的举证责任和结果意义上的举证责任。行为意义上的举证责任是指当事人对自己提出的主张有提供证据的责任;结果意义上的举证责任是指当待证事实真伪不明时,由依法负有证明责任的人承担不利后果的责任。原告提供的书面证据之真实性遭到被告否认,说明原告只承担了行为意义上的举证责任。如果被告承认书面证据上的公章或签名是本人所为,原告就完整地完成了这一事项的举证责任,亦证明了自己的主张。相反,如果被告否认书面证据之盖章、签名的真实性,原告尽管提供了合同,还是没有产生结果意义上的举证责任,不足以证明书面证据上的盖章或签名的真实性,故原告仍需继续举证,申请笔迹鉴定。

第三,根据《民诉法解释》第91条"主张法律关系存在的当事人,应当对产

---

① 上海市黄浦区人民法院民事判决书,(2013)黄浦民五(商)初字第5742号。
② 山东省德州市中级人民法院民事判决书,(2019)鲁14民终3330号。
③ 江苏省泰州市中级人民法院民事判决书,(2019)苏12民终1677号。
④ 上海市徐汇区人民法院民事判决书,(2014)徐民二(商)初字第1625号。

生该法律关系的基本事实承担举证证明责任"之规定,原告欲证明书面证据产生的法律关系成立,显然应负举证责任。虽然原告提供的书面证据有被告盖章或签名,但是被告对盖章、签名的真实性予以否认,说明原告提供的书面证据存在一定的瑕疵,因此不能作为有效证据使用,原告的证明责任尚未完成。因此,应由原告提出笔迹鉴定的申请。

②应由主张印鉴不真实的被告提出鉴定申请

在白城市房屋产权管理中心(以下简称产权中心)与孙某某拖欠工程款纠纷再审申请案①中,吉林省高级人民法院认为,根据《最高人民法院关于民事诉讼证据的若干规定》(2008年)第70条"一方当事人提出的下列证据,对方当事人提出异议但没有足以反驳的相反证据的,人民法院应当确认其证明力:(一)书证原件或者与书证原件核对无误的复印件、照片、副本、节录本……"的规定,孙某某在本案一审过程中提交了加盖"白城市房地产产权市场管理处财务专用章"的欠据原件,产权中心亦承认"白城市房地产产权市场管理处"已变更为产权中心现名称,因此,孙某某就其主张的欠款事实的举证责任已经完成,产权中心如对该欠据的真实性有异议,应当提供相反证据予以反驳。

类似案例还有交通银行股份有限公司青海省分行诉青海鹏彤矿业有限公司等借款合同纠纷案②,韦某、周某某等与上海浦东发展银行股份有限公司南京分行、南京北纬景观园艺有限公司等金融借款合同纠纷案③,珠海华润银行股份有限公司中山分行诉中山市红河建筑材料有限公司等金融借款合同纠纷案④,中国银行股份有限公司顺德分行诉佛山市南海区鼎丰豪天家具厂等金融借款合同纠纷案⑤,中国农业银行股份有限公司南县支行诉郭某某等借款合同纠纷案⑥,中原银行股份有限公司辉县支行、张某金融借款合同纠纷案⑦等。

理由在于,第一,根据《民诉法解释》第90条规定,被告为反驳原告的证

---

① 吉林省高级人民法院民事裁定书,(2015)吉民申字第1551号。
② 青海省高级人民法院民事判决书,(2016)青民初94号。
③ 江苏省高级人民法院民事裁定书,(2018)苏民申727号。
④ 广东省中山市第一人民法院民事判决书,(2014)中一法民二初字第1716号。
⑤ 广东省佛山市顺德区人民法院民事判决书,(2016)粤0606民初1476号。
⑥ 湖南省南县人民法院民事判决书,(2016)湘0921民初1184号。
⑦ 河南省新乡市中级人民法院民事判决书,(2018)豫07民终330号。

据,也应承担举证责任。原告已经向法院提交了有被告盖章或签字的书面证据,已经完成了初步的举证责任,若被告否认盖章、签名的真实性,理应由被告申请鉴定以证明盖章、签名的非真实性,才能支持其抗辩主张;否则被告只是单纯否认,没有相应的证据,难以产生预期的法律效果。

第二,《最高人民法院关于民事诉讼证据的若干规定》(2008年)第70条规定:"一方当事人提出的下列证据,对方当事人提出异议但没有足以反驳的相反证据的,人民法院应当确认其证明力:(一)书证原件或者与书证原件核对无误的复印件、照片、副本、节录本……"(《关于民事诉讼证据的若干规定》2019年修正时已删除该条。)一方当事人提出的书证原件,对方当事人提出异议但没有足以反驳的相反证据的,人民法院应当确认其证明力。因此,原告提供了书面证据原件,被告虽然提出异议(否认盖章、签名之真实性),但若没有足以反驳的相反证据的(未提出笔迹鉴定申请),法院应当确认原告书面证据之证明力。

第三,原告为支持其诉讼请求,已向法庭提交了具有被告盖章或签名的书面证据,具有相当的证明力,该等证据可以将原告的主张证明到"高度盖然性"的程度,足以使法官形成较强心证,原告的举证责任在这种情况下也已完成。因此,应将证明合同签名不真实的举证责任分配给被告,如果被告拒不申请鉴定并预交鉴定费,则其应承担举证不能的法律后果。

③区分不同意义的反驳主张决定由哪方承担举证责任

还有一种观点认为,根据与举证责任之间的关系,应区分两种不同意义上的反驳主张:一是抗辩,承担举证责任的反驳;二是否认,不承担举证责任的反驳。① 若被告反驳认为印章是假的,则属于证据抗辩,应提供反驳的证据,即提交公司的真实印章来证明原告提供的合同上的公章是假的。若被告反驳认为印章不存在,这里被告的陈述是否认,而不是抗辩。"印章不存在"是一个消极事实,消极事实的主张者一般不承担举证责任,只有在法律规定的条件下才承担一定的举证责任。因此,如果被告主张印章不存在,对于这个否认的事实,其

---

① 参见董国庆、程建乐:《当事人否认、抗辩对举证责任分配的影响》,载《人民司法》2008年第8期。

不承担举证责任。

④地方性司法规范文件规定

关于印鉴真伪鉴定申请责任的分配问题,部分地方法院(如江苏、浙江、重庆、山东、上海、湖北、广东等地方高级人民法院或中级人民法院)出台的地方性司法规范文件对于笔迹或公章真伪鉴定的举证责任分配有所涉及。大致可以归纳整理成三类,即根据具体案情决定、由原告申请鉴定及由提出异议的一方当事人申请鉴定。

A. 根据具体案情决定由原告或被告申请鉴定

江苏省南京市中级人民法院、浙江省高级人民法院、湖北省高级人民法院出台的意见或规范,对应由原告还是被告承担申请鉴定的责任的情形,均分别作出了明确规定。

一是应由原告申请鉴定的情形。若原告仅凭借据起诉被告,没有其他证据佐证借据的真实性,或者被告对借据的真实性提出异议并提供了相应证据证明借据的真实性存在疑点,由原告申请鉴定,被告应提供笔迹比对样本。

二是应由被告申请鉴定的情形。若原告提供的借据以及其他证据材料具备一定的可信性,被告虽对借据的真实性提出异议但未提供反驳证据或提供的证据不足以证明借据的真实性存在疑点,由被告申请鉴定并提交笔迹比对样本。

上海市高级人民法院的文件未明确何时应由原告申请鉴定,但明确了应由被告承担申请笔迹鉴定等举证责任的情形,即"出借人提供了署有借款人签名且无明显瑕疵的借条,并能证明钱款已经交付给借款人,而借款人认为借条上签名虚假的"。从该规定亦可反推出,原告提供的借条具有明显瑕疵,或不能证明钱款已经交付给被告,而被告主张签名虚假的,应由原告申请鉴定。

B. 双方均不申请的,由原告申请鉴定

山东省泰安市中级人民法院、重庆市高级人民法院出台的相关指导意见均未区分何时应由被告承担申请鉴定的责任,而是直接规定"在原告、被告均不申请鉴定的情况下,由原告承担申请鉴定的责任"。按照此意见,在诉讼中被告对于原告提供的书面证据之笔迹或签单的真实性提出异议,而被告又不申请鉴定的,应由原告承担申请鉴定的责任。

此外,《江苏省高级人民法院适用〈关于民事诉讼证据的若干规定〉应当注意的有关问题(二)》(苏高法审〔2003〕12号)第2条规定:"一方当事人主张书证为对方书写或签名,对方予以否认的,人民法院应当责令否认方提供有关笔迹材料予以核对,否认方拒不提供的,可以推定书证为否认方书写或签名。"对此有观点认为,该规范文件只是规定由否认方提供有关笔迹材料予以核对,并未规定应由否认方申请笔迹鉴定,因此该规范文件将举证责任分配给了肯定之人,即提供书面证据的原告。

C. 由提出异议的一方当事人申请鉴定

《广东省深圳市中级人民法院关于审理民间借贷纠纷案件的裁判指引》明确规定:"当事人对借据上签章的真实性提出异议,需要司法鉴定的,由提出异议的一方当事人申请鉴定,并预交鉴定费用。"如果被告对书面证据的笔迹或公章真实性提出异议,那么由被告申请鉴定。

⑤印鉴真伪鉴定申请责任分配乱象之原因简析

印鉴真伪鉴定涉及当事人的举证责任分配,但我国法律和司法解释并未明确规定印鉴真伪鉴定的举证责任是由原告还是被告承担。

无论是《民事诉讼法》第67条规定的"当事人对自己提出的主张,有责任提供证据"(所谓"谁主张,谁举证"),还是《民诉法解释》第90条规定的"当事人对自己提出的诉讼请求所依据的事实或者反驳对方诉讼请求所依据的事实,应当提供证据加以证明……",抑或《关于民事诉讼证据的若干规定》(2019修正)第31条第2款规定的"对需要鉴定的待证事实负有举证责任的当事人",均无法直接解决当事人印鉴真伪鉴定的举证责任分配问题。

首先,根据《民事诉讼法》第67条"当事人对自己提出的主张,有责任提供证据"之规定,原告、被告均可能提出主张。当原告主张合同是由被告签署的,原告有责任提供证据,因此在被告否认的情况下,原告有责任申请印鉴真伪鉴定。反过来,被告主张合同不是自己签署的,这也是一种主张,也有责任提供证据(申请印鉴真伪鉴定)。

其次,《民诉法解释》第90条亦可能出现《民事诉讼法》第67条的逻辑循环。被告主张原告提供的合同签名与印章不真实,或主张原告提供的合同是虚假的,可视为对原告诉讼请求所依据的事实进行反驳,因此被告也有责任提供证据(申请印鉴真伪鉴定)加以证明。

最后,前述主张抗辩应承担举证责任、否认不承担举证责任的观点,所采取的分配方式似乎合情合理,其在法学理论上也可以找到"消极事实说"作为支撑,但是在实践中,抗辩与否认并非泾渭分明,在具体处理案件过程中可能仍然无法适用。被告否认合同中签名、印章的真实性,所主张的是消极事实,但同样也可以理解为其主张的是"合同系伪造"这一积极事实,那么理应承担举证责任。因为根据语言表达的不同,同一事实既可以被理解为积极事实,也可以被理解为消极事实,所以会导致仍然无法确定应由哪方当事人承担举证责任。

因此,笔者认为,鉴定申请责任分配问题在实务中存在分歧的主要原因有两点:一方面是现行法律规范存在漏洞,另一方面是举证责任问题本身较为复杂。因此在实践中,难以"一刀切"地规定应由哪方当事人负担提出鉴定申请的义务。

⑥笔者意见:根据具体案情决定由原告或被告申请鉴定

虽然现行法律规范对于印鉴真伪的鉴定申请责任未予以明确,但如前述所介绍的,实践中各地法院已经进行了有益探索。其中,笔者较为赞同江苏省南京市中级人民法院、浙江省高级人民法院、湖北省高级人民法院等地方法院出台的指导意见或规范。虽然这些地方法院出台的意见或规范仅针对民间借贷案件审理过程中"欠条"、"借条"或"借据"等文件的鉴定申请责任问题作出指引,但笔者认为可参考适用于其他书面证据印鉴真伪问题的鉴定申请责任分配。

笔者认为,原告提供的借据以及其他证据材料具备一定的可信性,被告虽对印鉴的真实性提出异议但未提供反驳证据或提供的证据不足以证明借据的真实性存在疑点的,应由被告申请鉴定并提交笔迹比对样本。

原则上由被告提出印鉴真伪鉴定申请并预付印鉴真伪鉴定费用的规定更具合理性。如果将印鉴真伪鉴定的举证责任分配给原告,那么不论原告提供什么样的书面证据,被告均只需要简单否认印鉴真实性即可迫使原告申请鉴定,不仅对原告不公平,而且可能使需要鉴定的案件数量增加,浪费司法资源。相反,将印鉴真伪鉴定的举证责任原则上分配给被告,更具有合理性。因为在一般情况下,被告对于自己是否签署了相应合同应当是最清楚的,如果明知是自己的签名就没必要申请印鉴真伪鉴定,因为鉴定结果对自己并不会更有利。如此一来,印鉴真伪鉴定申请必定会减少,从而有利于案件早日审结。

有反对者认为,如果将举证责任分配给被告,会纵容提供书面证据的原告模仿被告的签名笔迹进行虚假签名、滥用诉权或伪造公章的违法行为。对此笔者不予认同。伪造公司印章属于刑法打击的犯罪行为,即使伪造签名,也属于妨碍民事诉讼的行为,严重的还可能构成犯罪,可见已有法律对伪造印鉴的行为进行严厉制裁。在此情况下,由被告承担印鉴真伪的鉴定申请责任,并不会增加原告伪造印鉴的概率。

另外还需要特别指出的是,若原告是银行、信托、保理、融资租赁公司等金融机构或类金融机构(以下简称金融机构)时,若被告对印鉴真实性质疑,一般情况下由被告承担申请鉴定的责任更为合理。一是金融机构本身具有较为严格与完善的交易流程(如要求合同面签、律师见证等)及合规审查制度,管理比较规范。二是监管部门对于金融机构的监管日渐趋严,金融机构伪造印鉴的违法成本较高。三是实践中大量的诉讼案件系由金融机构主动提起,若被告否认印鉴真实性而不负担申请鉴定的责任,则金融机构不得不频繁申请鉴定,诉讼成本必然急剧增加,诉讼程序将不得不因被告的否认而延迟,浪费司法资源。因此,笔者认为在此情况下若被告否认印鉴真实性,由被告申请鉴定更为合理。

部分法院的裁判指引未区分具体情形,直接规定"当事人对借据上签章的真实性提出异议,需要司法鉴定的,由提出异议的一方当事人申请鉴定,并预交鉴定费用"。笔者认为该指引亦过于绝对。

比如,在民间借贷纠纷案件中,原告仅凭借据起诉被告,没有其他证据佐证借据的真实性,或者被告对借据的真实性提出异议并提供了相应证据证明借据的真实性存在疑点的,由原告申请鉴定更为合理。被告有证据证明其在借贷签署期间本人并不在国内而在国外,或者被告本人因深度昏迷而在医院治疗等特殊状态而不可能签署合同的,此时由原告承担申请笔迹鉴定的责任更为合理。

当印鉴真伪发生争议时,确定由何方当事人负担申请鉴定的责任,是为了解决双方当事人均不申请鉴定或虽申请鉴定但拒绝缴纳鉴定费用时法律后果如何承担的问题。因此,理论上如果有一方当事人提出鉴定申请并缴纳鉴定费用,则申请鉴定的责任由哪方当事人承担已不重要。

但司法实践中,亦有法院认为,申请鉴定的责任必须由原告承担,并且未准许被告提出的鉴定申请。比如,在前述中国建设银行股份有限公司武汉省直支行与牛某、武汉市宏盛物资实业公司金融借款合同纠纷案中,原告主张合同系被告签字,被告否认合同签名的真实性。被告多次提出笔迹鉴定申请,法院却坚持认为根据有关法律法规规定应该由原告提出笔迹鉴定申请。之后因原告未提出鉴定申请,法院判决由原告承担不利后果。对于武汉市中级人民法院的观点,笔者认为欠妥,理由如下:一方面,《湖北省高级人民法院民事审判工作座谈会会议纪要》(2013年9月1日发布)第47条已经明确规定,"对需要通过司法鉴定确认'欠条'或'收条'等是否真实的,双方均可申请鉴定"。该纪要的颁布时间显然早于上述案件判决时间,但武汉市中级人民法院并未参照该纪要的精神对案件进行处理。另一方面,《民事诉讼法》明确规定,"当事人可以就查明事实的专门性问题向人民法院申请鉴定"。可见,申请鉴定也是当事人的诉讼权利,双方当事人均有权申请对印鉴进行鉴定。

2. 假章起诉

假章起诉,是指当事人使用虚假印章或盖有虚假印章的公文函件进行起诉的行为,是虚假印章在起诉阶段的运用,关乎涉诉当事人主体资格认定、起诉行为是否符合法定要件、法院是否最终立案受理的问题。

(1)现行制度模式

关于起诉和立案受理,过去我国采取审查立案制,在案件受理以前就对涉案当事人、行为等因素进行审查,符合一定条件后再进行立案受理。随着司法改革的推进,起诉制度有了较大的变化。

①登记立案制度

关于起诉法定条件的规定主要见于《民事诉讼法》以及相关的司法解释。

关于起诉条件,《民事诉讼法》第122条主要列举了四个法定要件,要求原告必须与案件有直接利害关系,被告明确,诉求与事实、理由具体以及属于人民法院受理管辖范围内。符合起诉条件的,当事人可以通过向人民法院递交起诉状的方式进行起诉。根据《民诉法解释》第208条的规定,我国现阶段的起诉制度已经由原来的审查立案制度改成登记立案制度,意味着只要当事人的起诉在形式上符合法律法规对于起诉法定条件的规定,法院便应当受理立案。就登记立案制度,人民法院以《关于人民法院推行立案登记制改革的意见》对相关的细节进一步明确。对于立案材料的判定分成三个层面:首先,能直接判定符合法律规定的起诉条件的,应当当场登记立案,或在期限内登记立案;其次,无法判定的,应当在法律规定的期限内决定是否立案;最后,判定不符合形式要件的先告知补正材料和期限,不符合条件的作出裁决。

②登记立案制度下案件审判程序

实行登记立案制度下,民事案件受理和审判程序在审判对象和内容上有所改变,案件受理和审判被割裂成两个较为独立的程序,在两个阶段中法院需要审查的涉案要素不甚相同,立案作为审判的前端程序,可以更好地发挥应有的作用。

在立案审查阶段,法律规定当事人只要提供符合形式要件的诉状,法院就应当一律接收,并在规定期限内依法处理。在此阶段,只对相关主体资格进行形式审查。就民事起诉而言,形式审查围绕当事人起诉时提交的文书展开,包括起诉状是否符合格式和基本内容要求,原告是否提供如工商登记执照复印件等主体材料,是否提供证据,法院是否具备管辖权等。笔者认为,立案阶段形式审查符合最低审查标准即可,确实有不符合法律关于起诉的形式要件的,不予立案。对于原告的审查包括原告是否具备主体资格,原告和被告之间是否存在相应的民事法律关系等已经涉及实质要素的确认,不应当在立案阶段进行,以防止造成"未审先判"等不良后果,更好地保护民事主体诉讼权利。

原告按照上述规定持假章起诉,在符合法律规定的形式要件下,法院应当接受并进行登记立案。就该假章及相关文件的适用证明是否符合主体资格最基本的形式审查要求,笔者认为主要看该假章及相关文件的制作是否能在形式上基本使人信服。要有让人信服的形式外观,就意味着假章从形式外观上能发挥类似一般印章的主体资格证明能力,包括但不限于以下方面:印章形状和一般公章没有太大分别、印章名称和原告姓名或登记名称一致、印章加盖的文件提供最基础的主体资格证明内容等。

在实体审查阶段,需要审查的不再是公章的形式外观要件,而要透过虚假印章的表象,对涉及案件事实的实体要素进行审查,如就原告是否适格,案情事实和法律关系认定,责任分配等事项一并作出处理。在假章起诉的案件中,印章虚假的事实会影响关于原告主体资格(是否与本案有直接利害关系)、双方民事法律关系或是双方和第三方民事法律关系的认定。通过对实务案件的梳理归纳,对于印章虚假问题的实体审查过程和结果主要有两类:第一,印章虚假,并且不存在真实的利害关系。此时虽然在起诉阶段,具备形式上的起诉要件,但是实体要素上并不符合法律规定的起诉条件,案件不应该被受理立案,因此,法院裁定驳回起诉,达到"从未就该事实起诉"的效果。第二,公章虚假,但存在真实的利害关系。此时公章虚假是一个客观涉案事实,会影响涉案的其他事实和实体要素认定。法院普遍选择的做法是通过虚假公章以及其他相关文件的举证,认定当事人之间的真实意思表示等民事法律事实,判断当事人之间的民事法律关系,分配法律责任。

(2)实例分析

通过对相关案件的筛查分析,发现实务中利用假印章或直接伪造印章用以起诉的案件只占少数,部分案件中一审和二审关于行为的认定也不尽相同。

例如,在河北荣威安装工程有限公司与烟台中达建材有限公司买卖合同纠纷上诉案①中,2016年烟台中达建材有限公司依据与河北荣威安装工程有限公司此前签订的《商品混凝土采购合同》,诉请一审被告河北荣威安装工程有限公司按时支付相关货款。一审判决支持原告的诉讼请求,确定由被告于判决生效之日起向原告支付货款及相关利息。被告上诉到二审法院,以原审法院认定事实、适用法律错误等理由,请求撤销一审判决,驳回一审原告诉讼请求。二审法院最终认为:①2016年11月8日,被上诉人给上诉人出具的"情况说明"内容为"关于福山区人民法院受理的(2016)鲁0611民初666号民事案件,我公司没有向福山区人民法院起诉该案件,该案件我公司也没有委托任何律师代理该案件,也没有向山东明朗律师事务所缴纳过任何的代理费用,整个案件的诉讼与我公司没有任何关系"。该"情况说明"加盖被上诉人的公章并由法定代表人曲某签字。②2016年11月8日,被上诉人给上诉人出具的"情况说明",除2016年11月8日出具的"情况说明"的内容外,另加写"该案起诉书加盖的公章不是我公司的公章,特此证明"。该"情况说明"加盖被上诉人的公章。

---

① 山东省烟台市中级人民法院民事裁定书,(2016)鲁06民终4036号。

③2016年11月28日,被上诉人给二审法院的函内容为"我公司从未委托山东明朗律师事务代理我公司的任何案件,(2016)鲁0611民初666号民事案件也不是我公司委托贵所代理。授权委托书的公章也不是我公司的公章,起诉书、授权委托书公章均不是我公司公章。但是我公司通知该所后,该所继续在烟台市中院以我公司名义代理该案,我公司保留追究相关人员的法律责任"。该函盖有被上诉人的公章。上述函件上被上诉人的公章与被上诉人提交的起诉状、授权委托书上的公章均不一致。

因此二审法院裁定,①撤销烟台市福山区人民法院(2016)鲁0611民初666号民事判决;②驳回被上诉人烟台中达建材有限公司的起诉。

上述案件并不是简单地以原告起诉时所用公章虚假为由判定原告不具备起诉的法定条件,而是就二审过程中,原告(被上诉人)相关文件上的公章和一审起诉材料的公章进行对比,并以相关"未委托起诉"的情况说明作为辅助性材料,认定原审起诉的当事人并非真实法律关系的相对人,不符合法律所规定的起诉条件,驳回起诉。

虽然法律对起诉条件已经进行了明确的列举,但是在实务中,是否认定当事人实质上拥有起诉条件,需要很多证据的支撑,并不是单纯能从形式上直接判断的。实务处理过程中所呈现的虚假印章种类多样、虚假性较为隐蔽、难以察觉的特点正好呼应了我国登记立案制度下关于起诉条件实质审查后移的规定,以此最大限度地确保当事人能及时有效地行使诉权,维护个体利益。

(3)假章起诉和虚假诉讼

虚假诉讼是指当事人出于非法的动机和目的,利用法律赋予的诉讼权,采取虚假的诉讼主体、事实及证据的方法提起民事诉讼,使法院作出错误的判决、裁定、调解的行为。

①法律关于虚假诉讼的规定

《民事诉讼法》规定对于当事人之间恶意串通,企图通过诉讼、调解等方式侵害他人合法权益的,人民法院驳回其诉讼请求,并可以判决罚款和拘留;针对此类虚假诉讼,《刑法》设置了虚假诉讼罪,情节严重的以虚假诉讼罪定罪处罚。此外,分别针对民事虚假诉讼行为以及刑事虚假诉讼罪在法律适用过程中出现的问题等发布了相关文件——2016年《最高人民法院关于防范和制裁虚假诉讼的指导意见》以及 2018 年《最高人民法院、最高人民检察院关于办理虚假诉讼刑事案件适用法律若干问题的解释》。

可见,我国对于虚假诉讼行为和相关问题的处理十分重视,但遗憾的是,上述两份规范性文件关于虚假诉讼行为的规定和表述并不一致,其中最大的差异在于是否要求审查当事人的目的。在《最高人民法院、最高人民检察院关于办理虚假诉讼刑事案件适用法律若干问题的解释》中,没有明确对当事人实施虚假诉讼的目的进行审查;但是在《最高人民法院关于防范和制裁虚假诉讼的指导意见》中,将谋取非法利益的目的作为认定当事人存在虚假诉讼的要件之一。

②假章起诉和虚假诉讼的关系

假章起诉,在实务中是较为常见的不符合法定条件起诉的情况。虚假诉讼是一种严重妨害司法秩序,对司法权威性、公正性和社会稳定性都造成严重破坏的违法行为。

首先,两种行为的构成要件不同。假章起诉,只是在起诉阶段使用了虚假的公章或盖有虚假公章的相关证明文件,但诉讼主体和其他事实证据不一定存在虚构情况;而虚假诉讼按照法律明确规定,伪造的不一定是公章或印章,但一定是和案情相关并对案件审判有一定影响力的案件事实和证据。其次,两种行为的目的和出发点不一样,假章起诉的目的存在合法目的和非法目的,可能出于侵害他人利益的目的,也有可能只是为了成功行使诉讼权,目的所涉及的利益可能是合法利益也有可能是非法利益。但虚假诉讼的目的一定是不法地利用司法权侵害他人的合法权益,或实现自身非法利益,目的本身就具有一定的非法性。最后,对于两者的处理不一样,根据《民事诉讼法》的规定,假章起诉即便最终被认为确实不符合法律要求的起诉条件,也只是裁定驳回起诉或不予立案受理,并不会产生民事赔偿责任和刑事责任。但是对于虚假诉讼,因为该行为的恶劣性,可能会产生民事赔偿责任以及刑事责任。

但假章起诉和虚假诉讼之间并不是必然毫无关联。假章起诉对于是否存在或是否构成虚假诉讼的认定而言是一个具体的"风险提示点"。当原告适用虚假公章进行诉讼,不能排除其有虚构关键案件事实,利用司法审判以达成自己非法目的的可能,当案件中出现假章起诉的情况,司法人员就要对是否构成或是否有可能构成虚假诉讼保持一定的警惕性。笔者认为,对于两者的区分和审查,关键在于核查假章本身在诉讼中属于什么材料,如果假章以及与假章相关的材料只是民事诉讼中与案情相关的证据,并不能就假章一项事实认定虚假诉讼。但是,如果假章出现是针对诉讼(起诉)本身,其他相关的证据表明,诉讼是当事人获利的手段并且是当事人的唯一目的,那么需要进一步探讨是否有虚假诉讼存在的可能。

总体而言,在立案登记制度实施以后,假章起诉最大的问题并不在于起诉环节如何进行审查处理,而是要关注在案件进入实质审查阶段,是否认定以及如何认定起诉阶段的印章和文件虚假。虚假印章和文件可作为证据用以证明当事人之间不存在真实的法律利害关系,以此否认原告当事人的诉讼主体资格,驳回起诉请求。无论是在单纯假章起诉的民事案件审判中还是在可能涉及虚假诉讼的审判中,虚假的印章都是一个值得引起注意的实体审查要点及关键法律关系认定的证据。

3. 刑民交叉下的伪造印章

"刑民交叉"也称为"民刑交叉",是对司法实务中出现的民事案件和刑事案件在法律事实、主体等部分存在重合现象的概括性描述。"刑民交叉"现象的出现会导致案件的刑事、民事部分之间在程序处理、责任承担等方面出现不同法律管辖范围内的交叉和重叠。此时针对案件的事实,可能通过两种不同的法律诉讼程序,适用不同的实体法律规范,针对不同的事实作出不同层面的认定,分配不同的法律责任,以实现权利救济。"刑民交叉"案件主要是案件所涉及的法律事实、法律关系、法律责任三个要素存在重复,在实务案例中,大部分的刑民交叉案件是由法律事实分别涉及刑事犯罪和民事违法所引起的。

(1) 传统"刑民交叉"类型及处理方式

案件事实可能同时涉及刑事犯罪和民事违法,通过对案件事实的审查,以认定涉案法律关系是否为单一类型的法律关系,从而决定该"刑民交叉"案件属于什么类型的交叉,进而选择不同的处理方法。

①单一法律关系的"刑民交叉"

所谓单一法律关系的"刑民交叉",是指虽然案件事实客观上具有"刑民交叉"的外观,但是涉案法律关系本质上只有单一的民事法律关系或刑事法律关系。

第一,涉案事实具有"刑民交叉"的形式外观,但实质上涉案法律关系是单一的民事法律关系,不具有刑事法律关系的情况。对于此类案件,因为实质上只有单一的民事法律关系,行为性质并未超出民法或其他民事法律所调整和规制的范围。因为行为不符合犯罪构成要件,不存在刑事法律关系,未进入刑事法律管辖和调整的范围,因而无论在程序上还是实体上都不适用刑法及相关刑事法律法规进行规制。

第二,涉案事实具有"刑民交叉"的形式外观,但实质上涉案法律关系是单一的刑事法律关系,该民事行为被包含在刑事犯罪之中,其交叉关系本质上是一种刑事包含民事的关系,也就是实务中所说的"刑事附带民事"关系。根据《刑事诉讼法》的规定,被害人由于被告人的犯罪行为而遭受物质损失的,在刑事诉讼过程中,有权提起附带民事诉讼且"附带民事诉讼应当同刑事案件一并审判",只有为了防止刑事案件审判的过分迟延,才可以在刑事案件审判后,由同一审判组织继续审理附带民事案件。

上述两类案件,虽然在事实判断上涉及刑事犯罪和民事违法,但是因为案件所涉及的法律关系简单,只要适用民事或刑事某一类规范进行实体和程序上的处理即可,不会涉及民事、刑事法律同时对同一案件进行管辖的情况,在这个过程中当然也无须讨论民事、刑事审判的顺序以及审判结果是否相互影响的问题。

②双重法律关系的"刑民交叉"

某案件事实具有双重法律关系并形成"刑民交叉"现象,主要体现为该案件的某部分法律事实用于认定刑事犯罪的同时也是民事违法的组成部分且两者之间不具备包含关系,各自形成互不干扰的民事法律关系和刑事法律关系,两类关系呈现并列的状态。由于两种法律关系之间不具有附属性且分别适用不同的法律进行认定和审判,此时,刑事、民事审判的顺序以及审判结果相互影响的程度会对案件是否能得到公正的判决产生关键影响。

对于此类"刑民交叉"案例,审判过程中是否分开审理以及审理顺序是"先刑后民"还是"先民后刑",在理论界曾引起广泛的讨论。

首先,关于是一同审理还是分开审理,在经过漫长的司法制度建设之后有了较为统一的认识,至今我国出台了包括《九民纪要》,针对诸如存单纠纷①、经济纠纷及经济犯罪②、非法集资③等特殊"刑民交叉"常见案件类型的相关文件,明确刑事部分和民事部分应当分别审理。

其次,针对刑事审理和民事审理顺序应当选择"先刑后民"④还是"先民后刑",通过检索相关司法审判案例并对案例审判过程按照刑民审理顺序进行归类,可知我国"刑民交叉"案件长期形成的审理习惯是"先刑后民"。之所以会出现如此广泛的对"先刑后民"处理方法的肯定和认可,离不开我国独特的司法实践背景的影响:第一,长期"重刑轻民"的思想认知。"重刑轻民"在我国由来已久,人们在意识上,认为刑事问题或纠纷的处理相较民事问题或纠纷的处理更为重要,作为影响社会安定的因素,刑事问题比民事问题更严重,因此,在处理刑事问题和民事问题时,刑事问题的处理应当更为优先。第二,刑事审判权实际存在的扩张性。《民事诉讼法》规定,民事诉讼案件审理中遇有刑事问题作为案件审理的前提(依据)时,民事诉讼应当中止,等待作为另一案的刑事案件作出裁判。然而,《刑事诉讼法》中却没有类似规定,间接默认了刑事审判权的优先地位。第三,"事实揭示刑事优越论"⑤。刑事诉讼更有利于揭示案件事实。刑事审判可以借助公权力的侦查手段,更有利于查明案件真相。

至今,"先刑后民"的审判顺序已经被广泛地接受,"先刑后民"已然成为我国司法的一个惯例。现行法律规定中仅《民事诉讼法》中对"刑民交叉"案件的审判顺序有所要求,即"本案必须以另一案的审理结果为依据,而另一案尚未审结的"诉讼中止,如果严格按照文义解释,"先刑后民"的处理方式不是必然的,应当允许司法者根据案情灵活适用。

---

① 《最高人民法院关于审理存单纠纷案件的若干规定》,法释〔2020〕18号,2020年12月29日公布。
② 《最高人民法院关于在审理经济纠纷案件中涉及经济犯罪嫌疑若干问题的规定》,法释〔2020〕17号,2020年12月29日公布。
③ 《最高人民法院、最高人民检察院、公安部关于办理非法集资刑事案件适用法律若干问题的意见》,公通字〔2014〕16号,2014年3月25日公布。
④ "先刑后民"指的是在刑事案件的犯罪事实搞清楚后,仍需分案审理的,经济纠纷部分才退回人民法院继续审理。参见张卫平:《民刑交叉诉讼关系处理的规则与法理》,载《法学研究》2018年第3期。
⑤ 张卫平:《民刑交叉诉讼关系处理的规则与法理》,载《法学研究》2018年第3期。

(2) 印章案件中的"刑民交叉"

伪造公司印章用于商事交易等行为本身,可能涉及相关的刑事犯罪,通过对案件数据的梳理,主要涉及票据诈骗罪,诈骗罪,合同诈骗罪,伪造公司、企业、事业单位、人民团体印章罪等罪名,伪造行为可以归属于构成具有双重法律关系的"刑民交叉"案件。在这个过程中,对于刑事和民事审判的顺序选择,以及相关判决结果在多大程度上相互采纳和参考,会间接影响社会上对于伪造印章行为的谴责程度,并对印章的可信度和权威性产生影响。对伪造印章行为中存在"刑民交叉"现象的案件应该如何审理,关键在于判定是否应当遵循"先刑后民"的司法惯例,中止民事审判,等待刑事审判结果。

①一般案例审判关键

在我国司法实务中,出现伪造印章的法律事实同时牵涉刑事犯罪认定和民事违法判断,即"刑民交叉"的案例不在少数,笔者将通过两个案例,简要概述我国司法实务在审判过程中,针对该"刑民交叉"问题如何解决。

案例一①:2020年6月30日,腾讯公司以拖欠巨额广告费为由,让法院查封了老干妈公司1624万元的财产作为"财产保全"。正当大家疑惑2019年营收近50亿元的一家著名企业为何会拖欠广告费之际,老干妈公司方发了红头通告:从未与腾讯公司有过合作。2020年7月1日,贵阳警方发出通报,称3名犯罪嫌疑人曹某、刘某某、郑某某伪造老干妈公司印章,冒充该公司市场经营部经理,与腾讯公司签订合作协议。3人此举的目的是获取腾讯公司赠送的"网络游戏礼包码",之后非法倒卖以获取经济利益。

在该案件中,对于是否构成刑事犯罪,根据我国罪刑法定原则,须对犯罪嫌疑人实施涉嫌犯罪行为时的主客观因素进行认定和判断。

对于伪造印章涉嫌犯罪的行为,要判断是否构成伪造公司、企业、事业单位、人民团体印章罪,需要从犯罪嫌疑人伪造印章行为作出时的客观情况和主观心理判断。具体需要以司法鉴定印章本身和备案印章不一致作为判断是否构成犯罪的起点,但需要结合犯罪嫌疑人伪造时的主观目的等因素。但在判断

---

① 参见《五问"腾讯状告老干妈"事件:三人怎么就骗过腾讯?》,载新浪网,https://tech.sina.com.cn/i/2020-07-02/doc-iircuyvk1589138.shtml。

相同行为上所附着的民事行为效力时,需要透过伪造印章,通过其他案件事实和证据,对民事法律关系和真实意思表示加以认定,以此判断民事行为是否合法有效。

综上,可以简要对比得出针对同一案件下的伪造印章行为,刑事判断和民事认定的不同之处。

第一,在认定过程中,两者认定依据不同。对于刑事审判而言,认定伪造公司、企业、事业单位、人民团体印章罪的关键要件有两个:一是印章被伪造的事实(主要通过司法鉴定予以证明);二是当事人的主观目的。只有两者同时存在并契合具体犯罪构成时才认定为犯罪。但是对于民事审判而言,认定伪造印章的存在相对简单,若严格遵照印章备案管理制度,一个法人或其他组织只能存在一套印章,如果司法鉴定证明印章和备案的印章不一致,就可以认定存在伪造印章行为。

第二,对伪造的认定后,相关审判重点不同。对于刑事审判而言,一旦认定构成伪造公司、企业、事业单位、人民团体印章罪,下一步便是责任和刑罚判定,程序上更为简单明了。但对于民事审判而言,认定构成伪造印章行为只是对该民事行为效力认定的开端,后续还需要通过其他事实和证据,来识别当事人的真实意思表示以判定该民事行为是否有效,与刑事审判相比,民事审判程序更复杂。

第三,整体审判过程针对的主体和方向不同。刑事审判基本上是围绕犯罪嫌疑人一人展开的,在没有帮助犯罪和通谋犯罪的情况下,单纯和犯罪嫌疑人之间存在民事法律关系的当事人不会影响对犯罪的判断,犯罪与否是针对犯罪嫌疑人单方向的认定结果。但对于民事审判而言,真正对民事行为效力起着重要作用的是对民事行为中相关的他方的意思表示的判断,这是针对民事行为多方向分别进行的认定。

在腾讯公司"状告"老干妈公司的闹剧中,腾讯公司以合同关系起诉老干妈公司,合同虽然以伪造的印章签订,但最终合同效力如何,对于合同责任的判定,并不拘泥于印章伪造的认定中,相反,印章被伪造只是其中的一个辅助证据。

案例二:在张家口市景泰商贸有限公司(以下简称景泰公司)与河南兴隆

建筑工程公司(以下简称兴隆公司)买卖合同纠纷案①中,景泰公司与兴隆公司所属北京工程处(以下简称北京工程处)分别于 2011 年 9 月 24 日、10 月 11 日签订了两份钢材购销合同,两份合同总价款为 600 多万元。景泰公司在合同签订后按约向北京工程处提供钢材,但北京工程处却迟迟未付清货款。截至 2012 年 3 月,北京工程处已经拖欠景泰公司货款 500 多万元。景泰公司无奈只得以买卖合同纠纷为由,向法院起诉要求支付拖欠的货款、补偿金及违约金等费用。经法院查明,景泰公司与北京工程处签订的钢材购销合同上加盖了北京工程处的公章,并由张某某在"委托代理人"处签名,经查,张某某事先已取得兴隆公司的授权。在庭审过程中,兴隆公司辩称,景泰公司提供的钢材购销合同上所加盖的北京工程处合同专用章系张某某个人伪造,是张某某的个人诈骗行为。本案应先行移送公安机关对张某某的诈骗行为进行侦查处理,兴隆公司不应承担支付货款及违约金的责任。

案件争议要点在于:涉及犯罪行为的,案件是否应当先行移送公安机关侦查处理?伪造印章犯罪事实的存在是否应当认定该合同为张某某的个人诈骗行为,兴隆公司是否需要承担相应的民事责任?法院的审判一直坚持两个关键要点:一是犯罪的认定不会导致民事合同的无效,二是犯罪的认定不会导致当事人民事责任的免除。

综合上述两个案件,对于伪造印章"刑民交叉"的情况,在刑事审判中,伪造事实更重要,而终局性的裁判也是几乎围绕伪造印章相关的事实展开的。民事审判中伪造事实很多时候只是作为一个辅助证据或者过程性的事实,对于民事行为效力等终局性的判决一般是透过伪造印章事实,从本质上探究民事行为实质得出的。

②同案不同判问题突出

虽然已有部分法律对于"刑民交叉"问题作出相关规定,并且通过一些判例能够总结出伪造印章"刑民交叉"案例审判的关键点和特点,但是同案不同判的现象在我国的司法实践中并不少见。

案例:2018 年 1 月 30 日,金盾风机股份有限公司原董事长周某某去世。

---

① 河北省高级人民法院民事判决书,(2014)冀民二终字第 102 号。

其后,该公司陆续被部分单位及个人以该公司向其借款,或者该公司为他人向其借款提供担保为由,起诉至法院或被申请仲裁,要求该公司承担还款或担保责任。经该公司自查,该公司与上述案件的原告或申请人均不存在借款关系或担保关系,该公司已就印章可能被伪造向公安机关报案并获得公安机关立案侦查。

2018年2月4日,浙江省绍兴市上虞区公安分局作出《立案决定书》,对金盾风机股份有限公司被伪造公司印章案进行立案侦查。2018年2月28日,浙江省绍兴市上虞区公安分局对金盾消防器材有限公司集资诈骗案进行立案侦查。笔者对该系列案件的法院审判结果整合如表10-5所示。

表10-5 金盾风机股份有限公司系列案件

受理法院	当事人	一审	二审(如有)
广东省深圳市中级人民法院[1]	原告:深圳国投商业保理有限公司 被告:浙江金盾风机股份有限公司	驳回原告起诉	驳回原告起诉
浙江省绍兴市中级人民法院[2]	原告:北京中泰创盈企业管理有限公司 被告:浙江金盾风机股份有限公司	驳回起诉	浙江省高级人民法院维持原判(最高人民法院驳回再审申请)
上海市浦东新区人民法院[3]	原告:上海厚行资产管理有限公司 被告:浙江金盾控股集团有限公司等	驳回起诉	
浙江省杭州市中级人民法院[4]	原告:浙江物产融资租赁有限公司 被告:浙江金盾风机股份有限公司	中止诉讼	
河南省长葛市人民法院[5]	原告:单某某 被告:浙江金盾风机股份有限公司	公司承担还款责任	公司承担还款责任

[1]广东省深圳市中级人民法院民事判决书,(2018)粤03民初1362号之二;广东省高级人民法院民事判决书,(2018)粤民终2111号。
[2]浙江省绍兴市中级人民法院民事判决书,(2018)浙06民初42号;浙江省高级人民法院民事裁定书,(2018)浙民终358号;最高人民法院民事裁定书,(2018)最高法民申4250号。
[3]上海市浦东新区人民法院民事判决书,(2018)沪0115民初24159号。
[4]浙江省杭州市中级人民法院民事判决书,(2018)浙01民初342号。
[5]河南省长葛市人民法院民事判决书,(2018)豫1082民初805号;河南省许昌市中级人民法院民事判决书,(2018)豫10民终3323号。

可见对同一系列的案件，不同的法院会作出包括驳回起诉、中止诉讼、判决公司承担还款责任等多种判决结果，同案不同判情况突出。法院系统内部甚至是同一法院内部对于相似的案件事实的认定不能达成一致，在一定程度上有损审判的一致性和权威性，不利于法律的适用和法律目标的实现，对相关问题的审判标准和技巧应当尽快建立并在法院系统内推行。

(3)关于伪造印章"刑民交叉"现象的思考

涉及印章的案件频繁出现"刑民交叉"的情况，在司法实务中，对类似现象进行审判和裁决尚未形成一致性、明文性的规定，因此，笔者对相关法律问题和审判现象有如下几点简要分析和思考。

①有条件的"先刑后民"

《民事诉讼法》关于诉讼中止的规定，只是针对案件要以"另一案的审理结果为依据，而另一案尚未审结的"，是一种有条件的诉讼中止。这里的"另一案"既包括民事案件也包括刑事案件，也就是说在这个情况下，是有条件的"先刑后民"，从规则的文本上看，"刑民交叉"案件并不必然导致民事案件的审理中止，并不必然"先刑后民"，而是有条件的"先刑后民"。

②立足民事审判关键点——意思表示

因经济活动中存在多样性和复杂性，行为人伪造公司印章对外签订的合同，并非当然无效。受欺诈的一方可依据《民法典》第148条请求人民法院或者仲裁机构予以撤销。同时，民事合同的效力与当事人是否构成犯罪并无必然联系。对于合同效力的判断关键依据的是《民法典》中关于法律行为效力的规定，即当事人作出意思表示的方式和内容是否真实合法，并不是依据《刑法》来看签订合同过程中是否存在违法犯罪行为。

最高人民法院在审判中明确"看人不看章"的审判思路：公章之于合同的效力，关键不在公章的真假，而在盖章之人有无代表权或代理权。不能仅凭印章的真伪确定合同效力和民事法律关系中各方享有的当事人地位，民事实践中已经出现印章认定为虚假，但由于当事人之间其他证据真实有效且能形成完整的证据链证明合同为当事人真实意思表示，以此认定合同有效的案例。因此要认定合同无效，须继续举证证明合同不是双方的真实意思表示或合同内容违反了法律法规的强制性规定。

③注重对于相对人合理信赖的保护

使用伪造公章的情形下,只要相对人合理信赖该枚公章仍在使用,法律就要保护此种信赖。在一般情况下,相对人客观上无法知晓对方公司有几枚印章以及哪一枚公章是经过备案或者是真实有效的,相对人不应负有审核某一公章是否为备案公章的义务。

④印章效力认定的"一致性"

公司不能对同一印章的效力在不同的场合及不同案件中只作出对其有利的选择,公司只要在某一场合中使用过公章,即便该公章系他人私刻,该公章在另一交易中亦应有效。

四、完善建议

(一)外部完善

1.完善我国法律体系

在公司章程中首先明确董事会对于公司印章保管的规定,同时规定印章必须有董事会或董事委员会的许可才得以使用。在我国立法体系中增加相应的强制性规定,其中包括公司法印章管理制度、使用制度、借出归还制度等,借鉴国外立法中的相关经验完善我国法律体系,从法律层面为公司印章的管理和使用提供立法依据与法律准则。[①]

2.发挥最高人民法院指导性案例的作用

随着我国商事交易的进一步发展和繁荣,有关公司签章效力的争议和纠纷越来越多。为便利公司商事交易,并为我国司法实践提供范例和指导,最高人民法院应该出台指导性案例裁判规则理解与适用。通过提取审理过程中遇到的典型案例、经典案例,对其争议的核心问题以及判决依据加以总结和概括,汇总成为最高人民法院指导性案例裁判规则,为之后司法实践中办理具有相似案情的案件提供参考。参照最高人民法院的指导性案例,在总揽全局的情况下,做到具体问题具体分析,并通过司法解释或是指导意见的形式固定下来,这样不仅能够为商事交易提供便利,也更加有利于法官作出公平公正的判决、裁定,

---

① 参见陶肇炜:《公司印章法律效力研究》,湖南大学2012年硕士学位论文。

更好地维护法律的权威。

3.行政部门充分发挥作用

(1)完善行政机关的公司印章管理备案制度

充分发挥行政机关对于公司印章的管理和规范作用,对于公司在商事交易或是诉讼中印章的使用进行有效的监督和登记,并进行年检。实践中有很多在公司注销、撤销签章后依然在使用签章的情况,引起了法律纠纷,导致当事人权益受损。① 所以,要想公司签章的效力得到正常的行使和发挥,需要工商部门(市场监督部门)加强执法、严格执法、全面执法。

(2)完善行政机关对于公司签章撤销或是销毁的工作流程

从前文的诸多案例中可以发现,很多案件的争议集中在公司公章在撤销或是注销后,仍然在商事交易中进行使用。为了解决此类问题,首先需要明确,公安部门既是公司签章刻制的审批者,也是公司签章的撤销或销毁的处理人。需要改变此前公安部门仅负责审批公司签章的刻制,却不负责公司签章的撤销或销毁的权力分配。法规仅规定了印章签发的相关程序性问题,并未对印章的销毁、撤销作明确的规定,这就间接导致了在公司印章的行政管理上,可能会出现无人负责,职权不明晰,甚至相互推脱的现象。

(3)明确其他国家行业部门的工作职责

国家会计中心或省财政厅会计中心需要根据《会计法》等对公司专用财务章进行检查和审核,包括其在财务报表、单据等重要文件上的财务签章的使用情况也需要置于上述部门的监督之下。同样,税务部门要根据《票据法》或者税法对于公司发票专用章的使用进行审查监督,海关部门则要在《海关法》等法律文件和规范的指引下,加强对于公司签章的监管和审查。

4.应认定特定情形下自然人的签名优先于公司印章的效力

在美国,部分公司签章的作用和效力已经被自然人个人的有效签名所取代。尤其是在有法定代表人出席的商事交易和往来活动中,自然人的个人签名在法律效力上甚至要优于公司印章的效力。原因之一在于,自然人个人签名的

---

① 参见张学:《公司签章的效力研究——以兰通工贸诉三建集团合同纠纷案为例》,甘肃政法学院2015年硕士学位论文。

真实度更高,仿冒后被识别出的可能性更大,并不像公司签章会出现加盖事实不清等问题。原因之二在于,当前电子签章技术发展已经比较成熟,将自然人的签名优先于公司印章进行认定实际上也会为公司在实际生活中的交易行为提供极大的便利。通过电子签名来代替公司签章,即无须将签章带出公司,通过电子数据和文件传真来实现最后身份和合意的确认。这样既减少了公司印章偷盗、遗失等情况发生,也为当事人双方达成合意提供了便利。同时电子签名作为一种电子数据,当发生争议和纠纷时,也便于进行证据获取和证据调查、核对,不会出现诸如实体印章被偷盖、盗用等不明的情况。在印章使用上,鉴于公司印章在现实生活中所起的证据作用,可将是否使用以及如何使用公司印章的法律规范由强制性规定改为任意性规定,由当事人根据交易习惯和相互的信任进行协商选用。①

5.转变公司签章的观念

我国大多数公司在对外商事交易中采用的还是公司签章而非自然人签章。公司签章中绝大多数是印章,签名只是作为审批,加盖印章才是确认效力。受这种观念的影响,我们对于公司签章的使用过于看重,但随着经济和电子签名的发展,我们也应该改变这种陈旧的观念,建立以签名为主、以公司印章作为补充的签章制度,减少关于公司印章使用方面的纠纷,便利公司的商事交易。

(二)内部完善

要想有效解决公司印章管理纠纷的各种问题,关键还是要从公司内部治理的层面对于公司印章问题进行管理和规制。比如,对公司印章使用设置行政监督机制,将制定公司印章管理制度上升为公司的一项法定义务。

1.空白文件一律不得加盖公司印章

为了避免公司印章被偷用、盗用等情况的出现,需要严格控制文件加盖公司印章的情形,对于空白文件、定稿以及未明确规定具体内容的文件一律不得加盖公司印章。

2.印章一律不得外借

印章的借出需要经过一系列审批和程序并记录负责人、使用事由、借出时

---

① 参见李爽爽:《公司印章法律问题研究》,河南大学 2016 年硕士学位论文。

间、归还时间等必要事项。杜绝现实中"打招呼"借用等不规范的使用程序。需要盖印章的文件必须由公司代表人签字,即文件已经过审批等前置性程序。

3.章程中载明公司重要事项

在公司章程中增设交叉监督的相关机制,防止授权部门滥用职权,徇私舞弊,制定完善的监督和监管机制,明确公司印章使用的相关前置性程序,并明确具体追责机制,为公司管理印章提供准则和依据。

4.限制法定代表人的权力

通过公司章程、决议等方式限制法定代表人的权力,解决法定代表人制度现存的问题,消除弊端。优化公司权力资源配置,将公司公章放置在专职部门,而非法定代表人手中,承认法定代表人个人签名的有效性,同时限制法定代表人拥有过度的权力。①

5.公司治理结构机制的转变

与法定代表人制度相关的就是公司治理结构机制的转变。公司治理应当从法定代表人逐步向管理层转变,将包括公司董事会、监事会等管理层作为公司治理的核心。法定代表人只是在一定程度上享有一定限度的公司代表权限,但并不是整个公司治理机构的中心。一方面,董事会等组织机构的存在对于法定代表人个人代表权利的行使是一种限制和监督,减少了个人权利滥用的可能。另一方面,体现了公司执行权、决策权以及监督权三大重点权力的分离。各重要部门之间,分权制衡,各自行权,从而推动公司的发展和进步。公司治理结构机制体现在签章上就是,各个部分对各自的分管专用签章负责,每个部门都对本部门的签章使用进行强化管理,形成整体行之有效的签章管理流程和参考。简单来说,公司治理结构得到了优化,整体管理层的履职能力得到了完善和加强,在这个前提和框架下,各部门均按照公司章程管理好本部门的签章,就能够保证整体签章管理有序妥当。②

6.完善签章内部追责机制

在公司内部管理方面,公司可以通过制定规范性文件,加强对于签章的管

---

① 参见张杰林:《公司印章的法律效力问题探析》,青岛大学2017年硕士学位论文。
② 参见龚媛:《公司印章对外表征效力研究》,湖南大学2018年硕士学位论文。

理和控制。具体可以包括制定《签章保管责任书》《签章借还登记簿》《签章使用审批表》《签章使用留存表》等文书。在《签章保管责任书》中设定明确的签章保管人,并在其中规定内部追责机制。在《签章借还登记簿》中载明签章借用人,借用时间,是否归还,以及其他审批程序是否已经完成。同时还要设置完善的公司签章内部追责机制,对于出现过问题的使用人、保管人和审批人给予警告、追偿、开除等处罚,将责任落实到个人,规制公司签章的使用。

总体来讲,只有在外部环境和内部治理两个层面,从立法、司法、行政、公司治理结构等多个角度,协调配合,才能最大限度地减少公司签章产生的矛盾和纠纷。公司印章的法律规制的目的在于促使公司加强对公司印章的管理与控制,并最终提高商事交易的效率与安全性。

(编校:余蓁茜)

第十一章　股东知情权纠纷实证研究

谢丹怡　夏天珈　王　梓　李　峥
崔智浩　周维洁　王笑宇　王君菲
毛承乐　王路瑶　李范伟　刘传泰

一、概述

一直以来,股东知情权纠纷都是公司法中较为重要的课题,笔者针对近年来的案例进行整理分析,最终得出相应的分析结论。为了便于读者理解知情权的含义,笔者将从法条分析、内涵解析、审判争议以及立法完善建议等方面进行论述。

(一)法条分析

我国法律对企业的样态作了专门的规定,主要分为个人独资企业、合伙企业以及公司,并且从企业的资本构成、企业的责任形式以及企业在法律上的地位三个方面作了专门的概括。个人独资企业仅有一个出资人,所以不存在股东知情权纠纷,而合伙企业和公司在出资人人数上均不止一个,故而可能存在股东知情权的纠纷,法律对此有所规定。

有限责任公司和股份有限公司股东的知情权规定在《公司法》第33条、第97条(2023年修订后分别为第57条、第110条,新增股东复制权、特殊股东知情权的内容)。合伙企业中合伙人所享有的知情权规定于《合伙企业法》第28条。从保护力度的强弱来看,保护合伙企业有限合伙人的力度最大,保护有限责任公司股东的力度次之,保护股份有限公司股东的力度最弱,这与不同企业的股东责任有所关联,合伙企业合伙人的人合性最强,股份有限公司股东的人合性最弱。具体而言,股份有限公司股东可以查阅公司章程、股东名册、公司债券存根、股东大会会议记录、董事会会议决议、监事会会议决议、财务会计报告,但不能查阅会计账簿和会计凭证,也不可以复制任何此处列举的资料;有限责任公司股东可以查阅、复制公司章程、股东会会议记录、董事会会议决议、监事会会议决议和财务会计报告,股东可以要求查阅公司会计账簿,但不能复制,也不能查阅会计凭证;有限合伙人则可以在涉及自身利益时,直接查阅有限合伙企业的会计报告、会计账簿和会计凭证,但法律中并未说明是否可以复制。

(二) 内涵解析

1. 股东知情权的主体

笔者认为,行使股东知情权的主体仅为股东。无论是法定三种企业中的哪一种企业,其都具有独立的法人人格,同时具有独立的法人财产,其在经营过程中的内部事项等具有一定程度的隐秘性。这种信息不可被他人获得,否则,会导致竞争对手知晓其运营过程中的一系列规则,加剧其运营的难度甚至可能导致其经营危机甚至破产;此外,一旦一家公司完全透明化地运营,极有可能会被外界利用,从而导致其运营难度加剧甚至带来负面的社会效应。因此,公司的内部信息具有一定程度的私密性,并不是每个想要了解其信息的人都有资格获取,只有那些对公司有所投入,与公司具有利益关联的人才可以要求公司披露内部信息。

此时,便涉及股东资格的问题。依据《公司法司法解释(四)》第7条的规定,具有股东身份是起诉知情权侵犯的必要条件,那么具有股东身份也是行使知情权的必要条件。

2. 当前存在的问题

虽然2018年《公司法》对股东知情权作了规定,但是不够具体。例如,从现有立法可以看出知情权是股东的一项基本权利,但其欠缺更为细致翔实的法律规范,由此导致实践中产生不少歧义和问题;在商法自治的基本原则下,法律对于公司的治理与范围等问题除必要的规制,均充分尊重公司的意思自治,因此,许多公司的内部制度与章程在一定程度上阻碍了股东知情权的行使。对于此问题,留待后续讨论分析。

(三)审判争议

1. 隐名股东是否有提起知情权之诉的资格

实践中,基于各种各样的原因,一直存在代持股、隐名股东等,尤其是隐名股东,其大致有两种表现形式:其一,隐名股东通过显名股东行使权利、承担义务;其二,隐名股东直接以股东身份行使权利、承担义务。尽管《公司法司法解释(三)》第 24 条对隐名股东权利给予了一定程度的保护和肯定,但法律并未对其是否拥有提起知情权之诉的权利予以明确。正常来说,如果股东身份在公司章程、出资证明书、股东名册、工商登记(市场主体登记)中都没有任何明确记载,除非其股东身份被依法确认,否则无法正常行使股东知情权的诉求。但如果此隐名股东已经直接以股东身份在公司行使其显名股东的权利,承担相应的义务,并得到其他股东和公司的认可,公司章程、出资证明书、股东名册、工商登记(市场主体登记)以及相关的内部文件中已经明确其股东身份,此时应当认为此股东享有提起股东知情权之诉的权利。总而言之,隐名股东想要提起股东知情权之诉必须先让自己的股东身份"浮出水面"。

2. 出资瑕疵的股东是否享有提起股东知情权之诉的权利

对于出资瑕疵的股东是否享有提起股东知情权之诉的权利问题,实践中存在两种截然不同的观点:其一,出资瑕疵不是阻碍股东行使股东知情权之诉的条件;其二,出资瑕疵使股东身份存在不确定性,故而出资瑕疵的股东不享有行使股东知情权之诉的权利。《公司法》对瑕疵股东的义务作出明确规定:一是补足对公司承诺的资本缴纳金额,二是承担对其他已经足额缴纳出资的股东的违约责任。笔者认为,即使股东出资有一定程度的瑕疵,但不能否认其股东身份,其依然享有股东固有的权利,此处包括股东知情权,即应该区分股东出资瑕疵与股东知情权的关系。

3. 不再享有股权的原股东是否能对其享有股权之时的公司经营提起知情权之诉

股东知情权是基于股东权利而具有的一种既有股东权利,对于已经丧失股东身份的原股东而言,法院会依据其行使知情权之诉的正当性与合理性进行评判。依据《公司法司法解释(四)》第 7 条第 2 款之规定,股东身份的丧失不代表股东提起知情权之诉权利的丧失。

4. 继受股东是否享有查阅其成为股东之前公司文件的权利

笔者认为,继受股东应该对公司所有的文件均享有查阅的权利。其一,法律并没有明确禁止继受股东查阅其成为该公司股东之前的公司文件。其二,只有股东充分了解公司的运营情况,才能有效行使其股东权利。要充分了解公司的运营情况,就要对公司的发展历程了如指掌,如果仅对其成为公司股东之后的文件有所了解,那么股东就无法真正维护其基本权利。

5. 股东提起知情权之诉是否需要适用诉讼时效

对于股东的知情权之诉是否需要适用诉讼时效制度,我国公司法并没有作出明确规定,现有司法实践对此有不同的态度:一部分人认为,提起知情权诉讼是股东基于股东身份产生的权利,只要股东的股东身份还在,就可以行使这种权利,这是一种持续性的既有权利,而非债权,故不适用诉讼时效制度。另一部分人认为,知情权的诉讼时效应该从其知情权受到侵害时算起,尤其是针对不同的资料类型应该有不同的判断方法。笔者认为提起知情权之诉应该适用诉讼时效制度,法律不保护怠于行使权利的人,如果股东在其本该为权利而斗争的时候选择视而不见,却在多年后提起诉讼,显然会给司法带来许多困难。

(四)立法完善建议

其一,建议我国建立检查人选任制度。我国现行法律并未真正确立检查人选任制度,只是在《公司法司法解释(四)》中简单提及,《公司法司法解释(四)》第10条第2款的规定也仅是对专业人士查阅的一种尝试,并不是真正对其规定。处于信息劣势一方的股东本身就已经缺乏救济的渠道,此举可以对公司治理机制进行补充,便于股东行使检查权。此外,在这一制度诞生之后,公司与股东极有可能会就检查人的选择产生矛盾,笔者建议可以预先设立中立的检查人选任制度,或者由法院在其产生矛盾却又无法真正解决时,自行指派中立的检查人,从而平衡这一局面。

其二,扩大股东查阅权的范围。上文已经提及,我国目前对股东查阅权的规定比较狭窄,尚不完备。现实中很多上市公司财务造假的行为屡见不鲜,如果不进行真正的类似于审计一样的查阅,难以凭借公开的会计账簿等材料发现其中存在的问题。只有将查阅的范围适当地扩大,才可以起到震慑公司良性治理、公平诚实对待中小股东的作用。当然,扩大查阅权的范围事实上也是在保护中小股东的利益和损害公司的利益之间进行平衡。扩大查阅权的范围,尤其是上市公司的文件涉及公司内部治理的具体情况,一旦发生外泄,将会给广大投资人尤其是资本市场中买入的散户投资人乃至整个市场带来较大的影响,因此,在决定扩大查阅的范围时要慎之又慎。对于会计账簿等底稿类信息是否要纳入股东查阅的范围,笔者暂时持审慎态度。对于小型公司而言,其发展本身即存在一定程度的压力,如果给予股东较大权利去查阅此类材料,有可能出现对手公司或存在同业竞争的股东借此探知公司发展实情,给公司发展带来压力与破坏的事件。对于大型公司而言,其股东人数较多,如果任一股东都有权轻易探知公司重要基础文件资料,容易出现公司内部文件外泄或对手公司贿赂小股东等情形,导致公司发展出现障碍。因此,笔者建议在扩大查阅范围的同时,要辅以对拥有查阅权股东身份的限制,防止他人利用股东身份行使查阅权,恶意损害公司利益。

二、案例整理和分类统计

(一)样本选择

1. 样本来源

笔者通过在"威科先行"法律信息库中进行检索,最终获得案例总数7796个。检索方法为,案由选择"股东知情权纠纷",案件类型选择"民事案件",文书类型选择"判决书",时间范围选择"2015/01/01—2020/09/30",最后人工去除重复案例(当事人、诉讼请求、事实和理由相同或极为相近)和无关案例(案由相同,但是案件争点或者法院裁判与股东知情权无关)共计6个,统计基数共计7790个。

2. 样本分析方法

确定了样本来源后,需要确定样本分析方法。本次研究采用两个分析方法。首先,笔者采用了抽样调查法。由于股东知情权案件较多,共计7790个,我们主要精读了二审和再审案例,结合部分特殊案例的一审情况(涵盖破产、母子公司知情权超越等情况),以验证结论的真实性,下文分析数据均以二审和再审案例为基础。其次,笔者采用了统计描述法,即在案例收集的基础上,摘取样本案例中需要的变量数据,对收集的数据进行整理归纳并形成表格,从而确定知情权的核心问题。

(1)以审级为划分依据

如表11-1所示,一审案件占比66.94%,二审案件占比32.66%,再审案件占比0.4%。通过审级比较可以发现,知情权诉讼二审比例相对较高,其中还不包括已提出上诉但二审前又撤诉的案件,这体现了股东与公司的矛盾是较为突出的,同时关于股东知情权的争议是较大的。

表11-1 案例审级分布情况

审级	数量/个	比例/%
一审	5215	66.94
二审	2544	32.66
再审	31	0.40
总计	7790	100.00

(2)以年份为划分依据

股东知情权诉讼呈现递增趋势,在2017年之前均在1000个以内,2017年达1400个,2017年后增幅加大,2019年超过2000个。一方面,这与经济发展有关,公司的管理逐渐规范化,股东维权意识提高,公司内部经营复杂程度也逐步增加,导致了知情权诉讼案件的高发。另一方面,这也体现了《公司法司法解释(四)》对股东知情权保护的强化。更需要我们注意的是,股东知情权无疑已经是公司诉讼的重要类型之一。

(3)以地区为划分依据

对案件在地区上的分布情况进行分析。由于股东知情权涉诉较多,案件分布广泛,本书不以各省为划分标准,而以东西南北中的地区划分为标准。笔者认为,这种地区差别的原因是显而易见的,由于经济欠发达地区法治建设较为落后,法治观念薄弱且公司发展环境落后,一定程度上阻碍了股东知情权案件数量的增长。以上海为代表的华东地区,由于经济发展程度高,法律意识较强,其相关诉讼也是数量最多的。具体情况如表11-2所示。

表 11-2 案例地区分布情况

单位:个

地区	华东	华北	华中	华南	东北	西北	西南	总计
案例数量	3156	1199	881	1017	291	400	846	7790

(二)裁判结果

1. 案例裁判结果统计

从表 11-3 可以看出,在法律和司法解释有明确规定的情况下,股东的知情权能够得到较好的保护,受到法院支持的概率较大。但对于查阅银行流水、复制会计账簿等法律无明确规定的,法院一般判决不予支持。

表 11-3 案例裁判情况

查阅范围	裁判结果		占比/%
会计账簿与会计凭证	查阅	支持	19.62
		不支持或未提出	5.38
	复制	支持	2.06
		不支持或未提出	22.94
公司章程、股东会会议记录、董事会会议决议、监事会会议决议和公司财务会计报告等	查阅与复制	支持	16.47
		不支持或未提出	8.53
其他文件(如贷款合同、业务往来情况等)	查阅与复制	支持	0.25
		不支持或未提出	24.75

2. 裁判理由中法条引用统计

由于每一判决中可能引用的法条数量较多,此处仅对高频法条及与股东知情权联系密切的法条进行统计展示,以此梳理法院支持或不支持诉讼请求的理由。如表 11-4 所示,在已阅读的案件中,出现频次最高的是《公司法》第 33 条,这是由于股东知情权诉讼的被告公司类型基本为有限责任公司,这也与之后谈及的公司性质统计结果一致。除此之外,《公司法》第 33 条还包含前置程序规定等内容。与股份有限公司相关的《公司法》第 97 条仅处在第 5 位。《公司法司法解释(四)》第 7 条规定了原告股东资格,与诉讼主体资格的争议焦点紧密相关;《公司法司法解释(四)》第 8 条则列举了"不正当目的"的情形,这两条运用也较多。《公司法司法解释(四)》第10条对股东委托辅助查阅人进行了规定,虽多数股东会委托会计师、律师进行查阅,但以该问题作为争议点的案件较少,因此该条适用较少。另外,由于查阅范围,尤其是会计凭证等材料的问题一直是知情权诉讼的重点,对《会计法》第9条、第14条、第15条、第20条运用较多。

表11-4 法条出现频次

法条	出现频次/%
《公司法》第33条	54.47
《会计法》相关条文	18.30
《公司法司法解释(四)》第7条	9.95
《公司法司法解释(四)》第8条	8.53
《公司法》第97条	5.70
《公司法司法解释(四)》第10条	3.05

(三)争议焦点

1.案件争议焦点统计

笔者将需要研究的争议焦点从原告与被告两方面进行划分,如表11-5所示,目前股东查阅范围、不正当目的等内容是主要的争议内容,在案件中占比较高。这些问题由于内部包含众多复杂情况而更容易引发诉讼。相对而言,对委托代理人、资料是否不存在等问题的争议较少。同时,一个案件中可能存在多个案件争点,例如"查阅范围+不正当目的"。表11-5中的7种案件争点在判决书中呈现原被告分明、依诉讼进程递进的层次关系。

表11-5 案件争议焦点

案件争议焦点		裁判说理部分主要解决的问题	百分比/%
原告方面	主体资格	隐名股东、出资瑕疵股东等能否行使知情权	12.55
	查阅范围	会计凭证等是否属于查阅范围	37.06
	查阅前提	是否已履行"书面请求+查阅目的"的前置要件	10.30
	行权辅助	委托代理查阅人是否合适	2.69

续表

案件争议焦点		裁判说理部分主要解决的问题	百分比/%
被告方面	公司类型	股份有限公司、集体所有企业等与有限责任公司在知情权上的区别	3.23
	不正当目的抗辩	有何不正当目的,是否成立	21.47
	其他抗辩理由	章程限制、已知情、资料不存在、诉讼时效经过等	12.71

2. 再审案件争议焦点统计

为了更好地确认争议焦点,笔者选取了所有的再审案件进行细致研究,得出如表 11-6 所示结论,与上文结论基本一致。

表 11-6 再审争议焦点

主要争议点	具体问题	百分比/%
诉讼主体资格	是否具备股东资格	9.09
	未实际出资	24.24
	隐名股东	15.15
	某时间段无股东资格	9.09
查阅范围	能否查阅会计凭证	15.15
前置程序	收件地址非公司住所地	9.09
	未实际签收	9.09
已知情	担任公司要职,对经营情况已知情	9.09

三、焦点问题分析

(一)主体资格

股东知情权是股东享有的法定权利,对股东知情权的探讨应基于股东身份,因而,应结合法律规定及司法实践的具体情况,对主体资格问题进行阐述。

1. 原告方面

在笔者所研究的 2015~2020 年共计 2575 个经过二审、再审的争议案例中,有 526 个案件的原告属于特殊股东身份,约占总体的 20.43%。具体各类型案件数量及占比情况如表 11-7 所示。

表 11-7 各类股东身份类型案件数量及占比

具体股东类型	案件数量/个	所占比例/%
一般股东	2049	79.57
先手股东	81	20.43
继受股东	131	
显名股东	67	
隐名股东	39	
出资瑕疵股东	166	
其他(如特殊持股安排、非股东等)	42	
合计	2575	100

2. 被告方面

在所调查的 2015~2020 年全部 2575 个案例中,以"原告不具有诉讼主体资格"作为抗辩理由之一的案件共 831 个,发生率约为 32.28%。

其中,涉及 3 类典型问题(股权转让、代持股、出资瑕疵,系根据归纳汇总所作的分类)的案件数量共 484 个,约占争议案件(831 个以"原告不具有诉讼主体资格"作为抗辩理由的案件)的 58.24%,具体如表 11-8 所示。

表 11-8 涉及特殊股东身份问题案件数量及占比

特殊问题	案件数量/个	占所有以"原告不具有诉讼主体资格"为由进行抗辩的案件比例/%
股权转让	212	25.51
代持股	106	12.76
出资瑕疵	166	19.98
合计	484	58.25

其余 347 个案件并不存在特殊股东身份的情形,但被告仍然以"原告不具有诉讼主体资格"作为抗辩理由,占比约为 41.76%。

在抗辩理由方面,绝大多数被告公司并未对原告股东资格问题作出详细说明或提供证据,仅提出原告"不具备股东身份"、"不是本公司股东"或"不承认股东身份";而部分案件对理由进行了具体说明,但情形相对分散,主要理由包括:股东已自愿退股(26个)、登记错误或已退股但未办理变更登记(18个)、公司法人名称发生变更(11个)、股东未实际参与经营管理(9个)、股东违反决议丧失股东身份(7个)、股东持股比例不符要求(5个)等。这表明,实践中的股东资格问题涉及较多情形,并且该抗辩理由在一定程度上作为被告公司的"安全条款"加以使用。

3. 判决方面

以"原告不具有诉讼主体资格"作为抗辩理由的831个知情权纠纷案件中,有685个获得法院支持或部分支持,占比82.43%。其余146个未获法院支持,其中18个存在特殊情形。法院给出的判决理由与具体股东类型相关,如表11-9所示。

表11-9 涉及特殊股东身份问题案件胜诉率

具体股东类型	胜诉数量/个	案件总数/个	胜诉率/%
先手股东	62	81	76.54
继受股东	118	131	90.08
显名股东	59	67	88.06
隐名股东	26	39	66.67
出资瑕疵股东	153	166	92.17

①先手股东

先手股东是指提起知情权诉讼时股权已转出的原股东。由于股东身份的欠缺仅是在起诉时点上的瑕疵,对先手股东知情权的全盘否决,可能会产生公司损害股东正当权益后以各种手段迫使股东转让股权的道德风险。因此,不能认为股东知情权绝对以股权的转让而告终,法院对该问题的态度将决定先手股东作为股东期间的利益以及退出公司后的权益能否得到维护。

在先手股东提起知情权诉讼的情形中,法院主要的支持理由包括:达成股权转让协议但尚未履行或未能履行;已转股,但对其持股期间的信息享有知情权;已转股,但提供相应证据初步证明其持股期间的合法利益受损或存在重大风险;与股权转让相关的特定事由;以举证责任角度,指出被告公司并未提供充分证据证明发生股权转让;直接采"商事外观主义原则",依公司章程、股东名册、工商登记(市场主体登记)信息进行认定。

在不支持的判决中,除存在其他不符合法律规定的情形(如不正当目的、未履行前置程序等)之外,主要的不支持理由是法院认定原告不具有股东身份。例如,李某某与广州尚航信息科技有限公司股东知情权纠纷案①。

对于先手股东提出的知情权纠纷,2017年9月1日起施行的《公司法司法解释(四)》第7条作出了相应规定,在该司法解释出台后的判决中,法院对先手股东知情权的审查将增加实质要件:审查起诉时不具有公司股东资格的原告在持股期间其合法权益是否受到损害。例如,山西森海鑫科贸有限公司与张某某股东知情权纠纷案②。

②继受股东

在涉及特殊身份的股东知情权纠纷案件中,原告身份以继受股东较多。有关继受股东的争议主要在于,通过增资或股东变更而新加入公司的股东,可否对出资之前的公司情况行使知情权。对此,法院大多判决支持原告行使知情权,多数认为原告起诉时具有股东身份且其他要件亦符合法律规定即可,或直接尊重商事外观主义原则。其中,在临湘市金利房地产开发有限责任公司、赵某某股东知情权纠纷案③中,原告在股权转让协议中约定"受让方赵某某不享有金利公司开发锦富豪庭项目的所有权利和义务",而法院指出该款不能成为限制赵某某查阅或者复制公司文件材料的权利的依据,仍然支持了继受股东较为宽泛的知情权。

在不支持原告行使知情权的判决中,大多数是由于存在其他不符合法律规定的情形(如具有不正当目的、未履行前置程序等),仅有个别案件存在因股权转让协议无效的情形而未支持继受股东行使知情权。例如,孙某某与斯某某、大同市亿安房地产开发有限责任公司股东知情权纠纷案④。

③显名股东

在有关名义股东纠纷的案例中,法院支持名义股东行使知情权的概率达

---

① 广东省广州市中级人民法院民事判决书,(2016)粤01民终739号。
② 山西省太原市中级人民法院民事判决书,(2019)晋01民终3493号。
③ 湖南省临湘市中级人民法院民事判决书,(2018)湘0682民初2885号。
④ 山西省大同市中级人民法院民事判决书,(2014)同商终字第47号。

到88.06%。部分法院明确支持名义股东行使知情权,如浙江唯至德科技有限公司、马某股东知情权纠纷案①;同时也有法院要求实际股东同意并认可登记股东的知情权方才支持。除此以外,法院基本使用常规理由(被告公司并未提供充分证据予以证明,或直接遵照商事外观主义原则)作出支持判决。

不支持的判决中通常存在特殊情形,例如名义股东与实际股东或其他股东之间存在股权纠纷。此外,在江苏科俐文置业有限公司(以下简称科俐文公司)与盐城德基置业有限公司(以下简称德基公司)股东知情权纠纷案②中,法院明确支持以代持股协议排除名义股东行使知情权的做法,这在股东知情权纠纷中属于较为少见的做法。

④隐名股东

由于隐名股东不具有可信的权利外观,其与公司之间的法律关系具有较强的不确定性,就保护善意股东和第三人的角度而言,至少要对隐名股东的知情权作出适当限制。隐名股东提出的知情权诉讼的支持率在涉及特殊股东身份问题案件中最低,仅有66.67%,与前述的法理一致。

具体而言,支持隐名股东行使知情权的最主要理由是公司知情且不涉及公司以外的第三人利益,如陈某某、刘某某股东知情权纠纷案③。也有部分公司存在特殊的持股安排,如在河南省通信工程局有限责任公司、董某某股东知情权纠纷再审案④中,职工持股方式采取"一股多带"的方式,说理方式与前案类似。

在不支持隐名股东行使知情权的判决中,法院的说理理由比较集中,主要观点是:隐名股东应通过显名股东行使股东权利,除非经公司其他股东半数以上同意。例如,乌鲁木齐市恒垄物业服务有限公司、薛某某股东知情权纠纷案⑤。

---

① 浙江省湖州市中级人民法院民事判决书,(2019)浙05民终1747号。
② 江苏省盐城市中级人民法院民事判决书,(2018)苏09民终923号。
③ 福建省福州市中级人民法院民事判决书,(2019)闽01民终6599号。
④ 河南省郑州市中级人民法院民事判决书,(2020)豫01民再4号。
⑤ 新疆维吾尔自治区乌鲁木齐市中级人民法院民事判决书,(2019)新01民再10号。

⑤出资瑕疵股东

在涉及特殊身份的股东知情权纠纷案件中,原告为出资瑕疵股东的案件胜诉率最高,达92.17%。从支持的理由来看,基本明确认可相应法律法规、司法解释中并没有关于未按期足额缴纳公司章程规定的认缴出资额的有限责任公司股东无权查阅公司财务会计报告的明确规定,这说明在法院看来,提起诉讼时的出资瑕疵并不影响股东知情权的行使。其余支持理由及不支持理由基本与出资瑕疵问题本身无关。

综上所述,司法实践在面对股东知情权纠纷案件中的原告资格问题时,具有一定的裁判倾向。

第一,法院将股东知情权的主体范围作了适当扩张,对提起知情权诉讼的股东身份要求并不严苛。我国《公司法》将知情权的行使主体限定为有限责任公司和股份有限公司的股东。但从司法数据来看,总体上对有权行使股东知情权的主体资格适当作了扩张解释。例如,适当保护了已转让股权或已签订股权转让协议的先手股东、实际出资但并未载于股东名册或工商登记的隐名股东等。

第二,重视商事外观和形式。从判决支持知情权的理由来看,多数法院判决采取"商事外观主义原则",依公司章程、股东名册、工商登记(市场主体登记)信息认定股东身份,并据此支持股东的知情权。

第三,仍存在部分悬而未决的争议问题,例如,当事人能否通过协议方式排除股东知情权。在科俐文公司与德基公司股东知情权纠纷案[①]中,法院明确支持代持股协议可以排除股东知情权:根据股权受让双方的内部约定,科俐文公司仅是德基公司名义上的股东,其不真正享有股东的权利。该协议中限制名义股东权利的条款约定是双方当事人的真实意思表示,内容也不违反法律法规的强制性规定,应认定为有效。但是,在临湘市金利房地产开发有限责任公司、赵某某股东知情权纠纷案中,法院则对股权转让协议中的约定采取否定态度。当然,由于所涉案件有限且此处列出的两个案件的争议问题也不相同,并不能简单得出司法裁判的态度倾向。但是上述两项判决均尊重了商事司法基本的立

---

① 江苏省盐城市中级人民法院民事判决书,(2018)苏09民终923号。

场——保护相对人或第三人因权利外观或行为外观而产生的信赖利益。对此问题,还需结合《公司法司法解释(四)》第9条之规定进行理解。

股东身份资格认定的一般规则小结:股东知情权是股东基于股东身份对公司享有的权利,因此在知情权诉讼案件的主体资格问题上,关键在于明确认定股东身份的标准和依据。根据前述内容,在判断股东身份时所采纳的标准表现为形式和实质标准两个方面。① 就形式方面而言,股东身份取决于公司章程、股东名册、工商登记(市场主体登记)等文件记载,具有公示意义;就实质方面而言,股东应当具有成为公司股东的真实意思表示。

(二) 查阅范围

《公司法》赋予股东知情权,同时规定了股东行使知情权的边界。以"人合性"为主的有限责任公司和以"资合性"为主的股份有限公司,两者的股东知情权也不尽相同。② 股东知情权又以查阅权为核心,股东通过查阅会计账簿、会议纪要等迅速了解公司的财务信息和经营情况,符合"两权分离"语境下对股东权利保护的基本要求。反过来,权利的行使具有一定的监督作用,其促进管理者履行披露义务,服务于公司,有利于实现股东利益最大化。③

从我国《公司法》第97条的规定来看,有限责任公司的股东有权查阅财务会计报告和公司会计账簿,而股份有限公司的股东仅有权查阅财务会计报告,而无权查阅公司会计账簿。有学者认为,《公司法》作此差异化规定是出于成本效益的考虑:股份有限公司(尤其是上市公司)的股东众多,赋予股东查阅会计账簿的权利给企业造成的压力过大,有可能影响公司之日常经营。④ 除此之外,股份有限公司(尤其是上市公司),资合性较强,人事情况复杂,如果股东可以随意接触会计账簿,会在一定程度上对公司利益造成威胁。⑤

---

① 参见李建伟、吴永刚:《瑕疵出资股东的股东权利限制的归类研究:规范与实证》,载《证券法苑》2011年第2期。
② 参见罗贝:《初探股东知情权行使的范围与边界》,载《法制博览》2018年第26期。
③ 参见朴永春、金河禄:《股东知情权保护的法律问题研究——分析〈公司法司法解释四〉的相关规定》,载《延边大学学报(社会科学版)》2019年第4期。
④ 参见张怡黎:《浅议股东知情权行使的范围边界》,载《法制与社会》2020年第2期。
⑤ 参见廖明媚:《有限责任公司股东知情权研究》,载《法制博览》2020年第18期。

1. 法定查阅范围

在2575个案例中,我们将被告限定为"有限责任公司",共筛选出2366个统计样本,占比约为92%。这意味着有限责任公司的股东更有可能面临知情权纠纷,而其他公司(包括股份有限公司)占比约为8%。① 在全部案例中,有2252个案例要求查阅会计账簿(包括仅要求查阅会计账簿、既要求查阅会计账簿又要求查阅会计凭证),其中有1874个案例要求查阅公司章程、财务会计报告和各类会议记录及决议。这一类属于法律明确规定的查阅范围,因而被要求查阅的频率很高。同时《公司法》第33条、第97条属于强制性规范,其框定的查阅范围具有不可经过约定进行排除的强制适用属性。② 因此,除非存在未满足书面申请之前置条件或不正当目的等抗辩事由的情况,否则股东的法定知情权不能被剥夺。甚至有观点认为,《公司法司法解释(四)》第11条第1款规定了股东有权通过诉讼获得赔偿,同时禁止了公司以商业秘密为由拒绝股东行使知情权。③

2. 会计凭证

具体来看,在2252个要求查阅会计账簿的当事人中,有2215个既要求查阅会计账簿又要求查阅会计凭证,占比约为98%。可以初步看出,绝大多数当事人认为,仅查阅会计账簿不能合理保护股东知情权,而会计凭证对于理解会计信息、验证会计账簿的真实性至关重要,因此大多希望能查阅会计凭证。《公司法司法解释(四)》(征求意见稿)曾将记账凭证和原始凭证纳入股东查阅范围,但最终颁布的《公司法司法解释(四)》将该条文删除。查阅范围是否涵盖会计凭证及司法实践上如何落实股东知情权保护,或许得从多角度进行考虑。由于《公司法》和最高人民法院相关司法解释的相关规定存在空白,在司法实践中出现了模棱两可的情况。在成都市罗迪波尔机械设备有限公司、陈某股东知情权纠纷案④中,法院即确认会计账簿不包括原始凭证和记账凭证,股

---

① 或许是因为股份有限公司的股权及公司治理结构更为规范,信息披露义务履行状况更好。
② 参见龙思宇:《限制股东知情权范围的公司意思效力研究》,载《法制博览》2020年第22期。
③ 《公司法司法解释(四)》第11条第1款规定:"股东行使知情权后泄露公司商业秘密导致公司合法利益受到损害,公司请求该股东赔偿相关损失的,人民法院应当予以支持。"
④ 四川省成都市中级人民法院民事判决书,(2020)川01民终6477号。

东知情权和公司利益的保护需要平衡,故不应随意超越法律的规定扩张解释股东知情权范畴。支持查询会计凭证的判决则认为,会计凭证是编制会计账簿的基础性材料,能够真实客观地反映公司财务状况,《公司法》第 33 条第 2 款虽未明确规定股东有权查阅会计凭证,但对会计账簿查阅权的范围应作广义解释。① 从最高人民法院公布的案例来看,支持的观点占据上风。基于上述内容,我们可以得知,《公司法》没有限制股东查阅原始会计凭证的权利,股东只有查阅了会计账簿所依据的原始凭证,才能了解公司的真实经营情况和相关信息,进而真正享有资产收益、参与重大决策的权利。如果公司的财务会计账簿造假,即使保护了股东的知情权,其所获得的也不过是一种有瑕疵的权利。② 值得关注的是,会计凭证是对公司日常经济业务最详细的记录,关系到公司的经营秘密和商业秘密。在肯定公司股东有权查阅会计凭证的同时,也须设定必要之限制,如正当性审查、查阅而不能复制、商业秘密泄露后的损害赔偿规定等,从而在扩大股东查阅权的同时,充分尊重公司的自治权。③

3. 其他文件资料

除"法定资料"以外,部分当事人对"其他文件资料"也有查阅诉求。在涉及有限责任公司的 2366 个样本案例中,有 395 个案件当事人要求查阅"其他文件资料",占比约为 17%,这些"其他文件资料"包括审计报告、银行流水、商业合同、公司资产评估报告、税务表、股东名册、集体资产处置方案、项目报表等。从胜诉率来看,"其他文件资料"得到支持的概率约为 12%。这意味着,在《公司法》缺乏对该类信息明确规定的情况下,法官具有一定的自由裁量权。通常情况下,法院不会支持查阅"其他文件资料",但是缺失"其他文件资料"将实质性阻碍股东知情权的行使,同时在不干扰公司正常经营、不会泄露公司商业秘密、原告履行举证责任的情况下,法院基于保护股东合法利益的考量,可能将适当地扩大股东的查阅范围。

---

① 吉林省长春市中级人民法院民事判决书,(2018)吉 01 民终 5377 号;吉林省长春市中级人民法院民事判决书,(2017)吉 01 民终 2571 号;吉林省长春市中级人民法院民事判决书,(2017)吉 01 民终 3194 号。

② 参见蒋大兴:《公司法的观念与解释》,法律出版社 2009 年版,第 58~60 页。

③ 参见朴永春、金河禄:《股东知情权保护的法律问题研究——分析〈公司法司法解释四〉的相关规定》,载《延边大学学报(社会科学版)》2019 年第 4 期。

(1) 审计报告

审计报告是对被审计单位年度会计报表发表审计意见的书面文件，其所跨越的时间段长于财务会计报告，同时具有较强的公允性。财务会计报告则是反映公司整体运营状况的重要载体。财务会计报告是股东知情权范围之"法定资料"，而审计报告属于《公司法》未规定的"其他文件资料"。那么，审计报告是否属于股东知情权的查阅范围？支持查阅审计报告的观点认为，审计报告是公司应当制备的文件，是公司内部需要公开的、允许股东不受限制地查阅或复制的资料，该观点的法律依据为《企业财务会计报告条例》第37条。反对的声音则认为，《公司法》第33条、第97条的规定为列举式，其中并未包含公司审计报告，故申请查阅审计报告不具有合理理由和法律依据。从检索的案例来看，有26个涉及审计报告查阅，其中10个得到支持，支持的原因包括公司章程规定、审计报告对知情权行使具有实质作用等，同时法律将举证责任置于原告一方。例如，四川奥邦药业有限公司、李某股东知情权纠纷案。对此，笔者认为，股东本就有权查阅财务会计报告，而审计报告很大程度上是对财务会计报告真实性的认证。股东的查阅权限不仅仅限于本年度的财务信息，因此审计报告的跨周期性不会成为障碍。查阅审计报告可以有效防止公司"粉饰"报表，是理解和信赖会计财务报告的重要基础，因此在司法实践中应该得到更多的支持。

(2) 商业合同、银行账户信息及流水

除审计报告以外，公司签订的商业合同、银行账户信息及流水是比较常见的两类查阅请求对象，得到支持的概率也相对较高。在检索到的股东知情权纠纷中，法院在面对股东提出查阅公司商业合同的诉讼请求时，支持的比例与反对的比例基本持平，支持理由或出于股东利益保护，[①]或出于必要性，[②]或出于

---

① 江苏省宿迁市中级人民法院民事判决书，(2019) 苏13民终920号：在不干扰公司正常经营，不会泄露公司商业秘密的前提下，允许股东查阅公司的商业合同，对于有效保护股东的合法权益具有实质意义。

② 江苏省无锡市新吴区人民法院民事判决书，(2018) 苏0214民初2874号：法院认为因公司财务信息是股东了解公司的重要信息之一，而财务会计报告仅能概括地反映公司的经营管理情况，当股东需要对公司的运营情况详细了解时，就有必要对会计账簿、会计凭证及合同进行查阅。

扩大解释财务会计的外延。① 不支持查阅的理由则为无事实和法律依据。② 在统计的 46 个涉及银行账户信息或银行流水的案例中，有 10 个得到了支持，占比约为 22%。反对的观点认为，查阅对象并不属于法律或公司章程确定的查阅范围，因于法无据而不予支持。③ 支持的观点则是将原始凭证扩大解释为包括银行信息等。④ 原始凭证是指经办单位或人员在经济业务发生或完成时取得或填制的，用以记录经济业务发生或完成的情况、明确经济责任的会计凭证。从概念上看，原始凭证不包括公司的商业合同、银行账户信息及流水等文件。但考虑到我国多数公司目前的治理现状和隐瞒或提供虚假信息现象，法院在实践中倾向于扩张解释原始凭证的概念。在公司与小股东、控制权股东与小股东发生利益冲突时，侧重保护小股东利益符合查阅权之立法原意，可以实现扩张保护弱势群体之积极目标。

当然，除上述资料外，股东的诉讼主张也可能包括公司资产评估报告、税务表、存货盘点表、固定资产盘点表、纳税申报表及附属资料、员工花名册及社保、公积金计缴名册等其他类型的资料。法院对这些诉讼请求的态度多为不予支持，一方面是因为法无规定，另一方面是因为其属于经营管理资料而不支持查询。

4. 特殊问题之母公司股东知情权穿越

我国《公司法》仅规定股东有权查阅公司的相关资料，但是对母公司股东能否查阅子公司的相关资料并未提及，而这种权利被学者称为"股东跨越行使知情权"⑤。实践中，对权利的理解存在争议，允许查阅可能侵犯子公司的商业秘密与独立性，不允许查阅则可能存在股东无法发现母公司通过子公司进行虚

---

① 安徽省宣城市中级人民法院民事判决书，(2019)皖 18 民终 527 号；股东向法院提出诉讼请求时，将公司合同等法律文书归类为财务会计原始凭证，法院认可了股东的提法，支持股东查阅包括合同等法律文书在内的财务会计原始凭证。
② 广东省深圳市宝安区人民法院民事判决书，(2018)粤 0306 民初 17353 号。
③ 湖北省黄石市中级人民法院民事判决书，(2019)鄂 02 民终 2055 号；陕西省榆林市中级人民法院民事判决书，(2020)陕 08 民终 885 号。
④ 浙江省金华市中级人民法院民事判决书，(2019)浙 07 民终 2611 号。
⑤ 王志诚：《股东账簿阅览权之跨越行使——企业集团内部监控法制之整合研究》，载《商事法论集》2012 年第 1 期。

假交易的情况。① 法院通常不会支持"股东跨越行使知情权",判决依据在于:子公司经过工商登记成立,具有独立的法人资格,母公司股东并非子公司股东,股东知情权源于股东身份,因而母公司股东并不享有对子公司的知情权;母公司股东与子公司之间的直接关系难以认定。② 根据《公司法》第63条(2023年修订后为第23条第3款)的规定,母公司和子公司的人格混同、母公司股东能够对子公司行使知情权的逻辑是不通的,因为该条是对一人有限责任公司的股东不能证明公司财产独立于股东的情况下,公司债务如何承担的规定,并非对股东行使知情权之条件的规定。③ 学界对"股东跨越行使知情权"更多持支持态度。有观点认为,过度强调逻辑的自洽性会导致利益保护的失衡,需要基于现实去扩张母公司股东的查阅权,通过评价母子公司之间真实的经济关系,赋予母公司股东相应的查阅权。④ 倘若禁止控制公司之股东对从属公司行使查阅权,则可能产生不正当经营或不法行为为借机规避股东查阅权之情形。⑤

针对"股东跨越行使知情权",主要有"实体穿越"和"效果穿越"两种。前者以日本为代表:日本《会社法》规定,母公司股东可以跨过母公司,直接对子公司行使查阅权,但其前提条件是必须经过法院的批准。⑥ 后者以美国特拉华州为代表:美国《特拉华州普通公司法》第222条第b款规定,母公司股东欲查阅子公司文件,需直接向母公司提出请求,并通过法律制度之安排实现请求之效果。⑦ 在特定情况下,母公司股东和子公司之间存在根本意义上的经济关系,如果过多纠缠于形式意义上的主体阻隔,法律拟制的独立主体反而会损害母公司股东的利益。因此笔者认为,可通过修改《公司法》或者颁布指导性案

---

① 江苏省徐州市中级人民法院民事判决书,(2017)苏03民终7832号。
② 四川省成都市中级人民法院民事判决书,(2019)川01民终3446号。
③ 湖北省宜昌市伍家岗区人民法院民事判决书,(2015)鄂伍家岗民初字第00632号。
④ 参见黄积虹、王喆:《母公司股东查阅权扩张研究》,载《西部法学评论》2015年第5期。
⑤ 参见张心悌:《股份有限公司股东查阅权之研究——以美国法为中心》,载《高大法学论丛》第2期(2014年)。
⑥ 参见崔延花译:《日本公司法典》,中国政法大学出版社2006年版,第11页。
⑦ 参见徐文彬等译:《特拉华州普通公司法》(最新全译本),中国法制出版社2010年版,第144页。

例的方式,明确母公司股东可对子公司跨越行使知情权。① 当然,同时可以为权利行使设定一定的限制,如股东需要证明其正当目的、可查阅资料的范围仅扩大至控股子公司等。② 理由如下:第一,在同一企业集团中,母公司股东与子公司之间存在紧密的经济联系。很多时候,母公司承担纯粹控股的角色,集团的资产及经营活动集中于子公司,换言之,母公司是实质上的"空壳"。在这种情况下,子公司的经营管理和财务状况对母公司股东有十分重要的影响,并且这种影响不亚于母公司本身对其股东的影响。2018年《公司法》只承认股东对其持股公司的查阅权,母公司股东查阅子公司资料的诉求很难得到支持,进而会陷入投资风险和现实危害之中。③ 第二,赋予母公司股东以跨越行使知情权,有助于落实子公司管理层的责任。正是因为母公司股东拥有从子公司获取相关信息的权利的存在,即便不行使,也能够对子公司的经营情况起到监督作用。

5. 总结

《公司法》第33条、第97条属于强制性规范,法定查阅范围不可经约定排除。同时上述法条均未使用"其他资料""等"表述,股东难以通过公司章程或股东协议对查阅范围进行实质拓展。但这并不意味着股东无法通过公司章程或股东协议对股东知情权范围进行任何限定。根据《公司法司法解释(四)》第9条之规定,股东知情权的行使可以通过公司意思进行限制,此限制以实质性剥夺股东权利为边界。随着司法实践的发展,会计凭证在大多数情况下被视为法定查阅对象。至于审计报告、商业合同、银行信息及流水,在不影响公司正常经营和侵害股东利益,以及该部分资料对股东知情权具有重大实质影响、影响原告履行举证责任时,法官具有一定的自由裁量权,可能支持股东的查阅请求。一方面,这一部分的实践发展具有现实意义,有助于《公司法》之完善;另一方

---

① 参见樊健:《论我国母公司股东跨越行使知情权规则的构建》,载《法治现代化研究》2019年第5期。

② 参见张怡黎:《浅议股东知情权行使的范围边界》,载《法制与社会》2020年第2期。

③ 参见袁达松、王喜平:《股东查阅权穿越:母公司股东权益保护的利器——相关美国法理论、实践及我国制度的构建》,载《东方法学》2010年第4期。

面,公司或许可以通过公司章程或股东协议,使用直接援引或间接援引两种方式,①对股东知情权进行限定,减少法律纠纷。对上述查阅范围以外的其他文件资料,查阅请求通常不为法院判决所支持。

(三)查阅前提

1. 法条界定

从法律依据来看,股东行使知情权的前置程序规定于《公司法》第 33 条第 2 款,具体来说,股东行使知情权的前置程序可以分为两个部分:股东需要向公司提起查阅的书面申请并说明目的,公司在 15 日内未进行书面答复或拒绝提供查阅,以上两个要件满足之时,股东有权提起知情权之诉。

权利限制理论和司法有限介入原则通常被认作前置程序正当性的重要理论依据。权利限制理论认为股东权利行使应当严格受到公司利益和公共利益的限制,内部层面的公司利益对股东知情权限制的原因在于股东不受约束地行使知情权可能会给公司的运营效率带来大的负担;更宏观的公共利益要求股东知情权的行使受到制度成本与收益的限制,以不损害公共利益为限。② 司法有限介入原则与尊重公司自治紧密相连,在股东行使知情权的语境下可以从三个子原则进行解读:(1)穷尽内部救济原则强调公司作为私人意思自治的产物,具有独立人格,公司治理应当坚持公司自治的原则,只有股东穷尽了内部救济途径依然无法直接通过义务人实现知情权时,才应当借助司法手段主张权利;(2)效率与比较优势原则认为司法介入亦存在成本,只有当司法手段相较于公司自治具有比较优势时,司法介入才是适当的;(3)程序性审查原则主张司法机关在商业判断方面存在局限性,司法进行干预应当首先审查公司自我意思生成的过程与程序的合理性,而非直接对公司事宜进行干预,法院只在例外情况

---

① 直接援引,指直接援引法律之强制性规定,如"股东知情权行使范围仅参照《公司法》第 33 条、第 97 条的规定"的表述,其中"仅"表明了公司对股东知情权范围予以限制的意思。间接援引,如"知情权行使范围不包括会计凭证、审计报告等材料"的表述,其内容本身只是对争议对象的直接回应,实际上并未限制《公司法》第 33 条、第 97 条规定的范围。

② 参见彭真明、方妙:《股东知情权的限制与保障——以股东查阅权为例》,载《法商研究》2010 年第 3 期。

下对公司内部事务进行实体干预。[①]

2. 案例概览

(1) 案例数据

A. 数据说明

在本次检索的 2575 个股东知情权纠纷案例之中,有 778 个案例将前置程序履行问题作为案件争议焦点,大约占比 30%;筛除无效案例(查明双方就前置程序问题无争议)后,实际统计案例基数为 682 个。总体而言,就前置程序履行与知情权之诉的关系来看,法院对公司方提出的前置程序的抗辩事由的支持率较低。由此可见,前置程序的履行瑕疵在股东知情权案件中发挥的过滤作用较小。

需要说明的是,虽然前置程序是原告提起诉讼的要件之一,但是相较于正向地从原告如何履行的层面解读前置程序,从被告针对前置程序可能提出的抗辩事由层面切入更有利于厘清前置程序的履行问题。因此,本部分的案例分析将从被告的抗辩事由展开。

B. 数据概要

关于前置程序的履行问题,《公司法》第 33 条第 2 款概括地指出"股东要求查阅公司会计账簿的,应当向公司提出书面请求,说明目的",但是实践中就原告是否适当地履行了法律规定的前置要件,存在争议。正是由于前置程序的履行是原告向法院提起股东知情权之诉的前提,换言之,其是法院实体审查知情权之前的必要程序,在诉讼中被告往往提出各种理由以证明原告没有履行或者没有适当履行法律规定的前置程序。其中,出现频次最高的一类抗辩理由是被告主张自己未收到原告的书面申请,这一抗辩理由约占所有抗辩理由的一半,而原告在书面申请中未请求查阅会计账簿的请求被法院支持的可能性最大,如图 11-1 所示。

[①] 参见蒋大兴、金剑锋:《论公司法的私法品格——检视司法的立场》,载《南京大学学报(哲学·人文科学·社会科学版)》2005 年第 1 期。

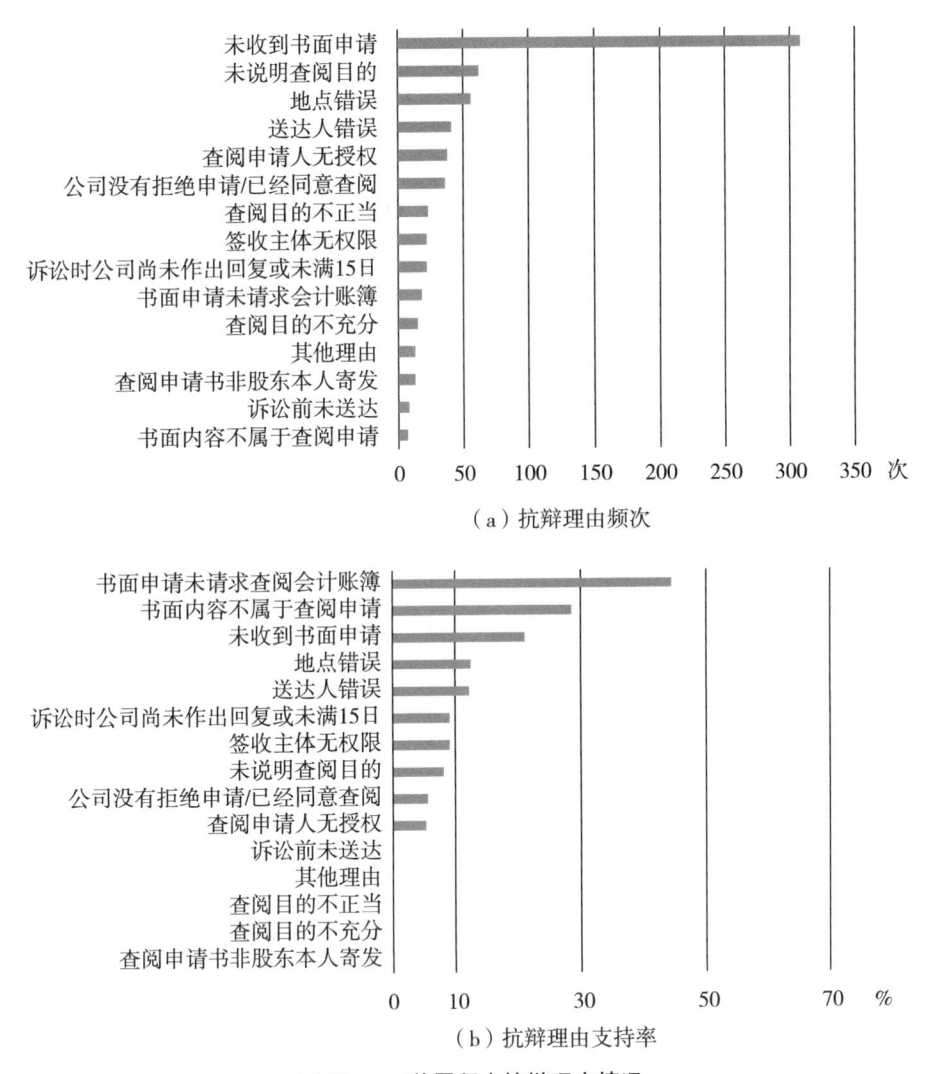

图 11-1 前置程序抗辩理由情况

(a) 抗辩理由频次

- 未收到书面申请
- 未说明查阅目的
- 地点错误
- 送达人错误
- 查阅申请人无授权
- 公司没有拒绝申请/已经同意查阅
- 查阅目的不正当
- 签收主体无权限
- 诉讼时公司尚未作出回复或未满15日
- 书面申请未请求会计账簿
- 查阅目的不充分
- 其他理由
- 查阅申请书非股东本人寄发
- 诉讼前未送达
- 书面内容不属于查阅申请

(b) 抗辩理由支持率

- 书面申请未请求查阅会计账簿
- 书面内容不属于查阅申请
- 未收到书面申请
- 地点错误
- 送达人错误
- 诉讼时公司尚未作出回复或未满15日
- 签收主体无权限
- 未说明查阅目的
- 公司没有拒绝申请/已经同意查阅
- 查阅申请人无授权
- 诉讼前未送达
- 其他理由
- 查阅目的不正当
- 查阅目的不充分
- 查阅申请书非股东本人寄发

(2) 抗辩理由的体系总结

从案例提取的信息来看，被告提起的抗辩理由较为丰富。为有序地探析知情权前置程序的履行要件，笔者首先对被告提出的抗辩理由进行类型化，再逐项考察每类抗辩理由的核心主张与司法态度，对股东知情权之诉的前置程序的履行进行系统性的分析。

整体来看，被告的抗辩理由（而非客观事实）可以分为前置程序未履行和前置程序瑕疵履行。所谓前置程序未履行，是指被告概括、笼统地主张自己没有收到原告递交书面申请,而未提供更具体的理由。履行瑕疵可以再分为主体瑕疵、内容瑕疵、送达瑕疵、期限瑕疵和程序瑕疵五个小类,各小类又对应相关的具体抗辩理由。如表11-10所示。

表11-10 前置程序抗辩理由情况

诉讼主张	类型	具体抗辩理由	不支持/个	支持/个	合计/个	支持率/%
未履行		单纯抗辩未收到书面申请	243	65	308	21.10
履行瑕疵	主体瑕疵	查阅申请人无授权	36	2	38	5.26
		查阅申请书非股东本人寄发	13	0	13	0
		签收主体无权限	20	2	22	9.09
	内容瑕疵	书面内容不属于查阅申请	5	2	7	28.57
		书面申请未请求查阅会计账簿	10	8	18	44.44
		未说明查阅目的	57	5	62	8.06
		查阅目的不充分	15	0	15	0
		查阅目的不正当	23	0	23	0
	送达瑕疵	地点错误	49	7	56	12.50
		送达人错误	36	5	41	12.20
	期限瑕疵	诉讼时公司尚未作出回复或未满15日	20	2	22	9.09
		诉讼前未送达	8	0	8	0
	程序瑕疵	公司没有拒绝申请/已经同意查阅	34	2	36	5.56
其他			13	0	13	0
总计			582	100	682	14.66

此外还存在一些零散的抗辩理由,如公司主张要以签订保密协议为查阅的前置要件、查阅需要经过董事会授权、原告起诉要求查阅的时间超过了其在函件中提及的时间、查阅申请书没有说明查阅时间等。由于此类抗辩事由不在法条的要件规制范围内且几乎只在个案中出现,不纳入讨论的范围。

3.研究重点

基于抗辩理由类型化区分,针对未履行和履行瑕疵的不同特点,笔者将采取不同的研究思路。关于未履行的抗辩理由是否成立的问题,由于被告往往笼统、概括地主张公司并未收到任何来自原告的查阅申请,对该问题的解答重点更多在于证明责任的分配而非具体的法定履行要件是否实现。关于履行瑕疵的抗辩事由,由于在某些情况下被告主张的履行瑕疵事由是在法定要件之外为前置程序的履行增加了其他要件,需要解决的核心问题是辨别被告提出的各类主张是否构成履行瑕疵。简言之,针对未履行前置程序的抗辩事由,分析重点在于前置程序履行的证明责任;针对前置程序履行瑕疵的抗辩事由,将问题转化为前置程序适当履行的认定。在对抗辩理由体系化研究的基础上,笔者将进一步考察未履行或存在瑕疵的前置程序能否补正,以及前置程序的结论能否适用于其他的公司类型。

(1)前置程序履行的证明责任

A.证明对象

通过对《公司法》第33条第2款的分析可知,前置程序履行的证明对象由以下四点组成:申请人是公司股东、申请人已经提出书面请求、申请人已经说明查阅目的以及15日内公司未进行答复或拒绝提供查阅。其中股东身份是前提性的问题,与前置程序的关系不太紧密,而说明查阅目的与15日内公司未进行答复或拒绝提供查阅属于履行瑕疵问题,将在履行瑕疵中进行考察。因此,从未履行的角度来看,最主要的证明对象是申请人已经提出书面申请。

B.证明标准

关于"申请人已经提起书面申请"的证明对象需要达到的证明标准,可以通过考察典型案例对司法实践的观点进行总结。需要说明的是,笔者并未将无效抗辩纳入考察范围,所谓无效抗辩,即后期经过法院查明事实,被告已收到书面申请却主张未收到,这属于事实不清的问题。

在抗辩理由不成立的案例中,部分法院以形式上公司已签收快递认定原告已经履行前置程序;[①]另外有案例采取了实质的判断标准,法院将股东已经积极履行了申请义务作为前置程序已履行的认定要点,即使客观上快递被拒收导

---

① 广东省广州市中级人民法院民事判决书,(2016)粤01民终18779号;浙江省温州市中级人民法院民事判决书,(2020)浙03民终955号。

致公司没有收悉也不影响认定效力。① 在抗辩理由成立的案例中,法院的主要支持理由有:原告没有提交任何证据证明曾经寄送过书面申请、原告提供的快递单签收上未显示内件为查阅申请书、快递签收上没有公司的签字等。② 类似地,也有法院采取了实质审查,认为如果股东寄送方式不符合常理,可以认定股东未积极主张权利。③

一个以前置程序为案件焦点的再审案例④展现了形式标准与实质标准的差异:一审、二审都认为原告提供的诸如律师函、快递单、查询单等证据不足以充分证明已经向被告提交过申请,而再审法院则认为原告已经多次向被告公司发出律师函,属于积极地主张股东权利的行为,应当认定为原告已经履行了前置程序,因此撤销了一审、二审判决。

总体来看,对于前置程序履行的证明,法院采取了较宽松的标准,具体为以形式判断为主、实质判断为辅的审查模式。一般而言,原告的证明负担较轻,在大多数情况下只需要提供初步证据证明快递已经被签收即可。但在相反的情况中,不宜僵化地理解前置程序的履行,换言之,不能单纯地以被告客观上没有收到申请而否定股东前置程序的履行,还应当结合实质审查标准判断原告是否积极地主张自己的权利。当然,如果原告对形式上的权利主张亦举证不能,则应当承担证明不能的不利后果。

与不正当目的的证明标准相比,前置程序履行的证明标准较低,以形式审查为主,而不正当目的的证明标准较高,成立不正当目的需要接受严格审查。概言之,已递交书面申请只需要达到优势证据标准,而不正当目的需要达到高度盖然性标准。之所以存在这种差异,主要是考虑股东知情权保护中小股东的利益以及股东和公司之间的地位不对等的因素,因此立法将利益天平倾向了股东一方。可以说,设置股东知情权之诉的前置程序,在于使公司和股东之间达成一定的利益平衡,而非限制股东行使合理的知情权,因此不应在前置程序上给股

---

① 北京市第二中级人民法院民事判决书,(2020)京02民终3301号。
② 山东省威海市中级人民法院民事判决书,(2019)鲁10民终2962号;河北省邯郸市中级人民法院民事判决书,(2018)冀04民终680号;湖南省邵阳市中级人民法院民事判决书,(2019)湘05民终967号。
③ 天津市第二中级人民法院民事判决书,(2016)津02民终4914号。
④ 陕西省西安市中级人民法院民事判决书,(2019)陕01民再174号。

东施加过多的义务和限制,故前置程序履行的证明不易采取过高的证明标准。

C. 证明责任

对于被告提出的未收到书面申请的抗辩,原告应当举证自己已经向公司提出了书面申请,因此原告要承担相应的证明责任,这一点不存在争议。

为了分析结构的完整性,在此一并总结股东知情权中涉及的证明责任。根据《公司法》第33条第2款的规定,原告在提出书面申请之外,还需要对"说明目的"进行证明,但并不要求股东证明其目的的正当性;同时,股东作为原告还需要证明公司拒绝或没有回复查阅申请。相应地,被告需要证明原告申请查阅具有不正当目的/拒绝理由的正当性,这需要由被告承担证明责任,但是此项证明已经不属于前置程序的考虑内容。具体来说,查阅目的正当与否属于法院实体审理的内容,不作为前置程序的审查要件,[1]不属于前置程序阶段的证明对象。

(2) 前置程序适当履行的认定

前置程序适当履行的判断是针对被告主张原告的前置程序存在瑕疵而言的。所谓适当履行,即明确何种因素对认定前置程序已经履行是必要的,换言之,何种情况才被认为是履行瑕疵。

A. 主体瑕疵

a. 申请主体无授权

关于主体瑕疵,第一类抗辩事由是被告主张提出申请查阅之人未获得股东的授权,具体而言,被告多以第三方向公司提出查阅申请但未附送授权委托书、书面申请的签字无法证明系股东本人所签等理由进行抗辩。[2] 在笔者讨论的案例中,此类抗辩在法院的支持率非常低,而典型案例中法院支持的抗辩理由为:原告没有给申请人授权委托书,同时申请人提供的书面申请书的签字并非股东本人签写。[3]

综上所述,股东知情权的行使必须基于股东真实的意思表示,但并不要求股东本人为申请人,在实质上确认查阅申请属于股东真实意思表示则不存在主体瑕疵。换言之,查阅申请人提供授权委托书或申请人本人在申请书上签字是

---

[1] 参见李建伟:《股东知情权诉讼研究》,载《中国法学》2013年第2期。
[2] 浙江省杭州市中级人民法院民事判决书,(2019)浙01民终8004号。
[3] 浙江省丽水市中级人民法院民事判决书,(2020)浙11民终266号。

股东真实意思表示的通常表现,但并非必然要件。

b. 书面申请寄送人不是股东本人

关于主体瑕疵,第二类抗辩事由是被告主张书面申请的寄送人不是股东本人。① 从案例数据来看,此类抗辩理由的支持率为0,也就是没有法院认为被告提出的此种抗辩理由会在实质上对前置程序的履行产生影响。可以明确的是,查阅申请是否出自股东真实的意思表示,是主体适格的关键因素,如果可以确定这一点,若申请书中有股东的签名,则不以股东亲自寄送为履行前置程序的必要条件。

c. 签收主体无权限

关于主体瑕疵,第三类抗辩事由是主张签收主体没有代表公司签收的权限,如被告主张签收方是公司员工而非法定代表人、签收方是物业/门卫代签等。②

通过相关案例来看,签收主体不具有权限是否导致前置程序的主体存在瑕疵,主要取决于公司能否客观知悉查阅申请。一般来说,并不将签收权限局限于特定主体中,除非签收人与公司不存在任何关联。换言之,只要公司具有较高的收悉可能性都应当认为签收环节不存在瑕疵。

B. 内容瑕疵

根据《公司法》第33条第2款"股东要求查阅公司会计账簿的,应当向公司提出书面请求,说明目的"的规定,内容瑕疵又可以分为两个子类别,分别对应书面请求瑕疵和查阅目的瑕疵。虽然从严格意义上来说,查阅目的也属于书面请求的一部分,但是两者的侧重点存在一定的差异:书面请求瑕疵更多地指向书面申请的形式与实质,而查阅目的瑕疵则是在书面申请的基础上"说明目的"的具体问题。

a. 书面请求内容

第一,形式上不属于查阅申请。

在被告明确自己曾经收到原告的书面申请的基础上,常见的抗辩事由是被

---

① 北京市第三中级人民法院民事判决书,(2019)京03民终6211号;安徽省合肥市中级人民法院民事判决书,(2020)皖01民终5344号。

② 福建省宁德市中级人民法院民事判决书,(2020)闽09民终31号;陕西省咸阳市中级人民法院民事判决书,(2019)陕04民终2804号;福建省福州市中级人民法院民事判决书,(2019)闽01民终538号。

告主张律师函不属于知情权概念中的书面申请,或书面申请系其他文件而非查阅申请。①

从法院的观点来看,对于原告提交的书面申请是否属于股东知情权之诉前置程序意义上的查阅申请,需要根据其内容进行实质判断,即书面申请是否表达了向公司提出请求查阅会计账簿的意思表示,并不受到文件名称或形式的影响。

第二,实质内容中未请求查阅会计账簿。

此种抗辩理由较为单一,即被告主张原告在书面查阅申请中没有明确指出向公司申请查阅会计账簿。②

就该问题而言,《公司法》第33条第2款规定前置程序的目的是希望股东应当首先通过内部机制实现知情权,而书面申请要求查阅会计账簿是股东向公司表达查阅会计账簿的意思的体现,因此在书面申请中请求查阅会计账簿是前置程序的核心要求,该要件的缺失在根本上构成前置程序的履行瑕疵。

当然,也有法院认为被告的此种抗辩不成立,③其认为此处涉及的前置程序瑕疵可以补正。换言之,即使原告没有明确请求查阅会计账簿,此种瑕疵也可以通过诉讼程序予以补正。

b. 查阅目的说明

第一,未说明目的。

关于未说明查阅目的的问题,一般是指被告认为原告没有在书面的查阅申请中说明查阅的目的,因此构成前置程序的履行瑕疵。④

针对未说明查阅目的的抗辩,我国的司法实践采取的是较宽松的态度。通常来看,原告并未说明查阅目的的抗辩对于前置程序履行的阻碍只能通过

---

① 云南省临沧市中级人民法院民事判决书,(2020)云09民终240号;重庆市第二中级人民法院民事判决书,(2017)渝02民终3020号。

② 北京市第三中级人民法院民事判决书,(2019)京03民终13927号;广东省广州市中级人民法院民事判决书,(2016)粤01民终258号;云南省昆明市中级人民法院民事判决书,(2019)云01民终2699号。

③ 北京市第二中级人民法院民事判决书,(2019)京02民终15365号。

④ 江苏省苏州市中级人民法院民事判决书,(2018)苏05民终6072号;四川省宜宾市中级人民法院民事判决书,(2019)川15民终2805号。

不正当目的证明才能实现,体现说明查阅目的要件的程序意义多于实体价值。也有观点认为,会计账簿具有重要的商业信息,为避免股东权利行使造成公司利益的损害,股东在查阅申请中必须提出与查阅内容和范围具有关联性的目的且查阅目的的说明义务不可经诉讼补正,否则违背公司自治的原则。

第二,查阅目的不充分或不正当。

在以查阅目的不充分为抗辩理由的案例中,公司的主张一般为:原告提出的目的的内容空泛、原告说明了目的但是没有说明理由等。① 也有少部分公司以目的不正当作为前置程序履行瑕疵的抗辩事由。②

根据我国《公司法》第33条第2款的规定,前置要件中的"说明目的"属于程序要件,法律并未要求前置要件的履行应当为查阅目的提供理由,只需要股东在书面请求中说明查阅目的。因此,查阅目的充分与否并非前置程序履行的审查要件。关于查阅目的的正当性问题,一般认为,查阅目的的正当性不是前置程序的履行要件,而是法院的实体审查内容。进一步来看,在我国,查阅目的正当性的实体审查是通过被告是否完成举证责任的替代方式来推定的。③ 换言之,被告公司应当承担证明查阅目的不正当的责任,而原告无须证明目的的正当性。④

C. 送达瑕疵

a. 送达人错误

关于送达人错误,被告的抗辩理由可以概括为无法查证收件人的具体身份,在查询单中显示的信息仅为"他人收""同事收"等,而公司并未收到查阅申请且不知情。⑤

---

① 北京市第三中级人民法院民事判决书,(2020)京03民终3544号;河北省廊坊市中级人民法院民事判决书,(2018)冀10民终5920号。
② 湖北省武汉市中级人民法院民事判决书,(2019)鄂01民终7519号。
③ 参见陈开梓:《股东知情权纠纷及其司法救济》,载中华全国律师协会:《公司法律师实务》,法律出版社2007年版,第147页。
④ 参见李建伟:《股东知情权诉讼基本程序问题探析》,载《国家检察官学院学报》2010年第1期。
⑤ 浙江省温州市中级人民法院民事判决书,(2018)浙03民终5874号;福建省泉州市中级人民法院民事判决书,(2019)闽05民终866号。

b. 送达地点错误

关于送达地点错误,被告往往主张原告送达的地点并非公司的实际办公地。①

由于送达人错误和送达地点错误在性质上较为相似,在此统一说明。从案例中的法院态度来看,送达错误在何种程度上影响前置程序的效力,需要综合考察股东是否已合理履行申请义务以及公司能否在客观上知晓股东的请求。如果查明的相关事实表明,股东已经积极履行了申请义务或公司方恶意逃避义务,前置程序的履行应当视为完成。

D. 期限瑕疵

a. 起诉前未送达

起诉前未送达是指原告在起诉之前没有向公司送达书面查阅申请,而是经过法院送达申请。②此类瑕疵实质上属于未履行前置程序,其中的核心问题涉及前置程序能否被起诉代替的问题。

b. 起诉时未满15日

此种瑕疵是指原告虽然向被告提出了查阅申请,但是未经过法定的15日期间就向法院提起了诉讼,③被告因此抗辩原告的前置程序履行存在瑕疵。

E. 程序瑕疵:公司没有拒绝查阅/已经同意查阅

程序瑕疵对应《公司法》第33条第2款规定,公司拒绝提供查阅的,股东可以提起诉讼。实践中部分案件的被告在回函中虽然同意原告查阅,但现实中会为原告的查阅制造障碍;④也有部分案件的被告配合原告查阅,但原告依然向法院起诉。⑤

根据司法实践中的观点来看,公司对股东查阅申请的回复构成《公司法》意义上的拒绝还是同意,要实质判断公司是否积极配合股东行使其知情权以及

---

① 浙江省绍兴市中级人民法院民事判决书,(2019)浙06民终2324号。
② 陕西省西安市中级人民法院民事判决书,(2020)陕01民终16号。
③ 云南省昆明市中级人民法院民事判决书,(2019)云01民终2699号;安徽省芜湖市中级人民法院民事判决书,(2018)皖02民终2418号。
④ 湖南省湘西土家族苗族自治州中级人民法院民事判决书,(2017)湘31民终55号;贵州省贵阳市中级人民法院民事判决书,(2020)黔01民终4948号。
⑤ 广东省广州市中级人民法院民事判决书,(2015)穗中法民二终字第2053号。

股东的查阅权是否已受到实质侵犯。即使公司在形式上同意股东查阅文件但客观上股东依然无法通过公司内部救济实现自己的权利的,则应当认为公司的未拒绝并不影响知情权之诉前置程序的达成。

F. 前置程序履行抗辩理由体系(见图 11 - 2)

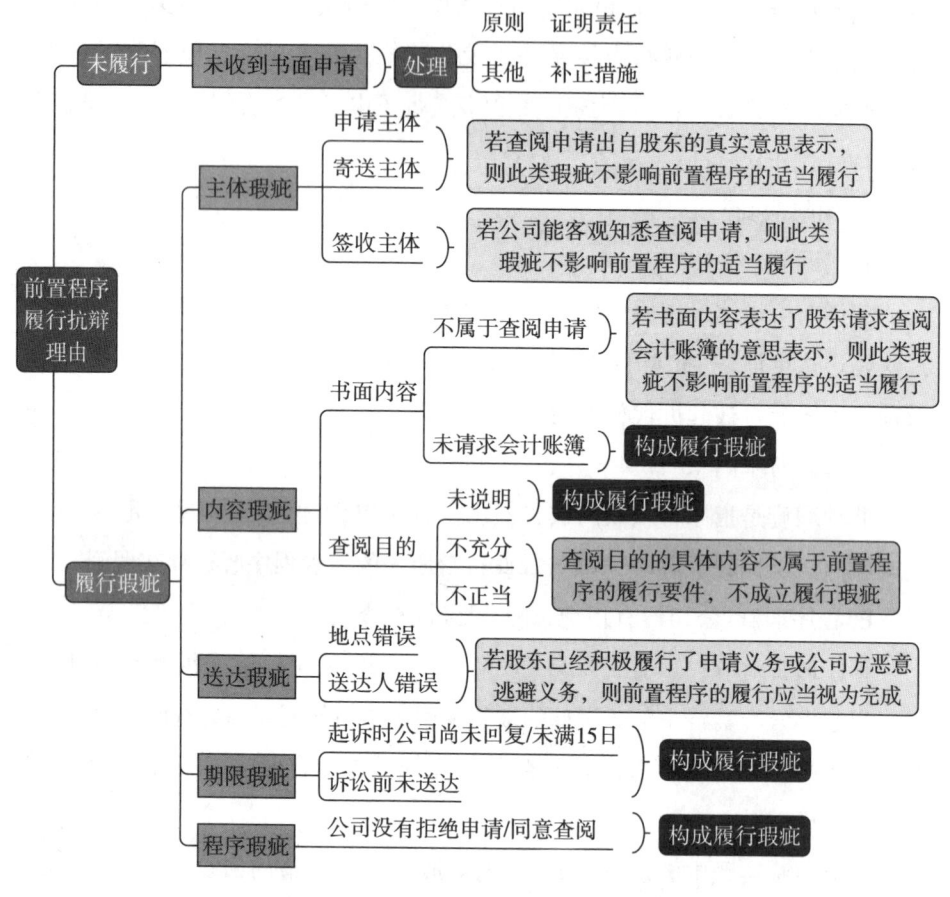

```
前置程序        ┌─未履行──未收到书面申请──处理──┬─原则    证明责任
履行抗辩        │                              └─其他    补正措施
理由            │
                │                     ┌─申请主体
                │          ┌─主体瑕疵─┼─寄送主体─{若查阅申请出自股东的真实意思表示,则此类瑕疵不影响前置程序的适当履行}
                │          │          └─签收主体─{若公司能客观知悉查阅申请,则此类瑕疵不影响前置程序的适当履行}
                │          │
                │          │                    ┌─不属于查阅申请─{若书面内容表达了股东请求查阅会计账簿的意思表示,则此类瑕疵不影响前置程序的适当履行}
                │          │          ┌─书面内容┤
                │          │          │         └─未请求会计账簿─{构成履行瑕疵}
                │          ├─内容瑕疵─┤
                │          │          │         ┌─未说明─{构成履行瑕疵}
                │          │          └─查阅目的┼─不充分─┐
                │          │                    └─不正当─{查阅目的的具体内容不属于前置程序的履行要件,不成立履行瑕疵}
                └─履行瑕疵─┤
                           │          ┌─地点错误
                           ├─送达瑕疵─┤
                           │          └─送达人错误─{若股东已经积极履行了申请义务或公司方恶意逃避义务,则前置程序的履行应当视为完成}
                           │
                           │          ┌─起诉时公司尚未回复/未满15日─{构成履行瑕疵}
                           ├─期限瑕疵─┤
                           │          └─诉讼前未送达─────────────{构成履行瑕疵}
                           │
                           └─程序瑕疵──公司没有拒绝申请/同意查阅──{构成履行瑕疵}
```

图 11 - 2　前置程序履行抗辩理由体系

如图 11 - 2 所示,查阅目的不充分、不正当的前置程序履行抗辩理由并不属于法律所要求的履行要件,因此即使原告的查阅申请中缺少相关要素,亦不构成瑕疵。图中着浅色部分表示此类抗辩理由不必然导致前置程序履行瑕疵,可以根据具体的案件事实,考察股东的真实意思表示、股东是否积极履行义务以及公司在客观上是否存在知悉可能性等要素,以判断股东是否履行了前置要件;着深色部分表示不满足《公司法》第 33 条第 2 款的前置程序的法定要件,构成履行瑕疵。

(3)前置程序未履行/瑕疵的补正

A. 肯定观点

肯定观点①认为,基于效率原则,一旦股东知情权纠纷进入诉讼程序,为了避免当事人讼累,应当认为前置程序瑕疵可以由诉讼补正。具体的补正方式包含起诉状副本送达、诉讼请求的提出、诉讼时间经过 15 日等。可能存在的问题是,如果承认前置程序可以被诉讼补正,前置程序将被实质性地架空,并且股东的突袭式查阅可能会导致公司承担沉重的股东具有不正当目的的举证责任。但是也有观点认为股东提起诉讼已经是理性选择的结果,即成本较低的内部程序已经无法实现其权利救济。

B. 否定观点

否定观点②认为,前置程序属于《公司法》第 33 条第 2 款的强制性规定,前置程序瑕疵不能在诉讼中得到补正,应当驳回诉讼请求。支持该观点的理由为,认可前置程序不能被诉讼补正是坚持公司自治原则的体现,股东知情权的救济应当穷尽公司内部救济。相应地,也有观点认为绕开前置程序有剥夺公司决策权的嫌疑。③

C. 折中观点

折中观点④认为,前置程序的履行是受理起诉的条件,对未履行或未完全履行前置程序的案件应当不予受理或驳回起诉。换言之,未履行前置程序的情形下无须对案件进行实体审查,可直接否定当事人的诉权,法院应当驳回起诉或不予受理。部分司法文件体现了此类观点,如《山东省高级人民法院关于审

---

① 广东省深圳市中级人民法院民事判决书,(2016)粤 03 民终 594 号;上海市第二中级人民法院民事判决书,(2017)沪 02 民终 967 号。
② 广东省东莞市中级人民法院民事判决书,(2016)粤 19 民终 816 号;四川省成都市中级人民法院民事判决书,(2019)川 01 民终 14866 号。
③ 参见黄冠猛:《股东知情权前置程序存在的瑕疵不能通过诉讼程序救济》,载《人民司法》2011 年第 6 期。
④ 山西省泽州县人民法院民事裁定书,(2018)晋 0525 民初 973 号;最高人民法院民事裁定书,(2016)最高法民申 3785 号。

理公司纠纷案件若干问题的意见(试行)》(鲁高法发〔2007〕3号)第63条、《江西省高级人民法院关于审理公司纠纷案件若干问题的指导意见》(赣高法〔2008〕4号)第53条、《北京市高级人民法院关于审理公司纠纷案件若干问题的指导意见》(京高法发〔2008〕127号)第13条。

总体来看,三种观点在司法实践和学术研究中均存在,尚未达成一致意见。在司法有限介入和公司自治的原则下,笔者更倾向于否定观点。

4. 公司类型与前置程序

(1) 有限责任公司与前置程序

根据《公司法》第33条第2款的规定,有限责任公司股东请求查阅会计账簿的,应当履行前置程序。但需要注意的是,有限责任公司股东要求履行前置程序的,限于对会计账簿进行查阅,其他法定的知情权范围内的文件不需要前置程序。①

(2) 股份有限公司与前置程序

一般观点认为,股份有限公司的股东没有法定的查阅会计账簿的权利,除非章程另外规定,否则不能查阅会计账簿;同时,法律也并未对其他文件的查阅设立前置程序的限制要求。② 有其他观点认为,股份有限公司股东主张查阅法定知情权范围内的文件也应当按照《公司法》规定履行前置程序,原因在于,"如果股东没有提出权利主张,公司都无从配合,自然谈不上公司对其知情权的侵犯"③。

(3) 其他类型与前置程序

关于其他类型的公司或非法人组织,股东是否具有知情权以及知情权的行使是否也需要参照《公司法》第33条的规定适用前置程序,存在不同的观点。司法实践中有观点认为股份合作制企业④、民办非企业单位⑤中的股东知情权行使在法律解释之下也需要履行前置程序。在有限合伙企业中,有法院持否定

---

① 广东省广州市中级人民法院民事裁定书,(2016)粤01民终3324号。
② 山东省东营市中级人民法院民事判决书,(2019)鲁05民终356号;福建省漳州市中级人民法院民事判决书,(2018)闽06民终2867号。
③ 山西省太原市中级人民法院民事判决书,(2017)晋01民终3082号。
④ 浙江省温州市中级人民法院民事判决书,(2018)浙03民终5874号。
⑤ 北京市第二中级人民法院民事判决书,(2019)京02民终9142号。

意见,认为其无须适用《公司法》规定的前置程序。①

5. 启示与思考

(1) 前置程序在公司法中的其他体现

事实上,在《公司法》中,不仅股东知情权的行使中存在前置程序。在《公司法》第151条(2023年修订后为第189条)的股东代表诉讼、《公司法》第74条(2023年修订后为第89条)的股东回购请求权的行使以及《公司法》第182条(2023年修订后为第231条)请求法院解散公司的规定中,均可以看到此类前置程序。

从规范目的来看,前置程序需要解决的一个重要问题是如何平衡股东与公司的利益,如何在公司自治和司法介入之间寻求一个平衡点。笔者认为,考虑到司法介入的局限性以及公司独立人格等因素,公司自治的原则仍需要坚持,因此穷尽内部救济前提下的司法介入才是适当的。

(2) 域外制度

关于内部救济的具体方式,笔者认为,不能局限于股东向公司提出查阅申请,还可以参考域外经验探索多层次的股东知情权的保护机制,以建立系统性的救济机制保障股东的知情权。

消极知情权强调的是公司主动向股东发布公司的相关信息,从而保障股东的合法权益。根据相关研究,在美国、英国、德国、日本、韩国等的公司法制度中均设置了相关的信息披露制度。但考虑到信息披露的成本问题,不宜向封闭公司全面施加信息披露的义务,可以设置特定的场所放置重要的公司资料供股东自行查阅,或以定期公示重要的文件与材料等方式,在一定程度上给公司施加信息披露义务。

此外,其他立法例中也广泛适用检查人制度,即一种为了保障股东知情权而设立的非诉救济程序。检查人制度可以被认为是一种介于司法和公司自治之间的股东知情权的救济途径,也可以被认为是积极知情权的外延。根据情况的不同,检查人的选任由股东会或司法/行政机构决定。检查人制度借助外部专业机构对股东知情权进行保障,因此相较于司法介入,检查人制度的核心优

---

① 浙江省杭州市中级人民法院民事判决书,(2019)浙01民终7948号。

势在于充分发挥了专业人士的价值,并且具有较好的独立性与公正性,可以认为是公司和司法自治之外的一种良好的补充机制。

(四)行权辅助

1.法律法规及评述(见表11-11)

表11-11 法律法规及评述

法律法规	具体规定	评述
《公司法》	第33条第1款 股东有权查阅、复制公司章程、股东会会议记录、董事会会议决议、监事会会议决议和财务会计报告	规定了股东的知情权,未就委托代理人代为行使知情权作明确规定
《公司法司法解释(四)》	第10条第2款 股东依据人民法院生效判决查阅公司文件材料的,在该股东在场的情况下,可以由会计师、律师等依法或者依据执业行为规范负有保密义务的中介机构执业人员辅助进行	增加了委托代理人查阅制度条款
《民法典》	第161条第1款 民事主体可以通过代理人实施民事法律行为	基础性规定

委托代理人辅助行使知情权的制度设计将民法中确定的委托代理人制度扩展到股东知情权,有利于统一在此之前法院对于股东能否委托代理人查阅、复制公司资料的争议判决,保障股东更好地行使知情权,从而改善中小股东的信息供给机制,更好地发挥股东知情权的制度价值。

股东知情权之委托代理人行权制度的设立,从法律上肯定了委托代理人查阅的正当性。最高人民法院为防止商业秘密泄露,以及保护公司正常秩序不受到恶意股东干扰,采取了限定知情权行权的方式,即规定股东只能委托他人协助查阅,而且必须委托负有保密义务的中介机构执业人员辅助进行。

(1)委托代理人行权辅助制度优势

委托代理人辅助行权制度的合理性体现于以下方面。

第一,第三方人士具有更高的专业性,有利于股东全面、真实地了解公司财务及经营情况。财务会计报告以及公司财务账簿的查阅需要专业财务会计知识,允许第三方专业人士参与,有助于弥补股东财务方面的弱点,辅助股东更好地了解公司经营财务状况,以及发现潜在的纰漏和风险。

第二，法人股东行使知情权时，允许委托自然人或专业的公司员工行使，这相当于享有了"委托代理权"，自然人股东理应与法人股东平等地享有委托代理人辅助查阅权。

第三，将知情权行使主体限定于股东，可能导致商业秘密泄露。

(2) 现有知情权委托行权制度不足

《公司法司法解释(四)》第10条第2款尚存不足。

第一，该条款仅规定中介机构执业人员的辅助查阅权，未确认其是否有复制权或其他权利。从文义解释角度来看，《公司法司法解释(四)》中提到的"股东依据人民法院生效判决查阅公司文件材料的……"只允许第三人代为查阅，并未规定可以代为复制。本着"法无禁止即可为"的原则，委托代理人行使复制权并无现实障碍。就立法意旨而言，股东行权明确写明查阅、复制分类，但司法解释中并未对第三人的权利进行明确界定。另外，由于股东享有对特定文件的复制权，第三人行权时在场股东也可自行或委托工作人员复制，以此规避潜在法律风险。

第二，该司法解释存在前提条件，即"股东依据人民法院生效判决查阅公司文件材料的"，第三人辅助是否需要"股东受法院判决确认查阅权"这一前提，即该前提设置是否冗余值得探讨。有观点提出，《公司法司法解释(四)》第10条第2款规定……该规定的前提为人民法院的生效判决，判决生效在前，辅助查阅在后，是被上诉人在法院判决获得查阅权后才拥有的权利，不应是被上诉人诉讼请求的事项。上诉人的态度是：只要是符合法律规定的知情权要求，一定给予充分的尊重和满足。尽管如此，笔者认为，该条款的前提设定存在问题。首先，股东享有法定查阅权，无须由法院判决确认。其次，若第三人辅助行使知情权均须以法院判决为前提，将增加司法负担，造成诉讼资源浪费。

第三，该司法解释中关于"查阅公司文件材料"的规定较为宽泛，"公司文件材料"具体范围未明确限定，委托代理人辅助行权的具体查阅范围尚不明晰。在整理案例时，可以发现法院对于代理人辅助查阅文件范围态度不一，部分法院认同受托代理人查阅范围与委托人股东一致，也有法院根据文件专业性对代理人查阅范围进行限制。

第四,向委托代理人追责问题。① 此处将重点关注委托代理人不当辅助行使知情权导致公司商业秘密泄露的情形。《公司法司法解释(四)》第11条第2款规定:"根据本规定第十条辅助股东查阅公司文件材料的会计师、律师等泄露公司商业秘密导致公司合法利益受到损害,公司请求其赔偿相关损失的,人民法院应当予以支持。"该规定从法律上确认了因第三人违反保密义务,泄露公司商业秘密致使公司合法利益受到损害的,第三人应作为直接责任人,承担侵权责任。但法律并未明确股东与第三人之间的责任划分和具体侵权责任的大小认定问题。同时,该规定将责任承担的原因限定于"泄露公司商业秘密",可能会导致如下争议:若股东自身控制或参股的公司即为目标公司的竞争对手,两公司存在利益冲突,那么股东以不正当目的行使知情权,将商业秘密用于自身关联企业的行为是否属于"泄露"行为的范畴?因此笔者建议第三人侵权行为应涵盖更广泛的范畴。

综上所述,股东知情权的行权方式应考虑利益衡平和实践合理性因素。现有司法解释关于知情权行权辅助制度规定应随实践的发展进行完善。下文将研究知情权行权委托实践中出现的特殊问题。

2. 案例分析

(1) 受托人查阅范围和资质限定

尽管《公司法司法解释(四)》对委托代理人行权设置了两大限定:①股东在场情况下行使;②代理人应为具有专业知识的中介机构执业人员。但是该司法解释条文较为简略,致使后续民商事审判中存在较大自由裁量空间。

在实践中,受托代理人存在积极要件限制和消极要件限制。就消极要件而言,受托人处于中立地位,与公司不存在利益冲突,可以更好地遵守执业规范要求,如张某1与佛山市南海汉荣投资有限公司、张某2股东知情权纠纷案②。在《公司法司法解释(四)》出台后,多数法院的立场较司法解释的立场更为宽松,

---

① 《公司法司法解释(四)》提出了两类承担赔偿责任的情形。第一,股东或辅助人员,若泄露公司商业秘密导致公司合法利益受到损害,公司可要求其赔偿。第二,公司董事或高级管理人员等,若未能依法履行职责,导致公司未依法制作或者保存《公司法》第33条、第97条规定的公司文件材料,给股东造成损失,股东可要求其赔偿。
② 广东省佛山市南海区人民法院民事判决书,(2017)粤0605民初13987号。

允许股东全权委托他人代为行使知情权,而非仅起协助作用。极少数判决对委托代理人查阅范围进行严格限制,以三会报告无须专业人士审计,或超出股东知情权范围、存在商业秘密泄露可能等原因拒绝委托代理人辅助行权。例如,山东燎申置业有限公司、垦利济胜国际贸易有限公司股东知情权纠纷案①。关于受托人,判例中多为律师或会计师,但也承认公证处人员作为受托人的合规性。例如,加驰(厦门)微电子股份有限公司、王某某股东知情权纠纷案②。

(2)委托代理人纠纷能否成立单独的诉

不少判例中将委托代理人行权认定为知情权的行权方式,法院认为,此类纠纷属于执行问题,非诉讼事项。聘请他人查阅,只是知情权的行使方式,是执行中的问题,不需要通过诉讼方式解决,该事项难以成立单独的诉,并非诉讼事项。例如,安徽得利雅针纺有限公司、姚某某股东知情权纠纷案③,张某、孟某某与长春日辰光电技术有限公司股东知情权纠纷案④。

(3)受托代理人决定主体问题

在司法实践中,就该问题存在两种观点:观点一认为,受托代理人的选择由行使知情权的股东决定;观点二认为,鉴于查阅权行使的主体为股东,查阅范围涉及公司商业秘密,在辅助行权代理人的选任上须经公司同意。例如,对于浙江元一柏庄物业管理有限公司、安徽柏庄物业服务有限公司股东知情权纠纷案⑤,笔者不认同该案例二审法院的判决观点,理由如下:其一,实践中多数判例认定委托代理人选任主体为股东而非公司;其二,知情权为股东的法定权利,章程的规定无法对抗股东知情权的行使,股东有权自主选择行权辅助人;其三,根据利益衡平原则,公司利益有其他方式保护,如要求保密承诺,或者损害发生后要求侵权损害赔偿等,无须依赖受托代理人选任决定权来保障。此外,若公司有权决定受托代理人,则易发生勾结、隐瞒、藏匿、造假等行为,不利于股东知情权的保障。

---

① 山东省东营市中级人民法院民事判决书,(2019)鲁05民终582号。
② 福建省厦门市中级人民法院民事判决书,(2019)闽02民终4044号。
③ 安徽省宣城市中级人民法院民事判决书,(2019)皖18民终527号。
④ 吉林省长春市中级人民法院民事判决书,(2016)吉01民终585号。
⑤ 浙江省嘉兴市中级人民法院民事判决书,(2020)浙04民终1071号。

(4)股东是否有权单方委托审计机构对公司进行审计

司法实践中倾向认定股东无权自主对公司进行外审,如 ROONEY LIMTED 与常州雍康置业有限公司股东知情权纠纷案①。股东知情权行使中要求进行单方审计,应事先在公司章程中明确约定,否则股东无权对公司财务进行外审。对知情权与财务监督权不加区分可能影响公司的正常经营或妨碍商业秘密的保护。②

(5)境外股东委托代理人问题

在郁某某与南京郁氏生物科技有限公司(以下简称郁氏公司)股东知情权纠纷案③中,双方就境外股东委托代理人提出查阅申请是否需要公证一事存在意见分歧,公司依据2012年《民事诉讼法》第264条以及2015年《民诉法解释》第525条、第526条之规定,主张境外股东在境内委托代理人提出查阅申请未经过认证、公证程序视为未履行《公司法》第33条规定前置申请程序的,法院不予支持。法院认为,《公司法》第33条对于股东知情权并未禁止股东委托他人代为行使,不属于法律禁止的代理事项,因此境外股东为行使知情权委托代理人提出查阅申请无须公证。

(五)公司类型

1.案例统计情形

在样本案例中,被告公司类型中有限责任公司占比高达94.07%,股份有限公司占比约为3.22%,其他类型公司占比约为2.08%。其他类型公司包括股份合作制企业、民办非企业单位等。存在公司改制的特殊情形,例如国企改制,有限责任公司改为股份有限公司等。

该情况主要是立法原因导致:一是《公司法》对于不同类型公司的股东知

---

① 江苏省高级人民法院民事判决书,(2015)苏商外终字第00035号。
② 参见李建伟:《股东知情权诉讼研究》,载《中国法学》2013年第2期。
③ 根据(2016)苏民终620号案判决,郁氏公司主张,根据2012年《民事诉讼法》第264条以及2015年《民事诉讼法解释》第525条、第526条的规定,涉案《律师函》应当得到合法授权。涉案《律师函》未经公证、认证且未附郁某某的授权委托书,郁氏公司有理由认为该律师函并非郁某某的真实意思表示。法院认定"上述民事诉讼法及司法解释的相关规定均是关于境外当事人委托他人代理诉讼时的要求,并不涉及在民事诉讼活动之外的其他民事法律行为。且郁某某本人认可《律师函》为其真实意思表示。郁氏公司的上述主张没有法律依据,本院不予支持"。

情权的层级结构规定不同,有限责任公司股东更多依赖于主动向公司行权来获得信息,股份有限公司股东则较多地通过被动接受信息披露而获得信息;二是公司法关于查阅权诉讼救济的安排存在差异,《公司法》第33条规定将股东查阅会计账簿权赋予有限责任公司,由此股东通过诉讼方式实现查阅权有法可依。而股份有限公司与股份合作制企业的股东的同样请求可能会因为法无据而被驳回。① 此外,根据统计结果的分析,诉讼案件中被告公司注册资本在500万元以下的情形总计占2/3,可见中小微企业股东诉讼权保障尚不完善。对此可能的解释为家族公司治理不规范,小型公司封闭性强,中小股东的权利更难得到保障等。②

2. 特殊公司类型

《公司法》及相关司法解释适用的范围为中国境内设立的有限责任公司和股份有限公司,对于该范围外的中外合资经营企业、中外合作经营企业、股份合作制企业等,股东知情权行使常参照适用《公司法》及相关司法解释有关规定或依据章程约定。

通过案例检索,特殊公司类型问题可总结为如下五点。

第一,涉外法人及分支机构股东知情权行使应依照《公司法》的规定。

在山风(巴巴多斯)有限公司(Mountain Breeze)与北京中天宏业房地产咨询有限责任公司股东知情权纠纷申请再审案③中,法院认为涉外法人及其分支机构的股东知情权行使事项,应遵照《公司法》的相关规定。

第二,国企改制公司股东知情权行使涉及商业秘密和员工持股平台,较为复杂。

国企改制企业由于涉及商业秘密不予公布部分信息,如重庆市南岸区凯利食品有限责任公司与向某某股东知情权纠纷案④。国企改制还涉及员工持股平台股东知情权行使问题,如在邢某某与唐山建设集团有限责任公司股东知情

---

① 参见李建伟:《股东知情权诉讼研究》,载《中国法学》2013年第2期。
② 参见李建伟:《股东知情权诉讼研究》,载《中国法学》2013年第2期。
③ 最高人民法院民事裁定书,(2014)民申字第2136号。
④ 重庆市第五中级人民法院民事判决书,(2018)渝05民终5297号。

权纠纷案①中,法院认定员工持股平台中的持股员工不得单独行使知情权。

第三,民办非企业单位股东知情权行使可参照《公司法》规定。

民办非企业单位股东享有法律承认的知情权,相关案例包括北京涉外教育学校与张某某股东知情权纠纷案②,天津市西青区华晟职业培训学校、天津明德生产力促进有限公司股东知情权纠纷案③。

第四,股份合作制企业股东知情权行使可依照章程和合作协议约定。

股份合作制企业股东知情权尚无《公司法》上的明确规定,但可依照章程或相关协议行使,如张某某等与北京榆树庄投资管理公司股东知情权纠纷案④。

第五,其他类型公司超出公司法调整范围。

在刘某某与广州穗宝家具装饰厂股东知情权纠纷案⑤、戴某与广州穗宝家具装饰厂股东知情权纠纷案⑥中,判决均认定被告公司不属于《公司法》的调整范围。

(六)抗辩事由

1. 不正当目的

(1)概览

A. 内涵

从文义角度来看,股东查阅会计账簿的目的不合理、不适当;从立法目的角度来看,股东基于不正当目的查阅会计账簿可能侵害公司商业秘密,妨害公司的经营管理或损害公司的其他合法利益;从司法实践判断角度来看,以股东的客观行为推断其查阅目的的不正当性。

B. 我国对于不正当目的的审查判断

我国《公司法司法解释(四)》第8条规定的前三种情形是对股东主观目的

---

① 河北省唐山市中级人民法院民事判决书,(2018)冀02民终6399号。
② 北京市第二中级人民法院民事判决书,(2019)京02民终9142号。
③ 天津市第一中级人民法院民事判决书,(2019)津01民终5927号。
④ 北京市第二中级人民法院民事判决书,(2020)京02民终4884号。
⑤ 广东省广州市中级人民法院民事判决书,(2016)粤01民终6820号。
⑥ 广东省广州市中级人民法院民事判决书,(2016)粤01民终6819号。

作出的反向列举,同时,为避免遗漏,采取了列举加概括式的模式。①

从理论分析角度来看,正当目的指的是与保障股东基于自身地位所拥有的合法权益直接相关的目的。正当目的不仅应与股东利益息息相关,更要保障公共利益和个人合法权益,不损害公司权益。② 对于不正当目的的认定应从四个方面来理解:一是目的是否具体化;二是目的是否合法;三是目的是否存在关联;四是目的是否安全。③

C. 案例统计及司法实践现状

a. 司法裁判情况(见表 11-12)

表 11-12 是否"构成不正当目的"的案例统计

类别	案例数量/个
不构成不正当目的	1160
构成不正当目的	262
合计	1422

b. 根据《公司法司法解释(四)》第 8 条规定的 4 项案例分类情形(见表 11-13)

表 11-13 依据司法解释规定的案例分类情况

类别	案例数量/个
提出不正当目的的抗辩但未能举证	580
实质性竞争关系业务	704
为了向他人通报有关信息	8
3 年内向他人通报有关信息损害公司合法利益	1
其他不正当目的的情形	69
实质性竞争关系业务 + 为了向他人通报有关信息	40

---

① 参见吴克坤:《股东查阅会计账簿正当目的的认定与举证责任分配》,载《人民司法(案例)》2017 年第 32 期。

② 参见王燕莉:《论股东账簿查阅权行使之正当目的》,载《四川师范大学学报(社会科学版)》2009 年第 2 期。

③ 参见潘云波、俞巍:《股东查阅公司会计账簿的正当目的及实现方式》,载《人民司法》2011 年第 6 期。

续表

类别	案例数量/个
实质性竞争关系业务 + 为了向他人通报有关信息 + 其他不正当目的情形	10
实质性竞争关系业务 + 其他不正当目的情形	62
为了向他人通报有关信息 + 其他不正当目的情形	32

c. 实务案例中,保护股东知情权的司法立场的案件

在重庆中汽西南汽车(集团)有限公司(以下简称中汽西南公司)与重庆尚诚汽车销售有限公司(以下简称尚诚公司)股东知情权纠纷上诉案[①]中,尚诚公司与案外公司重庆汽博实业公司为关联企业,而重庆汽博实业公司与中汽西南公司存在实质性竞争业务。因为会计账簿能够反映出中汽西南公司的核心经营信息,如上下游供应链、与合作商之间的定价机制、返利分成等情况,这些信息属于中汽西南公司的核心商业秘密,如果公司的竞争者了解了这些商业信息,将会使公司在商业谈判中处于不利的地位。据此可以认为,尚诚公司的查阅行为可能会给中汽西南公司的合法利益带来损害,中汽西南公司拒绝其查阅的理由合理合法。此外,工商登记信息显示,两个公司主要经营范围相同,故中汽西南公司怀疑尚诚公司查阅会计账簿具有不正当目的的合乎情理。况且,工商登记是超前的,尚诚公司在查阅会计账簿后亦有可能据此而自营汽车销售的业务。所以,对于尚诚公司所主张的其实际经营范围与工商登记的不相同,则应该由其自身来举证以消除对方的怀疑。据此,二审作出了与一审法院完全相反的判决,撤销原审判决,驳回尚诚公司行使查阅权的请求。

在检索到的相关案件的审判中,持保护股东知情权立场的占多数,也就是相关法院审判观点为,会计账簿是公司具体经营管理行为的体现,股东要想更加确切、详细地了解公司的真实经营状况,查阅会计账簿是必然选择。

不仅如此,赋予股东查阅会计账簿的权利也是实现《公司法》关于股东知情权立法目的的要求。如果公司不能提交有效证据充分证明股东行使知情权具有不正当目的的,以及其查阅行为可能损害公司的合法利益,公司则需要承担对其不利的法律后果。

---

① 重庆市第一中级人民法院民事判决书,(2017)渝 01 民终 3436 号。

在刘某与苏州华瑞腾航空设备有限公司股东知情权纠纷案①中,为寻求利益平衡,法院的观点如下:一方面,关联交易容易产生不正当的利益输送,这可能损害公司和股东的利益,因此,公司应向股东披露关联交易情况;另一方面,会计账簿与公司的商业秘密密切相关,原告是竞争公司的高级管理人员,一旦掌握了这些关键信息,很可能会对公司的利益造成威胁。总结以上,股东刘某的查阅目的既具有正当之处又具有不正当之处。股东查阅权设立的目的是保障股东更好地实现自身利益,但是,股东权利的行使与公司利益的保护在一定程度上存在冲突。要解决这种紧张关系,关键在于如何合理地控制查阅的范围,从而保证股东与公司利益的平衡。只要股东证明了查阅目的的正当性,就应当允许其查阅,但是对会计账簿和原始凭证的查阅范围应当被限制在其证明的正当目的所指向的范围之内,并且以不泄露公司商业秘密为限。最终,该案法院判决公司提供刘某与关联交易相关的账簿内容,驳回其他的查阅请求。

股东利益与公司利益的冲突是认定目的正当性的症结所在,对于股东"不正当目的"的认定,司法审判标准并不统一。

在具体案件审理中,法官往往会因对法律的理解适用不同,而持不同的立场,从而作出不同的审判结果。可以说,在股东知情权纠纷的审判实践中,法官拥有较大的自由裁量空间。

(2)不正当目的的四种情形

A. 同业竞争条款分析

a. "同业竞争"的认定标准

(a)理论归纳

对于"同业竞争"一词,法律上并无明确的规定。根据《公司法司法解释(四)》第8条第1项的规定,可以提炼出"同业竞争"的三个关键词,即"自营"、"为他人经营"和"实质性竞争关系"。

"自营":从文义解释的角度出发,是股东自己经营。对此,是否包括股东的近亲属经营,理论界和实务界均存有争议。由该关键词可以得到股权关系与亲属关系两种不同的利益关系情形。

---

① 江苏省苏州工业园区人民法院民事判决书,(2012)园商外初字第0026号。

"为他人经营":"他人",是指自然人、法人或非法人组织,通常是公司主营业务、诉讼中的竞争对手。① 由此可以得到雇佣关系这一利益关系情形。

"实质性竞争关系":《公司法司法解释(四)》的相关规定表明,实质性竞争关系是指股东和公司之间存在利益冲突。② 但对在什么范围内成立"竞争关系",以及股东与公司之间存在何种情况的利益冲突可定为"实质性竞争关系",该司法解释并未作出进一步的说明。此处可以参考关于竞业的其他法律规定更好地理解"实质性竞争关系"的含义,即《公司法》第148条(2023年修订后为第184条)针对公司高级管理人员的规定,《合伙企业法》第32条针对合伙人的规定,《上市公司收购管理办法》第17条、第29条、第50条、第66条针对投资者、一致行动人及其控股股东、实际控制人、收购人及其关联方的规定。③

由以上三个关键词,可以得到图11-3中的"同业竞争"的基本关系模型,其中,该关系主体为三方当事人,即原告股东、被告公司以及有实质性竞争关系嫌疑的案外人。原告股东与被告公司之间涉及知情权之诉,原告股东与案外人之间涉及利益关系的考量,而被告公司与案外人之间涉及实质性竞争关系的认定,三方当事人之间所涉的关系即本章欲考察的重点。

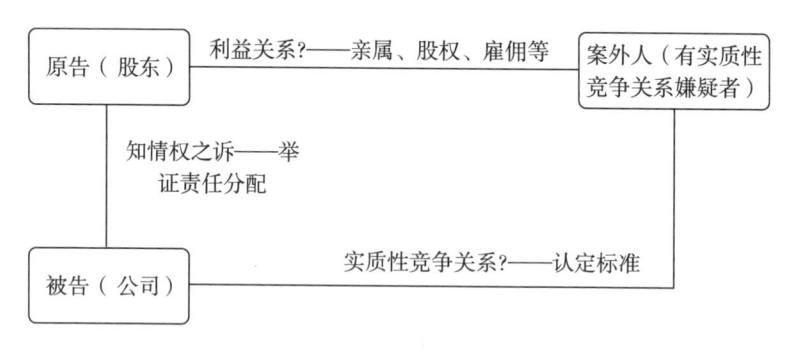

图11-3 "同业竞争"基本关系模型

---

① 参见杜万华主编:《最高人民法院公司法司法解释(四)理解与适用》,人民法院出版社2017年版,第186页。

② 参见杜万华主编:《最高人民法院公司法司法解释(四)理解与适用》,人民法院出版社2017年版,第186页。

③ 参见李建伟:《竞业股东查阅会计账簿的目的限制研究——〈公司法解释(四)〉第8条第1项的法教义学分析》,载《北方法学》2020年第5期。

(a.1)案例分析

在 2015~2020 年 2575 个股东知情权诉讼案例中,涉及被告以"同业竞争"为由进行抗辩的案件共计 704 个,除去案件中仅提到"同业竞争"的无效案例,剩余 577 个案例,其中 111 个案件中不正当目的得以认定,即被告以"同业竞争"为由进行抗辩,请求认定原告有不正当目的的案件中,约有 19.2% 的案件得到法院的支持。

(a.1.1)利益关系

在利益关系中,股权关系,是指原告对案外人有持股情形;雇佣关系,是指原告在案外人处有任职情形;亲属关系,是指原告亲属有对案外人持股,或在案外人处任职情形;其他关系,如其他密切利益关联关系等(见表 11-14)。

表 11-14 利益关系情况

关系	数量/个	所占比重/%	不正当目的被认定数量/个	占不正当目的被认定的案例比重/%
股权关系	428	74	76	68
雇佣关系	80	14	17	15
亲属关系	58	10	15	14
其他关系	11	2	3	3

由表 11-14 可知,2015~2020 年股东知情权诉讼涉及"同业竞争"抗辩的案例中,原告股东与案外人之间的利益关系多为股权关系和雇佣关系。因此,笔者将重点分析原告股东与案外人之间为股权关系和雇佣关系的利益关系情形下不正当目的认定的情况。

其一,利益关系:股权关系与雇佣关系。

在案例统计中,被告对与案外人为股权关系或雇佣关系的原告股东进行抗辩的高频争议点为:"竞业义务",以《公司法》第 148 条第 1 款第 5 项规定的董事、高级管理人员的法定竞业义务与签订竞业协议人员的约定竞业义务为重。笔者也将以这两种义务作为主线,基于原告股东于被告公司中的不同职位将原告股东进一步分类,对不正当目的的认定情况进行分析。

其二,利益关系中的亲属关系。

对于股东的亲属经营的案外人公司与被告公司存在实质性竞争关系,被告公司应当援用《公司法司法解释(四)》第8条第1项还是第2项进行抗辩仍有不少争议,笔者就被告公司援用第1项进行抗辩的情况进行分析,此情况在司法实践中也出现不同的裁判立场,总结如下。

裁判立场一:单纯的股东亲属的经营行为并未被法律禁止,不会被认定为具有不正当目的,例如,曲靖市安居房地产开发有限公司、杨某某股东知情权纠纷案。①

裁判立场二:直系亲属担任法定代理人,并且参与实际经营,认定存在实质性竞争关系,最终认定具有不正当目的,例如,陈某某、浙江盛名机电制造有限公司股东知情权纠纷案。②

裁判立场三:在案例统计中出现了"原告直系亲属担任法定代理人,并且参与实际经营,却未被认定为具有不正当目的"的情形,例如,义乌市义宏市政工程有限公司、吴某某股东知情权纠纷案。③

因此,笔者认为,若股东的亲属(无论亲属亲疏关系)经营的案外人公司与被告公司存在实质性竞争关系,原告股东是否能被认定为具有不正当目的的裁判规则并未呈现趋同的趋势,即若没有明确的裁判规制导向,将仍以个案判断为准,此种情形下仍将出现同案不同判的情况。

(a.1.2)董事、高级管理人员的法定竞业义务。

《公司法司法解释(四)》不涉及董事、高级管理人员的法定竞业义务的规定,因此,《公司法司法解释(四)》的出台不影响该情况下法院对不正当目的的认定。

在样本案例统计中,董事、高级管理人员任职期间"自营或者为他人经营"的案例共计17个。

其中,有7个案例中得以认定存在不正当目的。法院直接以董事、高级管理人员违反法定竞业禁止义务为由,推出原告股东具有不正当目的。例如,黄

---

① 云南省曲靖市中级人民法院民事判决书,(2019)云03民终2753号。
② 浙江省绍兴市中级人民法院民事判决书,(2019)浙06民终5134号。
③ 浙江省金华市中级人民法院民事判决书,(2019)浙07民终2611号。

某某与山西华旗风能科技有限公司股东知情权纠纷案①、郑某与海南富春医药有限公司股东知情权纠纷案②、傅某诉福建阳谷智能技术有限公司股东知情权纠纷案③等。虽有 10 个案例未被认定存在不正当目的,但此类案例中不正当目的未被认定的原因多在于被告公司有明显的举证瑕疵或被告公司与案外人之间经营范围重合度低。例如,谆客福德(北京)咖啡企业管理咨询有限公司等与北京市京泰天宏经贸有限责任公司股东知情权纠纷案④、江西青鸟环宇消防设备销售有限责任公司与周某某等股东知情权纠纷案⑤。因此可以得知,司法裁判观点多以董事、高级管理人员违反法定竞业禁止义务为由,认定原告股东具有不正当目的。但若被告公司未进行合理举证来证明原告股东与有同业竞争嫌疑的案外人之间的关系,以及被告公司与案外人之间的利益冲突与同业竞争事实,法院将可能以举证瑕疵或证据不足等理由不支持被告公司的同业竞争抗辩。

法院对作为董事、高级管理人员的原告股东科以较重的义务,这是由于董事、高级管理人员在被告公司中具有特殊地位。一般而言,作为被告公司的经营管理者,董事、高级管理人员本来对被告公司的经营业务、资产信用情况,甚至产品细节、重大客户等都较为了解。会计账簿作为具有被告公司独特特征,涉及产品价格、客户群等商业秘密的特殊资料,对被告公司而言具有重大的商业价值。原告股东担任被告公司的董事、高级管理人员,并且从事或参与竞业业务,若其请求查阅被告公司的会计账簿,那么基于利益的驱动使,极有可能利用行使知情权知晓有关被告公司的更多、更具商业秘密性的信息,进而使被告公司在市场竞争中处于不利地位,损害被告公司的合法权益。因此,为保障公平竞争,法院多认定此种情形下的原告股东具有不正当目的,不支持其行使查阅会计账簿权。

(a.1.3)签订竞业协议股东的约定竞业义务

由案例统计发现,法院对于股东与公司之间的竞业禁止协议的认定存在两

---

① 山西省太原市中级人民法院民事判决书,(2019)晋 01 民终 6636 号。
② 海南省三亚市中级人民法院民事判决书,(2019)琼 02 民终 469 号。
③ 福建省福州市仓山区人民法院民事判决书,(2017)闽 0104 民初 55 号。
④ 北京市第三中级人民法院民事判决书,(2020)京 03 民终 3702 号。
⑤ 江西省南昌市中级人民法院民事判决书,(2017)赣 01 民终 1698 号。

种对立的裁判立场,并没有明显向一边偏倒的趋势。笔者将这两种对立的裁判立场总结如下。

裁判立场一:法院认为,竞业禁止协议有效,对股东具有约束力,以股东违反约定竞业义务推出其具有不正当目的的认定。例如,邢某某与北京瑞华基业科技有限公司股东知情权纠纷案①、深圳市美赛达科技股份有限公司与北京车联天下科技有限公司股东知情权纠纷案②。

裁判立场二:法院认为,原告股东是否签订竞业禁止协议,以及竞业禁止协议是否有效均与股东知情权纠纷案无关。例如,上海奥迪菲环境工程有限公司与张某股东知情权纠纷案③、江苏亿佳房地产开发有限公司与孙某某股东知情权纠纷案④。

(a.1.4)监事的竞业义务

笔者注意到,我国公司法律制度对董事、高级管理人员、监事、股东相关义务的规定呈现出逐渐放松的趋势。例如,从《公司法》第148条第1款第5项规定的董事、高级管理人员的法定竞业禁止义务,到《公司法》第147条(2023年修订后为第179条、第180条⑤)规定的董事、高级管理人员、监事的忠实义务和勤勉义务⑥,再到《公司法》第20条(2023年修订后为第21条、第23条)规定的股东的一般义务⑦可以看出这个趋势。

---

① 北京市第二中级人民法院民事判决书,(2019)京02民终4059号。
② 北京市第三中级人民法院民事判决书,(2016)京03民终3220号。
③ 上海市第二中级人民法院民事判决书,(2019)沪02民终11649号。
④ 江苏省淮安市中级人民法院民事判决书,(2019)苏08民终2170号。
⑤ 2023年修订后的《公司法》第180条新增了董监高忠实义务的内容,"对公司负有忠实义务,应当采取措施避免自身利益与公司利益冲突,不得利用职权牟取不正当利益";新增了勤勉义务的内容,"对公司负有勤勉义务,执行职务应当为公司的最大利益尽到管理者通常应有的合理注意";以及"公司的控股股东、实际控制人不担任公司董事但实际执行公司事务的,适用前两款规定"。
⑥ 《公司法》第147条规定:董事、监事、高级管理人员应当遵守法律、行政法规和公司章程,对公司负有忠实义务和勤勉义务。董事、监事、高级管理人员不得利用职权收受贿赂或者其他非法收入,不得侵占公司的财产。
⑦ 《公司法》第20条规定:公司股东应当遵守法律、行政法规和公司章程,依法行使股东权利,不得滥用股东权利损害公司或者其他股东的利益;不得滥用公司法人独立地位和股东有限责任损害公司债权人的利益。公司股东滥用股东权利给公司或者其他股东造成损失的,应当依法承担赔偿责任。公司股东滥用公司法人独立地位和股东有限责任,逃避债务,严重损害公司债权人利益的,应当对公司债务承担连带责任。

因此,担任监事的公司股东的法定义务主要包括《公司法》第 147 条规定的忠实义务、勤勉义务和《公司法》第 20 条规定的一般义务,并不包括《公司法》第 148 条第 1 款第 5 项规定的法定竞业禁止义务。对于监事是否有竞业禁止义务的问题,司法判例中也出现了两种截然不同的裁判立场。

其中,部分案例中法院对监事科以较重的竞业禁止义务,如在上诉人叶某某与被上诉人四川德盛橡胶制品有限公司股东知情权纠纷案①,夏某某、安徽青松园林绿化工程有限公司股东知情权纠纷案②和孙某某与北京科华众生云计算科技有限公司股东知情权纠纷案③等案例中,法院认为,监事具有"自营或为他人经营"的情形,违反了竞业禁止义务,最终认定其具有不正当目的。不过也有不少案例中的法院并不认为竞业禁止义务属于监事的法定义务,如肖某与苏州乾唐织造有限公司股东知情权纠纷案④、叶某与南通磊鑫包装材料有限公司股东知情权纠纷案⑤等。笔者更赞成后者"竞业禁止义务不属于监事的法定义务"的观点,理由如下:其一,《公司法》第 148 条明确限定了法定竞业禁止义务的主体为董事、高级管理人员,而非监事。《公司法》第 147 条对监事规定的忠实义务和勤勉义务并未限制监事从事或参与竞业业务。《公司法》第 20 条对股东规定的一般义务也未对普通股东进行竞业禁止限制,说明监事并不属于法定的竞业禁止义务主体。其二,董事、高级管理人员因其特殊地位(公司的经营管理者,更了解公司内部治理和外部经营管理的信息)而须进行竞业禁止限制,但监事属于公司的业务和财务的监督者,而非经营管理者,对其科以较重的法定竞业禁止义务不符合公平原则下的权利义务对等原则,也不符合商事领域大多情况下的现实需求。因此,笔者认为,竞业禁止义务不属于监事的法定义务。不过在具体案件事实中,若原告在股东担任监事期间,参与或从事竞业业务,行使会计账簿查阅权确实会损害被告公司的合法权益,法院可能认定其具有不正当目的,不支持查阅账簿的请求。

---

① 四川省德阳市中级人民法院民事判决书,(2016)川 06 民终 79 号。
② 安徽省合肥市中级人民法院民事判决书,(2019)皖 01 民终 1510 号。
③ 北京市第二中级人民法院民事判决书,(2020)京 02 民终 816 号。
④ 江苏省苏州市吴江区人民法院民事判决书,(2018)苏 0509 民初 13122 号。
⑤ 江苏省南通市中级人民法院民事判决书,(2018)苏 06 民终 3584 号。

（a.1.5）普通职工是否负有竞业禁止义务

对于普通职工是否有竞业禁止义务的问题，司法裁判观点较为统一。案例统计显示，多数案例中法院均认为，不应对普通职工科以竞业禁止义务，但强调对"实质性竞争关系"的认定，由此判定原告股东是否具有不正当目的。

（a.1.6）普通股东是否负有竞业禁止义务

普通股东，是指仅持有原告公司的相应股份，未任职，也未参与经营管理的股东。普通股东是否有竞业禁止义务的问题与普通职工的竞业禁止义务观点类似，司法裁判观点也较为统一。案例统计显示，多数案例中法院认为，不对普通股东科以竞业禁止义务，但也强调对"实质性竞争关系"的认定，由此判定原告股东是否有不正当目的。

（a.2）小结

在2015~2020年股东知情权诉讼案例中，原告股东与案外人之间的利益关系较为复杂，多为股权关系或雇佣关系，而被告对与案外人为股权关系或雇佣关系的原告股东进行抗辩的高频争议点为"竞业禁止义务"。

笔者基于不同职位将原告股东进行区分，发现对于为董事、高级管理人员的原告股东，法院对其认定的法定竞业禁止义务较重：若有同业竞争情况，此类原告股东多被认定为具有不正当目的，除非被告公司出现举证瑕疵或与竞业案外人的经营范围重合度低。对于与公司签订竞业禁止协议的原告股东，司法实践中出现了两种对立的裁判立场：其一，法院认定竞业禁止协议有效，对股东具有约束力，进而以股东违反约定竞业禁止义务认定原告股东具有不正当目的；其二，法院认为是否签订竞业禁止协议，以及竞业禁止协议是否有效均与股东知情权纠纷案无关。对于作为监事的原告股东，司法实践对其是否具有竞业禁止义务产生分歧，没有明确导向。对于为普通职工或无任何任职的原告股东，司法裁判观点较为统一：多数法院认为不应对普通职工股东或普通股东科以竞业禁止义务，但强调对"实质性竞争关系"的认定，并由此判定原告股东是否具有不正当目的。

除此之外，原告股东亲属经营的案外人竞业公司对原告行使股东知情权的影响也是笔者关注的重点之一，此情形下的原告股东是否会被认定为具有不正当目的的裁判规则并未成型，仍以个案判断为准，因此有出现同案不同判的情况。

(b)竞争关系

根据《公司法司法解释(四)》第 8 条第 1 项规定的"股东自营或者为他人经营与公司主营业务有实质性竞争关系业务的,但公司章程另有规定或者全体股东另有约定的除外"可以看到,"竞争关系"的分析重点在于对"主营业务"和"实质性竞争关系"的界定。

(b.1)竞争关系:主营业务

主营业务,是指企业为完成其经营目标而从事的日常活动中的主要活动,主营业务可根据企业营业执照上规定的主要业务范围确定。主营业务是企业的重要业务,是企业收入的主要来源。认定何为主营业务时要考虑该项业务对公司稳定利润的贡献,并兼顾其在营业收入中的比重。①

(b.2)竞争关系:实质性竞争关系

由上文可知,"实质性竞争关系"是指原告股东与被告公司之间存在利益冲突,而这一冲突多反映在被告公司与有竞业嫌疑的案外人之间存在的实质性竞争关系上。《公司法司法解释(四)》出台后影响了司法实践中对"实质性竞争关系"认定的判断,笔者将以《公司法司法解释(四)》的出台作为分界线,分析《公司法司法解释(四)》出台前后司法实践中"实质性竞争关系"认定标准变化。

《公司法司法解释(四)》出台前,司法实践中对"实质性竞争关系"认定标准呈现多样化趋势,有以经营范围的重合情况认定是否存在竞争关系的形式标准,该认定标准较为宽松,典型案例包括钟某某与中山市长实胶粘制品有限公司、张某某股东知情权纠纷案②;也有认为经营范围相似,不一定当然存在竞争关系的适中标准,典型案例包括李某某与佛山市南海韵泰科技有限公司股东知情权纠纷案③、林某某与广州集草缘化妆品有限公司股东知情权纠纷案④、许某

---

① 参见李建伟:《竞业股东查阅会计账簿的目的限制研究——〈公司法解释(四)〉第 8 条第 1 项的法教义学分析》,载《北方法学》2020 年第 5 期。
② 广东省中山市中级人民法院民事判决书,(2016)粤 20 民终 290 号。
③ 广东省佛山市中级人民法院民事判决书,(2016)粤 06 民终 2822 号。
④ 广东省广州市中级人民法院民事判决书,(2016)粤 01 民终 10617 号。

某与南京悦策商业管理有限公司股东知情权纠纷案①;还有综合考虑经营范围、经营现状、经营地点、设立时间、具体经营产品或项目、原告在竞业公司的任职或投资情况来认定是否存在竞争关系的实质标准,该标准较为严格,典型案例包括温州市乌苏里江米业有限公司与温州市乌苏里江籼谷有限公司股东知情权纠纷案②、壮某某与南京君讯通讯技术有限公司股东知情权纠纷案③。当时以上三种标准并未存在某一标准具有压倒性优势的情形,三种标准均是法院常用的标准。

《公司法司法解释(四)》出台后,司法实践中对"实质性竞争关系"的认定标准趋向严格,多使用实质标准对实质性竞争关系进行判断;而形式标准和适中标准,尤其是形式标准,难以兼顾对股东知情权权益的保护,笔者亦赞同以实质标准判断被告公司与案外人之间是否具有实质性竞争关系,对此的典型案例包括黑龙江省仁皇医药有限公司、陈某某股东知情权纠纷案④。对于实质标准的把握,司法实践中主要体现在"具体性"和"现实性"两个方面。⑤ "具体性",即以微观视角判断竞争业务,要求公司提出更为具体的证据证明存在竞争关系,如产品、经营区域、客户群、业务等关键词均体现了"具体性"要求。"现实性",即要求原告股东与被告公司之间的利益冲突须现实存在,对此须注意时间点问题。因此,笔者将司法实践中竞争关系认定的实质标准分为"具体性"和"现实性"两方面进行讨论。

(b.2.1) 司法实践中竞争关系认定的实质标准:"具体性"

由表 11-15(2015~2020 年股东知情权诉讼案例中有关"具体性"要求关键词出现频率情况)可知,在"具体性"要求中,"经营范围""业务、市场""项目、产品"等关键词在 2015~2020 年股东知情权诉讼案例中出现频率较高,说明法院多综合这些要素对案外人与被告公司的关系进行考量,判断案外人与被告公司是否具有实质性竞争关系。

---

① 江苏省南京市中级人民法院民事判决书,(2017)苏 01 民终 3402 号。
② 浙江省温州市中级人民法院民事判决书,(2015)浙温商终字第 619 号。
③ 江苏省南京市中级人民法院民事判决书,(2016)苏 01 民终 4291 号。
④ 黑龙江省哈尔滨市中级人民法院民事判决书,(2019)黑 01 民终 4437 号。
⑤ 参见李建伟:《竞业股东查阅会计账簿的目的限制研究——〈公司法解释(四)〉第 8 条第 1 项的法教义学分析》,载《北方法学》2020 年第 5 期。

表 11-15 司法实践中竞争关系认定的实质标准

类型	关键词出现频率/%
经营范围重合、相似	30
经营场所、经营地、经营区域	5
字号	1
项目、产品	14
客户群	9
业务、市场	20
人员团队	2
其他	19

在陈某某、浙江盛名机电制造有限公司股东知情权纠纷案①中,法院综合考量经营范围、业务、经营区域、客户群等情况,最终认定案外人浙江盛信机械科技有限公司与被告浙江盛名机电制造有限公司之间存在实质性竞争关系,认为原告陈某某通过查阅被告公司的会计账簿、会计凭证,可以获得被告公司的客户资料和合同底价等商业信息,且有可能使被告公司在业务竞争中处于不利地位,故最终认定原告股东具有不正当目的。

饶某某、石狮市匠人门窗有限公司股东知情权纠纷案②,北京方圆水木旅游规划设计院有限公司等股东知情权纠纷案③,常某某诉北京方圆水木旅游规划设计院有限公司股东知情权纠纷案④,青岛克罗恩化学有限公司、张某某股东知情权纠纷案⑤均说明,法院不再仅以经营范围重合度为标准判断案外人公司与被告公司之间利益冲突与竞争关系,而是采取多因素结合认定的方式,通过对经营范围、产品、客户、经营地域等因素的考量,判断案外人公司与被告公司之间是否存在真实、具体的利益冲突与竞争关系,由此认定原告股东是否具有不正当目的,这样的认定更具科学性和利益平衡性,也为被告公司需提供哪

---

① 浙江省绍兴市中级人民法院民事判决书,(2019)浙 06 民终 5134 号。
② 福建省泉州市中级人民法院民事判决书,(2017)闽 05 民终 4791 号。
③ 北京市第一中级人民法院民事裁定书,(2018)京 01 民终 276 号。
④ 北京市海淀区人民法院民事判决书,(2017)京 0108 民初 32172 号。
⑤ 山东省青岛市中级人民法院民事判决书,(2020)鲁 02 民终 3368 号。

些证据证明案外人公司与其之间的利益冲突与竞争关系确定了明确、合理的司法导向,推动被告公司提供更多、更合理的证据得以帮助法院更好地了解案件事实,从而作出合理的裁判。

(b.2.2)司法实践中竞争关系认定的实质标准:"现实性"

"现实性",即要求原告股东与被告公司之间的利益冲突须现实存在,对此须注意案外人公司与被告公司的成立时间先后,被告公司与案外人的营业状态或存续状态对法院认定不正当目的的影响。

对于案外人公司与被告公司成立时间先后问题,司法实践中多数法院认为,原告股东自营或为他人经营的公司成立在先,一般不应认定原告具有不正当目的,如北京三旗企业管理有限公司与张某某股东知情权纠纷案[①]、顾某某与张家港市新斯达科技有限公司股东知情权纠纷案[②]中的法院皆持此观点。

对于被告公司与案外人公司的营业状态或存续状态问题,司法实践中多数法院认为,被告公司没有营业或有竞业嫌疑案外人没有营业的,一般不应认定原告股东具有不正当目的。

华伦美景(北京)商贸有限公司与杨某股东知情权纠纷案[③]、北京颐元生物技术有限公司上诉荆某股东知情权纠纷案[④]均说明,法院不仅要求案外人公司与被告公司之间存在利益冲突与竞争关系,还要求折中利益冲突和竞争关系现实存在,并且被告公司应为善意。因此,在案外人公司与被告公司成立时间先后,以及被告公司与案外人公司的营业状态或存续状态问题上,法院更注重现实性和善意性,以确保对竞争关系的认定更为细致和合理。

(c)例外豁免情形

根据《公司法司法解释(四)》第 8 条第 1 项之规定可知,同业竞争的例外豁免情形即公司章程另有规定或者全体股东另有约定。在案例统计中,法院适用该例外豁免情形的案例十分少,笔者仅检索到一个案例,即皱特环保科技

---

① 北京市第三中级人民法院民事判决书,(2018)京 03 民终 2121 号。
② 江苏省张家港市人民法院民事判决书,(2017)苏 0582 民初 6607 号。
③ 北京市第三中级人民法院民事判决书,(2020)京 03 民终 7077 号。
④ 北京市第二中级人民法院民事判决书,(2016)京 02 民终 5449 号。

(上海)有限公司与王某股东知情权纠纷案①。该案中法院提出的"'全体股东另有约定的除外'不仅指书面约定,也应扩大到在实际经营中的默示行为"这一观点明显是对《公司法司法解释(四)》的扩张解释,但基于有限责任公司的人合性特征,以及该案的具体情形,这一扩张解释具有一定的合理性和正当性。

b. 同业竞争是否可以推断出具有不正当目的

对于同业竞争是否能推断出具有不正当目的的问题,司法实践中出现两种不同的裁判立场。

裁判立场一:若存在同业竞争,一般认定原告股东具有不正当目的。

裁判立场二:若存在同业竞争,也不一定认定原告股东具有不正当目的。

笔者持第二种观点,除了《公司法》第148条规定的董事、高级管理人员的竞业禁止义务,法律并未禁止其他身份的股东具有同种或者类似业务的公司的股东身份,存在同业竞争情形不一定代表原告股东行使股东知情权就有不正当目的,仍应根据具体案情判断股东查阅会计账簿是否有可能基于此有利地位损害被告公司的合法权益,若没有证据或证据证明力不足,则不应当将所有存在同业竞争情形的原告股东拒之知情权门外。

B. "股东为了向他人通报有关信息查阅公司会计账簿,可能损害公司合法利益的"条款分析

a. 文义解释

《公司法司法解释(四)》第8条第2项中,"他人"作文义解释应为第三人,并且这是建立在该"他人"所在的公司与被查阅公司的经营业务相同或相近的情况下,该"他人"在其他业务相似公司担任管理职务,或在其他具有竞争关系的公司工作。②

b. 审判现状

被认定为具有不正当目的的大部分情形是:股东的亲属自营或者为他人经营与公司主营业务有实质性竞争关系的业务。其他情形,例如股东与公司其他合作方有密切联系等情况,相关案例非常少且基本不会被认定为具有不正当目的。

---

① 上海市第一中级人民法院民事判决书,(2019)沪01民终15678号。
② 参见郑浪晴:《股东账簿查阅权之"不正当目的"的认定与调适——以332例知情权纠纷展开的实证分析》,载《中南财经政法大学研究生学报》2020年第4期。

在大部分案例中,股东起诉请求查阅会计账簿,只需宽泛地说明其查阅会计账簿的目的,无须承担目的正当性的举证责任;公司以股东具有不正当目的提出抗辩的,应由公司承担相应的举证责任,如瑞怡国际文化传播(北京)有限公司与北京中投视讯文化传媒股份有限公司股东知情权纠纷案①。在少数案例中,当公司能证明存在不正当目的时,股东可以提出更具体明确的查阅目的,比如希望从会计账簿中查明的具体事实,以证明其目的的正当性,若能够证明,可以部分支持股东的查阅请求,如丁某与江苏龙某泵阀制造有限公司股东知情权纠纷案②。

c. 理论分析

《公司法司法解释(四)》第 8 条第 2 项的举证将证明股东具有不正当目的的责任给了公司。"为了向他人通报有关信息"只是一个主观层面的可能性,是对于股东目的不正当的一个推测,并不存在如《公司法司法解释(四)》第 8 条第 1 项、第 3 项规定的那种较为客观的硬性标准,所以对于公司举证来说,对第 2 项的举证比证明第 1 项要更困难。③ 本类是"向他人通报",公司很难作为第三人知晓股东和他人之间的关系,能拿到股东和他人之间关系的证据就更加困难。尽管能证明股东和他人关系密切,可能向他人通报消息,但比起为了自己的利益,市场主体为了他人的利益而将账簿中的信息通报出去损害公司利益的可能性较小,也就是说,股东通过查阅账簿损害公司利益的可能性较小,所以这个类型下的客观证明事实也很难证明股东真的有可能将信息通报给他人来损害公司利益。④

d. 实务案例及分析

从案例分析角度看股东曾在与公司构成同业竞争的公司担任重要职位类型:在武汉绿弛物业服务有限责任公司、桂某股东知情权纠纷案⑤中,因我国法律并未就同一股东在同一行业投资或设立公司作出限制性规定,桂某同时作为

---

① 北京市第三中级人民法院民事判决书,(2017)京 03 民终 572 号。
② 江苏省泰州市中级人民法院民事判决书,(2016)苏 12 民终 169 号。
③ 参见李建伟:《股东知情权诉讼研究》,载《中国法学》2013 年第 2 期。
④ 参见程继伟、曹文兵:《股东查账权"正当目的"与"不正当目的"之辨》,载《人民法院报》2016 年 12 月 1 日,第 7 版。
⑤ 湖北省武汉市中级人民法院民事判决书,(2020)鄂 01 民终 2115 号。

两个公司的股东,其查阅公司会计账簿、会计凭证并不存在损害公司合法利益的高度可能性,因此桂某并没有被认定为存有不正当目的。

从案例分析看股东与公司其他存在重大利益冲突的案外人有密切联系类型:在苏州市四建沧浪建筑工程有限公司与陈某某、郑某股东知情权纠纷案①中,法院判决由苏州市四建沧浪建筑工程有限公司承担其举证不能的不利法律后果,即其应当向陈某某、郑某提供相应的财务资料。在徐州鼎云舜建材科技有限公司与刘某某股东知情权纠纷案②中,徐州鼎云舜建材科技有限公司虽主张刘某某要求查阅公司会计账簿存在不正当目的,但其未举证证明刘某某存在上述司法解释所规定的情形,故应承担举证不能的不利法律后果。

从理论分析股权与细化操作标准的思考,通过对审判案例的检索发现,被告公司对于股东不正当目的的指证往往与是否存在同业竞争关系以及侵犯商业秘密相联系。《公司法司法解释(四)》第8条第2项规定的情形从本质上来看就是指请求查阅的股东存在侵犯公司商业秘密的意图。该项在实际操作中没有具体的标准可以参考,以致公司即便有这种怀疑,也找不到举证的突破口。

结合现有的理论研究成果和司法实践,公司要证明股东查阅账簿是为了向他人通报相关信息,可以从以下两个方面着手:第一,股东利用所查阅的账簿信息与第三人进行不当交易以获利;第二,股东自己利用账簿或者向第三人泄露相关信息。

由于查阅账簿的行为主要威胁的是公司的商业秘密利益,被告公司可以参照《反不正当竞争法》中关于侵犯商业秘密行为的规定,即"披露、使用或者允许他人使用"等以上几个方面进行取证举证。法院在认定的过程中,若是公司能够充分证明上述事实存在,则可以以此认定股东存在不正当目的。

C. "股东在向公司提出查阅请求之日前的三年内,曾通过查阅公司会计账簿,向他人通报有关信息损害公司合法利益的"条款分析

a. 审判现状

因为选择《公司法司法解释(四)》第8条第2项证明不正当目的的案件就已

---

① 江苏省苏州市中级人民法院民事判决书,(2020)苏05民终1279号。
② 江苏省徐州市中级人民法院民事判决书,(2019)苏03民终1926号。

经很少,所以选择该解释该条第 3 项来证明的案件就更少,可供考察的实证案例较少。

b. 实务案例及分析

公司以股东曾经利用查阅机会损害公司利益为由进行抗辩的,通常不会被法院支持。例如,在上海大辅橡胶制品有限公司与黄某某股东知情权纠纷上诉案①中,法院审理认为,公司提出的其他关于黄某某曾经对公司做出的损害行为,可以另行依法追究其责任,但是这些事实并不足以证明黄某某本次查阅会计账簿存在不正当目的。在叶某某与上海某公司股东知情权纠纷上诉案中,二审法官判决亦支持了原告股东的诉讼请求。

因此,针对条款中关于"三年"的理解,该项的逻辑为股东在过去曾经做过利用所知悉的信息损害公司利益的事情,所以股东被认为存在再犯的可能性。但是 3 年内做过通过查账损害公司利益的事,不一定现在就是想要通过查账损害公司利益,以过去的行为来认定现在行为的主观目的,不具有充分合理性;只通过这个事实认定股东会有再次向他人通报账簿中信息的可能,并认定其存在不正当目的,缺乏说服力。

D. 兜底条款的适用分析

a. 审判现状

在旺冠投资有限公司(以下简称旺冠公司)、北京中华民族园有限公司(以下简称民族园公司)股东知情权纠纷案②中,民族园公司称因旺冠公司参加了董事会并审议通过相关财务报告,再次提出其查阅具有不正当目的,但法院认为,旺冠公司作为董事参加董事会获得财务报告,不能替代旺冠公司作为股东行使股东知情权,因此民族园公司的主张缺乏事实和法律依据,法院不予采信。

关于解散公司纠纷实务案例,在镇江润林市场管理有限责任公司(以下简称润林管理公司)与金某、李某某等股东知情权纠纷案③中,润林管理公司提供的新闻媒体报道可以证明案涉股东和其他股东之间存在纠纷,但不能证明案涉股东行使股东知情权是为了损害公司利益。案涉股东不参加股东大会亦非润

---

① 上海市第二中级人民法院民事判决书,(2012)沪二中民四(商)终字第 1359 号。
② 北京市第三中级人民法院民事判决书,(2017)京 03 民终 13831 号。
③ 江苏省镇江市中级人民法院民事判决书,(2020)苏 11 民终 2470 号。

林管理公司阻却他们行使股东知情权的理由。润林管理公司无充分证据证明案涉股东主张行使股东知情权具有不正当目的、可能损害公司利益。

在劳动纠纷实务案例中,广州市耐普电源有限公司(以下简称耐普公司)、蔡某某股东知情权纠纷案①对于耐普公司提出蔡某某行使股东知情权具有不正当性等抗辩意见,二审法院认为,耐普公司提交的有关案外公司广州华申公司、济源华申公司、济源华申中心的工商登记资料,均不能显示蔡某某在上述公司持有股份,或者在上述公司任职。虽然上述公司的部分股东曾在耐普公司任职,但耐普公司亦无相关证据证明上述股东与蔡某某存在法律上的利害关系或者其他关系。因此,耐普公司的抗辩意见依据不足,一审法院不予支持并无不当,二审法院予以维持。

在不法行为对不正当目的的认定的影响方面,须证明案涉情形属于同一法律关系,并足以损害公司利益。无论是职务侵占违法行为还是职务侵占犯罪行为,都不会对法院判断不正当目的的产生实质影响,其并未被法院纳入兜底条款的适用范围,如韩某某与徐州市润鑫房地产开发有限公司股东知情权纠纷案②。

在"挪用资金+伪造印章"的实务案例,如陈某与宁波市环湖建设有限公司(以下简称宁波环湖公司)合同纠纷案③中,唐某某作为本案所涉黄泥岭铁矿的实际管理负责人,其对外实施民事行为得到了宁波环湖公司的默许及认可。唐某某与陈某签订合作开发协议,并收取陈某的投资款用于矿山建设和开采,作为善意第三人的陈某有理由相信唐某某的行为代表宁波环湖公司,故宁波环湖公司在本案中应承担返还责任;宁波环湖公司与唐某某虽然约定铁矿经营期间发生的安全生产事故及债权、债务、赔偿事项均由唐某某一方负责并承担,但该约定不能对抗善意第三人,宁波环湖公司承担本案民事责任后可另行向唐某某追偿。唐某某的行为代表宁波环湖公司且经法院释明陈某不要求唐某某承担民事责任,故唐某某在本案中不承担返还责任。因此根据法院审理查明的事实以及认定的相关证据,宁波环湖公司对唐某某的矿山实际管理人的身份是知

---

① 广东省广州市中级人民法院民事判决书,(2020)粤01民终16306号。
② 江苏省徐州市鼓楼区人民法院民事判决书,(2019)苏0302民初3790号。
③ 湖南省高级人民法院民事判决书,(2016)湘民终355号。

情且予以认可的。法院的判决也是依据《公司法》第33条判断不正当目的的，实质上表明法院难以判断上述情形是否属于《公司法司法解释（四）》第8条规定的兜底条款。

关于"抽逃出资＋寻衅滋事"的实务案例，如济源众德生物工程有限公司（以下简称众德生物公司）、许某股东知情权纠纷案[①]中，双方约定出资后许某又将全部资金转出，在生效判决判令许某返还众德生物公司出资2,200,000元一案进入强制执行程序后，许某仍未向众德生物公司返还任何出资款，同时，许某还于2018年7月15日被公安机关以其对众德生物公司寻衅滋事为由采取刑事强制措施，以上事实可以认定许某要求查阅众德生物公司的会计账簿和会计凭证具有上述法律规定的"不正当目的"，因此，对于许某要求查阅众德生物公司会计账簿和会计凭证的诉讼请求，法院不予支持。因此，只有满足"抽逃出资（强制执行程序）＋寻衅滋事，损害公司利益"的模型才有可能构成不正当目的。

关于个人恩怨对不正当目的的认定的影响的实务案例，如在谢某与深圳市中富美机电设备有限公司股东知情权纠纷案[②]中，关于被告主张的原告与被告大股东存在个人恩怨，原告行使知情权具有不正当目的，可能会影响大股东职务的履行，可能导致该公司资质贬值或者消失，法院认为，股东知情权是股东的法定权利，不因原告与大股东是否存在个人恩怨而受到影响。被告未能提出具体主张并证明原告行使股东知情权具有何种不正当目的，故法院对被告的该项主张不予支持。

因此个人恩怨一般无法被认定为构成不正当目的的理由。

b. 诚实信用原则分析

《公司法司法解释（四）》在列举了3个不正当目的的情形后加了一个兜底条款，以期能够包含实务中复杂的情形，但我们必须清楚地认识到，兜底性条款并不意味着可以对其进行扩大解释。

从理论角度分析，股东知情权是一项手段性权利，也是股东的固有权利，因

---

① 河南省济源市中级人民法院民事判决书，(2019)豫96民终857号。
② 广东省深圳市龙华区人民法院民事判决书，(2018)粤0309民初3137号。

此在实践中,对兜底性条款的适用应该采取审慎的态度。正当目的是一种主观动机,正当性无论是从立法原意还是从本身内涵来看,都是诚实信用原则在商事领域中的延伸和演化,也是检验股东知情权的实质性标准。①

诚实信用原则作为判断目的正当性的参考依据无可厚非,但是由于其范围具有宽泛性和笼统性的特点,法院不宜直接将其作为裁判准则,因此,在具体适用时应当有一个更加明确的标准和条件,作为审判机关审理此类案件时的参照准则。

c."其他情形"总结

因为"其他情形"的定义不明确,法院在判断时很少直接引用《公司法司法解释(四)》第 8 条第 4 项。在混合型案例中,"其他情形"仅仅是辅助判断标准,法院判断是否构成不正当目的主要是基于前三项(以同业竞争为主)。

(3)思考与建议

A.《公司法司法解释(四)》将"同业竞争"界定为"不正当目的"情形之一是否合理

对将"同业竞争"界定为"不正当目的"情形之一的考量其实是利益平衡的结果,即寻找信息披露与商业秘密保护、股东知情权与竞业禁止、股东利益与公司利益的平衡。对此的合理性问题,持支持观点的学者认为,应关注商业秘密保护的重要性以及泄密后公司追责之难的问题,有效保护公司利益。② 持反对观点的学者认为,实践中股东竞业现象普遍,《公司法司法解释(四)》第 8 条第 1 项的限制规定确有被公司滥用之风险,随意否定竞业股东的查阅请求,会打击投资者的信心,不利于资本市场的发展。③

因此,对于是否应当适用、如何适用《公司法司法解释(四)》第 8 条第 1 项的规定问题,裁判者更应站在审慎的司法立场上,即在认定实质性竞争关系的

---

① 参见李美云:《有限责任公司股东会计账簿查阅权问题研究——兼对〈公司法司法解释四(征求意见稿)〉评析》,载《中国政法大学学报》2013 年第 4 期。
② 参见王黛娜:《有限责任公司股东知情权若干争议问题研究——基于〈最高人民法院关于适用《中华人民共和国公司法》若干问题的规定(四)〉(征求意见稿)的理解与思考》,载《时代法学》2017 年第 2 期。
③ 参见李建伟:《竞业股东查阅会计账簿的目的限制研究——〈公司法解释(四)〉第 8 条第 1 项的法教义学分析》,载《北方法学》2020 年第 5 期。

过程中除强调实质性标准的重要性外,还应考虑股东查阅账簿有无损害公司合法利益的可能。

B. 合理分配举证责任

我国法律并未明确规定股东知情权纠纷诉讼中的举证责任分配规则,理论观点和司法实践观点认为,可以根据《公司法》第33条推定出股东与公司对查阅会计账簿权的举证责任分配,即股东应说明其具有正当目的,公司应证明股东具有不正当目的。但对于前述两者的证明标准和要求,学界和实务界的观点各不相同,在大多数情形中,由于股东相较于公司处于弱势地位,股东举证应达到的证明标准和要求往往低于公司,如有学者认为,从文义解释的角度出发,《公司法》第33条的表述为"股东说明目的"和"公司有合理的根据认为",即股东仅负有对正当目的的程序性证明责任,而公司对股东的不正当目的具有高度盖然性的证明责任,两者差距较大。①

但是,学者们从文义解释或其他角度出发得出的举证责任的分配以及证明责任程度的标准较为一致的观点,只是学理上的概括性的表述,不能直接适用到司法裁判的个案中。在股东知情权诉讼纠纷中,司法裁判的个案案件事实复杂,具体情况多样,案件事实的查证和梳理也是基于当事人举证的证据材料,因此裁判者认定股东查阅账簿是否具有不正当目的,很大程度上取决于股东和公司哪一方具有举证优势。因此,裁判者认可的举证责任分配以及证明责任程度的标准对于双方当事人都至关重要,从利益平衡的角度来看,裁判者更应合理分配举证责任,公平界定证明标准。

合理分配举证责任,公平界定证明标准,不仅可以保障当事人的合法权益,也能推动司法机关正确适用法律。立法上对于目的正当性与否的证明责任规定的不足,是导致股东会计账簿查阅权行使纠纷法律适用不统一、审判结果不稳定的重要因素,不过这也给特殊案件的特殊处理留下了自由裁量的空间,如当股东查阅目的兼具正当性和不正当性时,法院可以要求股东与公司进行举证、质证,明确不正当目的的所在,最终在权衡股东与公司间利益的基础上,将股

---

① 参见陈立虎、王芳:《正当目的的限制——股东会计账簿查阅权行使中的利益平衡》,载《人民司法》2014年第24期。

东的查阅范围限制在其正当目的所指向的会计账簿之内。因此,法院在处理股东会计账簿查阅权行使时更应把握好裁量的尺度,重视举证责任分配的合理性,尽量保障股东与公司的诉讼地位平等,实现公平正义。

C. 域外实践

会计账簿查阅权是基于股东身份而产生的天然权利,其立法目的在于保护股东特别是中小股东的利益,但任何权利都是有边界的,如果权利的行使超出了立法所保护的正当利益,那么它就具有了不正当性。目的正当性条款的设置就是为了给股东知情权设定边界,防止股东滥用权利,以此平衡股东和公司的利益。然而在经济理性人视角下,股东和公司因其利益不具有完全一致性,必然会存在利益冲突和博弈,但如果总是处于利益冲突与博弈的过程中,股东和公司之间难以达到共赢的理想状态。如此情况下,除了设置目的正当性条款,也可以参考其他域外经验,增加补充制度,维护股东与公司利益之间的"天平",促进《公司法》的有效实施。

例如,参考英国、日本的检查人制度,当股东确实有正当理由需要查阅公司信息,而公司又确有真实合理的理由拒绝股东查阅时,可以启动检查人制度,由检查人进行查阅。其中,股东若有一定证据认定公司内部存在问题,可能有违反法律法规、章程约定的行为,应当具有主动提出书面申请选择检查人的权利,法院在收到申请后,应进行核实,并根据实际情况判断该要求是否合理。检查人的选择程序必须公开化、透明化,法院有权对整个选择过程进行一定限度的监督。被选择的检查人有权利对公司内部信息进行调查。检查程序结束后,检查人在向股东进行结果说明时同样应将其调查结果向公司和法院一并报告。另外,由于公司内部的信息具有私密性,检查人必须对检查工作进行保密。

2. 其他抗辩事由

股东的知情权作为股东对公司进行监督的必要手段,不仅对股东的权利保障起到了极其重要的作用,也对公司的信息披露义务产生了必要的限制和约束。但是公司的发展需要长期稳定地进行,股东过度或者不合理地行使知情权将增加公司的披露成本,进而对公司造成影响。因此,为了平衡股东与公司之间的利益,法律在赋予股东知情权的基础上,也在理论中开始探讨和在实践中形成公司针对股东知情权行使的抗辩事由,以保证公司能形成稳定的秩序。通过对实践和学理观点的分析,笔者主要从"章程限制""股东已知情""诉讼时效"等角度分析和探讨公司的抗辩事由。

(1) 章程限制

《公司法》第33条①、第97条②赋予了股东查阅、复制公司章程、决议等文件材料的权利。该权利是《公司法》赋予股东的固有权,属于法定知情权,是股东权利中的基础性权利,依法应当予以严格保护。但是问题在于,公司的章程是否可以预先对股东的知情权进行限制,从而主张股东对知情权的保护是对章程的默许。《公司法司法解释(四)》针对此问题进行了一定阐明:首先,结合诉的利益原则,股东的法定知情权是受到法律确认的,即股东对于公司章程、股东会会议记录、董事会会议决议、监事会会议决议和财务会计报告等文件具有法定的查阅权或复制权。其次,《公司法司法解释(四)》第9条规定:"公司章程、股东之间的协议等实质性剥夺股东依据公司法第三十三条、第九十七条规定查阅或者复制公司文件材料的权利,公司以此为由拒绝股东查阅或者复制的,人民法院不予支持。"这明确规定了公司不得以公司章程、股东间协议等方式,实质性剥夺股东的法定知情权。这一点在法律实践中也得到了确认,即"股东知情权属股东固有权范畴,不须以公司章程规定为基础,不因公司章程限制或股东主动放弃而丧失"③。

但是由于公司章程通常不会直接对股东的法定知情权进行规定,而且往往存在对股东法定知情权之外的内容进行限制的情况,所以《公司法司法解释(四)》尚无法解决实践中存在的章程限制抗辩事由的所有情况。解决此问题的关键首先在于对《公司法司法解释(四)》第9条中"实质性剥夺"作何理解,即如何划定"实质性剥夺"的界限。对此,实践中形成了针对不同情况的判断标准,但归根结底股东法定知情权的范围应当受到保护,公司的章程不

---

① 《公司法》第33条第1款规定:股东有权查阅、复制公司章程、股东会会议记录、董事会会议决议、监事会会议决议和财务会计报告。

② 《公司法》第97条规定:股东有权查阅公司章程、股东名册、公司债券存根、股东大会会议记录、董事会会议决议、监事会会议决议、财务会计报告,对公司的经营提出建议或者质询。

③ 参见山东省威海市中级人民法院民事判决书,(2019)鲁10民终2454号:股东知情权属股东固有权范畴,无须以公司章程规定为基础,不因公司章程限制或股东主动放弃而丧失。司法解释对公司章程剥夺股东知情权的法律后果作出规定,即公司不得以此为由拒绝股东查阅或复制。

能在程序、行事方式、内容上对《公司法》第 33 条、第 97 条所规定的内容进行减损和阻碍，否则就构成对法律规定的股东知情权的剥夺，进而应当被认为无效。其次，对于公司章程限制股东法定知情权的情形，实践的观点往往是赋予公司章程一定的自治空间，使其可以通过意思自治，在事前与股东进行磋商，进而在保证股东法定知情权的基础上保护公司的权益，即承认了公司章程在一定的范围内可以拓展股东知情权的范围。公司章程限制股东知情权范围的案例见表 11 – 16。

表 11 – 16　公司章程限制股东知情权案例裁判情况

案号	案件名称	法院观点
（2019）鄂民终 403 号	武汉华益路桥管理有限公司、长益资源路桥有限公司股东知情权纠纷案	如果公司章程设定的行使股东知情权的程序，使得股东知情权受到实质性剥夺，则该设定无效
（2019）浙 01 民终 3946 号	浙江浩然置业有限公司、杭州华鼎实业投资有限公司公司决议效力确认纠纷案	若公司章程的规定，使得大股东利用其优势地位，损害中小股东的知情权，则该规定无效
（2018）粤 01 民终 1777 号	杨某、汪某某股东知情权纠纷案	从相关公司章程约定来看，公司章程列举的查阅事项中虽然不包括会计账簿和会计凭证，但亦未明确否定股东对会计账簿和会计凭证的查阅权。而且，即便公司章程排除股东的上述权利，也因与《公司法》第 33 条规定相悖而无效
（2019）京 04 民初 507 号	泛金公司、盈之美公司股东知情权纠纷案	当对股东知情权的限制因缩减了股东权利范围、增强了股东权利行使难度而构成实质性剥夺时，该种限制应属无效。保密义务本身是股东依法享有知情权的同时应当承担的义务，即使章程未规定"事先承诺保密"，泛金公司亦应当对通过查阅获得的公司秘密保密，以免因泄密导致公司合法利益受损。章程要求"事先承诺保密"只是对保密义务的强调，未要求必须通过书面形式体现，并且泛金公司在案件审理过程中同意承诺保密，故盈之美公司无权以泛金公司未承诺保密为由，拒绝向其提供财务账簿

综上可知,公司章程对于股东知情权的限制,存在以下 3 种情况:①当公司章程完全符合《公司法》强制性规定时,章程的效力自然受到确认;②当公司章程超出了《公司法》的规定时,扩张部分的效力一般也是受到认可的;③当公司章程限缩了公司法赋予的股东知情权的范围时,此时公司章程便因为违反法律规定而归于无效。①

(2)股东已知情

实践中,对股东行使知情权进行抗辩的理由还包含"股东已知情"这种抗辩事由,其主要内容在于公司对于股东所行使的知情权内容主张向股东提供了相关资料或者股东基于某种身份已经掌握了相关的资料。可以将此种抗辩事由分为"股东已经掌握相关资料"和"公司已经提供相关资料"两种。

对于"股东已经掌握相关资料"的抗辩,实践中并未得出统一的认定标准,甚至出现在同一案件的一审与二审中,对以此为理由抗辩的不同判决。② 但实务中对此问题的解释往往是对"原告掌握相关资料"的抗辩事由进行实质性判断。在实践中,由于职务、身份等原因,原告股东并不足以当然构成"原告掌握相关资料"的理由,同时对于此抗辩的主张,公司方应当承担相应的证明责任。而此时问题在于如何界定实质性的因素,即如何界定其股东申请知情权的保护是对公司合理运营的阻碍。笔者认为,如果公司足以证明股东已经完全具备相关材料,并且申请的方式会对公司的经营造成超出成本的损失,那么此种情况下便有理由对股东的知情权进行限制。与此同时,即使是这种对知情权的限制也是有限制的,即对知情权限制的限制,也就是举证责任的分配。公司承担举证责任就意味着公司可能承担举证不能的不利后果,因此从这角度来看,对"股东已经掌握相关资料"的抗辩已经基本实现了利益双方的平衡。

"已知情"的另一种抗辩理由在于公司方主张已经向股东提供了相关的资料,即公司已经尽到了合理的知情权保护义务,原告方的请求不具有事实上的基础。对此,实践中的观点相对较为统一,③即已经提供的相关的资料是可以作为公司方进行抗辩的事由,但是这种抗辩仍然需要由公司方提供证明责任。

---

① 参见龙思宇:《限制股东知情权范围的公司意思效力研究》,载《法制博览》2020 年第 22 期。
② 四川省成都市中级人民法院民事判决书,(2020)川 01 民终 10106 号。
③ 福建省三明市中级人民法院民事判决书,(2020)闽 04 民终 658 号。

此时公司不仅要证明已经提供了相关的证明,而且还需要对原告方知悉的情况进行证明。

最后需要解决一个较为特殊的问题,即当公司方主张股东请求的资料已经不存在时,是否足以构成有效的抗辩。此问题可以参照民法中的履行不能进行解释,即一方违约时,当依社会观念认为债务事实上已无法强制执行,即属于履行不能;即使尚有履行的可能,但如果履行将付出不适当的代价或冒有生命危险,或因此违反更重大的义务,则依诚实信用原则,也应认定为履行不能。资料的客观不存在的确可以作为公司抗辩的事由。但是仍然要对此种因素发生的原因进行分析,如果资料的不存在是公司方的故意为之,那么根据最高人民法院《关于民事诉讼证据的若干规定》第95条规定的"一方当事人控制证据无正当理由拒不提交,对待证事实负有举证责任的当事人主张该证据的内容不利于控制人的,人民法院可以认定该主张成立",此时举证责任仍然是由公司方承担,同时如果有证据证明公司方故意销毁了资料,那么公司方就要对此承担不正当诉讼的后果。"股东已知情"的案例情况见表11-17。

表11-17 "股东已知情"案例裁判情况

案号	案件名称	裁判要点
(2020)浙02民终480号	段某、宁波市鄞州区三样莱餐饮管理有限公司股东知情权纠纷案	关于股东知情权中股东对公司章程、股东会会议记录、董事会会议决议、监事会会议决议和财务会计报告的查阅、复制权,只要请求人具备公司的股东资格即可依法行使股东知情权该方面的权能,但该项权利的行使当然要以知情对象客观存在为前提
(2018)闽04民终1727号	三明市长盛同德矿业有限公司、张某某股东知情权纠纷案	长盛公司提供的行政管理部门登记材料、法院的询问笔录、报案回执等证据不足以证明张某某于2008年1月28日至2013年5月10日在担任长盛公司总经理兼财务总监期间,实际掌管了此期间的会计账簿等相关会计资料以及自2013年5月11日起至2014年12月2日止公司的财务报告和会计账簿等资料被张某某拿走的事实,因此长盛公司辩称无法提供上述期间的会计资料,法院不予采信

(3)诉讼时效

诉讼时效是指民事权利受到侵害的权利人在法定的时效期间内不行使权利,当时效期间届满时,债务人获得诉讼时效抗辩权。由于诉讼时效的规定,可以看出诉讼时效只适用于请求权,因此公司方是否可以以股东诉讼时效已经届满进行抗辩的关键就在于股东知情权的性质为何。对此,实践和学理上呈现几种不同的认识:第一种观点认为股东的知情权是公司对股东所负的债权,股东知情权之诉本质上属于侵权之诉,具有身份权属性;第二种观点则认为,股东知情权是因为股东的特殊身份而享有的权利,具有身份权的属性,没有直接的财产性内容,所以不受诉讼时效限制;第三种观点认为,法律没有作出对股东知情权的限制,如果章程没有作出约定,则法无禁止即可为,股东在行使知情权时并不受诉讼时效的限制。

司法裁判中对于股东知情权的性质存在不同的判定,而其判定的结果往往与股东的身份具有密切的关系,其中主张股东的知情权属于债权的观点认为,股东在持股期间查阅权受到时间限制,是公司合理高效运转的保证,根据《会计档案管理办法》第 14 条第 1 款规定的"会计档案的保管期限分为永久、定期两类。定期保管期限一般分为 10 年和 30 年",除永久保存的资料外,公司对相关资料的保存时间一般为 10 年和 30 年,对于保留期间届满的资料,公司可以进行销毁。虽然法律并未对资料的保存时间进行规定,但是诉讼时效的确是对于股东积极行使权利的有效保证,即诉讼时效制度的适用,将有效地促进股东积极行使知情权,提升股东的参与度,发挥股东在公司治理中的监督作用,保证公司正常运转。主张知情权属于绝对权而不适用诉讼时效的观点,在于股东的知情权是法律赋予股东知悉公司经营管理信息的重要权利,其具有很强的身份属性,并且与股东的利益相关,从这一角度来看,股东的知情权属于绝对权,并不应当受到诉讼时效的限制。诉讼时效案例裁判情况见表 11-18。

表 11-18 诉讼时效案例裁判情况

案号	案件名称	股东知情权性质	观点
(2016)鲁 02 民终 9533 号	青岛即墨顺发爆破工程有限公司与姜某股东知情权纠纷案	绝对权	股东知情权是基于股东身份而产生的固有权利,其实质并非债权,在公司存续期间具备股东身份即可行使,不受诉讼时效的限制

续表

案号	案件名称	股东知情权性质	观点
(2019)鲁02民终6211号	青岛海丰集团股份有限公司、王某某股东知情权纠纷案	绝对权	股东知情权既非债权请求权,亦非物权请求权,不适用诉讼时效制度
(2019)沪02民终1662号	上海中山汽车出租公司与黄某某股东知情权纠纷案	绝对权	我国法律并未规定所有的诉讼请求均适用诉讼时效制度,如法条中明确规定的物权请求权、特殊的债权请求权等不适用诉讼时效制度。股东知情权系股东基于其股东资格所享有的一种法定权利,具有明显的身份属性,原则上只要股东身份存续,股东知情权并不因此归于消灭或罹于时效
(2019)鄂01民终5182号	武汉智特科技股份有限公司、张某某股东知情权纠纷案	绝对权	最高人民法院《关于审理民事案件适用诉讼时效制度若干问题的规定》第1条明确规定,当事人可以对债权请求权提出诉讼时效的抗辩。本案中,股东知情权是基于股东的特殊身份而享有的权利,是股东了解公司经营状况、财务状况以及其他与股东利益存在密切关系的公司情况的权利,不具有财产利益内容,其本身不属于债权请求权范畴,故不适用诉讼时效的规定
(2019)湘01民终200号	长沙市东风服装有限公司、吴某股东知情权纠纷案	绝对权	最高人民法院《关于审理民事案件适用诉讼时效制度若干问题的规定》第1条规定,当事人可以对债权请求权提出诉讼时效抗辩。股东知情权系股东基于其股东身份享有的固有权利,在性质上不属于债权请求权,其权利的行使依法不受诉讼时效制度的规制

续表

案号	案件名称	股东知情权性质	观点
（2020）浙01民终4022号	杭州同高教育科技有限公司、管某某股东知情权纠纷案	相对权	股东知情权是股东了解公司信息的权利，是股东基于其股东身份地位而对公司享有的法定权利，是股权内容的具体表现。股东知情权作为股东的一项固有实体法权利，其存续期间始于股权的取得，终于股权的消灭

虽然在理论与实践中对股东知情权的性质尚未明确，但是笔者认为，股东的知情权应当属于请求权，即应当适用诉讼时效制度。理由在于：首先，股东的知情权并非完全来自股东的身份。比如掌握公司实际经营管理权的大股东出于自身利益的考虑，希望排除其他中小股东的占有，虚构伪造公司负面经营信息，使小股东错误地处分了自己的股权。此种情形下应当认为小股东的知情权受到了侵犯，但其已经不具有股东的身份。其次，并非所有的身份权均排斥诉讼时效的适用，比如身份权中的财产权，而股东的知情权与财产权相关度极高，因此应当认为可以将股东的知情权纳入诉讼时效制度之中。最后，不加限制地允许股东查阅公司的所有时期的文件，将会对公司的经营造成极大的负担。

另一个诉讼时效抗辩的问题在于，如果股东的知情权属于请求权，那么如何对股东的知情权诉讼时效的起算点进行界定？依据确定起算点的性质不同，可以分为主观起算标准和客观起算标准。其中主观起算标准是自权利人知道或者应当知道权利受到损害之日起开始计算诉讼时效，而客观起算标准则是从股东的知情权受到侵害之日起开始起算。但根据《民法典》第188条的规定，除最长诉讼时效以外，其余诉讼时效的判定均采用主观的判定标准。同时，根据最高人民法院《关于审理民事案件适用诉讼时效制度若干问题的规定》第4条的规定，其可以被总结为：当未约定义务的履行期限时，根据《民法典》第510条、第511条可以确定期限的，诉讼时效期间从履行期限届满之日起计算；不能确定履行期限的，诉讼时效期间从债权人要求债务人履行义务的宽限期届满之日起计算，但债务人在债权人第一次向其主张权利之时明确表示不履行义务的,诉讼时效期间从债务人明确不履行义务之日起计算。

四、特殊问题

(一)公司非正常经营状态的影响

股东知情权的义务主体为公司,知情权纠纷的诉讼应当以公司为适格被告。公司的股东不能向不享有股权的公司或公司人员主张知情权,即使公司的其他股东、董事、监事、高级管理人员、实际控制人等主体拒绝履行相关义务导致股东的知情权不能得到充分保护,也应当由公司承担责任。然而,当公司处于非正常的经营状态时,很可能无法按照法律及章程的规定向股东履行报告和披露相关文件的义务。因此,本部分将以公司处于破产清算期间、吊销执照期间为例,分析此种情形下股东能否享有知情权,以及如何行使知情权。

1. 破产清算期间有限责任公司股东知情权问题

(1)现实背景

根据《公司法》第33条的规定,有限责任公司正常经营且股东资格存续的,股东即享有知情权,并且可以依法行使知情权。但对于在破产期间的有限责任公司,其股东是否仍然享有知情权,通过查阅我国《公司法》《企业破产法》,最高人民法院《关于适用〈中华人民共和国企业破产法〉若干问题的规定(一)》《关于适用〈中华人民共和国企业破产法〉若干问题的规定(二)》《关于适用〈中华人民共和国企业破产法〉若干问题的规定(三)》,以及最高人民法院印发的《全国法院破产审判工作会议纪要》等相关规定,均无处于破产程序中的有限责任公司股东行使股东知情权之相关规定,审判实务中也鲜有判例。

因为法律没有明文规定,司法实践中关于破产程序中股东知情权的问题屡屡出现,所以本部分旨在通过对司法案例的筛选分析,来厘清破产程序中公司股东行使权利的现实问题:一是知情权能否行使?二是若能行使,股东知情权的范围应如何界定?对于公司破产清算的重要信息材料是否有权查阅?

(2)司法实践总览

在我们关注的2575个案例中,共有10个案例的主要争议焦点为进入破产程序的公司股东知情权的问题。在这10个案例中,法院均认为股东在公司破产清算程序中享有知情权,但对知情权的范围有不同认定,主要分为以下三种认定方式:全面支持《公司法》明确规定的资料、原始会计凭证、破产清算程序中形成的文件;支持《公司法》明确规定的资料和原始会计凭证;仅支持《公司法》明确规定的资料。具体如表 11–19 所示。

表 11–19 破产程序中法定认定知情权的范围

案件名称及案号	知情权范围
安徽大蔚置业有限公司、汪某某股东知情权纠纷案[(2019)皖民终 291 号]	全面支持《公司法》明确规定的资料、原始会计凭证、破产清算程序中形成的文件
湖南富基工程管理有限公司、湖南富基置业有限公司股东知情权纠纷案[(2020)湘 0104 民初 14931 号]	支持《公司法》明确规定的资料和原始会计凭证
原告李某、陈某某、吕某、万某某与被告南京联博科技有限公司股东知情权纠纷案[(2015)鼓商初字第 2317 号]	
王某某、李某某等与徐州市鲲鹏塑料总厂股东知情权纠纷案[(2018)苏 0311 民初 2583 号]	
首钢集团有限公司与唐山众业不锈钢有限公司股东知情权纠纷案[(2018)冀 0205 民初 1878 号]	
四川江瀚工业股份有限公司、深圳市美林资产管理有限公司股东知情权纠纷案[(2019)川 01 民终 5465 号]	仅支持《公司法》明确规定的资料
寿某某诉新疆嘉和居房地产开发有限公司股东知情权纠纷案[(2016)新 2924 民初 2776 号]	
宿迁星月城房地产开发有限公司与上海宏仑经贸有限公司股东知情权纠纷上诉案[(2016)苏 13 民终 3023 号]	
刘某与北京融金智强投资管理有限公司股东知情权纠纷案[(2019)京 02 民终 1576 号]	
湘潭金世纪物业发展有限公司与陈某某物业服务合同纠纷案[(2019)湘 0112 民初 3744 号]	

(3) 典型案例分析

其中,安徽大蔚置业有限公司、汪某某股东知情权纠纷案是法院全面支持《公司法》明确规定的资料、原始会计凭证、破产清算程序中形成的文件的典型案例。原告汪某某对被告安徽大蔚置业有限公司的诉讼请求为:请求被告提供债权申报材料、债权审核结果及依据材料供原告查阅和复制;请求被告提供四次债权人会议对被告债权的表决记录供原告查阅和复制;请求被告提供成立至诉讼时的会计账簿及会计凭证供原告查阅和复制。一审、二审法院均认为应当支持原告的诉请。具体分析如下。

首先,关于在破产程序中股东是否享有知情权的问题。安徽省高级人民法院认为,一般而言,公司正常经营且股东资格存续的,股东依法享有股东知情权。而根据《民法典》第72条的规定,安徽大蔚置业有限公司虽然处于破产程序,其民事行为能力只限于清算目的范围之内,但是该公司的法人资格并不当然因清算而消灭,也不能根据公司处于破产程序而否定汪某某的股东地位及其依法享有的知情权、监督权等权利。目前也并无现行有效的法律法规明文规定公司进入破产程序后,股东不再享有知情权。因此可以看出,该法院对于在破产程序中,股东是否享有知情权的问题,是持肯定态度的。

其次,在承认破产程序中股东享有知情权的基础之上,安徽省高级人民法院对于股东如何行使知情权进行了进一步说明。安徽省高级人民法院认为,根据《公司法》第33条第2款的规定,股东是可以要求查阅公司会计账簿的。股东要求查阅公司会计账簿,应当向公司提出书面请求,说明目的,即需要履行相应的法定前置程序。在该案中,由于安徽大蔚置业有限公司已经进入破产程序,股东汪某某向该公司管理人公证邮寄了《股东查账申请函》,并说明其目的是充分了解安徽大蔚置业有限公司破产后运营和财务状况以及债权状况,从而更好地维护其作为股东的权益。因此,安徽省高级人民法院认为在破产程序中,股东同样需要履行行使知情权的法定前置程序。

最后,在破产程序中,股东所享有的知情权范围应当如何确定?是否和公司正常经营存续状态下股东所享有知情权的范围一致?安徽省高级人民法院对于会计账簿、会计凭证都予以支持。关于债权申报材料、债权审核结果等资料,该法院认为:管理人管理期间,安徽大蔚置业有限公司仍然会产生清算目的范围之内的相关资料,如申报债权材料、债权人会议记录、债权审核依据资料等。由此,汪某某在安徽大蔚置业有限公司破产期间有行使知情权的可能。股东作为公司的投资人,往往会因为与自身利益息息相关而对公司的破产清算更加关注。因此,股东的知情权在公司破产程序中的体现,就应当是股东对管理人基于清算目的形成的相关资料享有知悉的权利。根据最高人民法院《关于审理企业破产案件若干问题的规定》第99条的规定,公司在破产程序期间形成的相关账册、文书等资料,在无上级主管机关的情况下,在破产程序终结后可移交该公司的股东保存。也就是说,汪某某作为安徽大蔚置业有限公司的股东,其最终对上述相关资料享有知悉的权利。股东在破产程序中行使股东知情权,有利于在破产程序中平衡保护公司股东与债权人的合法权益,从而最大限度地发挥破产程序的功能与价值。

当然,在司法实践中,也有其他案例持有不同的观点。如在天奥(长沙)投资管理有限公司与湖南有色光电科技有限公司(以下简称有色光电公司)股东知情权纠纷案[1]中,法院认为法律没有赋予股东在企业进入破产程序中的知情权,并且在庭审时被告的破产管理人已经告知原告有关有色光电公司破产程序的进度情况,故不予支持。

(4) 分析探讨

A. 在破产清算程序中,股东应享有知情权

笔者认为,在破产清算程序中,公司股东应享有知情权。具体原因如下所述。

首先,从破产清算期间的公司法律地位来看,虽然进行了宣告破产,但公司人格仍然存在。在管理人管理期间,仍然会产生清算目的范围之内处理与清算有关的公司未了结业务产生的会计账簿、会计凭证,以及债权申报和审核资料、债权人会议决议等破产期间的相关资料。对于会计账簿等在有限责任公司进入破产程序前已经形成的材料,应当向股东提供查阅便利。至于债权申报和审核资料、债权人会议决议等破产期间的相关资料,可能与股东的利益联系较为紧密,同样也不应该禁止股东进行查阅。

---

[1] 湖南省长沙市望城区人民法院民事判决书,(2017)湘0112民初3744号。

其次,从破产期间的股东身份来看,股东资格并不消灭。虽然股东权利在破产期间受到限制,但股东知情权属于股东的法定权利,具有固有权利属性,在公司破产期间的体现就是股东对管理人管理的债权申报和审核资料、债权人会议决议等相关资料享有知悉的权利。①

最后,股东在破产期间及时行使股东知情权,查阅、复制债权申报和审核资料、债权人会议决议等相关资料,有利于在破产程序中平等保护公司股东与债权人的合法权益,以及有利于对管理人进行一定的监督,从而最大限度地发挥破产程序的功能与价值。②

B. 破产清算期间,公司股东知情权应有所限制

在公司正常运营时和公司进入破产清算时,公司存续的目的和价值取向是不同的。公司正常运营时,公司存续主要是为了获取利润,更好地实现公司、股东和债权人的利益;而在进入破产程序之后,公司存续主要目的是公平清理债权债务,主要保护的是债权人和债务人的合法权益。所以进入破产清算程序之后,债权人利益和债务人利益应当相对前置,而股东利益的保护应当略微置后。在这种情况下,虽然仍应当配合股东行使知情权,但需要对股东知情权的行使有所限制。

在破产程序中,股东行使知情权可能具有不正当目的。管理人发现股东存在或可能存在《公司法》第 33 条、《公司法司法解释(四)》第 8 条规定的"不正当目的"的情形,应拒绝股东的查阅或复制申请,交由法院裁判股东是否享有知情权及行使知情权的范围、方式。除以上法定的"不正当目的"的情形之外,在公司进入破产程序后,股东可能还存在特殊的目的。例如,公司股东有履行期限届满却仍未出资、抽逃出资等问题;或公司股东之间、股东和高级管理人员之间存在意见分歧,试图通过查账来对其他股东、高级管理人员进行举报等;又或大量的股东主张公司曾经向其借款,要求申报自己的债权。种种方式可能会导致股东恶意影响破产清算程序的进程、干扰管理人正常工作等情形。因此,若不区分股东行使知情权的目的,不但可能阻碍破产清算程序的正常进行,还

---

① 参见马士鹏:《破产期间有限责任公司股东知情权的行使》,载《人民司法》2020 年第 32 期。
② 参见马士鹏:《破产期间有限责任公司股东知情权的行使》,载《人民司法》2020 年第 32 期。

可能损害公司和债权人的利益。对于管理人来说，应当以推进破产程序、保护债权人的权益为重要导向，对股东查阅会计账簿的目的进行审查。目的正当的，应允许股东查阅，但同时应安排相关工作人员陪同，防止股东进行复制。

此外，破产程序中股东知情权的行使，可能会对破产程序的效率产生影响。由于破产本身的特点，破产清算程序本身对效率要求较高，若无条件、无限制地满足股东所主张的知情权，会产生大量的成本。破产清算不仅追求实体公平，还应注重提高效率。在实际情况中，如果无条件、无限制地满足公司股东提出的行使知情权的各项要求，有可能影响破产审计的进程，给破产清算程序的顺利推进造成一定的阻碍。

C.应对建议

基于以上理论分析和司法案例研究，笔者认为，在公司进入破产清算程序后，股东仍然享有并有权行使知情权。然而，为了更好地保护债权人利益，保障破产清算程序高效、有序推进，基于破产清算程序的价值取向，应当甄别股东的类型及其行使知情权的目的，有必要从知情权的边界、行使方式等方面对股东知情权进行限制，分别采取不同的应对措施。

具体可以针对不同种类的文件，进行相应的权利限制。第一，对于会计账簿等《公司法》明确规定的文件来说，需要由管理人代替公司判断股东要求查阅会计账簿等资料的目的是否正当，如正当，应当配备相关工作人员陪同查阅。第二，对于会计凭证，在实际情况中连正常运转的公司股东是否有权查阅会计凭证都是一个存在争议的问题，那么对于破产清算案件来说，由于各方当事人都以自己利益最大化为出发点，情况更为复杂，所以管理人更应从严把握知情权的行使范围，防止股东因行使知情权而影响破产程序、损害债权人或债务人利益。第三，对于债权表、破产债权申报材料、债权人会议表决记录、债权审核结果及依据等材料，由于最高人民法院《关于适用〈中华人民共和国企业破产法〉若干问题的规定(三)》明确了债权人知情权的行使范围，如果股东同时作为债权人要求行使权利，那么管理人应当依照《企业破产法》及相关司法解释的规定给予配合。但也存在股东不是债权人，但依然要求查阅此类资料的情况，鉴于《公司法》、《企业破产法》及相关司法解释均未规定股东有权查阅上述文件,管理人宜谨慎处理。

2. 被吊销营业执照的公司能否成为股东行使知情权的义务主体

(1)现有观点

吊销营业执照,是指剥夺被处罚公司已经取得的营业执照,使其丧失继续从事生产或者经营的资格。

《公司法》第183条(2023年修订后为第232条、第233条)①规定,公司因该法第180条(2023年修订后为第229条)第4项规定的"依法被吊销营业执照、责令关闭或者被撤销"而解散的,应当在解散事由出现之日起15日内成立清算组开始清算。有限责任公司的清算组由股东组成,股份有限公司的清算组由董事或者股东大会确定的人员组成。逾期不成立清算组进行清算的,债权人可以申请人民法院指定有关人员组成清算组进行清算。人民法院应当受理该申请,并及时组织清算组进行清算。

因此,在公司被吊销营业执照之前,股东行使知情权要求履行义务的主体应该是公司;在公司被吊销营业执照、清算组成立之后,根据《公司法司法解释(二)》第10条"公司依法清算结束并办理注销登记前,有关公司的民事诉讼,应当以公司的名义进行。公司成立清算组的,由清算组负责人代表公司参加诉讼;尚未成立清算组的,由原法定代表人代表公司参加诉讼"的规定,与公司清算相关的各方主体应该将自己占有或控制的公司资料交由清算组保管,股东如需查阅相关资料,应向清算组提出请求,并经清算组同意方能进行查阅,此时股东要求行使知情权的主体应该是清算组。但是,现实中很多公司在被吊销营业执照、解散之后并没有及时主动地成立清算组,股东和债权人也并未请求法院指定组成清算组,存在一个空白过渡期。因此,本部分主要探讨在公司营业执照被吊销之后、清算组成立之前,如果股东提起股东知情权纠纷之诉,能否得到法院的支持?由于学理上并没有相关的观点予以阐述,笔者将从实践中司法审判的角度进行分析归纳。

---

① 2023年修订的《公司法》增加了公司清算义务人的确定、义务人的责任承担与利害关系人的请求权(行政部门可以请求法院指定清算组进行清算)。

(2) 司法实践总结分析

在笔者关注的 2575 个案例中,只有 6 个案例的主要争议焦点为公司营业执照被吊销之后、清算组成立之前公司股东知情权的问题。具体如表 11-20 所示。

表 11-20 被吊销营业执照的公司能否成为股东行使知情权的义务主体裁判情况

案件名称及案号	裁判结果	裁判理由
阿鲁科尔沁旗瑞峰工贸有限责任公司、李某某与赵某某、陈某等股东知情权纠纷案[(2020)内04民终1234号]	支持原告行使股东知情权	公司的法人资格仍然存续
宁海县化工制品提炼有限公司、项某某股东知情权纠纷案[(2019)浙02民终2919号]		
宁源国际有限公司与重庆中原房地产开发有限公司股东知情权纠纷案[(2015)渝高法民终字第00335号]		
李某1、李某2股东知情权纠纷案[(2019)粤14民终294号]	不支持原告行使股东知情权	难以认定原告仍为被告股东
王某某、九江达盛建设工程有限公司股东知情权纠纷案[(2019)赣04民终2814号]		被告公司长期停业,客观上履行不能
王某某与黄骅市三江工贸有限公司股东知情权纠纷案[(2016)冀09民终2751号]		

其中,持肯定立场与否定立场的案件数量相差无几,持肯定立场的裁判理由均为"公司的法人资格仍然存续",而持否定立场的裁判理由除了原告证据不足的一个案例,另外的案例中法院多以"被告公司长期停业造成客观上履行不能"作为裁判依据。

(3) 典型案例

宁源国际有限公司(以下简称宁源公司)与重庆中原房地产开发有限公司(以下简称中原公司)股东知情权纠纷案[1]可以说是关于被吊销营业执照的公

---

[1] 重庆市高级人民法院民事判决书,(2015)渝高法民终字第00335号;最高人民法院民事判决书,(2016)最高法民申3785号。

司能否成为股东行使知情权的义务主体问题的典型案例,该案的审判观点可以为研究提供参考借鉴。

在该案中,二审法院认为:根据《公司法》及其相关司法解释的规定,公司出现经营期限届满或被吊销营业执照等法定事实,依法应成立清算组进行清算。该案中,2007年10月8日,中原公司营业期限届满,并且在2014年1月25日被行政主管机关吊销营业执照。因此,该公司已经出现了公司解散事由,依法应当成立清算组进行清算,或者由公司股东或债权人向人民法院申请指定清算组来进行强制清算。在此过程中,与公司清算相关的各方主体应该将自己占有或控制的公司资料交由清算组保管,股东如需查阅相关资料,应向清算组提出请求,并经清算组同意,方能进行查阅。但是在实际情况中,由于种种原因,有些公司的清算组迟迟没有成立。因此,在公司营业执照被吊销之后、清算组成立之前,如果公司股东坚持以公司为被告主张股东知情权,鉴于公司的法人资格仍然存续,虽不得继续开展经营活动,但仍旧可以以公司的名义参与诉讼,故法院此时不应轻易地否定原告股东的诉权,可以先判决公司以自己的名义接受义务,待清算组成立以后,再将相关的权利义务转由清算组承继。

该案的再审法院却认为:根据《公司法》第33条的规定,股东行使知情权的义务人系公司而非其他主体。据此,股东知情权纠纷所指向的诉讼标的系公司应当履行而未履行的配合行为,该行为的履行主体和履行内容具有特殊性和不可替代性。该案中,负有配合股东行使知情权的协助义务人中原公司的经营期届满、实际歇业多年且已经被行政主管部门吊销营业执照,符合《公司法》第180条规定的法定解散条件。① 因此,中原公司意思自治的正常治理结构已经解体,宁源公司查阅会计账簿的通知无法送达,故该案继续审理的条件客观上已不具备,并据此驳回宁源公司的起诉。

此外,在王某某、九江达盛建设工程有限公司(以下简称达盛公司)股东知情权纠纷案中,王某某通过举证证明其系达盛公司股东,享有该公司股东知情权,并于2019年3月28日向达盛公司邮寄申请书主张知情权,但未能实现。

---

① 2023年修订的《公司法》第229条新增规定,解散事由应当在10日内通过国家企业信用公示系统公示。

法院经过调查,发现达盛公司此前因超过6个月未经营,于2016年12月29日被行政机关吊销营业执照。达盛公司存在长期未经营、实际解散、无住所地和工作人员的事实,且已经被行政主管部门吊销营业执照,符合《公司法》第180条规定的法定解散条件,因此认定被告意思自治的正常治理结构已经解体,原告要求查阅会计账簿的通知无法送达,故该案继续审理的条件客观上已不具备,对原告的所有诉讼请求,依法不予支持。综上,王某某的上诉理由不能成立,上诉请求应予驳回。

根据以上两个典型案例笔者发现,在确认被告公司已经被吊销营业执照后,由于被吊销营业执照的公司的法人资格仍然存续,被告负有证明其已经不具有配合原告行使知情权的客观能力的举证责任,否则被告需要承担败诉风险。实践中,也存在法院依职权查明被告公司已经实际履行不能的情形。当被告公司因为吊销营业执照和停止营业已经符合《公司法》第180条规定的法定解散条件之时,应当认定其正常的治理结构已经解体,对股东的知情权请求客观上已履行不能,在公司已经实际履行不能的情况下,原告要求行使股东知情权自然也就无法被法院支持。此时法院应当驳回股东的起诉,待公司依法成立清算组后,股东可另行向清算组主张知情权。

诚然,股东平时不能过多地干预公司生产经营,因此从某种意义上要求股东承担知情权行使不能的风险是不公平的,但是股权投资本就是风险投资,要求股东承担一定风险也具有正当性。在公司被吊销营业执照又没有成立清算组的情况下,如果股东坚持以公司为被告主张知情权,公司虽不得开展经营活动,但其法人资格仍在存续,仍然具备以公司名义参与诉讼的权利,法院不可轻易否定原告的诉权。在合理分配举证责任的情况下,法院一般可以先判决公司以公司名义接受相关义务,待清算组成立以后将相关权利义务转由清算组承继。但若公司已经被证明实际履行不能,也难以成立清算组,则股东要求行使知情权的诉讼请求难以得到支持。

(4)分析探讨

股东知情权是股东法定的固有权利,股东可以依据知情权依法获取公司信息、了解公司情况。股东享有知情权是股东行使资产收益权和参与公司经营管理权的基本前提,只要公司没有被注销且股东资格存续,股东即享有股东知情权,因此,无论是被吊销营业执照的公司,还是进入破产程序的公司,只要公司主体资格没有被注销,法人资格没有消灭,股东就依法享有知情权。

在公司营业执照被吊销之后、清算组成立之前,按照最高人民法院的观点,已被吊销营业执照的公司对股东的知情权请求客观上已履行不能,应当驳回股东的起诉,待公司依法成立清算组后,股东可另行向清算组主张知情权。

(二)母公司股东知情权的穿越

1.案例分析

在所选取的案例中,有7个案例将股东是否能够跨越行使知情权作为案件争议焦点,这些案例均不支持母公司股东跨越行使知情权,其中以法律未详细规定为理由的仅有1个,其余6个均采取了否定论。在王某某诉烟台华埠实业有限公司股东知情权纠纷案①中,法院认为:"股东知情权源于股东身份,股东只能向其所在的公司行使知情权。股份有限公司所控股的公司是独立法人,即使其是全资子公司,法人地位仍然独立。据此,虽然作为控股股东的母公司享有对下属公司的知情权,但母公司的股东并不因此享有对下属公司的知情权。股东只是作为投资者,享有股份有限公司的股东权益,而与股份有限公司下属公司之间不存在直接法律关系,故原告请求一并查阅埠新经贸有限公司、烟台恒兴铝塑制品有限公司的会计账簿,于法无据,本院不予支持。"

2.立法建议

综合所阅读案例和相关学术研究,可尝试从以下方面分析改进的方向:其一,可支持母公司股东在符合一般知情权行使条件的前提下,对全资子公司行使知情权。其二,是否有必要对母公司股东的主体资格进行限制值得进一步探讨。②

立法可以考虑支持母公司股东在符合一般知情权行使条件的前提下,对全资子公司行使知情权,而不赞成过度扩大知情权行使主体的范围,理由如下:第一,为了便于法院以争议较少的方式来确认控制关系,将知情权穿越的对象限

---

① 山东省烟台市芝罘区人民法院民事判决书,(2015)芝商初字第340号。
② 参见樊健:《论我国母公司股东跨越行使知情权规则的构建》,载《法治现代化研究》2019年第5期。

制在全资子公司为宜。否则,对于持股比例少于50%的股东是否具有"重大影响力"可能存在判断上的困难。第二,从减少讼累的角度来看,当母公司股东对子公司行使知情权时,可能会引发子公司其他股东的反对,为了防止知情权的过度保障而导致子公司正常生产经营受到不利影响,有必要对母公司股东穿越行使知情权采取审慎态度。第三,从"法人独立人格"损害最小化的角度来看,由于全资子公司的独立性相对较弱,更容易和母公司发生人员、财务以及业务方面的混同。因此,允许母公司股东向全资子公司的知情权穿越,可以将对于法人独立原则的冲击以及跨越行使知情权的负外部性降至最低。综上,我国目前全面放开母公司股东对母公司控制的子公司行使知情权的条件尚不成熟,将子公司范围限定为全资子公司更合适。①

(三)股份公司股东查阅会计账簿

在所有案例中,将股份有限公司股东是否能够查阅公司会计账簿作为案件争议焦点的有36个,其中仅有1个支持股东查阅公司会计账簿,支持理由为"公司章程约定"。根据《公司法》第33条和第97条的规定,仅赋予有限责任公司股东在满足一定条件下享有查账权,但是《公司法》第97条却未规定股份有限公司股东也拥有查阅会计账簿的权利。那么值得思考的问题是,公司章程能否赋予股份有限公司查阅会计账簿的权利?

从司法实践来看,肯定观点与否定观点各有依据。

在杨某某、湖北伊科希思科技股份有限公司(以下简称伊科希思公司)股东知情权纠纷案②中,法院判决认为公司章程具有优先性:"公司章程是公司投资人的自我约束文件,主要体现公司股东的意思和利益……在涉及公司内部程序的相关诉讼中,司法应当以尊重当事人意思自治为原则,严格审慎公司章程所规定的程序性规范条款。鉴于伊科希思公司章程并未就公司股东查阅和复印公司相关文件及财务资料予以限制,且该约定内容亦未违反我国法律禁止性规定,应合法有效。"

---

① 参见樊健:《论我国母公司股东跨越行使知情权规则的构建》,载《法治现代化研究》2019年第5期。
② 湖北省武汉市中级人民法院民事判决书,(2019)鄂01民终10784号。

在广州王某药业股份有限公司(以下简称王某药业公司)与同兴药业有限公司(以下简称同兴药业公司)股东知情权纠纷案①中,法院判决认为公司章程不具有优先性:"《中华人民共和国公司法》经过多次修改均未将股份有限公司会计账簿及会计凭证列入股份有限公司股东知情权的行使范围。王某药业公司《公司章程(2004版)》第三十二条第(七)项中关于王某药业公司需提供会计账簿进行审计的规定显然超出了上述《中华人民共和国公司法》规定的股东知情权范围。同兴药业公司应当在法律规定的范围内行使股东知情权,在上述法律规定并未赋予其查阅公司会计账簿及会计凭证权利的情况下,其主张王某药业公司为审计所需提交会计账簿及会计凭证欠缺法律依据。"

目前,学界对这一问题的观点主要有"自治法说"和"契约说",前者为我国通说。在"自治法说"下,公司内部各类人员必须遵守章程规定。公司章程具有自治性,公司章程的规定优先于《公司法》的任意性规定;公司章程具有法规性,一旦生效,对公司、董事、监事、高级管理人员和全体股东都具有约束力。②

笔者认为,公司章程内容在不违反《公司法》的强制性规定时,理应尊重公司的意思自治,理由如下:从《公司法》现有不允许章程另外规定的法定事项来看,例如,董事会采取"一人一票"表决规则,监事会组成应包括股东代表和职工代表等,都属于法律明确规定的事项,章程自然不得另行约定,但是《公司法》同样存在许多"章程优先"的情形。我们有理由认为,在《公司法》未作出明确规定时,章程的约定在公司内部可以作为一个补充约定,只要不与《公司法》其他规定产生矛盾冲突,法院应该认可章程的效力。因此,应该认为公司章程能够赋予股份有限公司股东查阅会计账簿的权利。

(四)《公司法司法解释(四)》遗留问题

在研究过程中,笔者发现《公司法司法解释(四)》虽然已经对许多公司法问题作出了进一步的明晰,但依然存在许多尚未解决的问题,由此在实务案例中产生了争议焦点。因此,笔者就《公司法司法解释(四)》关于股东知情权相关规定的遗留问题作一个分析并尝试提出可能的解决路径。

① 广东省广州市中级人民法院民事判决书,(2015)穗中法民四终字第81号。
② 参见赵旭东主编:《公司法》(第2版),中国政法大学出版社2013年版,第84页。

1.《公司法司法解释(四)》尚未完全明确股东知情权的主体资格认定标准

《公司法司法解释(四)》第7条第2款规定:公司有证据证明前款规定的原告在起诉时不具有公司股东资格的,人民法院应当驳回起诉,但原告有初步证据证明在持股期间其合法权益受到损害,请求依法查阅或者复制其持股期间的公司特定文件材料的除外。

这一规定仅将原告的起诉资格限定为"具有公司股东资格的",但是仍然未进一步明确"公司股东资格"的外延与内涵。在实务中,隐名股东和出资瑕疵股东是否享有股东知情权依然存在争议,这有赖于未来法律或司法解释进一步明确其认定标准。

一个可能的解决路径是,对于一般隐名股东,在常规状态下可以通过显名股东告知来行使知情权。当隐名股东与显名股东之间产生纠纷时,应允许隐名股东通过证明其出资事实获得以自己的名义行使的知情权;对于出于非法目的而隐名的股东,如通过寻找股东挂名来掩盖自身并非合法出资主体的违法事实,不能享有知情权。① 其法理基础在于:首先,隐名股东的权利之所以存在瑕疵,是因为若对隐名股东的权利进行充分的保护,则有可能不利于维护交易安全,在隐名股东的权利与善意第三人的权利产生冲突时,公司法的天平更侧重于保护第三人利益,承认公司股东登记对外公示的效力。然而,当隐名股东与显名股东之间产生纠纷时,若不存在需要保护的第三人,应赋予隐名股东在一定条件下行使权利的空间。其次,根据《公司法司法解释(三)》第16条②的规定,仅对出资瑕疵的股东作出了利润分配请求权、新股优先认购权、剩余财产分配请求权等方面的限制,按照"法无禁止即可为"的私法原理,在隐名股东选择隐名出资不具有非法目的时,应承认其知情权。

---

① 参见《最高人民法院专家法官阐释疑难问题与案例指导》编写组编:《最高人民法院专家法官阐释疑难问题与案例指导:公司法司法解释(四)卷》,中国法制出版社2017年版,第92~93页。

② 《公司法司法解释(三)》第16条规定:股东未履行或者未全面履行出资义务或者抽逃出资,公司根据公司章程或者股东会决议对其利润分配请求权、新股优先认购权、剩余财产分配请求权等股东权利作出相应的合理限制,该股东请求认定该限制无效的,人民法院不予支持。

2. 对于股东知情权的范围是否包括查阅会计凭证,《公司法司法解释(四)》采取了回避态度

《公司法司法解释(四)(征求意见稿)》第 16 条规定:有限责任公司股东起诉请求查阅公司会计账簿及与会计账簿记载内容相关的记账凭证或者原始凭证等材料的,人民法院应当依法受理。公司提供证据证明股东查阅原始凭证或者记账凭证等有不正当目的可能损害公司合法利益的,人民法院应当驳回诉讼请求。

但是在最终发布的司法解释中,会计账簿并没有出现在股东知情权的查阅范围之内,《公司法司法解释(四)》第 7 条第 1 款规定:股东依据《公司法》第 33 条、第 97 条或者公司章程的规定,起诉请求查阅或者复制公司特定文件材料的,人民法院应当依法予以受理。

《公司法司法解释(四)》删除了征求意见稿中允许有限责任公司股东查阅公司会计账簿和与会计账簿记载内容相关的原始凭证的表述,改用"公司特定文件"这一含混不清的表述进行描述。那么由此产生的问题是,如果"公司特定文件"指的就是《公司法》第 33 条已经明确列举的文件,显然没有作出解释的必要;如果"公司特定文件"另有所指,那么"公司特定文件"是否包括会计账簿和会计凭证显然又没有给出一个明确的答案,违背了司法解释应力求明确、清晰、可操作的基本要求。① 因此,这一解释本质上言之无物。

3.《公司法司法解释(四)》对"不正当目的"这一判决标准的实践操作意义有待商榷

《公司法司法解释(四)》第 8 条规定,有限责任公司有证据证明股东存在下列情形之一的,人民法院应当认定股东有《公司法》第 33 条第 2 款规定的"不正当目的":(1)股东自营或者为他人经营与公司主营业务有实质性竞争关系业务的,但公司章程另有规定或者全体股东另有约定的除外;(2)股东为了向他人通报有关信息查阅公司会计账簿,可能损害公司合法利益的;(3)股东在向公司提出查阅请求之日前的 3 年内,曾通过查阅公司会计账簿,向他人通

---

① 参见石少侠:《对〈公司法司法解释(四)〉若干规定的理解与评析》,载《当代法学》2017 年第 6 期。

报有关信息损害公司合法利益的;(4)股东有不正当目的的其他情形。

该条第 2 项规定,股东带有向他人通报有关信息的目的并且可能损害公司合法利益的,属于"不正当目的",但是从文义上看,第 2 项使用了"为了""可能"等具有模糊性的描述,在实践中的标准如何认定也不明晰,这将给举证带来较大困难。

一个可能的解决路径是,《公司法》除了规定了股东的查阅权,还规定了股东的质询权。其中《公司法》第 97 条规定:股东有权查阅公司章程、股东名册、公司债券存根、股东大会会议记录、董事会会议决议、监事会会议决议、财务会计报告,对公司的经营提出建议或者质询。

《公司法》第 150 条第 1 款(2023 年修订后为第 187 条)规定:股东会或者股东大会要求董事、监事、高级管理人员列席会议的,董事、监事、高级管理人员应当列席并接受股东的质询。

根据《公司法》的规定,质询权的行使并不受不正当目的的要求的限制,但这一点在实务中并未得到足够的重视,因此,或许可以考虑通过完善股东质询权来补充股东查阅权的不足之处。

在尚未对质询权的运用辅以较完善的制度之前,司法解释还应该考虑增加列举不正当目的的具体的情形。《公司法司法解释(四)》第 8 条所明确列举的 3 种成立不正当目的的情形中,有 2 种均为商业间谍行为,而这 3 种类型显然没有穷尽不正当查阅目的的类型。虽然该条第 4 项属于兜底条款,但是在法律规定的"灰色地带"过于宽泛时,兜底条款不仅有沦为口袋条款的风险,而且难以避免陷入循环解释。因此,除已经列举的 3 种不正当目的的类型外,司法解释有必要将不正当目的的类型加以完善,除损害公司利益的目的外,与股东利益无直接关联的其他不正当目的也应纳入列举范围。

五、结论

股东知情权纠纷案件中有关争议焦点的事实认定和法律适用问题关系到社会主义市场经济中众多股东的知情权权利行使,笔者通过大量的案例统计和类型化分析,总结出原、被告双方在知情权之诉中面临的主要争议点,通过对司法判决观点和学理观点的归纳、对比、分析,得出其存在的优点与不足之处,并结合域外经验,提出了合理的改进建议。

通过案例数据统计结果可知,股东知情权纠纷案件的主要争议点可分为原告和被告两个方面,其中股东查阅范围、不正当目的、诉讼主体资格争议占比较高。首先,就原告方面而言分析各争议点:第一,在主体资格问题中,股东身份为股东享有知情权的前提,理论和司法实践均采用形式和实质两种标准进行判断,法院在裁判中总体对其采取扩张解释,适当保护了已转让股权或已签订股权转让协议的先手股东、实际出资但未登记的隐名股东等,对于特殊股东身份的把握应当实现形式要件和实质要件的平衡。第二,在查阅范围的争议中,《公司法》第33条、第97条属于强制性规范,法定查阅范围不可经约定排除,《公司法司法解释(四)》则表明股东知情权的行使可以通过公司意思进行限制,但此限制以实质性剥夺股东权利为边界。此外,实践中会计凭证在大多数情况下被视为法定可查阅对象,而在审计报告、商业合同等资料的知情权行使判断上法院具有一定的自由裁量权。第三,查阅前提主要涉及股东要求查阅公司会计账簿的前置申请程序的争议,笔者认为,考虑到司法介入的局限性以及公司独立人格等因素,公司自治原则仍然需要坚持,司法介入应当后于内部救济,或可借鉴域外的检查人制度发挥专业人士的专业优势,作为良好的补充。第四,行权辅助可发挥专业第三方的优势,有助于股东全面、深入了解材料内容,但现行司法解释对其适用情形与人员范围作出了限制,造成一定的阻碍,可采取要求受托人出具保密承诺并约定事后违约救济的方式降低风险。

其次,被告方面的争议点主要包括公司类型和抗辩事由两大方面。第一,就公司类型的争议而言,《公司法》及相关司法解释适用的范围为中国境内设立的有限责任公司和股份有限公司,其他特殊类型的公司在股东知情权纠纷案件中的司法裁判往往参照适用《公司法》及相关司法解释,仍然存在不确定性和自由裁量空间较大的问题,应当尽快加以立法完善。第二,就被告的抗辩事由而言,原告具有不正当目的为其主要抗辩事由,是否应当适用、如何适用《公司法司法解释(四)》第8条第1项的规定,即如何认定同业竞争为不正当目的,需要司法人员持审慎态度。考虑股东查阅账簿有无损害公司合法利益的可能加以实质性的判断,并合理分配举证责任,在立法上除设置不正当目的的判断条款外,或可引入检查人制度促进《公司法》的有效实施。其他抗辩事由也仍然存在解释空间和模糊边界,需要立法加以明确、完善。

最后,案例中出现的特殊问题主要包括四个方面:第一,由于股东享有知情权是股东行使资产收益权和参与公司经营管理的基本前提,公司即使在非正常经营状态下,包括破产经营、被吊销营业执照等情形,只要公司主体尚未被注销,法人资格没有消灭,股东也享有知情权。若公司处于营业执照被吊销之后、清算组成立之前,股东则可另行向清算组主张知情权。第二,在母公司对被告子公司是否享有知情权的争议中,从我国现行法规定和司法实践的角度来看,合理平衡母公司的知情权和子公司的独立性与股东利益是关键,可以支持母公司股东在符合一般知情权行使条件的前提下,对全资子公司行使知情权,但不应过度扩大知情权行使主体的范围。第三,公司章程约定在不违反《公司法》的强行规定下,理应被尊重,保障公司的意思自治。第四,《公司法司法解释(四)》在一定程度上对于"不正当目的"的解释起到了补充的作用,但仍然存在兜底条款的"灰色地带",存在较大的不确定性与循环解释的风险,应当对其规定继续加以完善。

（编校：莫志）

第十二章 股利分配请求权纠纷实证研究

李川三　郝园园

龙虹宇　李　萌　张秋月

一、概述

(一) 基本法条

《公司法》第 4 条是关于股东权利的总体性规定。股东是公司的投资者。股东将其财产投入公司后,以其对公司的投资享有对公司的股权。股东享有股权,主要体现为资产收益权及参与公司重大决策和选择管理者的权利。资产收益的权利即股利分配请求权。《公司法》第 34 条(2023 年修订后为第 210 条、第 227 条)则是关于股东股利分配请求权和优先认购权的具体规定。公司的利润,在缴纳各种税款及依法提取法定公积金、法定公益金之后的盈余,就是可以向股东分配的红利。关于股利分配请求权,《公司法》第 34 条规定股东分取红利是按照股东实缴的出资比例进行计算,缴多分多,缴少分少,与股东的认缴出资比例无关,实缴出资所占比例较大的股东,获取的红利比例也会较大。

(二) 基本法条变迁

《公司法》第 4 条的规定源于 1993 年《公司法》第 4 条"公司股东作为出资者按投入公司的资本额享有所有者的资产受益、重大决策和选择管理者等权利"的规定。在 2005 年《公司法》修订后即为现在的条款,在 2013 年、2018 年均未改动过。这说明我国公司法对股东资产收益的保护较为重视。《公司法》第 34 条源于 1993 年《公司法》第 33 条"股东按照出资比例分取红利。公司新增资本时,股东可以优先认缴出资"的规定。同样在 2005 年修订为现在的条款。《公司法》第34条明确了股东分红应当依据实缴的出资比例,对股东分红的出资要求更加明确。同时该条款也并非强制性规范,全体股东可以依照约定不按照出资比例分红,为公司自治和股东意思表示提供了更多的选择自由。

(三) 司法解释

《公司法司法解释(四)》第13条规定了股利分配请求权诉讼原、被告的地位,明确公司为股利分配请求权诉讼之被告,参与同一分配方案决议请求分配利润的股东应列为共同原告。显然,股利分配请求权诉讼的原告一般为股东,在司法实践中,亦有股东的债权人、隐名股东等提起诉讼的情形,后文会详细讨论。

《公司法司法解释(四)》第14条规定了股利分配请求权成立的重要条件之一——载明分配方案的股东(大)会有效决议。在《公司法司法解释(四)》出台以前,股利分配请求权的判定依据主要为《公司法》第4条和第34条,但是《公司法》自身仅仅规定了股东拥有请求分配公司盈余利润的权利,但是如何行使该权利,相关规定依旧较模糊。股东分红并非公司绝对执行的法律规定,而属于公司自治的范围,公司基于自己的经营决策可以决定是否在该年度分红,因此如何平衡《公司法》所规定的分红权与公司自治原则是股利分配请求权长期以来的争议点。在实践中,公司常常以公司内部决策为理由拒绝向股东分红,司法亦不能在无法可依的情形下强制干涉公司分红。因此《公司法司法解释(四)》第14条以股东(大)会的分配方案为主要的判断依据,如果股东提交了分配方案的有效决议,公司就应当按照决议载明的金额分配股利,这既符合公司自治的要求[因为股东(大)会的分配决议反映了公司对年度利润分配的约定安排],又给予原告举证的主要依据指引,避免原告陷入无从举证或者举证无效的困境,有利于更好地保护股东权利。

《公司法司法解释(四)》第15条规定了股利分配请求权成立的另一种类型——股东滥用权利导致公司不分配利润。在《公司法司法解释(四)》第14条中,规定了提交载明具体分配方案的股东(大)会决议即可请求公司分配盈余利润,但是股东未提交分配方案并不当然地丧失股利分配请求权,该司法解释同样规定了股东在无法提交分配方案的情况下,依然可以通过证明公司有股东(实践中往往为大股东)滥用股东权利导致公司不分配利润而给其他股东造成损失,请求公司分配股利。对于《公司法司法解释(四)》第15条的理解应当是:一方面,如果股东不能提交分配方案决议且不能证明股东滥用股东权利,则无法请求公司分配股利,这是对股利分配请求权的限制和规范。另一方面,即使股东不能提交分配决议仍可以通过证明有其他股东滥用权利而请求分红,这是对股东权利的保护。在实践中,大股东往往倾向将公司盈余用于进一步的投资生产经营,而不是分配股利,因此其可以根据资本多数决的规定实施股东权利,使得公司不能形成分配决议,这在一定程度上是对中小股东权利的侵犯,股利分配请求权既是一种具体的权利也是一种抽象的期待,因此法律通过"但是"条款的方式给予了股东更全面的保护。然而,何为滥用股东权利? 司法解释亦没有作出明确规定,这在实务中给予了法官更多的自由裁量权,对于这一问题,立法上仍然需要进一步厘清。

《公司法司法解释(五)》第4条规定了股利分配请求权的分配时间,该条规定公司应当在决议载明的时间内分配利润,同时突破公司自治的范畴,规定对没有载明时间或载明时间超过1年的,在1年内完成利润分配,这有利于更好地保护股东权利,避免股利分配悬而未决,拖欠时间过长而造成股东行权不便。同时该条规定了股东对违反公司章程规定时间的分配决议方案,可以依法请求法院撤销决议中关于该时间的规定。

(四) 关联法条

《公司法》第37条(2023年修订后为第59条)[①]规定了股东会的职权。股东会职权中涉及股东利润分配的主要是审批权。股东会享有对重大事项的审批权,即公司的股东会有权对公司的利润分配方案以及弥补亏损方案进行审议,最终决定批准与否。上述方案应由董事会根据公司的经营情况进行拟定,然后提交股东会进行审议。这通过规定股东会职权的方式对股利分配方案的决定权进行了明确规范,对股利分配方案决议的审批主体有了清晰的界定,实践中可能产生的争议为如何评价公司章程、董事会甚至是股东之间的协议有关

---

① 2023年《公司法》第59条对2018年《公司法》第37条作了改动,删去了"(一)决定公司的经营方针和投资计划""(五)审议批准公司的年度财务预算方案、决算方案",增加了"股东会可以授权董事会对发行公司债券作出决议"。

股利分配方案之效力,笔者将进一步梳理和分析。

《公司法》第166条规定了公司税后的利润分配。股利分配请求权的分配前提是公司有盈余的利润,而公司如何确定自己的利润盈余需要满足公司法规定的系列的要求。《公司法》对公司税后利润分配有以下要求:(1)提取法定公积金;(2)弥补亏损;(3)提取任意公积金;(4)分配利润。因此,股东请求分配公司盈余,需要结合《公司法》第166条首先确定公司有可分配的盈余。该条文对股利分配请求权的行使具有重要的前提确认作用,实践中,公司没有可供分配的盈余是公司经常采取的抗辩事由,因此本条亦是股利分配请求权重要的关联法条。

二、案例整理和分类统计

(一)样本处理

笔者的样本来源于"威科先行"法律信息库,通过数据检索的方法,输入关键词:"股利分配"、"判决书"、"公司盈余分配纠纷"和"近5年"(实际检索了2015~2020年),共获得2281个案例。通过数据分析,排除了重复案例、裁判理由不包含股利分配争议案例、不公开案例等,确定研究案例共计1553个。进而,笔者对1553个判决书逐一阅读,拆解争议焦点、法院裁判理由等,进行样本统计分析。

(二)分析方法

笔者主要采取描述统计法和案例分析法进行研究。笔者根据研究目的,设计出以下几个变量:时间、法院级别、审理级别、当事人类型、原告股东类型、法条引用、案件焦点(股东资格、是否存在分配方案、是否存在滥用股东权利、分配决议是否有效、股东分红权是否被限制、诉讼时效是否届满、是否有可供分配的盈余、股东出资比例等)、胜诉败诉(二审、再审判决情况)、裁判理由。

在此基础上,通过变量统计,整理汇总各类数据,根据不同变量之间的关联,发现案例中的特定现象。进而根据统计分析情况,挑选典型案例进行分析,对统计结论进行探究,验证其合理性并作出必要修正。最后依据文献和相关资料提出总结和建议。

(三) 总体情况

1. 以审级为划分依据

在统计的所有案例中,一审案件占比66.71%,再审案件数量较少,股利分配请求权诉讼的判决依据相对较少,一般因确有错误而提起再审的难度较大(见表12-1)。

表12-1 案例审级分布情况

审级	数量/个	比例/%
一审	1036	66.71
二审	487	31.36
再审	30	1.93
总计	1553	100.00

2. 以年份为划分依据

2017年和2019年的案件数量相对较多,分别是490个、469个,2015年不足百件,2018年、2020年都为100多个,2016年为200多个。这是因为《公司法司法解释(四)》是于2017年开始施行的,其第13条至第15条对股利分配请求权的诉讼依据有了较明晰的确定,因此涉及的大量的民商事纠纷在2017年有了较为清晰的法律依据,也就造成相关司法案件的集中爆发。同样,2019年最高人民法院颁布并实施了《公司法司法解释(五)》,其中对股利分配请求权的时间作出了更明确的规定,造成了相应案件的增多。法律法规和司法解释的出台,能够对相关权利的行使与判决起到明确规范的作用,权利主张相应增多。

3. 以法院级别为划分依据

由于案件一审审结的比例较高,基层人民法院审理股利分配请求权案件占比较多,有999个。在一审案件中,由中级人民法院和高级人民法院审理的占比较小分别是35个、2个,说明股利分配请求权所涉的案件金额、影响力并不大,实践中也有小股东为求几百元的股利分配而提起的诉讼。二审案件一般由中级人民法院审理,有26个二审、再审案件交由高级人民法院审理。

4. 以原告当事人类型为划分依据

股利分配请求权诉讼的被告一般为公司法人,报告主要统计了原告的当事人类型,整体上股东为自然人的占绝大多数,而股东为公司法人的约占1/5,一般自然人作为独立的个人,其股东权利受到侵害而自我救济的能力较弱,因此需要通过司法途径维护权利(见表12-2)。值得注意的是,在二审和再审进一步提起诉讼的当事人中法人数量占比上升,这说明公司作为股东有更强的能力持续进行诉讼维护自身权益,而自然人股东可能因为诉累而放弃上诉的机会。

表12-2 案例原告情况

原告当事人类型	审级	数量/个	共计/个	比例/%
自然人	一审	882	1238	79.72
	二审、再审	356		
法人	一审	154	315	20.28
	二审、再审	161		

5. 以原告股东类型为划分依据

笔者还统计了股利分配请求权的原告股东类型(见表12-3),可以明显地发现,控股股东提起股利分配之诉的占比极少,这是因为控股股东完全可以利用自己的资本优势地位影响股东(大)会决议,进行公司盈余分配,而不必提起诉讼。同时在二审中控股股东的占比比一审审结的高,亦说明其维护自身股权利益的能力较高,诉讼成功的信心更充分,因此对股利分配请求权的关注更多地从保护中小股东的立场上进行。

表12-3 案例所涉原告股东类型

原告股东类型	审级	数量/个	共计/个	比例/%
普通股东	一审	1019	1507	97.04
	二审、再审	488		
控股股东	一审	17	46	2.96
	二审、再审	29		

(四)裁判结果

1. 一审胜诉率结果统计

股利分配请求权案件的一审胜诉率仅为38.61%,整体上股东请求公司分配盈余成功的概率较低,反映出股东通过司法介入维护股利的难度较大(见表12-4)。

表 12-4 一审胜诉率情况(按当事人类型划分)

法院判决	当事人类型	数量/个	比例/%	共计/个	总比例/%
支持	自然人	328	82	400	38.61
	法人	72	18		
不支持	自然人	554	87.11	636	61.39
	法人	82	12.89		

2. 二审、再审裁判结果统计

股利分配请求权的二审胜诉率仍然不高,仅比一审胜诉率提高了1个多百分点,但是由于二审本就是一审案件的再次审理,原告可能本就没有维权的合法依据,再次审理的情况下仍然达到了和一审差不多的胜诉率,说明二审、再审的制度可以在一定程度上维护股东的权利,给予股东再次维权的机会(见表12-5)。

表 12-5 二审、再审裁判结果(按当事人类型划分)

法院判决	当事人类型	数量/个	比例/%	共计/个	总比例/%
支持	自然人	122	59.22	206	39.85
	法人	84	40.78		
驳回	自然人	235	75.56	311	60.15
	法人	76	24.44		

在二审、再审案件中,法院判决维持原判的比例较高,说明法院在一审中的判决错误率较低。在改判案件中,由驳回改为支持的约占到了2/3,说明二审、再审制度在纠正一审错误的基础上,更多地扮演着维护原告股东的"护卫"角色,是保护股东权利的最后一道司法屏障,也切实地纠正了一审中可能基于地方保护、公司势力强大、案件举证困难等原因而产生的对股东权利的忽视(见表12-6)。

表 12-6　二审、再审裁判结果（按法院判决类型划分）

法院判决	判决类型	数量/个	比例/%	共计/个	总比例/%
维持	维持原支持判决	150	35.63	421	81.43
	维持原不支持判决	271	64.37		
改判	原支持判决改判为驳回	21	21.88	96	18.57
	原驳回判决改判为支持	64	66.67		
	改变金额	11	11.46		

3. 裁判理由中法条引用统计

笔者统计了法院判决文书中经常引用的法律条文，其中以《公司法》第4条、第34条、第166条（2023年修订后为第210条），《公司法司法解释（四）》第15条为主，《公司法》第4条、第34条是股利分配请求权的基本法条，也是判决原告胜诉的主要理由，而《公司法》第166条则是确定公司是否具有可供分配的盈余的规范，用以明确股利分配请求权之适用前提。《公司法司法解释（四）》第15条主要是规定了否决原告请求的情形和股东滥用权利的例外情况，一般用来否定原告的诉讼请求，因此适用次数较多（见表12-7）。

表 12-7　裁判理由中的法条引用情况

法条引用	数量/个	针对问题
《公司法》第4条	374	股利分配请求权基础
《公司法》第34条	574	股东请求分配公司盈余的范围、比例
《公司法》第37条	177	股东滥用权利的判断依据，股东（大）会职权对分配方案的作用
《公司法》第166条	311	公司是否存在可供分配的盈余判断标准
《公司法司法解释（四）》第13条	41	股利分配请求权诉讼被告和共同原告确定
《公司法司法解释（四）》第14条	91	股利分配请求权成立须依据公司具体分配方案
《公司法司法解释（四）》第15条	327	未提交公司具体分配方案的法律后果及其例外：股东滥用权利
原《合同法》第60条	72	合同法诚实信用原则

4. 争议焦点统计

笔者根据已有文献的分类和阅读裁判文书的总结,对案件的争议类型和争议焦点进行了分类统计。案件主要的争议焦点为股东资格问题、公司是否存在分配方案、公司是否有可供分配的盈余、是否存在滥用股东权利的情形等。报告也将就案件争议焦点进行归纳总结,并在下文中逐一进行具体分析(见表12-8)。

表12-8 争议焦点情况

争议类型	争议焦点	数量/个
是否有权要求公司分配盈余	股东是否具有诉讼主体资格	517
	公司是否存在分配方案	682
	是否存在滥用股东权利导致不分配利润的情形	154
	股东(大)会作出的分配决议是否有效	126
	股东分红权是否应被限制	68
	诉讼时效是否届满	98
确定分配金额	公司是否有可供分配的盈余	261
	确定股东的出资额及出资比例	29
其他	是否应支付利息损失	35
	所持股权在拍卖时是否包含分红权	
	是否已经分配	

5. 案例裁判理由统计

笔者统计了2015~2020年一审、二审和再审法院支持或驳回原告诉讼请求的理由(见表12-9)。对支持或驳回理由的区分同样依照前述争议焦点进行划分,这样可以更合理地依据案件争议区分不同的判决选择,对争议焦点进行更有效的分析。在支持案件胜诉的裁判理由中,原告提交股东(大)会形成的分配方案占到较大比例,说明法院还是依照《公司法司法解释(四)》第14条规定的判断标准进行审判的情况更多。在驳回诉讼请求的裁判理由中,法院给予的理由较多的是未向法院提交载明具体分配方案的决议,说明具体分配方案是案件裁判的重点。同时,没有证据证明股东滥用权利和公司无利润分配的情形也相对较多。

表 12-9 案例裁判理由情况

判决		裁判理由类型	具体裁判理由	数量/个
一审法院	支持	具有分配方案	股东(大)会形成分配方案	184
			公司章程约定分配方案	56
			股东签订其他协议约定分配方案	49
			公司董事会作出分配决议	21
			未有分配方案,但有证据证明其他股东实际分配红利	31
		股东滥用权利	存在股东滥用权利的情形	25
		其他	继承股权分红、存在委托持股关系等	34
	驳回(有交叉)	股东资格问题	不具有股东资格	65
			股东出资瑕疵	13
		分配方案问题	股东未向法院提交载明具体分配方案	337
			分配方案决议无效	15
		滥用股东权利问题	没有证据证明股东违反法律规定滥用股东权利	78
		分配盈余问题	被告公司无利润分配或没有证据证明存在利润分配	115
		其他	因前股东提起诉讼其股份已于起诉前转让、已过诉讼时效、被告不适格、董事会决议不能算作分配方案等	101
二审、再审法院	支持	具有分配方案	股东(大)会形成分配方案	68
			公司章程约定分配方案	54
			股东签订其他协议约定分配方案	16
			公司董事会作出分配决议	7
			未有分配方案,但有证据证明其他股东实际分配红利	11
		股东滥用权利	存在股东滥用权利的情形	7
		其他	具有股东资格、有可分配的盈余等	29

续表

判决	裁判理由类型	具体裁判理由	数量/个
二审、再审法院	股东资格问题	不具有股东资格	54
		股东出资瑕疵	14
	分配方案问题	股东未向法院提交载明具体分配方案	145
		分配方案决议无效	20
	滥用股东权利问题	没有证据证明股东违反法律规定滥用股东权利	48
	分配盈余问题	被告公司无利润分配或没有证据证明存在利润分配	49
	其他	因前股东提起诉讼其股份已于起诉前转让、已过诉讼时效、被告不适格、已分配股利等	28

(注：判决列为"驳回")

(五)裁判结果具体类型

关于裁判结果类型的分析将在后文各个争议焦点的具体梳理中着重展开，本部分只是简要分析各个裁判结果的基本特征，初步梳理具体裁判结果类型的关键要点。

1. 股东资格裁判结果统计

在股利分配请求权有关股东资格的纠纷中，一审、二审和再审的胜诉率基本维持在五成左右，而二审、再审胜诉率更高，说明在上诉阶段的证据补充、审判纠错的作用有所体现（见表12-10）。

表12-10 股东资格裁判结果统计

审级	判决结果	数量/个	比例/%	共计/个	总比例/%	总数/个
一审	支持	144	45.14	319	61.70	517
	驳回	175	54.86			
二审、再审	支持	107	54.04	198	38.30	
	驳回	91	45.96			

2. 股东分红限制裁判结果统计

在股利分配请求权有关股东分红限制的纠纷中，案件数量本身较少，一审的胜诉和败诉数量基本持平，但二审的支持率明显较高（见表12-11），对于这一现象值得关注。

表 12-11　股东分红限制裁判结果统计

审级	判决结果	数量/个	比例/%	共计/个	总比例/%	总数/个
一审	支持	10	47.62	21	30.88	68
一审	驳回	11	52.38	21	30.88	68
二审、再审	支持	45	95.74	47	69.12	68
二审、再审	驳回	2	4.26	47	69.12	68

3. 公司分配方案裁判结果统计

在股利分配请求权有关公司分配方案的纠纷中，其案件数量为各个争议焦点案件数量之最，能够比较典型地反映股利分配请求权案例的诉讼情况。一审、二审和再审的胜诉率基本均在 1/3 左右，说明股东通过诉讼维护股利分配权益的难度仍然较大（见表 12-12）。

表 12-12　公司分配方案裁判结果统计

审级	判决结果	数量/个	比例/%	共计/个	总比例/%	总数/个
一审	支持	167	33.33	501	73.46	682
一审	驳回	334	66.67	501	73.46	682
二审、再审	支持	60	33.15	181	26.54	682
二审、再审	驳回	121	66.85	181	26.54	682

4. 分配决议裁判结果统计

在股利分配请求权有关分配决议效力的纠纷中，一审、二审和再审中支持股东的比例有了明显提高，是各个具体裁判类型中，唯一一个一审胜诉案件超过败诉案件的争议类型（见表 12-13）。说明一旦股东提交了分配方案的决议，法院一般倾向认定决议有效，认定决议无效的情况较少。

表 12-13　分配决议裁判结果统计

审级	判决结果	数量/个	比例/%	共计/个	总比例/%	总数/个
一审	支持	50	73.53	68	53.97	126
一审	驳回	18	26.47	68	53.97	126
二审、再审	支持	37	63.79	58	46.03	126
二审、再审	驳回	21	36.21	58	46.03	126

5. 滥用股东权利裁判结果统计

在股利分配请求权有关滥用股东权利的纠纷中，原告的胜诉率依然维持在三四成，说明股东证明其他大股东滥用权利导致自身合法权益受损的难度较高，法院支持的概率较小(见表12-14)。

表12-14 滥用股东权利裁判结果统计

审级	判决结果	数量/个	比例/%	共计/个	总比例/%	总数/个
一审	支持	38	39.58	96	62.34	154
一审	驳回	58	60.42			
二审、再审	支持	20	34.48	58	37.66	
二审、再审	驳回	38	65.52			

6. 可供分配盈余裁判结果统计

在股利分配请求权有关可供分配盈余的纠纷中，原告的胜诉率和股东滥用权利、是否存在分配方案的裁判类型相似，说明比较典型的几种争议纠纷中，股东胜诉的难度均较大，股东权益保护的问题亟待关注和解决(见表12-15)。

表12-15 可供分配盈余裁判结果统计

审级	判决结果	数量/个	比例/%	共计/个	总比例/%	总数/个
一审	支持	57	33.53	170	65.13	261
一审	驳回	113	66.47			
二审、再审	支持	36	39.56	91	34.87	
二审、再审	驳回	55	60.44			

7. 诉讼时效裁判结果统计

在股利分配请求权有关诉讼时效的纠纷中，一审案件判决驳回的情况更多，二审、再审案件判决胜诉的比例接近五成，对于诉讼时效的认定，二审、再审可以给予原告更多的证据补充机会，提高胜诉率(见表12-16)。

表 12-16 诉讼时效裁判结果统计

审级	判决结果	数量/个	比例/%	共计/个	总比例/%	总数/个
一审	支持	16	19.75	81	82.65	98
一审	驳回	65	80.25	81	82.65	98
二审、再审	支持	8	47.06	17	17.35	98
二审、再审	驳回	9	52.94	17	17.35	98

三、焦点问题分析

(一)认定原告主体资格

在股利分配请求权纠纷中,原告因主张股利分配请求权而诉至法院,因此,原告具有主体资格成为主张股利分配请求权纠纷的前提条件。《公司法》第4条规定:"公司股东依法享有资产收益、参与重大决策和选择管理者等权利。"因此,认定原告是否具有主体资格首先需要判断其是否为公司股东,即是否具有股东资格。股东资格,亦被称为股东的法律地位,是出资人取得并行使股东权利的基础。对于股份有限公司来说,股份有限公司股东资格的取得可以是否持有公司的股票为依据;有限责任公司由于其封闭性则与股份有限公司有所区别,对于其股东资格的取得依据在理论界和司法实践中均存在分歧,引发诸多问题。理论界对股东资格的取得依据主要有实质说、形式说、区分说、修正形式说等学说,对于股东资格的认定标准总体可概括为实质要件说和形式要件说。实质要件说指出,出资人只有实际履行出资义务后才能和公司形成一定的权利义务关系,才能获得股东资格。形式要件说则认为,股东被记载于公司章程、股东名册或者在登记机关登记、拥有股东出资证明等形式要件就依法享有股东资格。因此,在司法实践中,当股东没有充足的证据证明自己已经实际履行出资义务且未被记载于公司章程、股东名册或者在登记机关登记,即实质要件与形式要件都不具备时,通常法院会以原告不具备股东资格为由,直接驳回原告股东对公司的盈余分配诉求。① 根据相关法律法规,即便具有股东资格,也未必能够行使股利分配请求权,瑕疵出资股东的股利分配请求权可能受到限制。

---

① 在本章收纳的案例样本中,这类案例占比最大,案件争议焦点通常是证据问题,在此不做赘述。

通过对样本案例进行梳理,结合学术理论研究,就股利分配请求权纠纷中的原告主体资格,笔者归纳出隐名股东争议、股权转让纠纷、股东资格继承、瑕疵出资人问题和其他问题5个主要争议焦点。

1. 隐名股东争议

为了规避债务或风险,实践中股份代持的情况越来越普遍。通常而言,投资人若想成为公司股东,一般会通过对设立中的公司出资或者通过购买公司股东的股权进入公司。因此,隐名股东实际履行出资,这是隐名股东能取得身份的前提条件。① 此外,隐名股东的投资不得违反法律的强制性规定。隐名股东的投资行为必须依照《公司法》,服从法律强制性规定。违反规定的行为,如外商规避相关政策隐名投资、公务员隐名投资等,其后果不应当被法律保护,属于风险自担行为,不在讨论范围之内。

《公司法司法解释(三)》第24条规定:"有限责任公司的实际出资人与名义出资人订立合同,约定由实际出资人出资并享有投资权益,以名义出资人为名义股东,实际出资人与名义股东对该合同效力发生争议的,如无法律规定的无效情形,人民法院应当认定该合同有效。前款规定的实际出资人与名义股东因投资权益的归属发生争议,实际出资人以其实际履行了出资义务为由向名义股东主张权利的,人民法院应予支持。名义股东以公司股东名册记载、公司登记机关登记为由否认实际出资人权利的,人民法院不予支持。实际出资人未经公司其他股东半数以上同意,请求公司变更股东、签发出资证明书、记载于股东名册、记载于公司章程并办理公司登记机关登记的,人民法院不予支持。"该条第1款明确认可了隐名持股协议的效力;该条第2款则主要针对名义股东与实际出资人之间的合同关系,支持实际出资人向名义股东主张"投资权益",并否认名义股东以公司股东名册记载、公司登记等否认实际出资人的权利;该条第3款对隐名出资中股东资格的确认采取了形式要件说,认为享有股东资格的仅限于被记载于股东名册中的股东,实际投资人并非公司的股东,不能享有对公司的股权,只能依据合同来处理其与名义股东间的关系。此外,《公司法司法解释(三)》第25条规定:"名义股东将登记于其名下的股权转让、质押或者以

---

① 参见王岩:《隐名股东确认之诉的几个问题研究》,载《法律适用》2007年第12期。

其他方式处分，实际出资人以其对于股权享有实际权利为由，请求认定处分股权行为无效的，人民法院可以参照民法典第三百一十一条的规定处理。名义股东处分股权造成实际出资人损失，实际出资人请求名义股东承担赔偿责任的，人民法院应予支持。"《公司法司法解释（三）》第 26 条规定："公司债权人以登记于公司登记机关的股东未履行出资义务为由，请求其对公司债务不能清偿的部分在未出资本息范围内承担补充赔偿责任，股东以其仅为名义股东而非实际出资人为由进行抗辩的，人民法院不予支持。名义股东根据前款规定承担赔偿责任后，向实际出资人追偿的，人民法院应予支持。"

2. 隐名股东股利分配请求权的行使

隐名股东行使股利分配请求权的途径包括通过显名股东间接行使、向公司直接请求行使、通过法院强行行使。

在一般情况下，隐名股东通过显名股东间接行使股利分配请求权。在隐名股东与显名股东签订的出资协议中，通常规定显名股东的一项义务就是显名股东要将股权的收益完整地交给隐名出资人。但是，由于协议约定本身不清晰、协议本身存在效力瑕疵、显名股东恶意违反约定拒绝将获得的全部股利交付给隐名股东或是在股利分配请求权遭到侵害时不作为等，隐名股东未能实际获得分红。此时，隐名股东可以向法院提起诉讼。在干某某与被告舟山市全洲贸易有限公司公司盈余分配纠纷案①中，2014 年 6 月 2 日，原告干某某与舟山市全洲贸易有限公司签订一份《个人股份出让合同》，约定以转让股东袁某某股份的方式（名为股权转让），让干某某成为隐名股东投资公司，公司保底分红金额为投资额的 2%／月，每年一付。合同签订前，原告干某某即履行了合同义务，支付了 110 万元的款项，被告舟山市全洲贸易有限公司在收条上盖章确认。截止到 2016 年 12 月 31 日，共计 31 个月，理应分红 68.20 万元，但舟山市全洲贸易有限公司只支付了 29 万元红利，尚余 39.20 万元未支付。故原告起诉至法院，要求被告舟山市全洲贸易有限公司支付其分红款 39.20 万元。法院认为："股东的盈余分配请求权是指股东基于其股东地位依法享有的请求公司按照自己的持股比例向自己分配股利的权利。原告在诉状中自认系被告舟山市全

---

① 浙江省舟山市定海区人民法院民事判决书，(2017)浙 0902 民初 204 号。

洲贸易有限公司的隐名股东。原告作为隐名股东,其权利义务是通过显名股东来实现的,而非被告舟山市全洲贸易有限公司的权利主体,因此原告无权依公司法的规定向被告舟山市全洲贸易有限公司主张红利。若干某某与袁某某之间存在真实合法的股份转让合同关系,其应当按照与显名股东袁某某之间的合同关系向袁某某行使权利。现原告干某某依个人股份出让合同向舟山市全洲贸易有限公司主张股东盈余分配权,虽舟山市全洲贸易有限公司在原告提供的股份出让合同及投资款收条上盖章,但该合同中并无公司承诺向干某某按2%/月分配红利的内容,与公司有涉及的该合同第五点约定'甲方(指袁某某)承诺,公司在本合同签署之后,不存在亏损情况,如果有股本亏损出现,亏损部分由甲方及甲方公司承担,乙方(指干某某)有权全资撤出'。现原告主张投资红利,并非投资款,且该约定脱离了舟山市全洲贸易有限公司的经营业绩状况,损害公司财产权益和公司债权人权益,并无法律效力。"在郭某某与上海永良实业有限公司、屠某某公司盈余分配纠纷案①中,法院判决也指出:"况且,即使存在代持情况,原告在显名之前也无权直接行使股东权利,而仅能依据其与代持方的协议向代持方主张相关权利。"由此可见,在这一阶段:(1)必须有明确的证据证明股东实际履行出资,公司收到出资且该款项为投资,而非贷款或其他给付目的。(2)隐名股东因其不具有股东身份,不是公司的权利主体,因而不能依照《公司法》的相关规定,将公司作为被告,主张股利分配请求权;其只能依据合同,将显名股东作为被告,主张履行合同约定。(3)如果双方的隐名投资协议本身具有损害公司财产权益、公司债权人权益或者损害其他股东利益等情形导致合同无效,隐名股东也不能据此向合同相对人主张权利。

值得注意的是,对于隐名股东股东资格的判断,在学理上没有结论,在实践中也是结果不一,法院通常是在个案中根据隐名股东和显名股东之间是否存在出资协议、隐名股东是否实际履行出资义务、是否存在出资证明书、是否参与公司日常管理等因素进行判断。从上述案例中可以看出,一般法院认为,隐名股东不符合股东资格的形式要件,不应当被认定为股东。但是,江苏省高级人民法院《关于审理适用公司法案件若干问题的意见(试行)》(已失效)则明确采

---

① 上海市浦东新区人民法院民事判决书,(2016)沪 0115 民初 72387 号。

取"实质要件说",其中第 27 条第 1 款规定:股东(包括显名股东、隐名股东和实际股东)之间对于股东的资格身份发生了争议及纠纷的时候应当认定在工商登记中有记载的股东享有股东身份,除了以下两种情形:(1)隐名股东和显名股东之间对于股东资格已经有了明确约定,并且公司其他股东对于隐名股东的股东身份予以肯定;(2)在公司章程中有规定,依照章程实际出资。由此可见,只要隐名股东能够通过约定或出资证明自己履行了义务,便可以直接认定其具有股东身份。在公司盈余分配纠纷中,原告请求目标为支付利润分配款项(或表述为投资红利收益等),而非确认其股东身份。隐名股东身份的确认本来就是一个非常复杂的问题,多数情况下需要通过单独的股东确认之诉解决,所以在实践中,以"公司盈余分配纠纷"为案由的判决往往只通过上述三点考虑股利支付问题。

上述途径失败后,隐名股东可以通过显名化的方式直接行使股利分配请求权。隐名股东请求自己获得股东身份的途径也有两种:一是通过与显名股东签订隐名出资协议,向其他股东寻求认可。虽然我国《公司法》对股东身份的确定采用外观主义,需要在股东名册或者在工商登记中记载股东的姓名,但是如果公司其他股东半数以上认可了隐名股东的股东身份,此时隐名股东可以直接显名化,请求公司办理相关手续进而有资格向公司要求利润分配。二是通过股东确认之诉明确自己的股东身份。需要注意的是,即便法院通过判决确定了隐名股东的股东身份,也需要再经过公司其他股东半数以上同意。在洪某某、宁德市鼎融置业有限公司、张某某公司盈余分配纠纷案①中,原告洪某某向法院提出诉讼请求:(1)判决第三人返还原告自 2011 年 3 月 5 日至诉讼时,由第三人持有被告公司 1% 股权的投资红利收益;(2)判决确认原告股东身份及 1%的被告公司持股比例,并要求被告公司配合办理记载原告公司股东名册、工商登记等手续。法院判决认为:"福鼎市人民法院作出(2013)鼎民初字第 2330号民事判决书和宁德市中级人民法院(2014)宁民终字第 742 号民事判决书已确认洪某某为宁德市鼎融置业有限公司的股东,享有张某某持有宁德市鼎融置业有限公司 1% 股权,现洪某某要求确认该部分股权属洪某某所有并予以变更

---

① 福建省福鼎市人民法院民事判决书,(2019)闽 0982 民初 1067 号。

工商登记。本案系隐名股东显名化纠纷，洪某某虽系宁德市鼎融置业有限公司的实际出资人，但其在未经公司其他股东半数以上同意，请求公司变更股东、记载于股东名册，并办理公司登记机关登记等手续，本院不予支持。依照《公司法司法解释(三)》第24条第3款……判决如下：驳回洪某某的诉讼请求。"可见，隐名股东未经公司其他股东半数以上同意，则未显名化。法院虽然判定实际出资人履行了出资义务从而享有投资权益的归属，但是由于公司其他股东半数以上不同意，法院不得判定公司将股东变更为实际出资人。实际出资人享有投资权益，却无法成为公司的股东，而名义股东仍然持有公司股权，但是却不享有投资权益。

与此相反，在郴州城宇房地产开发有限公司(以下简称城宇公司)与刘某某公司盈余分配纠纷案[①]中，刘某某尽管在法院生效判决后未办理股权变更登记，但由于经过股东(大)会其他半数股东同意，仍然具有股东资格，是提起公司盈余分配的适格主体。法院判决认为："我国公司法对隐名投资人的股东资格并没有完全予以否定，只是规定未经登记的，不得对抗第三人。而工商登记记载的股东姓名或名称并无创设股东资格的效力，仅是宣示性登记，只具有对善意第三人的证权功能。本案，一审法院(2018)湘1003民初753号民事判决及二审法院(2019)湘10民终1708号民事判决均已发生法律效力，城宇公司应将厦门华程投资开发有限公司代持的该公司8.33%股权变更登记至刘某某名下，厦门华程投资开发有限公司予以协助。上述两判决对《郴州城宇房地产开发有限公司2017年第三次股东会专题表决决议》效力予以了确认，如上所述，工商登记仅具有证权功能，而非设权功能。因此，即使刘某某姓名至今尚未进行工商变更登记并记载于股东名册或公司章程，但其仍具有城宇公司股东资格，该股东资格基于股权代持变更及城宇公司股东会决议，合法有效。城宇公司股权架构经多次变更，至2018年4月25日公司减资时刘某某仍持有股份8.33%，因此，刘某某享有城宇公司盈余分配请求权，有权以原告身份提起本案诉讼。"

3.股权转让纠纷

股权交易越来越频繁，从法律的角度来看股权的交易会对股东权利产生影

---

① 湖南省郴州市中级人民法院民事判决书，(2019)湘10民终3096号。

响。在转让股权的过程中，股东会因为失去股权而从公司的债权债务关系中退出，也因为股东从公司退出使得股东失去对公司的诉权。对于股东转让股权后是否还享有对其持有公司股份期间的盈余利润的请求权，在实践中往往存在争议。

《公司法》第34条规定："股东按照实缴的出资比例分取红利；公司新增资本时，股东有权优先按照实缴的出资比例认缴出资。但是，全体股东约定不按照出资比例分取红利或者不按照出资比例优先认缴出资的除外。"《公司法》第42条（2023年修订后为第65条）规定："股东会会议由股东按照出资比例行使表决权；但是，公司章程另有规定的除外。"同时，《民法典》第630条规定："标的物在交付之前产生的孳息，归出卖人所有，交付之后产生的孳息，归买受人所有。但是，当事人另有约定的除外。"

在审理股权转让时的股利分配案件中，法院判决时首要考察股权转让协议。在实践中，股权转让具有即时性，而公司实际分配红利在时间上有相对滞后性，同时公司向投资者分配利润是以股东（大）会作出分配决议之日登记在册的股东名册为准，这是股权转让后各方对利润分配发生争执的主要原因。所以，涉及股权转让时的股利分配，法院判决时一定会考察股权转让协议，以结合具体转让时间和决议分配利润时间判断股利归属。

股利分配请求权是股东基于其股东资格和地位而固有的一项权利，与股东身份密切相连，股东转让股权后，其股东资格也随之丧失，附着于股东身份的股利分配请求权也随之丧失。股东能否实际分配到利润还要看公司是否盈利、股东（大）会是否作出分配决议等前提条件。所以，股利分配请求权是一种抽象的权利。

由于公司实际分配红利在时间上可能较股权转让登记时间相对滞后，在考察涉及股权转让时的红利分配时，必须结合股权转让协议具体问题具体分析：（1）如果股东在转让股份前，股东（大）会已经通过决议形成了利润分配方案，确定了利润分配金额，股东的股利分配请求权已经具体化为股利给付请求权，则该股利给付请求权在性质上已经属于单纯的债权，与股份分离而独立存在，如果转让协议没有明确约定，则该部分股利不当然随同股份转移给受让人。（2）即使股权转让发生，股东（大）会通过决议对股份转让之前已经提取的公司利润制定了分配方案,也属于对股东股利分配请求权的具体化,如果股权转让协议中没有约定该部分股利随股份一起转让,则原股东仍然可以要求公司给付股利。(3)如果双方在协议中约定转让之前未实际分配的股利都随股份一起转让且合同价款包含了该部分股利分配请求权,受让方也支付了对价,则原股东不能对该部分股利主张给付请求权。

因股权转让而造成的盈余分配纠纷核心点在于,公司盈余利润分配请求权是否必须附属于股权存在,而争议的本质主要是对于股权性质的不同认识。股权作为一种准物权,对公司以外的第三人具有物权的性质,而对于公司内部来说因股东之间的关系又具备社员性。对内对外的关系不同造成司法实践中法院对于股权采取不同的看法。在徐某某、安徽省高强新型建材有限公司(以下简称高某公司)盈余分配纠纷案①中,法院作出具体阐述:"公司法第四条规定,公司股东依法享有资产收益、参与重大决策和选择管理者等权利。因此,徐某某是否具有股东权益,是高某公司应否向其进行公司盈余分配的基本前提和先决条件。根据本案业已查明的事实,徐某某虽然登记为高某公司的股东,但在公司内部关系上对高某公司已不具有股东权益。首先,……2006 年徐某某与罗某某已口头协议将徐某某所持股权全部转让给罗某某,……足以认定徐某某对其妻子曹某某与高某公司及罗某某三方结算行为是知情并认可的,其与罗某某达成口头股权转让协议是其真实的意思表示。其次,通常情况下,股东出资设立公司的主要目的之一是获取利润。但现有证据表明,上述股权转让完成后至 2019 年之前,高某公司一站曾分别于 2009 年 5 月 20 日、2011 年 1 月 29 日、2018 年 7 月 1 日进行了三次利润分配,徐某某既未参与也未就此向高某公司、一站和罗某某提出异议,更未向相关主体积极主张其股东权益,明显与常理不符。再次,根据公司法的规定,参与公司经营管理和获取盈余分配是股东最基本和最主要的权利。而按照徐某某的主张,其作为占有一站 3/7 股份的主要股东之一,在通常情况下,其应当积极参加公司的经营管理,享有股东权利,承担股东义务……并没有提供任何证据能够证明在此期间参与公司经营活动行使股东权利,也没有证据证明其承担了相应的股东责任和义务。"最终法院判决:

---

① 安徽省高级人民法院民事判决书,(2020)皖民终 618 号。

"公司法采取的是登记对抗主义。徐某某与罗某某就股权转让虽未办理工商变更登记,但法律并无股权转让协议必须经工商登记才生效的规定,因此,该转让行为除不得对抗善意相对人外,并不影响对案涉股权转让各方的法律效力。故一审判决认定徐某某虽然仍登记为高某公司的股东,但在公司内部关系上对高某公司已不具有股东权益并无不当。鉴于股东资格随着股权转让而丧失,徐某某基于股东身份而享有的公司盈余分配请求权也随之消亡。故徐某某关于高某公司向其分配公司盈余等及罗某某对此承担补充赔偿责任的诉请缺乏事实和法律依据,本院不予支持。"

总结而言,首先,股权中的各部分权能不可以分离,股东在转让股权过程中不可以通过协议约定将盈余分配请求权与股权分离,法院在审判中也不可以将盈余分配请求权与股权分离。其次,对股东在股权转让协议上明确约定了公司未分配利润处分的情况,在不违反相关法律、行政法规的情况下,法院应当尊重股权转让协议双方当事人自由意思的表示,但是此时不应当将公司作为盈余分配纠纷案件的被告。股东之间的股权转让是基于双方的约定,但是在股东之间基于股权交易当事人之间约定产生的约束效力不能对公司产生约束,此也符合不可以为第三人设立义务的法律规定。最后,对于股东在股权协议上无明确约定的情况。在公司盈余分配纠纷案中,法院以股权转让完成的时间点作为股东是否享有利润分配请求是合理的。在股权转让前公司尚未作出具体的分配方案时,股东的公司盈余分配请求权是基于股东资格而享有的一种期待权。在公司确定了利润分配方案以后,作为期待权的公司盈余分配请求权转化为公司对股东的债权。因此,在公司确定盈余分配方案后,公司与股东之间的债权成立,此时股东转让股权的行为并不会影响股东对公司债权的请求。

4. 股东资格继承

继承人继承被继承人的股权在广义上也是一种股权转让行为,但是股权继承问题受到《公司法》《民法典》的双重调整,就这两个法律规范的关系而言,我国《公司法》是股权继承这一事项上的特别法,具有优先适用效力。《公司法》第75条(2023修订后为第90条)规定:"自然人股东死亡后,其合法继承人可以继承股东资格;但是,公司章程另有规定的除外。"《民法典》第1121条第1款规定:"继承从被继承人死亡时开始。"从法条本身来看,自股东死亡时起,继承人当然取得股东资格。考虑到有限责任公司的人合性和股东权利内容的综合性,《公司法》第 75 条又为这一条款设置但书条款,即如果公司章程中作出禁止或限制股权继承的除外规定,则依照章程规定。在笔者收集的案例中,并无公司章程中对股权继承事项作出规定的案例,但同样是公司章程对此没有规定的情况,相关判决也不一致。在黄某某、黄某等与湖南娄底东风机电汽配有限公司公司盈余分配纠纷案①中,李某某生前系湖南省娄底东风机电汽配有限公司股东,原告黄某某系李某某生前的丈夫,原告黄某系李某某的女儿,原告聂某某系李某某的母亲。就三原告的诉讼主体资格问题,法院认为:"李某某依职工安置办法规定参与了企业破产重组,获得安置股,李某某依法享有股东权利。李某某于 1998 年去世,根据我国《继承法》第二条'继承从被继承人死亡时开始'之规定,李某某的遗产自其死亡时开始继承。由于李某某生前没有立下遗嘱,根据我国《继承法》第五条'继承开始后,按照法定继承办理;有遗嘱的,按照遗嘱继承或者遗赠办理;有遗赠扶养协议的,按照协议办理'之规定,李某某的遗产应按法定继承办理。根据我国《继承法》第十条'(法定继承)遗产按照下列顺序继承;第一顺序:配偶、子女、父母'之规定;我国《继承法》第十三条'同一顺序继承人继承遗产的份额,一般应当均等……'以及《公司法》第七十五条'自然人股东死亡后,其合法继承人可以继承股东资格;但是,公司章程另有规定的除外'的规定,三原告作为被告公司股东李某某的第一顺序法定继承人,依法享有股东收益权,而股权分红属于股东资产收益权的范畴,三原告据此请求享有被告公司股东的平等分红权,合理合法,本院予以支持。"

然而,在张某、郑某某公司证照返还纠纷案②中,一审法院认为:"本案中,张某、郑某某作为郑某阳的法定继承人,在郑某阳死亡后有权按照法律规定继承郑某阳的财产,但是在股东资格及股权份额确认前,不能当然成为广村公司股东并享有股东权利(包括分红的权利)。郑某某以郑某阳法定继承人身份提起的法定继承纠纷(要求继承的财产包括郑某阳名下广村公司股权份额)以及郭某某、蔡某某、周某某、魏某某、邓某提起的股东确认之诉尚未审结,张某、郑

---

① 湖南省娄底市娄星区人民法院民事判决书,(2016)湘 1302 民初 523 号。
② 广东省广州市中级人民法院民事判决书,(2018)粤 01 民终 11827 号。

某某能否继承郑某阳所持股份以及继承的股份份额尚不能确定,张某、郑某某现在既不是广村公司名义上的股东,也不是经依法裁判确定的股东。因此,张某、郑某某的股东身份尚没有确定,不能享有股东权利。"二审法院广州市中级人民法院对此也予以肯定:"张某、郑某某在现阶段暂不是主张公司盈余分配的适格原告,本院对其关于公司盈余分配的起诉不予接纳,另行制作裁定书予以驳回。张某、郑某某可另行主张权利,确定其广村公司股东的身份及所拥有的股权份额后,再行起诉向广村公司主张相应份额的盈余分配。"在袁某与湖南博和环保材料有限公司(以下简称博和公司)、熊某红公司盈余分配纠纷案①中,法院也认为:"本案中,博和公司的公司章程中对股东资格的继承并无限制性规定。博和公司原股东陈某某已经去世,原告袁某作为其法定继承人并非直接继承其股东资格,原告未取得股东身份,现在原告诉请要求被告分配款项,缺乏事实及法律依据,本院不予支持。原告袁某可就其股东资格的确认另行起诉。"

从后两个案例中可以看出,在司法实践中,法院认为:(1)股东的法定继承人并非直接继承股东资格进而享有股利分配请求权;(2)股东资格确认需要另诉解决。这似乎与《公司法》第75条存在矛盾,判决书中也并未进行解释说理。由此可见,在继承人得以确定且不与公司章程相抵触的情况下,股东资格的取得还需要满足其他要件。笔者认为,尽管直观来看,《公司法》第75条和《民法典》并未对股东资格继承作出程序性规定,但实际上股东资格继承仍然需要符合《公司法》规定的股东资格取得的程序要件。按照我国《公司法》的规定,股权继承时要经过一定程序,股东资格的取得必须满足程序要求,而具体程序要件则参照股权转让程序。从案例中也可以看出,在这种情况下,公司没有义务也不会主动告知继承人办理股权变更相关手续,需要继承人要求公司确认其股东资格,变更股东登记,否则继承人既不是记载在被告章程或股东名册上的股东,也不是被告经工商登记的股东,不符合股东的形式要件和实质要件,不具备股东资格,也就不能行使权利。

但是,在实践中,公司股东依法转让时,股权转让合同有效成立至其股东变

---

① 湖南省长沙市岳麓区人民法院民事判决书,(2019)湘0104民初10987号。

更登记完成可能有一个时间差,有可能会导致股权虚置或处于真空状态。此时原股东已经死亡了,复杂而冗长的遗产分配过程刚刚开始。如果死亡股东继承人的股东资格只有在公司向他们签发出资证明书、相应修改公司章程和股东名册上的记载,并办理公司变更登记才能完成,那么,可能这些股权在相当长一段时间内都无人行使。① 从案例中看,目前公司章程对这一问题也处于普遍忽视的状态。《公司法》对于该问题规定简单且缺少相关司法解释,是股权在悬置期间的行使这一疑难情形在实务中发生争议的主要原因。

5. 其他问题

其一,公司章程对股东的分红权进行限制。例如,在邹某某与深圳市坂田实业集团股份有限公司公司盈余分配纠纷案②中,原告邹某某持有被告深圳市坂田实业集团股份有限公司股份10万股,是被告的合法股东。但是,被告公司章程对有权参与分红的股东身份进行了限制:"2008年深圳市坂田实业集团股份有限公司章程经股东代表大会决议通过,对公司及全体股民具有约束力。该章程第二十条第(七)项规定:'户口未迁出但已在国家单位工作并享受国家干部职工待遇的股民,只保留股权,停止分红,待退休后,如未享受国家干部职工退休待遇的当年即日开始可恢复今后年限股份分红。'"被告认为,邹某某早在2007年12月之前,就已是深圳市公安局坂田派出所警员,享受了国家干部职工待遇,公司对邹某某采取保留股份、停止分红的做法,符合公司章程的规定。广东省深圳市龙岗区人民法院判决认为:"被告章程第四条规定,章程是公司最高行为准则,对公司、股东均具有约束力。被告股东代表大会于2008年5月29日通过的章程修正案,已经相关行政主管部门审核、备案和变更登记,在未经法定程序对该章程效力进行否定前,该章程具备法律效力。原告诉请确认原告作为被告的股东享有盈余分配的权利,与被告现行有效的公司章程规定中对股东分红的限制性规定不符,其请求依法应予驳回。原告认为公司章程相关规定不符合法律规定的,应另案对确认章程相关规定的效力提出诉讼请求,或另循法律途径提请撤销或修订章程相关规定。"可见,如果具备法律效力的公司

---

① 参见楼建波:《论有限公司股东的股权继承与股东资格继承》,载《当代法学》2007年第5期。
② 广东省深圳市龙岗区人民法院民事判决书,(2018)粤0307民初7393号。

章程对有权分红的股东的身份进行了限制,不符合限制性规定的股东向法院主张分红,人民法院一般不予支持,充分尊重公司章程的意思自治。

其二,公司股东在公司任职期间涉嫌违法犯罪、违规行为,并不当然导致其失去股东资格进而丧失股利分配请求权。在刘某某与上海齐爱进出口汽车修理有限公司公司盈余分配纠纷案①中,被告公司具有有效的利润分配方案且提供了两份股东领款清单,其中一张载明原告对应金额为18,600元,另一张载明原告对应金额为24,800元。尔后,被告以原告在担任被告法定代表人期间在经营管理中存在严重违法违规行为并被罢免董事长职务为由中止对原告分红,拒绝交付红利。上海市浦东新区人民法院认为:"虽然被告称原告在担任董事长期间,在经营管理方面存在违法违规等行为,但被告不得以此为由而拒绝向原告支付其作为股东应获得的、公司已作出分配决议的红利。被告认为原告任董事长期间的行为损害了公司利益,可另行向原告主张。"可见,在已经存在具体利润分配决议的情况下,公司不能擅自以股东存在违法违规行为为由拒绝支付其应得红利,就其违法犯罪或违规行为应另诉解决。在何某某与江苏金石机械集团有限公司公司盈余分配纠纷案②中,被告公司章程明确规定原告离开公司或损害公司利益,或构成犯罪必须转让股权,职工持股小组的代表为公司股东。2007年12月,原告因利用职务便利私自向其他公司提供江苏金石机械集团有限公司产品图纸,并非法收受他人财物,被金湖县人民法院判决认定构成非国家工作人员受贿罪并被判处刑罚。之后,被告就原告前述违法犯罪行为损害江苏金石机械集团有限公司的利益提起诉讼。2008年12月,金湖县人民法院判决江苏金石机械集团有限公司收回原告在该公司的奖励股,并限其在1个月内将现金股转让给江苏金石机械集团有限公司。公司通过司法判决收回股权后,原告丧失股东资格,被告当然不再向原告分配股利。

(二)可分配盈余的认定

1. 案例统计

整体而言,在争议焦点涉及认定可分配盈余的案例中,法院最后驳回诉讼

---

① 上海市浦东新区人民法院民事判决书,(2016)沪0115民初19759号。
② 江苏省金湖县人民法院民事判决书,(2016)苏0831民初403号。

请求的概率是比较高的,驳回理由主要有两个:第一,不满足存在可分配盈余的条件,包括有证据能够确认公司是亏损状态,没有盈余可供分配,以及股东未提供证据证明公司存在可供分配的盈余;第二,公司存在可供分配的盈余,但是不满足分配条件,包括有证据能够证明公司盈余是税前利润或者是未弥补亏损、提取公积金之前的利润,以及股东无法证明满足分配条件,即无法证明公司盈余是税后利润/已经弥补了亏损、提取了法定公积金和任意公积金的利润。

2. 法律依据

《公司法》第166条规定:"公司分配当年税后利润时,应当提取利润的百分之十列入公司法定公积金。公司法定公积金累计额为公司注册资本的百分之五十以上的,可以不再提取。公司的法定公积金不足以弥补以前年度亏损的,在依照前款规定提取法定公积金之前,应当先用当年利润弥补亏损。公司从税后利润中提取法定公积金后,经股东会或者股东大会决议,还可以从税后利润中提取任意公积金。公司弥补亏损和提取公积金后所余税后利润,有限责任公司依照本法第三十四条的规定分配;股份有限公司按照股东持有的股份比例分配,但股份有限公司章程规定不按持股比例分配的除外。股东会、股东大会或者董事会违反前款规定,在公司弥补亏损和提取法定公积金之前向股东分配利润的,股东必须将违反规定分配的利润退还公司。公司持有的本公司股份不得分配利润。"①

《公司法》生效前,1992年《股份有限公司规范意见》(已失效)曾经规定,"公司已用盈余公积金弥补亏损后,公司为维护其股票信誉,经股东会特别决议,可按不超过股票面值百分之六的比率用盈余公积金分配股利,但分配股利后公司法定盈余公积金不得低于注册资本的百分之二十五"。但该规定并未被纳入后来的《公司法》中,事实上已经失效,公积金不得用于分配股利。

根据上述规定,公司盈余的处理顺序是:税后利润→弥补公司亏损→提取法定公积金→提取任意公积金→支付股利。

---

① 2023年《公司法》第210条将"经股东会或者股东大会决议"改为"经股东会决议"。

3. 可分配盈余的界定

(1) 可分配利润的形式

公司设立时,股东可以以货币出资,也可以以设备等实物出资,而随着公司的运行,股东的出资也会转化为形式不同的财产,有的公司会被承包运营,有的项目也会被独立核算等,这都会对公司的总体利润核算产生影响。因此,这些非货币形式的利润或者特定项目、特定阶段等利润能否进行分配也会引起很大争议。

①非货币形式的利润

以应收账款为例,在笔者统计的案例中,法院对应收账款分配的认定存在不同意见。有的法院认为"应收账款并非现实利润,不能参与利润分配"[1];有的法院认为,应收账款作为公司所有的权益,虽然不等同于现实的利润,但是也不能否认对其可以进行分配。[2]

②分公司利润

一般而言,分公司的利润不能单独向股东分配,分公司虽然可以领取营业执照,在会计上独立核算,也可以单独开设账户,但是分公司不具有独立的法人资格,仅为总公司的分支机构,类似财务部、人力资源部等部门。分公司没有注册资金,经营利润仍然属于总公司的一部分,分公司取得的收入应当与总公司汇总计算并由总公司缴纳企业所得税,不能直接以分红的名义支付给投资人。

但实践中也存在特殊案例:在江苏省地方法院办理的一个案例中,某被告公司没有向原告股东进行过分红,而是一直由分公司独立召开股东会决议进行分红,这种分配方式持续了近10年的时间,法院认定被告公司对分公司的利润分配行为是明知且无异议的,分公司向其内部股东进行利润分配的行为应视为代表被告公司进行的行为,对被告公司认为分公司进行的分配未经其股东会批准应为无效的辩解意见不予支持。[3]

在湖南省地方法院办理的一个案例中,总公司分行政区域成立了9个分公司,在《经营管理方案》中明确约定分公司除去成本、支出、税费和上缴收入后

---

[1] 浙江省杭州市中级人民法院民事判决书,(2020)浙01民终4008号。
[2] 浙江省嘉兴市南湖区人民法院民事判决书,(2012)嘉南商初字第146号。
[3] 江苏省连云港市新浦区人民法院民事判决书,(2013)新商初字第0691号。

的结余为分公司收益,由分公司自行分配。法院在审理时也认为"被告分公司经过了总公司股东会的授权,有权决定本经营区域的利润分配方案"①。也就是说,如果经过了总公司的授权,法院是认可分公司利润分配的效力的。

综合一些个案来看,笔者认为,如果总公司和分公司有分公司利润可以分红的明确约定,分公司利润可以进行分红;如果没有明确约定,但是分公司已经形成了分配惯例,总公司也从未表示过反对,分公司利润也是可以分红的。

③项目利润和特定收益

项目利润和特定收益的分配问题更加复杂,原因是无法查明公司在决议分配项目利润和特定收益时是否核算了公司整体运营状况。在某个案例中,公司董事会决议分配拍卖的一处土地上的建设用地使用权所得款项,股东因一直未收到该分红而提起诉讼,法院判决认为,"案涉公司土地拍卖结余款之分配,业经公司董事会、股东会的方案制定和通过,原告之公司盈余分配请求权已无程序障碍",当事人对公司的利润情况没有提出异议,也无法看出法院是否对公司存在可供分配的利润、满足了分配条件进行了进一步核查。②

④打破年度利润的情形

按照《公司法》第166条的字面含义,"公司分配当年税后利润"显然是指年度税后利润,但是笔者认为,对于私权利来说,法无禁止即可为,并且相关国家机关在《公司法》以外的一些文件中明确表示过可以进行中期分红。比如,2008年中国证监会发布的《关于修改上市公司现金分红若干规定的决定》第2条规定:"在《关于加强社会公众股股东权益保护的若干规定》第四条第(一)项增加规定:'上市公司可以进行中期现金分红。'"2015年中国证监会、财政部、原银监会和国资委等四部委联合发布《关于鼓励上市公司兼并重组、现金分红及回购股份的通知》,明确表示:"鼓励上市公司结合本公司所处行业特点、发展阶段和盈利水平,增加现金分红在利润分配中的占比,具备分红条件的,鼓励实施中期分红。"因此年度利润是必然可以被打破的。

从财务报表的角度来看,"中期"并不仅仅指半年度,季度报表、月度报表

---

① 湖南省株洲市中级人民法院民事判决书,(2020)湘02民再2号。
② 江苏省连云港市中级人民法院民事判决书,(2014)连商终字第54号。

都属于中期报表。而且，在上述四部委的文件出台之前，中石化、中国建设银行都已经实施过半年度分红，该份文件所指的"中期现金分红"应该不限于半年度分红，也包括季度现金分红甚至月度现金分红。国外大的金融机构很多是一年四季分红，如摩根、高盛、汇丰等。按季度分红对公司和投资者来说是双赢。

从公司角度来看，若采取年度分红，集中在某个时点进行分红。如果公司现金流充裕，则一年持续地现金流入可能会让公司有大量资金在账面上闲置，不利于股东权益增加；如果公司现金流不充裕，那么公司就需要在年度分红前一次性准备大额资金用于分配股利，可能会增加公司的融资成本。若采取季度分红，可以避免因为现金流不充裕给公司带来巨大的筹资压力，也可以向外部潜在投资人显示公司财务状况稳定，维护公司的市场形象。

从投资者角度来看，采取季度分红可以让投资者持续、稳定地获取分红回报，有利于满足投资者长期或者短期的现金需求，投资者的预期收入会更加明确，长远来看有利于推动投资者理性投资、长期投资。

但是，目前我国绝大部分上市公司实施的仍然是年度分红，极少数公司会实施半年度分红，没有一家上市公司实施季度分红，有多家上市公司甚至多年不分红，打破年度分红还有很长的路要走。

对于月度分红，笔者认为，月度分红的资金流动过于频繁，并不利于公司的稳定发展。月度分红适用于一些在特定情形下产生、存续期限短的公司或者"短平快"特征非常明显的产业，如新冠疫情期间临时成立的口罩公司，这类公司大多没有长期的投资需求，也不需要稳定的资本积累来维持公司的正常运营，甚至需要资金的频繁流转，采用月度分红不会对公司、投资者产生明显的负面影响，对于这类公司，可以允许其进行月度分红。但是鉴于月度分红的特性，笔者认为，应当对月度分红作出一些限制，如产业类型的限制、存续期限的限制等。

打破年度利润必然会波及债权人的利益，这里涉及的是债权人利益和股东利益、公司长远利益的一个均衡。对此，可以考虑在公示原则的前提下把风险适度转移给债权人，即公司有义务将分红方式进行公示，告知债权人，如果债权人得知是半年度/季度/月度分红，也没有让公司另外提供担保/保证，那么债权人就要负担一部分公司分红可能会影响债权实现的风险，如上半年盈利下半年亏损的风险;反之,如果公司隐瞒分红期限,或者中途通过修改公司章程或者股东(大)会决议等方式更改分红期限而未经过债权人同意,公司就有义务追回分红来偿还债务,并赔偿因此给债权人造成的损失。

(2)可分配利润的证明依据

《公司法》中对可分配利润的界定是和公司的财务制度紧密联系在一起的。根据《公司法》的要求,公司在每年年终要制作财务报表,并且要交给专业的会计师事务所进行审计,据此来确定公司每年度可供分配的利润。如果公司构建并且严格执行了比较完善的财务制度,公司的可分配利润就能够通过年终的财务报告来展现,法院通过财务报告可以很直观地判断公司可供分配的利润数额。

但是,实践中很多公司在年终的时候不会按照规定制作规范的财务报告并交给会计师事务所审计,而是用名称多样的各种结算表来统计公司利润,对利润的表述和对利润数额的计算也不标准,大大增加了法院的认定难度。

可分配利润的证明文件有以下几类。

①财务报告

公司财务会计报告,又称财务报告。《企业财务会计报告条例》第2条第2款规定:财务会计报告是指公司对外提供的反映公司某一特定日期财务状况和某一会计期间经营成果、现金流量的文件。根据《企业财务会计报告条例》的规定,财务会计报告分为年度、半年度、季度和月度财务会计报告。年度、半年度财务会计报告应当包括会计报表、会计报表附注、财务情况说明书。会计报表应当包括资产负债表、利润表、现金流量表及相关附表。一般来说,在上市公司中,会计报表应该附有会计师事务所的审计报告,可以让投资者查看。

审计报告,通常是指由注册会计师在进行审计后对于被审计单位财务报表发表的审计意见。审计报告在通常情况下是税务局要求出具的,或者公司从银行贷款时银行要求出具的,但是也有一些比较大的公司需要通过审计报告查一下企业是否存在税务风险,以帮助企业的领导者更好地作出决策。大致总结来看,需要出具审计报告的情形包括:公司年检,根据《公司法》的规定,年终时需要出具审计报告;企业转制;公司税收核验;其他,包括股权转让、资产出让、企业清算、增资扩股、减资减持、注册公司验资、银行贷款、收购、重组、合并分立等情形。

在笔者的探讨范围内,审计报告最大的作用就是鉴证作用,投资者、政府有关部门、法院等主体一般会依据审计报告来判断公司的财务报表是否合法、公允地反映了财务状况和经营成果。

《公司法》规定了公司每一会计年度终了时需要编制财务会计报告并且经会计师事务所审计,但是对于企业利润分配审计,并没有法律或者行政法规明文要求所有的企业在进行利润分配前必须进行审计。财务报表出具后,股东各方无异议就可以进行分红了。在股利分配纠纷中,财务会计报告的作用是在股东提起股利分配之诉时向法院提交财务会计报告来证明公司存在可供分配的利润。经审计的财务会计报告具有较强的法律约束力。

根据财务报告进行利润分配,原则上要满足以下3个条件。

第一,财务报告需经审计。

《公司法》第164条(2023年修订后为第208条)规定:"公司应当在每一会计年度终了时编制财务会计报告,并依法经会计师事务所审计。财务会计报告应当依照法律、行政法规和国务院财政部门的规定制作。"公司需要将财务报告提交会计师事务所审计,由会计师事务所进行财务查验,对公司的财务报告发表审计意见,出具1份审计报告。

第二,审计应由公司委托。

确定可分配利润的审计必须是由公司委托的,公司的合作方、上级主管部门等主体委托的审计效力不会被法院认可。在2013年的一个案例中,涉案的审计报告是由第三人华通达投资中心的上级主管部门智远街道办事处委托审计的,而不是被告华通达公司或其股东委托审计的,在被告华通达公司及股东华通达投资中心有异议的情况下,法院没有直接采用该报告作为分配利润的依据。①

第三,审计报告符合法定形式和审计规范。

审计报告必须满足审计人员签名、盖章等法定形式,否则也会被认定为无效。法院认为,审计报告应当参照财政部《关于注册会计师在审计报告上签名

---

① 山东省济南市历下区人民法院民事判决书,(2013)历商初字第1843号。

盖章有关问题的通知》(财会〔2001〕1035号)的规定,既没有审计人员签名或盖章,也没有对审计(鉴定)人员姓名及审计资格进行说明的审计报告是存在严重瑕疵的,如果不对审计报告进行形式上的补正就要承担举证不能的法律后果。①

②公司内部财务文件

除财务报告外,在实务中最常见的就是公司内部财务文件对利润进行核算,比如利润核算表、结算报告等,对于这些文件的证明效力,法院一般会根据个案的事实情况进行综合判断,裁判结果也不尽相同。在不存在明显瑕疵以及异议的情况下,法院往往会认可公司内部的结算文件作为全体股东真实一致的意思表示的效力。② 如果存在瑕疵,比如公司决算报告计算的利润远高于公司留存在行政机关的资产负债表上记载的利润,③法院就不会认可公司内部财务文件的效力。如果公司和股东对利润数额存在很大争议,法院可能会启动司法审计。

③公司向工商、税务申报的财务文件

股东把向工商、税务部门申报的财务文件,比如年检报表、纳税报表等提交给法院,以证明公司存在盈余或者已有的公司财务报告、分配决议等记载的利润情况与实际情况不符。这类财务文件的证明效力一般要高于公司内部财务文件,如果没有更有力的证据来证明这类财务文件有误,法院会倾向于认可其效力。

④载明利润分配方案的股东会决议/股东会分红决议

利润分配决议能否证明公司存在可供分配的利润是一个争议比较大的问题,实务中有两种观点:一种观点认为,利润分配决议可以证明公司有盈利的事实,原告无须另行举证。股东会决议分配公司利润是全体股东真实一致的意思表示,足以证明公司存在可供分配的利润,对于公司"没有利润""没有证据""单方提交的财务报表不足以证明公司有利润"等主张,法院不应予以采纳。另一种观点认为,只有股东会分配决议不能证明公司有可供分配的利润。此种

---

① 山东省济南市历下区人民法院民事判决书,(2013)历商初字第1844号。
② 山东省德州市中级人民法院民事判决书,(2014)德中商终字第380号。
③ 浙江省绍兴市越城区人民法院民事判决书,(2012)绍越商初字第347号。

情况下,公司决议分配利润应当以财务报告为依据,否则可能损害公司、债权人等的利益。如没有其他证据佐证,只以股东会分配决议主张分红依据不足。

笔者支持第一种观点,因其有利于纠正审判中举证责任不合理的问题,对此会在下文展开分析。

4.可分配盈余认定中存在的问题分析

(1)举证责任分配不合理

在"谁主张,谁举证"的举证规则下,相当一部分案例存在的情形是:股东提交了财务报告、决算报告等证明公司存在可供分配的利润的文件,提交了载有分配方案的股东会决议,但是最后因为无法证明利润数额是公司弥补亏损以及提取了法定公积金之后的利润而败诉。这反映出在公司股利分配纠纷中存在举证责任分配不合理的问题。

在实践中,公司存在严重的信息不对称的问题,中小股东很难全面地获知公司的真实财务状况以及运营状况,这些资料往往掌握在大股东手中,因此中小股东难以证明满足了分配条件,如果严格按照"谁主张,谁举证"的原则来分配举证责任,很有可能会导致不公平。虽然中小股东可以通过股东知情权来获得救济,但是要求中小股东在提起股利分配的诉讼之前还要提起一个股东知情权的诉讼无疑会加大中小股东的维权难度,也会增加法院的诉讼量。

最高人民法院在2016年发布的指导案例中有一个案例涉及了举证责任的问题,最高人民法院指出,"要严格公司举证责任以保护弱势小股东的利益"。实务中不同法院对于举证责任的承担有着不同的认定。有的法院严格贯彻"谁主张,谁举证"的原则,认为股东会决议的内容既无法看出公司的税后利润数额,也无法看出是否弥补了之前亏损、是否提取了法定公积金的情况,在没有其他证据证明的情况下,股东就要承担举证不能的责任。[①] 有的法院遵循了最高人民法院指导案例的意旨,认为如果股东有初步证据证明公司已经作出分配盈余的股东会决议,就可以将行为意义上的举证责任转移由公司承担,要求公司提供相关证据,甚至据此豁免原告的举证责任,进而支持原告的诉讼请求。[②]

---

① 湖南省长沙市芙蓉区人民法院民事判决书,(2017)湘0102民初10207号。
② 辽宁省大连市金州区人民法院民事判决书,(2018)辽0213民初6833号。

对于举证责任承担不合理的情况，笔者建议进行举证责任倒置，即在股东已经提交了有效的分配决议的基础上，将举证责任转移由公司承担，如果公司拒绝举证或者公司无法证明拒绝分配股利有正当目的，法院就可以推定公司有可供分配的盈余，从而保护弱势小股东的利益。

（2）先决议后亏损

公司在股东会决议分红时确实存在可供分配的利润，但没有及时支付，后来公司发生了亏损，导致诉讼时公司没有能力再向股东支付股利，此时能够支持股东分红吗？对于该问题理论界和实务界都没有形成统一的定论。

在2016年之前的两版《公司法司法解释（四）》征求意见稿都曾试图对该问题作出界定。先是试图规定，如果公司能提供证据证明诉讼时确实没有利润可供分配，可以驳回股东的请求。后面又改为，可以让股东（大）会重新决议。2016年正式公开征求意见时又删除了该项规定。

对于该问题，一方面，公司股东会作出有效的分配决议后，股东对公司的抽象分配请求权就转化成了具体的请求支付股利的债权，从理论上看不应该再受公司是否存在可供分配的利润的影响；另一方面，公司债权人的利益是优先于股东的利益的，在给股东支付股利时需要考虑公司的资产负债情况，在这种情况下公司是否需要承担迟延支付股利的责任也不明晰。这种矛盾的情形还需要公司法作出统一的规定。

（三）是否存在分配方案

1. 法律依据

《公司法司法解释（四）》第14条规定："股东提交载明具体分配方案的股东会或者股东大会的有效决议，请求公司分配利润，公司拒绝分配利润且其关于无法执行决议的抗辩理由不成立的，人民法院应当判决公司按照决议载明的具体分配方案向股东分配利润。"第15条规定："股东未提交载明具体分配方案的股东会或者股东大会决议，请求公司分配利润的，人民法院应当驳回其诉讼请求，但违反法律规定滥用股东权利导致公司不分配利润，给其他股东造成损失的除外。"

2. 分配方案的具体表现形式

（1）股东会盈余分配决议

①法律依据

依据《公司法》第37条和第66条（2023年修订后为第172条）①之规定，公司利润分配方案由公司股东会（或股东大会）审议批准。特殊的公司如一人有限公司由一人股东来决定该事项，国有独资公司则由国有资产监督管理机构决定或者授权公司的董事会来决定。利润分配方案是由股东会表决通过的。《公司法》第40条（2023年修订后为第63条）规定股东会应当按照公司章程定期召开，同时具有1/10表决权的股东可以提请召开临时股东大会。

根据《公司法》的规定，公司的利润分配方案由公司董事会制订。针对不设立董事会的公司，应该由公司独立董事按照公司章程的规定来行使制订公司利润分配方案的职权，也可以由公司章程另行规定行使制订公司利润分配方案的特定机构。此外，如果董事会授权经理行使制订公司利润分配方案的职权，那么公司利润分配方案的职权可以由公司经理代替董事会行使。

从实体层面来看，我国《公司法》并未明确规定公司利润分配的实体层面的内容。深圳证券交易所针对在深圳证券交易所挂牌上市的主板上市公司及中小板的上市公司的利润分配方案的内容作出了指导性的具体规定。深圳证券交易所主板及中小板上市公司的公司利润分配方案的内容必须包括以下方面：利润分配的年度与范围，具体而言，必须说明利润分配的股本基数、总额、比例等，还必须说明利润分配中的税务安排措施；利润分配的日期；利润分配针对的对象；已分配利润具体如何支付，如果系以非货币方式分配利润，那么要说明以非货币方式分配利润的具体办法；相关参数的具体调整方法等。此外需要说明的是，如果涉及以非货币形式分配利润导致注册资本增加的情况，利润分配方案还必须包括股本变动结构表这一内容。

②决议效力

在明确了股东会具有审议批准公司的利润分配方案这一职权之后，接下来

---

① 2023年《公司法》第172条明确规定，国有独资公司中履行出资人职责的机构可以授予董事会的职权。

的问题就是简单考察法条对于股东会会议召开的有关规定,也就是《公司法》规定的程序性要求,以便考察后面的决议效力问题。

在作出了关于利润分配的股东会决议之后,下一个问题就是探讨该决议是否有效,这就涉及《公司法》对于股东会决议效力的规定。

根据《公司法》及《公司法司法解释(四)》的相关规定,股东会决议的效力可以分为四类,即无效决议、可撤销决议、尚未成立的决议和有效决议。

第一,无效决议。

股东会或者股东大会的决议内容违反法律、行政法规。

《公司法》第22条第1款规定:"公司股东会或者股东大会、董事会的决议内容违反法律、行政法规的无效。"

由此可以看出,只有在决议内容违反法律、行政法规的时候,才可能被法院认定为无效。通过分析历年案例可发现,被法院认定为决议无效的情形极少。比如,在云南中建鼎茂建材有限公司(以下简称中建公司)、邱某某公司盈余分配纠纷二审民事判决书①中,法院这样论证,"本院认为,公司盈余分配系指股东基于股东资格和地位按照股东会作出的利润分配决议,享有的请求公司向其分配利润的权利。盈余分配为公司内部决策事项,属公司自治范畴,股东诉请盈余分配应以股东会的利润分配决议为基础。2017年4月17日,中建公司的股东邱某某、倪某某、田某某就公司利润分配方案形成股东会决议,确认邱某某应分配利润6,095,194.37元,并且中建公司向邱某某出具的欠条亦对分红款的金额、付款方式、时间及逾期利息等作出了详细确认。中建公司上诉主张公司股东会决议利润分配时未提取法定公积金,对利润分配的约定应属无效。本院认为,根据《公司法》第166条'公司分配当年税后利润时,应当提取利润的百分之十列入公司法定公积金'及第203条'公司不依照本法规定提取法定公积金的,由县级以上人民政府财政部门责令如数补足应当提取的金额,可以对公司处以二十万元以下的罚款'的规定,虽然公司分配当年利润时应当提取法定公积金,但该条款并不属于效力性强制性规定,公司未提取法定公积金,属于政府相关部门的职能范围,并不必然导致公司股东会对利润分配的决议无效。

---

① 云南省西双版纳傣族自治州中级人民法院民事判决书,(2019)云28民终581号。

因此，一审法院根据股东会决议和公司出具的欠条判决支持分红款及利息并无不妥，本院应予维持"。法院并不因公司未提取法定公积金而认定公司的股东会对利润分配的决议无效，可见法院在认定公司决议无效时持十分谨慎的态度。

第二，可撤销决议。

一是作出决议的程序违法；二是作出决议的程序违反章程；三是决议的内容违反章程。

《公司法》第22条第2款（2023年修订后为第26条，删除"股东大会"）规定："股东会或者股东大会、董事会的会议召集程序、表决方式违反法律、行政法规或者公司章程，或者决议内容违反公司章程的，股东可以自决议作出之日起六十日内，请求人民法院撤销。"

第三，尚未成立的决议。

一是公司未召开会议；二是会议未对决议事项进行表决；三是出席会议的人数或者股东所持表决权不符合《公司法》或者公司章程的规定；四是会议的表决结果未达到《公司法》或者公司章程规定的通过比例；五是其他情形。

《公司法司法解释（四）》第5条规定："股东会或者股东大会、董事会决议存在下列情形之一，当事人主张决议不成立的，人民法院应当予以支持：（一）公司未召开会议的，但依据公司法第三十七条第二款或者公司章程规定可以不召开股东会或者股东大会而直接作出决定，并由全体股东在决定文件上签名、盖章的除外；（二）会议未对决议事项进行表决的；（三）出席会议的人数或者股东所持表决权不符合公司法或者公司章程规定的；（四）会议的表决结果未达到公司法或者公司章程规定的通过比例的；（五）导致决议不成立的其他情形。"

关于决议不成立的情形，在公司盈余分配请求权案件中有所体现。比如，在陈某某与厦门市市政工程设计院有限公司工会委员会（以下简称工会）、厦门市市政工程设计院有限公司（以下简称市政设计院）公司盈余分配纠纷案①中，法院认为："市政设计院股东会于2010年2月10日作出《股东会决议》，决

---

① 福建省厦门市思明区人民法院民事判决书，(2017)闽0203民初15908号。

议向包括公司工会在内的股东进行公司盈余分红款分配及《工会累计结余款分配方案》,向陈某某等人分配工会结余分红款。由于福建省厦门市中级人民法院已发生法律效力的(2017)闽02民4646号民事判决已认定《股东会决议》不成立,故《股东会决议》所载股东会决议事项不发生法律效力。因此,陈某某依据《股东会决议》所形成的《工会累计结余款分配方案》,要求公司工会、市政设计院向其支付工会结余分红款137,474元及利息,依据不足,本院不予支持。"虽然该案是根据已生效的其他法律判决认定决议不成立的,不过在笔者查阅案例的时候也发现同样存在在公司盈余分配请求权案件中附带审查公司股东会决议效力的情形。

第四,有效决议。

只要不存在以上3种决议效力瑕疵的情形,那么决议一般均属于有效决议。在公司盈余分配请求权案件中,有效决议也占到案件总量的绝大多数,约为97%。比如,在华电陕西能源有限公司与陕西华彬煤业股份有限公司公司盈余分配纠纷案①中,法院认为,"原告华电陕西能源有限公司作为被告陕西华彬煤业股份有限公司的股东,享有分红的权利。被告股东会也表决通过了将可分配利润的60%按股比向股东分配股利的详细、具体方案;按照陕西华彬煤业股份有限公司章程,被告董事会应在股东会通过利润分配方案后两个月内完成利润派发,故被告理应及时将股利款全部支付原告"。再如,在罗某与上海实甲智能科技股份有限公司公司盈余分配纠纷案②中,法院认为,"公司股东有利润分配请求权,股东按缴纳的出资比例分取红利。股东提交载明具体分配方案的股东会或股东大会的有效决议,请求公司分配利润,公司拒绝分配利润,并且关于无法执行该决议的抗辩理由不成立的,人民法院应判决公司按照决议载明的具体分配方案向股东分配利润。本案中,原告提供了被告公司3份决议,上述决议中对具体分配利润的金额有明确的记载,庭审中,被告也承认有分红的事实。本院判定被告应依据相关决议向股东罗某分配利润"。

笔者发现,在公司盈余分配请求权案件中,如果不存在股东会决议,可能会

---

① 陕西省咸阳市中级人民法院民事判决书,(2018)陕04民初91号。
② 上海市嘉定区人民法院民事判决书,(2018)沪0114民初11866号。

直接导致败诉。比如,在薛某与河南金鑫种业有限公司、张某某公司盈余分配纠纷案①中,法院这样论证:"本院认为,本案系公司盈余分配纠纷。最高人民法院《关于适用〈中华人民共和国公司法〉若干问题的规定(四)》第十五条之规定'股东未提交载明具体分配方案的股东会或者股东大会决议,请求公司分配利润的,人民法院应当驳回其诉讼请求,但违反法律规定滥用股东权利导致公司不分配利润,给其他股东造成损失的除外'。本案原告未提交载明具体分配方案的股东会决议,亦无有效证据证明被告违反法律规定滥用股东权利,给其他股东造成损失,故原告起诉,证据不足,本院不予支持。"

(2)股东之间的分红决议

①法律依据

《公司法》第37条规定:"股东会行使下列职权……(六)审议批准公司的利润分配方案和弥补亏损方案……对前款所列事项股东以书面形式一致表示同意的,可以不召开股东会会议,直接作出决定,并由全体股东在决定文件上签名、盖章。"

②司法实践

在法院判决中,也有数目较为可观的判决书是依照股东之间的分红决议来判决的,即虽然不存在载明具体分配方案的股东会决议,但是如果原告股东拿出载明具体分配方案的股东之间的分红决议,也依然可以判决支持原告的分红请求。比如,在高某诉四川春熙商汇商务服务有限公司公司盈余分配纠纷案②中,法院认为:"关于案涉《投资人收益盘点》和《股东账单》是否属于载明具体分配方案的股东会有效决议的问题。本案庭审已查明,被告的时任股东高某及成都仙圳房地产开发有限公司于2010年6月30日对公司收益进行盘点并会签形成《投资人收益盘点》和《股东账单》,对股东高某按股权比例应得收益进行了明确,即公司还应向股东高某支付收益177万元。高某、成都仙圳房地产开发有限公司作为被告当时仅有的两名股东,虽然未形成正式的股东会决议,但依照《中华人民共和国公司法》第三十七条第一款'股东会行使下列职

---

① 河南省郑州市高新技术产业开发区人民法院民事判决书,(2019)豫0191民初29879号。
② 四川省成都市锦江区人民法院民事判决书,(2018)川0104民初5019号。

权:……(六)审议批准公司的利润分配方案和弥补亏损方案……'和第二款'对前款所列事项股东以书面形式一致表示同意的,可以不召开股东会会议,直接作出决定,并由全体股东在决定文件上签名、盖章'之规定并根据被告的公司章程的规定,两股东会签形成的《投资人收益盘点》和《股东账单》具备股东会决议的性质和效力,且载明了收益的具体分配方案,即《投资人收益盘点》和《股东账单》属于载明具体分配方案的股东会有效决议。"

总结而言,股东协议作为盈余分配的基础虽不符合股东会决议的形式,但在股东之间达成分红协议且其他股东亦无反对意见的情况下,法院认为,这是公司意思自治下作出的分配方式,应予以认可。

3. 结论

综上所述,分配方案在公司盈余分配纠纷中是核心的争议点,有无分配方案在法院审理中的结果差别巨大。一般情况下,有分配方案的案件,法院一般会判决原告胜诉;而没有分配方案的案件,法院则倾向于判决驳回原告的诉讼请求。此外,如果不具备分配方案,法院会对股东提出的具有分配利润性质的文件进行认定,以确定这些文件是否具有分配方案的效力。因此,是否具有分配方案在公司盈余分配的案件中影响重大。此外,通过查阅历年的公司盈余分配纠纷的案例,笔者发现,在司法实践中,如果公司逾期支付股利而股东起诉时要求公司支付已决议分配的利润并支付逾期利息,人民法院大多会支持其诉讼请求。

在决议的形式方面,司法实践中大多数法院认为,只要有证据证明,公司的全体股东对公司的利润分配方案表示了实质性认可,并且实质上实施了相应的利润分配方案,就可以予以认定,而无须拘泥于形式。

在作出分配方案后,还需要进一步探讨公司利润的分配方案具体如何实施。通常而言,一般是公司的董事会负责实施利润分配方案,当然也可以由公司章程规定由其他的公司机构负责实施。此外,在实践中也有可能由公司董事会按照《公司法》等相关法律及公司内部章程的规定将该职权授予公司其他机构行使,此时经授权的公司其他机构负责实施公司利润分配方案。

公司利润分配方案的具体实施包括以下几个方面:第一,进行账务处理。具体来说,就是公司应当按照会计制度将决议要进行分配的利润由未分配利润科目调整到应付股利科目。从会计角度来看,未分配利润科目属于资产负债表的所有者权益部分,属于公司的财产;而应付股利则是位于公司资产负债表的负债部分,不再属于公司的财产。第二,进行税务处理。具体来说就是公司应当按照《个人所得税法》以及《企业所得税法》的规定,以扣缴义务人的身份为自然人股东和企业法人股东办理个人所得税和企业所得税的扣缴。第三,实际支付股利。

4. 司法介入与公司自治的博弈

根据前面的分析能够发现,法院只有在公司作出有效的利润分配方案(有效的利润分配方案可以体现为有效的股东会决议或者在未召开股东会时股东之间的分红协议)或者存在大股东"欺压"小股东拒不分配利润的情形时,才判决支持原告股东的分红请求。

法院原则上只在公司作出有效的利润分配方案时才判决支持原告的诉讼请求是因为背后存在法院能够干涉公司内部决策的尺度问题。《公司法司法解释(四)》明确了以公司存在具体盈余分配方案为原则、以大股东排挤压榨小股东导致公司不分配利润为例外,允许司法适当介入股东盈余分配,但这里的介入必须是审慎的、有一定限度的,法院不能介入公司的内部治理,以司法机关的意志取代公司自治的意志。可以说,司法裁判采取审慎介入公司盈余分配的立场,尽可能充分地尊重自治,符合我国《公司法》旨在维护公司自治的立法本意。

此外,法院原则上不宜干预公司股利分配政策的实质内容,因为公司作出分红政策的过程非常复杂,要受制于公司的类型、公司的盈利能力、公司的投资战略、宏观的金融市场环境以及税法规定等要素。事实上,法院往往缺乏对分红决策的妥当性进行司法审查并进行专业性判断的能力。因此,法院对盈余分配请求权纠纷的司法审查应当落脚于程序性瑕疵。①

有学者认为,司法是可以介入公司的利润分配的,但必须尊重公司自治,保障股东平等,此外还要保障债权人的权利。如果出现公司实际控制人或者控股股东通过其在公司股东会决议的表决权上的优势地位,不公平地限制、排除公

---

① 参见傅穹:《公司利润分配规则的比较分析》,载《法学论坛》2004年第3期。

司的少数小股东获得利润分配的权利，那么此时法院可以通过认定股东会决议效力瑕疵、进行公司的股权回购等途径来维护少数小股东的权益，而不是直接司法介入公司的利润分配。① 这可能是一个更加折中合理的方案。虽然《公司法司法解释（四）》对中小股东的盈余分配请求权的司法救济首次进行了制度安排，但其中的规定多为原则性条款，这些规定给现实的司法实践留下了很多未解难题，司法干预公司盈余分配的边界依然很模糊。②

（四）滥用股东权利

滥用，是指任性地或超出限度地使用。《公司法》第20条（2023年修订后为第21条）是对滥用股东权利的禁止规定，可以看作民法关于权利不得滥用原则在公司法中的具体应用，所以，认定滥用股东权利也应当遵循权利滥用构成的一般标准。关于权利滥用的构成标准，有学者认为需要考察4项要件：一是行为主体享有合法权利；二是行为人实施的行为属于权利行使行为；三是行为人越界行使权利而导致国家利益、社会公共利益或者他人合法权益遭受损害；四是行为人主观上具备损害国家利益、社会公共利益或者他人合法权益的故意，即具有损害国家利益、社会公共利益或者他人合法权益的主观目的。③

那么，是否所有的股东权利都能够用来打破公司盈余分配的公平性？按照《公司法》第4条的规定，笔者从总体上可以将股东享有的权利分为与财产有关的资产收益权和参与企业内部经营管理的参与决策管理权。从实际行使权利的目的角度来看，又可以将股东享有的权利分为自益权与共益权。④ 自益权是指股东为了维护自己的利益而行使的权利，行使这类权利无须其他股东的配合，如盈余分配请求权、剩余财产分配请求权、新股优先认购权、股权转让权以及请求收购股权的权利等。共益权，是指股东基于公司利益，同时间接地为自己的利益而行使的权利。共益权主要与公司治理利益相关，一般需要与其他股东一同行使，如股东会会议表决权、会计账簿查阅知情权、代表诉讼提起权、临时股东大会召集请求权、临时股东大会自行召集权与主持权、提案权、质询权、

---

① 参见刘敏、王然：《论股东盈余分配请求权的司法救济》，载《社会科学研究》2015年第3期。
② 参见刘瑶：《司法干预公司利润分配的合理边界》，四川省社会科学院2019年硕士学位论文。
③ 参见郑云容：《论有限责任公司股东滥用股东权利的认定》，载《中外企业家》2019年第7期。
④ 参见张锋：《论股东权的法律性质》，载《特区经济》2007年第8期。

违规决议无效确认或撤销请求权、公司合并无效诉讼提起权、选举累积投票权、公司解散请求权、关联交易审查权等。自益权和共益权共同构成完整的股东权利,共益权是实现自益权的途径和保障。如前所述,《公司法》赋予了股东广泛的权利,但是任何一种权利的行使都应该控制在一定范围内,应该有一个界限,如果不计后果或者恶意地行使权利而不顾其他相关主体的利益,并对其他相关主体的利益造成了损害,那就是对权利的滥用。[①] 本着权利义务对等的原则,《公司法》第20条规定股东不得滥用权利损害公司或股东利益。公司股东故意违反法律或者章程的规定,不正当地行使股东权利,就是滥用股东权利。[②]

如此,笔者可以得出一个结论:能够被股东用于破坏公司利润分配的公平性并损害其他股东利益的股东权利只能是共益权,而对应被侵犯的往往是其他股东的自益权。

1. 控股股东具备滥用股东权利谋取私利的主客观基础

股东投资设立公司的目的就是盈利。所以,在股东依法享有的诸多权利中,盈余分配请求权必然是其最重要的权利。但是,公司的营利活动始终是风险与机遇并存,盈亏对公司来讲都是很平常的事情。一方面,为了公平地保护投资者的利益,《公司法》基于权责利相当原则,规定股东按照实缴的出资比例或认购的股份比例,根据公司章程或者全体股东的约定分取红利,也规定公司以其全部财产对公司的债务承担责任,股东以其认缴的出资额或认购的股份为限对公司承担责任,并规定公司股东所持同种类的每一股份具有同等权利,承担同等责任。但是,在实践中由于公司中出资额高的大股东承担的风险相对于小股东注定是要更多一些,我国公司运营实际遵循资本多数决原则,将公司的决策意志由享有控制权的控股股东或者大股东共同决定成为常态。另一方面,为了规范公司利润分配行为,平等保护公司、股东和债权人的合法权益,《公司法》规定了公司制定利润分配方案必须依据公司章程或者全体股东的约定,并提交股东(大)会按程序审议表决通过,才能将盈余分配请求权从抽象规定转化为具体执行。从理论上讲,每一股份上的盈利分配权都能够得到平等保护。

[①] 参见龙宗久:《控股股东滥用控制权行为的法律规制》,广西大学2019年硕士学位论文。
[②] 参见唐青阳主编:《公司法精要与依据指引》(增订本),北京大学出版社2011年版,第59页。

但是，由于公司的决策意志是由享有控制权的股东或者大股东共同决定的，这些控股股东或者大股东往往会利用其在公司经营管理、股东会表决权等方面的优势地位为自己谋取私利。在资本多数决机制下的中小股东根本无法实质性地参与公司的经营决策行为，更不用说自主地充分了解公司经营决策及财务状况等相关信息。获取公司经营状况信息上的严重不对等，更是为居于控制地位的控股股东或者大股东在利润分配中滥用表决权损害公司和其他中小股东的利益提供了实际可操控空间。

笔者共检索到与滥用股东权利导致不分配利润的相关案例154件，通过阅读判决书，逐一甄别发现被控滥用股东权利的被告中控股股东、大股东约占99.35%。《公司法》规定股东拥有的表决权可以集中使用，在一些股份分布比较平均的中小公司中，也存在担任公司法人代表的股东与其他部分股东为了谋取私利而滥用表决权的现象。例如，在章某某与苏州和平旅游汽车有限公司公司盈余分配纠纷案①中，在公司全体股东签署《利润分配法文备案》确认公司存在利润并按实际股份进行分配利润的情况下，当个别股东将上述应分配利润和股份一并转让给他人之后，公司执行董事股东联合超过股东会2/3表决权的股东，径直以股东会决议的形式废除前述分配方案，拒绝向受让人分配利润。股东滥用权利不分配利润，其目的在于使自己额外从公司获得比其他股东更高的投资性价比。总而言之，资本的逐利本性和资本多数决制度，从主客观两方面为实际掌控公司经营决策权的股东提供了滥用股东权利不向其他股东分配利润或少分配利润的可能性。

2. 被中小股东质疑滥用股东权利不分配利润的常见表现形式

根据《公司法》及《企业所得税法》等相关规定，股东主张盈余分配权必须同时具备两个条件：一是实体要件。公司在弥补以前年度亏损、缴纳税款之后的利润，在按照提取法定公积金、法定公益金、按股东（大）会决议提出任意公积金之后，仍余有可向投资者分配的红利。二是程序要件。经公司股东（大）会审议批准的公司利润分配方案或股东之间约定的分配协议，必须经过股东（大）会表决形成利润分配决议，才能交付实际执行。股东实现盈余分配权，实

---

① 江苏省苏州市相城区人民法院民事判决书，(2018)苏0507民初3803号。

体要件和程序要件缺一不可。实证案例统计发现,股东质疑其他股东存在滥用权利导致不分配利润而提起的公司盈余分配之诉主要围绕上述两个要件产生。在笔者检索到的争议焦点涉及"是否存在滥用股东权利导致不分配利润情形"的 154 个案例中:与公司是否有可供分配的盈余、股东分红权是否应被限制等实体要件相关的有 19 个,约占 12.34%;与是否存在分配方案、是否存在有效的股东会分配决议等程序要件相关的案件有 135 个,约占 87.66%;经法院审理判决支持中小股东原告分红主张的案件有 28 个,约占 18.18%。具体的纠纷起因主要有以下几种表现形式。

第一,重复计提公司应缴税款、公积金,以公司无可分配利润为由,拒绝向其他股东支付红利。例如,在高某诉四川春熙商汇商务服务有限公司公司盈余分配纠纷案①中,法院认为:《投资人收益盘点》和《股东账单》形成后需要补缴的土地增值税 8,412,107.72 元及企业所得税 6,219,664.94 元均已在《投资人收益盘点》中提前扣除。故被告关于其补缴相应税费后导致公司亏损,原告无权分配利润的辩称理由不能成立。

第二,以其他股东未对公司尽到股东义务为由,拒绝向部分股东支付红利。例如,在华电陕西能源有限公司与陕西华某煤业股份有限公司公司盈余分配纠纷案②中,被告辩称:原告华电陕西能源有限公司长期不尽股东义务,给其的经营发展造成了诸多困难,影响了其商业信誉,导致其错失发展良机,故其未向原告支付分红款有正当充足的理由。再如,在陈某某与桂林量具刃具有限责任公司公司盈余分配纠纷案③中,被告在已向股东分配公司盈余的情况下,以未办完回款事项手续为由不向原告分配公司盈余。在该案中,法院最终判决支持了原告的盈余分配请求,但并未使用《公司法司法解释(四)》第 15 条作为法条依据。

第三,以股东会决议形式强行扣押股东分红款转增公司资本。例如,在罗某与上海实甲智能科技股份有限公司公司盈余分配纠纷案④中,被告辩称:分

---

① 四川省成都市锦江区人民法院民事判决书,(2018)川 0104 民初 5019 号。
② 陕西省咸阳市中级人民法院民事判决书,(2018)陕 04 民初 91 号。
③ 广西壮族自治区桂林市象山区人民法院民事判决书,(2016)桂 0304 民初 1975 号。
④ 上海市嘉定区人民法院民事判决书,(2018)沪 0114 民初 11866 号。

红的确是分了,但并没有发放到股东手中,而是用于公司的经营。因筹备"新三板"上市,公司需要大量资金,所以经过股东会决议决定利用股东分红来进行应收账款的处理或增加注册资本等。

第四,不经过股东大会直接制作不分配利润方案,拒绝向其他股东分配利润,如深圳昂兴供应链股份有限公司与陈某某公司盈余分配纠纷案①。

第五,故意长期不召开股东大会、不审议公司利润分配方案。例如,在张某某与长葛市永固建材有限公司股东知情权纠纷案②中,法院认为:"由于被告仅有两名股东,杨某某作为公司的法定代表人、执行董事、控股股东及公司实际控制人,应当却未能按照《公司章程》第十八条、第三十一条、第三十四条之规定履行职责,自2012年7月31日至2016年9月9日未召开过股东会,亦无股东会议记录,导致原告在为被告公司持股期间对公司状况一无所知,原告的股东权利无法行使,该事实足以证明被告公司实际控制人杨某某系变相滥用股东权利造成公司股东之间的僵局,侵害了其他股东的合法权益,不利于公司人和性的维持。"

第六,利用关联交易或其他方式把公司应分配的利润转移到其他地方,导致不分配利润。被法院认定为滥用控制权导致不分配利润,适用《公司法司法解释(四)》第15条"但书"条款判决进行强制盈余分配的案件2个:如庆阳市太一热力有限公司、李某某公司盈余分配纠纷案③。

第七,利用权利设置,给在公司任职的股东或者其指派的人发放与同行业薪酬水平明显不符的高额薪酬,变相给部分股东分配利润,如李某某、广州多好信息科技有限公司公司盈余分配纠纷案④。

第八,因不认可股权继承等其他情形不分配利润被质疑滥用股权,如李某某与北京航天宇航金属波纹管厂公司盈余分配纠纷案⑤。

研究发现,由于《公司法》和相关司法解释都没有对如何认定构成股东权

---

① 广东省深圳市中级人民法院民事判决书,(2018)粤03民终18665号。
② 河南省长葛市人民法院民事判决书,(2017)豫1082民初4682号。
③ 最高人民法院民事判决书,(2016)最高法民终528号。
④ 广东省广州市中级人民法院民事判决书,(2019)粤01民终2344号。
⑤ 北京市第三中级人民法院民事判决书,(2020)京03民终3848号。

利"滥用"作进一步详细界定或解释,致使司法实践中对"滥用股东权利"的认识差异较大,法院在审理因质疑股东滥用权利引起的盈余分配纠纷案件时,一般也只是描述被告股东具体实施的行为,并不会指出该股东滥用了何种股东权利。例如,在古某1、古某2等与珠海市香洲区柠溪股份合作公司公司盈余分配纠纷案①中,法院判决理由如下:"因被告存在不向三原告分红的故意,故对原告主张的分红和利息,本院予以支持。"

3. 公司盈余分配过程中滥用股东权利的常见手段及维权难的原因

如前所述,股东主张盈余分配权必须同时具备实体和程序两个要件:公司在缴纳各种税金及依法提取法定公积金、法定公益金之后尚有可供投资者分配的利润,并且在程序上须有经公司股东(大)会审议表决通过的利润分配决议。归根结底,公司作出盈余分配决定的过程,实质上就是股东(大)会行使盈余分配决定权的过程。所以,希望通过滥用股东权利使其他股东不分或少分利润的股东,只能是围绕该两个要件"做文章"。

(1)控股股东为其他股东行使公司财务状况知情权设置障碍

从法理上讲,公司经营权由董事会和经理管理层执掌,公司和有关主体负有定期召开股东会、依法向股东提供公司真实经营信息的义务。在不影响公司正常运营的情况下,股东也有通过参加股东(大)会会议,查阅、复制公司章程、股东会会议记录、董事会会议决议、监事会会议决议和财务会计报告,查阅公司会计账簿等相关途径了解公司基本经营状况的权利。但事实上,许多公司在内部治理上并未严格按照《公司法》、公司章程的规定每年定期召开股东会会议、董事会会议,各方股东基于合作最初的信任都倾向采用更加简便易行的方式治理公司,中小股东由于自身精力、能力的有限性,不愿或未能直接参与公司经营管理活动,大量公司事务由总经理、法定代表人等经营管理的人员直接处理。可一旦股东间因利益问题发生矛盾,中小股东请求查阅公司会计账簿以了解公司盈余情况时,掌握公司经营控制权的股东就会给拟通过查询行使公司财务状况知情权的中小股东设置障碍,依据《公司法》第33条(2023年修订后为第57条)"公司有合理根据认为股东查阅会计账簿有不正当目的,可能损害公司合

---

① 广东省珠海市香洲区人民法院民事判决书,(2018)粤0402民初10901号。

法利益"的规定,拒绝提供查阅。在资本多数决机制下,大股东利用自己在公司中的决策领导地位,对中小股东封锁公司重要经营信息并非难事。

在此次实证检索中,控股股东利用自身的优势地位不向其他股东披露公司盈利状况,致使原告股东因主张分红失据而败诉的有9个。例如,在邹某某与中力路桥公司等公司盈余分配纠纷案①中,法院审理查明:"为查清中力路桥公司财务状况,邹某某申请对中力路桥公司的财务进行审计,但中力路桥公司未按照中介机构要求提供财务账册,导致无法进行审计。"

(2)控股股东滥用表决权致使股东会不能作出盈余分配决议

《公司法》规定,公司的所有利润分配方案都必须经过股东(大)会表决形成利润分配决议,才能将利润分配请求权由抽象转化为具体的到期债权。然而,由于股东会会议由股东按照出资比例行使表决权,大股东在行使表决权的过程中具有决策权,中小股东往往难以通过表决方式对抗大股东,最终的决议结果基本都是无限接近控股股东的目的,控股股东出于私利利用股东会作出不分配盈余的决议是很容易的事情。

例如,在周某某、成都奥昇纺织品有限公司(以下简称奥昇公司)公司盈余分配纠纷案②中,在奥昇公司2018年6月15日召开的股东会会议中,周某某提出将公司财务报送审计,分配公司利润,宋某不同意分配利润。由于宋某持股51%,该次股东会未能形成对公司利润进行分配的决议。

(3)控股股东故意长期不召开股东会审议公司利润分配方案

在此次检索的案例中,长期不召开股东大会不审议公司利润分配方案的有46件,约占29.87%。其中,有2件因不召开股东大会审议分配方案,被法院认定为滥用控制权而判决进行强制盈余分配,如前述的张某某与长葛市永固建材有限公司股东知情权纠纷案③。

(4)"谁主张,谁举证"原则成为此类纠纷中的中小股东维权瓶颈

由于司法实务中的盈余分配请求权之诉往往只针对具体的盈余分配请求权,对原告不能提供股东(大)会分配决议是否为大股东滥用股权压制小股东

---

① 吉林省白城市中级人民法院民事判决书,(2019)吉08民终1058号。
② 四川省成都市中级人民法院民事判决书,(2019)川01民终8118号。
③ 河南省长葛市人民法院民事判决书,(2017)豫1082民初4682号。

所致不予审查,使得在公司管理中处于弱势地位的中小股东很难获得有效的司法救济。①

统计发现,各级法院在适用《公司法司法解释(四)》第 15 条时都比较审慎。由于该条"但书"条款对"滥用股东权利导致公司不分配利润"规定的指向性不清晰,在司法实务中也没有统一具体的界定标准,法院审理以"但书"条款提起的盈余分配请求权之诉规定在该条第一句,即一看原告是否提交了证实公司在缴纳税费、提取公积金、提取公益金之后仍有可向投资者分配利润的证据;二看原告是否提交了公司分配方案或股东大会分配决议。在原告不能提供公司有可供分配利润的证据和股东会分红决议的情况下,使用频率最高的裁判理由是"原告没有证据证明股东违反法律规定滥用股东权利""原告举示的证据不足以证明股东滥用股东权利""原告举证的情形不能被认定为例外情形"。

例如,在孙某某与黑龙江玖顺融资担保股份有限公司(以下简称玖顺担保公司)、曹某某公司盈余分配纠纷案②中,原告主张:"从 2015 年到 2017 年末,玖顺担保公司未按公司章程规定召开股东会议,未向股东报告公司经营状况,未向股东提交财务报表及年度审计报告,玖顺担保公司实际控制人擅自决定不分红。其行为违反了公司法及公司章程,侵害了股东利益。"被告辩解:"孙某某向法院请求玖顺担保公司分配利润,按照《公司法司法解释(四)》第十五条规定,原则上需要提交载明具体分配方案的玖顺担保公司股东大会决议,未提交载明具体分配方案的股东大会决议的,法院应驳回其诉讼请求。"法院认为,该案中,双方均认可玖顺担保公司对 2015 年后的利润分配未形成股东大会决议。因孙某某未举示载明具体分配方案的股东大会决议,其举示的证据亦不足以证明曹某某及其他股东滥用股东权利导致公司不分配利润,故孙某某的诉讼请求,法院不予支持。

4. 对规制股东权利以保护中小股东盈余分配权的完善思考

为平衡大股东决定公司利润分配与保护中小股东合法权益之间的冲突,促进形式上的股权平等向实质上的股权平等转变,使得所有股东的利益在公司经

---

① 参见李允红:《从裁判大数据分析我国股东盈余分配请求权的保护》,载《重庆电子工程职业学院学报》2019 年第 1 期。
② 黑龙江省哈尔滨市中级人民法院民事判决书,(2018)黑 01 民初 549 号。

营过程中都得到保障,共同促进公司在市场中正常运转并不断发展壮大,笔者对防范股东滥用权利侵犯中小股东盈余分配权提出如下完善思考建议。

(1) 进一步落实对中小股东知情权的保障

知情权是中小股东行使盈余分配权的基础。在股东会利润分配决议实行按份表决的制度下,中小股东虽然享有表决权,但往往因为无法获取公司重要经营信息而不能实际真正参与决策。虽然《公司法》赋予了股东查阅公司财务会计账簿的权利,但是因为控股股东和大股东享有公司的实际控制权,该项权利实际行使情况并不理想。《公司法》虽然肯定了中小股东的知情权,但并没有根据二者地位的不对等进行调适,这使得中小股东为了维护盈余分配请求权,往往不得不被迫先行提起知情权之诉,加重了中小股东的诉累。要切实加强对于中小股东的知情权保障,只有通过信息披露才能获得公司的权威、准确的信息。不断完善信息披露机制,也有利于实现投资市场的透明化,降低投资者的风险,所以我国应该逐步对《公司法》和《证券法》以及相关法律法规进行整合、协调,扩大强制信息披露制度的覆盖面,①参照上市公司信息披露制度,强制所有的公司都建立信息公示系统,主动将涉及包括公司财务变化的重要经营信息纳入向股东披露的范围之内,以保障中小股东及时查阅了解公司的实际经营情况。

(2) 尽快对《公司法司法解释(四)》第15条的"但书"条款作进一步明确

如前所述,能够被控股股东滥用,损害其他股东利益的共益权也比较多,要求从总体上对滥用股东权利情形作出统一的认定标准在客观上也不现实,但是《公司法司法解释(四)》第15条的"但书"条款明确将滥用股东权利限定在导致公司不分配利润。那么围绕利润分配必备的两个要件,进一步出台司法解释对该条款项下的滥用股权统一司法尺度应该是切实可行的。

(3) 进一步保障股东依法退出股份的权利

《公司法》规定公司成立后股东不得抽逃出资,同时给了股东在公司连续5年盈利却不分红时,向公司提起股权回购申请退出股份的权利。但是,在

---

① 参见丁赢斌:《控制股东滥用控制权的法律规制路径研究》,上海师范大学2020年硕士学位论文。

实践操作中，当中小股东向公司提出股权回购申请时，很容易因为大股东利用其优势地位设置的阻碍而无法实现，因为《公司法》要求公司按照合理的价格收购股权，但何为合理价格缺乏明确、统一的认定标准。在没有第三方介入的情况下，本身就是双方达成股权收购协议的一大障碍。所以，为了更好地保障中小股东的合法权益，对股权回购申请应当设置一定的机制，由独立于大股东利益之外的第三方进行审批。这样一方面能够通过此种方式对中小股东的合法权益进行保障，另一方面也能够使得公司得到有效监督。①

(4) 实行举证责任倒置，合理规制股东权

在一般的民事案件中，"谁主张，谁举证"确实符合基本的法理和情理。②但是，现代公司经营管理实行所有权与控制权分离制度，在控股股东利用自身的优势地位，不按规定召开股东会向股东报告公司经营状况、不向股东提交财务报表及年度审计报告、以"合理"理由拒绝股东查阅公司会计账簿等情况下，中小股东很难自行获取股东隐匿转移资产、故意不分配利润的证据。如果法院在审理此类纠纷案件中仍然坚持"谁主张，谁举证"原则，中小股东的盈余分配请求权就很难得到切实有效的保护。所以，建议根据公司管理特点，结合《公司法司法解释（四）》第15条的"但书"条款，围绕公司利润分配必须具备的两个要件，实行举证责任倒置，由实际控制公司管理权的股东举示否认原告主张的证据。

四、总结与建议

(一) 问题分析

通过对以上股利分配纠纷中争议焦点的整体分析，可以总结出股利分配请求权实现的4个障碍。

1. 障碍之一：大股东与中小股东之间的利益冲突

对于弱势中小股东来说，其在公司的投资收益的主要来源就是股利分配，但是大股东、公司高级管理人员等除股利分配之外，还可以通过其在公司的主

---

① 参见韩岳洋：《公司法对中小股东合法权益的保护探讨》，载《法制与社会》2019年第23期。
② 参见郑云容：《论有限责任公司股东滥用股东权利的认定》，载《中外企业家》2019年第7期。

导地位获取高额薪酬,或者变相分配,因此就可能出现大股东滥用资本多数决规则的情况,不重视甚至拒绝向中小股东分配利润,而中小股东一般无力抗衡。

从法律保护的角度来看,由于相较于公司与股东的对内关系,公司与债权人的对外关系更容易受到侵害,《公司法》所构建的股利分配制度是以社会利益、债权人利益为主要考量因素的,对中小股东的利益没有给予足够的重视。

2. 障碍之二:抽象盈余分配请求权被架空

在我国司法实践中,主流观点认为只有转化为债权的具体盈余分配请求权才具有可诉性,抽象的盈余分配请求权是公司商业自治的范围,司法不得干涉。如此一来,一个重要的问题往往被忽略,即抽象盈余分配请求权是具体盈余分配请求权的必经形式,把这个前提阶段的纠纷不加区分地全部排除在司法干涉的范围之外,在有些情况下,这实质上是从根本上架空了股东盈余分配请求权实现的可能性。

3. 障碍之三:司法救济问题重重

中小股东的利益没有引起足够的重视,在其股利分配请求权受到侵害时的救济手段也存在诸多问题。

(1)司法救济之一:异议股东的股份回购请求权制度

《公司法》第74条(2023年修订后为第89条)规定:"有下列情形之一的,对股东会该项决议投反对票的股东可以请求公司按照合理的价格收购其股权:(一)公司连续五年不向股东分配利润,而公司该五年连续盈利,并且符合本法规定的分配利润条件的……"该条规定的异议股东的股份回购请求权制度为中小股东在大股东滥用股利分配权的情况下退出公司提供了有效途径,但是该制度过于严格,适用范围有限,易产生以下问题:第一,如果公司根本不召开股东大会或者虽然召开了股东大会,但是没有就盈余分配事项作出决议,该制度就无法发挥作用;第二,该制度适用的要件之一是公司连续5年盈利且不向股东分配股利,那么5年之内公司就可以无理由拒绝向股东分配股利,而且这5年的利润也可能在后续经营中亏损;第三,由于法律没有进一步明确,可能会出现大股东为了规避该制度而在5年内仅进行象征性分红的情况,只要公司在5年内进行了分红,该制度就无法再适用;第四,该条规定的"合理价格"缺乏实操性。

(2)司法救济之二:股东会决议无效、可撤销之诉

《公司法》第22条第1款、第2款(2023年修订后为第25条、第26条)规定:"公司股东会或者股东大会、董事会的决议内容违反法律、行政法规的无效。股东会或者股东大会、董事会的会议召集程序、表决方式违反法律、行政法规或者公司章程,或者决议内容违反公司章程的,股东可以自决议作出之日起六十日内,请求人民法院撤销。"①该条款规定的股东会决议无效、可撤销之诉的救济途径存在的问题是:第一,股东会不就盈余分配事项作出决议;第二,股东会作出了盈余分配决议,但是公司章程未就盈余分配事项进行具体规定,如果有这种情况,股东也无法依据该条获得救济;第三,要求股东证明决议内容违反法律、行政法规的证明难度太高,除非存在明显、严重的内容瑕疵或者程序瑕疵,一般的决议内容和程序难以被认定为违反法律、行政法规。

(3)司法救济之三:基于股东诚信义务的损害赔偿之诉

《公司法》第20条第1款、第2款(2023年修订后为第21条)规定:"公司股东应当遵守法律、行政法规和公司章程,依法行使股东权利,不得滥用股东权利损害公司或者其他股东的利益;不得滥用公司法人独立地位和股东有限责任损害公司债权人的利益。公司股东滥用股东权利给公司或者其他股东造成损失的,应当依法承担赔偿责任。"②大股东滥用盈余分配权不分配盈余肯定属于滥用股东权利损害其他股东的利益,问题在于该条是原则性的规定,对于具体包括哪些滥用股东权利的行为没有明确说明,导致这一条适用难度较高。

(4)自力救济:股权转让

《公司法》第71条第1款(2023年修订后为第84条第1款)规定:"有限责任公司的股东之间可以相互转让其全部或者部分股权。"中小股东如果认为自己的盈余分配请求权受到损害,可以通过股权转让退出公司,但这种选择只是被逼无奈的消极措施,甚至都不能称为救济途径,因为退出公司就已经背离了中小股东的投资目的。另外,对于有限责任公司的中小股东而言,转让股权也

---

① 2023年《公司法》第26条第1款增加规定"但是,股东会、董事会的会议召集程序或者表决方式仅有轻微瑕疵,对决议未产生实质影响的除外"。

② 2023年《公司法》删去了"不得滥用公司法人独立地位和股东有限责任损害公司债权人的利益"。

十分被动,因为有限责任公司的股权交易没有一个公开的交易市场,股权的股价以及交易对象的选择都面临困境。

(二) 对策

1. 对策之一:通过司法解释保障有限责任公司股东临时提案权

《公司法》第 102 条(2023 年修订后为第 115 条)第 2 款规定:"单独或者合计持有公司百分之三以上股份的股东,可以在股东大会召开十日前提出临时提案并书面提交董事会;董事会应当在收到提案后二日内通知其他股东,并将该临时提案提交股东大会审议。临时提案的内容应当属于股东大会职权范围,并有明确议题和具体决议事项。"① 该条规定了股份有限公司中股东的临时提案权,但是《公司法》尚未对有限责任公司中股东的临时提案权作出规定,这就导致在公司迟迟不决议分红时中小股东也无计可施。如果有限责任公司的公司章程中对股东提案权作出了规定,中小股东可以根据公司章程进行分配股利的提案,如果有限责任公司的公司章程没有作出规定,法律作为公司自治下的兜底规定应当参照股份有限公司股东的临时提案权,对有限责任公司股东的临时提案权也加以保护。

2. 对策之二:完善异议股东股份回购请求权制度

针对异议股东股份回购请求权制度中存在的问题,笔者提出两点建议:第一,适当放宽法律适用条件,如降低要求公司连续 5 年不分配盈余且连续 5 年盈利的时间要求,或者将连续的时间要求改为累计制,如果公司持续盈利且累计一定年数未向股东分配盈余就允许中小股东行使异议股东股份回购请求权;第二,完善合理价格确定机制,以协商作为收购价格确定的首要途径,如果协商不成,以司法介入作为辅助途径,由法院指定或认可的鉴定机构对股权价格进行评估,将机构的评估结果认定为合理价格。

3. 对策之三:构建强制分配股利之诉

强制分配股利之诉是法院应股东的诉讼请求,通过司法判决强制公司向股东分配股利的诉讼。

《公司法司法解释(四)》第 15 条规定:"股东未提交载明具体分配方案的

---

① 2023 年《公司法》将持股比例百分之三降低到百分之一。

股东会或者股东大会决议,请求公司分配利润的,人民法院应当驳回其诉讼请求,但违反法律规定滥用股东权利导致公司不分配利润,给其他股东造成损失的除外。"根据该条规定,如果股东会根本没作出分配决议,股东必须证明存在大股东滥用权利的情况,如上分析,证明难度相当高。因此,笔者支持我国构建强制分配股利之诉,尤其是在出现下列情形时,应当允许股东提起强制分配股利之诉,法院可以根据个案判断能否直接判决公司向股东支付股利,赋予法院该裁量权:(1)公司长期不召开股东会或者长期不形成盈余分配决议;(2)公司过度提取公积金,或者不分配、象征性分配盈余;(3)公司大股东、高级管理人员等人员的欺诈行为导致公司不分配盈余。在具体的制度构建时,可以对股东的诉讼资格等加以明确,防止出现中小股东滥用诉权的情形。

4. 对策之四:将公司解散之诉作为最后防线

《公司法司法解释(二)》第1条第2款规定:"股东以知情权、利润分配请求权等权益受到损害,或者公司亏损、财产不足以偿还全部债务,以及公司被吊销企业法人营业执照未进行清算等为由,提起解散公司诉讼的,人民法院不予受理。"从目前来看,股东以利润分配请求权受到损害为由提起公司解散之诉的,法院不会受理,上述司法解释的该条规定缺乏合理性。如果股东能够提供证据证明其已经穷尽了所有救济手段,受损的利润分配请求权权益仍然无法得到救济,就应当允许其将提起公司解散之诉作为最后的救济途径,而不是直接从根源上切断该救济途径,况且法院受理后还可以组织调解。

(编校:龙泓任)

第十三章 股东回购请求权纠纷实证研究

蒋雨琦　景丹妮　谢文媛
杨雪琪　韦　亨　张洁宇

一、概述

(一)适用案例分析的必要性

股东回购请求权制度作为现代公司法上的一项重要制度,在我国公司法体系中得到了明确。依据传统观点,对于有限责任公司来说,《公司法》第74条(2023年修订后为第89条)赋予了在法条列举的三种情况下"投反对票的股东"请求公司回购其股权的"股东回购请求权";而对于股份有限公司,《公司法》第142条(2023年修订后为第162条)第1款第4项也赋予了"对股东大会作出的公司合并、分立决议持异议"的股东,要求公司收购其股份的权利。

随着我国市场经济建设进程的不断推进,作为在现代市场经济体系中扮演重要角色的经济组织形式,与公司相关的法律纠纷在近几年也不断涌现,成为我国经济发展进程和法治建设进程中不可忽视的问题。具体到股东回购请求权制度,这一制度在实际案件中能否得到合理的运用?小股东能否借此达成保护自身权益的目的?在制度实施的过程中,小股东、与之相对的大股东、公司等相关各方将遭遇怎样的阻碍?《公司法》将第74条与第142条第1款第4项分别置于"有限责任公司"与"股份有限公司"的章节,但它们有共通的法理逻辑,这是否意味着其中存在类推适用的空间?上市公司作为一类较特殊但又极为重要的市场经济和资本市场主体,与之相关的回购事件与这一制度又有怎样的碰撞与妥协?如此种种,现实中涌现的问题不胜枚举。

立法者固然希望用高超的立法技术打造广泛适用的法条,以期解决现实中的各类问题;但瞬息万变的商业社会自有旺盛的生命力,机械地适用法条往往会碰上力有不逮的情况。因此,只有对实际案件进行分析与研究,才能明了股东回购请求权制度在实务中运用时究竟碰到了怎样的问题,以期寻找法条文义下隐藏的对实际现象的解释空间以及可能的制度改进方向。

(二)案例分析思路

首先,笔者试图通过数据库搜索的方式,对现实中出现的相关案例进行整理与阅读,初步对与"股东回购请求权诉讼"相关的各类纠纷和争议进行整体归纳。

其次,笔者在案例阅读的基础上,对相关纠纷进行类型化分析,如分为"法定情形和意定情形""基于《公司法》第74条的情形与基于《公司法》第142条的情形"等类型,找出主要争议焦点,观察股东在运用回购请求权制度时会出现何种共性问题。

最后,在进行类型化分析的基础上,笔者将结合学术理论与实务观点,对所关注到的问题进行研究、分析,以期在法条解释、法律运用的背景下,寻找可能的解决之道,得出一些或可参考的结论。

二、案例整理与分类统计

(一)股东回购请求权案例数据统计

1. 数据准备

数据统计截止日期:2020年11月30日。

数据来源:为了最大可能地囊括有效数据,笔者选用了"北大法宝"数据库、"威科先行"法律信息库两大专业法律数据库作为数据来源。

数据检索过程:第一步,为了不造成重要案例遗漏,笔者希望从最广泛的范围出发,尽量囊括可能涉猎的案件,而后再作进一步筛选和区分。因此,笔者首先以"请求公司收购股份纠纷"为案由进行检索,共获得723条数据;其次以"股东回购"为关键词进行检索,共获得995条数据。经过加总,笔者在这一阶段共获得1718条数据。

第二步,为了排除与研究内容无关的以及重复的案例,笔者对获得的案例进行了数据清洗。首先,排除了管辖案件、非诉保全审查案件、执行案件等各种明显不符合研究内容的数据,共获得1659条数据;其次,对来自两个不同数据库的数据进行了对比,将重复的数据剔除,之后通过初步的人工查看、排除无关案例的方式进行筛选,最终获得了966条数据。

最终样本:如上所述,共有966个案例。

笔者全面阅读了这些法律文书,按照相应的数据标签对数据逐一进行了整理。以下对数据情况进行相应介绍。

2. 整体数据介绍

(1) 文书类型与审判程序

在966份裁判文书中,笔者一共获得了543份判决书,345份裁定书,74份调解书,4份其他类型的文书。

在判决书中,适用简易程序的案件判决书共有74份,另有296份一审判决书,168份二审判决书,5份再审判决书。可以看出:①适用一审及简易程序的案件共有370个,据此计算出二审案件数与其比值约为45%,有接近半数的案件当事人不服一审裁判,选择上诉。上诉率较高,或可说明能进入实体审理程序的股东回购请求权纠纷往往争议较大,需要通过二审乃至再审方可结案。②在543份判决书中,仅有5份再审判决书,表明进入再审审理程序的案件数量极少。

在裁定书中,适用简易程序的案件裁定书共有11份,一审裁定书有215份,二审裁定书有48份,再审裁定书有71份。可以看出:①适用简易程序及一审程序的裁定书占裁定书总数的比例较高,达到约65.5%。经逐份查阅发现,有较多案件以原告主动撤诉或达成调解的方式结案。②再审裁定书数量明显高于二审裁定书,经查阅发现,再审裁定多为法院针对当事人不服二审判决所提起的再审申请的裁定。结合判决书相关数据,二审判决书一共有168份,而再审裁定书有71份,后者占前者的比例约为42.3%。换言之,有接近半数的二审判决的当事人仍不满意相关结果,提起了再审申请。这进一步佐证了,能够进入实体审理程序的本类型纠纷中,当事人之间争议较大,通过常规的两级审判程序仍不能完全解决问题(见表13-1)。

表13-1 案例整体数据统计

文书类型	简易程序/份	一审/份	二审/份	再审/份	合计/份	占比/%
判决书	74	296	168	5	543	56
裁定书	11	215	48	71	345	36
调解书	0	68	6	0	74	8
其他文书	0	4	0	0	4	0
合计	85	583	222	76	966	100

(2)地域与年份分布情况

通过分析纠纷次数在时间跨度上的分布笔者发现,股东回购请求权纠纷在近几年逐渐成为热点问题,案件数量总体呈上升趋势,尤其是在2016年及2018年,分别出现了两个较大的增长拐点。2016年,本类型纠纷在全国范围内共发生46次,相对于前一年的17次,增长幅度约为170.6%,数量接近前一年数量的3倍;2018年,本类型纠纷在全国范围内共发生234次,相对于前一年的56次,增长幅度约为317.9%,数量达到前一年数量的4倍。较为特殊的一点是,2020年全国范围内审结的本类型案例数量有所下滑,可能是受新冠疫情影响,审判程序耗时变长。总体而言,股东回购请求权纠纷在近几年热度不断上升,实务中面临的此类型争议越来越多。

从本类型纠纷的地域分布上看,股东回购请求权纠纷发生较多的地域通常属于经济较为发达的地区。纠纷次数排名前8的省级行政区中,除去上海、北京两大直辖市外,还包括江苏、山东、四川、浙江、广东等省份,在2020年公布的全国各省级行政区生产总值排名中,分别位列第2位、第3位、第6位、第4位、第1位。换言之,纠纷次数排名前8的省级行政区中,有7个属于经济较为发达的地区。

在地域方面,广西本类型纠纷出现次数较多。个案查阅发现,这是"重复类案"导致的。例如广西出现一家公司与多位股东发生纠纷,虽然产生了60份裁判文书,数据上统计为60个案例,但各案之间事实认定和裁判思路均较为相似(见图13-1)。

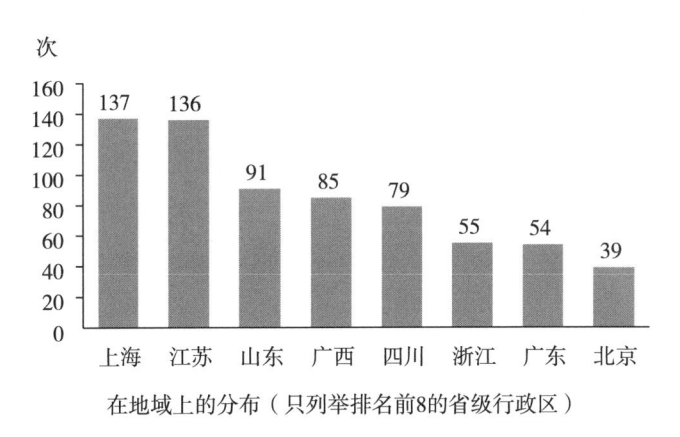

图13-1 案例地域分布情况

数据(从左至右):上海 137、江苏 136、山东 91、广西 85、四川 79、浙江 55、广东 54、北京 39

在地域上的分布(只列举排名前8的省级行政区)

(3)改判率与特殊结案方式统计

在本类型纠纷中,判决书中二审改判的比例较高,约为45.1%;再审改判率则较低,仅有0.6%,但这也与再审判决书本身数量极少有关,不具备明显参考价值。

从非典型结案方式上看,笔者统计出共有71个案件以调解方式结案,另有209个案件因当事人撤诉而最终结案,总计占到案件总数的约30%。近三成的案件并未进行最终审判,笔者猜想造成此现象的原因可能是:①在相当一部分案件中,股东与公司间的矛盾并不极度尖锐,请求公司回购股权(股份)仅是为了获取与股权(股份)对应的经济利益。在这种情况下,当事人之间经过谈判与协商,在作出一定妥协后,并非一定会让审判庭作出判决,而是能够接受调解、撤诉。②股东回购请求权制度的运用并不是一片坦途,当事人请求公司回购股份的条件可能过于严苛,最终能够获得对原告有利的判决的可能性并不很高。因此,在有达成调解协议的可能时,当事人愿意选择调解,在预期诉讼过程艰难、诉讼成本较高时,当事人可能选择撤诉。

3. 案例类型化分析

(1)案例主要类型

依据股东回购请求权制度的立法构造,笔者将获得的案例主要分为法定情形与意定情形。前者是指反对(异议)股东根据法律所授予的请求权提出回购股权(股份)的请求而产生纠纷的情形;后者则是在法定情形之外,股东与公司之间因为意定的情形(如对赌协议中的回购股权条款)产生了回购股权(股份)的纠纷,法院依据股东回购请求权制度的相关法条而作出裁判的情形。

在法定与意定两大情形分类下,笔者又对案件进行了更加细致的分类。

法定情形:①有限责任公司的异议股东股权回购请求权(《公司法》第74条)。②股份有限公司的异议股东股份回购请求权(《公司法》第142条第1款第4项)。

意定情形:①股东与公司之间在非法定情形下产生的请求回购股份纠纷(所有意定情形)。②在股份有限公司中,股东与公司在意定情形下发生争议,法院基于《公司法》第142条作出裁判(《公司法》原则上禁止股份有限公司收购本公司股份,《公司法》第142条是对例外情形的列举,法院须审查是否符合第142条的例外规定)。

(2)类型数据展示

①整体数据展示

笔者采取个案整理的方式,寻找到裁判文书中援引《公司法》第74条及第142条的情形,并筛选出法条对裁判结果有实质性影响的裁判文书。两个法条出现频数统计如表13-2所示。

表13-2 裁判文书所涉法条情况统计

单位:份

所涉法条	法定情形	意定情形	总计
《公司法》第74条	110	95	205
《公司法》第142条	5	77	82

统计结果显示,存在与《公司法》第74条相关的法定情形的,共有110份裁判文书,该情形是指股东依据《公司法》第74条,在法条列举的3种情形下获得了股东回购请求权,提起了相关诉讼;存在与第74条相关的意定情形的,共有95份裁判文书,即指在《公司法》第74条列举的3种情形外,双方意定回购并提起了相关诉讼,法院适用《公司法》第74条作出了裁判。

存在与《公司法》第142条相关的法定情形的,共有5份裁判文书,该情形是指股东在第 142 条第 1 款第 4 项规定的情形下,获得了股东回购请求权,提起了相关诉讼;存在与第 142 条相关的意定情形的,共有 77 份裁判文书,该情形是指股东在法定情形之外提起了相关诉讼,法院适用《公司法》第 142 条作出了裁判。

②与《公司法》第 74 条相关的法定情形

与《公司法》第 74 条相关,司法实践中明确了以下几种法定情形,如"公司连续五年不向股东分配利润,而公司该五年连续盈利,并且符合本法规定的分配利润条件""公司合并、分立、转让主要财产""公司章程规定的营业期限届满或者章程规定的其他解散事由出现,股东会会议通过决议修改章程使公司存续"等(见表 13 - 3),在这几种法定情形下,对股东会决议投反对票的股东可获得股东回购请求权,可请求公司以合理价格收购自己所持有的股权。

表 13 - 3　裁判文书中与《公司法》第 74 条相关的情形

	提起诉讼的案例类型	份数
法定情形(基于《公司法》第 74 条)	公司连续 5 年盈利且不向股东分配利润	40
	公司合并、分立、转让主要财产	28
	营业期限届满、解散事由出现,公司继续存续	21
	未经实体审理	11
	主体不适格(股东基于第 74 条提起诉讼,但实则根本不是股东)	10
意定情形(基于《公司法》第 74 条以外的原因提起诉讼,适用第 74 条裁判)		95

统计结果显示,以"公司连续 5 年盈利且不向股东分配利润"这一理由提起诉讼的情况最为常见,数据中共有 40 个案例的股东选择了这项理由;而在"公司合并、分立、转让主要财产"的情况下提起股东回购诉讼的案例共有 28 个;在"营业期限届满、解散事由出现,公司继续存续"的情况下提起股东回购诉讼的案例共有 21 个。整体来看,以《公司法》第 74 条第 1 款第 1 项为由提起诉讼的情况最为常见,但其余两种法定情形也并不少见。

统计结果中,有 10 个案例的原告自认为是股东,试图基于《公司法》第 74 条请求公司回购股份,但法院经审理判定,原告实则并非股东,难以归入以上 3 种法定情形。

此外,有 95 个案例的原告依据股东与公司签订的协议等意定情形提起诉讼。

笔者整理了在3种法定情形下，股东请求公司回购自身股权的主张得到支持的比例。统计结果如表13-4所示，3种法定情形中，在"公司连续5年盈利且不向股东分配利润"的情况下，股东请求得到支持的比例约为11.11%，而在"公司合并、分立、转让主要财产""营业期限届满、解散事由出现，公司继续存续"的情况下，股东请求得到支持的比例分别为14.28%与65.00%。

表13-4 股东请求公司回购自身股权的主张得到支持的比例

法定情形（基于《公司法》第74条）	股东请求得到支持的比例（支持股东回购股权）/%
公司连续5年盈利且不向股东分配利润	11.11
公司合并、分立、转让主要财产	14.28
营业期限届满、解散事由出现，公司继续存续	65.00

从统计结果中可以明显看出，在《公司法》第74条所列举的第1、2种法定情形下，股东寻求救济的难度极高，仅有约10%~15%的概率能够获得法院支持，公司方胜诉率超过了八成；在第3种情形下股东得到支持的可能性较高。

笔者推断，虽然《公司法》给予了异议股东以股权回购请求权作为一条维护自身权益、合理退出公司的救济路径，但这条路并不好走。下文将在类型化分析的基础上，梳理这条救济路径普遍会出现的焦点问题，寻找可能阻碍股东寻求救济的原因。

③与《公司法》第142条相关的法定情形

根据《公司法》的立法构造，对于股份有限公司，我国法律原则上禁止其收购本公司股份，但在《公司法》第142条中列举了几种例外情况。其中第1款第4项（"股东因对股东大会作出的公司合并、分立决议持异议，要求公司收购其股份"）以明示规定的形式，给予了这种情况下持异议的股东相应的股份回购请求权：股东通过请求公司回购股份，可以对自身的权益进行救济，寻找合理的退出机制。

但统计结果显示，在实务中，《公司法》第142条第1款第4项的适用情况对股东来说并不乐观。在笔者整理的案例中，股东依据该项提起诉讼，请求公司回购股份的,仅有5个能够进入法院的实体审理程序,但均未获支持。

在另外77个案例中,原告依据协议等意定情形提起诉讼,而法院适用《公司法》第142条作出裁判(见表13-5)。但原告胜诉率也较低(原告请求获支持率约为25.4%),法院往往会以公司尚未完成减资程序等不符合第142条规定为由驳回原告的请求。

表13-5 裁判文书中与《公司法》第142条相关的情形

提起诉讼的案例类型	份数
法定情形(基于《公司法》第142条第1款第4项)	5
意定情形(基于法定情形之外的原因提起了相关诉讼,但法院适用第142条作出裁判)	77

④意定情形

除上述《公司法》第74条及第142条第1款第4项所给予股东的法定回购请求权外,随着资本市场的活跃,目前实务中,股东基于意定情形请求公司回购股权(股份)的纠纷也越来越多。

就绝对数量及总体比例而言,意定回购的情形均要远超狭义的法定回购情形。笔者认为主要有以下原因:

第一,实务中双方合意形式千变万化,意定形式的案件数量超过法律所明确规定的形式的案件数量是正常的。

第二,在笔者统计的样本中,有高达280个样本是以调解及原告撤诉的方式结案的,而文书中并不能体现出回购的具体类型,因此法定的数量可能被少计。

为了更好地对意定回购问题进行研究,笔者通过个案查看,总结出如图13-2所示的多种实务中常出现的焦点问题类型,并将在下文进行梳理与分析。

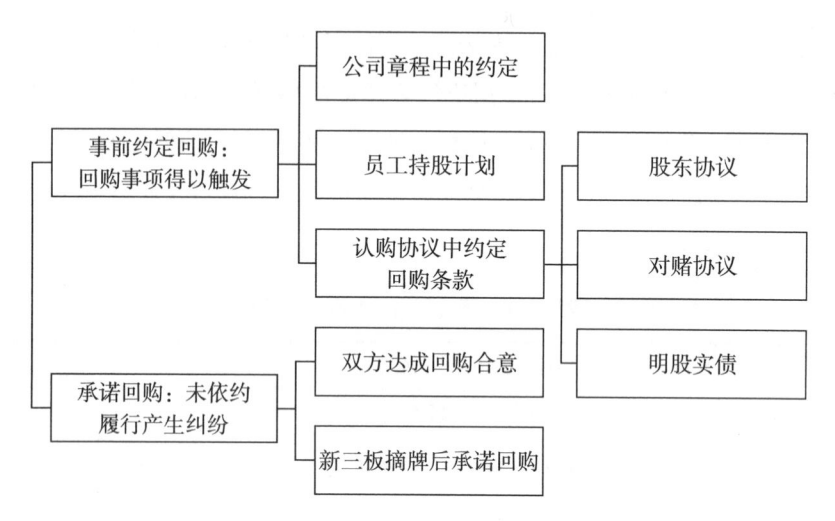

图 13-2 股权回购请求权纠纷中的焦点问题类型

事前约定回购：回购事项得以触发
- 公司章程中的约定
- 员工持股计划
  - 股东协议
  - 对赌协议
- 认购协议中约定回购条款
  - 明股实债

承诺回购：未依约履行产生纠纷
- 双方达成回购合意
- 新三板摘牌后承诺回购

4. 案例焦点问题整理：《公司法》第 74 条

根据《公司法》第 74 条规定，在法定的 3 种情形下，对相关决议投反对票的股东具有请求公司回购自身股权的权利。经过梳理，笔者发现，股东要想根据第 74 条实现公司回购股权，需要通过如图 13-3 所示的完整的救济之路。

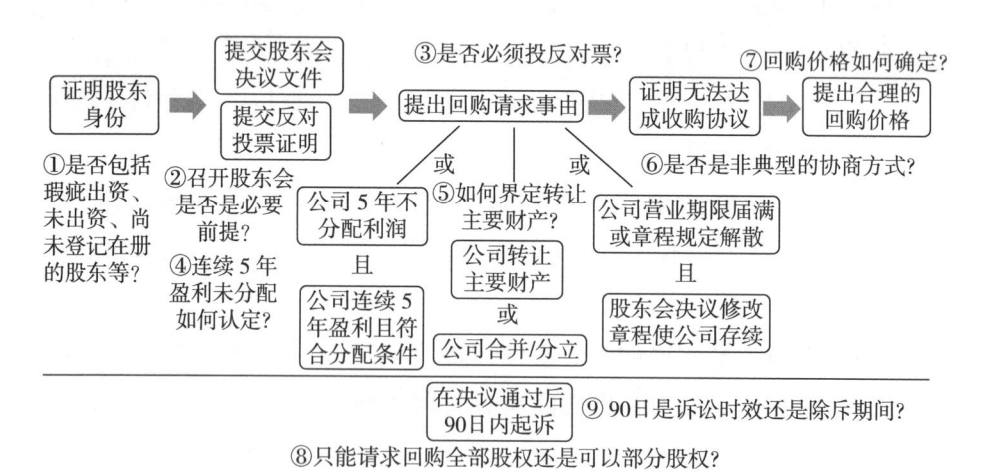

图 13-3 股东回购请求权纠纷的救济之路

证明股东身份 → 提交股东会决议文件／提交反对投票证明 → 提出回购请求事由 → 证明无法达成收购协议 → 提出合理的回购价格

①是否包括瑕疵出资、未出资、尚未登记在册的股东等？
②召开股东会是否是必要前提？
③是否必须投反对票？
④连续 5 年盈利未分配如何认定？
⑤如何界定转让主要财产？
⑥是否是非典型的协商方式？
⑦回购价格如何确定？

- 公司 5 年不分配利润 且 公司连续 5 年盈利且符合分配条件
- 或
- 公司转让主要财产 或 公司合并/分立
- 或
- 公司营业期限届满或章程规定解散 且 股东会决议修改章程使公司存续

在决议通过后 90 日内起诉
⑧只能请求回购全部股权还是可以部分股权？
⑨90 日是诉讼时效还是除斥期间？

第一，股东需要证明自身的股东身份；第二，股东需要证明自身是"对决议投反对票的股东"，因而需要提交相关的证据；第三，股东需要提出《公司法》第 74 条所规定的 3 种法定的回购请求事由，因此股东需要证明这 3 种情形的存在;第四,股东提起相关诉讼的前提是"股东与公司不能达成股权收购协议",因此股东需要证明经历了这样的前置程序;第五,由于法条仅笼统地规定了"合理价格",即使公司需要回购股东手中的股权,合理价格的具体确定也是关键的一步。

股东为了真正得到股东回购请求权制度所试图给予他们的救济,需要完整地经历以上救济之路,在每一个关键问题都得到解决之后,方可得偿所愿。

基于以上对股东请求回购股权之路的梳理,笔者对相关案例进行了查阅,从中共梳理出 10 个在裁判文书中对股东最终请求能否得到支持影响较大、出现频次较高的问题,如表 13-6 所示。

表 13-6 对"股东最终请求能否得到支持"影响较大、出现频次较高的问题

基于《公司法》第 74 条所提回购案例中的问题	出现占比/%
(1)原告主体资格的认定	12.7
(2)在股东会上投反对票是否为异议股东行使回购权的前置条件	35.0
(3)连续 5 年盈利未分配的认定	11.6
(4)公司转让主要财产的认定	5.8
(5)营业期限届满的认定	3.7
(6)能否既主张分红,又主张股权回购	1.0
(7)回购价格的确定	17.9
(8)《公司法》第 74 条的 90 日起诉期间的认定	5.8
(9)协商回购是否是诉讼回购的前置性程序	3.2
(10)能否回购其持有的部分股权	11.6

统计结果显示,这 10 个问题是股东回购请求权纠纷中常出现的关键问题。其中,"在股东会上投反对票是否为异议股东行使回购权的前置条件""回购价格的确定""原告主体资格的认定"出现的次数分别占全部案件的 35.0%、17.9% 与 12.7%,是出现频次排名前三的问题,说明其是审判实务中常出现的焦点问题。笔者将在后续结合实际案例、学理观点对这些问题进行更加细致的分析。

(二)上市公司回购案例数据统计

随着我国资本市场的不断发展,上市公司的股份回购纠纷发生频率也呈现

逐渐上升的趋势。作为我国经济体系中重要的经济主体,上市公司日趋多发的相关纠纷也对现有的股份回购法律制度提出了挑战。《公司法》第 142 条通过 2018 年的修改,确立了上市公司独有的股份回购规则,对实务中不断涌现的新问题进行了立法层面的回应:在法律原则上禁止公司回购本公司股份的前提下,《公司法》在 2013 年《公司法》列举的 4 种情形外又增加了"将股份用于转换上市公司发行的可转换为股票的公司债券""上市公司为维护公司价值及股东权益所必需"这两种针对上市公司的情形。上市公司在这两种情形下,可以突破公司禁止回购自身股份的禁区。由此又会带来诸多实务问题:上市公司股份回购制度的效果如何?公司实施回购有哪些合理事由?护盘式回购能否起到公司预期的作用?此类问题不胜枚举。

笔者试图以近几年上市公司实施回购的公告为数据基础,结合学术理论、实务观点,对梳理出的一系列问题进行初步研究。由于篇幅及文章体系所限,上市公司数据统计部分将置于本章"六、上市公司股份回购问题研究"中进行展示。

三、异议股东回购请求权

(一)《公司法》第 74 条的适用概述

我国在 2005 年修改《公司法》时,由于当时立法对于中小股东的合法权益保护不足,故而增设了《公司法》第 75 条关于异议股东回购请求权的规定,之后在《公司法》2013 年修改时变更为第 74 条,但对于具体内容并没有进行任何变动。在本章节,笔者将对《公司法》第 74 条的具体司法适用情况展开分析(见表 13 - 7)。

表 13 - 7 《公司法》第 74 条的司法实务适用情况

《公司法》第 74 条适用内容	适用次数	判决支持股东回购请求的比例/%	判决驳回的比例/%
公司连续 5 年盈利且不向股东分配利润	40	11.11	88.89
公司合并、分立、转让主要财产	28	14.28	85.72
营业期限届满、解散事由出现,公司继续存续	21	65.00	35.00

从表13-7中不难看出,司法实务中受理的此类纠纷案件并不多,同时适用的情况并不平均,其中最常引发纠纷的是"公司连续5年盈利且不向股东分配利润"的情形,然而此种情形之下判决支持股东回购请求的概率却是《公司法》规定的3种法定回购情形中最低的,仅为11.11%,可见其适用条件在司法裁判过程中的认定和满足难度较高;而"营业期限届满、解散事由出现,公司继续存续"的回购情形在具体认定时条件界定较清晰明确,因此判决支持股东回购请求的概率为65%,相对较高。此外,《公司法》第74条还对异议股东回购请求权规定了主体资格认定、起诉期间等程序性要件,满足了该条所规定的法定情形但是不满足这些要件的,也会影响司法实务中的裁判结果,具体适用情况以及法院的说理逻辑将在下文中逐一展开。

值得注意的是,在司法实务中,广泛存在意定回购的情形,①如通过协议约定公司回购辞职员工所持股权、对赌协议中的回购条款等,法院一般将其作为合同纠纷来加以审理。② 但意定回购并非毫无法定限制,例如,法院普遍不认可投资人与被投资公司之间的股权回购协议,认为这将有损被投资公司债权人的利益,从而对此种意定回购加以限制。由于本章节限于讨论《公司法》第74条的适用,故而对于意定回购的情形不作更多的探讨。

(二)《公司法》第74条的构成要件

现代公司法大多采用多数决,若少数股东认为多数股东主导下的公司决策将侵害自己的利益,即可根据《公司法》第74条规定主张权利,当出现法定的情形时,异议股东可以要求公司支付其股权的合理价格以使其退出公司;如果公司不同意支付其股权的合理价格,异议股东可以诉至法院。由此不难看出,该条的立法目的在于保护中小股东的合法权益,然而司法实践中对于该条的适用采用了较严格的立场,股东回购请求被法院所支持的情况是相对有限的。例

---

① 最高人民法院在(2015)民申字第2819号裁定书中认为:"有限责任公司可以与股东约定《公司法》第七十四条规定之外的其他回购情形。《公司法》第七十四条并未禁止有限责任公司与股东达成股权回购的约定。'公司改制征求意见书'由全体股东签字,属于真实的意思表示,内容上未违背公司法及相关法律的强行性规范,应属有效。"

② 参见赵昭、毕凯丽:《股东合作协议中股权回购条款的效力审查——以黄新、张雪克诉聂迪、秦皇岛尚鳞食品有限公司合同案为例》,载《法律适用(司法案例)》2017年第22期。

如，朱某某诉云南天厨园餐饮管理有限公司案的判决书①明确指出，"异议股东股份收购请求权制度的价值主要在于保护中小股东的利益，使异议股东选择以获得合理和公平的股份补偿方式'走开'，而不再受到'多数决'形成决议的约束。但该制度必然也会导致公司的减资而影响公司债权人及其他股东的利益，所以该制度的适用必须严格按照法律的规定，不能突破法律的具体规定"。因此，该条的适用需要平衡保护中小股东以及其他当事人的利益，而并非仅保护中小股东的权益，同时，其具体的适用要件可能增加中小股东的维权的困难，导致异议股东行使回购请求权存在障碍。② 因此，需要对其具体要件在司法裁判中的适用加以审视，从而梳理归纳现行立法适用的不足之处并有针对性地进行重构，确保该条能够切实地保障中小股东有效行权。

概括来说，异议股东回购请求权的行使包括两个阶段：异议股东回购请求权形成阶段，即前置程序；进入诉讼回购程序前公司内部的救济，即协商回购程序。③ 在行权的两个阶段中，异议股东需要证明其股东身份、提交股东会决议文件、反对投票证明、提出法定的回购理由并承担相应的证明责任，证明其从未与公司协商一致达成回购协议，提出合理的回购价格，并在决议通过后 90 日内起诉。具体而言，《公司法》第 74 条的构成要件在认定时主要争议问题包括以下方面：①证明股东身份；②证明股东对股东会该项决议投反对票；③如何认定连续 5 年不向股东分配利润，而公司该 5 年连续盈利，并且符合该法规定的分配利润条件；④如何认定公司合并、分立、转让主要财产；⑤关于回购价格的确认；⑥能否仅请求回购部分股权；⑦该条规定的 90 日起诉期间是否为除斥期间；⑧协商回购是否为诉讼回购的前置程序。司法实践中对于不同构成要件的适用认定和处理思路较为纷繁复杂，为此，笔者结合具体的司法裁判，试图梳理司法实践中我国有限责任公司股东回购请求权适用时的 8 个核心争议问题并探讨其合理性与适用困境。

---

① 云南省昆明市盘龙区人民法院民事判决书，(2019)云 0103 民初 5634 号。
② 参见江苏省常州市中级人民法院课题组：《现行法律框架内异议股东股份收购请求权的行使》，载《法律适用》2015 年第 5 期。
③ 参见郑远民、赵冰：《异议股东股份回购请求权的程序问题研究》，载《时代法学》2019 年第 1 期。

1. 证明股东身份

行使异议股东回购请求权的主体限于有限责任公司的股东,在司法实务中,该项要件在认定与适用时主要的纠纷集中于股东举证不能以及特殊股东身份的认定问题。

一方面,异议股东应当提交证据材料证明自己是符合《公司法》第74条规定的有权提起股权回购的股东,若法院对其股东身份不予认可,将会以原告主体不适格为由驳回起诉。[1] 实务中,核心的纠纷在于,法院普遍认可股东身份是适用该条的重要主体条件,但是各个法院认定股东身份的标准并不统一。在潘某某诉湖南长炼兴长集团有限责任公司案中,湖南省岳阳市云溪区人民法院以原告提供的《股东出资证明书》不符合《公司法》第31条(2023年修订后为第55条)所规定的形式要件为由,否认了原告潘某某的股东身份,并驳回起诉。判断股东资格的基本方法——是否原始或者继受取得股权,是判断股东资格的基础性证据,[2]而股东名册则是股东资格的重要推定证据,工商登记并非股东资格的取得要件而系对抗要件。[3] 笔者认为,各个法院在司法裁判时应当严格遵循股东资格判断的具体路径,以避免适格原告被不当地排除在合法的救济途径之外。

另一方面,个案中股东身份往往各具特殊性,股权由工会代持、隐名股东、法人股东、未经工商登记或者记载于股东名册的股东以及出资瑕疵的股东等五类主要的特殊股东存在认定股东身份的困难。对前述股东身份的认定,法院一般采取实质性审查的态度。在周某某等诉山东鸿源水产有限公司收购股份纠纷案[4]中,即便原告11位员工的股权由公司工会委员会代持,具体的股东权利也由公司工会委员会行使,法院也并没有拘泥于代持的形式,而是认可了此类

---

[1] 山东省聊城市东昌府区人民法院民事判决书,(2018)鲁1502民初3451号。
[2] 《公司法司法解释(三)》(2020年修正)第22条规定:"当事人之间对股权归属发生争议,一方请求人民法院确认其享有股权的,应当证明以下事实之一:(一)已经依法向公司出资或者认缴出资,且不违反法律法规强制性规定;(二)已经受让或者以其他形式继受公司股权,且不违反法律法规强制性规定。"
[3] 《公司法》第32条第2、3款规定:"记载于股东名册的股东,可以依股东名册主张行使股东权利。公司应当将股东的姓名或者名称向公司登记机关登记;登记事项发生变更的,应当办理变更登记。未经登记或者变更登记的,不得对抗第三人。"
[4] 最高人民法院民事裁定书,(2017)最高法民申2154号。

特殊身份股东的股东身份。同理,对于隐名股东身份的认定,法院的裁判思路并没有受到股东名册与工商登记记载的限制,而是认可了隐名股东显名化的认定路径。① 这意味着,若原告作为隐名股东,能够举证证明自己履行了实际的出资义务,并且遵循了相关显名化的程序条件,那么隐名股东的股东身份亦可以被认定。在李某某与永登泰明水力发电有限责任公司、明某某请求公司收购股份纠纷案②中,虽然公司在公司登记机关登记的股东名册中并没有原告李某某的名字,但是该案中,明某某在庭审中认可了李某某的股东身份,而明某某及其名下的一家公司持有被诉公司75.57%的股权,若明某某认可李某某的股东身份,无异于满足了《公司法司法解释(三)》第24条所规定的隐名股东显名化的程序条件,因此法院对于李某某的股东身份予以认定,并未因其隐名股东的身份而直接驳回起诉。法院在认定法人股东的身份时裁判思路较统一,一般不会对自然人股东与法人股东加以区分。③ 值得注意的是,实务中,法院对于未经工商登记或者记载于股东名册股东以及出资瑕疵股东的认定标准并不统一。对于前者,法院的审判思路不同:第一种观点认为,若无证据证明其记载于股东名册,也没有其他证据证明其曾行使股东权利,则无法排除名股实债的可能性,难以直接肯定其股东身份,偏向于形式认定;④第二种观点则认为,对于出资情况以及股东身份要采用实质性认定思路,虽然不满足形式要件,但若股东身份以及出资行为被其他股东所采纳,则应当认定其为可行使异议股东回购请求权的股东。⑤ 对此,笔者认为,第二种裁判观点更加符合公司法的规定,股东名册与工商登记分别是股东资格的推定要件与对抗要件而非资格取得要件,故而法院对于此类特殊身份的股东进行主体适格与否认定时应当采用实质性审查,而非过于依赖形式要件,避免轻率地否认此类股东的股东身份。而对于出资瑕疵

---

① 《公司法司法解释(三)》第24条第2、3款规定:"前款规定的实际出资人与名义股东因投资权益的归属发生争议,实际出资人以其实际履行了出资义务为由向名义股东主张权利的,人民法院应予支持。名义股东以公司股东名册记载、公司登记机关登记为由否认实际出资人权利的,人民法院不予支持。实际出资人未经公司其他股东半数以上同意,请求公司变更股东、签发出资证明书、记载于股东名册、记载于公司章程并办理公司登记机关登记的,人民法院不予支持。"
② 甘肃省永登县人民法院民事判决书,(2019)甘0121民初1082号。
③ 最高人民法院民事判决书,(2016)最高法民终34号。
④ 安徽省黄山市中级人民法院民事判决书,(2017)皖10民终652号。
⑤ 湖北省鄂州市鄂城区人民法院民事判决书,(2019)鄂0704民初2396号。

股东,法院在司法裁判中则对其类型加以区分,普遍支持否认抽逃全部出资股东的股东资格,①而对于出资不足股东的股东资格的认定则存在裁判观点的不一致。第一种观点认为,股东对于股东回购请求权这一股东权利的行使以履行股东义务为前提,若未履行完毕出资义务,应当否定其股东身份;第二种观点认为,若公司不能举证证明原告不具备股东资格,那么原告即便出资不足也可以享有股东资格,而追究未足额出资的违约责任与股东资格认定系属不同法律关系。② 笔者倾向采纳第二种观点。根据《公司法司法解释(三)》第 16 条的规定,"股东未履行或者未全面履行出资义务或者抽逃出资,公司根据公司章程或者股东会决议对其利润分配请求权、新股优先认购权、剩余财产分配请求权等股东权利作出相应的合理限制,该股东请求认定该限制无效的,人民法院不予支持",可见,公司仅仅有权对未全面履行出资义务股东的自益权等股东权利进行合理限制,但前提是需要在公司章程中或是通过股东会决议对此进行明确规定,而出资瑕疵并不当然否定股东资格,在其补足出资的情况下,股东仍然可以实际行使股权回购请求权。

此外,《公司法》第 74 条所要保护的是中小股东的合法权益,那么是否就意味着公司控股股东不是该条的适格主体？笔者并不完全认同北京市昌平区人民法院的观点③,该院认为"游某某持有佰宾公司 51% 的股份,属于公司控股股东,有权决定公司是否分配利润,不属于公司回购股份制度所要保护的对象"。对此,笔者认为,《公司法》第 74 条的适用应当首先考虑法条的文义解释,而非当然地优先适用目的解释。第 74 条条文本身没有将控股股东排除出适用范围,只是在实务中,控股股东完全有能力通过公司内部救济的方式实现自己的诉求,从而能够更好地兼顾公平与效益,而并非必然要选择异议股东回购的方式,若控股股东存在无法采用公司内部救济的特殊情形,那么便没有理

---

① 新疆维吾尔自治区乌鲁木齐市中级人民法院民事判决书,(2019)新 01 民终 4547 号。法条适用依据为《公司法司法解释(三)》第 17 条第 1 款,即"有限责任公司的股东未履行出资义务或者抽逃全部出资,经公司催告缴纳或者返还,其在合理期间内仍未缴纳或者返还出资,公司以股东会决议解除该股东的股东资格,该股东请求确认该解除行为无效的,人民法院不予支持"。

② 福建省高级人民法院民事判决书,(2016)闽民终 1243 号;上海市普陀区人民法院民事判决书,(2018)沪 0107 民初 12343 号。

③ 北京市昌平区人民法院民事判决书,(2020)京 0114 民初 6782 号。

由否认控股股东的适格主体身份。

2. 对股东会该项决议投反对票

根据《公司法》第 74 条的规定，对股东会决议投反对票是行使股东回购请求权的必要前置程序，这意味着，符合该要件需要同时满足两个子条件，即股东会决议的作出是必要的前提，同时股东应当投出反对票。

就股东会决议而言，法院在裁判思路上可能存在分歧。例如，一方面，李某某与常州市创联生活用品有限公司(以下简称创联公司)请求公司收购股份纠纷一审民事裁定书①强调具备公司作出特定内容股东会决议的必要性；另一方面，李某某与创联公司、常州市联成日用五金制造有限公司等请求公司收购股份纠纷二审民事裁定书②则主张，股东回购请求权是其最后的救济措施，在各方陷入僵局的状态下，局面并不能由小股东来掌控，因此，法院审查应侧重于是否有召开股东会之程序，而不能局限于非要形成股东会决议之形式要件。对此，笔者认为，司法实务必须要正视召开股东会决议的客观困难。以分配利润为例，根据第一种裁判思路，只有在股东会通过了不分配利润的决议，且股东投了反对票之后，其才能行使异议股东回购请求权。然而，《公司法》规定公司向股东分配利润的时候须经股东会的批准，但未规定不分配利润也应经股东会批准。对于持股比例小于 10% 的股东来说，其无权提议召开临时股东会，也就无从在股东会上对公司分红问题提出异议。若坚持采用第一种裁判思路，无异于彻底架空了异议股东回购请求权。根据《公司法》的规定，异议股东行使回购请求权的重点在于保护异议股东的合法权益，并须将反对意见向其他股东明示，而并不在于形式上是否存在股东会决议，法条创设该情况下的回购请求权旨在对对应的民事法律行为作出评价和赋予股东救济权利，以便于判断异议股东行权的起算点。因此笔者认为，对于是否要具备股东会决议，应当在个案中采用实质性判断的方式，但其在某种程度上会突破现行立法，这一问题亟待立法部门加以重视和解决。

就反对票的认定而言，法院认可了两种反对票的形式，即明确的股东会决

---

① 江苏省常州市钟楼区人民法院民事裁定书，(2016)苏 0404 民初 883 号。
② 江苏省常州市中级人民法院民事裁定书，(2018)苏 04 民终 1563 号。

议上的反对票以及事后及时的书面反对意见。① 笔者非常认可此种对于反对票形式的认定,因为反对票这一要件的设置本质上是要确保当事人已经穷尽一切救济手段且确认当事人存在利益受损的情况。而此种解释方式,恰恰满足了这一规范目的,并有效地促进了该规范目的的落实。在反对票的认定过程中,还涉及了弃权票以及恶意阻止股东出席情形下的认定。现有司法实务对此没有达成共识,笔者基于前述规范目的以及具体文义的考量,认为弃权票在文义上不同于反对票,而允许弃权票将导致股东倾向于投弃权票而非反对票。此种模糊态度的投票选择或可导致对股东的过度保护而损害公司利益。若股东因为非自愿的原因无法出席股东会决议,如未给予会议通知或者被不当拒绝出席,而事后明确表示了书面的反对意见,此时应当确保其享有回购请求权,而非拘泥于在股东会决议上表示反对这种单一的形式,这样才能更为切实地保障中小股东的合法权益,在特定情况下对"资本多数决"原则进行适度匡正与突破。

3. 如何认定"连续五年不向股东分配利润,而公司该五年连续盈利,并且符合本法规定的分配利润条件"

首先,法院的审判思路是由异议股东承担证明此种法定情形存在的责任。一般而言,法院认可税务机关出具的纳税证明、完税证明以及纳税申报材料,也认可公司的资产负债表对于"连续五年不向股东分配利润"这一事实的证明力。② 其次,原告还要证明符合《公司法》第37条(2023年修订后为第59条)、第46条(2023年修订后为第67条)所规定的法定分配利润条件,即董事会制订了公司的利润分配方案,股东会审议批准了公司的利润分配方案,形成了公司分配利润的有效决议。③ 再次,在司法实务中,原告往往系公司的中小股东,未必实际参与公司的运营,导致其难以掌握公司经营的真实情况,无从判断公司是否连续5年能够盈利而未盈利,从而难以对前述事实进行举证。此外,异议股东所要证明的内容并不符合一般的公司内部治理逻辑,若公司无意向股东分配利润,那么公司自然无从形成分配利润的有效决议,此时要求异议股东进行举证,无异于强人所难。即便异议股东可以通过行使知情权来了解公司的盈

---

① 新疆维吾尔自治区乌鲁木齐市新市区人民法院民事判决书,(2018)新0104民初10143号。
② 河南省濮阳市中级人民法院民事判决书,(2018)豫09民终1942号。
③ 新疆维吾尔自治区乌鲁木齐市天山区人民法院民事判决书,(2019)新0102民初3849号。

利状况,也可能因行权受阻而不得不另行提起诉讼对知情权进行救济,难免额外增加中小股东诉累,增加了救济的制度成本;而若在异议股东回购之诉中提起司法鉴定,依旧要证明其与公司之间存在依法请求公司回购股权的情形,并未减轻原告股东的证明责任。① 最后,司法实务中,公司可能存在各种财务作假或不合规的情况,增加了异议股东的证明难度。例如企业在年度纳税申报时提供的是自行申报的盈亏状况,而未提交经过会计师事务所审计的财务会计报告。②若异议股东另行对其进行审计,不仅增加异议股东的维权成本,而且法院仍未必会支持其股权回购请求,从而使其不愿意行使异议股东回购请求权。

4. 如何认定"公司合并、分立、转让主要财产"

由于公司合并、分立的法律规定较为清晰明确,此种法定的回购情形在司法实务中发生的纠纷主要集中在如何认定转让主要财产上。其具体适用中存在两大问题,即是否存在股东会决议以及何谓"转让主要财产"。

一方面,《公司法》第37条未将"转让主要财产"纳为股东会决议的法定事项,因此异议股东也就无从在"转让主要财产"的股东会决议中投反对票;另一方面,对于如何认定"转让主要财产"的司法裁判思路大方向一致,但在具体衡量因素选择上,各个法院有其自身的考量。司法实务中主要有两种观点:一方持影响公司正常经营说,若转让财产并不会使公司的资产情况或者经营状况发生根本性变化,就不构成转让公司主要财产;③另一方则采取了更为细致和明确的认定方式,主要包括3个衡量因素,即转让财产的价值在公司总资产中的占比,是否影响公司的正常经营以及是否违背公司设立目的,只有转让主要财产符合前述3个因素,影响达到了与公司合并、分立相当的程度,才构成"转让主要财产"。④

总体来说,合并分立的法定程序较清晰且属于法定的召开股东会的事项,实务中对此争议不大。而转让主要财产如何从量和质两个维度进行判断是主

---

① 江苏省徐州市中级人民法院民事判决书,(2019)苏03民终527号。
② 河南省潢川县人民法院民事判决书,(2017)豫1526民初52号;吉林省长春市中级人民法院民事判决书,(2019)吉01民终4566号。
③ 江苏省高级人民法院民事判决书,(2017)苏民终789号。
④ 上海市第二中级人民法院民事判决书,(2020)沪02民终2746号。

要的争议焦点:以"量"为标准主要从涉案资产占公司总资产或净资产的比例方面进行认定;以"质"为标准主要从涉案资产对公司经营、存续以及对公司和股东利益的影响程度方面进行综合考察。笔者认为,两种司法裁判思路并不矛盾,只是后者更充分、全面,值得司法实践加以借鉴,法院需要对是否构成异议股东发起回购的法定情形采取更为包容审慎的认定态度,以确保中小股东的权益救济路径较通畅便捷。

5. 关于股权回购"合理价格"的确认

我国《公司法》第 74 条规定"对股东会该项决议投反对票的股东可以请求公司按照合理的价格收购其股权",但是并没有对"合理价格"的确定方式和具体的确定程序进行规定,下位法也没有进一步作出规定。这就使实务中股权回购"合理价格"的确认存在很多模糊的地带。在笔者统计的就该条提出股东回购请求权的 193 个案例中,有 34 个涉及对于回购价格的争议。其中,有 11 个是双方当事人在诉讼中形成合意或者法院确认了之前协议/公司章程中的约定,占比 32.4%;其余 23 个案件由于当事人无法达成合意,而又没有公司章程等约定,法院委托了资产评估机构进行司法鉴定,占比 67.6%。

在司法实践中,法院一般采取如下逻辑确定回购。当双方有约定或者章程有规定时,法院审查其是否是当事人真实的意思表示,是否存在法定的无效事由,如果不存在法定或约定的无效事由,一般就按照双方一致确定的价格进行回购。例如,在潘某某与上海科明制冷设备安装有限公司请求公司收购股份纠纷案①中,法院判决:"原、被告双方均同意以 2013 年 12 月 31 日为基准点计算股东的全部权益价值,该合意未有违法之处,本院予以准许。"又如,在侯某某与上海闵富房地产有限公司(以下简称闵富公司)请求公司收购股份纠纷上诉案②中,法院判决:"通过原审结合双方一致确定的资产价格以及对于争议资产的认定,确认闵富公司税前总资产为 139,516,748.82 元并无不当,本院予以维持。"可见在双方对回购价格有约定的情况下,法院尊重当事人意思自治,只对约定的合法性进行审查,而不涉及对约定价格是否合理的审查。即使在约定一

---

① 上海市普陀区人民法院民事判决书,(2018)沪 0107 民初 12343 号。
② 上海市第一中级人民法院民事判决书,(2016)沪 01 民终 6763 号。

方对回购价格产生异议时,法院仍以尊重双方约定为由,不对回购价格作具体的调整。例如,在中国信达资产管理股份有限公司与太西集团有限责任公司请求公司收购股份纠纷上诉案①中,法院认为:"在股东之间对股权回购有明确约定的情况下,《公司法》第 74 条有关股东请求公司以合理的价格收购其股权的规定,并非能够完全脱离原出资协议约定而另行确定。""本案《债权转股权协议》及《债权转股权补充协议》为当事人真实意思表示,内容形式不违反法律、行政法规的强制性规定,协议合法有效,并无不当。对于股权退出方式及价格,是三方股东根据自愿原则自由商定的,对当事人具有法律约束力。至于成立的新公司后来资产发生了变化,并非必然导致股权价值的变化,股权价值还取决于公司其他因素。不能认为股权回购时企业财产的实际状况已经发生减少,约定的股权收购价值就必须相应减少,当事人对此亦没有明确约定。"可见本案中,在公司资产发生了变化,一方对当初的约定提出异议的情况下,法院仍然以双方的约定为准,并未考虑公司资产状况和股东权益处在动态变化的过程中这一问题。

在双方并未对回购价格进行约定,或者一方对约定价格提出异议的情况下,法院认为应由主张权利即负有举证责任的一方负责申请司法鉴定。例如,在上诉人杨某与被上诉人四川省天思养生养老产业服务有限公司及原审第三人罗某某、林某某请求公司收购股份纠纷二审案②中,原告在法院释明的情况下未申请司法鉴定,法院以"没有具体的诉讼请求"为由驳回起诉。法院认为:"价格系股权收购的主要因素,是原告诉讼请求的重要因素。原告主张以司法鉴定结果作为价格收购,应当申请司法鉴定,以确定收购价格。但在原审法院释明后,原告没有在指定期限内提交书面申请书申请对案涉股权进行司法鉴定。原告主张收购股权的价格不确定,故原告没有具体的诉讼请求,不符合起诉的条件。"又如,在陈某某与上海协力卷簧制造有限公司(以下简称协力公司)请求公司收购股份纠纷案③中,"被告协力公司不同意以该资产负债表作为评判股权价格的依据,则其应当对此承担举证责任。意即在此种情况下,被告

---

① 最高人民法院民事判决书,(2016)最高法民终 34 号。
② 四川省自贡市中级人民法院民事判决书,(2018)川 03 民终 194 号。
③ 上海市第二中级人民法院民事判决书,(2017)沪 02 民终 6961 号。

协力公司负有提起司法鉴定申请的义务"。

此外，在司法实践中还存在评估不能的情况，在这种情况下又引申出两个问题：其一，在法院委托第三方评估后，当事双方是否有提供相关会计凭证、会计账簿、财务会计报告等配合评估的义务，这种义务又是否应当被法定化；其二，在评估不能的情况下，回购价格最终如何确定，这种确定方法又是否具有合理性、科学性。例如，在陈某某、广西登高（集团）田东水泥有限公司（以下简称田东公司）请求公司收购股份纠纷二审案①中，一审法院先后两次委托评估机构启动评估事项，但因双方当事人均未能提供相应资料进行评估而导致评估不能，一审法院已穷尽了价格认定程序。在无法进行评估核实股权价格的情况下，一审法院根据公平原则以该案股权买受之初的价格为基数，结合田东公司近几年来会计年报的资产负债情况，以酌定的方式确定本案股权价格。这一案例反映出的问题是，在评估不能的情况下，由法院来酌定价格，如何确保价格的公允性？因为公司股权价格的确定不单纯是法律问题，也涉及财务和经济问题，而法院毕竟不具备相应的财务审计和价值评估资质。

实务中在对投资公司行使异议股东回购请求权时，如果股东主张以投资公司持有的其他公司的股票价格进行结算，法院均不予支持。这样的案例有黄某与武汉长江创富投资有限公司请求公司收购股份纠纷案②和蔡某某/周某与上海前航投资有限公司请求公司收购股份纠纷案③。在两个判决中，法院的裁判观点和论证逻辑也比较一致，均认为原告股东持有的是被告投资公司的相应股份，而非被告投资公司所持有的其他公司的股票；此外，被告投资公司除投资其他公司外，作为一家正常经营的有限责任公司，应还存在其他经营支出。故如直接以被告投资公司所持有的其他公司的股票价格结算被告投资公司的股份价格，不符合常理。

综合以上司法实践中对于股权回购"合理价格"的确认方法，笔者认为存在两个问题：其一，在异议股东与公司不能就价格达成一致且评估不能的情况

---

① 广西壮族自治区百色市中级人民法院民事判决书，(2019)桂10民终247号。
② 湖北省应城市人民法院民事判决书，(2019)鄂0981民初1580号。
③ 上海市嘉定区人民法院民事判决书，(2018)沪0114民初1836号；上海市嘉定区人民法院民事判决书，(2018)沪0114民初654号。

下,法院是否有权"酌定"价格;其二,哪种价格裁量标准为"合理"。

针对第一个问题,司法实践中争议较多,学者也有很多讨论。这是因为法律并没有对法官是否有对"合理价格"的裁量权作出明确规定。对于这一问题,有学者认为,"公司法就应该为法院的这种价格认定提供法律依据,应赋予法院'合理价格'的裁量权"。[1]

针对第二个问题,目前存在回购价格的鉴定方法不同、缺乏统一标准的问题,具体体现在采取的评估方法不同,有资产法、市场法和收益法,也有的根据净资产、原股本＋利息/违约金、可分配利润或参考财务资料等认定,在实务中标准比较混乱。

基于以上问题,笔者认为,应当通过立法或者出台司法解释的方式细化确认"合理价格"的具体方法。从程序上来说,在回购价格的确定上,希望可以明确回购价格的确定顺序,优先启动谈判程序,以尊重双方的约定为基础,这可以促进异议股东与公司之间有效沟通,同时节省有限的司法资源;如果双方没有约定或者存在异议,可以由双方或者异议方提出进行司法评估的申请,由第三方来确定回购价格,而法院一般来说也应当认可第三方的评估结果;应当通过法律确定双方有义务提供评估所需的具体材料,将配合评估纳入法定义务,以此来解决实践中出现的评估不能问题;而且,需要明确法院是否可以不委托鉴定机构,自己酌定回购价格。此外,需要明确评估费用与诉讼费用的承担问题,有关评估费用与诉讼费用的承担问题显然是异议股东与公司关心的问题,从回购的具体确定方法上来说,任何公司价值评估方法都不是完美无缺的,不同的价值评估方法得出的结论也不同。因此,立法者可以考虑依据各类评估方法的特征,对各类评估方法所适用的公司类型进行原则性规定,以避免异议股东与公司之间因采取何种评估方法而起纷争。

6. 能否仅请求回购部分股权

关于异议股东能否仅请求回购部分股权的问题,实务中的案例比较少,争议也不是很多。在检索到的案例中,仅有一个涉及这一问题。在钟某某与深圳

---

[1] 参见梁爽:《完善股东回购请求权价格认定制度的探讨——以日本法为参照》,载《政治与法律》2011年第12期;刘桂清:《公司治理视角中的股东诉讼制度研究》,中国方正出版社2005年版,第209页。

市康乐数码科技有限公司、严某某请求公司收购股份纠纷案①中,原告持有被告公司 14% 股份,基于《公司法》第 74 条第 1 款第 3 项,请求其回购 13% 的股份,保留 1% 股份。法院阐释了该条的规范目的:因在上述《公司法》规定的情况下,持有反对意见的股东与公司其他股东之间存在观念上的冲突,即公司的人合性出现分裂且不可调和,持有反对意见的股东以退出公司的方式,让公司回购其拥有的公司股权,以保障其股权的资产价值。而该案原告保留 1% 的股份表明其同意被告公司继续存续,并愿意继续保持作为被告公司股东的身份,这与原告反对被告公司继续经营的意见相互矛盾,也与上述立法精神相悖。故对原告主张被告收购其拥有的部分股份的诉讼请求,法院不予支持。

该案中,法院从《公司法》第 74 条的立法目的出发,考虑到有限责任公司人合性与资合性兼具的特点,认为异议股东仅回购部分股权不符合该条的规范目的与有限责任公司人合性的特点,因此不予支持。总体来说,笔者较为支持该案的裁判观点。《公司法》该条本身就旨在为对公司经营、治理存在异议的小股东畅通一条退出公司的道路,要求回购部分股权,而保留另一部分股权,与该条的立法初衷不符。

7.《公司法》第 74 条第 2 款规定的 90 日起诉期间是否为除斥期间

《公司法》第 74 条第 2 款规定:"自股东会会议决议通过之日起六十日内,股东与公司不能达成股权收购协议的,股东可以自股东会会议决议通过之日起九十日内向人民法院提起诉讼。"此处规定的 90 日起诉期限的性质是什么呢?在笔者检索的案例样本中,绝大部分案例认为该条规定的 90 日为除斥期间。所谓除斥期间,也称不变期间,是法律规定的某种权利的存续期间。除斥期间届满后,权利归于消灭。② 除斥期间不同于诉讼时效期间的主要特点在于:除斥期间经过,将会使权利本身消灭;除斥期间自权利人知道或者应当知道权利产生之日起计算;除斥期间是不变期间,不得中断、中止或延长。

那么,如果非股东自身原因造成其无法行使权利,比如公司故意或者过失而未通知股东,这种情况下,当除斥期间经过是否必然意味着该股东的回购请

---

① 广东省深圳市南山区人民法院民事判决书,(2016)粤 0305 民初 11021 号。
② 参见王利明主编:《民法》(第 4 版),中国人民大学出版社 2008 年版,第 173 页。

求权当然消灭呢？在案例中，绝大多数法院认为该股东的回购请求权当然消灭，只有两个案例给出了不一样的判决。在李某某与创联公司请求公司收购股份纠纷案①中，原告在公司延长经营期限后的90日内提出了诉讼，但因不掌握股东会决议原件撤回了第一次收购诉讼，之后改提解散之诉，但因公司重新制作股东会决议并延长期限而撤诉。此后，原告再次提出收购诉讼，此时已超过决议通过后90日的期限。一审法院判决认为："该90天的期限为除斥期间，不适用中止、中断等情形。因此，李某某在2011年8月2日就股权收购向该院起诉后又撤诉，并不影响李某某的起诉超过法定期限的事实。"然而，该判决结果被二审法院推翻："李某某撤回2011年7月提起的公司股权回购之诉，完全是因为创联公司及其他股东违反诚信原则，恶意否认开过第十三次股东会并形成了延长公司经营期限的决议，导致了诉讼程序进程的变化。现李某某依据创联公司提供的第十三次股东会决议提起公司股权回购之诉，本案应视为2011年7月李某某提起创联公司回购股权之诉一案的延续，故李某某的起诉没有违反法律关于提起公司回购股权之诉的除斥期间的规定。"

另一个案例的一审法院对90日的起算点进行了实质判断，但二审法院撤销了这一判决。在江苏嘉源房地产开发有限公司（以下简称嘉源公司）与夏某某请求公司收购股份纠纷案②中，嘉源公司的经营期限至2012年5月14日止，其于2012年3月23日形成股东会会议决议，决定延长经营期限。夏某某于2013年5月29日提起诉讼，要求确认2012年3月23日的股东会会议决议无效。2014年3月25日，法院判决驳回了夏某某的诉请。2014年6月5日，夏某某向法院提起诉讼，要求嘉源公司回购其股权。2015年12月18日，夏某某撤回起诉。2017年3月13日，夏某某再次向法院提起诉讼，要求嘉源公司回购其股权。一审法院认为："相对于原告而言，决议效力在法院审理期间处于未决状态，法院生效判决对原告是否能够行使股权回购请求权有重大影响，因此，若以股东会会议决议通过之日为行使股权回购请求权除斥期间计算起点，显然不利于保护弱势小股东的合法权益。认为只有以股东会会议决议效力讼

---

① 江苏省常州市中级人民法院民事裁定书，(2014)常商终字第133号。
② 江苏省镇江市中级人民法院民事裁定书，(2018)苏11民终3503号。

争明确之日,即法院对效力诉讼作出终审判决的时间点为行使股权回购请求权除斥期间的计算起点,方能救济弱势小股东利益,亦符合公司法立法本意。"然而二审法院推翻了这一判决,二审法院认为:"股东会会议决议通过之日"是确定不变的起算点,"九十日"的期限是股东行使股权回购起诉权的不变期限,该期限不因任何事由而中止、中断或者延长。该期限届满,股东享有的提起股权回购之诉的诉讼权利即消失。

关于《公司法》第74条规定的"九十日"的性质,从法律规范上来看,2014年2月20日发布的《公司法司法解释(一)》第3条[①]规定了超过公司法规定期限的,人民法院不予受理,即超过规定的期限,这一权利就消灭了,这体现出90日是除斥期间。认为这一期间是除斥期间,还有一点理由是,股东请求公司回购的法定权利不仅仅涉及对股东的保护,还涉及公司注册资本、实有资产的变化。这和公司的继续经营与公司的债务清偿能力密切相关,由于公司的外部债权人会通过公司的注册资本对公司产生合理的预期,《公司法》亦应当维护外部债权人的利益和预期的稳定性,从这个角度解释,90日内提出回购的规定期限也不应当发生中止、中断或者延长。

8. 协商回购是否为诉讼回购的前置程序

在笔者检索到的全部案例样本中,没有认为协商回购非诉讼回购前置性程序的案例。具体论述协商回购是诉讼回购前置性程序的案例有4个,其他案例大多在原告的"事实与理由"中进行了描述,如"原告于某某,致函被告,要求其按合理价格收购原告所持有的股权,但双方未达成一致意见,故原告提起诉讼"。具体论述协商回购是诉讼回购前置性程序的案例有:闫某与辽源市市政建设集团有限公司、原审原告刁某某股东知情权、请求公司收购股份纠纷案[②],张某、乌鲁木齐中意房屋拆迁有限公司请求公司收购股份纠纷案[③],黄某与武汉长江创富投资有限公司请求公司收购股份纠纷案[④],张某某与上海前航投资

[①] 《公司法司法解释(一)》第3条规定:"原告以公司法第二十二条第二款、第七十四条第二款规定事由,向人民法院提起诉讼时,超过公司法规定期限的,人民法院不予受理。"
[②] 吉林省辽源市中级人民法院民事判决书,(2016)吉04民终273号。
[③] 新疆维吾尔自治区乌鲁木齐市沙依巴克区人民法院民事判决书,(2019)新0103民初5065号。
[④] 湖北省应城市人民法院民事判决书,(2019)鄂0981民初1580号。

有限公司请求公司收购股份纠纷案①。其均论证:诉讼回购只有在协议回购失败的前提下才可以提起,协议回购是诉讼回购的前置程序。如果在没有进行过股权回购协商且协商无果的情况下,直接向法院提起请求公司收购股份的诉讼,不符合公司法相关规定。

在理论界,对于协商回购是强制性规定还是倡导性规定的问题,存在一定的争论和分歧。若其属于强制性规定,一旦缺乏与公司协议的前置条件,异议股东便不能诉诸司法救济;若是倡导性规定,则异议股东遵守与否,不影响权利的行使。学者刘俊海论述道:"股东与公司启动股权收购协议的谈判程序并非必要的前置程序,而是立法者推出的一个倡导性规定。倘若股东跨越与公司的协商程序,径行向人民法院提起诉讼亦无不可。人民法院不宜以原告股东尚未与公司协商谈判为由拒绝立案。"②葛伟军、白帆论述道:"公司与股东达成股权收购协议只是进一步详细约定法律关系的实施细节,如协议不成亦可直接提起诉讼。"③而顾东伟等学者则持有相反的观点,他们认为:"有限公司股东只有与公司协商不能达成协议的,方可向人民法院起诉。有限公司股东未与公司协商,直接起诉的,不符合《公司法》第74条规定的特别程序,法院应裁定不予受理。"④张舫教授亦持前置程序的观点:"自股东会决议通过之日起60日,是公司与股东的磋商期,也是股东向法院提起诉讼的前置条件。"⑤彭春莲副教授亦论述道:我国2018年《公司法》第74条第2款"将双方'不能达成股权收购协议',设置为股东提起诉讼的前置条件"⑥。

笔者认为,如果认为协商回购是倡导性规则,其优点在于能更充分、更便利地保护股东权益;但如果不要求股东先诉诸公司内部自治便直接提起诉讼,其弊端可能是增加诉讼负担,也增加当事人的时间成本和财务成本。如果认为协商回购是强制性的前置程序,其目的应该是防止股东滥用权利,鼓励内部解决

---

① 上海市嘉定区人民法院民事判决书,(2018)沪0114民初647号。
② 刘俊海:《公司法学》,武汉大学出版社2010年版,第128页。
③ 葛伟军、白帆:《论异议股东股权回购请求权之行使障碍及对策——对我国〈公司法〉第75条的评析》,载《证券法苑》2012年第1期。
④ 顾东伟等:《新公司法实施以来热点问题适用研究》,人民法院出版社2009年版,第257页。
⑤ 张舫:《公司法的制度解析》,重庆大学出版社2012年版,第113页。
⑥ 彭春莲:《股东权利救济机制研究——以司法救济为视角》,法律出版社2010年版,第201页。

纠纷,减少当事人及法院负累。但是这也会产生一些弊端,比如公司极易采取各种理由拖延协商股权回购问题,从而达到以"未先行协商"为由来阻碍股东行使权利的目的。在理论上,有学者在论述前置程序作为强制性规定可能存在的问题时,指出"当公司作出对某些法定事项的决议,股东期待利益落空时决定退出公司,表明股东与公司矛盾加剧,此时,双方很难达成协议;若再科以股东先行协商义务,公司势必会利用信息、资金等优势地位迫使协议不公,或拖延、规避双方协商,这会增加股东行权难度,或导致公司直接避而不谈,一旦60日期限经过,由于失去前置程序支撑,股东提起诉讼将会受阻,股权回购请求权的立法目的也极易落空"①。但是,通过案例观察,一般来说原告只需要证明已经发出了进行协商的通知即可,并不要求双方实际上进行了协商。因此,这一观点与司法实践存在一定的隔阂。

此外,还有观点认为,如果将前置程序认为强制性规定,那么将与股东回购请求权性质相背。从《公司法》第74条第1款可知,只要股东对公司决议的三类法定情形投反对票,就可以请求公司回购自己的股权,而不需要公司同意或者接受。在民法上,形成权是指"权利主体依其单方行为就能使自己与他人的民事法律关系发生变动的权利"②。股东回购请求权符合形成权的特征。此外,将股东回购请求权认定为形成权,也符合《公司法司法解释(一)》第3条的规定,即超过司法规定期间,股东权利消灭。换言之,这个期间应是法定除斥期间,也与形成权的权利性质相匹配。而若将"不能达成股权收购协议"作为股东回购请求权的强制性前置程序,则行权需要公司配合,否则行权不能,这明显与股东回购请求权的性质不符。综上所述,笔者认为,更适宜将协商回购作为一种倡导性规范。

四、股东与公司协议回购

意定股权(股份)回购越来越多地出现在社会主义市场经济中,它对于双

---

① 杨姗、张嫚:《异议股东回购请求权的法律适用与立法完善》,载梁慧星主编:《民商法论丛》总第69卷,社会科学文献出版社2019年版。
② 杨姗、张嫚:《异议股东回购请求权的法律适用与立法完善》,载梁慧星主编:《民商法论丛》总第69卷,社会科学文献出版社2019年版。

方当事人的利益保护和风险规避具有重要意义,但目前,无论在政策层面还是制度层面都没有明确的规定,实务界和学术界也尚未对意定股权(股份)回购达成一致的看法。笔者试图通过意定回购司法裁判案例探寻实践中意定回购的类型与典型情形,总结实务中的裁判观点。

(一) 协议回购的类型化

通过对案例进行梳理,笔者按照"事前约定回购"和"承诺回购"对股东意定回购的情形进行了分类,对二者项下的典型情况进行了梳理分析。

"事前约定回购"是指在设立公司或者股东加入公司时与公司达成回购约定,往往通过公司章程或者《投资入股协议》《增资扩股协议》《股份回购协议》等方式体现;纠纷发生原因通常为回购事项触发之后,公司不依约履行回购义务或双方就回购事项理解不一致。"承诺回购"是指公司通过股东会决议或者《承诺书》的形式就回购与股东达成合意;纠纷发生原因通常为双方达成回购合意之后公司不依约履行。

笔者对意定回购进行了逐条梳理并按照如图13-4所示典型情况进行定性。笔者发现,实务中意定回购纠纷主要发生于事前约定回购的情况下,其占71%,其中,对赌协议最为常见,占37%。

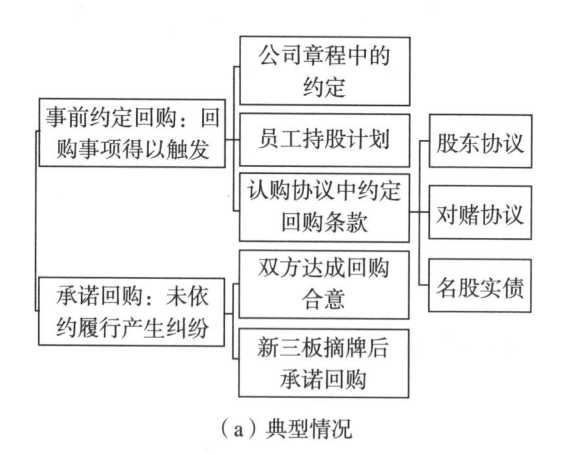

```
事前约定回购:回购   ┬── 公司章程中的约定
  事项得以触发     ├── 员工持股计划 ─── 股东协议
                  └── 认购协议中约定 ─── 对赌协议
                      回购条款

承诺回购:未依     ┬── 双方达成回购合意 ─── 名股实债
  约履行产生纠纷   └── 新三板摘牌后
                      承诺回购
```

(a) 典型情况

(b) 相应比例

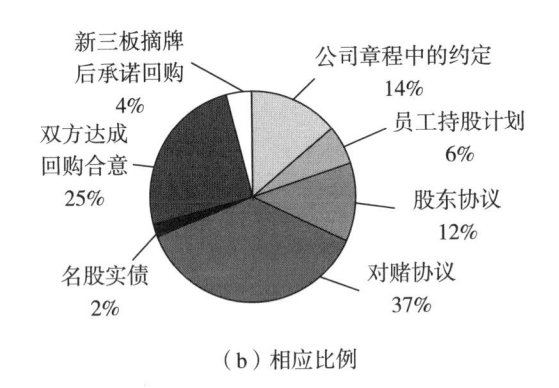

图 13-4 典型情况划分及相应出现比例

(二) 实务焦点问题分析

1. 公司章程中回购股权约定的法律适用

《公司法》并未对有限责任公司回购股东股权作出效力性强制禁止规定，并且在第三章"有限责任公司的股权转让"第 71 条第 4 款 (2023 年修订后为第 84 条第 3 款) 规定"公司章程对股权转让另有规定的，从其规定"。《公司法司法解释(五)》第 5 条规定："人民法院审理涉及有限责任公司股东重大分歧案件时，应当注重调解。当事人协商一致以下列方式解决分歧，且不违反法律、行政法规的强制性规定的，人民法院应予支持：（一）公司回购部分股东股份；……恢复公司正常经营，避免公司解散的方式。"这表明公司法并不禁止股东在公司成立之后以合法方式退出公司，包括以公司回购股权的形式退出公司。

司法实践中，公司章程约定在如下情形中回购股东股份的条款一般会被认定为有效：(1) 以公司侵犯股东权利作为回购股东股权的条件。(2) 以股东与公司已解除劳动关系(辞职、被辞退)或股东退休、死亡等作为股权回购的条件，并且产生争议时以章程约定为准。如表 13-8 所示。股东根据章程约定的回购权请求回购时，诉讼的胜率为 58%。

表 13-8 被法院认定为有效的公司章程条款

案号	原告股东的诉讼请求	被告公司的抗辩理由	法院支持
(2019)鲁民申1038号	主张公司按评估价格收购其股份	公司章程第9条规定:"股东离职、退休等情况,股份可在公司内部转让或由公司收购,退还股本。"故主张按股本价格收购股份	被告。按照章程约定的价格回购
(2018)苏02民终1408号	主张公司回购股权	公司章程第15.3条规定:"在公司登记后不得抽逃出资,对股份实施记名,严禁私自转让。凡私自转让股金,公司可将该股金收回,经股东大会讨论,由其他股东平均受让。"	被告。章程约定的回购是公司的权利而非义务
(2018)粤01民终19159号	主张公司回购股权	公司章程第10条规定:"股东因各种原因离职红日公司时,必须出让其所持全部公司股份,由公司协议回购其所持股份,再由公司股东会决定回购股份的再次分配。"	原告。章程约定了公司在特定条件下的回购义务

2. 有限责任公司"人走股留"条款的效力

在司法裁判中,有限责任公司的"人走股留"条款通常被认定为合法有效。例如,在原告殷某与被告烟台首钢矿业三维有限公司请求公司收购股份纠纷案①中,法院认为被告公司的《员工持股管理办法》系公司股东自愿签订或制定,其对员工持股的原则、范围、额度、管理方式及股权转让价格等作了明确的约定,该约定不违反法律法规强制性规定,应认定为合法有效,对于原告的请求予以支持。又如,在亢某某与烟台首钢矿业三维有限公司请求公司收购股份纠纷案②中,法院认为,《员工持股管理办法》第12条第3款关于"员工按照国家法律规定办理退休时,原则上不再持有公司的股权,其持有的股权由公司回购"的规定合法有效。

3. "对赌协议"问题

对赌协议常见约定为,被投资公司未在约定期限内完成IPO或承诺的业绩

---

① 山东省烟台经济技术开发区人民法院民事判决书,(2020)鲁0691民初859号。
② 山东省烟台经济技术开发区人民法院民事判决书,(2019)鲁0691民初3201号。

就会触发回购。对赌条款效力的认定存在无效说和有效说两种观点,其中无效说认为《公司法》第 74 条和第 142 条已对公司回购自己的股份作出规定,其属于效力性规范。公司回购股份涉及公司资产的减少,会对公司债权人的利益构成威胁,不符合法律规定,因此是无效协议。而有效说则认为,《公司法司法解释(二)》第 5 条规定公司可以通过回购股份避免公司解散,超越了《公司法》规定的回购股权条件,对法律作了扩张解释。司法解释能够扩张解释回购条件的前提是不违反效力性规范,故最高人民法院实质上没有把《公司法》回购条件作为效力性规范。实践中,也可以在不违反资本维持原则和不损害公司股东债权人利益的情况下,由被投资公司和投资人约定回购股权的条件,该条件可以超越《公司法》规定的回购股权条件。符合回购股权条件后,在被投资公司无可以合理使用的资金用于回购股份或现金补偿时,在确认"对赌协议"回购补偿条款有效的前提下,只能导致合同的履行不能,而不是合同的无效。

实务中的裁判规则《九民纪要》的规定反映出司法实践中,对于投资方与目标公司股东签订的对赌协议的效力问题已无争议,只要不违反法律法规的禁止性规定,同时是双方当事人的真实意思表示,法院在一般情况下均认定其有效。投资方请求目标公司回购股权的,人民法院应当依据《公司法》关于股份回购的强制性规定进行审查,若目标公司未完成减资程序,人民法院应当驳回其诉讼请求。这是由于《公司法》适用股份回购的具体情形中未将其明确列举,并且除强制减资程序审查外无其他具体的回购操作规范,容易损害投资人、债权人及公司其他股东的利益。

4.承诺回购的效力

司法实践中,承诺回购中的回购条款一般会被认定为有效,争议主要发生在公司是否作出回购股份的意思表示上。例如,在无锡市兴华包装材料厂(以下简称兴华厂)与无锡华亭塑料薄膜有限公司(以下简称华亭公司)请求公司收购股份纠纷案[①]中,法院认为案涉股权回购事项属于公司与其股东之间以协议方式收购股权,该案系请求公司收购股份纠纷。法院认为,《公司法》并不禁

---

① 江苏省无锡市锡山区人民法院民事判决书,(2018)苏 0205 民初 3702 号。

止有限责任公司股东以合法形式、经合法程序收回股本退出公司。兴华厂与华亭公司合意约定由华亭公司收购兴华厂股份的行为,并非以逃避债务为目的,客观上亦未造成债权人利益受损的事实,不属于抽逃出资的行为,应为有效。又如,在于某某与江苏贝特创意家具科技股份有限公司(以下简称贝特公司)请求公司收购股份纠纷案①中,法院认为贝特公司董事会所发公告确就公司股票终止挂牌时异议股东的范围及由公司实际控制人商谈回购股东股份作出承诺,但并未承诺贝特公司有回购异议股东股份的义务;《股份确认书》中也并无公司回购股份的意思表示。此外,我国现行法律并未规定当公司股票被终止挂牌时,公司有回购股份的义务。

五、非上市股份有限公司股份回购

随着当今中国资本市场的迅速发展,涉及股份有限公司包括上市公司的股份回购情形逐渐增多,同时也带来了一些关于公司法等法律的适用问题。当股东提出回购、公司进行回购时,可能会导致公司资产与股价的波动,从而引起公司资金量的缩减,这不仅会在一定程度上侵害债权人利益,还可能会影响公司未来的发展乃至社会公共利益。因此,股份有限公司股东回购请求权纠纷问题应得到更深入的研究。

与《公司法》第74条有限责任公司异议股东回购的规定相比,《公司法》第142条对股份有限公司的回购条件的规定更为严苛,原因可能是对两类公司股权流动性的区别考虑。有限责任公司具有人合性,其对股权流动的限制会更多,所以为了保护股东,对其回购的规定相对宽松。而股份有限公司股份转让相对更为便捷,当前我国的公开资本市场尚不成熟,相关回购如无妥善的决策程序和定价机制,可能会给中小股东与公众利益带来损害,因此予以更为严格的限制。

(一)司法实证研究

1. 案例数据

《公司法》第142条第1款规定了股份有限公司可以回购股东股份的6种

---

① 江苏省苏州市虎丘区人民法院民事判决书,(2019)苏0505民初3101号。

情形①,其中第 4 项"股东因对股东大会作出的公司合并、分立决议持异议,要求公司收购其股份"是一项法定的异议股东回购请求权。其余项则是公司与股东达成了回购合意后,不会被禁止的情形。

以"北大法宝"数据库和"威科先行"法律信息库作为数据来源,"公司法一百四十二条"作为关键词,搜索案由"请求公司收购股份纠纷",截至 2020 年通过筛选得到有效案例 82 个。在所选案例中,基于"增资协议"、"投资协议"或"员工持股协议"等书面协议达成意定事由的案例有 77 个,占据绝大多数(94%),法院在对此类案例的判决中针对相关协议约定的效力进行了认定。而围绕该条第 1 款第 4 项规定的法定异议股东回购请求权的案例数量较少,仅 5 个。

通过对以上案例进行分析,对于股份有限公司股东回购请求权的相关问题,概括争议焦点如下:一是法定与意定情形中共同的问题,即请求回购的主体资格和股份回购价格的确定;二是法定情形也就是该条第 1 款第 4 项规定的情形中,焦点是对公司"合并、分立"的认定,以及对"持异议"的认定;三是意定情形中,当协议约定的回购事由超出了该条对事由的规定时,如何认定协议效力。

2. 争议焦点分析

(1)请求回购的主体资格——股东身份认定

关于原告是否具有请求回购的主体资格,司法实践产生争议的情形多见于股份有限公司职工的资格认定。司法实践中比较有代表性的观点是:只要具有

---

① 《公司法》第 142 条规定:"公司不得收购本公司股份。但是,有下列情形之一的除外:(一)减少公司注册资本;(二)与持有本公司股份的其他公司合并;(三)将股份用于员工持股计划或者股权激励;(四)股东因对股东大会作出的公司合并、分立决议持异议,要求公司收购其股份;(五)将股份用于转换上市公司发行的可转换为股票的公司债券;(六)上市公司为维护公司价值及股东权益所必需。公司因前款第(一)项、第(二)项规定的情形收购本公司股份的,应当经股东大会决议;公司因前款第(三)项、第(五)项、第(六)项规定的情形收购本公司股份的,可以依照公司章程的规定或者股东大会的授权,经三分之二以上董事出席的董事会会议决议。公司依照本条第一款规定收购本公司股份后,属于第(一)项情形的,应当自收购之日起十日内注销;属于第(二)项、第(四)项情形的,应当在六个月内转让或者注销;属于第(三)项、第(五)项、第(六)项情形的,公司合计持有的本公司股份数不得超过本公司已发行股份总额的百分之十,并应当在三年内转让或者注销。上市公司收购本公司股份的,应当依照《中华人民共和国证券法》的规定履行信息披露义务。上市公司因本条第一款第(三)项、第(五)项、第(六)项规定的情形收购本公司股份的,应当通过公开的集中交易方式进行。公司不得接受本公司的股票作为质押权的标的。"

公司颁发的股权证明并从公司实际领取红利,即使对职工交纳股东款情况无法确定,也应承认职工的股东地位。

典型案例为苑某某与威海博通热电股份有限公司(以下简称博通热电)请求公司收购股份纠纷案①,该案判决书原文为:"本案中,苑某某持有博通热电盖章的发起人股权证明书,详细记载苑某某的发起人身份及持股数量,根据该证明书可知苑某某为博通热电的合法股东。况且,1998年博通热电向苑某某发放过红利,系以实际行为确认了苑某某的股东身份,现又以无法找到交款记录为由主张无法认定苑某某的股东身份,于法无据,博通热电应对苑某某所持有的股权进行回购。"

这种认定方式体现了司法对职工权益的保护。在公司面前,职工往往因信息获取能力和处理能力弱等而处于弱势地位,并且大多与案件相关的第一手材料由公司实际掌握和保存,如果因为交款记录等材料无法找到而否认其股东身份,从第一步就否定了股东请求回购股份的可能性,显然是不公允的。因此,在司法实践中法官往往会尽可能全面地考察与股东身份认定相关的证据,以得出客观的结论。

(2)股份回购价格的确定

当前的法律法规和司法实践对于价格的认定缺乏明确的标准与规则,大多数判决基本未明确收购资金的相关来源,合理价格的确定方法也没有固定标准。

所选案例中展现的股份回购价格的确认途径主要有两种:一种是公司或相关签署协议的股东以"股东的原始出资额+利息"为对价回购股份。以赵某某诉钱某某与公司有关的纠纷案②为例,法院认为:"原告要求退股时,被告按原始出资额加同期银行贷款利息偿还,故原告按照同期银行贷款利率向被告主张相应的利息损失,于法有据。对于利息的起算点,原告调整为自2012年6月21日起算,于法不悖。故本院支持原告要求被告回购相关股份并支付利息的诉请。"另一种是依据上级政府主管机关的文件直接确定,以苑某某与博通热电

---

① 山东省威海经济技术开发区人民法院民事判决书,(2018)鲁1092民初170号。
② 上海市虹口区人民法院民事判决书,(2014)虹民二(商)初字第384号。

请求公司收购股份纠纷案①为例，法院认为："根据威国资办发〔2016〕177号文件，每股回购价格为1.45元，苑某某主张的回购价格每股1.3594元并不高于此价格，博通热电亦无异议，本院予以确认。"由此可以看出，在股份回购价格的确定方面，司法个案的具体化、个性化特征明显，这可能是由于当事人协议的自由度高。

股份回购价格的确定是该类案件的争议焦点之一，合理评估股份回购的价格事关对股东平等原则的维护。如果缺乏对回购价格的合理评估，则对于中小股东利益而言只不过是玩了一场虚假的保护游戏。②虽有学者提出，《公司法》第142条所规制的对象为股份有限公司，其"资合性"特征明显，尤其当股份有限公司为上市公司时，完全可以将股份回购的价格交由资本市场确定，法律予以规制实属多余，但上述观点的假设前提是在有效率的资本市场下，而我国目前的资本市场体制仍处于转型改革发展的关键期。即使是在上市公司内部，由于股份的性质不同，股份的实际价值也不能完全等同于市场价格。况且我国还有许多并未上市的股份有限公司，其"资本不得对外募集，发起人数也受到限制（不能超过200人），股份不能进入证券市场交易"，与有限责任公司一样表现出了封闭性。是故，我国立法缺乏针对股份回购定价机制欠缺问题的回应。

股份回购价格的确定首先应遵循意思自治原则，由当事人双方进行沟通协商，此乃各国所公认的事实。唯有在双方协商未果诉诸法院进行价格评估确定时，才使域外的国家分化出两种不同的模式，分别以韩国和日本为代表。

①法院进行形式审查模式。韩国立法是法院形式审查模式的代表。韩国法院对股份回购价格的评估主要存在于程序层面，即股份回购价格的确定是由公司主导，由其负责聘请相关的评估机构审查出具意见，法院仅对评估机构的资质是否合规进行审查。可以说，韩国模式下的股份价格评估的主动权由公司掌有，股份回购价格的认定以评估机构出具的鉴定材料为准，法院仅负责形式审查。该种模式导致不公平的可能性较大，因为公司作为聘请评估机构的甲方主体，具有较高的话语权，对评估机构的操纵和掌控力度较大，这就导致股东实

---

① 山东省威海经济技术开发区人民法院民事判决书，(2018)鲁1092民初170号。
② 参见蒋大兴：《公司法的展开与评判：方法·判例·制度》，法律出版社2001年版，第462页。

际上无法考证评估报告中所出具的价格是否公正合理；同时，公司还是会计账簿等一手证明材料的首要掌管主体，股东若想推翻评估结论、举证价格不公也是极为困难的。由此观之，韩国的立法模式采用了将股份回购价格确定的主动权赋予诉讼当事人双方，法院在其中不起主导性作用的做法。

②法院主导司法评估模式。日本立法是法院主导司法评估模式的代表。日本对股份回购价格的评估强调立法和司法权的实质介入，而非仅进行形式审核。日本对股份价格的认定注重两点：一是对股东的平等保护；二是防止股东投机。《日本公司法》第144条第3款规定，法院在对股份回购价格进行认定时，应考虑一切相关情况，而非仅考虑公司资产状况，故资产评估机构出具的鉴定材料仅作为法院进行定价判断时的佐证材料之一。日本还根据公司形态的不同分类，分别规定了股份价格的评判标准。对于非上市公司的股份价格，原则上应以回购发生时公司的净资产为计算基准；但任何一种单一的认定方法均无法客观公正地反映出股份的实际价值，因而法院在认定价格时应采用诸如还原法、比准法、资产法等多种方法综合考量。而对于上市公司而言，其股份价格可通过证券交易场所内大盘上的股价走势直观反映，虽然股价难免带有投机性质，某些极端情况下存在估值倍数过高不能真实反映其价值的现象，但多数情况下，股价是公司价值的直观体现。日本也通过判例的形式明确了上市公司在没有特殊情况的前提下，对合并、分立合同生效前一定时期内的股价进行加权平均得到的结果可以被认定为"合理价格"。相较于韩国，日本关于股份回购价格确定的立法模式更为贴切实际。公司股份价格的确定理应考虑多种事项，不能仅以资产评估机构出具的鉴定材料为唯一准绳。并且即使双方当事人之前在《股份回购协议》中约定了回购价格，如果后期出现了某些非归责于当事人双方的原因，导致原有规定事项发生了重大情势变更，也应再结合现实情况重新考量。日本法上对价格的确定，会依据公司类别进行重新分类，针对非上市公司和上市公司分别规定不同的价格基准日和价格评价方法，内容翔实具体，有利于法官在司法实践中运用。

我国在今后的立法完善中可逐步建立起股份回购的定价机制，这是因为股份回购价格的确定是股份回购制度的重要组成部分，确保股份回购价格的公正合理对于贯彻股东平等原则而言具有重要现实意义。首先，股份回购价格的确定应鼓励双方"谈判优先"。当协商未果需由法官予以裁定时，则应在立法层面明确如何界定"合理价格"的概念，树立股份的"合理价格"不单纯等同于股份客观价值的理念，从而避免法官在司法实践中以评估鉴定报告为唯一准绳这一现象的发生。其次，应根据公司类别的不同，对价格评估的基准日和评估方法分类予以规定。对于未上市的股份有限公司而言，由于其股份价格波动不大，评估的基准日选定为回购发生之日的单一时间点即可，并且由于其股份价值无法直观体现，是故应采取多种方法综合考量其于基准日时点的价值并与将来预期收益相结合予以全面客观评价。而对于上市公司而言，由于其价格变动频繁，是故评估的基准日应定义为连续的时间段，可选择回购发生之日起前20个交易日来作为评估阶段，并以证券交易所的成交价格为首要评估基准，当有证据证明上市公司存在操纵股价的行为时，综合考虑其余因素予以断定。

(3) 股东请求公司回购的事由

针对股份有限公司中法定的异议股东回购请求权的争议，大都围绕对《公司法》第142条第1款第4项条文内容的解读，也就是如何认定公司"合并、分立"和"持异议"。经过统计，没有找到异议股东依据该项胜诉的案例，异议股东均因为举证不能，或者异议事由不符合合并、分立的认定而被驳回了诉请。可见这项法定的回购请求权规定非常严格。

以张某某与深圳市丽晶光电科技股份有限公司请求公司收购股份纠纷案[①]为例，"本案中，原告主张被告将持有的洲周公司股权向其现有的部分股东转让的事实构成公司分立，因此，要求被告收购原告持有的被告公司股权。根据'谁主张，谁举证'证据原则，原告须对被告的股权转让行为构成公司分立承担举证责任，但其现提供的各类工商登记资料等证据不足以证明被告公司与洲周公司之间存在人员、财务、经营业务的混同。此外，公司法意义上的公司分立系指一个公司依照公司法的相关规定，根据股东会决议分成两个或两个以上的公司。本案中，被告公司虽原系洲周公司的唯一股东，但属公司法意义上两个独立的主体，被告转让其持有的洲周公司股权的行为属对其财产的处分，并不构成公司法意义上的公司分立。原告的诉讼请求，缺乏事实和法律依据，本院

---

① 广东省深圳市宝安区人民法院民事判决书，(2019) 粤0306民初9209号。

不予支持"。

这样严格的认定标准和极低的股东胜诉率令人不禁反思。对股份有限公司回购股份进行严格限制，是基于其股权转让流动性较强的假设性前提。然而事实上，股份有限公司的股权转让并不必然有很强的流动性，未上市的规模较小的股份有限公司与有限责任公司相比，很可能在股权流动性上并无很大区别。这种情况下，根据我国《公司法》第142条第1款第4项的规定，其回购事由是异议股东回购请求权，在当今资本市场快速发展的情况下，股份有限公司的异议股东回购请求权的适用限于公司合并和分立时，显得过于狭窄。而对于回购事由过于严格的限制，无疑会使得异议股东无法自由倾诉自己的利益需求。

对于异议股东回购请求权的适用情形或许可以适当增加。例如，当公司章程有大范围修改、公司出售主要或者全部资产等时，异议股东可以根据情况要求公司回购股份。

（二）《公司法》第74条的类推适用

1.《公司法》第74条类推适用于股份有限公司的必要性

综合比较《公司法》第74条和第142条关于股权回购与股份回购的具体规定，可以发现二者在规范目的、适用对象以及具体事项上均存在诸多差异：二者分别适用于有限责任公司与股份有限公司；第74条强调对于中小股东的保护，第142条的立法目的则侧重于公司资本结构的调整以及维护公司控制权；《公司法》对于有限责任公司回购股权并没有作出原则性规定，司法实务中亦支持了法定情形之外的股权回购形式，而对于股份有限公司则是采取了"原则禁止，例外允许"立场；在具体条款设置上，二者对回购的触发条件也作出了不同的规定，例如，第142条并没有对"合理价格""回购请求权行使期间"进行规定，而第74条则没有像第142条一样对于公司回购股权后的处置方式作出明确的规定。笔者认为，前述制度设计的差异本质上取决于两种公司类型的差异，而这种制度差异并不是必然的，因为即便立法没有明确的规定，也并不意味两种公司在实现回购请求权时要采用截然不同的双重标准，即股份有限公司的小股东亦值得保护，股份有限公司回购股份时所支付的对价也应具备合理公正性。相较于第 142 条,第 74 条对于股权回购的规定更为丰富和完善,虽然在实务适用中存在一定的局限性,但是并不能据此直接否认《公司法》第 74 条类推适用于股份有限公司的必要性。

近年来,学者们对于不同公司类型之间共用性规范以及专用性规范的适用边界展开了讨论。共用性规范主要包括两种类型:一是《公司法》总则中的规范,如营业执照制度普遍地适用于所有公司类型;二是不同公司制度之间的准用,如股份有限公司准用有限责任公司的出资方式等。学者们认为后者存在的合理性还有进一步探讨的空间。① 具体至股权(股份)回购问题,以"合理价格"的认定为例,日本法院一般认可以一定时期内的市场价格进行加权平均确定"合理价格"的路径,但是实务中股价必然会受到市场波动的影响,股东或将承担请求前股价下跌的风险,由此或将引发大量股东投机,因此日本法对于股份有限公司回购股权也规定了合理价格,但对于合理价格的认定大多需要参考市场价格,如何确定合理价格认定的基准点在日本的实务界和学界仍被广泛讨论。此外,股份有限公司包括上市公司以及非上市公众公司,非上市公众公司也具备一定的封闭性,其股份一般不存在经常变动的市场价格,若直接适用《公司法》第 142 条的规定,回购时既没有市场价格可供参考,也不适用合理价格的认定,而现有的股权(股份)回购制度显然并未对此种公司的特征进行特殊的回应与制度设计,存在立法漏洞。

由此可见,虽然有限责任公司以人合性、封闭性为主要特征,而股份有限公司强调资合性,资产流动性更强,二者在特征上存在一定的差异性,但在股权(股份)回购制度设置上未必不存在制度间类推适用的必要性。

接下来,笔者将以无名合同与典型合同之间的关系为切入点,探讨类推适用的边界,同时笔者将结合不同类型公司股权(股份)回购的立法目的差异具体分析《公司法》第 74 条类推适用的可能范围。

2. 类推适用的理论逻辑

在民商法领域,最典型的类推适用与参照适用制度应用是无名合同参照适用典型合同的情形。随着市场经济交易的发展和社会分工的细化,我国交易类

---

① 参见王延川:《公司类型:规范区分与司法适用》,载《当代法学》2015 年第 3 期。

型不断更迭,交易频度成倍增长,交易模式也随之日趋复杂化,原本属于无名合同的某种交易形态具备一定普遍性时就会成为典型合同。① 虽然无名合同未能被法律所认可和类型化为一种新增的典型合同,但《民法典》第467条第1款规定了无名合同参照典型合同的规则,即"本法或者其他法律没有明文规定的合同,适用本编通则的规定,并可以参照适用本编或者其他法律最相类似合同的规定"。同时,《民法典》第646条所确立的有偿无名合同参照适用买卖合同的规则,进一步完善了无名合同参照适用的规范依据体系。参照适用所运用的场景要求具备一定类型化的可能,同时参照适用应具有一定的开放性,以应对现代生活未来发展过程中的身份关系、组织关系以及法律行为类型的复杂化。参照适用的基础在于拟认定主体、事实、制度与被参照主体、事实、制度之间的相似性,相似程度决定了参照适用的程度与范围。② 除了事实要素、结构关系层面的客观相似性,相似性的判断还需要将规范的法益保护目的纳入考量,从而判定具体参照适用的法律效果。③ 例如,租赁人的地位能否适用善意取得引发了广泛的讨论,其参照适用的基础在于承认对租赁人权益的保护超越了对普通债权的保护,从而体现了类物权性质,故而存在参照适用物权善意取得制度的讨论空间。

值得注意的是,参照适用的范围应当有所限制:一方面,在进行参照适用前应当先行探寻现有的法律规则;另一方面,参照的对象应当具备一定的类似性,其范围受到了相似性程度的限制。不容否认的是,参照适用与类推适用的概念不完全相同,应当有所区分。参照适用是指案件不在法律条文适用范围之内,它们有类似性,但是立法机关预先明文允许,实际上是授权;而类推适用则是指案件不在法律条文适用范围之内且没有法条的预先规定,由法官自己做主在法律体系中寻找适用依据,这要求它的适用范围和案件具有类似性。可见二者适用的基础都是不同主体、事实、制度之间的相似性,区别在于是否具有法律的预先规定。考虑到现行法律并没有明确股份有限公司可以参照适用有限责任公司股权回购的相应规范,故而,股份有限公司适用该条的路径为类推适用,需要

---

① 参见谢鸿飞、涂燕辉:《民法典典型合同的制度创新及意义》,载《人民检察》2020年第12期。
② 参见刘姓:《民事准用制度探析》,载《苏州大学学报(哲学社会科学版)》2016年第4期。
③ 参见易军:《买卖合同之规定准用于其他有偿合同》,载《法学研究》2016年第1期。

考量的因素包括主体特征的相似性以及规范目的相似性。

3.类推适用的可能性分析

有限责任公司与股份有限公司之间主体特征上的差异性,决定了股份有限公司不能够完全类推适用《公司法》第74条的规定,而应该是部分且有限地类推适用。

除了前文所述类推适用《公司法》第74条设置股份有限公司回购时的合理价格条件,股份有限公司在类推适用该条时还需要充分考虑公司类型特征以及相应配套制度的差异性。固然,股份有限公司可以适当放开基于资本维持制度的股份回购限制,但这并不意味着该条所列举的全部法定回购事由都适用于股份有限公司。在股份有限公司允许自由交易,设置了便捷的退出机制的前提下,其是否还涉及中小股东利益保护的问题是存疑的。《公司法》第142条的立法目的更多地侧重于维护公司价值,因此在具体适用时应当考虑不同公司权益保护目标的差异性,从而确定股东回购请求权事由设置的边界。

此外,《公司法》第74条所规定的股东异议方式为在股东会决议中投反对票,而对于公司股东人数众多的股份有限公司而言,小股东缺乏参与股东会决议的激励机制,同时可以选择自由退出,其是否存在投反对票的可能性以及必要性仍有待进一步讨论。

综上,股份有限公司存在一定程度上类推适用《公司法》第74条的必要性与可能性,但应该充分考虑两种公司类型的差异性以及规范设置目的的差异性,从而进一步对类推适用的边界进行辨析和划分。

六、上市公司股份回购问题研究

(一)2018年《公司法》第142条的修法目的

有学者称,2018年《公司法》修改是具有里程碑意义的,股份有限公司回购股份已经从单纯的减资手段,转为兼具股权激励、转换可转换公司债券和安定操作等多种功能,成为了调整证券市场关系的重要工具。[①]

[①] 参见叶林:《股份有限公司回购股份的规则评析》,载《法律适用》2019年第1期。

1. 2018年《公司法》修改的主要内容

表13-9展示了2018年《公司法》修改前后法条条文的对比,其中与上市公司股份回购相关的制度产生了重大变化。

表13-9 2018年《公司法》修改前后有关上市公司股份回购的规定变化

2013年《公司法》	2018年《公司法》
第一百四十二条 公司不得收购本公司股份。但是,有下列情形之一的除外	第一百四十二条 公司不得收购本公司股份。但是,有下列情形之一的除外
(一)减少公司注册资本	(一)减少公司注册资本
(二)与持有本公司股份的其他公司合并	(二)与持有本公司股份的其他公司合并
(三)将股份奖励给本公司职工	(三)将股份用于员工持股计划或者股权激励
(四)股东因对股东大会作出的公司合并、分立决议持异议,要求公司收购其股份的	(四)股东因对股东大会作出的公司合并、分立决议持异议,要求公司收购其股份
	(五)将股份用于转换上市公司发行的可转换为股票的公司债券
	(六)上市公司为维护公司价值及股东权益所必需
公司因前款第(一)项至第(三)项的原因收购本公司股份的,应当经股东大会决议	公司因前款第(一)项、第(二)项规定的情形收购本公司股份的,应当经股东大会决议;公司因前款第(三)项、第(五)项、第(六)项规定的情形收购本公司股份的,可以依照公司章程的规定或者股东大会的授权,经三分之二以上董事出席的董事会议决议
公司依照前款规定收购本公司股份后,属于第(一)项情形的,应当自收购之日起十日内注销;属于第(二)项、第(四)项情形的,应当在六个月内转让或者注销	公司依照本条第一款规定收购本公司股份后,属于第(一)项情形的,应当自收购之日起十日内注销;属于第(二)项、第(四)项情形的,应当在六个月内转让或者注销

续表

2013年《公司法》	2018年《公司法》
公司依照第一款第(三)项规定收购的本公司股份,不得超过本公司已发行股份总额的百分之五;用于收购的资金应当从公司的税后利润中支出;所收购的股份应当在一年内转让给职工	属于第(三)项、第(五)项、第(六)项情形的,公司合计持有的本公司股份数不得超过本公司已发行股份总额的百分之十,并应当在三年内转让或者注销
	上市公司收购本公司股份的,应当依照《中华人民共和国证券法》的规定履行信息披露义务。上市公司因本条第一款第(三)项、第(五)项、第(六)项规定的情形收购本公司股份的,应当通过公开的集中交易方式进行
公司不得接受本公司的股票作为质押权的标的	公司不得接受本公司的股票作为质押权的标的

2.2018年《公司法》修改的主要目的

2018年《公司法》修改放宽了对股份有限公司股份回购的限制,对其背后原因,有学者从我国对于公司回购本公司股份的规制从严格限制到逐渐放松的演变历史的角度,认为修法目的在于形成我国股票市场扎实的基础制度,而非救市之权宜之计。① 有关部门发言中表示2018年《公司法》修改的目的在于促进公司建立长效激励机制、提升上市公司质量,特别是为当前形势下稳定资本市场预期等提供有力的法律支撑。

(二)上市公司股份回购事由的实证分析

1.上市公司回购股份的合法事由

2018年《公司法》第142条采取"一般禁止+例外允许"的方式对股份有限公司股份回购进行了规定,第1款列举了公司回购本公司股份的6个合法事由,其均适用于上市公司,主要包括:(1)减少公司注册资本;(2)与持有本公司股份的其他公司合并;(3)将股份用于员工持股计划或者股权激励;(4)异议股东行使回购请求权;(5)将股份用于可转债;(6)上市公司为维护公司价值及股

---

① 参见叶林:《股份有限公司回购股份的规则评析》,载《法律适用》2019年第1期。

东权益所必需。其中，前4个事由与2013年《公司法》第142条相似。由于第1、2、4个事由与2013年《公司法》第142条没有差别，笔者将对其他3个事由分别进行分析。

关于员工持股计划和股权激励。实行员工持股，使职工不仅有按劳分配获取劳动报酬的权利，还能获得资本增值所带来的利益。2013年《公司法》第142条的原文中采用了"奖励"的词语，所表达的主要是对本公司职工既往业绩的肯定，未能突出公司未来发展与职工利益的有机结合，甚至可能被误解为公司只能向职工无偿提供股份。相反，"员工持股计划"和"股权激励"表达了向后激励的内涵，这种机制系将员工与公司的长期利益相结合，从而更加符合员工激励计划和持股计划的本意。此外，2013年《公司法》第142条中使用的"本公司职工"的词语限定，经常被解释为与公司签订劳动合同的员工，由此，一些子公司的员工及关联企业的员工，时常会面对被排除的情况。为了解决这一问题，部分公司开始在公司外部另设员工持股计划，试图摆脱2013年《公司法》第142条的过度限制。采用员工持股计划的做法，在客观上扩大了股权激励对象的范围，在实务上突破了奖励股份不超过公司股份总数5%的限制，却架空了2013年《公司法》第142条的规范功能，增加了员工持股成本和风险，容易造成股票市场监管的灰色地带。因此，2018年《公司法》第142条实质上改变了原有的对员工持股资格的严格划分，转而支持了公司自行找到的方式。

关于将股份用于转换上市公司发行的可转债。可转债虽然兼具股票的属性，但在本质上仍然是一种债务融资工具，发行人主要承担还本付息义务。[①]股票和债券的性质有许多差异，其中最重要的是对于投资者而言，两种融资工具的风险不同，故股票和债券的证券发行条件和审核程序均应不同。在此项被加入之前，若上市公司发行了可转债，其只能通过发行新股的方式实现"转股"，这样一方面不利于投资者保护；另一方面，长此以往，势必导致发行可转债与发行新股的程序趋同，进而导致"可转债"工具失去价值。根据《公司法》第142条第1款第5项的规定，上市公司在"将股份用于转换上市公司发行的可转换为股票的公司债券"时，可以收购本公司发行在外的股份，并将所收购

---

① 参见张玉明：《企业金融学》，复旦大学出版社2005年版，第323~325页。

股份用于债券的转换,这无疑提供了一种可转债转换的新方式,打开了未来单独规制可转债发行、审核及监管的大门。

关于上市公司为维护公司价值及股东权益所必需。《公司法》修改增加的第 6 项引发了市场的较大反应以及学界的广泛讨论,对于该项的主旨,学者有以下几种概括:"护盘式回购""安定操作""市值管理"。① 基于对修法目的的分析,笔者更赞同将此种回购情形概括称为"安定操作"。中国证监会有关负责人在向全国人大常委会做修法说明时也指出,允许股份回购的情形范围较窄,难以适应公司实施股权激励以及适时采取股份回购措施稳定股价等实际需要,增加的该项规定能够为当前形势下稳定资本市场预期等提供有力的法律支撑,十分必要。上述说明揭示了"稳定股价"在《公司法》修改中的特殊价值。值得注意的是,《公司法》第 142 条第 1 款第 6 项中将"公司价值"与"股东权益"并列提出,其目的是防止对于"稳定股价"预防措施的滥用。首先,这样规定使得公司价值与股东权益在立法上得到了平等的地位,董事会不得将公司利益置于股东权益之上。其次,公司或董事会在采用收购股份方式稳定股价时,不应将其作为敌意收购的防御手段,董事会不应将自己利益凌驾于公司利益和股东权益之上。最后,公司或董事会在采用收购股份方式稳定股价时,必须同时遵守反欺诈的禁令,不得将收购本公司股份作为从事内幕交易和操纵市场的借口。与此同时,第 6 项中的"必需"二字,强调了收购股份的条件。董事会在决定采用股份回购这一措施时,应当根据多种因素进行审慎判断,不得仅考虑股票价格这一单一因素,进而使得公司运营出现困难。

2. 上市公司回购股份的程序规范

《公司法》第 142 条规定的股份回购,依照其产生原因不同,应当分别采用股东大会决议和董事会决议两套不同的审议程序。其中,公司以股东大会决议决定收购本公司股份,与《公司法》第 37 条规定的股东大会职权相符,在理论和实务上不存在争议。公司以董事会决议形式决定收购本公司股份的,则涉及

---

① 参见李振涛:《护盘式股份回购制度的演进及其设计——基于证券市场异常波动应对的视角》,载《政法论坛》2016 年第 4 期;朱庆:《上市公司股份回购中操纵市场行为认定与豁免探讨》,载《证券市场导报》2015 年第 4 期;周博:《企业市值管理案例研究——上市公司股份回购与增发选择分析》,载《吉林广播电视大学学报》2018 年第 8 期。

是否符合《公司法》第46条和第108条关于董事会职权之规定的问题。

按照《公司法》第142条规定,在"减少公司注册资本""与持有本公司股份的其他公司合并"两种情形下,应当由股东大会作出收购股份的决议。

根据《公司法》第142条第2款,第1款第3、4、5、6项下的股份收购,采用"公司章程或股东大会决议授权+董事会决议"模式予以决定,笔者将其简称为"授权决议机制"。从《公司法》关于股东大会和董事会的决议机制的规定来看,授权决议机制是具有创新性的公司决议机制。在授权决议机制中,如何理解"授权"的含义至为关键。按照该条,该授权应当采用法定书面形式,既可以由公司章程作出概括授权,也可以由公司形成决议予以单独授权。在公司章程或股东大会授权后,凡经董事会2/3以上成员审议同意,即形成收购股份的董事会决议并予以实施。当然,超过3年法定期限而未能用于法定目的之股份,其注销似仍应由股东大会决议为之。

3. 数据描述性分析

首先,从上市公司发生回购次数来看,2018年股份回购呈现"井喷式"增长,从2017年的643次直接增长为1359次,实现了回购次数的翻倍,2018年之后上市公司回购次数基本处于稳定状态,变化不大。通过分析各精确数据可以发现,"井喷式"增长主要体现于2018年下半年。截至2021年1月21日,已有100家上市公司公布了股份回购方案。由于部分回购计划并不需要经过股东大会审议,一些公司在披露方案后迅即展开了回购操作,下述分析以2013年1月1日至2020年12月31日的5753次回购为样本。其次,从进行回购操作的上市公司数据来看,《公司法》修改前,样本从2013年1月1日至2018年10月25日,接近6年的时间里共有1344家上市公司进行回购操作,其中被标记为*ST或ST的共41家;而《公司法》修改后,样本从2018年10月26日至2020年12月31日,2年多时间里便有973家上市公司进行回购操作,其中被标记为*ST或ST的共47家。可见,《公司法》修改后有更多的经营正常的上市公司使用股份回购工具进行资本市场运作。(见图13-5)

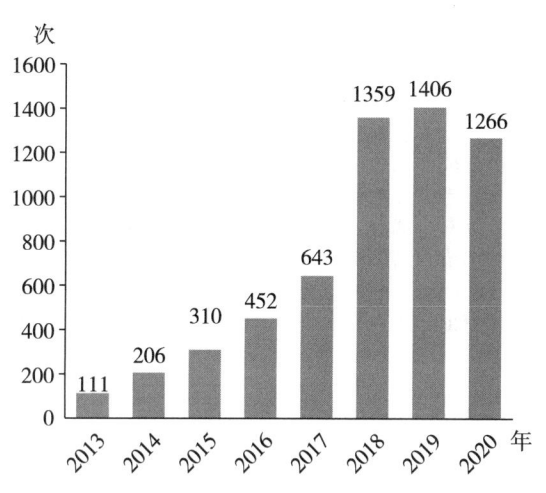

（a）2013~2020年上市公司股份回购次数

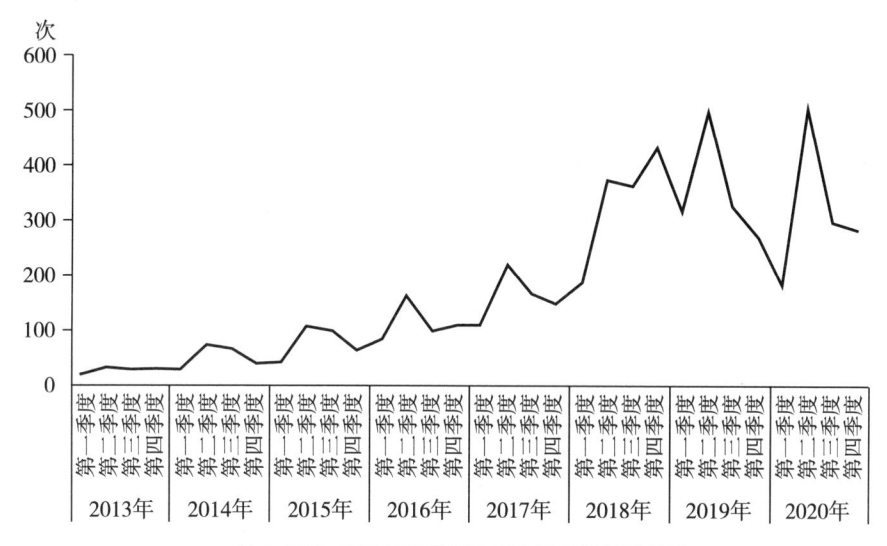

（b）2013~2020年各季度上市公司股份回购次数

图 13-5　上市公司股份回购情况统计

4. 不同事由发生频率的实证分析

为探究上市公司回购呈现"井喷式"增长的增长点究竟在哪种事由上，市场对于《公司法》第142条修法的反应，以及当前上市公司股份回购的实务现状，笔者对上述样本进行了回购事由的统计。Wind资讯对上市公司股份回购进行了专题统计，其中对股份回购的事由进行了如表13-10所示分类。

表 13-10　上市公司股份回购事由分类

事由	释义
市值管理	公司认为现有公司股价不能正确反映公司股票的实际价值,出于稳定股价目的而进行的回购
股权激励注销	因激励对象离职、绩效考核不达标等现实情况,出于股权激励股份注销目的而进行的回购
实施股权激励	公司目前业务发展良好,经营业绩持续增长,为了完善公司长效激励机制,为后续实施股权激励而进行的回购
盈利补偿	业绩承诺协议普遍存在于发行股份购买资产,业绩承诺未完成时则业绩承诺方将通过股份和现金进行补偿/履行上市公司控制权转让的业绩承诺约定,股份补偿通过回购方式进行,回购总价一般为0元或1元
重组	在重组过程中为避免出现交叉持股等进行的股份回购,较少出现
其他	不属于以上5种或多种回购目的同时存在

(1)"员工持股或股权激励"事由的适用显著增加

据统计,《公司法》修改前共有63家上市公司适用"实施股权激励"事由,占总数的0.07%;《公司法》修改后有129家上市公司适用此事由,占总数的4.29%。此比例并不高,但需要注意的是,占比较大的"股权激励注销",在《公司法》修改前后分别占比77.84%和68.79%。此种情况系公司承诺股权激励,但是被激励对象离职、绩效考核不达标等时,出于股权激励股份注销目的而进行的回购。发生股权激励注销意味着公司进行过股权激励,并且能够注销没有实现激励用途的股份,在某种程度上起到了促进公司以股权激励员工的作用,因为当被激励对象没有达到目标时,为此而新发行或者回购的股份处理起来非常容易。由此说明,《公司法》修改促进了上市公司以员工持股计划或股权激励的形式向激励对象发送信号。

(2)不同回购事由适用比例发生变化,新增事由适用有限

据统计,《公司法》修改后截至2020年12月31日,用于转换上市公司发行的可转换为股票的公司债券的仅有1家,选择用于维护公司价值及股东权益所必需的回购目的的仅有17家,占比0.56%。总的来看,选择适用新增的两项事由的上市公司比较少。在查看上市公司回购公告时发现,许多公司在描述回

购目的时包含维护公司价值及股东权益的意味,但是选择通过减少注册资本的方式进行。例如,渤海轮渡(603167)在回购公告中写道,鉴于公司当前股价未能体现出公司的长期价值和出色的资产质量,对公司良好的市场形象有所影响。为了充分维护渤海轮渡和投资者利益,稳定投资者预期,增强市场信心,推动公司股票价值的合理回归,基于对公司未来发展前景的信心以及对公司价值的高度认可,在综合考虑公司财务状况以及未来的盈利能力的情况下,依据相关规定,公司拟通过集中竞价交易方式进行股份回购,回购的股份注销以减少注册资本。① 而回购目的为维护公司价值及股东权益的,依相关规定,公司需要在回购结果披露公告后3年内完成减持,故该回购目的往往伴随回购用途为3年内出售的安排。又如,中天金融(000540)在回购公告中写道,按照相关法规规定,在披露回购结果暨股份变动公告6个月后采用集中竞价交易方式减持本次回购股份,3年内未依法转让的,在期限届满前注销。② 有学者认为,《公司法》修改后将回购后对股份处理的时间放宽至3年,实质上确立了库存股制度。③ 用于减少注册资本而回购的股份实质上也是库存股,只是因为作为库存股期间过短,并且其处置方式只有注销,所以认定其库存股属性没有意义。但是当前库存股期间被宽限为3年,同时《公司法》明确规定了回购股份处置的方式可以是出售,即这批库存股份可以再次发行(增发),若采取该种处置方式,意味着大股东和董事会有较大的自由裁量空间,由此可能带来对其他股东的保护不足等一系列问题。由于回购事项发生时间较短,未产生典型案例,需日后持续关注。

(3)股份回购计划变更或未完成情况多发

根据原《上海证券交易所上市公司回购股份实施细则》第41条的规定,上

---

① 参见渤海轮渡于2018年10月27日公布的公告——《渤海轮渡集团股份有限公司关于以集中竞价交易方式回购股份预案的公告》。
② 参见中天金融于2019年1月4日公布的公告——《中天金融:关于公司控股股东提议公司回购股份(第二期)的公告》。
③ 参见曾斌:《上市公司股份回购制度——理论目标与制度比较》,载《投资者》2019年第1期。

市公司回购股份方案披露后,非因充分正当事由不得变更或者终止。① 但是笔者发现,在研究样本(共计 5753 次回购)中有 4203 次回购目的为"股权激励注销",50 次回购被停止实施或失效。

对股份回购用途进行调整的情况以"股权激励注销"为主。例如,梦百合(603313)的第一期限制性股票激励计划,因激励对象已离职,不再具备激励对象资格,公司将对其已获授但尚未解除限售的限制性股票共计 9.1 万股进行回购注销。同时公司减少注册资本。② 又如,科达洁能(600499)原计划回购股份用于股权激励,但基于公司实际情况,结合公司发展战略考虑,为健全和完善公司的激励、约束机制,使经营者、核心骨干人员和股东形成利益共同体,提高经营者、核心骨干人员的积极性、创造性与责任心,提高公司核心竞争力与可持续发展能力,公司拟对回购股份的用途进行变更,由原计划"本次回购的股份将作为公司后期股权激励计划之标的股份"变更为"本次回购的股份将作为公司后期股权激励计划及/或员工持股计划之标的股份"。③

(编校:龙泓任)

---

① 《上海证券交易所上市公司回购股份实施细则》第 41 条规定:上市公司回购股份方案披露后,非因充分正当事由不得变更或者终止。因公司生产经营、财务状况、外部客观情况发生重大变化等原因,确需变更或者终止的,应当及时披露拟变更或者终止的原因、变更的事项内容,说明变更或者终止的合理性、必要性和可行性,以及可能对公司债务履行能力、持续经营能力及股东权益等产生的影响,并应当按照公司制定本次回购股份方案的决策程序提交董事会或者股东大会审议。上市公司回购股份用于注销的,不得变更为其他用途。

② 参见梦百合于 2020 年 2 月 28 日公布的公告——《梦百合家居科技股份有限公司股权激励限制性股票回购注销实施公告》。

③ 参见科达洁能于 2020 年 6 月 9 日公布的公告——《广东科达洁能股份有限公司关于变更现存回购股份用途的公告》。

第十四章 股东代表诉讼纠纷实证研究

贾 烁　刘林让　杨一鸣
杨子傲　张 沁　周恩旭

一、概述

股东代表诉讼,又称股东派生诉讼,是指当公司由于某种原因没有就其所遭受的某种行为的侵害提起诉讼时,公司股东代表公司以使公司获得赔偿等救济为目的而针对该种行为提起的诉讼。① 这一制度的主要目的在于对公司的董事、监事、高级管理人员、多数股东进行威慑,保护公司自身及其小股东的利益。

就股东代表诉讼的历史沿革而言,股东代表诉讼在历史上发源于19世纪的英国,一个标志性事件是 Foss v. Harbottle 案。在这一案件中,法院确立了著名的"Harbottle 原则",具体包括适当原告原则与多数规则原则。适当原告原则,是指若公司利益被侵害,对此提起诉讼的适格原告只能是公司,而不能是个人股东或少数股东;多数规则原则,是指股东会按照股本多数决原则对公司是否起诉进行决定。两条原则所体现的思路是一致的,那就是股东提起代表诉讼要遵循公司进行其他决策的规定程序,股东会决议通过之后才能进行。然而,在公司内部人员侵害公司利益这一情境下,这种思路明显不利于公司利益的保护,且侵犯了少数股东的权益,实质上使大股东可以更加无所顾忌地滥用其股东权利,而不会受到公司的起诉。

由于"Harbottle 原则"存在这样的问题,在之后的英国法相关判例中,法院

---

① 参见施天涛:《公司法论》,法律出版社2018年版,第449页。

在对其的适用上逐渐确定了以下几种例外情形:第一,多数股东对少数股东的欺诈。若公司利益受损是因为多数股东进行了欺诈,而且多数股东在股东会中持有多数股份使得股东会不能形成决定起诉的决议,那么显然少数股东在这种情况下应该有救济途径,法院会允许其直接代表公司向多数股东提起诉讼。第二,公司行为违法或者越权。若公司行为违反了法律规定,那么作出决策的董事会、股东会显然不情愿推翻当时的决定,因此允许股东直接提起诉讼。第三,股东会会议的程序违法。例如,参会股东的比例没有达到法定要求时,可能存在部分股东的意愿没有得到表达机会的情况,法院便会给他们以起诉来维护权益的机会。第四,出于公平原则的考虑。这是法官最大限度地行使自由裁量权的体现,也就是说,即使不存在上面几种特定的例外情形,法官若认为不起诉对于少数股东过于不公平,那么也会允许股东直接提起诉讼。

在美国法中,法院并没有直接移植"Harbottle 原则",而是通过司法判例建立了衡平规则,直接向前迈了一大步,直接承认股东可以代表公司,为公司利益提起代表诉讼。[①]

在我国,股东代表诉讼制度最早出现于 2005 年修正的《公司法》第 152 条。2018 年修正《公司法》之后,位于第 151 条(2023 年修订后为第 189 条)。除了在《公司法》中进行了明确规定之外,《公司法司法解释(四)》第 23 条到第 26 条也对涉及股东代表诉讼的各类问题进行了释明,在《九民纪要》第 24 条至第 27 条中,最高人民法院对股东代表诉讼中股东的原告资格、前置程序以及反诉、调解等问题再次进行了明确。根据上述法律、司法解释和会议纪要的相关规定可以总结出,在我国公司法中,股东代表诉讼制度的逻辑架构为:公司合法权益受损→股东请求公司起诉→公司拒绝起诉、怠于起诉或出现其他紧急情形→股东提起代表诉讼。

(一)制度特征

1.最本质的出发点:公司利益受损

股东代表诉讼的适用前提是公司利益受到损害。首先,如何界定公司利益所包括的对象是存在争议的。公司的有形资产被侵占、现金被挪用,当然属于

---

① 参见施天涛:《公司法论》,法律出版社 2018 年版,第 451 页。

公司利益受损。那像公司的债权没有得到实现、商业机会被恶意转让这类情况是否也属于公司利益受损的情况呢？这是需要进行个案判断的。其次，是否所有公司利益受损的情况都适用股东代表诉讼？除了法条明确规定的董事、监事、高级管理人员之外，其他股东滥用股东权利使得公司利益受损是否可以适用代表诉讼？公司之外的第三人，因合同违约、侵权责任造成公司利益受损时，又是否属于股东代表诉讼所规制的对象？这都在理论和实务中存在争议。

2. 原告是否适格的判断标准

相比于其他类型的民事诉讼，股东代表诉讼对于原告是否适格有着很严格的判断标准，即只有具备公司的股东身份才能起诉。而且，仅有公司的股东身份并不足以使当事人成为适格原告，股东还要满足一定的身份要求（例如在股份有限公司中，需连续持股180日以上或持有1%以上的股份），才能代表公司提起诉讼。

3. 兼具代表性和代位性

代表性是针对公司的其他股东而言的，指提起代表诉讼的股东在客观上是公司中同样受到利益侵害但没有提起诉讼的其他股东的代表。[①] 由于这些股东面临的客观情况是一致的，当一个股东提起股东代表诉讼后，为了避免滥诉，案件的裁判结果对于其他股东也有着相同的效力。

代位性是针对原告和公司之间的关系而言的。股东代表诉讼的大前提是公司利益受损，公司作为法人主体，本应自己作出意思表示提起诉讼，但由于公司被相关侵权人所挟控，实际上不存在起诉的可能性。此时由符合主体资格的公司股东代位行使公司的诉权，既有利于保护公司的利益，也有利于保护中小股东的利益。

4. 原告是股东而不是公司

在股东代表诉讼中，虽然股东是为了公司利益提起诉讼，但其只能以自己的名义提起诉讼，而不能以公司的名义提起诉讼。原因在于，公司的法人主体地位要得到尊重，这是公司法的基本逻辑所在。虽然公司因被侵权人代表而作

---

① 参见吴中学：《论我国股东代表诉讼制度及其完善》，四川省社会科学院2013年硕士学位论文。

出了不起诉的意思表示，并会因此遭受损失，但从形式逻辑上而言，这一决定是符合公司法规定的。此时若让股东有资格以公司的名义提起诉讼，那么公司的法定代表人制度将形同虚设。即使是为了保护公司利益，也不能因实质逻辑而牺牲形式逻辑的判断。因此，为了在形式与实质之间取得平衡，法律赋予股东以自己的名义提起诉讼的权利，这样既没有违反公司法对于法定代表人的规定，又可以为股东维权、保护公司利益提供合法手段。

5. 前置程序的履行必要性：交叉履行

正常来说，公司利益受损，应在公司董事会决策之后，最终由法定代表人代表公司提起诉讼，但在股东代表诉讼中，侵权行为人的特殊性使得这一情形实质上难以发生。为了避免实践中股东滥用这一制度，法律规定股东在提起代表诉讼之前，要履行相应的前置程序来证明公司确实没有办法以自己的名义提起诉讼，这才构成股东代表诉讼的适用条件。具体地，我国公司法规定股东若要起诉董事、高级管理人员，则要先请求监事会起诉；若要起诉监事，则要先请求董事会起诉。若被请求的主体拒绝起诉，或者在一定期限内无响应，或者情况紧急，或者股东证明没有履行该程序的可能性，则可以直接提起代表诉讼。这样的机制设计既可避免股东滥诉，也没有给股东增加过于不利的负担。

6. 胜诉利益归公司所有，而不是归股东个人所有

在股东代表诉讼中，虽然原告是股东，也是以个人名义提起诉讼，但是若胜诉，被告进行赔偿的相关利益最终要由公司取得，而不是由股东个人取得。这是因为，股东代表诉讼的出发点就在于保护公司利益，其产生的直接原因是公司利益受到侵害要得到补偿，所考虑的利益主体都是公司。因此，胜诉利益自然也应该归属于公司。至于股东个人利益的保护：一方面，在公司受偿之后，可以通过公司内部的治理机制，让股东得到相应的补偿；另一方面，股东可以提起个人诉讼，而无须通过代表诉讼来主张个人权利。

（二）制度价值与争议

一方面，该制度具有事前抑制作用，可以在一定程度上对公司内部人员形成威慑，降低其侵犯公司利益的可能性。另一方面，其具有事后救济作用，即在侵犯公司利益的行为发生之后，为公司及其股东提供一种有效的救济手段。

1. 事前抑制作用

股东代表诉讼的适用场景往往是公司内部的董事、监事、高级管理人员以及大股东利用其职权与对公司的控制力,侵害公司利益,满足个人利益。对外,这些人员往往代表公司,公司作为法人的外部行为要通过他们来实现;对内,这些人在公司内部有着较高的地位与较大的实际权力,公司内部其他人员难以对其形成有效的制约。若无股东代表诉讼,这些人员会下意识地认为,即使他们做出了侵害公司利益的违法行为,也不会受到追究,因为无论是内部决议还是对外起诉的决定权都掌握在他们手里。在这种情况下,基于成本收益分析的理性人决策框架,公司的董事、监事、高级管理人员与大股东也就更有可能实施侵害公司利益的行为。而股东代表诉讼这一制度的存在,则让这些主体认识到,公司的其他股东、小股东有法律明文规定的手段可以向他们发起追究,且不需要经过他们的职权同意。① 因此,在有惩戒机制的情况下,这些主体会进行更审慎的考虑来决定是否要承担风险进行侵害公司利益的行为,如此便大大降低了这些情况发生的可能性。

2. 事后救济作用

这也是股东代表诉讼最基本的功能,即在发生侵害公司利益的行为,而公司无法通过其他法定程序作出起诉的决定的情况下,赋予公司股东代表公司提起诉讼的权利来维护公司利益。间接层面上,这不仅是对公司本身的保护,也是对股东利益和债权人利益的保护。这一作用比较简单清晰,在此不作赘述。

虽然股东代表诉讼有这样的积极价值,但是这一制度也遭受了比较多的批评。这些批评主要包括三个方面:股东的权利滥用、无助于公司价值提高、削弱了管理者的权力。

(1) 股东可能将股东代表诉讼制度作为自己谋取私利的工具。在与公司经营管理者或其他股东有矛盾的情况下,股东可能恶意提起代表诉讼,干预公司正常经营,从而在公司内部博弈中占得先机或取得经济上的不当利益。②

(2) 虽然原告若打赢了股东代表诉讼可以让公司获得赔偿,但这却并不意

---

① 参见宣伟华:《股东代表诉讼初探》,载《法学》1999年第6期。
② 参见李小宁:《公司法视角下的股东代表诉讼——对英国、美国、德国和中国的比较研究》,法律出版社2009年版,第8页。

味着公司价值会因此提高。一方面,公司必须支付代表诉讼的费用,且浪费了公司相关人员大量精力,造成资源浪费;另一方面,该制度的存在会在某种程度上威胁公司的管理者,让其在进行经营决策时因害怕担责而无法真正为公司利益最大化而进行考虑,最终使得公司需要更多的激励来促进管理者的工作,付出更多成本。

(3)该制度是对公司所有权与经营权分离的破坏。公司在经营管理过程中的决策权属于公司的董事会所有,股东并不拥有干预的权利。股东代表诉讼的存在,使得股东拥有了干预董事会决策的法律手段,若董事会决策不符合股东的心意,股东便可能以其侵害公司利益为由提起代表诉讼,这显然不利于公司决策的效率与效益最大化。

由于股东代表诉讼既有其优势,也遭受了一定程度的非议,我们必须要对该制度进行这样的思考:从法政策的角度考虑,是应该支持股东代表诉讼的应用,还是对其应用秉持谦抑态度呢?这要从公司法的基本理念入手进行分析。公司法的一个基本原则在于公司意思自治,公司作为法人主体有独立地位,可以自行对其权利进行主张。从这一角度来看,股东代表诉讼其实是对公司法人人格独立地位的侵犯,因为按照法人人格独立理论,只有公司的法定代表人能够代表公司,以公司的名义对侵权行为进行起诉,主张公司的权益。股东作为投资者,在公司的经营权与所有权分离的基本原则之下,不应该具有插手公司决策的权利。由此来看,股东代表诉讼制度本身似乎就存在不合理性。

然而,股东代表诉讼之所以产生,就是因为能够代表公司提起诉讼的主体往往就是侵害公司利益的主体,让其决定自己起诉自己,显然是不可能的。这时,就要引入公司法中的另一个重要原则,即利益平衡原则。在考虑股东代表诉讼是否合理时,应将这两种利益进行比较:是公司的法人人格独立地位更值得保护,还是公司的实质利益更值得保护呢?这其实是一个形式与实质的平衡,不能过于偏向某一边。在股东代表诉讼的背景条件下,为了保护形式上的公司法人人格独立地位,过度牺牲公司实质利益,显然是与公司法实质重于形式的理念所不符的。因此,股东代表诉讼的存在是具有其合理性的,至少不应该被过分压制。

那么,从法政策的角度来看,是否应该鼓励股东代表诉讼呢?笔者认为,应当从以下两方面进行考虑：一方面，若鼓励股东代表诉讼，是否会使得在公司治理过程中过度重视公司实质利益，而没有尊重形式要件，从而使得司法审查过度介入公司自治的范畴。另一方面，在我国司法实践中，目前股东代表诉讼是处于怎样的状态，该权利是被股东滥用，还是使用不足？若被滥用，那么当然不应该继续鼓励，否则就有可能造成滥诉的后果。

总体来看，目前在我国公司法实践中，股东代表诉讼制度仍然处于不成熟的状态，并不是公司纠纷中十分常见的类型。如下文在"案例整理和分类统计"部分所展现的，其每年的相关案例数量并不多，且在具体案例中，法院其实倾向于驳回股东的起诉，对股东起诉条件和起诉内容进行非常严格的形式与实质判断。可以看出，股东代表诉讼制度在我国目前是没有被充分利用起来的，在个案中法院倾向于不对公司事务进行过多的司法干预，在大样本下股东代表诉讼的案例数量也不多。因此，我们需要担心的并不是股东代表诉讼可能带来的干预公司自治、滥诉浪费司法资源问题，而恰恰是对公司实质利益保护不足、对代表诉讼制度应用不足的问题。综上，从法政策的角度来看，在我国目前的司法实践中，应对股东代表诉讼秉持鼓励的态度，让公司股东积极运用法律赋予的权利，为保护公司利益而起诉相关主体。①

二、案例整理和分类统计

数据源于"威科先行"法律信息库，以"股东代表诉讼"为检索词，在高级检索中将搜索范围限定为"裁判理由及依据"，年份选择在 2010～2020 年之间，经过初步检索，得到 1206 个案例。人工阅读之后，排除了与股东代表诉讼没有实质性关联的案例，最后得到 901 个案例作为数据统计和案例分析的对象。

（一）审判程序

在股东代表诉讼的案例中：一审案件最多，达 448 个，占比为 49.72%；二审案件 398 个，占比达 44.17%；另有一部分再审和执行案件。（详见表 14-1）

---

① 参见刘凯湘：《股东代表诉讼的司法适用与立法完善——以〈公司法〉第 152 条的解释为中心》，载《中国法学》2008 年第 4 期。

表 14-1 股东代表诉讼案件的审级分布

审判程序	案件数量/个	占比/%
一审	448	49.72
二审	398	44.17
再审	39	4.33
执行	16	1.78
总计	901	100

(二)年度变化

2010年以来,股东代表诉讼的案件数量逐年增多,从2010年的19个,到2017年首次超过100个,而在2020年至2021年1月,已经有超过160个案件。(详见表14-2)这一趋势也体现出,随着我国市场经济的发展,公司制度的逐渐完善,股东利用法律武器积极维权的态度也更加积极。

表 14-2 案件数量的年度变化

单位:个

年份	案件数量
2010	19
2011	17
2012	24
2013	21
2014	68
2015	78
2016	82
2017	104
2018	151
2019	169
2020	168
总计	901

(三)地域变化

从地域分布来看,经济发达的东部沿海地区的股东代表诉讼案件数量明显高于内陆地区。其中,江苏省和广东省的案件数量均超过了100个,而上海市、浙江省和北京市的案件数量也都超过了50个,可见股东代表诉讼案件数量与地域经济发达程度呈现明显的正相关关系。(见表14-3)

表14-3 案例地域分布

地域	案件数量/个	占比/%
江苏省	127	14.10
广东省	108	11.99
上海市	90	9.99
浙江省	66	7.33
北京市	54	5.99
四川省	42	4.66
山东省	42	4.66
湖南省	34	3.77
湖北省	29	3.22
福建省	28	3.11

(四)标的额分布

从标的额来看,股东代表诉讼涉及的金额多在1000万元以下,其中标的额范围占比最多的是100万(不含)~1000万元,有近三成的案件的标的额都在这个区间内;标的额小于100万元的案件累计超过200个,占比约46.15%。超过1000万元的大标的额的案件累计也有100个以上,占比约23.76%。(见表14-4)

表14-4 案例标的额分布

标的额范围	案件数量/个	占比/%
0~10万元	97	21.95
10万(不含)~100万元	107	24.21
100万(不含)~1000万元	133	30.09
1000万(不含)~5000万元	67	15.16
5000万(不含)元以上	38	8.60

(五)裁判类型

从裁判类型来看,裁定和判决基本各占一半。(见表14-5)

表14-5 案例裁判类型分布

裁判类型	案件数量/个	占比/%
民事裁定	447	49.61
民事判决	443	49.17
其他	11	1.22

(六)原告类型

从股东代表诉讼的原告身份类型来看:实践中原告类型最多的是公司的自然人股东,有542个案件,也就是约六成的案件中,提起股东代表诉讼的是自然人股东。其次是公司的法人/非法人组织股东,有230个案件的原告属于这一类型。除此之外,在67个案件中,董事、监事在受股东请求之后提起了代表诉讼。(见表14-6)

表14-6 案例原告类型分布

单位:个

原告类型	案件数量
股东的股东	5
外部第三人	10
法定代表人	13
公司	32
董事、监事	67
法人/非法人组织股东	230
自然人股东	542

(七)被告类型

在股东代表诉讼中:作为被告出现最多的是公司的法定代表人,在254个案件中股东起诉的对象都是公司的法定代表人。作为被告出现第二多的是公司的董事(147个)。公司股东滥用权利,从而被股东提起代表诉讼的情况也十分常见,其中自然人股东(145个)和法人/非法人组织股东(118个)在其中的占比相仿。除此之外,值得注意的是,在股东代表诉讼中还有相当一部分的案件是股东起诉公司的外部第三人,包括债权人、债务人等,这类案件也有122个之多。(见表14-7)

表14-7 案例被告类型分布

单位:个

被告类型	案件数量
其他	18
监事	46
高级管理人员	51
法人/非法人组织股东	118
外部第三人	122
自然人股东	145
董事	147
法定代表人	254

(八)案由

股东代表诉讼所涉及的案由十分复杂,可以说包含了公司纠纷中的各种类型。其中最多的是被告挪用公司资金的情况,有143个案例都涉及这一情况;然后比较多的是涉及合同的纠纷,包括合同履行(131个)、确认合同无效(90个);涉及侵占公司有形或无形资产情况的有61个案例;涉及公司证照返还的有51个案例;被告没有履行勤勉忠实义务,以经营不当(44个)、关联交易(40个)、恶意串通(28个)的方式损害公司利益的情况也占有一定的比例。(见表14-8)

表14-8 案例所涉案由

单位:个

案由	案件数量
挪用公司资金	143
合同履行	131
确认合同无效	90

续表

案由	案件数量
侵占公司资产	61
公司证照返还	51
经营不当损害公司利益	44
股权转让	42
关联交易损害公司利益	40
出资	32
恶意串通损害公司利益	28
竞业禁止	23
滥用股东权利	22
滥用职权损害公司利益	20
其他	25

(九)争议焦点

在股东代表诉讼中:案件争议焦点中最多的是原告是否履行了法律规定的前置程序,有491个,占比超过四成;其次是实体判断被告的行为是否损害了公司利益,有379个,占比超过三成;原告是否具备起诉的主体资格,有191个,占比接近两成。(见表14-9)

表14-9 案例争议焦点

争议焦点	案件数量/个	占比/%
原告是否具备起诉的主体资格	191	17.62
实体判断被告的行为是否损害了公司利益	379	34.96
原告是否履行了法律规定的前置程序	491	45.30
其他	23	2.12

(十)判决结果

对于判决结果而言,从总体上来看,法院在各级审判程序、各种判决类型中,最终没有支持原告诉求的案件明显较多,有583个,占比接近2/3;而支持了原告的诉求的,仅有289个,占比约为1/3。(见图14-1)

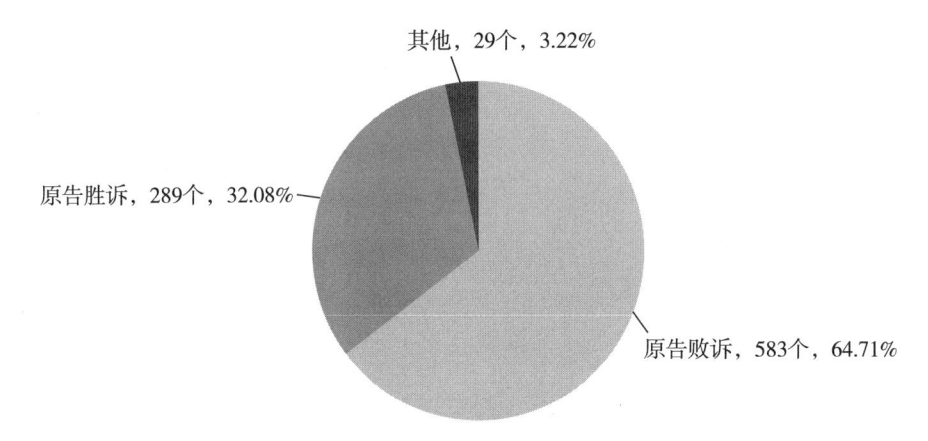

图 14-1 案例裁判结果

（饼图数据：其他，29个，3.22%；原告胜诉，289个，32.08%；原告败诉，583个，64.71%）

结合案例统计的结果，笔者将从如下方面展开对股东代表诉讼制度的分析：原告资格问题、被告适格问题、前置程序的履行、损害公司利益的实体判断，以及在破产清算程序中、仲裁中的股东代表诉讼问题等。

三、股东代表诉讼的当事人资格问题

（一）原告资格

1. 概述

原告适格是股东代表诉讼程序得以正常运行的必要前提。股东代表诉讼不同于其他诉讼，其不仅需要满足《民事诉讼法》中对于原告资格的一般要求，还对原告资格作出了其他规定。而对于原告资格进行研究，也有利于加深我们对股东代表诉讼所保护法益的理解，有利于推动我国股东代表诉讼的发展及其在法律适用中的完善。因此，在这一部分我们将重点对原告应当具备的身份和资格进行研究考察。

（1）原告的适格要件

股东代表诉讼的原告具有一定的适格要件，目前根据各国法律规定，股东代表诉讼的原告适格要件有以下几种。

①具有股东身份

一般的诉讼对于原告的资格条件并没有限制，但在当前的股东代表诉讼中，大部分国家仅允许公司股东为原告，我国《公司法》第151条也作出了同样

的规定。在其他一些国家,如加拿大等,股东代表诉讼的原告还可以是公司债权人、董事、监事、高级管理人员以及其他任何法院认为合适的人。我国也有一些学者认为应当提高对于债权人的保护力度,允许其作为股东代表诉讼的原告,从而使法院对其的保护与对公司股东的保护处于同等地位。股东代表诉讼的初衷就是保护中小股东的利益,但实际上相比中小股东,债权人的利益受到的保护更多。债权人与公司仅存在债权关系,且其往往能够较股东获得优先偿付,当公司利益遭受损失时,债权人的利益并不一定受损;即使债权人利益受到损害,其也享有《民法典》上的代位权、撤销权,《公司法》中也给予了其对抽逃出资、出资不足的股东追偿的权利,甚至可以通过公司人格否定制度维护其权利。相比之下,中小股东遭受损害后维权途径更少,所承受的损失风险也更大。因此,股东代表诉讼作为专门保护中小股东诉讼权益的制度工具十分必要,如果放开原告资格限制,则债权人可能通过恶意诉讼、滥诉等方式扰乱公司正常经营,同时给司法机关带来较大的负担。

②持股时间要求

国际上一般认为,股东在提起和维持代表诉讼时必须始终具备股东身份,即原告不仅应当在起诉时具备股东资格,而且在诉讼开始后不得将股权转让。否则,除非有其他股东作为原告继续诉讼,不然法院将裁定终结诉讼。也就是说,当前大部分国家要求原告股东在诉讼持续期间内必须持股。在持股时间方面不同的国家还存在其他不同的规定。许多大陆法系国家规定了原告提起代表诉讼之前需要连续持股的时间。许多英美法系国家规定了"当时持股原则",即原告应当在其要追究的行为或不法行为发生时就成为公司股东或者从当时股东那里受让了股份。还有一些国家如澳大利亚规定了"即时持股原则",即无论损害行为发生时股东是否持有股份,只要提起诉讼时是公司股东即可。我国《公司法》规定,提起股东代表诉讼的股东应当连续持股180日,实际上是采用了"持股期限原则"。

③持股数量要求

是否需要对原告持有股份数量作出限制也是股东代表诉讼原告资格确定的争论点之一。对该问题历来存在两种观点:一种观点认为,只有持股达到一定比例的一个股东或者持股比例合计达到一定比例的数位股东才能提起诉讼,即该权利是一种少数股东权;另一种观点则认为,无须对持股比例作出限制。少数股东权观点在许多大陆法系国家中得到了肯定,如德国就规定原告在提起股东代表诉讼时必须持有公司股份的10%以上或者持有面额总数在200万马克以上(德国使用欧元之前)。这种规定旨在防止股东权滥用并确保提起诉讼的股东在公司中具有一定代表性。英美法系的国家大多不限制股东持股数量,大陆法系的日本也曾对股东持股比例进行了限制,但后来也取消了这样的规定,对股东持股数量不作限制。这主要是因为大多数小股东持股比例达不到法律的要求,不作限制可以更好地贯彻立法本意,保护小股东的利益。我国《公司法》采用了少数股东权制度,规定提起股东代表诉讼的股东持股比例应当合计超过1%。

④主观善意

股东代表诉讼的立法本意是给中小股东在大股东损害公司利益时维护公司利益的权利,因此如果想要通过这种途径损害公司利益,则与其立法本意相悖,法院不应当受理。所以,许多国家将提起诉讼的原告的主观善意作为适格原告条件并明文写入法律。如美国法律中的"净手原则"即规定,提起股东代表诉讼的股东在公司董事、监事、高级管理人员作出危害公司利益的行为中没有赞成、同意或默认。如果股东本身赞成、同意了这种行为,则会被判定为缺乏主观善意而被驳回起诉。尽管我国《公司法》并没有对原告股东的主观条件作出明文规定,但在实践中,法官也会对原告的主观善意情况进行考察。

(2)原告的范围

尽管法律规定了原告的适格要件,但在实践中往往存在许多具有争议而法律并无明文规定的情况,如公司是否具有原告资格,显名股东、隐名股东是否具有原告资格,股东本身有资格提起直接诉讼时是否可以提起股东代表诉讼等问题。接下来将对这些有争议的原告范围进行探讨。

①公司的原告资格

在股东代表诉讼的实践中存在公司作为原告直接依据股东代表诉讼条款提起诉讼的情况,公司能否成为股东代表诉讼的原告问题仍然存在争议。赞同公司可以成为股东代表诉讼原告的观点认为,股东代表诉讼的本质就是股东基于公司的诉权进行起诉,由于最基础的权力属于公司,公司当然可以起诉。

但大多数学者对于该问题持否定态度。股东代表诉讼产生的背景是当公司利益受到董事、监事、高级管理人员的损害，而公司没有条件以自己的名义起诉时赋予中小股东起诉的权利。当公司可以自己的名义提起直接诉讼时，则不必通过股东代表诉讼的程序起诉。如果将公司纳入股东代表诉讼的原告范围，则实践中必然出现直接诉讼与股东代表诉讼重复的情形；如果公司以自己的名义提起股东代表诉讼，则必然会产生股东诉权与公司诉权的冲突，股东的代位诉权也会失去依据。

②代持股协议中股东原告资格

代持股是指实际出资人与他人约定，以他人名义代替实际出资人履行股东权利义务的一种股权或股份处置方式。代持股人俗称显名股东，隐名出资方俗称隐名股东。在代持股协议中，隐名股东为规避某些限制或风险，实际出资却不在公司章程、股东名册和工商登记中记载。在股东代表诉讼实践中，经常会出现显名股东或隐名股东作为原告提起诉讼的情况，显名股东和隐名股东是否具有诉讼资格就成为一个值得讨论的问题。

对于显名股东的诉讼资格问题，目前有肯定说和否定说两种。肯定说认为，股东名册具有推定效力，基于维护商事外观主义原则，应当支持显名股东行使诉讼权利。而否定说认为，显名股东的股东身份虚假，并未实际履行义务，因而不应当真正享有股东权利，也不能作为股东代表诉讼原告。对于隐名股东的诉讼资格，亦有肯定说和否定说两种。肯定说认为隐名股东才是真实的权利人，应当享有股东代表诉讼的权利。而否定说则从合法性角度分析认为，隐名股东借他人名义持股行为本身是规避法律的违法行为，由此导致的后果不应受法律保护，且从法律关系稳定、保护善意股东和第三人角度看，隐名股东一般不能作为股东代表诉讼中的原告。

③身份竞合股东原告资格

笔者所称"股东身份竞合"即股东不仅具有股东身份，也担任公司董事、监事、法定代表人等具有直接起诉条件的情况。按照股东代表诉讼的立法原意，当公司利益受到损害且公司权力被大股东控制时，公司无法以自己的名义提起诉讼，因此给予了小股东代表公司提起诉讼的救济路径。但公司董事、监事、法定代表人本就具有公司法赋予的代表公司提起诉讼的权利，可以以公司的名义提起直接诉讼,如果允许其通过股东代表诉讼的路径诉讼,则是否违背了股东代表诉讼的原意?

目前该问题仍然少有学者论述,而在实践中法院对此的看法也不一致。其在实践中的具体情况和法院的态度将在下文具体展开。

2. 股东代表诉讼原告资格

(1)公司法的法条规定

我国《公司法》中对股东代表诉讼的原告资格有着明确的规定。《公司法》第151条(2023年修订后为第189条)规定:"董事、高级管理人员有本法第一百四十九条规定的情形的,有限责任公司的股东、股份有限公司连续一百八十日以上单独或者合计持有公司百分之一以上股份的股东,可以书面请求监事会或者不设监事会的有限责任公司的监事向人民法院提起诉讼;监事有本法第一百四十九条规定的情形的,前述股东可以书面请求董事会或者不设董事会的有限责任公司的执行董事向人民法院提起诉讼。监事会、不设监事会的有限责任公司的监事,或者董事会、执行董事收到前款规定的股东书面请求后拒绝提起诉讼,或者自收到请求之日起三十日内未提起诉讼,或者情况紧急、不立即提起诉讼将会使公司利益受到难以弥补的损害的,前款规定的股东有权为了公司的利益以自己的名义直接向人民法院提起诉讼……"也就是说,我国《公司法》对于原告的股东身份、持股数量和连续持股期限都有要求。根据该条规定,股东要提起代表诉讼需要满足成为股东连续180日以上且单独或合计持有公司1%以上股份两个条件,这实际上是采用了股东代表诉讼原告资格中的"持股期限原则"和"少数股东权原则"。

(2)我国原告资格问题实务情况

为了对我国股东代表诉讼实务情况进行研究,笔者选取了自2010年至2020年有关股东代表诉讼的案例进行研究。在筛选出的901个争议案例中,有191个案件的诉讼焦点与原告主体资格有关。其中有关这些案件的具体股东类型、案件数量及占总体的比例、最终被法院判定为适格原告的数量及占比如表14-10所示。

表 14-10　股东代表诉讼中原告资格争议案件统计

具体股东类型	案件数量/个	占比/%	适格原告数量/个
一般股东	86	45.03	58
身份竞合股东	32	16.75	11
显名股东	3	1.57	0
隐名股东	5	2.62	4
不具备股东资格	65	34.03	0

在总计 191 个诉讼焦点与原告主体资格有关的案件中,有 73 个案件中的法院认定原告为适格原告,具有提起股东代表诉讼的资格,有 118 个案件中的法院认定原告并非股东代表诉讼的适格原告。在对这些案件具体情况进行研读,对其原告资格存在的瑕疵及法院判决的理由进行分类统计后,笔者总结出我国当前股东代表诉讼中原告诉讼资格问题的 10 种典型情况及其出现频次,如表 14-11 所示。

表 14-11　股东代表诉讼中原告资格争议案件争议焦点分类频次

典型情况	频次	典型情况	频次
无法证明具有股东身份	21	原告股东没有工商登记	3
起诉时已经丧失股东资格	17	原告同时是公司法定代表人、董事、监事(身份竞合)	32
诉讼过程中丧失股东资格	10	原告是公司股东的股东	5
他人损害股东利益时不具备股东资格	2	原告不具备主观条件	5
显名/隐名股东是否具有股东资格	8	股东可以直接提起诉讼	1

从以上统计数据可以看出,901 个争议案例中,有 191 个案件的诉讼焦点与原告主体资格有关,占比超 21%,可见原告资格问题在股东代表诉讼中占有相当的比例,是法庭比较关注的问题之一。从股东类型及案件数量上来看,不具备股东资格的原告占与原告主体资格有关的 191 个争议案件的比重超 34%,对于这类原告,法院一致按照法律规定驳回了原告的诉讼请求。一般股东指具有股东身份,同时并非隐名股东、显名股东、身份竞合股东等。其满足股东身份,但并不一定满足《公司法》中对其持股比例和持股时间的要求,这类股

东占比超45%,而这类股东中被认定为适格原告的比例超67%。具有身份竞合情况的股东数量也较多,约占总案件的17%,这类股东中被法院认定为适格原告的比例较低,仅有约34%。隐名股东和显名股东的情况较少,从案例统计结果来看,隐名股东大部分都能被法院承认,而显名股东尚不存在被法院认定为有诉讼资格的股东的情况。

从原告资格争议案件具体争议焦点分类来看:原告同时是公司法定代理人、董事、监事(身份竞合)的情况最多,有32个案件;原告无法证明自己具有股东身份的案件数量较少,有21个案件;原告在起诉时或者诉讼过程中丧失股东资格的情况也较为常见,有27个案件。此外,还存在其他较为典型的情况,我们将在接下来的案例分析部分进行具体分析。

3. 原告资格争议案件分析

(1)无法证明具备股东身份

这类案件的共同特点是,原告主张自己是公司的股东,却不能从证据层面上作出证明,因此被法院驳回诉讼请求。典型案例包括顾某某侵权责任纠纷案[1],原告主张自己作为公司股东,有权提起股东代表诉讼,但其提供的证据仅有镇江市国有资产管理委员会作出的信息公开答复内容,并无出资证明书、股东名册等可以直接证明自己是公司股东的证据。因此其诉讼请求被二审法院以"未提供其为镇江百货股东的有效证据"为理由驳回。尽管可以证明股东身份的证据包括出资证明书、股东名册、公司登记等,但在实践中大股东控制公司权力,小股东难以获得证据或阻止大股东篡改股东名册和公司登记信息,而出资证明书又并非所有股东都拥有,因此存在许多股东无法证明自身身份的情况。

另外,在一些公司结构、股权复杂的案件中,尤其是股东本身就是公司的情况下,股东资格的证明往往会成为法院关注的核心问题。如在大连金星房屋开发公司金石滩分公司、青岛愚者房地产开发有限公司、大连国际娱乐有限公司与中国金石滩发展有限公司其他损害公司权益纠纷案[2]中,法院认定本案的焦

---

[1] 江苏省高级人民法院民事裁定书,(2014)苏商诉终字第00005号。
[2] 最高人民法院民事判决书,(2014)民申字第678号。

点问题在于:中国金石滩发展有限公司以自己的名义代表大连宝通公司提出的股东代表诉讼是否符合起诉受理条件。在案件的再审程序中,判决书这样写道:大连宝通公司外方股东为宝通环球投资有限公司是明确的,无须另行提供出资方面的证据佐证股东身份。但由于中国金石滩发展有限公司提供的现有证据尚不充分,一、二审裁定认为不足以据此认定金石滩公司和宝通环球投资有限公司系同一家公司,并无不当。可见,在这种较为复杂的案件中,法院仍然要先查明原告是否为公司股东,如果证明原告具有股东身份的证据链不完整,则法院就不再考虑其他问题,一概驳回诉讼请求。实践中,法院的这种做法是符合法律规定的。

(2)起诉时已经丧失股东资格

实践中,原告在起诉时丧失股东资格主要包括以下两种情形:第一,起诉时原告已经将其曾经持有的股权转让;第二,由于各种可能的原因公司已经取消了原告的股东资格。无论是哪种情况,我国目前司法实务部门对于起诉时丧失股东资格的原告一律按照不具有适格原告资格看待。

在刘某与郑某损害公司利益责任纠纷案①中,原告刘某"于本案起诉前将其在长城电子公司的所有股权转让给宝融华泰中心",因此法院认定刘某并非该案股东,不具有原告资格。而在上海高金股权投资合伙企业与休宁中静华东有色投资有限公司、上海浩峰投资发展有限公司等公司关联交易案②中,原告在该案诉讼前已经因未按增资协议的约定缴付第三期出资,被休宁中静华东有色投资有限公司股东会决议取消其出资资格,因此被认定为原告不适格。

(3)诉讼过程中丧失股东资格

根据数据统计,样本案例中诉讼过程中丧失股东资格的案件共有10个,与在诉讼前丧失股东资格的情况类似,原告在诉讼过程中丧失股东资格的具体情况也可以分为两类:一类是在诉讼过程中将股权转让,另一类是在诉讼过程中被解除股东资格。不同于在诉讼前丧失股东资格的情况,在我国当下司法实践中,对于在诉讼过程中丧失股东资格的情况,法院有不同的认识。

---

① 北京市海淀区人民法院民事判决书,(2017)京0108民初55723号。
② 江苏省高级人民法院民事判决书,(2015)苏商初字第00026号。

在江苏春兰自动车有限公司、春兰公司与南京东驰汽车工业有限公司损害公司利益责任纠纷案①中，法院判决认为虽然原告南京东驰汽车工业有限公司在起诉时持有徐工汽车制造公司 40% 的股份，具有股东身份，但在该案审理过程中原告将所持股份全部转让给了另一家公司并进行了工商变更登记，因此已经丧失了股东资格，不符合股东代表诉讼的原告要求，并以此理由驳回了原告的上诉。而在另一个原告起诉过程中股东权利被解除的案件中，法院却认为原告具有合格的起诉资格。在叶某某与厦门中禾建设有限公司、陈某某等不当得利纠纷案②中，被告厦门中禾建设有限公司主张原告叶某某未实际出资，为虚假股东，认为其股东权利存在瑕疵，并主张其不具备原告资格。但法院却认为："判断叶某某是否具备本案诉讼主体资格应以其在提起本案诉讼时是否具备华龙兴业公司股东资格为标准，故本案一审判决后，华龙兴业公司、陈某某另行向人民法院提起确认华龙兴业公司作出解除叶某某股东资格的股东会决议效力的诉讼，并不影响本案的处理。"法院在该案判决中明确指出判断原告是否具备诉讼主体资格应以其在提起诉讼时是否具有诉讼资格为标准，依据的是《公司法司法解释（一）》第 4 条前半部分"公司法第一百五十一条规定的 180 日以上连续持股期间，应为股东向人民法院提起诉讼时，已期满的持股时间"的规定，但笔者认为该条文实际上并不能很好地支持法院的观点。法院援引的司法解释的原意仅仅是对《公司法》第 151 条中关于股东持股时间的明确，即截至股东起诉时应当已满 180 天，但法院却将其扩张解释为判断原告股东资格应以起诉时为准，这种解释是不合理的。根据前文所述，关于股东提起代表诉讼资格，各国的法律规定不同，在持股时间上分别存在"当时持股原则"和"即时持股原则"，前者要求原告在诉讼过程中全程持有股份，后者则仅仅要求原告在提起诉讼时持有股份。而上述两个案例也分别体现了当下我国法院对于持股时间的两种不同的理解方式，我国法律对于采用"当时持股原则"还是"即时持股原则"并无明确规定，这是当前司法实践中不同法院对于该问题的看法不一的原因。

---

① 江苏省高级人民法院民事判决书，(2011) 苏商终字第 0043 号。
② 福建省高级人民法院民事判决书，(2014) 闽民终字第 629 号。

(4)他人损害股东利益时不具备股东资格

原告在公司利益遭受被告损害时是否具备股东资格也是不同国家判定原告是否具有股东资格的标准之一。在我国当前司法实践中,该问题成为法院争议焦点的情况并不多,在样本中仅有两个案例的法院对该问题进行了讨论并得出了不同的结论。

在陈某与曹某、王某某确认合同无效纠纷案①中,法院认为股东对其成为公司股东之前他人侵犯公司的行为不能提起代表诉讼,判决书中写道:"鉴于涉案股权转让协议订立的时间在前,陈某成为鑫盛龙公司登记注册的股东在后,其无权主张该股权转让协议无效。"可见在该案中法院认为他人损害股东利益时股东应当具备股东资格,表明该法院支持"当时持股原则"。而在郭某某与濮阳国融投资管理有限公司、濮阳市教明中医服务有限公司确认合同无效案②中,法院却判定:"被告关于股东对其加入前公司事项无权提起诉讼的辩解意见,无法律依据,本院不予采信。"该案中法院认为,股东不必在他人危害公司利益时已经持有公司股份,即支持了"即时持股原则"。与上述问题一样,法院在该问题上的分歧主要是由于我国法律对此缺乏明确的规定,如此也赋予了法院自由裁量的空间。

(5)股权代持协议中的股东资格

股权代持协议中的显名股东是指已在公司登记但未实际出资的股东;隐名股东是指实际出资但并未在公司登记的股东。隐名股东出于诸多原因,借用他人名义设立公司或以他人名义出资,在公司章程、股东名册和工商登记中却记载他人为出资人。根据上海市高级人民法院《关于审理涉及公司诉讼案件若干问题的处理意见(一)》第一部分第 1 条以及北京市高级人民法院《关于审理公司纠纷案件若干问题的指导意见》第 16 条的规定,隐名股东若要在公司内行使股东权,则必须首先进行确权,只有确定其股东身份才能行使股东权,而提起股东代表诉讼是只有公司股东才能享有的权利之一。因此从理论上说,隐名股东若要成为股东代表诉讼的原告,则必须能够证明其实际为公司股东,而显名

---

① 贵州省凯里市人民法院民事判决书,(2020)黔 2601 民初 3372 号。
② 河南省濮阳市华龙区人民法院民事判决书,(2018)豫 0902 民初 7107 号。

股东如果被证实并非实际股东,则当然不可能享有股东权利,也不可能成为股东代表诉讼的适格原告。我国法律对该问题并没有进行明确的规定,因此实践中法官仍然享有一定的自由裁量权,但也存在一些分歧。

从司法实践看,股权代持协议中股东身份成为案件焦点的案例并不多,共检索到8例。而在这些案例中,法院总体上倾向于认为显名股东不具有原告资格,而隐名股东如果能够证明其为实际出资人,则可以获得原告资格。如在襄阳开天热电有限公司与游某某、厦门市盛嘉实业有限公司损害公司利益责任纠纷案[1]中,法院通过已有证据证实了原告为公司的隐名股东,认为其与该案具有利害关系,因此其作为该案原告适格。但由于法律对于该问题没有明确的规定,也有部分法院基于对股权代持协议的限制不支持隐名股东的原告权利,如在汪某某与浙江凯能实业有限公司、庄某某公司关联交易损害责任纠纷案[2]中,法院就认为原告"作为隐名股东,其享有投资权益,但不能要求行使股东权利",并指出"有权提起股东代表诉讼的股东应是显名股东而非隐名股东"。可见根据当下有限的司法裁判案例,在大部分情况下法院倾向于认为隐名股东享有作为股东代表诉讼原告的权利,也有法院认为隐名股东即使实际出资,也不能享有股东权利。

(6)身份竞合股东的原告资格

综合统计股东代表诉讼司法实践后发现,原告同时是公司法定代表人、董事、监事的情况较为常见,且该问题在司法实践中也常常成为法院关注的焦点,因此笔者将这种情况统称为"股东身份竞合",并对法院对该问题的态度进行分析。经统计,共有32个样本案例的争议焦点与股东身份竞合有关;其中21个案例中的法院认定主体不适格,应当以公司的名义提起诉讼;而在另外11个案例中,法院则认定原告可以提起股东代表诉讼。接下来,笔者选取若干具体案例进行分析。

在王某某、车某某与张某某、烟台优尼泰电子科技有限公司公司纠纷案[3]中,法院指出"原告车某某本身即为第三人优耐特公司的执行董事和法定代表

---

[1] 湖北省蕲春县人民法院民事裁定书,(2018)鄂1126民初551号。
[2] 浙江省海盐县人民法院民事裁定书,(2020)浙0424民初1286号。
[3] 山东省烟台经济技术开发区人民法院民事裁定书,(2014)开商初字第102号。

人,能够代表公司主张权利,二原告不应当以自己的名义行使股东代表诉讼。二原告起诉的主体不当,应予驳回"。在这类案件中,法院驳回诉讼请求的主要原因在于原告本可以通过公司直接诉讼的方式提起诉讼,但却以股东身份诉讼,其主体不适格。但在部分案件中,法院仍然认可了身份竞合股东作为原告的情况。如在杨某某、邓某某与旬阳县金鑫矿业有限公司公司解散纠纷案①中,法院直接指出原告"邓某某系该公司的股东并担任监事职务,具备提出该项诉讼请求的主体资格",并未认定其主体不适格。而在另外一些案件中,法院可能出于减轻当事人诉累、保证当事人救济渠道等考虑认可了身份竞合下原告提起的股东代表诉讼。例如,在巴某某等与北京鑫骏龙科技有限公司等损害公司利益责任纠纷案②中,法院指出原告既是股东又是公司监事,存在身份竞合,但也认为"其可以选择以监事的身份提起诉讼,但也无法排除基于各种因素考量,作为监事的王某拒绝提起诉讼从而使得作为股东的王某获得起诉资格",最终法院认定"王某具有原告主体资格并无不当,亦有利于减轻当事人诉累"。又如,在乐某与上海旭升人才咨询有限公司确认合同无效纠纷案③中,原告既是公司股东又是监事,但法院考虑到原告作为监事起诉的客观困难,"不直接否认原告乐某的起诉主体资格"。再如,在李某某与李某损害公司利益责任纠纷案④中,法院考虑到原告虽然是监事但客观上无法取得公司公章,也无法以公司名义起诉,故允许其直接提起股东代表诉讼。

(7)其他特殊情况下原告资格

除了上述 6 种情况以外,还存在 4 种典型情况,但这些情况发生频次较少,因此难以总结出规律,故在本部分予以综合探讨。首先,原告股东没有进行工商登记,在实践中共找到 3 个案例。在这些案例中,只要有其他途径可以证明原告确实是实际出资股东,即使没有办理工商登记,法院也支持原告具备股东资格。其次,原告是公司股东的股东,在实践中共有 5 个案例。总结这些案例后发现,目前法院对于公司股东的股东作为原告的情形一概不予认可。再次,

---

① 陕西省安康市中级人民法院民事裁定书,(2019)陕 09 民初 1 号。
② 北京市第一中级人民法院民事判决书,(2019)京 01 民终 10091 号。
③ 上海市杨浦区人民法院民事判决书,(2019)沪 0110 民初 16044 号。
④ 北京市大兴区人民法院民事判决书,(2017)京 0115 民初 6448 号。

法院认定原告不具有起诉的主观条件。如在陈某、陈某某损害公司利益责任纠纷案①中,法院指出,作为提起代表诉讼的股东需符合一定主观条件才能提起代表诉讼,即才能公正且充分地代表公司和其他股东的利益。如果提起诉讼的股东曾参加、批准或默许所诉行为,则应认定为不符合"公正且充分"的要求,从而丧失原告资格。法院的主张正是基于英美法系中的"净手原则",即原告如果股东参与了相关经营者对公司实施的侵害行为,则不能提起诉讼。最后,股东可以直接提起诉讼的情形。如在(株)圃木园控股与上海福生豆制食品有限公司(以下简称福生公司)、上海市张小宝绿色食品发展有限公司(以下简称张小宝公司)股东出资纠纷案中,法院认为,"当股东能够通过自身起诉的途径获得救济时,则不应提起代表诉讼,否则将有悖股东代表诉讼制度的设置意图","福生公司、张小宝公司作为股东本身即享有诉权,而通过股东代表诉讼起诉的后果,则剥夺了另一方股东(株)圃木园控股反诉福生公司、张小宝公司履行出资义务的诉讼权利,因为其无法针对合资公司提起反诉,由此造成股东之间诉讼权利的不平等",故驳回原告的诉讼请求。

4. 原告主体资格的学理探讨

基于上述案例分析可以总结出,当前我国股东代表诉讼原告资格问题实务中的分歧与争议主要集中在以下几个问题上:股东持股时间要求、股权代持协议中的原告资格问题及股东身份竞合问题。前文已经对相关问题进行过探讨,接下来笔者将针对实践过程中存在的问题进行进一步分析。

(1)股东持股时间要求

对于股东持股时间的要求,司法实践中主要存在的争议在于股东在损害公司利益的行为发生时不具有股东资格是否可以成为适格原告。这涉及"当时持股原则"和"即时持股原则"的冲突。

要求股东在损害公司利益行为发生时仍持有公司股权即"当时持股原则",该原则多被英美法系采用,但在我们看来有不恰当之处。"当时持股原则"将原告资格限制在损害公司利益发生时仍持有公司股权,大大限制了可以进行起诉的原告范围。如今市场上公司股权流动较快,许多情况下股东难以在

---

① 最高人民法院民事裁定书,(2014)民提字第170号。

成为股东之前得到足够的信息对公司大股东的行为进行判断,其对未知的损害公司利益的行为难以提前预防。有时损害公司利益的行为与损害结果之间存在较长的时间差,如果将原告资格限制在损害公司利益行为发生时已经成为公司股东,那么必将导致之后进入的股东权利得不到救济,因此严格要求股东在公司利益遭受损害的行为发生时已经成为股东并不合理。

不论在损害行为发生时是否持有股份,只要是记名股东均可起诉的理念即"即时持股原则"。但英国、澳大利亚等国采取的严格的"即时持股原则"缺乏对股东持股时限的限制,只根据起诉时是否为公司记名股东确定原告资格。这可能导致许多为了进行恶意诉讼而收购公司股票进而起诉的情况,从而对上市公司产生较大的负面影响。

综合上述分析,笔者认为,在当前的中国公司法体系下,已经存在连续持股180天这样的对股东持股时间限制的情况下,对股东身份不得添加"损害利益行为发生时持股"的限制,否则将进一步限缩诉讼范围,不利于对中小股东诉讼权利的保护。

(2)股权代持协议中的原告资格

根据上述实务案例分析可见,当前我国对于股权代持协议中的显名股东和隐名股东的问题所采取的基本态度是,未实际出资的名义股东当然不具有股东权利,也不享有股东代表诉讼的原告资格;实际出资的隐名股东如果能够证明自己是公司股东,则仍然享有股东权利。但也存在部分法院认为隐名股东仅享有投资收益权,而不享有提起股东代表诉讼的权利,这种思路是从合法性的角度得出的。从合法性的角度来看,隐名股东借他人名义持股的行为本身,是规避法律的违法行为,因此法律不应当对这种违法行为,包括对这种违法行为所导致的各种后果,进行保护;且从法律关系稳定、保护善意股东和第三人角度来看,认为隐名股东一般不能作为股东代表诉讼中的原告有一定的合理性。

然而,如果对隐名股东的权利不进行任何保护,则可能构成对公司大股东损害公司利益的放纵。隐名股东是实际出资人,不给予适当保护不符合公平原则,因此在两种法益之间进行权衡后,笔者认为当下大部分法院在实践中认可隐名股东原告资格的做法是合适的。只要隐名股东有足够的证据证明其为实际出资的股东,就应当在确认其股东身份后给予其正常的股东权利,包括代表诉讼的权利。

(3) 股东身份竞合

根据上述案例分析,该问题在当前事务中是广泛存在的,但目前学理上对于该问题少有研究讨论。笔者在研究现有案例的基础上认为,股东代表诉讼制度的立法目的,即在公司利益被他人损害而公司客观上不能以自己的名义提起诉讼时,给予股东代表公司进行诉讼的权利。因此,若公司的董事、监事、法定代表人确实存在无法以公司名义提起诉讼的理由,则法院不应当一概驳回其以股东身份提起诉讼的请求,而是应当对当事人能否以公司为原告进行起诉的问题作实体判断。如果无正当理由不以公司为原告进行起诉,则驳回其诉讼请求;如果确有障碍,则应以保证当事人救济渠道为目的,允许其提起股东代表诉讼。

(二) 被告适格

1. 立法瑕疵与解释空间

《公司法》第151条①前两款明确将董事、监事和高级管理人员列为股东代表诉讼的被告,第3款却规定:"他人侵犯公司合法权益,给公司造成损失的,本条第一款规定的股东可以依照前两款的规定向人民法院提起诉讼。"对于"他人"的理解作何解释,在《公司法》内部其他条款中没有发现可以参照的相关条款依据。《公司法司法解释(二)》第23条②规定:"……依据公司法第一百五

---

① 2018年《公司法》第151条规定:"董事、高级管理人员有本法第一百四十九条规定的情形的,有限责任公司的股东、股份有限公司连续一百八十日以上单独或者合计持有公司百分之一以上股份的股东,可以书面请求监事会或者不设监事会的有限责任公司的监事向人民法院提起诉讼;监事有本法第一百四十九条规定的情形的,前述股东可以书面请求董事会或者不设董事会的有限责任公司的执行董事向人民法院提起诉讼。监事会、不设监事会的有限责任公司的监事,或者董事会、执行董事收到前款规定的股东书面请求后拒绝提起诉讼,或者自收到请求之日起三十日内未提起诉讼,或者情况紧急、不立即提起诉讼将会使公司利益受到难以弥补的损害的,前款规定的股东有权为了公司的利益以自己的名义直接向人民法院提起诉讼。他人侵犯公司合法权益,给公司造成损失的,本条第一款规定的股东可以依照前两款的规定向人民法院提起诉讼。"

② 《公司法司法解释(二)》第23条规定:"清算组成员从事清算事务时,违反法律、行政法规或者公司章程给公司或者债权人造成损失,公司或者债权人主张其承担赔偿责任的,人民法院应依法予以支持。有限责任公司的股东、股份有限公司连续一百八十日以上单独或者合计持有公司百分之一以上股份的股东,依据公司法第一百五十一条第三款的规定,以清算组成员有前款所述行为为由向人民法院提起诉讼的,人民法院应予受理。公司已经清算完毕注销,上述股东参照公司法第一百五十一条第三款的规定,直接以清算组成员为被告,其他股东为第三人向人民法院提起诉讼的,人民法院应予受理。"

十一条第三款的规定,以清算组成员有前款所述行为为由向人民法院提起诉讼的,人民法院应予受理。"这说明最高人民法院明确将"清算组成员"归入"他人"的范围。《公司法司法解释(五)》第1条[①]、第2条[②]规定,在存在关联交易损害公司利益的情形中,除该条直接规定的董事、监事、高级管理人员外,控股股东、实际控制人也可以成为股东代表诉讼的适格被告,被纳入"他人"的范围。

由此可见,在股东代表诉讼制度中,目前涉及被告适格的范围即关于"他人"的具体解释,并无明确具体的法律规范的总结,其仍然留有很大程度的解释空间,需要相关法律人员予以填补、解释。

2. 股东代表诉讼制度被告适格问题争议

(1)学理上的相关争议

立法的模糊引发了学界对"他人"范围的争论。概言之,学界对"他人"范围的理解主要可分为两种:一是对"他人"范围采取广义理解,将"他人"理解为除董事、监事、高级管理人员之外的任何人。例如,甘培忠认为"他人"包括公司内部人、外部债务人,甚至包括侵犯公司权益的行政机关。[③] 黄辉也在实证研究的基础上建议对"他人"范围采广义理解。[④] 二是对"他人"范围采取狭义理解,即对"他人"范围作不同程度的限缩解释。例如,王保树认为"他人"应理解为影子董事和影子监事,因为在其转移利润、掏空公司的情况下,公司很难代表股东提起诉讼。[⑤] 蔡立东则认为"他人"应限于控制股东、实际控制人、发起

[①] 《公司法司法解释(五)》第1条规定:"关联交易损害公司利益,原告公司依据民法典第八十四条、公司法第二十一条规定请求控股股东、实际控制人、董事、监事、高级管理人员赔偿所造成的损失,被告仅以该交易已经履行了信息披露、经股东会或者股东大会同意等法律、行政法规或者公司章程规定的程序为由抗辩的,人民法院不予支持。公司没有提起诉讼的,符合公司法第一百五十一条第一款规定条件的股东,可以依据公司法第一百五十一条第二款、第三款规定向人民法院提起诉讼。"

[②] 《公司法司法解释(五)》第2条规定:"关联交易合同存在无效、可撤销或者对公司不发生效力的情形,公司没有起诉合同相对方的,符合公司法第一百五十一条第一款规定条件的股东,可以依据公司法第一百五十一条第二款、第三款规定向人民法院提起诉讼。"

[③] 参见甘培忠:《简评中国公司法对股东派生诉讼制度的借鉴》,载《公司法评论》2005年第1期。

[④] 参见黄辉:《中国股东派生诉讼制度:实证研究及完善建议》,载《人大法律评论》2004年第1期。

[⑤] 参见顾功耘主编:《中国商法评论》,北京大学出版社2008年版,第343页。

人和清算人,"他人"不包括公司债务人和侵犯公司权益的行政机关等外部人。① 但学理上的相关争议往往集中于抽象的制度分析,对司法实践的关注程度亦不够。因此,在分析相关的学理争议后,还需从实务的角度去观察股东代表诉讼的被告是否出现了对"他人"的解释问题。

(2) 司法实务中面临的问题

在司法实务中出现的被告类型主要有三种,包括公司内部人员、公司外部人员、公司自身。公司内部人员主要包括法定代表人,董事、监事、高级管理人员,清算人,控股股东以及实际控制人等。清算人与实际控制人与公司存在特殊的控制关系,因此也可被归入公司内部人员的范畴。公司的外部人员主要包括公司的关联交易人、董事违反同业竞争义务设立的公司、侵犯公司权益的行政机关以及违约债务人。由于对《公司法》第151条第3款"他人"的范围理解不一致,司法实务中关于被告适格的问题主要集中在单纯的违约债务人的被告资格问题上,进而延伸为股东代表诉讼是否可以适用合同之诉的争议。

(3) 立法模式上的争议

不仅我国在股东代表诉讼的被告范围的界定上存在理论与实务上的疑问,从全球视野来看,关于这个问题也没有一个绝对的范围限制,其主要存在三种不同的立法模式:第一种是自由式,以美国为代表,法律不对被告的范围加以限制,凡是侵害公司利益的人,包括大股东、董事、高级管理人员、雇员和第三人等,都可以作为股东代表诉讼中的被告。第二种是绝对限制式,以英国为代表。英国对股东代表诉讼的被告规定得较为严格,仅将被告范围限定为董事一类主体,实际控制人则可根据影子董事的法理被纳入"他人"的范围。第三种是相对限制式,以日本为代表,将股东代表诉讼的被告限定为公司董事、监事、发起人、清算人、行使决议权并接受公司所提供利益的股东和以明显不公正价格认购股份者,即将股东代表诉讼的被告限于公司内部人员。与此类似,韩国也将"他人"限定为业务指示人、以不公正价格认购股份的人等对董事有重要支配或影响力的主体。

---

① 参见蔡立东:《论股东派生诉讼中被告的范围》,载《当代法学》2007年第1期。

3. 政策态度与解释原则

《公司法》第 151 条第 3 款中"他人"的解释争议的产生根源在于各方对《公司法》解释的政策性尺度标准不一,以及对股东代表诉讼制度的认识不同。因此,在对《公司法》该条第 3 款中"他人"作具体解释之前,本书将对《公司法》解释的政策性尺度以及股东代表诉讼制度法政策态度展开分析。

(1)《公司法》司法介入补充性

在《公司法》的领域里,公司自治与司法救济的关系影响该领域各个制度的解释尺度与政策态度,因此厘清二者的关系十分重要。

关于公司自治与司法救济的公司关系,学界普遍赞同"公司自治是私人意思自治在公司中的延伸。基于对个人自由权利的保障,应遵循'有疑义时为自由'的原则,其主要理由是个人是自己事务的最佳判断者及照顾者,选择的自由有助于促进社会进步及经济发展。政府为更高的价值或公益而对个人自由权利进行强制或干预时,应有正当理由"的观点。[①] 其认为司法介入应当是公司自治的内生需求,只有当公司自治不能达到目的的时候,才有司法介入的用武之地。也可以说,在二者的关系里,相比于公司自治,司法救济具有补充性。公司自治意味着对公权力,包括司法权介入公司治理的警惕,公司正常的商业判断具有终局性。笔者赞同该观点,主要理由如下。

首先,从商业判断的角度看,公司纠纷的解决大多属于商业判断的范畴。关于商业判断原则,最常被引用的是美国特拉华州最高人民法院的阐述:(商业判断原则)推定公司董事的商业判断是根据可靠的信息,善意以及诚实地相信该行为是为了公司的最佳利益而作出的。尽管各法院对商业判断原则的理解有所差异,但该原则的基本宗旨是:对于公司决策部门基于可靠的信息,独立且善意地作出的决策,法院原则上予以尊重。商业判断原则的产生和发展体现了司法对公司自治的尊重。出于公司决策层对公司经营现状的了解,在未受到不当控制或影响的情况下,公司决策层对纠纷的解决会作出符合公司最佳利益的商业判断。以诉讼制度为例,有时公司决策层不予起诉的决定从表面上看导致了公司遭受损害,但这一决策可能避免了公司和交易人关系的恶化,或

---

① 参见王泽鉴:《民法总则》(增订版),中国政法大学出版社 2001 年版。

是免除了不利的新闻报道可能给公司带来的负面影响。这些都是法院无法考虑的。

其次,从交易成本进行考虑,司法介入将产生大量的直接成本、间接成本。直接成本体现为诉讼的直接支出,这不仅包括当事人各方为获得有利的诉讼结果而耗费的资源,而且包括司法机关为解决纠纷而产生的支出。间接成本主要表现为:司法介入一方面会产生大量的机会主义诉讼,另一方面则由于诉讼本身的对抗性,会破坏公司内部的信赖与团结。

最后,从《公司法》主体特性考量,公司是一种团结的结果,是人与资本的联合,人类的团结本性在公司以及公司法中亦会有适度反映。因此,在一定意义上,公司法是社会团结的法律形式,也具有促进社会团结的功能。与社会团结功能相一致,公司法应当建立起相应的规范结构,以实现社会团结的理想(目标)。① 因此,从团结的需要看,在公司内部纠纷解决的途径探求上,通过公司自治,寻求私人裁决,柔性解决纠纷是公司特性的必然需求,而司法介入刚性解决纠纷并非一条有利于后续发展的途径。

综上,在《公司法》领域的纠纷解决中,应当坚持以公司自治为基础、以司法介入为补充的原则,处理好公司自治与司法救济的关系。在该原则的指引下,应当对股东代表诉讼制度适取采取谨慎适用的原则,否则将有司法介入过度干预公司自治的嫌疑。

(2)我国关于股东代表诉讼制度应持有的法政策态度

笔者认为,对于股东代表诉讼制度,我国应当持有相对限制的法政策态度,具体理由如下。

①股东代表诉讼的性质、价值

股东代表诉讼源于英国著名的 Foss v. Harbottle 案,兼具公司董事身份的大股东要求公司以很高的价格购买其产业,并利用其职权促使这项提议得以通过,小股东认为这种行为侵害了公司的利益,于是向当地法院提起诉讼,最后法院以诉权属于公司而小股东无权提起诉讼为由驳回了小股东的诉讼,确立了正

---

① 参见蒋大兴:《团结情感、私人裁决与法院行动——公司内解决纠纷之规范结构》,载《法制与社会发展》2010年第3期。

当原告原则。① 虽然该案件中小股东的诉权没有得到支持,但却使小股东的诉讼保护问题受到了重视,随后英国用衡平法形式逐渐软化 Foss v. Harbottle 案的立场,逐渐形成了股东代表诉讼制度。② 由此可以看出,股东代表诉讼制度是正当原告原则的例外适用,其本质是在公司利益受到控制公司的内部人损害时,在保护公司利益的主体缺位的情况下,运用衡平方法矫正公司核心制度安排不合目的性的产物。作为衡平性规范,股东代表诉讼制度只能适用于公司受到内部控制人的不当控制或影响、损害公司人格独立制度之个别正义场合,作为对立性的制度装置,矫正后者的不合目的性,发挥沟通一般正义与个别正义的桥梁作用。无论是在立法,还是在具体的司法操作中,必须注意严格考察坚持公司人格独立原则,只有坚持这一原则,在公司受到不当控制或影响,将产生严重的不正义后果时,才能考虑股东代表诉讼的适用。③ 基于股东代表诉讼的产生过程以及其衡平法的性质,笔者认为,对于该制度,我国最好采取审慎限制的态度,将其作为正当原告原则的例外补充适用。

虽然股东代表诉讼制度兼具事前预防以保护公司治理机制正常运行与事后保护中小股东利益的功能,但笔者认为,由于其产生具有衡平法的性质,股东代表诉讼制度虽然名义上设立的直接目的是保护中小股东的利益,但其根本价值在于在公司既定治理机制的基础上产生的监督价值。该价值应被界定为:阻却公司内部控制人不当行为、完善公司治理。④ 因此,股东代表诉讼制度在实际的解释运用的过程中,必须优先考虑其监督功能的实现,不能不顾股东代表诉讼制度对公司权力结构的冲击,盲目扩张股东代表诉讼制度的适用,影响公司机制的正常运转。因此,在此制度的理解适用上,需要权衡保护小股东诉权与公司自由的时候,应以维护公司正常运转为权衡的根本尺度,以保护股权为补充尺度。换句话说,股东代表诉讼制度的产生目的与根本价值不在于保护小股东的利益,保护其诉权只是其"外衣",其内在根本目的在于维护公司的正常

---

① 正当原告原则是由英国 Foss v. Habottle 案创立的一项重要原则,其合理性在于对公司独立法人人格的尊重和对公司自治的信赖。对公司独立法人人格的尊重是现代公司法的基石之一,公司以自己的名义从事经营活动,当其受到侵害时,应由公司本身决定是否对该不当行为提起诉讼。
② 参见赵旭东主编:《公司法学》,高等教育出版社 2006 年版,第 309 页。
③ 参见蔡立东:《论股东派生诉讼中被告的范围》,载《当代法学》2007 年第 1 期。
④ 贵州省凯里市人民法院民事判决书,(2020)黔 2601 民初 3372 号。

运转。该制度即使为保护小股东的利益而进行大量的扩张解释与适用,恐怕也难以达到从根本上保护小股东利益的目的。真正保护小股东利益仍需要那些在本质功能上为保护小股东利益而产生的法律制度。

②我国借鉴股东代表诉讼制度的目的

立法资料显示,我国借鉴股东代表诉讼的初衷是"强化对公司董事、监事、高级管理人员的约束机制……进一步明确公司董事、监事、高级管理人员的法定义务,强化责任追究机制"①。因此,《中华人民共和国公司法(修订草案)》把股东代表诉讼的适用范围局限于董事、监事和高级管理人员执行职务时违反法律、行政法规和公司章程的规定,给公司造成损害的行为。据此,我们也可看出我国确立股东代表诉讼制度的目的是通过股东代表诉讼制度的约束、责任机制,强化股东代表诉讼的监督价值,进而实现公司组织的良好运转。从这个意义上讲,我国的股东代表诉讼制度与最开始产生的股东代表诉讼制度并无区别,因此要尊重该制度产生的本质目的与根本价值,在适用与解释时,注意其衡平法的补充性质以及通过监督完善公司治理的根本价值,不能对其进行盲目的扩张理解。

③我国股东代表诉讼制度的适用现状

我国股东代表诉讼类型的案件逐年增加,根据本书"案例整理和分类统计"部分的数据结果,已经由2010年的19个增加到2020年的168个,且依旧有继续增加的趋势。并且在此类案件中,标的额在0~10万元的案件占比达到21.95%,此数据从侧面或可显示我国股东代表诉讼开始有滥诉之疑。另外,比较关键的是,在关于股东代表诉讼的案例检索数据中,几乎全部的案件主体均为有限责任公司,股份有限公司寥寥无几。2005年《公司法》之所以最终确立股东代表诉讼制度,一个重要原因就是当时的证券市场上存在太多公司治理和投资者保护的问题。从国外经验看,股东代表诉讼具有实现股东救济和加强公司治理的双重功能,故我国学者对于该制度寄予了厚望,将其视为解决诸如股

---

① 参见2005年2月25日国务院法制办公室主任曹康泰在第十届全国人民代表大会常务委员会第十四次会议上所作的《关于〈中华人民共和国公司法(修订草案)〉的说明》。

份公司控股股东滥用控制权等公司治理问题的一个关键机制。① 但从实证数据看,似乎股东代表诉讼制度并未在股份有限公司上发挥作用。究其原因:一方面,在控制权一权独大无力形成博弈抗衡的局面下,相对占优势的持股股东的侵占动机更强烈,寻租行为的风险远小于收益,反之小股东诉讼风险远大于诉讼收益,其往往选择直接退出。而有限责任公司所有权和控制权分离不严重,股权也相对势力均衡,股东可能获悉、掌握公司利益被侵害的事实,因此相对容易形成诉讼对抗的格局。另一方面,我国对股份有限公司的事前监管制度优于有限责任公司。相对于其他措施,股东代表诉讼制度对于股份有限公司的股东来说性价比并不高。因此,股东代表诉讼制度并不会大范围地成为股份有限公司的选择,而有限责任公司相对股份有限公司更加强调人合性与资合性的结合,即团结的价值更高。所以笔者认为,对股东代表诉讼制度采取相对限制的态度更好。

综上,对于股东代表诉讼制度应当采取相对限制的法政策态度,进而依据该态度,在其目的的基础上进行相关解释。

(3)关于《公司法》第151条第3款"他人"的解释原则(适格被告的特征)

根据上述股东代表诉讼制度的历史、功能、价值,笔者认为应对《公司法》第151条第3款的"他人"作相对限制的狭义解释,因此股东代表诉讼制度适格被告需具备的条件如下:

①行为人在公司的法律地位

从制度的历史、功能、价值层面考虑,管理层是股东代表诉讼的追责对象,说明股东代表诉讼的被告应具有与管理层相当的身份要件,即具备相似的权利义务。行为人如果能够基于某些原因对公司的经营、决策产生重大影响,或者能够决定公司财产配置,则与董事存在相似权利,进而对公司履行忠实、勤勉义务。而董事违反义务致使公司利益受损是提起股东代表诉讼的首要条件。与董事处于相似法律地位的行为人基于特定的身份或法律规定对公司也须履行特定义务,此时行为人作为股东代表诉讼被告才具有正当性。

---

① 参见王保树、杨继:《论股份公司控制股东的义务与责任》,载《法学》2002年第2期;朱慈蕴《资本多数决原则与控股股东的诚信义务》,载《法学研究》2004年第4期。

②行为人对公司存在控制

股东代表诉讼制度的内在特征之一表现为管理层对公司存在不当控制,不当控制使得公司原有自治机制名存实亡,控制人为自身利益不顾公司利益,且非公司的真实意思,此时,股东代表诉讼制度发起保护公司独立人格、公司自治的抗争。如果行为人违反对公司的忠实勤勉义务,致使公司受到损失,而公司又在行为人控制之下,该主体就有可能成为适格的股东代表诉讼制度主体。

③排除其他救济手段

学理上对《公司法》第151条第3款"他人"持有广义解释的学者,一般认为股东代表诉讼制度有助于保护少数派股东利益。但笔者认为少数派股东代替公司起诉不当行为人不一定有助于保护少数派股东利益。一方面,从收益的角度看,股东代表诉讼的诉讼利益归于公司,提起诉讼的原告股东只能依据自己在公司中的持股比例间接获益;另一方面,从费用的角度看,原告股东须支付直接诉讼费用(法院费用、律师费),从直接的成本收益考量,其并非一定真的收益。并且,除股东代表诉讼制度之外,少数派股东的利益往往可以结合其他的救济手段予以保护,如英国适用的不公平损害制度等救济个人利益的方式是少数派股东救济自身利益更好的方式;美国经理人的准则、外部董事的监督、股东表决机制作为前置手段、用脚投票作为最后措施等,都是可以实现保护少数派股东利益的途径,保护少数派股东的利益并非一定要使用以威慑功能为主的股东代表诉讼制度。因此,在认定"他人"范围的同时,要排除掉其他的救济手段。这一方面有利于纠纷的解决、权利的保护、提高效率;另一方面,可以防止司法过度介入,干涉公司自治。

4.结合司法实务,解释《公司法》第151条中的"他人"

(1)公司内部人员

在司法实务中,作为公司内部人员的董事、监事、高级管理人员、清算人以及实际控制人、控股股东的被告资格并无争议,法院普遍认为其具有法定资格。关于董事、监事、高级管理人员、清算人的被告资格是《公司法》及其相关司法解释的现实规定,且符合《公司法》第151条的立法原意,因此并无异议。而关于实际控制人(隐名股东)、控股股东、发起人的被告资格,虽然法律没有明文规定,但是联系股东代表诉讼制度设立的根本目的,即维护公司组织的正常运转,保护公司的利益,从而间接保护小股东的合法权益以及该制度的根本价值——监督功能的实现,承认此三者的被告资格是符合股东代表诉讼制度的本质特征的。将此三者放入股东代表诉讼制度的归责主体内,有利于矫正公司治理结构畸形的现实状况,完善公司自治,此时的司法介入是在公司自治原则失衡的情况下介入的,并没有司法过度干预的嫌疑。以下将对此展开具体分析。

①控股股东、实际控制人

在控股股东作为被告的案件中,被告往往滥用其控制地位,或者为自己谋取不当利益,损害公司权益。对于这种情况,一般仅有3种救济途径:第一,由股东起诉控股股东,这种途径通常是不可取的,公司由于受控股股东的控制,通常不会起诉控股股东。第二,由债权人对公司提起诉讼,这种途径通常也是不可取的。因为债权人作为公司外部人往往由于信息不对称,对控股股东的违法行为无从了解。另外,由于存在其他担保债权的制度,债权人也很难有动力提起该种诉讼。第三,由其他股东提起股东代表诉讼。在上述的3种救济途径中,笔者认为第3种途径是唯一可行的。一方面,相对于债权人,公司股东有信息也有动力去制止控股股东的违法行为。相对于被控制的公司自身,股东也有自由意志去代表公司维护利益。此时,提起股东代表诉讼,有将越轨的公司治理模式拉回到正轨的作用,对控股股东的责任追究也有利于股东代表诉讼制度发挥其监督的根本功能,将控股股东归于"他人"的范畴,是正当的司法解释尺度与司法介入程度。在司法实务中,法院也支持这种观点。在《公司法》第151条引入之前,最高人民法院及部分高级人民法院曾对"他人"范围作出相应解释,最高人民法院认为"他人"应限于控制股东,上海、北京、江苏等地的高级人民法院则将"他人"限于"控股股东及与其相关的交易人"。[①] 而在该条引入之后,《公司法司法解释(五)》第1条承认关联交易中控股股东、实际控制人、董事、监事、高级管理人员的被告资格。虽然其范围局限在关联交易之中,但结合股东代表诉讼的本质与功能,最高人民法院实质是承认控股股东与实际控制人

[①] 参见上海市高级人民法院《关于审理涉及公司诉讼案件若干问题的处理意见(一)》,沪高法[2003]216号,2003年6月12日施行;江苏省高级人民法院《关于审理适用公司法案件若干问题的意见(试行)》,苏高法审委[2003]2号,2003年6月13日施行(现已失效);北京市高级人民法院《关于审理公司纠纷案件若干问题的指导意见》,京高法发[2008]127号,2008年4月21日施行。

的被告资格的。在实践中法院也没有否认其被告资格,在张某某与夏某某、深圳市前海恒通利金融服务有限公司损害公司利益责任纠纷案①中,虽然一审、二审民事裁定书均驳回了原告的诉讼请求,但驳回理由是原告没有履行前置程序,一审、二审法院均未对被告的资格进行反驳。

另一方面,关于实际控制人的报告资格认定,笔者认为其原理依据与控股股东是一致的,不过其在名义上不属于控股股东,甚至不属于公司内部人员,但在实质上其等同于控股股东,同样对公司施加控制,进而会侵害公司权益。在这种情况下,也有股东代表诉讼制度的适用空间。在司法实践中,审理法院也对此持支持观点,代表案例为高某某与顺明(福建)建设工程有限公司、彭某某损害公司利益责任纠纷案②,该案件一审民事判决书中,法院判决原告胜诉,支持其追究被告损害公司利益的民事责任。

②股东大会

在目前所看到的股东代表诉讼制度的司法实务中,暂未发现以股东大会为被告的诉讼案件。但诚如学者的研究所言,股东大会的诉讼代表权是被公司法理论界遗忘的权利。在公司内部矛盾复杂的阶段,有必要重申作为"集体性监督权力"的股东会诉权。在其他公司机关(如监事会)或机制(如中国的法人代表)难以有所作为时,公司诉讼的代表权即应回归股东会。③ 在对股东大会股东代表诉讼的适格被告资格认定之前,有3个问题仍待解决:第一,有关股东大会决议的争议是否能够归属股东代表诉讼项下;第二,股东大会作为公司的机构之一能否成为诉讼主体;第三,由何人代表股东大会出庭应诉。

关于第一个问题,根据《公司法》规定,股东可以直接针对股东大会的决议提起撤销之诉。在存有直接诉讼保障股东权益的情况下,股东代表诉讼的应用存在两种可能的情形:第一,股东大会的会议召集程序、表决方式、内容不违反法律、行政法规或者公司章程,但该股东大会决议实际上严重损害公司利益。第二,《公司法司法解释(一)》第3条规定,"原告以公司法第二十二条第二款、

---

① 广东省深圳市中级人民法院民事裁定书,(2018)粤03民终13199号。
② 福建省三明市中级人民法院民事判决书,(2012)三民初字第118号。
③ 参见蒋大兴:《公司法的观念与解释-Ⅱ-裁判思维&解释伦理》,法律出版社2009年版,第156页。

第七十四条第二款①规定事由,向人民法院提起诉讼时,超过公司法规定期限的,人民法院不予受理",即若原告的起诉遭到部分阻却,未能自决议作出之日起60日内,请求人民法院撤销,就不能够再就该损害公司利益的股东大会决议以直接诉讼方式为请求。基于以上两处考量,宜认为股东代表诉讼制度可以适用于股东大会决议损害公司利益的情形,补充股东直接诉讼制度所不能及之处,保护公司和弱势股东的权益。

关于第二个问题,参酌《民事诉讼法》第51条以及《民诉法解释》第50条至第64条关于当事人的范围之规定。按法条理解,股东大会作为公司机构,既不是法人,又未能符合"其他组织"的要件,并不能成为我国诉讼法意义上的当事人。但若日后股东大会的代表诉权逐渐被法律界所重视,这或许不会是一个阻挡股东大会作为适格被告的太大障碍。

关于第三个问题,有学者认为,从原本意义上说当然是"除原告之外的全体股东(公司成员)",但是对于上市公司中股东人数极为庞大的股东大会来说,其在当事人方面的诉讼事务处理极为不易,缺乏可行性。考虑到"现在的股东大会成为董事会决定批准之机构"之实情,将作为决议提案人的董事长作为被告的做法是较为合理的。②

综上,依据我国的民事诉讼的架构以及股东代表诉讼的司法实践,股东代表诉讼制度将被告范围延展至股东大会,尚不具备可操作性。但未来股东大会是否有可能被归于《公司法》第151条"他人"的范畴或可拭目以待。③

(2)公司外部人员

①关联交易的合同相对人

根据《公司法司法解释(五)》第1条、第2条规定,我们一般认为关联交易损害公司利益,进而产生关联交易合同存在无效、可撤销或者对公司不发生效力的情形。公司没有提起诉讼的,符合《公司法》第151条第1款规定条件的股

---

① 《公司法》(2005年修订)第74条规定:"依照本法第七十二条、第七十三条转让股权后,公司应当注销原股东的出资证明书,向新股东签发出资证明书,并相应修改公司章程和股东名册中有关股东及其出资额的记载。对公司章程的该项修改不需再由股东会表决。"
② 参见[日]谷口安平:《程序的正义与诉讼》,中国政法大学出版社1996年版,第218~219页。
③ 《公司法》在2023年修改时已将股东大会设为股东会。

东,可以依据《公司法》第151条第2款、第3款规定向人民法院提起诉讼。因而,关联交易的合同相对人作为适格被告在司法实践上是没有争议的。代表案例是陈某某、万奔电子科技股份有限公司、浙江万奔电子科技有限公司民间借贷纠纷案。①

②行政机关

在司法实务中,以行政机关作为被告的情形大多败诉,法院认为被诉处罚决定的相对人是公司而非股东,起诉股东与被诉处罚决定缺乏行政法上的利害关系。纵然股东可主张其有权提起股东代表诉讼,但也大多因重复起诉或者未履行前置程序而败诉。例如,安泰科技股份有限公司与北京市海淀区食品药品监督管理局再审行政裁定书(公司已起诉,构成重复起诉被驳回)②、赵某某、赵某等与齐河县工商行政管理局工商行政管理(工商)一审行政裁定书(因未履行前置程序被驳回)③。但是并没有检索到任一裁判因为行政机关非适格被告而驳回起诉的。不过,以行政机关作为被告的情形中也不乏胜诉案例,诸如在陈某某、王某某等与滦平县人民政府房屋行政登记纠纷案④中,河北省滦平县人民法院认为:公司怠于行使诉权的,股东可以以自己的名义起诉,与行政行为有利害关系的公民、法人或者其他组织有权提起行政诉讼。《公司法》第151条并未将股东代表诉讼限制在民事诉讼范围内,公司股东亦有权提起行政诉讼,并且由于原告履行了股东代表诉讼的前置程序,最终股东胜诉。在张某某、施某某乡政府再审行政裁定⑤中,最高人民法院也认为:《公司法》第151条第3款规定并未将股东代表诉讼限制在民事诉讼范围内,公司股东亦有权提起行政诉讼。且本案系行政协议争议,行政协议本身即具有行政和协议的双重属性,作为公司股东,如果在民事诉讼中可以作为原告提起诉讼,那么并不因为相关争议纳入行政诉讼而丧失其作为行政诉讼的原告主体资格。从该案例中可以看出,在司法实务中,行政机关是否能作为股东代表诉讼的适格被告是存有争

---

① 安徽省宣城市中级人民法院民事裁定书,(2019)皖18民初101号。
② 北京市高级人民法院行政裁定书,(2019)京行申307号。
③ 山东省齐河县人民法院行政裁定书,(2018)鲁1425行初37号。
④ 河北省承德市中级人民法院行政裁定书,(2019)冀08行终194号。
⑤ 最高人民法院行政裁定书,(2016)最高法行再91号。

议的。笔者认为,股东代表诉讼制度或可应用在行政诉讼中,但行政机关作为股东代表诉讼的被告仍须满足上述适格被告的特征:第一,行为人具有与管理层相当的法律地位。第二,行为人对公司存在控制。第三,排除其他救济手段。在现实情况下,行政机关虽然是国家机关,相对于公司处于具有控制权的地位上,但其并不具有类似于管理者的控制权(对公司经营、财务的内部控制权),其法律地位也不同于公司内部的管理者,不对公司负有忠诚、勤勉的义务。此外,若行政机关侵犯公司利益,则公司大概率可基于商业判断原则作出最有利的权益衡量,其不起诉很大程度上是为后续公司与政府的合作,进行相应发展经营,维护双方的团结信赖关系作准备。若小股东由于对公司内部的经营策划并不了解,则任意添加行政机关作为股东代表诉讼的被告,反而会在实质上不利于公司利益的维护。

③出具虚假财务报告进而导致公司利益受损的会计人员、审计人员

在样本检索中,并未发现以出具虚假财务报告进而导致公司利益受损的会计人员、审计人员作为被告的股东代表诉讼案件。但在学理上,笔者认为其作为被告适格。第一,从法律地位上看,出具财务报告的会计人员、审计人员,其法律地位同管理人员、清算人员相似,均负有忠诚勤勉的义务。第二,从控制权的角度看,虽然其不具有同管理层那样对公司总体经营的控制权,但其在财务专业方面,是基于特殊职务实际控制公司的,这种控制权同之后公司利益的受损具有直接的因果关系。第三,从替代的救济手段来看,在公司被会计人员、审计人员控制的情况下,除股东代表诉讼制度外,未发现合适的救济手段。

④单纯违约债务人

单纯的违约债务人作为被告在实践中出现的情形较少,但在少有的样本中,司法裁判的观点却差异较大。持有反对意见的典型案例是石家庄新华能源环保科技股份有限公司、江苏常金建设工程有限公司损害公司利益责任纠纷案①以及戚某、罗某某与公司有关的纠纷案②。在第一个案例中,一审、二审法院均认为:原告(股东)不能依据《公司法》第151条股东代表诉讼之规定以自

---

① 安徽省池州市中级人民法院民事裁定书,(2020)皖17民终409号。
② 四川省乐山市中级人民法院民事裁定书,(2020)川11民终142号。

己的名义提起涉案合同之诉,因为其提起本案合同之诉的请求权基础不存在,所以其并非与本案有利害关系的原告。在第二个案例中,一审法院认为:《公司法》第151条第3款规定,他人侵犯公司合法权益,给公司造成损失的,该条第1款规定的股东可以依照前两款的规定向人民法院提起诉讼,即该条规定的股东有权向他人提起股东代表诉讼的前提条件是存在侵权行为,但该案并非侵权之诉。《公司法司法解释(五)》虽然扩大了股东代表诉讼的适用范围,但仅扩大适用于关联交易合同的确认无效和撤销纠纷,该案并非该司法解释第2条规定的诉讼范畴。二审法院也赞同该观点,认为不包含合同行为。但是持有赞同意见的法院却认为:《中华人民共和国公司法》第一百五十一条第三款规定"他人侵犯公司合法权益,给公司造成损失的,本条第一款规定的股东可以依照前两款的规定向人民法院提起诉讼"。该规定对"他人"以及可以提起代表诉讼的类型范围等并未限制和明确。实务中,公司在一方股东控制下,不但可能姑息该股东侵害公司利益的行为,还可能放纵侵害公司利益的第三人的行为,尤其是在该第三人与控制公司的一方股东存在关联关系的情形下。基于《公司法》更好地保护股东权益的宗旨,理当允许此种情形下的其他股东采取救济措施,包括依法提起代表诉讼,以维护公司及自身的合法权益。为此,对规定中"他人"的范围、可以提起代表诉讼的对象应作宽泛的理解和适用。在对象上,应当包含公司的控股股东、其他股东、实际控制人、发起人、清算人及其成员和公司的债务人等;在种类上,既应包含侵权之诉,也应包含合同之诉。据此,本案中,艺传公司认为广播电视台没有全面履行与全天公司所签订的协议,侵犯了全天公司的利益,作为全天公司的股东,其有权根据《公司法》的相关规定提起股东代表诉讼。在该案中,二审法院也没有就此观点进行反驳。

纯粹的违约债务人能否作为适格被告这一问题,实质上不仅涉及对《公司法》第151条第3款的解释,还涉及对"侵犯公司合法权益"即侵害权益的理解,即侵害权益是否包括合同利益,股东代表诉讼案件的适用类型仅限于侵权之诉,还是也包括合同之诉?

第一,关于"他人"的理解。笔者认为,"他人"不应当包括单纯的违约债务人。一方面,因为根据公司法领域内公司自治与司法介入的关系——司法介入为补充,若股东可针对任一违约债务人提起股东代表诉讼,那么公司自治的原则会流于形式,商业判断原则亦不复存在,公司法领域的效率将难以保障。另一方面,结合股东代表诉讼制度的正当原则、例外的本质及其对管理层的监督的根本价值进行考量,若无条件地扩张股东代表诉讼的适用范围,放弃认定股东代表诉讼制度适格被告须具备的条件,股东代表诉讼制度将会发生质的改变,其也就不再是股东代表诉讼制度了。

第二,关于股东代表诉讼保护的权益类型。民法上的利益可以有以下4种类型:绝对权,包括具有绝对权性质的人身权和财产权,如各类具体人格权、各类物权、专利权、商标权等;相对权;其他人格利益;其他财产利益。简便起见,可以将上述相对权、其他财产利益,即绝对权之外的财产利益,定义为"纯粹财产利益"或者"纯粹经济利益"。对这种纯粹经济利益的侵害,或者说非因绝对权受侵害而发生的财产上的损害(不利益),可以称为"纯粹经济损失"。① 笔者认为,此处的权益侵害主要是指因绝对权遭受侵害的民事权益,而不包括作为纯粹经济损失的合同利益。理由如下:其一,就司法介入的尺度来看,出于对公司自治原则的尊重,司法在介入公司自治的情形下,应当坚持以公司自治原则为主,尊重公司自身的商业判断。因此,在司法介入公司治理的情形中,其本身就应当持有一个谨慎严格的尺度。其二,就股东代表诉讼制度的法政策态度而言,基于对股东代表诉讼制度的本质与功能的理解,对股东代表诉讼制度的适用应采取一个限缩的态度,以防其偏离制度目的,难以实现应有的功能。其三,就普通合同与关联合同的区别来看,之所以能够在关联交易合同存在无效、可撤销或者对公司不发生效力的情形下对合同相对人进行起诉,一方面是考虑到合同效力的问题,另一方面是因为该合同是基于控制产生的"关联"合同,关联交易表面上是债权实质上侵害的是公司的财产权,属于绝对权。而单纯的合同违约仅涉及债权,即纯粹经济损失,其本质上不同于关联交易合同。综上,笔者认为股东代表诉讼保护的权益不包括合同债权,因此股东代表诉讼制度不适用于合同之诉。

---

① 参见葛云松:《纯粹经济损失的赔偿与一般侵权行为条款》,载《中外法学》2009年第5期。

四、股东代表诉讼的前置程序与实体判断

(一)股东代表诉讼的前置程序

1. 前置程序的含义

股东代表诉讼,是指当公司怠于追究公司治理机关成员或者公司外第三人对公司所负赔偿责任时,具备法定资格的股东为了公司的利益,依据法定程序以自己的名义请求侵害公司权益者赔偿公司损失的诉讼活动。而股东代表诉讼前置程序,则是指在发生股东代表诉讼时,股东首先应向公司提出先诉请求,唯在公司拒绝起诉、怠于起诉或出现其他紧急情形不立即起诉将会导致难以弥补的损害时,股东才可依法提起代表诉讼。前置程序在英美法系国家又被称为"竭尽内部救济规则",即只有在公司尝试过所有可行的办法后仍然解决不了问题时,才可以向法院提起相关的诉讼。

股东代表诉讼与前置程序相互联系,前置程序是为提起股东代表诉讼作准备,两者属于包含与被包含的关系。因此,除了一些特定的情况,股东只有在提起前置程序的前提下才有可能继续进行股东代表诉讼。在各国的相关规定中,前置程序的内容都会存在一些细微的差别,但不可否认的是,这一制度终究是提起股东代表诉讼的前置性保障。股东代表诉讼逻辑见图14-2。

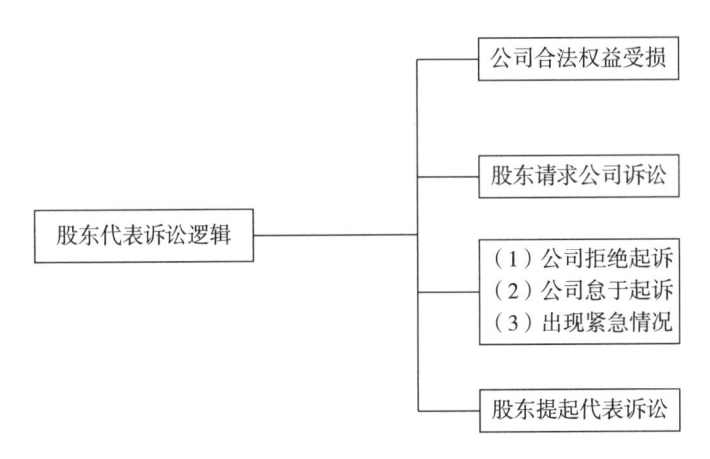

图14-2 股东代表诉讼逻辑

2. 前置程序的意义

(1)有利于保持公司人格的独立性

公司具有独立的法人资格,其内部事务理应由公司自身来管理,其他机关不能任意干预,这是商法自由原则的体现。公司法基本制度设计、公司功能的实现都建立在公司法人人格独立理念的基础之上。公司是企业法人,有独立的法人财产,享有法人财产权,并且以其全部财产对自己的债务承担责任。公司及其股东拥有独立的诉权。因此,在一般情形下,当具备独立法人人格的公司受到侵害时只能由其自身行使诉权,股东无权越位提起诉讼。因此,公司制度的构建应当最大限度地保证公司的意思自治,避免对私权的过度干预。"竭尽内部救济规则"最大限度地尊重公司自身的意思,督促公司自己解决内部的问题。虽然公司是由股东发起设立的,但从法律的角度来说,股东和公司是相互区别、各自独立的不同主体。所以,在公司合法利益受损的情况下,首先应由公司自己考量商业利益所在,以决定是否提起诉讼。而在股东要代位行使诉权时,也必须尽可能地尊重公司的独立法人人格,由公司的专门机构根据公司利益最大化原则管理公司事务。若股东可以随意代位公司提起诉讼,则不但会造成股东滥诉的情况,也会影响到公司自主经营的权利。对股东提起代位诉讼进行必要的限制,能够使公司发挥自治的作用,顺利地进行公司的治理活动。作为股东代表诉讼的第一阶段,前置程序在充分尊重公司独立人格的前提下,为公司通过内部协商解决矛盾提供了一个有效的内部救济途径。

(2)有利于维护公司的治理秩序

股东代表诉讼制度的设立是为了维护中小股东以及公司的权益,救济公司的实际损失。有序地进行公司管理是一个公司平稳发展、获得经济利益的基础和前提。因此,将公司内部事务管理程序化存在一定的必要性。符合条件的股东首先要向公司内部机构提出先诉请求,收到申请的机关需要对一些问题进行分析和判断。而公司主要是由董事等高级管理人员来进行经营和管理的,如此一来势必会给公司正常的经营和运作带来消极影响,甚至有可能扩大一些不必要的损失。而且诉讼必然会带来财产方面的损失,诉讼标的越大,诉讼费越多,诉讼的时间就越长。如此一来就不仅是财力的消耗,在应对过程中投入的精力和人力的损失也是不可估量的。因此,要求股东首先提起先诉请求,使公司从整体出发分析利弊,有秩序地进行权衡并作出决策,不仅有利于维护公司内部正常的秩序,而且有利于顺利解决问题,减少不必要的损失。

(3)有利于防止股东滥诉

股东代表诉讼不可避免地会面临恶意诉讼的情况,即"滥诉"现象。股东提起代表诉讼,无论诉讼结果如何,在被大众知悉时都将破坏公司的形象,也可能因此而影响到公司的融资投资。如果股东利用该漏洞随意提起代表诉讼,则在影响公司正常经营活动、损害公司名誉的同时也会影响到公司的发展,最终导致其他股东的利益受到损害。股东利用漏洞滥诉的现象明显违反设立股东代表诉讼的初衷。前置程序确定了股东提起诉讼的条件和程序,可以在一定范围内防止别有用心的股东为了个人利益而进行滥诉。其作为阻断滥诉发生的一道有效防线,发挥着不可替代的筛选作用。公司法是对公司自治机制的补充和救济,审判权对公司纠纷秉持有限介入原则。股东代表诉讼在制度建构时设计了"竭尽内部救济"的前置程序,目的在于促使公司内部治理结构充分发挥作用,引导股东树立正确的起诉动机,防止代表诉权的滥用。

(4)弱化股东代表诉讼内在的结构性冲突

股东代表诉讼作为一种特殊的制度设计,通过法定的方式赋予了中小股东代表公司起诉公司经营者以及控制股东的权利,从而使公司的经营受到来自中小股东的牵制,这对于建立良好的公司治理结构具有重要意义。然而,这一诉讼结构使股东与公司以及经营者、控制股东等主体之间在外观上处于明显对立的状态,将股东推向了公司经营者、控制股东以及公司的对立面,使制度的内在结构产生了一种结构性冲突,影响了股东代表诉讼的合法性基础,很可能引起对股东代表诉讼正当性的质疑。

在股东代表诉讼的制度设计中,前置程序的设定对于解决上述结构性冲突具有重要意义。其主要表现在以下方面。

前置程序使原告、被告以及公司之间保持有效的意思联络并明晰了各方立场,甚至可以通过与股东进行沟通从而减少失误的损失,这不仅有利于解决股东与公司以及经营者、控制股东等主体之间的结构性冲突,也可以通过更充分的信息交流明确股东代表诉讼是否符合公司的最佳利益。

从制度的属性上看,股东代表之诉属于共益权,具有代位性的特点。前置程序通过优先保障公司的起诉权,充分尊重作为诉权本来的所有者——公司的权利,维护了公司独立的法人人格,填补了股东代位公司提起诉讼的合理性基础,使得股东代表诉讼的提起在理论上符合公司或者全体股东的利益,具有正当性基础。

虽然股东代表诉讼制度旨在为法院干预公司内部事务提供合法途径,但是法院并不是公司经营方面的专家。前置程序起到了桥梁作用,为公司提供了在司法机关介入之前及时发现和纠正错误的机会,有效地过滤掉了不符合公司利益或者不成熟的诉讼,以确保提起股东代表诉讼的必要性与合理性,从而抑制股东滥诉情形的出现,有利于节约司法资源。

因此,在股东代表诉讼中设置前置程序,要求股东在公司利益受损,以自己名义起诉前,先征求公司意见,防止股东个体过多干预公司内部经营事务,是尊重公司自治原则的表现,也是尊重公司独立法人地位的表现。"竭尽内部救济规则"的设定,旨在充分尊重公司自身意思,督促公司自己解决内部问题,避免个体股东对公司行为的过多干预。

3. 我国股东代表诉讼前置程序的制度设计

(1)公司法的法条规定

我国《公司法》第151条明确规定了股东代表诉讼的前置程序。《公司法》第149条(2023年修订后为第188条)对董事、监事、高级管理人员的损害赔偿责任进行了规定,根据该条规定,经过前置程序再提起股东代表诉讼是股东代表诉讼制度中的原则,也是提起股东代表诉讼的最常见形态。股东如果要针对董事、高级管理人员提起股东代表诉讼,必须先以书面形式向监事会提出要求公司起诉董事、高级管理人员的请求。股东如果要针对监事提起股东代表诉讼,就必须先以书面的形式向董事会提出要求公司起诉监事的请求。只有当公司拒绝股东的请求时,或者是经过30天没有回复,股东才可以提起代表诉讼。除了这种常规性规定外,《公司法》还规定有一种前置程序豁免的特殊情形,即在情况紧急、不立即提起诉讼会使公司利益受到难以弥补的损害时,股东可以直接向人民法院提起诉讼。也就是说,履行前置程序是进入股东代表诉讼的一条必经之路,而前置程序豁免则是一种例外情形。

(2)制度安排

我国《公司法》第 151 条中前置程序的设计内容包括申请人资格、被申请人、申请的形式、接受申请的机关、审查期限以及豁免的情形。

①前置程序的申请人

公司法基于有限责任公司与股份有限公司两种公司形态的不同作出了不同的要求。对于前者,公司法仅要求其为公司股东就可提出请求;而对于后者,公司法则对持股时长及持股比例作出了相应限定,即可以申请股东代表诉讼前置程序的主体为"有限责任公司的股东、股份有限公司连续一百八十日以上单独或者合计持有公司百分之一以上股份的股东"。

②前置程序中的被申请人

被申请人即对公司实施侵害行为的人,包括董事、监事、高级管理人员和他人。当董事、监事、高级管理人员在执行职务过程中侵害到公司的利益时,理应作为被申请人承担损害赔偿责任。根据《公司法司法解释(二)》第 23 条第 2 款、第 3 款的规定,清算组的成员有《公司法》第 151 条规定的侵害行为时也可以成为被申请人。

③申请的形式及内容

我国公司法将前置程序的请求形式限定为书面形式,是基于效率原则的考虑,采取书面形式具有一定的合理性。我国公司法没有对请求的内容作明确要求,以致法院没有统一的审查标准。

④前置程序中接受申请的机关

申请人可向监事会或者董事会提出申请。公司法相关法条中规定了交叉审查原则。此原则在一定程度上可以起到监事和股东之间相互监督、相互制约的作用。

⑤前置程序中的审查期限及豁免情形

审查期限即拒绝或自收到请求之日 30 日。例外情形,即前置程序的豁免制度:情况紧急时,可以不经过前置程序,直接以自己的名义向法院提起诉讼。

(3)前置程序制度设计中存在的问题

①对申请人的资格规定不明确

从我国《公司法》第 151 条的规定来看,该法条对于有限责任公司的限制较少,即只要是股东就可以提起股东代表诉讼;而对于股份有限公司的股东,则有持股时间与持股比例的要求。对于股份有限公司中申请人资格的规定,看似简单明了,实则不然,因为实践中的股东问题复杂得多。例如,原告的股东身份是否要持续到诉讼结束,如果公司设立时间不满180日,则股东能否成为申请人等问题。又如,侵害人的侵害行为在延续的过程中股权有所转移,则接手的新股东能否代替原股东继续行使原股东相应权利的问题。从持股比例方面来说,《公司法》规定只有连续持股180日以上单独或者合计持有公司1%以上股份的股东才有资格提起前置程序。也就是说,如果股份单独或合计不到1%,这些小股东提起前置程序时就会受到阻碍。股份有限公司特别是上市的公司中股权转让不受限制,股东的流动性比较大,很多小股东之间互相不认识,想要凑够1%的股份在实践中相当有难度。这就使小股东保障自身利益的权利受到阻碍,同时也会导致股东代表诉讼保护中小股东的目的难以实现。

由此可以看出,我国股东代表诉讼前置程序对于股份有限公司中申请人的规定是不完善的。这就使法院在裁量过程中没有明确的标准,导致结果各异,在裁量的标准较为宽松时有可能导致股东的滥诉,在裁量的标准较为严格时则有可能导致股东难以维护自身相应的权益。因此,明确申请人的资格尤为重要。

②对申请形式与申请内容的规定不明确

股东在提起代表诉讼之前,原则上应当以书面的形式请求公司董事会或者监事会提起相应的诉讼。除此之外,《公司法》并没有对股东代表诉讼前置程序中"股东的请求"进行更多的规制。我国《公司法》并没有对申请书的内容格式作出任何的规定。前置申请书作为一种正式的法律文书,采用了统一的格式提高其严肃性和统一性,使其制作效率和质量能够显著提高。股东提起代表诉讼,在其申请书中一般会提及诉讼的原因,描述侵害行为的表现,表明自己提出要求的依据等,上述内容是诉讼提起的最为重要的证据,关乎公司及股东最真切的利益。如果申请书内容不明确,最为关键核心的内容没有被提到,公司内部接受申请的机构就不能全面地审查、及时作出决定,同时也会出现退回补充证据、补充申请书的情形,这样将导致申请时间的延长,使公司的利益不能得到及时维护。因此,我国公司法应当更为明确地规定申请书的格式与内容,指引申请人正确、完整地书写申请书，促使股东代表诉讼前置程序不断完善。

在实践中，有很多股东代表诉讼案例涉及申请形式这一问题。例如，在陈某诉何某某、罗某某等损害公司利益责任纠纷案①中，广东嘉莉诗（国际）服装有限公司（以下简称嘉莉诗公司）的股东陈某（原告）认为嘉莉诗公司股东何某某（被告）、罗某某（被告）等恶意串通、侵占嘉莉诗公司巨额资产的行为严重损害了其作为嘉莉诗公司大股东的合法权益，便向法院提起了诉讼。在该案中一审法院与二审法院均以原告陈某没有通过公司内部救济的前置程序为由驳回了其诉讼请求。但一审法院是以原告陈某没有告知执行董事和监事为由驳回，而二审法院以原告陈某没有书面请求为由驳回。

我国立法对于前置程序的申请形式只是笼统地规定为"可以书面请求"，但是究竟应理解为前置程序的任意性，还是应理解为申请形式的任意性的问题，有待商榷。如果理解为前置程序的任意性，就是说既可以提出申请也可以不提出申请，那么一审法院以原告股东没有告知公司并请求公司董事会和监事会代表公司提起诉讼为由驳回诉讼的裁定就会变得不合理。而且按照前置程序的任意性来理解，前置程序的设立将变得毫无意义，这显然不符合我国的立法目的。如果理解为申请形式的任意性，该案二审法院以没有"书面请求"驳回原告股东的裁定就是不合理的。虽然口头申请有可能引发举证困难等一系列问题，但我国相关法律中并没有严格规定必须书面申请。而对于申请内容，我国公司法则没有作出相关规定。由此可以看出，对于前置程序的申请形式和申请内容，在我国现有的立法中仍然留有空白。这就可能导致实践中存在混乱的局面，增加了接受申请机关的工作难度，也会影响到审查的效率，最终影响到公司的权益和股东的利益。

由于对于"股东的请求"的具体操作，如"股东的请求"作为书面的文件，其具体的内容应当包括什么，缺乏明确的规定，从法律制度的设计上看，有必要对"股东书面请求"作出更细致的规范。

③对公司的回复缺乏具体规范

根据我国《公司法》第151条第1款的规定，可以将我国的股东代表诉讼前

---

① 广东省高级人民法院民事裁定书，(2015) 粤高法立民终字第285号。

置程序划分为两部分:第一部分为原告股东如何在起诉前请求公司,要求公司提起诉讼,即前置程序中的股东资格问题。第二部分为公司在收到原告股东的请求后,如何针对原告股东的请求给予回复。当前我国关于股东代表诉讼前置程序上述两部分内容的规定并不详细。特别是对于第二部分的内容,我国没有规定公司如何回复股东,甚至都没有提及公司经营者是否应当回复。由于这些制度的不足,对于公司的回复,股东无法形成有效的预期,进而使股东的请求可能会变成一种仅仅是为了满足《公司法》形式上的要求而履行的程序,与最初的制度设计背离,使前置程序的意义被架空,最终流于形式。

④请求机关的制度安排中存在的问题

当被告的对象为董事、高级管理人员的时候,股东的起诉请求应当向监事会提出,当被告的对象为监事的时候,股东的起诉请求应当向董事会提出。在这样的结构安排中,存在以下问题:在我国股东代表诉讼前置程序的制度设计中,对于"股东的请求",无论是董事会还是监事会,在收到股东的请求后,是否应当给予回复,在公司法中没有明确规定。由此换个角度而言,公司不予回复股东的请求就成了最好的选择。事实上,公司是否应当回复股东请求的问题绝不仅仅是简单的程序化问题,它影响着整个前置程序的功能发挥,甚至可能会影响到股东代表诉讼的功能实现。

关于请求机关的制度安排,我国的股东代表诉讼的被告除了董事、监事、高级管理人员以外,还包括"他人"。实践中被告为"他人"的案件数量也占有一定的比例。但是,在前置程序的制度设计中,在被告为"他人"的情形下,股东的起诉请求的对象是《公司法》规定所空缺的。从公司法法条的规定可以看出,"他人"指公司的董事、监事及高级管理人员以外的人,但这样的规定是否过于宽泛,值得考虑。

对于上述问题,在公司法条文中缺少明确的规则,因此,当原告股东在请求之前,如果已经可以预测到公司对于自己的请求不会给予回复或者不会带来解决对公司造成损害这一困境的效果,不能达到预期的解决问题的目的,那么股东对于自己向公司提出书面请求也不会倾注更多的精力(当然,《公司法》对于股东的书面请求也没有进行详细规范),从而前置程序的履行就自然成为一种仅仅为了满足法律程序上的要求而履行的要件。

同时，在股东代表诉讼中，股东胜诉的利益归属公司，原告作为股东只是间接受益者，且这种间接收益根据所持股份的比例计算之后更为微小。面对高昂的诉讼成本和有限的诉讼利益，股东选择"搭便车"的意愿事实上远远高于提起代表诉讼的热情。因此，在我国的法律实践中，股东代表诉讼成本与收益之间严重失衡，股东尤其是股份有限公司的小股东通过提起股东代表诉讼来维护公司利益的内在动力明显不足。

这种前置程序的失灵不仅会严重影响股东代表诉讼制度的功能实现，而且由于弱化了股东对公司经营的牵制力，将会影响我国的公司治理结构。因此，当前我国股东代表诉讼制度的方向应当是引导减少诉讼的障碍，激发股东提起诉讼。当然，为了防范股东滥用起诉权恶意诉讼的问题，公司法可以选择担保制度等事中防范措施。

⑤忽略股东会(股东大会)的作用

从一些国家(地区)的立法来看，在股东代表诉讼前置程序中，"公司是否起诉的意思"多由董事会或监事会来表达。我国 2005 年《公司法》也作了类似安排，在董事为被诉对象时，由监事会代表公司行使前置决定权；在监事为被诉对象时，由董事会代表公司行使前置决定权。现行立法未将股东会作为代表公司行使前置决定权的机关，而从公司的运营过程来看，学理上通常认为股东会是公司的权力机关和最高意思机关，董事会和监事会分别在各自权限范围内形成公司意思，执行公司业务或履行监督职责。

在股东代表诉讼的前置程序中，公司意思的形成机关却受到了限制。少数国家(地区)的立法为股东会参与该意思的表达保留了空间，但多数国家(地区)建立起一种交错机制，委由"董事会"或"监事会"来表达公司意思，股东会几乎完全被剥夺了表达权。

我国 2005 年《公司法》关于股东代表诉讼中公司意思的构造采取了交错表达的机制，这种交叉规则有利于在经营机构和监督机构之间形成制衡。但是，其对于第三人为被告时公司意思如何形成没有规定。而且该法在设计公司意思结构时，忽略了股东会的作用，未将股东会作为征求公司意思的对象。尽管基于诉讼效率等多种因素考量，这一安排具有一定的正当性，但其不符合尊重公司独立人格以及由此派生的"竭尽内部救济规则"，不符合法律构造股东会的法哲学立场——尊重公司法人格的独立性。从立法论角度来说,代表诉讼中的公司意思机制,有待重塑。①

4. 前置程序在实务中的运行情况统计

对于统计的方法与范围,在"威科先行"法律信息库中以"股东代表诉讼"为关键词搜索,共有相关争议案件 902 个。再通过具体比照,对案件进行整理与统计,最终获得与"股东代表诉讼前置程序"关联的有效案件 615 个,其余 287 个股东代表诉讼的案件争议焦点与前置程序无关。对统计的数据结果分析如下。

(1)整体数据情况

对与股东代表诉讼前置程序相关的 615 个案件,从判决的结果出发,结合这些案件中具体的争议焦点进行统计,具体结果如表 14-12 所示。

表 14-12 前置程序实务运行整体概况

项目	数量/个	占比/%	项目	数量/个	占比/%
总体样本数	615	100	前置程序被豁免(未履行前置程序进入诉讼)	82	13.3
履行前置程序(进入诉讼)	281	45.7	股东起诉因前置程序未履行被驳回	252	41.0

根据表 14-12 的统计可以发现,在 615 个案件中:原告被法院认为合法地履行了前置程序,案件进入实体问题审查的有 281 个,占样本总数的 45.7%;252 个案件由于前置程序未履行或履行有瑕疵,原告股东被法院驳回诉讼请求,占样本总数的 41.0%;被法院豁免履行股东代表诉讼前置程序的案件有 82 个,占样本总数的 13.3%。

法院对于前置程序的性质和作用看法的不同,直接决定了原告是否能进入股东代表诉讼程序之中。有法院认为,前置程序是一项法定的强制性义务;也有法院认为,前置程序规定在法院受理案件时,只是一条具有释明性、指引性的条文,并非一条强制性的程序规范。

---

① 参见蒋大兴:《股东代表诉讼中的"公司意思"——关于股东会生成哲学的展开》,载《公司法律评论》2008 年第 8 期。

第一种意见在实践中十分常见，如在广州市鸿馨物业管理有限公司等与广州博爱智谷医药股份有限公司等公司利益责任纠纷上诉案①中，广东省广州市中级人民法院认为，该前置程序是一项法定的强制性义务，只有在情况紧急、不立即诉讼公司将会受到不可弥补的损害时，才可免除。在李某某诉周某损害公司利益责任纠纷案②中，河南省郑州市金水区人民法院认为股东代表诉讼是在公司内部监督机制失灵情况下的补充救济，其适用的前提是穷尽公司内部救济手段。换言之，股东在公司利益受到相关主体的侵害时，不得直接提起诉讼，而应履行法定的前置程序规定。原告既未提供证据证明其已履行了公司股东代表诉讼的前置程序，亦未证明该案存在法律规定的免除前置程序的例外情形，故法院驳回了原告的起诉。

第二种意见在实务中也有所表现，如在上海垭哲软件开发有限公司等诉倪某某等公司利益责任纠纷案③中，上海市第一中级人民法院在判决书中释明，关于股东代表诉讼的前置程序仅是立案时适用的指引性规定，不是强制性规定，立案后不应再就此进行审查。在徐某某与上海中侨科教发展有限公司（以下简称中侨公司）利益责任纠纷上诉案④中，法院认为，从法律规定的本意而言，股东代表诉讼的前置程序设置系为了充分发挥公司的内部监督机制作用，是"竭尽内部救济规则"的体现，并非以阻碍股东自行诉讼为目的。当公司内部职能部门怠于以公司名义对损害公司利益的行为提起诉讼时，股东有权以自己名义代公司起诉。因此，对于股东是否已经履行前置程序，其判断标准不能过于严苛。该案中，虽然中侨公司的函件被退回，但在钟秀公司未主动行使诉权，且无实际经营地址可以送达的情况下，中侨公司已经穷尽了其要求公司自行救济的手段。由此，一审法院确认中侨公司完成了股东代表诉讼的前置程序，是本案的适格原告。

最高人民法院第一巡回法庭法官也曾在判决中表示："对于公司法第151条有关股东提起代表诉讼，应当认为其所针对的是公司治理形态的一般情况；

---

① 广东省广州市中级人民法院民事判决书，(2017)粤01民终17746号。
② 河南省郑州市金水区人民法院民事裁定书，(2017)豫0105民初914号。
③ 上海市第一中级人民法院民事判决书，(2017)沪01民终5622号。
④ 上海市第一中级人民法院民事判决书，(2017)沪01民终5255号。

对于确属股东申请无益,即客观事实能够证明公司监事(会)、董事会或执行董事不可能接受股东的上述申请,应当认为已经竭尽公司内部救济,公司法的本意并不要求这种情况下的股东代表诉讼仍然要经过书面请求公司机关起诉这一前置程序。"[1]因此,实践中不同法院对于前置程序的认识还存在差异,这也导致了现实中同案不同判的情形。

(2)前置程序的豁免

前置程序是股东提起代表诉讼之前的最后一道内部防线。从各国的规定中可以得知,多数情况下提起股东代表诉讼首先需要经过前置程序。但在某些例外的情形下,前置程序形同虚设,不仅不能维护中小股东的利益,也不能达到平衡中小股东与大股东、公司间利益的目的。此时股东提起先诉请求,意义不大。因此,设立股东代表诉讼前置程序的豁免制度便是为了避免此类现象出现。该豁免制度有着自身的优势,可以减轻原告的负担从而及时、有效地维护股东及公司的利益,但其同时也存在一定的缺陷。如果在适用该豁免制度时把关不严,就会导致持有不良目的的股东滥用豁免制度,前置程序本身应有的作用便得不到充分发挥。如果在适用豁免制度时过于严格,则股东尤其是中小股东真正需要维权时又会阻碍重重。无论是哪一种情况都有违股东代表诉讼的立法目的。因此,为了制定一个符合本国具体情况、有利于公司发展的豁免制度,各国都需要掌握好"度"。

对前置程序的豁免事由的分类,除了"情况紧急"的法定豁免规则之外,公司法允许法官在具体适用时因个案差异灵活变通和自由裁量。2019年《九民纪要》第25条指出,股东代表诉讼的前置程序针对的是公司治理形态的一般情况,若根本不存在公司有关机关提起诉讼之可能性,法院应当允许原告股东不经前置程序提起代表诉讼。针对股东在"紧急情况"之外因客观原因无法履行前置程序或履行前置程序已无实际意义的情况,法官有权基于法定豁免理由之外的原因免除原告股东履行前置程序的义务。

从具体的案件来看,在82个被豁免履行股东代表诉讼前置程序的案件中,法院豁免股东履行前置程序的主要原因包括:第一,满足《公司法》第151条第

---

[1] 周帆、黄金龙、宫邦友:《股东代表诉讼前置程序的适用》,载《法制与经济》2016年第3期。

2款规定的"情况紧急";第二,股东无法在公司内部获得救济的合理途径,包括公司缺乏主动提起诉讼的可能性以及公司治理结构不完善、内部缺乏提供救济的机制;第三,由于原被告的特殊身份,包括原告兼有股东与监事双重身份以及被告兼有董事和监事双重身份,机械地履行股东代表诉讼前置程序已经丧失了该制度的意义。

①"情况紧急"法定豁免事由在司法实践中的适用

就当前我国公司法中"情况紧急"的规定来看,何种情况构成"紧急"需要具体明确。主流意见认为"情况紧急"的判断应遵循"损害存在,损害具有紧迫性及损害后果无法挽回"的标准。对此,笔者对司法实践中诸多裁判进行了类型化归纳。

根据实际裁判案例,"情况紧急"可以包括以下情形:一是诉讼时效即将届满的。诉讼时效一旦届满,公司的合法权利就将无法受到法律保护,故该情形应当纳入"情况紧急"的范畴。二是侵权人图谋隐匿、转移、毁坏财产的。若侵权人实施了上述行为,公司的损失就很难挽回。三是等待法定期限将给公司造成不可弥补的损失的。由于存在诸多不可预料的风险,等到期间届满会致使公司的损失不可恢复、难以弥补的,理应归入"情况紧急"的具体情形中。四是原告股东的资格即将丧失的。股东资格是提起代表诉讼必备的主体条件,该资格的丧失意味着代表诉讼将无法启动。五是公司的董事、监事、高级管理人员否认过错行为的发生,并继续实施侵害的,这将使公司利益持续受到损害,故对该情形应当认定为"情况紧急"。六是其他无须经过前置程序的紧急情况。①

"情况紧急"作为兜底性的内容之一,能够为日后司法实践中出现的新的情况留有空间。以崔某某、上海众杰投资有限公司(以下简称众杰公司)与陆某某、包某某股权转让纠纷案②为例,二审民事判决书在认定前置程序的履行时认为:包某某、陆某某主张众杰公司董事、高级管理人员与众杰公司串通,恶意低价转让众杰公司持有的苏润实业集团公司股权,则利益首先受到损害的应是众杰公司,包某某、陆某某作为众杰公司股东提起诉讼,实际是按2018年《公

---

① 参见邬逸峰:《股东代表诉讼前置程序的豁免规则研究——基于248份裁判文书的分析》,载《浙江万里学院学报》2020年第5期。
② 江苏省高级人民法院民事判决书,(2017)苏民终958号。

司法》第151条的规定，提起股东代表诉讼。而根据《公司法》的规定，提起股东代表诉讼应先履行前置程序，即股东须先书面请求监事会向法院起诉，如其拒绝提起诉讼，或者自收到请求之日起30日内未提起诉讼，或者情况紧急，不立即提起诉讼将会使公司利益受到难以弥补的损害，则股东有权为了公司的利益以自己的名义直接起诉。该案中虽然包某某、陆某某未举证证明其履行了前置程序，但在众杰公司将其对苏润实业集团公司持有的股权非法转让而使实际出资人利益受到极大损害，可能诱发群体性事件的紧急情况下，包某某、陆某某有权作为本案原告提起诉讼，其诉讼主体适格。

在龙仓置业有限公司、王某某与深圳市即达行国际投资有限公司、原审第三人上海瑞证投资有限公司损害公司利益责任纠纷案①中，公司已与案外人签订房屋销售合同，原告已处于提起股东代表诉讼符合公司法规定的情况紧急、不立即提起诉讼将会使公司利益受到损害的情形，因此法院豁免股东履行股东代表诉讼的前置程序。在董某某等诉张某某公司利益责任纠纷案②中，公司监事任期届满且无法选举新监事，纠纷中涉及的虚构债务已经产生可供强制执行的仲裁裁决，同样法院认为案情符合公司法规定的情况紧急、不立即提起诉讼将会使公司利益受到损害的情形，因此豁免股东履行股东代表诉讼的前置程序。

②公司治理结构不完善

根据《公司法》规定，股东履行先诉请求的对象是监事（监事会）或执行董事（董事会）。但实践中存在一些公司治理结构不完整的问题，如在李某某诉谭某等案③中，法院查明该公司虽在章程中设立监事职务但未任命人选，原告股东事实上无法依《公司法》之规定履行前置程序，故认定原告股东有诉讼主体资格，可以未经前置程序直接提起股东代表诉讼。同样在郑某某诉黄某某案④中，法院认定该公司未设监事会和监事，也未设董事会，只有一名执行董事即本案被告，原告实际无法也无须履行《公司法》规定的前置程序。除了公司

---

① 上海市高级人民法院民事判决书，(2015)沪高民二(商)终字第35号。
② 江苏省高级人民法院民事裁定书，(2015)苏商终字第00511号。
③ 湖南省常德市中级人民法院民事裁定书，(2020)湘07民申40号。
④ 福建省高级人民法院民事判决书，(2010)闽民终字第117号。

因自身治理结构不完善而未选任监事或未设置监事会的情形外,司法实践中还存在因其他原因监事缺位的现象。如在刘某某诉李某某案①中,该公司的监事已经退股,但公司尚未重新选任监事,故法院允许原告股东突破前置程序的阻却,提起股东代表诉讼。

《公司法》关于请求机关之规定是建立在公司治理结构相对完善的基础之上的,而实践中恰恰存在例外。如在相关案例中,原告股东的起诉对象即为公司董事,公司内部已不存在请求机关可供原告股东履行前置程序。"公司治理结构不完善固然是一个法律瑕疵,但与公司代表诉讼分属两个不同性质的法律问题,不能仅仅因为公司缺少监事会或监事的任命,就同时否定该公司股东所拥有的提起代表诉讼的权利。"因而针对此类公司治理结构不完整的情况(公司缺少监事或监事会且被告具有董事身份),需要考虑赋予原告股东豁免前置程序的权利。

③原被告双重身份

A. 原告兼有股东与监事双重身份

根据《公司法》第 151 条的规定,董事、高级管理人员有损害公司利益行为的,原告股东在提起代表诉讼之前应先向监事或者监事会履行先诉请求义务。但实践中存在代表诉讼的原告同时兼具股东和监事双重身份的特殊情况。此时若原告股东对公司董事提起代表诉讼,是否仍须履行前置程序? 实务中法院的观点并不一致。

此处所指的监事,系公司内部能够影响监事会决议的监事之一,或为公司唯一任命的监事。此时若股东与监事身份重叠,则原告在客观上享有起诉身份的选择权。为尊重公司内部治理,若原告能够不受阻碍地以监事身份直接起诉,法院就不应允许其以股东身份提起代表诉讼。因为股东代表诉讼制度是对公司自治机制的补充救济,具有第二性的特点。此时内部救济措施尚未穷尽,仅因身份特殊而允许其提起代表诉讼,有悖该制度的设立初衷和目标。

相反,若原告以监事身份起诉遭受客观阻碍,如上述公司出现公章为被告所控制的情形,则法律应当允许其提起股东代表诉讼,并且豁免股东的先诉请

---

① 山东省济南市中级人民法院民事判决书,(2020)鲁 01 民终 4328 号。

求义务。此时若仍要求原告以股东身份向同为监事的自己提出书面请求以完成前置程序,则没有实际意义。

以李某某诉李某案①和李某某、张某某诉大连天巳公司案②为例,原告既是股东又是监事,在公司执行董事存在侵害公司利益行为之时,选择以股东身份提起代表诉讼本来应当先履行先诉请求义务,这即意味着原告应向作为监事的自己提交书面请求,并要求自己作为监事以公司名义直接提起诉讼,但因公司公章为被告所掌控,原告作为监事提起诉讼在实践中确有困难,同时原告作为股东已无其他内部救济途径可言。此时,若不允许其在免除前置程序的情况下启动股东代表诉讼,则其将丧失权利救济的合理途径。故在两案中,法院允许原告未经前置程序直接提起代表诉讼。

在赖某某与珠海棒棒宝贝教育咨询有限公司股东知情权纠纷案③中,公司公章同样为被告控制,一审法院允许同为监事的原告在未履行前置程序的情况下以股东身份提起代表诉讼,但二审法院却作出截然相反的裁判。二审法院法官认为:"赖某某作为公司的股东兼唯一监事,不必机械履行自己向自己提起书面请求的程序,也不存在自己拒绝自己代表公司提起诉讼的情形。因此,赖某某应当以监事身份代表公司提起诉讼。"除此之外,面对原告股东兼为公司唯一监事的情形,部分法官在裁判中认定不能因原告双重身份之竞合而对其豁免前置程序的履行。例如,在牛某某诉邱某案④和芮某某诉李某某、李某案⑤中,法官即采取否定态度。法院认为,原告作为监事能够代表公司行使权利,而不必用尽公司内部救济手段。因此,在公司利益受到侵害时,其应以监事身份作出起诉的决定进行内部救济,而非以股东身份提起代表诉讼。与允许豁免前置程序的裁判相比,持否定观点的法官秉承司法有限介入的原则,倾向于要求原告以监事身份维护公司的利益,即以公司之名义直接提起诉讼,从而充分发挥监事监督权的作用。因此,面对原告兼有公司股东和监事身份的情形,不同

---

① 北京市丰台区人民法院民事裁定书,(2016)京0106民初20583号。
② 辽宁省大连市中级人民法院民事裁定书,(2017)辽02民终8188号。
③ 广东省珠海市香洲区人民法院民事判决书,(2017)粤0402民初9901号。
④ 重庆市沙坪坝区人民法院民事判决书,(2019)渝0106民初5690号。
⑤ 江苏省南京市中级人民法院民事裁定书,(2018)苏01民终6569号。

的法官在裁判类似案件时可能会作出相反的判决。

当然,若原告股东只是众多监事中的一员,其意思不足以影响监事会决议,则出于尊重公司的独立法人地位,该监事以股东身份提起诉讼时应当履行前置程序。此时原告在法律主体的性质认定上应被视为股东而非监事,原告的起诉只能属股东个人行为。因此,原告兼具股东和监事身份,且有权作出决议以公司名义提起诉讼,但因客观原因无法行使该权利的,是法定豁免事由之外其他可豁免情形的一种典型。

B. 被告包括董事和监事

股东代表诉讼的前置程序在法条中可分为两种情形:其一,被告为公司董事、高级管理人员或他人,原告应向监事或监事会提出先诉请求;其二,被告为公司监事,原告应向董事或董事会提出先诉请求。但实践中存在被告同时包含公司的董事和监事的情形。

如在陈某诉何某某、罗某某案①中,何某某、罗某某与陈某为公司全部股东,其中何某某担任公司的执行董事、罗某某担任监事(公司未设董事会与监事会),这意味着执行董事和公司监事同时是被告。一审和二审法院均认为该案原告陈某既没有履行前置程序又不属于"情况紧急"的情形,驳回了其诉讼请求。最高人民法院再审认为,由于被告的特殊性,即使原告就相关事实请求分别对公司执行董事和监事提起诉讼,也必然会被拒绝,故该案中不存在公司执行董事或监事接受股东申请对股东所主张的被告提起诉讼的可能性,公司内部的救济途径已穷尽,据此认定陈某提起本案诉讼并不违反2018年《公司法》第151条对前置程序的要求。同样地,在广安市元正机械设备有限公司、北京达丰兆茂机械租赁有限公司损害公司利益责任纠纷案②中,法院亦直接释明,在被告包含董事、监事、高级管理人员的特殊情况下,原告股东应免于履行前置程序。

因此,《公司法》关于前置程序的规定针对的是常态下公司治理的情况,"即在股东向公司的有关机构或人员提出书面申请之时,后者是否会依股东的请求而提起诉讼尚处于不定状态,抑或存在监事会、监事或者董事会、执行董事

---

① 最高人民法院民事裁定书,(2015)民提字第230号。
② 四川省广安市中级人民法院民事判决书,(2018)川16民终857号。

依股东申请而提起诉讼的可能性"。当董事、监事和高级管理人员均参与到损害公司利益的行为当中,实施共同侵害行为时,这已然超出了公司的治理常态,也就不再是《公司法》第151条所规制的情况。首先,当被告是公司绝大部分或所有的董事和监事时,就形成了原告股东向被告提出请求指控被告所实施的行为的情况。在这种情况下,法院有理由相信:代表公司的董事会、监事不会以公司名义起诉损害公司利益的自己,要求股东履行前置程序也不具有实际意义,法律不应要求当事人徒为毫无意义之行为。美国股东代表诉讼制度在前置请求的例外情形中就对该情形规定了"申请无益"(demand futile)时前置程序的免除。"申请无益",即当公司董事会的所有成员都参与了侵害公司利益的非法交易并被股东确定为被告时,董事会存在的敌视态度将使股东的请求变为徒劳或无益。但我国法律在建立股东代表诉讼制度时并未借鉴这一规则,立法上也没有类似的规定,前述案例的裁判可以说是该规则在我国司法实践中的体现。随着此类情形在司法实践中越来越多地出现,最高人民法院在该案中确立的裁判规则越来越多地为地方法院所应用。笔者认为,《九民纪要》第25条的实质就是股东申请无益原则。当然,当被告仅是董事会或监事会的一小部分成员,其能力不足以动摇或控制董事会、监事会作出错误决定时,法院仍应要求原告股东履行"竭尽内部救济"的前置程序。因此,被告包括公司绝大部分或所有的董事和监事,履行前置程序已不具有意义,是法定豁免事由之外其他可豁免情形的另一种典型。

其次,司法实践中还存在一种特殊情况,即被告只有监事或者董事,但因双方之间存在特殊的身份关系,前置程序的履行失去意义的情况。该情形虽不属于前文中原告既包括董事又包括监事的情况,但因其具有相同的效果,笔者在此一并展开讨论。在陈某某与高某某损害公司利益责任纠纷案[①]中,公司共3位股东,高某某担任公司监事,刘某某担任公司执行董事兼法定代表人,高、刘2人系夫妻关系。股东陈某某以监事为被告提起代表诉讼,法院认为要求董事向其配偶(公司监事)提起诉讼存在难度,形同公司内部董事、监事在本案诉讼提出的问题上已经失灵,因此可以豁免原告股东的先诉请求义务。虽然在执行

---

① 广东省广州市白云区人民法院民事判决书,(2017)粤0111民初4361号。

董事和监事为夫妻关系且一方为被告,婚姻关系正常存续的状态下通常不存在一方配偶为公司利益去起诉另一方配偶的可能性,但若绝对地否定这种可能性,反对的声音则可能指出这是强行将配偶双方予以捆绑而忽视了另一方配偶的自由意愿。因此,这种情况不应绝对地豁免前置程序。

(3)前置程序被驳回的原因数据分析

我国关于股东代表诉讼前置程序的争议焦点主要集中在前置程序是否履行、前置程序履行是否适当、原告是否为适格诉讼主体、清算程序问题等方面。

在股东起诉因前置程序被法院驳回的252个案件中,主要被驳回的原因在于股东未履行前置程序(见表14-13)。具体而言,原告被法院驳回诉讼请求的案例中,数量最多的是股东没有履行前置程序的案件,共有228个,占样本总数的90.48%。此外,10个案件为原告主体不适格被法院驳回诉讼请求的案件。法院认为,原告不适格的主要原因是原告兼具公司股东和监事身份,应以监事身份作出起诉的意思决定,并以公司名义作为原告提起诉讼;其他原因包括原告不具备股东身份、无利害关系等原告适格问题。有8个案件,法院认为股东未按照法律要求履行代表诉讼前置程序,占样本总数的3.17%。前置程序履行不合法的情形包括通知机关存在瑕疵、通知内容存在瑕疵、股东在《公司法》规定的公司回复期间内提起诉讼(如向监事寄送快递发函请求监事提起诉讼的时间、收件时间晚于案件立案时间,快递详单的证据不清问题)。最后,涉及公司处在清算期间、未清算或没有先行办理与清算组交接的手续,说明在公司清算情况下,需要结合破产法及其司法解释,来完成股东代表诉讼的程序,即加入特殊主体——清算组,在其正式开展工作后且拒绝或者怠于起诉的情况下,才能提起股东代表诉讼。

表14-13 股东起诉因前置程序被驳回的原因

原因	数量/个	占比/%
因前置程序未履行被驳回	228	90.48
原告主体不适格被驳回	10	3.97
因前置程序履行不当被驳回	8	3.17
清算程序问题	6	2.38

值得注意的是,在收集的 615 个案件中,几乎没有判决提到公司对股东请求的回复,更不会涉及公司回复的内容和具体形式。这说明在《公司法》条文没有规定的情况下,实践中法院也没有将公司对股东前置请求的回复纳入考量。

下面重点讨论一下因前置程序履行不当和原告主体不适格两个被驳回原因。

①因前置程序履行不当被驳回

A. 通知机关存在瑕疵

在梅州市粤运汽车运输有限公司等与丰顺县益丰交通汽车有限公司损害股东利益责任纠纷上诉案①中,法院认为股东履行代表诉讼的前置程序的瑕疵之一是向公司法定代表人而非公司监事发出通知。

B. 通知内容存在瑕疵

在郑某某等诉黄某某公司证照返还纠纷案②中,原告发出的通知,在内容上未明确要求董事、监事提起诉讼,在形式上亦存在瑕疵。

C. 股东在《公司法》规定的公司回复期间内提起诉讼

在宋某某等诉缪某某公司利益责任纠纷案③中,原告以微信的方式向公司 2 名监事发出要求公司提起诉讼的通知。公司 2 名监事均以个人名义拒绝提起诉讼。原告认为其请求遭到了公司拒绝,遂提起股东代表诉讼。法院首先认可了原告以微信作为通知载体的行为,认为微信为输出文字成立意思表示的法律行为形式,可视为原告已向监事提出书面申请。但是,法院认为,公司 2 名监事均以个人名义拒绝提起诉讼,但监事会未就该事项作出决议,2 名监事的个人意志无法代表监事会的意志,应当视为监事会未就原告的申请作出回复。原告在监事收到申请函后不足 30 日便向法院提起诉讼,至起诉日其尚无诉权,故法院驳回其诉讼请求。

②原告主体不适格被驳回

在王某某与陆某某、第三人苏州高益升金融信息服务有限公司(以下简称

---

① 广东省梅州市中级人民法院民事判决书,(2017)粤 14 民终 551 号。
② 福建省厦门市思明区人民法院民事裁定书,(2016)闽 0203 民初 15725 号之一。
③ 浙江省绍兴市柯桥区人民法院民事判决书,(2019)浙 0603 民初 6262 号。

高益升公司)损害公司利益责任纠纷案①中,法院认为,起诉必须符合的条件之一即原告是与本案有直接利害关系的公民、法人和其他组织。损害公司利益的侵权行为中,直接受害者通常是公司而非股东,应当由公司提起直接诉讼。只有在公司不能提起直接诉讼的情况下,才通过股东代表诉讼予以弥补,即股东提起代表诉讼尚需具备公司起诉障碍的条件。

该案中,原告并未提供证据证明存在公司起诉障碍,故该案适格原告应为高益升公司。原告向该院提起的诉讼,不符合起诉条件,应予驳回。

(4)小结

根据上述统计,可以得出以下结论:

由于法律没有要求公司必须回复,在前置程序的争议中,几乎所有公司对股东请求的回复都被忽略。

排除涉及豁免前置程序的情形,围绕前置程序制度适用的争议中,只有1个案例争议的内容是"通知内容存在瑕疵",属于实体问题,其余都属于程序问题。由此可以看出,几乎所有前置程序的实施都是为了履行法定的程序要求,除此之外可以带给诉讼的实际意义几乎没有,体现出前置程序形式化的问题。

5.股东代表诉讼前置程序形式化问题的解决方法

在前文中笔者对我国股东代表诉讼前置程序在立法上存在的问题进行了思考和阐述,并对其他国家(地区)的规定进行了分析和总结。笔者试对我国的该项制度所存在的上述几点不足提出几点完善建议,希望能够从理论上为我国完善该项制度作出贡献。

(1)明确申请人范围

我国前置程序对于股份有限公司中股东的规定较为模糊,对于"连续一百八十日以上"的要求,可以适用各国普遍认同的当时持有原则和持续持有原则,即规定为对公司的侵害行为必须发生在该股东持股期间,且股东身份要持续到诉讼结束。对于设立不满180日的公司股东,可以规定,自公司成立时起就持有公司股份的股东,可以提起股东代表诉讼,这就加大了设立不满180日的公司股东的权益获得救济的可能性。对于在侵害行为一直持续的过程中得

---

① 江苏省苏州市虎丘区人民法院民事裁定书,(2018)苏0505民初2407号之一。

到股份的股东,笔者认为其不应有资格提起代表诉讼,如果允许,则有可能导致存有恶意的人从有资格的股东手中购买股份而提起恶意诉讼。

对于股份公司中持股不足1%的股东利益得不到保护的问题,笔者认为可以增加金额的附加条件,如交纳保证金。当中小股东交纳一定的数额的保证金时,即使其持股不足1%也可以提起诉讼。这样特别小的股东获得救济的途径就会相应变多。有了保证金的约束,也可以有效防止小股东恶意诉讼的情况发生。①

(2)对股东申请形式与内容进行规范

股东提出请求是股东代表诉讼前置程序的启动部分,应对股东书面请求的内容作出具体的规范,即其内容应具有明确的起诉对象、起诉理由以及建议公司采取的解决方案。明确的规定将促进司法操作的规范,有利于申请人更好地掌握申请书基本内容,更好地保护公司利益。申请内容至少应该包括以下几个方面:①当事人(申请人、被申请人)的基本信息。②申请的原因,即行为人违反公司的哪些章程、侵害到公司的哪些利益以及可能给公司带来的损失情况。对于起诉理由的阐述,应该足以能让公司了解到具体的违法行为和违法程度,并附有弱化的举证责任。③申请人所主张的内容,即希望公司提出诉讼或希望对侵权人进行惩处,如停止侵害、赔偿损失等。

在制度设计上,是否要求股东在这一阶段承担举证责任各有利弊,应该结合我国目前股东代表诉讼制度运行的具体情况选择对应的政策。一方面,要求股东承担举证责任,可以有效降低滥诉的可能性,因为股东很难在恶意诉讼的情况下收集证据并形成完整的证据链以证明所谓的被告责任。但是,这样的制度安排将提高善意股东通过这一制度维护公司利益的成本,从而抑制股东提起代表诉讼的可能性。另一方面,如果弱化或不要求股东承担相应的举证责任,只要求其对股东请求起诉的行为进行明确的说明,就将会极大降低股东提起代表诉讼的成本,从而提高股东提起代表诉讼的可能性。

(3)对公司的回复进行规范

关于公司应当如何回复的问题,可以参考其他国家和地区的书面回复制

---

① 参见金慧燕:《我国股东代表诉讼前置程序研究》,大连海事大学2017年硕士学位论文。

度,即不起诉理由书制度,以此强制要求收到股东请求的请求机关以书面的形式对股东的请求进行回复。以日本实践为例,根据日本《公司法》第847条第4款规定,公司在决定不起诉时必须制作书面的不起诉理由书。根据日本《公司法实施细则》第218条的规定,不起诉理由书制度的具体内容必须包括公司对于股东请求的事项进行调查的内容(作为判断是否有损害公司利益行为的基础资料),公司对于股东要求起诉的对象是否负有责任的判断,公司如果认为股东要求起诉的主体负有责任,但是决定不起诉,那么还必须明确说明决定不起诉的具体理由。

因此,在我国股东代表诉讼的前置程序中建立不起诉理由书制度,包括说明公司调查的情况与公司作出不起诉决定的理由,对于股东代表诉讼的审理有程序上的推动作用。

(二)损害公司利益的实体判断

1. 对公司利益的界定与分析

当前,我国公司法的相关规范性文件尚未对公司利益作出明确定义,而司法界同样一直在采取回避态度,这种法律上的空白必然影响司法对于社会关系的调整。公司利益涉及公司本质问题,2013修改后的《公司法》涉及公司利益的条文多达10处。例如,笔者主要研究的第151条中的"公司的利益""公司合法权益"等。然而,该法和其他公司法规范性文件均未对公司利益作出明确界定,而"2005年修订的《公司法》规定公司享有独立的法人财产,这无疑进一步使公司利益的内涵和边界复杂化了"[①]。

司法实务中对于公司利益的法律界定同样采取了回避的态度,这就使相关规定失去了"压舱石",必将对司法调整社会秩序和利益产生不利影响。司法实践中法官通常仅在两种情形下考虑公司利益:①公司利益作为法条构成要件时;②判断董事、高级管理人员履行忠实勤勉义务之行为是否损害公司利益时。也就是说,法官在案件审理时大多"落实到法条上",从条款文意出发将公司利益理解为"独立法人的财产权",奉行"法条涉及才考虑,法条文意最优先"的原则。但由于缺乏对公司利益的清晰界定和类型化建构,法官经常在协调公司利

---

① 甘培忠、周游:《公司利益保护的裁判现实与理性反思》,载《法学杂志》2014年第3期。

益与特定股东的利益冲突时举棋不定,处处受到掣肘,且屡屡遭受"同案不同判"的质疑。① 司法实践中法院通常简单将公司财产视为公司利益表征,如有学者所说:"我国法律和理论中缺乏独立公司利益,而是采用了物权式的所有权标准。司法中对公司利益的界定一般采用名义所有权标准,即在公司名下的财产属于公司财产,而一旦采用其他名义,试图获得民事救济就非常困难。"② 这一般会产生不好的后果,公司在内部治理上产生的财产风险全部由公司的股东承担,将原本的公司内部委托代理关系的问题转化为控股股东与其他股东间利益的争夺,这会使公司高级管理人员忽视对于公司长远利益的保护。由于对公司利益判断不清,司法实务中产生了诸多具有争议的案件,这恰恰说明对公司利益的判断实际上影响着公司利益纠纷的有效解决。如有学者所说:"公司是多方参与者不同利益交汇的平台,利益主体之间的关系往往会超越法律关系。在公司法中,作为分析工具的'法律关系'往往成为被突破的对象,引入'利益关系'的概念才能厘清公司各参与方的利益纠葛。"③

也有学者认为,公司利益是一个非常哲学化的问题,凭空归纳其定义既非易事,也缺乏意义,对涉及公司利益的司法裁判进行类型化分析,或许更能凸显在没有准确内涵界定的情况下保护公司利益的难度与障碍,并以此反思公司利益保护的根本意义与政策改进。④ 这为我们研究公司利益的实体判断提供了很好的切入点,对于实务问题的分析也具有很好的指导意义,笔者希望能够通过对近年来的股东代表诉讼司法裁判案例文书的类型化分析,对公司利益的实体判断提供良好的指导。

2. 损害公司利益具体规定及相关案例的裁判分析

从《公司法》第148条(2023年修订后为第181条至第184条)的规定,可以看出法律对于董事、监事、高级管理人员侵犯公司利益的行为作出了不完全列举式的详细规定。通过对于相关司法裁判案例的梳理,笔者也确证了相关的

---

① 参见杨大可:《德国法上的公司利益及其对我国的启示》,载《清华法学》2019年第4期。
② 邓峰:《公司利益缺失下的利益冲突规则——基于法律文本和实践的反思》,载《法学家》2009年第4期。
③ 梁上上:《论公司正义》,载《现代法学》2017年第1期。
④ 甘培忠、周游:《公司利益保护的裁判现实与理性反思》,载《法学杂志》2014年第3期。

规定在司法裁判中得到了法院的认可和遵守。本书在梳理案例后，对该条规定作出物权利益、债权利益以及未类型化利益的分类。

(1) 侵犯公司的物权利益

首先，最典型的挪用公司资金就是侵犯公司的物权利益，如巧立名目直接从公司账户转移资金。如在毕某某与王某损害公司利益责任纠纷案①中，毕某某作为正源公司的总经理，对公司负有忠实和勤勉义务，其将正源公司账户中的资金50万元转至贵恒事务所，虽然转账用途载明为服务费，但毕某某并未提交正源公司与贵恒事务所存在业务往来的证据，且毕某某最终占有了该笔资金。二审法院认为该行为侵犯了正源公司的财产权。公司与股东、高级管理者合意达成独立核算的约定，仍然属于公司内部管理事务，这并不影响公司财产的完整性和独立性，毕某某所说的部门团队仍然是公司内部机构，其部门收入也仍然是公司财产，这就是非常典型的直接侵犯公司物权利益的行为。

其次，侵犯公司的物权的方式还有设立个人的账户储存公司的资金以及接受他人的佣金归为己有。如在高某某与广州植翠元公司损害公司利益纠纷案②中，高级管理人员将个人账户用于公司经营，对内损害了公司以及其他股东的权益，导致公司资产不分和账目不清，损害了公司的独立财产权的物权利益。

此外，未经股东会或者董事会同意，将公司资金借贷给他人或者以公司财产为他人提供担保，也属于侵犯公司物权利益的行为，一个是直接侵犯公司物权，一个是在公司财产上设立新的物权间接侵犯公司的物权。

(2) 侵犯公司的债权利益

侵犯公司债权利益的行为中最典型的是以个人名义收取公司债权。如在东方联亚科技有限责任公司(以下简称东方联亚公司)与王某等损害公司利益责任纠纷案③中，总经理王某以东方联亚公司的名义向宝星会社签发商业发票，要求其向王某的个人账户支付东方联亚公司的应收款项，两审法院均认为

---

① 山东省济南市中级人民法院民事判决书，(2020)鲁01民终939号。
② 广东省广州市中级人民法院民事判决书，(2019)粤01民终4946号。
③ 北京市第二中级人民法院民事判决书，(2020)京02民终7355号。

王某应当向东方联亚公司返还钱款。

此外,对于违反公司章程的规定或者未经股东会、股东大会同意,与本公司订立合同或者进行交易,这类侵犯公司债权利益的行为,一般让相关当事人直接履行合同或承担违约责任。比如,在汇丰实业有限公司与黄某某借贷纠纷案①中,被告人系挂名的借款人,其根本不知晓涉案借款的事务,第三人至诚公司与被告黄某某签订的借款合同中,借款人签名并非黄某某本人签名且没有黄某某的授权许可,事后也未得到追认,双方之间没有借款的合意。因此,法院认为公司的借贷关系未成立生效,由相关当事人直接履行合同的义务。

(3) 侵犯公司的未类型化利益

①无形的资产。实务中公司有很多的利益可归类为企业的无形资产,如客运公司的班线经营权。如在淮安苏通公路运输有限公司与淮安汽车运输集团有限公司损害公司利益责任纠纷案②中,法院认为道路客运班线经营权具有财产价值,属于企业的无形资产,道路客运班线的所有权与班线的经营权属于不同的概念,虽然道路客运班线属于国家的公共资源,由国家所有,但班线的经营权具有财产价值,经行政许可后由企业享有。道路运输管理机构通过行政许可的方式将客运班线的经营权许可给符合申请条件的企业经营,企业在经许可后享有客运班线经营权,能够从事相关的运输业务而获取收益。因此,客运班线经营权必然对企业的经营产生重大影响,应属于企业的无形资产,这属于实务中认定的一种非常典型的公司财产利益。

②未经股东会或者股东大会同意,利用职务便利为自己或者他人谋取属于公司的商业机会,自营或者为他人经营与所任职公司同类的业务。此项属于同业竞争禁止规范。公司的高级管理人员作为公司经营的执行人,对于与公司利益相关的业务非常熟悉,因此极有可能会利用职务便利经营与所任职公司同类的业务。为了保护公司的利益,法律作出了同业竞争禁止的规定,然而此类事项很难归入公司的物权或者债权范畴,甚至很难作为一种财产性利益进行量化,这属于一种资格的限制。

---

① 江西省鹰潭市余江区人民法院民事判决书,(2019) 赣 0622 民初 534 号。
② 江苏省高级人民法院民事判决书,(2019) 苏民终 982 号。

③公司的证照以及经营资格等相关事项。此类是属于行政机关颁发给公司的一种行政许可事项,因为该事项需要通过政府部门的审批审核,而且往往具有门槛限制,经营相关事项属于一种资格性权利,也很难归于公司的物权利益和债权利益。如在程某某公司证照返还纠纷案①中,法院认为程某某因其履行职务而曾对公司证照及财务资料形成的保管事实与其因实际使用而具有的控制力,共同说明了系争公司证照及财务资料更可能由程某某持有。恒威公司终止了对程某某的聘用,且程某某在华源公司的董事任期也已经届满,虽然未改选,但鉴于公司实际已处于停业状态,继续对程某某任命或授权已缺乏实际必要性。因此,法院认为,程某某已丧失继续持有华源公司证照及财务资料的正当性基础,在健康方案公司代表华源公司提出返还主张的情况下,程某某依法应当将系争物品向华源公司予以返还。

④公司的商业信誉以及公司的秘密和内部信息,如公司的账册以及客户信息。此类公司的内部信息具有重要的商业价值,某些信息能够影响公司价值,关乎公司的重大利益,然而此类信息也很难归于公司的物权利益和债权利益范畴。

⑤董事、监事、高级管理人员违反对公司忠实义务的行为。董事、监事和高级管理人员的行为往往与公司利益密切相关,其某些不利的行为往往会影响公司的估值,损害公司的利益,因此法律规定了对于董事、监事、高级管理人员的忠实勤勉义务。除了《公司法》第148条,第147条(2023年修订后体现于第181条至第184条)也规定了忠实勤勉的义务:董事、监事、高级管理人员应当遵守法律、行政法规和公司章程,对公司负有忠实义务和勤勉义务。勤勉义务,又称注意义务,是指董事、监事、高级管理人员要为了公司的利益而尽职、善意地工作。在英国,对注意义务的履行有三类标准:对无专业经验的非执行董事,采用主观标准;对有专业经验的非执行董事,采用客观标准;对于执行董事,适用严格的推定知悉原则。澳大利亚《公司法案》第229条规定:"公司官员在行使其权力和履行其义务时,应始终保持合理程度的注意和勤勉。"美国的《示范公司法》也进行了相关规定。在夏某与朱某国损害公司利益责任纠纷案中,我

---

① 上海市第二中级人民法院民事判决书,(2014)沪二中民四(商)终字第S543号。

们可以得出在司法实务中对公司勤勉义务的判断一般认为所谓董事的勤勉义务,应理解为董事在行使职权作出决策时,必须以公司利益为标准,不得有疏忽大意或者重大过失,应以适当的方式并尽合理的谨慎、技能和注意义务,履行自己的职责。勤勉义务的判断标准包括:董事的行为必须是善意的;董事应像处于类似位置的普通的谨慎人那样在类似情况下尽到应尽的注意;合理地相信其行为符合公司的最佳利益。[①]

3. 损害公司利益的诉讼实务问题

(1)损害公司利益的股东代表诉讼面临的实务难题

①关于针对股东(出资人)的代表诉讼与直接诉讼。《民法典》第83条的规定与《公司法》第20条(2023年修订后为第21条,删除了"不得滥用公司法人独立地位")的规定基本一致。因此,根据前文所述,无论是在《民法典》还是在《公司法》的规定中,公司类型的法人,如控股股东滥用法律赋予的股东权利,既可能损害公司利益,也可能损害其他股东利益。而实务中控股股东与公司往往是一个事物的两面,很多情况下损害公司利益的本质,一般也是损害其他股东利益。然而,依据现行的法律规定以及司法实务中的裁判,若股东侵害其他股东利益,则其他股东可以提起直接诉讼;如果股东侵害公司利益,则其他股东只能提起代表诉讼。因此,我们所面临的一个实务问题是:关于股东,哪些行为是《民法典》及《公司法》中的造成法人或公司损失的行为,只能提起股东代表诉讼;哪些行为是造成其他股东损失的行为,可以提起股东直接诉讼?

②关于董事、监事、高级管理人员的代表诉讼与直接诉讼。如前文所述,《公司法》第148条详细规定了董事及高级管理人员对公司的8项忠实义务,且《公司法》第149条也规定董事、监事、高级管理人员执行公司职务时违反法律、行政法规或者公司章程的规定,给公司造成损失的,应当承担赔偿责任。而第152条(2023年修订后为第190条)规定:"董事、高级管理人员违反法律、行政法规或者公司章程的规定,损害股东利益的,股东可以向人民法院提起诉讼。"据上述规定,如董事、监事、高级管理人员违背对公司的8项忠实义务,既可能损害公司利益,也可能损害股东利益。而依据《公司法》第

[①] 安徽省合肥市中级人民法院民事判决书,(2018)皖01民终2601号。

151条规定,损害公司利益时,股东仅可提起代表诉讼;损害股东利益时,股东则可提起直接诉讼。由此我们面临这样的问题:关于董事、监事、高级管理人员,哪些行为造成公司损失,只能提起股东代表诉讼;哪些行为造成股东损失,可以提起股东直接诉讼?

③关于其他人的股东代表诉讼。《公司法》第151条第3款规定:"他人侵犯公司合法权益,给公司造成损失的,本条第一款规定的股东可以依照前两款的规定向人民法院提起诉讼。"如前所述,公司的"股东""董事、监事、高级管理人员"两类主体,既可能因损害公司利益而涉及股东代表诉讼,又可能因损害股东利益而涉及股东直接诉讼。而关于"他人",《公司法》仅规定了侵害公司利益,而未规定侵害股东利益。笔者进行实务分析的第三个问题是:关于《公司法》第151条第3款规定的"他人",是否可能只侵害公司利益而不会侵害股东利益,是否仅涉及股东代表诉讼而不涉及股东直接诉讼?

(2)解决思路的可行性分析

①不可提起股东直接诉讼,只能提起股东代表诉讼的情形

A.公司对外的合同纠纷:损害股东利益的,股东提起的是股东直接诉讼,是侵权之诉,原告只可以主张被告赔偿损失,无权主张公司对外签订的合同效力。如在丛某某与王某某、韩某确认合同无效纠纷案①中,法院认为,该案原告以其公司的股东的身份提起诉讼,根据《公司法》的规定,公司的董事、高级管理人员执行公司职务时违反法律、行政法规或者公司章程的规定,给公司造成损失,或者损害股东利益的,股东可以向法院提起诉讼。损害股东利益的,股东提起的是股东直接诉讼,是侵权之诉,原告只可以主张被告赔偿损失,无权主张公司对外签订的合同效力;给公司造成损失的,股东提起的是股东代表诉讼,原告既可以要求被告赔偿损失也可以提起确认合同效力或撤销合同之诉,原告是代表公司提起诉讼,公司是股东代表诉讼的受益人。

B.处分属于公司的财产:董事、高级管理人员违反股东会决议处分公司财产,根据公司财产与股东财产相分离的原则,首先是对公司造成损失,仅是间接损害了股东的利益,董事、高级管理人员的行为与股东财产权益之间并没有直

---

① 辽宁省宽甸满族自治县人民法院民事裁定书,(2020)辽0624民初2004号。

接的因果关系。如在陈某某、阮某某损害股东利益责任纠纷案中,法院认为《公司法》第152条虽然赋予股东可以就高级管理人员的行为提起股东直接诉讼的权利,但需要考虑的是陈某某等人在该案中主张的损失与张某某的行为之间是否存在直接利害关系。陈某某等人完成出资后,根据公司财产与股东财产相分离的原则,该案中张某某即使存在违反股东会决议有关担保范围的行为,对公司造成损失,也仅是间接损害了陈某某等人作为股东的利益,而与陈某某等人自身财产权益之间并没有直接的因果关系。该案中张某某违反联众置业公司股东会决议造成的损害,应当是对公司利益造成损害,仅是间接损害了股东利益,故应由公司作为原告起诉。

C.公司以外的人实施侵害行为的:股东直接诉讼只适用于公司及其内部人员侵害股东利益的情况,即诉讼的被告只能是公司、控股股东、公司实际控制人、董事、经理、监事和其他公司高级管理人员。如在衡阳飞翔房地产开发有限公司建设用地使用权转让合同纠纷案①中,法院认为根据《公司法》第152条规定,股东代表诉讼,是指当公司的利益受到侵害而公司却怠于或拒绝追究侵害人责任时,公司的股东以自己的名义起诉,而所获赔偿归于公司的一种诉讼形态。股东直接起诉是指股东为了自己的利益而基于股份所有人地位向其他侵犯自己利益的人提起的诉讼。股东直接诉讼只适用于公司及其内部人员侵害股东利益的情况,即诉讼的被告只能是公司、控股股东、公司实际控制人、董事、经理、监事和其他公司高级管理人员。

②可以提起股东直接诉讼的条件

A.需与案件有直接利害关系。如在森禾公司与丽都公司确认合同无效纠纷案②中,法院认为根据《公司法》第152条规定,股东提起股东直接诉讼,需与案件有直接利害关系,且应以公司的董事、高级管理人员为被告。

B.只能以公司、股东、公司实际控制人、董事、监事、经理和其他高级管理人员为被告。如在衡阳飞翔房地产开发有限公司建设用地使用权转让合同纠纷案③中,法院认为,股东代表诉讼,是指当公司的利益受到侵害而公司却怠于

---

① 湖南省衡阳市中级人民法院民事裁定书,(2017)湘04民终430号。
② 天津市第一中级人民法院民事判决书,(2020)津01民终3719号。
③ 湖南省衡阳市中级人民法院民事判决书,(2017)湘04民终430号。

或拒绝追究侵害人责任时，公司的股东以自己的名义起诉，而所获赔偿归于公司的一种诉讼形态。股东直接起诉是指股东为了自己的利益而基于股份所有人地位向其他侵犯自己利益的人提起的诉讼。股东直接诉讼只适用于公司及其内部人员侵害股东利益的情况，即诉讼的被告只能是公司、控股股东、公司实际控制人、董事、经理、监事和其他公司高级管理人员。

C. 股东为了维护自身利益以个人名义向法院提起诉讼，股东个人是侵害行为的直接受害者，股东行使权利纯粹是为了自身利益，而非整个公司利益。如在陆某某与王某某损害股东利益责任纠纷案①中，法院认为在该案中，陆某某认为王某某在其不知情的情况下，利用其法定代表人的身份虚假陈述，到深圳市宝安区法院陈述存在虚构债权，导致华恩公司的银行存款被法院扣划，即使该行为存在，直接损害的也应是华恩公司的利益。陆某某作为公司股东，其利益只是间接受损，应当在华恩公司破产清算时主张通过破产清算解决。

③《公司法》第151条第3款规定的"他人"，一般仅涉及侵害公司利益，仅可提起股东代表诉讼

关于"他人"的界定，部分学者将其分为与公司内部事务相关的他人，以及与公司内部事务无关的他人。② 此外，《公司法司法解释（四）》延续了该规定，将侵害公司合法权益、造成公司损失的"他人"列为适格被告。如何界定该"他人"的身份，学术界和实务界向来争议较大。笔者认为，可以按照与公司事务的关联度，将"他人"分为与公司内部事务相关的"他人"，以及与公司内部事务无关的"他人"，前者如对公司承担保密义务的员工，后者如公司债务人。必须看到，董事、监事、高级管理人员与"他人"充当被告的法律基础不同：董事、监事、高级管理人员之所以承担责任，是因为董事、监事、高级管理人员对公司承担了忠实勤勉等受托人义务。换言之，董事、监事、高级管理人员承担责任的基础在于其违反该受托义务。"他人"与公司并无受托关系，除非存在特别约定，该"他人"仅对公司承担一般法上的义务，而非承担受托义务。相应地，股东以

---

① 江苏省淮安市中级人民法院民事裁定书，(2020)苏08民终220号。
② 参见叶林：《股东派生诉讼规则之司法解释的逻辑和要点》，载《人民法院报》2017年9月5日，第2版。

"他人"为被告而提起诉讼,目的多在于获得损害赔偿。股东向董事、监事、高级管理人员提起派生诉讼的目的,包括但不限于获得损害赔偿,激励董事、监事、高级管理人员履行受托义务反倒是更重要的目的。

关于"他人"是否会直接侵害股东利益、是否可以提起股东直接诉讼,当前《民法典》及《九民纪要》并未作出明确规定,但与最高人民法院案例的意见基本一致,即"他人"一般仅涉及侵害公司利益,仅可提起股东代表诉讼。如在佛山市燃气集团股份有限公司(以下简称佛燃公司)损害公司利益责任纠纷案①中,法院认为佛燃公司既是港华公司的股东,也是高网公司的关联企业,佛燃公司可能基于多种因素不同意由港华公司对高网公司提起诉讼或仲裁,导致港华公司对高网公司的诉讼或仲裁无法启动。根据《公司法》第151条的规定,此时可以引入股东代表诉讼制度来保障港华公司的程序性利益得以实现。根据原审查明的事实,虽然南华公司曾通过股东代表诉讼的方式对高网公司提起诉讼,但佛山市中级人民法院以港华公司和高网公司订立的仲裁条款对南华公司同样具有约束力为由,裁定驳回了南华公司的起诉。在南华公司提起的股东代表诉讼被裁定驳回后,该案没有证据证明南华公司曾代表港华公司对高网公司提起过仲裁,也没有证据证明仲裁机构对南华公司的仲裁请求不予受理。

(3)其他相关的实务问题

股东代表诉讼与股东直接诉讼条件同时具备时的选择:股东代表诉讼与股东直接诉讼条件同时具备,一般只能选择直接诉讼。最高人民法院提供的意见是:"股东代表诉讼制度设置的基础在于股东本身没有诉权,而公司有诉权却基于种种原因拒绝诉讼或怠于诉讼,股东在穷尽内部救济情况下才能以自己的名义为了公司的利益提起股东代表诉讼。如果股东和公司就同一事项均有诉权,可能出现股东既能够通过自身起诉的途径获得救济,又因公司拒绝或怠于起诉而符合提起股东代表诉讼的条件的情形。在股东和公司同时具有诉权的情况下,从股东代表诉讼设置基础以及其构造的复杂性和特殊性来看,不应允

---

① 最高人民法院民事裁定书,(2018)最高法民申3884号。

许采取股东代表诉讼的方式。"①

4. 损害公司利益判断的参考价值

公司利益的界定是我国司法实践中一个需要深入研究、分析的问题,同时也是公司法学界关注较多的基础理论问题,目前许多学者已就此开展较为深入的研究并且阐述了许多富有启发性的观点。损害公司利益涉及的内容繁杂且种类和形式多样,其许多的情况彼此包容甚至相互重合,且公司利益随企业法律形式和具体公司的不同而存在差异,因此对于损害公司利益的实体判断侧重的因素会相应地有所改变。虽然《公司法》对于损害公司利益的情形有过列举式的规定,但是随着社会的发展,新的损害公司利益的情形层出不穷,因此我们也需要根据具体的案例情形,借助法规提供的具体模式,根据法理对其进行类型化研究,并加以确定。此外,公司利益损害的实体判断对于股东代表诉讼的启动起着基础性的作用,然而公司与部分股东在现实中往往是一体两面的,我们不仅要保护好公司的利益,还要保护好股东的利益。而对股东的利益的保护与对公司的利益的保护未必是完全一致的,因此才会出现股东代表诉讼和股东直接诉讼的区分。作为损害公司利益的衍生性问题,此类问题在实务中必定是大量存在的,笔者所举出的内容以及案例未必能够涵盖实务中所有的问题,但类型化的分类分析至少能够为我们提供一种思路,帮助解决现实司法实务中的难题,这对于损害公司利益的实体判断也具有非常重要的参考意义。

五、其他问题

(一)清算阶段的股东代表诉讼

基于对案例样本的筛查,笔者发现实务中存在公司进入清算阶段后股东提起代表诉讼的情况,因此有必要探讨在公司清算阶段是否能够提起股东代表诉讼的问题。公司的清算可以分为两种类型,一种是基于《公司法》第182条(2023年修订后为第231条)的规定进行的强制清算,另一种是基于《企业破产法》进行的破产清算。

---

① 最高人民法院民事审判第二庭编著:《〈全国法院民商事审判工作会议纪要〉理解与适用》,人民法院出版社2019年版,第220页。

1. 解散清算

根据《公司法》规定，①持有公司全部股东表决权 10% 以上的股东，可以请求人民法院解散公司，此时公司应当在解散事由出现之日起 15 日内成立清算组开始清算，公司自此进入强制清算阶段，强制清算阶段提起股东代表诉讼并无疑问。

根据《公司法司法解释(二)》第 23 条的规定可知，公司清算期间甚至公司已经清算完毕注销后，符合条件的股东仍可依法提起股东代表诉讼，维护公司的利益。同时，根据《公司法》第 151 条第 3 款之规定，他人侵犯公司合法权益，给公司造成损失的，符合条件的股东均得提起股东代表诉讼，其中"他人"并不以清算组成员为限。

《公司法》第 151 条并未限制提起股东代表诉讼的阶段和公司状态，所以即便是在强制清算阶段，股东也可依照该条的规定提起股东代表诉讼。只是此时股东提起代表诉讼，仍然应履行相应的法定前置程序，即竭尽内部救济的途径。公司并非一进入强制清算阶段就能立即产生清算组，按照法律规定，公司应当在解散事由出现之日起 15 日内成立清算组，逾期不成立清算组的，债权人可以申请法院指定有关人员组成清算组进行清算。

在尚未成立清算组时，对于需要提起股东代表诉讼的情况，股东履行前置程序，需要根据公司解散的原因进行分类判断。如公司因《公司法》第 180 条（2023 年修订后为第 229 条）第 1、2、3 项的原因解散，可以认为公司机关如董事会、监事会仍然可以正常行使职权，组成清算组并主持公司的解散清算事务。如公司是由于《公司法》第 180 条（2023 年修订后为第 229 条）第 4 项或者《公司法》第 182 条（2023 年修订后为第 231 条）规定的原因解散，前者是由于公司

---

① 《公司法》第 180 条规定："公司因下列原因解散：（一）公司章程规定的营业期限届满或者公司章程规定的其他解散事由出现；（二）股东会或者股东大会决议解散；（三）因公司合并或者分立需要解散；（四）依法被吊销营业执照、责令关闭或者被撤销；（五）人民法院依照本法第一百八十二条的规定予以解散。"第 182 条规定："公司经营管理发生严重困难，继续存续会使股东利益受到重大损失，通过其他途径不能解决的，持有公司全部股东表决权百分之十以上的股东，可以请求人民法院解散公司。"第 183 条规定："公司因本法第一百八十条第（一）项、第（二）项、第（四）项、第（五）项规定而解散的，应当在解散事由出现之日起十五日内成立清算组，开始清算。有限责任公司的清算组由股东组成，股份有限公司的清算组由董事或者股东大会确定的人员组成。逾期不成立清算组进行清算的，债权人可以申请人民法院指定有关人员组成清算组进行清算。人民法院应当受理该申请，并及时组织清算组进行清算。"

被吊销营业执照而处于解散状态,此时公司董事会和监事会无法再正常行使职权,后者是由于公司经营管理发生严重困难、公司事务处于瘫痪状态,公司董事会和监事会同样无法正常行使职权。在尚未成立清算组且公司董事会和监事会无法正常行使职权的情况下,根据《公司法司法解释(二)》第10条的规定,①股东若认为他人侵犯公司合法权益造成公司损失,应当直接向原法定代表人提出请求,在原法定代表人怠于起诉时,视为股东履行了前置程序,有权提起股东代表诉讼。

对于已经成立清算组的情况,股东应当向依法主持清算事务、代表公司参与民事诉讼活动的清算组履行前置程序,竭尽内部救济方式。②但实践中也有法院持反对观点,认为"在强制清算程序中,如果出现清算组不依法履行职责,所指定清算组的成员组成不利于清算依法进行,或者清算组的议事机制不利于清算依法进行等情况,相关利害关系人应当通过申请更换清算组成员,请求人民法院撤销清算组决定或请求人民法院作出决定等法律规定的方式,在强制清算程序中主张权利的保护。针对公司僵局、公司股东自行清算不能等情形,法律设定了公司解散诉讼、强制清算程序等救济途径,强制清算程序在人民法院监督下开展,不存在不当行为控制下的事实状态,即使出现怠于以自己名义主张权利的情形,人民法院也可以对此有效调整并予消除。因此,在强制清算程序中,有关清算事务,以股东代表诉讼替代清算组的法定职责,缺乏法律依据"③。笔者对该法院观点不予认同,法院认为在强制清算程序中,股东可以通过更换清算组成员、请求人民法院撤销清算组决定或请求人民法院作出决定等方式维护公司利益。但《公司法司法解释(二)》第9条对可以申请更换清算组成员的情形进行了列举,包括有违反法律或者行政法规的行为,丧失执业能力或者民事行为能力,有严重损害公司或者债权人利益的行为。如不满足以上情况,则股东很难通过以上途径成功维护公司权益,法院是否能做到"有效

---

① 《公司法司法解释(二)》第10条规定:"公司依法清算结束并办理注销登记前,有关公司的民事诉讼,应当以公司的名义进行。公司成立清算组的,由清算组负责人代表公司参加诉讼;尚未成立清算组的,由原法定代表人代表公司参加诉讼。"
② 《公司法》第184条规定:"清算组在清算期间行使下列职权:……(七)代表公司参与民事诉讼活动。"
③ 江苏省扬州市中级人民法院民事裁定书,(2013)扬商初字第0274号。

调整"本身存疑。同时，根据该案的情况，该公司进入清算程序后，清算组成员对提起该案诉讼的意见不一致，导致公司无法作为原告进行诉讼。在清算组成员没有出现满足更换清算组成员的情形，又存在不同意见而不能提起诉讼维护公司权益的情况下，清算组履行清算事务的职责存在障碍，此时限制股东提起代表诉讼并无合理合法的理由。因此，即便是在法院主持的强制清算程序中，也应当允许股东在清算组怠于主张权利的情形下提起股东代表诉讼。如股东代表公司起诉的对象即为清算组或清算组成员，则可以构成前置程序的豁免。

在持支持态度的法院中，也有观点认为，履行前置程序后，原告也不必然有权提起股东代表诉讼，要判断清算组是否怠于履行职责。法院认为，清算组比股东代表诉讼更能客观、公平地保障公司、股东、债权人相关权益，后者更容易演化为股东权利斗争和利益谈判的筹码。如清算组没有怠于履行职责，则股东代表诉讼没有竭尽内部救济，条件不成就。① 因此，还需要法院结合具体案情进行一定的实质判断。

在解散清算的过程中，清算组发现公司财产不足以清偿债务的，应当依法向人民法院申请宣告破产，②公司自此进入破产程序。

2. 破产清算

对于破产清算程序中是否允许提起股东代表诉讼，法律上并没有作出明确的规定。对于破产程序中的股东代表诉讼的学术研究较少，同时实践中相关案例也比较匮乏。破产清算是债权人实现其债权的一种特殊形式：一方面，可以保证债权人得到公平清偿；另一方面，也给予债务人重新开始的机会，能够及时切断债务的膨胀，防止经济交易链条的恶意发展，维护正常的经济运行秩序。③在破产程序中，法律更注重保障公司债权人的清偿利益，似乎并未考虑对股东权益的保护，那么在破产清算中股东是否有权提起股东代表诉讼就成为疑问。

---

① 广东省深圳市中级人民法院民事裁定书，(2016)粤03民初2838号之二。
② 《公司法》第187条规定："清算组在清理公司财产、编制资产负债表和财产清单后，发现公司财产不足清偿债务的，应当依法向人民法院申请宣告破产。公司经人民法院裁定宣告破产后，清算组应当将清算事务移交给人民法院。"
③ 参见乔欣等：《公司纠纷的司法救济》，法律出版社2007年版，第372页。

《企业破产法》第1条①已经明确,"为规范企业破产程序,公平清理债权债务,保护债权人和债务人的合法权益,维护社会主义市场经济秩序,制定本法",同时也明确更多地注重规范破产清算环节的各个程序,倾向于保护公司外部的债权人但其忽视了对股东的利益保护。对此有学者主张,公司破产后,股东与债权人之间存在直接的利益冲突,二者间具有直接相反的利益追求。②对此笔者并不能完全赞同,虽然需要承认股东和债权人的利益在针对公司现有资产的分配上是相互排斥的,但对于公司享有债权的追偿,可以认为二者又具有相同的利益追求——都希望增加公司可分配的剩余财产,债权人希望自己的债权获得充分的清偿,股东希望清偿后公司仍留有剩余财产供自己分配。在破产程序尤其是破产清算程序中,公司几乎处于债务超过的状态。大多数情况下,从预计的公司清算后的价值来看,公司甚至可能无法完全偿还所有债务以至于没有任何剩余财产可供股东分配,使股东可能无法得到任何利益。即便赋予股东提起代表诉讼的权利,可能最终受益的仍是债权人而非股东自己——这是不主张破产清算程序中提起股东代表诉讼的主要依据。但不能完全否定例外情形的存在,即在公司没有彻底结束破产清算程序这个财产变动过程之前,无法确定股东是否真的没有任何剩余财产可供期待,若公司偿还全部债务后仍有剩余资产,股东就仍有分配权利,也因此需要得到保护。

《公司法》第186条(2023年修订后为第236条)第2款规定了股东对于公司剩余财产分配的权利,③但《企业破产法》中却没有规定公司破产清算程序中股东的剩余财产分配请求权。笔者认为,可以在公司破产清算中类推适用《公司法》第186条第2款的规定,无论是破产清算还是非破产清算,都要清算公司财产用以偿还债务,都是公司退场的方式。因此,若公司资产在破产清算程序中偿还债务后仍有剩余,那么可以允许股东享有请求分配的权利。对于股东的这种分配权益,也应当赋予其请求相应主体履行义务从而自我救济的权利,如

---

① 《企业破产法》第1条规定:"为规范企业破产程序,公平清理债权债务,保护债权人和债务人的合法权益,维护社会主义市场经济秩序,制定本法。"
② 参见刘国华、钱思彤:《我国破产管理人民事责任探析》,载《行政与法》2010年第10期。
③ 《公司法》第186条第2款规定:"公司财产在分别支付清算费用、职工的工资、社会保险费用和法定补偿金,缴纳所欠税款,清偿公司债务后的剩余财产,有限责任公司按照股东的出资比例分配,股份有限公司按照股东持有的股份比例分配。"

果相应义务主体怠于履行或不正当履行义务,那么股东应当享有向法院提起诉讼的权利。

《破产法司法解释(二)》第18条规定:"管理人代表债务人依据企业破产法第一百二十八条的规定,以债务人的法定代表人和其他直接责任人员对所涉债务人财产的相关行为存在故意或者重大过失,造成债务人财产损失为由提起诉讼,主张上述责任人员承担相应赔偿责任的,人民法院应予支持。"法律将代表公司就董事、监事、高级管理人员侵害公司利益行为提起诉讼请求赔偿的权利完全交给了破产管理人,从《企业破产法》第25条对于破产管理人职责的规定来看,管理人在管理债务人的财务时有可能为了自身利益而出现道德问题。如果管理人自身存在勾结债务人私吞资产、转移资产、虚构债务等行为,那么赋予股东以管理人为被告提起股东代表诉讼的权利可以起到监督的作用。在管理人怠于提起诉讼的情况下,赋权股东提起代表诉讼作为管理人诉讼的补充制度,具有合理性。

因此,笔者认为,在公司清算阶段,股东可以提起代表诉讼。在破产清算阶段,股东从最后分配程序中获得利益也不是完全没有可能,股东仍可能享有实际的利益,股东代表诉讼也因此具有了价值基础。股东既可以以破产公司的法定代理人和其他直接责任人员为被告起诉,也可以以行为不当的破产管理人为被告提起股东代表诉讼。当前可以以管理人诉讼为主,股东代表诉讼为辅,以股东代表诉讼作为补充,能够形成对管理人的督促,并体现对股东利益的保护,符合公平原则的要求。

(二) 公司在股东代表诉讼中的地位

对于股东提起代表诉讼后,作为被代表人的公司是否必须参加代表诉讼,参加代表诉讼具有何种主体身份,各国规定不同,这也是各国代表诉讼制度差异的集中体现。公司地位的设计不仅应当符合代表诉讼法律关系中权利义务的归属逻辑,还应当能够容纳于一国现行的法律制度,尤其是民事诉讼法的制度设计。

1. 代表诉讼对公司产生既判力

公司是诉讼实体权利的享有者,也是胜诉后利益的最终归属者。股东提起的代表诉讼判决效力及于公司,若胜诉则利益归于公司,被告向公司给付;若败诉则公司也将受到再行起诉的限制。公司作为具有行为能力和责任能力的主体,有权对股东提起代表诉讼提出怀疑,并抗辩不适格原告提起的代表诉讼,减少自己所承受的不当利益。因此,股东代表诉讼实际影响着公司的实体权利和诉讼权利,公司的诉讼地位决定了公司如何介入股东代表诉讼,从而保障公司自由行使诉权。

2. 公司以何种主体身份参加代表诉讼

对于公司的诉讼地位问题,理论上有几种观点。第一,共同诉讼原告说,该观点主张公司应作为原告方与起诉股东进行共同诉讼。其理由为股东发起诉讼和公司参加诉讼都是为了维护自己的利益,股东和公司的诉讼目的存在一致性。① 第二,名义被告说,该观点主张公司应当被列为名义上的被告,这是参考英、美成熟立法,出于方便性和技术性的考虑。② 第三,认为在原告、被告、共同诉讼人、诉讼第三人、诉讼代表人之外,设计诉讼参加人制度,即在派生诉讼进行过程中,公司和其他股东发现原被告双方有串通一气损害公司利益之虞时,可以以诉讼参加人的身份介入诉讼。③ 第四,无独立请求权的第三人说。该观点认为公司应作为无独立请求权的第三人参加诉讼。④ 前三种观点都存在一定的问题。对于共同诉讼原告说,公司正是拒绝起诉才发生股东代表诉讼,把不愿行使诉权的公司作为原告并没有实际意义,且公司可能在被告的控制下与原告处于利益对立的状态。对于名义被告说,如果将公司列为被告,则意味着怠于行使诉权会成为被告,同时当原告胜诉时,被列为被告的公司还将获得胜诉利益,这在理论上难以自圆其说。⑤ 对于诉讼参加人制度,其难以与我国法律体系相融合,需要以改革现行诉讼制度为条件,实现起来更为困难。对于无独立请求权的第三人说,目前《公司法司法解释(四)》第 24 条第 1 款作出了较

---

① 参见刘桂清:《公司治理视角中的股东诉讼研究》,中国方正出版社 2005 年版,第 137 页。
② 参见刘俊海:《股份有限公司股东权的保护》,法律出版社 2004 年版,第 321 页。
③ 参见罗培新:《股东派生诉讼若干问题探讨》,载《学术交流》1999 年第 3 期。
④ 参见胡滨、曹顺明:《股东派生诉讼的合理性基础与制度设计》,载《法学研究》2004 年第 4 期。
⑤ 参见胡滨、曹顺明:《股东派生诉讼的合理性基础与制度设计》,载《法学研究》2004 年第 4 期。

为明确的规定,即在股东提起的代表诉讼中,将公司列为第三人参加诉讼。①在与股东代位诉讼构造相似的债权人代位权中,债务人就作为无独立请求权的第三人。但公司既对诉讼标的享有独立的请求权,又是判决结果的直接承受者,其是否与无独立请求权第三人的概念内涵存在一定的冲突,需要进一步研究。尽管存在法律适用上的一些问题,但总体而言,无独立请求权的第三人说与我国现行诉讼制度较为符合。

(三) 股东代表的时效问题

诉讼时效制度是关乎请求人的胜诉权是否丧失的制度,即权利人如怠于及时行使权利,经过一定期间则可能丧失通过司法程序实现权利的制度。时效制度的意义在于督促权利人尽快行使权利,即"法律不保护躺在权力上睡觉的人"。

我国法律中对于股东代表诉讼时效规则目前是缺失的,无论是《公司法》还是相关司法解释都没有对股东代表诉讼的时效问题作出具体有针对性的规定。股东代表诉讼的诉讼时效问题具有一定的特殊性,需要加以讨论。

对于诉讼时效的一般性规定为《民法典》第188条:"向人民法院请求保护民事权利的诉讼时效期间为三年。法律另有规定的,依照其规定。诉讼时效期间自权利人知道或者应当知道权利受到损害以及义务人之日起计算。法律另有规定的,依照其规定。但是,自权利受到损害之日起超过二十年的,人民法院不予保护,有特殊情况的,人民法院可以根据权利人的申请决定延长。"根据这一规定,产生的疑问是,股东代表诉讼时效起算中应当以谁为主体起算?股东提起代表诉讼实际上是在行使公司的诉权,从权利归属的角度看,股东代表诉讼是要求被告向公司支付赔偿或履行其对公司负担的义务。股东代表诉讼是在公司无法行使诉权的情形下派生出来的,是法律的规定导致实体权利和程序性权利分离的情形,导致股东成为"程序上的权利人",按照一般的时效规则,应以公司的主观状态计算诉讼时效。从公司知道或应当知道其权利受到损害

---

① 《公司法司法解释(四)》第24条第1款规定:"符合公司法第一百五十一条第一款规定条件的股东,依据公司法第一百五十一条第二款、第三款规定,直接对董事、监事、高级管理人员或者他人提起诉讼的,应当列公司为第三人参加诉讼。"

及义务人之日起算,如果公司在 3 年内不请求赔偿,那么义务人对公司的债务就变成自然债务,不能通过法院强制执行。"程序上的权利人"不应当突破法律对实体权利人的限制,如果允许股东就公司已经丧失直接诉权的情况提起股东代表诉讼,则可能造成公司和股东滥用股东代表诉讼来实现对时效制度的突破。因此,股东代表诉讼的提起权应当在公司享有的直接诉权尚未超出时效的情况下行使,股东不能代位行使公司已经丧失的诉权。

考虑到股东代表诉讼的特殊性在于,实践中大多数案件都是股东基于公司对公司内部人的请求权提起的诉讼,典型被告如控股股东、法定代表人、执行董事等。这些典型被告通常把握着公司的决策权并代表公司。公司作为组织体,其意思的形成和表达都依赖公司机关。绝大多数股东代表诉讼的被告是大股东或者公司的董事、经理,对于以外部侵权人作为被告的情形,又往往是公司的关联交易人或董事违反同业禁止义务设立的公司,此时公司往往会受到董事、法定代理人的直接或间接的控制而无法主动追究侵害人责任,并最终导致中小股东利益的损害。如果此时仍按照公司的主观状态计算时效,就相当于从公司无法行使诉权的情况下开始计算时效,把公司受人控制怠于行使权利的不利后果交由股东来承担,这对股东来说很不公平。出于价值选择的考量,也应当认为提起股东代位诉讼的权利应当依据起诉股东自身的主观状态来判断,以股东知道或应当知道控股股东、董事、监事、高级管理人员侵权行为的时间为时效起算的时点,并以股东向公司请求起诉作为时效中断的条件。

对于时效起算的问题,要发挥实际作用则需要进一步讨论股东知情的不同状态。股东的知情程度与公司是否履行了充分的告知和披露义务密切相关,如果公司没有披露、虚假披露或隐瞒部分细节,对于股东知情的标准就应当定位在"侵权行为及结果的发生是否已披露而公开"上,而非以完全客观的"侵权行为发生时"来推定股东知情。

(四)诉讼费用问题

股东代表诉讼中的诉讼费用对承担问题起着关键性的作用,对于诉讼费用的分配甚至体现了一国立法者对于股东代表诉讼制度是持鼓励、平衡还是消极抑制的态度。诉讼费用的合理分配影响着股东代表诉讼能否成为被当事人普遍接受的权利救济方式。我国法律文件中的"诉讼费用"通常指狭义上的法院向当事人收取的诉讼费用。① 股东代表诉讼属于特殊的诉讼类型，诉讼行为和诉讼利益归属不同主体，不是一般双方"自己费用自己承担"的情况，而是在原告股东、被告和公司三方主体之间进行分配，因此更为复杂。

对此问题，我国《公司法司法解释（四）》第26条规定中对"合理费用"的定义不够清晰，合理费用的范围只能交由法院在具体裁判中进行司法裁量。此外，该司法解释没有明确原告股东败诉时是否能获得公司对费用的补偿。

对于公司承担费用补偿义务，有学者提出以民商法上的无因管理理论作为法理基础，即将股东为公司提起代表诉讼视为民法上的无因管理，作为受益人的公司应当对作为管理人的原告股东管理其事务所支出的必要费用予以偿付。② 有学者对此观点进行了进一步论述，认为无因管理理论可以作为公司对股东承担费用补偿义务的法理基础。首先，股东提起代表诉讼的行为符合民商法上无因管理的特征，股东为了保护公司以及所有具有与其类似地位的其他股东的利益而起诉，这种起诉行为并非基于法定或约定的义务，而是基于公司法授权所采取的行动。同时，原告股东提起诉讼不仅可以对受损权益进行事后救济，还可以监督公司管理层的经营管理行为，改善公司的治理结构，具有明显的公益性色彩。其次，将无因管理作为公司对股东承担费用补偿义务的法理基础，既有助于判断败诉股东是否需要向公司承担损害赔偿责任，也有助于解释败诉股东是否有权获得合理的费用补偿。据此，股东在并非基于恶意而提起代表诉讼时，即使最终败诉，也存在获得费用补偿的正当性和可能性。③ 笔者对此种观点予以认可，如果股东胜诉后胜诉利益归属公司，败诉反而要自己承担诉讼费用，就会导致股东代表诉讼制度促使股东积极行使诉权的目的落空。因此，败诉股东基于合理的理由起诉，又不存在明显的背信行为或过错的，也应有权从公司处获得费用补偿。

需要提及的是，法院判决对于公司和其他股东产生既判力，这意味着如果原告股东败诉，那么公司不但要承受利益上的损失，还要承受不能再提起诉讼

---

① 参见乔欣等：《公司纠纷的司法救济》，法律出版社2007年版。
② 参见卢政峰：《股东诉讼制度研究》，吉林大学2010年博士学位论文。
③ 参见胡宜奎：《股东代表诉讼中的公司参与》，知识产权出版社2017年版，第169~171页。

的后果。因此,同样也要防范不正当股东以恶意诉讼作为公司内部谈判的砝码,以及对于"一事不再审"规则的利用造成真正意图保护公司利益的股东提起诉讼的障碍。如果允许公司在证明某行为会不利于公司经营时,有权向法院提出终止股东代表诉讼的请求,则可以保证法院不过度干涉公司经营和其独立主体资格,因为公司的经营者在商业判断上一般比法院更专业。

原告败诉时,不应一味地要求原告股东承担败诉责任。为了既能遵循股东代表诉讼制度设立的初衷,又能够防止原告股东滥诉,笔者认为,可以对股东代表诉讼采取固定诉讼费用。因为如果以诉讼标的金额作为计算案件受理费的基准,那么涉及赔偿金一类的案件中,原告股东请求的金额越高,负担越重。这样的话,原告股东即便胜诉也要支付巨额费用;败诉时除承担案件受理费、各种申请费之外,还要自己承担律师费、差旅费等费用。原告股东从股东代表诉讼中所能获得的利益本就有限,如果还要承受如此巨大的诉讼风险,那么股东代表诉讼制度对作为理性人的股东将缺乏激励,使股东不愿通过此种途径维权,从而使我国股东代表诉讼制度难以发挥应有的作用。合理分配诉讼费用负担,不仅可以督促股东积极行使权利,也能避免出现滥诉的危险。

(五)股东代表诉讼与仲裁

《公司法》第151条使用的是"向人民法院提起诉讼"的表述,实践中也存在公司在与他人订立的合同中设定仲裁条款,约定在该合同项下的所有争议都应提交仲裁解决的情况。如果他人违反合同约定并因此损害了公司的利益,股东是否可以依据《公司法》第151条第3款的规定提起股东代表诉讼?

1. 公司自身是否受仲裁条款约束

根据《仲裁法》第5条和《民事诉讼法》第122条的规定,对于双方当时在合同中明确约定发生纠纷通过仲裁方式解决争议的,人民法院无管辖权。因此,若公司在存在有效仲裁条款或仲裁协议的前提下,要求他人就合同项下的违约行为承担责任,则其应当受到仲裁条款或仲裁协议的约束,通过仲裁而非向法院起诉的方式追究对方的责任。

可能存在的疑问是,依据《仲裁法》第 2 条的规定,①如果他人违反合同约定的行为侵害了公司利益,那么公司要求其承担侵权责任是否受到仲裁条款的约束,以及其是否超出了《仲裁法》约定的纠纷范围。《仲裁法》第 3 条规定:"下列纠纷不能仲裁:(一)婚姻、收养、监护、扶养、继承纠纷;(二)依法应当由行政机关处理的行政争议。"根据这一规定,侵权责任之诉并不在不能仲裁的纠纷事项之内。那么需要进一步解释的问题则是,当事人之间是否就侵权纠纷也存在提交仲裁裁决的合意。对于这一问题的解释,最高人民法院认为:"在判断当事人关于仲裁事项合意时应当遵循合同解释的基本原则,如采用概括性约定仲裁事项的方式,则可以视为双方约定提交仲裁的争议性质不仅限于合同争议,也包括非合同性质的侵权争议或其他争议,但前提是提交仲裁的争议必须是因合同权利义务关系而产生的,与该合同项下权利行使或义务履行有关……需要指出的是,在解释仲裁条款范围时,如侵权争议因违反合同义务而产生,违约责任和侵权责任有竞合关系,则原告即使选择以侵权为由提出诉讼,仍应受到合同仲裁条款的约束,不应允许当事人通过事后选择诉因而逃避仲裁条款的适用。"②

因此,在合同当事人之间存在有效仲裁条款或仲裁协议,一方当事人因违约侵害对方权益的情形下,即使另一方选择要求对方承担违约责任,也应受到仲裁条款或仲裁协议的约束,公司也应受到同样的约束。

2. 股东是否受公司与他人之间仲裁条款的约束

对于公司股东对他人提起股东代表诉讼是否受到公司与他人之间仲裁条款约束的问题,可能存在较大的争议。有法院认为,股东提起代表诉讼是基于公司享有的权利,即便只是在形式上代位行使公司所享有的请求权,也应受到公司受到的仲裁条款的约束。因此,当股东主张自己不是公司与他人之间的合同的当事人,仲裁条款对股东没有法律拘束力时,法院应当驳回股东的起诉。例如,股东代表诉讼诉权源于公司的诉权,在公司与他人之间订立的合同中已明确约定将争议提交仲裁裁决的情形下,如果他人违反合同约定并由此侵害了

---

① 《仲裁法》第 2 条规定:"平等主体的公民、法人和其他组织之间发生的合同纠纷和其他财产权益纠纷,可以仲裁。"
② 最高人民法院民事裁定书,(2015)民四终字第 15 号。

公司的利益,允许公司股东通过股东代表诉讼排除仲裁协议的适用,则明显造成事实上的不公平,并可能使公司利用股东代表诉讼制度谋取程序上的不正当利益,因此约定仲裁时不能提起诉讼①。

股东代表诉讼是解决公司内部诉讼机制的问题,如在股东代表诉讼的情形下排除仲裁协议的适用,则可能使公司利用代表诉讼制度谋取程序上的不当利益,因此股东应当受到公司与他人之间仲裁条款的约束。

3. 股东是否能提起股东代表仲裁

既然在有效仲裁协议的前提下,股东应当受到仲裁协议的约束而不能向法院提起代表诉讼,那么股东是否可以依照公司与他人之间的仲裁条款或仲裁协议向仲裁机构申请仲裁?

有观点认为,由于股东不是公司与他人之间仲裁协议的当事方,双方之间没有仲裁协议,在公司未申请仲裁要求他人承担违约或侵权责任的情况下,股东也不能基于公司与他人之间的仲裁条款申请仲裁。②笔者对此观点不予认同。股东代表公司向第三方提起仲裁,利益归属公司而非股东个人,且提起仲裁的争议事项也属于合同项下的争议事项,股东原本就是在形式上代位行使公司所享有的诉权,只要公司与第三人之间存在有效仲裁协议,股东就可以提起仲裁。如果发生控股股东、实际控制人或者公司的董事、监事、高级管理人员等本身与合同另一方当事人之间存在某种关联,故意危害公司利益的情形,那么他们势必会在掌控公司的情况下拒绝以公司的名义提起仲裁。如果此时以股东与第三方之间不存在仲裁协议为由限制股东代表公司提起仲裁,则使仲裁成为规避股东代表诉讼的"合法"路径,是不合理的。同时,股东代表公司提起诉讼的权利,也不应该狭义地理解为向法院诉讼的权利,还应当包括当事人按照仲裁协议享有的仲裁请求权。③《公司法》第 151 条并没有限制当事人享有提起仲裁的权利,也不应当作出这样剥夺权利的解释。

此外,需要考虑的是,股东代表仲裁是否具有现实可行性。股东代表仲裁毕竟不是股东代表诉讼,具有仲裁制度的特征,不能完全照搬照抄股东代表诉

---

① 湖北省高级人民法院民事裁定书,(2019)鄂民辖终 150 号。
② 参见谢秋荣:《公司法实务精要》,中国法制出版社 2020 年版,第 1058 页。
③ 参见张子学:《公司法纠纷可仲裁性初步研究》,载《中国政法大学学报》2019 年第 4 期。

讼的制度规定。首先，股东代表仲裁制度适用的前提是存在有效仲裁协议，即只有在公司与他人签订仲裁协议的情况下才可以提起代表仲裁。其次，对于原告股东的起诉资格、被告适格、前置程序履行等问题，应当与股东代表诉讼维持在同一水平线，以免造成两种维权救济路径的差异，防止股东代表仲裁的滥用。笔者认为，在股东代表仲裁中真正需要探讨的是公司在其中的法律地位问题。在我国股东代表诉讼制度中，公司可以作为无独立请求权的第三人参与诉讼，但我国《仲裁法》却无此第三人制度的规定。对此，有记者提出3种解决方式：第一种方式，将股东和公司同时列为申请人，公司作为第一申请人，股东作为第二申请人，第三方作为被申请人。第二种方式，公司作为申请人，股东作为法定的代表仲裁人参与仲裁，第三方作为被申请人。第三种方式，股东作为申请人，公司在仲裁主体中不出现。三种方式皆有利弊，但对于当事人仲裁地位的确定尚无统一标准。①

因此，当存在有效仲裁协议时，应当认为即便提起股东代表诉讼，也应排除法院的管辖权，股东应当受到仲裁协议的约束。法律同样应当赋予股东提起代表仲裁的权利，以便更周全地保护小股东和公司的利益。允许股东代表仲裁符合立法与司法实践逐步扩大可仲裁事项范围的总体趋势，但对于股东代表仲裁的制度构建的细节问题，仍有待进一步的研究。

六、结语

股东代表诉讼是指当公司合法权益遭受侵害，公司怠于起诉时，符合法定要求的股东可以为了公司的利益以自己的名义提起诉讼，追究法律责任的制度。一方面，股东代位行使公司的诉权，是为了避免公司因消极维权遭受损失；另一方面，股东又是为了维护自己以及全体股东享有的间接利益而提起诉讼。股东代表诉讼制度为股东特别是在公司运营中不具有话语权和决策权的中小股东提供了维护公司以及自身合法权益的手段，以追究侵害公司权益的董事、监事、高级管理人员、控股股东、第三人等人员的责任的方式，发挥该制度事前监督和事后救济的功能。

---

① 参见张子学：《公司法纠纷可仲裁性初步研究》，载《中国政法大学学报》2019年第4期。

股东代表诉讼制度起源于英美,经过长期的实践发展,在程序和实体上在鼓励诉讼和限制滥诉、保障股东权益和尊重公司独立人格之间尽力取得较好的平衡。我国《公司法》第151条也规定了股东代表诉讼制度,并在《公司法》相关司法解释中对该制度进行了一定的细化和补充,但目前的规定仍然相对原则化,在具体的概念解释、程序操作等问题上缺乏统一的规定,导致法院在具体实践中因理解不同而出现分歧。本书从股东代表诉讼在我国司法实践中的案例统计分析出发,针对股东代表诉讼的前置程序、原告资格、被告适格、公司利益损害的实体认定等主要问题进行探讨,并针对司法实践中存在分歧以及在学理上讨论较不充分的问题,具体包括股东代表诉讼的诉讼时效、费用承担、股东代表诉讼在清算程序中的适用和股东代表诉讼与仲裁等,就现有的学理观点进行梳理,进行抛砖引玉式的讨论,以期对正确理解和适用、进一步发展和完善股东代表诉讼制度提供帮助。

股东代表诉讼应当结合我国司法实践中出现的特点不断地丰富规则、完善程序。股东代表诉讼制度应当平衡和保护各相关主体之间的利益,充分发挥其作为利益平衡机制的作用。正如学者所呼吁的那样,"理论界和实务界不应拘泥于法条的诠释,而应当结合中国股东代表诉讼的实际状况不断反思制度架构和运作程序,唯有经过深入的理论反思,中国的股东代表诉讼才会兼具'适应性'和'适用性',既能满足社会发展需要,又能方便司法适用"[①]。

(编校:余蓁茜)

[①] 刘凯湘:《股东代表诉讼的司法适用与立法完善——以〈公司法〉第152条的解释为中心》,载《中国法学》2008年第4期。

第十五章　股东资格确认纠纷实证研究

李佳琦　向秋枫　孙世昱
舒　心　宋珊珊　籍　蕾

一、概述

（一）相关概念界定

1. 股东资格

在我国的立法中，股东资格这一概念首次出现于2005年《公司法》，其中第76条规定：自然人股东死亡后，其合法继承人可以继承股东资格；但是，公司章程另有规定的除外。我国学者对股东资格的界定多侧重其身份性和人格性，认为股东资格是股东地位、股东身份的另一种表述。[①] 笔者同样遵循学界的主流观点，认为股东资格即股东对于公司的具有法律意义的身份或者地位。

2. 股东资格与股东

股东，也称公司成员或者会员。英美法系公司法关于股东定义以股份为基础，如美国法律规定：股东是指持有股份乃以其名义注册于公司登记簿者，或依据公司档案中股份代持人证书明确授权的股份受益人。大陆法系虽未对股东概念作法律上的定义，但也存在股东就是公司股份认购人的观念。[②]

我国学界对股东概念的界定，主要存在出资说、公司成员说、股份持有说、

[①] 例如，有观点认为，股东资格强调的是股东对于公司具有的一种身份，说到底就是公司的成员资格，是成员权的表征与抽象。也有观点认为，股东资格是出资人因与公司之间建立取得股份的法律关系而具有的法律地位或身份，是投资人取得和行使股东权利、承担股东义务的基础。

[②] 参见朱川：《有限责任公司股东资格确认问题研究》，复旦大学2012年博士学位论文。

出资兼权利义务主体说四种理解。① 但无论持何种观点,学界均认为股东是股东资格的外在体现,股东资格是股东的价值内核,二者具有一致性。

3. 股东资格与股权

股权是一种具体的、实在的权利,是成员权的内容与具象,具有财产性和价值性,包括自益权和共益权两种:所谓自益权即股东为了自己的利益而行使的权利,直接体现为股东获取投资回报及其相应的财产权,如红利分配请求权、公司剩余财产分割请求权、股份转让权等;共益权则是股东为全体股东的共同利益、间接为自己利益而行使的权利,是股东参与公司经营管理的体现,行使该权利所获得的利益使股东间接受益,如表决权、知情权、任免权、查询与质询权、审计监督权等。②

关于股东资格与股权的关系,学界存在两种观点:少数学者主张股东资格与股权是一体之两面,二者密不可分,既不存在有股东资格而无股权的情形,也不存在无股东资格却享有股权的情形。③ 大多数学者则在承认股东资格与股权具有一致性的基础上,强调二者并非同一概念,如《公司法司法解释(三)》第16条规定:股东未履行或者未全面履行出资义务或者抽逃出资,公司可根据公司章程或者股东会决议对其利润分配请求权、新股优先认购权、剩余财产分配请求权等股东权利作出相应的合理限制,该股东请求认定该限制无效的,人民法院不予支持。也就是说,在特定情况下,公司可以限制、剥夺股东的具体股权,但并不意味着剥夺其股东资格,此时股东资格与股权是相互分离的。但是,在我国司法实务中,往往将股东资格确认与股权确认视为同一案由,基本上没有对股东资格与股权作出区分。④

(二)股东资格确认的难题

我国关于股东资格确认的法律规定主要集中于《公司法》《公司法司法解

---

① 出资说主张股东是向公司出资的人;公司成员说认为股东即公司的成员;股份持有说认为公司的股份持有人即股东;出资兼权利义务主体说主张股东是公司成立时向公司投入资金或公司存续期间依法继受取得出资而对公司享有权利和承担义务的人。
② 参见刘凯湘:《股东资格认定规则的反思与重构》,载《国家检察官学院学报》2019年第1期。
③ 参见张双根:《论有限责任公司股东资格的认定——以股东名册制度的建构为中心》,载《华东政法大学学报》2014年第5期。
④ 根据《最高人民法院民事案件案由规定理解与适用》,股东资格确认纠纷是指股东与股东之间或者股东与公司之间就股东资格是否存在,或者具体的股权持有数额、比例等发生争议而引起的纠纷。

释(三)》《市场主体登记管理条例》中。根据相关法律规定,股东资格的取得包括签署公司章程、实际出资、取得出资证明书、记载于股东名册、进行工商登记以及实际行使股东权利等过程。但是,在司法实践中,公司设立和运作不规范的情形大量存在,上述环节很难始终如一地贯彻下来,因此如何认定股东资格缺乏统一的标准。

关于如何确认股东资格的问题,我国学界提出了诸多的处理方法。有的学者主张,以单一的某项证据为主要认定依据,如股东名册、公司章程或者工商登记等。[1] 有的学者则主张,以内部股东资格确认之诉和外部股东资格确认之诉认定。前者以内部文件为首要认定依据,后者则以对外公示文件为主要认定依据。[2] 也有学者主张区分源泉证据、效力证据和对抗证据,当存在证据冲突时,应在保护善意第三人的情况下,尊重源泉证据的效力。[3] 此外,还有学者认为,各类证据既可单独运用,也可联合并用,并无孰优孰劣之分,应当依据证据的真实与否、准确与否以及时间的先后等综合判断并确认股东资格存在与否,不应厚此薄彼。[4]

我国司法实务界则借鉴了大陆法系的标准,对形式证据和实质证据作出区分,前者包括公司章程、股东名册以及工商登记的记载,后者包括签署公司章程、实际出资、取得出资证明书、实际享有股东权利。但在证据采信上,根据各地各级法院的不同处理方式,又可具体区分为实质主义、形式主义和折中主义三种。实质主义主张在确认股东资格时,应当探求相关当事人的真实意思,而不能以外在表示行为作为判断股东资格的基础。[5] 形式主义认为公司应当以对外公示的材料作为确认股东资格的基本标准,在公司对外公示的材料中登记

---

[1] 参见刘凯湘:《股东资格认定规则的反思与重构》,载《国家检察官学院学报》2019年第1期;王嫱:《公司章程与股东资格的确认》,载《法治研究》2008年第5期。

[2] 参见宋良刚:《公司股东资格之法律确认》,载《北京邮电大学学报(社会科学版)》2005年第2期。

[3] 参见刘俊海:《新公司法的制度创新:立法争点与解释难点》,法律出版社2006年版。

[4] 参见虞政平:《股东资格的法律确认》,载《法律适用》2003年第8期。

[5] 如北京市高级人民法院《关于审理公司纠纷案件若干问题的指导意见(试行)》第11条规定:"……有限责任公司股东资格的确认,涉及实际出资数额、股权转让合同、公司章程、股东名册、出资证明书、工商登记等。确认股东资格应当综合考虑多种因素,在具体案件中对事实证据的审查认定,应当根据当事人具体实施民事行为的真实意思表示,选择确认股东资格的标准。"

为公司股东的人即具有股东资格。[①] 折中主义则主张区分情况,当股东内部、股东与公司之间就股东资格产生争议时,以实质特征为主、形式特征为辅综合进行认定;当股东与外部第三人之间就股东资格产生争议时,则以形式特征为主、实质特征为辅进行认定。[②]

理论和实务的认定标准不一、各地各级法院判决标准不同的局面,影响我国司法的统一性,影响我国司法的权威和公信力。因此,总结各类股东资格确认纠纷的审判经验,明确我国股东资格的确认规则,具有现实意义。

二、案例整理与分类统计

截至2020年12月17日,在"威科先行"法律信息库中以"股东资格纠纷"为案由进行检索,2000年以来的所有股东资格纠纷案例有31,976个。其中占比约48%的案例属于裁定书,占比约3%的属于调解书,其他类型文书占比约4%,通过统计案例引用的核心法条发现,这部分涉及的均为程序性规定,不属于本次股东资格纠纷的研究范围,故先行排除。总共得到14,463份判决书,占比约45%。

笔者针对这14,463份判决书样本,首先进行案例普查,初步了解股东资格确认案件的体量、时间地点分布、上诉率等基础情况。其次针对14,463份总样本进行抽样,获取2018年12月至2020年12月中院以上案例判决书1674份,并且以发现问题为导向,详细研究、分析判决书内容。关于股东资格确认纠纷,最常见的一些典型纠纷类型已经被学界广泛探讨,但长尾部分的问题,需要基

[①] 如江苏省高级人民法院《关于审理适用公司法案件若干问题的意见(试行)》(已失效)第27条第1款规定:"股东(包括挂名股东、隐名股东和实际股东)之间就股东资格发生争议时,除存在以下两种情形外,应根据工商登记文件的记载确定有关当事人的股东资格:(1)当事人对股东资格有明确约定,且其他股东对隐名者的股东资格予以认可的;(2)根据公司章程的签署、实际出资、出资证明书的持有以及股东权利的实际行使等事实可以作出相反认定的。"

[②] 如山东省高级人民法院(2020)鲁民申8786号案中,法院认为:"在涉及公司股东资格认定问题时,应当坚持'双重标准,内外有别'的原则,即需要区分公司外部纠纷和公司内部纠纷两种情形分别进行处理:在涉及债权人与公司及其股东的外部法律关系时,应体现商法公示主义、外观主义的要求,保护善意第三人因合理信赖公司登记机关的登记事项而作出的行为的效力,以工商登记材料等形式要件作为确认股东资格的主要证据。而在涉及股东与股东之间、股东与公司之间的内部法律关系时,则应重点审查股东是否符合股权取得的实质要件,即是否向公司履行出资义务。"

于案例的详读来发掘有价值的内容。最后在具体的分析部分,对抽样详读获得的研究方向,采取"文献+反向案例检索"的方式进行分析与总结。笔者总计详读 625 份判决书,其中 125 份为发现问题之后,在 14,463 份总样本中反向检索出来补充研究的案例判决。

(一)案例普查

如上所述,笔者获取的初步案例总量为 31,976 个,其中约 48% 属于裁定书,约 3% 属于调解书,约 4% 属于其他类型文书,约 45% 属于判决书(见图 15-1)。裁定书、调解书和其他类型文书总共占比约 55%,但涉及的法条均为程序性规定,不符合研究的目的,属于无效样本,故予以排除,余下 14,463 个为有效样本。

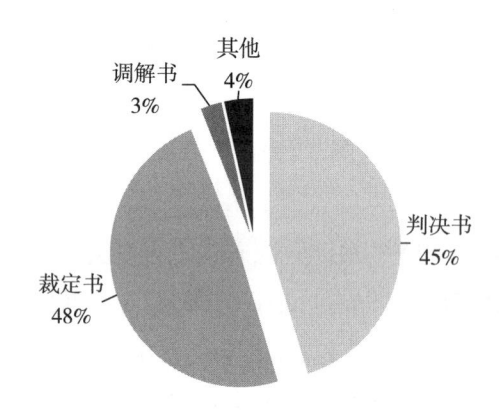

图 15-1 案例总量类型分布

在 14,463 个有效样本中,案例分布表现为以经济较发达的上海市、广东省、江苏省、浙江省为主(长三角、珠三角经济带),其中上海市、广东省、江苏省、浙江省案例数量都在 1000 个以上(见图 15-2)。案件时间分布较均匀,2015 年至 2019 年案例数量每年都在 2203~2379 个,2020 年有一定的减少,降为 1434 个。审级统计显示,二审案件占比超过 63%。

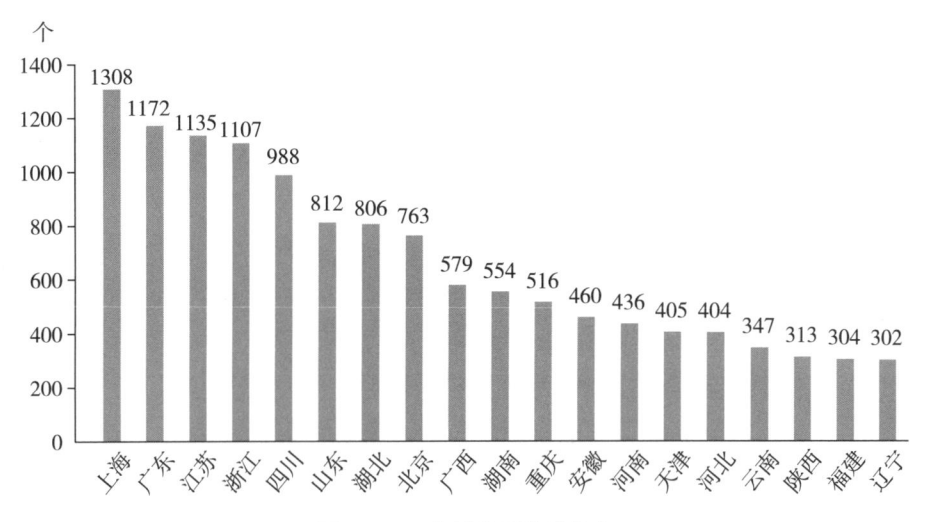

图 15-2 案例主要地域分布

（上海 1308、广东 1172、江苏 1135、浙江 1107、四川 988、山东 812、湖北 806、北京 763、广西 579、湖南 554、重庆 516、安徽 460、河南 436、天津 405、河北 404、云南 347、陕西 313、福建 304、辽宁 302）

从案件特征上来看，股东资格纠纷涉及的案例中大金额比例不高，约 71.95% 都在 0~10 万元（见图 15-3）。另外，总体来看，自然人作为股东资格确认主体的占多数（见图 15-4，占比约 89.17%）。但是在具体争议点上，法人及其他组织等会涉及非主流的资格确认问题，比如未成年人股东资格的确认、公务员股东资格的确认，值得发掘和探讨，因此后续会进行案例详读的分析。

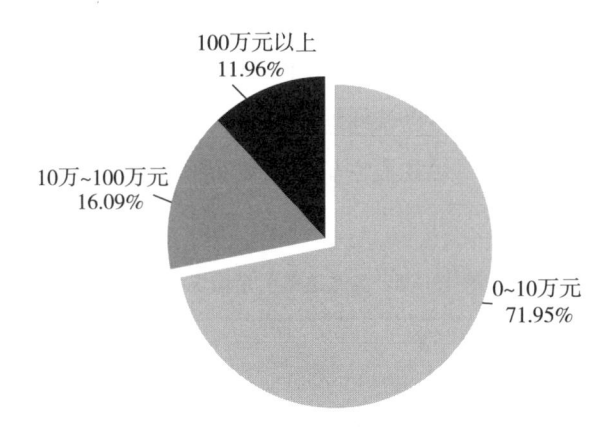

图 15-3 案例金额分布

（100 万元以上 11.96%；10 万~100 万元 16.09%；0~10 万元 71.95%）

法人及其他组织 10.83%

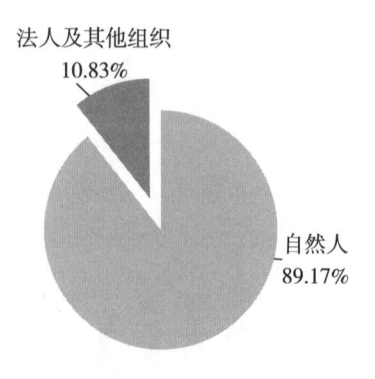

自然人 89.17%

图 15-4　案例主体类型

针对这 14,463 份判决书的有效样本,笔者进行了实体法引用法条的统计,可以发现股东资格确认纠纷中涉及较多的问题与证据,包括工商登记/股东名册的登记效力、股权转让引发的股东资格确认纠纷、较为主流的隐名持股问题等(见表 15-1)。其中,引用最多的是《公司法》第 32 条(2023 年修订后为第 56 条),也就是股东名册和工商登记这一形式要件,这是否反映出我国的股东资格纠纷中,法院判决更倾向于以形式要件为依据?笔者在实际的案例详读过程中发现,法院似乎大多数情况下是依据股东是否实际参与公司经营和行权来决定是否支持股东资格确认的。在后文的研究中,笔者将法院解决纠纷所依据的证据作为研究的一个要点,在案例详读中分类进行统计和数据分析。一方面,通过案例统计反映我国股东资格纠纷司法实务中的判决依据,给理论和实务以参考和思考;另一方面,对统计的结果进行理论上的探究,发现和思考可能的问题,比如我国的股东资格确认纠纷所包含的案件类型是何种意义上的股东资格确认,是否存在股权纠纷和股东资格纠纷概念混用的可能?对此,在后文的研究中将一一展开。

表 15-1　实体法条引用情况统计

序号	文件名称及条款	解纷问题	案例数/个
1	《公司法》第 32 条（2023 年修订后为第 56 条）	股东名册(工商登记)	2791

续表

序号	文件名称及条款	解纷问题	案例数/个
2	《公司法》第71条（2023年修订后为第84条）	股权转让	1164
3	《最高人民法院关于民事诉讼证据的若干规定》第2条	合理期限举证	1101
4	《公司法司法解释(三)》第22条	(认缴)出资或其他形式继受	1068
5	《公司法》第31条（2023年修订后为第55条）	出资证明书	994
6	《公司法司法解释(三)》第23条	(认缴)出资或其他形式继受，可以对抗形式要件	905
7	《公司法》第33条（2023年修订后为第57条）	股东知情权	897
8	《公司法司法解释(三)》第24条	隐名持股	851
9	《公司法》第28条（2023年修订后为第49条）	出资	825

(二)案例详读

笔者对625份判决书进行人工分析统计，详读法院认定事实与裁判内容，总结股东资格确认纠纷的实务问题来源、法院确认的证据以及案件可能涉及的特殊主体等。具体的分类标准如图15-5所示，其中重点关注三个方面：(1)证据。按照股东资格取得方式的不同分类，考察每种类型中各类证据对裁判结果的影响。分类包括原始取得、继受取得、特殊形式及其细分，证据类型包括出资行为、出资证明书、行使股东权利、公司章程、工商登记、合意等。(2)主体，包括公司的特殊类型和请求确认股东资格的股东。(3)实务特殊问题。笔者没有事先进行分类，在这一研究项下并不作单纯的数量统计，因为笔者的目的之一是通过案例详读来发现股东资格确认纠纷在实务中真正引起争议的除了隐名持股以外还有哪些较为重要的纠纷类型。研究发现还包括让与担保、名股实债、诉讼时效等方面的问题，后文将一一展开。

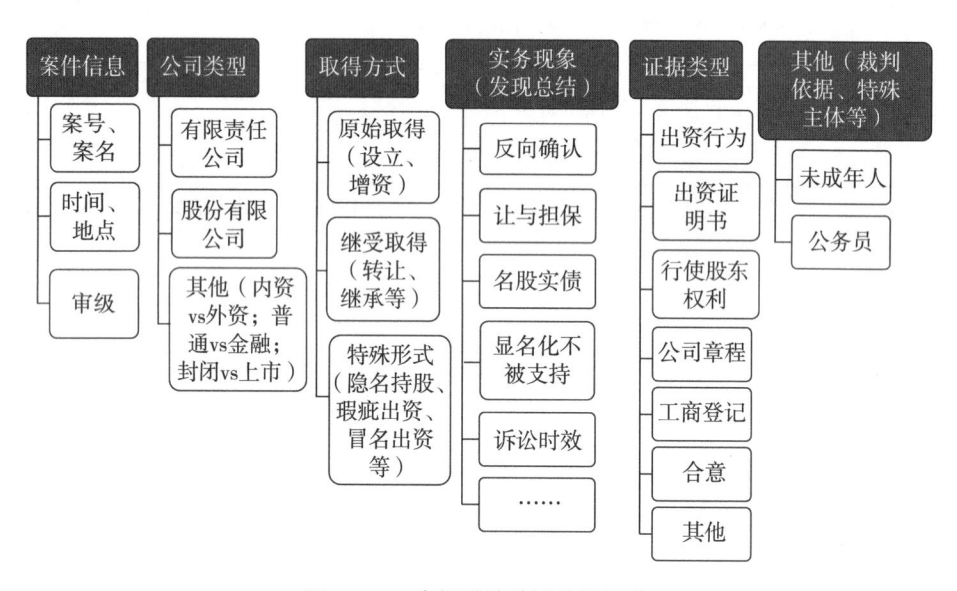

图15-5 案例详读统计分类标准

(三)统计小结

1.证据

股东资格确认纠纷中，涉及相当多证据，从形式上的出资证明书、股东名册、公司章程、工商登记，到实质上的出资行为、行使股东权利与履行义务等，这些在司法实践中的确认标准如何？笔者通过详读案例，进行了内容细分统计、数据操作（见图15-6），尝试总结出一定的实务规律。初步看来，有关出资行为（或支付转让价款的行为）、实际行使股东权利、工商登记、合意等证据在实务中对裁判结果影响较大，实质证据的重要性大于形式证据。

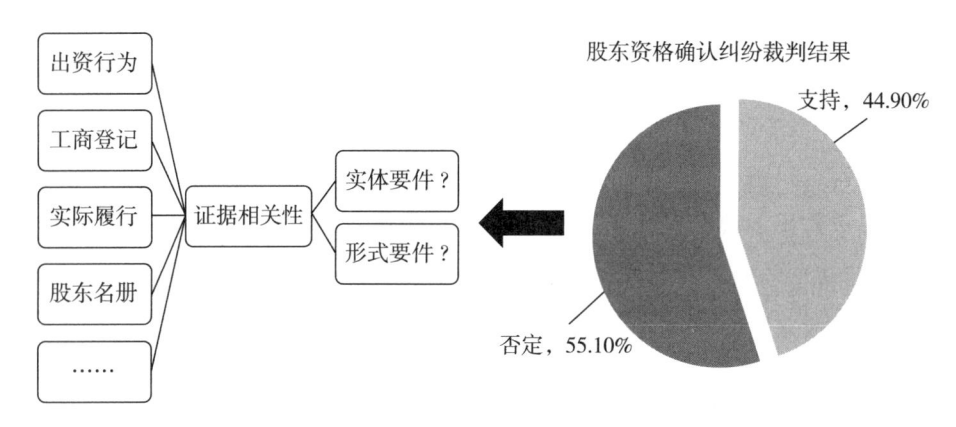

图 15-6　证据统计逻辑

2. 特殊主体

有限责任公司的争议大多集中在实务中的各种股东资格的取得方式上，比如代持股、转让等，而少数的特殊主体，因为主体身份和公司类型会产生另一维度的"资格"确认纠纷。以下为案例详读过程中，发现和总结的较为高频出现的且具有探讨意义的特殊主体（见图 15-7）。其中，涉及外资企业与内资企业的对比、金融机构和一般公司的对比、上市公司和封闭公司的对比。

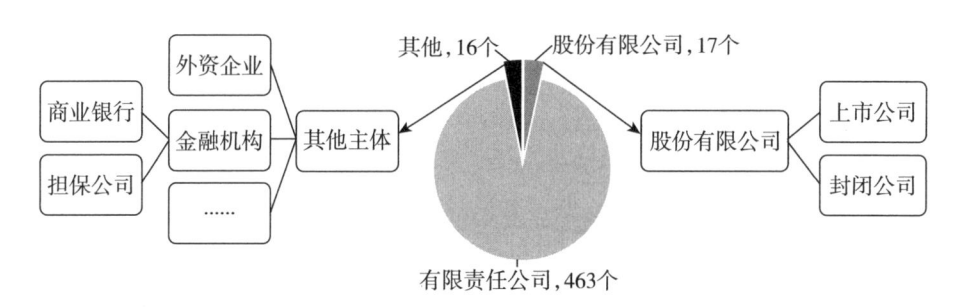

图 15-7　公司主体的特殊类型

除此之外，笔者通过案例详读，还发现了两类较为特殊的股东主体：未成年人和公务员。为了进一步研究该主体下的股东资格确认纠纷问题，笔者在总样本中进行了反向检索。

在"威科先行"法律信息库中，以"股东资格确认纠纷"为案由，时间划分在 2000 年 1 月至 2020 年 12 月，全文搜索"未成年人"，最终获得 18 份判决书，均为有效样本。

在"威科先行"法律信息库中,以"股东资格确认纠纷"为案由、以"2019年1月至2020年11月"为目标期间、以"公务员"为关键词进行全文搜索,共有19份判决书。后文将展开案例分析与总结。

3. 特殊问题

股东资格确认之诉跨度广,涉及的公司法相关问题多,案件总量也十分庞大,除了典型的原始取得、继受取得,部分实务案件中的协议/关系也引发了值得探讨的股东资格确认问题。比如典型的隐名持股问题中,关于股东资格的纠纷存在仅请求股东资格确认和明确请求显名化两种诉讼(见图15-8)。前一种诉讼中,法院均强调按照实质要件确认,最后通过诉讼产生的效果,其实只是该隐名股东获得了股东享有的权益,更像是股东权益的确认;而后一种诉讼中,隐名股东诉请显名化,根据《公司法司法解释(三)》第24条第3款规定:实际出资人未经公司其他股东半数以上同意,请求公司变更股东、签发出资证明书、记载于股东名册、记载于公司章程并办理公司登记机关登记的,人民法院不予支持。部分法院认为:"半数以上同意"既包括明示的同意,也包括默示的推定同意,即公司其他半数以上股东在知晓实际出资人存在且实际行使股东权利的情况下,未曾提出过异议,即可推定为其认可实际出资人的股东身份,实际出资人即符合登记为公司股东的要件。[①] 另外一部分判决样本显示,有些法院认为应当严格按照司法解释的规定,必须有明示同意实际出资人显名的股东会决议或者合意证据,默示同意隐名股东行使股东权利,并不等于同意隐名股东显名化。这种分歧在股东资格确认纠纷中格外典型,有学者认为,公司法实务中存在股权确认与股东资格确认的混乱问题。以样本发现的这一矛盾为例,同样的诉讼请求之下,判决相互矛盾,原因是否在于股权确认与股东资格确认的案由长期混用,导致法院在根据实质要件判断其他股东默示同意隐名股东享有股东权益的情况下,当然地推定其享有了显名的资格?抑或股权与股东资格本应该保持一致,但由于理论和实务对"股东资格"并没有达成共识,才造成了司法实务的不统一?笔者也将着眼于这一问题,结合相关的证据统计进行探讨。

---

① 上海市第一中级人民法院民事判决书,(2019)沪01民终13146号。

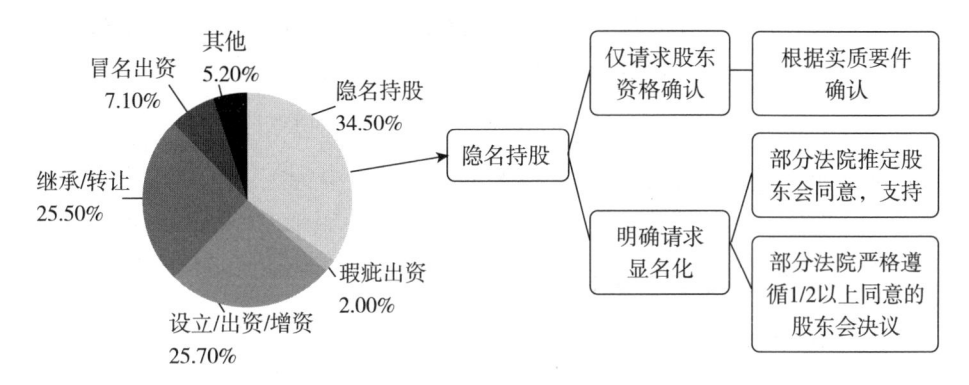

第十五章　股东资格确认纠纷实证研究　1047

图 15-8　隐名、持股类股东资格确认纠纷问题

此外,如前所述,笔者的目的在于通过案例统计与详读发现问题,在经过几轮的样本分析之后,笔者还发现,在占比较少的"其他"纠纷类型中,也存在值得探讨的特殊股东资格确认纠纷——名股实债、让与担保、诉讼时效问题(见图15-9),后文也将分类进行探讨。

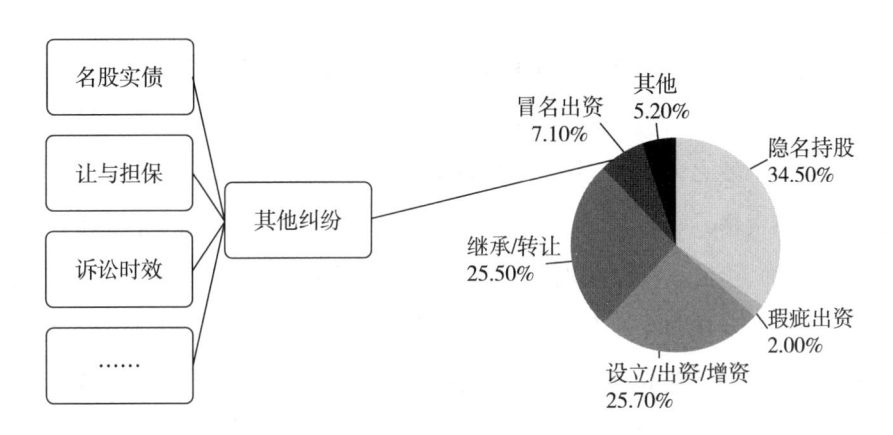

图 15-9　其他特殊问题纠纷

三、案例焦点分析

根据《公司法司法解释(三)》第 22 条①,股东资格的取得方式主要包括原

---

① 《公司法司法解释(三)》第 22 条规定:"当事人之间对股权归属发生争议,一方请求人民法院确认其享有股权的,应当证明以下事实之一:(一)已经依法向公司出资或者认缴出资,且不违反法律法规强制性规定;(二)已经受让或者以其他形式继受公司股权,且不违反法律法规强制性规定。"

始取得和继受取得两种。其中,原始取得又包括以出资或增资的方式取得股东资格;继受取得包括以股权转让、股权继承、股权分割的方式继受取得股东资格。此外,在股东资格确认纠纷中,经常涉及的问题还包括隐名持股问题、冒名出资问题和瑕疵出资问题等。在股东资格确认纠纷中,主张具有股东资格的当事人需要提供一系列证据证明自己具有股东资格。根据取得股东资格方式的不同,主要涉及的证据类型也有所不同。

(一)原始取得

1. 概述与回归分析方法

在以原始取得的方式(包括出资和增资)取得股东资格的情况下,主要将证据分为实质证据(实质要件)和形式证据(形式要件)两类。从实质方面考察,股东资格的取得基于股东出资,包括出资协议、实际出资的凭证、出资证明书、实际行使股权的记录等;从形式方面考察,出资人成为股东必须借助外观形式得以表彰,除具有书面记载的特征外,还与法定的公示程序相关,包括公司章程记载、股东名册登记、公司登记机关登记。其中,出资行为与出资证明书对股东资格的取得具有根本性和源泉性的效力,是其他证据的基础。形式要件中的股东名册属于效力证据,股东资格是股东与公司之间的关系,公司置备的股东名册对股东资格具有推定的证明力。一方面,登记股东可据此向公司主张股权;另一方面,依法取得股权的未登记股东有权请求公司变更股东名册、修改公司章程。形式要件中工商登记属于对抗证据,协助办理工商登记是公司的法定义务。与公司置备的股东名册相比,公司登记机关的工商登记具有较高的透明度,因此,虽然工商登记不是股东资格的效力证据,但具有对抗第三人的效力。在理想状态下,实质证据与形式证据、基础证据与效力证据、对抗证据中记载的股东信息应一致,当它们出现不一致时,往往是股东资格确认纠纷产生之时。

股东出资或增资是初始获得股东资格的唯一方式,无论是以继受方式取得股东资格,还是通过其他特殊形式,都会涉及初始股东(比如股权出让人、被继承人等)的股东资格问题,因此,对确认初始股东的股东资格的证据研究尤为重要。证明一个自然人或法人具有某公司股东资格的证据主要包括以下7项。

(1) 出资行为

股东出资是指股东或者出资人对公司资本所作的直接投资所形成的相应资本份额。出资是股东对公司最重要也几乎是唯一的义务，股东出资是公司资本的来源与构成。投资人以出资为代价，换取成为公司成员的资格，借以享受公司为之带来的各种经济利益。实际出资被人们特别看重，并将其作为认定股东资格的关键证据。但出资和具有股东资格并没有严格的对应关系，因为出资需要被公司认可才能取得股东资格，因此并不是所有有出资行为的主体都可以成为公司股东，且我国《公司法》只规定了未足额缴纳出资的股东需对公司承担违约责任，对其他股东或债权人承担连带责任或承担相应行政责任，但并未否认未足额缴纳出资股东的股东资格。在原始取得中，出资作为一项可以反映当事人真实意思的重要指标，与取得股东资格这一法律后果之间存在密切关联。出资或认缴出资是出资人或出资认缴人被公司确认拥有股东身份的一种途径，但不能将出资人已出资作为确认原始取得股东资格的唯一标准，也不能因为出资人未实际出资或出资有瑕疵而否认出资人已经取得的股东资格。出资既不是取得股东资格的必要条件，也不是充分条件。

(2) 出资证明书

《公司法》第 31 条、第 73 条（2023 年修订后分别为第 55 条、第 87 条）是有关出资证明书的规定。出资证明书指公司成立后应当向出资股东签发的文件，是有限责任公司股东出资的法定凭证。签发出资证明书，是公司对于出资人以取得股东资格为目的而为投资行为的一种认可。因此，出资证明书不仅是物权凭证（证明出资人已向公司出资），也可以作为股东资格的凭证。在实务界，出资证明书未被视为确认股东资格的必要证据，而是被归为判定股东资格的证据之一，需要与其他证据结合起来使用。

(3) 实际行使股东权利

实际行使股东权利主要体现为参加股东会、董事会，获得利润分红，行使表决权等行为。股权是具有资格性的权利，享有股权的人，必然是取得股东资格的人。因而，股权的享有者只能是股东。但是，受主、客观因素的影响，享有股权的人并不一定愿意或能够行使股权，因此，享有股权和实际行使股权是两个不同的问题。

一般说来,自然人股东的股权由其本人亲自行使,本人因故不能或不愿亲自行使的,也可委托他人代理行使。法人股东的股权除可由法定代表人行使外,一般由指定代理人行使。欲以实际行使股东权利来证明某个主体具有股东资格时,需要注意股东行使其股东权利参与公司经营管理,应当是以委派或选举公司董事、参与公司股东会或董事会讨论公司重大经营事项或重大决策等方式实现,而不能仅是由股东直接参与公司某项具体业务。①

(4)公司章程

公司章程是指公司必备的规定、公司组织及活动的基本规则的书面文件,是以书面形式固定下来的全体股东共同一致的意思表示。公司章程由全体股东共同制定,并且载明股东的姓名或者名称、出资方式和出资额等,股东还要在公司章程上签名盖章。在公司设立时,公司应将章程提交公司登记机关核准,转让股权要变更公司章程并到公司登记机关登记,由法律保障其法律效力,从而对股东(包括对新加入股东)具有法律拘束力,因而具有自治规则的效力。一般认为,签署公司章程或被载入公司章程的人应当具有股东资格。

(5)股东名册

股东名册是指公司依法必须置备的用以记载股东及其所持股份数量、种类等事宜的簿册。《公司法》第32条是关于股东名册的专门规定。

股东资格的享有、行使对象都是公司,所以确认股东资格很重要的是确认股东和公司之间的法律关系,股东名册正是记载股东与公司之间关系的法律文件。股东名册具有"权利推定力"的效果,在股东名册上被记载为股东者无须举证证明自己的实质性权利,仅凭股东名册上的记载即可主张自己的股东权利。但要强调的是,股东名册所具有的仅是推定效力,只要是载入股东名册上的人均享有股东资格及其带来的权利,对于没有记载在股东名册上的人则不能一概否定其股东资格。然而所谓推定皆允许用证据推翻,股东名册的记载被推定为真实的情况也可能因为相反证据而被推翻。因此股东名册仅具有推断性证明的效力,而非确定取得股东资格的法律效力。

---

① 北京市高级人民法院民事判决书,(2019)京民终1497号。

(6) 工商登记

公司工商登记属于商事登记制度的一种,是发起人或公司依照法定程序向登记主管机关提出法定事项登记申请,经主管机关核准予以注册登记并公之于众,从而确立公司对内对外关系的法律制度。

公司设立或变更登记无法产生创设股东资格的效力,工商登记在股东资格取得过程中仅起到公示的作用。通过工商登记,可以将出资人与公司之间就成为公司成员达成一致的意思表示公之于众,以保护交易相对方的合法权利。工商登记中如因故意或过失进行不实登记,则依据商事外观主义原则的要求,该项虚假登记的事项不得对抗确信登记事项属实的善意第三人,该第三人可以依据其之前的确信,要求载入公司章程并进行登记的股东承担责任。工商行政部门(2023年《公司法》改为市场监督管理部门)对公司章程进行的登记,成为证明股东资格的间接证据,并可作为善意第三人和股东之间产生纠纷时双方的抗辩理由。工商登记是证明股东资格并可对抗第三人的表面证据。

(7) 合意

合意指的是法律关系当事人意思表示达成一致的状态。无论是在股东资格的原始取得、继受取得还是其他取得方式中,合意都是确认股东资格的重要考量因素,但具体内涵有所不同。在股东资格的原始取得情形下,合意体现为股东与公司之间达成的股东支付股金获得股东身份,即出资入股的合意;在以股权转让方式取得股东资格的情形下,合意体现为转让的合意;在股权分割中,合意体现为分割合意;在隐名持股中,合意体现为代持合意。

在以出资取得股东资格的情形下,通常待确权股东会向法院提交包括但不限于上述7种类型的证据,并且在绝大多数情况下,这些证据之间会存在矛盾之处(否则基本上就不会有纠纷了),法院会对这些证据进行综合考察,得出待确权股东是否具有股东资格的结论。如在吴某某、天津市昊林园林工程有限公司(以下简称昊林公司)股东资格确认纠纷案①中,法院的裁判理由便是:"本案的争议事项为吴某某主张其原始取得昊林公司股东资格是否成立。根据在案证据,股东名册、公司章程均未记载吴某某主张的股东身份,昊林公司于设立时的验资报告

---

① 天津市第二中级人民法院民事判决书,(2020)津02民终1404号。

亦未体现其实际出资情况，吴某某虽主张其通过货币、实物、劳务的形式对昊林公司进行投资，但现有证据不足以证明其该项主张，吴某某亦未提交证据证明其在昊林公司后续的增资过程中进行实缴或认缴出资，且吴某某虽要求确认其股东资格，但未提供有效证据证明其曾以一定形式为公众所知的股东身份行使股东权利、承担相应的股东义务和公司经营风险。同时，有限公司具有人合性的特点，昊林公司成立时工商部门登记的股东亦均不认可吴某某已出资及其系昊林公司股东。基于此，一审法院综合在案证据情况判令驳回吴某某的诉讼请求并无不当，本院予以维持。"

但是在实务中，哪些证据的提交会显著地增加该待确权股东被法院认可股东资格的可能性呢？为了研究此问题，笔者采用了回归分析的方式进行数据处理，具体方式是将证据的证明对象根据上述的分类标准分为 8 类：出资行为（spon）、出资证明书（spc）、实际行使股东权利（actu）、公司章程（sche）、股东名册（name）、工商登记（regi）、合意（match）、其他证据。前 7 类即实证研究中的自变量，均为二值变量，数值为 0 或 1。其中 1 代表待确认股东资格的一方提交了上述证据或被推定提交了上述证据，并得到了法院的认可。0 代表无上述证据或被推定未提交上述证据，或者提交了上述证据但未得到法院的认可。其中，推定提交或推定未提交是根据举证责任的分配规则进行推定，如主张原始取得的一方未提交关于出资行为的证据，则推定其没有出资。在 7 类自变量中，合意比较特殊，它本身并不是一个客观事实，需要裁判者进行主观实质判断，且合意的具体内涵根据取得股东资格的不同形式而有所不同。

实证分析的因变量是待确权股东是否具有股东资格（qual），设定该因变量为二值变量（0 或 1），如果法院认定待确权股东基于原始取得、继受取得或其他形式具有股东资格，则记为 1，如果认定不具有股东资格，则记为 0。如果涉及股东资格反向确认，因变量并不因此做反向调整。例如，主张自己不是某公司的股东（系冒名）的，如果法院驳回了他的诉讼请求，因变量的数值仍然为 1。

如上所述，笔者主要使用回归分析方法，对证据被采纳和股东资格得到确认之间的相关性进行分析。我们选用的三种模型分别是 OLS（ordinary least squares）模型、Logit 模型和 Probit 模型。使用三种模型分别就每一组数据进行回归分析，可以最大限度地减少误差，如果三种回归模型得出了同样的结论，该结论也就必然更加可靠。OLS 模型是回归分析最根本的一个形式,对模型条件要求最少,也就是使散点图上的所有观测值到回归直线距离的平方和最小。选用 OLS 模型作为本书回归模型之一的原因是,OLS 模型是所有模型中最为基础的,对于数据量几乎没有要求,具有极强的可操作性。另外,OLS 模型计算出的回归系数具有直接的实际意义,弥补了其他模型回归系数无意义的不足。但是,这里涉及的变量均为二值变量,其残值显然不满足正态分布的假定条件,因此使用一般线性回归与实际分布的拟合度不够高。Logit 模型擅长处理因变量为定性变量的情形。这里的因变量为二值变量(属于定性变量)。其求解速度快,应用方便,是目前应用很广的模型之一。我们的实证研究选用 Logit 模型作为回归模型的原因主要是它对概率分布的假定更贴合可能的实际分布,拟合度高。逻辑分布假定因变量满足公式: $P(Y=1 \mid X=x) = \exp(x'\beta)/(1+\exp(x'\beta))$,进而求解回归系数 β。但从公式中可以看出,回归系数不具备直接的现实含义,因此用 OLS 模型作为补充。Probit 模型是 Logit 模型的变种,也适于处理因变量为定性变量的场景。我们的实证研究将 Probit 模型也纳入回归分析中,作为对 Logit 模型所得到的回归结果的验证。

2. 以出资的方式取得股东资格

在案例检索的过程中,我们总共发现了 96 个以出资入股的方式为股东资格权源提起诉讼的案例。在这 96 个案例中,有 50 个案例得到了法官的支持,被确认了股东资格。证据方面,各项证据都有一定数量的提交,并被法院采纳,所以笔者对全部证据类型都进行了分析。描述性统计结果见表 15-2,type 指种类。

表 15-2 描述性统计结果

变量	观察值	平均值	标准偏差	最小值	最大值
type	96	3	0	3	3
qual	96	0.521	0.502	0	1
spon	96	0.521	0.502	0	1
spc	96	0.167	0.375	0	1
actu	96	0.313	0.466	0	1

变量	观察值	平均值	标准偏差	最小值	最大值
sche	96	0.271	0.447	0	1
name	96	0.188	0.392	0	1
regi	96	0.302	0.462	0	1
match	96	0.385	0.489	0	1

接下来根据上述描述性统计进行全变量回归分析,使用上述三个模型分别进行回归(见表15-3)。

表15-3 回归结果

变量	OLS	Logit	Probit
	qual	qual	qual
spon	0.131	0.717	0.456
	(0.102)	(0.67)	(0.379)
spc	0.101	1.486	0.524
	(0.122)	(0.976)	(0.475)
actu	0.282**	1.556**	0.873**
	(0.108)	(0.746)	(0.409)
sche	0.111	0.778	0.371
	(0.101)	(0.682)	(0.381)
name	-0.007	0.663	0.079
	(0.135)	(0.937)	(0.51)
regi	0.261**	1.335*	0.82*
	(0.114)	(0.751)	(0.436)
match	0.226**	1.481**	0.734*
	(0.1)	(0.679)	(0.378)
_cons[1]	0.153**	-2.08***	-1.131***
	(0.066)	(0.519)	(0.266)
Observations[2]	96	96	96
Pseudo R2[3]	.z	0.384	0.361

变量	OLS	Logit	Probit
	qual	qual	qual
标准误在括号内			
*** p<0.01, ** p<0.05, * p<0.1 [4]			

〔1〕代表回归模型中的截距项。
〔2〕观察值。
〔3〕用于衡量模型的拟合程度。
〔4〕p<0.01意味着碰巧出现的可能性小于1%，p<0.05意味着碰巧出现的可能性小于5%，p<0.1意味着碰巧出现的可能性小于10%。此后不再一一加注。

从回归分析来看，股东资格确认的形式要件和实质要件均对确认股东资格具有显著性的影响。其中，股东是否实际行使了股东权利、股东资格的工商登记、是否达成涉及股东资格变动的合意这三个变量显著影响主张原始取得的主体是否能取得股东资格。出资行为并不显著地影响股东资格的确认，这很可能是因为出资和合意具有高度相关性（因为出资这一证据要被法院认可，不仅需要提交付款单据，还需要证明其付款是用于公司的设立）。由于合意变量对回归结果影响很大，将合意变量剔除出模型后进行第二次回归（见表15-4）。

表15-4 二次回归

变量	OLS	Logit	Probit
	qual	qual	qual
spon	0.239**	1.42**	0.821**
	(0.092)	(0.584)	(0.329)
spc	0.104	1.334	0.503
	(0.125)	(0.96)	(0.474)
actu	0.31***	1.697**	0.978**
	(0.11)	(0.732)	(0.408)
sche	0.108	0.647	0.332
	(0.104)	(0.661)	(0.378)
name	-0.073	-0.03	-0.211
	(0.135)	(0.885)	(0.496)

续表

变量	OLS	Logit	Probit
	qual	qual	qual
regi	0.314***	1.819**	1.049**
	(0.114)	(0.742)	(0.427)
_cons	0.172**	-1.878***	-1.056***
	(0.066)	(0.487)	(0.259)
Observations	96	96	96
Pseudo R2	.z	0.347	0.333
标准误在括号内			
*** $p<0.01$, ** $p<0.05$, * $p<0.1$			

将合意变量去除之后,得到的回归结果如表15-4所示。不出所料,出资行为显示出了显著性,另外,股东是否实际行使股东权利、工商登记保持了其显著性。也就是说,主张基于设立时出资而原始取得股东资格的主体,如果提交了关于出资行为、实际行使股东权利或工商登记的证明并被法院认可,其被确认为股东的可能性就会更高。

3.以增资的方式取得股东资格

笔者一共统计了114个以原始取得为股东资格权源提起诉讼的案例。在这114个案例中,得到法院支持、确认股东资格的案件有60个。原始取得包括出资(设立)、增资,其中主要涉及出资的案例有96个,涉及增资的案例有18个。在证据方面,各项证据都有一定数量的提交,并被法院采纳,所以笔者对全部证据类型都进行了分析。表15-5为描述性统计结果。

表15-5 描述性统计结果

变量	观察值	平均值	标准偏差	最小值	最大值
type	114	3.474	1.099	3	6
qual	114	0.526	0.502	0	1
spon	114	0.509	0.502	0	1
spc	114	0.158	0.366	0	1
actu	114	0.325	0.47	0	1

续表

变量	观察值	平均值	标准偏差	最小值	最大值
sche	114	0.246	0.432	0	1
name	114	0.184	0.389	0	1
regi	114	0.298	0.46	0	1
match	114	0.386	0.489	0	1

接下来根据上述描述性统计进行全变量回归分析,使用上述三个模型分别进行回归,与之前的出资部分进行对照,观察变量的显著性结果是否存在差异(见表15-6)。

表15-6 全变量回归分析

变量	OLS	Logit	Probit
	qual	qual	qual
spon	0.136	0.914	0.512
	(0.09)	(0.619)	(0.346)
spc	0.124	1.695*	0.616
	(0.111)	(0.975)	(0.468)
actu	0.369***	2.157***	1.202***
	(0.095)	(0.726)	(0.38)
sche	0.121	0.927	0.43
	(0.096)	(0.684)	(0.379)
name	-0.054	0.282	-0.091
	(0.125)	(0.876)	(0.482)
regi	0.216**	1.087	0.682
	(0.107)	(0.726)	(0.421)
match	0.214**	1.416**	0.701**
	(0.088)	(0.618)	(0.345)
_cons	0.151**	-2.174***	-1.161***
	(0.059)	(0.501)	(0.251)
Observations	114	114	114

续表

变量	OLS	Logit	Probit
	qual	qual	qual
Pseudo R2	.z	0.402	0.379
标准误在括号内			
*** p＜0.01, ** p＜0.05, * p＜0.1			

从回归分析来看,股东资格确认的形式要件和实质要件均对确认股东资格具有显著性的影响。其中,股东是否实际行使了股东权利、股东资格的工商登记(在 OLS 模型下)、是否达成涉及股东资格变动的合意这三个变量显著影响主张原始取得的主体是否能取得股东资格。将增资部分的数据加入回归之后,并未对回归结果产生显著影响,在出资部分与股东资格确认具有显著相关性的变量保持了其相关性,接下来将合意变量剔除出模型后进行第二次回归分析(见表 15-7)。

表 15-7 二次回归

变量	OLS	Logit	Probit
	qual	qual	qual
spon	0.237 ***	1.545 ***	0.855 ***
	(0.081)	(0.553)	(0.304)
spc	0.126	1.532	0.585
	(0.113)	(0.954)	(0.464)
actu	0.382 ***	2.148 ***	1.245 ***
	(0.097)	(0.706)	(0.381)
sche	0.105	0.701	0.348
	(0.098)	(0.658)	(0.373)
name	-0.118	-0.317	-0.364
	(0.125)	(0.844)	(0.476)
regi	0.289 ***	1.777 **	1.003 **
	(0.104)	(0.698)	(0.399)

续表

变量	OLS	Logit	Probit
	qual	qual	qual
_cons	0.172***	-1.96***	-1.082***
	(0.06)	(0.468)	(0.243)
Observations	114	114	114
Pseudo R2	.z	0.368	0.353
标准误在括号内			
*** p<0.01, ** p<0.05, * p<0.1			

将合意变量去除之后,得到的回归结果如表15-7所示。出资行为显示出了显著性,另外,股东是否实际行使股东权利、工商登记保持了其显著性,即主张原始取得股东资格的主体,如果提交了关于出资行为、实际行使股东权利或工商登记的证明并被法院认可,其被确认为股东的可能性就会更高。将出资和增资部分统一进行回归分析得到的结果与仅仅对出资部分进行回归分析得到的结果是相一致的,更为重要的是,从法逻辑上看,增资和出资的性质均为股东资格的原始取得,实质都是待确权股东以一定的对价投资入股公司,进而成为公司股东,判断是否因此具有股东资格的证据要件也应当是相统一的。

(二)继受取得

1.以股权转让方式取得股东资格

《公司法》第71条至第73条(2023年修订后为第84条至第87条)是有关股权转让的规定:有限责任公司的股东之间可以相互转让全部或部分股权;股东向股东以外的人转让股权,应当经其他股东过半数同意,经股东同意转让的股权,在同等条件下,其他股东有优先购买权。

股权转让的实质是一种权利的转让,也是股东地位的转让。尽管出让人与受让人在转让公司股权时遵循意思自治原则,但是由于有限责任公司具有较强的人合性,基于股东与公司之间的特殊信赖关系,在非股东之间的股权转让交易中,股权转让行为除了双方达成合意外还需要得到公司的认可才能达到转移股东资格的目的。

一个完整的股权转让行为一般包括:(1)当事人合意转让;(2)股权内部变

更登记;(3)股权外部变更登记。股权转让具有阶段性的特征:当事人达成转让合意关涉股权转让当事人双方之间的法律关系;经过有限责任公司股东过半数同意并完成公司股权内部变更登记,关涉股东和公司之间的法律关系;完成股权变更的工商登记关涉股东和外部第三人之间的法律关系。

在上述这三个阶段中,究竟何时受让股东取得了公司的股东资格,在法律上并没有明确的规定,这也就导致了裁判规则的不统一和不确定性。在一些判决中,法院以股权受让人着手履行或完成履行当事人之间约定的义务及支付股权转让款等义务,认定其取得股东资格。例如,在吴某某、杜某某等与徐州大夯景观工程有限公司股东资格确认纠纷案[1]中,法院认为已经去世的吴某某与程某之间存在股权转让协议,吴某某将股权转让给程某,且该协议已因程某支付部分转让价款的行为而实际履行,据此,认定吴某某不再具有股东资格。也就是说法院认为在当事人之间达成转让合意并实际履行后,股东资格的变动已经发生。在一些判决中,有限责任公司股权对外转让时,法院根据公司内部是否同意股东转让股权来确认受让人的股东资格。例如,在上海嘉雁投资管理有限公司与上海国佳包装纸品有限公司(以下简称国佳公司)股东名册变更纠纷上诉案[2]中,法院认为"股东身份是否经过工商变更登记,是否已经完全支付股权转让款,不是徐乙成为国佳公司股东的必要条件。对国佳公司内部而言,国佳公司其他股东已经以股东会决议的方式同意徐甲与徐乙之间的股权转让,徐乙也通过签署公司章程的行为表明其已成为国佳公司股东。因此,徐乙已是国佳公司股东的事实应予确认",即以公司内部同意股权转让作为取得股东资格的依据。

在更多情况下,法院在裁判以股权转让方式取得股东资格的纠纷时,会综合考察待确权股东是否符合股东资格的形式要件和实质要件。其中,形式要件包括股东名册、公司章程、工商登记等;实质要件包括股权转让合意(通常表现为股权转让协议,既可以是口头的,也可以是书面的)、是否支付价款、出资证明书、是否实际行使股东权利、是否经过公司股东过半数同意等。例如在黎某

---

[1] 江苏省徐州市中级人民法院民事判决书,(2017)苏03民终3172号。
[2] 上海市第二中级人民法院民事判决书,(2011)沪二中民四(商)终字第307号。

某、德庆县众扶生态农业发展有限公司与朱某某、饶某某股东资格确认纠纷案①中，法院便在裁判理由部分逐一考察了公司章程、股东名册、工商登记、股权转让协议（合意）、是否实际履行出资义务、是否实际行使股东权利、是否侵害其他股东的优先购买权利，并综合以上几个方面分析判断，最终判定待确权股东具有股东资格。

为探查上述几方面对法官裁判的影响程度，笔者同样采用了回归分析的方法。具体到股权转让情形下，"spon"的含义实际上是支付股权转让款，"spc"的含义实际上是接收股权转让款的凭证，"match"的含义是股权转让合意。相关统计结果见表15-8。

表15-8 描述性统计

变量	观察值	平均值	标准偏差	最小值	最大值
type	112	7	0	7	7
qual	112	0.455	0.5	0	1
spon	112	0.455	0.5	0	1
spc	112	0.045	0.207	0	1
actu	112	0.143	0.351	0	1
sche	112	0.089	0.286	0	1
name	112	0.08	0.273	0	1
regi	112	0.241	0.43	0	1
match	112	0.473	0.502	0	1

从描述性统计中可以看到，在股权转让的相关案例中，提交股东名册作为证据的受让人很少，且股东名册和工商登记的证据具有高度的相关性，因此笔者进行回归分析时将两变量进行合并，作为股东资格确认的形式要件一并分析（见表15-9）。

---

① 广东省肇庆市中级人民法院民事判决书，(2020)粤12民终1117号。

表 15-9 两变量合并后的回归分析

变量	OLS qual	Logit qual	Probit qual
spon	0.1	0.583	0.347
	(0.092)	(0.524)	(0.307)
spc	0.16	0.734	0.489
	(0.208)	(1.117)	(0.648)
actu	0.186	1.104	0.609
	(0.119)	(0.723)	(0.41)
sche	0.094	0.538	0.241
	(0.155)	(0.883)	(0.487)
regi	0.101	0.632	0.368
	(0.097)	(0.577)	(0.331)
match	0.497***	2.405***	1.453***
	(0.088)	(0.513)	(0.297)
_cons	0.108	-2.063***	-1.229***
	(0.066)	(0.466)	(0.256)
Observations	112	112	112
Pseudo R2	.z	0.274	0.274
标准误在括号内			
*** p<0.01, ** p<0.05, * p<0.1			

在股权转让中,转让双方是否达成实质合意对法官认定股东资格的归属起到了(具有统计意义上的)显著性的作用,而在裁判文书说理中,双方是否实质达成股权转让的合意多数基于法官的自由心证,合意本身并非绝对的客观事实,而是带有法官的主观判断。因此法官认定达成股权转让合意与认定股权发生转让之间必然会有高度的相关性,并且"合意"这个变量可能具有内生性。因此需要进行进一步的分析(见表 15-10)。

表 15-10 "合意"变量的分析

变量	OLS qual	Logit qual	Probit qual
spon	0.306***	1.325***	0.814***
	(0.096)	(0.441)	(0.266)
spc	-0.122	-0.545	-0.321
	(0.229)	(1.02)	(0.609)
actu	0.146	0.653	0.395
	(0.135)	(0.622)	(0.375)
sche	0.321*	1.421*	0.831*
	(0.17)	(0.799)	(0.46)
regi	0.114	0.521	0.325
	(0.11)	(0.503)	(0.305)
_cons	0.244***	-1.126***	-0.692***
	(0.07)	(0.338)	(0.201)
Observations	112	112	112
Pseudo R2	.z	0.107	0.106
标准误在括号内			
*** $p<0.01$, ** $p<0.05$, * $p<0.1$			

抛开"合意"变量后,是否出资即是否支付转让款成为法官认定股权是否发生转让的重要因素。值得注意的是,这里的"出资"并非指客观的提交付款单据,在提交出资相关证据的同时,还需要证明出资的目的,即该笔款项确系股权转让款。

股东资格的形式要件(工商登记)虽然也正向影响股东资格的认定,但在本次的案例统计中,其相关性并不具有统计意义上的显著性。

2. 以股权继承方式取得股东资格

继承也是一种较为常见的继受取得股东资格的方式。《公司法》第 75 条(2023 年修订后为第 90 条)对自然人股东死亡后,其合法继承人能否继承其股东资格有明确的规定:除非公司章程另有规定,自然人股东死亡后,其合法继承人可以继承股东资格。

经过案例统计分析可知,能否以股权继承的方式继受取得股东资格与以下4个因素相关,当4个要件全部满足时,股东资格继承必然发生:(1)公司章程允许股东死亡后其继承人继承股东资格,若公司章程未对股东死亡后的股东资格继承问题作出规定,则推定为股东资格允许继承;(2)继承人没有不符合章程或相关法律法规对股东积极条件(资质条件)的规定的情况;(3)继承人有继承权,有权继承被继承人的股东资格,既可以是以遗嘱继承的方式取得股东资格的继承权,也可以是在无遗嘱情况下属于最优先顺位的法定继承人之一从而取得继承权;(4)被继承人具有股东资格,判断被继承人是否具有股东资格,就会回到取得股东资格的一般形式上,其判断标准和证据相关性情况与笔者在其他部分讨论的比如在出资、股权转让、股权代持等情形下判断股东资格的方式完全一样,因此不作重复统计分析。

在以继承的方式继受取得股东资格的情形下,上述4个要素缺一不可,有任何一个环节不符合,就不能通过继承取得股东资格。

(1)因为公司章程限制而不能通过继承取得股东资格。

在王某某、满某某等与河南省华亚实业有限公司(以下简称华亚公司)股东资格确认纠纷案[①]中,法院便因为公司章程限制而否认了股东资格的继承,法院在说理部分明确:"如果股东之间通过章程或协议方式限制了未来继承人股东资格的取得,那么,在自然人股东死亡后,其继承人就不能当然取得股东资格,这意味着被继承人留下的遗产是受到限制的股权。"在这种情形下,继承人有权继承被继承人股权的财产性利益,但是不能继承股东资格。

但是在实践中,章程约定股东资格不允许继承的案件非常少,而且也会出现章程约定不是非常明确,实践中对章程的理解有争议的现象,比如在上文提到的王某某、满某某等与华亚公司股东资格确认纠纷案中,一审法院和二审法院就对章程关于股东资格继承的约定作出了不同的理解,进而出现了不同的裁

---

① 河南省郑州市金水区人民法院民事判决书,(2018)豫0105民初18838号。

判结果。① 一审法院认为章程约定的乃是对继承股东资格的限制，二审法院则理解为其是在其他股东发生股东资格继承后对其他股东的救济条款，从而确认了该案中继承人的股东资格。

章程可以通过有效的股东会决议修改，但由于继承是一个事实行为而不是法律行为，当符合继承条件时，继承自股东死亡时便发生了，继承人继受取得被继承股东的股东资格。如果被继承股东死亡后，在继承人被公司确认为股东前，其他股东召开股东会修改章程中有关股东资格继承的规定，则该效力不能溯及继承的事实发生之时，即之后修改的章程对修改前发生的事实没有溯及力，这是公司基本秩序稳定的必然要求。

在杭州富阳华鹏实业有限公司、钟某某股东资格确认纠纷案②中，便出现了章程未对股东资格继承作出限制性规定，但是在股东去世事实发生以后，公司其余股东形成股东会决议，不同意该继承人继承公司的股东资格的问题。法院以修改公司章程需要由有2/3以上表决权的股东同意为由，认定本案被继承人有50%的股份，其余股东只有50%，不足2/3，因此仅有50%表决权的股东不同意不能影响股东资格的继承。这部分说理存在一定问题，股东资格的继承与其余股东是否同意没有关系，也无关比例，即便达到了2/3表决权，可以修改公司章程，新章程也不具有对之前发生的事实的溯及力。

在章程没有特殊约定的情况下，股东资格继承不需要股东会决议同意（不同于隐名股东显名化问题），但如果是继承隐名股东的股东资格即股权的话，就又需要其他股东过半数同意才可以获得显名股东的资格。

---

① 一审认为:本案中，华亚公司的章程第36条第5项作出的规定，应认定为对股东李某死亡后留下的股权的继承的限制，即应通过召开股东会的方式确定在李某死亡后，其合法继承人能否继承股东资格。根据本案审理的事实，不能确定华亚公司召开了股东会对李某股东资格的继承进行了决议，故王某某、满某某、李某甲、李某乙的诉请，没有依据，法院不予支持。二审认为:本案中，华亚公司的公司章程第36条规定，有下列情形之一的，对股东会该项决议投反对票的股东可以请求公司按照合理的价格收购其股权:……自然人股东死亡后，其合法继承人可以继承股东资格。综合华亚公司章程的有关条款、该条文的可能含义及该条规定的目的等，本院认为，该条并未对"合法继承人可以继承股东资格"作出否定规定，"华亚公司股东死亡后，其合法继承人可以继承其股东资格，不同意的股东可以请求公司按照合理的价格收购其股权"，如此才更为公平合理。故应当确认满某某、王某某、李某甲、李某乙的股东资格。

② 浙江省杭州市中级人民法院民事判决书，(2020)浙01民终4356号。

如上所述,股东资格的继承是一个事实行为,那么在符合继承发生的4个条件时,股东资格继承自被继承人死亡时发生。若之后其余股东召开股东会,不接受被继承人成为股东,该如何理解其中的法律关系呢?《公司法司法解释(三)》第17条规定,股东会只有在"股东未履行出资义务或者抽逃全部出资,经公司催告缴纳或者返还,其在合理期间内仍未缴纳或者返还出资"的情况下才可以解除股东的股东资格,因此如果不是这两种情况,无论其股份占比多少,股东会都无权干涉股东资格的继承。

(2)因为不符合章程或相关法律法规对股东积极条件(资质条件)的规定而不能通过继承取得股东资格。

出现这类情况的企业比较特殊,主要是对股东技能和资质有要求的企业,如税务师事务所、会计师事务所等,或者要求股东必须是职工的股份合作制企业。例如在(2019)豫07民终5351号李某某、新乡巨中元会计师事务所有限责任公司股东资格确认纠纷案中,根据《会计师事务所执业许可和监督管理办法》第6条、第10条、第11条的规定,有限责任公司形式的会计师事务所,其股东必须具有注册会计师执业资格,所以该案中继承人不能继承股东资格。又如在方某、施某与上海扬子税务师事务所有限公司股东资格确认纠纷上诉案①中,待确权股东因为没有税务师资格所以不能继承股东资格。

股份合作制企业作为一种公司类型,其股东为公司职工。在股份合作制企业的股东资格继承问题上,各地裁判标准不一。如果继承人也是该股份合作制企业的职工,则继承被继承人的股东资格是没有争议的,如在北京市京塑有机玻璃制品厂与谷某股东资格确认纠纷案②中,继承人谷某是该股份合作制企业的职工,继承股东资格并不会改变企业性质,所以可以继承。但当继承人不是股份合作制企业的职工时,法院的裁判分歧较大,出现改判的现象也比较多。例如在郭某某与北京荣昌富达贸易中心等股东资格确认纠纷案③中,二审法院根据《北京市城镇企业实行股份合作制办法》(2001年修改)和公司章程,认为"上述政策文件以及章程中虽然没有对股份合作制企

---

① 上海市第二中级人民法院民事判决书,(2018)沪02民终6413号。
② 北京市第一中级人民法院民事判决书,(2020)京01民终5005号。
③ 北京市第二中级人民法院民事判决书,(2020)京02民终9364号。

业职工股东的股权继承作出禁止性规定,但鉴于股份合作制企业职工股东既是劳动者,又是企业的出资者,企业职工股东身份与其本人的劳动关系紧密联系,不可分割,不具备企业职工身份,则不能成为企业职工股东"。二审法院据此否定了非职工身份继承人继承股份合作制企业股东资格的权利,否定了一审法院的判决。但是在上诉人南京云泰化工总厂与被上诉人谈某股东资格确认纠纷案①中,一审法院和二审法院都肯定了非职工身份的继承人享有继承股份合作制企业股东资格的权利,判决中提到的股份合作制企业有关法规是《发展城市股份合作制企业的指导意见》,法院不认可该指导意见的效力②,认为股份合作制企业股东资格可以被非职工身份的人继承,但不可以转让给非职工身份的个体。这体现出有关股份合作制企业职工股东资格的继承问题,全国应当统一裁判标准,避免同案不同判的情况发生。

(3)因为继承人没有继承权而无法继承股东资格。

继承与股东资格确认是两个不同的法律关系,分属不同案由,在以股权继承的方式继受取得股东资格的情况下,继承是确认股东资格的基础,取得股东资格是继承法律后果的体现,也是当事人诉讼的目的之所在。在一些案件中,主要是在可能的遗产继承人有多人的情形下,继承人是否有继承权会通过另外

---

① 江苏省南京市中级人民法院民事判决书,(2019)苏01民终6385号。
② 关于《发展城市股份合作制企业的指导意见》,该企业和法院观点不同,法院没有采纳企业的抗辩。企业的观点是:根据《发展城市股份合作制企业的指导意见》对股份合作制企业的定义,股份合作制是采取了股份制一些做法的合作经济,是社会主义市场经济中集体经济的一种新的组织形式。在股份合作制企业中,劳动合作和资本合作有机结合。劳动合作是基础,职工共同劳动,共同占有和使用生产资料,利益共享,风险共担,实行民主管理,企业决策体现多数职工意愿;资本合作采取了股份的形式,是职工共同为劳动合作提供的条件,职工既是劳动者,又是企业出资人。企业实行按劳分配与按股分红相结合的分配方式。股份合作制企业不吸收本企业以外的个人入股。职工离开企业时其股份不能带走,必须在企业内部转让,其他职工有优先受让权。虽然《发展城市股份合作制企业的指导意见》现已废止,但其关于股份合作制股东必须是劳动者,不吸收企业以外的个人入股的规定,是股份合作制企业的根本特征,也是股份合作制企业决策体现多数职工意愿、劳动合作和资本合作有机结合顺利实施的前提条件。《发展城市股份合作制企业的指导意见》作为上诉人改制时的重要依据,上诉人改制以来亦一直依照股份合作制企业性质经营管理。因此,一审判决将非上诉人职工的被上诉人认定为上诉人的股东,严重违背了股份合作制企业的特性,也忽视了上诉人改制的客观情况,二审法院应当予以调整。
法院的观点是:南京云泰化工总厂辩称根据《发展城市股份合作制企业的指导意见》的规定,职工离开企业时其股份不能带走,必须在企业内部转让,其他职工有优先受让权,首先,《发展城市股份合作制企业的指导意见》并非法律规定,且已被废止;其次,谈某主张的是继承股权并非转让受让股权。故对南京云泰化工总厂的抗辩意见,一审法院不予采纳。

的诉讼解决,①也有一些案件法院为减少当事人诉累,对继承和股东资格确认两组法律关系一并审理。②

继承人没有继承股东资格的权利,有时是因为当事人曾明确表示过放弃继承股东资格的权利,如卞某与上海普陀区曹安社会福利社、上海易敏高级汽车修理厂有限公司股东资格确认纠纷上诉案③。同时,也有可能是因为被继承人遗嘱明确限制了继承股东资格的权利,如尹某某、湖北华信机械发展有限公司股东资格确认纠纷案④,该案原告只有继承股份收益的权利,但没有继承股东资格的权利。此外,法人注销后,有关主管部门和其债权债务继承人没有继承股东资格的权利,如五弘线缆集团有限公司、天津市天缆小猫电缆有限公司股东资格确认纠纷案⑤中,法院认为企业法人作为公司的股东,在注销前应当进行清算,其在目标公司享有的投资权益也在清算之列,现该法人不对投资权益进行清算,而是请求继承股东资格,没有法律依据。

(4)因为被继承人不具有股东资格而无法通过继承取得股东资格。

显然,通过继承取得股东资格的前提是被继承人具有股东资格。被继承人是否具有股东资格的争议通常出现在涉及股权转让、股权代持的时候。无效的股权转让协议不影响被继承人的股东资格,因而也就不会影响其继承人通过继承取得股东资格,如李某甲、李某乙、王某某等与胡某某、杨甲、杨乙等股东资格确认纠纷案⑥。隐名股东的股东资格作为一种被继承人的财产权益,可以被其继承人继承,但继承人成为显名股东的时候需要遵守有关显名程序的规定,如董某、王某某等与台河市天行小额贷款有限责任公司股东资格确认纠纷案⑦。如果被继承人作为显名股东,代持他人股份,此时虽然被继承人名义上具有股东资格,但是其继承人并不能通过继承取得股东资格,如河南巨中元管理咨询

---

① 湖北省黄石市中级人民法院民事判决书,(2019)鄂02民终1838号。
② 河南省新乡市中级人民法院民事判决书,(2019)豫07民终4960号。
③ 上海市第二中级人民法院民事判决书,(2019)沪02民终12227号。
④ 湖北省荆门市中级人民法院民事判决书,(2019)鄂08民终1081号。
⑤ 天津市第一中级人民法院民事判决书,(2019)津01民终7412号。
⑥ 陕西省西安市中级人民法院民事判决书,(2020)陕01民终484号。
⑦ 黑龙江省七台河市中级人民法院民事判决书,(2019)黑09民初51号。

有限责任公司、李某某股东资格确认纠纷案①。

当自然人股东死亡后,其合法继承人是两人以上时,对每一个继承人来说,实际上是所有继承人作为整体,以共有的方式继承了被继承人的股东资格,然后再经过分割完成继承。对于股东资格是否可以分别继承,《公司法》并没有作出明确的规定。继承是对被继承人遗产的分割,不仅是对财产份额的分别取得,而且包括了各继承人对股东资格的分别取得。如果只允许多个继承人共有一个股东资格,在股权行使方面将产生许多不必要的麻烦。实务中,当继承人为两人以上时,公司应当变更其股东名册按照继承人的继承份额区分各人的持股份额,将他们分别登记为公司的股东。这样,每位继承人都可以依照《公司法》的规定独立地行使股东权利。由于有限责任公司实行的是资本多数决原则,基于继承而增加的股东人数一般也不会对其他股东的权益造成实质性的影响。不过由于有限责任公司股东人数最多不能超过 50 人,当多个继承人分别取得股东资格时,在理论上有可能会突破有限责任公司股东人数的上限,如果出现此种情况则应当由各继承人协商转让其继承份额,以使公司股东人数符合法定要求。

当同一顺位法定继承人为多人时,经常发生部分人放弃继承股东资格的情形,如高某甲、高某乙与延边高丽大厦有限公司股东资格确认纠纷案②,上诉人吕某甲与被上诉人林某、原审被告自贡市空间艺术有限公司、林某某、吕某乙股东资格确认纠纷案③等。

3. 以股权分割方式取得股东资格

因分割产生的股东资格确认纠纷通常是指双方或多方在分割共有财产的过程中发生的股东资格确认纠纷。由于股权可以由数人共有,即数个主体对股权共同所有,亦即数个主体共享一个股东资格,共同共有人在共有期间无权请求分割共有财产,只能在共有关系解除后行使请求权。共有股权也只有在共有

---

① 河南省新乡市中级人民法院民事判决书,(2019)豫 07 民终 4960 号。本案中隐名股东的抗辩是"股权代持行为本身是一种委托行为,代持股权的权利所有人是被代持人,因此代持人的继承人不能继承该代持的股权"。法院虽然没有明确肯定委托关系不能继承,但是支持了这一方的诉讼请求。
② 吉林省延边朝鲜族自治州中级人民法院民事判决书,(2019)吉 24 民初 1 号。
③ 四川省自贡市中级人民法院民事判决书,(2020)川 03 民终 42 号。

关系解除后才能进行分割。因解除股权共有关系而产生的股东资格确认,常见情形有夫妻离婚、多人继承、合伙解散、共有处分等,此时一方共有人可能提起股东资格确认之诉。

涉及股权分割的股东资格确认的关键节点主要包括以下三个。一是分割前的股权确权:股权被分割前,股权是否明晰(双方、多方共有或一方显名持有)。二是是否存在有效的分割方案:合伙解散、夫妻离婚过程中达成的财产分割协议。三是隐名方可否显名化:过半数股东同意、不行使优先购买权。从上述关于三个关键节点的理论分析可以得知:首先,在因分割而发生的股东资格纠纷案中,证据冲突并非需要讨论的问题,这是因为分割前的股权确权问题与分割本身无关,比如分割前的股东资格可能涉及原始取得,那么其中的证据冲突问题应当放在原始取得部分讨论而非分割部分讨论。又如股东资格若为通过转让取得,则应考察的是转让部分的证据冲突问题,亦与分割本身无关。其次,三个关键节点缺一不可,均为分割后的主体成为新股东的必要条件,因此只要证明其中一个要件不满足,那么分割后的主体都不能成为新股东,这里就不存在证据冲突的问题。最后,能否通过分割成为新股东与分割后的主体是否曾出资、行使股东权利无关,其本身也通常不可能拥有权利外观(工商登记、股东名册)。

在第三次案例抽样中,共有三个以分割为由的股东资格确认纠纷案,由于从理论上已经证明了分割这一部分不存在证据冲突的问题,因此无须扩充案例对其进行回归分析去研究证据冲突问题,且分割部分处理纠纷的方式较为清楚,下述三个案例可以作为上述理论的例证。在实务中,法院主要审查上述三个关键节点中存在争议的部分。例如在张某某与北京弯月亮科技有限公司等股东资格确认纠纷案[1]中,法院主要审查了离婚时有关股权分配的意思表示,这是案件的争议焦点。在上述三个要件中,如果前两个要件满足,那么主张基于分割成为新股东的主体至少可以获得与股权相当的价值。在罗某某、鹰潭市鹰余公共交通客运有限责任公司股东资格确认纠纷案[2]中,法院认定离婚前股权归属清楚,有明确的离婚财产分割方案,从而判定罗某某持有被诉公司相应

---

[1] 北京市第一中级人民法院民事判决书,(2019)京01民终1196号。
[2] 江西省鹰潭市中级人民法院民事判决书,(2019)赣06民终144号。

股权份额。如果罗某某的加入没有破坏公司的人合性,那么可以进一步认定罗某某可以具有被诉公司的股东资格。

(三) 特殊形式

1. 股权代持情况下股东资格确认问题

隐名持股是指公司投资关系中,自然人或企业有时出于特定目的或考虑,委托他人代持股权,在公司相关文件中记载他人为股东并进行商业登记,造成"名实不符"的现象。其中隐名股东是指实际出资但公司章程、股东名册、工商登记未记载的人,显名股东是指未实际出资但公司章程、股东名册、工商登记予以记载的人。以是否在公司中享有并且实际行使其股东权利,公司及其他股东是否知悉为标准,隐名股东可以分为部分隐名股东(不完全隐名股东)和全部隐名股东(完全隐名股东):部分隐名股东是指隐名股东实际出资以后,虽然公示性文书记载的是显名股东,但是其仍然实际享有并行使相应的股东权利;全部隐名股东是指隐名股东出资之后,完全不参与公司的经营管理,而由显名股东来行使其相应股东权利,其仅仅参与分享相应的收益。

目前我国关于隐名股东资格认定的观点主要有三种。一为"实质说"。该说认为应该将履行了出资义务的人视为股东。该观点的理论依据是,显名股东和隐名股东之间存在关于显名股东名义持有隐名股东股权的约定,这属于当事人之间意思自治的范畴,只要不违反相关的强制性规定,法律上就应该认可这种协议,承认隐名股东的实际股东地位。二为"形式说"。该说认为无论是谁实际出资,只认定名义上的出资人为股东。其理论依据是,如果认可了隐名股东的股东地位,可能会导致一系列的问题。例如,由显名股东参加的股东会决议是否有效、承认隐名股东是否违反了《公司法》第71条规定的成为股东需要获得公司其他股东过半数同意的问题。三为"区别说"。该说认为隐名股东资格的认定不应该单纯地依据出资或登记来确定,而应当具体情况具体分析。在目前理论对于隐名股东的资格认定问题无法达成一致的情况下,可以区别不同情况分别适用。例如,涉及发起人股东之间的争议适用公司章程处理;涉及股东与公司之间的争议,以股东名册为准;涉及第三人债权纠纷的处理,以工商登记材料为准进行处理。

认定隐名股东资格的一般原则,应为优先适用形式要件、个别适用实质要件,即一般情形下认定股东资格应适用形式要件,只有当实质要件足以推翻形式要件时,才可借助法院确认程序或公司确认程序,使隐名出资人的股东资格得以确认。无论是在公司内部关系还是外部关系中,诉讼程序启动之前,以适用形式要件为原则,可以视具备形式要件的显名出资人为股东。如果存在显名股东和隐名股东不一致的情形,在诉讼程序启动之后,则综合考察形式要件和实质要件,以形式与实质相结合为原则,确认股东资格。如果形式要件占优,仍认定显名出资人为股东,按照合同法的规定来处理隐名出资人与显名出资人之间的纠纷。如果实质要件足以推翻形式要件,即认定隐名出资人为股东,并要求其办理变更登记。一般来讲,主张股东资格的一方如果仅举出实际出资凭证是不能实现诉求的,只有具备公司及其他股东认可的实质要件才足以推翻形式要件。诉讼程序终结时,一旦法院作出转化判决,隐名股东即变为显名股东。但是,变更登记之前,这一事实不得对抗善意第三人。隐名股东可以通过显名程序取得股东资格。《公司法司法解释(三)》第24条第3款规定:实际出资人未经公司其他股东半数以上同意,请求公司变更股东、签发出资证明书、记载于股东名册、记载于公司章程并办理公司登记机关登记的,人民法院不予支持。隐名股东欲取得股东资格,则须经过类似股权转让的程序,经公司其他股东半数以上同意方可。在奕晶公司与高某某股东资格确认纠纷案[①]中,法院指出,过半数的同意既包括明示的同意,也包括暗示的同意:公司其他股东半数以上同意既包括明示的同意,也包括默示的同意,即公司其他半数以上股东在知晓实际出资人的存在,且实际行使股东权利的情况下,未曾提出过异议,即可推定为其认可实际出资人的股东身份,实际出资人即符合登记为公司股东的要件。纵观本案,昕泰公司知晓高某某与周某之间的代持关系,但代持关系与隐名股东要求显名系两个不同的法律关系,在一审、二审中,昕泰公司明确反对高某某的主张,高某某亦未提供证明半数以上股东明示同意将其登记为公司股东的证据。因此,法院着重审查是否存在默示的同意,即高某某是否在奕晶公司实际以股东身份行使股东权利。

[①] 上海市第一中级人民法院民事判决书,(2019)沪01民终13146号。

隐名持股部分存在证据冲突问题，为探究证据对确认股东资格的影响，笔者对第三次抽样检索的案例进行了回归分析。可能的隐名持股主体主张确认其股东资格的案例共有 143 个，其中共计 62 个案例得到了法院的支持，确认其为公司股东。从证据统计上看，由于隐名股东天生不具有股东外观，对出资证明书、公司章程、工商登记、股东名册的分析是没有意义的。所以笔者只针对可能对隐名股东的资格确认产生影响的部分证据进行分析。表 15 – 11 为描述性统计。

表 15 – 11　描述性统计

变量	观察值	平均值	标准偏差	最小值	最大值
qual	143	0.434	0.497	0	1
spon	143	0.531	0.501	0	1
actu	143	0.189	0.393	0	1
match	143	0.392	0.49	0	1

根据描述性统计，进行全变量回归分析，得到如下结果（见表 15 – 12）。

表 15 – 12　全变量回归分析结果

变量	OLS	Logit	Probit
	qual	qual	qual
spon	0.235***	1.807***	1.002***
	(0.062)	(0.54)	(0.296)
actu	0.324***	2.73***	1.574***
	(0.073)	(0.722)	(0.41)
match	0.527***	3.152***	1.831***
	(0.064)	(0.547)	(0.3)
_cons	0.041	−3.101***	−1.76***
	(0.044)	(0.535)	(0.27)
Observations	143	143	143
Pseudo R2	.z	0.494	0.496
标准误在括号内			
*** $p<0.01$, ** $p<0.05$, * $p<0.1$			

对于数据进行回归分析的结论是非常明确的,出资行为、实际行使股东权利、代持合意对于确定隐名股东的股东资格具有显著性的正向影响。在特殊取得——隐名,这一部分,理论分析和实证结论高度重合。

2. 冒名出资情况下股东资格确认问题

冒名股东,是指以根本不存在的人的名义(如去世者或者虚构者)出资登记,或者盗用真实人的名义出资登记的投资者。客观上,冒名者向公司履行出资义务,并实际参与公司的经营管理,享有权利并承担风险,而被冒名者既无出资之意,也无经营之实,但股东名册、公司章程及工商登记等却将其列明为股东。主观上,被冒名者没有出资设立公司、参与经营管理、分享利润、承担风险的意思表示,也无为自己或者他人与公司其他股东设立公司的合意,且根本不知其名义被冒用。

判断是冒名还是借名,最主要的法律特征是被冒用者对其名称被冒用是否知情。被冒名者是否知情对法律关系和法律责任有直接影响。如果有确切证据证明经登记的公司股东系被他人冒用或盗用身份进行公司登记,且其从未有过设立公司和成为公司股东的意思表示,则该被冒名者不具有股东资格,对内对外均不承担股东责任。如果公司和其他股东对冒名行为予以认可,或者在得知后的合理时间内未提出异议,应当认定冒名者的股东资格,并变更登记;如果公司和其他股东对冒名行为不认可,或者在得知后的合理时间内提出异议,可以行使撤销权,要求冒名人退出公司。在被冒名者已知冒名行为却未作异议表示的情况下,应当视为涉及冒名行为双方已就该冒名行为达成合意,合意的实质在于名为冒名,实为借名,即实际行为人与他方约定,以他方名义参与设立公司,而由实际行为人行使股权,该实际行为人即为借名股东。

在案例统计中,第三次抽样所获取的以冒名为案由的案件数量较少,无法对证据冲突进行回归分析,因此笔者以冒名为案由进行了反向检索,扩充案例数量,达到了可以进行回归分析的样本量。经过反向检索后,笔者统计了共计69个以冒名为案由的股东资格确认纠纷案例(见表15-13)。主张被冒名的一方通常会提出未出资、从未参与公司经营管理、身份信息被盗、对自己成为股东不知情等理由,法院则结合证据,对是否系冒名进行全面、综合的判断。

表 15-13 涉及"冒名"案例的描述性统计

变量	观察值	平均值	标准偏差	最小值	最大值
spon	69	0.721	0.452	0	1
spc	69	0.754	0.434	0	1
actu	69	0.667	0.475	0	1
sche	69	0.855	0.355	0	1
name	69	0.899	0.304	0	1
regi	69	0.942	0.235	0	1
match	69	0.768	0.425	0	1
qual	69	0.841	0.369	0	1

主张被冒名登记为股东的主体需要证明冒名的事实以对抗股东资格外观，因此在举证责任分配上较为特殊。如果被冒名登记为股东的主体提交了相关证据（例如自己未出资、未实际行使股东权利、不知情等）并被法院认定，那么将其记为 0。如果法院没有采信上述证据，或者被冒名登记的主体并未提交证据，则将其记为 1。

根据描述性统计和案例检索的过程可以得知，法院在认定冒名的时候非常谨慎。近 85% 的案例中，法院认为不存在冒名的情况，很多认为自己被冒名登记的主体仅仅提交了工商登记签名非本人所签这一证据，仅以此意欲证明冒名事实很难得到法院的支持。出资和出资证明书的认定情况形成了高度统一，因此在回归分析的过程中就没有必要对两个变量分别进行回归分析，在接下来的回归分析中，会将出资证明书并入出资行为中进行回归分析。股东名册、工商登记等股东资格外观也不应被纳入回归分析中，原因在于主张因冒名而进行股东资格反向确认的主体通常具有股东资格外观，如果其并未被列入股东名册或没有进行工商登记，那么也就无须进行股东资格反向确认了。本回归分析的目的就在于探究何种证据可以对抗登记效力，以证明冒名事实成立，因此登记本身就不应作为变量纳入回归分析之中。另外，提交公司章程作为被冒名登记为股东的证据的主体并不多，进行回归分析不能得出牢靠的结论。此外，公司章程和股东资格外观证据（工商登记、股东名册）形成高度统一性，公司章程有类似股东资格外观的表现，因此将其作为回归分析的变量并不妥当。

笔者根据上述对数据的处理，利用 OLS 模型、Logit 模型、Probit 模型进行第一次回归分析（见表 15 – 14）。

表 15 – 14　第一次回归分析

变量	OLS	Logit	Probit
	qual	qual	qual
spon	0.148	1.378	0.728
	(0.103)	(1.059)	(0.586)
actu	0.092	1.13	0.543
	(0.093)	(1.048)	(0.573)
match	0.407 ***	2.404 **	1.368 **
	(0.111)	(1.029)	(0.57)
_cons	0.352 ***	-0.923	-0.512
	(0.077)	(0.621)	(0.363)
Observations	68	68	68
Pseudo R2	.z	0.445	0.442
标准误在括号内			
*** $p<0.01$, ** $p<0.05$, * $p<0.1$			

第一次回归分析中仅合意变量显示出与是否被认定为股东的相关性，法院相对更加重视被冒名登记的主体对此是否知情，但出资和行使股东权利两个变量都不具有显著性。笔者认为，其原因是合意变量具有内生性，即股东是否实际出资、是否实际行使股东权利可能左右法官对股东被冒名是否知情的判断。如果二者具有较强的关联性，那么通过回归分析所得出的直接结论可能并不可靠，合意与股东资格确认的相关性是没有疑问的，但出资、实际行使股东权利是否与股东资格确认不具有相关性需要进一步讨论。因此笔者将合意变量剔除出回归模型，进行第二次回归分析，通过消除合意对回归结果的影响，直接探究出资和实际行使股东权利是否与股东资格确认具有显著的相关性（见表 15 – 15）。

表 15-15 第二次回归分析

变量	OLS qual	Logit qual	Probit qual
spon	0.32***	2.26**	1.245**
	(0.1)	(0.942)	(0.495)
actu	0.197**	1.703*	0.919*
	(0.096)	(0.952)	(0.501)
_cons	0.475***	-0.293	-0.157
	(0.076)	(0.519)	(0.317)
Observations	68	68	68
Pseudo R2	.z	0.343	0.342
标准误在括号内			
*** $p<0.01$, ** $p<0.05$, * $p<0.1$			

第二次回归分析消除了合意变量对回归分析结果的影响,从第二次回归分析的结果可知,在三个模型中,股东出资、实际行使股东权利与股东资格确认均显示出相关性。其中,是否实际行使股东权利的显著性较弱,是否相关可以通过扩大样本进行确认。

3. 瑕疵出资情况下股东资格确认问题

瑕疵出资是指出资者未按照法律或公司章程规定的出资要求或出资协议的约定出资,存在未足额出资、不适当出资、抽逃出资、虚假出资等情形。

瑕疵出资情形下,出资者能否取得股东资格呢?对此理论界存在否定说和肯定说两种观点:否定说认为,出资是股东的主要义务,如果股东没有出资或者出资有瑕疵,则属于一种根本违约行为,当然不能取得股东资格;肯定说则认为,股东瑕疵出资产生相应的法律责任,但并不否认股东资格。目前,理论界已经基本达成共识——出资与取得股东资格之间并不必然具有对应关系,因此不能简单地以瑕疵出资来否定股东资格。对那些被载入公司章程、股东名册或者经过工商注册登记的瑕疵出资股东,若非经过合法的除权程序,应当认定其具有公司股东资格。

从《公司法》的条款来看,《公司法》并未明确规定瑕疵出资者将丧失股东资格,相反,《公司法》的相关条款实际上隐含了瑕疵出资者仍具有股东资格这一内容。《公司法》及相关司法解释规定了瑕疵出资情形下股东应对公司承担差额补充责任、对其他出资无瑕疵股东承担违约责任以及在瑕疵出资范围内对公司债权人承担补充赔偿责任,从逻辑上说这些规定应当是以瑕疵出资者仍具备股东资格为前提的。

肯定瑕疵出资者的股东资格有利于维护公司的稳定,有利于维护社会经济秩序。实践中瑕疵出资的问题在很多公司或多或少存在,而这些瑕疵出资者事实上已经行使了股东权利,如参与表决股东会决议等。如果以瑕疵出资否定其股东资格,则会引发一系列的问题,对公司和社会经济的稳定都是不利的。

法院对此类情况的判决也是非常一致的,在对有瑕疵出资情况的待确权股东的股东资格判断中,瑕疵出资不影响股东资格,法院还是会根据股东取得股东资格的方式考察对应的证据,综合判断其是否具有股东资格。例如在倪某某与倪某甲、倪某乙等股东资格确认纠纷案①中,法院认为,实际出资只是股东享有权利的基础,未实际出资说明其为瑕疵股东,但并不一定不具有股东资格。该案中,如果倪某某的增资有瑕疵,未实际履行增资义务,蓬江食品公司、倪某甲、倪某乙可以请求倪某某履行义务,若经过公司催缴后倪某某仍未缴纳,公司可以股东会决议解除倪某某冒名的股东资格,但在解除之前并不代表倪某某不具有公司股东资格。

(四)特殊主体

笔者关注的特殊主体包括特殊股东主体和特殊公司主体。

1. 股东主体资格概述

我国《公司法》并没有对公司股东的主体资格作出明确、具体的规定,其他法律法规对特定身份职业的自然人、特定组织与机构担任公司股东进行了一定限制或禁止。概言之,我国公司股东可分为四大类,分别是法人股东、自然人股东、合伙企业以及其他股东(个人独资企业、个体工商户、农村承包经营户等)。

法人可进一步划分为企业法人和非企业法人。企业法人是指以营利为目的,独立地从事商品生产和经营活动的社会经济组织,包括有限责任公司和股

---

① 重庆市第四中级人民法院民事判决书,(2019)渝 04 民终 570 号。

份有限公司。就企业法人而言，《公司法》第15条（2023年修订后为第14条）规定，公司可以向其他企业投资，但是，除法律另有规定外，不得成为对所投资企业的债务承担连带责任的出资人，即原则上依法设立的各类企业法人均有权对公司投资；企业法人成为公司股东的前提是"依法存续"，要满足法人成立的具体法律条件和程序。① 非企业法人是指不以营利为目的，主要从事非生产经营活动的法人，包括机关法人、事业单位法人和社会团体法人。机关法人不能从事商业经营活动，因此不具备公司股东资格；事业单位法人可依法举办营利性经营组织，可通过投资享有公司股东权利；② 社会团体法人与事业单位法人类似，原则上可作为公司股东，但法律规定不得经商的除外。

自然人是能够享有股东资格的最基本主体，这源于自然人具有的平等民事权利能力和平等财产权利。平等的民事权利能力赋予每一个自然人成为民事权利和民事义务载体的资格，因此每一个自然人都可通过合同等民事法律行为入股公司成为股东。股东资格本质上是民事主体，具有拥有财产、运作财产以及获取预期财产利益机会的资格，因此股东身份与财产有天然的紧密联系。财产权既包括现实的财产权利，也包括可能实现的财产权利（期待财产权），即承受未来股份利益财产的归属，所以没有财产的主体也可基于期待财产权享有股东资格。但自然人的股东资格权并非毫无边界的绝对权利，也受到多种因素的限制，比如就民事行为能力能否制约自然人的股东资格产生了未成年人股东之争议，对此后文会详细展开。更常见的表现是特殊历史时期、特殊行业对自然人股东资格权利的限制，以期货公司为例，2007年4月公布的《期货公司管理办法》（已失效）明确规定期货公司股东应是中国法人；而2014年10月发布后经两次修改的《期货公司监督管理办法》则将股东范围扩大到自然人、法人和其他组织，这一转变与我国经济发展水平提高、自然人投资者专业素质增强等因素都密切相关。

---

① 《民法典》第58条规定：法人应当依法成立。法人应当有自己的名称、组织机构、住所、财产或者经费。法人成立的具体条件和程序，依照法律、行政法规的规定。设立法人，法律、行政法规规定须经有关机关批准的，依照其规定。

② 《事业单位登记管理暂行条例》第2条第2款规定：事业单位依法举办的营利性经营组织，必须实行独立核算，依照国家有关公司、企业等经营组织的法律、法规登记管理。

合伙企业是非法人团体,虽然没有独立法人资格,但合伙企业有表示自己独立主体资格的专用名称,有作为主体存在的物质基础,即相对独立的财产,具有组织体的整体利益,具有合伙事务的执行规则等独立行为的特定方式,以及《合伙企业法》对其独立经济组织形式的确认。因此合伙企业具备民事主体资格,可以成为公司股东。现实中,也有大量合伙企业通过发起设立、股权转让等方式成为公司股东,并在股东名册或公司章程中登记、签章。

其他股东类型包括个人独资企业、个体工商户等特殊主体。个人独资企业成为股东时,与该个人独资企业投资者直接出资成为股东的法律地位和责任并无差异;个体工商户、农村承包经营户的出资则一般以自然人的名义进行,参照自然人股东的规定处理。

综上所述,我国公司股东资格的主体范围较宽泛,包括法人、自然人、合伙企业、个人独资企业等多种类别,每一类别项下有限制股东资格的禁止性规范,也有处于模糊地带的特殊主体。在股东资格确认纠纷的案例普查中,笔者发现未成年人和公务员是实务中常见的两类特别主体,观察法院对这些特殊主体的态度有助于厘清我国股东主体资格法律体系的争议和不足,因此接下来笔者将具体分析未成年人和公务员群体的股东资格在实务问题解决中的争议。

案例普查中相关案件数量较少,因此笔者将采用反向搜索的方法进行下述讨论。

(1)未成年人。

我国法律并未明确规定未成年人是否拥有股东资格权,因此未成年人能否享有股东资格曾是一个颇具争议的话题,这一问题的关键在于如何认识自然人行为能力与股东资格间的关系。权利能力和行为能力是民事主体从事民事法律行为的重要前提,如前文所述,权利能力是成为主体资格的可能性规范,而行为能力本质上是一种意思表示的能力,是主体实现自己权利的可能性规范。早年间反对未成年人成为公司股东的一派多以未成年人缺乏完备的行为能力为由主张未成年人不享有股东资格,但随着现实中越来越多"娃娃股东"的出现以及对股东资格认识的不断加深,学界逐渐形成了主流观点:股东资格只与民事主体资格有关,而民事主体资格与民事权利能力直接挂钩,基于未成年人与成年人享有平等的民事权利能力,未成年人应享有股东资格。实务界也对此作出回应，2007年6月，原国家工商行政管理总局发布的《关于未成年人能否成为公司股东问题的答复》指出，由于《公司法》并无限制未成年人成为公司股东的规定，未成年人可以成为公司股东，可以由法定代理人行使其股东权利。至此，关于未成年人股东资格的争议落下帷幕。

在相关案例的反向搜索中，笔者在"威科先行"法律信息库以"股东资格确认纠纷"为案由、以"2000年1月至2020年12月"为目标期间、以"二审"和"再审"为目标审级，全文检索关键词"未成年人"，共搜索出18份判决书。其中9个案例与未成年人的股东资格确认无关，另外9个相关案例中，6个与继承相关，2个与股权代持相关，1个与出资设立相关。

在继承案件中，法院的态度高度一致，均认为法律没有限制未成年人成为公司股东，因此其可以继承股权和股东资格，但由于未成年人的行为能力欠缺，应由未成年人的法定代理人代为监管。例如，在贵州永联置业有限公司（以下简称永联公司）与万某股东资格确认纠纷案①中，法院认为，自然人股东死亡后，其合法继承人可以继承股东资格。该案中，熊某某作为永联公司的股东，在其死亡后，其合法继承人可以继承其股东资格，且永联公司章程并未对股东资格继承作出其他约定，故万某、熊某（未成年人）、刘某某作为熊某某的合法继承人可以继承熊某某在永联公司的股东资格，对万某、熊某、刘某某要求确认其为永联公司股东且享有40%股权并办理相应股东变更登记的诉讼请求应予支持。

在未成年人股权代持的案件中，法院也均认可未成年人的显名股东地位。例如，在浙江省新昌县明珠胶囊实业有限公司（以下简称明珠公司）、叶某甲股东资格确认纠纷案②中，法院认为，现明珠公司工商登记显示叶某乙占股20.2%，潘某某占股9%，叶某丙占股50.6%，叶某甲占股20.2%，共四方。叶某丙及叶某甲主张实际100%股权应系叶某甲占有，叶某丙作为明珠公司的股东，一直保持一致的陈述。叶某丙虽为股东，但股权出资款来自叶某甲。其成为股东时尚未成年，且系学生，无任何经济来源。最终，法院认为，认定叶某甲

---

① 贵州省贵阳市中级人民法院民事判决书，(2020)黔01民终1287号。
② 浙江省绍兴市中级人民法院民事判决书，(2019)浙06民终3669号。

为明珠公司的实际出资人,并判令明珠公司协助其办理股权变更登记手续,并无不当。

关于未成年人股东资格有一个争议问题是:未成年人能否成为发起人股东?《公司法司法解释(三)》第1条规定:"为设立公司而签署公司章程、向公司认购出资或者股份并履行公司设立职责的人,应当认定为公司的发起人,包括有限责任公司设立时的股东。"由此可见,发起人股东与普通股东的主要区别在于其参与了公司设立阶段的各项工作,承担了公司设立的职责。

就未成年人可否成为公司发起人股东,有否定说和肯定说两种观点。否定说认为,发起人在公司设立过程中要履行出资义务、信息披露义务,以及负责制定公司章程、召集创立大会等各项事务,须具备完全民事行为能力,因此从保障交易安全和秩序角度考虑,行为能力欠缺的未成年人不应担任公司发起人;未成年人可通过投资购买股份成为普通股东,禁止其成为发起人不影响未成年人的平等投资权。肯定说则主张,《公司法》并未对自然人发起人的民事行为能力作出限制性规定,遵循私法"法无禁止即可为"的原则,不得禁止未成年人成为公司发起人,否则违背民事主体权利平等原则,且禁止拥有可投资财产的民事行为能力欠缺者参与公司设立会造成社会资源的浪费,其他发起人是否愿意同未成年人一起设立公司,应完全由当事人自己决定,尊重契约和市场自由,不宜在法律上直接剥夺未成年人参与公司设立的机会。

在未成年人股东资格案例的反向搜索中,与发起设立公司相关的仅有一例。该案中,未成年人父母作为未成年人的法定代理人,以家庭财产出资,将未成年人登记为公司股东。法院判决认为该法律行为不违反法律规定,行为后果应由未成年人承担,间接承认了未成年人发起人股东的身份。[①]

案例数量有限,很难从实务角度归纳法院的态度,因此笔者从学理角度对未成年人可否取得发起人资格进行简要分析。笔者认为,虽然发起人股东与普通股东相比要承担更多的职责,但最核心的义务和责任仍是出资义务和设立中公司造成的损害赔偿责任,只要未成年人拥有足够财产,即可负担这两项责任。至于未成年人在其他发起人义务上的行为能力缺陷,可通过代理制度和发起人

---

① 陕西省西安市中级人民法院民事判决书,(2019)陕01民终7555号。

协议解决,未成年人不仅可通过法定代理人实现发起人义务的履行,也可在发起人协议中明确发起人之间的义务分工,将未成年发起人的民事行为能力不足纳入考量范围,合理确定未成年发起人的义务类型。

综上所述,未成年人以其平等的民事权利能力享有平等的股东资格,这一点在实务界和理论界都已达成共识;但就未成年人能否成为发起人股东目前尚存争议,笔者主张应尊重未成年人参与公司设立的自由权利,通过代理制度和发起人协议约定解决未成年人民事行为能力不足的问题。

(2)公务员。

公务员是股东资格确认纠纷中的另一个特殊群体。《公务员法》第59条明确规定,公务员不得从事或参与营利性活动。① 显然投资入股成为公司股东属于营利性活动,因此行政法上禁止公务员成为公司股东,但民商事判决对此持不同的态度。第一起轰动全国的公务员持股案件是2010年陕西省神木县法官煤矿入股案,神木县法院法官张某某及其妻子以180万元入股煤矿,起诉法庭讨要分红。一审判决张某某和妻子持有股份有效,并可获得分红,但二审却峰回路转,撤销了一审判决,作出了完全相反的决定。

在"威科先行"法律信息库中,以"股东资格确认纠纷"为案由、以"2019年1月至2020年11月"为目标期间、以"公务员"为关键词进行全文搜索,共有19份判决书。其中5个案例与公务员股东主体资格无关,14个相关案例中,10个都存在公务员隐名持股的事实。实务判决对此现象的态度也趋向一致,即肯定公务员持股的法律效力。例如,在徐某甲、徐某乙、宜州泰宏置业有限公司等股东资格确认纠纷案②中,法院认为,《公务员法》规定公务员不能从事或者参与营利性活动,不能在企业或者其他营利性组织中兼任职务,但该项规定属于管理性禁止性规定,不属于效力性禁止性规定,不影响徐某乙根据《公司法》的规定成为股东。综上,徐某乙等人具备股东资格。又如,在宋某与王某某、重庆兴夔实业有限公司股东资格确认纠纷案③中,法院认为,王某某在协议订立时的

---

① 《公务员法》第59条第1项规定:违反有关规定从事或者参与营利性活动,在企业或者其他营利性组织中兼任职务。
② 广西壮族自治区河池市中级人民法院民事判决书,(2020)桂12民终1480号。
③ 重庆市高级人民法院民事判决书,(2019)渝民再186号。

身份虽系公务员,但该身份并不属于法律规定确认合同无效的要件,故宋某以此为由主张《奉节县脐橙交易项目中心暨 FJ－14－71 宗地开发项目委托持股协议》无效缺乏事实和法律依据。

从裁判文书可看出,法院认可公务员持股有效性的理由主要是将《公务员法》的禁止性规定视为管理性强制性规定而非效力性强制性规定,因此公务员入股行为并不因违反效力性强制性规定而无效。这一判决逻辑在民商法上是行得通的,但如何看待行政法上的无效行为在民商法中的有效性,如何认识法院的判决?对此尚待探讨。笔者认为,法院作出的有效判决各有利弊,从维持交易稳定与安全的角度看,公务员在隐名投资过程中所参与的各项公司决议均已产生实质影响,基于利益平衡原则,认可该行为的法律效力是有利的;但同时该判决也造成了行政法和民商法的割裂,一定程度上影响了法秩序的统一性。此外,公务员持股会承担行政法上的公法责任,但并不导致其公司股东身份的必然丧失。根据《行政机关公务员处分条例》第 27 条的规定,从事或者参与营利性活动,在企业或者其他营利性组织中兼任职务的,给予记过或者记大过处分;情节较重的,给予降级或者撤职处分;情节严重的,给予开除处分。与公务员持股所获得的收益相比,该行政处罚明显过轻,公务员的违法成本明显较低。因此需要思考的是,如何在维护交易秩序的同时规制公务员从事营利性活动,如何兼顾公法和私法利益?对此,笔者认为提高公务员持股的违法成本是关键。

2. 特殊公司类型

(1)外商投资企业。

《外商投资法》2020 年 1 月 1 日起施行,《中外合资经营企业法》《外资企业法》《中外合作经营企业法》即原"外资三法"同时废止。这就导致,2020 年 1 月 1 日起,与外商投资相关的股东资格确认的法律依据和裁判规则将会有所不同。对比发现,不同之处集中在两个地方:外商投资企业隐名股东的显名规则、国内自然人能否投资外商投资企业。

①外商投资企业隐名股东的显名规则。

《最高人民法院关于审理外商投资企业纠纷案件若干问题的规定(一)》(2021 年 1 月 1 日起实施)第 14 条规定了隐名股东显名的三个条件:条件一即

实际投资者已经实际投资;条件二即名义股东以外的其他股东认可实际投资者的股东身份;条件三即人民法院或当事人在诉讼期间就将实际投资者变更为股东征得了外商投资企业审批机关的同意。但《外商投资法》规定了"准入前国民待遇",即在投资准入阶段给予外国投资者及其投资不低于本国投资者及其投资的待遇,以及"负面清单",即国家规定在特定领域对外商投资实施的准入特别管理措施。国家对负面清单之外的外商投资,给予国民待遇。《外商投资法》生效的同时,原"外资三法"失效,该司法解释关于原"外资三法"的规定也应当进行调整。

针对条件一,《公司法司法解释(三)》同样规定了该条件应当保留。针对条件二,最高人民法院《关于审理外商投资企业纠纷案件若干问题的规定(一)》的规定来自《中外合资经营企业法》第4条,即合营者的注册资本如果转让必须经合营各方同意;《中外合作经营企业法》第10条亦规定,中外合作者的一方转让其在合作企业合同中的全部或部分权利、义务的,必须经他方同意,并报审查批准机关批准。但《外商投资法》没有该限制,增加了负面清单外的国民待遇原则,因此该条款应当与《公司法司法解释(三)》一致,调整为"半数以上同意"即可。[①] 针对条件三,实际上在《外商投资法》颁布之前,就已经有了负面清单外无须审批的制度,《外商投资法》在法律层面确立了这一制度。综上,负面清单外的外商投资企业,其股东显名化应直接适用《公司法司法解释(三)》的规定。

选择"最高、高级、中级人民法院"、"2018年1月1日至2021年1月1日"、"股东资格确认纠纷"案由、"判决书"作为搜索条件,在搜索结果中搜索关键词"外商投资企业",得到59份判决文书,其中二审案件有39个,对二审案件进行逐一审查和分析。

分析发现有两种判决依据:第一种为在余某某、进和株式会社股东资格确认纠纷案[②]中,适用最高人民法院《关于审理外商投资企业纠纷案件若干问题的规定(一)》来审查,即需要全体股东同意才可显名。第二种为在程某某与上

---

① 参见黄鑫:《外籍隐名股东要求显名的审查标准》,载《人民司法》2020年第23期。
② 广东省高级人民法院民事判决书,(2019)粤民终646号。

海纽鑫达进出口有限公司股东资格确认纠纷案①中,法院在认定因为属于负面清单外无须审批后,直接适用《公司法司法解释(三)》第24条来支持隐名股东的显名。在时间维度上对比发现,除了如皋市金鼎置业有限公司、叶某某与吴某某等股东资格确认纠纷案②和张某、郑某某股东资格确认纠纷案③两个案例外,其他所有案例都符合以下规则:2020年之前的案件与第一种保持一致,2020年之后的案件与第二种保持一致。

②国内自然人能否投资外商投资企业。

《中外合资经营企业法》第1条限制了国内自然人投资外商投资企业,但《外商投资法》第2条删除了该限制,且《外商投资法实施条例》第3条明确允许了国内自然人投资外商投资企业。另外《最高人民法院关于适用〈中华人民共和国外商投资法〉若干问题的解释》第2条说明了最高人民法院倾向于认可该规定的溯及力。

由于是法律依据的变更而产生的裁判规则的改变,故仅就法律修改之后的案例进行了检索和分析。由于案例数量有限,笔者仅检索到两个案例,两个案例(程某某与上海纽鑫达进出口有限公司股东资格确认纠纷案,④谢某某、增城市正华有限公司股东资格确认纠纷案⑤)中,法院均支持国内自然人成为外商投资企业的股东。

(2)金融公司。

金融公司与普通公司的区别主要体现在金融公司具有更强的公共性,易引发系统性风险,因而会受到更严格的监管。在对案例的检索中发现,此类监管主要是针对股权代持。笔者从法律规定和司法案例分析的角度来探究股权代持情形下金融公司的股东资格确认问题。

①法律规定。

从法律规定上来看,监管部门认为股权代持会导致股权结构复杂,进而违

---

① 上海市浦东新区人民法院民事判决书,(2019)沪0115民初6248号。
② 江苏省高级人民法院民事判决书,(2019)苏民终1194号。
③ 广东省广州市中级人民法院民事判决书,(2019)粤01民终17383号。
④ 上海市浦东新区人民法院民事判决书,(2019)沪0115民初6248号。
⑤ 广东省广州市中级人民法院民事判决书,(2019)粤01民终23206号。

反资本市场监管规范对于股权清晰的要求。① 因此目前有关金融公司的法律规范对隐名持股普遍持否定且明令禁止的态度。其中最高层级的法律规范是行政法规，其次还有很多部门规章，内容涉及期货公司、证券公司、商业银行、保险公司等。相关行政法规如《期货交易管理条例》规定：未经国务院期货监督管理机构批准，任何单位和个人不得委托或者接受他人委托持有或者管理期货公司的股权；《证券公司监督管理条例》规定：未经国务院证券监督管理机构批准，任何单位或个人不得委托他人或者接受他人委托持有或者管理证券公司的股权，证券公司的股东不得违反国家规定，约定不按照出资比例行使表决权。部门规章如《证券公司股权管理规定》规定：证券公司股东及其控股股东、实际控制人不得未经批准，委托他人或接受他人委托持有或管理证券公司股权，变相接受或让渡证券公司股权的控制权；《保险公司股权管理办法》规定：投资人不得委托他人或者接受他人委托持有保险公司股权；《商业银行股权管理暂行办法》规定：商业银行股东不得委托他人或接受他人委托持有商业银行股权。

②案例分析。

针对股权代持情形下金融公司股东资格确认问题进行案例分析，首先进行案例检索。在"威科先行"法律信息库中进行高级检索，将案由选择为"股东资格确认纠纷"、时间选择为 2016 年 1 月 1 日至 2021 年 1 月 1 日、法院选择为最高、高级和中级人民法院，再分别以关键词"商业银行股权""保险公司""不得委托他人""金融机构"进行检索，依次分别得到 6 个、8 个、7 个、34 个案例。其中有重复出现的案例，最后对个案进行逐一筛查和分析。

对案例进行分析总结之后，笔者发现司法判决中共有三种观点。

观点一为代持协议无效，从以下几个方面得出：第一，违反原《合同法》第 52 条第 5 项规定，即违反行政法规的强制规定，如《证券公司监督管理条例》；第二，违反原《合同法》第 52 条第 3 项、第 4 项规定，即以合法形式掩盖非法目的、损害社会公共利益——针对监管规定只有"部门规章"而没有"行政法规"的情况；第三，未依据明确法条，从危害后果和监管目的出发综合论述金融风险

---

① 参见王莹莹：《〈证券法〉2019 年修订背景下股权代持的区分认定》，载《法学评论》2020 年第 3 期。

监管的必要。案例如上海纪阳实业有限公司与宜兴市铜峰建筑安装工程有限公司、广发银行股份有限公司股东资格确认纠纷上诉案[1];刘某某、陈某某股东资格确认纠纷案[2];彭某、刘某某股东资格确认纠纷案;河南寿酒集团有限公司、韩某案外人执行异议之诉再审案[3];大连供暖集团有限责任公司与中泰证券股份有限公司股东资格确认纠纷案[4]。其中在河南寿酒集团有限公司、韩某案外人执行异议之诉再审案中,最高人民法院认为:第一,《商业银行股权管理暂行办法》明确对商业银行的股权代持行为予以否定。该办法虽然是部门规章,但是明确对商业银行的股权代持行为持否定态度。第二,如果在对外关系中轻易保护实际出资人,会发出不恰当的信号,导致非正常的公司持股现象大增,徒增交易成本,不利于维护交易安全。如果一概承认实际出资人排除执行的权利,则会让股权代持协议成为实践中规避执行、逃避义务的工具,导致被执行人无论是股权的实际出资人还是名义持有人,都无法执行的局面。股权代持可能成为一种规避监督制约的方式,使得实际出资人规避了原本应当承担的责任。因此,对于商业银行股权的委托代持协议不应肯定。之后的案例裁判依据大多遵循此先例。

观点二为"合同有效+法律上履行不能"。第一个层次即判决合同有效的依据为:一是合同具有相对性,在私人主体之间依照双方合意生效;二是代持协议仅仅是对收益权的转让,不涉及股权,因此不属于监管范围;三是不属于原《合同法》第52条。第二个层次即不支持显名的诉讼请求的依据在于:监管机关不允许此种行为因此构成法律上履行不能。例如,在上海保培投资有限公司(以下简称保培公司)与雨润控股集团有限公司与公司有关的纠纷案[5]中,法院认为:第一,原《合同法》第52条第5项规定,人民法院确认合同无效,应当以全国人大及其常委会制定的法律和国务院制定的行政法规为依据,不得以地方性法规、行政规章为依据。该案不属于该情形。第二,关于协议约定是否有损

---

[1] 上海市第二中级人民法院民事判决书,(2018)沪02民终6773号。
[2] 湖南省长沙市中级人民法院民事判决书,(2018)湘01民终6978号。
[3] 最高人民法院民事判决书,(2019)最高法民再99号。
[4] 山东省济南市市中区人民法院民事判决书,(2019)鲁0103民初10683号。
[5] 江苏省高级人民法院民事判决书,(2017)苏民终66号。

社会公共利益的问题,保险法及股权管理办法对保险公司持股比例在5%以上的股东有较严格的要求,本案所争议股权尚达不到此比例,故雨润控股集团有限公司以有损社会公共利益为由否认协议效力也缺乏依据。第三,保培公司尚不具备成为利安保险公司股东的条件:法律上或者事实上履行不能。保培公司以违反相关管理性规定的股权代持协议要求办理转让手续并不为监管部门认可,存在法律上的履行不能。又如,在银信润泰资产管理有限公司、信泰人寿保险股份有限公司股东资格确认纠纷案[1]中,法院认为股权归属关系与委托投资关系是两个层面的法律关系:其一,根据私法自治及合同相对性原则,其协议效力仅可及于契约当事人,对于作为第三人的公司不具有当然的拘束力,故当事人之间存在的委托投资协议无法对抗公司,不能成为确认公司股东地位的依据。其二,原中国保险监督管理委员会作为履行监督管理职责的专门机构,其关于保险公司股权不得隐名代持的规定,有其授权立法的依据,且关系到金融市场的基本秩序,属于强制性规范。案涉《股份代持协议》亦因不符合上述规定,不能成为股东变更的依据。此外,在朱某某、宁波杭州湾新区信邦小额贷款股份有限公司、宁波市博瀚纸箱有限公司与公司有关的纠纷案[2],嘉兴市浩然能源有限公司与中泰证券股份有限公司股东资格确认纠纷案[3]等中,都有相似的裁判理由。

观点三为合同有效且应当变更登记。例如,在彭某、刘某某股东资格确认纠纷案中,法院认为:首先,关于合同是否有效的问题,根据2011年《公司法司法解释(三)》第25条第1款的规定,有限责任公司的实际出资人与名义出资人订立合同,约定由实际出资人出资并享有投资权益,以名义出资人为名义股东,实际出资人与名义股东对该合同效力发生争议的,如无原《合同法》第52条规定的情形,人民法院应当认定该合同有效。本案中,彭某与刘某某所签《投资入股协议书》系双方真实意思表示,且不存在原《合同法》第52条规定的合同无效情形,故双方所签《投资入股协议书》合法有效。其次,关于能否登记的问题,根据2011年《公司法司法解释(三)》第25条第1款的规定,应当进行

---

[1] 浙江省高级人民法院民事判决书,(2018)浙民终88号。
[2] 浙江省宁波市中级人民法院民事判决书,(2019)浙02民终1168号。
[3] 山东省济南市市中区人民法院民事判决书,(2020)鲁0103民初7847号。

登记。

由此可看出,司法机关在审理案件时对监管规定十分重视,发挥了其社会治理的作用;同时,部分法院(尤其是二审法院)也注重平衡监管规定和当事人交易自由的关系,对合同无效事由的认定更加审慎。

③探究金融公司中股权与股东资格分离的不同处理。

在前述第二种观点中,法院判决合同有效但不能履行,理由为投资关系与股权归属是两个层面的法律关系、依据协议主张投资收益于法有据等。从中可以看出,法院认为收益权从股东资格中分离无伤大雅,但股权还是要跟股东资格保持一致。笔者认为,其原因是股东的收益权之外的权利对公司会产生影响,而收益权无关紧要,因此无须在意其实质和形式主体是否一致。但法院的判决未涉及股权和股东资格的本质。

笔者认为,在应然层面股东资格和股权主体应当是一致的,在实然层面股权和股东资格可能发生分离,那么如果想要将二者统一,究竟是赋予股权主体股东资格即判决变更登记,还是承认股东资格主体具有所有股权而否认股权主体即驳回变更登记的诉讼请求呢?在普通公司中,法院更注重经济实质,认为真正行使权利的人应当具有股东资格,因此按照前者,如果公司组织法中程序通过即判决变更登记;在金融公司中,法院需要尊重监管的要求,只有经工商登记的主体才能够行使股权,因此确认显名者的股东主体资格而驳回隐名者(甚至是实际行使权利者)的诉讼请求。

(3)上市公司。

在"威科先行"法律信息库中,在关键词中输入"上市公司""隐名持股",选择"同段"并执行高级搜索,将范围定为"二审",共得到33个案例,其中与上市公司股东隐名持股相关的案例有29个。

在这29个案例中,27个案例将股权代持协议认定为无效,主要依据原《合同法》第52条第4项和第5项。典型案例如下:在杨某某、林某某股权转让纠纷再审案[①]中,法院认为,上市公司隐名持股违反法律规定、损害社会公共利益,因此应当认定为无效。在方正延中传媒有限公司、深圳市意汇通投资发展

---

① 最高人民法院民事裁定书,(2017)最高法民申2454号。

有限公司股票权利确认纠纷案①中,法院认为,深圳市意汇通投资发展有限公司意图通过代持股协议规避要约收购以达到非法目的,代持行为还明显违反了2014年《证券法》的基本原则及其第63条要求上市公司履行真实披露义务的规定,其违反强制性规定并损害社会公共利益明显属于原《合同法》第52条规定的合同无效的情形。

只有两个案例将代持协议认定为有效,即李某某、王甲与周某、王乙确认合同无效纠纷案②,陈某某、杨某某诉被告谢某某、第三人李某某股权转让纠纷案③。这两个案子的共性是隐名持股发生在公司上市之前,因此没有恶意。例如前案的法院认为:①2014年9月案外人与李某某、王甲签订股权代持协议书时,所涉江苏艾科公司股权尚未被上市公司大港公司收购,该协议书本身有效;②江苏艾科公司股权被大港公司收购后,双方已于2017年10月签订股权代持补充协议,以股票质押方式回购交易所得部分现金,受让李某某、王甲部分股权;③该行为并未受到相关部门的处罚,以此类似方式予以救济可解决剩余的股权隐名代持问题。审理后案的法院认为,持股低于5%的股东不属于监管范围且对公众利益影响不大。

与金融公司的裁判类似,除却两个特殊案例,法院全部依照工商登记的形式主体否定了实质行使股权的主体。

(五)实务特殊问题

前文主要从公司主体和股东主体的角度讨论了股东资格确认纠纷中的特殊主体问题。本部分将简要分析案例普查中发现的其他特殊问题,主要涉及让与担保、诉讼时效和名股实债三个方面。

1. 股权让与担保

让与担保是指债务人或者第三人为担保债务人的债务,将担保标的物的所有权等权利转移于担保权人,从而使担保权人在不超过担保之目的范围内,于债务清偿后,将担保标的物返还于债务人或第三人,债务不履行时,担保权人得

---

① 广东省高级人民法院民事判决书,(2018)粤民终2011号。
② 江苏省无锡市中级人民法院民事判决书,(2020)苏02民终1411号。
③ 广东省深圳市中级人民法院民事判决书,(2018)粤03民初2960号。

就该标的物变价受偿的非典型担保形式。股权让与担保则是以股权为担保标的的让与担保交易。

法院普遍认可股权让与担保的有效性和合法性,认为让与担保是当事人之间形成的一种受契约自由原则和担保经济目的双重规范的债权担保关系,并不违反法律和行政法规的禁止性规定,应属合法有效。

在"威科先行"法律信息库中以"股东资格确认纠纷"为目标案由、以"2019年1月至2020年11月"为目标期间、以"二审"和"再审"为目标审级,全文搜索关键词"让与担保",共获得33个案例,其中22个案例与股权让与担保直接相关,11个是无效案例。在案例统计中,笔者主要关注两个问题:一是法院对股权转让和让与担保的区分标准,二是受让人和转让人的股东资格与股权差别。

在法院的判断标准上,当事人真实的意思表示是区分关键,不能仅凭协议名称或交易形式判断行为性质。例如,在河北神兴建筑工程有限公司(以下简称神兴公司)等与河北宸源房地产开发有限公司(以下简称宸源公司)等股权转让纠纷案①中,法院认为关于《股权转让协议》是否为让与担保协议、是否有效的问题,民事法律行为应当具备意思表示真实的要件,本案中,虽然《股权转让协议》的名称及形式表现为股权转让,但双方当事人对合同性质的主张并不一致,应判断当事人签订《股权转让协议》的真实意思表示。除此之外,当事人双方间是否存在债权债务关系、股权受让方是否支付合理对价等证据也是法院判断的辅助要素。

同时,就股东权利的归属问题,实务判决出现了两种观点。少数观点认为,股权为受让人(债权人)所有,因为股东变更登记是双方合意的结果,因此受让人在被登记期间可以行使股东权利,22个有效案例中仅有1个判决支持该主张。主流观点则认为,转让人(债务人)是实际股东,受让人(债权人)是名义股东,但就股东权利的具体行使又有不同看法。

第一种观点认为,让与担保仅涉及股权中的财产权,转让人仍享有股东的

---

① 山东省济南市中级人民法院民事判决书,(2019)鲁01民终637号。

社员权。例如,在西藏信托有限公司等与曹某股东资格确认纠纷案①中,法院认为,有限责任公司股权权能中包含财产权及社员权,而股权让与担保本身仅涉及其中的财产权部分,但不应影响实际股东社员权利的行使。所以曹某并不因此完全丧失股东身份,本案曹某仍为博源公司的实际股东并行使相应的股东权利,而西藏信托有限公司作为名义股东,其权利的行使应受到实际股东权利的合理限制。

第二种观点认为,所有股东权利均为转让人所有,受让人不享有股东权利,只有优先受偿权。例如,在神兴公司等与宸源公司等股权转让纠纷案②中,法院认为,宸源公司与曹某某签订《股权转让协议》的真实意思系宸源公司将其在隆福公司51%股权变更登记在神兴公司指定的曹某某名下。《股权转让协议》的性质实际为股权让与担保,转让方宸源公司的股东权利并未丧失,曹某某不具有隆福公司股东资格,无权对股权进行使用收益,不享有参与决策、选任管理者、分取红利的股东权利,神兴公司可以就《合作开发协议书》中未实现的债权向宸源公司主张担保权利,对曹某某名下股权变价后的价值优先受偿。

第三种观点则主张股东权利虽为转让人所有,但受限制,在担保解除之前转让人不能处分标的股权。例如,在广州来隆贸易有限公司、林某某股东资格确认纠纷案③中,法院认为,即使陈某某与李某某、邬某某之间发生股权纠纷,但从股权让与担保的角度看,陈某某尚无权利处分涉案股权。本案根据陈某某的自认以及合同法已能认定林某某与陈某某之间的合同无效,即使陈某某提出股权确认之诉,在没有提交证据证明股权让与担保已经撤销前提下,并不能改变本案的处理结果。

笔者支持上述第二种观点,若当事人双方并无特别约定,受让人(债权人)并不当然通过让与担保享有和行使股东权利,主要有以下几点理由:(1)让与担保并非真正转移担保标的的所有权,无须将受让人作为股权所有权人对待;(2)债权人持有公司股权并不是为了参与公司的经营管理,而是为了按时实现债权;(3)参照物的担保之基本原理,担保权人只能支配担保标的物的交换价

---

① 北京市第一中级人民法院民事判决书,(2019)京01民终2782号。
② 山东省济南市中级人民法院民事判决书,(2019)鲁01民终637号。
③ 广东省广州市中级人民法院民事判决书,(2019)粤01民终12846号。

值而非使用价值,股东权利属于股权的使用价值;(4)股东权利兼具财产性和身份性,身份性权利无法用作担保,但若双方约定赋予债权人部分股东权利,债权人则可享有、行使相应的股东权利,这属于当事人意思自治的范畴,应当尊重其自治选择。

2. 诉讼时效

股东资格确认纠纷是否适用诉讼时效规定是股东资格确认案件的一个重要争议点,实务界对该问题的态度也经历了历史的发展过程。2002年最高人民法院对江苏省高院的答复中明确,股权归属产生的纠纷应及早解决,当股权受到他人侵害时,请求法律保护的诉讼时效应适用原《民法通则》第135条(现为《民法典》第188条)的规定,而原《民法通则》第135条规定了两年诉讼时效制度。[①] 2004年北京市高院发布指导意见,规定:"有限责任公司股东要求确认其股东资格,诉讼时效期间的计算适用原《民法通则》第一百三十七条之规定。"[②]原《民法通则》第137条也是诉讼时效的相关规定。2012年最高人民法院发布通知,指出"当事人主张确认公司或企业出资人权益请求权不适用诉讼时效的规定"[③],明确改变了立场。2016年最高人民法院发布的《第八次全国法院民事商事审判工作会议(民事部分)纪要》第24条规定:"……利害关系人请求确认物权的归属或内容……对方当事人以超过诉讼时效期间抗辩的,均应不予支持。"综上可看出,规范体系关于股东资格确认纠纷在诉讼时效适用的问题上大致经历了肯定到否定的态度转变。

法院的司法判决仍体现出两种观点的对立。在"威科先行"法律信息库中,以"股东资格确认纠纷"为目标案由、以"二审"和"再审"为目标审级、以"2019年11月至2020年11月"为目标期间,全文搜索关键词"诉讼时效",共有84个判决结果,其中相关案例为38个。在38个案例中,27个案例认为股东资格确认纠纷不适用诉讼时效规定,11个案例认为股东资格确认纠纷应适用

---

① 参见2002年发布的最高人民法院《对江苏省高级人民法院关于中国电子进出口公司江苏公司与江苏省信息产业厅等股权纠纷一案请示的答复》。

② 北京市高级人民法院《关于审理公司纠纷案件若干问题的指导意见(试行)》(京高法发〔2004〕50号)。

③ 2012年最高人民法院《关于审理中央级财政资金转为部分中央企业国家资本金有关纠纷案件的通知》(法〔2012〕295号)第3条第2款。

相关规定。

适用说认为,股权关系涉及的相关方众多,因此股权归属纠纷要尽早解决。例如,在陈某1、曹某与南通华泽生物化学有限公司(以下简称华泽公司)股东资格确认纠纷案①中,法院认为,股权关系不仅涉及纠纷当事人,且对公司以及其他股东甚至公司债权人诸多主体产生影响,故股权归属纠纷应尽早解决。因此,在法律没有特别规定的情况下,当股权受到他人侵害时,请求法院保护应当适用诉讼时效的规定。根据查明的事实,2010年8月2日陈某1接受公安机关询问,公安机关向其出示了华泽公司的工商资料,此时的工商资料显示陈某1已不是华泽公司股东,其当时明知自己已不是华泽公司的股东,故其在该案起诉时已超过诉讼时效。

不适用说则认为股东资格确认纠纷属于确认之诉,确认之诉并不受诉讼时效限制。例如,在兴化市盛大精密铸钢有限公司与陈某某股东资格确认纠纷案②中,法院认为,关于兴化市盛大精密铸钢有限公司主张陈某某起诉超过诉讼时效的问题,因诉讼时效的客体为债权请求权,主要适用于给付之诉。而陈某某在该案中所提之诉为确认之诉并非给付之诉,虽其表现形式为当事人以提出请求的方式要求国家裁判机关对相关民事法律关系存在与否作出裁判,但请求确认权属于程序请求权,而非实体请求权,更非债权请求权,故不适用诉讼时效的规定。

笔者认为,可从诉讼时效制度的设立目标探讨股东资格确认适用该制度的必要性问题。诉讼时效的制度目标是督促权利人尽早行使权利,防止权利人"躺在权利上睡大觉"以维护社会交易秩序的稳定。诉讼时效的客体为财产性权利,虽然某些人身性权利的行使与财产权具有一定联系,并常为权利人带来财产利益,但其主要目的还是实现权利人作为民事主体的价值,因此不受诉讼时效的制约。如前文所述,股东资格所承载的股东权利兼具人身性和财产性,因此股东资格确认是否适用诉讼时效富有争议是情有可原的,而对该问题的回答本质上是对股权财产性和人身性的衡量。股权的财产性与外部交易秩序密

---

① 江苏省高级人民法院民事判决书,(2019)苏民终1191号。
② 江苏省泰州市中级人民法院民事判决书,(2020)苏12民终214号。

切相关，人身性则更关乎股权持有人的民事主体权利。早年间，为了促进我国经济发展，鼓励更多人参与商业活动，社会交易秩序的稳定是法律优先考虑的因素，因此规范体系采取适用说，监督权利相关方尽早解决股权争议。随着经济不断发展，我国社会涌现出许多新问题，也出现了股权让与担保等多元的交易形式，这些交易方式在提高经济效率的同时也对股东的所有者权益造成了更多威胁，因此法律逐渐将天平倾向股权持有者，采用不适用说以为股东权益提供更全面的保障。因此，规范体系从适用诉讼时效到不适用的转变实质上反映了我国法律在股权持有者和外部交易秩序间的利益权衡，也反映了我国社会经济环境的变化。

3. 名股实债

（1）定义。

对于"名股实债"没有法律上的定义，中国证券投资基金业协会发布的行业规定即《证券期货经营机构私募资产管理计划备案管理规范第4号》中对其进行了释义：本规范所称名股实债，是指投资回报不与被投资企业的经营业绩挂钩，不是根据企业的投资收益或亏损进行分配，而是向投资者提供保本保收益承诺，根据约定定期向投资者支付固定收益，并在满足特定条件后由被投资企业赎回股权或者偿还本息的投资方式，常见形式包括回购、第三方收购、对赌、定期分红等。

（2）效力与性质认定。

一些部门规章对名股实债的交易方式是禁止的，例如，文化和旅游部、财政部《关于在文化领域推广政府和社会资本合作模式的指导意见》规定：严禁通过回购安排、保底承诺、固定回报等名股实债方式进行变相融资，牢牢守住不发生区域性系统性金融风险的底线。

理论上对其有四种认识：第一种为债权说——投资人领取固定收益，真实意思为借款；第二种为股权说——投资人登记为股东；第三种为区分内外关系说——对内系公司债权人，对外系股东；第四种为个案分析说——依据当事人交易目的、权利义务等因素分别认定。但以上四种只是学理分析，司法判决中的判断顺序有所区别，也并非单一地对"名股实债"作出界定。

(3)案例分析。

从"北大法宝"数据库中关于名股实债的三个经典案例来探析司法实务的裁判规则。

在案例一新华信托股份有限公司(以下简称新华信托公司)诉诸城市江峰房地产开发有限公司(以下简称江峰房地产公司)借款合同纠纷案①中,法院认为:①双方在签订《合作协议》之前,江峰房地产公司向新华信托公司发出了借款申请、还款计划。②《合作协议》约定新华信托公司"以1元资金受让江峰房地产公司原股东持有的90%股权",显然与该股权的实际市场价值不符,也不符合常理。③债权人新华信托公司在庭审中作出了《合作协议》名为股权转让合同实为借款合同和双方合意以《收益权转让合同》项下的借款偿还《合作协议》项下的未按期偿还的借款的陈述。因此法院判决具有明显借贷特征的名股实债协议为债权关系协议。

在案例二新华信托股份有限公司等诉湖州港城置业有限公司(以下简称港城置业)破产债权确认纠纷案②中,法院认为:首先在名实股东的问题上要区分内部关系和外部关系,对内部产生的股权权益争议纠纷,可以当事人之间的约定为依据,或是隐名股东,或是名股实债;而在外部关系上不适用内部约定,而是以对外的公示为信赖依据。股东出资并获得股东资格后不应再享有对破产企业的破产债权。该案系破产清算案中衍生的诉讼,案件处理结果涉及港城置业破产清算案的所有债权人的利益,应适用公司的外观主义原则,之所以没有支持债权是因为当事人未提交证明是债权的证据。

在案例三联大集团有限公司与安徽省高速公路控股集团有限公司股权转让纠纷上诉案③中,法院认为,附回购条件的股权转让协议并非名为股权转让实为企业间借贷的协议,理由在于:①联大集团有限公司未提供充分的证据证明双方有借款合意;②股权协议转让、股权回购等作为企业之间资本运作形式,已成为企业之间常见的融资方式。如果并非以长期牟利为目的,而是出于短期融资的需要产生的融资,对其合法性应予承认。

---

① 重庆市高级人民法院民事判决书,(2014)渝高法民初字第00010号。
② 浙江省湖州市吴兴区人民法院民事判决书,(2016)浙0502民初1671号。
③ 最高人民法院民事判决书,(2013)民二终字第33号。

(4)案例反向检索。

在"北大法宝"数据库中,以"名股实债"为关键词进行搜索,选择"判决书""民事"等条件,时间限定在2000年1月至2020年12月,共得到72份与本题目相关的判决书。对其进行分析统计,得到以下分析结果。

在效力认定上,将涉嫌"名股实债"的协议认定为无效的判决书共0份。理由为:①该交易形式是符合商业惯例和普遍交易模式的,不属于为规避监管所采取的"名股实债"的借贷情形。②相关合同是以增资的形式融通资金,合同目的合法。③相关协议是当事人的真实意思表示,且不违反法律、行政法规的禁止性规定。

在性质认定上,法院均区分对内和对外,对内可能认定为债权或股权或者依当事人约定,对外则只看公示效力。理由为:①合同的性质不能仅依据书面协议的名称以及形式内容进行判定,还应当结合当事人的缔约过程、各方权利义务安排以及实际履行情况综合确定。②无论是投资还是借贷,按合同约定使用资金是用款人及相关方的基本义务。③未通过法定程序完成股权退出之前,内部约定并不具有外部效力。

在裁判逻辑上,法院审理分为三个层次:①是否涉外(是否涉及第三人的信赖利益),若涉外则依据公示效力,不涉外则进行实质审查。②该协议的性质认定,依照提交证据综合判定协议的性质,即股权或债权,有法官提出甚至不必要拘泥于股债区分,可直接按照合同约定处理。① ③对协议的履行,依据双方之间的约定。

(5)股东资格脱离股权而存在的特殊关系。

在各种有关股东资格确认的争议中,股东资格一定是依赖于股权而存在的,而不管股权实际掌握在隐名股东还是显名股东的手中,都只是股东资格主体和股权主体的分离而已。

在名股实债中,只要涉及对外关系,就确认名义股东的股东资格,并应以股东的身份承担责任。但在对内关系上,则依照当事人之间的真实意思表示和实

---

① 参见陈明:《股权融资抑或名股实债:公司融资合同的性质认定——以农发公司诉通联公司股权转让纠纷案为例》,载《法律适用》2020年第16期。

际权利义务确定为股权或者债权。假设确定为债权,此时就导致了一种状况:对公司享有债权的人同时是公司的股东。因此,股东资格往往建立在享有股权的基础上,但特殊情况下,股东资格仅仅依靠工商登记,便可以脱离股权独立存在。

因此,在各种情形中,股东资格和股权的关系是不同的,股权是实质性概念,股东资格则是形式性概念;需要统一时则要考虑依实质还是依形式,比如隐名持股依形式,金融公司则依实质,而名股实债中,股东资格甚至可以单独存在。

四、总结

无论从理论争论上来说,还是从实务问题上来说,脱离具体问题去讨论股权和股东资格如何区分是没有意义的,毕竟民商领域的实践变幻多样。理论探讨的意义在于为司法实践提供指引,笔者的思路就是首先发现问题,其次完善理论、解决问题。

笔者通过案例统计分析认为,实务中一般有三种诉讼。第一种诉讼要求确认的是完整的股东资格,既包括要求享有股权,又包括要求享有股东的身份外观,比如一般的出资事由引发的股东资格纠纷。第二种诉讼要求确认的其实仅仅是股权,比如隐名股东诉请股东资格确认,并未要求显名化,法院根据实质要件进行判决,其实确认的是股权,而并没有给予其股东身份,可以说其确认的是"一部分的股东资格"。第三种诉讼要求确认股东的外部身份,典型的就是隐名股东要求显名化,还有名股实债也是股东资格脱离股权存在,对外以股东身份享有人承担责任。

这样看来,股东资格在理论上完美的状态应该是包括股权和股东身份,但是实务的发展导致股东资格被拆分,实务中存在的股东资格确认之诉完全可以理解为:(1)以股权和股东身份为标的的(完整)股东资格确认之诉,比如一般的出资事由引发的股东资格纠纷;(2)以股权为标的的(部分)股东资格确认之诉,比如常见的隐名股东提起的确认之诉;(3)以股东身份为标的的(部分)股东资格确认之诉,比如隐名股东显名化、名股实债。

一般情况下,不需要纠结于存不存在概念混用,这并不影响司法的裁判,裁判者根据具体的诉讼请求,会选取相应的要件进行判断,既不是遵从绝对的外观主义,也不是遵从绝对的实质主义。现在的学说争议也几乎都在各抒己见,对于股东资格的理解尚未达成一个共同的前提。

(1)实质说的理论认为,应当将实际出资的一方视为股东,本质上其肯定的股东资格是股权,认为股权归实际出资人所有,不能因为登记的外观否认其股权。这并不是说一旦实际出资,隐名股东就可以当然享有股权并且可以显名化,这显然是不经其他股东同意、违背公司的显名程序且容易破坏外观的稳定性的,在名股实债等特殊问题中显然也不成立。

(2)形式说认为,要将名义出资人视为股东,本质上其肯定的股东资格是股东身份。涉及具体的权利确认,英美法系也在立法上主张"如果有其他相反证据,可以通过司法程序确认衡平法上的股东资格",而不是只要有登记外观,就当然享有完整的股东资格,包括一切股东权益,这明显也是不合理的。

笔者发现的问题是:这些学说的割裂是否导致司法实践中也出现了相反的判决思路? 如前文所述,不完全隐名代持的情况下,部分法院认为:"过半数同意"既包括明示的同意,也包括默示的推定同意,即公司其他半数以上股东在知晓实际出资人的存在,且实际行使股东权利的情况下,未曾提出过异议,即可推定为其认可实际出资人的股东身份,实际出资人即符合登记为公司股东的要件。[①]另外部分判决样本显示,有些法院认为应当严格按照司法解释的规定,必须有明示同意实际出资人显名的股东会决议或者合意证据,默示同意隐名股东行使股东权利,并不等于同意隐名股东显名化。笔者认为,前一种默示的推定存在逻辑谬误,认为股权与股东资格是不可分的,因为享有股权而享有股东资格,进一步当然地推定可以享有股东权利外观,这是对实质说推演到极端的表现。即便是按照"以形式要件为原则、以实质要件为例外"这个一般原则,实质要件也必须足以推翻形式要件,才能实现隐名股东的显名化。在不完全的隐名代持中,实质要件仅仅为"同意隐名股东在公司内部行权以及享受权益",而不是"同意隐名股东显名",后者才足以推翻隐名的外观。

股东资格确认的一般问题:在股东资格的原始取得中,有关出资行为(包

---

① 上海市第一中级人民法院民事判决书,(2019)沪01民终13146号。

括出资的合意)、实际行使股东权利和工商登记的证据对股东资格的确认具有显著影响;在以股权转让的方式取得股东资格情形下,有关股权转让合意和是否支付转让价款的证据对确认股东资格具有显著影响;在以继承的方式取得股东资格的案件中,待确权股东需要提供被继承人具有股东资格,待确权股东具有继承权,不存在公司章程或其他法律法规对股东资格继承和股东需要具备的积极条件的限制的证据才可以被确认具有股东资格;在以股权分割的形式取得股东资格的案件中,没有独立的证据冲突问题,分割前明确的股东资格、有效的分割协议、新股东加入不破坏公司的人合性三者均为成为股东的必要条件;在隐名持股中,有关出资行为、是否实际行使股东权利和代持合意的证据对于确定隐名股东的股东资格具有显著性的正向影响;在冒名持股中,股东是否知情对股东资格确认具有显著性影响,是否出资、实际行使股东权利也显示出了一定的显著性;瑕疵出资对股东资格的确认没有影响。

特殊公司类型的股东资格确认:(1)外商投资企业。负面清单外的外商投资企业与内资企业规则一致,国民待遇原则使得两种主体不再区分。(2)金融机构和上市公司。由于监管的禁止,隐名持股情形下,对合同效力的裁判结果仍然两分化,但大部分法院会尊重监管机关的要求,不会支持隐名者显名化,而是以形式要件统一股东资格和股权,即只有显名股东才享有且应当行使股权。

特殊股东主体的股东资格确认:在案例普查中,笔者发现未成年人和公务员是法院裁判时予以特别考虑的股东主体。未成年人以其平等的民事权利能力享有平等的股东资格,但就未成年人能否成为发起人股东目前尚存争议,笔者主张,应尊重未成年人参与公司设立的自由权利,通过代理制度和发起人协议约定解决未成年人民事行为能力不足的问题。公务员持股在行政法上是完全禁止的,但法院基于交易秩序的稳定承认公务员股东资格的有效性,面对行政法和民商法的矛盾,提高公务员持股的违法成本是缓解冲突的关键。

股东资格确认中其他实务问题:(1)股权让与担保。股权让与担保是实务中常见的非典型担保形式,经过案例分析发现,法院对股权让与担保情况下股东资格和股东权利的归属有不同看法。笔者认为若当事人双方并无特别约定,受让人(债权人)并不当然通过让与担保享有和行使股东权利,但若双方约定赋予债权人部分股东权利,债权人则可享有、行使相应的股东权利,这属于当事人意思自治的范畴,应当尊重其自治选择。(2)诉讼时效。股东资格确认纠纷是否适用诉讼时效制度经历了规范体系上的历史转变,从适用转变为不适用。这一变化实质上反映了我国法律在股权持有者和外部交易秩序间的利益权衡,也反映了我国社会经济环境的变化。(3)名股实债。区分内外关系已成为裁判趋势。对外只看形式要件,对内则是根据当事人之间关于权利义务的约定以及实际履行的情况来判断或股或债,或者只按照约定;因此可能发生享有股东资格的主体实际上享有的是股权或债权或合同特别约定的权利的情况。

(编校:余蓁茜)

第十六章　有限责任公司股权转让中的优先购买权纠纷实证研究

李昀真　张陈溪
刘静远　潘　然

一、概述

(一)含义特点

股东优先购买权具体指股东对外转让股权时,其他股东在同等条件的基础上,拥有优于股东外第三人获取该股权的权利。从转让股东的角度来看,该权利是对其在股权转让对象选择上的限制,而非对其进行股权转让的限制;从其他股东的角度来看,该权利产生的前提是转让股东拟将公司股权转让给第三人。股东优先购买权的特征一般为以下几点:第一,所有股东都享有优先购买权。优先购买权在股权转让中,是非转让股东享有的一种法定的选择权,股东可以自行决定放弃或争取。第二,优先购买权必须是同等条件下的优先购买权。同等条件通常是指股权转让的价格条件。但这并不意味着其他条件就无关紧要,支付方式、支付期限等同样重要。第三,不论其他股东是否同意股东对外转让的行为,他们都享有优先购买权,该权利不因其他股东投反对票而丧失。第四,因其他股东行使优先购买权而无法对外转让股权的,转让股东也可以选择不再转让股权。第五,外部受让人无法获得股权时,可以请求转让方承担违约责任。

(二)立法目的价值

相较于股份有限公司,有限责任公司具有较强的封闭性,其股份并不能上市交易。从制度本身来看,股东优先购买权的设立也确实对股权对外转让造成了一定程度的影响。因此,在股权转让时,如何在转让股东、第三人、其他股东间找一个利益相对平衡点也成了设立该制度的立法目的之一。为了更深入地理解股东优先购买权,笔者将从以下三方面详细阐述其价值追求。

1. 社会学价值①——维护有限责任公司的人合性

相较于股份有限公司的资合性,有限责任公司最本质、最突出的特点是其具有很强的人合性,具体表现在以下几方面:在构成主体上,有限责任公司的股东人数相对较少,且股东之间在生活中往往是亲朋好友的关系,彼此之间的信赖程度更高。在公司运营方面,鉴于股东之间所具有的特殊人身关系,有限责任公司的具体运作情况常常与股东之间的信任程度密切相关,而股份有限公司的常规运营更多的是依靠资本的结合。在经营模式方面,有限责任公司的股东既是出资者,又是公司的经营者,而股份有限公司的经营模式与上述模式大相径庭,具有所有权与经营权相分离的特点,其股东并不实际参与公司的日常经营。因此,股东优先购买权得以设置,其旨在更好地维护有限责任公司的人合性,保持公司结构的稳定。② 纵观司法实践中的大量案例,在涉及股东优先购买权的纠纷中,诸多法官认可以上观点,其在分析案件争议焦点时均会谈及股东优先购买权的价值追求——维护有限责任公司的人合性(见表16-1)。

表16-1 有关公司人合性的案例论述

序号	案例名称	法官说理归纳
1	段某强等诉段某刚等股权转让纠纷案[1]	股东优先购买权的设立目的是最大限度地保障公司股东之间的人合关系,包括以下两方面:老股东之间的人合关系;新加入的第三人与老股东之间的人合关系
2	陈某等诉长沙通菱企业管理有限公司股权转让纠纷案[2]	股东优先购买权的设立目的在于维护有限责任公司的人合性
3	何某诉何某某等股权转让纠纷案[3]	《公司法》对于股权对外转让事宜进行了明确规定,旨在达到确保公司封闭性的目的

---

① 参见胡大武、张莹:《有限责任公司股东优先购买权的理论基础》,载《西南民族大学学报(人文社科版)》2007年第8期。
② 参见施天涛:《公司法论》(第3版),法律出版社2014年版,第278页。

续表

序号	案例名称	法官说理归纳
4	山西新亨运汽车服务有限公司等诉山西必高汽车集团有限公司股权转让纠纷案[4]	立法者出于维护公司人合性的考虑,设定了股东优先购买权

[1]吉林省吉林市中级人民法院民事判决书,(2015)吉中民三终字第 137 号。
[2]湖南省长沙市中级人民法院民事判决书,(2017)湘 01 民终 624 号。
[3]云南省新平彝族傣族自治县人民法院民事判决书,(2016)云 0427 民初 260 号。
[4]山西省太原市中级人民法院民事判决书,(2014)并民终字第 427 号。

2. 经济学价值①——符合效率价值的追求

股东优先购买权的设立虽然在一定程度上增加了第三人购买股权的难度,但其在保障原有股东利益的同时维护了经济效益,能够满足公司对于效率的不懈追求,具体表现为交易费用减少。科斯将交易费用定义为运用市场价格机制的成本,主要涵盖两方面:第一,获取市场信息的成本;②第二,交易相对人在谈判、讨价还价及履行合同时的成本。相对于将股权转让给第三人而言,股权对内转让所花费的时间和费用更少,效率更高,因此股东优先购买权的设立在这一层面实现了公司运营的效率价值。具体而言,其他股东相较于股东外第三人对于公司股权的基本情况更为了解,这就意味着其在获取市场信息的过程中可以节约更多的时间与精力,也就使其获取市场信息的成本相较于第三人而言更为低廉。并且相较于股权对外转让,将股权转让给公司内部股东的交易手续更为简单,只需在条件成熟时完成股权转让即可,这在很大程度上节省了谈判费用及履约费用。

3. 法律价值③——稳定公司秩序

除了以上两点理由外,立法者还通过设立股东优先购买权来实现稳定公司秩序的目的。上文已述,有限责任公司的股东具有出资者和经营者的双重身

---

① 参见胡大武、张莹:《有限责任公司股东优先购买权的理论基础》,载《西南民族大学学报(人文社科版)》2007 年第 8 期。
② 参见黄家明、方卫东:《交易费用理论:从科斯到威廉姆森》,载《合肥工业大学学报(社会科学版)》2000 年第 1 期。
③ 参见胡大武、张莹:《有限责任公司股东优先购买权的理论基础》,载《西南民族大学学报(人文社科版)》2007 年第 8 期。

份,对于公司的经营决策、具体管理方法等都拥有一定的话语权。在股权对外转让时,若没有优先购买权对第三人加入公司进行阻挡,则不仅会破坏公司的人合性,截然不同的经营理念更有可能使第三人与原有股东在经营决策或者管理理念等方面产生较大分歧,这在一定程度上会破坏公司原有的经营理念,从而增加公司的经营风险。更有甚者,若原有股东一直对第三人抱有不满的态度,消极配合甚至不配合第三人,将会极大地影响公司正常的运营秩序及管理局面,公司可能因此陷入僵局,走向濒临破产的深渊。综上,股东优先购买权的设立在内部关系的稳定中起到举足轻重的作用,其不仅有利于稳定公司正常的运营秩序,而且有益于公司的整体及长远发展。

(三)法条梳理

具体内容见表16-2、表16-3。

表16-2 《公司法》中关于股东优先购买权规定的变化

法律文本	所在条文数	措辞是否改变	内容是否改变
《公司法》(1993年)	第35条(共3款)	属于初始措辞	属于初始内容
《公司法》(1999年)	第35条(共3款)	未改变	未改变
《公司法》(2004年)	第35条(共3款)	未改变	未改变
《公司法》(2005年)	第72~73条(共5款)	1. 出资——股权; 2. 必须——应当	1. 转让股东需履行的同意程序发生变化(全体股东——其他股东); 2. 增加书面征求同意条款; 3. 增加两个以上的公司股东欲行使优先购买权的情形; 4. 增加了第4款内容,使公司章程能够对该权利进行例外规定
《公司法》(2013年)	第71~72条(共5款)	1. 出资——股权; 2. 必须——应当	1. 转让股东需履行的同意程序发生变化(全体股东——其他股东); 2. 增加书面征求同意条款; 3. 增加两个以上的公司股东欲行使优先购买权的情形; 4. 增加了第4款内容,使公司章程能够对该权利进行例外规定

表16-3 《公司法司法解释(四)》与《公司法》中关于股东优先购买权规定的对比

《公司法司法解释(四)》条文	《公司法》条文	转变与规范
第16条	无	增加了关于"继承"的规定
第17条	第71条	增加了"二次通知";股权转让通知的方式有所增加
第18条	第71条	对"同等条件"的内容予以具体规定
第19条	无	"行使期间"得以确定
第20条	无	增加了关于"反悔权"的规定
第21条	无	明确了股东优先购买权的对抗效力
第22条	第72条	对原条款进行具体化规定

《公司法》中涉及股东优先购买权的规定主要集中于第71条、第72条,但这两条均为原则性规定,内容较为笼统,这导致司法实践中的裁判标准难以统一。

二、案例整理与分类统计

(一)案例检索方法

笔者通过"威科先行"法律信息库进行检索,将案由设定为"股权转让纠纷",并在该案由之下设定关键词"优先购买权",进一步在结果中搜索关键词"有限责任公司",最后将日期限定为2015年至2020年12月31日,共搜索到3089个案例,通过分工筛选,去除无关案例、重复案例(包括当事人、诉讼请求、事实和理由相同或仅当事人不同的案例),最终共得到680个有效案例。

(二)案例总体情况

1. 审级

从表16-4可知,股权转让纠纷的上诉率比较高,这也证明在实务中各方利益难以平衡,解决此类案件的方案可以进一步完善。此次统计中二审案例占比为42.50%,这表明司法实务中股东优先购买权问题的解决尚不能完美平衡股权转让各方的利益。

表 16-4　案例审级分布

审级	案例数量/个	百分比/%
一审	354	52.06
二审	289	42.50
再审	25	3.68
执行	6	0.88
其他	6	0.88

从二审裁判撤销原判的比例可知,上级法院与下级法院对同一案件的解决有不同的看法,从而产生了同案不同判的情况。撤销原判的二审判决比例为38.06%,这说明了股东优先购买权问题中有尚待进一步规范之处。

2. 年份

2015 年至 2020 年有关股东优先购买权的案件数量在 2020 年前逐年呈递增趋势。

3. 判决结果

在所有案例中,法院认定当事人优先购买权被侵犯的有 342 个,未认定侵权的有 338 个。法院认定未侵权的理由主要包括:内部股东转让不涉及股东优先购买权;转让时当事人已非股东或未取得股东身份(主体);当事人对通知方式、是否通知到位有争议,法院认定转让股权的股东已履行通知义务;当事人一方主张转让股东以畸高价格转让以规避其他股东的优先购买权,未获法院支持,股东优先购买权未被侵犯;在股东优先购买权被侵犯的情况下,被侵权股东在一年的诉讼时效内未及时主张权利;公司内其他股东未按"同等条件"购买转让股份。

(三)主体资格争议

1. 案例数据分析

根据对案例数据的整理统计,在"威科先行"法律信息库中检索得到的有效案例数为 755 个,其中涉及股东主体资格争议的案例数量为 67 个,占比约为 8.87%,具体的争议焦点如表 16-5 所示。

表 16-5　案例争议焦点

具体争点	案例数/个	百分比/%
隐名股东	45	67.2
出资瑕疵股东	2	3.0
未登记股东	2	3.0
其他	18	26.9

2. 裁判论理概述

笔者整理了样本案例中涉及股东主体资格争议的案例,梳理归纳了司法实践中法院的裁判论理,具体如表 16-6 所示。

表 16-6　案例中法院裁判论理情况

具体争点	案号	裁判观点	裁判理由
隐名股东	(2018)冀 0531 民初 1157 号	不予支持	李某某不具有以自己名义行使优先购买权的权利,李某某作为实际出资人,由于其股东身份未被公司认可、未变更工商登记、未更改股东名册,他的股东权利只能由代持股的名义股东行使
	(2018)赣 02 民终 1001 号	予以支持	法院在审查股权转让协议效力时提及该隐名股东郑某某自知道优先购买权被侵害之日起 30 日内,对朱某某的 70% 股权未主张优先购买权,在广发公司全部股权登记在陈某甲、陈某乙名下之日起一年内,也未就朱某某的 70% 股权主张优先购买权。实际认可了隐名股东的股权行使主体资格
	(2020)渝 05 民终 2263 号	不予支持	从法律解释的角度分析,享有该优先购买权的股东系记载于股东名册并经公司登记机关登记的股东,并非隐名股东或实际出资人

续表

具体争点	案号	裁判观点	裁判理由
未登记股东	(2015)东民(商)初字第04575号	予以支持	工商登记是股东资格的对外公示,产生对抗第三人的效力,但并不影响公司内部对股东资格变动的认可与接受,不能将工商登记作为股东身份的唯一衡量标准。故原告以丰林益公司没有进行股权变更登记为由否认丰林益公司系标的企业原股东的诉讼理由不能成立
未登记股东	(2018)闽0823民初1187号	不予支持	根据舜城公司的工商登记信息,唐某某在2016年11月15日舜城公司进行股东变更登记时方才登记成为该公司的股东。据此,对该转让股权享有优先购买权的股东为李某某、黄某某两人,而唐某某尚不是舜城公司的股东。为此,根据原告的诉请,唐某某不属于与本案具有直接利害关系的人,其提起股东优先购买权诉讼的主体资格不符合我国公司法的有关规定,故唐某某的起诉依法应当予以驳回
出资瑕疵股东	(2016)粤0233民初82号	予以支持	根据2013年《公司法》第32条第2款以及第71条的规定,有限责任公司的股东只要记载于公司股东名册或公司登记机关文件,就具有股东身份,同时依法享有转让股权的权利,即便股东存在瑕疵出资的行为(包括未出资),也不能否认其股东资格

3. 隐名股东行使优先购买权的规范分析

优先购买权人应是有限责任公司登记在册的股东,但是因为法律承认隐名股东的存在,所以隐名股东与显名股东在行使优先购买权时,股东身份的认定成为了其中的关键因素。

从案例统计结果可知,司法实践中,承认隐名股东具有优先购买权的案例数量较少,一般的裁判论理逻辑为隐名股东并非公司登记机关登记的股东,因此不具有优先购买权。笔者认为,此观点具有一定合理性。《公司法司法解释(三)》第24条第1款规定,有限责任公司的实际出资人与名义出资人之间签订的股权代持合同如无法律规定的无效情形,人民法院应当认定该合同有效。据此,实际出资人的合法权益受法律保护,但实际出资人与名义出资人之间是股权代持关系,隐名股东为实际出资人,其不具有真正意义上的股东身份,享有的是投资权益而非股东权利,不能直接主张股东优先权。

然而,完全据此认定对于隐名股东而言可能存在权益保护不到位的风险。首先,由于实务中隐名股东的股东权利一般由显名股东代为行使,股东优先购买权作为公司股东权利之一,在公司股东对外转让股权时也应由显名股东代为行使。转让股东在对外转让股权前应就相关事项通知公司其他股东,因为公司不知隐名股东,所以通知到达的是显名股东,而只有显名股东将通知内容转达给隐名股东后,隐名股东才能得知股权转让事项,若显名股东未将通知转达,隐名股东就无法要求显名股东代为行使优先购买权,进而可能损害隐名股东的利益。其次,实际出资人成为隐名股东的原因有所差别,因此,亦不应一概否定所有隐名股东行使股东权利的资格。在实践中亦存在例外情况,若其他股东明知隐名股东与显名股东的代持关系,且有证据证明隐名股东已经以股东身份实际参与公司治理,事实上行使着股东的权利,其他股东对此未提出过异议,此时隐名股东主张将其登记为股东,其他股东不得以未经公司其他股东半数以上同意为由拒绝隐名股东成为显名股东。综上可得,在实际行使优先购买权时,隐名股东不能在其他股东对外转让股权时直接主张优先购买权,其他股东也无权在隐名股东请求显名登记时主张优先购买权。最后,从公司的人合性角度考虑,隐名股东作为公司发展的受益人,具有行使优先购买权以维护公司稳定、保护自己利益的需求。显名股东的过错使隐名股东无法依靠显名股东行使优先购买权,导致股权外流、第三人进入公司内部的,可能会影响公司的经营收益,这在一定意义上也是对隐名股东利益的损害。

据此,如何在保障隐名出资人权益的同时,不破坏公司发展秩序,是法律中的难题。如上述争议案件所示,股东身份成为了隐名股东行使优先购买权最大的障碍,隐名股东即使得到了公司其他股东的认可成为股东,在时间上也会因超过股东优先购买权行使期限而丧失优先购买权。因而,隐名股东想要行使优先购买权,不仅要解决股东身份的认定问题,还要解决时间上存在的矛盾。因此,笔者认为,隐名股东要主张股东优先购买权,应先确认其股东身份。《公司法司法解释(三)》第 24 条第 3 款规定,实际出资人欲成为名义股东,必须经过公司其他股东半数以上同意。但是在上述分析中的隐名股东已实际参与公司治理的例外情形下,其他股东不得以未经公司其他股东半数以上同意为由拒绝隐名股东成为显名股东。同时,在程序上应适当简化,减少时间上的冲突,加强对隐名股东的权益保护。

三、案例焦点问题分析一:前置程序

检索到的有限责任公司的优先购买权纠纷案例共 755 个,前置程序作为案件焦点的案例共 459 个,其中涉及通知义务的有 200 个、涉及同等条件的有 117 个、涉及合理期限的有 102 个、涉及反悔权的有 40 个。

(一)通知义务

1. 通知主体

通知主体为非转让股东是否可行(法院认可率 50%)。

①委托他人进行通知。在咸丰县协功水泥有限责任公司、钟某某股东资格确认纠纷、公司盈余分配纠纷案二审①中,股权转让通知并非直接由股东发出,但根据案涉《股权(出资)转让协议》的约定,黄某某等人已委托杨某某履行通知其他股东的义务。发出股权转让通知不属于原《民法通则》第 63 条规定的不得委托他人代理的情形,公司法对此也并无禁止性规定。杨某某接受委托后将通知过程进行公证,并采用在通知上附委托书以及《股权(出资)转让协议》的形式向各受送达股东表明了转让股东与杨某某的委托关系。综上,由杨某某发出股权转让通知不违反法律禁止性规定。

②通知主体是股东配偶,而不是股东本人。在周某某、重庆和航科技股份有限公司股权转让纠纷案二审②中,依照最高人民法院《关于适用〈中华人民共

---

① 湖北省高级人民法院民事判决书,(2019)鄂民终 738 号。
② 四川省成都市中级人民法院民事判决书,(2018)川 01 民终 10062 号。

和国婚姻法〉若干问题的解释(二)》(已失效)第16条之规定,夫妻离婚分割夫妻财产时,虽然可以将以一方名义在有限责任公司的出资额转让给配偶,但该配偶要想取得股东地位,仍要按公司法和公司章程规定的程序办理。该案中,周某某向刘某某、重庆和航科技股份有限公司送达《关于受让德泽四方公司法定代表人蒋某全部股权通知书》并不符合《公司法》第71条(2023年修订后为第84条)关于股权转让事宜通知主体的规定。

2. 通知义务履行

具体数据见表16-7。

表16-7 涉"通知义务履行"案例的法院裁判情况

通知义务履行		法院认可案例数/个	法院不认可案例数/个	总数/个	认可率/%
履行通知义务		51	52	103	49.51
不履行通知义务	完全不履行通知义务	8	84	92	8.70
	不适当履行通知义务	0	5	5	0

(1)完全不履行通知义务(法院认可率8.70%)

①受让人实际参与经营。在李某某、陆某某、汪某某合同纠纷案①中,因江润公司经营困难,经李某某介绍,陆某某与汪某某相识,并于2018年6月5日,双方经协商签订股权转让协议,约定陆某某将其持有的80%股权分批转让给汪某某。2018年6月6日,汪某某支付首笔股权转让款2000万元,至此之后,江润公司一直由汪某某担任董事长,负责公司经营管理,且汪某某投入了大量资金,为江润公司偿还债务,公司经营出现盈利。李某某自始在该公司工作,至2019年6月诉至法院期间,从未对此提出异议,且负责经办变更刻制新的公司印章,接受汪某某工作安排,并向汪某某汇报工作情况,按月领取工资等。综合上述事实,李某某主张其作为股东,对陆某某与汪某某之间转让股权之事不知情,与查明事实不符,该主张不能成立。

②提出股东确认之诉时,其他股东已知晓股权转让具体条件。在上海飞盛广告传媒有限公司(以下简称飞盛公司)与联广传播股份有限公司等股权转让

---

① 安徽省高级人民法院民事判决书,(2020)皖民终487号。

纠纷二审案①中,出让股权的股东负有通知其他股东的义务,但对于通知的具体方式,法律未予明确。不论格威公司在股权转让前是否向飞盛公司履行了通知程序,余某于2017年9月12日依据系争股权转让协议向一审法院提起股东确认之诉时,飞盛公司就已知晓股权转让协议中股权转让的具体条件,但在格威公司以及一审甚至二审期间法院询问飞盛公司是否行使优先购买权时,飞盛公司均未予以明确答复。鉴于飞盛公司并未在合理期间内行使优先购买权,应视为其放弃优先购买权。

③其他股东在接受当庭询问时表示不购买。在樊某某等诉翟某某等股权转让纠纷案②庭审过程中,喻某明确表示不同意被告吕某某等人将其持有的胡桃里公司的股份转让给原告樊某某,但喻某同时明确表示不愿意购买,所以应视为喻某同意被告吕某某等人将其股权转让给原告樊某某。此外还有黄某某等诉马某某等股权转让合同纠纷案③、张某与田某某股权转让纠纷案。④

④一股东为股权转让提供担保,另一股东在另案中说明股权转让情况,均视为知情。在吴某某与张某某股权转让纠纷案⑤中,原、被告均未提交证据证明股权转让时是否已通知其他股东,根据《公司法司法解释(四)》第21条的规定,北京北市商务宾馆有限公司的股东之一周某某在2013年8月3日曾与吴某甲一同出具协议,证明内容中写明张某某的33.33%份额转让给吴某乙,且在股权转让款500,000元债务转移给吴某甲承担时,周某某提供了担保。因此,周某某在2013年8月3日即应明知张某某与吴某乙间的股权转让事实。

⑤司法认定要点。虽然转让股东没有履行通知义务,但是从其他行为可以判断其他股东已经知晓股权转让协议的相关内容,却因超过合理期限没有主张而丧失优先购买权,或者明确表示不行使优先购买权。

(2)履行通知义务但法院不认可(占比50.49%)

其中情形包括仅通知部分股东、证据问题、仅通知转让对象、仅通知转让意

---

① 上海市第一中级人民法院民事判决书,(2019)沪01民终7839号。
② 贵州省毕节市七星关区人民法院民事判决书,(2017)黔0502民初7049号。
③ 江西省萍乡市安源区人民法院民事判决书,(2017)赣0302民初97号。
④ 湖北省荆州市中级人民法院民事判决书,(2016)鄂10民终854号。
⑤ 浙江省松阳县人民法院民事判决书,(2017)浙1124民初3398号。

图等。

①不适当履行通知义务

第一,形成股东会决议,但部分股东未参会。在陈某某与贵州省普定县恒达旅游开发有限责任公司(以下简称恒达公司)股权转让纠纷案①中,第三人徐某向原告陈某甲转让股权,虽然被告恒达公司于2019年5月21日召开的股东会会议决定"全体股东同意放弃优先权,批准徐某转让股份",但被告恒达公司的股东左某某未参加该次会议,原告陈某甲及第三人徐某、陈某乙均未向法院提交证据证明已经履行了法律规定的向股东左某某书面通知的义务,亦无证据证明股东左某某放弃优先购买权,应当认定原告与第三人签订的股权转让协议书对被告恒达公司不发生法律效力。类似的观点可参见河北省廊坊市中级人民法院(2020)冀10民终2933号民事判决书。

第二,股权转让公告仅能被部分人知悉。在董某某等与广东金岸投资有限公司(以下简称金岸公司)、广东晶通公路工程建设集团有限公司(以下简称晶通公司)等股权转让纠纷案中,《广东金岸投资有限公司员工内部股权管理办法》第29条规定,员工股东拟向非员工股东转让股权的,须向股权管理委员会提出书面申请,经同意后,方可对外转让其股权。

②证据问题

第一,证据真伪不明,依法应承担举证不能的不利后果。转让股东无法证明其已将股权转让事宜通知其他股东的,需承担举证不利的后果。具体见河北省石家庄市中级人民法院(2020)冀01民终216号民事判决书、广东省江门市江海区人民法院(2020)粤0704民初1002号民事判决书、四川省成都市金牛区人民法院(2018)川0106民初13254号民事判决书、广东省佛山市中级人民法院(2018)粤06民终7395号民事判决书、辽宁省沈阳市皇姑区人民法院(2017)辽0105民初10059号民事判决书、云南省昆明市西山区人民法院(2016)云0112民初7118号民事判决书、山东省济南市中级人民法院(2015)济商终字第775号民事判决书。

第二,伪造证据。在曲某与海南路通实业有限公司(以下简称路通公司)、

---

① 贵州省普定县人民法院民事判决书,(2020)黔0422民初1410号。

常某某等股权转让纠纷案①中,《三亚富华实业有限公司第二届一次股东会决议》系常某某在路通公司不知情的情况下,利用其持有路通公司公章的便利,直接伪造了路通公司的意思表示自行制作的,并未实际召开股东会议。常某某在持股三亚富华实业有限公司(以下简称富华公司)仅2个多月后即伪造路通公司放弃优先购买权的声明,将股权以400万元的价格转让给曲某。曲某在明知富华公司股权实际价值的情况下,以明显不合理的低价购买常某某所持股权,且未实际支付股权转让价款。结合二人之间的密切关系,法院认定曲某与常某某系恶意串通损害路通公司股东利益。类似的观点参见山东省莒县人民法院(2018)鲁1122民初551号民事判决书、江西省南昌市中级人民法院(2016)赣01民终1390号民事判决书、山东省济南市中级人民法院(2015)济商终字第177号民事判决书、河北省石家庄市中级人民法院(2015)石民四终字第00509号民事判决书。

第三,证据无法证明待证事实。在刘某某与赵某某等股权转让纠纷案②中,刘某某提交了其与张某某之间的短信记录,以此证明张某某知晓系争股权转让事宜并对此事宜明确表示同意。对该短信内容进行分析可知,张某某并未在与刘某某的短信往来中确认其获得了赵某某的书面通知,短信内容更不能反映出张某某就系争股权转让事宜作出过明确同意的意思表示。类似的观点参见浙江省杭州市西湖区人民法院(2016)浙0106民初7618号民事判决书。

③仅通知转让对象、转让意图

详见后文"通知内容"部分。

3.通知方式

具体内容见表16-8。

---

① 海南省三亚市中级人民法院民事判决书,(2019)琼02民终568号。
② 上海市第一中级人民法院民事判决书,(2015)沪一中民四(商)终字第1673号。

表 16-8 涉"通知方式"案例的法院裁判情况

通知方式	法院认可案例数/个	法院不认可案例数/个	总数/个	认可率/%
邮寄通知	35	45	80	43.75
股东会决议	15	16	31	48.39
短信通知	2	9	11	18.18
庭审询问	5	0	5	100.00
登报通知	3	2	5	60.00
微信通知	1	4	5	20.00
电话通知	3	1	4	75.00
口头通知	0	2	2	0
张贴公告	3	0	3	100.00
邮件通知	2	0	2	100.00
挂牌转让	2	0	2	100.00
另诉诉状	2	0	2	100.00
网站公告	0	1	1	0

(1) 口头通知

在董某某、杨某某股权转让纠纷案中,杨某某称其在向赵某转让涉案股权时,自己和案外人庞某到董某甲(董某乙在育英中学出资的实际控制人)家里与董某甲谈了出让涉案股权的事情,董某甲称他自己不买也不卖,有一审提交的律师调查笔录为证;另外,杨某某以育英中学的名义通过邮寄方式向董某乙发函,通知董某乙参加关于育英中学出资转让的事宜。杨某某依据上述律师调查笔录和向董某乙发送的快递函件,主张自己已经向董某乙履行了出让涉案股权的通知义务。但在没有其他证据佐证的情况下,上述证据不足以证明庞某向董某甲履行了出卖涉案股权的通知义务。

(2) 登报通知

具体内容见表 16-9。

表 16-9 登报通知的法院裁判说理情况

法院认可	法院不认可
在丁某某、李某某股权转让纠纷案中,被上诉人在召开转让股权的股东会之前已先按上诉人一审起诉时的地址进行了邮寄送达,在邮寄送达未果的情况下以刊登公告的形式通知了上诉人,公告期满后召开了股东会并进行了股权转让,被上诉人已履行了其通知义务[1]	在李某某与高某、赵某某股权转让纠纷案中,高某在石家庄市中级人民法院作出(2018)冀01民终1661号民事判决书后,于2018年8月15日在《消费日报》上刊登公告,通知周某某于2018年8月30日在广宗县宾馆召开股东会,周某某未到会;在工商登记档案中,有公司登记(备案)两份申请书,其中法定代表人一栏有周某某签字,时间为2018年9月4日,原告称周某某对此不知情也未签字,此举不符合情理,存在串通嫌疑。[2] 在高某某与赵某某、阚某某股权转让纠纷案中,被告阚某某未提供充分证据证明其与赵某某之间的股权转让事项已书面通知包括原告在内的其他股东,仅由辽宁塔由亚飞汽车发展有限公司在《华商晨报》上就召开股东大会进行公告,告知存在股权转让情形,并未对其他股东享有优先购买权等事宜进行告知[3]

〔1〕云南省昆明市中级人民法院民事判决书,(2019)云01民终4167号;云南省昆明市中级人民法院民事判决书,(2019)云01民终4168号。

〔2〕河北省广宗县人民法院民事裁定书,(2018)冀0531民初1157号。

〔3〕辽宁省沈阳市皇姑区人民法院民事判决书,(2017)辽0105民初10059号。

(3)张贴公告

在赵某某与龚某某、官某某股权转让纠纷案①中,2013年6月18日,龚某某、白果岗水电公司在公司张贴《关于龚某某股权转让的通知》,并通过电话告知了其他股东召开股东会的相关议程内容等,赵某某对张贴通知的真实性提出异议,但赵某某对此未提供相应证据予以证实。法院认定龚某某、白果岗水电公司尽到了合理通知义务。类似的案例参见云南省昆明市中级人民法院(2019)云01民终4167号民事判决书、(2019)云01民终4168号民事判决书。

① 四川省都江堰市人民法院民事判决书,(2013)都江民初字第02467号。

(4)短信通知(见表16-8、表16-10)

表16-10 短信通知的法院裁判说理情况

法院认可	法院不认可
在白某某与巩某某、吕某股权转让纠纷案中,秦东物业公司股东仅为白某某与吕某,在吕某通过邮寄、短信方式向白某某发出包含拟转让股权数量、价格、付款时间等的股权转让通知后,白某某在规定的期限内未予以回复,应视为其同意该次股权转让。后吕某向白某某发出行使优先购买权通知书,告知白某某转让条件、拟受让人有关情况等信息,白某某在规定期限内未予回复的行为应当视为其放弃优先购买权[1]	在钟某某与杨某某等股权转让纠纷案中,钟某某于2017年1月18日、1月20日通过短信和邮件通知杨某某,其拟对外转让22%的股权,要求限期回复是否愿意购买。该通知载明的转让股权数量与实际转让数量不符,且其中"逾期回复视为不同意购买"只是钟某某的单方意思表示,不符合同昭公司章程第14条第2款"股东应就其股权转让事宜书面通知其他股东征求意见,其他股东自接到书面通知之日起满30日未答复的,视为同意转让"的规定,对杨某某没有约束力。即使杨某某收到通知后未回复,也只能视为同意转让,而非不同意购买[2]
	在郑某某与贺某某、沙湾县鑫龙棉业有限公司、新疆海泰棉业有限公司股权转让纠纷案中,立案前10天,被告贺某某以短信方式通知另一股东海泰公司的职员,其通知方式不适当,且未书面通知股权转让事项,未说明受让人情况,亦未说明债权转股权的情况,因此不产生书面通知的法律后果[3]
	在杨某诉杨某某股权转让纠纷案中,原告已于30天内对被告转让的创晔公司××公司2%股权作出行使优先购买权的答复,且黄某某表示同意原告对创晔公司××公司2%股权行使优先购买权,其对剩余的创晔公司××公司48%股权继续收购。因原告部分行使优先购买权并未导致被告的权益受损,故原告主张以121,840元的价格对创晔公司××公司2%股权行使优先购买权的请求,理据成立,法院予以支持[4]

[1]陕西省西安市中级人民法院民事判决书,(2020)陕01民终9437号、(2020)陕01民终7288号。
[2]四川省高级人民法院民事判决书,(2019)川民再418号、(2019)川民再381号、(2019)川民再379号、(2019)川民再378号、(2019)川民再380号、(2019)川民再377号。
[3]新疆维吾尔自治区沙湾县人民法院民事判决书,(2015)沙民二初字第93号。
[4]广东省佛山市顺德区人民法院民事判决书,(2016)粤0606民初2656号。

(5)电话通知

具体内容见表16-11。

表 16-11　电话通知的法院裁判说理情况

法院认可	法院不认可
在赵某某与龚某某、官某某股权转让纠纷案中，赵某某否认号码为 159×××3594 的手机卡系其持有，但其亦未提供证据证实其向白果岗水电公司留存其他电话号码备查并通过其他电话号码参加以前股东会议。故在公司章程对通知方式无约定、法律对通知方式无规定的情形下，龚某某、白果岗水电公司按照合理方式通知赵某某征求同意，赵某某自接到书面通知之日起满 30 日未答复，视为同意转让，龚某某、白果岗水电公司履行了应尽的通知义务[1]	在钟某某、朱某某股权转让纠纷案中，虽然林某某曾将股权转让信息通过邮政快递的方式向朱某某寄送，但朱某某并未收取该邮件。钟某某主张朱某某拒收该快递即视为已通知，既无约定依据亦无法定依据。钟某某又主张在朱某某拒收快递后，林某某于 2016 年 7 月 1 日打电话告知了朱某某股权转让的相关事宜，但未就此举证证明，依法应承担举证不能的不利后果[2]

[1] 四川省都江堰市人民法院民事判决书,(2013)都江民初字第 02467 号。
[2] 广东省佛山市中级人民法院民事判决书,(2018)粤 06 民终 7395 号。

(6) 网站公告

在董某某等与金岸公司、晶通公司等股权转让纠纷案①中，2013 年 12 月 13 日发布的员工股东出让股权公告系在晶通公司内网发布的，而非金岸公司内网。金岸公司虽为晶通公司的大股东，但两公司为独立的法人主体，且无证据证明金岸公司全体股东在晶通公司直接任职。因此，董某某所举证之股权公告并不足以证实其就股权转让事项以书面或者其他能够确认收悉的合理方式通知其他股东征求同意。

(7) 微信通知

具体内容见表 16-12。

① 广东省广州市中级人民法院民事裁定书,(2017)粤 01 民终 13818 号。

表 16-12 微信通知的法院裁判说理情况

法院认可	法院不认可
在钟某与王某、王某某股权转让纠纷案中,原告钟某明确表态其要购买拟转让的涉案股权,虽然其未实际出资购买,但其在被告王某向其发出转让通知或其应知晓受让条件后,未明确表示拒绝受让,故其行使优先购买权的期限为 30 日,被告王某在原告钟某享有优先购买权的法定期限内将其股份转让给其他股东之外的被告王某某,侵犯了原告钟某的优先购买权,故该协议应认定为无效。被告王某某作为其他股东以外的股权受让人,因原告主张行使优先购买权而不能实现合同目的的,可以依法请求转让股东即被告王某承担相应的民事责任[1]	在柯某某与冯某某、区某某股权转让纠纷案中,被告确认转让股权给区某某前(2019 年 9 月 29 日)通过微信通知原告,但没有告知原告股权转让条件,被告在转让股权前没有将股权转让条件告知原告,其转让股权通知与相关法律规定不符,且被告已于次日将股权转让给区某某,这也与相关法律规定不符[2]
	在徐某某与马某某、金某某股权转让纠纷案中,徐某某在"股东会"微信群聊天记录中仅陈述马某某转让股权前应算账,并未有同意马某某对外转让股权及自己放弃同等条件优先购买权的意思表示[3]

[1] 贵州省习水县人民法院民事判决书,(2020)黔 0330 民初 412 号。
[2] 广东省江门市江海区人民法院民事判决书,(2020)粤 0704 民初 1004 号、(2020)粤 0704 民初 1005 号。
[3] 安徽省当涂县人民法院民事判决书,(2018)皖 0521 民初 3208 号。

(8)挂牌转让

在同济创新公司股权转让纠纷案①中,2010 年 11 月 8 日,林李公司作出同意同济创新公司将所持 30% 股权在上海联合产权交易所挂牌转让的董事会决议,并且同济创新公司取得签有"林某某"名字的声明。该声明载明林同炎中国公司(以下简称林同炎公司)同意同济创新公司转让所有股份并放弃优先购买权。上述事实可以证明同济创新公司关于挂牌转让股权的意向已获得了其他股东的同意。类似的案例参见广东省广州市越秀区人民法院(2019)粤 0104 民初 40541 号民事判决书。

(9)庭审询问

在黄某某等诉马某某等股权转让合同纠纷案中,虽没有证据显示转让股东以书面形式通知其他股东征求同意,但第三人翁某某在诉讼中明确表示其对股权转让没有异议且不会主张优先购买,第三人苏某某、施某某收到起诉状副本

① 最高人民法院民事判决书,(2018)最高法民申 588 号。

后无正当理由拒绝出庭应诉、答辩,根据"其他股东自接到书面通知之日起满三十日未答复的,视为同意转让"的法律条款规定,应视为其同意转让。类似的案例参见江西省萍乡市安源区人民法院(2017)赣0302民初97号民事判决书、江苏省淮安市清江浦区人民法院(2018)苏0812民初2967号民事判决书、湖北省荆州市中级人民法院(2016)鄂10民终854号民事判决书、上海市第一中级人民法院(2019)沪01民终3768号民事判决书、贵州省毕节市七星关区人民法院(2017)黔0502民初7049号民事判决书。

(10)另诉诉状

在合肥金星现代科技投资有限公司(以下简称金星公司)、刘某股权转让纠纷案①中,刘某、上海神蝶投资管理有限公司(以下简称神蝶公司)已于2015年6月11日通过易能公司董事会秘书熊某某的电子邮箱将股权转让协议及股权转让通知发送给方某某等人。关于方某某的身份,易能公司的董事会秘书熊某某同时向易能公司股东相关人员发送股权转让协议及股权转让通知的行为,说明易能公司认可方某某是金星公司的联络人,且方某某是金星公司的股东合肥金星房地产开发有限公司的员工,方某某应是易能公司股东金星公司推选的监事。故金星公司理应于方某某收到上述股权转让协议及股权转让通知时,即知晓刘某、神蝶公司转让股权的同等条件。另外,通知的方式不限于书面,还包括其他一切能够确认收悉的合理方式,通过电子邮件统一发送的通知方式亦属于合理方式。其后在凌梅公司于2015年12月1日向金星公司发函时,金星公司也知晓刘某、神蝶公司与凌梅公司签订了股权转让协议,金星公司仍然没有明确表示主张优先购买权。直至2017年12月4日,金星公司才通过诉讼方式主张优先购买权,显然怠于主张权利。退一步分析,即使金星公司并不知晓易能公司董事会秘书熊某某通过电子邮箱将股权转让协议及股权转让通知发送给方某某的事实,凌梅公司也已另案起诉包括金星公司在内的被告,起诉材料包括上述股权转让协议及补充协议的复印件,合肥市蜀山区人民法院通过邮寄方式向金星公司送达上述材料,上述材料已由方某某于2017年11月1日代金星公司签收,而金星公司并未在《公司法司法解释(四)》第21条规定的30日

---

① 安徽省合肥市中级人民法院民事判决书,(2018)皖01民终7652号。

内主张优先购买权,故该权利归于消灭。类似的案例参见安徽省合肥市蜀山区人民法院(2017)皖0104民初9070号民事判决书。

(11)邮寄通知

由于通过邮寄快递方式进行通知的情况过多,此处不再具体列举,法院不认可的理由主要分为四类:一是仅对部分股东发出通知——详见前文"不适当履行通知义务"部分;二是证据问题——详见前文"证据问题"部分;三是只表明转让意图——详见后文"通知内容"部分;四是只表明转让对象——详见后文"通知内容"部分。

(12)对于通知方式的司法认定要点

①效力认定

司法裁判对于通知方式的认定,大致可分为以下两大类。

第一类是比较常见的登报通知、邮寄通知与股东会决议通知、张贴公告等方式。大部分裁判对其效力予以确认,认为其符合《公司法》第71条规定的"书面通知"形式。例如在付某某与西宁跃辉物资租赁有限公司股东资格确认纠纷案[1]中,法院认为转让方通过登报以及在其他股东办公所在地张贴股权转让公告的方式予以通知,符合公司法相关规定,可认定转让方已按照规定履行了通知义务。但也有个案中的法院不认可上述方式的效力,比如在马某某与郭某某、广东富广联兴经济发展有限公司等确认合同无效纠纷案[2]中,法院认为"转让方与受让方共同将股权转让事项登报通知的方式不符合公司法规定的书面通知的要求",其内在裁判逻辑仍有待思考,这也说明了即使对于较为常见的通知方式的认定,法官的裁判思路也并非完全一致。

第二类是区别于传统意义上"书面形式"的通知方式,如口头通知、电话通知、短信通知、网站公告及微信通知等方式。对于此类通知方式的效力,法院的裁判观点较为多样。例如,在郑某某与贺某某等股权转让纠纷上诉案[3]中,法

---

[1] 青海省西宁市中级人民法院民事裁定书,(2017)青01民终1096号。
[2] 最高人民法院民事裁定书,(2015)民申字第1593号。
[3] 新疆维吾尔自治区伊犁哈萨克自治州塔城地区中级人民法院民事判决书,(2017)新42民终51号。

院对转让股东的短信通知方式未予认可;而在刘某某诉赵某某等股权转让纠纷案[①]中,法院对刘某某以短信通知其他股东股权转让的事宜表示认可。与短信通知类似的方式是微信通知,在程某与胡某某股权转让纠纷案[②]中,转让方为证明其转让股权已经过优先权人的同意,向法院举示了相关股东会决议和微信聊天记录的公证书作为证据,法院对此予以采纳。这充分说明了随着社会的发展,技术手段的进步,传统的"书面形式"已不能满足日常实践活动的需要,法院在审理该案的过程中,不拘泥于僵硬的规定,其裁判思路值得借鉴。但是在使用此类区别于传统的方式进行通知时,有一个问题仍需注意,即相关方式的证明力。在前述案例中,转让人为使法院采信其微信聊天记录,出示了由有资质的鉴定机构作出的公证书,以明示其公信力,而在李某某诉辛某某等公司股权转让纠纷案[③]中,因转让方没有提供足够的证据,法院对其提出的电话通知方式未予认定。由此可见,在该类案件中,并非简单地提供短信记录、聊天记录或通话记录便可被法院采纳,就这些新型通知方式而言,可能需要较之传统方式更为严格的证据链以对此进行证明。

通过对以上一些具有代表性的案例的分析不难看出,通知方式在实践中的认定十分复杂,因此,针对司法裁判中对通知方式认定不统一的问题,《公司法司法解释(四)》作出了相应细化,其第17条第2款所规定的"书面"方式是指可以有形地展现所载内容的方式,如合同书、信件和数据电文等,这其实已经明确了"书面"并不等同于"纸面"。与此同时,随着科技的进步,微信、微博等新型即时沟通工具迅速发展,其也正在不断拓宽通知方式的认知边界。《公司法司法解释(四)》也涵盖了"其他能够确认收悉的合理方式"。这样的规定更加符合社会发展的客观规律,使法院在认定"通知方式"时不必死守教条,虽然转让股东未以书面方式通知其他股东,但只要该通知方式已具有了通知的效果,且符合法律规定的条件,即可认定转让股东已按法定程序履行了通知义务,故此,《公司法司法解释(四)》的相关规定在一定程度上拓展了通知的有效方式。

[①] 上海市第一中级人民法院民事判决书,(2015)沪一中民四(商)终字第1673号。
[②] 重庆市第一中级人民法院民事判决书,(2020)渝01民初232号。
[③] 吉林省长春汽车经济技术开发区人民法院民事判决书,(2017)吉0192民初931号。

②证明责任

"收到通知"与通知的方式和通知到达人有密切关系。《公司法》第71条确定了"书面通知"的方式,后随着社会发展,通知方式更加多样化,在此次案例统计中就出现了邮寄通知函、发送电子邮件、电话短信通知、微信通知、召开股东会、口头通知、登报通知等方式。之后《公司法司法解释(四)》认为通知方式不应局限于书面方式,凡是能使其他股东知悉股权转让事项的方式皆可,这一改变符合社会发展需要,但也正是由于对通知方式的拓展,如何确认公司其他股东知悉变得难以举证证明。不仅是通知方式,通知到达人的变化也为判断其他股东知悉与否增加了难度。在此次案例统计中,就出现了通知送至门卫、其他股东联络人后,难以确认其他股东是否收到通知或收到通知时间的情形。

通知方式大致可分为书面方式与口头方式。书面方式诸如邮寄通知、电子邮件、微信通知、召开股东会等,会在通知收发时留有证据,易于举证;口头方式诸如打电话、口头通知等则不易举证。

4. 通知次数

(1)案例统计

具体内容见表16-13。

表16-13 涉及通知案例的法院裁判情况

通知次数	法院认可案例数/个	法院不认可案例数/个	总数/个	认可率/%
1	38	35	73	52.05
2	14	29	43	32.56
3及以上	3	2	5	60.00

(2)司法认定要点

优先购买权是指其他股东享有的同等条件下优先购买转让股东拟转让股权的权利。根据《公司法》第71条的规定,除非公司章程另有规定,有限责任公司股东对外转让股权,必须履行两道手续:首先,出让人要通知并征求其他股东意见;其次,若转让获得半数同意,则进入第二阶段,即其他股东可以对拟转让股权行使优先购买权或者放弃优先购买权。① 也就是说,《公司法》在限制股权对外转让方面设置了股东准许程序和先买权双层架构。根据《公司法司法解释(四)》第17条的规定,股东对外转让股权时,对其他股东的通知并不限于一次。在不同的交易模式中,转让股东可以根据实际情况决定作出一次或者多次通知以及每次通知的具体内容,但是转让股东的不同通知行为、通知方式会产生不同的法律后果。在多次通知的情形中,就第一次通知来讲,此阶段转让股东主要是要告知其他股东自己欲对外转让股权,至于具体的受让人和转让价格,并不要求一定在该次通知中列明。因为此时股东的对外转让可能仅仅是一种战略考虑,还没有形成具体方案,强制性地要求转让股东在通知中同时披露受让人和转让价格并不现实。第一次通知后,如果过半数股东同意对外转让,则转让股东可与外部人进行谈判,但是其最终达成的股权转让条件、内容,还需要通知其他股东,以便其他股东行使优先购买权。② 该通知必须包括受让人、转让价格、履行期限等主要内容,即股东行使优先购买权的前提是,拟出让股权的股东与股东以外的人已经就股权转让达成合意,该合意不仅包括对外转让的意思表示,还应包括价款数额、付款时间、付款方式等完整对价。在实践中,为了节约交易成本,可能会简化《公司法》第71条和《公司法司法解释(四)》第17条的规定,如由其他股东直接表示是否行使优先购买权,在此情形下,先买权规则事实上吸收了股东准许程序。

5. 通知内容

(1)案例统计

具体内容见表16-14。

---

① 2023年修订《公司法》已删除有限责任公司股东对外转让股权时其他股东的同意权规则。
② 2023年修订《公司法》已删除有限责任公司股东对外转让股权时其他股东的同意权规则。

表16-14 涉及"通知内容"的法院认定情况

通知内容	法院认可案例数/个	法院不认可案例数/个	总数/个	认可率/%
转让意图	0	44	44	0
转让对象	0	3	3	0
转让主要条款	54	35	89	60.67

(2)案例展示

①转让意图

在柯某某与岑某某、区某某股权转让纠纷案①中,在庭审中,被告确认转让股权给区某某前(2019年9月29日)通过微信通知原告,但没有告知原告股权转让条件,被告在转让股权前没有将股权转让条件告知原告,其转让股权通知与相关法律规定不符,且被告已于次日将股权转让给区某某,这也与相关法律规定不符。故被告转让股权给区某某,损害了原告的优先购买权。类似的案例参见四川省成都市青羊区人民法院(2018)川0105民初10783号民事判决书。

②转让对象

在邱某某、彭某某等与邓某某等股权转让纠纷案②中,昌林公司章程就上述股权转让限制条件进行了明确规定。该案中,杨某某、范某某等人于2014年10月23日向王某某邮寄关于股权转让的通知,2014年11月25日即将其股权转让给邓某某,虽然履行了股权转让通知义务,但股权转让通知只载明转让方和受让方名称,对股权转让数量、价格及支付方式均未提及,该通知内容导致3名原告无从知晓转让价格,无法行使优先购买权。类似的案例参见江苏省高级人民法院(2015)苏审三商申字第00398号民事裁定书。

③转让主要条款

在豪俊(广州)电子商务有限公司诉吴某某股权转让纠纷案③中,依据微信聊天记录及对应的公证书,被告已通知嘉鑫公司除大丰公司外的其他股东关于其将案涉股权转让给原告的事宜。后被告通过公证方式向嘉鑫公司股东刘某

---

① 广东省江门市江海区人民法院民事判决书,(2020)粤0704民初1004号、(2020)粤0704民初1005号。
② 四川省成都市青羊区人民法院民事判决书,(2018)川0105民初10783号。
③ 广东省东莞市第一人民法院民事判决书,(2020)粤1971民初11942号。

某、刘某一、大丰公司、中芙公司、吴某某在公司章程中记载的通信地址邮寄了案涉股权转让的通知书,虽然相关的邮件均被退件,但依据嘉鑫公司的公司章程第 30 条第 3 款的规定,被告向上述 5 名股东在公司章程中记载的通信地址邮寄的邮件自寄出之日起 15 日后视为送达。送达的股权转让通知书中包括了转让股权的类型、数量、价格、支付方式及期限等内容,刘某某、刘某一、大丰公司、中芙公司、吴某某应在公司章程第 12 条及股权转让通知书规定的 30 日期间内主张优先购买权,上述股东并未在 30 日内答复被告,依据上述规定,应视为上述 5 名股东同意被告将案涉股权转让给原告。另外,嘉鑫公司其余股东翁某某、张某某、张某良、美德公司均表示对案涉股权转让无异议,放弃优先购买权。综上,被告转让案涉股权未侵犯嘉鑫公司其他股东的优先购买权。

(3) 司法认定要点

《公司法》第 71 条规定,转让股东应将股权转让事项通知其他股东,但是并未对"股权转让事项"的具体内容予以明确,对通知内容认定标准的不统一,导致实践中产生争议纠纷。

笔者将涉及通知内容的案例整理后发现,实践中转让股东在履行通知义务时,主要有以下几种情况:其一,未明确转让对象;其二,仅通知转让意图,对其他情形未予通知;其三,对股权转让价格、数量、支付方式与履行期限进行通知;其四,除了通知上述内容外,还对其他的附加条件进行通知。而由于此前法律的缺失,法院在裁判时对于"股权转让事项"的判定缺乏明确的标准,但是多数法院认为,通知的内容应包括转让对象的情况与主要转让条件。例如,在杜某某与柳某某等股权转让纠纷上诉案①中,法院认为,通知应包括受让方相关情况、股权价格与数量、原告答复期间等内容。其中尤为值得关注的是拟受让方的相关情况,若未对此予以详细告知,可能会影响其他股东及时、合法地行使权利。一般而言,主要转让条件包括了股权转让价格、数量、支付方式与履行期限。部分法院认为,主要条件除了以上内容外,还应包括其他能够促使转让行为发生的附加条件,如在王某某与晋江市财林纺织化工贸易有限公司股权转让

---

① 上海市第一中级人民法院民事判决书,(2017)沪 01 民终 9107 号。

纠纷案①中，法院认为，"通知内容应包括股权转让的支付形式与期限、违约责任、股权过户期限、税费承担等事项"。

针对以上问题，《公司法司法解释(四)》第17条第2款并未对通知次数作出硬性规定，但是明确了优先权股东有知悉转让股权同等条件的权利，且在优先权股东知悉同等条件之前，其行权条件尚未成就，行权期限并不起算。同时，该规定将同等条件的相关要素作为通知的内容予以明确，其目的在于使优先权股东知晓股权转让的具体细节，以利于其作出决定。因此，从《公司法司法解释(四)》的条文来看，通知内容应包含能对该目的产生影响的具体事项：其一是转让价格，价格是同等条件认定的关键要素之一，影响优先权股东行权与否；其二是股权转让数量，转股数量的多少，影响公司内部股权结构及控制权的归属；其三是支付方式与履行期限，支付方式的不同与履行期限的长短也会影响股权转让交易的效率与优先权的行使。当然，由于社会生活的复杂多变，实践中每个案例不尽相同，《公司法司法解释(四)》为通知内容的认定作出了标准，虽与司法实践的做法有所出入，但是相对于"股权转让事项"，其逻辑性更为通顺，为实践中的灵活性裁判留有余地，对通知的内容不能一概而论，而是根据个案的情况予以灵活认定。

(二)同等条件

1. 数据统计

具体内容见表16-15。

表16-15 涉及"同等条件"判断的案例情况

涉及内容	样本数/个	占比/%
转让价格	44	37.61
转让数量	4	3.42
支付方式和履行期限	3	2.56
其他问题	66	56.41

① 福建省泉州市中级人民法院民事判决书,(2015)泉民初字第708号。

2. 转让价格

争议焦点：涉及转让股东未告知转让价格的案例有10个，占该类型案例的比例约为22.73%；涉及恶意侵害其他股东优先购买权的案例有13个，占该类型案例的比例约为29.55%；涉及其他股东主张价格不一致的案例有14个，占该类型案例的比例约为31.82%；涉及转让价格附条件的案例有6个，占该类型案例的比例约为13.64%；涉及价格确定方式的案例有1个，占该类型案例的比例约为2.27%。

胜诉率：其他股东胜诉率为59.09%，转让股东胜诉率为40.91%。

(1) 恶意侵害其他股东优先购买权（抗辩率29.55%）

① 抗辩成立(76.92%)

在深圳市新通宝运输有限公司与深圳市中南运输集团有限公司、深圳市中南运输投资有限公司股权转让纠纷案①中，转让股东深圳市中南运输集团有限公司高价征询其他股东对股权转让的意向，又低价与转让股东深圳市中南运输投资有限公司签约的行为侵犯了其他股东的股权优先购买权。在马某某等诉浙江康桥汽车工贸集团股份有限公司（以下简称康桥公司）股权转让纠纷案②中，这种先以畸高价格转让少量股权，使受让方取得股东资格，再将大部分股权予以转让的做法，系为了规避公司法有关股东优先购买权的规定。换言之，马某某与浙江万银汽车集团有限公司（以下简称万银公司）的真实交易数量和价格并非2013年4月26日协议所体现的。在钟某某与杨某某等股权转让纠纷案③中，第一份股权转让补充协议约定钟某某以实缴股本金272万元为价转让股权，第二份股权转让补充协议约定的转让价格是第一份股权转让补充协议约定的转让价格的12倍，故钟某某与受让人之间的股权转让不同于正常的股权交易。

② 抗辩不成立(23.08%)

在沈某某股权转让纠纷案④中，宋某、季某、龚某未能提供证据证实沈某

---

① 广东省深圳市罗湖区人民法院民事判决书，(2018)粤0303民初11683号。
② 浙江省高级人民法院民事裁定书，(2016)浙民申3254号。
③ 四川省高级人民法院民事判决书，(2019)川民再418号。
④ 上海市第一中级人民法院民事判决书，(2018)沪01民终6434号。

某、朱某某就系争股权转让的价格存在虚构价格的恶意串通,故法院对其关于股权转让价款实际仅为 9 万元的主张不予支持。类似的案例参见山东省淄博市临淄区人民法院(2018)鲁 0305 民初 2508 号民事判决书。

(2)价格附条件(抗辩率 13.64%)

①抗辩成立(50%)

在钟某某、朱某某股权转让纠纷案①中,钟某某主张案涉股权转让对价除合同约定的 5.1 万元外,还包括林某某欠钟某某的数百万元款项。就此,钟某某并未提供充分证据予以证明,加之其提交至工商部门备案的《同业公司股权转让合同》明确约定案涉股权转让价格为 5.1 万元,故法院对钟某某的上述主张不予支持。

②抗辩不成立(50%)

在李某与祝某某等股权转让纠纷案②中,被上诉人祝某某主张《股权转让协议》中股份转让指向的滴水岩煤业公司的主要财产为煤矿,该煤矿已关闭,煤矿关闭致使《股权转让协议》约定转让的公司股份财产价值下降,得以主张优先购买权的同等条件确定,应以《股权转让协议》约定转让股份的财产价值为同等条件。但无法确定案涉转让股份的财产价值,且主张优先购买权同等条件的确定应以《股权转让协议》中约定的转让条件为同等条件。被上诉人祝某某以同等条件发生变化为由,拒绝按照《股权转让协议》中约定的转让条件购买上诉人李某向被上诉人刘某某、冯某转让的股份,应视为祝某某不愿以同等条件购买李某转让的股权。类似的案例参见辽宁省大连市中山区人民法院(2017)辽 0202 民初 846 号民事判决书。

(3)未告知转让价格(抗辩率 22.73%)

抗辩成立(100%):在朱某某、晏某某等与陆某某股权转让纠纷案③中,"同等条件"是股东行使优先购买权的实质要件,而股权转让价格又是"同等条件"的核心内容,在被上诉人不知道股权转让具体价格的情形下,其并不具有行使优先购买权的前提和基础。类似的案例参见广东省深圳市南山区人民法院

---

① 广东省佛山市中级人民法院民事判决书,(2018)粤 06 民终 7395 号。
② 四川省广安市中级人民法院民事判决书,(2017)川 16 民终 1541 号。
③ 江苏省淮安市中级人民法院民事判决书,(2018)苏 08 民终 3404 号。

(2018)粤 0305 民初 17766 号民事判决书、江苏省高级人民法院(2015)苏审三商申字第 00398 号民事裁定书。

(4)价格不一致(抗辩率 31.82%)

①抗辩成立(21.43%)

在宋某某与赵某某等股权转让纠纷案①中,其他股东宋某某的货币出资额为 31.66 万元,且其他股东宋某某持有的山东省种子有限公司(以下简称山东省种子公司)股金收据金额为 211,625.35 元,这远低于其他股东宋某某与转让股东张某某、唐某、赵某某 3 人在济南市原工商行政管理局备案的股权转让协议中宋某某的 3.04% 股权转让价款 231.5071 万元。转让股东赵某某提交的宋某某交回公司的股金收据和山东省种子公司为赵某某出具的新的股金收据,与山东省种子公司其他股东、职工之间转让股份的合同、付款记录等相互印证。因此,法院认定其他股东宋某某与转让股东赵某某确定的股权转让价款应为 2.8983 万元。类似的案例参见重庆市铜梁区人民法院(2019)渝 0151 民初 4462 号民事判决书。

②抗辩不成立(78.57%)

在李某某与徐某某股权转让纠纷案②中,李某某称陈某等以 500 万元即低于李某某所出 550 万元的价格受让徐某某转让的股份应当无效。在张某某等与西安红土创新投资有限公司股权转让纠纷案③中,8 位老股东以有独立请求权第三人身份提出的诉讼请求,是在以海浪公司净资产为基础评估后确定拟转让的股权价格的前提下,按持股比例行使优先购买权,评估后确定价格明显不同于张某某受让股权的价格。

(5)价格确定方式(抗辩率 2.27%)

抗辩成立(0):在梁某某与广东省轻工业品进出口有限公司、杨某某股权转让纠纷案④中,其他股东作为股东,在明知涉案股权将在广州产权交易所挂牌交易的情况下,若要行使优先购买权,理应按该交易所公布的时间及交易规

---

① 山东省济南市历城区人民法院民事判决书,(2018)鲁 0112 民初 7765 号。
② 江苏省高级人民法院民事裁定书,(2016)苏民申 1346 号。
③ 陕西省高级人民法院民事判决书,(2020)陕民终 11 号。
④ 广东省广州市越秀区人民法院民事判决书,(2019)粤 0104 民初 40541 号。

则参与竞价,而非在转让股东杨某某已完成交易后再要求按该交易价格行使优先购买权。

(6)司法认定要点

股权转让价格是同等条件认定中具有决定性的因素,在笔者整理的涉及"同等条件"认定的案例中,与此相关的案例数量是最多的,究其原因,在于股权转让价格是认定同等条件过程中最具可操作性的因素。具体来说:一方面,股权转让价格的认定具有公平性,这一点在杨某与朱某某等股权转让纠纷上诉案[1]的裁判思路中得以体现。在此案中,法院认为"股权转让价格的确定,应是转让股东与受让第三人协商的结果,其他股东无权按照自己的意思认定价格是否合理"。转让价格的公平性使得转让人转让股权时往往将价格作为优先考虑的要素。另一方面,对于股权转让价格的认定易于操作,不致因理解偏差而产生各方自说自话的情形,这一点在康桥公司与马某某、万银公司等股权转让纠纷案[2]的裁判思路中得以体现。在此案中,法院认为当交易双方对拟转让股权的价值认定存在不同理解时,应将具有公信力的评估机构的评估报告作为定价的参考依据。因此,股权转让价格条款是"同等条件"认定过程中首要考虑的因素,当股权转让协议是普通类型的买卖合同时,可直接通过价格条款对同等条件予以认定,但商事活动的复杂性就在于会产生很多常规情形之外的状况,因此,对股权转让价格与其所内含的其他特殊要素的认定,成为了司法裁判过程中的重难点。

①折算因素与折算方式

折算因素的实质在于哪些因素可以被折算。衡量这一问题的关键是"可量化"。在高某某、滕某某与王某某、孙某某及敦化市城市公共汽车有限公司之间股权转让合同纠纷案[3]中,法院认为"判断是否符合同等价格不能仅考虑单方面的因素,应当具体情况具体分析,譬如说双方在经营合作中产生的利益关系、高级管理人员的聘用、增资扩股等"。这一类案件中对股权转让价格的认定并不局限于价格本身,还掺杂了其他可以等价替换股权转让价格的因素,

---

[1] 浙江省杭州市中级人民法院民事判决书,(2014)浙杭商终字第646号。
[2] 浙江省杭州市中级人民法院民事判决书,(2015)浙杭商终第1247号。
[3] 吉林省延边朝鲜族自治州中级人民法院民事判决书,(2017)吉24民终1480号。

因此给审判工作带来了难点。

笔者认为,对这类案件的裁判可以参考德国《民法典》中的相关规定,即如果转让股东对外转让股权的意图着重于实现此类替代条件,则其他股东若想行使优先购买权就必须满足转让方的条件或支付相应对价,仅在该类条件无法实现或无法以其他方式变通实现,却又会影响转让股东意图的实现时,为了维护交易公平,使转让股东的重大利益免遭侵害,方能认定不满足同等条件的要求,进而否定其他股东行使优先购买权。

折算方式的实质在于如何对可折算因素进行折算。具体而言,首先,确定交易基础。交易基础的确定可以意思自治为原则,由当事双方自由协商,对折算方式形成统一意见。其次,确定价格标准。可以交易行为发生时的市场价格为参照标准,如此一来有利于实现交易公平,但在实施过程中,有一点值得注意,即市场价格是一个不断变化的动态价格,以什么时候的市场价格为基准点仍须慎重确定。笔者认为,可以权利行使时的市场价格为准,如此更有利于平衡转让股东、受让人与主张优先购买权人之间的利益。最后,若其他某些因素致使无法确定市场价格,则可采取评估的方式,由当事人协商指定或法院确定的第三方评估机构进行评估。

②价格高低及其判定

股权对外转让过程中,可能会出现转让方恶意哄抬转让价格,使享有正当权利的优先权人因无法接受同样的条件而放弃行使优先购买权的情况。为避免此类情况的发生,笔者认为,可要求受让方提供担保,如全额现金担保或采取现金担保并辅以有资质的机构出具的担保函等方式,在受让方拒不提供担保的情况下,可由其他股东对股权转让价格提出异议,当双方未能就该价格协商一致时,其他股东可按第三方评估机构评估后得出的价格受让股权。

3. 转让数量

争议焦点:关于转让数量的4个案例样本中,争议焦点均为其他股东要求仅就部分股权行使优先购买权。

胜诉率:转让股东胜诉率100%。

(1) 仅就部分股权行使优先购买权(抗辩率100%)

抗辩成立(0):在娄某某、郑某某股权转让纠纷案①中,其他股东提出了"或部分受让,或全部受让,有待征求意见并详细面谈",这不属于"同等条件"。类似的案例参见浙江省宁波市中级人民法院(2017)浙02民终1283号民事判决书、浙江省杭州市中级人民法院(2016)浙01民终5128号民事判决书。

(2) 司法认定要点

其他股东行使优先购买权拟购买的股权数量与外部第三人拟受让的股权数量是否相同,涉及股东优先购买权部分行使的问题。这一问题曾在学术界引起较大争议,一部分学者对此持"肯定说";另一部分学者对此则持"否定说"。而在司法实践过程中,不同法院对该问题的看法也不尽相同。在杨某某诉杨某仪股权转让纠纷案②中,法院认为优先权人在法定期限内依照法定程序部分主张优先购买权,未损害他方权益,因此对其部分行使权利的做法予以肯定;而在浙江环益资源利用有限公司与陈某某股权转让纠纷案③与蔡某某等诉张某股权转让纠纷案④中,法院认为其他股东意图部分行使优先购买权,不具备法律认定的"同等条件",对其诉求不予支持。

《公司法司法解释(四)》的出台在一定程度上缓解了这一矛盾,其第18条将股权转让数量列入规定,明确了股权转让数量作为"同等条件"认定标准的地位,即从侧面表明了对部分行使优先购买权的否定态度。但是笔者认为,在此基础上对于股权转让数量的判定标准仍须作出进一步解释,以明晰整体转让与部分转让的区别。

从法学理论的角度出发,持肯定态度的学者认为,"法无禁止即可为",法律及司法解释并未明文禁止对部分股权行使权利,故依据私法自治的原则,不应为享有优先购买权的股东购买全部或部分股权设置障碍。而持否定态度的学者认为,公司法虽在性质上属于私法范畴,但因其兼具维护市场秩序及交易安全的公法属性,故并不适用私法自治的原则,股东优先购买权属于法定的程

---

① 湖北省高级人民法院民事裁定书,(2019)鄂民申3497号。
② 广东省佛山市顺德区人民法院民事判决书,(2016)粤0606民初2656号。
③ 浙江省宁波市中级人民法院民事判决书,(2017)浙02民终1283号。
④ 江苏省高级人民法院民事裁定书,(2015)苏审三商申字第00028号。

序性权利而非实体性权利,对程序性权利而言,只能依从法定。同时,否定派学者认为,在股权转让过程中,交易物并不单是股权本身,其背后还包含着不可分割的公司控制权,故部分行使股东优先购买权并不合理。

笔者认为,部分行使股东优先购买权原则上应被禁止。法律应为交易的顺利进行保驾护航,虽然法无禁止即自由,但也应考虑转让股东的利益诉求,维护股东退出机制,保证公司股权的流动性。若允许股东部分行使优先购买权,可能会使原受让人无法实现其初始目标,最终因不能获得理想数量的股权而放弃交易,这会导致转让股东在短时间内无法找到合适的受让人,以致无法实现其转让全部股权的目的,如此不仅会损害原受让人与转让股东的利益,也会影响公司的经营管理,阻碍公司运作。当然,实践中股权转让的情况纷繁复杂,不能一概而论。一般情形下,股东优先购买权的部分行使应被禁止,但在某些情形下,可对此予以肯定。例如,若受让方与享有优先购买权的股东协商一致,二者共同受让股权,则享有优先购买权的股东在满足相应条件如具备合理的转让价格时可部分行使优先购买权;又如,当转让股东将股权让与多个非股东受让人时,享有优先购买权的股东可以仅向其中一个非股东受让人主张优先购买权;诸如此类。笔者认为法官应在坚守原则的基础上,对实践中可能遇到的各种情形作出灵活认定。

4. 支付方式和履行期限

争议焦点:关于支付方式和履行期限的3个案例样本中,争议焦点均为其他股东要求认定转让股东和第三人之间支付方式及履行期限更优。

胜诉率:其他股东胜诉率100%。

其他股东要求认定转让股东和第三人之间支付方式及履行期限更优(抗辩率100%)。

抗辩成立(100%):在杰某与重庆铜梁天恩中西医结合医院有限公司周某某股权转让纠纷案[1]中,从支付方式和履行期限来看,周某某与润之康医院约定的支付方式为合同双方签字之日向甲方支付280万元,完成支付280万元后,15日内办理完工商变更登记,办理完工商变更登记后,支付剩余的价款32.5

---

[1] 重庆市铜梁区人民法院民事判决书,(2019)渝0151民初4462号。

万元,且润之康医院在协议签订的次日就将280万元支付至周某某的账户。周某某与杰某分别于2018年7月29日、2018年8月7日、2018年10月20日三次签订股权转让协议,双方最后一次约定的支付方式为协议生效之日起4个月内以银行转账方式分期付清,杰某于2018年12月18日才将280万元支付给周某某,余款尚未支付。所以,从支付方式和履行期限来看,润之康医院的支付方式和履行期限条件明显优于杰某的支付方式和履行期限条件,不符合"同等条件"。类似的案例参见上海市长宁区人民法院(2018)沪0105民初10945号民事判决书。

5. 其他问题

(1)债务承担(抗辩率7.69%)

①抗辩成立(25%)

在钟某某、朱某某股权转让纠纷案①中,钟某某主张案涉股权转让对价除合同约定的5.1万元外还包括林某某欠钟某某的数百万元款项。就此,钟某某并未提供充分证据予以证明,加之其提交至工商部门备案的《同业公司股权转让合同》明确约定案涉股权转让价格为5.1万元,故法院对钟某某的上述主张不予支持。

②抗辩不成立(75%)

在董某某、杨某某股权转让纠纷案②中,杨某某向赵某转让的育英中学93.33%的股份,除约定了股份转让款16,053,332元外,还就付款方式以及育英中学的相关债务承担进行了约定。董某乙仅以16,053,332元价格对涉案股份主张行使股东优先购买权。董某乙的该购买条件与赵某、杨某某签订的《晋州市育英中学股权转让意向书》所约定的股份转让条件不属于"同等条件",不符合法律规定,故董某乙要求对涉案股份行使优先购买权的主张依法不能成立。类似的案例参见广东省茂名市中级人民法院(2019)粤09民终340号民事判决书。

---

① 广东省佛山市中级人民法院民事判决书,(2018)粤06民终7395号。
② 河北省石家庄市中级人民法院民事判决书,(2020)冀01民终216号。

(2)债权抵销(抗辩率4.55%)

①抗辩成立(33.33%)

在甘肃兰驼集团有限责任公司与常柴银川柴油机有限公司等股权转让纠纷案①中,由于万通公司与常柴银川柴油机有限公司签订的执行和解协议书明确载明了0.5%的股权抵债50万元的事实,且该事实被法院裁定书认定,故该0.5%股权的对应价款为50万元而非500万元。鉴于0.5%股权的转让款为50万元,远低于询问甘肃兰驼集团有限责任公司是否行使优先购买权时征询函载明的价格,故载明案涉0.5%股权的转让款为500万元的征询函并不构成有效通知。

②抗辩不成立(66.67%)

在何某某与厦门通洲物流集团有限公司、上海通宙国际物流有限公司等股权转让纠纷案②中,法院认为同等条件一般是指转让股东与受让人签订的股权转让合同的全部内容。其他股东要求分割《公司清算及股权转让协议》中利润分配结算、债权抵销,仅计算股价才愿意购买股权,已不再是同等条件下的转让,依法不能支持。类似的案例参见辽宁省大连市中山区人民法院(2017)辽0202民初846号民事判决书。

(3)办理工商变更登记(抗辩率21.21%)

①抗辩成立(7.14%)

在梁某某等诉汤某股权转让纠纷案③中,二审法院认为拟转让的股权比例、每股的转让价格、定金数额、付款时间、办理工商登记变更的时间、受让人姓名以及违约金条款等方面均有不同。对于汤某对涉案股权的转让设定的是什么条件,该条件是否告知了梁某某,认定涉案股权的转让条件应依据哪一份协议等关键的基本事实,原审判决认定不清。

②抗辩不成立(92.86%)

在潘某与欧某某股权转让纠纷案④中,其他股东仍要求转让股东先办理张

---

① 最高人民法院民事判决书,(2016)最高法民终295号。
② 上海市虹口区人民法院民事判决书,(2017)沪0109民初17554号。
③ 广东省珠海市中级人民法院民事裁定书,(2017)粤04民终1835号。
④ 广东省中山市中级人民法院民事判决书,(2015)中中法民二终字第648号。

某股权的工商变更手续,再与欧某某等 16 位股东签订股权转让合同。其他股东潘某要求,股权转让的同时,转让方全体需向公司辞职。即使有签订明确的股权转让合同,其股权转让合同的内容亦不会仅仅就股权转让的单价及付款条件达成一致,还会有其他内容。在此情形下,潘某亦不能仅依据股权转让的单价及付款条件向法院主张行使优先购买权。

(4)违约金条款(抗辩率 1.51%)

抗辩成立(100%):在梁某某等诉汤某股权转让纠纷案①中,二审法院认为不论是落款时间为 2014 年 6 月 18 日的股权转让协议,还是落款时间为 2014 年 7 月 15 日的股权转让协议,均与 2014 年 4 月 1 日股东会决议通知的条件有显著差别。三者在拟转让的股权比例、每股的转让价格、定金数额、付款时间、办理工商登记变更的时间、受让人姓名以及违约金条款等方面均有不同。原审判决对关键的基本事实认定不清。

(5)违约条款(抗辩率 1.51%)

抗辩成立(100%):在杰某与重庆铜梁天恩中西医结合医院有限公司、周某某股权转让纠纷案②中,从违约条款来看,周某某与润之康医院约定的逾期付款违约金为每迟延一天,应按迟延部分价款 5‰ 支付滞纳金,周某某与杰某约定的违约金为零,显然,周某某与润之康医院约定的逾期付款条件优于与杰某的约定,亦不符合"同等条件"。

(6)担保责任(抗辩率 6.06%)

抗辩成立(0):在李某某等诉吴某某等股权转让纠纷案中,从二被告之间签订的股权转让协议的内容来看,股权转让的条件不仅仅包含股权转让的价格、付款方式、付款期限,还包括对目标公司的对外负债,向债权人承担连带清偿责任。优先购买权的优先应为受让资格的优先,而非受让条件的优先,故原告若主张行使优先购买权,则应与被告赵某某在同等条件下行使。类似的案例参见广东省深圳市罗湖区人民法院(2018)粤 0303 民初 13204 号民事判决书、浙江省杭州市中级人民法院(2017)浙 01 民终 2004 号民事判决书。

---

① 广东省珠海市中级人民法院民事裁定书,(2017)粤 04 民终 1835 号。
② 重庆市铜梁区人民法院民事判决书,(2019)渝 0151 民初 4462 号。

(7)经济补偿(抗辩率25.76%)

抗辩成立(0):在杨某某、大连中国国际旅行社有限公司股权转让纠纷案①中,杨某某与各被申请人一审中均认可同等条件至少为股权价格的5.5倍,对于是否包括对大连中国国际旅行社有限公司出借的260万元款项,各方存在争议。后经原审法院释明,杨某某变更诉讼请求为:按照工商登记的3倍享有优先购买权,其余2.5倍经济补偿其也同意给付。但原审法院并未告知杨某某在限定期限内对于增加的诉讼请求补缴相应的诉讼费,杨某某事实上亦未补缴相应的诉讼费用,原审判决程序存在瑕疵。

(8)明确所转让股权所涵盖的资产(抗辩率3.30%)

抗辩成立(0):在娄某某、郑某某股权转让纠纷案②中,娄某某在回函中提出"你应告知拟受让股权人的详细情况,并列清转让的详细清单(债权、债务),以便本股东最后作出决定"及"如你必欲整体转让该股权,则鉴于你所提出的57%股权转让价格为1526.68万元所涵盖的资产不清晰,尽管本人也是股东,但大部分时间不在公司,且公司日常具体经营管理均由你负责,如本人受让,你无论作为出让方抑或作为公司经营管理者,亦应清晰转让前公司资产状况及转让股权所涉资产状况",娄某某提出的上述要求系与公司管理有关的事项,已超出了"同等条件"的范围。类似的案例参见湖北省高级人民法院(2019)鄂民申3497号民事裁定书。

(9)一并转让未分配利润等特殊条件(抗辩率1.51%)

抗辩成立(0):在何某某与厦门通洲物流集团有限公司、上海通宙国际物流有限公司等股权转让纠纷案③二审中,法院认为股东转让股权的交易条件不仅限于对价的数额,也应包括清偿特定主体债务、一并转让未分配利润等特殊条件。

(10)利润分配结算(抗辩率1.51%)

抗辩成立(0):在何某某与厦门通洲物流集团有限公司、上海通宙国际物

---

① 辽宁省大连市中级人民法院民事裁定书,(2020)辽02民再69号。
② 湖北省咸宁市中级人民法院民事判决书,(2019)鄂12民终293号。
③ 上海市第二中级人民法院民事判决书,(2018)沪02民终8952号。

流有限公司等股权转让纠纷案①一审中，法院认为同等条件一般是指转让股东与受让人签订的股权转让合同的全部内容。其他股东要求分割《公司清算及股权转让协议》中利润分配结算、债权抵销，仅计算股价才愿意购买股权，已不再是同等条件下的转让，依法不能支持。

（11）受让方保证公司研发人员的薪酬待遇不变等条款（抗辩率1.51%）

抗辩成立(0)：在涂某与亿企赢网络科技有限公司、宋某等股权转让纠纷案②中，转让股东宋某等人与转让股东亿企赢网络科技有限公司的股权转让条件中除了数量、价格外，还包括受让方应向出让方提供与股权转让价款同等金额的银行存款锁定证明及受让方保证神计公司研发人员的薪酬待遇不变等条款。

（12）经法院司法审计程序（抗辩率1.51%）

抗辩成立(0)：在项某某与蔡某某、朱某某股权转让纠纷案③中，其他股东的回函提出了购买股权的前置条件，受让股权接受条件已不相等，前提条件是财务账目应核算结算，并经法院司法审计程序。

（13）须在产权交易所报名参与转让程序（抗辩率1.51%）

抗辩成立(0)：在慈溪市天圆混凝土有限公司(以下简称慈溪天圆公司)等诉浙江省建材集团有限公司(以下简称浙江建材公司)等股权转让纠纷案④中，其他股东慈溪天圆公司没有按照转让股东浙江建材公司的出让程序在浙江产权交易所报名参与转让程序。

（14）转让方全体需向公司辞职（抗辩率19.70%）

抗辩成立(0)：在潘某与欧某某股权转让纠纷案⑤中，其他股东仍要求转让股东先办理张某股权的工商变更手续，再与欧某某等16位股东签订股权转让合同。其他股东潘某要求，股权转让的同时，转让方全体需向公司辞职。即使有签订明确的股权转让合同，其股权转让合同的内容亦不会仅仅就股权转让的

---

① 上海市虹口区人民法院民事判决书，(2017)沪0109民初17554号。
② 上海市浦东新区人民法院民事判决书，(2018)沪0115民初12817号。
③ 浙江省瑞安市人民法院民事判决书，(2017)浙0381民初12909号。
④ 湖南省常德市鼎城区人民法院民事判决书，(2016)湘0703民初2316号。
⑤ 广东省中山市中级人民法院民事判决书，(2015)中中法民二终字第648号。

单价及付款条件达成一致,还会有其他内容。在此情形下,潘某亦不能仅依据股权转让的单价及付款条件向法院主张行使优先购买权。

(15) 司法认定要点

《公司法司法解释(四)》对"同等条件"的要素进行了细化说明,但仍无法涵盖其全部,加上社会生活的复杂性多样性,"同等条件"的认定在实践中可操作性不够,问题频出,因此,除了上文提及的几个重点关注的要素之外,还有其他一些要素同样值得关注。

①关于附条件的股权转让。在陈某与长沙通菱企业管理有限公司、耿某等股权转让纠纷案[1]中,法院认为,根据股权转让协议的约定,受让方还应对公司的其他要求退股的股东作出安排,这也是其受让涉案股权的"同等条件"之一;与此案类似的是林某甲诉林某乙等股权转让纠纷案[2],该案中的法院认为,股权转让的"同等条件"除包括价格、数量等常规因素外,还包括交易双方约定的由受让人对目标公司的对外负债,向债权人承担连带清偿责任。通过对类似案件的梳理可知,在此类案件中,交易双方在订立股权转让协议时,除了约定价格、数量等常规项外,往往还会补充"承担公司债务、承诺增资扩股、对公司其他股东作出安排"等有利于双方实现交易目标的内容。对于这一类型的案件,笔者认为,法院不必恪守法条的规定,可以适当结合现实情况,具体问题具体分析。

②关于人身关系等情感因素。司法实践中不乏基于人身关系等情感因素发生的股权转让行为,如转让股东基于其与受让人之间的特殊人身情感关系,以低廉的价格将股权转让给受让人。类似的案例在司法实践中并不算少见。有学者认为,私法属性的股东优先购买权在转让股东对外转让股权时方能行使,股权转让必然涉及支付对价,而基于情感因素的股权转让,不论是以出卖还是赠与的方式,都会损害原有股东的利益,进而对有限责任公司的人合性产生威胁。

笔者认为,"同等条件"的判定标准不应考虑人身关系等情感因素。因人

---

[1] 湖南省长沙市中级人民法院民事判决书,(2017)湘 01 民终 624 号。
[2] 广东省台山市人民法院民事判决书,(2016)粤 0781 民初 2945 号。

身关系等情感因素而以较低价格转让股权,实质上已类似于买卖与赠与相结合,该转让价格包含部分赠与属性,并不能使股权的实际价值得到客观反馈。含有人身情感关系的股权转让,其转让价格的确定必然受一定程度的非市场因素影响,而此类非市场因素因其主观性难以被客观量化,无法以具体价格对其进行合理估值,故确定客观同等条件时应将此类因素排除在考虑范围之外。

首先,有限责任公司股权对外转让涉及多方利益,会对公司的整体结构与运营产生重大影响,优先购买权作为一项法定权利,不能受制于转让股东的情感因素。

其次,转让股东折价转股的行为表明其并不重视公司股东的身份,既然其可接受较低的股权转让价格,就意味着具有优先购买权的股东以此价格行使优先购买权并不会对其造成损失。

最后,既然在公司章程订立时未对股东优先购买权加以额外约定,转让股东便应能及时预见股权对外转让可能存在的履行风险,而转让股东在清楚地认识到这一风险的情形下,选择订立股权转让协议,即意味着其愿意承担风险。因此,具有优先购买权的股东在行使权利时无须考虑人身关系等情感因素。

③关于违约责任。在丁某某、李某、冯某某与瞿某某优先认购权纠纷再审案[①]中,法院认为,"同等条件不仅包含转让价格,还包括付款期限、违约条款等",应将违约责任纳入"同等条件"的判定标准。

笔者认为,违约责任分为法定违约责任与约定违约责任,法定违约责任由法律强制规定,不存在所谓的"同等"或"非同等"之说;而约定违约责任的确定依赖当事人的约定,在不同情形下会产生不同责任。将违约责任作为同等条件的判定标准,制定违约责任条款,有利于对合同的履行进行约束,保障当事双方权利义务的实现,若发生违约情形,由此产生的违约金数额也会因违约责任约定的不同而不同。故将违约责任纳入"同等条件"的判定标准中,有利于维护交易公平,防止具有优先购买权的股东以主张优先购买权的手段恶意阻挠股权的对外转让,法官将违约责任纳入"同等条件"的裁判思维值得肯定。

① 最高人民法院民事判决书,(2012)民抗字第32号。

(三)合理期限

1.案例统计

(1)是否明确行使期限

具体内容见表16-16。

表16-16 明确行使期限的案例情况

类型	样本数/个	占比/%
章程规定	6	5.94
通知确定	22	21.78
法院酌情确定	2	1.98
未明确行使期间(30日)	71	70.30

(2)行使期限

具体内容见表16-17。

表16-17 明确行使期限的案例情况

期限/日	法院认可案例数/个	法院不认可案例数/个	认可率/%	总数/个
3	0	1	0	1
4	0	1	0	1
11	0	15	0	15
15	1	0	100.00	1
20	1	0	100.00	1
30	83	15	84.69	98

(3)享有优先购买权

具体内容见表16-18。

表 16-18　享有优先购买权的案例情况

期限/日	享有优先购买权案例数/个	不享有优先购买权案例数/个	享有率/%	总数/个
3	0	1	0	1
4	0	1	0	1
11	15	0	100.00	15
15	1	0	100.00	1
20	1	0	100.00	1
30	25	73	25.51	98

2. 案例展示

(1) 3 日。在陈某与陈某某股权转让纠纷案①中,被上诉人蒋某某于 2014 年 5 月 13 日向两名上诉人通过特快专递方式送达 2014 年 5 月 12 日的通知,其内容为就是否同意购买其在豫新公司的股权进行书面答复,期限为 3 日。虽然该通知要求两名上诉人答复的时间不符合公司法 30 日的规定,但是接到该通知 30 日内两名上诉人均未向被上诉人书面答复。故两名上诉人的上诉请求不能成立。

(2) 4 日。在贾某某与计某、胡某某股权转让纠纷案②中,有限责任公司的股东主张优先购买转让股权的,应当在收到通知后,在公司章程规定的优先购买权的行使期间内提出购买请求。公司章程没有规定优先购买权的行使期限或者规定不明确的,以通知确定的期间为准,通知确定的期间短于 30 日或者未明确优先购买权的行使期间的,优先购买权的行使期间为 30 日。该案中,挚宇公司的公司章程并未明确优先购买权的行使期限。被告已于 2018 年 3 月 14 日向原告发送了股权转让和"同等条件"告知的通知,虽然该通知中确定的行使优先购买权的最终期限未满 30 日,但原告也未在 30 日内提出行使优先购买权的请求,直至计某于 2018 年 6 月提起股东资格确认纠纷,原告才提出行使优先购买权,届时已超过了法律规定的期限,法院予以确认。

---

① 新疆维吾尔自治区昌吉回族自治州中级人民法院民事判决书,(2015)昌中民二终字第 348 号。
② 上海市闵行区人民法院民事判决书,(2018)沪 0112 民初 35125 号。

(3) 11 日。在程某某与于某某股权转让纠纷案①中,2018 年 6 月 11 日,于某某向程某某等 16 名股东发出第二份通知,告知同意和不同意转让股权的股东人数,并要求上述股东在 2018 年 6 月 22 日前一次性支付股权转让款 200 万元购买案涉股权。但该通知确定的股东优先购买权的行使期间为 11 日,短于 30 日,不符合法律规定。从 2018 年 6 月 22 日程某某代表其他股东向于某某发送的短信内容来看,其他股东在于某某要求的期间内已向于某某作出了行使优先购买权的意思表示。程某某于 2018 年 6 月 25 日向于某某发出的答复,只是表明其无法单独购买拟转让的股权,并未明确表明放弃优先购买权,且程某某等 16 名股东于 2018 年 6 月 28 日向于某某发出的关于行使优先购买权的通知中明确表示了其行使优先购买权及各位股东购买股权的具体比例,故可以认定程某某在法律规定的 30 日优先购买权的行使期间内已向于某某提出了购买请求,即当时处于其他股东行使优先购买权阶段。

(4) 15 日。在李某某等诉吴某某等股权转让纠纷案②中,股东优先购买权的行使期限,是赋予其他股东在获知同等条件的确切内容后,对同等条件进行分析评估的合理期限,故法院结合该案的具体情况,酌情确定原告优先购买权的行使期限为 15 日。优先购买权的行使方式应当是权利人与出让股东签订股权转让协议,是否签订股权转让协议是判断是否行使优先购买权的依据。若原告于判决生效后 15 日内与被告吴某某签订股权转让协议,则其取得被告吴某某与赵某某签订的股权转让协议及补充协议中赵某某的合同地位,并需支付合同约定的股权转让款。否则,被告吴某某与赵某某签订的股权转让协议及补充协议继续履行。

(5) 20 日。在蔡某与韩某某股权转让纠纷案③中,原告主张按韩某某与黄某某于 2020 年 1 月 8 日签订的《岳阳市大桥花卉管理有限公司股东股份转让协议》中约定的同样条件享有优先购买权,具有事实和法律依据,法院予以支持,但原告主张权利应在《公司法》规定的 30 日内行使,法院酌情确定原告应在判决生效后 20 日内主张。

---

① 参见四川省成都市锦江区人民法院民事判决书,(2018)川 0104 民初 8547 号。
② 浙江省杭州市下城区人民法院民事判决书,(2016)浙 0103 民初 5529 号。
③ 湖南省岳阳市岳阳楼区人民法院民事判决书,(2020)湘 0602 民初 1461 号。

(6)30日。涉及章程确定的案例有6个,占该类型案件的比例为2%;涉及通知确定的案例有22个,占该类型案件的比例为22%;涉及未明确行使期限的案例有72个,占该类型案件的比例为72%。

①章程确定(法院认可率100%)。

在谢某某、李某、西南建工集团有限公司等损害股东利益责任纠纷案①中,西南建工集团有限公司与李某签订股权转让协议,虽然约定了转让股权的金额,但并未约定对价,因此,双方实为零价值转让。并无证据证明谢某某知道优先购买权的同等条件(零价值转让)已超过30日,且在谢某某起诉时即2019年5月23日,距该股权变更登记之日(2018年5月28日)尚未满一年。因此,谢某某有权主张同等条件下的优先购买权。

②通知确定(法院认可率25%)。

法院认可案例:在江阴市正邦制管有限公司、周某某等与刘某某、俞某某股权转让纠纷案②中,俞某某邮寄给周某某、肖某某的股权转让告知函明确要求江阴市正邦制管有限公司其他股东于收到告知函之日起30日内作出是否同意其向股东之外的人转让股权的书面答复,且若不同意对外转让,应于45日内行使优先购买权,但周某某、肖某某并未于2017年12月19日之前作出答复,应视为同意俞某某向江阴市正邦制管有限公司股东以外的人转让股权且放弃优先购买权。

法院不认可案例:在程某某与于某某股权转让纠纷案③中,虽然于某某发出的对外转让股权的通知向其他股东告知了股权转让的受让人、股权转让价格、支付时间、支付方式等,但鉴于通元水产公司股东人数众多,在法律规定的答复期限届满前,同意或者不同意转让的股东人数尚不确定,不同意转让的股东也无法协商确定各自受让股份的购买比例。因此,将收到该通知之日起30日内作为优先购买权的行使期间,对于有意优先购买股权的众多股东而言存在有效行使该权利的障碍,有违诚实信用和公平原则。从于某某2018年6月11日发出的第二份通知内容"对于是否同意股权对外转让事宜已于2018年4月

---

① 四川省南充市顺庆区人民法院民事判决书,(2019)川1302民初3995号。
② 江苏省无锡市中级人民法院民事判决书,(2018)苏02民终3446号。
③ 四川省成都市锦江区人民法院民事判决书,(2018)川0104民初8547号。

19日征求全体股东同意"来看,可以认定上述对外转让股权的通知是于某某征询通元水产公司其他股东是否同意其对外转让股权的通知,即当时处于征求其他股东同意的阶段。

③未明确行使期限(法院认可率100%)。

在合肥金星现代科技投资有限公司与刘某、神蝶公司股权转让纠纷案①中,原告于2017年11月1日应已知悉了案涉股权转让的交易条件,其未在收到法院寄送的起诉状副本、证据复印件等诉讼材料之日起30日内向转让股权的股东即该案两被告主张行使优先购买权。其称自2017年11月1日起计算第30日为2017年12月2日,而当日为星期六,其至2017年12月4日即向法院起诉,主张优先购买权未超出法定期限,但因其应向两被告而非人民法院提出优先购买权(其起诉后由法院通知两被告是其中一种方式),且司法解释中规定的30日为不变期间,不适用中止、中断和延长的规定,故其并未在上述期限内行使优先购买权,而其称实际收到法院寄送邮件的时间为2017年11月6日,无事实及法律依据,法院不予认可。

3. 司法认定要点

优先购买权制度的设立是对股权自由转让的限制,其直接关系到转让股东以及受让第三人的利益,还可能冲击优先购买权所涉法律关系的稳定,因此为避免拥有优先购买权的股东为阻碍股权的对外转让而恶意拖延拒不行权,各国均多对优先购买权的行使期限作出了一定限制。如果权利人未在合理期限内行使优先购买权,即视为放弃优先购买权。这也符合"法律不保护权利上的睡眠者"这一法谚精神,以法律为权利的行使设定合理期限,也能够更好地保护有购买意愿的拥有优先购买权的股东,使其对权利行使期间有较明确的预期,进而对受让股权作出合理的安排。

我国《公司法》规定的"30日"是其他股东行使同意权②的限定期限,而非优先购买权的行使期限。此前正是这种法律上的漏洞导致了优先购买权被恶意行使、滥用的现象。具体而言,不同意转让股权的股东为实现其阻碍股权转

---

① 安徽省合肥市蜀山区人民法院民事判决书,(2017)皖0104民初9070号。
② 2023年修订的《公司法》已删除有限责任公司股东对外转让股权时其他股东的同意权规则。

让的目的,故意拖延不行使优先购买权,致使转让股东无法及时与受让人完成股权转让的相关事宜,给司法裁判带来难点。

首先,行使期限不宜过短,否则不能留给权利人足够的思考时间,损害权利人的利益。这一点从海南华亭嘉园实业有限公司与济南美术总厂等股权转让纠纷案①中可以看出,此案中法院认为,"转让股东所发出的征询函中限定权利行使期限为2日,既有违其征询函确定的期限,也不符合公司法的相关规定"。

其次,在行使期限的认定理由方面,应谨慎使用"比照""参照"等字眼,将《公司法》规定的其他权利或其他情形下的行使期限类推适用于股东优先购买权项下。具体而言,其一,不宜将同意权的行使期限参照适用于优先购买权之中。例如,在恩瑞集团有限公司与湖南省送变电工程公司、李某某、湖南创高建设有限公司及第三人湖南新华盛房地产开发有限公司股权转让纠纷案②中,法院认为,"对于股东优先购买权行使期限的认定,可比照《公司法》第71条第2款关于其他股东同意权行使期限的规定,确定为30日";又如,在陈某某与温州泰源房地产开发有限公司股权转让纠纷案中,法院认为,原告超出一审裁定的日期五个月仍未提出行使优先购买权的主张,已经不在《公司法》第71条规定的30日行权期限的范围内。在这两个案例当中,法官以《公司法》中对同意权行使期限的规定为标准,认定股东优先购买权的行使期限,笔者对此并不赞同。笔者认为,虽然从制度上来看,优先购买权与同意权关联紧密,但究其本质,二者各为一体,独立运行,其价值导向也是不同的,优先购买权不等同于同意权,比照同意权行使期限的规定确定优先购买权的行使期限,实为不妥。其二,不宜将特殊情形下优先购买权的行使期限比照适用于一般情形下的优先购买权之中。例如,在上海电力实业有限公司等与中静实业(集团)有限公司(以下简称中静公司)股权转让纠纷案③中,法院认为,"比照我国《公司法》第72条的规定,优先权人中静公司应当在判决生效之日起20日内行使优先购买权,否则视为放弃",但是《公司法》该条关于优先购买权行使期限的规定,是建立在"人民法院依照法律规定的强制执行程序转让股东的股权"这样一种特殊的情形上

---

① 山东省济南市中级人民法院民事裁定书,(2013)济商终字第702号。
② 湖南省长沙市天心区人民法院民事判决书,(2015)天民初字第05077号。
③ 上海市第二中级人民法院民事判决书,(2014)沪二中民四(商)终字第1566号。

的,与一般情形中优先购买权的行使截然不同,将此种特殊情形中的行使期限类推适用,实为不妥。

最后,对优先购买权的行使期限应在一定程度上予以灵活认定。在李某某与吴某某股权转让纠纷案①中,法院根据案件的具体情况,酌定优先购买权的行使期限为15日,即这样一种裁判思路的体现。因此,笔者认为,应对此类在法律与事实的基础上灵活认定行权期限的裁判思维予以肯定,这不仅能够适应复杂多变的交易环境,保障交易安全,更能体现出一种对公平的价值追求。

综上所述,明确股东优先购买权的行使期限有利于敦促其他股东积极行使权利,在有效防止权利滥用的同时,更好地保护转让股东与受让第三人的利益,进而保护交易、财产的安全,维护市场秩序。此前,在相关法律存在缺漏的情况下,为了满足审判实践工作的需要,上海市高级人民法院、山东省高级人民法院都曾在其出台的意见中对行使期限作出规定:转让股东对于其他股东所规定的答复期限不得短于30日。

针对司法裁判中出现的纠纷难点,《公司法司法解释(四)》出台的相关规定在一定程度上为解决该问题提供了新的思路,其第19条明确了"有限责任公司的股东主张优先购买转让股权的,应当在收到通知后,在公司章程规定的行使期间内提出购买请求。公司章程没有规定行使期间或者规定不明确的,以通知确定的期间为准,通知确定的期间短于三十日或者未明确行使期间的,行使期间为三十日"。其意旨在于:允许股东在意思自治原则的基础上,对优先购买权的行使期限自主考虑与决策,并通过公司章程进行约定;若公司章程未对优先购买权的行使期限进行规定或规定不明,以转让股东发出的通知中所限定的时间为认定标准;若转让股东的通知中亦未作出明确规定或通知中规定的时间少于30日,以30日为认定标准。

考察域外的相关法律法规,日本规定了优先购买权的行使期限为10日;瑞士将该期限规定为自具有优先购买权的股东知悉契约缔结和内容之日起3个月内。

结合我国实际情况,笔者认为《公司法司法解释(四)》将优先购买权的行

---

① 浙江省杭州市中级人民法院民事判决书,(2017)浙01民终2004号。

使期限限定为 30 日是具有实践价值的。其一,这样的规定能够较为合理地平衡当事人利益;其二,资本市场瞬息万变,过长的权利行使期限所导致的不稳定状态,可能会令转让股东错失最佳转让时机;其三,30 日的规定能够有效防止期限过短给具有优先购买权的股东造成损失,正如前文列举的案例中所体现的,法官否定了过短的行使期限,其体现出的是与法律的价值取向相一致的裁判逻辑。对优先购买权行使期限作出明确的法律认定,能够使其积极发挥平衡转让股东与具有优先购买权的股东之间利益的作用,具有重要的现实意义。

(四)反悔权

1. 数据统计

(1)支持比率

具体内容见表 16 - 19。

表 16 - 19 支持比率

反悔权	样本数/个	占比/%
支持	34	85
不支持	6	15

(2)其他问题

在 25 个涉及"权利滥用"的案件中,法院认可存在权利滥用的案件有 6 个,认可率为 24%。

2. 案例展示

(1)不构成权利滥用,认定反悔权。《公司法司法解释(四)》第 20 条的规定是为了保护有限责任公司的人合性,在转让股东"又不同意转让股权"时,可以达到阻止外部人进入公司的目的,故法律允许转让股东反悔,并不再赋予其他股东过多权利。在于某某、刘某某股权转让纠纷案①二审中,于某某在刘某某等主张优先购买权后,又不同意转让股权,符合前述规定的"反悔权"构成要件,且于某某并未在其他股东主张优先购买权时反复行使"反悔权",亦不构成权利滥用。同时,双方确认通元水产公司章程中并未限制"反悔权"的行使,刘

---

① 四川省成都市中级人民法院民事判决书,(2019)川 01 民终 5996 号。

某某等亦未举证证明全体股东对此另有约定。因此,于某某主张"反悔权"符合法律规定。故对于刘某某要求行使优先购买权的主张,法院不予支持。

(2)构成权利滥用,不认定反悔权。《公司法司法解释(四)》第20条关于"有限责任公司的转让股东,在其他股东主张优先购买后又不同意转让股权的,对其他股东优先购买的主张,人民法院不予支持"的规定,适用于转让股东放弃转让股权的情形,目的是保护有限责任公司的人合性。因为在转让股东"又不同意转让股权"时,可以达到阻止外部人进入公司的目的,故允许转让股东反悔,不再赋予其他股东过多的权利。在钟某甲、杨某某股权转让纠纷案①中,从钟某甲上诉状所附通知书内容可知,虽然钟某甲解除了与钟某乙的股权转让协议,但钟某甲并没有放弃转让股权的意思表示,而是在一审法院判决支持杨某某按同等条件行使优先购买权的情况下,以行使"反悔权"的名义,将股权转让价款提高至原协议约定价款的15倍,继续对外转让股权,以此来阻止杨某某等其他股东行使优先购买权。钟某甲的行为既不符合《公司法司法解释(四)》第20条规定的情形,也有违诚实信用原则,其所谓行使"反悔权"的主张,不应得到支持。

3. 司法认定要点

(1)反悔权设立意义

首先,从人合性角度来看,反悔权的行使并不会破坏公司的人合性,公司的治理机制也并未因此受到任何影响。其次,从契约自由角度来看,允许转让股东行使反悔权彰显了对自由意志的保障,符合民法中的自愿原则。再次,赋予转让股东反悔权并不会对其他股东行使优先购买权造成限制,当转让股东再次对外转让股权时,其他股东仍可主张优先购买权。除此之外,有学者认为,在分析转让股东是否应具有反悔权作为其救济途径时,还应将公司的商业实践利益纳入考虑范围。当转让股东将股权对外转让事宜通知给其他股东后,其他股东需要在市场调研的基础上尽快对转让价格等条件作出理性判断,为行使优先购买权奠定坚实的基础。因此,有观点认为,需要综合考虑权利的成本,毕竟赋予转让股东反悔权会使其他股东的前期努力付诸东流。回归具体实践可以发现,

---

① 四川省成都市中级人民法院民事判决书,(2018)川01民终10502号。

在很多交易场合,相对人都为之付出了交易成本,但最终由于各种原因还是未能达成交易,因此笔者认为,前期成本并不能作为需要衡量的重点因素,转让股东并不能因此就被剥夺反悔权。最后,从权益维护角度来看,转让股东行使反悔权往往建立在维护其利益的基础上,允许其在权衡后决定撤回对外转让的意思能在一定程度上避免其权益损失,因此赋予其反悔权具有合理性。

但为了避免转让股东滥用反悔权,对该权利的行使设置一定程度的限制就显得尤为必要,如当转让股东利用法律的该项规定反复多次"反悔"而阻碍其他股东行使优先购买权,影响公司的正常经营秩序时,应否定该反悔权的效力,使其他股东能够在同等条件下行使优先购买权,从而取得该转让股权。

(2)"恶意"行使反悔权

在钟某某、杨某某股权转让纠纷案①中,转让股东要求行使反悔权,以阻止其他股东行使优先购买权。法院根据审理,结合转让股东与第三人进行股权转让交易时恶意串通抬高价格的行为,发现转让股东无放弃股权转让的意图,只是为了阻止其他股东以合理的价格行使优先购买权,想通过行使反悔权来提高转让股权的价格,谋取不正当利益,所以法院对其诉请不予支持。判断转让股东要求行使反悔权的目的是解决此类问题的关键。若转让股东秉持着"善意"行使反悔权,法院支持其行使反悔权的诉讼请求。转让股东终止对外转让股权的行为,虽然意味着其他股东行使优先购买权的前提条件消失,无法行使优先购买权,但无论是优先购买权还是反悔权,其设定的目的都是阻止公司股东以外的第三人进入公司内部,反悔权甚至消除了股东优先购买权纠纷的产生根源。可是在现实情况中,更多是案例中的情形,转让股东要求行使反悔权并不是为了放弃股权转让,维护公司人合性,而只是"恶意"地为了抬高股权转让价格,在股权转让中获取更多的利益,罔顾公司人合性,这与反悔权的设立目的背道而驰。

(3)滥用反悔权

上述案例中,法官根据转让股东提出行使反悔权要求前的行为来判断转让股东行使反悔权的目的,发现其在其他股东提出优先购买权后存在对抗股东优

---

① 四川省成都市中级人民法院民事判决书,(2017)川 01 民终 4242 号。

先购买权的恶意的行为时,可以判定转让股东行使反悔权的目的并非保护有限责任公司的人合性,且有违诚实信用原则,对其诉讼请求不予支持。除恶意行使反悔权的诉讼请求会被法院驳回外,存在反悔权滥用情况的,转让股东行使反悔权的诉讼请求也会被驳回。滥用指在其他股东行使优先购买权时反复使用反悔权,或违反公司章程中对反悔权的限制。因转让股东提出行使反悔权时的主观目的难预测、不好判断,故应对反悔权的行使多加要求以阻止恶意行使反悔权及滥用反悔权的行为发生。反悔权实现了在股权转让交易中对转让股东利益的保护,使转让股东与行使优先购买权的公司其他股东处于平等的地位,但是实际交易中可能存在转让股东借反悔权提高股权转让价格,为实现自身利益,破坏公司人合性的情形,这严重违背了公司法维护公司人合性、维护公司及股东合法利益的立法目的,也不符合反悔权保护转让股东合法权益和维护公司人合性的实质内涵。

《公司法司法解释(四)》对反悔权的规定仅限于赋予转让股东反悔权,但对于反悔权行使的条件和结果,法律的规定并不明确。笔者认为转让股东行使反悔权应像公司其他股东行使优先购买权一样,在一定前提条件下行使,并且设置行使反悔权后转让股东应承担的后果,从而降低转让股东滥用反悔权的可能性。

(4)为反悔权设定条件

笔者认为应为反悔权设定三个前提条件:一是当股权受让人进入公司内部会对公司人合性和公司利益造成重大损害时,转让股东可以要求行使反悔权。二是当公司其他股东要求在同等条件下行使优先购买权,但是按同等条件中的价格转让股权会对转让股东造成较大利益损害时,转让股东可以行使反悔权,比如股权转让协议中的股权价格可能存在"亲情价"(包括但不限于基于亲属关系、债务关系的价格)时,根据同等条件中价格的设定范围确定价格进行股权转让,仍可能给转让股东的利益造成较大损失,此时转让股东可要求行使反悔权。三是转让股东行使反悔权前,股权所有人仍为转让股东,要在完成股权工商登记及股东名册变动前行使反悔权。

此外,还应进一步规定反悔权行使后转让股东应承担的后果,避免转让股东反复行使反悔权,损害公司及公司其他股东的利益。例如,在同一转让对象的股权转让交易中只能使用一次反悔权,不可在相同转让对象、相同转让价格的股权转让交易中再使用反悔权,若是第一次因为阻止第三人进入公司内部而使用反悔权,第二次再以同样理由阻止同一人进入公司内部,可认为转让股东恶意行使反悔权,应当不被允许。可以借公司章程规定行使反悔权的后果,从转让股东行使反悔权放弃股权对外转让时起算,在一定时间内不允许其以同样的理由再次使用反悔权,可由法律对禁用期间设定范围,公司根据自身发展情况在范围内决定具体的禁用期间。

四、案例焦点问题分析二:侵害优先购买权的股权转让合同效力

(一)司法实务情况

股东优先购买权遭受损害时股权转让协议的效力认定问题是股东优先购买权制度中"最令人困惑和最具争议的尖锐问题之一"[①],《公司法》对于该问题未予规定,司法实践中裁判不一,存在同案不同判的情况。笔者设置关键词"股权转让纠纷""优先购买权""有限责任公司",在"威科先行"法律信息库中进行案例检索,并将日期限定在 2015 年至 2020 年 11 月,经过筛查,剔除重复、不关联与信息不全者,共搜集到涉及股权转让合同效力判断的案例样本 205个,各年分布情况如表 16-20 所示。

表 16-20 涉及股权转让合同效力判断的案件情况

年份	有限责任公司股东优先购买权纠纷案例数/个	涉及股权转让合同效力案例数/个	占比/%
2015	72	42	58.3
2016	85	24	28.2
2017	126	32	25.4
2018	162	34	21.0
2019	201	35	17.4
2020(1~11月)	102	38	37.3

在上述 205 个样本中,被认定为合同无效的比例为 27.9%,未生效的比例

---

① 赵旭东:《股东优先购买权的性质和效力》,载《当代法学》2013 年第 5 期。

为3.4%，效力待定的比例为4.8%，可撤销的比例为4.4%，有效的比例为59.5%。认定股权转让合同无效的理由包括股权转让程序违法、属于原《合同法》第52条第1项至第4项规定的合同无效事由、存在处分权或代理权瑕疵、合同未经行政程序批准、未进行股权变更登记等，其中认定股权转让程序违法的案例有66个，占比最高，其主要法律依据为《公司法》第20条、第71条（2023年修订后分别为第21条、第84条）、《公司法司法解释（四）》第21条及原《合同法》第52条，主要裁判说理归纳如表16-21所示。

表16-21 涉及股权转让程序违法的案例情况

裁判观点	适用比例/%	案号示例	裁判说理归纳
予以支持	94.7	（2016）云0427民初260号、（2018）粤0391民初653号	转让股东违反了《公司法》股权转让相关强制性规定或者公司章程约定，侵害了股东优先购买权
	3.5	（2016）粤08民再3号	有悖我国社会主义所倡导的价值取向和立法精神
部分支持	1.8	（2018）闽0703民初513号	未经其他股东同意向外转让股权，该股权转让合同相对于公司及其他股东无效，在转让人与受让人之间有效
不予支持	32.5	（2015）民申字第1593号	《公司法》关于股东对外转让股权的限制应属任意性规定而非强制性规定，违反该规定并不违反原《合同法》第52条第5项
	5.0	（2017）京01民终5852号	股权转让合同具有独立性，优先购买权的行使只是对合同的履行产生影响
	10.0	（2019）豫0702民初547号	股东优先购买权的行使目的在于通过保障其他股东优先获得拟转让股份而维持公司内部信赖关系。法律所要否定的是非股东第三人优先于公司其他股东取得公司股份的行为，而不是转让股东与第三人成立转让协议的行为

续表

裁判观点	适用比例/%	案号示例	裁判说理归纳
不予支持	40.0		已有证据不足以认定事实
	2.5	（2016）皖 1822 民初 4237 号	未征得其他股东同意而转让股权，该股权存在瑕疵，但不影响股权转让合同的效力
	2.5	（2016）浙 10 民终 2519 号	维护市场秩序的稳定和有利于商事交易安全和效率
	7.5	（2018）闽 07 民终 1534 号	《公司法》第 71 条系为维系有限责任公司的人合性而设置的，该限制在公司内部关系中产生拘束力，不能随意扩张至公司外的第三人，亦不能就此否定股权转让协议在转让股东与股东以外受让人之间的效力

除认定股权转让合同无效以外，认定合同未生效、效力待定、可撤销的司法裁判分析亦归纳如表 16-22 所示。

表 16-22 股权转让合同效力瑕疵的案例情况

合同效力	支持比例/%	案号示例	裁判说理归纳
未生效	70.0	（2015）沙民二初字第 14 号	股权转让协议虽为双方当事人真实意思表示，但不符合《公司法》及公司章程的规定，故本案股权转让合同的生效条件不成就，该股权转让协议未生效
		（2017）冀 0722 民初 1629 号	股权转让协议违反了《公司法》关于股东优先购买权的规定，在公司另一名股东放弃优先购买权之前，不能发生法律效力
效力待定	71.4	（2017）豫 0728 民初 3326 号	股权转让协议为附条件生效协议，该股权转让协议的生效要件尚有待达成，故应认定为效力待定合同
		（2017）桂 0924 民初 66 号	在被告未明确表示放弃该优先购买权的情况下，该合同应属于效力待定合同
可撤销	64.2	（2016）浙 0108 民初 891 号	当转让方已经向第三人履行义务时，优先购买权人明知有损其权利，只能申请法院撤销涉案合同

续表

合同效力	支持比例/%	案号示例	裁判说理归纳
有效	75.8	（2019）川1423民初1249号	合同是双方当事人之间真实意思的表示，且合同内容不违反法律、行政法规的强制性规定，合法有效
		（2015）宁商终字第733号	转让方转让股权时，虽未履行相应义务，但受让方已行使股东权利，参与实际经营多年
		（2018）粤19民终11289号	《公司法司法解释（四）》第21条并未规定若转让股东违反相关规定，则股权转让合同无效。股东未经相应程序向股东以外的人转让股权与股权转让协议的效力无涉

（二）裁判论理归纳

股权转让合同效力认定问题在司法实践中主要存在无效说、未生效说或效力待定说、可撤销说、有效说的裁判观点，其论理逻辑主要归纳如下。

1. 无效说：基于法律的强制性规定，转让股东在未依《公司法》第71条的规定对外转让股权时，侵犯了其他股东的权益，应当认定股权转让合同无效。从以上案例数据可得知，多数法官在判定合同无效时采取了这一理由。

2. 未生效说或效力待定说：从案例数据整理可得，判断股权转让合同未生效或效力待定的理论逻辑基本一致，二者均认为股权与普通财产权并不相同，尤其是当股权转让发生在有限责任公司中时，转让股东对自己欲转让的公司股权并不当然地享有绝对的处分权。[①] 具体而言，转让股东对外转让股权会受到其他股东一定程度的限制，若其他股东没有达到过半数同意或行使股东优先购买权，则股权转让合同效力待定。

3. 可撤销说：该说认为若有限责任公司股东对外转让股权侵害其他股东的优先购买权，股权转让合同应定性为可撤销合同，享有法定权利的股东此时可以向仲裁机构或者法院请求撤销该合同。合同最终是否有效完全取决于其他

---

① 参见李建伟：《有限公司股东优先购买权侵害救济研究——兼评〈九民纪要〉的相关裁判规则》，载《社会科学研究》2020年第4期。

股东权利的行使与否。

4. 有效说:通过案例归纳分析可得出,有效说的主要论理逻辑为只要合同是缔约当事人在其自由意志支配下签订的,合同内容能反映双方当事人的真实意愿,且其内容不违背法律及行政法规的强制性规定,即使其他股东行使权利,该合同的效力也不会因此受到影响,在成立时就具有法律效力。该说在司法实践中也得到了相关司法机关的大量认可。

(三)观点争议与规范分析

1. 无效说的主要论理依据为:其一,以法律和行政法规的规范为依据;其二,以法律和行政法规的强制性规范为依据;其三,以强制性规范中的效力性规范为依据。① 基于《公司法》第71条规定的股东优先购买权属于效力性强制性规定,因此股权转让合同因违反该规定而无效。然而,笔者认为,《公司法》第72条(2023年修订后为第85条)并未规定合同的生效须以其他股东同意及放弃行使权利为条件,故转让股东违反程序性规定对外转让股权的行为,并不能当然归属于合同无效事由。此外,根据《公司法》第71条第4款(2023年修订后为第84条第3款)之规定,股东可以结合公司的实际经营状况,充分发挥公司章程的自治作用。由此可见,涉及优先购买权的条款属于典型的任意性规定,而非强制性规定。在司法实践中,出于保障交易安全、维护交易秩序的考量,对于无效合同的认定应当持更为谨慎的态度。从经济与效率的角度出发,片面认定合同无效亦不利于社会资源的优化配置。

2. 未生效说或效力待定说:整理案例数据可发现,司法实践中法官虽作出未生效或效力待定的裁判,但其观点并没有明确具体的法律依据予以支撑。从我国现有的法律体系来看,我国法律中涉及效力待定状态的规定主要在《民法典》第19条、第22条、第171条,但转让股东未履行相应程序擅自对外转让股权的行为,不能直接归入上述任何一种情况。且由于前两项规定的立法目的主要是保护交易相对方的利益,与股东优先购买权的立法目的大相径庭,所以并没有类推适用的可能性。有学者认为,股东处分自己的股权与无权处分有相似

---

① 参见王利明:《论无效合同的判断标准》,载《法律适用》2012年第7期。

之处①；可以将未征得其他股东同意而转让股权的行为归入效力待定的行为范畴，由此可见，支持该学说的学者主要是类推适用了有关无权处分的规定，其他股东最终的决定则构成对上述擅自转让股权行为的追认。笔者认为，类推适用无权处分存在重大逻辑缺陷：第一，《民法典》对于无权处分导致合同效力待定的规定与笔者所探讨的情况并不一致。首先，在对象上，转让股东并非无处分权人，股东优先购买权制度的设立固然给转让股东处分股权的行为带来了一定程度的限制，但该处分上的瑕疵仅限于对转让股东在交易对象的选择上有所限制，并不等同于无权处分。其次，在处分行为上，转让股东对外转让股权的行为并不属于"处分他人财产"的行为。第二，即使是无权处分合同，其效力也不能一概而论，并不能直接认定其为效力待定合同。综上，法官在司法实践中认定合同效力待定的裁判思维尚不够严谨。

3. 可撤销说：与上述未生效说或效力待定说相同，大多数法官并未在裁判理由中明确说明其所适用的法律条文，更多是从利益衡量的角度来进行判定的。笔者认为，据此认定侵犯股东优先购买权的股权转让合同为可撤销合同并不合理。第一，适用可撤销说并无实体法上的依据。具体而言，可撤销合同规定于《民法典》第147条至第151条，从意思表示来看，该类法律条款通过给予意思表示存在瑕疵的当事人撤销合同的权利从而使合同内容消灭，而转让股东未履行通知义务，在未征得其他股东同意的情形下对外转让股权而签订的合同，并不存在上述的意思瑕疵。从可撤销主体来看，法律规定的可撤销权人为签订合同的双方当事人，而优先购买权人作为合同外第三人，主体不适格。除此之外，涉及撤销权的规定还有债权人撤销权，规定于《民法典》第538条，但股东优先购买权的行使主体与债权人存在差异，并无类推适用的情况。从性质的角度出发考虑该问题，学界有关债权人可撤销权的性质主要存在以下几派观点：其一，形成权说；其二，请求返还债权说；其三，折中说。究其本质，上述学说都表明权利人可通过行使撤销权使法律状态回归到原始状态，而优先购买权人请求法院撤销合同从而使合同效力归于无效并非只是想要恢复原状，其更多的是想通过行使优先购买权来获取股权，因此在股东优先购买权的问题中，并不

---

① 参见刘阅春：《出资转让之成立与生效》，载《法学》2004年第3期。

能类推适用债权人可撤销权的有关规定。第二,法律规定的目的不一致。法律允许当事人在特定情形下撤销合同是充分尊重当事人意思自治的表现,而优先购买权人的终极目标是撤销转让股东对外转让股权的行为,从而防止因外部第三人的进入而对公司人合性造成影响,而非仅仅撤销合同。因此,通过可撤销说解决该问题并不恰当。

4. 有效说的优势:基于上述分析,有效说的观点与以上三种学说存在明显的不同。无效说、未生效说或效力待定说、可撤销说在实质上所表达的主旨是一致的,即股权转让合同的生效建立在其他股东放弃行使优先购买权的基础上,若不满足这一前提要求,合同最终会因损害其他股东的优先购买权而被确认为无效、未生效或效力待定、可撤销。从本质上而言,三种学说都更侧重于对其他股东利益的保护。然而通过上述分析发现,三种学说的立论基础明显存在重大漏洞,难以形成合乎逻辑的推论。而认定股权转让合同的效力在本质上属于合同法的范畴,应当运用合同法的基本原理和相关规定进行判断。[①] 若合同本身不存在恶意串通、意思表示不自由及不真实等情形,合同内容不存在法律上的瑕疵,则合同效力就不会因其他股东行使优先购买权而受影响,自成立时便生效。

除此之外,合同效力与合同履行分别属于不同的范畴,应正确区分原因行为与处分行为。具体而言,在该结构中,股权转让合同仅在转让股东与第三人之间产生约束力,使转让股东受到股权转让义务的约束,但作为原因行为的合同本身并不会损害其他股东的优先购买权;而真正对其他股东权利造成影响的是转让股东所负履行合同义务之行为,这也是真正产生股权转让效力的行为,因此需要否定的应该是处分行为。换言之,无论转让股东是否履行通知义务并征得其他股东的同意,都不会对股权转让合同本身效力造成影响,应认定其为有效合同。该观点主旨亦与《九民纪要》中关于股权转让合同效力认定的观点一致。《九民纪要》强调,在侵犯优先购买权的股权转让合同效力认定的司法实践中,既要注意保护其他股东的优先购买权,也要注意保护股东以外的股权

[①] 参见曹兴权:《股东优先购买权对股权转让合同效力的影响》,载《国家检察官学院学报》2012年第5期。

受让人的合法权益,正确认定有限责任公司的股东与股东以外的股权受让人订立的股权转让合同的效力。一方面,其他股东依法享有优先购买权,在其主张按照股权转让合同约定的同等条件购买股权的情况下,应当支持其诉讼请求,除非出现《公司法司法解释(四)》第21条第1款规定的情形。另一方面,为保护股东以外的股权受让人的合法权益,股权转让合同若无其他影响合同效力的事由,应当认定为有效。其他股东行使优先购买权的,虽然股东以外的股权受让人关于继续履行股权转让合同的请求不能得到支持,但不影响其依约请求转让股东承担相应的违约责任。

而根据司法实践及相关理论,有效说之主旨与上述文件观点相契合,且能够有效弥补其他三种学说的缺陷,在不损害优先权人利益的同时能够彰显出股东优先购买权制度的价值,具体如下:其一,从法理上进行分析,不轻易否定股权转让合同的效力是尊重双方自由意志的表现,与民法私法自治的理念相契合。其二,从股东优先购买权制度安排的合理性上分析,肯定合同效力符合其制度目的。具体来说,《公司法》通过设置股东优先购买权对公司股权对外转让造成了一定程度的影响,其最终会在处分行为层面产生股权不能对外转让,第三人无法通过股权受让成为公司股东的后果,这能防止因第三人的进入而破坏公司原有的信任基础及和谐关系,从而达到维护公司人合性的立法目的。其三,从利益衡量角度分析,有效说的优势体现在不损害优先购买权人利益的同时在一定程度上实现对第三人权益的保护。一方面,肯定合同的效力并不会导致其他股东优先购买的愿望落空,其他股东在法律规定的期间内依然可以行使自己的权利;另一方面,在其他三种学说中,否定合同效力的结果为第三人只能通过追究转让股东的缔约过失责任来获得赔偿,而在合同自成立便生效的情形中,第三人若因其他股东行使优先购买权而丧失受让股权的机会,可通过追究转让股东的违约责任来获得救济。两种不同的责任救济方式不管是在归责要件还是追责力度上都不可相提并论,对第三人的保护有实质性的区别,追究违约责任显然能够最大限度地保护第三人的利益。

五、其他问题

(一)间接转让股权中的优先购买权问题

1. 问题提出

随着经济社会的发展,股权交易结构越来越复杂化,对于公司法的冲击也在一步步加剧,实践中新型股权交易纠纷不断涌现,复杂的交易结构对于优先购买权的认定提出了更高的要求。其中突出的一个问题是,在间接转让股权的情形中,其他股东是否能主张行使优先购买权。间接转让股权是与直接转让股权相对应的一个概念,间接转让股权是指有限责任公司股东中存在母公司或者控股公司,而该母公司股东或者控股公司股东转让对该公司的股权,导致有限责任公司的股东的实际控制人变更,间接导致有限责任公司的股权的实际控制人发生改变,导致有限责任公司的股权对外转让。例如,A1 公司持有 C 公司 40% 股权,B 公司持有 C 公司 60% 股权,A2 公司为 A1 公司的 100% 控股股东。若 A2 公司对外转让其持有的 A1 公司的 100% 股权,导致 A1 公司的实际控制人改变,进而间接使 C 公司的 40% 股权的实际控制人发生改变,在此种情况下,其是否侵犯其他股东即 B 公司的优先购买权。对此,我国《公司法》、相关司法解释均无明文规定,审判实务中也鲜有案例。

在间接转让股权中,其他股东行使优先购买权面临以下两个现实困境:(1)有限责任公司股东间接转让股权时,其他股东能否行使优先购买权?(2)能否认定间接转让股权协议无效?

2. 司法实践中的观点

(1)案例概况

间接转让股权的案例数量较少,在我们关注的案例中,得到的有关间接转让股权的案例仅有 4 个,同时法院的裁判思路也呈现两极分化。其中支持其他股东优先购买权的案例为 1 个,占比为 25%。法院的裁判理由主要是:间接转让股权协议意图规避其他股东优先购买权,构成以合法形式掩盖非法目的;间接转让股权损害了有限责任公司的人合性。其中不支持其他股东的优先购买权的案例共 3 个,占比为 75%。法院的裁判理由主要是:转让股东为规避其他股东的优先购买权,滥用股东权利实施了侵权行为,应承担赔偿责任,而不是适用股东优先购买权;间接转股只使得转让公司自身股权投资结构发生变化,不影响目标公司的股权结构。

(2) 支持其他股东优先购买权案例——上海外滩地王案①

为共同开发上海外滩某块土地,复星公司、绿城公司和证大五道口公司投资设立一项目公司,即"海之门公司"。三方特约定,非经他方书面同意,任何一方不得转让其对项目公司所持股权。在征求复星公司同意而未有回应的情况下,SOHO 中国另辟蹊径,通过直接收购绿城公司、证大五道口公司的方法,间接取得了海之门公司的股权,后复星公司以其优先购买权受到侵害为由,提起诉讼。上海市第一中级人民法院认为纵观该案被告间的交易行为,其旨在控制海之门公司 50% 的权益。交易前,海之门公司的原有股权结构实际由三方核心利益集团构成,原告所属方持有 50%,被告绿城公司所属方持有 10%,被告证大五道口公司所属方持有 40%,原告处于相对控股地位。海之门公司内部的人合性较强,股权结构的合理性、股东之间的信赖关系相对稳定,经营管理相对正常。交易发生后,仅从形式上研判,被告嘉和公司、被告证大置业公司、被告长昇公司作为股权交易的主体,与海之门公司并无直接关联,原告与上述交易主体亦不具有同一阶梯的关联关系。但是,从交易行为的实质上判断,上述交易行为结果具有一致性,且最终结果直接损害了原告的利益,即原告对于海之门公司的相对控股权益受到了实质性的影响和损害,海之门公司股东之间最初设立的人合性和内部信赖关系遭到了根本性颠覆。被告之间的股权交易,明显规避了《公司法》第 72 条之规定,符合原《合同法》第 52 条第 3 项规定之无效情形,应当依法确认为无效。相应地,《框架协议》及《框架协议之补充协议》亦为无效。

该案判决作出后,"一石激起千层浪",不仅因为本案涉及标的大、案情复杂,还因为此种关于避法行为的效力之争,不只涉及法律解释、漏洞填补等法律技术问题,更涉及创新与管制、合同当事人利益平衡等价值判断难题。②法院的观点侧重于保护其他股东享有的对有限责任公司股权的优先购买权,

---

① 上海市第一中级人民法院民事判决书,(2012)沪一中民四(商)初字第 23 号。
② 参见楼秋然:《优先购买权、法律规避与独立法律意义——以"上海外滩地王案"为分析视角》,载《西南政法大学学报》2016 年第 5 期。

但正如我们前面讨论的，侵犯其他股东优先购买权的股权转让协议不一定无效，所以法院从原《合同法》第52条出发，认为当事人之间的间接转让股权协议构成原《合同法》第52条第3项规定的以合法形式掩盖非法目的从而无效。

（3）不支持其他股东优先购买权案例——富春江公司与喻某甲、俞某某股权转让纠纷案①

清园热电股权结构为：富春江公司60%，板桥集团21.82%，清园污水18.18%。2015年，板桥集团、富春江公司等与清园热电签署股权转让协议，约定禁止股权转让，除非本协议另有明确规定或受让方书面批准，在本协议签署后的5年内，各转让方不应直接或间接向任何其他人士转让或处置其在目标公司中的任何股权。2016年2月26日，板桥集团的股东俞某某、喻某甲、喻某乙作为转让方与受让方春胜公司签订股权转让协议，主要内容为：俞某某、喻某甲、喻某乙将分别持有的板桥集团（目标公司）5%、30%、65%股权及依该股权所享有的相应股东权益一并转让给春胜公司。其中第1.5条约定：板桥集团对外投资所持有的清园热电、杭州富阳诚信担保有限公司、杭州板桥纸业有限公司（以下简称杭州板桥）、清园污水的全部股份归春胜公司所有。富春江公司起诉请求确认被告签署的股权转让协议无效。对此，法院认为富春江公司诉请确认2016年2月26日，俞某某、喻某甲、喻某乙与春胜公司签订的股权转让协议约定的板桥集团对外投资所持有的清园热电全部股份归春胜公司所有的约定无效的诉求不能成立，理由在于：①富春江公司认为系争条款违反2015年所签股权转让协议关于"禁止股权转让"的约定，以及清园热电章程关于股东向公司外人员转让股权的规定，属违反《公司法》第71条第2款规定，进而符合原《合同法》第52条第5项关于合同无效的规定。2015年股权转让协议第7.8条明确约定，"除非本协议另有明确规定或受让方书面批准，在本协议签署后五年内，各转让方不应直接或间接向任何其他人士转让或处置其在目标公司中的任何股权"。后查明2015年股权转让协议签约当事人为板桥集团、清园污水、杭州板桥（均为转让方）、富春江公司及清园热电，故该协议包括第7.8条

---

① 浙江省杭州市中级人民法院民事判决书，(2019)浙01民终7835号。

自当对作为转让方的板桥集团、清园污水、杭州板桥具有约束力,至于对板桥集团、清园污水及杭州板桥股东或实际控制人是否具有约束力,从该协议及第7.8条来看,并不能明确反映,故该股权转让协议包括第7.8条对板桥公司股东俞某某、喻某甲、喻某乙自无约束力。后又查明讼争2016年2月26日股权转让协议约定俞某某、喻某甲、喻某乙将其在板桥集团的资产权益转让给春胜公司。依该协议第1.5条约定,转让的资产权益包括板桥集团在清园热电的股权投资权益。从资产转让模式看,无论上述第1.5条对资产权益变动作如何表示,其结果仅使得板桥集团自身股权投资结构发生变化。就清园热电而言,板桥集团仍为其投资主体,仍持有清园热电21.82%股权,故上述第1.5条的签署不违反2015年股权转让协议包括第7.8条的约定,不违反清园热电章程规定,不构成对《公司法》第71条第2款的违反,也不符合原《合同法》第52条第5项规定的情形。②案涉2016年股权转让协议第1.5条系俞某某、喻某甲、喻某乙为将其在板桥集团投资权益(包含板桥集团对清园热电的股权权益)转让给春胜公司所签,系签约各方真实意思表示,而作为受让方的春胜公司签订该协议时并不知道案涉第7.8条的存在,主观上不存在侵害包括富春江公司在内他人合法权益的恶意。同时,该协议不违反法律、行政法规的强制性规定,也不存在其他依法应认定无效的情形。

法院的观点归纳如下:①公司签署的禁止股权转让协议不约束股东的行为。2015年原被告之间签署的禁止股权转让的协议的签约当事人为板桥集团、清园污水、杭州板桥、富春江公司以及清园热电,故该协议应当只约束签约当事人,而对板桥公司的股东俞某某、喻某甲、喻某乙自无约束力。②间接转让股权不会影响目标公司的股权结构。案涉股权转让协议将板桥集团的全部股权及所享有的股东权益一并转让给春胜公司,仅使板桥集团自身的股权结构发生变化,春胜公司并未成为清园热电的股东,清园热电的股权结构并未发生变化。

(4)在间接转让股权案件中法院观点的变化

法院在间接转让股权的优先购买权案件中的观点出现反复,但就我们关注的案件来看,我们认为法院现在的观点更倾向于支持间接转让股权行为合法,而不支持其他股东的优先购买权。同时法院的观点有随时间变化的趋势:2012

年上海外滩地王案中,法院认为间接转让股权侵犯其他股东的优先购买权,构成以合法形式掩盖非法目的,间接转让股权协议无效;而在2019年富春江公司与喻某甲、俞某某股权转让纠纷案中,法院认为间接转让股权不会影响目标公司的股权结构,其他股东无权主张优先购买权。

(5)司法实践观点总结

基于间接转让股权案件的复杂性,且司法实践中法院观点摇摆不定,笔者认为在尚无明确法律规定的前提下,应根据整体股权结构以及交易方案、公司章程或者特别约定来判断股东间接转让股权是否适用优先购买权。

①如果公司章程或者其他相关法律文件中明确约定了与限制股权间接转让有关的条款,用以确保其他股东的优先购买权,则可以直接参照该等约定进行判断。

②如果股东在公司章程或者其他相关法律文件中并未就股权间接转让作出特别约定,且拟转让的持股公司存在目的仅为持有目标公司的股权,即拟转让的持股公司只持有目标公司的股权,同时该持股公司不进行任何实质交易,也不持有任何其他公司股权,且不存在其他股东,此时笔者倾向于认为,该持股公司的母公司对外转让股权可能存在规避其他股东优先购买权的主观恶意,但是否因此必然侵害其他股东的优先购买权,需要结合整体股权结构和实际交易方案进一步进行个案分析。

③如果股东在公司章程或其他相关法律文件中并未就股权间接转让作出特别约定,且拟转让的持股公司除目标公司外,还持有其他公司股权或者从事其他业务,则笔者倾向于认为,该股东在转让持股公司股权时已经综合考虑了该持股公司的整体利益,并非单纯为了规避其他股东的优先购买权。因此,在无其他特别约定的前提下,该等股权间接转让行为原则上不能被直接认定为侵害其他股东的优先购买权。

3. 学理观点

(1)间接转让股权中,其他股东应享有优先购买权

学界通说认为,赋予其他股东在股东向外转让股权时的优先购买权,其制度设计旨在保护闭锁公司其他股东的"控制利益"或"先在利益",即封闭或者

限制外部人进入公司的渠道,以维护有限责任公司的人合性。① 人合性经济实质是有限责任公司本质特征的内在、固有、更主要的方面,与此相适应,维持股东间的紧密型信任合作关系,建立顺畅的"同心同德、齐心协力"沟通机制,对于维系有限责任公司的存续,促进有限责任公司的发展,具有至关重要的意义。虽然形式上看有限责任公司的股东并没有发生变化,但是间接转让股权之后,有限责任公司的股东的实际控制人发生了改变,这会导致该股东的经营方针或者对有限责任公司的管理政策发生变化。例如在上海外滩地王案中,在股权转让协议签署之后,双方就海之门公司的董事会成员改组事宜发生争议,影响股权结构的不利因素已经初见端倪,海之门公司未来的经营管理和内部自治也难免出现僵局。显然,上述交易后果的发生,不利于海之门公司以及项目公司的实际经营和运作,也难以保障外滩地块项目的正常开发。所以间接转让股权的协议损害了有限责任公司的人合性,破坏了股东之间的信赖关系。同时,股东通过间接出让的交易模式,达到了与直接出让相同的交易目的,规避了其他股东的优先购买权,交易行为具有主观恶意,构成以合法形式掩盖非法目的。

(2)间接转让股权不触发股东优先购买权

如同司法实践的观点一样,在理论界,有许多学者认为在间接转让股权中不触发其他股东的优先购买权,主要观点如下:①以转让公司股权的方式转移公司名下的财产和合同权益,是公司作为一种组织形态本身的特性,有其独特的经济价值,应该得到尊重。除了基于公共利益的监管要求而有特别立法规定外,对于那些个人化的权益不应通过"刺破"公司转让的交易形式加以特别保护,而应通过当事人之间的协议约定实现自我保护。② ②法律规避或者避法行为其实应当体现的是一种"价值中立",而不存在何种或褒或贬的法律评价,在法律规避出现的场合,法院不应条件反射地依托于"以合法形式掩盖非法目的",概括认定避法行为无效,而应当积极地进行法律行为解释、法律解释、类

---

① 参见蒋大兴:《股东优先购买权行使中被忽略的价格形成机制》,载《法学》2012年第6期。
② 参见彭冰:《股东优先购买权与间接收购的利益衡量——上海外滩地王案分析》,载《清华法学》2016年第1期。

推适用等司法活动,寻求妥当的处理结果。① ③股东优先购买权是指有限责任公司的股东对外转让股权时,其他股东在同等条件下享有优先购买该股权的权利。根据文义解释规则,有限责任公司股东优先购买权适用股东对外转让股权的场合,限定于有限责任公司的股东发生变更。从形式上看,在间接转让股权的情形下,有限责任公司的某一股东的控制权发生变化并不会改变该股东在有限责任公司的股权,并不符合股东优先购买权的触发条件。

4. 应对建议

基于以上理论分析和司法案例研究,笔者认为,在有限责任公司法人股东、控制人变更等间接转让股权的案件中,法定的股东优先购买权并不具有自动适用的功能,但鉴于司法裁判的不确定性,为了更好地保护有限责任公司其他股东的利益,笔者提出如下应对建议:

(1)针对性地增加"限制间接转股条款"。如果某些股东对优先购买权有特别需求,建议在公司章程或者股东协议中明确,股东的持股公司层面的股权转让也受限于有限责任公司的其他股东的优先购买权。如在富春江公司与喻某甲、俞某某股权转让纠纷案中,清园热电的公司章程中明确规定了不得对外转让股权,但没有规定约束其股东的控股公司的条款,所以在其股东板桥集团的实际控制人将其持有的板桥集团的股份对外转让时,其他股东并不能阻止这一行为。

(2)针对性地增加"实际控制权变更条款"。股权间接转让虽然没有改变目标公司的股权结构,却在持股层面引入了不受信任的第三方,可能间接影响股东的实际控制权。因此建议在公司章程或者其他相关协议中增加实际控制权变更的相应条款,即详细描述何种事件的发生可能导致某非自然人股东的实际控制权发生变更,以及变更后可能产生的后果或者违约责任,从而通过该条款进一步扩大其他股东优先购买权的适用范围。

(二)侵犯股东优先购买权的其他情形——投石问路

1. 行为分析

在有限责任公司股权转让中有许多规避其他股东的优先购买权的做法,如

---

① 参见胡大武、张莹:《有限责任公司股东优先购买权的理论基础》,载《西南民族大学学报(人文社科版)》2007年第8期。

有限责任公司的股东与受让人先达成股权转让协议,以高价(超过市场原价的价格)转让少部分份额的股权给受让人,此时其他股东因为价格过高,同时份额较少,没有较大的意愿购买该部分股权,受让人因此获得该部分股权,进入有限责任公司,成为公司股东。在排除其他股东同等条件下的优先购买权后,原股东再与受让人签订第二份股权转让协议,此时受让人已经成为有限责任公司持有较少份额股权的股东,第二份股权转让协议为有限责任公司股东之间的内部股权转让协议,不受股东优先购买权的约束,此时的股权转让价格由原股东与受让股东决定,不受同等条件限制。

2. 法院观点

在康桥公司与马某某、万银公司等股权转让纠纷案①中,法院认为在马某某与万银公司前后两次转让股权的行为中,马某某先以畸高的价格转让了少量万国公司的股权给万银公司,在万银公司成为万国公司的股东之后,短期之内又以远远低于前次交易的价格转让了其余大量万国公司的股权给万银公司,前后两次股权转让价格、数量存在显著差异。法院认为,本案前后两次股权转让存有密切关联,系一个完整的交易行为,不应因马某某分割出售股权的方式而简单割裂。该两次交易均发生在相同主体之间,转让时间相近,且转让标的均系马某某持有的万国公司的股权,股权转让人与受让人事先对于拟转让的股权总数量以及总价格应当知晓。马某某在签订2013年4月26日第一次的股权转让协议前,虽向康桥公司告知了拟对外转让股权的事宜,但隐瞒了股权转让的真实数量及价格,存在不完全披露相关信息的情形,造成了万银公司以溢价达30倍(与万国公司注册资本相比)的价格购买万国公司0.09%的股权,显然有违合理投资价值的表象。该股权转让人实际是以阻碍其他股东行使优先购买权条件之"同等条件"的实现,来达到其排除其他股东行使优先购买权之目的,系恶意侵害其他股东优先购买权的行为。

在有限责任公司股东先高价转让少部分股权,待受让人取得股东资格后再转让剩余部分股权的案件中,法院都认为有限责任公司原股东与受让人之间的这种操作方式剥夺了其他股东在同等条件下的优先购买权,属于恶意串通损害

---

① 浙江省杭州市中级人民法院民事判决书,(2015)浙杭商终第1247号。

第三人利益的情形,股权转让协议当属无效。

3. 应对建议

对于转让方:若不想原股东取得股权,采用分批出让股权的方式时,首期不要以极高的价格只出让少部分份额(如1%)的股权,可以以相对较高的价格先出让少部分股权。对于剩余股权签订完全独立的股权转让协议,转让价格与首次出让价格不要过于悬殊,剩余股权转让与首期股权转让之间设定一段相对较长的过渡期。

对于其他股东:若发现出让方采取"投石问路"的方式侵害自己的优先购买权,可以向法院提起确认合同无效之诉,维护自己的合法权益。但是关键必须证明对方存在恶意串通,否则难以获得最终胜诉。

对于公司的外部受让方:在购买有限责任公司股权之前,务必要审查目标公司其他股东是否明确已放弃优先购买权,并要求转让方出具其他股东已放弃优先购买权的承诺函,且要在股权转让合同中明确约定因其他股东行使优先购买权而不能取得股权的违约责任。

(三)侵犯股东优先购买权的其他情形——瞒天过海

1. 行为分析

在此种规避其他股东优先购买权的情形中,共涉及三方主体,分别为转让股东、代持股东、公司外第三人。公司外第三人为了规避其他股东的优先购买权,与代持股东签订协议,由代持股东以自己股东的名义与转让股东签署股权转让协议,此时转让股东与代持股东之间的转让行为形式上为有限责任公司股东内部转让股权,不受股东优先购买权的限制,代持股东同时与公司外第三人签订代持协议,实际上是向股东外部转让股权。此种交易方式表面上是签署了两个协议的正常的商业行为,实际上是规避其他股东的优先购买权的故意行为。

2. 法院观点

在桂某某与陈某甲、陈某乙、第三人曲靖百大集团有限责任公司股权转让纠纷案[①]中,法院认为《公司章程》第18条规定:"未经股东大会同意,不得向股

---

① 云南省曲靖市中级人民法院民事判决书,(2016)云03民终362号。

东以外的其他人转让出资。经股东同意转让的出资,在同等条件下,其他股东对该出资有优先购买权。"上诉人桂某某与原审被告陈某乙签订的《股权转让协议》,从形式上看系公司股东之间相互转让股份,但实质上上诉人桂某某是代股东之外的人以股东名义收购股权,对该事实有被上诉人陈某甲在一审提交的录音资料、证人证言等证据予以证实;曲靖百大集团有限责任公司也陈述公司上下均知道上诉人系代非股东收购股权,曲靖市麒麟区商务局在信访告知书中也对非股东委托上诉人收购股权的事实作出表述,告知被上诉人依法维权;上诉人桂某某收购股权的资金亦来自委托其收购股权的不具有公司股东身份的案外人。故上诉人桂某某与原审被告陈某乙签订的《股权转让协议》违反了法律的强制性规定及公司章程的相关规定,该股权转让协议无效。

在公司内部股东代公司外第三人以股东名义收购其他内部股东股权并代为持有的案件中,法院认为此种行为形式上为股东之间的内部股权转让,实际上是向公司外部第三人转让股权。该行为规避了公司法关于股东优先购买权的规定,违反了法律的效力性强制性规定,当属无效。

3. 应对建议

对于收购方:慎重选择委托公司内部股东收购其他股东股权的方式。该种方式至少可能有两个风险点。(1)被委托股东签订的股权转让协议有可能因规避股东优先购买权而被认定为无效,从而不能取得股权;(2)收购方与被委托股东签订的委托协议并不能保证其真正获得股权,因为收购方的姓名既不能登记在股东名册上,也不能登记在商事登记簿上,且很难得到公司其他股东及公司的认可,即便不被其他股东提起确认合同无效之诉,也很难真正取得股东资格。

对于其他股东:当发现外部第三人有"瞒天过海"规避股东优先购买权的行为时,有权利提起确认合同无效之诉,但需要提供充分的证据,证明外部第三人与受委托股东之间具有委托收购的事实。

(四)以拍卖方式转让股权

1. 问题提出

拍卖作为法律特别规定的财产处置方式,本质上要求平等对待所有竞买人,依"价高者得"规则确定买受人,根据《拍卖法》第3条,拍卖又称竞买,是指以公开竞价的方式,将特定物品或财产权利转让给最高应价者的买卖方式,这就与优先购买权存在天然的矛盾。拍卖程序中是否允许权利人行使优先购买权以及如何实现优先购买权的问题,在理论界及司法实践中一直存在争议。

根据拍卖的主体以及拍卖程序的不同,拍卖可以被划分为强制拍卖和任意拍卖。其中,强制拍卖又称公力拍卖,是指国家机关依照有关规定,对已查封的财产所实施的拍卖,其主要目的在于清偿债务,因为其执行的主体一般为人民法院,又有人称其为司法拍卖或法院拍卖。[1] 无论对司法拍卖性质如何认识,公开竞价都是其基本形式,"价高者得"是其最基本的特征,各种程序制度设计的根本目的也在于最大限度地实现拍卖标的的经济价值。

司法拍卖中优先购买权的实现面临两个现实困境:(1)在司法拍卖强制执行程序中,其他股东能否行使优先购买权;(2)股东优先购买权在司法拍卖中的实现方式与普通的合同转让优先购买权存在差异。

2. 学理观点

(1)司法拍卖程序中不适用股东优先购买权

该种观点认为,民法上的优先购买权仅适用于市场经济中当事人双方自主交易的场合,既不能适用于强制执行程序,也不能适用于拍卖程序,因为拍卖是一种竞争拍卖,应当以出价最高者为买受人,如果允许优先购买权人行使优先购买权,势必使拍卖徒有其名,人们不愿参加竞买,从而影响标的出卖价格。如果优先购买权人欲取得标的物所有权,完全可以与他人一同竞争,其购买的机会并未丧失,禁止优先购买权在拍卖中行使不会过分损害优先购买权人的利益。另外,如果在拍卖程序中适用优先购买权,通常情况下应买之人的数量必将大幅减少,使得卖价偏低,不利于债权人及物之所有人,而且也有损拍卖的效力。故,应对优先购买权规定中的"出卖于第三人"的"出卖"作限缩解释,即优先购买权不适用于拍卖情形。

(2)司法拍卖程序中应当适用股东优先购买权

该种观点认为,尽管拍卖是一种较为特殊的交易方式,但究其本质仍是买

---

[1] 参见潘勇锋:《论股东优先购买权在司法拍卖中的实现》,载《法律适用》2012年第5期。

卖的一种,优先购买权作为民商法上当事人的一种法定权利,在拍卖过程中有获得保护的必要和可能。潘勇锋教授认为,司法拍卖中存在优先购买权人、财产转让人以及申请执行人三方的利益冲突,对于优先购买权的保护不能以损害申请执行人的利益为代价,现有的模式可以保证最大限度地发现所拍卖财产的市场价值,确定优先购买权行使所需要的"同等条件"因素。在执行拍卖程序适用过程中,对优先购买权的保护,重点应放在保证优先购买权人有知情权,即获得执行拍卖相关事项的通知,以及有充足的时间思考是否选择行使优先购买权这两点上面,而不是尽量降低拍卖标的物的价格。只有如此,方能实现参与主体各方利益的平衡。[①]

(3) 其他国家(地区)关于司法拍卖程序中能否适用优先购买权的观点

在大陆法系国家及地区,虽然优先购买权实现方式有差异,但是理论上和立法上大多承认强制执行程序中对优先购买权的保护。如瑞士《破产与强制执行法》允许在司法拍卖中行使优先购买权,而法国则将拍卖程序作为价格发现机制,优先购买权人有权以最高应价直接买受拍卖标的。不过德国民法禁止在拍卖程序中行使优先购买权,只是规定应当通知优先购买权人参加竞买。

3. 相关的法律规定

我国立法中明确规定可以在司法拍卖程序中行使优先购买权,《公司法》第72条(2023年修订后为第85条)即规定了相应情形下20日的优先购买权行使期限。同时《公司法司法解释(四)》还对行使优先购买权的条件和程序作出了明确规定。根据《公司法司法解释(四)》第22条、最高人民法院《关于人民法院民事执行中拍卖、变卖财产的规定》第2条以及最高人民法院《关于人民法院网络司法拍卖若干问题的规定》第2条的规定,在强制执行有限责任公司股权时,应采用网络司法拍卖的方式进行。

4. 以拍卖方式转让股权与以合同方式转让股权的差异

(1) 司法拍卖中行使优先购买权流程

为了便于了解如何在司法拍卖中行使优先购买权,笔者根据相关法律规定及司法解释制作了司法拍卖中行使优先购买权的流程图,见图16-1。

---

① 安徽省高级人民法院民事判决书,(2020)皖民终487号。

第十六章　有限责任公司股权转让中的优先购买权纠纷实证研究

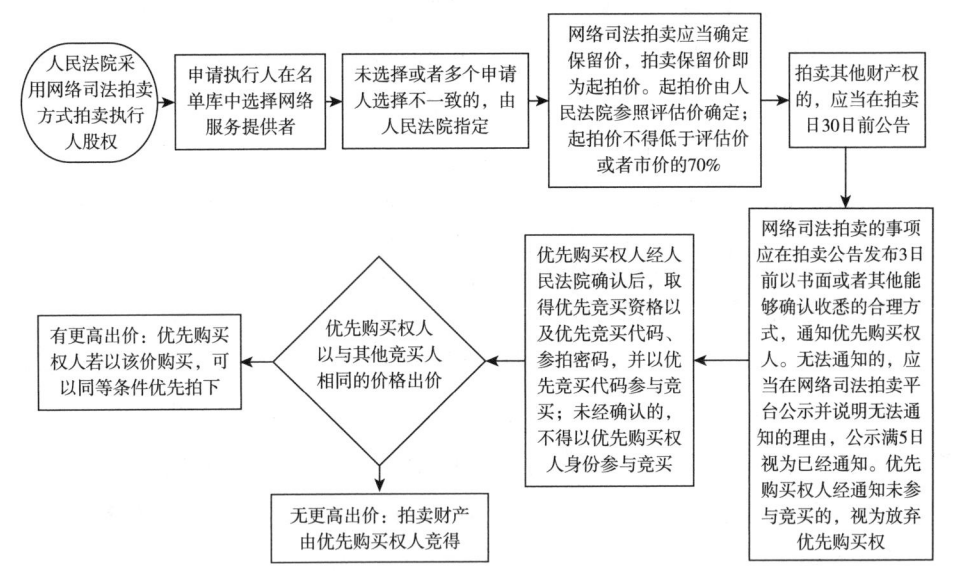

图 16-1　人民法院网络拍卖流程

关于有限责任公司股东在拍卖程序中如何行使优先购买权,共有两种观点①:①询价法,是指由法院通知优先购买权人到拍卖现场,但不直接参与竞价,待经过竞价产生最高应价者后,由拍卖师询问优先购买权人是否愿意购买。如果其不愿购买,则拍卖标的即由最高应价者购得。如果其愿意购买,则由拍卖师询问最高应价者是否愿意再加价,如果其不愿加价,则拍卖物由优先购买权人购得,如果其表示愿意加价,则在加价后再询问优先购买权人。如此一直重复到最终价格出现。②跟价法,由法院通知优先购买权人直接参加竞买,优先购买权人与竞买人一起竞价,实行"价高者得"。我国立法和司法实践中采用的是询价法,即在拍卖现场产生最高价之后,由拍卖师询问优先购买权人是否以该应价购买,若优先购买权人愿意购买,则最高应价者不能获得该标的,不过他可以提出更高应价,直至优先购买权人不按其更高应价购买,他才可以获得标的。

(2)前置程序之财产评估

在合同规则下,股东与第三人之间进行的是自由的商事交易,自担风险,股

---

① 参见张震:《拍卖中股东优先购买权的行使》,郑州大学 2013 年硕士学位论文。

权价格由市场决定,并不需要进行签订合同之前的财产评估。而根据最高人民法院《关于人民法院网络司法拍卖若干问题的规定》第10条的规定,在司法拍卖中,需要事先对拍卖的股权进行评估,确定保留价。

(3)前置程序之通知义务

在合同规则下,根据《公司法》和相关司法解释的规定,有限责任公司的股东向股东以外的人转让股权,应就其股权转让事项以书面或者其他能够确认收悉的合理方式通知其他股东征求同意。其他股东半数以上不同意转让,不同意转让的股东不购买的,人民法院应当认定视为同意转让。通知义务的主体是转让股东。而在司法拍卖中,人民法院应该在拍卖公告发布3日前以书面或者其他能够确认知悉的方式通知优先购买权人,无法通知的,应当在网络司法拍卖平台公示并说明无法通知的理由,公示满5日视为已经通知。通知义务的主体是执行法院。

(4)前置程序之合理期间

在合同规则下,有限责任公司的股东主张优先购买转让股权的,应当在收到通知后,在公司章程规定的优先购买权行使期间内提出购买请求。公司章程没有规定行使期间或者规定不明确的,以通知确定的期间为准,通知确定的期间短于30日或者未明确行使期间的,行使期间为30日。而在司法拍卖中,根据法律规定,如果优先购买权人经法院通知未参加竞买,视为放弃优先购买权,所以司法拍卖中行使优先购买权的合理期间应该为拍卖进程中。

(5)前置程序之同等条件

在合同规则下,同等条件需要考虑转让股权的数量、价格、支付方式以及期限等因素。而在司法拍卖中,优先购买权人参与竞买的,可以与其他竞买人以相同的价格出价,没有更高出价的,拍卖财产由优先购买权人竞得。顺序不同的优先购买权人以相同价格出价的,拍卖财产由顺序在先的优先购买权人竞得。顺序相同的优先购买权人以相同价格出价的,拍卖财产由出价在先的优先购买权人竞得。由于司法拍卖也是拍卖的一种,遵循"价高者得"的拍卖规则,所以在司法拍卖中,优先购买权人行使优先购买权主要考虑的同等条件为价格条件。

(6)前置程序之反悔权

《公司法司法解释(四)》明确规定了有限责任公司转让股东的反悔权,即有限责任公司的转让股东,在其他股东主张优先购买后又不同意转让股权的,对其他股东优先购买的主张,人民法院不予支持。而在司法拍卖中,由于司法拍卖是一种强制执行程序,作为被拍卖股权的所有人的原股东当然不享有反悔权。不过买受人仍享有反悔权,拍卖成交后买受人悔拍的,交纳的保证金不予退还,依次用于支付拍卖产生的费用损失、弥补重新拍卖价款低于原拍卖价款的差价、冲抵本案被执行人的债务及与拍卖财产相关的被执行人的债务。悔拍后重新拍卖的,原买受人不得参加竞买。综上,买受人购买股权后,可以悔拍,但悔拍之后交纳的保证金不予退还,同时不得再次参加拍卖。

5. 司法实践中的观点

在笔者检索出的与拍卖有关的关于股东优先购买权纠纷的215个案例中,经过人工筛查,共有44个有效案例。在这44个有效案例中,法院均认为在司法拍卖程序中其他股东享有优先购买权,但案件的争议焦点不同,具体如下。

(1)法院未履行通知义务拍卖是否无效?

在笔者关注的案例中,司法拍卖中的通知义务都需要由执行拍卖的法院履行。在广东省特需商品供应公司与广州青科策划中心欠款纠纷案①中,广东省高级人民法院认为,该案中所拍卖的是广州青旅的股权,该公司的其他股东中青旅公司是上市公司,有工商登记的地址和相关媒体上公告的地址,不存在下落不明的情况。同时,广州中院的执行卷宗中查找不到该院所说的公告送达材料。据此,可以认定广州中院在拍卖上述股权过程中,没有依照最高人民法院《关于人民法院民事执行中拍卖、变卖财产的规定》,在拍卖前5日内以书面或者其他能够确认收悉的适当方式,通知当事人和已知的担保物权人、优先购买权人或者其他优先权人于拍卖日到场。广州中院在执行拍卖上述股权过程中违反法律规定,程序不当,应当予以纠正。复议申请人请求撤销广州中院机关执行裁定书,确认上述执行案件中拍卖股权程序违法,结果无效,并重新拍卖的理由成立,应予支持。可以得出结论,在拍卖程序中,如果法院未履行通知义

---

① 广东省高级人民法院执行裁定书,(2011)粤高法执复字第26号。

务,损害其他股东的优先购买权,则拍卖结果无效。

(2)如何确定行使优先购买权的合理期间?

在普通合同规则下,其他股东行使优先购买权的合理期间最短为接到通知之日起 30 日内,而在司法拍卖中,法院认为行使优先购买权的合理期间由司法解释规定。在赵某甲、赵某乙等与辛某某、王某某借款合同纠纷案中,法院认为最高人民法院《关于人民法院网络司法拍卖若干问题的规定》第 16 条规定:网络司法拍卖的事项应当在拍卖公告发布 3 日前以书面或者其他能够确认收悉的合理方式,通知当事人、已知优先购买权人。权利人书面明确放弃权利的,可以不通知。无法通知的,应当在网络司法拍卖平台公示并说明无法通知的理由,公示满 5 日视为已经通知。优先购买权人经通知未参与竞买的,视为放弃优先购买权。该案中,法院于 2017 年 4 月 28 日向异议人赵某某分别送达了《网拍时间告知书》及《网拍优先购买权通知书》,并告知异议人赵某某若要行使优先购买权,请最迟于 2017 年 5 月 20 日之前至法院网拍小组处办理行使网上拍卖优先权的相关手续,逾期未来办理相关手续的视为放弃优先购买权。异议人赵某某未在《网拍优先购买权通知书》中指定的期限内即 2017 年 5 月 20 日之前至法院网拍小组处办理行使网上拍卖优先权的相关手续。异议人赵某某的上述不作为已明示了其放弃优先购买权的行使。根据相关司法解释,其他股东未在人民法院拍卖通知的时间内办理拍卖手续的,视为放弃优先购买权。

(3)其他程序问题

司法拍卖中需要对拍卖股权的价值进行评估,评估报告的效力是否会影响拍卖的效力,对此,法院认为需要具体情况具体分析。在绵阳市林圣实业有限公司、新加坡万丰房地产有限公司股权转让纠纷案中,法院认为,评估报告是执行法院采取拍卖措施参考的资产底价,资产最终价值须公开拍卖时由市场检验。只要执行法院在评估报告有效期内采取拍卖措施,基于执行行为具有的连续性特征,即便执行行为(拍卖、变卖)终止时已超过评估报告有效期,也并不影响执行行为的效力。故利害关系人正方公司关于"贵院依据已失效的资产评估确定拍卖股权的起拍价的行为违反法律规定,公开拍卖行为依法应为无效"的主张不能成立。总的来说,只要在评估报告有效期内开始拍卖,即使拍卖结束时已超过评估报告有效期,拍卖仍然有效。

6. 总结

根据笔者的案例梳理和学理分析,在强制执行有限责任公司股权司法拍卖中,其他股东可以主张优先购买权。根据有关司法解释和案例分析,其他股东主张优先购买权需要遵照执行法院的有关通知在规定的时间内办理登记手续,参加拍卖,行使优先购买权。未参加拍卖又主张优先购买权的,人民法院不予支持。人民法院履行通知义务和拍卖程序瑕疵,损害其他股东优先购买权的,拍卖结果无效,应重新拍卖。

(五)国有产权转让

1. 国有产权转让的法律依据及现状

(1)国有产权转让的法律依据

国有产权转让属于有限责任公司股权纠纷中优先购买权转让部分的重要一环。首先明确其基础规范仍然是《公司法》第71条(2022年修订后为第84条),同时2016年6月24日实施的国务院国有资产监督管理委员会、财政部令第32号《企业国有资产交易监督管理办法》第13条提出了有关国有产权转让的特殊规定,即转让时原则上通过产权市场公开进行。这决定了国有产权转让必然区别于常规有限责任公司股权转让,其参与的主体必然涉及产权交易所,而产权交易所的操作细则由省市级联交所出台,目前并无全国统一规定,法院裁判时需要引用或考虑相关规定。自2017年9月1日起施行的《公司法司法解释(四)》第22条第2款规定,在依法设立的产权交易场所转让有限责任公司国有股权的,适用《公司法》第71条第2款、第3款或者第72条规定的"书面通知""通知""同等条件"时,可以参照产权交易场所的交易规则。其旨在改变因存在对"同等条件""行权期限""竞价方式"等特殊问题的不同规定而导致实务裁判不一致的局面。但相关规定最终采用的是"可以参照"而非"应当参照",适用上留有较大余地,而且也并未明确其他股东优先购买权的行使方式。

据此,笔者拟采2016年12月施行的《北交所细则》、2019年8月施行的《上联所指引》以及2021年5月施行的《天交所细则》作为产权交易流程以及出现的优先购买权问题的研究对象进行分析。

(2)产权交易所模式下的行权方式

《天交所细则》与《北交所细则》第3条的区别在于:①《天交所细则》在场内行权时并没有明确报价;②其关于期间的表述有所区别;③场外行权时并没有明确什么是"同等条件"。《上联所指引》的表述更贴近于《北交所细则》,不过也存在微弱的差别,如表述最终报价时仍然加上了"市场价格"。此外,其关于期间的表述较《天交所细则》更为明确。

通常企业在履行完毕清产核资、财务审计、资产评估、职工安置方案制订及审核等程序后,可以向产权交易机构进行信息披露。其中,因产权转让导致转让标的企业的实际控制权发生转移的,转让方应当在转让行为获批后10个工作日内,通过产权交易机构进行信息预披露,时间不得少于20个工作日。而转让信息预披露公告(也要求不少于20个工作日)之后,产权交易机构登记意向受让方,对申请及材料的齐全性、合规性进行审核,并在信息预披露公告期满5个工作日内,将意向受让方的登记情况及其资格确认书面告知转让方。而意向受让方在信息预披露公告期内向产权交易机构提交受让申请。转让方在收到产权交易机构的资格确认意见后,应当在5个工作日内予以书面回复。逾期未予回复,视为同意产权交易机构作出的资格确认意见。随后,经征询转让方意见后,产权交易机构以书面形式将资格确认结果通知意向受让方。前述进程结束后可以通过场内行权和场外行权两种方式进行股权转让。

值得注意的是,《上联所指引》对信息披露仍然有所要求:①已经就转让事项履行了通知、征询其他股东意见的义务;②自转让信息披露之日起5个工作日内将公告期限、行权方式等事项通知其他股东;③在最终市场价格产生后通知并征询其他股东是否行使优先购买权;④遵守法律法规及联交所相关交易规则,并承担未尽通知义务造成的法律后果。对信息的披露需充分保障其他股东对享有优先购买权的知情。

此外,其他股东和非股东意向受让方的数量不同,其结果和适用的规则亦不同。不考虑不存在非股东意向受让方的情形,因该情形下并不涉及优先购买权的情形。当只存在1名非股东意向受让方时,非股东意向受让方在挂牌底价基础上进行一次报价并据此确定最终价格,其他股东以此确认是否行权。若2名或以上其他股东确认行权,则由其协商各自购买比例;协商不成的,按照各自出资比例行权。当存在2名以上非股东意向受让方时,非股东意向受让方在挂牌底价基础上进行竞价并据此确定最终价格,其他股东以此确认是否行权。协商完成或竞价完成后,便可签订交易合同,结算交易价款,出具交易凭证以及公告交易结果。

2. 实务中国有产权转让的争议焦点分析

笔者以案由"股权转让纠纷",关键词"优先购买权""有限责任公司""国有产权"为搜索的依据,共搜索到70个案例,其中有效案例为41个。因案例数量并不具备一定的规模,所以笔者采用了对各个案例争议焦点进行分析的方法。其中涉及放弃或主张优先购买权的认定的共8个,约占比为20%;涉及合同效力认定的共12个,约占比为29%;涉及通知义务的共5个,约占比为12%;涉及主体资格的共4个,约占比为10%;涉及同等条件的共5个,约占比为12%;涉及其他侵害优先购买权的典型影响因素的共7个,约占比为17%。

(1)通知义务

国有股权转让时公司应当按照《公司法》的要求履行通知其他股东的义务,且通知内容应与联交所公开发布的产权转让信息相同。因转让方履行通知义务引起其他股东提起优先购买权之诉的案例有5个,具体表现出以下问题:

第一,以通知函认定通知义务的履行。在北京永汇丰咨询有限公司(以下简称永汇丰公司)与中国冶金科工集团公司(以下简称科工公司)、北京产权交易所有限公司等股权转让合同纠纷案①中,科工公司向永汇丰公司发出通知函,内容为科工公司拟转让其持有的中冶公司40%的股权,并在产权交易所挂牌交易,故函告永汇丰公司,请永汇丰公司对是否同意其转让上述股权及是否有意购买上述股权进行回函,如通知函送达之日起30日内未回函,视为永汇丰公司同意其转让股权。科工公司对此进行了公证,而永汇丰公司未签收,再投或改退栏写明:"经电话联系,收件人要求退回"。而后科工公司又发通知函通知永汇丰公司股权公开挂牌交易,并已经产生一家意向受让方;如永汇丰公司

---

① 北京市海淀区人民法院民事判决书,(2008)海民初字第27259号。

在同等条件下行使优先购买权,请将转让价款1460万元交至产权交易所指定账户,并与科工公司签订产权交易合同;如在通知函送达之日起20日内未交付转让款,则视为其放弃优先购买权。法院认为:"一方面,科工公司已向永汇丰公司的法定注册地址邮寄送达了通知函并经过了公证,但该公司要求退回,永汇丰公司拒收通知函的事实并不能阻却该通知行为发生效力,我院对科工公司的该送达行为予以认可。另一方面,谢某前往产权交易所取走通知函和空白交易合同,其认为只是领取行为,并不表示其认可转让行为。但该行为已经能够证明永汇丰公司在挂牌阶段已经知晓中冶公司股权被转让的详细情况,我院对其收到通知函这一事实予以认可,在接到该通知后法定期限内永汇丰公司并未主张其优先购买权,可视为其已经放弃。故本院对科工公司已经完成相应的通知义务予以认可,其转让程序合法有效。"

第二,以公告认定通知义务的履行。在夏某与江苏省演艺集团有限公司、南京大风创业投资管理有限公司股权转让纠纷案①中,法院认为,夏某于2004年前就离开建扬公司,客观上为建扬公司通知夏某案涉股权转让事宜增加了难度。案涉股权转让从2004年开始启动,2004年12月27日,建扬公司在《新华日报》刊登建扬公司国有产权公开转让公告。该公告就案涉股权转让有关事项作了较详细的披露,其公告的对象为不特定的社会公众,亦可认为包含夏某在内。此外,即使认为建扬公司未就案涉股权转让事宜告知夏某,侵害了夏某的优先购买权,但侵害股东的优先购买权并未违反效力性强制性规定,并不导致股权转让合同无效。质言之,法院并不认为建扬公司侵害了夏某的优先购买权,并且认定了该通知义务的履行。

第三,以决议认定通知义务的履行。在林同炎中国公司(以下简称林同炎公司)与上海同济资产经营有限公司(以下简称同济资产公司)等股权转让纠纷案②中,林同炎公司以事前未分别通知其他股东为由进行抗辩。法院认为,出让股权的股东负有通知其他股东的义务,但对于通知的具体方式法律未予明确。并且同济资产公司虽非直接发函通知其他股东,但其在2010年10月8日

---

① 江苏省南京市秦淮区人民法院民事判决书,(2013)白商初字第231号。
② 上海市高级人民法院民事判决书,(2016)沪民终34号。

已致函林李公司表达了若不同意其所提增资方案则将挂牌转让所持林李公司股权的意思,并希望林李公司其他股东书面回复意见。后林李公司回函称已征询其他股东意见——均不同意增资方案。该回函令同济资产公司有理由相信,通过林李公司通知的渠道是畅通的。法院最后认定,林李公司形成了同意同济资产公司挂牌转让股权并对该股权进行资产评估审计的董事会决议。鉴于林某某代表林同炎公司董事已在该决议上签字,法院认定在其信息通知渠道畅通时,决议上的签字可以作为认定其通知义务履行的佐证。而最高人民法院的再审判决也认同了该观点:尽管同济资产公司并未向林李公司其他股东直接发函告知股权转让事宜,但其他股东相继作出书面回复的事实可以证明同济资产公司通过与林李公司沟通,能够实现通知其他股东的目的。原审判决依据上述事实认定同济资产公司已履行了通知其他股东的义务并无不当①。

就能否以决议认定通知义务的履行,实务中仍然存在争议。根据《公司法》第 71 条第 3 款(2023 年修订后为第 84 条第 2 款)与《公司法司法解释(四)》第 17 条第 3 款有关经股东同意转让的股权,在同等条件下,其他股东有优先购买权的规定可知,转让股东向其他股东通知股权转让的具体内容,既是其他股东决定是否同意其对外转让股权的前提基础,同时也是其他股东决定是否主张优先购买该股权的参照条件。因此,严格解释该款时,转让股东必须将对外转让股权的转让价格、数量、转让对象等关键信息在会上通知其他股东,否则即便股东会形成半数同意的决议,也不能以此认为转让股东履行了法定义务。

值得注意的是,公告因为需要招募意向方,其内容关于价格、数量、转让对象等关键信息会更为明确,但其并非对其他股东每一人或者通过某种特指的定向的方式如合同转让中常用的邮寄、电子信箱等方式履行通知义务。但法院的观点则是在履行通知义务有困难时,不应过分苛求该义务的履行,更倾向于优先购买权是一项平衡多方利益的制度。

从实践中来看,通知义务履行的认定标准为实现通知其他股东的目的。这个标准似乎比较含糊,但从司法实践的认定中可以看出,其对通知义务履行的

---

① 最高人民法院民事裁定书,(2018)最高法民申 588 号。

认定往往是跳过通知义务去实际考量其他股东是否有主张优先购买权的意愿，似乎透露出一种"结果导向"。但这仍然是出于对实务中定分止争的效率的考量。并且根据《北交所细则》第4条中的"但书"规定，可以将决议或者其他股东协商文件作为认定通知义务履行的佐证。而这一点并没有在《上联所指引》与《天交所细则》中被确认。

因此，在笔者看来，实务操作中，股东会决议中明确约定了实施交易的产权交易所时，转让股东也仍然应根据公司法的规定履行有关书面通知义务，或者在股东会决议中明确约定在相关交易中行使优先购买权的通知方式。而在产权交易所对该通知义务的认定上，笔者认为，产权交易所作为规则的制定者，享有一定的权利，但这份权利在法律上仍然有所保留，不应过度将认定与责任归属于产权交易所一方，而实践中也确实有将产权交易所一并作为被告提起诉讼的情形。据此，还是应当明确由转让股东履行相关通知义务。其他股东打算行使优先购买权的，应及时关注股东会决议的安排，确保有效获取有关交易的进度、信息等。①

（2）同等条件

实务中争议最大的问题集中在进场交易是否构成同等条件上，其次则聚焦于价格、期限等方面。

在2014年上海电力实业有限公司等与中静公司股权转让纠纷案②中，法院认为，虽然国有产权转让应当在产权交易所进行公开交易，但因产权交易所并不具有判断交易一方是否丧失优先购买权这类法律事项的权利，在法律未明确规定且股东未明示放弃优先购买权的情况下，享有优先购买权的股东未进场交易的，并不能根据产权交易所自行制定的"未进场则视为放弃优先购买权"的交易规则，得出其优先购买权已经丧失的结论。与之相似的案例是新乡市健康房地产开发有限责任公司(以下简称健康公司)与新乡市安厦房地产开发有限公司(以下简称安厦公司)、新乡市吉超房地产经纪服务有限公司(以下简称

---

① 参见赵晓红、徐辉、许河斌:《国有股权公开挂牌转让与股东优先购买权保护》，载微信公众号"金杜研究院"2020年6月29日，https://mp.weixin.qq.com/s/RQyDnNRv0Xj4xDUxfpfl6g。

② 上海市第二中级人民法院民事判决书，(2014)沪二中民四(商)终字第1566号。

吉超公司)股权转让纠纷案①。在该案中,吉超公司关于"按照《河南省企业国有产权交易规程》的规定,企业国有产权转让,应当进入交易机构内公开进行。健康公司未进场交易即视为放弃优先购买权"的辩解意见也没有得到法院的认可。

与上述案例相似却不同判的案例如慈溪天圆公司与浙江建材公司、常德市鼎城区石门桥电杆厂股权转让纠纷案②。该案以浙江产权交易所自己的规则得出了优先购买权丧失的结论。法院认为,原告慈溪天圆公司在明知该股权转让的前提下,应当按照股权出让方的转让要求于同等条件下主张优先购买权。但原告慈溪天圆公司没有按照被告浙江建材公司的出让程序在浙江产权交易所报名参与转让程序,故其不符合《公司法》第 71 条第 3 款规定的"同等条件",不能仅凭相同价格就认为其符合"同等条件"而要求行使优先购买权。

在天津开发区智杰房地产开发有限公司(以下简称智杰公司)与天津市永辉工贸有限公司股权转让纠纷案③中,天寅公司持有的智杰公司 53% 股权在天津产权交易中心公开挂牌交易期间,智杰公司其他股东未主张权利。由于天津产权交易中心仅支持场内行权,故法院认为其他股东未在挂牌交易期间内主张优先购买权即丧失行权资格。

在汇伦(北京)投资有限公司(以下简称汇伦公司)与华鑫置业(集团)有限公司(以下简称华鑫公司)股权转让纠纷案④中,华鑫公司在上海联交所网站公开发布挂牌转让信息,"重要信息披露"部分中规定未按时进场视为放弃受让和放弃行使优先购买权。故法院认为,根据上海联交所相关操作办法及挂牌公示文件,其他股东只有提交受让申请并交纳保证金,在竞价现场同等条件下才能行使优先购买权,也即其他股东未进场等同于放弃行使优先购买权。而同样遵循产权交易所规则的还有一案例,即发生在北京产权交易所的皮某某与中海石油投资股份有限公司(以下简称中海油)等股权转让纠纷案。该案中,作为其他股东的丰林益公司没有在公告期内进入报价程序,但产生最高报价后却

---

① 河南省新乡市红旗区人民法院民事判决书,(2019)豫 0702 民初 547 号。
② 湖南省常德市鼎城区人民法院民事判决书,(2016)湘 0703 民初 2316 号。
③ 最高人民法院民事裁定书,(2013)民申字第 3 号。
④ 上海市高级人民法院民事裁定书,(2016)沪民申 445 号。

主张行使优先购买权。根据《北交所细则》第11条之规定,北交所接受场外行使优先购买权,意向受让股东可以在产生最终(高)报价后表示行使优先购买权。法院认为,如果受让方已明知其他股东未放弃行使优先购买权,且其他股东亦未明确作出放弃行使优先购买权的意思表示,则竞价结果产生有效最高报价后,其他股东并不因未进场而丧失资格。因此,即使受让方皮某某与中海油之间已经达成最高报价,其他股东丰林益公司仍可主张行使优先购买权。

如今北京、上海、天津交易所制定的相关规则都增加了场外行使优先购买权的规定。进场交易是否仍属强制进场的条件之一,有待商榷。相关的产权交易所的规则表现为:《北交所细则》第9条、《上联所指引》第4条、《天交所细则》第7条第4项规定,选择场内行使优先购买权的其他股东已行使优先购买权的,转让方不再征询未进场其他股东的意见。《北交所细则》第16条、《上联所指引》第6条、《天交所细则》第9条规定,转让方要求其他股东只能以场内行权方式行使优先购买权的,应当取得标的企业所有未放弃优先购买权的其他股东的同意,或者向交易中心就其要求其他股东只能场内行权作出自愿承担相应法律责任的书面承诺。

国有股权转让进场交易时,产权交易所一般会要求参与方支付一定的交易保证金,并且有关交易程序、交易环节、资金支付安排等都需要通过产权交易所进行,从这个角度出发,进场交易确实可以认定为有关"同等条件"的条件之一,其他股东如果打算行使优先购买权,则务必关注产权交易所的相关交易规则,避免因为违反有关规则导致优先购买权行使过程中存在障碍。同时,在有关交易的股东会决策过程中,建议将有关产权交易所的交易规则文件纳入股东会会议材料中。要么以股东会决议(全体股东同意)的方式明确优先购买权必须通过场内行权的方式行使;要么在进场交易产生最终价格后,另行向未选择场内行权的其他股东发出书面通知,以便要求该等其他股东确认是否行使优先购买权。对任何法益的保护,均应尽可能地兼顾其他法益。同时,在规则设置层面,应尽可能在现行法律法规的体系下进行,以增加交易的确定性和稳定性,最终达到保护法益和维护交易的有效平衡。这是所有市场交易的参与主体所期待的,也是商事法律架构体系构建的应有之义。

在上海飞翔交通游船有限公司、舟山海星轮船有限公司等股权转让纠纷案①中,法院认为,第三人寰岛公司的股东已就对外转让系争股权事宜进行表决,且充分注意到优先购买权的问题,并对相关股权转让设定了价格条款,即在不低于约定价格的情况下,股东明确表示放弃优先购买权。诚然,法律赋予股东优先购买权的目的在于保障公司的其他股东可以增持股份以实现对公司的控制权,并保障公司的人合性,但从第三人寰岛公司就系争股权转让所形成的股东会决议来看,股东在行使法律赋予的该项权利时已从价格方面作出考量和约定,并未对受让人作出任何限定。在上述股东会决议已生效且未于此后形成新决议的情况下,股东在上述决议中所作的意思表示具有法律效力和约束力。因此,被告罗某、舟山海星轮船有限公司在转让系争股权时若未违反关于转让价格的约定,则无须再行征询其他股东的意见,不构成对其他股东优先购买权的侵犯,亦不违背法律规定和公司章程。

而同等条件中的价格因素也是值得注意的问题,在甘肃兰驼集团有限责任公司、常柴银川柴油机有限公司等股权转让纠纷案②中,和解协议中约定股权折抵50万元债务,但在"股权转让价款"中却表述为"500万元",不符合"同等条件"的要求。因此该通知义务也因违反"同等条件"而被认作并未履行。

(3) 主体资格

首先,在审查主体资格时,通常须区别股权转让与国有资产无偿划拨。在天津鑫茂鑫风能源科技有限公司(以下简称天津鑫茂公司)与甘肃汇能新能源技术发展有限责任公司(以下简称甘肃汇能公司)、甘肃酒泉汇能风电开发有限责任公司(以下简称酒泉汇能公司)股权转让纠纷案③中,根据甘肃鑫汇公司章程第14条关于国有资产无偿划拨的规定,案涉股权划转无须天津鑫茂公司同意,也无须提前通知,天津鑫茂公司没有优先购买权。法院认定:结合章程认定,股东不得将股权无偿赠予他人,但国有资产无偿划拨不在此限,且无偿划拨不适用关于股权转让的规定。本案甘肃汇能公司和酒泉汇能公司均系国有独资公司。甘肃汇能公司向酒泉汇能公司划转股权未约定对价,其实质是基于甘

---

① 上海市浦东新区人民法院民事判决书,(2015)浦民二(商)初字第924号。
② 甘肃省高级人民法院民事判决书,(2013)甘民二初字第6号。
③ 最高人民法院民事判决书,(2017)最高法民终205号。

肃电力集团的决定对国有资产进行划拨,故该股权划转行为不应当适用关于股权转让的规定。与之相类似的是南宁市佳禾市场投资开发有限公司与广西百色矿务局煤业有限公司、百色百矿集团有限公司股权转让纠纷案①。该案当事人在主张无偿划拨时,法院通常审核其证据是否完备,此外还涉及对证据链条的认定。

其次,主体资格的审核中抗辩理由有:公司代其他股东主张优先购买权;出让方以违反法定程序侵害优先购买权为由,主张撤销行为;未经工商登记,不是标的企业原股东。在智杰公司与天津市永辉工贸有限公司股权转让纠纷再审案②中,法院认定,智杰公司其他股东的优先购买权应由智杰公司其他股东自行行使,智杰公司无权代为主张。据此其侵害优先购买权的事实也不能被确认。在上诉人深圳市横岗镇经济发展有限公司、深圳市横岗投资管理有限公司与被上诉人深圳市联合拍卖有限责任公司、深圳联合产权交易所股份有限公司、郝某某股权转让纠纷案③中,受侵害的也应是优先购买权人的权益,委托方以拍卖未履行让优先购买权人行使优先购买权的程序为由自行要求撤销拍卖行为不符合法理。而在上海浦东新区沪东建设发展有限公司与上海迦弈企业管理有限公司、上海迦绚合伙投资企业等股权转让纠纷案④中,法院认定,受让方即使提前知晓其他股东意欲放弃优先购买权也不因此获得优先购买权。在皮某某诉中海油等股权转让纠纷案⑤中,法院认为,工商登记是股东资格的对外公示,产生对抗第三人的效力,但并不影响公司内部对股东资格变动的认可与接受,不能以工商登记作为股东身份的唯一衡量标准。虽然没有办理相应的股东变更登记手续,但从各方当事人的真实意思表示来看,其均认可并接受了丰林益公司成为海南富岛公司股东的事实。其采取的判断标准仍然是借助于股东确权等方式。在慈溪天圆公司与浙江建材公司、常德市鼎城区石门桥电杆厂股权转让纠纷案中,法院认定本次股权转让的结果虽为公司股东之间的股权

---

① 广西壮族自治区百色市右江区人民法院民事判决书,(2019)桂1002民初2989号。
② 最高人民法院民事裁定书,(2013)民申字第3号。
③ 广东省深圳市中级人民法院民事判决书,(2013)深中法商终字第1088号。
④ 上海市浦东新区人民法院民事判决书,(2016)沪0115民初21464号。
⑤ 北京市第二中级人民法院民事判决书,(2016)京02民终5780号。

转让,但交易方式是通过浙江产权交易所公开挂牌转让,不能依据结果来反推该转让为股东之间的股权转让。

最后,不适当履行通知义务的主体以一般竞买人身份竞买时,法院也确认了其是优先购买权行权的主体。如在健康公司与安厦公司、吉超公司股权转让纠纷案中,法院认为,显然案涉股权拍卖中股东优先权的通知程序是有重大瑕疵的。健康公司报名参加竞买,交纳保证金,签署竞买文件,均是以一般竞买人身份进行的,且所有竞买文件上均未告知优先购买权人的交易程序和规则,但仍旧认定其享有优先购买权。

产权交易所的特殊规定又表现为《上联所指引》第10条、《天交所细则》第12条:转让方将对标的企业债权或其他资产与股权进行捆绑转让时,其他股东主张行使优先购买权的,应一并受让;其他股东与外部投资人组成联合体参与受让的,该联合体不享有优先购买权。实践中也存在其他股东与外部投资人订立合同但尚未构成联合体的情况,但与之相类似,法院并不认为外部投资人享有优先购买权。其他股东的优先购买权被充分保障,但对于联合体的认定,目前司法实践中没有标准。若以订立合同为标准,其他股东的优先购买权虽被保障,但外部投资人的利益恐难为双方之间的合同所保障。

(4)放弃或主张优先购买权的认定

在行权的意思表示上,存在多种抗辩理由,主要分为是否作出回复以及回复的形式。

第一,在是否作出回复的问题上,包括主动作出行使优先购买权的回复,逾期作出放弃优先购买权的回复后,未作出放弃优先购买权的回复,在拍卖结束后提出。对此主要的问题仍在于证据规则。关于第一种情况,在魏某某、石河子市市政工程养护管理处(以下简称市政养护处)与王某某股权转让纠纷案①中,法院根据证据认定作出行使优先购买权的回复。王某某提出收到上诉人市政养护处邮寄的通知的当日即作出了回复,愿意在同等条件下优先购买上诉人市政养护处的股权,并提供了上诉人市政养护处办公室主任吴某某出具的收条及证人陈某某的证言。该收条及证言与原审法院对吴某某所作的询问笔录能

---

① 新疆生产建设兵团第八师中级人民法院民事判决书,(2014)兵八民二终字第61号。

够相互印证,可以认定被上诉人王某某收到上诉人市政养护处邮寄的通知后即书面回复在同等条件下,要行使优先购买权。

关于第二种情况,在浙江迪升投资有限公司(以下简称迪升公司)与北京天之康健投资管理有限公司、中国国际医药卫生公司(以下简称国药公司)股权转让纠纷案①中,存在三处要点认定:①证据矛盾。迪升公司没有任何证据证明其希望购买国药公司的股份,特别是迪升公司于2014年11月20日发布《关于迪升公司转让天健阳光公司股权的通知》,该通知明确说明迪升公司需要转让其持有的天健阳光公司的股份;迪升公司在需要转让其持有的天健阳光公司股份的情况下,又同时主张购买国药公司持有的天健阳光公司的股份,既不符合常理,也没有任何依据。②不放弃优先购买权的股东参加交易的,北交所具有相应的保护股东优先购买权的规则,即国药公司通过北交所对股权进行交易,并不会侵害迪升公司股东的优先购买权;并且其出让标准也是产权交易所规定的,迪升公司要求自己和要求他人的归责标准不同,法院对其论述难以采信。③加之逾期,视为其放弃优先购买权。

关于第三种情况,在健康公司与安厦公司、吉超公司股权转让纠纷案中,针对被告认为按照《河南省企业国有产权交易规程》(已失效)的规定,企业国有产权转让,应当进入产权交易机构内公开进行,而健康公司未进场交易即视为放弃优先购买权的观点,法院认为其规定国有股权要在政府设立的公共资源交易中心进行公开交易、公开竞价,确保国有股权的保值增值,不能对该内容引申理解为享有优先购买权的股东必须到场竞价,更不能据此推断未进场交易的股东即丧失优先购买权。股东行使优先购买权是《公司法》明文规定的法定权利,股东放弃优先购买权也应当明示,或者由法律法规明确规定。

第二,在回复的形式上也会存在意思表示的争议:意思表示不真实,签名主体不是工商登记的主体;主张决议无效。第一种情形下,法院的认定思路在于签名主体是否实质有权。在林同炎公司与同济资产公司等股权转让纠纷案②中,法院认定在2005年至2011年间,林某某多次代表林同炎公司参加林李公

---

① 北京市第三中级人民法院民事判决书,(2017)京03民终3406号。
② 上海市高级人民法院民事判决书,(2016)沪民终34号。

司董事会会议并在董事会决议上签字。决议内容涉及林李公司的日常经营、组织机构及公司制度完善等事项,其事实上已长期作为林同炎公司的代表参与林李公司董事会会议及公司决策,并无证据证明林同炎公司或其他股东对林某某的代表权限提出过异议。原审判决结合林某甲与林某某、林同炎公司总裁余某某与林某某均存在亲戚关系的实际情况,认定林某某事实上长期作为林同炎公司的代表参与林李公司董事会会议及公司决策,林某某代表林同炎公司签署的有关林同炎公司放弃行使优先购买权以及同意同济资产公司转让股权的文件应视为林同炎公司的真实意思表示,并无不当。

而在第二种即主张决议无效的情形中,又分为决议签名造假和决议冲突的情形。司法实践中不乏相关案例,在此不作赘述。

而各产权交易所关于视为放弃优先购买权的规则,具体表现在《北交所细则》第8条第1项、《上联所指引》第4条、《天交所细则》第7条第4项规定中:场内行权的其他股东当场未表态或逾期未行权的,视为放弃优先购买权。《北交所细则》第10条、第11条,《上联所指引》第5条,《天交所细则》第8条规定:信息披露期满,只征集到普通意向方,或者虽征集到场内行权的其他股东,但其放弃行权或逾期未行权的,转让方应在已确定的最终价格产生后的3个工作日内,以书面形式向场外未放弃行权的其他股东征询其是否行权,并告知欲行权的场外其他股东应在通知要求的时间内向交易中心办理行权手续,包括但不限于提交受让申请、交纳交易保证金等;逾期未按通知要求行权的,视为放弃行权。《天交所细则》第13条、《上联所指引》第11条规定:其他股东同意股权转让,但未表示放弃优先权的,视为不放弃优先权,转让方须向其征询行权事宜。

国有企业股权转让进场交易过程中,未放弃优先购买权的其他股东应如何行使优先购买权亦成为争议问题。对于其他股东行使或放弃优先购买权必须明示还是可以默示推定,各地司法机关的裁判意见也存在差异,主要有以下几种观点。①可以默示推定其他股东放弃优先购买权。多数法院认为其他股东在收到相关通知后未在法定期限内行使优先购买权,即已以其自身行为表示放弃行使优先购买权。有观点认为其他股东未在法定期限内明确表明行权,则可以根据其不行权的行为默示推定其放弃了优先购买权。还有观点认为,参加公开竞价行为视为其放弃股份优先购买权。②可以在一定条件下默示推定其他股东放弃优先购买权。法院将默示推定弃权的认定限制在诉讼中,认为"诉讼中,法院可出具书面通知,限期要求不同意转让的股东在一定期限内,作出同意或购买表示,并就其不作为的后果予以明确说明。在此情况下,该股东逾期不予答复的,视为放弃权利"。这一点和合同转让的认定是非常接近的。③优先购买权的放弃必须明示。其他股东未按通知到产权交易机构举牌表示受让意愿的行为属于不作为的默示行为,不能据此而推定其放弃优先购买权,不作为的默示只有在法律有规定或者当事人双方有约定的情况下,才可以视为意思表示。这一点法院在进行说理时经常会引用到,但是对其原理,法院并没有进行说明。

(5)其他侵害优先购买权的典型影响因素(程序、价格、恶意串通)

以产权交易所为主体诉至法院主张侵害优先购买权的案件,例如北京络绩控制技术有限责任公司(以下简称络绩公司)等与中航技国际经贸发展有限公司(以下简称中航技公司)股权转让纠纷案①。该案中,中航技公司在挂牌进行产权转让之前,已经与中润公司就转让产权召开了股东会,中航泰德亦作出相应的股东会决议。络绩公司一次报价后,中航技公司亦对中润公司进行了行使优先购买权的征询,中润公司未在询证函确定的期限内表明行使优先购买权,虽然中润公司对交易程序提出异议,但北交所亦按照交易流程对交易各方包括中润公司的来函进行了审核及回复,因此,北交所及中航技公司均不存在漠视中润公司的优先购买权的情形。该案中法院认为产权交易所实质承担了一定的审核权利。但除了行权意思表示的一个推定之外,产权交易所承担的义务和享有的权利其实仍然没有被规范。

首先,关于在产权交易中违反特殊程序是否能认定侵害优先购买权,在上海A文化发展有限公司与钱某、上海C投资管理有限公司股权转让纠纷案②中,法院指出,"法律规定了国有股权应当通过拍卖程序确定价格,那么股东的优先购买权也应在拍卖程序中行使,拍卖程序的要求本身就是一种同等条

---

① 北京市第三中级人民法院民事判决书,(2020)京03民终10709号。
② 上海市闵行区人民法院民事判决书,(2013)闵民二(商)初字第1026号。

件",故其他股东参与拍卖程序具有必要性。并且法院认定,股东应当参与拍卖,当拍卖出现最高价后,拍卖人应征询股东的意见,如果其愿意购买,股权拍归股东,如其不愿购买,股权拍归最高应价者。由此,本案股权出让方与受让方在股权转让协议中约定的股权转让价格无效,股东基于股权转让协议中的股权转让价格而作出的放弃优先购买权的意思表示也是没有法律约束力的。

其次,价格在侵害优先购买权认定中也是非常重要的一环,笔者拟通过两个特殊案件进行说明。在周某某与中新药业唐山新华有限公司(以下简称唐山新华)、天津中新药业集团股份有限公司(以下简称中新药业)股权转让纠纷案①中,中新药业利用实际控制唐山新华的便利,在评估过程中未能实事求是地提供真实的资料,造成评估结果存在问题,严重影响了原告对唐山新华的价值判断,从实质上导致此次公开对外转让股权不具有真实、有效性,进而影响了原告优先购买权的行使和判断。股东会决议载明原股东行使优先购买权,若未在产权交易中心挂牌期限内按产权交易规则办理受让登记,则视为放弃优先购买权,中新药业在该股东会决议上盖章并由授权代表签字,周某某在该股东会决议上签字。唐山新华会后将该评估报告交于周某某,周某某收到后发现评估报告存在诸多问题,后多次要求暂停股权转让事宜、核查评估报告存在的问题。全体股东同意中新药业以此评估值为依据,转让其持有的51%股权,在申请医药集团同意后在产权交易中心挂牌价格为1元。对此,法院的判断思路包括以下三点:①对外转让程序虽合法有效,但被告中新药业所依据中同华评报字(2017)第1128号资产评估报告说明内容确实存在瑕疵,无法客观反映评估基准日被告唐山新华资产真实状况及股权所代表价值。②股权转让价格并不完全等同于股权所代表的价值和内容,涉案股权交易采取的是交易所公开转让,因此该瑕疵足以影响原告周某某在内的其他所有潜在受让人对受让标的的价值作出正确判断,进而导致相对人作出非真实意思表示行为。③否定了决议的效力。不参与竞买就视为放弃优先购买权系对法定权利的不当限制,且原告周某某在该股东会决议中并未明示放弃股东优先购买权,资产评估报告影响了原告周某某的判断,因此不能以该股东会决议作为限制原告周某某享有和行使优

---

① 河北省唐山市路南区人民法院民事判决书,(2018)冀0202民初2766号。

先购买权的依据。在上文络绩公司等与中航技公司股权转让纠纷案中,原告以估价错误影响优先购买权的行使和判断为由,主张优先购买权被侵害时,法院认定不存在漠视优先购买权的情形。其中主要的逻辑链条仍然在于期限,此时更依赖于产权交易所的判断而不能从实质上回应估值错误的问题。

据此,必须指出,价格因素贯彻权利行使的始终。该问题究其根本其实是国有股权转让制度与股东优先购买权制度价值目标的冲突。国有股权转让制度主要是为了合理地促进国有资产的流动,减少国有股权在转让中的价值流失,最终实现国有资产的保值增值和社会资源的优化配置。股东优先购买权制度的目标是维护公司的人合性,阻止新股东的加入。实现转让股权最优价值与维护公司人合性存在矛盾,只能采取措施缓解,平衡各方利益。而且对于在国有股权转让的拍卖程序中优先购买权人如何行使自己的优先购买权,法律仅是要求参照产权交易场所的交易规则,并未出台更加详细明确的法律规定统一标准,这就为国有股权转让和股东优先购买权发生冲突埋下了隐患。对复杂的实际情况应作出进一步的规定,要细化其他股东优先购买权的行使时间和行使程序,在保护优先购买权人合法权益的同时,也要实现国有资产的保值。

在优先购买权制度本身的价值判断上,笔者认为优先购买权是一种利益平衡的工具,不仅体现了对其他股东利益的保护,还体现了对转让人和股东以外的受让人利益的保护。这主要在于私法以意思自治为原则,以意思管制为例外。这一点和国有产权转让中的规则或许有竞合之处,即国有产权中要求对股权进行估值尽量避免国有股权在转让中的价值流失,防止损害国家利益。但是什么是损害国家利益,这个观点也非常模糊。法院尚没有对此的具体认定,总体的价值认定,尤其是底价的认定,是建立在资产评估报告的基础上的。但必须认可的是,如果将优先购买权的立法目的设定为"利益平衡",那么这个问题实质上并不能够成为一个冲突之处。加之国有产权的转让也主要发生在国有企业改革的背景下,并且以国有资产保值为基本要求,以国有资产增值为国有企业产权交易的根本目标,实现国有资产在动态的资源优化中良性发展。因此冲突似乎也并不过分明显。

除此之外,优先购买权保障人合性是基于对原有股东的信赖以及避免新加入股东与之产生理念之争。但确实没有实质的证据表明,新加入的股东会明显地影响甚至使该企业不能实现良好经营的目的。因此,国有产权的竞价机制是对优先购买权制度目的的否认的观点,笔者认为并不能够成立。

但必须承认的是,在转让过程中,需要提交对产权的价值评估报告,而现实中也存在对价值评估报告期限的认定问题。既然要基于这个报告形成一个底价的预估,那么这个报告就需要有足够的公信力,并且就产权价值的评估,时效性的认定并不能局限于一年,且要求重新估值更有利于多方在进行交易的时候消除信息不对称以及信息时效性的更新,更能够帮助促成商事交易,达到转让后的目的。同时更重要的是,依赖于评估报告难免会因个体产生差异,当评估报告并不可信时,充分引入市场机制就需要足够长的信息披露时间,使更多主体参与到竞价的过程中来,才能真正保障国有产权的价值不流失。

正因市场竞争尚不充分,因此对引发的负外部性也应当有所考虑,在这种交易中,双方当事人往往事先已经进行相关的约定或已经签署合同,进场交易本质上沦为"走过场",也因此实践中存在以其他股东不放弃优先购买权为由进行抗辩。例如,在汇伦公司与华鑫公司股权转让纠纷案中,对于汇伦公司以目标公司其余股东不放弃优先购买权及质押为由来行使不安抗辩权的主张,法院主要参照合同约定进行裁判。框架协议及补充协议未约定目标公司其他股东不放弃优先购买权的情况下,汇伦公司可以不履行框架协议项下的义务;合作意向书及框架协议还约定,汇伦公司须帮助华鑫公司取得股权转让在上海联交所挂牌的相关必要文件,包括目标公司董事会决议、股东会决议、其他股东放弃优先受让权的相关必要文件等。综上,可以认为促使其他股东放弃优先购买权的义务在于汇伦公司。

最后,根据《公司法司法解释(四)》第21条的规定,如果转让股东未就股权转让事项征求其他股东意见或者以欺诈、恶意串通等手段,损害其他股东优先购买权,此时的裁判规则主要包括四个要素:①其他股东主张按照同等条件购买转让股权的,法院应当予以支持。②其他股东仅提出确认股权转让合同以及股权变动效力等请求,并未同时主张行使优先购买权的,法院不予支持。③其他股东非因自身原因导致无法行使优先购买权,提出损害赔偿请求的,法院应当予以支持。④因股东行使优先购买权,导致转让股东与股东以外的受让人之间的股权转让合同目的无法实现的,股东以外的受让人可以依法请求转让股东承担相应的民事责任。在该种情形中,其他股东行使优先购买权并没有否定股权转让合同的效力,只是因合同无法履行导致合同目的不能实现,故此,转让股东应当按照股权转让合同的约定,向股东以外的受让人承担违约责任。

应当注意的是,根据最高人民法院民二庭的观点,如果转让股东与股东以外的股权受让人以欺诈、恶意串通等手段侵害其他股东优先购买权,该种情形属于合同法规定的无效事由,应当认定股权转让合同无效。

实践中恶意串通的具体案例很少,在天津鑫茂公司与甘肃汇能公司、酒泉汇能公司股权转让纠纷案中,法院认定,甘肃汇能公司与酒泉汇能公司之间的股权划转行为,其实质是基于甘肃电力集团的决定对国有资产进行划拨,并非甘肃汇能公司与酒泉汇能公司之间的串通行为。

(6)合同效力认定

合同效力贯穿优先购买权案件整个过程,通过分析,笔者得出以下结论:

在实践中,认定涉案合同无效的案件主要集中在2016年之前,侵害优先购买权的案件中认定合同有效的也并不多,而在争议焦点为不侵害优先购买权的11个案例中均认定合同有效。在2019年和2020年的案件中,仍然有法院认为合同不宜被认定为无效,但始终没有对合同的效力进行一个具体的定论。

《九民纪要》关于侵害优先购买权的观点为:①该等合同有效,除非该等合同存在无效情形,比如,受让方和转让方恶意串通或采取虚报高价等方式侵害其他股东的优先购买权。②即使该等合同被认定为有效,其他股东仍可以行使优先购买权,除非其他股东自知道或者应当知道行使优先购买权的同等条件之日起30日内没有主张该权利,或者自股权变更登记之日起已经超过一年时间。③受让方可以要求转让方承担相应违约责任,并有权要求转让方继续履行合同,但若其他股东有效行使了优先购买权导致转让方无法继续履行合同,则受让方有权要求终止或解除股权转让合同并要求转让方承担相应的违约责任。其内核仍然是肯定有效说。

关于合同效力的学说主要有无效说、可撤销说、有效说。①无效说:《公司法》第71条(2023年修订后为第84条)规定的股东对外转让股权应当履行的通知义务属法律、法规的强制性规定。未经其他股东过半数同意的行为,违反了公司法的强制性规定,故未履行该义务签订的股权转让合同应认定为无效,

《公司法司法解释(四)》第22条采纳了该观点。无效说的理论基础在于未经法定程序对外转让股权，属于《民法典》第153条"违反法律、行政法规的强制性规定"而致合同无效的情形。审判实务中，法院通常也依据这一规定认定股权转让协议无效。实践中，认为未履行公司法规定的程序订立股权转让合同无效的地区主要有北京、河南、山西等地。当然其年限也主要集中在2016年之前，主要案例有魏某某、市政养护处与王某某股权转让纠纷案①，南宁市佳禾市场投资开发有限公司与广西百色矿务局煤业有限公司、百色百矿集团有限公司股权转让纠纷案②。

②可撤销说：未经公司其他股东同意的对外股权转让合同效力处于待定状态，若其他股东通过明示或默示的方式认可该股权转让行为，股权转让合同应属有效；若其他股东不同意对外转让股权，并要求行使优先购买权，则可申请撤销该股权转让合同，被撤销的股权转让合同，自始不发生法律约束力。但从笔者检索到的案例来看，法院都没有明确什么是可撤销的合同，而更倾向于不认定合同无效。例如在健康公司与安厦公司、吉超公司股权转让纠纷案③中，法院认为该转让协议不宜认定为无效。股东优先购买权的行使目的在于通过保障其他股东优先获得拟转让股权而维持公司内部信赖关系。法律所要否定的是非股东第三人优先于公司其他股东取得公司股权的行为，而不是转让股东与第三人成立转让协议的行为。况且如果健康公司未如期履行优先购买权，则安厦公司与吉超公司的股权转让协议需要继续履行。但法院并没有实质上回应健康公司行权后该协议的效力问题。

③有效说：股权转让合同系转让股东和受让人之间真实的意思表示，只要不违反法律法规的禁止性规定，该合同就应当被认定为有效；至于公司其他股东提起诉讼要求行使优先购买权，产生的是股权转让合同无法继续履行情况下的违约责任问题，不会对股权转让合同本身的效力产生影响。在笔者检索到的一部分案例中，法院认定"股权转让协议是当事人的真实意思表示，且不违反相关的法律、行政法规的禁止性规定，属有效合同"。《最高人民法院公报》刊

---

① 新疆维吾尔自治区石河子市人民法院民事判决书，(2013)石民初字第1231号。
② 广西壮族自治区百色市右江区人民法院民事判决书，(2019)桂1002民初2989号。
③ 河南省新乡市红旗区人民法院民事判决书，(2019)豫0702民初547号。

登的有关案例的"裁判要旨"中,指明"股东优先购买权是法律规定有限公司股东在同等条件下对其他股东拟对外转让股权享有优先购买的权利,是一种为保证有限公司的人合性而赋予股东的权利。优先购买权的规定并不是对拟转让股权的股东股权的限制或对其自由转让股权的限制。其他股东依法行使优先购买权,并不能证明拟对外转让股权的股东对其持有股权不享有完全的、排他的权利。因此,即使股权转让方未告知优先权人或征得优先权人同意,股权转让协议依然具有确定的法律效力"。《九民纪要》实质上也认同了这一观点,这个观点更多地表现在2016年之前的江浙沪等地司法裁判中。

(编校:余蓁茜)

第十七章 一股多卖法律纠纷实证研究

王 逸 许 晴 李心蕊
夏梓豪 张立国 许智琛

一、问题的提出

随着市场经济的蓬勃发展,股权作为一种交易模式自由且价值较高的财产,开始出现于越来越多的交易之中。对股权可作广义与狭义两种解释:广义的股权,又可称为股东权,是指股东所能向公司主张的所有权利的总和;狭义的股权则指股东基于股东资格而享有的向公司主张分配股利并参与公司日常经营事务的权利,是一种兼具人身性质与财产性质的综合性权利。[1] 但由于我国对股权变动模式并未进行明确的规定,在交易市场中一股多卖的现象频繁出现。公司法中,一股多卖是指公司股东在签订股权转让协议后,在办理股权过户前又与他人签订新的股权转让协议并办理股权过户手续。通俗来讲,就是指原股权所有人将同一股权转让给两个购买人,导致股权归属出现争议的情况。在司法实务中,一股多卖的现象常常以一股二卖的形式出现。

2018年修正的《公司法》并未对一股多卖的问题进行规定,司法机关在处理实务中出现的一股多卖纠纷时无法可依,导致不同的法院对这一纠纷的裁判结果各不相同,发生了不少"同案不同判"的现象。当时学界对这一问题也持有不同的观点:部分学者认为出于维护市场交易秩序的稳定以及权利外观的公信力,股权理应能够被善意取得;持相反观点的学者则出于对股权特殊性质的

---

[1] 参见刘俊海:《现代公司法》(第3版),法律出版社2015年版,第186页;范健、王建文:《公司法》(第4版),法律出版社2015年版,第309页。

考虑,认为有限责任公司所具有的人合性特点和股东的优先购买权致使股权转让与物权流转差异之处甚多,物权的善意取得制度不能直接适用于一股多卖。

另外,学界对股权转让生效节点的认定也观点不一。这一理论分歧产生的根本原因就在于我国公司法上股权采取股东名册与工商登记双重公示形式,如此一来两者之间就会存在时间与空间上的间隔,造成股权权利外观的不一致,增加股权善意取得的认定难度,处理一股多卖问题难以达成理论及实务中的共识。

随后,《公司法司法解释(三)》第 27 条第 1 款对一股多卖中的股权适用善意取得制度作了原则性的规定:"股权转让后尚未向公司登记机关办理变更登记,原股东将仍登记于其名下的股权转让、质押或者以其他方式处分,受让股东以其对于股权享有实际权利为由,请求认定处分股权行为无效的,人民法院可以参照民法典第三百一十一条的规定处理。"

尽管如此,法律对一股多卖的问题仍然未能提出一个明确的解决办法,理论界对一股多卖尚存诸多争议点。笔者在"威科先行"法律信息库中,以"一股多卖""一股二卖""股权转让+股东名册+善意取得"等近 10 个关键词对 2011 年至 2020 年间的案件进行检索,对检索到的相关案件以不同的分类标准进行研究,以此为后文中对一股多卖相关问题的分析提供实务基础。

二、概述

在进行具体的探讨之前,需要明确股权转让所涉及的基础法律要素,包括股权转让的方式、条件、程序以及股东资格确认的具体形式等。

(一)有限责任公司股权转让的方式

《公司法》第 71 条(2023 年修订后为第 84 条)对有限责任公司的股权转让作出了基本规定:"有限责任公司的股东之间可以相互转让其全部或者部分股权。股东向股东以外的人转让股权,应当经其他股东过半数同意。股东应就其股权转让事项书面通知其他股东征求同意,其他股东自接到书面通知之日起满三十日未答复的,视为同意转让……"分析该法条可以得出,有限责任公司的股权转让分为对内转让与对外转让。对内转让即股权只在公司股东内部流转,采取的是合意自治的模式,即《公司法》中"公司章程对股权转让另有规定的,从其规定"。对外转让是指股东将其所持有的股权转让给股东以外的第三人的行为。对外转让的基础是有限责任公司的人合性,即股东之间具有特别的信任关系。为了保护其人合性,《公司法》针对对外转让设置了更多的限制,主要表现之一是优先购买权制度。

(二)有限责任公司股权转让的形式条件

股权转让的形式要件是:根据《公司法》第31条、第72条及第73条的规定(2023年修订后分别为第55条、第85条及第87条),有限责任公司的股权转让后,公司应当注销原股东的出资证明书,并且向新股东签发出资证明书,办理工商登记,修改股东名册和公司章程中的相关记载。另外,在股权对外转让的情形下,还需要书面将股权转让通知和条件告知其他股东,取得其他股东的过半数同意(2023年修订的《公司法》第84条删除了过半数同意的规定)。

(三)股东资格确认

股东转让其股权形成股东之对外关系,在这一过程中,所转让客体是股权,但在公司内部关系中,股权与股东资格密不可分,受让人受让股权的目的在于获得股东资格,因此必须对股东资格确认问题进行探讨。

关于股东资格确认与股权转让之间的关系,即股东资格的获得是否单纯依据股权转让,存在两种截然不同的观点。一种观点认为,股权转让包括股权权属变更和受让人股东资格取得两个环节。前者是股权转让合同之履行结果,结果是受让人取得股权本身所具有的财产价值及后续受益;后者是公司对股权转让事实与受让人股东身份的确认,受让人有权要求公司向其签发出资证明书,变更股东名册和申请进行变更登记。[①] 另一种观点认为,股东即股权所有人,凡可依法证明股权有效存在的,就能被认定为股东。至于证明方式,可以是转让协议、出资证明书、股份证书、股东名册、公司章程及公司的注册登记等。

关于股东资格的确认,在理论界存在形式要件主义与实质要件主义的争论。但是更多学者倾向于形式要件主义,认为必须经过特定程序取得在对公司

---

① 参见胡晓静:《股权转让中的股东资格确认——基于股权权属与股东资格的区分》,载《当代法学》2016年第2期。

关系上的认可,才能取得股东资格。形式要件主义的具体分析如下。

根据形式要件主义,用以确认股东资格的形式要件主要包括四种:其一,公司章程。公司章程对外具有公示的效力,对内是确定股东权利与义务的依据。但公司章程中的相关记载在公司成立之后是否继续具有正确性与真实性,并非通过股东大会表决机制来保障,而是基于股权变动的结果及其程序设计。其二,股东名册。《公司法》规定有限责任公司应当将变动事项记载于股东名册。其三,出资证明书。它是股东出资的凭证,但是只具有对内效力,不具有对外公示的效力。将其作为资格确认的依据,无疑会不合理地增加受让人的义务。其四,工商登记。工商登记是公司成立的法定要件,其内容具有公示效力,可对抗第三人。总的来说,确认股东资格较为合适的形式要件,仅有股东名册与工商登记两种。

通过案例检索得知,以"股东资格确认""股东名册"为关键词进行检索,得到案例9525个;以"股东资格确认""登记"为关键词检索,得到案例23,316个。总体上,实践中更倾向于通过工商登记来确认股东资格。虽然我国《公司法》明确将股东名册规定为股东身份认定的依据,但是由于缺乏对股东名册制作、保管、变更的程式要求和处罚规定,工商部门对股东名册缺乏监管,很多公司根本未曾置备股东名册,该制度成为"僵尸条文"。另外,变更股东名册一般是受让人成为股东的后续程序性问题,因为股东在这之前已经成为公司股东。

(四)股东转让的程序

根据《公司法》的规定,完美的股权转让程序应当包括五个步骤:签订股权转让协议,实际交付股权,变更股东名册,变更工商登记,变更公司章程。但是根据案例检索结果我们了解到,实践中出现的步骤仅包括合同成立生效、股东名册变更以及工商登记变更。理论与实践不符,可以看出股东名册与章程变更在股权转让的实际程序中不具有实践上的意义。

(五)股东股权变动模式研究

股权变动模式的理论在学界中主要有意思主义模式说、债权形式主义模式说两种。意思主义模式可以分为"原版"和"修正版",前者仅需转让方与受让方达成合意即发生股权变动;后者指在前者的基础上还需通知公司才可发生权利转移的效果。债权形式主义模式即转让方与受让方达成合意后还须履行一定的形式要件,如股东名册登记、章程规定、实际享有出资人权利、工商登记等。①

我们可以从股权变动的流程顺序上来分析股权变动应当采取哪种模式。股权转让可以分为内部转让和外部转让。内部转让即一股东向另一股东转让股权,根据《公司法》第 71 条有限责任公司的股东之间可以相互转让其全部或者部分股权,对此无须再进行讨论。

关于股权的外部转让,毋庸置疑的是,股权变动首先是股权持有者与第三人达成了转让股权的合意,此时仅仅达成了接受股权的合意,受让者还无法真正享有股东权利。根据《公司法》第 71 条,股东向股东以外的人转让股权,应当经其他股东过半数同意,即股东应就其股权转让事项书面通知其他股东征求同意,其他股东自接到书面通知之日起满 30 日未答复的,视为同意转让。其他股东半数以上不同意转让的,不同意的股东应当购买该转让的股权,不购买的,视为同意转让。不同股权变动模式中,公司扮演角色如表 17-1 所示。

表 17-1 不同股权变动模式中公司扮演的角色

模式	纯粹意思主义	修正的意思主义	股东名册说	公司内部其他证明文件说	实际行使权利说
参与时间	股权转让生效后	股权转让生效前	股权转让生效前	股权转让生效前	股权转让生效前
参与方式	办理变更登记	实质性认可	股东名册登记	更改或者交付其他内部证明文件	通过股东会决议
是否需要其他股东过半数同意	是	是	是	是	是

通过表 17-1 可以看出,实际上不管是意思主义的要求通知公司并受公司认可,还是债权形式主义中的各种外部登记形式,都体现的是公司认可股权转让这一事实的形式化表现。公司认可在《公司法》第 71 条体现为其他股东的

---

① 参见李建伟:《有限责任公司股权变动模式研究——以公司受通知与认可的程序构建为中心》,载《暨南学报(哲学社会科学版)》2012 年第 12 期。

过半数通过,究其本质,股权变动模式应是:股权持有方与第三人达成合意,经公司其他股东过半数同意,工商登记是对抗第三人的形式要件。

《九民纪要》第 8 条规定:当事人之间转让有限责任公司股权,受让人以其姓名或者名称已记载于股东名册为由主张其已经取得股权的,人民法院依法予以支持,但法律、行政法规规定应当办理批准手续生效的股权转让除外。未向公司登记机关办理股权变更登记的,不得对抗善意相对人。针对《九民纪要》第 8 条的规定,最高人民法院民二庭这样解释:股权转让生效时点以股东名册变更为准,法律、行政法规规定应当办理批准手续才能生效的,以股东名册变更与批准手续完成办理为准;股权变动未经公司登记机关变更登记的,不得对抗善意相对人。审判实践中可以根据案件实际审理情况,认定股东名册是否变更。在不存在规范股东名册的情况下,有关的公司文件,如公司章程、会议纪要等,能够证明公司认可受让人为新股东的,都可以产生相应的效力。正如朱庆教授提到的,现代民商法的重要特点之一便是无形财产权的有形化。近年来,知识产权、股权等无形财产权在财产权体系中的地位越来越重要。[①]

《九民纪要》第 8 条的规定具有一定的法源性地位,确认了股权变动以股东名册登记为节点的模式。但是又遇到一个问题,即实践中相当大比例的有限责任公司都没有严格按照《公司法》的有关要求置备股东名册或公司章程,导致股东名册设置不规范现象的大量存在,使依照股东名册的记载确认股东资格缺乏现实基础。《公司法》第 32 条(2023 年修订后为第 56 条)规定有限公司"应当"置备股东名册,但对于股东名册记载的内容规定得并不充分,对于股权取得时间、股权是否存在质押等其他权利限制均未作规定。

因此实践中依然会出现对股权状态认定不清的情况,导致一股多卖的现象频频发生。

上文中提到的本质的股权变动模式虽然抓住了股权转让的实质,但是由于公司决议具有内部性,需要有一个外部的明确的每个主体皆可并不费力地查询之后便可得知的表现形式。将《九民纪要》第 8 条与本质的股权变动模式相结合,可以得出一种新的股权变动模式,即电子股东名册登记制,股权变动模式为转

[①] 参见朱庆:《股权变动模式的再梳理》,载《法学杂志》2009 年第 12 期。

让方与受让方达成"股权移转合意+电子股东名册登记"。

通过采用电子股东名册登记制,不仅能从法源上找到根据,而且解决了长期以来的实践难题,即现实中置备股东名册的公司数量极少的难题。具体措施如下所述。

可以在公司注册时即开通电子股东名册,若在转让过程中发生电子股东名册变更,受让方上传相关证明即可办理"股权正在转移状态"。股权持有者在收到受让方通过相关证据办理后的"股权正在转移状态"信息提醒之后,如果有异议或者股权转让合同解除,可以就"股权正在转移状态"提出申诉,申诉成功后,解除"股权正在转移状态",恢复正常可交易状态。当股权之上存在质权等权利瑕疵时,在登记系统注明瑕疵以及瑕疵类型。赋予每个股权受让方查询股权状态的义务,当查询到进入"股权正在转移状态"依然进行股权交易时,就可以判定受让人并非善意。通过"谁享有利益谁来证明"的模式,可以避免交易中出现阻碍效率的行动。

电子股东名册登记制既呼应了《九民纪要》的规定,又解决了实践中绝大多数公司并不具有股东名册的现实窘境。受让方上传股权转让合同等相关证明后即可办理"股权正在转移状态",如此一方面,有效规避了实践中转让方或者公司不登记等不作为或者怠于作为的尴尬局面;另一方面,为将要购买股权的人提供了官方有效且合法的查询渠道,使得股权流转更加便捷安全,符合商事法的特征。

三、案例整理和数据分析

笔者在"威科先行"法律信息库中通过对关键词的检索,共检索到了1424个与一股多卖相关的案件,剔除部分非目标案件[普通共同诉讼案件(陈某某与济南产业发展投资集团有限公司等股权转让纠纷案)的一式多份判决书;法院最终裁判不涉及一股多卖争议的案件;适用《公司法司法解释(三)》第27条第2款的案件;适用修正后《公司法司法解释(三)》第28条的案件;"股权转让+股东名册+善意取得"关键词下与一股多卖无关的案件]后,共余156个目标案件。

在这156个案件中,共含有一股二卖案件135个,占比为86.54%;一股二卖情形以外的一股多卖案件 21 个,包括一股三卖及以上的所有案件,占比为 13.46%。由此可见,实务中一股二卖案件出现的频次远高于其他一股多卖案件的出现频次,这也就决定了学界在讨论一股多卖情形时,多在分析一股二卖情形中的法律问题。

以审判程序作为分类标准,一审程序案件共有 71 个,二审程序案件共有 74 个,再审程序案件共有 11 个。

对各地区发生的案件数量进行统计,若将 8 个一股多卖案件数作为分水岭,一股多卖案件数大于或等于 8 个的地区分别为:云南、北京、安徽、广东、江苏、浙江、湖北、福建以及上海(见图 17-1)。可以看出,相对较为发达的地区更容易发生一股多卖纠纷。

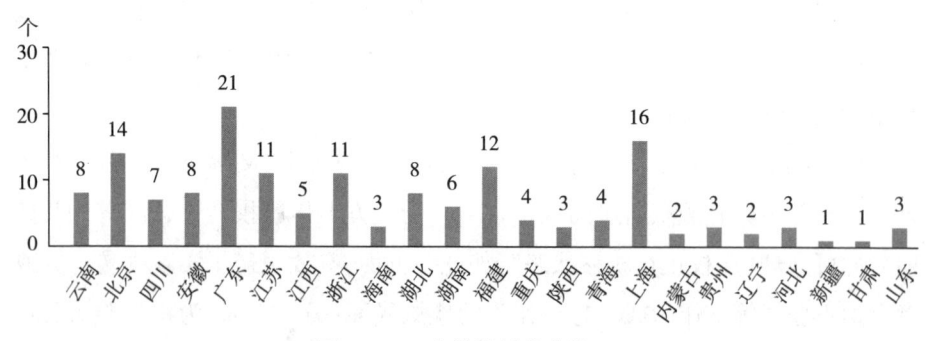

图 17-1 案件地域分布情况

云南 8、北京 14、四川 7、安徽 8、广东 21、江苏 11、江西 5、浙江 11、海南 3、湖北 8、湖南 6、福建 12、重庆 4、陕西 3、青海 4、上海 16、内蒙古 2、贵州 3、辽宁 2、河北 3、新疆 1、甘肃 1、山东 3

自 2011 年《公司法司法解释(三)》实施起开始计算,截至 2020 年第三季度,一股多卖纠纷案件大体上呈现出逐年增加的趋势(见图 17-2)。这与我国市场经济蓬勃发展密不可分:在市场交易活跃的情况下,股权交易势必更加常见,交易过程中产生的纠纷也会随之增加。

图 17-2 案件年份分布情况

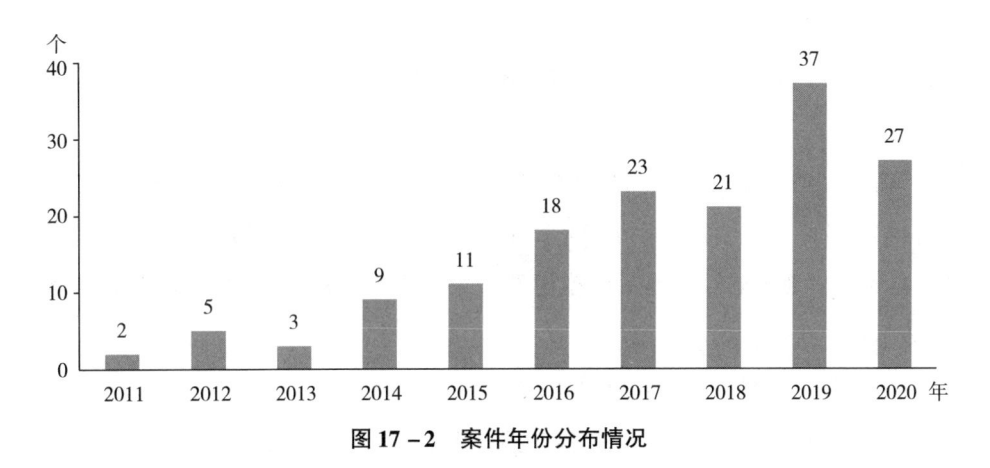

上述对一股多卖案件数据的统计仅能窥见一股多卖纠纷的冰山一角。在对一股多卖案件中蕴含的法律问题进行分析阐述前,还需要对数据中的细节部分作进一步的分析。

在156个案件中,原告为自然人的共有121个,原告为有限责任公司的有35个。以当事人在股权转让中的身份为统计标准,原告为股权第一受让人的案件有128个,原告为第二受让人的有6个,原告为股权转让人的有22个。

当原告为第一受让人时,原告要求与转让人解除合同的案件占54.49%,要求转让人承担违约责任的案件占11.54%,要求继续履行股权转让合同的占33.97%,其中通过主张转让人与第二受让人之间的股权转让合同无效来要求转让人继续履行合同的案件占14.74%。据此可以看出,第一受让人作为原告时,所提出的诉求主要集中于"解除合同、返还价款"。

原告为第二受让人时,其诉求与第一受让人略有不同,其更多地是要求转让人继续履行合同,此时,第一受让人则大多要求解除与转让人之间的股权转让合同。两者之间存在这一差异的原因主要在于,此时第二受让人大多已经通过工商登记实际取得了股权,从而第一受让人已经无法要求转让人继续履行合同获得股权,而只能要求解除合同以保护自己的利益。

原告为转让人时,诉求主要分为主张与第一受让人之间的合同无效(约占9%)、要求第一或第二受让人支付股权价款(约占59%),以及主张与第一或第二受让人解除合同(分别占比23%、9%)三大类。

在所有案件的被告中,自然人占 80.3%,有限责任公司占 19.7%。另外,被告中转让人占比最大,为 78.2%,其次是第二受让人、第一受让人,分别占 15.4%、6.4%。

结合上述对原告身份的数据分析,可得出一股多卖纠纷的原、被告双方多为自然人的结论,主要原因可能是比起其中一方或双方为有限责任公司的情况,自然人对股权转让交易后的变更登记手续更容易产生忽视心理,从而导致一股多卖现象的发生。

被告为第一受让人的案件共 12 个,这 12 个一股多卖案件所对应的原告身份皆为股权转让人,同时原告的诉求皆为要求被告继续履行股权转让合同、支付价款。与此相对,被告的抗辩理由则为原告存在一股多卖欺诈事由,股权转让合同中提及的股份已被原告转给第三人且进行了工商登记,原、被告之间的股权转让合同目的已无法实现,故没有再继续履行的必要。

被告为第二受让人的 29 个案件中,所对应的原告身份既有第一受让人,也有转让人。(1)其中原告为第一受让人的案件,原告的诉求共分为两类:主张转让人与第二受让人之间的合同无效,或是主张转让人与第二受让人承担连带赔偿责任。第二受让人的抗辩理由则是自己对第一受让人与转让人之间的股权转让交易并不知情,自己为所转让股权的善意取得人,不必承担连带责任。(2)当原告为转让人时,原告的诉求包括解除合同与支付价款。第二受让人的抗辩理由包含以下三种情况:自己已善意取得股权;签订合同时自己处于被胁迫的状态之下,所以合同应当无效;股权已转让给其他受让人。

被告为转让人时,抗辩理由较为复杂,大致有以下七种:股权转让合同已解除;股权转让合同未成立;合同还处于履行期内;转让股权时未办理变更登记的原因在于第一受让人;转让人自己是名义股东,不应担责;股权已转让给第二受让人,与第一受让人之间的股权转让合同无法继续履行;原告已实际取得股东身份。

在法院的判决结果中,支持第一受让人的案件明显增多。结合前文中原告为第一受让人时所提出的诉求可知,法院对第一受让人所提的解除合同的诉求更容易加以支持,具体数据见表 17-2。

表 17-2 法院判决结果

单位:个

支持第一受让人	支持第二受让人	支持转让人
84	29	43

各个法院对股权转让生效节点也有着不同的认定,从表 17-3 中可明显看出,法院更倾向于采用意思主义,即只要合同双方达成合意,股权转让合同成立并生效即可取得股权。

表 17-3 法院对股权转让生效节点的认定

单位:个

股东名册变更	工商变更登记	合同成立生效
16	64	76

但耐人寻味的是,《公司法司法解释(三)》第 27 条作为对一股多卖问题作出了明确规定的法律条款,在 156 个目标案件中却仅有 34 个案件在判决部分引用了这一条款作为判决的法律依据,而大部分案件并未对该条款加以引用。对于这一规定在实务中适用不够充分的现状,以及对于一股多卖纠纷中诸多法律问题的讨论,将在本书的后续部分进行分析。

四、一股二卖中的股权善意取得

(一)善意取得的构造

1. 股权善意取得的构造:类推适用动产善意取得还是不动产善意取得

(1)股权转让生效与股票转让生效的区分

根据《公司法》第 139 条(2023 年修订后为第 159 条)和第 140 条(2023 年修订后删除无记名股票的转让规则)的规定,[①]无记名股票类似于动产,以交付

---

① 《公司法》第 139 条规定:"记名股票,由股东以背书方式或者法律、行政法规规定的其他方式转让;转让后由公司将受让人的姓名或者名称及住所记载于股东名册。股东大会召开前二十日内或者公司决定分配股利的基准日前五日内,不得进行前款规定的股东名册的变更登记。但是,法律对上市公司股东名册变更登记另有规定的,从其规定。"

《公司法》第 140 条规定:"无记名股票的转让,由股东将该股票交付给受让人后即发生转让的效力。"

作为转让生效的标志,记名股票类似于不动产,以股东名册的登记作为转让生效的标志。相关学者据此认为无记名股票的股权善意取得准用动产善意取得规则,记名股票的股权善意取得准用不动产善意取得规则。[①] 笔者认为,股票转让生效不同于股权转让生效,股票是股权的载体,取得股票并不等同于取得股东权利,享有股东资格。无论是记名股票还是无记名股票,受让人取得股票后还需要履行包括公司决议同意等法定程序才能实际享有股权。因此,不能简单以记名股票或不记名股票作为取得权利的依据而认定准用动产或不动产善意取得制度。

(2)实务中对于股权善意取得的处理

针对股权这一特殊的权利,如何适用善意取得,实务中存在不同的处理方式。有把股权视为特殊动产的,也有将其视为不动产的。

在胡某某等诉晏某某股权纠纷案[②]中,法院认为,鉴于股权与车辆等特殊动产相似,登记不产生权属设立、变更效力,并且不具有对抗善意第三人的法律效果,因此可参照最高人民法院《关于审理买卖合同纠纷案件适用法律问题的解释》第10条(现为第7条)之规定,即参照适用有关特殊动产买卖的规定。而在崔某某、俞某某与荣耀公司、燕某等4人以及孙某某等5人股权转让纠纷上诉案中,[③]法院有将股权视为不动产之意。在判断孙某某等5人受让荣耀公司、燕某等4人的股权是否可以适用善意取得制度上,江苏省高级人民法院从孙某某等5人主观善意、支付了合理对价、办理了股权变更手续并行使了股权等角度进行分析,从保护善意第三人、鼓励交易的角度出发,认为可以适用善意取得。崔某某、俞某某提出,善意取得制度仅在共同共有的情况下才能适用,并且股权不是动产,又没有被无处分权人合法占有,所以不能适用善意取得制度。江苏省高级人民法院认为,最高人民法院(2001)民监他字第16号函中指出,以第三人善意、有偿取得房产为由,依法保护第三人对不动产的善意取得。由此可得出保护善意第三人并不仅限于动产的结论。综合以上分析可知,法院是

---

① 参见王丽美:《股权善意取得制度的合理性及适用性分析》,载《中国政法大学学报》2014年第3期。
② 福建省厦门市中级人民法院民事判决书,(2015)厦民终字第1279号。
③ 最高人民法院民事判决书,(2006)民二终字第1号。

将股权当作不动产来进行分析的。

2. 股权善意取得制度的前提：工商登记错误

股权善意取得的前提是工商登记错误，即登记权利人与实际权利人不一致。有关学者认为《公司法》第32条①的规定实际上确定了股东名册的对内效力和工商登记的对外效力，②笔者赞同此种观点。根据我国公司法的有关规定，股东名册作为公司内部文件，外部第三人很难知悉其具体内容，其并不具有对外的公示效力，具有第三人信赖外观的应当是工商登记。而在工商登记错误的情形下，即实际权利人与登记权利人不一致的情形下，才存在第三人的信赖基础。

3. 主观要件：第三人善意

（1）善意的判断标准

学界对于善意的判断标准可以概括为四种观点：①普通人标准，即以社会生活中一般人的注意义务为标准；②合理价格标准，即以第三人是否支付合理对价判断第三人是否善意；③特定利害关系标准，即以第三人是否与公司、原股东或受让人存在特殊关系，使其能够了解公司有关情况，判断其善意；④特殊证据标准，该标准实际是举证责任的划分，即通过受让人是否有证据证明第三人非善意来进行判断。③

实务中对善意的判断与学界的判断基本没有太大差别，即都是参照适用《民法典》第311条。该条对于善意的定义是主观善意且无重大过失，所以对于股权善意取得的问题，也可以依据主观是否善意和有无重大过失来进行判断。需要注意的是，善意是否具有主观性是难以确切判断的，可以通过交易习惯进行推定或从价格、审查义务、特殊关系等方面去作具体判断。

---

① 《公司法》第32条规定："有限责任公司应当置备股东名册，记载下列事项：（一）股东的姓名或者名称及住所；（二）股东的出资额；（三）出资证明书编号。记载于股东名册的股东，可以依股东名册主张行使股东权利。公司应当将股东的姓名或者名称向公司登记机关登记；登记事项发生变更的，应当办理变更登记。未经登记或者变更登记的，不得对抗第三人。"

② 参见王丽美：《股权善意取得制度的合理性及适用性分析》，载《中国政法大学学报》2014年第3期。

③ 参见王丽美：《股权善意取得制度的合理性及适用性分析》，载《中国政法大学学报》2014年第3期。

（2）善意的时间点

上文提到通过交易习惯来对交易主体的善意进行推定，通常来讲，交易习惯是不变的，所以作为推定善意的标准大多没有什么争议。但是在判断受让人善意的时间点上却存在不同理解。有观点认为受让人只需在签订股权转让协议时是善意的即可，也有观点认为受让人的善意需要一直持续到股权变更登记之时，还有观点认为善意持续到某一个时间点即可。关于这个问题，实务中确实存在不同的理解，或者就这一个问题回答含混不清。参照适用《民法典》第311条第1款第1项"受让人受让该不动产或者动产时是善意的"之规定，"受让时"是指所有权的移转之时。所以，受让人受让股权时，即股权移转之时，应当也是善意的。

在吴某某与广元市则天林业开发有限公司股权转让纠纷案①中，法院认为，柳某某作为受让人，即股权转让协议的相对方，应当知晓协议上的"吴某某"不是吴某某本人的签字。基于该协议标的额巨大的客观事实，柳某某应尽到相应的审查注意义务。因此，柳某某签订该股权转让协议时，主观上并非善意。且柳某某的转让费给付义务并未履行，因此，柳某某亦不符合善意取得的法定要件。可以看出，该案中法院将股权转让协议的签订时间作为判断善意的时点。同样，在熊某某、肖某某股权转让纠纷案中，法院也作如此判断。该案中，熊某某提供的证据，并不足以充分证明股份受让人周某某在签订股权转让协议时知晓涉案股份争议情况，应认定周某某在受让涉案股份时是善意的。

在"京龙公司案"②中，京龙公司亦无证据证明华仁公司在交易时明知其与三岔湖公司、刘某某之间的股权交易关系的存在，故可以认定华仁公司在受让锦云公司、思珩公司股权时系善意。故应当认定华仁公司已经合法取得了锦云公司、思珩公司的股权。该案中，最高人民法院将善意的时点认定为交易时，但是交易时是一个时间段，而非时间点，具体何时产生善意、需持续到何时的问题还是没有定论。

分析案例可以得知，实践中，存在直接依据交易过程中签订协议时受让人

---

① 四川省广元市中级人民法院民事判决书，(2018)川08民终1153号。
② 最高人民法院民事判决书，(2013)民二终字第29号。

是善意的,而直接分析得出在受让股权时受让人也是善意的结论。这样似乎就意味着交易完毕的时间点和签订协议之时就是受让股权的时间节点。显然,这在分析第二受让人善意取得中是不妥当的。因为,参照适用《民法典》第311条,应当同时满足受让人主观善意且无重大过失、以合理的价格受让、办理了工商变更登记这三个构成要件。就时间顺序来看,只有在办理了工商变更登记之后,受让人才善意取得股权,即受让人受让股权。所以,判断善意的时间点应当以工商变更登记为时间节点,交易完成可理解为工商变更登记完成,把签订股权转让协议作为受让股权的时间点显然是不符合《民法典》第311条的要求的。

4. 行为要件:以合理价格受让股权

合理价格需要根据相关机构及市场价格进行认定,其作用更多地体现于判断受让人主观是否善意上。

5. 形式要件:生效外观还是公示外观

形式要件存在的争议是:第三人善意取得股权是仅需进行工商登记的变更(工商变更登记)还是需要同时完成股东名册的变更和工商登记的变更。

在适用物权善意取得制度的情形下,动产交付和不动产登记权利的生效和公示的时间点具有一致性。然而在股权善意取得中,由于股权移转生效的时间点和公示的时间点存在一定的差异,需要具体判断第三人善意取得股权是仅需工商登记的公示外观还是需要同时具备生效外观。如果将第三人善意取得股权的形式要件认定为仅需进行工商登记的变更,则有以第三人工商登记的名义权利否定受让人实际权利的嫌疑,将会产生工商登记的效力高于股东名册效力的疑问;如果将第三人善意取得股权的形式要件认定为需要同时进行股东名册变更和工商登记变更,则对第三人善意的认定可能存在一定的疑问,第三人善意的时间点可能需要提前到签订股权转让协议之时。

(二)善意取得适用的难题

1. 善意取得的前提:原权利人无权处分

能够参照适用《民法典》第311条的前提就是股权转让人无权处分,这就意味着原权利人在进行第一次股权转让时,已经完成了股权转让,再次转让股权时是无股权人。由上文的分析可以得知,在理论和实务中,还没有通说观点。这也导致在处理善意取得的问题上,出现"同案不同判"的情况。

2. 善意的认定:权利外观的信赖合理性

在物权善意取得制度下,对于不动产登记的审查采取更加严格的标准,第三人对不动产登记的信赖具有更高的合理性。[①] 将善意取得制度应用到公司法的股权善意取得上存在以下问题。

一是股权工商登记采取形式审查的标准,由《公司法》第 32 条(2023 年修订后为第 34 条)的规定可知,工商登记具有的是公示效力,本身并非生效构成要件。对于不动产而言,物权变动是登记生效,工商登记作为生效要件。物权登记相较于股权登记具有更强的可信赖性。所以,通常来讲,商事交易的主体在进行股权交易的过程中,不会只看工商登记项下的股权人是否为交易相对人,也会进一步结合其他要件综合判断该交易相对人是否为股权人。

二是在有限责任公司中,存在几种不同的股权转让模式,通过分析可发现,受让人主观上善意的情形很少。第一种情形为原股东转让股权,第一次转让给内部股东,第二次转让给外部第三人。这种情形不可能实现,因为股东向外转让股权需要经过公司内部股东过半数同意。第二种情形为原股东第一次和第二次分别将股权转让给公司内部不同股东。这种情形下,只有在原股东与第一受让股东只签订了股权转让协议,第一受让股东没有实际行使权利和变更股东名册的条件下,第二次受让股权的股东才存在善意的可能。第三种情形为原股东转让股权,第一次是对外转让股权,第二次是对内转让股权。在这种情形下,第二受让人也不可能存在善意,因为股东向外转让股权需要经过公司内部股东过半数同意,作为内部股东其已经知道原股东已经转让了股权而沦为无股权人。第四种情形为原股东第一次和第二次分别将股权转让给公司外部不同股东。在这种情形下,两次转让都需要经过公司股东过半数同意,所以公司内部的其他股东对于该股东无权处分是知情的。若第二受让人稍微主动做一下调查,即可知道整个事情的全貌。第五种情形为一人有限责任公司中,股东进行两次股权转让,第二受让人会存在善意的可能。综上,只有在第二种情形和第

---

① 不动产登记采实质审查标准,而工商登记采形式审查标准。

五种情形下,第二受让人才会存在善意的可能,而这两种情形在现实中是不多见的,所以笼统地参照适用《民法典》第311条是不合理的。

三是一股二卖情形下,若支持第二受让人善意取得的诉求,就相当于以原权利享有者对已转让而未变更登记的股权享有的名义权利,来否认第一受让人享有的实际权利,认为工商登记的效力高于实际取得的权利,这无疑有悖于公司法的内部逻辑。

3. 价值衡量:受让人的权利保护和第三人的信赖及交易安全

股权善意取得制度具有与物权善意取得制度不同的价值衡量依据。从权利的性质来看,物权人所享有的是财产性权利,而难以否认的是股权还具有人身性,股权的转让可能还涉及公司内部关系、其他股东权利和关系等多种因素。

(三)对股权善意取得的建议

1. 细化股东名册备置要求,建立股东名册登记备案制度

德国在建立股权善意取得制度的过程中,确立了股东名册电子登记备案制度,规定公司的股东名册需要在商事法院进行备案登记,方便相关人员进行查询。我国现有制度对股东名册的规定不完备,实践中有的公司甚至尚未建立股东名册。我国应当进一步规范股东名册的备置,同时建立起股东名册登记备案制度。

2. 加大登记事项审查力度,提高权利外观正确性

我国现有法律规定的公司工商登记事项审查为形式审查,应当对涉及股权结构、公司资产等重大事项进行实质性审查,从而提高公司工商登记的可信度。

3. 借鉴真实权利人的外观可归责性要件

鉴于股权所具有的独特性,应当借鉴真实权利人的可归责性要件,即真实权利人对未及时办理工商变更登记具有过错,如怠于办理工商变更登记或明知第三人因信赖错误登记而实施相关法律行为却不采取相应措施等。在公司或原股东拖延或拒不办理工商变更登记的情形下,不宜简单因为第三人的信赖而直接判定第三人取得股权。

五、一股二卖的法律后果

承接上文所论述的部分,本部分主要探讨的是一股二卖的法律后果。关于

一股二卖的法律后果诸多讨论的焦点主要可以概括为股权的归属问题和受损方的救济问题。股权的归属是一股二卖所需要直接面对的问题。从相关利益平衡的考虑来看，一股二卖必然会导致利益受损方的救济问题。从股权归属的角度分析，需要对股权转让的具体形式依据基本流程来进行类型化处理。在受损方救济这一点上，需要从一股二卖的各方主体入手分析，并提出相关的处理意见和方案。

(一)股权归属问题

探讨一股二卖股权归属这个问题，需要对所牵涉的一股二卖的交易进行分类剖析，具体分析其中的法律关系。对股东权利归属进行分析之前，需要对股权转让的基本流程作一个前置性的讨论。尽管股权转让形式类型各异，但是总体上仍具备一定的共通流程。

总结而言，股权转让由以下四大步骤构成。首先，标的股权的出让方要与受让方缔结相应的转让协议，由此作为后续诸多流程的开端。从合同法的角度来看，需要买卖双方书面缔结共同的交易合意。其次，公司作为股权转让的密切利益相关者，对于股东对股权的处分、转让行为享有一定的知情权。因而股权买卖双方达成协议之后需要就相关信息通知公司。再次，股东需要就相关的股东名册进行一定的变更。根据相关学者的观点，此处主要的意义集中在股东名册在某种程度上具有一定的推定效力。[①] 最后，也是最为重要的一步，即需要对相关信息进行工商登记，以期待产生登记对抗效力。此处关联的买受人的查询义务会对后续股权归属的确认产生重要的影响。

此外，需要对一股二卖从时间顺序上进行分析。从交易时间上看，一股二卖又可以被划分为交易在前的转让交易和交易在后的转让交易这两大基本类型。确认股权究竟归属在前交易还是在后交易，需要结合上文所提出的股权转让流程完成情况进行确定。具体可以划分为以下几种情况：均没有通知公司的在前交易和在后交易、已经通知公司但未变更股东名册与工商登记的在前交易和在后交易、已经通知公司和变更股东名册但尚未变更工商登记的在前交易和在后交易、已经通知公司并完成股东名册和工商登记变更的在前交易和在后交

[①] 参见姚明斌：《有限公司股权善意取得的法律构成》，载《政治与法律》2012年第8期。

易。下面对相关类型进行具体分析。

对于在前、在后交易均未通知公司的一股二卖,在确定股权归属的时候,主要的评价标准是应采取通知到达说的有关理论,按照两个交易通知公司的先后顺序确定相应的股权归属。于在前交易没有通知公司,而在后交易已经通知公司的前提下,通过对股权转让完善要件进行比较,发现在后交易更加完善,因而股权应当归属在后交易的一方。

在在前交易只完成了通知公司义务,但尚未对相关名册和工商登记簿进行变更的情况下,结合在后交易来看,在在后交易未通知公司或只完成通知义务时,应当继续采取通知到达说,股权归属在前交易的买受人。在在后交易完成了相关股东名册或工商登记的变更时,需要采取变更股东名册或工商登记的推定效力学说,判定股东名册上登记的股东为享有股权的当然股东,即股权归属在后交易一方。

在前交易完成了对公司的通知和股东名册的变更,但是尚未进行工商登记,依据前文所叙述的原理,在后交易未通知和仅完成通知的,按照股东名册推定效力确定归属,即归属在前交易一方。但是当在后交易也完成股东名册变更后,股权的归属问题就成为一个颇具争议和讨论价值的焦点问题。归纳来看,学者的观点主要有以下两种:(1)按照先后顺序进行确定,先通知公司的一方享有股权。(2)按照股东名册变更的先后顺序进行确定,先完成股东名册变更的股东优先享有股权。① 其中有一个特殊情况,那就是在双方几乎同时完成股权变更登记时,股权的归属究竟如何确定?有学者创造性地提出了通过双方协商确定,如果协商不成,采取抽签确定的方式予以解决。在后交易完成了股权转让的全部环节,就相关的工商变更登记也完成后,股权的归属就需要以工商登记的对抗效力进行判定,即股权归属于完成工商变更登记的在后交易人。

最后,在在先转让交易也完成了所有交易环节的基础上,按照之前的理论类推,应当归属在前交易者。但是,在在后交易也完成了所有交易环节的基础上,对股权归属的判定,就需要结合双方的权利义务分配进行考量。不可否认

---

① 参见杨祥:《有限责任公司"一股二卖"善意取得之质疑——对〈公司法解释三〉第27条适用的限缩》,载《西南政法大学学报》2015年第3期。

的是,在所有的转让交易过程中,必不可少的就是对交易标的股权进行信息查询,在后交易一方负有一定的查询义务。在这个考量下,在后交易一方存在一定的过失,因而股权归属在前交易人是较为合适的。

(二)受损方救济问题

对于受损方救济问题,需要结合不同主体的过错情形区别讨论,可以划分为以下三种:

(1)转让方存在违约的情形下,股权已经完成转让而导致履行不能的,受害方可以主张违约责任损害的赔偿请求权、不当得利的返还请求权、侵权损害赔偿的请求权对自己的权利进行救济。如果因为转让方不履行相应的协助义务,迟延履行导致合同不能实现,则受害方可以要求根据法定事由解除合同并要求转让方返还转让款,或者要求转让方继续履行,协助继续变更。

(2)公司的不作为构成侵权的情况下由公司承担侵权责任,最常见的是公司未履行对相关股东股权变动状况进行登记申报的法定义务。在公司违反相关义务怠于履行相关的变更手续,构成不作为侵权的情况下,出于对受害者权利保障的考量,负有责任的董事、高级管理人员、实际控制人,应当承担连带责任。

(3)在受损方存在一定过错的情况下,尤其是在其没有履行相关查询义务的情况下,适用《民法典》第157条的规定:民事法律行为无效、被撤销或者确定不发生效力后,行为人因该行为取得的财产,应当予以返还;不能返还或者没有必要返还的,应当折价补偿。有过错的一方应当赔偿对方因此所受到的损失;各方都有过错的,应当各自承担相应的责任。根据过错相抵的方式,受害方的过错可以在一定程度上减轻转让方的过错责任。

此外,对于完善权利救济,笔者提出以下三点建议。

(1)构建更强有力的可得利益的追索。"更强有力"体现为将因合同不能履行造成的间接损失(受损方的可得利益)纳入损害赔偿中。但是这一主张存在一定的争议,尤其在最高人民法院判例康域公司诉容某某、林某某股权"一物二卖"案①中体现出来的对于可得利益的确定上。一般而言,可得利益指的

---

① 参见谭津龙:《有限责任公司股权的善意取得研究》,载《研究生法学》2010年第1期。

是合同履行后可以获得的具有实现性与可预见性的纯利润。该案中法院认为可得利益应当具有确定性与可预见性,需要结合个案分析,即对所买卖的股份的类型、股份收益确定性、股份收益风险性进行综合考量。倘若该股份所产生的预期利润存在不确定性,那么就不能够认定为可得利益,即不能够得到相应的赔偿。总体上说,司法实践可以尝试将可得利益的认定放宽并作出相应的判决,以期产生一种类似于惩罚性赔偿的强有力的震慑作用,进一步细化可得利益的认定准则。

(2)加强对缔约过失责任的适用。本建议主要针对股权转让协议违反《公司法》股东同意制度和同等条件下的股东优先购买权,而致使无法维护自己正当权利的善意的股权受让人。其主要的依据为我国《民法典》第500条。具体来说,就是在合同订立过程中,股权出卖人违背其依据诚实信用原则所产生的义务而导致合同无法成立,并导致另一方遭受信赖利益损失,由股权出卖人承担损害赔偿责任,以此来救济没有以有效合同作为赔偿请求基础的股权善意受让人的权利。

(3)注重对违约金的适用——加强违约责任。这个方式的主要目的是通过受让方在合同订立过程中注重对违约金的约定,加大违约金约定数额,来尽量防止出现转让方通过一股二卖的方式仍然获利导致违约成本低的现象。具体而言,主要有以下两种方式:第一,受让方在转让协议中注重适用违约金条款,增加违约成本,保障自己的股权转让期待。第二,司法机关注重对违约金的调整,从司法判决方面支持通过违约金尽可能压缩违约方的获利空间,提高违约的代价。

(编校:余蓁茜)

第十八章 上市公司收购纠纷实证研究

黄　颖　季培霖　廖晓曦
刘晓梦　申清可　赵舫慧

一、问题的提出

笔者试图从上市公司收购的案例入手,剖析其中的法律问题,并将其类型化。因而,最具有前提性的问题在于上市公司收购的交易纠纷来自何处。

其一,由于上市公司在公开市场进行交易之特殊性质,其在信息披露方面,不仅包括公开公告的发行招募文件,而且包括持续公告的定期或者临时报告。笔者从上市公司公告入手,首先厘清了上市公司收购事件,并对其主体、客体、目的、支付方式、融资结构、收购方式以及收购行为进行分类,进而观察其中是否有值得探究的问题或规律。其二,针对进行的上市公司收购事件,其在监管的逻辑下,由于收购方式和收购行为的负外部性,同样也极易遭遇监管部门的介入和规制。该部分不仅仅体现在证券监督管理机构作出的行政处罚书之中,也体现在证券监督管理机构作出的非行政处罚性监管措施、交易所发出的关注函和问询函等监管手段之中,因此,监管手段及其合法性、监管的逻辑及其实施效果,亦为重点讨论部分。其三,针对上市公司收购行为,无论是从"内部角度"进行的短线交易,还是从"外部角度"要求的权益披露,都会因为侵犯中小投资者之权益而引起诉累,相关诉讼文书呈现出案由的高度集中性之特点。下文将对相关案例之统计情况进行展开。

(一)公司公告:上市公司收购全貌及其动态

笔者围绕上市公司收购中存在的法律焦点问题展开讨论,并深入了解上市公司公布的公告,以期观察其中的事实问题。笔者着重关注了收购前置条件之"看门人"、收购后续行为之反收购、要约收购以及权益披露等方面的公告内容,并有针对性地对该类问题进行讨论。笔者对公司公告的分析思路依循以下两个重要线索:其一,针对该公告的事实内容,是否可以对相关行为进行类型化探讨? 其二,针对该公告的监管,承接公告的交易所可能通过发出问询函或者关注函的方式进行提示,证券监督管理机构可能通过非行政处罚性监管措施予以约束,证券监督管理机构可能以行政处罚的方式进行极为严厉的警示。因而,针对不同的类型化行为,监管主体采取了什么样的方式? 这些方式是否有所差别? 在收购行为当中,哪些因素会影响不同监管措施的采用? 监管是否保持了与合规一致的思路? 监管效果如何? 使其效果理想或者不佳的原因有哪些?

(二)行政监管:实施主体与监管手段多样化

这里的行政处罚书同样来源于"威科先行"法律信息库,通过检索"上市公司""收购",得到"并购与重组相关"类别的行政处罚书共 414 份,其中与上市公司收购有关的行政处罚书 170 份。处罚的具体情况见图 18-1。

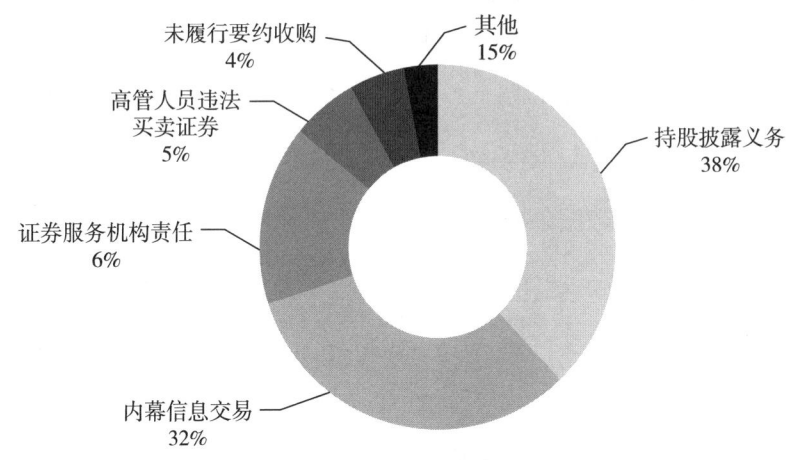

图 18-1 处罚的情况

(三)涉诉文书:案件类型化及焦点集中化

这里的诉讼案例从"威科先行"法律信息库中选取,关键词为"上市公司""收购",年份范围为"2001 年至 2020 年",类别为"与公司、证券、保险、票据等有关的民事纠纷",共获得搜索结果4758条。该搜索结果中存在大量与取得和巩固控制权目的无关的案例,亦存在一审、二审重复案件,对此类无关案例进行人工筛选后,共获得有效案件1059个。

具体来看,其中63%的诉讼案件系由上市公司收购交易的负外部性引起的,即上市公司收购交易的双方或一方存在虚假陈述,导致小股东据此进行的投资交易受到损害从而提起诉讼维权。这些虚假陈述涉及资金来源、财务状况、重大事件遗漏或隐瞒等。此类案件中较具代表性的有龙薇文化虚假陈述案、沈机集团昆机虚假陈述案等,下文将对本部分案件进行具体分析。此外,37%的诉讼案件系收购双方纠纷,包括支付对价方式、收购条件未达成、股东资格确认、代持股、合同违约、协议效力等,其中涉及民法的合同纠纷占绝大多数,与主题的关联性不强,因此对该部分的案件分析将会有所取舍。

从案件的年份分布来看,案件数量在2017年达到顶点,在随后的几年呈现出下降的趋势。这一趋势与2018年后我国并购市场降温紧密相关,除我国经济下行、金融行业"去杠杆"以及中美贸易摩擦等因素外,"一行两会"资管新规细则出台,确定的防范及化解金融风险的总体政策导向也使得市场资金持续紧张。融资难、募资难成为2018年企业和投资机构普遍面临的难题,企业可用于实施并购的资金量锐减。同时,受全球疫情的影响,2020年的并购量、交易数额双下降,尽管并购目的仍以横向整合为主,但战略合作与多元化战略的发生数量和金额均有较大幅下降。

二、案例整理与数据分析

(一) 总体收购情况概览

由图18-2、图18-3可知,2016~2020年上市公司收购数量逐年递减,或与近年来市场不确定性增大以及"去杠杆"限制了融资渠道有关,支付方式仍然以"股权+现金"为主,结构化融资工具出现但尚未获得充分发展的空间。同时,上市公司收购监管政策的收紧或与国内并购交易数量明显下降有关,这也将成为后续研究的重点课题。

图 18－2 2016～2020 年上市公司收购数量统计

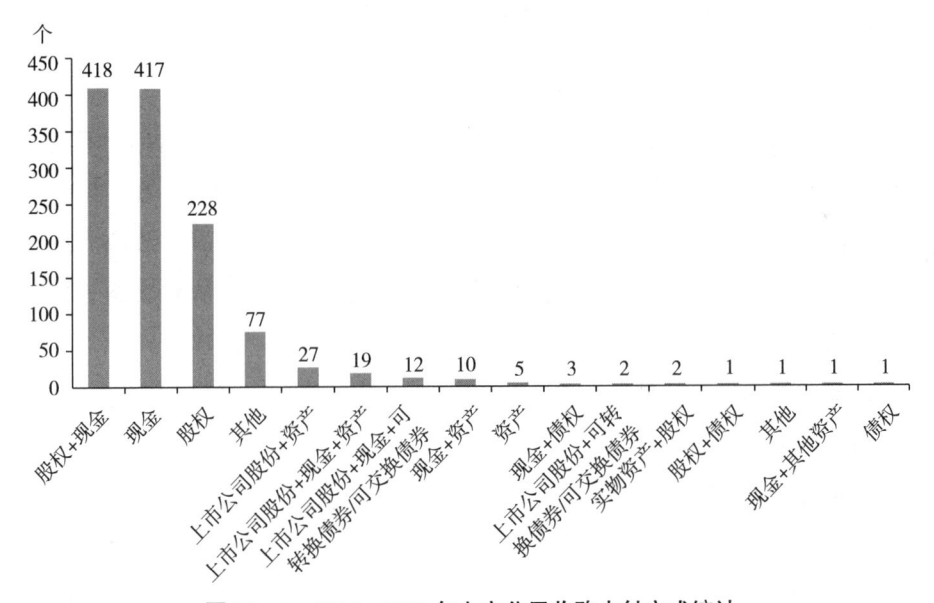

图 18－3 2016～2020 年上市公司收购支付方式统计

(二)收购交易方式

由图 18－4 可知,2016～2020 年我国收购交易始终以协议收购为主,这与我国存在大量非流通的国有股权有关。同时,协议收购可以规避市场定价,减少市场阻力。在我国严格的权益变动披露制度、强制要约制度下,协议收购的成本比要约收购低,要约收购还没有成为普遍的收购交易方式。

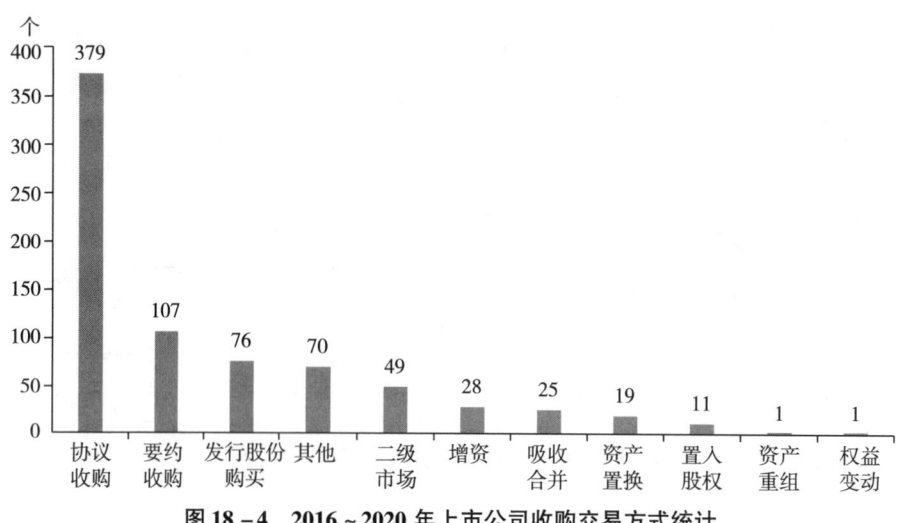

图 18-4　2016~2020 年上市公司收购交易方式统计

（三）要约收购交易情况概览

要约收购是上市公司收购的基本方式之一，指收购人公开向目标公司的所有股东发出要约，表明愿意以要约中的条件购买目标公司的股票。在一定期限内，目标公司股东可自行决定是否接受该要约。待收购期限届满，收购人再购买目标公司股东预受（同意接受收购要约的条件）的股份，以达到收购上市公司的目的。

1. 要约收购之市场概览

（1）案例统计的方法梳理

笔者进行数据收集和筛选主要包括三个步骤：首先，以"要约收购"为关键词，搜集 Wind 并购重组数据库中 2012~2020 年上市公司要约收购事件，经统计得到 175 个要约收购事件；其次，以"参与方角色"为"目标方"进行筛选，得到 111 个事件；最后，对重复性事件进行过滤和排除，最终得到 100 个事件。本章节数据分析以此 100 个要约收购事件为基础展开。

（2）数据分析展示与重申

2012~2020 年上市公司要约收购的数量统计，如图 18-5 所示。

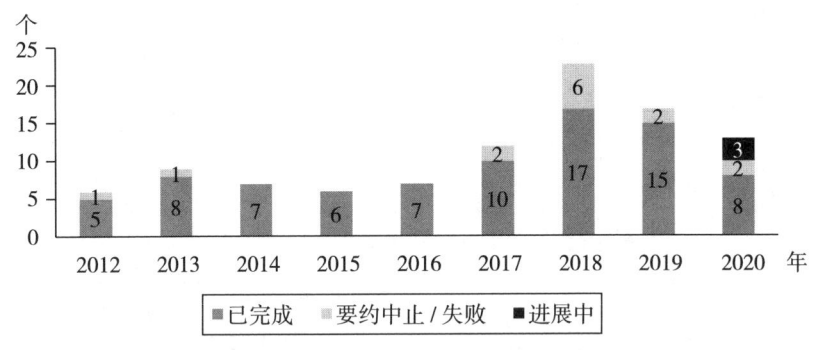

图 18-5　2012~2020 年上市公司要约收购数量统计

经统计可知,2003~2016 年,我国资本市场共发生 74 起上市公司要约收购事件,年均仅 5.29 起。其中,2006 年发生 13 起要约收购事件(11 起为部分要约,仅 2 起为全面要约),为 2003~2016 年的上市公司要约收购数量最高值,主要原因可能为 2006 年 9 月部分要约得到监管层的认可,极大地推动了要约收购市场的发展。

2. 要约收购类型及典型案例

根据不同的分类标准,要约收购可以分为以下不同的类型。

(1)划分方式之一:收购人意愿

根据收购人发出要约是因受到法律强制要求还是出于自愿,要约收购可分为自愿要约收购和强制要约收购。

实务中,以私有化退市、巩固控制权或者争夺控制权为目的的要约收购,一般为自愿要约收购。强制要约收购义务系指当收购方持有一个上市公司的股份达到该公司已发行股份的一定比例后,还要继续增持股份的,应当向全体股东发起要约收购。强制要约收购是围绕控制权转移前后的收购价格差异而产生的安排。其目的是让中小股东也能平等地享受收购所产生的溢价,同时也能给予中小股东在控制权转移后,如果不满意公司的新经营方针、利益分配机制或公司治理结构,能够以较好价格离开公司的机会。根据《上市公司收购管理办法》的规定,强制要约收购可以在表 18-1 所描述的三种情形下被触发。

表 18-1 强制要约收购触发的情形

《上市公司收购管理办法》条款数	收购类型	触发条件	要约类型	典型案例
第24条	要约收购	收购人持有上市公司股份达到已发行股份的30%时,继续增持股份的	全面要约/部分要约	海南海药(000566)强制要约收购(部分要约)
第47条	协议收购	协议收购人拥有权益的股份达到已发行股份的30%时,继续进行收购的	全面要约/部分要约	玉龙股份(601028)协议转让触发强制要约收购(部分要约)
第47条	协议收购	协议收购人拟通过协议方式收购上市公司的股份超过30%的,超过30%的部分	全面要约	希努尔(002485)协议转让触发强制要约收购(全面要约)
第56条	间接收购	间接收购人拥有权益的股份超过已发行股份的30%的	全面要约	云南旅游(002059)间接收购触发强制要约收购(全面要约)

(2) 划分方式之二:股份范围

根据收购人拟收购上市公司的全部股份还是部分股份,要约收购还可以分为全面要约收购和部分要约收购。《上市公司收购管理办法》第23条规定,投资者自愿选择以要约方式收购上市公司股份的,可以向被收购公司所有股东发出收购其所持有的全部股份的要约,也可以向被收购公司所有股东发出收购其所持有的部分股份的要约。无论投资者收购全部还是部分股份,都应当一视同仁地向所有股东发出要约,不得只向部分股东发出要约。《上市公司收购管理办法》第25条规定:"收购人依照本办法第二十三条、第二十四条、第四十七条、第五十六条的规定,以要约方式收购一个上市公司股份的,其预定收购的股份比例均不得低于该上市公司已发行股份的5%。"此即部分要约5%最低门槛标准。

收购期限届满,发出部分要约的收购人应当按照收购要约约定的条件购买上市公司股东预受的股份,预受要约股份的数量超过预定收购数量时,收购人应当按照同等比例收购预受要约的股份。公式如下:收购人从每位预受要约股东处购买的股份数量 = 该股东预受要约的股份数量 ×（收购人预定收购股份数量 ÷ 要约期间所有股东预受要约的股份总数）。2012~2020 年上市公司要约方式数量统计,如图 18-6 所示。

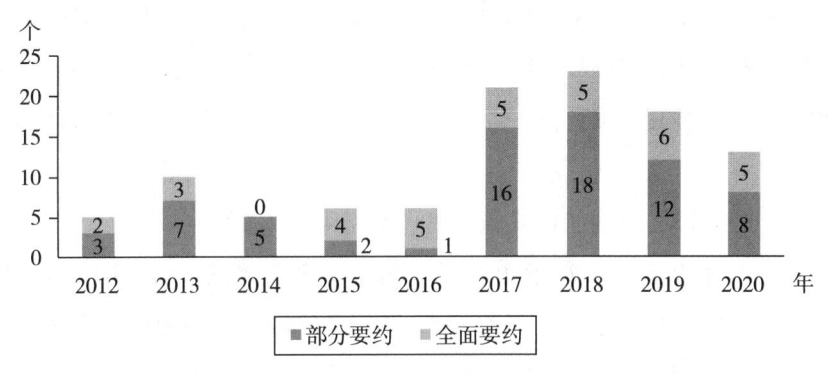

图 18-6 2012~2020 年上市公司要约方式数量统计

注:年度内的要约收购数量以年度内发起要约收购为准且不包含已失败的案例。

（3）划分方式之三:支付方式

按照收购对价支付方式分类,要约收购可以分为现金要约收购、证券要约收购和现金与证券相混合要约收购三种方式。《上市公司收购管理办法》第27条规定:"收购人为终止上市公司的上市地位而发出全面要约的,或者因不符合本办法第六章的规定而发出全面要约的,应当以现金支付收购价款;以依法可以转让的证券(以下简称证券)支付收购价款的,应当同时提供现金方式供被收购公司股东选择。"目前国内成功实施的要约收购案例中,几乎都为现金支付,要约收购对于收购人的资金实力有着较高的要求。

（4）划分方式之四:收购目的

按照收购人要约收购的意图分类,要约收购可以分为如下四类。

第一,以私有化和退市为目的的要约收购。在域外资本市场,通过上市公司收购达成私有化和退市并不罕见。但在我国由于上市公司资格这种"壳"资源本身的价值,因此真正退市的案例很少,一般只见于国有企业资源整合中。

第二,以巩固控制权为目的的要约收购。这种要约收购的目的在于控股股东进一步巩固其控制权,但并不希望上市公司退市。这是目前较为常见的要约收购类型。要约收购前,收购人持有上市公司的股份一般在30%左右,希望通过要约收购锁定增持成本。要约收购价格较要约收购有效期的股价有一定的溢价区间,中小股东接受要约的比例较高。2016年以来的5个案例,基本都是接近100%的接受要约。例如,2016年,中国天楹(000035)部分要约收购12.19%(收购前持股合计34.95%,增持12.17%);2017年,玉龙股份(601028)部分要约收购20%(收购前持股合计30%,增持19.90%)、海南海药(000566)部分要约收购10%(收购前持股合计34.08%,增持10%),ST景谷(600265)部分要约收购12.33%(收购前持股合计29.67%,增持12.33%),莫高股份(600543)部分要约收购5%(收购前持股合计29.74%,增持5%)。

第三,以争夺控制权为目的的要约收购。这种类型的要约收购在我国资本市场目前并不多见,最近几年偶有发生,适用于股权较为分散的上市公司控制权争夺。典型案例有广州基金要约收购爱建集团(600643)、浙民投天弘要约收购ST生化(000403)。爱建集团除了大股东上海工商界爱国建设特种基金会和均瑶集团外、ST生化除了大股东振兴生化股份有限公司外,其他股东股权比例均低于5%,广州基金和浙民投天弘均选择发起要约收购以取得上市公司控制权(广州基金案最终演变为战略投资和战略合作)。

第四,协议收购或间接收购触发全面要约收购。这是目前最为常见的要约收购类型。无论是收购人协议转让将取得上市公司30%以上的股权,还是对上市公司控股股东股权进行收购后,持有上市公司的股份超过30%,都将触发强制要约收购。此种情形下,收购人通常没有继续增持的意愿,仅为了履行要约收购的义务而已。此类收购一般在股价低迷时进行,同时向市场释放资产重组的重大利好消息,最终无人应约或者极少人应约。例如,希努尔(002485)协议转让案中,仅有50股应约;华侨城云南公司间接收购云南旅游(002059)案中,仅有100股应约。

(四)收购交易融资结构

1. 数据筛选及说明——以要约收购之资金来源为入口

本章上市公司要约收购案例来源于Wind并购重组数据库中2012~2020年上市公司要约收购事件,一共175个要约收购事件案例。其中,由于收购豁免和境外收购都不公开要约收购报告书,无法知晓其收购资金来源因而排除;部分收购在统计数据时处于进行中,无法确认收购结果,为避免影响收购成功率统计因而也进行排除;有11个数据属于重复案例,以及有12个数据不属于上市公司要约收购内容,因而作为无效数据进行排除。综上,有效要约收购案例一共有81个,本部分分析皆是以此81个有效收购案例为基础展开的。其中,要约收购中资金来源的具体统计来源于巨潮资讯网中发布的上市公司要约收购报告书或者上市公司要约收购报告书摘要。

2.要约收购资金来源的类型化分析

2012~2020年的81个上市公司要约收购案例统计中,就要约收购资金来源而言,自有资金占绝大多数,其次是自有资金和自筹资金结合,单独的自筹资金的要约收购比例不高。其中有一例比较特殊的是2017年武汉市汉阳区国有资产管理办公室发出的要约收购,其资金来源于当地政府的财政资金,财政资金作为政府支配管理的资金范畴,相较于一般要约收购中的自有资金和自筹资金,更具有可靠性和稳定性。

从目前的报告书收购资金来源披露信息看,要约收购资金来源信息不透明,我国的信息披露制度仍有不足。首先,大部分的要约收购都没有充分地披露资金来源,只是笼统地用"自有资金和自筹资金"来进行概括,并没有对具体的自筹方式作进一步阐述。在81个要约收购案例中,只有25个案例对自筹资金和自有资金具体的方式和筹划结构展开了论述。其次,很多要约收购报告书并没有采取积极的公开披露收购资金来源的方式,而是选择了消极否认资金来源的方式,如承诺"不来自关联方"、"不存在结构性融资"以及"不存在股权质押"等。最后,一些上市公司要约收购报告书中对自筹资金没有展开描述,交易所也并未对此展开进一步的问询,导致要约收购中资金来源的具体信息未披露,造成了信息障碍,而且交易所的问函并没有进一步揭示要约收购中是否存在结构性融资的现象,未能满足对资金来源充分性审查的要求。

从目前的收购资金来源构成来看,我国的要约收购资金来源较单一,融资渠道不通畅。首先,自有资金占绝大多数,然后是对外借款,可能涉及收购方向第三方借款,或者收购方向管理方借款等,但整体上来看,自有资金和借款是我国目前要约收购的主要资金来源,市场主体的融资积极性并不高。其次,以信托、基金等融资方式参与要约收购的情形较少,截至2020年只有2017年刘某某对海南海药发起的要约收购是通过信托计划实施的,并且最终收购成功,即意味着在现行法律框架和监管要求下,运用信托融资的方式是可行的,但是市场主体对信托计划的实行依旧持观望态度。

3. 要约收购资金来源的监管侧效果

(1) 监管的针对性

从2012~2020年上市公司收购监管动态来看,监管机构对于上市公司要约收购资金来源的问函总体上而言非常少。从监管问函数量上看,上海证券交易所(以下简称上交所)和深圳证券交易所(以下简称深交所)对于上市公司的监管问函数量近年来呈上升趋势;从监管问函类型上来看,交易所问函中对于上市公司年报的问函占绝大多数,其次是对上市公司并购重组的问函,再次是对财务顾问的问函。总体来说,从上交所和深交所每年公布的审核工作关注重点发文中,可以看出交易所对资金风险和企业偿债能力关注度很高,一些监管问函的重点是围绕着资金安全展开的,但是值得注意的是问函中涉及上市公司要约收购资金来源的数量却很少。从目前的上市公司要约收购报告书来看,资金来源披露并不详细,主要是围绕着自有资金和自筹资金两个模块展开陈述的,而交易所的问函并不会因收购资金的来源不同而有所不同,即便是市场上认为安全性较强的自有资金,交易所也会发来问函要求补充自有资金来源情况。因而,我国的监管机构对于上市公司要约收购资金来源的监管是缺位的,监管机构对于是否要进一步披露资金来源的标准也是不明确的。

(2) 监管的有效性

目前监管方式有效性较低,采取监管问函的方式只能对不到一半的要约收购起到监督作用,而且相较于所有要约收购实践而言,监管问函比例较低,仅仅为7%,没有被询问的要约收购中大部分对于资金收购来源披露很模糊。从市场大多数投资者的角度看,即便是通过交易所的问函,对于上市公司要约收购的资金来源也并不能获得一个全面的了解,信息天平依旧是不平衡的,特别是中小投资者仍处于不利地位。监管机构对于要约收购资金来源的监管并没有采取积极主动的态度,不仅问函率不高,而且对问函回复的追问率也不高。从某种程度上讲,监管本身具有一种正面的溢出效应,即交易所发出的问函会引起媒体、公众对问询内容的持续监督,相较于没有问函而言,接受问函的要约收购交易的违规成本更高,来自各方的监督加强,收购方也会谨慎考虑自己的收购资金来源选择以及披露情况,形成侧面的监管效果。相关统计数据见表18-2。

表18-2 2012~2020年受到监管的上市公司要约收购统计

收购目标	结果	资金来源	交易所问函内容	收购方回复	要约收购报告书变动
南京聚隆科技股份有限公司	失败	自有资金、自筹资金	深交所关注函:详细列示并穿透披露收购股份所涉及资金的来源及构成。对外部融资部分需分别列示资金融出方名称、金额、资金成本、期限、担保和其他重要条款,以及后续还款计划(尚无计划的,应制定明确的还款计划)。请财务顾问对收购资金是否存在对外募集、代持、结构化安排或者直接间接使用上市公司及其关联方资金用于此次收购等情形进行核查并发表明确意见	发布修订补正公告	对资金来源进行了修订,详细披露了自有资金的构成和出资结构,以及增加了资金筹划准备情况的内容
宁波中百股份有限公司	成功	自有资金、自筹资金(借款)	上交所监管函:要求说明资金来源	发布要约收购资金来源说明	对要约收购资金的资金构成以及借款协议内容进行了说明
长园集团股份有限公司	失败	自有资金、自筹资金	上交所问询函:请披露上市公司目前持有现金情况,后续资金安排是否须通过融资安排解决;如是,请具体说明融资方式和最终出资方;后续是否有将上市公司股份进行质押融资的安排;未来12个月是否有相关减持计划	进行回复	对要约收购报告书进行了修改,但是没有详细披露资金来源,对特别提示内容进行了增加

续表

收购目标	结果	资金来源	交易所问函内容	收购方回复	要约收购报告书变动
上海爱建股份有限公司	成功	自有资金	上交所问询函：请披露公司目前持有现金情况，后续资金安排是否须通过融资安排解决；如是，请具体说明融资方式和最终出资方	进行回复	要约收购报告书中并未对资金来源作进一步修改
振兴生化股份有限公司	成功	自有资金、自筹资金（借款）	深交所关注函：上市公司控股股东起诉收购人收购资金来源不明，请企业全面披露此次收购ST生化股份所涉及资金的来源情况，直至披露到来源于相关主体的自有资金（除股东投资入股款之外）、经营活动所获资金或银行贷款，并按不同资金来源途径分别列示资金融出方名称、金额、资金成本、期限、担保和其他重要条款，以及后续还款计划（尚无计划的，应制定明确的还款计划）	进行回复	对要约收购报告书进行了修订，进一步披露了借款协议内容以及借款方经营情况
希努尔	成功	自有资金、自筹资金（借款）	深交所问询函：请公司补充说明此次收购股权所需资金的具体来源情况，包括披露至来源于相关主体的自有资金、经营活动产生的资金或借款获得的资金，并根据不同借贷资金的来源途径，分别列示资金融出方名称、融资金额、融资成本、期限、担保形式和其他重要条款，并说明后续还款计划	进行回复	要约收购报告书中并未对资金来源作进一步修改

(五)收购交易行为

1."内部人"角度——短线交易

(1)数据分析:时间与类型维度

案件判决书数据来源于"威科先行"法律信息库,对裁判文书中"短线交易"进行搜索,得出88个有效判决书,监管数据来源于中国证监会、上交所以及深交所官网信息公开的数据统计。

由图18-7可知,涉及短线交易的判决在数量上整体呈现出上升趋势,究其原因有两个方面。一是《证券法》修改,对扩大性解释的立法确认,不仅对主体范围进行了扩大性解释,除却董监高和大股东,还有其配偶、父母和子女,同时对客体也进行了扩大性解释,包括股票、国务院证券监督管理机构规定的其他情形,以及其他具有股权性质的证券,可以看出监管呈现出变严的趋势,因而更多的行为被规制进短线交易,造成了短线交易数量上升。二是归入权制度的进一步完善,短线交易所涉及的利益应当归公司所有,《证券法》对于公司追回短线交易所得给予了很大的支撑,因而民事纠纷数量上升。

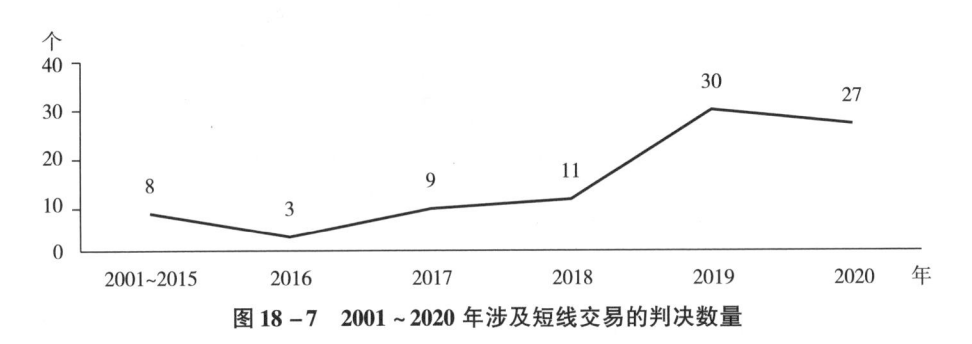

图18-7 2001~2020年涉及短线交易的判决数量

对短线交易的处罚由两部分组成,一是追究行政责任,二是追究民事责任,短线交易与内幕交易相比,行政处罚明显畸轻,处罚力度相较而言弱很多,因为短线交易的威慑力在很大程度上依赖民事责任而非行政责任。对于交易方而言,民事责任带来的痛感要强于行政责任,因而在图18-8中可以看到,在短线交易诉讼纠纷数量上,民事类占了绝大多数,而行政类仅占一小部分,这也从侧面反映出了行政监管的强度不够。

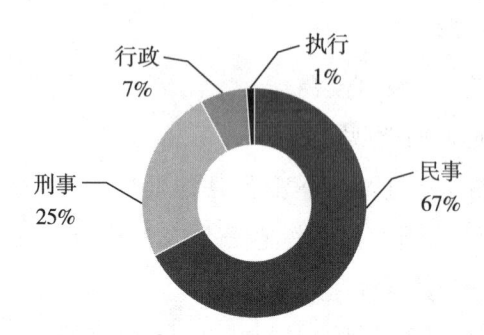

图 18-8　2001~2020 年短线交易纠纷类型

然而,在图 18-9 中可以看出,即便是通过民事诉讼行使归入权,并不是所有的上市公司都弥补了自己的损失,其中能收回收益的仅占 32%,还有一部分上市公司收益是亏损状态。综上所述,对于短线交易的处罚,力度不强,惩处效果并不明显。

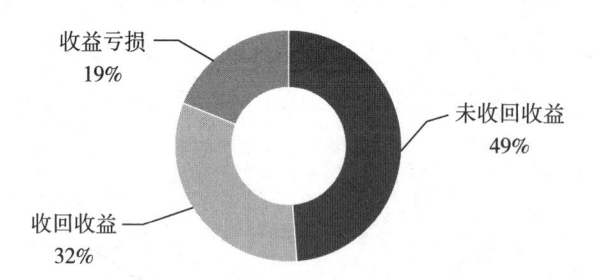

图 18-9　2015~2019 年公司收回短线交易收益情况

(2)焦点分析:司法观点之异同

①主体认定

A. 行为时是否持有 5% 股票

目前,对于短线交易主体的认定有三种学说,分别是"两端说"、"一端说"和"折中说"。"两端说"是指在买入和卖出两个时间节点时都符合公司内部人身份,"一端说"则只需要在买入和卖出其中一个时间节点时符合公司内部人员身份即可,"两端说"将大股东和董监高区别对待,董监高需要满足两个时间节点,大股东则只需要满足一个时间节点即可。具体司法实践见表 18-3。

表 18-3　短线交易主体认定的观点

案号或发文字号	认定观点
(2009)卢民二(商)初字第 984 号	法院从法律适用角度来解释,行为人实施的一项法律行为,仅能产生一项法律效果。被告购入 3000 万股所产生的系构成短线交易主体之法律效果或构成反向交易的一端,但无论如何尚缺少一个要件。故而,被告的身份及行为尚不符合短线交易的构成要件
浙江证监局〔2016〕4 号	蔡某某账户组在 2014 年 1 月 1 日至 11 月 25 日及 2014 年 12 月 1 日至 2015 年 2 月 3 日,累计持有的汉鼎股份股票占汉鼎股份已发行股份的 5% 以上,在上述两个时间段内,蔡某某具有持有汉鼎股份 5% 以上股权的股东身份
上海证监局〔2016〕7 号	2015 年 4 月 27 日至 7 月 6 日,董某某为丹化科技持股 5% 以上股东
证监会〔2016〕100 号	控股股东洋丰股份控制 4 个资管计划,在买入或卖出洋丰股份的前后,其持股比例都远在 5% 以上
浙江证监局〔2016〕2 号	2015 年 4 月 30 日至 2015 年 12 月 21 日,苏泊尔集团为上市公司持股 5% 以上股东

在华夏建通案中,法院采取了严格的"两端说"观点,短线交易主体认定的演绎逻辑是必须先达到 5% 持股要求,然后进行了买入和卖出的行为,6 个月内有一组反向交易行为,即采取了"持有模式 + 行为模式"的认定方式,而华夏建通案中的被告在交易之前不具有身份主体资格。同时,法院认为规制短线交易是为了减少内幕交易,当主体一开始不满足持有行为时,不具有获取内幕信息可能性,因而不能认定为内幕交易,从而否决短线交易的可能。在九龙山案中,最高人民法院认为九龙山国旅取得上海九龙山股票的行为产生了两种法律效果,一种是买入的法律效果,另一种是取得大股东身份的法律效果,这种观点实际上并未改变"两端说"观点,只是不再将持有行为和交易行为分开。这种观点是目前绝大多数法院所采取的,即对大股东适用"两端说",实际上这是对短线交易从严认定的监管导向和司法裁判趋势。《证券法》对于短线交易主体的认定并没有严格界定,很大程度上需要依赖法院的裁判进行认定,但进而造成的问题是不同级别及不同地区法院所持观点有所差异,虽然对于大股东认定基本上采取"两端说",但有的采取严格"两端说",有的则相对宽松,使得交易人无法进行行为预测。

B. 名义持有或者实际持有

对于大股东而言,持有5%股份的形式有多种,有可能出现股份代持、借用账户以及联合持股的行为,对于持有行为本身而言,是需要实际持有还是只要求名义上的持有？从目前监管实践看,对于持有没有太多争议,大多认为应当是实际持有,如南宁糖业案、四川圣达案、东方银星案等。

②主观认定

《证券法》对于交易方主观认定并没有作出要求,目前大多数法院采取的观点是无过错责任和客观责任标准。规制短线交易的目的就在于对特定内部人员可能会产生的内幕交易这一行为予以限制和吓阻。一般而言证明当事人具有主观意图十分困难,而且短线交易本身是为了弥补对于内幕交易常因证据不足而无法全面规制的短板。因而短线交易在一定程度上偏向于有效规制考量,这也是其受惩罚程度远低于内幕交易的原因,短线交易更多是出于限制和阻碍的目的,因而采取的是客观主义标准,无须考虑交易方的主观意图。

③客体认定

《证券法》经过修改,将"其他具有股权性质的证券"纳入短线交易规制客体范围,通过立法确认在国务院批准的其他全国性证券交易场所交易的股票可以纳入短线交易规制的范畴,也就是说交易客体扩展至新三板股票交易,其实在之前的司法判决中早已存在扩大适用的思想。

A. 不同种类股票合并计算

在证券时报网刊登的《深交所投资者服务热线专栏》(2011年)中对当时的短线交易客体认定回复,就提到"是以同一上市公司的股份来计,不区分股票种类,因此,该投资者如卖出全部A股,然后在六个月内再买进B股,属于短线交易行为"。有人对存托凭证提出疑问,为什么存托凭证不能按照短线交易处理,2018年《存托凭证发行与交易管理办法(试行)》第51条的规定将中国存托凭证的短线交易与境外证券交易分开,究其原因可能是中国存托凭证的签发人为存托人,其并非境外基础证券发行人,同时也是因为监管部门无法对境外基础证券买卖行为进行监管。

B. 非流通股认定

对于非流通股的争议,实际上是从规制短线交易的目的出发认定的,之前法院认为规制短线交易本质上是为了限制内幕交易,而内幕交易的关键在于信息的获取。对于非流通股而言,限售股解禁取决于上市公司,交易方并不能控制,具有多方面不确定性,因而不可能获取内幕信息而否认短线交易。然而,短线交易实质上并不能完全和内幕交易等同,两者并不是包含关系,短线交易制度在一定程度上对内幕交易制度进行了补充,但也有自己独特的规制范围,目前的观点大多支持将流通股与非流通股视为具有同样的权利结构和财产属性,根本属性并无二致,都需要法律进行规制。具体司法实践见表18-4。

表18-4 对于非流通股认定的法院观点

案件	法院观点	结论
华夏建通案	被告是通过司法拍卖而竞买取得股票,参加拍卖取得股票与通过证券交易所购入股票,在交易场所、时间、程序、风险及成本等方面具有质的区别。 限售股解禁的时间完全取决于上市公司,对此被告无法控制和预料	不符合短线交易构成要件
九龙山案	非流通股转让过程虽然具有交易时间的延长性、交易价格的协商性、法律关系的复杂性和交易结果的不确定性等较多不可控性因素,但不能完全排除其在《证券法》(2014年)第47条规定的6个月限制期内完成交易的可能性; 《证券法》(2014年)第47条明确规定短线交易的客体是上市公司的股票,并没有将上市公司的非流通股排除在外	符合短线交易条件

C. 客体范围有待进一步确认

目前而言,法律将其他具有股权性质的证券纳入了短线交易的范畴,但是并没有对其范围展开具体的界定,而日本的证券法可以说是采取了完全列举式的陈述方式。我国资本市场上具有股权性质的证券除了一般的普通股股票之外,还有优先股、可转换公司债券等,而目前这些股权性质的债权也缺乏相关案例支撑,没有具体外延界定,因而难以认定。不同国家短线交易客体法律认定情况见表18-5。

表 18-5 不同国家短线交易客体法律认定

国家	法律或规定	客体范围
美国	《证券交易法》	"权益类证券",存在认股权证、可转换公司债等股票以外的权益类证券
日本	《证券交易法》	为特定证券,特定证券除股票外,还包括股票期权、优先股、公司债券、内阁法令规定的其他证券及与上述证券相关的证券

④行为认定

构成短线交易的模式有很多,比如公开增发、定向增发、协议转让、融资债券、信托资管计划、吸收合并、包销卖出等,但是对其中一些交易模式仍然存在争议。在协议转让中,有些学者认为这种在非集中交易市场公开竞价所完成的交易能否属于短线交易所规制的反向交易存疑。美国《证券交易法》第 13 条规定:买入包括通过任何合同或以其他方式获得,卖出包括通过任何出卖之合同或以其他方式转让。我国最高人民法院对协议转让给予了肯定态度,并且表示买入时点应当判定为办理过户登记手续之日而非转让协议生效之日,转让协议生效只是合同法上的效果,只有股票转让才能产生独立的法律效力。

(3)监管和处罚中的问题之匡正

在目前的监管体系中,主要存在两个问题。一方面,如前文所述,《证券法》对于短线交易的处罚力度很弱,相较于短线交易获取的收益而言畸轻,如果对绝大多数短线交易追究民事责任,那么行政责任的意义何在？另一方面,未来金融市场多样化交易活动将常态化,法律制度和监管制度相对滞后,无法实现有效规制,司法裁判将越来越多地参与到市场行为的效力判断和权责分配中,那么这种不确定性是否会损害当事人权益？

对于这些问题的回应,要回归短线交易制度的立法目的进行探讨。通常来说,短线交易制度的设立是为了对内幕交易进行事前威慑和吓阻,以便提高效率以及维护证券市场的公平。站在这种传统的角度,就进一步规范内幕交易而言,如果某种非典型交易行为的行为人或者特定行为利用内幕信息的行为人进行交易的可能性非常低,则不需要被短线交易制度所规制。但是,如之前所述,短线交易与内幕交易之间并不是包含与被包含的关系,而是交集关系,短线交易的主体无论是否利用了内幕信息都需要被规制;而在内幕交易中,主观要素的认定是必要条件,而且短线交易是基于损害赔偿请求权,而内幕交易是将其定位为证券欺诈行为。因而,说短线交易制度是为了进一步规范内幕交易并不完全正确,只能说短线交易制度是对内幕交易制度的充分保障和补充。如果从对证券市场的公平和效率的维护角度来看,关于短线交易的规定是《证券法》的一般性规定,而不是禁止性规定,这就说明短线交易与内幕交易实际上在法律评价与禁止性规定上是有所不同的。短线交易制度更多地代表一种普适价值,即希望昭告所有交易者在进行证券交易时遵守短线交易制度,这也是对短线交易进行客观评价的源头,它更多地在于防范而不是惩治。从这个角度来看,可以很好地解释为什么针对短线交易依旧坚持行政处罚,它更多地起到一种昭告和督促作用。至于公司损失,法律本身赋予了它归入权,依靠民事法律追究赔偿,这与证券法中的禁止性规定是有区别的。此外,有学者认为探讨短线交易制度的立法目的,需要考虑到它对公司内部的影响,即认为短线交易制度促进了上市公司的经营和管理,它可以督促大股东和董监高等内部人员建立起科学的管理机制,建立起一套防范违法的机制。然而,这种观点实际上超出了立法者对于短线交易制度的认知范畴,这种规制效果可以说是短线交易制度所产生的一种结果,是短线交易制度目的逻辑推导因果链条的结果,与其说是立法者的主观目的,不如说是一种间接导致的结果,因而这种观点不可取。

2."外部人"角度——权益披露

通过阅读巨潮资讯网公开的年度报告、权益变动报告的内容,笔者对权益披露制度在实操中的运用进行了分类讨论,对其中与上市公司收购息息相关的内容进行了进一步分析。

(1)间接股东权益变动的计算基础

鉴于《证券法》将权益变动的计算基础表述为持有已发行的股份,故在计算间接股东间接持有的股份时,实操中可能有不同的理解。例如,创业黑马(300688)2019年半年度报告披露,其在计算间接股东持股比例过程中,未认定普通合伙人通过有限合伙企业全部持有合伙企业直接持有的上市公司股份,而是通过连续相乘的方式,根据普通合伙人在合伙企业持有财产份额等,计算普通合伙人间接持有上市公司持股比例,具体如表18-6所示。

表 18-6　间接股东权益变动披露情况

上市公司	公告名称	披露内容	备注
创业黑马（300688）	2019年半年度报告	实际控制人牛某某通过蓝创文化传媒（天津）合伙企业（有限合伙）间接持有公司5.36%的股份、通过北京创业嘉乐文化传媒交流中心（有限合伙）间接持有公司3.62%的股份，合计直接持有和间接持有公司40.38%的股份	蓝创文化传媒（天津）合伙企业、北京创业嘉乐文化传媒交流中心分别持有上市公司12.43%、6.14%的股份，并且牛某某系北京创业嘉乐文化传媒交流中心普通合伙人，系蓝创文化传媒（天津）合伙企业有限合伙人

随着《证券法》修订，权益变动中"有表决权的股份"概念再次被强调。因此，在计算间接股东拥有上市公司权益份额时，原则上应当按照其能够实际支配的有表决权股份的数量进行计算。

(2) 被动原因导致股东权益变动是否需要披露

根据《上市公司收购管理办法》第19条之规定，因上市公司减少股本导致投资者及其一致行动人拥有权益的股份变动出现该办法第14条规定情形的，投资者及其一致行动人免于履行报告和公告义务。那么，按照《证券法》的规定，若上市公司股份回购等被动原因导致5%以上股东所持有表决权股份比例增加/减少1%，是否还需履行信息披露义务？

值得注意的是，《证券法》第63条第1款和第2款后均存在"国务院证券监督管理机构规定的情形除外"的规定，即对于股东触发举牌义务和持股5%以上股东所持有表决权股份比例增加/减少5%时，是否履行公告义务可由国务院证券监督管理机构另行规定。但《证券法》第63条第3款却无类似规定，即未规定可由国务院证券监督管理机构豁免持股5%以上股东所持有表决权股份比例增加/减少1%时的信息披露义务。

同时，结合当前实操案例，被动原因导致股东进行权益变动信息披露的情况并不少见，部分如表18-7所示。

表 18-7 被动原因导致股东权益变动披露情况

上市公司	公告时间	公告名称	权益被动变动原因
永利股份（300230）	2020.02.07	关于公司持股 5% 以上股东减持股份暨权益变动的提示性公告	非公开发行股份导致持股比例被动稀释
岭南股份（002717）	2020.01.15	关于公司股东权益变动的提示性公告	发行股份购买资产、限制性股票上市、股票期权行权、员工持股计划转让、可转债转股、大宗交易股份转让等累计权益变动减少比例为 5%
联创电子（002036）	2017.06.14	关于股东权益变动的提示性公告	股份回购和注销，导致公司股东持股比例被动增长

综上，在被动原因导致持股 5% 以上股东所持有表决权股份比例增加/减少 1% 情况下，相关股东可能仍需要按照《证券法》履行信息披露义务。

（3）放弃表决权情形下权益比例计算问题

在当前实操过程中，通过放弃表决权的方式进行上市公司控制权交易的案例并不罕见。那么，在计算股东持有有表决权股份比例时，是否需要相应从分母（股本总额）扣减已放弃表决权股份？

①分母不扣减已放弃表决权股份

《公司法》第 103 条（2023 年修订后为第 116 条）规定，原则上股份公司每一股份均有一表决权，每一股份对应的表决权系持股股东法定的权利。因此，即使股东自愿放弃股份表决权，表决权放弃行为也不会导致相应股份的表决权消灭。相应股份转让给第三人后，第三人仍然可以依法行使表决权。因此，按照此种逻辑，在计算股东持有有表决权股份比例时，股东自愿放弃的股份不应从分母中扣减，放弃份额股份仍然是"有表决权股份"。

经检索近期放弃表决权的相关案例，在计算股东持有有表决权股份比例时，分母中没有相应扣减放弃表决权的股份的情形并不少见，部分如表 18-8 所示。

表 18-8 放弃表决权情形下权益比例披露情况

上市公司	权益变动情况	表决权放弃情况	其他股东表决权权益披露情况	股东大会情况
恒通科技（300374）	中国中铁通过协议转让的方式取得孙某某及投资公司合计持有的恒通科技26.51%股份	2019年5月，孙某某放弃其持有的上市公司30.62%股份的表决权	中国中铁未因孙某某放弃表决权而增加表决权（计算分母未扣减放弃表决权的股份）	2019年6月股东大会计算有表决权的股份总数时，未扣减放弃表决权的股份
达志科技（300530）	2019年9月16日，衡帕动力通过协议转让方式受让了蔡某某、刘某某合计持有的达志科技16.68%股份	蔡某某、刘某某在上述股份过户至衡帕动力名下之日起无条件且不可撤销地永久放弃其持有的剩余41.20%表决权	衡帕动力未因蔡某某、刘某某放弃表决权而增加表决权（计算分母未扣减放弃表决权的股份）	2019年11月股东大会计算有表决权的股份总数时未扣减放弃表决权的股份
乾照光电（300102）	南烨实业持有上市公司10.51%股份；王某某持有上市公司1.33%股份，太行基金持有上市公司6.39%股份，上述三方为一致行动人，合计持有上市公司18.23%股份	2019年11月20日，南烨实业放弃所持上市公司5%的表决权；王某某放弃所持上市公司1.33%表决权	南烨实业及其一致行动人剩余具有表决权的股份未因南烨实业、王某某放弃表决权而增加表决权	2019年11月22日，股东大会计算有表决权股份总数时未扣减放弃表决权的股份

②分母扣减已放弃表决权的股份

但是，在部分股东放弃表决权的情况下，其他股东所持股份的表决权份额实际相当于变相增加。因此，在计算股东持有有表决权的股份比例时，相应从分母（股本总额）扣减已放弃表决权股份再来计算股东持有有表决权的股份比例更符合实际情况。例如，如表18-8恒通科技案例中第一大股东放弃30.62%股份的表决权，如果认为该等情况下其他股东持有的表决权比例未发生变化，可能并不符合通常认知。

经检索,早在 2016 年四通股份(603838)重大资产重组案例中(重组终止),其在《发行股份购买资产暨关联交易预案》中即披露:由于非业绩承诺方在此次交易完成后不可撤销地永久放弃所持上市公司股份表决权,因此,此次交易后上市公司的股本结构预计变化如表 18-9 所示。

表 18-9 放弃表决权情形下权益比例披露情况

股东名称	此次交易后持股比例/%	此次交易后含表决权股份/%
上市公司实际控制人及其一致行动人	26.85	46.84
富祥投资	2.04	3.56
陈某某	1.67	2.90

可见,在该等案例中,在计算股东持有有表决权的股份比例时,分母已经相应扣减了放弃表决权的股份。

综上,在当前上市公司控制权收购实操过程中,利用表决权放弃方式进行交易可能出于多种原因考虑,监管部门可能较为关注相关主体是否存在刻意规避要约收购的情形(案例见众应互联 2019 年 8 月对深交所关注函的回复公告),对于是否需要相应扣减已放弃表决权的股份尚未有明确定论。但谨慎起见,如果相关股东按照"从分母(股本总额)扣减已放弃表决权股份"方式计算得出的持股比例触发了要约收购或信息披露义务,建议事先与监管部门等进行沟通,避免因此被认定为刻意规避要约收购义务或未履行信息披露义务。

③表决权委托/放弃时是否需要进行权益变动信息披露

股东将其持有的上市公司股份委托/放弃表决权时,虽然其直接持有的股份数量未发生变化,但其拥有的"有表决权"的股份数量实际发生了变化,因此,当出现表决权委托/放弃行为时,是否需要进行相应权益变动信息披露?

《证券法》强调,权益变动信息披露的核心在于"有表决权"股份数量的变化。我们理解,虽然表决权委托/放弃行为发生时股东名下的股份数量并未发生变化,但严格按照《证券法》规定,其持有的"有表决权"股份数量发生了变化,拥有的上市公司表决权份额发生了变化,因此,编制权益变动报告书,进行相应的信息披露是应有之义。同理,后续解除表决权委托/放弃协议后,鉴于股东实际支配的表决权再次发生变化,亦需要进行相应的信息披露。

此外,虽然《证券法》未明确强调"有表决权"股份变动需要进行权益变动信息披露,但实操中,因表决权委托/放弃而编制权益变动报告书、进行相应的信息披露的案例亦不少见。具体案例情况如表 18-10 所示。

表 18-10 放弃表决权情形下权益比例披露情况

上市公司	公告时间	信息披露义务人	权益变动报告书披露事项	权益变动方式
青松股份（300132）	2017年11月30日	柯某某	柯某某、柯某新通过协议转让的方式出让其合计持有的 24,029,000 股（占上市公司总股本比例为 6.23%）至杨某某。同时,柯某某将 26,049,488 股股份对应的表决权等权利（占上市公司总股本比例为 6.75%）委托至杨某某	协议转让、表决权委托
		杨某某	通过协议转让的方式受让柯某某、柯某新、陈某某、王某某、邓某某、邓某明合计持有的 27,013,000 股股份（占上市公司总股本比例为 7.00%）,并通过协议转让、表决权委托的方式拥有上市公司 26,049,488 股股份对应的表决权等权利（占上市公司总股本比例为 6.75%）	协议转让、表决权委托
	2020年2月18日	柯某某	柯某某于 2020 年 2 月 18 日与杨某某签署《表决权委托协议之解除协议》,双方一致同意解除表决权委托,信息披露义务人持有 26,049,488 股股份对应的表决权恢复由信息披露人行使,导致信息披露义务人拥有青松股份表决权的比例增加 5.04%	其他（解除表决权委托）
		杨某某	股份减少（通过集中竞价减持、大宗交易方式减持）和表决权减少（签署《表决权委托协议之解除协议》）导致权益变动	大宗交易、解除表决权委托

④表决权委托/放弃情形后股东增减持信息披露问题

除了表决权放弃外,表决权委托亦系上市公司收购过程中的常见交易方式。《证券法》明确了权益变动的核心在于"有表决权股份"数量的变化,那么,若持股 5% 以上股东因表决权委托/放弃,持有有表决权股份在 5% 以下,其后续减持行为是否还需要按照《证券法》规定的每变动 1% 权益股份进行信息披露呢?

A. 后续减持不需要再进行信息披露

严格按照《证券法》第 63 条字面解释,其着重强调的应该是"有表决权股份",因此,若持股 5% 以上股东因表决权委托/放弃,持有有表决权股份在 5% 以下,其在表决权委托/放弃的时候已经履行了信息披露义务。后续其实际持有的有表决权股份在 5% 以下,故按照《证券法》第 63 条字面解释,其后续减持无须再履行信息披露义务。

但是若按照该等操作方式,持股 5% 以上股东可以通过先将表决权委托/放弃,待减持后再撤销,以此规避《证券法》第 63 条第 3 款的信息披露义务。

B. 后续减持仍需要进行信息披露

从另一种角度看,如果认定表决权委托/放弃仅仅是股东对自身股份表决权的处置,但不影响在后续计算权益变动过程中具体有表决权的股份的比例,即其持有的"有表决权股份"数量并不因表决权委托/放弃而改变。在该等理解下,即使股东对放弃有表决权股份进行披露后,其后续权益变动仍然需要按照《证券法》第 63 条第 3 款规定履行信息披露义务。

三、一般焦点问题分析

(一) 风险控制之"聘请财务顾问"

1. 财务顾问实践的市场案例

(1) 案例数据及其分析

案例来源于"威科先行"法律信息库,以"上市公司""收购""财务顾问"等关键词检索后,得到 658 条数据。笔者对其中 369 条"与公司、证券、保险、票据等有关的民事纠纷"的民事判决书数据和 38 条行政处罚书数据逐个筛选后,得到相关的有效民事案件判决书 158 个,行政处罚书 3 个。

此外,为研究对财务顾问的履职监管,笔者还对上市公司收购交易信息披露部分的行政处罚进行了统计,以得到其中财务顾问的受罚比例。该部分数据来源于"威科先行"法律信息库的行政处罚书数据库,以"上市公司 + 收购 + 信息披露"检索得到 199 条数据,经过人工逐个筛选,其中相关案例为 21 个。

相关民事判决书、行政处罚书的统计如表 18 - 11、表 18 - 12、表 18 - 13 所示。

表 18-11　民事判决书统计

案例	案件事实	争议焦点	判决要旨
中德证券有限责任公司、刘某某证券虚假陈述责任纠纷案	昆明机床第一大股东沈机集团拟将持有的昆明机床 25.08%股份全部转让给西藏紫光公司,转让完成后西藏紫光公司将成为昆明机床第一大股东。中德证券有限责任公司作为财务顾问,未取得并核查沈机集团和西藏紫光公司正式签署的《股权转让协议》,未发现西藏紫光公司披露的详式权益变动报告书信息披露存在重大遗漏,出具的财务顾问核查意见存在重大遗漏	①中德证券有限责任公司是否构成证券虚假陈述?②刘某某的投资损失与中德证券有限责任公司的证券虚假陈述行为是否具有因果关系?③刘某某的投资差额损失应如何计算?④中德证券有限责任公司的赔偿责任应如何认定?	中德证券有限责任公司制作、出具的文件有重大遗漏,具备了虚假陈述的重大性要件,是具有重大性的违法行为,给他人造成损失,应当与发行人、上市公司承担连带赔偿责任。本案采取加权平均法计算投资损失,并扣除受股票市场系统性风险影响的部分
备注	涉及中德证券有限责任公司该次虚假陈述的民事诉讼共 145 件,其案件事实、裁判理由基本相同		

表 18-12　行政处罚书统计 I

单位:个

项目	2007 年	2016 年	2017 年	2018 年	2019 年	2020 年	总计
数量	1	2	3	5	1	8	20

表 18-13　行政处罚书统计 II

案例	案情认定	处罚结果
中国证监会行政处罚决定书(中德证券有限责任公司、李某某、王某)	西藏紫光公司通过昆明机床披露了详式权益变动报告书,该报告书未披露《股份转让协议》中"3 个月自动解除"条款和包括"获得云南有关部门支持"条款在内的全部生效条件,中德证券有限责任公司在出具核查意见和声明时,未取得沈机集团和西藏紫光公司正式签署的《股份转让协议》,未通过核查发现该协议文本中的新增条款,其意见存在重大遗漏	中德证券有限责任公司违反了《证券法》第 173 条(现为第 163 条)和《上市公司收购管理办法》第 9 条第 2 款的规定,构成《证券法》第 223 条(现为 213 条),中德证券有限责任公司及财务顾问主办人受到处罚

续表

案例	案情认定	处罚结果
中国证监会行政处罚决定书(银信资产评估有限公司、梅某某、李某、龚某某)	银信资产评估有限公司未对作为未来销售预测的意向性协议适当关注并实施有效的评估程序,导致评估值过高,对市场和投资者产生严重误导;评估底稿中缺失部分合同评估资料及评估记录。工作底稿应当真实完整,不区分阶段性评估资料和结论性评估资料;首席评估师签字即为肯定与认可,注册资产评估师履行一般注意义务不能构成勤勉尽责,内部职责分工亦不能作为免责的抗辩理由	依据《证券法》第223条(现为第213条)的规定,对资产评估机构进行处罚,同时处罚首席评估师与其他两名注册资产评估师
中国证监会行政处罚决定书(中原证券股份有限公司、卫某某、穆某某)	天津丰利拟通过收购科融环境控股股东节能科技100%股权的方式进行间接收购,公告隐瞒了其收购资金间接来源于上市公司及其关联方的倾向。在天津丰利资金实力较弱的情况下,中原证券股份有限公司未对该笔借款协议的前提条件条款进行核查,未能发现该项虚假陈述	中原证券股份有限公司上述行为违反《证券法》第173条(现为第163条)的规定,构成《证券法》第223条(现为第213条)的虚假陈述,中原证券股份有限公司及其财务顾问主办人受到处罚

从前文梳理的财务顾问的两大职能来看,裁判文书中并没有关于财务顾问进行专业服务引发纠纷的案件,而与财务顾问监管辅助职能有关的案件尽管有158个,但实际上却是围绕财务顾问失职进行的2个"分散"的"集体诉讼"。对这2个"集体诉讼"的判决书进行分析,可以发现其案件事实、裁判理由相同,最后的裁判结果除了赔偿数额的计算外也基本一致。由于前2个虚假陈述相关的民事纠纷发生时,我国当时有效的《证券法》要求投资者提起虚假陈述的损害赔偿诉讼须以证券监督管理机构的行政处罚书为前置条件,因此行政处罚书部分与前文未重复的案例只有1个,本部分实际上只存在3个有效案件事实。

从表18-12、表18-13中历年上市公司收购中因信息披露引发的行政处罚数量来看,共计20个案例中处罚财务顾问的案例只有3个,占比15%,其余处罚都集中在收购人、被收购公司、协议收购中的股权出让人及其有关责任人员上。

根据《上市公司收购管理办法》第 9 条之规定,收购人进行上市公司的收购,应当聘请符合《证券法》规定的专业机构担任财务顾问,并且财务顾问在上市公司收购交易中也的确负有指导、督促信息披露义务人依法披露信息的法定义务。从上述数据来看,既然每一例上市公司收购交易中都有财务顾问参与,那么财务顾问似乎无论是在专业服务还是监管辅助上都依法、勤勉履行了其义务,所以既未与其雇主间产生纠纷,也较少受到监管部门的处罚。

但是结合已有的其他信息来看,要根据前述统计得出这一结论尚需更多验证。表 18-14 显示了从 2011 年至 2017 年在首次公开募股(IPO)中财务顾问受到处罚的案例统计。① 可以看到,历年来财务顾问受到处罚的总案例数量为 36 个,其中证券公司、律师事务所、会计师事务所、资产评估机构都有所涉及。

表 18-14 2011~2017 年证券市场中介机构 IPO 行政处罚统计

单位:个

中介机构类型	2011 年	2012 年	2013 年	2014 年	2015 年	2016 年	2017 年	总计
证券公司	0	0	4	2	0	3	0	9
律师事务所	0	0	4	1	0	1	0	6
会计师事务所	1	2	6	4	0	4	1	18
资产评估机构	0	0	0	0	1	2	0	3
总计	1	2	14	7	1	10	1	36

根据相关研究,为了降低信息不对称带来的风险和转轨成本,公司在并购时倾向于选择与其已有合作关系、较为了解的投行作为财务顾问。对证券公司来说,其以前为公司提供承销服务时收集的公司信息具有持续性,那么投行与该公司再次合作将会产生规模经济效应,亦有利于投行完成并购业务。② 出于这两种原因,不论是收购人收购上市公司时聘用的财务顾问,还是被收购人在

---

① 本表格 2011~2016 年统计数据来源于刘志云、史欣媛:《论证券市场中介机构"看门人"角色的理性归位》,载《现代法学》2017 年第 4 期;2017 年数据系在此基础上由笔者统计后加入。

② 参见李沁洋、刘向强、黄岩:《投行关系与并购财务顾问选择》,载《财经理论与实践》2018 年第 1 期。

被收购时应法定信息披露要求而聘请的财务顾问,都有可能是该上市公司在 IPO 阶段的财务顾问。

在 IPO 与上市公司收购中聘请同一财务顾问可能性极高的前提下,考虑到财务顾问行为的一致性,IPO 阶段财务顾问受罚的案例数量与上市公司收购阶段财务顾问受罚的案例数量之间较大的差异就显得较为异常。这一异常现象的原因,其一有可能是财务顾问在 IPO 阶段受到处罚而在收购业务中更加谨慎、勤勉以降低执业风险,避免了在收购中再次受到处罚,其二也可能是上市公司在收购中对财务顾问履职的监管不力。从现实来看,尽管协议收购仍需交易所审核、要约收购也面临着定价规则等法定限制,但总的来说,上市公司收购的大部分信息审核工作都由财务顾问把关,而监管机构更多地将注意力放在 IPO 的事前审核上,因此对上市公司收购的监管相对宽松,也有可能导致财务顾问受到的处罚相对较少。

从已有的三个案例来看,处罚的对象为资产评估机构和证券公司,其受罚原因皆可概括为核查工作流于形式。如对银信资产评估有限公司出具的〔2018〕114 号行政处罚书所载,银信资产评估有限公司在进行收益测算时,仅要求江苏保千里视像科技集团股份有限公司签署了承诺其所提供的资料真实、完整的承诺函,在部分意向性协议存在主协议未约定预计采购数量而仅在附件中约定且附件未加盖合作厂商公章或骑缝章等不合理情况下,未对江苏保千里视像科技集团股份有限公司未来销售预测的意向性协议适当关注并实施有效的评估程序,导致江苏保千里视像科技集团股份有限公司汽车夜视前装系列产品未来销售收入的预测明显不合理,进而导致评估值过高,对市场和投资者产生严重误导。此外,银信资产评估有限公司还存在工作底稿缺失、主办人员未按业务规则执业等问题。在〔2018〕76 号行政处罚书对中原证券股份有限公司及其财务顾问主办人进行的处罚中,中原证券股份有限公司在收购人自身资金实力较弱的情况下,对贷款协议的重要条款未开展任何核查工作,导致未能发现收购资金来源于上市公司及其关联方的情况。

在上市公司收购乃至于并购市场中,类似于银信资产评估有限公司和中原证券股份有限公司这样的形式化完成信息披露审核的行为实际上并不是个案。客观来说,尽管法律有财务顾问优化专业服务、独立进行监管辅助的愿景,但是目前财务顾问仍然存在执业质量不高、专业胜任能力不足、道德风险突出等问题。虽然财务顾问在 IPO 和上市公司收购交易中都担任了"看门人"的角色，并且财务顾问在上市公司收购中权力更大、责任更重，但其在介入上市公司收购交易的广度和深度上都不如 IPO 阶段中的参与度，未能充分发挥其"事前交易涉及、事中沟通协调、事后持续督导"的功能。

通过对巨潮资讯网公布的部分上市公司收购中公开的财务顾问核查意见、法律意见书等文件进行阅读和对比，可以发现财务顾问披露的信息核查文件中有相当一部分缺乏专业分析，内容极其格式化的同时未就各个交易的特殊情况进行具体的深入分析，不能满足证券市场上的投资者、监管者对上市公司收购的情况、进展等信息获取的要求，未能有效履行其维护证券市场运行和保护投资者利益的辅助监管职能。

此外，在专业服务方面，目前资本市场中存在的一些"忽悠式"收购、"跟风式"盲目收购以及类似险资入市的短期获利式收购、炒作"壳"资源的收购行为，致使财务顾问利用其会计、审计、法律等专业技能进行战略制定、行业分析、经营能力预测等促进实体经济发展、提高并购协同效应的功能难以实现，使其沦为收购人合规的工具，甚至使得财务顾问市场出现逆向选择的现象。

为了对上述分析进行验证，笔者对巨潮资讯网公布的部分上市公司收购财务顾问持续督导报告进行阅读后，选取了 6 份具有一定代表性的持续督导意见书进行展示。从表 18-15 的内容来看，财务顾问披露的持续督导意见在内容上基本与《上市公司收购管理办法》第 71 条中列举的督导事项相一致，一般来说只包括股权过户手续办理及其报告、公告义务，依法规范运作情况，履行公开承诺情况，后续计划落实情况，另有一条"其他义务"的概括条款，针对交易的特殊性偶尔也会出现个别、少量增加披露内容，总体来说并无可供投资者参考的信息，缺乏实质性披露。实际上，大部分财务顾问的持续督导报告都呈现出表 18-15 文件中形式化的特征，并未针对投资者、监管机构重点关注的具体情况进行披露，对很多事项的披露并不述其详情，而仅以"不存在违规情况""运作合规合法"等类似措辞结尾，甚至有些财务顾问的持续督导意见没有按期出具、披露。

表 18-15　财务顾问持续督导意见抽样展示

报告名称	收购类型	是否缺失法定督导事项	是否存在额外披露事项	备注
信达证券股份有限公司关于安徽信富股权投资基金(有限合伙)豁免要约收购深圳市大富科技股份有限公司之2020年前三季度持续督导意见	要约收购	否	否	
光大证券股份有限公司关于西安曲江文化产业投资(集团)有限公司要约收购公司之2020年半年度持续督导意见	要约收购	否	无担保及借款情况	全面要约收购
中国银河证券股份有限公司关于江西方大钢铁集团有限公司要约收购公司之2020年三季度持续督导意见	要约收购	否	无担保及借款情况;要约收购履行情况	部分要约收购;披露公开承诺详情;披露持续督导期,督导方式(日常沟通)
华龙证券关于新疆绿原国有资产经营集团有限公司豁免要约收购冠农股份的2020年第一季度持续督导意见	要约收购	否	豁免要约收购概况	要约收购义务豁免;披露公开承诺详情
中泰证券股份有限公司关于潍坊市国有资产监督管理委员会间接收购公司股份持续督导工作报告书	无偿划转	否	否	无偿划转至潍坊市国有资产监督管理委员会持股
中山证券有限责任公司关于李某某及其一致行动人间接收购公司之持续督导意见	协议收购	否	实际控制人变更情况	间接收购;披露规范运作详情;披露该督导意见根据收购人、被收购人提供的材料编制,双方均向财务顾问就材料真实、准确、完整、及时作出保证

(2) 案例研究及其总论

通过对司法裁判、行政处罚书进行统计，笔者发现财务顾问在上市公司收购中因其表现受到处罚的案例非常少见。基于上市公司收购与IPO聘请同一财务顾问的高度可能性，笔者将前述数据与财务顾问在IPO业务中受罚的数据进行对比，发现两个数据之间的差异较大。这意味着要么是财务顾问因IPO处罚的影响而提升了履职表现，出现了履职水准的不一致；要么是上市公司收购和IPO对财务顾问的监管标准有所不同，导致对同一履职表现出不同的监管结果。

为进一步对产生该差异的原因进行探究，笔者对巨潮资讯网发布的部分财务顾问独立核查意见、法律意见书等文件进行了阅读，发现财务顾问在上市公司收购中对信息披露的审核文件在流于形式化的同时缺乏专业分析，在深度和广度上都有所欠缺，难以满足投资者和监管机构的要求。同时由于上市公司收购市场中存在一定的"脱实向虚"的现象，这些非战略性收购忽略财务顾问的专业技能，而仅求"合规"的结果，使得财务顾问市场的逆向选择风险提高。同时，笔者还根据巨潮资讯网的公告文件对财务顾问在交易完成后持续督导阶段中的表现进行考察，发现财务顾问在持续督导的文件中依然存在流于形式的特点，不仅极少披露自身的工作内容和决策依据，而且对被督导人经营管理情况的信息披露也距离法律期望甚远。这一发现验证了前述财务顾问履职形式化的初步结论。

在前述研究基础上，笔者认为，财务顾问并未因IPO受到处罚而提升其在上市公司收购工作中的表现，因此这一假设并非财务顾问在司法裁判、行政处罚中担责较少的原因。相较于IPO市场强调事前审核的监管指导思想，上市公司在收购中的监管更为宽松，把更多的信息披露的审核职责交给了"看门人"——财务顾问，但法律对财务顾问在上市公司收购中勤勉履行法定义务，实现独立审核、监督的期望并未实现，其法定义务的实际履行多有瑕疵。这一机制在实践中运行不佳，才是司法裁判、行政处罚中财务顾问就其上市公司收购工作较少受到追责的原因。尽管法律法规中存在规范标准和质量控制机制，但财务顾问履职受到的处罚与其工作瑕疵十分不成比例，违法成本与收益存在巨大差额，又使其丧失了对工作表现和角色职能进行纠偏的机会。

最后需注明的是,因与财务顾问提供专业服务有关的民事纠纷尚无司法裁判案例可供参考,上述结论仅针对财务顾问在监管辅助职能中的履行表现。但考虑到财务顾问在上市公司收购中的信息审核工作流于形式,甚至出现与收购人/被收购人"同流合污"的情况,司法裁判中没有出现财务顾问提供专业服务而引发的纠纷似乎不足为奇,反而在某种程度上印证了笔者得出的结论。

2. 应然和实然的鸿沟:"看门人"的失职与回归

(1)角色失职原因探究

通过前文的分析可以看出,财务顾问"看门人"角色的失职与上市公司收购的监管宽松存在很大的关联性。但监管标准的宽松仅仅是财务顾问失职的原因之一,而且并非深层次的原因。

收购人与财务顾问之间的"委托—代理"关系为财务顾问独立履行其"看门人"角色设置了第一重障碍。财务顾问的报酬由收购人支付,而收购人从自己的立场出发,往往不期待中介机构将可能影响其交易的信息公布于众,财务顾问的履职就可能受到收购人的制约,包括但不限于信息提供、信息核实的博弈等。正如前文提到,财务顾问不仅在上市公司收购的业务中会与收购人/被收购人打交道,在诸如普通并购、重组、增发新股、投资咨询的业务上财务顾问也会与收购人/被收购人合作,出于发展业务的动机,财务顾问便有可能与客户之间进行利益输送(实际上,这也在另一个侧面提示了为何司法裁判中未能查询到与财务顾问提供专业服务有关的民事纠纷的案例的原因)。

从行为经济学的角度来看,财务顾问在选择守法履职或"拿钱办事"时,违法的成本与收益比是首要的考量因素。在2019年第三届全球并购白沙泉峰会上,时任中国证监会上市公司监管部副主任曹勇表示中国已成为全球第二大并购市场,并且资本市场已逐步成为并购的主渠道。可以说,面对巨大的市场利益和同业之间的竞争,财务顾问"拿钱办事"的诱惑是巨大的。根据前文所述,在《证券法》修订前来自监管机构行政处罚的压力并不大,2020年修订前的《刑法》对财务顾问虚假陈述的处罚也保持了谦抑和谨慎的态度,因此对财务顾问履职进行有力监督的期望只能落在投资者一端。

但是从我国证券市场的现状来看,由于市场中"投机投资"的投资者超过了"价值投资"的投资者,证券市场存在一定的股价泡沫化的现象,投资者往往较少完全信赖、依赖收购人/被收购人和财务顾问披露的信息来作出决策。此外,我国目前的退市机制不健全,市场难以实现有效的优胜劣汰,导致出现炒作"壳"资源这一违背市场竞争规律的现象,加上"忽悠式"并购、"跟风式"并购并不关注上市公司收购实际能够发挥的协同效应和经济价值,使得股价和企业实际经营状况、估值挂钩程度不大。证券市场发展面临这些"脱实向虚"的现实危险,使得投资者对财务顾问进行监督的动力受到进一步的削弱。

退一步来说,由于我国证券市场中成熟、专业的投资者为数尚少,即便是投资者有意愿进行监督,也不一定有专业能力进行监督。考虑到个别投资者监督成本较高,群体投资者监督又面临集体决策困境,"退市难"下证券市场可转换的优质投资选择较少(机会成本极低),2019年修订前的《证券法》对投资者提起证券民事诉讼还要求以证券监督管理机构对违法行为的行政处罚作为前置程序……可以说,在这样的背景下,要令投资人对财务顾问进行监督同样是不现实的。

因此,财务顾问"看门人"角色失职不是由宽松的"市场化"的监管政策直接造成的,其中还存在"委托—代理"关系畸形、证券市场泡沫、弱势投资者等复杂的因素。

(2)角色回归前景展望

在梁某某、苏某某等与江苏保千里视像科技集团股份有限公司等证券虚假陈述责任纠纷案①中,法院对"看门人"角色在证券市场中的作用有如下论述:现代证券市场交易的涉众性、标准化、虚拟化和即时性特征,使其高度依赖充分有效的信息披露,而市场又存在信息不对称和非均衡等固有缺陷,因此,一个充分有效的市场,必须确保信息披露的真实性、准确性和完整性。正因如此,证券市场围绕信息服务的专业分工越来越细,市场主体的重大交易、投资者特别是中小投资者的投资决策越来越依靠中介机构提供的专业意见和信息,投资者越来越离不开对专业中介机构的信赖,而市场监管法律法规体系也大部分围绕信息披露建立。可以说包括评估审计机构在内的各类专业中介机构作为市场"守门人"角色对证券市场公平有效运行至关重要。

---

① 广东省深圳市中级人民法院民事判决书,(2019)粤03民初1834号。

《中华人民共和国刑法修正案(十一)》的出台提高了对依法负有信息披露义务的公司、企业进行虚假陈述的惩罚;2019年修订的《证券法》也最终落实股票发行的注册制改革方向,将股价价值判断权逐步返还市场,同时进一步完善信息披露部分,引入投资者适当性制度和代表人诉讼制度,并设置辩方举证责任倒置,以保护投资者权益。

(二)上市公司要约收购监管

1. 要约收购的定价原则与履约保证

(1)定价原则

①定价原则概述

要约收购价格的确定有如下两条定价原则。第一,法定要求。要约收购价格的下限是要约收购提示性公告日前6个月内收购人取得该种股票所支付的最高价格(若有)。第二,一般基准。如果由此确定的要约价格低于提示性公告日前30个交易日该种股票的每日加权平均价格的算术平均值,收购人聘请的财务顾问应当就该种股票前6个月的交易情况进行分析并说明。

②低于提示性公告日前30个交易日均价的处理

需要特别提及的是低于提示性公告日前30个交易日均价的情况。在2015年四川双马(000935)全面要约收购中(因海外母公司合并间接触发)按先前的发行股份购买资产(定增)价格(比均价低46.49%)确定了要约价格,财务顾问出具了专项说明阐明该等定价的合理性。

(2)履约保证

《上市公司收购管理办法》第36条第2款还明确规定,收购人应当在作出要约收购提示性公告的同时,提供以下至少一项安排保证其具备履约能力:其一,以现金支付收购价款的,将不少于收购价款总额的20%作为履约保证金存入证券登记结算机构指定的银行;收购人以在证券交易所上市交易的证券支付收购价款的,将用于支付的全部证券交由证券登记结算机构保管,但上市公司发行新股的除外。其二,银行对要约收购所需价款出具保函。其三,财务顾问出具承担连带保证责任的书面承诺,明确如要约期满收购人不支付收购价款,财务顾问进行支付。

2013年以来的要约收购案例95%以上都为现金保证收购。根据深交所《上市公司要约收购业务指引》(已失效)第6条的规定,以现金支付收购价款的,收购人应当在披露要约收购报告书摘要后的两个交易日内,将不少于收购总金额20%的履约保证金存放于其委托的证券公司在中国证券登记结算有限责任公司深圳分公司(以下简称中国结算深圳分公司)开立的自营结算备付金账户中,并将《要约收购履约资金划付申请表》、已披露的要约收购报告书摘要等材料传真至中国结算深圳分公司结算业务部,申请将该款项从受托证券公司结算备付金账户划入收购证券资金结算账户。

①证券收购:证券保管

如果以在证券交易所上市交易的证券支付收购价款,收购人应自行或委托证券公司向中国结算深圳分公司投资者业务部申请办理其用于支付的全部证券的保管,但上市公司发行新股的除外。

②银行保函

以银行出具的保函作为履约保证的,应当将保函、已刊登的要约收购报告书摘要、财务顾问对银行保函的真实性作出的书面声明等材料提交至中国结算深圳分公司投资者业务部,保函的金额应当为要约收购所需的全额资金。2017年完成的云南白药(000538)要约收购案就是这样的案例。

(3)财务顾问连带保证

以财务顾问出具的承担连带保证责任的书面承诺作为履约保证的,应当将书面承诺、收购人与财务顾问签署的委托协议原件、已刊登的要约收购报告书摘要等材料提交至中国结算深圳分公司投资者业务部。财务顾问应当在书面承诺中声明:如要约期满收购人不支付收购价款,由财务顾问无条件进行支付。例如,2015年完成的中江地产(600053)(现更名为昆吾九鼎投资控股股份有限公司)要约收购案就是这样的案例。

2. 要约期限与预受要约

就要约收购的整个交易周期来看,由于还涉及要约信息披露文件的准备、与交易所的沟通、国资外资等政府前置审批的取得或反垄断申报等事项,从最开始公告要约摘要,到取得前置审批而公告要约报告书全文以正式开始要约,直至最终要约期满结束要约并清算交割,通常需要2个月左右的时间。涉及前置审批较多或交易复杂的,则需要更长时间。

(1)要约收购期限

《上市公司收购管理办法》第37条规定:"收购要约约定的收购期限不得少于30日,并不得超过60日;但是出现竞争要约的除外。在收购要约约定的承诺期限内,收购人不得撤销其收购要约。"因此,要约收购的有效收购期限一般在30个自然日至60个自然日,但出现竞争要约的可以延长,并且在要约约定的承诺期限内不得撤销。

收购期限的起始日应在要约报告书公告之后,通常为公告后次一交易日。收购期限的截止日可以是非交易日。例如,2018年1月完成的汉商集团(600774)要约收购中,汉商集团于2017年11月15日在上交所网站(http://www.sse.com.cn)公告了其要约收购报告书,其要约收购有效期为2017年11月16日至2018年1月14日(星期日,非交易日)。同时,《上市公司收购管理办法》第40条规定:"收购要约期限届满前15日内,收购人不得变更收购要约;但是出现竞争要约的除外。出现竞争要约时,发出初始要约的收购人变更收购要约距初始要约收购期限届满不足15日的,应当延长收购期限,延长后的要约期应当不少于15日,不得超过最后一个竞争要约的期满日,并按规定追加履约保证。发出竞争要约的收购人最迟不得晚于初始要约收购期限届满前15日发出要约收购的提示性公告,并应当根据本办法第二十八条和第二十九条的规定履行公告义务。"因此,竞争要约应在初始要约期满前15个自然日前发布提示性公告。如果出现竞争性要约并且初始要约在距初始要约收购期限届满不足15个自然日进行变更,要约期限应当延长,延长后的要约期应当不少于15个自然日,但不得超过最后一个竞争要约的期满日。

(2)预受要约的临时保管及撤回

根据《上市公司收购管理办法》第42条的规定,预受股东接受的预受要约股票应当在证券登记结算机构进行临时保管,并且在要约收购期间不得转让。同时,预受股东可以撤回预受的最后期限为要约收购期限届满3个交易日前。

除了上述规定,实践中,收购人在发起要约收购之前,往往还会与大股东或其他特定股东签署预受要约协议或意向协议。这种情形基本存在于部分要约中。例如,在玉龙股份(601028)要约收购案中,收购人知合科技于2017年2月

19日与唐某1、唐某2、唐某3签署《预先接受要约收购协议》,唐某1、唐某2、唐某3持有的156,113,554股玉龙股份股票将不可撤销地用于预受要约。类似的案例还包括中国天楹(000035)、海隆软件(002195)、南国置业(002305)、贝因美(002570)、重庆啤酒(600132)等要约收购案。

3. 要约收购的先决条件

通常情况下,大多数要约收购未另行设置生效的先决条件,但在少量案例中,还存在要约生效的先决条件,主要出现在自愿发起的部分要约中。在2013年的金马集团(000602)和ST二重(601268)私有化退市案例中,设置的要约收购的先决条件是收购后股份分布符合退市条件(余股低于25%或10%)。2013年以后的非以退市为目的的要约收购中,要约收购的先决条件一般表现为预受要约的股票达到上市公司已发行股份总数的某个百分比,要约才生效。这样的案例有2013年完成的重庆啤酒(600132)要约收购案、2015年完成的贝因美(002570)要约收购案、2017年完成的ST生化(000403)要约收购案,但2018年完成的爱建集团(600643)要约收购案设定的则是未出现爱建集团间接持股5%以上股东变更情形。

(三)上市公司公告:反收购设计及监管偏好

1. 数据筛选及清理路径

承接上文所述,受到监管侧下资本市场典型收购事件以及相关法规修改的影响,越来越多的上市公司开始警觉并通过修改公司章程来防止恶意收购。笔者发现,反收购措施可在收购之前进行提前设计,也可在收购之时进行顽强抵御,还可在收购后进行权利限制,这一贯穿上市公司收购过程的特殊措施自发于资本市场,可能遭遇来自监管的问询或者司法的裁量。笔者试图从公司公告以及司法判决等材料入手,厘清上市公司反收购中的监管偏好以及司法态度。

笔者的数据筛选和清理主要包括三个步骤:首先,以上市公告为检索对象,以"章程+修订/反收购"为关键词,经过数据筛查,统计共有1154起相关公告结果;其次,以公司为单位聚合后,共有339家公司表明其收购意图;最后,对该类公司进行了进一步过滤,对概括性反收购条款如"应在不违反法律、法规及本章程规定下"或/及"不得损害公司和股东的合法权益"时采取反收购措施的表述进行了排除,发现共有 87 家公司提出了明确的反收购章程并对此进行了推进。①

可以看出,在有意图进行反收购的公司中,有 87 家公司真正地进行了具体的反收购章程设计,占比 25.66%,其余 252 家公司仅表达了其抽象的反收购意向,占比 74.34%,反收购条款的落实率呈现出较为低迷的情况。

2. 数据概览及基本线索

基于上述数据,本章从横向和纵向两个方向出发,其中横向即行业角度,是指作出反收购措施公司在不同行业中的分类;纵向即时间维度,是指作出反收购措施公司历年来的意愿程度变化。从行业角度来看,在有意图在章程中进行反收购设计的公司中,以重资产行业为主、轻资产行业为辅,其中制造业占 56.7%,具体行业分布如图 18-10 所示。

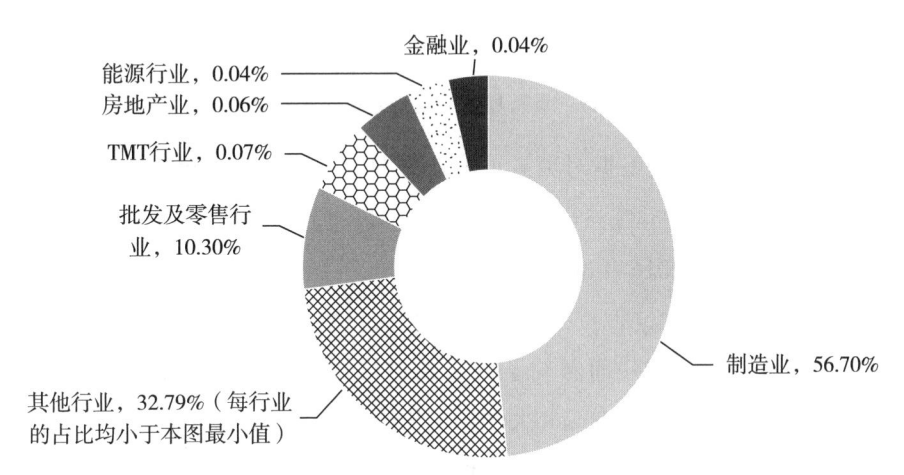

图 18-10 具有反收购意图公司的行业分布

- 金融业,0.04%
- 能源行业,0.04%
- 房地产业,0.06%
- TMT行业,0.07%
- 批发及零售行业,10.30%
- 其他行业,32.79%(每行业的占比均小于本图最小值)
- 制造业,56.70%

笔者理解,该等现象具有两个基本的原因:其一,股权分散的上市公司中,重资产公司的数量远超轻资产公司,②因而更容易面临"野蛮人"入侵的风险;其二,如图 18-11 所示,多数公司在 2015 年开始有意图采取同类反收购措

---

① 此次统计采用了交叉检索和回转检索等方式,但由于上市公司章程中的表述繁杂,因此不排除存在遗漏的可能。

② 在 2016 年一季报第一大股东持股比例在 15% 以下的上市公司中,超过 96% 的公司所属的一级行业为重资产行业。数据来源:Wind。

施,并在 2016~2017 年达到反收购措施设计的意愿顶峰,这亦与"宝万之争"发生的时间相吻合。因此,我们不排除同类型公司更倾向于参照行业龙头企业进行敏锐市场反应的可能。

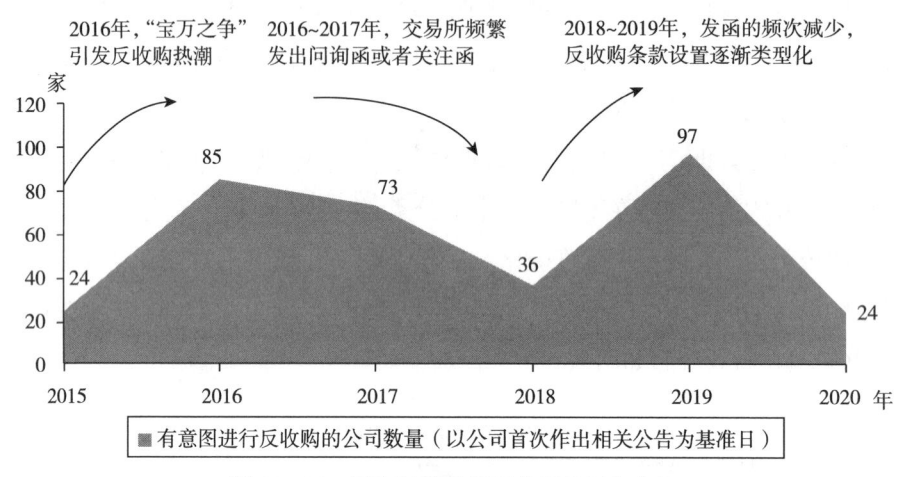

图 18-11　具有反收购意图公司的逐年变化

数据说明:2016 年,"宝万之争"引发反收购热潮;2016~2017 年,交易所频繁发出问询函或者关注函;2018~2019 年,发函的频次减少,反收购条款设置逐渐类型化。有意图进行反收购的公司数量(以公司首次作出相关公告为基准日):2015 年 24 家、2016 年 85 家、2017 年 73 家、2018 年 36 家、2019 年 97 家、2020 年 24 家。

从时间维度来看,根据对具有反收购意图公司的逐年变化观察,我们发现市场侧的行动往往并非纯然出于保持或争夺公司控制权的目的,而是会受到监管侧的掣肘。尽管 2016 年的"宝万之争"引发了反收购热潮,但同样在 2016~2017 年,上交所和深交所对在此期间设置相关反收购条款中的 15 家公司发出了问询函或者关注函,从而制约了公司通过修订章程抵御收购的相关行为。2018 年及之后,相关的问询函和关注函发出频次大大减少,相应的反收购条款设计亦逐渐类型化。比如,向日葵(30011)的《公司章程(2020 年 3 月版)》第 2 节第 107 条第 4 款即载明,根据法律、法规及章程的规定,采取以组织收购者实施收购为目标的反收购行动,包括但不限于对抗性反向收购、法律诉讼策略等。该等条款亦被进行具体反收购条款设计公司中的 50.6% 的公司所采用,而如后文所述,采用该等条款最主要的优势是,基于其较为保守且笼统的反收购策略特质,能够规避监管侧的关注或问询;但采用该等条款最主要的劣势则是,该等条款属于事后行为,因而缺乏实质效力。从整体来看,监管侧的作用很大程度上保持这样一种张力——允许公司以概括性、兜底性的方式进行反收购条款的设计,但警觉地规避任何可能超脱法理范围或者具有类似作用的实质性措施。

因此，监管如何影响了公司的反收购条款设计？其中存在两条基本线索，一是影响反收购条款的成功率，二是影响反收购条款的类型。二者实际上有着极为相似的出发点，即在何种情形下监管机构需要对上市公司进行约束，从而以增加公司反收购设计成本和阻力的方式达到制御的效果？监管的效果如何？

在此可对前种线索进行分析，对后种线索的观察请见本节"4. 反收购措施监管及落实效果——从选择率、监管率和约束率展开"。对进行反收购设计的公司的监管经历了由紧到松的趋势变化，2015 年前后属于我国监管侧在"宝万之争"影响下对反收购严格把控的时期，因而成功率较低，受监管约束之情况更为常见。2018 年之后，由于公司逐渐明确监管侧的态度与偏好，在公司经验累积和热潮退却的情况下，成功率逐渐攀升，受监管约束之比例亦维持在稳定且适宜的水平。从整理来看，进行反收购设计公司的成功率和监管率呈负相关关系，除去难以量化的公司偏好因素，笔者认为，监管偏好因素在很大程度上决定了公司是否会进行反收购设计、进行怎样的反收购设计、能否完成反收购设计。

3. 反收购措施概述及合规分析

由于监管的偏好很大程度上决定了公司的选择，因此我们有必要了解监管对不同反收购措施的偏好，以及这种偏好产生的可能基础。笔者认为，对该问题的探寻首先要从反收购措施的内涵及其合规性入手，进而比较其法理上的"合规与否"与实操中的"监管与否"是否具有关联关系。下文将简要介绍反收购措施的内涵及合规性。

（1）反收购措施的内涵总结

笔者将反收购措施及其在章程中的具体设计和内涵总结如表 18-16 所示。

表 18-16 反收购措施及其内涵总结

性质[1]	反收购措施		反收购措施内涵[2]
管理策略	"驱鲨剂策略"	绝对多数条款	公司进行并购、重大资产转让或者经营管理权的变更必须取得多数股东同意(如3/4)
		董事轮换制	又称分期分级董事条款、交错选举董事条款、部分董事改选条款,即公司章程规定了每年改选董事的比例(如1/4)
		公平价格条款	要求出价收购人对所有股东支付同样的价格
		限制董事资格条款	规定公司董事的任职条件
		限制大股东表决权条款	包括两种方式:直接限制大股东的表决权;选举董事时采取累积投票制
	"毒丸计划"		收购方收购股份超过一定比例时,赋予股东以折扣价购买公司一定数量股票的购股权,从而达到摊薄股权的目的
	"降落伞策略"		通过增加目标公司管理人员和员工解雇的成本,从而阻碍收购
	"焦土战术"	出售"皇冠上的明珠"	通过购买新的资产或者出售已有资产来降低收购方对目标公司的兴趣
		"虚胖战术"	
	股权结构安排	互相持股/交叉持股	关联企业或关系友好公司相互持股
		保持控制权	公司股东保持或者通过定增等方式巩固控制权
		"牛卡计划"	双重表决权股份结构[3]
	"白衣骑士"和"白衣卫士"		引入善意的友好公司对自己发出收购以取代敌意收购方

续表

性质	反收购措施		反收购措施内涵
股权交易策略	员工持股计划(ESOP)		公司内部员工个人出资认购本公司部分股份,并委托公司工会的持股会(或外部机构等中介组织)进行集中管理
	管理层收购(MBO)		管理者通过一定渠道筹措资金,以杠杆收购方式收购其所在公司的大部分股权
	股份回购	"绿色讹诈"	目标公司溢价回购股票
		"死亡换股"	目标公司发行企业债、特别股或其组合以回收其股票
	"帕克曼式防御"		反向的收购要约
法律诉讼	信息披露不充分		
	收购程序不合法		
	其他违规收购行为		

〔1〕该等分类方式为"反收购措施性质",如按"反收购措施阶段"划分,则事前的反收购措施包括"驱鲨剂策略"、"毒丸计划"、"降落伞策略"、"焦土战术"、股权结构安排;事后的反收购措施包括"白衣骑士"、员工持股计划、管理层收购、股份回购、"帕克曼式防御"以及法律诉讼。
〔2〕如无特别说明,相关反收购措施均在公司章程中约定体现。
〔3〕截至目前,A股科创板、创业板注册制适用AB股(双重表决权股份结构)制度,其主要受美国、中国香港特别行政区的交易所的影响。

诚然,表18-16仅仅是对反收购措施进行的简单总结,在此不进行相关的展开和论述。由于笔者更倾向于从实证的角度出发,而上述的反收购措施并非均在我国境内上市公司中得以运用,因此,基于该等理论和实操的分野,我们更有必要讨论的是"哪些反收购条款实际落地"以及"该等反收购条款受到怎样的监管"。

(2)反收购条款合规性分析

我国上市公司所采用的反收购条款及合规性分析,如表18-17所示。

表 18-17　反收购条款及其合规性分析

反收购条款		法律依据[1]	合规分析[2]
恶意收购行为界定条款		《公司法》第 37 条（2023 年修订后为第 59 条）[3]、第 99 条（2023 年修订后为第 112 条）[4]；《上市公司收购管理办法》第 33 条	将反收购措施决策权从归属于股东大会转为归属董事会，公司章程若赋予董事会自行认定恶意收购之权利，并规定董事会可以不经股东大会审议、自行决定采取何种反收购措施，属于违反相关法律
降低信息披露门槛条款		《证券法》第 35、63 条；《上市公司收购管理办法》第 13、14 条	将举牌线从 5% 降至 3%。公司章程如有类似规定，属于违反相关法律
股东大会控制反收购条款	股东大会提案权限制条款	《公司法》第 102 条（2023 年修订后为第 113 条）；《上市公司章程指引》第 54 条	将单独或合计持有公司 3% 以上股份股东的提案权附以期限限制。公司章程如有类似规定，属于缺乏法律依据
	股东大会召集权限制条款	《公司法》第 101 条（2023 年修订后为第 114 条）；《上市公司章程指引》第 49 条	将连续 90 日以上单独或者合计持有公司 10% 以上股份股东的提案权附以更为长期的期限限制（如 180 日或 270 日）。公司章程如有类似规定，属于缺乏法律依据
	绝对多数表决权条款	《公司法》第 103 条（2023 年修订后为第 116 条）	将特别决议中需取得出席会议股东所持表决权 2/3 以上通过附以更为严格的比例限制（如 3/4 或 4/5）。公司章程如有类似规定，属于违反相关法律
董事（会）控制反收购条款	董事轮换制条款		视具体情况，一般符合法律规定
	董事提名权限制条款	《公司法》第 4 条	将股东享有选择公司管理者权利限制为具有一定持股时间（如 180 日、270 日、1 年、2 年等）或持股数量股东（3%、5%、10%、15% 等）方可享有该等权利。公司章程如有类似规定，属于违反相关法律

续表

反收购条款			法律依据	合规分析
董事（会）控制反收购条款	董事资格限制条款			视具体情况，一般符合法律规定。但需注意针对资格限制的条款应适用于所有股东提名的人选
	"金色降落伞"条款		《公司法》第 37 条（2023 年修订后为第 59 条）、第 99 条（2023 年修订后为第 112 条）；《上市公司治理准则》第 20 条	视具体情况，一般符合法律规定。但需注意合理设置补偿金数额；防止高级管理人员利益输送；若条款侵犯股东权利，则可考虑令高级管理人员负有举证说明义务
	扩大董事会自动实施反收购措施职权条款	"白衣骑士"		视具体情况，一般符合法律规定
		"毒丸计划"		
		"帕克曼式防御"及法律诉讼		
		特定股东或特定股东申请下董事会反收购条款	《上市公司收购管理办法》第 33 条	特定股东有权采取或经特定股东书面申请，董事会可采取章程之外、法律法规未禁止且不损害公司及股东合法权益之反收购行动，而无须另行单独取得股东大会的决议授权。针对特定股东采取反收购行动，公司章程如有类似规定，属于缺乏法律依据；针对特定股东申请下董事会采取反收购行动，公司章程如有类似规定，属于违反相关法律

〔1〕本项仅对法律依据进行展示，而不赘述具体条款。相关条款的内容实际在"合规分析"项中已有体现。

〔2〕本项中，对其合规性分析包括三种不同结论，即"属于违反相关法律"、"属于缺乏法律依据"以及"视具体情况，一般符合法律规定"。"属于违反相关法律"，是指该等条款与法律法规依据中的内容产生明显错位或者背离；"属于缺乏法律依据"，是指该等条款尽管没有与法律法规产生冲突，但其规定在实质上缺乏合法基础或者违背相关法律原则。

通过后文对监管偏好以及监管效果的分析，笔者将对其"合规性"进行法理和实操双重意义上的阐述和对比，详细参见本节"4. 反收购措施监管及落实效果——从选择率、监管率和约束率展开"。

〔3〕2023 年修订的《公司法》第 59 条规定，"股东会可以授权董事会对发行公司债券作出决议"。

〔4〕2023 年修订的《公司法》第 112 条规定，"本法第六十条关于只有一个股东的有限责任公司不设股东会的规定，适用于只有一个股东的股份有限公司"。

如表 18-17 所述，笔者对我国上市公司所采用的反收购条款进行了类型化处理,并分别总结了其法律依据,进行了合规风险分析。我们发现,若仅从法理角度出发,不同的反收购条款设计中,有一半属于违反相关条款或者缺乏法律依据的条款设计,另一半属于一般情况下不违反相关法律的可采条款设计。仅从数据的角度来看,反收购条款设计中,有50%的条款种类从法理上而言不存在重大瑕疵,但该等条款实质上为董事轮换制条款、董事资格限制条款、"金色降落伞"条款以及扩大董事会自动实施反收购措施职权条款。其特点在于:均为董事侧的条款,即抵御反收购行动的前提在于公司属于内部人控制的情况,只有在此基础之上反收购条款才可能发挥真实效力;其中包括"白衣骑士"、"毒丸计划"、"帕克曼式防御"及法律诉讼条款,这些条款的内容概括性较强、缺乏实质的"反收购"措施和现实的"反收购"效力。

在此基础上,需要对监管侧的偏好及其效果进行分析——监管的逻辑是否与笔者上述的法理逻辑一致?如果不一致,在哪些地方发生了分野?是否可以探询其分野的原因?监管的效果如何?以上问题构成了下文的主要研究思路。

4. 反收购措施监管及落实效果——从选择率、监管率和约束率展开

(1)恶意收购行为界定条款

恶意收购行为界定条款的选择率、监管率和约束率,如表18-18所示。

表18-18 恶意收购行为界定条款选择率、监管率、约束率

类型	数值/%
选择率[1]	77.01
监管率[2]	17.91
约束率[3]	50.00

〔1〕选择率是指所有进行反收购条款设计的公司中,选择该等条款的公司比例。下同。
〔2〕监管率是指所有选择该等条款的公司中,受到监管的比例(上交所或深交所发出的关注函或问询函)。
〔3〕约束率是指所有受到该等监管的公司中,选择暂缓修订、取消修订、删除修订或修订未通过的公司比例。

【案例指引1——伊利股份(600887)对恶意收购的定义】

2016年伊利股份为了抵御恶意收购,于8月10日披露修改《公司章程》的公告,拟修改10多个条款,将恶意收购定义为违反章程第37条第5项的行为,即通过证券交易所的证券交易,投资者持有,或者通过协议、其他安排与他人共

同持有公司已发行的股份达到3%时,应当在该事实发生之日起3日内,向公司董事会发出书面通报。在通报期限内和发出通报后2个交易日内,不得再行买卖公司的股票。投资者持有或者通过协议、其他安排与他人共同持有公司已发行的股份达到3%后,其所持公司已发行的股份比例每增加或者减少3%,应当依照前款规定进行通报。

【案例指引2——山东金泰(600385)对恶意收购的定义】

2016年8月12日,山东金泰发布关于修改《公司章程》部分条款的公告(公告编号:2016-028),修订后的《公司章程》在第十二章"附则"第192条"释义"中对"恶意收购"定义如下:恶意收购,是指收购方在未告知公司董事会并取得董事会讨论通过的情况下,以谋求取得公司控制权或对公司决策产生重大影响力为目的而实施的收购公司股份的行为,或未按照法律规定履行信息披露义务的收购公司股份的行为。在出现对于一项收购是否属于《公司章程》所述恶意收购情况存在分歧的情况下,董事会有权就此事项进行审议并形成决议。

从条款内容来看,上市公司对恶意收购行为界定的核心要素在于以下4个方面:其一,收购方未将收购行为告知目标公司董事会并取得董事会讨论通过;其二,此收购行为旨在谋取目标公司控制权或对公司决策产生重大影响力;其三,在对某项收购行为定性产生分歧之时,董事会审议认定恶意收购行为;其四,收购行为一般通过二级市场的证券交易或未披露的一致行动人而进行。当然,基于上市公司股权极度分散的特性,有些上市公司直接规定了未经董事会同意的收购方购买股权达到一定比例时即构成恶意收购,如伊利股份。

从监管数据来看,82%的公司规避了相应的监管问询,对于面临监管问询的公司,50%的公司进行了相应的调整或删减。比如前述所举例之山东金泰虽然完成了修订,但删去了恶意收购条款;前述所举例之伊利股份放弃了修订。基于前述的法理分析,恶意收购条款虽然属于违反相关法律的安排,但监管侧对恶意收购条款敏感性并不高,这可能是由于恶意收购条款很大程度上属于"赋权定性"条款而非"赋权行动"条款。

(2)降低信息披露门槛条款

降低信息披露门槛条款的选择率、监管率、约束率,如表18-19所示。

表 18-19 降低信息披露门槛条款选择率、监管率、约束率

类型	数值	
选择率	11.49%	
监管率	2017 年之前	2017 年之后(包括 2017 年)
	100%	0
约束率	100%	

【案例指引——世联行(002285)的信息披露门槛条款】

2016 年 6 月 3 日,世联行发布关于修订《公司章程》及相关公司制度的公告(公告编号:2016-067),修订后的《公司章程》在第四章"股东和股东大会"增加股东"信息披露"规定如下。

公司股东承担下列义务:通过证券交易所的证券交易,投资者持有或者通过协议、其他安排与他人共同持有公司已发行的股份达到 3% 时,应当在该事实发生之日起 3 日内,向公司董事会作出书面报告,在上述期限内,不得再行买卖公司的股票。股东持有或者通过协议、其他安排与他人共同持有公司已发行的股份达到 3% 后,其所持公司已发行的股份比例每增加或者减少 3%,应当依照相关规定进行报告。在报告期限内和作出报告后 2 日内,不得再行买卖公司的股票。

从条款内容来看,公司主要规定了收购方违反信息披露义务所承担的责任,其主要包括两个方面的内容:其一,收购方赔偿其他股东因恶意收购所导致的经济损失(含直接和间接损失);其二,在违规行为改正前,收购方不得行使所持或所控制股票的表决权,董事会可拒绝收购方行使除领取股票股利之外的其他权利。

从监管数据(见图 18-12)来看,针对降低信息披露门槛条款,存在三个核心要素或趋势:其一,所有公司均将举牌线定位为 3%,但其中值得注意的是,首航高科(002665)于 2020 年 7 月将举牌线定位为 2%,但在收到问询函后其将信息披露门槛改定位为 3%,并再未收到问询函;其二,以 2017 年为界,在此之前,所有公司均收到问询函,并暂缓、取消或删除了相关的修订,在此之后,所有公司均暂未收到问询函(不包括前述首航高科);其三,约有 11.5% 的公司选择了降低信息披露门槛,但该等公司只要受到监管问询,就暂缓、修改、删除相关条款以表明其受到约束。笔者认为,尽管降低信息披露门槛属于违反相关法

律规定的设置,但监管并不仅仅以此为标准,而是存在不同时期上的收紧或者放松。在"宝万之争"导致的监管收紧时期,交易所对公司降低信息披露门槛条款设置的审查极为严格,而在此之后,交易所对该等条款则缺乏明显的监管动力。

图 18-12　降低信息披露门槛条款监管情况

（3）股东大会临时提案/召集权条款

股东大会临时提案/召集权条款的选择率、监管率、约束率,如表 18-20 所示。

表 18-20　股东大会临时提案/召集权条款选择率、监管率、约束率

类型	数值	
选择率	21.83%	
监管率	连续 180 日以上持有公司股份	连续 270 日以上持有公司股份
	6.25%	100%
约束率	100%	

【案例指引——龙宇燃油（603003）的股东大会临时提案/召集权条款】

2016 年 6 月 14 日,龙宇燃油发布了《关于回复上海证券交易所〈关于修改《公司章程》相关事项问询函〉的公告》（临 2016-039）,表明公司曾修订《公司章程》第 53 条如下:公司召开股东大会,董事会、监事会以及连续 270 日以上单独或者合计持有公司 3% 以上股份的股东,有权向公司提出议案。连续 270 日以上单独或者合计持有公司 3% 以上股份的股东可以在股东大会召开 10 日前提出临时议案并书面提交召集人。股东大会通知中未列明或不符合该章程第 52 条规定的提案,股东大会不得进行表决并作出决议。

从条款内容来看,诚如前文对该等条款的法理分析,公司一般对拥有提案权和召集权的股东所持有股份的期限作出了 180 日或 270 日的规定,并且提案

权和召集权一般而言具有相同的期限限制,如180日或270日。从监管数据来看,监管对不同持股期限有着明显的偏好——如果将持股期限设置为180日,则其中仅有一家公司迪森股份(300335)收到了关注函;如果将持股期限设置为270日,则所有公司均收到了问询函。并且,所有收到关注函或问询函的公司均选择暂缓、取消或者删除章程修订。由于监管侧的偏好和实效,仅有21.8%的公司会选择对章程中的股东大会临时提案/召集权条款进行修订,其中84.2%的公司则选择了180日的期限以尽量规避监管,这也直接说明了监管侧对公司起到了直接且切实的约束作用。

(4)绝对多数表决权条款

绝对多数表决权条款的选择率、监管率、约束率,如表18-21所示。

表18-21 绝对多数表决权条款选择率、监管率、约束率

类型	数值	
选择率	20.68%	
监管率	表决权通过比例:3/4	表决权通过比例:4/5
	47.00%	0
约束率	表决权通过比例:3/4	表决权通过比例:4/5
	46.67%	33.00%已主动取消

【案例指引——商赢环球(600146)的绝对多数表决权条款】

根据商赢环球2016年7月的《公司章程》,其第79条规定如下。下列事项由股东大会以特别决议通过:①公司增加或者减少注册资本;②公司的分立、合并、解散和清算;③公司章程的修改;④公司在一年内购买、出售重大资产或者担保金额超过公司最近一期经审计总资产30%的;⑤股权激励计划;⑥调整或变更公司现金分红政策;⑦法律、行政法规或本章程规定的,以及股东大会以普通决议认定会对公司产生重大影响的、需要以特别决议通过的其他事项。

股东大会审议收购方为实施恶意收购而提交的关于收购、出售资产的议案时应获得出席股东大会有表决权股东的4/5以上通过。

从条款内容来看,绝对多数表决权的内容设置较为直接明确,一般将特别决议中出席股东大会有表决权股东的通过比例定为3/4或4/5。从监管数据来看,有20.68%的公司选择了绝对多数表决权条款,其中有83.3%的公司选

择了 3/4 的通过比例,有 16.7% 的公司选择了 4/5 的通过比例。其中,选择 3/4 通过比例的公司中,有 47% 的公司收到了关注函或者问询函,选择 4/5 通过比例的公司中,所有公司均暂未收到问询函,但其中 33% 的公司已主动取消了章程修订行动。监管侧对于 3/4 的比例设置相较于 4/5 的比例设置更为敏感,也获得了一定的约束力。但与其他条款的监管率和约束率相比,绝对多数表决权条款显然在反收购意图上更具有侵略性,但在监管方面却并未遭受更多的责难。值得注意的是,尽管部分公司未受到监管的约束,但却主动取消了章程修订行动,可以看出,公司至少认为该等行动存在监管侧的实质性障碍和风险——尽管交易所并非对每家公司都付诸问询。

(5)董事轮换制条款

董事轮换制条款的选择率、监管率、约束率,如表 18-22 所示。

表 18-22 董事轮换制条款选择率、监管率、约束率

类型	数值	
选择率	6.90%	
监管率	董事轮换改选比例:1/3	董事轮换改选比例:1/4
	20.00%	0
约束率	0	

【案例指引——廊坊发展(600149)董事轮换制条款】

在廊坊发展案例中,控股股东收到恒大地产二度举牌的告知函后,立即向股东大会提交了修改《公司章程》的临时议案,针对董事会、监事会换届提出特别新规。新的《公司章程》规定:对每年改选的非职工董事、监事分别限定为不超过 1/3、1/2,任期届满或辞职的情形除外;并在董事会中明确规定新增职工董事 3 人。其《公司章程》第 82 条规定如下:董事、监事候选人名单以提案的方式提请股东大会表决。每年改选不超过非职工董事的 1/3、非职工监事的 1/2,董事或监事任期届满或辞职的情形除外。股东大会就选举董事、监事进行表决时,如拟选董事、监事的人数多于 1 人,实行累积投票制。

从条款内容来看,董事轮换制条款中存在改选 1/3 或者 1/4 的不同设置。从监管数据来看,由于我们仅以 2014 年后进行章程修订的公司为统计对象,所以在 2014 年之前进行章程修改的 9 家公司并未被纳入统计范围。在此基础

上,选择董事轮换制条款的公司非常少,仅占6.90%。而监管主体对于设置为1/3改选比例公司中的方大集团(000055)进行了问询,但对于设置为1/4改选比例的公司西藏矿业(000762)并未进行问询。正如我们前文所述,在一般情况下,董事轮换制条款并不存在与法律背离的情况,从监管约束率来看,这一结果,一方面与我们在法理上的讨论是相符的,另一方面也彰显出在该等条款上的监管存在不必要性。

(6)董事提名权限制条款

董事提名权限制条款的选择率、监管率、约束率,如表18-23所示。

表18-23 董事提名权限制条款选择率、监管率、约束率

类型	数值
选择率	8.04%
监管率	0
约束率	40.00%已主动修改

【案例指引——南玻A(000012)的董事提名权限制条款】

根据2015年4月1日公布的《公司章程》及相关制度修订案,南玻A《公司章程》第82条作出规定,董事会、监事会换届时,董事、监事提名的方式和程序为:……连续12个月以上单独或者合计持有公司发行在外有表决权股份总数的10%或以上的股东向董事会提名董事候选人人数不得超过公司章程规定的董事会人数的1/4。任何持有或者通过协议、其他安排与他人共同持有公司股份达到10%或达到10%后增持公司股份的股东,应在达到或增持后3日内向公司披露其持有公司10%股份及后续的增持股份计划以及真实目的,申请公司董事会同意其增持股份计划,没有及时披露相关信息、披露不完整或未经公司董事会同意增持公司股份的,不具有提名公司董事、监事候选人的权利。

从条款内容和监管数据来看,董事提名权限制条款实际上与股东大会提案权/召集权条款类似,二者实际上都属于违反相关法律的条款。选择董事提名权限制条款的公司较少,对提名资格的规定呈现分散性的特点(如表18-24所示),对其监管态度亦并不强烈,但仍有相当一部分公司(40%)选择主动修改。因此,对于此类明显与法律规定背离的条款,即使是在监管缺位的情况下,公司通过与相关法律法规的比量,经过审慎考虑后仍有极大可能自行取消章程修订行动。

表 18-24　董事提名权限制条款设置情况

提名资格	案例
连续 2 年以上,持股 15%	伊利股份
连续 2 年以上,持股 10%	世联行
连续 1 年以上,持股 10%	ST 新亿
	南玻 A
连续 270 日以上,持股 3%	山东金泰
	龙宇燃油
连续 180 日以上,持股 10%	商赢环球

(7) 董事资格限制条款

董事资格限制条款的选择率、监管率、约束率,如表 18-25 所示。

表 18-25　董事资格限制条款选择率、监管率、约束率

类型	数值
选择率	6.90%
监管率	0
约束率	0

【案例指引——多氟多(002407)董事资格限制条款】

根据 2016 年 6 月 3 日公布的《公司章程》及相关制度修订案,多氟多《公司章程》第 101 条作出规定,董事任期从就任之日起计算,至本届董事会任期届满为止。董事任期届满未及时改选,在改选出的董事就任前,原董事仍应当依照法律、行政法规、部门规章和本章程的规定,履行董事职务。在发生公司恶意收购的情况下,该届董事会任期届满的,继任董事会成员中应至少有 2/3 以上的原任董事会成员连任,但独立董事连任不得超过 6 年。为保证公司及股东的整体利益以及公司经营的稳定性,收购方及其一致行动人提名的董事候选人应当具有至少 5 年以上与公司目前主营业务相同的业务管理经验,以及与其履行董事职责相适应的专业能力和知识水平。

无论是从条款内容还是从监管数据来看,董事资格限制条款一般情况下都不与法律法规相背离,同样也不会遭遇监管的针对性问询。所谓"一般情况",是指董事的工作经验应当来源于本公司(如山东金泰、多氟多、广宇集团等)或者来源于本公司主营或经营业务(如商赢环球、山东金泰、伊利股份等),这种设置本身存在合理性,即使不在公司章程中进行设置,亦可以在公司经营中予

以实践,因而选择率和监管率均呈现出消极的倾向。

(8)"金色降落伞"条款

"金色降落伞"条款的选择率、监管率、约束率,如表18-26所示。

表18-26 "金色降落伞"条款选择率、监管率、约束率

类型	数值
选择率	12.64%
监管率	0
约束率	0

【案例指引——中国宝安(000009)"金色降落伞"条款】

根据2016年6月30日公布的《公司章程》及相关制度修订案,中国宝安《公司章程》第10条第2款规定如下:当公司被并购接管,在公司董事、监事和其他高级管理人员任期未届满前如确需终止或解除其职务,必须得到本人的认可,且公司须一次性支付其相当于其年薪及福利待遇总和10倍以上的经济补偿,上述董事、监事和其他高级管理人员已与公司签订劳动合同的,在被解除劳动合同时,公司还应按照《劳动合同法》另外支付经济补偿金或赔偿金,如表18-27所示。

表18-27 "金色降落伞"条款设置情况

赔偿或补偿金额计算办法	案例
以高级管理人员税前年薪及福利待遇为基数,规定支付10倍或以上	山东金泰
	伊利股份
	中国宝安
以高级管理人员税前年薪及福利待遇为基数,规定支付5倍或以上	多氟多
	世联行
高级管理人员或核心技术人员在公司被恶意收购时主动提出辞职的,公司仍应以该职位税前年薪及福利待遇为基数,支付3倍或足额的赔偿金	多氟多
	世联行
	商赢环球
若高级管理人员已与公司签订了劳动合同,则公司应按照《劳动合同法》的有关规定另外支付经济补偿金或赔偿金	山东金泰
	广宇集团
	中国宝安

如前述董事资格限制条款,从条款内容和监管数据来看,类似地,"金色降落伞"条款一般情况下不与法律法规相背离,同样不会遭遇监管主体的针对性问询。但正如前文关于该条款的合规性所述,需要进行谨慎厘定的是,在设置"金色降落伞"条款时,应当注意三个方面的内容:一是合理设置补偿金金额;二是防止高级管理人员利益输送;三是若条款侵犯股东权利,则可考虑使高级管理人员负有举证说明义务。以上三个方面是为了高级管理人员实现"安全降落"而设置的,否则可能损害公司及中小股东的利益而最终无法落地。

(9)扩大董事会自动实施反收购措施职权条款

扩大董事会自动实施反收购措施职权条款的选择率、监管率、约束率,如表18-28所示。

表18-28 扩大董事会自动实施反收购措施职权条款的选择率、监管率、约束率

赋予董事会实施反收购职权条款	"白衣骑士"	"毒丸计划"	"帕克曼式防御"及法律诉讼	特定股东或特定股东申请下董事会反收购条款	
				连续270日以上持有公司10%以上股份	连续180日以上持有公司10%以上股份
选择率	34.48%	32.18%	20.69%	4.60%	
监管率	0			100%	0
约束率	2.27%主动删除			100%	67.78%的公司主动删除

【案例指引1——新易盛(300502)"白衣骑士"、"帕克曼式防御"及法律诉讼条款】

根据2020年7月31日公布的《公司章程》及相关制度修订案,新易盛《公司章程》第106条作出规定,在发生公司被恶意收购的情况下,为确保公司经营管理的持续稳定,最大限度地维护公司及股东的整体及长远利益,董事会可自主采取以下反收购措施:……从公司长远利益考虑,在恶意收购难以避免的情况下,董事会可以为公司选择其他收购者,以阻止恶意收购行为;根据法律、行政法规、部门规章及该章程的规定,采取以阻止恶意收购者实施收购为目标的反收购行动,包括但不限于对抗性反向收购、法律诉讼策略等。

【案例指引 2——太阳纸业（002078）"毒丸计划"条款】

根据 2020 年 4 月 21 日公布的《公司章程》及相关制度修订案，太阳纸业《公司章程》第 107 条作出规定，在发生公司被恶意收购的情况下，为确保公司经营管理的持续稳定，最大限度地维护公司及股东的整体及长远利益，董事会可自主采取以下反收购措施：……根据法律、法规及该章程的规定，采取可能对公司的股权结构进行适当调整以降低恶意收购者的持股比例或增加收购难度的行动。

【案例指引 3——广宇集团（002133）特定股东或特定股东申请下董事会反收购条款】

根据 2016 年 8 月 5 日公布的《公司章程》，广宇集团《公司章程》第 200 条第 5 款规定如下（后主动删除）：当公司面临恶意收购情况时，连续 180 日持有公司 10% 以上股份的股东还有权采取或以书面形式要求董事会采取本章程规定的以及虽未规定于该章程但法律、行政法规未予禁止的且不损害公司和股东合法权益的反收购措施。

从条款内容和监管数据来看，"白衣骑士"、"毒丸计划"、"帕克曼式防御"及法律诉讼条款一般情况下不与法律法规相背离，同样也不会遭遇监管主体的针对性问询。但其中仍有包括健之佳在内的 2.27% 的公司选择删除该条款，笔者认为，该等删除行动并不必然与公司对监管风险的担忧相关，而可能存在其他公司策略安排。从整体来看，这四类反收购措施是具有高概括性、低实操性的条款类型，选择该等条款的公司比例较高，从目前经验来看亦不会遭受监管约束。特定股东或特定股东申请下董事会反收购条款则明显与法律背离，选择该等条款的公司仅占 4.6%，且从其对"特定股东"的定义来看，持股期限要求 270 日的公司均受到监管问询并进行了删除，持股期限 180 日的公司在未受到监管问询的情况下亦大多主动进行了删除。

5. 小结

其一，从反收购主体来看，上市公司这一主体的特殊性令我们必须关注该主体的公告信息，识别纠纷以及可能的规避路径。

其二，从反收购意向来看，"宝万之争"后出现反收购意图高涨，其中以重资产行业公司为主，以轻资产行业公司为辅。

其三,从反收购沿革来看,2016~2017年公司反收购条款设置的成功率低且监管率高,2017~2020年,成功率逐渐爬升,监管率逐渐下降(详见表18-29)。正如前文所述,由于反收购条款的法律依据主要是《公司法》《证券法》《上市公司收购管理办法》以及《上市公司章程指引》,因而在这些法律未有修改的情形下,公司章程一般也就不会有相应修改。笔者认为,这一变化趋势很大程度上是"宝万之争"引起的资本市场监管口径变化所致——2017年为节点,既是"宝万之争"阶段性落幕的时刻,也是各公司在之前两年经历反收购条款监管而逐渐了解监管偏好、行动趋于保守的重要转折点。

表18-29 反收购条款及其选择率、监管率、约束率总结

条款		选择率	监管率		约束率	
恶意收购行为界定条款		77.01%	17.91%		50.00%	
降低信息披露门槛条款		11.49%	2017年之前	2017年之后(包括2017年)	100%	
			100%	0		
股东大会控制反收购条款	股东大会提案权限制条款	21.83%	连续180日以上持有公司股份	连续270日以上持有公司股份	连续180日以上持有公司股份	连续270日以上持有公司股份
	股东大会召集权限制条款	6.25%	100%		100%	
	绝对多数表决权条款	20.68%	表决权通过比例:3/4	表决权通过比例:4/5	表决权通过比例:3/4	表决权通过比例:4/5
			47.00%	0	46.67%	33.00%已主动取消

续表

条款			选择率	监管率		约束率	
董事（会）控制反收购条款		董事轮换制条款	6.90%	董事轮换改选比例：1/3	董事轮换改选比例：1/4	0	
				20.00%	0		
		董事提名权限制条款	8.04%	0		40.00%已主动修改	
		董事资格限制条款	6.90%	0		0	
		"金色降落伞"条款	12.64%				
	扩大董事会自动实施反收购措施职权条款	"白衣骑士"	34.48%	0		2.27%已主动删除	
		"毒丸计划"	32.18%				
		"帕克曼式防御"及法律诉讼	20.69%				
		特定股东或特定股东申请下董事会反收购条款	4.60%	连续180日以上持有公司10%以上股份	连续270日以上持有公司10%以上股份	连续180日以上持有公司10%以上股份	连续270日以上持有公司10%以上股份
				0	100%	67.78%已主动删除	100%

其四，从反收购路径来看，在公司侧，对恶意收购行为界定条款的选择率占77.01%，是选择率最高的条款；对特定股东或特定股东申请下董事会反收购条款的选择率占4.60%，是选择率最低的条款（详见表18-29）。

其五，从反收购规制来看，在监管侧，此处"监管与否"与前述"合规与否"保持基本一致，但存在"在法律上不合规的条款但未监管"（如董事提名权限制条款）、"在法律上合规的条款但进行了监管"（如董事轮换制条款）、"存在监管偏好"（如降低信息披露门槛条款、股东大会提案权/召集权条款、绝对多数条款）等情况。同时，我们发现存在模糊地带，在这里监管的效果并不理想：一方面，即使在行动合规且监管未及的领域，亦有公司出于对监管的担忧或者公司策略安排等原因而自主进行了取消、修改或者删除（比如董事提名权限制条款中40%的公司选择在无监管的情况下自主修改）；另一方面，监管锚定的条款和不合规条款并非一一对应的,这种错位导致监管的效果并不那么理想,关注函或问询函发出的相关问询提示大多数是概括性而非针对性的,对于前述出现错位的条款,公司在回应后仍有可能成功修改章程(如董事轮换制条款的实际约束率为0),"监管与否"与"约束与否"并不存在绝对的关联关系。

(四)上市公司诉讼:反收购纠纷及司法态度

反收购诉讼发生的方式更为后置且隐蔽。反收购诉讼是指,在监管侧对相应反收购条款或措施设计及推进过程并未进行约束之时,该等反收购条款或措施对收购方发生效力,但收购方认为侵害了其权利并提起诉讼。下文将以该等诉讼为基点进行梳理。

1. 数据筛选及清理路径

由于前述反收购诉讼之特性,在数据检索之时,我们采取了模糊措辞、利用案例交叉,并反复回转检索的方式进行筛取。首先,以万科案为视角切入,以关键词"上市公司+违规持股+股东表决权+收购"进行模糊检索,共检索到67个案例;其次,以其中的有效案例(如新华百货案)为切入点,在理解纠纷中可能出现的争议焦点的情况下,以关键词"上市公司+收购+不得对股份行使表决权"进行模糊检索,共检索到45个案例;最后,以其中的有效案例(如康达尔案、成都路桥案、上海新梅案)为新视角切入,重复前述步骤,我们共得到了9个有效案例。可以看出,反收购诉讼的特点是集中在限制股东表决权方面,案例稀少,观点殊异,因而在此展开详尽的拆解和对比。

2. 数据概览及基本分析

在9个相关案例中,有2个是起诉违规持股股东,请求判令限制其股东表决权的,如新都酒店案中,占公司股份总数0.02%的自然人股东刘某某请求法院判决限制长城汇理的表决权;又如万科案中,万科工会以违规增持损害其股东利益为由请求法院限制宝能系的股东表决权。有7个案例则是基于上市公司已对违规持股股东表决权予以了限制,其限制方式和诉讼行为如表18-30所示。可以看出,对表决权进行限制的方式包括直接由董事会决议限制、通过修改公司章程予以限制、股东大会直接排除违规持股股东表决权以及诉讼行为等四种方式。同时,诉讼方式中的诉讼请求亦有所不同,包括直接诉请限制表决权、通过股东资格确认纠纷间接请求限制表决权以及通过行为保全限制表决权三类。

表18－30 公司反收购诉讼纠纷的表决权限制方式具体类型

限制方式	
由董事会决议予以限制。公司董事会决议限制股东表决权,股东诉请法院确认该决议无效(康达尔案)	
通过修改公司章程予以限制。公司董事会作出限制股东表决权决议后召开临时股东大会决议修改公司章程,在章程中规定投资者违规持股的视为放弃表决权,所持股份不享有表决权。李某诉请法院确认该股东大会决议修改章程涉及限制股东表决权部分内容无效(成都路桥案)	
股东大会直接排除违规持股股东表决权。上述两案(康达尔案、成都路桥案)均涉及上市公司召开临时股东大会作出的决议不予计算违规持股股东的表决权,违规持股股东继而请求法院撤销未计其表决权的股东大会决议	
诉讼行为	公司以股东资格确认纠纷为由诉至法院并申请行为保全,请求法院限制违规持股股东的表决权(新华百货案)
	公司起诉违规持股股东,诉请之一为判决限制其股东表决权(上海新梅案、西藏旅游案、振兴生化案)
	公司以与股东之间的经济纠纷仍在仲裁为由申请行为保全,请求法院限制违规持股股东的表决权等股东权利(中超控股案)

3. 反收购诉讼纠纷及案情延拓

(1)反收购诉讼基本案情及司法态度

同样值得关注的是,该部分是否有中国证监会的相关前置决定,以及该等案例中,行政监管措施与民事诉讼纠纷的关系为何,笔者以表18－31总结的内容为基础展开相关梳理和讨论。

表 18-31 公司反收购诉讼纠纷案情基本情况

序号	审理法院	案号	案由	上市公司	中国证监会相关决定	决定内容
1	银川市中级人民法院	(2018)宁01民终400号民事判决书	股东资格确认纠纷	新华百货	(1)处罚决定书；(2)采取责令改正措施的决定	(1)警告并处40万元罚款。(2)责令于2016年2月15日前特请中介机构进行核查、发表明确意见并公开披露、在改正前不得对持有的股份行使表决权。应在2016年2月22日前提交书面报告、该局将组织检查验收。(3)对违反公开承诺的行为计入诚信档案并责令改正
2	深圳市罗湖区人民法院	(2016)粤0303民初12430号民事裁定书	损害股东利益责任纠纷	万科	无	无
3	广东省高级人民法院	(2016)粤民申8073号民事裁定书	公司决议效力确认纠纷	康达尔	无	无
4	成都市中级人民法院	(2017)川01民终14529号民事判决书	公司决议效力确认纠纷	成都路桥	(1)采取出具警示函措施的决定；(2)采取责令改正措施的决定	(1)采取出具警示函的监管措施并于2016年2月26日前向该局提交书面整改报告。(2)责令改正、收到决定书之日起5个工作日内提交书面报告、说明整改落实情况

续表

序号	审理法院	案号	案由	上市公司	中国证监会相关决定	决定内容
5	深圳市福田区人民法院	（2016）粤0304民初22334号民事判决书	与公司有关的纠纷	新都酒店	无	无
6	上海市高级人民法院	（2016）沪民终313号民事裁定书	证券欺诈责任纠纷	上海新梅	行政处罚决定书	无
7	拉萨市中级人民法院	（2015）拉民二初字第36-2号民事裁定书	公司证券、保险、股票有关纠纷	西藏旅游	采取出具警示函措施的决定	责令改正、给予警告并处以50万元罚款
8	山西省高级人民法院	（2017）晋民初52号民事裁定书	上市公司收购纠纷	振兴生化	无	无
9	宜兴市人民法院	（2018）苏0282行保1号民事裁定书	涉仲裁经济纠纷	中超控股	无	无

如表18-32所示，在下述诉讼案件的审理中，法院存在四种不同的态度，这四种态度在限制表决权事宜上呈现出其司法干预主动性递减的趋势：一是将表决权作为财产性权利，对股东表决权进行保全；二是认为限制股东表决权需要以中国证监会对相关事实作出认定为前提；三是认定其属于中国证监会职权范围，以相关行政处罚为依据，但同时也认为实施机关在责令改正前可以限制表决权，因此认为由公司股东会、董事会作出的该等决议是无效或者可撤销的；四是认定违规持股股东应承担行政责任而非民事责任，可申请行政复议，并驳回诉讼请求。

表18-32 公司反收购诉讼纠纷案中法院态度

案例	法院态度	法院决定	司法干预主动性
西藏旅游案	法院将股东表决权视为普通财产性权利予以限制。法院以持股人持有超出5%的股份效力待定,避免给当事人造成其他损害为由,作出限制股东表决权的保全措施	对诉讼中的行为保全申请作不予限制股东表决权的处理	高
中超控股案			
康达尔案	法院认为以违规增持为由限制股东表决权的前提条件是中国证监会对相关股东的违规事实作出认定,在未有证据表明中国证监会已作出相关认定的情况下,上市公司董事会无权作出决议限制及剥夺股东权利	对限制股东表决权的股东会决议、董事会决议的效力根据当事人的诉请分别作决议无效或可撤销的处理	较高
成都路桥案			
新都酒店案	明确限制股东表决权为行政监管措施,属于可申请行政复议的具体行政行为,系违规持股股东应承担的行政法律责任而非民事法律责任,故驳回限制股东表决权的诉讼请求	驳回起诉	低
上海新梅案	限制表决权属于中国证监会的职权范围,以实施机关作出行政处罚决定为依据,在实施机关审查认定"责令改正"的事由整改完毕前可以限制表决权	驳回起诉	较低

由于此处反收购引起的诉讼纠纷往往由"限制表决权"这一行为引起,而法院对于该行为是否可以审理、应该如何判决呈现出了不同的态度,笔者认为,此处存在民商事法律和行政法的交叉,因而需要从法理和实务、公司法、证券法和行政法等多重视角考察"限制表决权"的性质。

(2)中国证监会实操下的"限制表决权":监管手段的威力与效果

根据笔者的检索和统计,中国证监会作出限制表决权的案件仅有2例,其中与上市公司收购的案例相关的为新华百货案。但采取该等措施的依据是2014年修正的《证券法》第213条。该条款在2019年修订的《证券法》中已删去,并将限制表决权条款分散规定在《证券法》第63条以及《上市公司收购管理办法》第75条至第78条。如果我们对相关条款的历史沿革和实操情况进行进一步探究,则可以了解为何要进行删减和增加——2014年《证券法》第213

条针对的是违反强制要约收购义务,但根据笔者的统计,违反强制要约收购义务的案件在近10年来的实践中只有3例,并且在这仅有的监管措施案例中,监管机构并没有对表决权进行过任何限制。① 因此,实操和法理产生了分离——10年以来,在法理要求上应当进行限制表决权的2014年《证券法》第213条在实践中从未真正落实过;在实操中监管对限制表决权的行为也十分谨慎,仅有的2例限制表决权案件也均是在2016年作出(见表18-33),此后便销声匿迹。

表18-33 采取"不得行使表决权"措施的监管案例

相关文件	违法方式	监管手段
中国证监会宁夏监管局《关于对上海宝银创赢投资管理有限公司采取责令改正措施的决定》([2016]1号)	上海宝银创赢投资管理有限公司持有银川新华百货商业集团股份有限公司32%的股份,但其披露的收购报告书中未披露财务核查意见和律师专项意见	改正前不得行使持有股份表决权
中国证监会海南监管局《关于对郭某某采取责令改正措施的决定》([2016]1号)	收购人郭某某近3年有严重的证券市场失信行为,不得收购上市公司	

在此基础之上,虽然《证券法》于2019年修改之时删去了2014年《证券法》第213条的"限制表决权"规定,但考虑到收购的核心就在于获得对目标公司的控股,而限制表决权直接影响到这一根本目的,因此限制表决权的处罚措施在各种意义上对各种违规收购行为都具有巨大的威慑性。尽管限制表决权措施在以往的监管实践中并不常用,但失去该规制手段亦会令相关规制措施的震慑力大打折扣。因此,"不得行使表决权"在2019~2020年的证券法律法规修改过程中进行了保留,并对其适用的情形进行了更为具体的厘定。

通过审视相关条款规定的情形,"不得行使表决权"实际针对的是信息披露公告义务、不得虚假陈述义务,以及包括聘请财务顾问在内的法定程序义务等,监管侧为何仅仅在这些义务上作出限制表决权的规定?诚然,该等条款属

---

① 参见2012年2月25日的《中国证监会行政处罚决定书(京博控股、马某某)》([2012]6号)、2019年6月3日的《中国证监会行政处罚决定书(银河集团、苏州银河、盛银投资、潘某等5名责任人员)》([2010]36号)、2020年10月9日的《中国证监会行政处罚决定书(越野一族(北京)投资管理有限公司、辛某、任某某)》([2019]49号)。该三例行政处罚案件虽然均属于违反要约收购义务的类型,但并不涉及限制表决权的处罚方式。

于《上市公司收购管理办法》与《证券法》配合适用时的高频率适用且富有重要意义的条款,相关权益披露、虚假陈述以及财务顾问等问题亦在本书中被作为极其重要的问题加以对待和研究。但我们理解,仅仅就该等情况进行表决权限制之合理性有待实践的检验,毕竟在其他情况下,如果中国证监会未明确采取"在改正前不得行使表决权"的监管措施,则无法基于《上市公司收购管理办法》的规定限制违规收购方的表决权。比如,针对删去2014年《证券法》第213条中"限制表决权"的规定,如果收购人采取间接收购的方式而规避强制要约收购义务,该情形下的行政监管与2014年《证券法》第213条当初所涉的立法目的不谋而合,在此限制其表决权是具有存在意义和必要性的,但2019年《证券法》可能忽略了该类同样侵犯中小股东权利的行为。因此,如果实践中层出不穷的问题给予了资本市场新的挑战,那么相关限制表决权条款也可能成为未来"过时"的监管措施,而需要不断根据现实的状况进行新的调整。

4. 小结

其一,从反收购诉讼的问题来看,该等诉讼的体量较小,问题集中,主要为以股东表决权限制进行反收购对抗,对表决权进行限制的方式包括直接由董事会决议限制、修改公司章程予以限制、股东大会直接排除以及通过诉讼请求法院进行约束等四种方式。

其二,从反收购诉讼的司法态度来看,法院将表决权作为财产性权利,对股东表决权进行保全;或者认定其属于中国证监会职权范围,以相关行政处罚为依据,但同时认为实施机关在责令改正前可以限制表决权,因此认为由公司股东会、董事会作出的该等决议是无效或者可撤销的;或者仅表明限制股东表决权需要以中国证监会对相关事实作出认定为前提;或者认定违规持股股东应承担行政责任而非民事责任,可申请行政复议,并驳回诉讼请求。法院的前述司法态度呈现出司法主动干预性由高到低的区别,但究其本质,均是关于限制表决权的性质、实施主体和实施方式等问题。

其三,从表决权限制的定性来看,基于公司法法理视角,"限制表决权"由上市公司自行限制缺乏法律依据;基于证券法法理和实操视角,"限制表决权"在规范中体现为"不得行使表决权"或"限制股东权利",属于"非行政处罚性监管措施"而非行政处罚。这表明我国法律体系将限制股东表决权归为中国证监会采取的一项行政监管措施,是可复议、可诉讼的具体行政行为,不属于民事案件受理的范围(但并不排除进行股东资格确认诉讼之情形)。但是,非行政处罚监管措施仍存在下述"灰色地带"亟待我国立法和实践的推进(见表18-34)。

表18-34 "限制表决权"在法理和实操中存在的问题总结

类型	呈现出的相关问题	
非行政处罚性监管措施外延	其一,非行政处罚性监管措施受到了中国证监会主体立法地位的制约——中国证监会作为事业单位行使行政职权的合法性	
	其二,非行政处罚性监管措施在执行中也缺乏可靠的程序作为实施的保证——"限制股东权利或者责令转让股权"的实施困难	
	其三,非行政处罚性监管措施的相对人类似于行政复议、行政诉讼的救济手段缺位——由于中国证监会主体地位不明,是否适用行政救济手段存疑;由于中国证监会相关规范不明,适用何种文件以检视自身权利是否受到损害亦存疑	
	其四,非行政处罚性监管措施种类繁多且缺乏系统性的统一规范——共计30余件法律文件中有各类证券期货监管措施90余种,呈现出了不统一、不均衡的规范现状	
非行政处罚性监管措施内涵	不得行使表决权	限制股东权利并责令转让股权
	"不得行使表决权"缺乏上位法依据——《上市公司收购管理办法》第75条至第78条的原上位法依据被删除,2019年《证券法》第63条的规定无法成为其上位法依据	"限制股东权利并责令转让股权"存在适用情形和适用对象上的立法空白,缺乏上位法依据——《证券期货市场监督管理措施实施办法(试行)》第2条的原适用情形和对象被删除,但新规定有更大的行权范围
上述法条删减和增加的原因及可能产生的问题。 原因之一:在法理要求上应当进行限制表决权的2014年《证券法》第213条在实践中应用较少。 原因之二:在实操中监管对限制表决权的行为也十分谨慎,仅有的2例限制表决权案件也均是在2016年作出,此后便销声匿迹。 产生问题:"不得行使表决权"实际针对的是信息披露公告义务、不得虚假陈述义务,以及包括聘请财务顾问在内的法定程序义务等,仅仅就该等情况进行表决权限制之合理性有待实践的检验		

其四,从对反收购诉讼的反思来看,如果公司有意图进行反收购的设计,为了规避监管措施,在节省自身成本的情况下,公司可通过章程约定前文所述的反收购条款,给予管理层"金色降落伞"的着陆条款,或通过寻求"白衣骑士"引进收购竞争者的方式提高收购成本,或通过对抗性反向收购/法律诉讼制造负担或诉累,令收购方为获得公司控制权付出更多成本。

(五)强制要约收购义务的触发及豁免

笔者检索了中国证监会2007年至2020年11月有关违反强制要约收购义务的处罚文书,发现3例,但是在该3例案件中,中国证监会的处罚措施中也仅是写明"责令改正",没有对具体要如何改正作出说明。因此,此处有讨论"如何责令改正"之必要。笔者认为,这里的责令改正应当理解为收购人应当履行要约收购义务,向全体股东发出收购要约。但是如何"改正",是需要进一步探讨的,具体而言,这里需要厘清的是:(1)是发出部分要约还是全部要约?(2)要约的价格应当是多少?

四、特殊焦点问题分析——管理层收购纠纷

(一)我国企业管理层收购的主要模式

1. 大众公司:职工持股模式

1997年大众公司成立以职工持股会为主的上海大众管理公司,并受让了上海大众公用事业公司的股权,使其成为上海大众公用事业公司的最大股东。1998年,大众公司又宣布向上海大众公用事业公司定向增发法人股14,000万股,使上海大众公用事业公司成为大众交通股份有限公司的最大股东,这样职工持股会便会成为两家上市公司的最终控制者。大众公司股权架构如图18-13所示。

```
┌─────────────┐
│  职工持股会  │
└──────┬──────┘
       │ 90%
       ▼
┌─────────────┐
│上海大众管理公司│
└──────┬──────┘
       │ 19.5%
       ▼
┌───────────────┐
│上海大众公用事业公司│
└──────┬────────┘
       │ 31.39%
       ▼
┌───────────────┐
│大众交通股份有限公司│
└───────────────┘
```

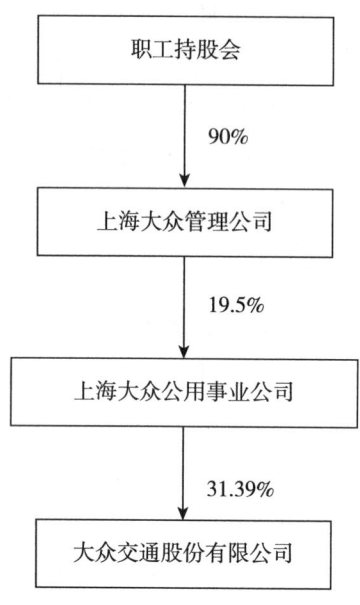

图 18-13　大众公司股权架构

2. 美的电器：管理层设立壳公司收购上市公司

1968 年，何享健集资 5000 元创办生产塑料瓶盖的小厂——北窖公社塑料生产组；1980 年，生产组变成了"顺德县美的风扇厂"，开始涉足家电业；1992 年 3 月，公司组建广东美的电器企业集团；同年 5 月，公司改组为股份制公司；1993 年，粤美的在深圳证券交易所挂牌上市；2000 年，设立壳公司——美托投资，作为实现融资收购计划的平台。美的公司股权架构如图 18-14 所示。

```
       ┌───────────────┐
       │ 法人代表何享健 │
       └───┬───────┬───┘
           │       │
           ▼       ▼
       ┌──────┐ ┌──────────────┐
       │粤美的│ │壳公司：美托投资│
       └──────┘ └──────────────┘
```

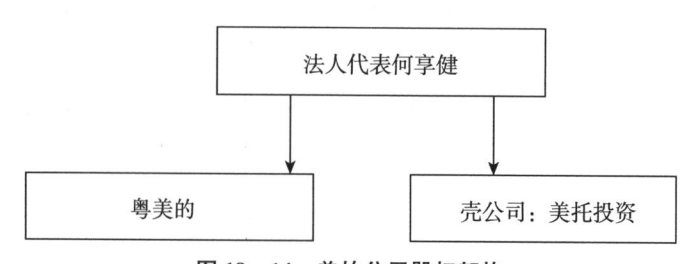

图 18-14　美的公司股权架构

3. 宇通客车：设立壳公司收购上市公司母公司

2001年3月，由23个私人出资成立上海宇通创业投资有限公司（以下简称上海宇通），其中21个私人系上市公司宇通客车的高层管理人员，法人代表汤某某，同时是上市公司的原总经理。2001年6月，郑州国资局协议将所持有的宇通客车2110.3万股（占总股份的15.44%）转让给上海宇通，上海宇通成为第一大股东。转让价格每股7元，高于每股净资产6.35元。

4. 恒源祥：对公司优质资产或者子公司进行局部管理层收购

恒源祥曾是上市公司万象股份的顶梁柱，每年为上市公司贡献二三千万元利润。2000年8月，上市世贸投资发展有限公司成为万象股份的第一大股东过后，其作为专业化的地产商，将恒源祥等非核心业务从上市公司中剥离出去。2001年2月，刘某某注册成立恒源祥投资发展有限公司，与战略合作伙伴一起以9200万元的价格收购恒源祥品牌以及7家相关子公司，收购资金来源于战略伙伴的无息借款。收购完后刘某某持有恒源祥61%的股份，3位合作伙伴占39%。这次资金都是由向恒源祥供货的民营企业家提供的。

（二）管理层收购的资金来源

笔者就管理层收购的资金来源进行分析，将管理层收购中的资金来源与先前研究中的资金来源进行对比，判断是否存在特殊性。首先，笔者对2010年后发生的管理层收购交易情况进行了整理，具体内容如表18-35所示。

表18-35 管理层收购的资金来源整理

交易标的	交易买方	标的方行业	交易总价值/万元	币种	资金来源
数字王国25%股权	谢某	电影与娱乐	397,240.00	港币	收购人将以现金方式支付全部股份转让价款，收购人的现金全部来自收购人的自有资金
初灵信息47.85%股权	洪某某	通信设备	124,571.71	人民币	本次收购所需资金来源于收购人自有资金或自筹资金，不存在直接或间接来源于上市公司及其控制的关联方的情况

续表

交易标的	交易买方	标的方行业	交易总价值/万元	币种	资金来源
光韵达33.6728%股权	侯某某、王某、姚某某	电子元件	102,895.07	人民币	本次收购所需资金来源于收购人自有资金或自筹资金，不存在直接或间接来源于上市公司及其控制的关联方的情况
理文造纸4.3%股权	李某1、李某2	纸制品	80,000.00	港币	
掌趣科技5.08%股权	刘某某	家庭娱乐软件	71,858.48	人民币	
膳源75%股权	MSEC Holdings Limited	餐馆	61,724.18	港币	(1)其内部资源；(2)润铭国际有限公司(一家拥有收购人全部已发行股本之公司)发行可赎回优先股之所得款项；(3)来自中国泛海证券之贷款300,000,000港元；(4)中国泛海证券授出之短期融资206,000,000港元为售股份购买价及要约之应付代价提供资金
剑虹集团75%股权	福信企业有限公司	建筑与工程	59,625.00	港币	收购人拟以金利丰证券提供的融资拨付要约之代价且分别通过抵押独家股份及将由收购人收购的股份作担保，收购人拥有充足财务资源以偿付要约获悉所接纳之代价

续表

交易标的	交易买方	标的方行业	交易总价值/万元	币种	资金来源
明星电缆10%股权	李某3	电气部件与设备	32,294.00	人民币	全部资金来源于信息披露义务人自有资金或自筹资金,不存在结构化融资的安排。上述资金不存在直接或间接违规来源于上市公司及其关联方,未通过与上市公司进行资产置换或其他交易方式获得任何资金
朸浚国际100%股权	Hehui International Development Limited	酒店、度假村与豪华游轮	30,000.00	港币	收购人拟使用其内部资源,为要约项下应付全部代价约200,005,207港元提供所需资金
ST冀装11.52%股权	国资运营公司	建筑机械与重型卡车	28,632.52	人民币	
厦华电子5%股权	王某某	消费电子产品	21,093.20	人民币	本次权益变动所需资金全部来自信息披露义务人及其一致行动人的自有或自筹资金,不存在直接或者间接来源于上市公司的情况
金山软件2.5%股权	雷某	应用软件	19,060.00	港币	
德祥企业16%股权	陈某某	资产管理与托管银行	16,787.23	港币	收购人拟利用其本身之财务资源及向结好证券有限公司借入之一笔贷款融资以拨付其就要约而应付之总代价,总金额为479,216,220港元

续表

交易标的	交易买方	标的方行业	交易总价值/万元	币种	资金来源
山东如意 26.29% 股权	山东如意集团	纺织品	8046.00	人民币	收购方拟以自有资金支付全部股权转让款,不存在直接或者间接来源于借贷的情况,不存在直接或者间接来源于上市公司及其他关联方的情况
得润电子 4.59% 股权	杨某	电子元件			
良信电器 1.76% 股权	任某某、卢某某	电气部件与设备		人民币	为收购人自筹资金

其次,我们关注在上市公司中,收购资金的融资和相应的融资手段情况(见表18-36)。

表18-36 上市公司收购资金的融资及融资手段

上市公司	收购所需资金	收购方融资情况	收购后股权质押
美的集团	约42,953万元	用于收购成立的开联公司注册资本2213万元,美托公司注册资本1036.87万元,据此估计有4亿元资金通过外部融资解决	开联、美托均进行了股权质押贷款,其中美托贷款3.2亿元
方大集团	34,490.20万元	用于收购董事长熊某某控制的邦林公司注册资本3000万元,中高层管理人员和技术人员组成的时利和公司注册资本1978.0992万元。据此估计有2.9亿元融资	邦林、时利和公司进行了股权质押
大湖股份	7163.35万元	受让者鸿鑫投资注册资本8000万元人民币,净资本30,746.75万元。其中,管理层占该公司80%的股份	
特变电工	6586.88万元	受让者为管理层成立的上海宏联创业,注册资本8500万元,所有者权益8444万元	
胜利股份	约9600万元	管理层为收购成立的胜利投资注册资本1.1亿元	

续表

上市公司	收购所需资金	收购方融资情况	收购后股权质押
佛塑科技	32,457.198万元	由22个管理层出资成立的佛山富硕投资注册资本2236.2万元。通过分期付款方案,首次付款全部自有资金2236万元,还需支付约2.1亿元,承诺在1年内全部付清	
鄂尔多斯	约需4亿元收购第一股东全部收益	管理层和员工持有的东民公司全部股份,注册资本43,329.40万元	
宇通客车	收购价未披露	上市公司第一大股东拟转让给管理层发起的上海宇通,以及河南建业。手续报批期间,将持有的上市公司股份先托管给上海宇通。上海宇通注册资本12,035.8万元,23个出资人中,有21个为公司员工。河南建业注册资本3000万元	
宁波富邦	披露了部分收购价格	上市公司第二大股东宁波轻工集团的控股公司和管理层联合成立宁波富邦公司,以吸收合并方式收购上市公司第一大股东,并收购第二大股东6.7%的股份,收购资金996.48万元。上海城开公司收购第二大股东15%的股份。完成后,富邦公司共持有上市公司28.7%的股份,成为第一大股东	
大连国际	17,000万元	收购资金来源于翰博投资的自由资金1500万元、股东借款3500万元及银行贷款12,000万元	
山东如意	8046万元	如意科技拟用自有资金支付全部股权转让款,不存在直接或者间接借贷的情况	
东贝B股	17,199万元	自《股权转让协议》签署后5个工作日内,冷机实业支付首笔交易价款1000万元,自协议签署后不超过90日,支付余下16,199万元。其中黄石国资公司提供借款15,000万元,艾博科技提供借款12,400万元	

(编校:龙泓任)

第十九章　国有企业/公司股权/产权转让交易纠纷实证研究

梁宏懿　李嘉岳　陆　兴

薛　瑞　杨玉冰　张雨萱　张　然

一、导论

(一) 研究对象

笔者研究的国有企业的特征为:资本由政府或其授权单位代表国家全部投资或控股、体现政府意志和利益、经营范围及其功能具有特殊性、不以营利为目的或主要目的。[①]

我国为国有股权/产权转让建立了一套复杂的监管体系,其依据涉及法律、行政法规、行政规章、规范性文件等,为后续研究方便,将其中重要的文件及相关规定的适用范围进行梳理,如表19-1、表19-2所示。

表19-1　相关文件梳理

类别	名称
法律	《企业国有资产法》
行政法规	《企业国有资产监督管理暂行条例》
行政法规之专项规定	《国有资产评估管理办法》
部门规章及规范性文件	《企业国有资产交易监督管理办法》《上市公司国有股权监督管理办法》《企业国有产权无偿划转管理暂行办法》
行政规章之专项规定	《金融企业国有资产转让管理办法》《企业国有资产评估管理暂行办法》《国有资产评估管理办法施行细则》《国有企业清产核资办法》

[①] 参见李昌庚:《国有企业涵义的法理辨析》,载《经济法研究》2017年第2期。

表 19 – 2　相关规定的适用范围

相关规定适用范围	《上市公司国有股权监督管理办法》规范的"国有股东"（证券账户标注"SS"）+ "其他类国有持股主体"（证券账户标注"CS"）——适用于上市公司	《企业国有资产交易监督管理办法》规范的"国有及国有控股企业、国有实际控制企业"——适用于非上市公司	国务院国有资产监督管理委员会《关于施行〈上市公司国有股东标识管理暂行规定〉有关问题的函》认定的"上市公司国有股东"	备注
国有股东（SS）	（1）政府部门、机构、事业单位、境内国有独资或全资企业（参照《企业国有资产交易监督管理办法》，理解为第一层100%）	（1）政府部门、机构、事业单位出资设立的国有独资企业（公司），以及上述单位、企业直接或间接合计持股为100%的国有全资企业	（1）政府机构、部门、事业单位、国有独资企业或出资人全部为国有独资企业的有限责任公司或股份有限公司	政府 + 第一层100%
	（2）上述第1项所述单位或企业独家持股比例超过50%，或合计持股比例超过50%，且其中之一为第一大股东的境内企业	（2）上述第1项所列单位、企业单独或共同出资，合计拥有产（股）权比例超过50%，且其中之一为最大股东的企业	（2）上述单位或企业独家持股比例达到或超过50%的公司制企业；上述单位或企业合计持股达到或超过50%，且其中之一为第一大股东的公司制企业	第二层超过50%
	（3）上述第2项所述企业直接或间接持股的各级境内独资或全资企业	（3）上述第1、2项所列企业对外出资，拥有股权比例超过50%的各级子企业	（3）上述第2项中所述企业连续保持绝对控股关系的各级子企业；以上所有单位或企业的所属单位或全资子企业	第三层及以上(100%)
				第三层及以上(50%以上绝对控股)
其他类国有持股主体（CS）	不符合该办法规定的国有股东标准，但政府部门、机构、事业单位和境内国有独资或全资企业通过投资关系、协议或者其他安排，能够实际支配其行为的境内外企业，证券账户标注为"CS"，所持上市公司股权变动行为参照该办法管理	政府部门、机构、事业单位、单一国有及国有控股企业直接或间接持股比例未超过50%，但为第一大股东，并且通过股东协议、公司章程、董事会决议或者其他协议安排能够对其进行实际支配的企业		《企业国有资产交易监督管理办法》《上市公司国有股权监督管理办法》新增——未达到50%但实际支配

(二) 案例检索情况

关于国有产权/股权转让的案例检索方式，笔者主要通过"威科先行"法律信息库完成。为尽量减少遗漏，我们采用多种关键词组合多次检索的方式，关键词有"国有＋股权转让""国有＋转让股权""国有＋产权转让""国有＋转让产权"四种。搜索范围为"裁判理由及依据"，案由为"民事"。但即便如此，无关案例还是较多，总计案例7168个，筛选去除6976个，总计192个。具体案例检索情况、案例案由分布情况、各环节重点问题数量分布情况见图19-1、表19-3、图19-2。

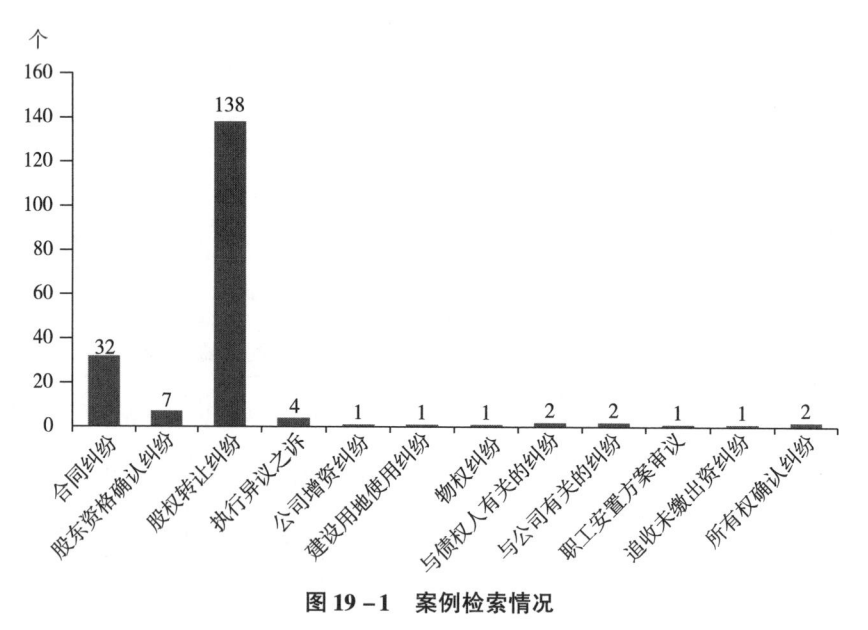

图19-1 案例检索情况

表19-3 案例案由分布情况

案由	数量/个	占比/%	案由	数量/个	占比/%
合同纠纷	32	16.67	物权纠纷	1	0.52
股东资格确认纠纷	7	3.65	与债权人有关的纠纷	2	1.04
股权转让纠纷	138	71.88	与公司有关的纠纷	2	1.04
执行异议之诉	4	2.08	职工安置方案审议	1	0.52
公司增资纠纷	1	0.52	追收未缴出资纠纷	1	0.52
建设用地使用纠纷	1	0.52	所有权确认纠纷	2	1.04

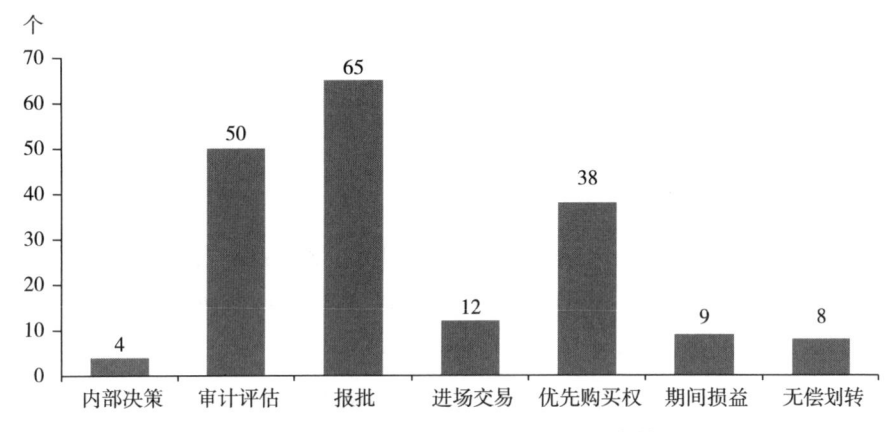

图 19-2　各环节重点主要问题数量分布情况

二、国有股权/产权转让各程序所涉法律问题

(一) 内部决策

国有股权/产权转让系国企改制的方式之一,由于国企的历史特殊性,对于职工权益的保护理应贯穿其各环节。而在内部决策环节,这一要求得到了更鲜明的体现:《企业国有资产交易监督管理办法》第 10 条明确规定,股权/产权转让涉及职工安置事项的,安置方案应当经职工代表大会或职工大会审议通过。

经检索,实务中职工安置方案未经职工代表大会审议通过的国有股权/产权转让合同的效力多为无效,如咸阳博颖信息咨询有限公司与陕西金山电器有限公司确认合同有效纠纷案[1]中,法院明确指出,该案中相关方在未召开职工代表大会或者职工大会的情况下,签订股权转让合同并进行股权转让,且在签订股权转让合同前未按照国家有关规定办理职工安置工作,违反了相关法律法规的规定,故该合同应被认定为无效合同。在武英文化发展有限公司、中储发展股份有限公司合同纠纷案[2]中,法院亦强调,《企业国有资产法》《企业国有资产交易监督管理办法》《企业国有产权转让管理暂行办法》(已失效)等法律法规均规定,企业改制或者产权转让涉及职工安置事项的,安置方案应当经职

---

[1] 陕西省西安市碑林区人民法院民事裁定书,(2022)陕 0103 民初 3438 号。
[2] 河南省平顶山市中级人民法院民事判决书,(2017)豫 04 民终 3823 号。

工代表大会或者职工大会审议并通过。案件因《职工安置方案(草案)》未获职工大会审议通过,也未协商形成新的《职工安置方案(草案)》,故双方签订《资产转让框架协议》约定的订立《产权交易合同》的条件难以成就,目的无法实现。

当然,也不乏法院将未经职工代表大会或者职工大会审议的股权转让合同认定为有效的案例。如杨某某与武汉市武昌区文化用品有限责任公司股东资格确认纠纷案[1],该案中指出改革企业产权制度是经济体制改革深化和市场经济发展到一定程度的具体体现,作为一种新生事物,更需要特别保护。因此,人民法院在审理与股份制企业改制相关的民事纠纷案件中,对于与企业改制相关的合同效力的确认,采取的是慎重原则。对当事人围绕企业改制所签订的合同,除合同内容违反法律、行政法规强制性和禁止性规定而确认合同无效外,原则上应确认合同有效。

若对实务中职工安置方案未经职工代表大会或者职工大会审议通过的国有股权转让合同的效力问题加以提炼,便可发现其核心在于"国有股权转让中的职工权益维护"。将股权转让视为国企改制方式的一种,它与营业转让、合并、分立、清算注销等方式的不同之处就在于,股权转让能够最大限度地保证其市场主体地位的同一性与连续性,基本保持职工与企业的劳动关系,降低改制给企业和职工带来的不利影响。即便是国有参股企业等国有股权转让,也应当关注职工代表大会的意见,维护职工合法权益。《企业国有资产法》《企业国有资产交易监督管理办法》等法律法规中均对此作出了详细规定。有赖于上述规定,企业国有股权产权转让过程中的职工权益得到了形式性的保护,但在现实中,由于存在职工与企业信息不对称、地位不对等的情况,企业往往能够通过规避职工代表大会审核、仅征求个别职工意见、有选择地召开职工代表大会等方式实际侵害职工权益。此外,股权/产权转让也可能会导致企业内部人力资源重新配置,从管理层到普通职工均面临职务震荡,亦有可能间接损害职工合法权益。要加强职工权益保障,亦有微观与宏观两条进路。

从微观角度看,企业进行国有股权/产权转让时应当遵守法律法规的程序

---

[1] 湖北省武汉市武昌区人民法院民事判决书,(2014)鄂武昌民商初字第00204号。

性规定。一方面,企业应当自行履行信息披露义务,适时提交职工安置方案至职工代表大会审核;另一方面,国资委也应当加强对企业国有股权/产权转让流程合法性、合规性的审查,畅通职工与监管组织之间的沟通渠道,切实保护职工合法权益。①

从宏观角度看,妥善处理企业国有股权/产权转让中的职工权益保护问题,必须基于社会保障体系建立健全的社会背景。股权/产权转让过程中人力资源重新配置不可避免,这既是优化管理的应然需要,也是加强企业市场竞争力的必然要求,因此,应当部分转移企业的社会保障职能,减轻企业负担以使其获得先手发展优势,同时通过社会保障的形式保障职工的基本生活及合法权益,从而维持企业稳定与社会稳定。具体而言,包括建立健全养老保险机制、社会救济机制、城乡一体化的医疗保障机制等,同时,加强待业培训制度建设,增强被精简职工的个人技能,促进就业。

(二)交易审批

1. 审批制度中存在的问题

(1)审批对于合同效力的影响界定不一

有学者采纳了"有效说",指出是否获得行政审批与合同本身的效力无关,国有股权能否实际发生变动与合同本身的效力也无关,因此得出合同效力的确认绝缘于合同履行的结论。② 也有学者主张未经审批的合同属于未生效的合同,即介于合同成立与合同有效的中间状态。与合同有效的区别在于一部分条款生效,另一部分条款尚未生效,已生效部分以推动整个合同的完全生效为目的而存在。③ 在《九民纪要》出台之前,合同在尚未生效的状态下为何能够产生当事人的报批义务是一个理论难题。此后的《九民纪要》给出了回答,《民法典》也基本延续了《九民纪要》的精神。

根据上述观点,在笔者检索到的1616个相关案例中,有59个有效案例聚焦未经审批的股权转让合同的效力认定并分析了行政审批对合同效力的影响

---

① 参见李树军:《论国有企业改制中的职工权益维护》,载《山东工会论坛》2018年第4期。
② 参见蔡立东:《行政审批与权利转让合同的效力》,载《中国法学》2013年第1期。
③ 参见王轶:《合同效力认定的若干问题》,载《国家检察官学院学报》2010年第5期。

(见表19-4)。

表19-4 行政审批对合同效力的影响情况

法院认定	认定理由	出现次数及占比	合计及占比
无效	违反法律、行政法规的强制性规定	10(50%)	20(34%)
	损害国家利益	4(20%)	
	以合法形式掩盖非法目的	1(5%)	
	规避国有资产监管机构监管	1(5%)	
	须经上级主管部门批准	4(20%)	
未生效	原《合同法》第44条第2款、《合同法司法解释(一)》第9条:法律、行政法规规定应当办理批准、登记等手续生效的,依照其规定;法律、行政法规规定合同应当办理批准手续,或者办理批准、登记等手续才生效,在一审法庭辩论终结前当事人仍未办理批准手续的,或者仍未办理批准、登记等手续的,人民法院应当认定该合同未生效	25(100%)	25(42%)
有效	法律规定属于无须上级主管部门批准的情形	2(14%)	14(24%)
	规章规定应审批,但并非法律或行政法规,不能成为认定合同无效的依据	2(14%)	
	相关程序性规定为管理性规定而非效力性规定,违反该规定不影响合同效力	6(43%)	
	程序合法	4(29%)	

由此可见,法院的态度主要分为如下三种:

第一种是"无效说"。该说认为原《合同法》第44条第2款是将行政审批作为合同的生效要件,未经审批的,合同应当被认定为无效。如在格尔木市污水处理厂与杨某某确认合同无效纠纷案①中,法院认为违反法律、行政法规强制性规定的合同无效,无效的合同自始没有法律约束力。《企业国有资产法》第53条规定,国有股权转让应当经履行出资人职责的机构(国资委)或本级人民政府批准。格尔木市国资委依据原《合同法》和《企业国有资产法》作出的

---

① 青海省格尔木市人民法院民事判决书,(2020)青2801民初1454号。

《关于国有企业做好国有资产管理工作的通知》虽然不是行政法规,但符合上位法的精神,也符合公序良俗,在不违背上位法的具体规定的情况下,应当在企业国有资产转让的过程中贯彻实施该通知规定。该案中,被告未经批准擅自转让股权的行为显然超越职权,与污水处理厂签订《股权转让协议》,应当认定该转让协议无效。

第二种是"未生效说"。有关国有股权转让行为须经审批的规定属于原《合同法》第44条和《合同法司法解释(一)》第9条规定的应当批准生效的情形。在法律、行政法规规定批准生效的情况下,行政审批作为国有股权转让行为的生效要件,属于强制性规定。须经审批的国有股权转让合同如果未经审批,属于生效条件未成就的合同。如在杨某某、深圳市捷盛达贸易有限公司股权转让纠纷案①中,法院认为根据原《合同法》第44条第2款的规定,法律、行政法规规定应当办理批准、登记等手续生效的,依照其规定。《合同法司法解释(一)》第9条规定,依照原《合同法》第44条第2款的规定,法律、行政法规规定合同应当办理批准手续,或者办理批准、登记等手续才生效,在一审法庭辩论终结前当事人仍未办理批准手续的,或者仍未办理批准、登记手续的,人民法院应当认定该合同未生效。因深圳市捷盛达贸易有限公司自一审法庭辩论终结前仍未办理相关批准手续,依照上述规定,涉案《股权转让协议》依法未生效。

第三种是"有效说"。该说主张未经审批的合同只要不存在其他效力瑕疵,均为有效合同,不因是否获得审批而影响合同本身的效力。其论证的出发点在于将审批作为物权变动的要件,采用"类物债二分"的模式。该说认为,是否获得行政审批与合同本身的效力无关,国有股权能否实际发生变动与合同本身的效力也无关,因此得出合同效力的确认绝缘于合同履行的结论。②《国有资产评估管理办法》以及《企业国有资产监督管理暂行条例》中关于国有企业重大资产转让必须进行评估并办理审批手续的规定,在性质上属于管理性规范而非效力性强制规范,因此是否经过审批并不影响合同效力,并以此推导出即

---

① 最高人民法院民事判决书,(2019)最高法民再48号。
② 参见蔡立东:《行政审批与权利转让合同的效力》,载《中国法学》2013年第1期。

便国有股权转让合同未经批准,该合同也有效的结论。如在张某与河北矿业资源有限责任公司、河北省地矿局第六地质大队股权转让纠纷案①中,法院认为,根据《合同法司法解释(二)》第14条规定的"合同法第五十二条第(五)项规定的'强制性规定',是指效力性强制性规定"和原《民法总则》第153条第1款规定的"违反法律、行政法规的强制性规定的民事法律行为无效,但是该强制性规定不导致该民事法律行为无效的除外",认定该涉案合同有效。

(2)审批耗时过长

①"陈某某案"②与海南椰岛事件简介

A."陈某某案"案情简介

2009年9月10日,云南红塔集团股份有限公司(以下简称云南红塔)与陈某某签订了《股份转让协议》,约定云南红塔将其持有的占云南白药集团股份有限公司(以下简称云南白药)总股本12.32%的股份全部转让给陈某某,对价为每股33.543元,总价款2,207,596,050.22元,在转让协议签订后5个工作日内一次性付清。该协议第12条约定云南红塔在转让协议生效并收到全部价款后,应当及时办理所有与本次目标股份转让有关的报批、信息披露等法律手续,陈某某应当配合云南红塔的上述工作。该协议第30条约定,转让协议自签订之日起生效,但须获得国资监管机构的批准同意后方能实施。

在《股份转让协议》签订前的2009年1月,中国烟草总公司作为母公司和出资人作出了同意云南红塔有偿转让其所持有的云南白药股份的批复。同年8月13、14日,云南白药先后发布了相关公告。而云南红塔经公开披露信息、公开征集择优,最终选择陈某某作为受让方。针对云南红塔向陈某某转让云南白药股份一事,中国烟草方面的一份日期为2012年1月17日的文件,即中烟办〔2012〕7号批复称:"为确保国有资产保值增值,防止国有资产流失,不同意本次股份转让。"

该批复距离陈某某与云南红塔签订协议已有2年多的时间。而在这2年多的时间里,云南白药的股价迅速攀升,到2012年年初,每股价格已在50元以

---

① 河北省石家庄市桥西区人民法院民事判决书,(2019)冀0104民初4810号。
② 最高人民法院民事判决书,(2013)民二终字第42号。

上,已经远远高出陈某某的每股受让价33.543元,其间还有派股分红、资本公积转增股份。

该案于2012年12月28日作出了一审判决,该判决除确认《股份转让协议》合法有效外,驳回了陈某某的其他诉讼请求。陈某某一方对于一审的判决结果表示不服,最终上诉到了最高人民法院。最高人民法院在2013年对该案作出了终审判决,该判决撤销了云南省高级人民法院关于《股份转让协议》合法有效的判决,并且判令云南红塔向陈某某退回此次股权转让的本金及利息,而对陈某某的其他诉讼请求均予以驳回。

B. 海南椰岛事件简介

海南椰岛发布公告宣称,公司收到国资公司《关于海南椰岛(集团)股份有限公司国有股份转让事项进展情况的函》,该函件称股权转让的申请已逐级呈报至国务院国资委进行审核。国务院国资委审核国资公司申请后要求其补充提供相关政府部门的行政审批文件。由于准备该文件需要一定时间,国务院国资委在受理时限内因未收到该文件,已于2015年7月23日将申请文件退回相关部门。根据相关要求,国资公司上级主管部门正在积极重新协调补充办理相关文件,并拟在取得该文件后依照审批程序递交国务院国资委审批。

至此,海南椰岛股权转让的申请已经被多次"搁浅"。资料显示,2015年3月30日,国资公司与海南建桐投资管理有限公司(以下简称海南建桐)签署了《股份转让协议》,并于同年4月8日向海口市人民政府国资委递交了关于国资公司将持有的7873.7632万股股份转让予海南建桐的申请。

2016年9月14日,海南椰岛发布公告宣称,股份转让的申请已呈报至国务院国资委,国务院国资委目前正在审核国资公司的申请并要求国资公司补充提供部分说明文件,国资公司正在准备该等文件。

截至2021年再次发布公告,股份转让仍无进展,不禁引人生疑。此前,白酒行业有关专家曾对中国商报记者介绍说,海南椰岛股份转让涉及国资退出,引入外界资本,而资本进入不仅会牵涉资金体量,还会出现人事安排、债务交割等诸多问题。股份转让一直没有进展可能是关于转让金额、公司原有人员安排等问题双方还在博弈。此外,双方之间很可能存在对赌协议,要求买方进行一定的业绩承诺,否则强行资本出局。①

②审批时限问题

根据《国有股东转让所持上市公司股份管理暂行办法》(已失效)第14条、第16条以及第27条的规定,对于上市公司国有股权的协议转让规定有两道审批程序,首先报省级或省级以上国资监管机构批准,省级或省级以上国资监管机构在收到书面报告后,应在10个工作日内出具意见,然后在签订《股份转让协议》后,报国务院国资监管机构审批。但该办法并未对国务院国资监管机构的审批时限进行规定。

从上述两个案例可以看到,陈某某得到批复的时间与协议签订的时间相距已有2年多,这段时间云南白药的股价迅速上涨,已远远高出陈某某当时的受让价。而海南椰岛的股份转让申请迟迟得不到回复。对此,笔者认为,应对"及时"一词制定规范性的要求。

(3)审批主体不明

根据《国有股东转让所持上市公司股份管理暂行办法》(已失效)第14条、第27条的规定,国有股东通过协议转让上市公司国有股权的,要经过省级或省级以上国资监管部门的审批,《股份转让协议》签订后还需要经过国务院国资监管部门的审批。2004年财政部发布的财建〔2006〕310号意见——财政部《关于烟草行业国有资产管理若干问题的意见》规定:①中国烟草总公司(国家烟草专卖局)本级的产权转让,由中国烟草总公司(国家烟草专卖局)直接向财政部提出申请,由财政部审批。②除上条规定外,中国烟草总公司所属烟草单位向非烟草单位的产权转让,主业评估价值在1亿元以上(含1亿元)、多种经营在2亿元以上(含2亿元)的,由各单位逐级上报中国烟草总公司(国家烟草专卖局),由中国烟草总公司(国家烟草专卖局)报财政部审批;中国烟草总公司(国家烟草专卖局)所属烟草单位之间的产权转让,主业评估价值在0.5亿元以上(含0.5亿元)、多种经营在1亿元以上(含1亿元)的,由各单位逐级上报中国烟草总公司(国家烟草专卖局),由中国烟草总公司(国家烟草专卖局)

---

① 参见周子黄:《海南椰岛股权转让多次搁浅 博弈汹涌、高层动荡带来战略不清》,载搜狐网2018年11月16日,https://www.sohu.com/a/275902457_393779。

审批,报财政部备案;其他产权转让,由各单位逐级上报中国烟草总公司(国家烟草专卖局),由中国烟草总公司(国家烟草专卖局)审批。由此可以看出,最后的审批应由财政部来处理。

在"陈某某案"中,该案转让的国有股权价值远超《关于烟草行业国有资产管理若干问题的意见》规定的 2 亿元,按照规定,应当由云南红塔上报中国烟草总公司,再由中国烟草总公司上报财政部审批。而在"陈某某案"中,中国烟草总公司在向财政部报批之前就给予了不予批准的意见,中国烟草总公司是否有审批的主体资格,值得研究。

(4)国资委双重主体地位

根据《企业国有资产法》第 11 条的规定,海口市国资委根据海口市人民政府的授权履行出资人职责,其对国资委的定位是出资人。而根据《企业国有产权交易操作规则》第 4 条的规定,企业国有产权交易受国资监管机构监督,国资监管机构是监督机构。

(5)关于国家出资企业之子企业的股权转让的规定不甚明确

笔者认为《企业国有产权转让管理暂行办法》(已失效)第 26 条对于何种情形应报同级"国资监管机构"批准不太明确,其仅规定"重要子企业"的"重大国有产权转让事项"须报批,然而对于什么是"重大国有产权转让事项"并未明确。

《企业国有资产交易监督管理办法》第 8 条的规定相比于原《企业国有产权转让管理暂行办法》第 26 条的规定进一步明确了报请同级"国资监管机构"批准的情形,包括了以关系"国家安全、国民经济命脉的重要行业和关键领域"为主之子企业的产权转让,以及以"承担重大专项任务"为主之子企业的产权转让。但仍然不够明确细化,对于哪些属于"重要行业",哪些"关系国家安全、国民经济命脉",并未说明,这种情况下,笔者认为,国家机关的行政裁量权较大。

在检索的案例中,笔者发现在兖矿集团有限公司与张某某、邹城市东旭煤炭储运有限责任公司股权转让纠纷案[①]中,法官对国有产权的转让,依据《企业

---

① 山东省高级人民法院民事判决书,(2011)鲁商终字第 104 号。

国有资产监督管理暂行条例》及原《企业国有产权转让管理暂行办法》对于重要子企业的转让进行审查,其认为该转让未经山东省国资委批准,合同未生效。在上海阳亨实业投资有限公司与江苏省盐业集团有限责任公司、李某股权转让纠纷案①中,法院根据《企业国有资产法》第20条、《企业国有资产监督管理暂行条例》第23条及2018年修正的《公司法》第66条(2023年修订后为第172条)的规定,认为该交易属于重要子企业的国有资产重大交易,应经国有资产管理部门批准,合同才生效。

综上所述,不难发现,现行法律法规对于"重要子企业"及"重要行业"等名词的细化不够,从而导致法院在判决时理由不够充分合理,甚至可能导致法官滥用裁量权。

2. 制度建议

(1)未经审批合同被认定"未生效"之合理性

①规范层面

对于国有股权转让合同效力认定的问题,司法实践中主要的适用依据是原《合同法》第44条②(现被《民法典》第502条③取代,下同)以及《合同法司法解释(一)》第9条④,即法律、行政法规规定应当办理批准等手续生效的,经批准后合同生效;在办理批准手续之前,合同未生效。因此,如果国有股权转让依法应由相关部门批准而双方签订股权转让合同但未经该审批程序,应当认为该国有股权转让合同已经成立,但尚未生效。

---

① 最高人民法院民事裁定书,(2016)最高法民申474号。
② 原《合同法》第44条规定:"依法成立的合同,自成立时生效。法律、行政法规规定应当办理批准、登记等手续生效的,依照其规定。"
③ 《民法典》第502条规定:"依法成立的合同,自成立时生效,但是法律另有规定或者当事人另有约定的除外。依照法律、行政法规的规定,合同应当办理批准等手续的,依照其规定。未办理批准等手续影响合同生效的,不影响合同中履行报批等义务条款以及相关条款的效力。应当办理申请批准等手续的当事人未履行义务的,对方可以请求其承担违反该义务的责任。依照法律、行政法规的规定,合同的变更、转让、解除等情形应当办理批准等手续的,适用前款规定。"
④ 《合同法司法解释(一)》第9条规定:"依照合同法第四十四条第二款的规定,法律、行政法规规定合同应当办理批准手续,或者办理批准、登记等手续才生效,在一审法庭辩论终结前当事人仍未办理批准手续的,或者仍未办理批准、登记等手续的,人民法院应当认定该合同未生效;法律、行政法规规定合同应当办理登记手续,但未规定登记后生效的,当事人未办理登记手续不影响合同的效力,合同标的物所有权及其他物权不能转移。合同法第七十七条第二款、第八十七条、第九十六条第二款所列合同变更、转让、解除等情形,依照前款规定处理。"

对于效力性强制性规定和管理性强制性规定究竟采用何种区分方式，理论界和实务界中尚未形成明确统一的标准。但随着司法实践的不断发展，已经出现判断标准逐渐具体化的趋势。根据《关于当前形势下审理民商事合同纠纷案件若干问题的指导意见》第15条和第16条①的规定，"如果强制性规范规制的是合同行为本身即只要该合同行为发生即绝对地损害国家利益或者社会公共利益的"，法院应当认定合同无效；"如果强制性规定规制的是当事人的'市场准入'资格而非某种类型的合同行为，或者规制的是某种合同的履行行为而非某类合同行为"，则法院须根据具体情况慎重认定或者请示上级法院。

此外，最高人民法院颁布的《九民纪要》②中也表明，"强制性规定所保护的法益类型、违法行为的法律后果以及交易安全保护等因素"应当作为认定强制

---

① 《关于当前形势下审理民商事合同纠纷案件若干问题的指导意见》（法发〔2009〕40号）第15条规定："正确理解、识别和适用合同法第五十二条第（五）项中的'违反法律、行政法规的强制性规定'，关系到民商事合同的效力维护以及市场交易的安全和稳定。人民法院应当注意根据《合同法解释（二）》第十四条之规定，注意区分效力性强制规定和管理性强制规定。违反效力性强制规定的，人民法院应当认定合同无效；违反管理性强制规定的，人民法院应当根据具体情形认定其效力。"第16条规定："人民法院应当综合法律法规的意旨，权衡相互冲突的权益，诸如权益的种类、交易安全以及其所规制的对象等，综合认定强制性规定的类型。如果强制性规范规制的是合同行为本身即只要该合同行为发生即绝对地损害国家利益或者社会公共利益的，人民法院应当认定合同无效。如果强制性规定规制的是当事人的'市场准入'资格而非某种类型的合同行为，或者规制的是某种合同的履行行为而非某类合同行为，人民法院对于此类合同效力的认定，应当慎重把握，必要时应当征求相关立法部门的意见或者请示上级人民法院。"

② 《九民纪要》规定："30.【强制性规定的识别】合同法施行后，针对一些人民法院动辄以违反法律、行政法规的强制性规定为由认定合同无效，不当扩大无效合同范围的情形，合同法司法解释（二）第14条将《合同法》第52条第5项规定的'强制性规定'明确限于'效力性强制性规定'。此后，最高人民法院《关于当前形势下审理民商事合同纠纷案件若干问题的指导意见》进一步提出了'管理性强制性规定'的概念，指出违反管理性强制性规定的，人民法院应当根据具体情形认定合同效力。随着这一概念的提出，审判实践中又出现了另一种倾向，有的人民法院认为凡是行政管理性质的强制性规定都属于'管理性强制性规定'，不影响合同效力。这种望文生义的认定方法，应予纠正。人民法院在审理合同纠纷案件时，要依据《民法总则》第153条第1款和合同法司法解释（二）第14条的规定慎重判断'强制性规定'的性质，特别是要在考量强制性规定所保护的法益类型、违法行为的法律后果以及交易安全保护等因素的基础上认定其性质，并在裁判文书中充分说明理由。下列强制性规定，应当认定为'效力性强制性规定'：强制性规定涉及金融安全、市场秩序、国家宏观政策等公序良俗的；交易标的禁止买卖的，如禁止人体器官、毒品、枪支等买卖；违反特许经营规定的，如场外配资合同；交易方式严重违法的，如违反招投标等竞争性缔约方式订立的合同；交易场所违法的，如在批准的交易场所之外进行期货交易。关于经营范围、交易时间、交易数量等行政管理性质的强制性规定，一般应当认定为'管理性强制性规定'。"

性规定的衡量基础。法律、行政法规设定违反效力性强制性规定无效的法律后果，是为了保护核心法益如"社会公共利益或国家利益"等。如若违反规定的行为尚未严重到危及核心法益，则应慎重认定该合同效力，避免直接认定其无效而对交易本身造成重大影响。因此，未履行特定程序的国有股权转让合同的效力到底该如何认定，也应当区分讨论。除此之外，《九民纪要》就"违反规章的合同效力"作出了相应的规定，①仅有内容涉及"金融安全、市场秩序、国家宏观政策等公序良俗的"规章的违反行为会导致合同被认定为无效。

此外，若当事人不是基于原《合同法》第44条第2款主张未经行政审批的合同未生效，而是基于原《合同法》第52条第5项②（现已被《民法典》第143条、第144条③取代，下同）主张合同无效，该如何理解原《合同法》第44条第2款和原《合同法》第52条第5项的适用范围仍然有待进一步明晰。尽管法律、行政法规关于行政审批的规定在规范性质上确属法律、行政法规的强制性规定，但由于原《合同法》已就行政审批对合同效力的影响作出特别规定，所以，在当事人虽未办理审批手续但合同不存在无效情形时，自应根据原《合同法》第44条第2款认定合同未生效，而不能依据原《合同法》第52条第5项认定合同无效。值得一提的是，将法律、行政法规关于合同须经批准的规定排除在原《合同法》第52条第5项所称"法律、行政法规的强制性规定"之外理论上存在两种观点。一是认为法律、行政法规关于合同须经批准才能生效的规定属于要求当事人"应为"的模式；二是认为其属于禁止当事人采用特定行为的"勿为"模式。而原《合同法》第52条第5项主要针对的是后一种。故违反前种强制性规范，尽管会影响合同行为效力的发生，但并不会因此导致合同行为绝对

---

① 《九民纪要》规定："31.【违反规章的合同效力】违反规章一般情况下不影响合同效力，但该规章的内容涉及金融安全、市场秩序、国家宏观政策等公序良俗的，应当认定合同无效。人民法院在认定规章是否涉及公序良俗时，要在考察规范对象基础上，兼顾监管强度、交易安全保护以及社会影响等方面进行慎重考量，并在裁判文书中进行充分说理。"

② 原《合同法》第52条规定："有下列情形之一的，合同无效：（一）一方以欺诈、胁迫的手段订立合同，损害国家利益；（二）恶意串通，损害国家、集体或者第三人利益；（三）以合法形式掩盖非法目的；（四）损害社会公共利益；（五）违反法律、行政法规的强制性规定。"

③ 《民法典》第143条规定："具备下列条件的民事法律行为有效：（一）行为人具有相应的民事行为能力；（二）意思表示真实；（三）不违反法律、行政法规的强制性规定，不违背公序良俗。"第144条规定："无民事行为能力人实施的民事法律行为无效。"

无效。

笔者认为,法律、行政法规关于合同须经审批的规定属于要求当事人为特定行为的强制性规定应无疑问,且原《合同法》第 52 条第 5 项所称"强制性规定",应理解为不仅包括禁止当事人为一定行为的规定,也包括要求当事人为特定行为的规定,故上述将当事人未办理批准手续的情形排除在原《合同法》第 52 条第 5 项适用范围之外的理由不够充分。由于原《合同法》第 44 条第 2 款对未办理批准手续的合同效力已有特别规定,且原《合同法》第 44 条第 2 款与原《合同法》第 52 条第 5 项在适用范围和法律后果上有诸多不同,所以也不能直接依据原《合同法》第 52 条第 5 项认定该类合同无效。

②实践层面

最高人民法院在"陈某某案"①、南京诚行创富投资企业(有限合伙)诉江苏省盐业集团有限责任公司股权转让合同纠纷再审案②和上海阳亨实业投资有限公司与江苏省盐业集团有限责任公司股权转让纠纷再审申请案③等有关国有股权转让合同的多宗案例中认为,依照我国对于国有资产转让的相关法律、行政法规等规定,包括国有股权在内的国有资产重大交易应经有权机关批准后方才生效。在获得有权机关批准之前,应认定为合同未生效,且该生效条件属于法定生效条件和强制性规定。同时,最高人民法院也在部分案例中指出,未经批准并不属于认定国有股权转让合同当然无效的情形。如在天津津海达矿业投资咨询有限公司与天津市福浩实业有限公司股权转让纠纷上诉案④中,最高人民法院认为法律法规并未规定未经天津市国资委批准的涉诉股权转让就无效,因此当事人以股权转让未经国资监管机构批准为由主张股权转让合同无效的请求不应得到支持。除此之外,最高人民法院在涉及国有资产转让的部分案例中的观点也可以作为国有股权转让案件的参考。如在甘肃省中国青年旅行社与林某某、陈某某房屋买卖合同纠纷案⑤中,最高人民法院认为,国有资产

---

① 最高人民法院民事判决书,(2013)民二终字第 42 号。
② 最高人民法院民事裁定书,(2016)最高法民申 410 号。
③ 最高人民法院民事裁定书,(2016)最高法民申 474 号。
④ 最高人民法院民事判决书,(2017)最高法民终 734 号。
⑤ 最高人民法院民事判决书,(2014)民提字第 216 号。

转让应当进行评估、批准等程序的规定，系对履行出资人职责的机构及相关人员行为的规范，是法律对国有资产管理者科以义务，要求管理者审慎地履行自己的职责，上述规定均属规范内部程序的管理性规定，而非效力性强制性规定，不应影响国有企业与第三人签订合同的效力，故不能以违反法律、行政法规强制性规定为由，主张股权转让合同无效。

根据上述案例，我们可以归纳出司法实践中审理未经批准的国有股权转让合同效力相关问题的审判精神：第一，依法应经有关机关批准而未经批准的国有股权转让合同为未生效合同；第二，国有股权转让合同应经有关机关批准的规定属于国有资产管理的内部程序性要求，并非《合同法司法解释（一）》中所指出的"效力性强制性规定"，因此不应以"违反法律、行政法规强制性规定"为由认定未经批准的国有股权转让合同无效。

最高人民法院也重申和进一步明确了股权转让纠纷的审理思路。一方面，国有股权转让未经资产评估和依法审批，并不影响股权转让合同的效力。上述程序性规定在性质上属于管理性强制规定，而不是效力性强制规定，其目的是加强国有资产管理，维护国有资产出资人的合法权益，促进企业国有产权有序流动。① 另一方面，国有股权转让只有依法进行审批才能发生合同效力，认定未经审批的国有股权转让合同未生效，符合我国相关的司法政策及立法精神。根据《九民纪要》第37条的规定，法律、行政法规规定某类合同应当办理批准手续生效的，依据原《合同法》第44条第2款的规定，批准是合同的法定生效条件，未经批准的合同因欠缺法律规定的特别生效条件而未生效。但仍需注意的是，未生效不等于无效，未生效的股权转让合同实际上已具备合同的有效要件，对双方具有一定的拘束力，任何一方不得擅自撤回、解除、变更。但由于转让人未履行报批义务，在该生效条件成就前，不能请求对方履行合同主要权利义务。

③争议点分析

行政审批对于合同效力的影响曾是理论界和实务界争论不休的问题，尤其是关于应经行政审批而未经审批的合同效力应当如何认定。法律规定不够清

---

① 参见江显和：《股权转让纠纷的审理思路》，载《人民司法》2020年第35期。

晰导致人们认识不一,从而影响司法裁判的统一性。对于理论界和实务界中有关未经审批的国有股权转让合同的效力认定的三种主流观点,实际上都有其存在的理由及问题。

首先,"无效说"的观点有利于法院的审判,节省法院审判时间和成本,但其导致了一个无法解决的理论难题:在合同签订之后至合同审批之前,该无效合同对当事人无任何拘束力。因此,负有报批义务的一方当事人能够控制合同的生效与否。也就是说,该报批义务人只有在合同生效对其有利时才会履行报批义务从而促使合同生效,若合同生效对其不利,则其可能利用不履行报批义务使合同陷入无法发生任何法律效力的状态,而对方当事人对此毫无办法。负有报批义务的当事人也无须承担任何合同责任,这不仅不利于在权利人之间进行利益衡量,甚至有可能引发交易秩序的紊乱和信赖危机。

其次,"有效说"则认为,未经行政审批的权利转让合同如果不存在其他效力瑕疵均为有效合同,合法有效的合同不会仅仅因为未获得行政机关的审批就被认定为无效。虽然该种观点有利于当事人之间意思自治的实现,也有利于保护当事人之间的交易安全,但是由于相关法律已经明确将行政审批作为合同的特别生效要件,这一思路不仅和现行法的规定相背离,还可能导致国家管制被架空,使行政审批无法起到国家对合同效力控制的作用。同时,该种理论缺乏对有关行政审批的法律、法规的实证研究,其目光仅局限于行政审批对权利转让合同效力的影响,亦混淆了合同义务的履行和物权变动两者的关系。

由以上分析可知,上述两种裁判思路都存在一定问题,因此最高人民法院通过一系列司法解释明确了未经行政审批的合同属于"未生效合同"。因其尚未生效,当事人不得主张合同所约定的权利,从而不同于已生效合同;同时,未经审批的合同也不同于无效合同,虽然尚未生效,但可以产生报批义务。"未生效说"的产生是为了解决"无效说"导致的理论难题,使审批申请义务正当化,避免报批义务人不配合履行报批义务导致合同不能获得审批而不受合同约束引发的问题。因而,司法解释将未经审批的合同定性为未生效合同并使其与已生效合同、无效合同区别开来的做法,有利于国家管制的实现,也有利于保护当事人之间的交易安全。

然而，有学者认为，"未生效说"主张未经审批的合同属于未生效的合同，即介于合同成立与合同有效的中间状态。与合同有效的区别在于一部分条款生效，一部分条款尚未生效，已生效部分以推动整个合同的完全生效为目的而存在。① 然而，未生效与无效一样，从文义上不可能解读为一部分条款已经生效，一部分条款未生效。这样理解"未生效说"尚存在一定的逻辑问题。在《九民纪要》出台之前，合同在"未生效"的状态下为何能够产生当事人的报批义务是一个理论难题。未经审批的合同既然为未生效合同，那么此时由该未生效合同所产生的责任，依据原《合同法》第42条第3项规定的"其他违背诚实信用原则的行为"，应为缔约过失责任。但是《合同法司法解释（二）》又规定了法院可应相对人的请求判决相对人自己办理有关手续，并判决报批义务人承担由此产生的费用和给相对人造成的实际损失的合同违约责任的承担方式，存在不足。此外，负有报批义务的当事人违反报批义务应承担的民事责任的性质尚不明确。此后的《九民纪要》给出了回答，即须经行政机关批准生效的合同，对报批义务及未履行报批义务的违约责任等相关内容作出专门约定的，该约定独立生效。一方因另一方不履行报批义务，请求解除合同并请求其承担合同约定的相应违约责任的，人民法院依法予以支持。《民法典》也基本延续了《九民纪要》的精神，在第502条第2款中将报批义务条款规定为独立生效。② 对于违约方的责任问题，此前的类案主要聚焦于报批义务人是否采取行动积极履行了报批义务，如果报批义务人未履行报批义务甚至拒绝履行报批义务，受让方可以请求其承担缔约过失责任或违约责任。对于未履行报批义务应当承担何种责任，《九民纪要》和《民法典》也均采用违约责任说。

---

① 参见王轶：《合同效力认定的若干问题》，载《国家检察官学院学报》2010年第5期。
② 《民法典》第502条规定："依法成立的合同，自成立时生效，但是法律另有规定或者当事人另有约定的除外。依照法律、行政法规的规定，合同应当办理批准等手续的，依照其规定。未办理批准等手续影响合同生效的，不影响合同中履行报批等义务条款以及相关条款的效力。应当办理申请批准等手续的当事人未履行义务的，对方可以请求其承担违反该义务的责任。依照法律、行政法规的规定，合同的变更、转让、解除等情形应当办理批准等手续的，适用前款规定。"

④关于合同未生效后的补正措施

根据《合同法司法解释(一)》第9条的规定①,对于未经批准的国有股权转让合同,在一审法庭辩论终结前,当事人仍可通过办理批准手续补正合同效力;否则,法院将认定合同未生效。但是,实务中的大多数案件由于已经进入诉讼阶段,当事人通常难以就补正国有股权转让合同效力达成一致意见,负有报批义务的一方甚至恰恰以未经批准而主张国有股权转让合同未生效,希望以此结束交易免除义务。对此,最高人民法院在《九民纪要》②中也表明了相关立场。尽管应经批准而未经批准的国有股权转让合同尚未生效,但因其已成立而具有形式上的拘束力。此时,合同双方不得擅自变更合同,且另一方有权请求报批义务方履行该义务,同时法院可以据此判定要求报批义务方履行报批义务。如果受让方不希望继续履行合同,或者经行政审批后未批准,或者出让方拒绝履行报批义务经人民法院强制执行仍未履行,此时合同确定不生效,受让方可以请求解除合同,并可以要求出让方承担包括预期利益损失在内的损害赔偿责

---

① 《合同法司法解释(一)》第9条规定:"依照合同法第四十四条第二款的规定,法律、行政法规规定合同应当办理批准手续,或者办理批准、登记等手续才生效,在一审法庭辩论终结前当事人仍未办理批准手续的,或者仍未办理批准、登记等手续的,人民法院应当认定该合同未生效;法律、行政法规规定合同应当办理登记手续,但未规定登记后生效的,当事人未办理登记手续不影响合同的效力,合同标的物所有权及其他物权不能转移。合同法第七十七条第二款、第八十七条、第九十六条第二款所列合同变更、转让、解除等情形,依照前款规定处理。"

② 《九民纪要》第37条规定,民商事审判中存在大量的合同需要批准的情形,如《商业银行法》《证券法》《保险法》等法律都有购买商业银行、证券公司、保险公司5%以上股权须经相关主管部门批准的规定。法律、行政法规规定某一类合同应当办理批准后才能生效的,批准是合同的法定生效条件,未经批准的合同因欠缺法定生效条件而未生效。合同未生效并不意味着没有任何效力,其效力主要表现在以下几个方面:一是具有形式拘束力。此时合同已经依法成立,任何一方当事人都不得擅自变更合同。二是不具有实质拘束力。合同未生效属于欠缺生效要件的合同,有别于有效合同,一方不能直接请求另一方履行合同或者承担该合同约定的违约责任。当事人请求履行合同、承担合同约定的违约责任的,人民法院应当向其释明,告知其将诉讼请求变更为继续履行报批义务。经释明后当事人仍拒绝变更诉讼请求的,可以驳回其诉讼请求。三是可以通过办理批准手续促成合同生效。未生效合同仍有通过办理批准手续而趋于有效的可能,故也不同于无效合同。当事人直接请求确认合同无效的,人民法院不予支持。此外,根据《九民纪要》的相关规定,一方请求履行报批义务的,人民法院可以依法判令另一方履行报批义务。报批义务人根据生效判决履行报批义务后,有关部门未予批准的,合同确定不生效;报批义务人拒不履行生效判决确定的报批义务的,当事人可以另行起诉,请求赔偿包括差价损失、合理收益以及其他损失在内的预期利益损失的,人民法院应予支持。报批义务人拒绝根据约定履行报批义务,经催告后在合理期限内仍不履行报批义务,另一方请求赔偿因未履行报批义务而造成的实际损失的,人民法院应予支持。

任。最高人民法院曾在中信红河矿业有限公司、鞍山市财政局股权转让纠纷案①中，据此认定涉案国有股权转让合同虽因未经批准而不生效，但未履行报批手续的报批义务方应承担缔约过失责任。因此，即使国有股权转让合同确已无法通过补正效力瑕疵而生效，守约方也仍有权向报批义务方主张赔偿相应损失。

（2）界权混淆的应对路径

①"陈某某案"中公开征集转让监督制度与界权混淆状况

在"陈某某案"中，中国烟草总公司拦截了云南红塔上报给审批方财政部的转让协议，但是其作为行使权力的机关又不对陈某某造成的损失承担相关责任。中国烟草总公司拦截了本应属于审批方审查的转让协议，且它所作出的不同意转让批复产生了影响。这也是笔者下文需探讨的问题，既然中国烟草总公司不属于审批方，那么其所作出的批复为何能产生决定性影响？笔者认为，在国有股份转让的过程中，国有资产监管法规将若干监管权归入国有资产出资人权利之中，存在界权不清的问题。

A. 审批权与国有资产出资人权利混淆

《企业国有资产法》第 53 条规定："国有资产转让由履行出资人职责的机构决定。履行出资人职责的机构决定转让全部国有资产的，或者转让部分国有资产致使国家对该企业不再具有控股地位的，应当报请本级人民政府批准。"由此可以看出，国有资产出资人的权利包含了国有资产转让监管权。

对于审批权与股权的差异，在"陈某某案"中可以看到，财政部作为中国烟草总公司的国有资产出资人对中国烟草总公司及包括云南红塔在内的所有子公司的股权转让都可以审批，而财政部并不持有云南红塔的股权。因此可以看出，审批权的存在以国家出资的形式而享有对企业的控制，无须持有出让企业的股权，审批权的效力也与公司的章程无关。综上所述，笔者认为股权和审批权有较大的差异。审批权作为一种公权力，是国家设置用来防止国有资产流失的权力，这种权力不同于国有资产出资人享有的股权。它被当作国有资产出资人权利的组成部分，是国有资产监管法规界权不清的结果。②

---

① 最高人民法院民事判决书，(2016)最高法民终 803 号。
② 参见陆宸：《上市公司国有股权转让中的监管界权问题研究》，载《法学杂志》2020 年第 11 期。

B. 监管权力包含了审批权和决定权

在"陈某某案"中,若陈某某获得云南白药的股份至少需要经过四次审查。根据《上市公司国有股权监督管理办法》第16条、第18条、第24条的规定,其中的两次审查源于国资监管机构的审批。此外,根据《国有股东转让所持上市公司股份管理暂行办法》(已失效)第14条、第17条、第27条的相关规定,两次来自对子企业产权转让行使决定权的国家出资企业的同意,具体到该案中,即中国烟草总公司作出的批复是对协议转让股份的同意,且正是中国烟草总公司以不利于国有资产保值增值的理由而不同意股权转让。

关于决定权,《企业国有资产交易监督管理办法》第8条①规定了国家出资企业对子企业产权转让的决定权,这也正是该案中最高人民法院认定中国烟草总公司行使国有资产出资人权利拦截股份转让协议上报的法律依据,且根据该规定,中国烟草总公司并未越权进行审批,而行使由出资所得并为法律所确定之权利,自不必对陈某某的损失承担责任。

在上文提到的子企业产权转让中,审批与决定是混同的,最高人民法院的二审判决将中国烟草总公司的批复认定为行使股东重大决策权和国有资产出资人权利的行为。最高人民法院将国家出资企业对子企业产权转让的决定权列入了股权的重大决策权中。《企业国有资产交易监督管理办法》第8条不仅将决定称为审批,而且扩展了《企业国有资产法》的规定,使国家出资企业可以分配决定权。②

C. 监管权力界限不清

我国《企业国有资产交易监督管理办法》及《上市公司国有股权监督管理办法》中欠缺关于国有资产转让的审批权与决定权的相关规定,且各部门规章之间协调不足,使整个法律体系中监管权力界限不清。监管权力界限不清表现在以下四个方面。

---

① 《企业国有资产交易监督管理办法》第8条规定,国家出资企业应当制定其子企业产权转让管理制度,确定审批管理权限。其中,对主业处于关系国家安全、国民经济命脉的重要行业和关键领域,主要承担重大专项任务子企业的产权转让,须由国家出资企业报同级国资监管机构批准。

② 参见陆宸:《上市公司国有股权转让中的监管界权问题研究》,载《法学杂志》2020年第11期。

a. 审批主体不明确

从"陈某某案"中我们可以看到,中国烟草总公司作为审批主体拦截了股权转让上报的程序,这种情况易造成审批主体混乱。

b. 权力易被滥用

《企业国有资产交易监督管理办法》等相关法律法规并未对决定权或审批权的次数、期限等事项作出相关规定,且在行政法及公司法中也未有相关制度,这样会导致权力被滥用,而不利于保护股权受让方的经济利益。

c. 决定权主体泛化

根据《企业国有资产法》第5条的规定,国家出资企业是指国家出资的国有独资企业、国有独资公司,以及国有资本控股公司、国有资本参股公司。从该法第53条的规定①可以看出,国有独资企业、国有独资公司、国有资本控股公司等国家出资企业拥有对子企业国有资产转让的决定权。但因监管的子企业数量过多,依据《企业国有资产交易监督管理办法》第9条的规定,产权转让应当由转让方按照企业章程和企业内部管理制度进行决策,形成书面决议。由此可见,允许国家出资企业通过企业内部决策对决定权进行再次分配,容易造成决定权主体的泛化,加重受让人的负担。

d. 报批权的性质

从"陈某某案"中可以看出,股权转让实行的是层层报批制,负责上报的上级企业——中国烟草总公司有拦截上报的权力,使股权转让协议无法实施,行使了一种"报批权"。然而这种权力没有正式的法律法规约束,成为监管制度中的组成部分,这不仅给监管权力界限的划分造成困扰,而且会影响相关主体的利益保护。

② 界权混淆的成因与困扰

目前,我国关于国有股权、产权、资产的监管制度较为复杂且界限不清。首先,关于股权、产权、资产的定义不明晰。其次,监管权制度的冗余使界权混淆,且该监管制度出于同一目的也会存在功能重复、无价值的问题。

---

① 《企业国有资产法》第53条规定,国有资产转让由履行出资人职责的机构决定。履行出资人职责的机构决定转让全部国有资产的,或者转让部分国有资产致使国家对该企业不再具有控股地位的,应当报请本级人民政府批准。

监管权与国有资产出资人权利不清,使国有资产出资人权利的性质偏离股权,影响公司制度的稳定。我国国企改革的主要目的是将企业转化为一般的受公司法规制的商事公司,但根据法律法规的规定,作为监管权的审批权和决定权适用于包括上市公司在内的所有为国有资本控制的公司。这就会造成有悖于保护中小股东的宗旨,且公司转让公司产权时,《公司法》关于公司治理的权利配置不再适用。①

③界权混淆问题的应对路径

针对上述问题,笔者认为,立法者应明确国有出资人的相关权利,去除国有出资人的多余权利,限制国有出资人的应有权利。这样既能发挥监管权的效用,也能保护相关利益主体。

A. 明晰监管权力

明晰国有资产转让监管权力的界限,笔者认为应做好以下三点。

a. 明确监管权力的属性

在大多数案例中,我们可以看到审批权与决定权存在混淆及定义不明晰。因此,应对《企业国有资产法》中的国有资产出资人权利进行解释,明确审批权及决定权的属性,区分股权及监管权,进一步做到"政企分离"。

b. 厘清各监管权的界限

从上文中可以看到,各个部门法之间并没有协调好监管权的界限,当前监管规范散见于不同时期、不同层级、不同部门的规范中,无法联结成一个整体。例如,2019年修订前的《证券法》第101条的规定就难以同其他监管规范衔接。该条在上市公司国有股份转让监管规范中层级最高,最高人民法院就本案所作判决和裁定却未对其加以引用和说明;条文中出现的"国务院的规定"至今仍未颁行;条文中的"批准"同《企业国有资产监督管理暂行条例》第23条、第24条关于国家出资企业的国有股权转让及其子企业重大事项的审批是何关系,未有明确解释;条文所称"国家授权投资的机构"指向不明,以至于适用范围成谜。2019年《证券法》修订后,第77条将原第101条"收购上市公司中由国家

---

① 参见蒋大兴:《国企为何需要行政化的治理——一种被忽略的效率性解释》,载《现代法学》2014年第5期。

授权投资的机构持有的股份,应当按照国务院的规定,经有关主管部门批准"的规定删除,不仅没有解决问题,反而造成了更多困惑。①

笔者认为,有权机关应及时对法律法规进行修订和解释,使各部门法之间的规范相互衔接,明确好监管权的界限。

c.下位法应在上位法的权限下行权

《企业国有资产法》及《企业国有资产监督管理暂行条例》目前仅设定了监管权力,该权力如何行使由部门规章规定。而《企业国有资产交易监督管理办法》又将决定权交给国家出资企业规定。笔者认为,为了限制下位法权力,应将上位法《企业国有资产法》对监管权的条件及程序等作出原则性的规定,下位法应在其权限范围内行使权力,否则就会造成监管权力的扩张。

B.清理制度冗余

制度的冗余带来了权力的不明确性,笔者认为应清理相关冗余制度,明确权力。

首先,要排除监管制度中存在的非正式权力干预。比如,在"陈某某案"中"报批权"的出现。笔者认为,应明确报送主体、转让方及受让方的权利义务,确保非正式权力带来的救济。

其次,应取消相关的"决定权",笔者在上文已分析决定权与审批权的性质及目的相同,因此无须存在审批权与决定权并立的状态。以《企业国有资产交易监督管理办法》为例,第7条中新创的用来代替《企业国有资产法》第53条"决定"一词的"审核"也应该改为"审批",从而确保只有审批权一种权力对企业国有产权转让进行约束。这样可以排除产生歧义的词语及相关不确定法律因素,还可以明确产权转让监管的性质,并限制相关监管权,减少对产权转让不必要的约束,更好地保护相对人的利益。

C.限制审批权力

笔者认为,限制审批权力应从明确审批期限和审批标准两个方面作出。一是明确审批期限,对于企业国有产权转让的审批不得无限期拖延,须在法定期限内作出批复。笔者认为,可以在《企业国有资产法》第53条内增加一款关于

---

① 参见陆宸:《上市公司国有股权转让中的监管界权问题研究》,载《法学杂志》2020年第11期。

审批期限的规定,即"对于国有非上市公司股权转让,审批机关应当自收到申请之日起3个月内作出批准或不批准的决定;对于国有上市公司股权转让,审批机关应当自收到申请之日起1年内作出批准或不批准的决定"。

二是明确审批标准。"标准"一词属于不确定法律因素,目前对于监管者审批企业国有产权转让所依据之标准,国有资产监督管理相关规范未作明确规定。国资委大多以"实现国有资产的保值增值""维护国家对于关系国家安全、国民经济命脉的重要行业和关键领域、主要承担重大专项任务的企业的必要控制""防止国有资产流失"等因素来判断是否应转让。笔者认为,应在《企业国有资产交易监督管理办法》《上市公司国有股权监督管理办法》等规章中明确审批标准。

D. 明晰国资委定位

从2015年国务院发布的《关于改革和完善国有资产管理体制的若干意见》、中共中央与国务院共同发布的《关于深化国有企业改革的指导意见》,到2017年国务院办公厅发布的《国资委职能转变方案》等文件中,可以看出我国一直在推进国有企业的改革,针对国有资产监督管理中出资人越位的问题进行制度化的调整。《国资委职能转变方案》实现了国资委从"管经营"到"管资本"的转变,由此可见,国有资产监督管理体制改革的方向已经明确。在"陈某某案"中,国资委既是出资人又是监管者的双重主体身份导致国有股权转让失败,造成陈某某的相关损失。由此可见,国资委的准确定位是国有企业治理改革的关键一环。

笔者认为,在国有企业改革中,应充分发挥市场在资源配置中的决定性作用,调整政府与市场之间的关系。营造良好的政府与市场的关系首先应坚持"有限政府"的定位。一个有效的市场的必要条件是有限政府而不是有为政府。让市场在资源配置和经济活动中发挥决定性的作用,让政府发挥有限作用,是由市场的信息有效性、激励相容性和资源配置的最优性决定的。正如有观点指出,"所谓有限政府指的是,只要市场能做的,就应让市场发挥作用,只有市场不能做或失灵时,政府才应发挥作用,从而才可能导致好的市场经济或有效市场"。有限政府"聚焦于维护和提供公共服务和公共产品""与市场保持一臂之隔",政府的行为边界更为清晰。① 由此可见,明确国资委的角色及限制国资委的权力是国有企业发展的重要因素,国资委应着重管好所有权,而放开经营权,进一步实现政企分离。

在国资委法律角色的定位上,要明确其到底是监管者还是股东。若为前者,则应大幅度削减立法中对国资委的股东权利安排;若为后者,则应大幅度削减立法中对国资委的监管权安排。

在法律中,国资委虽然居于股东地位,行使类似于股东的权利,但又不完全是股东。公司登记意义上的真正股东可能是政府、财政部门甚至国有公司,尤其是有关立法还明确规定,其他政府部门也可以与国资委一样履行出资人职责,这样会使得国资委的定位不明。因此,如果将国资委定位为监管者:首先,应当完全取消个别法律对国企的"多头管理"安排,由国资委对所有国企及国有资产进行统管。若将国资委定位为集中履行出资人职责的机构,同样应当将流落在外的国有资产统管到国资委,由其统一行使国资的出资人职责。一旦国资委的定位明确了,其权力(利)范围、行权方式、行权责任也就相应明确了,相应地也可以对有关国资管理的法律予以全面清理。其次,准确定位国企的法律性质,以公共企业法的思维管控国企及国有资产。

(3)明确不确定的法律概念

笔者认为,可以通过国资委及财政部发文的形式采取列举式的方法细化什么是"重要子企业"、何时应报"国有资产监督管理机构"批准等不确定法律概念。具体而言,对于"哪些重要行业"属于"关系国家安全、国民经济命脉的重要行业",应通过具体列举相关行业并辅之以兜底条款的方式予以明确;对于"哪些关键领域"属于"关系国家安全、国民经济命脉的关键领域",也应通过具体列举相关领域并辅之以兜底条款的方式予以明确;对于"以承担何种专项任务为主的子企业"属于"主要承担重大专项任务的子企业",还应通过具体列举相关项目并辅之以兜底条款的方式予以明确。当然,这些"重要行业""关键领域""重大专项任务"也应随着我国社会经济的发展、国有经济布局和战略性结

---

① 参见田国强:《争议产业政策——有限政府,有为政府?》,载《领导决策信息》2017年第5期。

构的调整优化,及时予以更新和调整。①

(三) 审计评估

1. 案例统计

数据来源为"威科先行"法律信息库。关键词分为了 8 种形式,即"国有+股权转让+审计评估""国有股权转让+审计评估""国有股权转让+审计+评估""国有+股权转让+审计+评估""国有+产权转让+审计评估""国有产权转让+审计评估""国有产权转让+审计+评估""国有+产权转让+审计+评估"。搜索范围为"裁判理由及依据",案由为"民事"。采用多种关键词,目的是尽可能减少遗漏,但是也带来了关键词确定不准确、检索到大量无关案例的问题。最终案例总计 495 个,筛选去除 445 个,有效案例共 50 个。

其中主要问题是关于审计评估合同效力,占据案例总数的 4/5 左右,还有一些关于评估方法以及撤销权行使等方面的问题。

2. 问题分析

(1) 未依法评估的国有股权转让合同的效力

《企业国有资产法》第 55 条规定,国有资产转让应当以依法评估的、经履行出资人职责的机构认可或者由履行出资人职责的机构报经本级人民政府核准的价格为依据,合理确定最低转让价格。《国有资产评估管理办法》第 3 条规定,国有资产占有单位有资产拍卖、转让情形的,应当进行资产评估。

法院依据上述规定裁判后存在两种观点,即认定无效和认定有效。在认定合同性质时,不同法院所依据的规范存在一定的差异,即效力性强制性规范或管理性强制性规范。认定理由如表 19-5、表 19-6 所示。

---

① 参见江钦辉、魏树发:《国有股权转让之审批规范的问题与对策》,载《伊犁师范学院学报(社会科学版)》2020 年第 1 期。

表 19-5　未依法评估被认定为无效的国有股权转让合同

单位:次

认定理由	出现次数	合计
《国有资产评估管理办法》第 3 条,效力性强制性规定	9	21
违反《企业国有资产评估管理暂行办法》	1	
违反《企业国有产权转让管理暂行办法》(已失效)	2	
《企业国有资产法》是效力性强制性规定	1	
未经法定程序导致国有资产流失,使国家利益、社会公益受损	8	

表 19-6　未评估但被认定为有效的国有股权转让合同

单位:次

认定理由	出现次数	合计
法律规定属于无须评估的情形	2	18
部门规章(或其他规范性文件)不属于法律、行政法规,不能直接否定合同效力	4	
国有资产须经评估的强制性规定是管理性而非效力性的	6	
未经评估未造成国有资产流失的后果	1	
程序合法	5	

①无效

在"淮阴信托投资公司案"[①]中,所涉股权转让协议应当认定为无效。信托投资公司属于国有企业,其拥有的淮信房地产公司股权属于国有资产,价值已超过百万元,属于《国有资产评估管理办法》规定的应当评估之列,该规定属于行政法规的强制性规定,该协议未履行相关评估手续,应认定为无效;殷某已交付了股权转让款,信托投资公司应当向殷某返还股权转让款。

在"兰州桃园案"[②]中,法院根据《企业国有资产法》重申了企业国有资产审批、评估和进场交易三大交易原则。上述规定属于效力性强制性规定,旨在通

[①] 江苏省高级人民法院民事判决书,(2001)苏民二终字第 175 号。
[②] 甘肃省高级人民法院民事判决书,(2018)甘民再 99 号。

过严格规范的程序保证交易的公开、公平、公正,最大限度地防止国有资产流失,避免国家利益、社会公共利益受损,未依法进行审批、资产评估、进场交易的国有资产转让合同应为无效。

在"上海科技案"①中,对于企业国有资产的转让程序及方式,国家均有相应的强制性规定。根据国家规定,国有股权转让需符合以下三个方面的程序:其一,决策、审批程序,即报请本级人民政府批准;其二,评估、定价程序,即选择委托有资质的评估机构对股权价值进行审计评估,作为确定转让价格的依据;其三,进场交易、公开竞价程序,即股权的转让应当在依法设立的省级以上产权交易机构公开进行,并采用拍卖等公开竞价的交易方式。然而,该案中邵某某利用"国企商务"法定代表人的便利,未经上述法定程序,将该公司所持"中企人力"的股权以原始出资额的价格转让给其实际控制的被告,直接导致国有资产流失,从而使国家利益、社会公共利益受损。因此,前两者的股权转让行为无效。

在"山东小鸭公司案"②中,被告小鸭进出口公司向被告海南华亭公司转让其持有的彩云公司52%的国有股权,导致被告小鸭进出口公司对彩云公司不再拥有控股地位,但未依法向相关批准机关履行报批手续,未由同级国有资产监督管理机构组织进行清产核资和审计,未对转让标的进行评估及公告,亦未在产权交易市场进行公开交易,违反了《企业国有产权转让管理暂行办法》(已失效)及《企业国有资产监督管理暂行条例》规定的国有资产转让程序,并且可能导致国有资产的流失,损害国家和集体利益。故该股权转让行为应依法认定为无效,两被告基于该转让行为签订的《股权转让协议》也应认定为无效。

根据表19-5所示的认定理由,以出现次数较多的理由为例,可以看出,上述案件的主要争议体现为,法律法规有关国有股权转让合同应当评估的规定属于效力性还是管理性的强制性规定?

认定的基本路径为,原《合同法》第52条第5项和《合同法司法解释(二)》第14条。

所以根据上述路径:依照原《合同法》及其司法解释规定,因《国有资产评

---

① 上海市黄浦区人民法院民事判决书,(2017)沪0101民初7636号。
② 济南高新技术产业开发区人民法院民事判决书,(2016)鲁0191民初28号。

估管理办法》属于行政法规,所以其第 3 条"应当进行资产评估"的强制性规定属于效力性强制性规定。

②有效

在"南京广播电视案"①中,被告辩称因原、被告双方均为国有资产公司,只能以评估价为交易价格。法院认为,国有资产占有单位在资产转让情形下应当进行评估的规定系管理性规定,并非效力性强制性规定,不能以此来否定平等民事主体之间基于意思自治达成的合意,案涉合同对于股权回购价格的约定合法有效,应予尊重。

在"绍兴交通案"②中,关于《补充协议(二)》(补增股权转让款部分)的效力。根据原《合同法》第 52 条第 5 项之规定,只有违反法律、行政法规的强制性规定的合同,方能认定无效,而《企业国有产权转让管理暂行办法》(已失效)属部门规章,不属于法律或行政法规。而且,原《企业国有产权转让管理暂行办法》的主要立法目的在于防止国有资产流失,如果以《补充协议(二)》违反原《企业国有产权转让管理暂行办法》为由否定合同效力,将直接导致交通公司丧失补增股权转让款,恰与《企业国有产权转让管理暂行办法》的主要立法目的背道而驰。因此,即便《补充协议(二)》的签订违反原《企业国有产权转让管理暂行办法》及相关规范性法律文件之规定,也不能据此认定合同无效。

在"中国旅游报社案"③中,法院认为,旅游报社与周某某及南通公司在签订股权转让协议时,虽未履行法定的相关手续,但签订此股权转让协议是三方当事人的真实意思表示,故此份股权转让协议属效力待定的合同。该转让协议签订后,有关单位对品一村公司的资产进行了评估,旅游报社与周某某及南通公司又依据资产评估结论分别另行签订了北京市产权交易所产权交易合同,并依据北京市产权交易所产权交易合同给付了股权对价,并在北京市产权交易所办理了产权转让交割单,履行了国有股权转让的相关手续,此时股权转让协议书因旅游报社与周某某及南通公司履行了国有股权转让的相关手续,且未违反法律及行政法规的强制性规定,而由效力待定的合同转为有效合同。

---

① 南京市秦淮区人民法院民事判决书,(2016)苏 0104 民初 3454 号。
② 浙江省绍兴市中级人民法院民事判决书,(2010)浙绍商初字第 50 号。
③ 北京市东城区人民法院民事判决书,(2007)东民初字第 768 号。

在"北京金锐翔铖案"①中,根据《国有资产评估管理办法施行细则》第6条对应当进行资产评估的情形的规定,该案所涉的金泰房地产公司受让股权的行为并非应当进行资产评估的情形。《合同法司法解释(二)》第14条明确,原《合同法》第52条第5项规定的"强制性规定",是指效力性强制性规定。而《国有资产评估管理办法》中关于国有资产转让应当进行评估、批准等程序的规定,均属于规范内部程序的管理性规定,而非效力性规定,因此,不得直接援引该规定作为人民法院审查协议效力的依据。综上,金泰房地产公司对于股权转让协议成立而未生效的主张无事实和法律依据,法院不予采信。该案所涉股权转让协议系当事人真实意思表示,且不违反法律、行政法规的效力性强制性规定,自成立时生效,各方均应遵照执行。

根据上述合同有效的案例,认定主要路径为:原《合同法》第52条第5项和《合同法司法解释(一)》第4条。

原《合同法》第52条第5项规定:违反法律、行政法规的强制性规定,合同无效。《合同法司法解释(一)》第4条规定:原《合同法》实施以后,人民法院确认合同无效,应当以全国人大及其常委会制定的法律和国务院制定的行政法规为依据,不得以地方性法规、行政规章为依据。

《国有资产评估管理办法施行细则》第10条规定:"对于应当进行资产评估的情形没有进行评估,或者没有按照《办法》及本细则的规定立项、确认,该经济行为无效。"《企业国有资产评估管理暂行办法》第27条规定:"企业违反本办法,有下列情形之一的,由国有资产监督管理机构通报批评并责令改正,必要时可依法向人民法院提起诉讼,确认其相应的经济行为无效:(一)应当进行资产评估而未进行评估;(二)聘请不符合相应资质条件的资产评估机构从事国有资产评估活动;(三)向资产评估机构提供虚假情况和资料,或者与资产评估机构串通作弊导致评估结果失实的;(四)应当办理核准、备案而未办理。"

《企业国有资产评估管理暂行办法》和《国有资产评估管理办法施行细则》规定应当评估而未评估或评估过程存在相关违法行为的,直接认定转让行为无效。但本质上这些规定均属于部门规章,部门规章不属于法律、行政法规,其虽

---

① 北京市丰台区人民法院民事判决书,(2019)京0106民初11578号。

规定"经济行为无效",但并不能作为认定转让合同无效的法律依据。

疑问:如果部门规章不能作为认定合同无效的依据,那是否说明部门规章规定的无效事由就是无意义的?如果部门规章规定的无效事由与法律、行政法规相适应,能否作为定案依据?如果最高人民法院的司法解释与部门规章冲突,如《合同法司法解释(一)》第4条与《企业国有资产评估管理暂行办法》和《国有资产评估管理办法施行细则》之间的冲突,应如何适用?

③学界观点

关于依据部门规章认定合同效力问题,王利明教授认为,如果规章是根据上位法制定的或者授权作出的解释,则可以"依照上位法确认合同的效力,规章可以作为确认合同效力的参考";如果规章的制定目的在于保护"国家利益或者社会公共利益",则可以"损害国家利益或者社会公共利益"为由依据原《合同法》第52条的规定确认合同无效。①

江苏省高级人民法院民二庭认为,国务院相关行政法规对国有资产交易在一定情况下必须进行评估是强制性规定,但这项强制性规范的目的并非阻止国有产权交易,而是防止国有产权交易中出现低价出售造成国有资产流失的现象发生。因此,在国有产权交易中违反该规定没有进行评估的,并不当然导致国有产权转让合同无效。②

有观点认为,《国有资产评估管理办法》及其实施细则虽然没有明确未经评估转让国有资产无效,但其实质涉及了社会公共利益,可以作为人民法院判定合同无效的依据。评估作为国有资产转让的前置程序,可以作为司法判定受让人善意与否的依据。③

也有观点认为,对于未经批准、评估的国有股权转让的效力,应具体情况具体分析:国有股权的受让人若认可评估后的价格,并表示愿意补足差价,应当认定该股权转让行为继续有效;若受让人拒绝认可评估价格,出让方可以显失公平申请撤销该股权转让合同;若受让人与原国有股权持有人恶意串通,意图低

---

① 参见王利明:《合同法研究》(第1卷),中国人民大学出版社2002年版,第657页。
② 参见江苏省高级人民法院民二庭:《企事业单位国有产权转让合同的效力认定》,载《法律适用》2005年第12期。
③ 参见臧锋:《论未经评估转让国有资产的合同效力》,载《现代经济信息》2012年第9期。

价取得国有股权,造成国有资产损失,应当认定该股权转让合同无效。①

还有观点认为,从《企业国有资产法》第47条释义可以看出,该条设立的意义重在保护国有资产,避免国有资产因低价转让而流失,而与公共利益的损害无涉。资产评估仅仅是确立一个最低出让价,并不是该资产的最终交易价格,实践中可能出让人尽职尽责,签订的合同达成价格高于评估的价格,因此未经评估程序国有资产也未必就会受到损害。民法平等原则要求平等保护所有民事主体的合法权益。如果允许一方当事人以未经评估为由而主张合同无效,将会影响正常的市场交易秩序,并且不利于国有企业以平等的市场主体身份参与市场竞争。因此,《企业国有资产法》第47条、《国有资产评估管理办法》第3条关于应当评估的规定应被认定为管理性强制性规定而非效力性强制性规定。②

可以看出,上述观点中王利明教授认为,规章可以作为确认合同效力的参考,而不能直接作为认定合同效力的依据。其他多数观点认为,《企业国有资产法》第47条、《国有资产评估管理办法》第3条规定的应当评估的强制性规范,主要目的在于国有资产的保值增值,避免国有资产因低价转让而流失。如果出现未经评估而导致国有资产流失,则可以认定为效力性强制性规范。如果没有出现国有资产流失,那不应当轻易认定为合同无效,而应该看是否能事后补足。应该认为,上述观点是有合理性的,如果一概地以原《合同法》第52条和《合同法司法解释(一)》第4条的规定机械地认定合同效力,无法实现《企业国有资产法》等相关法律法规的立法目的,国有资产的特殊性也体现了这一点。同时要看到,"法律的生命重在实施",如果法律法规已经明确了相应的认定路径,但司法执法实践中又基于立法目的衡量,某种程度上突破了法律的规定,则合法性又成为一个更重要的问题。所以针对此种现象,笔者认为,应当尽快通过司法解释等方式予以明确,尤其是在修法相对缓慢、滞后等情况下,更体现出了司法解释的重要作用。另外要明确国有资产相关适用问题,有学者认为国企总体上应从现行"商业公司法"中撤退,应制定专门的"公共企业法"对相关问

---

① 参见王双霞:《股权转让程序性瑕疵效力研究》,湖南大学2015年硕士学位论文。
② 参见李伟平:《论国有资产转让合同效力的认定——以"许少雄诉海洋渔业总公司上诉案"为对象》,载《上海政法学院学报(法治论丛)》2016年第6期。

题予以规制,①以明确国企的性质和定位。

(2)法院适用了其他的评估方法

在"谢某某案"②中,评估审计报告列明了资产基础法和收益法两种评估方法,并指出了两种评估方法的差异,虽然评估机构从股权转让的评估目的出发采用了收益法的评估结论。但根据评估报告,"资产基础法仅从成本的途径反映了账面资产的现时价值,未将账外的无形资产单独剥离评估,而收益法则从被评估单位包括账面和账外资产的整体资产预期收益出发,反映了被评估单位所有资产的组合价值,因此收益法评估结果大于资产基础法评估结果"。该案中,在2016年7月31日评估基准日,原告与凯旋集团公司并未就承包经营凯旋汽运公司该基准日前的承包经营期间的收益及负债进行结算,凯旋集团公司未将原告承包经营所得支付原告,而双方均认可的评估审计报告可视为双方对承包经营期间经营收益的最后结算,因此,不涉及无形资产单独剥离评估的问题,故法院认为评估结论采用资产基础法更为合理。根据资产基础法的评估结论,资产总计为826.1万元,负债合计约为405.59万元,净资产(所有者权益)约为420.5万元。据此,在凯旋集团公司已通过拍卖将凯旋汽运公司转让给毛某某的情况下,原告主张凯旋集团公司返还承包经营收益420.5万元,并从2017年9月1日起按照中国人民银行同期同类贷款利率支付逾期利息的诉讼请求合情合理,法院予以支持,但对其超过经营收益总额的部分不予支持。

笔者对此产生疑问:根据《国有资产评估管理办法施行细则》第36条的规定,在有效期内,资产数量发生变化时,根据不同情况可由原评估机构或资产占有单位,按原评估方法作相应调整。法律法规似乎没有规定法院有权变更评估方法,所以法院是否有权变更评估方法呢?

笔者认为,如果法院有权变更评估方法,那将破坏评估机构已经确定的评估结果,而且法院并没有比评估机构更专业,所以不太适合变更评估方法据以确定最终评估结果。

---

① 参见蒋大兴:《超越国企改革的观念谬误》,载《中国法律评论》2016年第2期。
② 广东省广州市越秀区人民法院民事判决书,(2019)粤0104民初27685号。

(3) 未经审计评估债权人撤销权行使

在"胡某债权人撤销权案"①中,2013年11月15日,四川金佳泰房地产开发有限公司竞得梓国土资告〔2013〕146号第4号西侧国有建设用地使用权,成交总价为人民币35,804,360元。此时,四川金佳泰房地产开发有限公司的资产已不能等同于设立初期的800万元注册资本。该情形下,胡某明知自己对外负有巨额债务,未对持有的公司股权价值进行审计评估,就将在四川金佳泰房地产开发有限公司的51%股权仅以出资额408万元的价格于2014年3月6日转让给王某某,该转让价格应认定为明显不合理的低价。而王某某作为完全民事行为能力人,对于胡某低价转让股权必然导致其财产减少并影响其偿债能力的情况应属明知。依照原《合同法》第74条"因债务人放弃其到期债权或者无偿转让财产,对债权人造成损害的,债权人可以请求人民法院撤销债务人的行为。债务人以明显不合理的低价转让财产,对债权人造成损害,并且受让人知道该情形的,债权人也可以请求人民法院撤销债务人的行为……"之规定,胡某于2014年3月6日将其持有的四川金佳泰房地产开发有限公司的51%股权以408万元的低价转让给王某某的行为应当予以撤销。

从该案中可以看出,虽然根据原《合同法》第74条可以回避合同效力的问题,但根据该条只有存在"明显不合理的低价"时才能适用撤销权规则。某种程度上这也限制了适用范围,使其并不能成为解决合同效力的方法。

(四)进场交易

1. 国有产权转让中的进场交易价值

根据国务院国资委、财政部出台的相关规定,企业国有产权转让应当在依法设立的产权交易机构中公开进行,企业国有产权转让可以采取拍卖、招投标、协议转让等方式进行。《企业国有资产法》中亦规定国有资产转让应当在依法设立的产权交易场所公开进行。可见,进场交易是国有产权转让的关键步骤,该步骤的缺漏极有可能影响国有股权转让合同的效力。

(1) 实务与理论关注焦点

如表19-7所示,经检索,实务中对于未经进场(竞价)交易的企业国有股

---

① 四川省绵阳市涪城区人民法院民事判决书,(2015)涪民初字第4588号。

权转让合同,除规定属于无须进场交易的情形外,司法实践未直接评价该等法定程序规定是否为效力性强制性规定。对于国有资产监管部门未进行否定的转让合同,最高人民法院并未否定其转让效力,如北京安联置业发展有限公司与北京安恒达投资有限公司、国澳投资有限公司股权转让纠纷上诉案①。但是,上海市高级人民法院的裁判意见与之相反,其以未按规定进场交易为由认定股权转让合同无效,如巴菲特投资有限公司与上海自来水投资建设有限公司股权转让纠纷上诉案②。

表 19-7 未经进场(竞价)交易的企业国有股权转让合同效力

单位:次

法院认定	认定理由	出现次数	合计
无效	防止国有资产流失、保护国家利益	2	6
	相关规章规定符合上位法的精神,不违背上位法的规定,须贯彻实施	1	
	违反了国有资产必须公开交易的强制性法律规定	2	
	违反法律、行政法规	1	
有效	法律规定属于无须进场交易的情形	3	6
	确认合同的效力须以国家法律、行政法规为依据	1	
	程序合法	2	

学界对于违反进场交易程序的国有产权转让合同效力如何亦无定论,目前主要有有效说与无效说两种观点。

有效说坚持以行为实行结果评价合同效力。持该学说者认为:首先,《企业国有资产法》第 54 条的立法目的在于防止国有资产流失、保护国家利益,进场交易程序并非效力性强制性规范。即便未进场交易,也可通过事后评估检验国有资产是否损失,直接据此否定合同效力既无必要,亦不利于交易。③ 其次,违反进场交易程序并不损害国家利益。未进场交易系对国家交易秩序管理规

---

① 最高人民法院民事判决书,(2015)民二终字第 399 号。
② 上海市高级人民法院民事判决书,(2009)沪高民二(商)终字第 22 号。
③ 参见李伟平:《论国有资产转让合同效力的认定——以"许少雄诉海洋渔业总公司上诉案"为对象》,载《上海政法学院学报(法治论丛)》2016 年第 6 期。

范的破坏,低价转让往往会损害国有资产转让方乃至地方政府的利益,但并不能简单地认为其损害国家利益。

无效说则认为违反进场交易程序的国有产权转让合同无效。主要理由包括:首先,《企业国有资产法》第54条的规定应属效力性强制性规范,违反该交易程序的股权转让合同应被认定为无效。① 其次,产权转让涉及多方主体,进场交易程序的价值在于保障转让行为公开、公正、公平,因此公开进场竞价交易等程序应当对合同效力产生实质性影响。"进场交易、公开竞价则直接针对转让行为本身,它所规范的对象包括国有资产转让方、受让方、产权交易机构等。当事人之间所构建的转让交易关系,是否实行了进场交易,是否实现了等价有偿,是否达到了公开、公平、公正,直接影响到转让行为的法律效力。"②

两种观点皆有其合理与缺漏之处。有效说主要利用利益衡量的分析方法审视违反进场交易程序的国有产权转让合同效力,但忽视了进场交易程序对确定转让价格的关键作用,也没有准确界定国家利益范畴;无效说重点关注进场交易的程序价值,但并未对其效力性强制性规范的属性作出明确解释。

应该看到,尽管我国现阶段关于企业国有产权转让的规范性文件在各个层面已比较全面,但是在具体实践中,针对违反或者不符合上述程序性规定的转让行为的效力问题依然存在争议。产生争议的主要原因是,相关行政法规、部门规章对这类转让行为的法律效力没有给予明确的界定。通过法院认定理由的对比分析,未依法进场的国有股权转让合同的效力问题其实可被归纳为《企业国有资产法》第54条或《企业国有资产交易监督管理办法》第13条中关于公开进场交易的程序性规定是否为效力性强制性规定。

(2)效力性强制性规定的认定标准

我国目前对于效力性强制性规定的认识存在学理上与实务中的双重问题。鉴于此,笔者将简单梳理大陆法系对于效力性强制性规定的相关规定(见表19-8),以期为我国建立健全该项规定的立法体系提供可行参考。需要说明

---

① 参见李飚、周晓龙:《国有资产股权转让流程相关问题研究》,载《辽宁经济管理干部学院(辽宁经济职业技术学院学报)》2013年第4期。
② 阮忠良、俞巍、朱颖琦:《国有法人股转让未进场交易的法律后果——兼论司法评价企业国有资产转让效力的法律根据》,载《法学》2009年第12期。

的是,之所以选定大陆法系,主要是因为我国法律与大陆法系法律相近,且大陆法系法典化的研究更具体系性,有利于分析参考。

表19-8 境外法规定情况

法系	立法规定	学者认识
罗马法	罗马早期法律注重合同形式要求,以违法后将面临的制裁结果为标准,具体将强制性规定分为四种:(1)最完全法律,即违背该条文将导致合同无效并受到刑事惩罚;(2)完全法律,违背该条文将导致行为无效;(3)次完全法律,违背该法律条文仅受到刑事惩罚,但并不会导致行为无效;(4)不完全法律,仅在例外情形下适用,违背后并不受到任何制裁[1]	
德国法	德国《民法典》第134条指出,违背法律禁止性规定的法律行为无效,但除法律另有规定的除外。事实上,该法律规定基本沿袭了罗马法的规定,但增加了但书形式,实际上确定了违背法律禁令和合同无效并非完全一致的原则	德国学者对于德国《民法典》第134条,即违反法律规定对于合同效力影响的条文,主要有三种性质上的认识:一是以卡拉里斯为代表的解释规则,法官可以依据该条文认定法律效果;二是以弗卢梅为代表的引致规则,其认为该项规定单纯引出具体强制性规定,由法官根据条文目的及评价标准最终判定合同效力;三是以韦斯特法尔为代表的引致规范,其认为该项条文尚需价值补充,法官应当以利益分析为标准行使自由裁量权[2]
日本法	日本《民法典》第90条指出,当法律行为标的违背了公共秩序或善良风俗时无效。需要注意的是,我国采"国家利益与社会利益",而日本民法典将"公共秩序和善良风俗"作为效力性强制性规定的标准	日本学界对于违背强制性规定的行为效力如何历经了长久争论,目前,大多学者和法院判例认为违背效力规定可能只受到行政处罚,其私法自治效力并不必然受到影响[3]

[1]参见苏永钦:《私法自治中的经济理性》,中国人民大学出版社2004年版,第32页。
[2]参见刘凯湘、夏小雄:《论违反强制性规范的合同效力——历史考察与原因分析》,载《中国法学》2011年第1期。
[3]参见周效宇:《论违反强制性规定合同之效力》,吉林大学2013年博士学位论文。

综合来看,尽管大陆法系对效力性强制性规定的规定并不相同,但仍有其共通之处,即尊重法规和公序良俗,但是并非所有违反法律规定的合同均无效,而是应当运用价值衡量寻求公私法益的平衡,并由法官行使自由裁量权。这为我国判断规范是否为效力性强制性规定提供了一定的思路:价值判断。

(3)《企业国有资产法》第54条的性质判断

在缺乏法律对效力性强制性规定的认定标准规定时,就需要对条文所保护的法益进行价值判断。违反效力性强制性规定则无效,其背后实际上是条文所保护的法益与意思自治的利益之冲突,且通常表现为公法益与私益的对立,唯有当前者的重要程度足够大以至于值得为之牺牲合同自由原则时,才应当认定其为效力性强制性规定并据此判定合同无效。

对此,有学者认为,应当从鼓励交易原则、意思自治原则、公共利益原则三个方面进行利益衡量。① 鼓励交易原则,即尽量限缩无效范围,使得合同尽可能有效,从而促进交易达成、促进市场发展。② 事实上,我国民法确实遵此原则:自原《合同法》颁布以来,司法裁判从宽认定合同效力的态势十分明显。例如,最高人民法院2009年发布的《合同法司法解释(二)》对因违反法律行政法规强制性规定而无效的情形作了限缩解释,即将"强制性规定"解释为"效力性强制性规定",排除了管理性强制性规定。我国对于合同无效的判定越来越慎重。意思自治原则,则强调尊重当事人平等、自愿的意思表示,尽可能减少公权力对合同效力的干预。这同样是我国民商法所重视和尊重的重要原则。与前两项原则不同的是,公共利益原则实际上为社会与公权力的介入提供了通道。在认定合同效力时,不仅应当关注法条与当事人意思,还应当借助公共利益进行判断,其中,公序良俗便被认为是公共利益之一面。公共利益原则是判断效力性强制性规定的重要原则:一方面,该项原则具有抽象性,能够作为兜底条款出现,给予法官适当的自由裁量空间,使其得以进行个案判断,从而最大限度地在促进交易的同时保护多方利益;另一方面,该项原则也将社会、国家纳入相对性的合同双方之间,提供了社会利益、国家利益与合同当事人利益对比衡量的可能性,契合效力性强制性规定进行法益判断的需要。

笔者将根据以上三个原则对《企业国有资产法》第54条进行效力性强制性规定判断。

首先,需要厘清《企业国有资产法》设定进场交易程序的规范目的所在。

---

① 参见李敏:《效力性强制性规定的认定》,河南师范大学2017年硕士学位论文。
② 参见王利明:《合同无效制度》,载《人大法律评论》2012年第1期。

进场交易程序是"为了防止交易不透明、不公开,缺乏有效监管,造成国有资产流失"[1],"国有资产通过公开、竞争的产权交易市场进行交易,充分运用市场发现价格的机制,是尽可能实现国有资产转让价格最大化、防止低价转让的有效措施"[2]。进场交易为国有资产转让提供了公开竞价的平台,能够使得国有资产在评估确定价格的基础上以尽可能高的合理价格达成交易,从而有效防止国有资产流失,有利于市场经济的不断完善与发展。

其次,应当辨明进场交易程序规范所保护的法益何在。正如前文所述,国有产权进场交易:一方面,能够以公开竞价的方式确定转让价格、筛选符合条件的受让方,从而促进交易达成、防止国有资产流失;另一方面,也使得整个转让过程公开、透明,有利于国资委等相关机构与人民政府主管机关对其进行有效监管。由此来看,国有产权进场交易程序所保护的最为直接、最为重要的利益即"国家利益":防止国有资产流失,尽管对于国民与社会而言同样具有重要意义,但最直接的保护对象仍为"财产化的国家利益";[3]便于有效监管,同样是为公权力的介入提供窗口。企业国有产权流动往往涉及较大数额国有资产的归属,是中国市场经济环境下利益格局的重大调整。这种利益调整能否在公正的前提下进行,在多大程度上实现公正,关乎人民群众劳动成果的去向,关乎国家与社会的安定团结,关乎经济秩序的健康持续发展,因而是当前最突出的社会公共利益所在。进场交易是国家加强企业国有资产转让监管的重要措施,其意图在于,让国有资产转让和重大资产处置在依法设立的产权交易机构中公开进行,凭借产权交易市场网络平台功能强大、信息覆盖面广、交易效率高的优势,充分发挥公开市场发现价值、决定价格的功能,使国有资产在公平竞争中实现价值最大化,防止暗箱操作导致的国有资产流失。因此,科学规范的交易程序是国有资产合理流动的必然要求,更是切实维护社会公共利益的前提条件。

最后,在进场交易程序规范所保护的国家利益与合同所体现的意思自治利

---

[1] 安建、黄淑和主编:《中华人民共和国企业国有资产法释义》,经济科学出版社2008年版,第106页。

[2] 何永坚主编:《〈中华人民共和国企业国有资产法〉释义及实用指南》,中国民主法制出版社2008年版,第234~235页。

[3] 参见王英州:《论违反法定程序的国有资产转让合同的效力》,中国政法大学2019年硕士学位论文。

益之间进行衡量,不难发现,截至目前进场交易程序仍然是实现国有资产转让价格最大化、防止国有资产流失的最为经济有效的路径,由于国有产权转让牵涉多方利益,仅以合同相对性加以规制显然有失公正,因此,进场交易程序所保护的国家利益更为重大。

综上所述,国有资产转让具有很强的公共利益性与政策导向性,在处理国有资产转让合同效力的问题上,单纯强调私法自治的理念,不符合国家对国有资产管理的法律精神,亦不符合对国家利益的保护。因此,基于国有资产及其流转关系具有私法和公法的双重属性,有关当事人在进行国有股权(股份)转让时,不仅要依照《民法典》《公司法》《证券法》等民商法的规定,而且要遵循以《企业国有资产法》为核心的一系列经济法的规定。这些规定是国有资产有序转让的保障,应当作为认定国有资产交易合同效力的法律依据。

2. 国有产权转让中的资格限制问题

《企业国有资产交易监督管理办法》中明确规定产权转让原则上不得针对受让方设置资格条件,[①]但司法实务中却不乏签订《股权转让意向协议》以在进场前约定条件、价格的情形,令人困惑的是,面对此种情形法院往往采取宽容、慎重态度而不轻易否定其合同效力。例如,康佳集团股份有限公司、深圳市康佳壹视界商业显示有限公司与广东顺威精密塑料股份有限公司股权转让纠纷案[②],双方在协议中拟定转让标的价格,但法院认为该意向协议并未违反国有资产转让程序,其目的仅在于促进双方在股权转让意向协议的基础上开展深入调研和投资交流,促进交易达成,既未规避公开挂牌转让程序,又未实际排除其他主体参与举牌的权利,应认定其有效。又如,云南冶金集团投资有限公司、云南兆润投资有限公司股权转让纠纷案[③],针对双方签订的合作协议框架,法院指出该合作框架协议仅体现出上诉人拟转让其持有的金迎公司部分股权,而将拟转让股权的意思表示与被上诉人进行了初步的磋商,并由双方初步确定了拟

---

① 《企业国有资产交易监督管理办法》第 14 条规定,产权转让原则上不得针对受让方设置资格条件,确需设置的,不得有明确指向性或违反公平竞争原则,所设资格条件相关内容应当在信息披露前报同级国资监管机构备案,国资监管机构在 5 个工作日内未反馈意见的视为同意。
② 广东省深圳市中级人民法院民事判决书,(2017)粤 03 民终 5299 号。
③ 云南省昆明市中级人民法院民事判决书,(2016)云 01 民终 1674 号。

转让的份额以及转让的对价,最终需要双方按照符合国家法律规定的程序与步骤履行后续的转让行为的意向性协议,而非直接约定了明确的股权转让标的以及转让对价,且不需经产权交易所挂牌交易而可以直接履行协议并办理股权变更的正式合同。该合作框架协议并未违反国有资产处置的强制性法律规定,不会导致国有资产流失的法律后果,同时亦未损害第三人购买该股权的合法权益,当属合法有效。除此之外,汇伦(北京)投资有限公司与华鑫置业(集团)有限公司股权转让纠纷案①中法院也作出了相似的裁判。

在进场前与意向买方就交易价格、条件等达成一定的共识并签订合同,在实务中被称为"手拉手"交易。所谓"手拉手"进场,意即企业国有产权交易的转让方与受让方在进入公开交易市场之前已就相关事项私下达成协议,收取保证金然后进场,通常的约定是,意向买家应按照约定价格报价,否则没收保证金。卖方的承诺是按照约定价格挂牌,否则双倍返还保证金。

"手拉手"协议的危害性十分明显:国有产权进场交易关系重大社会利益与国家利益,而对此的重要保护路径便是公开竞价。"手拉手"协议使得进场交易、公开竞价形同虚设,成为一种"走过场"的形式主义。这显然易导致国有资产流失、侵害其他潜在受让方利益。然而实务中,法院对于双方事前达成的协议往往采取宽容态度,并不据此否定国有产权转让合同的效力,这是由于现实中合同双方所签订的通常并非挂牌条件设置极为苛刻、具有明确指向性的"手拉手"协议,而是"诚意金"协议,即仅初步磋商、拟定价格,最终需要双方按照符合国家法律规定的程序与步骤进场履行后续的转让行为,且并不排除出现两个以上意向买家时公平、公正、公开竞价的意向性协议。换言之,该意向协议实际上并非产权转让协议,甚至不具有足够的约束力。这样的意向协议具有促进交易、不破坏公平竞争规则的合理性,同时也解决了目前我国国有产权相关规定并未为当事人企业预留充足的尽调时间这一问题。即便存在腐败、贱卖、串通等问题,亦有其他有效规制来否认合同效力。因此,司法实务中通常也认定其并未违反国有资产处置的强制性法律规定,不会导致国有资产流失的法律后果,同时亦未损害第三人购买该股权的合法权益,当属合法有效。

---

① 上海市第一中级人民法院民事判决书,(2015)沪一中民四(商)终字第410号。

无论是"手拉手"协议的无效,还是对"诚意金"性质的意向合同之有效处理,在理论与实务上均无太大争议。笔者认为,与对该项行为的性质分析相比,更为重要的是对此现象提出制度性建议:相关部门应当不断完善国有股权转让的规制,在保证公开、公平、公正,破除交易"黑箱"的基础上,提高交易效率,尽可能地挑起有效竞争,最大范围地发现买主。其中,一项重要且关键的措施便是信息披露。

严格资格限制的"手拉手"协议危害主要源于其"黑箱"操作,事先设置资格条件,一定程度上构成了市场操纵和内幕交易行为。而信息披露制度便是破除"黑箱"的重要制度,信息披露制度是市场监管制度的核心,其基本原则为公开、公平、公正,契合国有产权转让过程对于公开进场交易的要求。正如美国大法官布兰戴斯所言:"公开是诊治现代社会疾病的良药,犹如阳光是最好的杀虫剂。"衔接企业国有产权转让与信息披露制度,首先需要解决的两个问题便是企业国有产权转让建立信息披露制度的必要性与可行性。

就必要性而言,加强企业国有产权转让信息披露制度建设主要是出于三个方面的考虑:第一,破除企业国有产权转让的信息不对称困境。国有产权经营管理构造中往往存在多层委托代理关系,国有产权所有人通常并不直接干预经营,尽管在股权份额上可能仍然具有控制地位,但对于国有产权转让的实际控制力却极有可能被削弱,从而导致国有产权在转让过程中出现"逆向选择""道德风险",代理人利用其信息优势与其意向买家签订"手拉手"协议,破坏转让秩序、造成国有资产流失。因此,有必要加强信息披露制度建设,保障监管得以有效施行,提高国有资本配置效益。第二,能够最大限度地提高国有产权交易价格。要求国有产权转让通过公开交易场所,并进行广泛的信息披露,能够吸引各类投资者参与竞价,挑起有效竞争,最终在公平、公正、公开的原则下形成价格竞争机制,促使国有产权能够在评估价格的基础上以更高、更合理的价格成交,促进国有资产保值增值。第三,加强企业国有产权转让信息披露制度,也是保障社会公众知情权,便于监管机构实施有效监督管理的必然要求。

目前,我国对于企业国有产权转让信息披露制度的规定主要体现在法律、部门规章及相关规范性文件中,如《企业国有资产法》第54条对该项制度作了原则性规定,《企业国有产权转让管理暂行办法》(已失效)则进一步就企业国有产权转让信息披露的途径、时限、内容等作出规定，但仍然较为笼统，国务院国有资产监督管理委员会《关于企业国有产权转让有关问题的通知》、国务院国有资产监督管理委员会、财政部《企业国有产权向管理层转让暂行规定》、《关于企业国有产权转让有关事项的通知》(以上文件皆已失效)在强调前述法律、办法对该项制度的要求之外，更为详尽地规定了信息披露要求。诸多规范中尤以《企业国有产权交易操作规则》的规定最为完善，但仍然侧重于实务操作层面，并未形成自原则至法律责任至实务操作的整体体系。[①]

可见，我国目前的企业国有产权转让信息披露制度面临立法效力层级过低、法律规定不够完善的问题。对此，有必要从立法至执法各环节加强相关制度建设：首先，应当弥补基本法律立法空白，提高该项制度相关规定的立法位阶，在法律中确立信息披露原则，明确信息披露要求，为我国国有产权转让信息披露制度的建立健全奠定有法可依之基础。其次，我国现有的企业国有产权转让信息披露制度相关规定散见于各规范性文件中，各个文件规定存在重复、凌乱之处，因此，有必要对此进行有效整合，出台统一的规范性文件对法律原则性规定作进一步细化。再次，除法律与规范性文件的要求外，还应当适应实务操作需要，根据遇到的现实问题制定一系列配套操作指南，以推动信息披露内容格式合理、完善，提高信息披露与监管效率。最后，还应当加强监管，推动企业国有产权转让信息披露监管体系不断完善，形成以国资监管机构统筹、行业协会辅助、产权交易机构及市场主体自律监管的监管体系，并尽快搭建统一的信息披露平台，从而引入市场外部监管力量，并为社会公众广泛参与监管提供可

---

① 《企业国有产权交易操作规则》对于信息披露的相关要求主要规定于第三章"发布转让信息"之中。其中第16条明确规定："企业国有产权转让信息应当在产权交易机构网站和省级以上公开发行的经济或者金融类报刊上进行公告。中央企业产权转让信息由相关产权交易机构在其共同选定的报刊以及各自网站联合公告，并在转让标的企业注册地或者转让标的企业重大资产所在地选择发行覆盖面较大的经济、金融类报刊进行公告。"同时在此后的条文中对信息公告的期限、时日计算、内容、中止、终结等作出具体规定。然而，该操作规则显然缺乏更为系统性的原则规定，仅在开篇第4条指出："企业国有产权交易应当遵循等价有偿和公开、公平、公正、竞争的原则。产权交易机构应当按照本规则组织企业国有产权交易，自觉接受国有资产监督管理机构的监督，加强自律管理，维护市场秩序，保证产权交易活动的正常进行。"而未具体就信息披露作出概括。

能性。①

综上所述,"手拉手"协议实质上是对企业国有产权转让进场交易环节的公开竞价之规避,易导致国有资产流失,侵害其他潜在受让方利益;但实务中相关方往往签订"诚意金"性质的意向协议,并不逃避法定程序且不排除合理竞争,此时应与"手拉手"协议区别看待,结合具体案情判断其行为效力。对于"手拉手"协议这种现实中仍有可能存在的黑箱问题,必须加强监管,并建立起相关制度挑起有效市场竞争,其中信息披露制度建设便为关键一环。充分的信息披露是保证企业国有产权转让公开、公正、公平的关键环节,能够营造公开、公正、公平的市场竞争环境,从而保护国有权益。

(五) 履行交割

在履行交割程序之中,主要涉及以下细节问题:资金结算过程中,交易资金包括交易保证金、交易价款和服务费用,原则上采取场内结算、人民币计价、一次性支付。特殊许可是指产权转让导致国有股东持有上市公司股份间接转让的,应当同时遵守上市公司国有股权管理以及证券监管相关规定;产权转让涉及主体资格审查、反垄断审查、特许经营权、国有土地使用权划拨、探矿权和采矿权等情形,需经政府相关部门批准的,交易双方应当将产权交易合同及相关材料报政府相关部门批准;受让方为境外投资者的,应当符合外商投资产业指导目录和负面清单管理要求,以及外商投资安全审查有关规定。出具交易凭证,即交易双方签订合同并完成资金结算后,产权交易机构在 3 个工作日内出具产权交易凭证。产权交易凭证应载明转让标的名称、项目编号、转让方名称、受让方名称、转让底价、转让标的评估结果、成交价格、成交方式、支付方式、产权交易机构审核结论等内容。产权交易机构在出具产权交易凭证后,将交易结果通过网站对外公告,公告内容包括转让标的名称、转让标的评估结果、转让底价、交易价格等,公告期不少于 5 个工作日。此外,还应当完成财务处理、工商变更登记、产权登记等工作。转让方及标的企业调整相应账目,缴纳税款。标的企业办理相应工商变更登记,如股东变更登记。转让方转让部分产权,导致

---

① 参见尹晓星:《论我国企业国有产权转让信息披露制度的完善》,华东政法大学 2010 年硕士学位论文。

标的企业国有股东出资比例发生变化的,办理变动产权登记;转让方转让全部产权,导致标的企业不再占有国有资产的,办理注销产权登记。

三、国有股权/产权转让制度特殊法律问题

(一)国有股权转让与优先购买权

1. 问题引入及案例分析

《企业国有产权转让管理暂行办法》(已失效)第 4 条①和第 17 条②,规定国有股权转让必须进场交易,并公开征集受让方,国有股权的转让应在具有相应资质的产权交易机构中公开挂牌,以拍卖、招标、网络竞价等公开竞价方式进行。据此,基于国有股权本身转让流程的特殊性,对于其转让过程中其他股东的优先购买权的行使程序,法律上也应当有区别于一般有限责任公司的规定。③ 但目前法律或者司法解释对优先购买权行使包括条件、期限、程序及救济机制等具体操作层面缺乏具体的规定,而有关国有股权转让优先购买权的规定散见于国有资产管理法律规范中,立法粗糙且不成体系。因此,在实践中股东优先购买权行使面临在国有股权进场公开交易的情况下,其他股东如何行使优先购买权、优先购买权与国有股权公开进场交易规则之间如何衔接,以及现有立法下在操作层面产生的法律冲突如何解决等问题。④ 由此导致司法实践中在涉及国有股权转让时无法真正保护其他股东的优先购买权。因此,在国有产权/股权转让的实践中,以优先购买权为由提起的纠纷不在少数。

在"威科先行"法律信息库中,在"裁判理由及依据"中搜索关键词"国有"

---

① 原《企业国有产权转让管理暂行办法》第4条规定,企业国有产权转让应当在依法设立的产权交易机构中公开进行,不受地区、行业、出资或者隶属关系的限制。国家法律、行政法规另有规定的,从其规定。

② 原《企业国有产权转让管理暂行办法》第17条规定,经公开征集产生两个以上受让方时,转让方应当与产权交易机构协商,根据转让标的的具体情况采取拍卖或者招投标方式组织实施产权交易。采取拍卖方式转让企业国有产权的,应当按照《中华人民共和国拍卖法》及有关规定组织实施。采取招投标方式转让企业国有产权的,应当按照国家有关规定组织实施。企业国有产权转让成交后,转让方与受让方应当签订产权转让合同,并应当取得产权交易机构出具的产权交易凭证。

③ 参见高静:《国有股权转让优先购买权行使问题研究》,上海交通大学 2016 年硕士学位论文,第 9~11 页。

④ 参见王楠:《国有股权转让股东优先购买权制度研究》,中国政法大学 2012 年硕士学位论文,第 2~5 页。

"优先购买权",案由设置为"股权转让纠纷",共获得 134 个结果,经筛选有效案例共 38 个。按照优先购买权的通知、优先购买权的行使、优先购买权的放弃三大类对案件进行分类,涉及优先购买权的通知案件有 13 个、涉及优先购买权的行使案件有 16 个,涉及优先购买权的放弃案件有 9 个。

(1)优先购买权的通知

国有股权转让,应当按照《公司法》的要求履行通知其他股东的义务,且通知内容与已在产权交易所公开发布的产权转让信息相同。在筛选有效的 38 个案例中,由通知引发的争议主要分为通知的方式、有效通知的内容以及未有效通知的后果三类。

①通知的方式

进场交易的通知方式因拍卖、招投标和网络竞价交易等方式不同而不同。其中每种方式对通知的具体程序和规则要求不同,因方式和程序不同,导致未有效通知的后果亦存在差异。具体的通知方式包含发出征询函、公开挂牌转让和推定通知方式。

A. 征询函

通过拍卖进行强制执行,转让方需向其他股东发出征询函,告知股权转让标的及价格,①如优先购买权人参与竞买,应在竞买文件中告知其他股东的交易程序和规则,并应在最高成交价确定后,通知购买股权的同等条件。② 在健康公司与安厦公司、吉超公司股权转让纠纷案中,法院认为,虽然原告健康公司报名参加竞买,缴纳保证金,签署竞买文件,但均是以一般竞买人身份进行的,且所有竞买文件上均未告知优先购买权人的交易程序和规则。且被告在最终确定最高成交价后,未向健康公司告知并询问是否行使优先购买权,而于 2018 年 8 月 20 日径直与吉超公司订立《股权转让协议》,该行为侵犯了健康公司的优先购买权。由此可见,转让人应告知其他股东行使权利的方式和程序,以及购买股权的同等条件,否则不能认定其他股东丧失法定的优先购买权。通过网络竞价的形式,须在确定最高报价后,将该价格通知其他股东。③ 网络竞价(多

---

① 最高人民法院民事判决书,(2016)最高法民终 295 号。
② 河南省新乡市红旗区人民法院民事判决书,(2019)豫 0702 民初 547 号。
③ 河南省鹤壁市山城区人民法院民事判决书,(2011)山民初字第 1838 号。

次报价)中仅产生一个符合条件的非原股东意向受让方:转让方以此价格发出征询函(内容包括股权转让标的、价格、行使优先购买权的条件和方式,回复期限等)①,在河南投资集团有限公司与鹤壁同力发电有限责任公司(以下简称同力公司)、中国石化集团中原石油勘探局(以下简称中原石油勘探局)股权转让纠纷案②中,法院认为按照《企业国有产权交易操作规则》第 32 条的规定,上海证券交易所根据网络竞价方案的约定组织竞价、第三人苏北资产以 20,001 元的最高报价成为同力公司 40% 股权转让项目的受让人后,根据《公司法》的规定,被告中原石油勘探局应当将其对第三人苏北资产出让股权的条件通知原告河南投资集团有限公司,由原告决定是否按同等条件行使优先购买权。其未通知原告,而在其后径直与第三人苏北资产签订《产权交易合同》的行为,侵犯了原告的优先购买权。可见采取网络竞价的方式,亦应当充分通知,而通知可以征询函方式行使。

B. 公开挂牌转让

司法实践中往往将公开挂牌转让视为已经通知。在梁某某与广东省轻工业品进出口有限公司、杨某某股权转让纠纷案中,法院认为,被告轻工业品公司所持有的中粤公司股权属于有限责任公司国有股权,在双方已约定涉案股权在广州产权交易所进行挂牌转让的情况下,《公司法》第 71 条(2023 年修订后为第 84 条)第 2 款、第 3 款规定的"书面通知""通知""同等条件"应参照广州产权交易所的交易规则,而广州产权交易所对涉案股权已两次公开挂牌转让,已履行通知义务。可见,法院主张在双方对案涉股权在进行挂牌的产权交易所有约定的前提下,参照产权交易所的规则,进行公开挂牌转让,视为已经通知。而在昆明食品(集团)冷冻冷藏有限公司、昆明空港冷链物流产业股份有限公司股权转让纠纷案中,法院主张通过产权交易所挂牌方式作出股权转让意思表示,该种形式为向不特定对象作出出让邀约,公开交易状态下,如果公司股东之外的第三人受让股权,上诉人可在同等条件下主张优先购买权,且应当及时行使购买权。③ 由此可以推断,尽管法院未明确提出视为向股东的通知,但作为

---

① 北京市第三中级人民法院民事判决书,(2020)京 03 民终 10709 号。
② 河南省鹤壁市山城区人民法院民事判决书,(2011)山民初字第 1838 号。
③ 云南省昆明市中级人民法院民事判决书,(2019)云 01 民终 4536 号。

向不特定人的通知,其通知对象客观上包含了其他股东,且该通知方式并未损害其他股东的优先购买权,因此可视为已经通知。

C. 推定通知方式

是否构成有效的通知送达需要根据具体情况综合判断,司法实践中采取推定方式,将公告送达、结合股东行为推定已知股权转让信息进行推断。在李某某与岑溪市国强商贸有限公司(以下简称国强公司)、冯某股权转让纠纷案中,法院认为,虽然被告无法提交证据证明其就股权对外转让事项书面通知了原告,但综合《股权转让合同》签订后的履行情况分析,冯某作为国强公司的法定代表人、公司董事长兼股东,其对李某某与冯某某等人签订《股权转让合同》及李某某转让股权给冯某某等人及股权转让价款的支付是知道且应当知道的,但其在 2013 年 9 月 23 日《股权转让合同》签订后至本案诉讼发生,一直没有就股权转让事宜提出异议,也没有向李某某主张股东优先购买权,应视为同意该股权转让。故国强公司及冯某上诉主张本案讼争的《股权转让合同》侵犯了冯某的股东优先购买权,合同无效,理由不成立,依法不予支持。① 由此可见,参与了转让股权决策的股东会议是否可以推定为有效的通知,需结合个案具体判断。

通过公告的方式向不特定的公众发布消息,亦是有效通知的一种。在夏某与江苏省演艺集团有限公司、南京大风创业投资管理有限公司股权转让纠纷案②中,法院认为建扬公司在《新华日报》刊登的"建扬公司国有产权公开转让公告",已经就案涉股权转让有关事项作了较详细的披露,公告的对象为不特定的社会公众,可认为包含其他股东夏某在内,故公告送达即可构成有效通知。

②有效通知的内容

构成有效的通知,需要保证通知的真实性以及内容的确定性,否则认为通知无效。

---

① 广西壮族自治区高级人民法院民事判决书,(2016)桂民终 100 号。
② 江苏省南京市秦淮区人民法院民事判决书,(2013)白商初字第 231 号。

A. 通知的真实性

若通知的价格不真实,则不构成有效通知。① 通知内容与意思表示均需真实,否则会损害其他股东的优先购买权,因此,不真实的通知内容将导致通知的无效。在兰驼公司、常柴银川公司股权转让纠纷案中,法院认为常柴银川公司与万通公司在执行和解协议中,约定以 0.5% 的股权抵 50 万元债务,远低于询问兰驼公司是否行使优先购买权时征询函载明的价格通知兰驼公司时股权转让价款为 500 万元,故载明案涉 0.5% 的股权的转让款为 500 万元的征询函内容虚假,并不构成有效通知。

B. 通知内容的确定性

通知义务包含了通知参加进场交易的义务与进场交易过程中的通知义务。参加进场交易的通知除了包含受让人的姓名或名称、转让股权的类型、数量、价格、支付方式等内容,还应包含产权交易所的信息;在进场交易的过程中由产权交易所通知公司股东参加国有股权转让的具体程序。② 转让股权应明确通知股东转让的金额、时间以及方式等具体内容,以保证股东知晓转让的具体条件,判断是否可以在"同等条件"下优先购买,若通知内容不明确,则无法真正保证股东行使优先购买权,通知的目的不能实现,故不能视为有效通知。在河南投资集团有限公司与同力公司、中原石油勘探局股权转让纠纷案③中,被告中原石油勘探局致原告河南投资集团有限公司的函中只是告知其将于近期在上交所挂牌公开交易同力公司 40% 的股权,但内容并不确定,法院裁定通知内容不符合股东优先购买权行使期间起算的条件。股东优先购买权的行使期间,应从转让出资股东正式通知确定的转让条件时起算,因为条件不确定,优先购买权人无从判断是否行使优先购买权,因此被告的通知行为因内容不明确不构成有效通知。

③未有效通知的后果

未有效通知导致对优先购买权侵害的后果,除了认为通知无效外,还主要

---

① 最高人民法院民事判决书,(2016)最高法民终 295 号。

② 参见王英州:《国有股权转让的股东优先购买权行使问题探析》,载《鸡西大学学报》2017 年第 3 期。

③ 河南省鹤壁市山城区人民法院民事判决书,(2011)山民初字第 1838 号。

体现在对股权转让协议效力的影响,在学理上主要包括有效说、无效说、可撤销说、效力待定说。有效说认为,公司法关于侵犯其他股东优先购买权的规定,是对公司内部行为的约束,该约束不影响与公司外第三人之间股权转让协议的效力。① 无效说主张优先购买权为法律的强制性规定,违反该规定的转让协议无效。② 效力待定说认为,经过其他股东事后追认,股权转让合同有效;其他股东不同意或者行使优先购买权的,转让合同不生效;在法院判决前仍未经其他股东过半数同意并放弃优先购买权的,合同无效。这种情况类似于无权处分或无权代理行为。③ 可撤销说主张股权转让协议有效,但基于其他股东是否有意、是否有财力行使优先购买权并不确定,其他股东可以申请撤销。这种认定方式一方面可以保护老股东的优先购买权,另一方面也有助于督促老股东及时行使权利。④

不同学说在司法实践中也有所体现。以夏某与江苏省演艺集团有限公司、南京大风创业投资管理有限公司股权转让纠纷案为代表的有效说认为,关于侵害股东优先购买权的规定非效力性强制性规定,并不导致股权转让合同无效。⑤ 其原因在于股东优先购买权的行使目的在于通过保障其他股东优先获得拟转让股份而维持公司内部信赖关系。法律所要否定的是非股东第三人优先于公司其他股东取得公司股份的行为,而不是转让股东与第三人成立转让协议的行为。⑥ 无效说倾向于将通知视为国有股权转让的强制性规定,或是因侵害其他股东权益而不产生效力。邓某某与湖北泰维市政工程开发有限公司、岳阳中石油昆仑燃气有限公司股权转让纠纷案中,法院认为,在未征得控股股东优先购买意见的前提下签订股权转让协议,违反法律和国有控股企业股权转让强制性规定,合同无效。⑦ 此外,有些法院简单认定未有效进行通知,侵害了其

---

① 参见赵旭东:《股东优先购买权的性质和效力》,载《当代法学》2013年第5期。
② 参见罗福生、邓梅君:《侵害股东优先购买权的股权转让协议无效》,载《人民司法》2014年第24期。
③ 参见赵万一、吴民许:《论有限公司出资转让的条件》,载《法学论坛》2004年第5期。
④ 参见王纯强:《侵害股东优先购买权的合同效力》,载《人民司法》2020年第8期。
⑤ 江苏省南京市秦淮区人民法院民事判决书,(2013)白商初字第231号。
⑥ 河南省新乡市红旗区人民法院民事判决书,(2019)豫0702民初547号。
⑦ 湖南省岳阳县人民法院民事判决书,(2020)湘0621民初1218号。

他股东的优先购买权,因此不发生股权转让的效力。[1] 而在山东某某医药集团有限公司与富润某某集团有限公司股权转让纠纷案[2]中,法院则认为原告未经其他股东同意向股东以外的人转让股权的行为是可撤销的行为,因此支持了被告反诉要求撤销原告与第三人签订的股权转让合同的请求。由此可见,实务界与理论界均对因未通知而导致的侵犯其他股东优先购买权的后果存在不同的解释。

(2)优先购买权的行使

已检索到的案例中,优先购买权行使的纠纷主要包含前提、期限、方式、"同等条件"认定四个方面。

①优先购买权的行使前提

与普通公司股权转让相似,国有股权转让前提包含了在公司内部形成对外转让的决议;而又因国有性质的特殊性,其前提亦包含了优先购买权主体资格认定。

在山东某某医药集团有限公司与富润某某集团有限公司股权转让纠纷案中,原、被告双方因故长期协商未果,被告始终未明确表示放弃优先购买权。原告向山东省国资委申请通过产权交易市场实施转让,在与第三人达成产权交易合同前,未征得其他股东过半数同意,也未就股权转让事项书面通知被告征求同意,法院最终判定被告对原告转让给股东以外第三人的股权,在同等条件下享有优先购买权。由此,股权转让未按要求形成决议、未征得其他股东过半数同意,无论对于一般股权还是对于国有股权,其股权转让合同均可撤销。

关于优先购买权主体资格的认定,争议点主要包含:一是公开转让中转让方与某位股东达成交易,其他股东是否享有优先购买权？二是股东身份的确定标准为何？

对于争议一,判断股权转让本质为股东内部转让还是向股东以外的人转让,应结合形式与结果作实质判断,应避免纯形式上的判断。若实际为内部股

---

[1] 最高人民法院民事判决书,(2016)最高法民终295号。
[2] 浙江省诸暨市人民法院民事判决书,(2010)绍诸商初字第576号。

东之间达成转让合意,并未涉及侵害其他股东的权利,则第三方不享有优先购买权。昆明食品(集团)冷冻冷藏有限公司与昆明空港冷链物流产业股份有限公司股权转让纠纷案①中,一审法院认为,从挂牌交易结果来说,最终系股东之间即二被告达成转让合意。进一步而言,公司法上股权转让的优先购买权为实体性权利,是否侵害股东优先购买权首先应当从是否违反公司人合属性角度考虑,在转让结果不违反法律规定和公司章程规定时,不存在侵害其他股东优先购买权的认定。二审法院进一步认定,该案挂牌交易结果,实际受让人为公司股东,上诉人主张优先购买权缺乏前提基础。除此之外,国有股权转让应当按向股东以外的第三人转让股权的方式进场公开挂牌交易。《企业国有资产法》第54条规定,除按照国家规定可以直接协议转让的以外,国有资产转让应当在依法设立的产权交易场所公开进行。而《公司法》规定,有限责任公司的股东之间可以相互转让其全部或者部分股权。根据特殊法优于一般法的规定,在此时应该选择适用《企业国有资产法》,有限责任公司的股权转让应该采用公开挂牌程序在依法设立的产权交易机构中进行,广泛征集不特定、非指定的对象。②采用公开挂牌转让方式进行交易,即便股权转让的结果为公司股东之间的股权转让,也不能依据结果来反推该转让为股东之间的股权转让而无须进场。③

对于争议二,股东身份的确定并非完全以工商登记为准,换言之,并非只有工商登记的股东才能行使该权利。工商登记是股东资格的对外公示,产生对抗第三人的对抗效力,但并不影响公司内部对股东资格变动的认可与接受,不能以工商登记作为股东身份的唯一衡量标准。在皮某某与中海石油投资股份有限公司等股权转让纠纷案④中,尽管原股东并未体现在工商登记中,但北交所提交的网络公告信息向原告披露了原股东且并未放弃优先购买权。原告提交受让申请,签署网络竞价承诺函,表明其已经充分了解标的企业的股权结构。可见,若披露的信息充分,使得受让方清晰了解股权结构,亦可因此而推定股东

---

① 云南省昆明市中级人民法院民事判决书,(2019)云01民终4536号。
② 参见曾晶晶:《浅析国有股权转让中的股东优先购买权》,载《产权导刊》2017年第9期。
③ 湖南省常德市鼎城区人民法院民事判决书,(2016)湘0703民初2316号。
④ 北京市东城区人民法院民事判决书,(2015)东民(商)初字第04575号。

身份为主张优先购买权的依据。当存在代持股情况时,若实际出资人未按公司法相关规定"显名化"成为股东,则其不享有优先购买权。① 这是由于根据《公司法司法解释(三)》第24条第3款规定:"实际出资人未经公司其他股东半数以上同意,请求公司变更股东、签发出资证明书、记载于股东名册、记载于公司章程并办理公司登记机关登记的,人民法院不予支持。"隐名股东因其未经过合法手续,应然不享有决策权、分红权、优先购买权等股东权利。

②优先购买权的行使期限

一般来讲,如要行使优先购买权,应按照产权交易所公布的时间及规则参与竞价。② 在转让方进行征询的情况下,应在征询函载明的期限内表明行使优先购买权。③ 若要在国有股权拍卖后场外行权,应在已有股权转让协议的付款期限内。以健康公司与新乡市安厦房地产开发有限公司、吉超公司股权转让纠纷案④为例,法院认为优先购买权的行使实质为承担金钱给付的义务,如怠于行使,则会对股权出让人和受让人的利益造成损害,因此行使权利期限参照股权转让协议约定的付款期限,确定为判决生效后的3日内。而除了以上特定方式外,实践中也有比照《公司法》第73条确定行权期限的做法,由于对优先购买权的行使除《公司法》规定的"同等条件"外,法律尚无具体规定,司法实践中亦无标准参考。而《公司法》作为一般法,可作为公司国有股权转让的行权依据,因此有关行权期限规定可以参照《公司法》的相关内容。⑤

笔者认为,对于进场交易的国有股权,可以将优先购买权的行权期限确定为挂牌期结束前,这样既能保证优先权股东能有充分的时间决定是否行权,也能确保系争股权得到充分竞价,使各方利益得以平衡。在无明确规定时,亦可依照《公司法》的相关规定。而当进场交易未征集到相关受让方,场外的其他股东的权利行使期限可以参照《公司法》的相关规定在30日内行使权利。

---

① 河南省许昌市中级人民法院民事判决书,(2017)豫10民终2905号。
② 广东省广州市越秀区人民法院民事判决书,(2019)粤0104民初40541号。
③ 北京市第三中级人民法院民事判决书,(2020)京03民终10709号。
④ 河南省新乡市红旗区人民法院民事判决书,(2019)豫0702民初547号。
⑤ 上海市黄浦区人民法院民事判决书,(2012)黄浦民二(商)初字第534号。

③优先购买权的行使方式

针对国有股权转让事项,实践中通过股东会决议明示,明示的意思表示在同意国有股权转让的同时,明确是否行使优先购买权。而具体在股权转让过程中如何作出意思表示,有场内场外之分:场外行权,股东需进交易所进行网络竞价后,向受让方发出征询函,受让方在规定时间内提交受让申请、支付保证金[1];场内行权,交易所进行挂牌转让时,股东需按照交易所公布的时间及交易规则参与竞价,若未进场参与竞价,则认为其未主张优先购买权。在梁某某与广东省轻工业品进出口有限公司、杨某某股权转让纠纷案[2]中,法院指出,原告作为股东,在明知涉案股权将在广州产权交易所挂牌交易的情况下,如要行使优先购买权,理应按该交易所公布的时间及交易规则参与竞价,而非在被告杨某某已完成交易后再要求按该交易价格行使优先购买权。因此,优先购买权的行使需要进场竞价主张。实践中,为避免此类纠纷的出现,可以在股东会决议中明确"不放弃优先购买权的股东应按照产权交易机构的交易规则进场行权交易,否则视为放弃优先购买权"。此条款的增加将有利于避免后续的纠纷。

④"同等条件"的认定

A. 基本条件

"同等条件"是指签订股份转让协议及还款协议书时约定的股权转让价格及支付方式、时间等,而非目前状态下的股权转让价格及支付方式。[3] 关于"同等条件"的具体标准,理论界主要包含三种学说,即主要条款同等说、价格条件同等说与混合说。无论哪一种学说,都不单单将同等条件认定为金额给付条件的同等。具体到司法实践中,一些法院采取价格条件同等说,以基础条件标准认定同等条件,具体包括:股权转让标的;价格;付款期限;其他协助义务(变更工商登记)。以河南投资集团有限公司与同力公司、中原石油勘探局股权转让纠纷案为例,法院认定当事方转让股权中的 4 个条款均为同等条件依据,其主要包括:产权转让的标的为中原石油勘探局持有的同力公司 40% 的股权;产权转让的价格为 20,001 元;产权转让的价款在合同签署后 5 个工作日内一次性

---

[1] 北京市第三中级人民法院民事判决书,(2020)京 03 民终 10709 号。
[2] 广东省广州市越秀区人民法院民事判决书,(2019)粤 0104 民初 40541 号。
[3] 浙江省台州市中级人民法院民事判决书,(2010)浙台商终字第 154 号。

付清;标的产权的工商变更登记手续在合同生效后60日内完成,中原石油勘探局给予必要的协助。而如果在行权过程中对协议内容有所更改,构成更优惠的转让条件,那么转让条件的改变,就会导致优先购买权人仍有权行使优先购买权。①

B. 是否进场的争议

关于"同等条件"的认定,争议焦点为是否进场也纳入其范围中。在实践中,不同层级、地域的法院对不同的案件呈现不同的裁判结果:慈溪市天圆混凝土有限公司与浙江省建材集团有限公司、常德市鼎城区石门桥电杆厂股权转让纠纷案②中,法院认为根据《企业国有资产交易监督管理办法》第2条之规定,按照国家规定在浙江产权交易所公开挂牌转让,股东在明知该股权转让的前提下,应当按照股权出让方的转让要求于同等条件下主张优先购买权,然而其没有按照出让程序在产权交易所报名参与转让程序,故其不符合《公司法》第71条第3款规定的"同等条件",不能仅凭同价格认为是"同等条件"就要求行使优先购买权。而周某某与中新药业唐山新华有限公司、天津中新药业集团股份有限公司股权转让纠纷案和河南投资集团有限公司与鹤壁同力发电有限责任公司、中国石化集团中原石油勘探局股权转让纠纷案③中,法院则作出了相反的判决,认为优先购买权是有限责任公司股东的法定权利,不参与竞买就认定为放弃优先购买权系对法定权利的不当限制;《企业国有资产法》对国有资产转让的相关规定,不能引申理解为优先购买权人也必须进场竞价。④

笔者认为,以进场交易为行使优先购买权的前提更具有合法性与合理性。从合法性角度看,无论是原《企业国有产权转让管理暂行办法》还是《企业国有资产法》,都对国有产权转让必须进场交易有明确规定。《企业国有资产法》相对于《公司法》属于特别法,且《公司法》第71条仅规定了优先购买权应在同等条件下行使,却未对行使的具体方式及标准进行明确规定,因此从特别法优于一般法,以及内容完整性角度来看,《企业国有资产法》应当优先适用。

---

① 山东省高级人民法院民事判决书,(2006)鲁民四初字第2号。
② 湖南省常德市鼎城区人民法院民事判决书,(2016)湘0703民初2316号。
③ 河北省唐山市路南区人民法院民事判决书,(2018)冀0202民初2766号。
④ 河南省鹤壁市山城区人民法院民事判决书,(2011)山民初字第1838号。

从合理性角度来看，严格规范的交易程序能有效地保障交易的正常进行，这也是规定企业国有产权必须进场交易的目的，能够最大限度地防止国有资产的流失，避免国家利益、社会公共利益受损。从权衡优先权股东、转让方及第三人各方的利益来看，转让操作程序趋向于规范化不仅有利于交易的进行，还有利于营造良好的国有股权转让环境，平衡各方的利益。

但仅以进场交易为行使权利前提在目前我国实践推广仍具有一定的困难。在过渡期间，可以场内是否能征集到合适的受让方为划分标准，当场内无法征集到受让方时，为最大限度地提高国有资产的利用效率，可以将上述条件放宽，对场外的股东发出征询函，确认是否有合适受让方，以保障转让的顺利推进。

C. 价格的确定

法院均认为，股权转让价格应当通过拍卖确定而非通过事先约定，但对于确定价格的方式存在不同认识。一种观点认为，优先购买权应当在拍卖程序中行使，股东应参与拍卖程序，拍卖人当场征询其他股东的意愿；[1]另一种观点认为，如果在竞买文件上未告知优先购买权人交易程序和规则，即使优先购买权人未参与拍卖程序，也可以最高成交价作为"同等条件"事后要求行使优先购买权。[2]

（3）优先购买权的放弃

其他股东放弃优先购买权的认定作为优先购买权行使的反面，实质影响优先购买权行使的前提条件和可能性。就具体判断标准而言，法院在审判实践中主要存在以下几种做法。

① 未当场对拍卖落槌提出异议

在深圳市横岗镇经济发展有限公司、深圳市横岗投资管理有限公司、郝某某股权转让纠纷案[3]中，法院认为即使拍卖师在拍卖开始前未告知优先购买权人行使优先购买权的时间和方式，在出现最高应价3000万元时，拍卖师也未提示优先购买权人如何行使优先购买权，但是，在拍卖师对其他竞价者的最高应价落槌确认时，享有优先购买权的其他股东的代理人未当场对拍卖师的落槌行

---

[1] 上海市闵行区人民法院民事判决书，(2013)闵民二(商)初字第1026号。
[2] 河南省新乡市红旗区人民法院民事判决书，(2019)豫0702民初547号。
[3] 广东省深圳市中级人民法院民事判决书，(2013)深中法商终字第1088号。

为提出异议,对此应视为优先购买权人当场放弃行使优先购买权。

对此,笔者认为,先不论在拍卖过程中行使优先购买权的几种模式间的选择,在当时《中华人民共和国拍卖法》相关法律法规未明确规定如何在拍卖程序中行使优先购买权,拍卖师未告知优先购买权人行使优先购买权的时间和方式,不能将之认定为一种有效的通知,优先购买权人不具备行权的前提和基础,因此仅凭未提出异议认定放弃优先购买权有失公允,过于偏向维护拍卖秩序以致侵害了其他股东的优先购买权。

②未在征询函载明的期限内回复

在大唐甘肃发电有限公司与兰州宏源电力技术有限公司股权转让纠纷等案①中,法院认为转让方向其他股东送达了股权(出资)转让通知书,征询是否对案涉股权行使优先购买权,但该股东未予回复,根据《公司法》的规定,应视为放弃股权的优先购买权。

在司法实践中,除了当场表示放弃优先购买权,还存在提前约定放弃优先购买权的情形。例如,在上海飞翔交通游船有限公司、舟山海星轮船有限公司等股权转让纠纷案②中,原告在股东会决议上明确表示只要转让价格不低于约定价格,就放弃优先购买权,其在股东会决议上明确了放弃优先购买权的条件,因此当转让方和第三人在转让系争股权时未违反上述关于转让价格的约定,则无须再行征询其他股东的意见,不构成对其他股东优先购买权的侵犯。

笔者认为,在股权转让交易前通过股东会决议的方式放弃优先购买权是符合《公司法》规定的。《公司法》第71条前3款规定了有限责任公司股权转让的规则,包括股东同意权(有关股东同意的规则在2023年修订中被删去)和优先购买权。《公司法》第71条通过其第4款的"但书"立法技术将该条前3款的授权性规范和强制性规范转换成任意性法律规范,即"公司章程对股权转让另有规定的,从其规定"。③ 虽然股东会决议并非公司章程,但也体现了股东之

---

① 甘肃省兰州市中级人民法院民事判决书,(2016)甘01民初152号;北京市第三中级人民法院民事判决书,(2020)京03民终10709号;广东省广州市天河区人民法院民事判决书,(2015)穗天法民二初字第2088号。

② 上海市浦东新区人民法院民事判决书,(2015)浦民二(商)初字第924号。

③ 参见蒋华胜:《有限责任公司股权转让法律制度研究——基于我国〈公司法〉第71条规范之解释》,载《政治与法律》2017年第10期。

间的意思自治,同样可以约定在某些条件达成的情况下放弃优先购买权。从国有资产转让监管的角度来看,转让方与第三人的股权交易符合审批、评估等程序上的要求,并不会导致低价出售,因为股东在约定放弃优先购买权的条件之时,已经对价格因素进行了充分的考量,并且假设其他股东行使优先购买权,其购买股权支付的也只是和第三人同等的价格。

前已述及,部分法院认为,不能将进场交易与否作为判断优先购买权行使的"同等条件"的要素,在此基础上,这些法院认为不能仅凭未进场交易推断股东放弃优先购买权。在健康公司与新乡市安厦房地产开发有限公司、吉超公司股权转让纠纷等案[1]中,法院指出不作为的默示效果只有在法律有规定或者当事人双方有约定的情况下,才可视为意思表示,不能根据未进场的默示行为推定其放弃优先购买权。

(4)其他问题:职工权利行使保障

前已述及,行使优先购买权的前提条件为具有股东资格身份,法院一般认为代持股关系中隐名股东需"显名化"后才能行使优先购买权。但在相关案例中,可以看到这一问题在涉及国有股权转让时的特殊性和复杂性:在国企改制时期,通过职工认购股份的方式为企业注入强大的资金支持。我国《公司法》对有限责任公司的法定人数进行了限制,这导致绝大多数职工无法以股东身份登记,甚至内部股东名册和公司章程也未予公示。这使得国有企业的隐名股东维权困难:一方面,其作为隐名股东不具备主张优先购买权的主体资格;另一方面,其拥有的股权份额及地位不足以保障其在竞价机制中行使优先购买权。

例如,在巢某某、高某某与曹某某、杨某某等股权转让纠纷案[2]中,2001年12月3日,黑龙公司原国有股全部退出时,巢某某和高某某等该公司167名职工通过安置补偿金政策和缴取现金方式,以每股1元的价格各自购买了一定股份,但巢某某和高某某等162人并未记载于公司章程、公司股东名册或在工商机关办理股东登记,其所购股份由该公司股东张某某代持,因而,在其与张某某之间事实上建立起一种代持股合同法律关系。法院认为,实际出资人在没有依

---

[1] 河南省新乡市红旗区人民法院民事判决书,(2019)豫0702民初547号;河南省鹤壁市山城区人民法院民事判决书,(2011)山民初字第1838号。

[2] 黑龙江省高级人民法院民事判决书,(2014)黑高商终字第54号。

法被确认为公司股东前,其对公司股权并不享有优先购买权,巢某某、高某某无权就案涉公司股权主张优先购买权。

针对上述司法实践中可能存在的问题,笔者认为,在职工购买国有股权的情形中,应当注意赋予双方相对平等的交易地位,①可以通过采取协议转让的方式,保障职工股东的知情权,职工还可采取集体决策的方式与企业谈判,从而切实保障企业职工的权利。

2. 价值理念分析

企业国有股转让法律规定与股东优先购买权行使的法律规定不完善,因此引发了裁判中的诸多适用难题,究其根本,是国有企业产权转让制度与优先购买权制度在原理和价值追求上不一致。

与一般股权转受让行为不同,国有股权转受让具有鲜明的特点:一方面,国有股所有人的特殊性导致其与国家或政府存在天然的血缘关系;另一方面,国有股转受让更多的不是商业或微观目的,而是政策性、宏观性目的,其涉及诸如并购、重组等多种资本运作行为,体现了政府与投资者、中央政府与地方政府之间的博弈,涉及国有经济布局的战略性调整,维系着经济和社会的稳定。② 国有企业产权转让制度旨在通过一系列的公开程序来加强企业国有股权交易的监督管理,通过公开透明的平台和程序阻断特定利益输送渠道,避免暗箱操作;同时也有利于落实社会公众对国有股权转让的知情权,保障广泛的市场主体的参与权和公平交易权,有利于促进企业国有资产的合理流动、国有经济布局和结构的战略性调整,实现防止企业国有资产流失的目的。

为分析优先购买权制度的内在价值追求,首先需要厘清优先购买权的性质。对此,主要存在形成权说、期待权说、请求权说三种主要的学说。形成权说认为,优先购买权为特别法上的形成权。"其形成效力表现在:转让方与第三方成立股权转让关系时,一旦优先权人主张或者行使优先购买权,就能使优先权人与转让方之间按同等条件产生买卖合同关系。"③期待权说认为,优先购买权是股东基于其作为公司成员而享有的社员权基础上的一种期待权,具体表现

---

① 参见徐晓松等:《国有股权行使和监管法律制度研究》,北京大学出版社2016年版,第187页。
② 参见顾功耘等:《国有资产法论》,北京大学出版社2010年版,第221页。
③ 赵旭东:《股东优先购买权的性质和效力》,载《当代法学》2013年第5期。

为:股东优先购买权是存续股东对于未来继受拟转让股权的一种期待,而非对其他股东所持股权的现实权利,且这种期待只能在其他股东向第三方转让时方可行使权利;基于作为有限责任公司股东的成员资格,存续股东已经具备享有对未来其他股东拟对外转让的股权的优先购买权利,但此等优先权利在股权真正对外转让前并未实际发生,需等待权利行使条件的满足与成就;股东优先购买权已经受到法律的保护,成为一项具有受法律实质保障的权利。① 请求权说认为,优先购买权是权利人对出卖人享有的买卖合同订立请求权,在权利人行使优先购买权时,买卖合同的成立尚需出卖人之承诺。在请求权说内部还分为是否将其解释为附强制缔约义务的请求权两种观点,如果出卖人对优先权人购买出卖财产的请求负有强制承诺的义务,在实际效果上请求权与形成权的界限就会变得日益模糊。②

关于优先购买权制度的内在价值,一种普遍性的观点认为,旨在保护有限责任公司"人合性"——为了保护老股东免受陌生人加入公司而带来的不便或者不利。除此之外,一种更为合适和准确的理解为,股东优先购买权是有限责任公司、转让股东、其他股东及公司之外第三人之间相对的利益平衡机制:多元主体在同一股权客体上的交汇注定要导致利益的冲突——转让股东为实现最大收益而随意毁约、不受约束地转让股权当然会直接冲击其他股东的既有权利;要确保其他股东的优先购买权就要硬性剥夺已先行介入交易的第三人的交易机会和交易利益;而善意第三人的利益一旦得到肯定和维护,其他股东的优先权益也就会落空丧失,甚至转让股东的转让收益也会随之受损。法律规定股东的优先购买权只能在同等条件下行使,如果在此基础上采纳转让方侵犯优先购买权与第三人订立的合同为有效的观点,则可达到上述利益冲突间的基本平衡:既实现了股东优先购买的立法目的,又以变换的方式最大限度地保护了第三人的利益。③ 优先购买权制度还可以作为一种价格形成机制,在转让方享有"反悔权"的前提下,可以在行使优先购买权的其他股东和外部受让人之间形成一种类似拍卖市场的价格竞争机制,这不仅可以实现闭锁公司股权转让价格

---

① 参见郑彧:《股东优先购买权"穿透效力"的适用与限制》,载《中国法学》2015 年第 5 期。
② 参见蒋大兴:《股东优先购买权行使中被忽略的价格形成机制》,载《法学》2012 年第 6 期。
③ 参见赵旭东:《股东优先购买权的性质和效力》,载《当代法学》2013 年第 5 期。

形成的公平性,而且对其他股东的核心利益即维持公司内部股权结构的封闭性并无实质不利的影响。① 基于这一考量,将优先购买权的性质定位为请求权,可能是更为合适和更有效率的利益平衡选择。

上述两种制度,前者更加倾向于对公益的保护,后者是基于有限责任公司人合性和私主体之间利益平衡的考量,倾向于对私主体共益的保护。但二者也存在共通之处:均保证了相关各方在交易中的参与权,有利于发现转让股权的最大价值与合理转让价格的形成。因此,可以通过交易流程上的优化尝试,在两种制度间寻找到合适的平衡点——维护国有股权/产权的进场交易制度,在此基础上兼顾优先购买权制度的实施。

以二者冲突表现最为明显的优先购买权人是否需要进场参与交易为例,产权交易市场的功能主要包括交易鉴证和市场服务两大类。其中交易鉴证包括国有产权交易挂牌审核、信息披露、资格审查、出具凭证、监督交割。市场服务包括交易咨询、方案设计、洽谈撮合项目推介、招标拍卖、变更登记、改制重组、增资扩股、股权托管。上文提到,国有产权和国有产权交易的特点决定了国有产权交易必须有相应的制度安排,其至少需要达到两个目的:第一,最大限度地减少交易信息不对称性。第二,为国有产权提供市场发现机制。② 因此,应当在维护进场交易制度的原则上,对优先购买权的行使进行合理的程序上的规范。

关于如何在国有股权转让中行使优先购买权,理论上一直存在场内行权和场外行权两种方式:场内行权,指信息披露公告期内其他股东向产权交易所提出受让申请,按公告约定交纳交易保证金,就标的公司非股东意向受让方的最终市场价格表示行权的方式。场外行权,指在信息披露公告期内未向产权交易所提出受让申请,或未按公告约定交纳交易保证金的其他股东,就非股东意向受让方的最终市场价格,在转让方通知要求的时间内以书面形式表示行权的方式。上海联合产权交易所此前发布的《股权转让项目中股东优先购买权行使

---

① 参见蒋大兴:《股东优先购买权行使中被忽略的价格形成机制》,载《法学》2012 年第 6 期。
② 参见李曙光等:《国有资产法律保护机制研究》,经济科学出版社 2015 年版,第 356 页。

操作办法(试行)》①仅认可场内行权的方式,而新发布的《上联所指引》②发生了较大的变化,最明显的变化就是取消了原先规定的其他股东只能场内行权,明确了场内和场外两种行权方式,与《北交所细则》的规定基本趋于一致。以上海联合产权交易所规定的流程为例,整理如表19-9所示。

表19-9 上海联合产权交易所规定的流程

项目	情况	流程细化
转让方递交产权转让信息正式披露申请后	只征集到其他股东	征集到两个及两个以上其他股东的,通过竞价确定受让方
		只征集到一个其他股东的,该股东将作为受让方与转让方按照上海联合产权交易所相关规定履行成交手续
	同时征集到其他股东和非股东意向受让方(其他股东的行权价格为通过上海联合产权交易所交易流程产生的最终市场价格)	只有一个其他股东表示行权的,即成为受让方
		两个及以上其他股东表示行权的,由该等股东采取协商方式确定各自受让比例,协商不成,按照转让时各自的出资比例行权
		选择场内行权的其他股东已行权的,转让方不再征询未进场的其他股东意见
	只征集到非股东意向受让方,或虽征集到其他股东但其放弃行权或逾期未行权,转让方在最终市场价格产生后的3个工作日内,以书面形式向未放弃行权的其他股东征询其是否行权	只有一个其他股东表示行权,该股东即成为受让方
		两个及两个以上其他股东表示行权的,由该等股东采取协商方式确定各自受让比例,协商不成,按照转让时各自的出资比例行权
		该等其他股东表示放弃行权或逾期未行权的,则产生最终市场价格的非股东意向受让方成为受让方

此种模式明晰了其他股东场内行权和场外行权的具体方式,并在二者之间确定了一种先后顺序:场内行权的股东更为优先,选择场内行权的其他股东已行权的,转让方不再征询未进场的其他股东意见。如此的制度设计并未剥夺股

---

① 沪联产交〔2011〕021号,现已失效。
② 沪联产交〔2019〕55号。

东场外行权的可能性,也未赋予其他股东必须以进场交易的方式行使优先购买权的义务。但赋予场内行权者相较于场外行权者的优先地位:场内行权后,不必再等待公开竞价结束,便可征询可能具有场外行权意愿的股东是否行权并协商受让比例,在保证交易效率的同时也通过这种机会上的"不平等"促使股东选择更加有利于国有资产转让的进场交易方式,从而实现上述两种制度间的利益平衡,是值得肯定的创新之举。当然,前述制度设计的前提是有充分的转让信息披露和规范的产权交易规则,确保能够以公开的方式有效通知其他股东,并为其行使优先购买权提供清晰的、可操作的流程。

3. 制度建议

根据上述裁判案例分析和背后的制度理念分析,对于如何协调国有产权转让制度与优先购买权制度之间的冲突,构建一套平衡二者目标和利益追求的交易规则,笔者提出如下几点建议。

第一,明确不同情形下优先购买权通知的标准,以及未有效通知的后果。在场内交易之前,不能仅仅与对参与公开竞价的普通参与方同等标准地进行通知,而是应当告知股东股权转让的标的、价格、时间以及方式等具体内容,并明确告知优先购买权人行权的交易程序和规则,以保证股东知晓转让的具体条件,判断是否可以在"同等条件"下优先购买并知晓应当如何行权。若在进场交易环节未征集到其他股东,在公开交易完成、最高报价(或最高成交价)确定后,转让方应当以发出征询函的方式,告知其他股东包括股权转让标的、价格,行使优先购买权的条件和方式,回复期限等内容。如转让方未进行有效通知,侵犯其他股东的优先购买权,不应直接认定转让方与非股东受让方订立的合同无效。但法院应当支持其他股东主张优先购买权,判令转让方与行权股东就前述协议所确立的"同等条件"订立股权转让合同并办理工商登记变更。

第二,明确优先购买权行使的具体方式、期限和同等条件的认定。前已述及,根据对现行法律的解释及北交所、上交所规则的修订趋势,应当认定优先购买权的行使可以采用场外行权和场内行权两种方式,其中场内行权方式更为优先。关于行权主体的资格问题,应当从实质层面出发进行综合认定:当转让方未经过半数以上其他股东同意即对非股东受让方转让股权,或在公开交易中与唯一的受让方股东签订股权转让协议时,其他股东的优先购买权仍然存在。对于股东身份的确认,不应仅依赖工商登记的外观,但代持股情形下的实际出资人需按照公司法规定"显名化"后才可行使优先购买权。

关于行权期限的问题,应当对其他股东行使优先购买权进行期限限制,防止权利滥用,损害到股权出让人和受让人的利益。在有其他股东参与场内行权的情况下,优先购买权的行权期限确定为挂牌期结束前。在场外行权的情况下,现行裁判中采用的征询函确定的合理期限,参照已有股权转让协议的付款期限以及《公司法》的相关规定等做法都是可取的。

关于表示行使优先购买权的"同等条件",应当根据股权转让标的、价格、付款期限、其他协助义务(变更工商登记)等进行综合认定。但不应将进场参与竞价作为同等条件的认定依据。其他股东行使优先购买权可以进场,但不应被强制参与竞价。有学者认为,若在公开竞价结束后直接就竞拍价格主张股东优先购买权,容易降低竞买人成功竞买的概率,使竞买人权益受损,同时也不利于国有股权以最优价格转让交易,不利于最大限度地保障国有产权保值、增值及维护拍卖程序的完整性。① 但从目前产权交易所规则修订方向和法院裁判的部分观点来看,允许优先购买权人在公开竞价结束后以最高报价买受出让的国有股权,并不必然会造成国有股权卖价偏低的后果,在保护股东法定权利的同时,也有利于国有资产的保值增值。

第三,放弃优先购买权意思表示的认定,不应以竞价参与方的标准进行。例如,在未提前告知行使优先购买权的方式,拍卖师当场未提示优先购买权人如何行使优先购买权的情况下,在拍卖过程中对落槌没有异议不应认定为放弃行使优先购买权。也不能仅凭优先购买权人未进场交易,就认定其为默示放弃行使优先购买权。对征询函等征求优先购买权意愿的通知在载明期限内不作回复,可认定为放弃行使优先购买权。

第四,在国有股权转让过程中,涉及国有企业职工股的情况下,仅依照公司法的相关规定直接认定其不具有行权主体资格的裁判思路应当得到反思。应通过协议转让等方式赋予职工股东行使优先购买权的机会。

---

① 参见陈启:《国有股权挂牌出让中股东如何行使优先购买权》,载《中国律师》2009年第12期。

(二)国有股权转让与司法拍卖

1. 司法拍卖与国有股权转让的审批

(1)案情简介

2001年6月15日,上海宇通与郑州市国资局(其职能后划到市财政局)签署了《关于郑州宇通集团有限责任公司股权转让协议》和《股权委托管理协议》,约定由上海宇通受让郑州市财政局持有的宇通集团89.8%股权并呈报财政部审批;在报批期间宇通集团该部分股权(含宇通客车国家股2350万股)由上海宇通代为管理。2001年8月6日和8日,郑州市财政局收取了上海宇通支付的合同约定股权转让全部价款。

鉴于郑州市财政局既没有向上海宇通合法转让约定股权,也没有返还已收取的股权转让款,2003年12月3日,上海宇通以申请支付令方式向郑州市二七区人民法院提起诉讼,要求郑州市财政局返还股权转让款并赔偿利息。2003年12月20日,郑州市二七区人民法院裁定冻结了郑州市财政局持有宇通集团的100%股权并委托郑州拍卖总行公开拍卖。

2003年12月21日,郑州拍卖总行在《郑州日报》刊登了拍卖公告。2003年12月29日,郑州拍卖总行对郑州市财政局所持宇通集团100%股权进行了公开拍卖。该股权拍卖保留价为经北京中企华资产评估有限公司确定的评估值人民币159,764,200元。通过竞价,上海宇通以人民币14,850万元的价格拍得宇通集团90%的股权,宇通发展以人民币1650万元的价格拍得宇通集团10%的股权。①

(2)案件评议

上述案件中的司法拍卖是对宇通集团国有股权转让案两年未决的一种解决方式。宇通有关负责人曾说道:"钱已交了两年半了,股权就是不能合法转让。股权不转让,企业就无法应用相关金融工具,对公司发展影响太大,我只想快点结束这种状况,不能再等下去了。"

据知情人士介绍,股权转让方案上报后,财政部认为该方案存在收购资金

---

① 参见何振红:《宇通收购是不是MBO 国有股司法拍卖的调查》,载搜狐财经,https://business.sohu.com/2004/01/10/29/article218322932.shtml。

来源不透明等问题,并委派河南省财政厅对其进行专门调查。经过调查,河南省财政厅向财政部上报了《上海宇通注册资金来源的说明》,结论是没有问题。但是,由于此方案一开始就被视为"管理层收购"(MBO),后来被财政部叫停。① 由此可以看出,财政部的审批对国有股权转让具有重要影响,因此地方法院的司法拍卖行为直接略过了行政审批行为。

财政部两年未果的决定使得宇通集团的国有股权转让协议一直未生效,该案通过司法拍卖直接规避了行政审批行为。由此,会让人觉得即使行政审批通不过,也可以通过司法拍卖来变更国有股权,那么是否就架空了国家部委的政策呢?地方法院的行为是否具有合理性,是本节分析的重点。

①此次司法拍卖合法

从以下四个方面可以看出,在该案中,此次司法拍卖是合法的。

首先,法院有权就包括股权在内的各种财产作出确权判决。该案的起因是民事财产转让纠纷,而被告表示无力清偿应付价款,根据《民事诉讼法》规定,法院对被告财产予以拍卖,并将被拍卖财产所有权划给应价最高的竞拍者,是合法合理的。其次,该判决并未违法,宇通集团不属于上市公司,因此不受制于最高人民法院发布的《关于冻结、拍卖上市公司国有股和社会法人股若干问题的规定》。再次,法院的判决是具有终局性、对世性的,一旦法院作出判决,申请变更股权登记的当事人便有了合法合理的证明。因此,该案中,股权登记机构按照法院判决转让股权有合法性依据。最后,一切行政机关的规定都不可能成为司法裁决得到执行的前置性条件。有人认为,根据财政部 2002 年发布的《关于国有股持股单位产权变动涉及上市公司国有股性质变化有关问题的通知》(已失效)第 2 条、第 4 条的规定,"上市公司国有股持股单位因产权变动引起所持国有股性质发生变化的,国有股持股单位应按产权关系将产权变动方案报地市级以上人民政府、中央企业主管部门、中央管理企业批准,并在方案实施前将国有股权变动事项报财政部核准",然后"凭财政部批复文件依照规定程序到证券登记结算公司办理所持股份变更登记手续",司法拍卖与行政认定应

---

① 参见何振红:《宇通收购是不是 MBO 国有股司法拍卖的调查》,载搜狐财经,https://business.sohu.com/2004/01/10/29/article218322932.shtml。

并行,但笔者认为,该条款只能拘束国有股持股单位,不能干涉司法权,也不可能为法院裁决文书的执行设立前置性程序。①

②此次司法拍卖略失情理

此次拍卖活动并未做大力宣传吸引各方来竞价购买,而是在《郑州日报》这一非全国性媒体刊登拍卖公告,从起诉到拍卖的流程不到一个月,上市公司宇通客车也未对此作披露,这导致了许多竞拍者难以知情,竞价的过程不公开公正。但即便如此,这也不能成为推翻此次拍卖的有效依据,因为对私法主体而言,法无禁止即可为,而法律法规尚未对此情形下的司法拍卖的公告方式、拍卖人资质等作出强制性规定,所以可以任由当事人选择。因此,上海宇通并未违法,且双方基于意思自治的原则,不希望引起社会更多的关注,只要未损害第三人的利益,即合法。②

③地方法院行为具有合理性

财政部对于审批的时限无限制地延长不利于对宇通集团的利益保护,这次无限制地延长审批时限约束着宇通的发展。具体而言,宇通集团的股权转让协议签订于 2001 年 8 月,然而却因未获财政部的批准而一直难以生效。因此在将近两年半的时间内,产权一直悬而未决,大大影响了企业发展的稳定性和可预期性,如因大股东产权不清,宇通客车近几年也无法在证券市场融资。行政部门犹疑于"公平",不利于企业的经营效率和经济利益。③

通过该案,笔者认为,主管部门要想使自己的政策得到各界尤其是司法机关的承认和协助、不使自己的"禁令"被架空,建议将 2003 年 3 月的财政部给原国家经济贸易委员会企业改革司《关于国有企业改革有关问题的复函》上升为法律或行政法规,这样才能起到对国有股权管控的作用。

2. 司法拍卖与国有股权优先购买权行使

在国有股权拍卖中行使优先购买权的模式应当在"跟价法""询价法""拍

---

① 参见缪因知:《"宇通集团案"中的国有股司法拍卖问题分析》,载《经济法学评论》2006 年第 6 卷。

② 参见缪因知:《"宇通集团案"中的国有股司法拍卖问题分析》,载《经济法学评论》2006 年第 6 卷。

③ 参见何振红:《宇通客车国有股司法拍卖调查是否引发 MBO 风潮》,载《经济日报》2004 年 1 月 16 日。

后法"三者之间进行选择,一方面需要界定优先购买权的性质,另一方面要考虑国有资产交易在程序和价值上的特殊性。前已述及,对于优先购买权的性质应当理解为请求权,在权利人行使优先购买权后,买卖合同的成立尚需出卖人的承诺。在拍卖中,各环节的法律性质可以理解为,拍卖公告为要约邀请,竞买人的应价为要约、拍卖师的落槌为承诺。竞买人的最高应价经拍卖师落槌或者以其他公开表示买定的方式确认后,拍卖成交;拍卖成交后,买受人和拍卖人应当签署成交确认书,成交确认书即确认股权拍卖成交的格式合同,表明股权转让合同成立并生效。① 即使将优先购买权理解为形成权,权利人也可依单方的意思表示,形成与义务人将财产出卖给第三人的同样条件为内容的合同,而无须出卖人的承诺,但在第三人已经通过拍卖方式与义务人订立合同的情况下,也不可通过行使形成权达到否认与第三人订立的合同效力、形成新的以同样条件为内容的合同,因此"拍后法"不仅不利于对拍卖程序中的竞价者进行保护,也与民法和公司法的基本原理相违背。

在相关案例检索中,明确涉及司法拍卖的是兰驼公司、常柴银川公司股权转让纠纷案。② 其基本案情为:兰驼公司(甲方)与常柴银川公司(乙方)均为兰州常柴西北车辆有限公司(以下简称西北车辆公司)股东,兰驼公司以实物出资人民币2900万元,占注册资本的29%,常柴银川公司在受让兰驼公司出让的5700万元股权后,占注册资本的57%。宁夏回族自治区高级人民法院受理的常柴银川公司与万通公司借款合同执行案中,常柴银川公司与万通公司在执行中达成和解协议,常柴银川公司将持有的西北车辆公司0.5%的股权作价50万元转让给万通公司抵偿债务并在工商局办理了股权变更登记手续;常柴银川公司将持有的西北车辆公司56.5%的股权作价5650万元抵偿万通公司剩余债务。在执行法院拟对上述股权进行拍卖时,常柴银川公司于2010年7月19日给兰驼公司发去征询函,函中载明:常柴银川公司拟向万通公司转让常柴银川公司持有的西北车辆公司0.5%的股权,原始价值人民币50万元,股权转让价为人民币500万元。兰驼公司是否愿意以上述价款受让如上股权,如同意,

---

① 广东省深圳市中级人民法院民事判决书,(2013)深中法商终字第1088号。
② 最高人民法院民事判决书,(2016)最高法民终295号。

请自收到本书面通知之日起 30 日内书面答复并交清上述股权转让款。如自接到该书面通知之日起 30 日内不答复或不交清上述股权转让款，常柴银川公司将视为兰驼公司同意常柴银川公司向万通公司转让上述股权。2010 年 8 月 20 日，兰驼公司给常柴银川公司发去关于同意受让常柴银川公司所持西北车辆公司 0.5% 股权的复函，该函载明："经我公司同意，原则同意按照贵公司《征询函》的条件和价款受让上述股权。同时，因我公司系由甘肃省政府国资委履行出资人职责的国有企业，根据我国《企业国有资产法》《企业国有资产监督管理暂行条例》等规定，我公司受让上述股权需对兰州常柴西北车辆有限公司进行财务审计和整体资产评估，待审计和评估结果经甘肃省政府国资委审核确认后，我公司将就本次股权额受让事宜上报甘肃省政府国资委，经批复后与贵公司签订《股权转让协议》，尽快完成交割。"

法院在判决中指出，根据《公司法》第 72 条的规定，应当保护作为西北车辆公司股东的兰驼公司等股东的优先购买权。但在法定的 20 日内，兰驼公司未提交甘肃省国资委的批准文件，亦未交付转让款，在该案一审期间，亦没有甘肃省国资委的批准意见，未交付转让款，故应认定兰驼公司对以 500 万元转让 0.5% 股权不行使优先购买权。

从该案中可以看到，在司法拍卖未纳入产权交易所体系时，由于股东难以了解到拍卖相关信息，需在拍卖进行前通过征询的方式通知其在规定期限内作出是否行权的回复。但在该案中，由于国有股权受让需要经过审计评估、批准等流程，受让人难以在限定的 20 日内进行回复，且如果受让人回复行权，那么拍卖程序是否能够继续进行，也是一个难以回答的问题。总之，在国有股权司法拍卖的流程中，如果不能构建起场内行使优先购买权的架构和流程，则会在实践中引发诸多争议。

因此，最高人民法院《关于人民法院委托评估、拍卖工作的若干规定》第 6 条规定，涉国有资产的司法委托拍卖由省级以上国有产权交易机构实施，拍卖机构负责拍卖环节相关工作，并依照相关监管部门制定的实施细则进行。将司法拍卖纳入产权交易机构体系，有助于司法拍卖信息的充分公开。从前述与进场交易相关的论述可以看到，拍卖是公开挂牌转让的方式之一，按照产权交易所采纳的现行规则，原则上可以采用场外行权和场内行权两种方式。但考虑到现行拍卖法仍然认为落槌之时成交确认,作为请求权的优先购买权难以在事后否认拍卖过程中已经达成的买卖合同,因此就司法拍卖应作出除外规定,在现行规定的流程下仅以场内的方式行使优先购买权,采用优化后的"跟价法"。另外,为保证其他股东有足够的时间对国有股权进行审计评估、报相关单位进行审批,应当适当延长拍卖信息公布至实施拍卖程序的披露期间,以确保其有充分行使优先购买权的可能。

3. 建议与展望

前案中,宇通集团不属于上市公司,因此其不受最高人民法院在 2001 年 9 月 30 日起施行的《关于冻结、拍卖上市公司国有股和社会法人股若干问题的规定》的约束。因此,笔者在下文分析,若将该规定的规制范围扩大到上市公司的控股公司时,是否能防止出现类似案件的情况。若不能,应该如何处理。

首先,根据该规定第 15 条可以看出国有股权转让时的身份条件是"国有股权竞买人应当具备依法受让国有股权的条件"。其次,根据该规定第 5 条,在程序上,应该在作出冻结、拍卖裁定时,确保主管财政部门知悉。最后,根据该规定第 17 条,在拍卖成交后,要求买受人持拍卖机构出具的成交证明和财政主管部门对股权性质的界定文件,向证券交易市场和证券登记结算公司办理股权变更登记。

由该规定可以看出,国资部门管控权的重要性。但是在事实上,法官通常并不认为国有股的转让是一件必须特别管制的事情,往往认为只要司法程序正义、司法拍卖正义,即可实现股权的公平价值,无须考虑"国有资产流失"的因素。

上述法官的观点首先表现在他们对国有股权竞买人的资格限制的观点上。《关于冻结、拍卖上市公司国有股和社会法人股若干问题的规定》如再将自然人、境外法人以及境内外商独资法人等明文排斥在国有股份购买之外,势必与经济发展方向不符,也会限制这些资本在国有股减持中应享有的权利。但是,目前我国没有相关的具体法律法规出台。因此,该规定对国有股份受让人资格依照现行的法规作了原则规定,即"国有股权竞买人应当具备依法受让国有股权的条件"。所以,笔者认为,最高人民法院并非希望对包括 MBO 在内的各种国有股权购买人的身份有实际限制。①

由此可以看出,根据现有规定,将该规定扩张到上市公司的控股公司也无法规制类似案件发生。只有完善拍卖的细节,通过范围的缩小或者公开招标、邀请招标、竞争性谈判等方式,才能防止过于异质的股权受让人进入。

(三) 无偿划转

笔者着重探讨,债权人能否向因划转获得瑕疵股权的国有企业主张连带补充赔偿,主要法律依据为《公司法司法解释(三)》第19条。

案例1:长城资产管理公司济南办事处与张某、王某等股东损害公司债权人利益责任纠纷案。②

法院认为,北京社会福利促进会与北京三环顺天商贸中心之间基于行政划转产生的股权转让是其内部的法律关系,不具有对抗公司债权人的效力,长城资产管理公司济南办事处作为债权人,其权益不应受到影响。已经生效的(2002)青民四初字第153号民事判决已确认中青科技集团51%的股权为瑕疵出资的事实,之后,北京社会福利促进会作为股权受让人,在其受让股权时对中青科技集团的资产状况及负债情况应尽到合理的注意义务,应当知道该股权具有瑕疵。在生效的(2002)青民四初字第153号民事判决已确认中新经济发展总公司对中青科技集团出资不到位的情况下,中新经济发展总公司作为原始股东与其后的股权受让人中青实业发展中心、北京三环顺天商贸中心、北京社会福利促进会均应对上述债务承担连带责任。

由此可以看出,该案满足了《公司法司法解释(三)》第19条第1款的构成要件,原始股东与股权受让人均应对上述债务承担连带责任。

案例2:华润水泥公司、公路公司、路桥公司债权转让合同纠纷案。③

依照我国法律、行政法规,出资不实的责任主体是出资人。路桥公司并非公路公司的出资人,其仅是在组建过程中,基于省国资委的行政指令而整体接受公路公司,从而成为公路公司的股东及上级单位。华润水泥公司认为整体移

---

① 参见贾纬:《〈关于冻结、拍卖上市公司国有股和社会法人股若干问题的规定〉的理解与适用》,载《人民司法》2001年第11期。
② 山东省高级人民法院民事判决书,(2014)鲁商终字第193号。
③ 海南省高级人民法院民事判决书,(2012)琼民二终字第195号。

交就应包括出资人责任移交,没有事实与法律依据,法院不予支持。

这个案子的裁判观点是,无偿划转后的受让人即便对出资不实知悉,出资人责任也不全部移交,并不免除出资人履行出资的责任,而是在一定限度内,出资人与受让人承担连带责任。但如果出资人与受让人订立合同,约定由受让人承担出资人责任,那是否能免除出资人责任呢? 笔者认为,应该看债权人是否知情,如果无偿划转之前出资人与受让方就订立了受让方承担出资责任,债权人对此知情,那应该认为债权人已经愿意承担出资人变更后的法律效果,所以不应该允许事后又让出资人承担责任。如果无偿划转之后订立了合同,债权人亦不知情,那应该认为债权人可以主张出资人责任。如果债权人知情,那应该适用民法有关诉讼时效的规定。

1. 国有股权无偿划转是否存在优先购买权

主要法律依据:《公司法》第 71 条第 2 款、第 3 款、第 4 款。

案例:天津鑫茂鑫风能源科技有限公司(以下简称天津鑫茂公司)与甘肃汇能新能源技术发展有限责任公司(以下简称甘肃汇能公司)、甘肃酒泉汇能风电开发有限责任公司(以下简称酒泉汇能公司)股权转让纠纷案。[①]

甘肃鑫汇公司《公司章程》第 14 条第 3 款规定,股东不得将股权无偿赠与他人,但根据国有资产无偿划拨规定的不在此限,且无偿划拨不适用关于股权转让的规定。该案中的甘肃汇能公司和酒泉汇能公司均系国有独资公司。2014 年 9 月 1 日,甘肃电力集团召开党政联席会议,决定甘肃汇能公司将持有的甘肃鑫汇公司等股权转移至酒泉汇能公司,转移完成后,收购酒泉汇能公司 100% 股权作为电投股份公司非公开发行股票的募集资金收购项目,其后亦取得甘肃省国资委的同意。甘肃汇能公司向酒泉汇能公司划转股权亦未约定对价,其实质是基于甘肃电力集团的决定对国有资产进行划拨,故该股权划转行为不应当适用关于股权转让的规定。一审法院认定天津鑫茂公司不存在行使优先购买权的基础正确。天津鑫茂公司的该项上诉理由不能成立。

公司法在尊重公司章程的自治上表现为,允许公司在公司法与公司章程同时作出规定的情形下仅选择适用公司章程规定。依据《公司法》的规定,公司

---

① 最高人民法院民事判决书,(2017)最高法民终 205 号。

章程可以作出公司法所没有的规定,可以对公司法的规定作出具体化的规定,也可以对公司法的个别制度作出特殊化的规定。公司章程可以根据本公司的特点和特殊要求,规定不同于或不完全同于公司法的规则。而这些规则,可以优先于法律、行政法规,包括公司法的规定适用。[①] 该案中就体现出公司章程与公司法不同时,适用公司章程的规定,而不适用《公司法》第 72 条关于股东优先购买权的规定。但有一个疑问是,公司章程如果故意损害他人利益是否还能"从其规定"?《公司法》第 5 条第 1 款(2023 年修订后为第 19 条)规定了公司从事经营活动,应当遵守社会公德、商业道德、诚实守信。但这一标准过于抽象、原则化,难以较好地确定边界,在现实司法执法实践中大概率会出现不同法院作出不同裁判结果的情况。尤其"损害他人利益"现实中也是比较复杂的,当事人可能出于多重目的的考量而作出选择,如为了维护公共利益。这可能就需要法院结合具体案件事实分析判断了。

  对于此问题笔者基本持肯定态度。在大多数情况下,对于如"国富案"中的国资管理部门所实施的无偿划转行为,应当将国资管理部门视为以出资人的身份作出了这一行为,从而与《民法典》《公司法》的规定相衔接。

  法条佐证:《企业国有产权无偿划转管理暂行办法》第 5 条规定,被划转企业国有产权的权属应当清晰。权属关系不明确或存在权属纠纷的企业国有产权不得进行无偿划转。被设置为担保物权的企业国有产权无偿划转,应当符合原《担保法》的有关规定。有限责任公司国有股权的划转,还应当遵循《公司法》的有关规定。

2. 国有股权/产权无偿划转中的财务和税务问题

  国有企业无偿划转过程中,一个较为突出的问题是涉税意识淡薄。一些国有企业集团内重组的过程中对无偿划转的认知不够准确,很多企业只是将无偿划转等同股权调整,同时将无偿看得过于绝对。这是不正确的,会造成资源的单向流出,使得股东的权益受损。账务处理工作中,一些企业对会计交易和相关事务处理予以高度重视,反而在一定程度上忽视了无偿划拨时所产生的涉税问题,一些企业因没预测划转时的涉税成本,而误导了管理层的决策。

[①] 参见王保树:《从法条的公司法到实践的公司法》,载《法学研究》2006 年第 6 期。

除此之外,一些国有企业对于股权评估没有给予足够的重视。按照我国相关的法律法规,股权在可转让的同时也可对其进行货币估价。法律条文明确规定,产权重组时应对非货币资产的数值进行科学评估,从而更加有效地确认税负的具体数值。一些国有企业在进行产权重组时不重视对非货币资产的估价,税负的具体数值也就不得而知,因此出现了较为明显的税负补偿问题。

(1) 非股权资产划转的财务和税务问题

财政部、国家税务总局《关于促进企业重组有关企业所得税处理问题的通知》(以下简称财税〔2014〕109号文)出台之后,对于"资产划转"中的"资产"产生了不同声音。其中企业划转中涉及的资产划转是否适用特殊性税务重组,需要财务人员作出职业判断,并与主管税务机关充分沟通,只有主管税务机关认可资产划转属企业重组,并适用特殊性税务重组,才能减少企业税务负担,实现企业之间划转目的。另外,目前国有企业中存在一些属原政企脱钩时一些原事业单位的企业,这些企业存在资产手续不全的问题,这些资产在企业重组划转过程中也必然会存在,此种资产无偿划转时会计处理随意性较大,没有统一标准,会计准则对该项业务处理没有具体规定,对于此项资产的后续管理也需有一定应对办法。

企业在资产划转完成后,对于其中涉及的固定资产,还需完成产权过户,才算资产划转的终结,资产产权划转不仅需要考虑企业所得税的问题,还需考虑资产产权划转过程中的增值税、土地增值税、契税问题。

对于上述问题的应对建议:财税〔2014〕109号文出台是为贯彻落实国务院《关于进一步优化企业兼并重组市场环境的意见》,该意见鼓励和促进企业兼并重组,保持税收中性的内在要求,其中内容规定,符合要求的企业集团内部的股权、资产划转,可以选择适用特殊性税务处理规定,目的在于将100%直接控股的企业集团内部股权、资产内部资源整合,而给予企业所得税优惠政策。所以,资产重组适用特殊性税务处理规定的目的在于鼓励企业兼并重组,而不是资产划转,因此只有符合企业重组条件下的资产划转,才能减少企业税务负担,实现划转的目的。

对于企业划转中涉及资产手续不全的资产划转,由于企业的历史原因,资产多数是行政划拨形成,又经过多次企业改革导致很多资料丢失,因此一定要做好资产的备案和登记工作,有条件的应由第三方评估机构介入做认证,可以尝试重新启动资产产权证的办理,根据经济发展形势,以前可能不符合办理产权证条件的资产,现在也许可以办理,需要企业与产权证管理部门进行充分沟通,并向其说明实际情况,请其给予帮助。对于实在无法办产权证的资产划转,需在资产转移过程中要求有专人跟踪,并多与对方单位沟通,尽量多地取得原始资料并妥善保存,避免再次产生历史遗留问题。

根据国家税务总局2011年第13号①及2012年第55号②公告,纳税人在资产重组过程中,通过合并、分立、出售、置换等方式,将全部或者部分实物资产以及与其相关联的债权、债务和人员一并转移给其他单位和个人,不属于增值税的征税范围,对于企业资产划转是否适用这项规定,按照增值税的征税目的,资产转让不涉及转让价款,且企业是为了盘活资产,从集团公司总体来看,只是下属公司之间的划转,没有流转出集团之外,目的是资产在子公司之间重新规划,故可以向主管税务机关申请属于资产重组中的其他方式特殊重组,不属于增值税征税范围免缴增值税。其中需要注意的是,企业资产划转时,只有相关的债权、债务和人员一并转移,才能符合这项增值税免税的规定,并且这是国家税务总局公告,不是税法规定的权利不能直接享有,需要纳税人向主管税务机关申请办理。

根据财税[2014]109号文和国家税务总局2015年第40号公告③,属于企业特殊性税务处理,免征企业所得税的,企业需承诺划转完成后12个月内,不改变被划转股权或资产原来实质性经营活动,并向双方企业主管税务机关提供资料备案,在每年所得税汇算清缴中,填写居民企业资产(股权)划转特殊性税务处理申报表,且划转双方填写需完全一致,如12个月内改变实质性经营活动,需补缴企业所得税。

---

① 国家税务总局《关于纳税人资产重组有关增值税问题的公告》(国家税务总局公告2011年第13号)。

② 国家税务总局《关于纳税人资产重组增值税留抵税额处理有关问题的公告》(国家税务总局公告2012年第55号)。

③ 国家税务总局《关于资产(股权)划转企业所得税征管问题的公告》(国家税务总局公告2015年第40号)。

(2)股权划转的财务和税务问题

企业集团内部股权划转适用特殊性税务处理,一般在主管税务机关认定上并无问题,在划转过程中除去针对划转双方的会计处理,企业集团内部股权划转,受统一控制的母公司是否需要进行账务处理,无明确政策规定。

只有满足特定条件的股权划转,才能采用特殊性税务处理,并对完成后的股权划转实行"双向管理备案和后续报告模式"管理,所以企业对于划转完成后一年内的经营情况,负有跟踪的责任,如果划转完成后一年内不再满足原来无偿划转的方案,则后续问题需要企业关注处理。

笔者对此提出如下建议:受统一控制的母子公司之间划转股权,对母公司来说,母公司无任何股权或非股权支付,且无任何投资行为,此种方式下并未对母公司的账务处理作出明确规定,但如果母公司不进行账务处理,则会导致其对子公司的长期股权投资成本和税务成本的不完整,因此,母公司应同时调整对两个公司之间的长期股权投资,会计分录为:"借:长期股权投资(划入方),贷:长期股权投资(划出方)。"

划转双方采取一致的特殊性税务处理,划转资产、股权交易完成日以被划转股权和企业在工商税务机关完成资料变更为准,如果在划转完成后12个月内,公司间股权再次划转或划出方、划入方任何一方存在经营情况的实质性变动,原企业间的股权划转特殊性税务处理方式不再适用,发生变化的交易一方应在情况发生变化的30日内报告其主管税务机关,同时书面告知对方,另一方应在接到通知后30日内向主管税务机关说明情况,同时,应于60日内对自身资产进行调整。

(3)国有股权/产权无偿划转的其他涉税注意点

①提高对涉税的认识

在国有企业的并购重组过程中,财务人员应对我国相关部门的规章制度有一定的认知,同时也要关注相关的法律法规以及优惠政策。明确为何要实施无偿划转,了解无偿划转后是否达到原规划的效果等具有十分重要的意义,根据不同的划转目的从全局角度进行科学设计,在会计账务处理上,其与普遍意义上的无偿存在非常大的区别。在企业并购重组时,必须重视资产价值的评估工作,采取有效措施,保证计税基础准备工作的质量。

②税收筹划

不是所有无偿划转都享受免税待遇,只有在相关法律范畴内才能实现免税。对于企业来说,在无偿划转时,一定要事前咨询相关法律意见,争取充分利用优惠政策,提前进行税务筹划,使其满足特殊性税务处理规定,从而减少企业纳税义务,合理节约企业成本,并保证工商变更手续按时按点完成,使其快速提升资源利用率,尽快完成企业重组工作。比如,可以以注入资本金的方式,将其作为被投资企业的实收资本,这样才能将获得的资本收入作为合法收益,以此来使用特殊性的税务处理规定,免除税赋。

③资产转移权证的办理

资产划转完结是权证办理过户。在房产部门办理权证过户前,需取得主管税务机关的增值税和契税免税证明及土地增值税的纳税联系单。权证办理过户过程中,土地使用权是无偿划转取得的,再继续无偿划转土地使用权及资产,还需取得土地主管部门同意划转的相关证明。一般情况下,国有企业内部划转,可以向权证部门出具企业属区属国资的所有证明。

(四)期间损益

在"威科先行"法律信息库中,在"全文"中搜索关键词"国有股权转让""期间损益",共获得159个结果,经筛选有效案例共9个。根据案例所涉及的纠纷类型,笔者将这些案例主要分为3类:期间损益归属纠纷、期间损益界定纠纷和期间损益支付纠纷。

(1)期间损益归属纠纷

①期间损益归属的一般原则

首先,国有企业股权转让交易中期间损益的归属有规定从规定。这里主要涉及国有企业改制相关的两条国资监管规定。国务院办公厅《转发国资委〈关于进一步规范国有企业改制工作实施意见〉的通知》(国办发〔2005〕60号,以下简称国办发〔2005〕60号文件)第3条、财政部《关于印发〈企业公司制改建有关国有资本管理与财务处理的暂行规定〉的通知》(财企〔2002〕313号)第8条。

其次,国有企业股权转让交易中期间损益的归属无规定但交易双方有约定的从约定。除了中国证监会关于上市公司重大资产重组和国务院国资委关于企业国有产权转让的相关规定之外,现行法律对于股权转让中的期间损益归属没有作出专门性的规定,这是因为期间损益归属主要是交易双方的商业安排,属于意思自治的范畴。但在实践中,交易双方能否自行约定是一个颇具争议的问题。《企业国有资产交易监督管理办法》第 23 条规定:"受让方确定后,转让方与受让方应当签订产权交易合同,交易双方不得以交易期间企业经营性损益等理由对已达成的交易条件和交易价格进行调整。"对于此规定文本的不同理解,在下文的案例争议焦点部分会具体阐述。

最后,国有企业股权转让交易中期间损益的归属既无规定也无约定时一般归属受让方。如果当事人没有约定期间损益归属,可以适用《民法典》中关于"买卖合同"的一般性规定予以解决。根据最高人民法院《关于审理买卖合同纠纷案件适用法律问题的解释》(2020 年修正)第 32 条规定,一般情况下,若法律没有规定,且交易双方对于期间损益归属没有约定,对于企业正常经营发生的过渡期内的盈利和亏损,在交割日后一般应由受让方享有和承担。可预见的商业风险导致的期间损益,且非一方当事人违约行为所导致,一般也由受让方享有和承担。出让方违约行为导致的期间损益,出让方应当承担违约责任。无法预见的客观情况导致的期间损益,可以变更或者解除合同。

②期间损益归属纠纷案例争议焦点:可否自行约定?

期间损益归属纠纷案例的争议焦点是国资监管规定背景下期间损益可否由交易双方自行约定。《企业国有资产交易监督管理办法》第 23 条规定:"受让方确定后,转让方与受让方应当签订产权交易合同,交易双方不得以交易期间企业经营性损益等理由对已达成的交易条件和交易价格进行调整。"对该条文的理解主要有三种观点。

第一种观点认为,过渡期间经营性损益不再调整意味着期间损益应当由转让方承担;第二种观点认为,此规定只是强调不得在成交后对交易价格和条件进行调整,对于损益的归属并无明确的态度;第三种观点认为,应当区分经常性损益和非经常性损益,将文本中的"经营性损益"理解为经常性损益,对于非经常性损益可以进行调整。

在冯某某、沈阳市盛天房产物业经营有限责任公司(以下简称盛天公司)

与沈阳供暖集团有限公司(以下简称沈阳供暖集团)、沈阳房产投资经营管理有限公司(以下简称沈阳房投公司)股权转让纠纷申诉、申请民事判决书①中："2007年10月25日沈阳市国有企业改革工作领导小组办公室作出《关于对盛天公司改制方案的综合审核意见》:同意盛天公司的改制方案,对评估基准日至产权交割日的经营损益进行延伸审计,其经营收益归转让方所有,如出现经营亏损,不再调整交易价格。"法院判决认为:"……不再调整交易价格是指无论出现盈利还是亏损,双方已达成的交易价格不再变更。一审法院认定不再调整交易价格与补足亏损是完全不同的两个概念是正确的。所以,沈阳供暖集团主张即使亏损也不应承担责任理由不成立,不予支持……"

在安徽丰原集团有限公司(以下简称丰原集团)与安徽省粮油食品进出口(集团)公司(以下简称安粮集团)股权转让纠纷二审民事判决书②中,国资委认为:"案涉股权转让在蚌埠市产权交易中心进行符合2004年实施的《企业国有产权转让管理暂行办法》的规定,通过该中心确定的交易价格不得进行调整,否则即违反了公平、公开、公正的交易原则。2016年出台的《企业国有资产交易监督管理办法》第二十三条也明确规定交易双方不得对已达成的交易条件和交易价格进行调整。《补充协议》约定的款项名为补偿款,实际是对交易价格的调整,违反了上述行政规章的强制性规定,不可能通过审批。蚌埠市国资委认为,《补充协议》涉及的补偿款为或有事项,故未在原丰原集团改制资产中体现,但国资委有备存。丰原集团向一审法院提交的2015年8月15日股东会决议,该委予以盖章确认,是代表蚌埠市人民政府履行出资人职责的行为,相关权益实现后将全部计入国有资产,并非由丰原集团享有。对于安粮集团因《补充协议》产生的支出,蚌埠市国资委认为,其作为非经营性支出无需经过批准,但应有报备。"而法院认为:"《补充协议》签订于2006年12月22日,其中,安粮集团的主要义务为'在国元证券公司上市后国元证券公司法人股股票获得上市流通资格的情况下,五个工作日内支付丰原集团、中粮生化公司投资国元证券公司的利息损失共计4500万元';丰原集团和中粮生化公司的主要义务

---

① 最高人民法院民事判决书,(2016)最高法民再22号。
② 安徽省高级人民法院民事判决书,(2016)皖民终520号。

为'不得做出有损于安粮集团受让国元证券公司股权的审批及国元证券公司借壳上市的任何行为'及'立即书面特别授权安粮集团指定人员参加今后国元证券公司股东会并委托安粮集团指定国元证券公司其他董事代为出席董事会'。可见,该协议并非就股权转让交易本身进行的补充性磋商,而是安粮集团为顺利实现国元证券公司股权变更及成功上市,向丰原集团和中粮生化公司作出的附条件给予补偿的承诺。此时,虽然相关股权变更尚需中国证监会的批准,但由于国元证券公司并非上市公司,该审批应属行业主管部门管理性程序,故在丰原集团转让相关股权已依法经过蚌埠市国资委批准,且《股权转让协议书》已实际履行的情况下,各方签订《补充协议》并不是对《股权转让协议书》的变更,亦不影响股权转让的履行……"

由该案的判决可见,法院更加倾向于支持上述第二种观点。笔者也持该观点,具体理由如下。

第一,国有产权转让的期间损益本质上属于交易双方的商业条件。只要双方达成此条件的过程和程序符合国资监管的规定,就应当允许双方进行协商。第二,有关部门对国有资产转让程序的监管逻辑,很大程度上落脚于确保国有资产转让时能够广泛征集受让方以实现交易价值的最大化;而期间损益究竟由转让方承担还是受让方承担对国有股权转让更有利,需结合具体的市场行情及交易背景才能得出,直接写入规定并不能保证国有企业总是获益。第三,实践中,相当多的国有股权转让会将期间损益由受让方承担作为挂牌条件,受让方摘牌后,双方即可按照挂牌条件成交,并不违反《企业国有资产交易监督管理办法》的规定。

（2）期间损益界定纠纷

笔者在此着重探讨期间损益界定纠纷案例争议焦点。

A. 争议焦点1:审计范围

在冯某某、盛天公司与沈阳供暖集团、沈阳房投公司股权转让纠纷案①中,当事人沈阳供暖集团、沈阳房投公司主张审计范围不应当仅限定在因经营盈亏而对净资产的影响,应对盛天公司总资产及总负债进行审计,确定延伸期间盛

---

① 最高人民法院民事判决书,(2016)最高法民再22号。

天公司净资产变化情况,且盛天家苑没有包括在审计范围内,审计结论不能反映盛天公司净资产变化情况。盛天公司、冯某某主张国办发〔2005〕60号文件规定对延伸经营期间净资产变化进行补亏的范围即指因经营盈亏导致的净资产变化,盛天公司改制时已经审计评估的所有资产及负债不需要再调整,以改制评估报告为准。盛天家苑在改制时已经进行了评估,不应包括在延伸审计范围内,且盛天家苑也没有交付盛天公司和冯某某,盛天公司已提起另案诉讼。对于该案,专业人员认为:"……中平会计所出庭人员在本院庭审作证称,净资产包括实收资本、盈余公积、资本公积和未分配利润四项,中平会计所接受委托对企业盈亏而增加或减少的净资产进行审计,即对经营损益类即未分配利润对企业净资产的影响进行审计。"

对于该案,法院认为:"在原盛天公司改制及股权转让过程中,房产国资经营公司委托中宜会计所以2005年12月31日为评估基准日,对盛天公司进行了财务审计及资产评估,形成了11号改制评估报告及49号改制审计报告,在此基础上房产国资经营公司与冯某某于2007年7月16日签订了《股权转让协议》,确定了股权转让价格及其他各自权利义务,产权交易部门也于2007年11月26日出具了股权转让的交易凭证。由于自盛天公司改制资产评估基准日即2005年12月31日起至产权交割完成期间,原盛天公司仍在经营,因此对该延伸期间可能存在的净资产变化及责任承担问题,双方在《股权转让协议》中进行了约定,即由沈阳市国资委指定审计师事务所对盛天公司自评估基准日起至产权交割日止的财务状况进行延伸审计,期间产生的盈利、亏损按国办发〔2005〕60号文件的有关规定执行。国办发〔2005〕60号文件的规定为'因企业亏损而减少的净资产应由国有产权持有单位补足'。而沈阳市国有企业改革工作领导小组办公室的审核意见为'对评估基准日至产权交割日期间的经营损益进行延伸审计',该审核意见明确的审计范围与43号延伸审计报告一致,沈阳市国资委的批复中则明确对'自评估基准日起至产权交割日期间进行延伸审计,对影响净资产变化因素进行调整,经营及增值收益由房产国资经营公司享有'。据此,根据双方上述合同约定、国办发〔2005〕60号文件规定并结合有关部门审核及批复意见,并不足以认定43号延伸审计报告审计范围错误。对43号延伸审计报告的审计范围是否错误的认定,尚需审查是否没有将影响延伸期间净资产变化的因素纳入审计范围,并对审计结论构成影响……由于本案对延伸期间盛天公司净资产进行审计的目的在于确定延伸期间净资产是否存在增加或减少,并基于双方合同约定和政策性规定及交易的公平原则,对增加或减少的净资产确定是否由原国有产权持有单位享有或补足,因此,对盛天公司在延伸期间已实际取得,鉴定机构基于受益期不属于审计期间而调整出去的上述采暖费、物业费收入,在盛天公司改制时未纳入资产审计和评估范围,如果亦不纳入延伸审计范围,相当于盛天公司实际取得了该部分收益并构成盛天公司经营收益及资产的一部分,但既未计入盛天公司改制资产范围,也未计入延伸期间净资产范围,沈阳供暖集团还要承担相应数额的净资产减少的补足责任,该结果应不符合国办发〔2005〕60号文件规定的精神,因此,对延伸期间盛天公司实际收回的陈某某欠的采暖费548,645.49元、物业费309.69万元,在盛天公司、冯某某没有证据证明双方明确约定不计入延伸期间净资产范围的情形下,应纳入延伸审计范围。对鉴定机构调减的2008年3个月采暖费收入2,388,030.36元,该部分收入属于2007年预收的2008年的采暖费,因自产权交割日后,盛天公司企业性质发生变化,因此,在双方没有明确约定的情况下,将2007年收取的2008年3个月采暖费收入调整为改制后盛天公司的收入,符合公平原则。对于2005年收取的2006年1~3月采暖费收入是否应计入延伸期间的问题,因改制评估基准日为2015年12月31日,该部分收益已经计入盛天公司改制评估资产范围,构成确定冯某某股权交易对价的一部分,如果再作为延伸期间的收入重新调整到延伸审计范围之内,则构成重复计算。据此,对上述沈阳供暖集团、沈阳房投公司主张的应将2005年收取的2006年3个月采暖费及2007年收取的2008年的采暖费收入纳入延伸审计范围,本院不予支持。"

根据该案可见,期间损益的审计范围在于影响延伸期间净资产变化的因素,延伸审计范围调整应当符合交易的公平原则,避免重复计算。

B. 争议焦点2:数额认定

在天津海泰控股集团有限公司(以下简称海泰公司)、烟台市振华百货集团股份有限公司(以下简称振华公司)股权转让纠纷案①中,法院认为:"关于百货大楼在延伸审计期间亏损数额的认定问题。振华公司从海泰公司处受让的是国有股权,股权转让价格是在对公司资产进行评估的基础上,以净资产为基数确定的。转让前,在截至2008年10月31日的评估结论中,净资产价值就包括服装街房屋,而该房屋的价值体现为全部拆迁补偿款数额16,966,880元。但本案的特殊性在于振华公司实际购买股权是在资产评估日的17个月之后,且百货大楼一直由原股东经营,所以股权转让双方约定对百货大楼在2008年10月31日至2010年3月31日期间的资产损益进行审计,有盈余由原股东享有,有亏损,则由原股东向百货大楼进行补足。该约定实质就是为了维持百货大楼的净资产相当于2008年10月31日评估时的状态,这也符合双方股权转让合同的目的。而之所以对13,180,318.17元产生分歧,是因为评估报告与审计报告对同一房屋计价方法不同。资产评估时采用的是重置成本法,故在2008年10月31日的评估中服装街房屋是按照应付拆迁款的全部数额16,966,880元作价的,其中就包含该13,180,318.17元。振华公司在购买股权时也是依照资产评估报告确定的百货大楼的资产状态及价格达成的交易。换言之,振华公司在购买百货大楼的股权时,该13,180,318.17元已经作为拆迁款的一部分包含在百货大楼的净资产范围内。由于在双方约定的审计期间,该笔拆迁款实际到账,按照会计制度必须予以记载,而审计所遵循的会计准则,对房屋的价值是以历史成本计价,故同样是服装街的这一房屋,按会计制度的规定其价值仅记载为280余万元,而非16,966,880元,该16,966,880元在扣除了房屋历史成本价及其他有关费用后,所剩13,180,318.17元余额列为营业外收入。但事实上该'收入'仅是会计制度意义上的'收入'。由于振华公司在购买股权时,对服装街房屋是按16,966,880元的价值购买的,如按审计报告,将拆迁款中13,180,318.17元作为'营业外收入'冲抵亏损,则该房屋的价值在扣除其他相关费用后仅为280余万元,这一结论,等于变相减少了评估报告所确认的截至2008年10月31日百货大楼的净资产。故审计报告关于该笔营业外收入的认定,虽符合会计准则,但不符合双方的合同目的,不能用以冲抵亏损,

---

① 天津市高级人民法院民事判决书,(2012)津高民二终字第0009号。

否则会造成对同一房产原股东通过出卖先获利一次,再通过审计报告与评估报告的计价方法不同经冲抵亏损的方式二次获利,显然有失公平。关于百货大楼在延伸审计期间实际支付的福利费 50.67458 万元,根据审计报告,2008 年 10 月 31 日,百货大楼即存在应付福利费 1,622,497.60 元,且在财务报表中作为负债列明。至交易基准日,百货大楼福利费账面余额为 111.57518 万元,比 2008 年 10 月 31 日减少 50.67458 万元,为延伸审计期间支付的各项福利费。因资产评估报告中应付福利费记载为零,故原审法院认定百货大楼在延伸审计期间支付的福利费 50.67458 万元,为百货大楼在此期间的损失并无不妥。至于百货大楼在 2010 年 6 月缴纳的 2010 年 1~3 月发生的房产税 89.041121 万元、土地使用费 3.357812 万元,因上述两项费用均是交易基准日(2010 年 3 月 31 日)之前应付而未付的费用,而实际交付时已超过延伸审计期间,故审计报告中未能体现,原审法院将其作为预提费用计入交易期间的亏损,亦无不妥。"可见,法院对于期间损益范围的界定方法主要为:符合合同目的、公平交易原则,避免对同一项资产重复计算。

在安徽实嘉实业有限公司与合肥鑫城国有资产经营有限公司(以下简称鑫城公司)股权转让纠纷二审民事判决书[(2017)皖民终 725 号]中,该案的争议焦点是康城项目已预售及 2010 年 5~12 月期间新增销售的"存量房"销售收入 25,195,492.98 元应否从期间损益中扣除?法院认为:"本案现有证据表明,该部分销售收入在鑫城公司转让标的企业股权时已经作为评估增值纳入九州评报字[2010]第 1002 号评估报告,并作为确定股权价款的依据。因该部分销售收入所对应的房产在《产权转让合同》确定的评估基准日前尚未交付买受人,该部分收入在会计账面上仅列为预收款项科目,不能作为销售收入。2010 年 9 月 30 日,该部分款项所涉房产全面向业主移交,达到财务账面上确认和结转收入条件,在账面上从预收款项科目调整为收入科目。该调整行为发生在期间损益审计期间,宝申事务所将该笔销售收入 25,195,492.98 元计入期间损益,但该笔销售收入实际并无真实的资金进账,仅因会计科目的调整而形成,与九州评报字[2010]第 1002 号评估报告的评估增值存在重复。故该25,195,492.98 元应从期间损益中予以扣除。鑫城公司的上诉理由,没有事实和法律依据,不予支持。"[1]该案体现的界定方法同样是避免对同一项资产重复计算。

从这两个案例不难发现,期间损益的数额认定纠纷的产生原因与会计制度有密切的关系,包括会计概念与法律概念的混淆、会计科目的调整、资产评估报告和期间损益审计报告对同一资产采用了不同的计价方法等。

(3) 期间损益支付纠纷

关于期间损益支付纠纷,主要涉及3个争议问题。

①争议焦点1:期间收益可否直接请求返还?

在安徽白帝集团有限公司(以下简称白帝公司)与中国石油天然气股份有限公司(以下简称中国石油公司)、中国石油天然气股份有限公司安徽销售分公司(以下简称中国石油公司安徽分公司)股权转让纠纷案[2]中,一审法院认为:"根据公司法的规定,公司利润分配应符合一定的实质和形式要件。实质要件方面,公司利润应先用于弥补亏损并提取法定公积金后再进行分配;除可供分配利润外,在形式要件方面还要取决于公司的意思表示,公司的意思表示机关股东会审议批准公司的利润分配方案和弥补亏损方案,有限责任公司设立董事会的,股东会会议由董事会召集,董事长主持;有限责任公司不设董事会的,股东会会议由执行董事召集和主持。因此,公司是否分配利润属于公司董事会、股东会决策的范畴,股东会通过利润分配方案,使股东可享有的利润处于确定的状态,最终转化为利润分配请求权。本案中,在长江石油公司股东会未就该审计期间的经营损益分配作出相关决议之前,白帝公司径行请求法院判令中石油公司给付相关利润,不符合我国《公司法》的规定。同时,虽然产权转让合同中约定'审计、评估基准日至《产权转让合同》生效期间,转让标的企业所发生的经营损益由甲方按其对转让标的企业的持股比例承担和享有',但原告并未提供证据证明长江石油公司就该期间的经营损益作出决议并实际分配,亦未提供证据证明被告中石油公司及中石油安徽分公司已经从长江石油公司实际取得了该期间的经营利润,现原告主张分配《产权转让合同》项下审计评估

---

[1] 安徽省高级人民法院民事判决书,(2017)皖民终725号。
[2] 安徽省合肥市庐阳区人民法院民事判决书,(2015)庐民二初字第00232号;安徽省合肥市中级人民法院民事判决书,(2015)合民二终字第00911号。

基准日至合同签订日期间的经营损益价款人民币616,539.67元及其利息,证据不足,本院不予支持。"二审法院认为:"虽然《产权转让合同》第五条约定白帝公司按持股比例享有和承担审计期间长江石油公司所发生的经营损益,但是这并不代表白帝公司具有直接向中国石油公司、中国石油公司安徽分公司主张经营损益的权利。根据《中华人民共和国公司法》第三十七条、第一百六十六条的规定,有限责任公司必须在弥补亏损和提取法定公积金后,通过股东会决议的形式,才能对所余税后利润进行分配。在本案中,白帝公司并未提供任何证据证明长江石油公司已就审计期间的经营损益作出股东会决议或者中国石油公司、中国石油公司安徽分公司已经实际领取了该期间长江石油公司的利润。因此,原审判决驳回白帝公司的诉讼请求并无不当。"

由该案法院判决可见,虽然交易双方约定转让方按持股比例享有和承担期间损益,但是在标的公司股东会未就该审计期间的经营损益分配作出相关决议之前,转让方径行请求受让方给付相关利润,不符合我国《公司法》的规定。

②争议焦点2:股权转让款和期间损益之间能否相互抵项?

在海泰公司、振华公司股权转让纠纷案①中,法院认为:"在《产权交易合同》明确约定了振华公司应在2010年7月1日前一次性向海泰公司支付转让款,《补充合同书》亦载明振华公司应先支付股权转让款、海泰公司再向百货大楼弥补亏损的情况下,振华公司未与海泰公司达成一致即变更了合同约定的付款方式,确有不妥。但考虑到振华公司改变付款方式系因对审计结果有异议而海泰公司对该异议不予认可,经一、二审查明的事实表明振华公司所提主要异议成立;另外依照约定海泰公司虽然有向振华公司主张全部第二期股权转让款的权利,但其也依约负有向百货大楼弥补亏损的义务,故振华公司将海泰公司应承担的亏损弥补款直接给付百货大楼,冲抵其向海泰公司应支付的第二期股权转让款,虽并不完全符合合同约定,但既未加重海泰公司的义务,也未减轻或免除振华公司的总付款责任,没有实质损害海泰公司的权益;同时原审法院在认定振华公司违约的基础上判令其给付海泰公司迟延履行期间的债务利息,表明原审已充分注意到双方合同的权利义务平衡,故海泰公司要求振华公司以全

---

① 天津市高级人民法院民事判决书,(2012)津高民二终字第0009号。

部第二期股权转让款3382.5万元为基数支付2010年9月27日后利息、罚息的主张,本院不予支持……"

根据法院判决,虽然相互抵项可能并不完全符合合同约定,但既未加重转让方的义务,也未减轻或免除受让方的总付款责任,没有实质损害转让公司的权益。由此可见,在确定能否相互抵项时应当充分注意双方合同的权利义务平衡。

③争议焦点3:国有股权转让方事先放弃损益的承诺是否有效?

在河南省煤田地质局与北京联合德信投资有限责任公司、河南省新郑煤电有限责任公司股权转让纠纷一审民事判决书①中,法院认为:"河南省煤田地质局向河南中原产权交易有限公司出具《股权转让承诺》,内容为:我局放弃自资产评估基准日至股权转让工商变更登记日期间标的企业(河南省新郑煤电有限责任公司)正常经营形成的损益,特此承诺!本承诺截止日期与产权公告截止日期一致。《产权转让合同》确定有资产评估基准日至股权转让工商变更登记日期间标的企业正常经营形成的损益由受让方承担或享有。河南省煤田地质局已放弃自资产评估基准日至股权转让工商变更登记日期间标的企业(河南省新郑煤电有限责任公司)正常经营形成的损益,北京联合德信投资有限责任公司在公开的交易场所和河南省煤田地质局出具《股权转让承诺》情况下购买股权,并经《产权转让合同》确定,北京联合德信投资有限责任公司不应承担退还资产评估基准日至股权转让工商变更登记日期间出卖股权正常经营形成的损益的责任。"

由该案可见,受让方在公开的交易场所和转让方出具事先放弃损益的股权转让承诺情况下购买股权,并经《产权转让合同》确定,受让方不应承担退还资产评估基准日至股权转让工商变更登记日期间出卖股权正常经营形成的损益的责任。

(4)期间损益案例统计总结

第一,关于延伸审计的目的。延伸审计是为了确保企业净资产在交割日与评估基准日相当,从而确保交易公平。第二,关于期间损益的界定问题。期间

---

① 河南省郑州市中级人民法院民事判决书,(2018)豫01民初4964号。

损益的界定应当符合合同目的、公平交易原则,避免对同一项资产重复计算,在此基础上判断审计报告的证明力。第三,关于期间损益的归属、支付问题。期间损益的归属、支付应当充分注意双方合同权利义务的平衡,尊重双方的意思自治。第四,关于期间损益制度的思考。期间损益的法律制度应当在各方面与会计制度更好地衔接,包括对会计概念与法律概念进行辨析、对计价方法的选择进行更完善的规定等。